The History of Psychoanalysis — New Expanded Edition

정신분석의 역사

Reuben Fine 저
한국정신치료학회: 임효덕 · 김종호 · 김현숙 · 박용천 · 백영석 · 신지영
안윤영 · 오동원 · 우정민 · 이동우 · 이범정 · 이승재 · 이정국 · 최태진 공역

학지사

역자 소개

역자 대표 **임효덕** (경북의대 정신건강의학과 교수)

김종호 (김종호신경정신과의원 원장)

김현숙 (마음과마음정신건강의학과의원 원장)

박용천 (한양의대 정신건강의학과 교수)

백영석 (백정신건강의학과의원 원장)

신지영 (상담심리전문가)

안윤영 (안윤영정신건강의학과의원 원장)

오동원 (오동원신경정신과의원 원장)

우정민 (경북의대 정신건강의학과 교수)

이동우 (인제의대 정신건강의학과 교수)

이범정 (이범정정신건강의학과의원 원장)

이승재 (경북의대 정신건강의학과 교수)

이정국 (이정신건강의학과의원 원장)

최태진 (심우정신건강의학과의원 원장)

역자 서문

정신치료를 공부하여 능력 있는 치료자가 된다는 것이 그렇게 쉬운 일이 아님을 누구나 체험하고 있습니다. 그것은 정신치료의 특성과 관계가 있으며 정신치료가 무엇인지를 체험적으로 올바로 이해한다는 것이 그만큼 어려운 일임을 의미합니다. 따라서 Freud의 정신분석으로부터 출발한 서양의 정신치료가 어떤 상황에서 무엇을 지향하여 출현하였으며 어떻게 발달해 왔는지 그 역사를 철저히 공부하는 것이 정신치료를 이해하는 초석이라 할 수 있습니다.

Freud는 과학이 인간 자존심에 가한 3대 충격을 제시하며, Copernicus의 지동설, Darwin의 진화론과 더불어 합리적 이성이 무의식의 지배를 받고 있다는 자신의 정신분석도 이들과 함께 기억되기를 바랐습니다. 혹자는 Freud는 Plato에서 시작하여 Schopenhauer와 Nietzsche의 연장선상에 있다고 주장하기도 하고 20세기를 대표하는 사상가로서 Nietzsche, Marx, Freud를 꼽기도 하며 20세기를 가장 빛낸 위대한 사상가는 Einstein, Freud 라고 주장합니다. 이는 서양 사회에서 Freud의 정신분석이 얼마나 큰 영향을 미쳤는지를 가늠하게 합니다.

그러나 Freud 역시 시대적 영향과 문화적 한계를 완전히 벗어날 수는 없었기 때문에 그의 사상에 내포되어 있는 자연과학적 유물론의 입장은 이후의 발전을 통하여 많은 변화를 겪게 됩니다. 또한 Plato 이후 지속되어 온 '지적 추구(intellectual pursuit)'를 통하여 진리에 도달하고자 하는 서양 문화의 한계를 극복해 가는 방향으로, 즉 인간관계 경험의 중요성과 감정의 자각과 조절의 중요성을 강조하는 방향으로 발전해 오고 있습니다.

이 책은 Freud의 정신분석과 이후의 발전 과정에 대하여 가능한 한 기록과 사실에 입각하여 가장 객관적이고 포괄적으로 기술하였다고 평가받고 있습니다. 저자는 다양한 학파 및 개인 간의 적대감과 불신을 가감 없이 솔직히 기술하고 있으며, 이러한 내적 갈등은 정신분석가들이 그들의 환자에게서 찾고자 하는 것과 매우 유사하며 서로 다른 이론과 기법을 가진 '학파'로 나누는 것이 흔히 행해지고 있으나, 면밀히 검토해 보면 이러한 차이점들이 상상 속의 허구임이 밝혀졌다고 주장하고 있습니다. 또한 저자는 정신분석의 기원은 서양 사상의 인본주의적인 배경이며, 그리스 철학의 "중용(中庸, All things in moderation)"과 "너 자신을 알라(Know thyself)"라는 두 가지 금언이 정신분석의 핵심임을 주장합니다. 이는 시사하는 바가 크며 서양 정신분석과 동양 전통사상이 만날 수 있는 지점이 아닐까 생각합니다.

불교에 깊은 관심을 가졌던 Jeremy Safran은 그의 저서(『Psychoanalysis and Psychoanalytic Therapies』, 2012)의 한글번역판 서문에서 유럽의 정신분석이 미국으로 건너오면서 그 문화적 차이에 의한 영향으로 많은 변화가 있었음을 지적하면서, 미국과는 여러 면에서 다른 한국의 문화에서는 정신분석이 어떻게 받아들여지고 진화할 것인지가 궁금하다고 하였습니다.

素巖 이동식 선생께서는 Freud는 도(道)를 몰랐지만 도(道)를 과학적으로 이해하고자 한 셈이라고 언급하셨고, 「Freud의 생애와 사상」(『세계의 대사상 11』, 1988)이라는 글에서 17년간의 투병 생활을 하면서 Freud가 보여 준 활동은 우리로 하여금 깊이 생각하게 하며, 동양 도승의 열반에 가까운 당당한 최후를 맞이하였다고 볼 수 있다고 하였습니다. 그리고 한국은 원효를 비롯한 사상 통일을 이루는 한국 지식인의 전통을 이어 받아 서양 정신분석을 깊이 이해하고 우리의 전통적인 도(道)를 깊이 이해하여 세계 정신치료의 발전에 기여해야 한다고 주장하셨습니다. 이미 알려진 대로 素巖 선생은 일찍이 서양의 정신분석, 정신치료가 동양의 道를 지향하고 있음을 간파하시고 이를 융합한 '도(道)정신치료'를 주창하신 바 있습니다.

엄청난 과학의 발전으로 인하여 이제 제4차 산업혁명의 시대가 열리고 있습니다. 서양에서 자연과학의 발달과 더불어 근대 사회가 시작되면서 정신분석이 탄생하였듯이, 앞으로도 더욱 진정한 만남과 공감적 관계의 체험이 얼마나 소중한지를 더욱 절감하게 될 것으로 예상됩니다. 당연히 정신치료의 필요성과 정신치료자의 역할 또한 점점 더 중요시될 것입니다.

이러한 시대적 상황 속에서 본 번역서가 정신치료를 공부하고자 하는 많은 분께 서양 정신분석의 배경과 발전 과정의 내용과 방향을 이해하는 데 조금이나마 도움이 되기를 바라 마지않습니다. 공부에 참고가 되도록 한국정신치료학회에서 이 책의 초독 시간에 있었던 素巖 이동식 선생의 논평과 설명을 간추려 주석에 포함시켰습니다. 공부에 많은 도움과 참고가 되기를 바랍니다. 앞으로 우리나라의 정신치료가 더욱 발전해 나가기를 기원합니다.

끝으로, 이 책의 번역 작업을 맡아 열성적으로 수고해 주신 학회의 회원님들께 감사드리며 출판 작업을 적극 지원해 주신 학지사의 김진환 사장님과 편집 작업에 세심한 주의와 인내심을 보여 주신 편집부 김준범 부장님께도 깊이 감사드립니다.

2019년 3월 역자 대표, 한국정신치료학회 회장 임효덕

저자 서문

1880년 우연히 젊은 히스테리 여자를 치료하게 되면서 시작된 정신분석은 계속 전진하여 심오한 정신치료 이론, 심리학의 포괄적 체계, 삶의 철학이 되었으며 모든 영역에서 20세기의 주요 지적 영향력들 중 하나가 되었다. 이 책은 어떻게 그러한 극적인 변화들이 일어났는지를 기술한다.

Freud가 정신분석에 기여한 것만큼 한 개인의 공헌이 지대하였던 학문 분야도 없다. 그런 만큼 그의 치적은 상당히 상세하게 추적된다. 이 점에서 그의 자기분석은 그의 발달에서 일반적인 경우보다 더 중요성이 부여된다. 어느 정도는 19세기 정신의학의 연속선상에 있었던 1890년대 초기의 작업에서부터, 정신분석의 시작과 새로운 심리학 체계의 형성을 구분 짓는 1900년대 초기의 위대한 체계화로, 그의 생각은 엄청나게 전환한다.

제4장과 제5장은 정신분석 조직의 성장을 기술한다. 이런 움직임은 1902년 Freud의 집에서 수요모임(Wednesday circle)을 진행했던 4명의 의사로부터, 공식학회에 가입하지 않은 수천의 다른 분석가들과 더불어 4,000명 이상의 회원으로 구성된 국제협회로 성장하였다.

이러한 조직의 역사를 되돌아볼 때, 거의 시작 때부터 정신분석의 특징이었던 수많은 분열과 불화를 무시하는 것은 심각한 오류일 것이다. 이 책을 쓰고 있는 순간에도, 정신분석 교수직이 예루살렘의 히브리대학교(Hebrew University)에 마련되었고, Washington에 있는 열두 명의 지도급 분석가들은 자행되고 있는 "나쁜" 교육을 더 이상 참을 수 없다는 이유로 그들의 지역학회에서 사퇴하였다. 이처럼 정신분석의 역사는 한편으로는 성장하고 다른 한편으로는 서로를 죽이는 것으로 일관되어 왔다.

그 분열 속에 작용하는 심리적 · 사회적 요소들에 대해 세심한 주의를 기울였다. 정신분석에서 계속되는 마찰에 대해 아무런 설명도 제공하지 않은 어떠한 역사도 태만일 것이다. 그 분열에 대한 이유들 중 몇 가지는 잡지들에서 기술되었지만 대부분의 시기 동안 명시되지 않은 동기들은 참여자들의 행동들로부터 추론되어야만 한다.

이 책의 많은 부분이 두 가지 주요 논제에 기초를 두고 있다. 첫째, 정신분석이 인간에 대한 통일된 하나의 과학을 위한 초석으로 하나의 포괄적인 심리학을 대표한다는 것, 둘째, 수많은 재능 있는 이론가와 임상가에 의해 제안된 많은 발상이 하나의 통일된 과학 안으로 통합될 수 있다는 것이다.

비록 많은 심리학자 집단이 대중에게 스스로를 다양한 관점을 갖고 있는 다른 '학파'라고 소개한다 할지라도, 그런 표방은 매우 오해의 소지가 있다. 단지 하나의 과학이 있을 뿐, 학파들의 강조는 일차적으로 지적인 이유보다는 사적인 이유에 의해 추구되었다는 것이 이 책 전반에 걸쳐 기록된 나의 주장이다. 견해들은 누가 그것들을 지지하느냐보다는 그것들의 장점을 근거로 판단해야 한다.

정신분석에 대한 수많은 문헌을 통합하기 위하여 나는 다음의 접근 방법을 사용하였다. 우선 해당 영역에서의 Freud의 위치, 그다음 이런 시작으로부터의 변화, 반박 그리고 수정들을 기술하였다. 많은 사람이 같은 것을 다른 말로 표현해 왔다. 말은 달라도 그 생각은 같음을 깨닫는 것은 흔히 매우 중요하다. 우리는 새로운 모습으로 제시되는 오래된 생각들이 단지 그것들이 친숙하지 않은 용어들로 표현되었다는 이유 때문에 흔히 배척되어 왔음을 깨달아야 한다. 더 큰 명확성을 가져오게 하는 것은 인간에 대한 하나의 통일된 과학으로 이끌어 가려는 시도가 주된 것이며, 이 시도가 이 책의 전반에 걸쳐 나의 노력을 안내하였다.

역사적 자료를 모으는 과정에서, 나는 세계 도처로부터 유용한 통신문 자료들을 받았다. 그중 많은 것은 출판되지 않은 것이었다. 나는 자신의 국가와 지역 연구소에 대한 정보를 친절하게 보내 준 모든 분께 감사드린다. 특별히 유럽에서 Dr. Adam Limentani (London), Dr. Pedro Luzes (Lisbon), Dr. Daniel Limenet (Liège), Dr. Wolfgang Loch (Tübingen), Dr. Janos Paal (Frankfurt am Main), Dr. Gerhardt Maetze (Berlin), Dr. Wilhelm Solem-Rodelheim (Vienna), Dr. F. Meerwein (Zurich) 및 국제정신분석협회(International Psychoanalytic Association), 영국정신분석협회(British Psychoanalytic Association), 베를린정신분석연구소(Berlin Psychoanalytic Institute), 독일정신분석협회(Deutsche Psychoanalytische Gesellschaft), 캐나다에서 Dr. James Naiman (Montreal), Dr. W. C. M. Scott (Toronto), 미국에서 Dr. Sanford Gifford (Boston), Dr. Gordon Derner(Garden City, N.Y.), Dr. Gerad Chrzanowski, Dr. Arthur Feiner, Dr. Bernard Kalinkowitz, Dr. Leonard Shengold, Dr. Rose Spiegel(이상 New York), Dr. A. d'Amore (Washington, D.C.), Dr. George Kriegman(Richmond, Va.), Dr. Edward J. Schiff (Cleveland), Dr. George Pollock (Chicago), Dr. Alex H. Kaplan (St. Louis), 및 미국정신분석협회 (American Psychoanalytic Association), 미국정신분석연구원 (American Academy of Psychoanalysis), 남미에서 Dr. G. Sanchez

Mcdina, Dr. Luis Yamin (이상 Bogotá), Dr. F. Aberastury, Dr. Jaime Sapilka (이상 Buenos Aires), 아시아에서 Dr. H. Ghosal, Dr. J. C. Sinha (이상 Calcutta)가 많은 도움을 주었다.

나는 또한 Columbia University Press의 편집장인 Mr. Joe Ingram과 Mrs. Maria Caliandro의 친절하고 유용한 비평에 대해 감사드린다.

1979년 1월 뉴욕에서, Reuben Fine

차례

제 1 장

역사적 조망이 필요한 이유

정신분석이 등장한 지 한 세기가 가까워짐에 따라, 정신분석은 일반적으로 20세기의 가장 의미 있는 지적 발전 중의 하나로 간주되고 있다. 그러나 역사와 역사적인 방법을 매우 강조하는 이 학문이 아직까지 그 스스로의 역사를 정확하게 그려 내지 못하고 있다. Bromberg(1954)나 좀 더 최근의 Ehrenwald(1976)와 같은 이 분야의 일반적인 연구들이 정신치료의 전반적인 역사를 논하고 있다. 그리고 완전히 일방적이며 형편없이 부정확한 Clara Thompson의 『정신분석: 진화와 발전(Psychoanalysis: Its Evolution and Development)』(1950)과 같은 편파적인 계통의 저서도 다수 있다. 또 다른 Dieter Wyss(1966)의 책은 완전히 Jung 학파의 관점에 치우쳐 쓰여졌다.

1914년에 쓰인 Freud 자신의 역사는 물론 매우 유용하지만 정신분석 초기에만 적절하며, 그 후로는 원자료로서의 가치는 있지만 최종적인 진술로서의 가치는 없다. 예를 들면, Freud는 그 책에서조차 인간사에 있어 획기적인 사건 중 하나인 자신에 대한 자기분석의 확장된 토론을 누락하였다.

정신분석 문헌을 통독해 보면 역설이 드러난다. 주요 논문들은 일반적으로 문헌에 대한 검토로부터 시작한다. 그러나 정밀히 조사해 보면 종종 이러한 검토는 문헌의 특정 부분에만 한정되었다는 것이 밝혀진다. 그 외의 나머지 모든 것은 "무관하다(irrelevant)."라는 것이다. 오늘날 이것은 정신분석의 역사에서 특히 가장 크고 오랜 분열인 '문화주의자(culturalists)'와 'Freud 학파(Freudian)' 양측에 적용될 수 있다. 양쪽 다 상대편을 이해하려는 어떠한 실제적인 노력도 없는 이러한 분열로 인해 터무니없는 주장이 오간다. 문화주의자들은 Freud 학파의 문헌에는 청소년기에 관한 것이 없다고 주장한다. 반대로, 근년에 자기상과 자기개념에 대해 확장된 논의를 하였던 Freud 학파는, Sullivan이 일생 동안 미국정신분석협회(American Psychoanalytic Association)의 성실한 회원이었음에도 불구하고, 이 분야에서의 Sullivan의 선구적인 작업에 대해 언급하지 않는다. 그 외에도 인용할 수 있는 예가 많이 있다.

『역사의 인식(The Idea of History)』(1946)에서 학자인 R. G. Collingwood는 예전에는 신정주의적(theocratic)이거나 신화적인(mythical) 두 가지 유형의 역사 집필이 두드러졌다고 언급하였다. 신정주의 관점의 역사는 모든 선의 기원인 신에 대한 찬양이 있다. 신화적인 역사는 인간의 소원과 일치시켜 꾸며 낸 것이다. 이러한 평가가 다소 냉정해 보일 수도 있으나 정신분석에 대한 많은 역사적인 문헌은 지금까지 이 두 가지 범주에 머물러 있다. 추종자들에 의해 신격화된 카리스마를 가진 인물이 지속적으로 나타난다. 감정에 좌우되지 않고 문제를 다루는 대신, 학자들은 대중에게 그들의 자료를 제시하지 않은 채 '관점(point of view)' 뒤로 숨는다. 이 학문의 창시자들을 알고 있는 사람들이 여전히 살아 있고, 역사적인 사건을 직접 겪으며 살아온 사람이 여전히 많이 있음에도 불구하고 신화적인 이야기는 매우 자주 발견된다.

전적으로 틀렸음에도, 정신분석을 각각 서로 다른 이론과 기법을 가지고 있는 '학파'로 나누는 것이 흔히 행해지고 있다. 그러나 면밀한 검토를 통해 이러한 차이점들이 상상 속의 허구임이 밝혀졌으며, 존재한다 할지라도 합리적 논의를 만들어 내지 못하는 열렬한 신봉자들(partisan)의 맹렬한 고집으로 유지된다. 한때 Freud는 정신분석 연구에 수십 년이 흘러도 가장 분명한 사실들은 여전히 간과되고 있다고 언급하였다. 분명 이 분야는 어렵다. 그리고 이런 파벌 싸움은 이를 더욱 어렵게 만들 뿐이다.

이 책을 집필하는 순간에도, 한 보고에 따르면 통합되었다고 하는 미국정신분석협회(American Psychoanalytic Association) 내에서 여전히 또 다른 공방이 일어나고 있다고 한다.[1] 관례적인 소송 위협, 협박의 고소, 과학적 진행에 대한 억압, 이론적 관점으로 인한 편파와 같은 과거에 반복해서 들어왔던 것과 유사한 분열이 로스엔젤레스 정신분석연구소(Los Angeles Psychoanalytic Institute) 구성원들 사이에서 일어나고 있다. 더욱 놀랍게도 특별위원회의 장인 Dr. Joan Fleming Frank는 "보다 염려되는 것은 **그들의 이론적 지향점이 무엇이든, 다양한 그룹과 개인 사이의 끊임없는 적대감과 불신이다.**"라고 솔직하게 말하였다(볼드체는 추가되었음).[2] 그리고 1978년 『미국정신분석협회지(Journal of the American Psychoanalytic Association)』(pp. 429-33)에 실린 보고에 따르면, 워싱턴정신분석연구소(Washington Psychoanalytic Institute)의 훈련 및 지도감독 분석가 12명이 연구소를 떠나 그들 고유의 연구소를 만들고자 한다는 소식을 전하였다. 그들은 "우리는 나쁜 정신분석 교수법과 예시를 폐지하기 위해 수년을 소모하였는데, 지금은 그러한 노력이 소용없다는 것을 알고 있다."라고 이유를 밝혔다.

사학자들은 정신분석이 왜 이렇게 무수한 내적 갈등을 겪어 왔는지 분명히 밝히기 위해 노력해야 한다. 이러한 내적 갈등은 정신분석가들이 그들의 환자에게서 찾고자 하는 것과 매우 유사하다. Freud로부터 시작하는 정신분석학적 발전의 주된 흐름에 대한 명확한 관점을 가지는 것과, 다양한 역사적 사실이 이러한 주류에 잘 어우러지게 하는 것 또한 필수적이다. 이러한 과제를 수행하기 위해서는 가용한 모든 기록에 대한 철저한 조사가 필요하다. 그것이 적절하게만 이루어진다면, 과거를 분명히 하고 미래의 추가적 진보를 위한 적절한 토대를 제시해 주는 새로운 통합이 일어날 것이다.

이 책에서 제안하는 통합은 정신분석이, 첫째, 인간이 무엇인지에 대한 시각, 둘째, 인간이 무엇이 될 수 있는지에 대한 시각, 셋째, 심리학적인 관점이 자리 잡을 수 있는 개념적 틀을 구체화하는 것이다. 이러한 관점에 의하면, 정신분석은 본질적으로 분리된 과학이 아니라 심리학에 대한 체계적인 접근으로 간주된다. 이러한 체계적 접근 속에서, 정신의학, 사회학, 인류학, 생물학을 포함한 여러 분리된 영역이 다루어진다. 이러한 각 영역에서의 모든 발달을 추적하는 것은 혼돈스럽고 불필요할 것이다. 따라서 제시된 주요 통합의 중심에 있는 자료를 주로 강조할 것이다.

제 2 장

정신분석이 출현한 배경

Front row: Sigmund Freud, G. Stanley Hall, Carl Jung
Back row: Abraham Brill, Ernest Jones, Sándor Ferenczi

정신분석의 전구(precusor, 前驅)는 첫 번째로 수천 년 동안 모든 서양 사상의 기초를 형성하였던 일반적인 사상에서, 두 번째로 19세기에 이루어진 어떤 특정한 발견에서 찾을 수 있을 것이다.

일반적으로 서양 사상의 인본주의적인 배경은 정신분석으로 계속되고 보존되었다. 이는 그리스 철학까지 거슬러 올라간다. "중용(中庸, All things in moderation)" "너 자신을 알라(Know thyself)" 이 두 가지 고대 금언은 정신분석의 거의 글자 그대로의 교훈이 되었다. 이들은 처음으로 정신분석적 접근을 통해 좀 더 정밀한 심리적 의미를 갖게 되었다.

정신분석은 심리학이나 정신의학의 특정 교본보다는 항상 서양 사상에 관한 철학과 문학의 대업에 보다 더 크게 의존하는 광범위한 철학적 관점을 가지고 있다. Freud가 좋아하였던 작가들 중에서 Shakespeare만큼 많이 인용된 사람은 없었다. Freud의 심리학적인 통찰은 지난 수세기 동안의 시인과 철학자들의 통찰에 대한 새로운 평가를 이끌어 냈다.

정신분석의 발전을 이끈 보다 구체적인 영향들 중에서 특히 네 가지를 언급할 수 있다.

CHARLES DARWIN과 생물학의 발달 진화론은 19세기 최고의 과학적 발견이다. 이는 인간에 대해 관심 있는 모든 사상가와 과학자의 마음을 사로잡았으며, 그들의 접근법을 완전히 변화시켰다. Freud는 그 시대의 다른 과학자들보다, 특히 Darwin에게 더 많은 영향을 받았다. 정신분석의 주요한 가정이나 사상의 대부분은 진화론으로부터 직접 이어 받았는데, 예를 들면, 발달, 변화의 과정, 고착과 퇴행의 개념 같은 것이다.

연상심리학 연상이라는 심리학적 발상의 발달은 멀리 역사가 기록되기 시작한 시기로 거슬러 올라가는데, 특히 18세기와 19세기에 두드러졌다. 영국의 George Berkely, David Hume, David Hartley, Thomas Reid, 독일의 Johann Friedrich Herbart 그리고 당대의 인류학 학파(Wilhelm von Humboldt 같은 학자들)와 같은 사상가들은 정신적 기능을 이해할 수 있는 최초의 광범위한 체계를 제공하였다. 자유 연상이라는 중대한 발견은 직접적으로 이 학파로부터 나왔다.

신경학의 성장 의학의 분과로서 신경학이 첫 번째 절정에 도달한 것은 19세기였다. Freud가 그의 위대한 스승 중 한 명으로 존경하는 프랑스인 Jean Charcot는 이 분야의 개척자 중 한 명이었다. 1880년대에 Freud가 작업하기 시작할 즈음, 중추신경계의 주된 윤곽은 상당히 잘 이해되어 있었다.

19세기 정신의학 Ellenberger가 『무의식의 발견(The Discovery of the Unconscious)』(1970)에서 보여 주었듯이, 19세기 말에는 다음과 같은 주된 특징을 가진 새로운 역동정신의학이 발달하였다.

1. 최면술이 무의식으로 접근하는 주된 방법으로 채택되었다.
2. 자발성 몽유병, 기면(lethargy), 강경증(catalepsy), 다중인격, 히스테리아와 같은 특정 중증 질환(보통 자성질환磁性疾患, magnetic disease이라 불리는)에 특별한 주목이 집중되었다.
3. 인간의 마음에 대한 새로운 견해가 발달하였다. 이는 정신의 의식과 무의식적인 특질에 기반을 두었다. 후에 그것은 의식적인 인격 아래에 있는 하위인격들(subpersonalities)의 군집으로 수정되었다.
4. 처음에는 알려지지 않은 체액(unknown fluid) 개념을 기반으로 하였던 신경병(nervous illness)의 병인에 대한 새로운 이론이 정신 에너지(mental energy)의 개념으로 대체되었다.

5. 정신치료는 환자와 후에 최면술사라고 불리는 자화자(磁化者, magnetizer) 사이의 신뢰관계(rapport)에 대한 특별한 주의와 함께 최면술과 암시에 주로 의존한다.

그러나 19세기의 새로운 역동정신의학이 거의 전적으로 공식적인 정신의학의 주류 밖에서 발달했다는 점은 강조되어야 한다. 다수의 경우에서 프랑스, 독일, 미국의 새로운 사상은 학계에 격렬하게 부딪혔다. 예를 들면, 최면술은 유사 돌팔이 의료 행위로 여겨졌다. 새로운 시도와 오래된 것들 사이의 이러한 격렬한 전투의 유산은 Freud부터 계속되었다.[1]

문화적 배경

기법의 연결(technical links)은 과거로부터 정신분석적 사고가 출현한 것을 설명하지 못한다. 훨씬 더 중요한 것은 19세기 후반의 사회적인 분위기와 지적인 풍조이며, 이것은 결국 Freud에 의해서 W. H. Auden[2]이 말하던 "완전히 새로운 여론의 분위기"로 변화되었다. Josef Breuer가 Anna O.를 치료하던 시기이며, Freud가 정신분석의 출발점으로 여기던 1880년의 유럽은 표면상으로는 전 세계의 주인이었다. 제국주의 세력이 민주주의의 주된 요새인 미국을 제외하고는 어딜 가든 최고였다. 믿기 힘든 과학기술의 향상(technological improvements)이 매일 나타나는 듯하였다. 유럽의 패권이 누구의 방해도 받지 않고 다가올 수세기 동안 유지된다는 것에는 의심의 여지가 없었다.[3] 대영제국의 해는 절대로 지지 않았고, 다른 유럽의 제국주의들도 결코 뒤처지지 않았다.

그러나 이런 이면에 역사학자(예를 들면, Gay and Webb, 1973)들이 곧 닥칠 임박한 재앙

1) 이동식: 당시 정신분석을 받아들이는 구라파의 교수들은 Eugen Bleuler, Binswanger, Kretchmer 등 외에 다른 사람들은 완전히 무식했다. 1991년에 한국을 방문한 하이델베르그대학교의 Schepank 교수에게 "내가 1958년 뮌헨 대학에 갔을 때, '젊은 사람들이 지하(underground)에서 정신분석을 공부한다'는 말을 들었다. 뮌헨 대학의 교수들은 환자를 사람으로 안 보고 동물로 보고 있더라." 하니 Schepank 교수도 "강단에서 정신분석 이야기하는 것은 아주 더러운 것으로 여긴다."고 하였다. 독일에서는 의과대학에서 'Department of Psychosomatic and Psychotherapy'라는 과가 따로 생기고, 정신의학교실에서 가르치지 않고, 정신분석이라 하면 제2차 세계대전 이후에도 '의학이 아니다' '더러운 이야기하는 것'으로 여겼다.

2) 역주: 영국의 시인(1907~1973)으로, 1930년대 대공황기에 좌익의 영웅으로 명성을 얻었다. 제2차 세계대전 후 미국으로 건너가 시민권을 얻었다. 임상의(臨床醫)와 같이 병든 사회를 정신분석과 사회의식을 합친 방법으로 분석하였다.

3) 이동식: 이러한 서양 우위의 관념이 비서구세계에 심어졌다. 한국도 아직 그 심어진 것에서 벗어나지 못하였다.

을 예견하는 수많은 조짐에 주목하였다.[1] 1948년의 공산주의 선언(Communist Manifesto)에서 Marx는 공산주의의 유령이 유럽을 배회하고 있다고 주장하였다. 그의 주장이 과장되었을지라도, 사회주의자들의 이상은 점점 더 전통적인 자본주의와 종교적 가치를 대체하고 있었다. 유럽 전역에서 불만이 발생하였지만 탈출구로서의 이주는 여전히 가능하였다. 1820년과 1930년 사이에 6천 2백만 명의 사람들이 유럽을 떠났고, 이들 중 천 8백만 명이 1861년에서 1920년 사이에 미국으로 이주하였다. 1815년, Napoleon의 패배 이후로 큰 규모의 대참사는 없었지만 작은 전쟁들은 항상 발생하였다. 약 50만 명의 사상자를 낸 1854년의 크림 전쟁(Crimean War)[2]과 1870년의 프랑스-프로이센 전쟁(Franco-Prussian War)이 가장 큰 전쟁이었다. 그러나 극심한 대립의 기운은 항상 감돌고 있었다. Gay와 Webb은 20세기 초반은 도덕적 조현병[3]으로 부를 수밖에 없는 혼란으로 얼룩졌다고 언급하였다. 어떤 시대도 평화와 국제 협력에 같이 연계된 원인들이 열성적으로 추구된 적은 없었으며, 어떤 시대에도 전쟁과 갈등이 더욱 열정적으로 찬양되거나 더욱 냉정하게 계획되었던 적도 없었다.

이러한 조현병적인 분위기에서 지식인은 사회를 심각하게 비판하기 시작하였고, 당시의 우세한 가치들에 대해 때때로 극명하게 대립하였다. Ibsen과 Strindberg는 가정의 도덕적 위선을 혹평하였다. Flaubert는 부르주아를 향한 그의 증오를 프로그램으로 만들었다. Zola는 파괴적인 사실주의 소설을 썼다. 인상파 예술가들도 예술 분야에서 유사한 격변을 시작하였다. 영국의 Walter Pater는 '예술 지상주의(art for art's sake)'를 촉구하였는데, 이는 삶으로부터 예술의 가장 단호한 분리를 주장하였던 '퇴폐주의자(decadents)' 집단을 탄생시켰다. Wagner, Stravinsky, Schoenberg 등에 의해 음악 분야도 급진적인 변화를 겪었다. Freud가 그의 연구를 시작하였을 때, 근대 예술과 근대 세계는 수많은 폭력과 변화 속에 깊이 빠져 있었다.

1880년의 과학

여러 가지 측면에서 정신분석은 정신의학, 심리학, 사회학, 생물학, 인류학, 경제학, 문학 그리고 다른 많은 과학적이고 인본주의적인 영역과 접촉하였다. 실제로 과거란 단지 미래의 견지에서 적절히 이해될 수 있는데, Jakob Burckhardt는 역사란 한 시대가 다른 시대에 관심을 갖는 것에 대한 기록이라고 하였다. 따라서 1880년의 과학, 특히 정신분석과 가장 밀접하게 관련된 정신의학과 심리학의 상황을 재검토하는 것이 중요하다.

정신의학

근대 정신의학의 가장 첫 번째 위대한 종합은 Emil Kraepelin(1856~1926)에 와서 이루어졌다고 말하는 것이 관례이다. 1883년에 그의 평범한 400쪽짜리 『개요서(Compendium)』 초판이 출판되었다. 이 책은 그가 죽은 지 1년 후인 1927년에 드디어 2,425쪽의 두 권으로 된 인상적인 제9판으로 발전하였다.[4] 이 교과서는 소위 Kraepelin 정신의학(Kraepelinian Psychiatry)의 주된 출처가 되었으며, 명확한 진단 범주, 특히 조발성 치매[dementia praecox, 후에 Eugen Bleuler에 의해 정신분열증(조현병)으로 다시 명명됨], 기질적 인과 관계의 가정 (비록 그 당시에 증거는 없었으나) 및 치료에서의 절망감을 강조하였다. 게다가 Kraepelin의 체계는 오늘날 '뒷병동(back ward)' 환자들로 불리는 가장 심각한 환자들에게 제한되어 있다.

역사적 상황을 좀 더 상세히 보면, Kraepelin은 단지 교회의 손에 맡겨져 수세기 동안 정신질환자들이 상당히 자주 겪었던 대량 학살과 고문을 단지 부분적으로 바로잡고 있었음이 드러난다. Drabkin(1954)은 가용한 문서를 세심히 살펴본 뒤 이러한 이론적 '체계(system)'는 그리스 인본주의의 감화 효과는 상실한 채, 대부분 정통적인 그리스 입장을 되풀이하는 데 그치고 있음을 보여 주었다.

그리스인(그리고 로마의 그리스 추종자들)은 정신질환이 본질적으로 생리적이며, 어떤 개인들에게 있어서는 다른 질병처럼 소인이 있으며, 그러한 소인은 신체적인 체질과 기질의 문제라고 생각하였다. 이 이론은 정신질환을 일으키는 정신적 요인의 중요성을 최소화하지는 않지만, 공포나 불안 같은 정신적 원인은 상처와 같은 외적인 물리적 원인처럼 단지 질병을 일으키는 생리적 과정을 야기한다고 주장한다.[5] 또한 이 이론은 이러한 작용이 어떻게 일어나는지, 체질적인 구조에 있어서 서로 다른 개개인들이 왜 이들 정신적인 영향에 반응하는지를 설명하고자 한다. 정신적 영향의 결과를 인식했다는 점에서, 그리스 사람들은 실질적으로 Kreapelin보다 앞서 있었다.

더욱 더 놀라운 것은 그리스인은 우리가 정신신체적 질병이라고 부르는 것을 이해하고 있었다는 것이다. 정신적 삶과 신체적 삶의 불가분성에 대한 지각은 기본적인 인간 경험으로부터 비롯되었으며, 의료든 비의료든 모든 고대 문헌에는 정서적 변화에 따른 신체적 영향과 신체 변화에 따른 정서적인 영향에 대한 많은 예가 실려 있다. 신체적 변화는 기쁨, 사랑, 분노, 놀람, 슬픔 등에 의해 일어나며, 마찬가지로 정서적 및 정신적 변화는 약, 독, 포도주에 의하거나, 뇌손상에 의하거나, 질병이나 기형의 다른 형태로 인해 초래된다는 것이 고대 문헌에 모두 잘 기록되어 있다.[6] 일반적인 생각은 자주 인용되는 Plato의 말에서 볼 수 있다. "인간을 치료함에 있어 우리 시대의 큰 오류는 몇몇 의사가 신체의 치료로부터 영혼의 치료를 분리했다는 점이다."[7]

Entralgo(1970)는 그리스인들은 상당히 정교한 형태의 정신치료 또한 개발하였는데, Freud가 그의 생각을 발전시키기 전까지는 이를 능가하는 것이 없었다고 기록하였다. Entralgo는 소피스트(Sophists)는 교사(teachers, 흔한 강조)일 뿐 아니라 치료자였으며, 그들은 종종 정서적 장애의 의학적 치료와 밀접하게 연결되어있다고 제시하였다. 그들의 이론은 설득의 힘을 중심으로 하였다.

고대 그리스인의 정신에는, 화술로 설득하는 쾌락은 종교적으로나 심리적으로 성적쾌락과 연관되어 있는 감정임에 틀림이 없었다. Peitho는 다정다감한 유혹과 설득력 있는 연설의 여신이다.[8] 최초의 탁월한 소피스트인 Gorgias는 설득의 이론을 대대적으로 정교화하였다. 그가 생각하기에 말하기(speaking)는 "매우 작고 전혀 보이지 않는 몸으로 가장 신성한 일을 해낸다는 점에서 강력한 통치자이다. **실로, 말하기는 두려움을 없애 주고, 고통을 사라지게 하며, 행복을 불어넣고, 연민을 불러일으킨다**"(볼드체는 추가되었음).[9]

다수의 소피스트는 이러한 설득 이론을 정신 및 정서 장애의 치료에 적용시켰다. Antiphon[10]은 삶에서 고통을 제거하는 기법이 있다고 주장하였다. 뿐만 아니라 그는 스스로 고통의 원인을 알고, 환자에게 그 원인에 따라서 말해 주는 기법을 시행하였다. 치유적인 수사학자(rhetorician)들의 생각과 말은 괴로워하는 사람이 정신적 · 육체적 생활을 정리하고 합리적으로 개선하게 하였다. 그는 광장 근처, 코린트 외곽의 한 곳에 간판을 달고, 자신이 담화로 비탄에 빠진 사람을 치료할 수 있다고 알렸다. 분명히 수많은 다른 소피스트-의사도 말로 하는 정신치료로 우울증을 치료하였다.

알려진 것처럼 Freud는 고대의 연구, 특히 그리스의 연구에 빠져 있었다. 그는 소피스트들을 읽으면서 영향받았을 것이고, 그들을 돌팔이 의사보다 한 단계 높여 기술하면서 철학사에서 보는 관습적 이미지[11]는 완전히 틀렸다는 것을 깨달았을 것이다. 그의 논문 「정신적인 치료에 대하여(On Psychical Treatment)」(1905)에서 그는 Gorgias를 인용한 구절을 연상시키는 방식으로 '말의 마술'에 대하여 언급한다.[12] 어쨌든 설득과 정신치료에 대한 그리스인의 이해는 Kraepelin과 그의 추종자들의 설명보다 훨씬 우위에 있었다는 것은 분명하다.

19세기 이래로 일어났던 것에 비추어 보면 그 당시 정신의학이 어떻게, 그리고 왜 그러한 의료적 방향을 취하였는지 조사할 만한 가치가 충분하다. Ilza Veith(1965)가 제시한 대로, Freud 이전 세기에 상당한 분쟁이 있었다. 심리학적 측면에서 Baron Ernst Von

Feuchtersleben(1806~1849)이 있었는데, 그의 책 『의학적 심리학의 원리(The Principles of Medical Psychology)』(1845)에서 '정신병'과 '정신의학적'이라는 용어가 현대적 의미로 소개되었다.[13] Feuchtersleben은 1833년 비엔나대학교에서 의학 학위를 받았으며, 이어서 교수가 되었고, 마침내 학장이 되었다.

정신 활동과 그것의 이상(derangement)에 대한 Feuchtersleben의 인식은 의학적 심리학(정신의학의 보통 용어)에서 주목할 만한 진보였다. 그는 심지어 꿈 연구를 독려하였는데, "영성적인 예언으로 여기기 때문이 아니라, [마음의] 무의식적 언어로서, 그것은 비록 환자 스스로는 인식하지 못하지만 종종 매우 분명하게 환자의 상태를 …… 보여 주기 때문이다."라고 하였다.[14]

Feuchtersleben은 가장 지나친 철학 예찬자였는데, 특히 영혼 및 마음과 감정에 관련된 다른 모든 요소를 다루는 데 있어 철학자의 전통적인 헤게모니(패권)를 주장한 Immanuel Kant(1724~1804)를 예찬하였다. Kant는 그 자신을 정신장애의 권위자라고 판단하였고, 다른 나라에서 그의 동시대인들이 그러하였듯이, 심지어 정신질환에 대한 나름대로의 분류 방법을 제안하기까지 하였다. 그는 여러 가지 정신이상이 문명화의 단계들과 동일시될 수 있다고 주장하였다. 그래서 원시인들은 정신질환의 위험으로부터 자유로운 반면, 점점 증가하는 문명의 복잡성은 개인적 자유를 더 위협하고, 그 결과 심리적인 균형을 점점 더 위협하게 된다고 하였는데,[15] 이러한 잘못된 발상이 Freud에게 다소 영향을 주었을 것이다.

Feuchtersleben이 Kant와 유일하게 불일치하는 점은 그가 심리학과 정신의학 연구에 의사가 포함되어야 한다고 주장한 것이다. Freud는 그의 저작에서 Feuchtersleben을 언급하지는 않았지만, 『꿈의 해석(The Interpretation of Dreams)』[16]에서는 Kant에 대해 짧게 언급하면서 "미친 사람은 깨어 있는 상태에서 꿈을 꾸는 사람이다."(1764)라는 그의 말을 인용하였다.

Feuchtersleben의 동시대인인 Wilhelm Griesinger(1817~1868)는 신체적인 측면의 논의를 이끌었으며, 1845년에는 그의 책 『정신병리와 치료법(Mental Pathology and Therapeutics)』도 출간되었다. Griesinger는 "정신질환은 뇌질환이다."라는 유명한 슬로건을 말한 당사자다.[17] 이러한 수칙에 따라, 그는 모든 심리학적·철학적 논의를 배제하고 오로지 기질적 뇌병리학에만 집중하였다.

정신의학 자체에서는 신체적 접근법이 득세를 하였고, Kraepelin은 Griesinger의 가장 걸출한 제자로 여겨질 수 있었다. 결과적으로, 비록 대부분의 정신분석가가 수련받은 의사들이었으나(아직은 정신과의 전공의 수련이 표준적인 요구 조건은 아니었다), 정신의학과 정신분석은 제2차 세계대전 때까지 서로 독립적으로 발전하였다. 오늘날까지도 많은 나라에서 이들 둘은 서로 독립적으로 남아 있다.

생물정신의학의 발전에도 불구하고, 제2차 세계대전 이후에 미국에서는 정신분석이 정신과 전공의 수련 과정에서 가장 선두적인 관점이 되었다. 정신과 수련 과정을 조사한 Strassman 등(1976)은 다음과 같이 기술하였다.

> 우리의 연구는 정신분석적 이론과 개념들이 정신과 전공의를 가르치고 훈련하는 데 확고한 중심적 위치에 있음을 분명히 한다. 사실 정신분석가가 가르치는 것은 전공의 수련의 큰 부분을 차지하므로, 더 이상 '정신분석적'인 것으로 여겨서는 안 되며, 오히려 '역동적인 것(dynamic)'으로 그리고 정신의학 자체의 골자로 여겨져야 한다.[18]

어쨌든 우리는 1880년의 정신의학은 허무주의적인 의학 분야였으며, 정신병에 대한 현실적 이해도 없었고, 정신병을 치료하는 실질적 기법도 없었음에 주목한다. 만약 지난 세기 동안 상황이 급진적으로 변하였다면, 이러한 변화에 대한 공적의 대부분은 정신분석으로 돌려야한다.

심리학

심리학이 정신의학보다 훨씬 더 넓은 분야를 포함하고 있기 때문에, 정확한 연대와 동향을 규명하는 것은 더욱 어렵다. 그럼에도 불구하고 1880년 당시 심리학은 감각-생리학적 경향이 두드러졌으며, 주된 연구 도구가 실험적 방법으로 전향되기 시작했다고 할 수 있다. Wilhelm Wundt(1832~1920)는 아마도 당시 심리학을 쇄신시키고 있던 과학적 힘을 가장 포괄적으로 표현하였다.[19] 19세기 중엽 무렵 대부분의 심리학은 실험생리학 안으로 편입되었다. Wundt는 1873년에서 1874년에 그의 기념비적인 명저인 『생리학적 심리학의 원리(Principles of Physiological Psychology)』를 출판하였고, 생리학적 방법으로 연구하는 심리학을 강조하였다. 그에 따르면, 온전한 심리학적 실험은 객관적으로 관찰할 수 있고 측정 가능하며 지정된 조건 아래서 가해진 자극과, 객관적으로 관찰할 수 있고 측정 가능한 반응을 포함하여야 한다고 하였다. 따라서 서서히 강조점이 문제(인간)에서 방법(실험)으로 옮겨졌다. 이후로 강단심리학(academic psychology)을 지배해 온 이러한 변화 속에서, 훗날 Ludwig Wittgenstein이 관찰하였던 것처럼 문제와 방법이 흔히 서로를 간과하고 있음에 주목한 사람은 거의 없었다(Fine, 1969).

또한 여기에 실험심리학과 정신분석은 동시에 독립적인 노선을 따라 발달하였다. 정신분석가들은 실험을 거부하였기 때문에 '과학적' 심리학의 범위 밖에 있는 것으로 간주되었다. 실험주의자들은 주요한 인간의 관심사를 다루기를 거부하였기 때문에 정신분석가들은 그들에게 거의 관심을 갖지 않았다. 진정한 관계 회복은 현재에서조차도 보이지 않는다. 1977년 미국심리학협회 회장직 선거에서 Richard Thompson은 다음과 같이 썼다. "현재 미국심리학협회(American Psychological Association)에는 중대한 위기가 전개되고 있다. 심리학의 모든 영역에 있는 강단의 연구 심리학자(academic research psychologists)들이 미국심리학협회를 포기하고 있으며 그 숫자는 점점 늘고 있다."[20]

현대 임상심리학의 출현에 앞서, 미국 심리학에서 실험주의에 거스르는 경향은 William James의 생각에서 비롯되었다. Wundt가 체계적인 심리학자(systemic psychologist)로서 탁월하였던 것같이 James는 비체계적인 심리학자(unsystemic psychologist)로서 탁월하였다고 Murphy(1972)는 언급한다. 그는 철학, 종교, 진화론 그리고 예술 등에 대해 광범위하게 관심을 가졌다. 비록 출판 계약을 위한 서명은 1878년에 하였으나, 그의 주된 저서『심리학의 원리(The Principles of Psychology)』는 1890년에 출판되었다.[21] 따라서 그는 Wundt와 실험주의자들과 마찬가지로 동시대에 적극적으로 활동하였다.[4)]

James는 정신분석가들처럼 방법보다는 문제에 더욱 관심을 가졌다. 그러므로 그의 저서는 습관, 느낌, 자기, 의식, 의지, 그리고 신앙과 같은 기본적인 인간의 경험을 다룬다.『종교적 체험의 다양성(The Varieties of Religious experience)』(1902)은 언제나 여전히 신선함을 주는, 그의 가장 불후의 공헌일 것이다. James가 1909년 Clark University에서 있었던 Freud의 강의를 들었을 때, Ernest Jones에게 "심리학의 미래는 당신들의 연구에 달려 있다."라고 말했다는 것은 놀랄 만한 것이 아니다.[22]

William James가 있었음에도 불구하고, 제2차 세계대전 후 임상심리학이 출현하기 전까지 미국 심리학에서는 여전히 실험에 대한 강조가 주류로 남아 있었다. 그들의 '방법'에 집착함으로써 가장 깊은 인간적 관심을 외면하였던 강단의 동료들과는 달리, 임상가들은 그들이 원하든 원하지 않든 간에 이러한 인간적 관심에 직면하게 되었다. 임상심리학이 성장하면서 그것의 주된 무기는 정신분석이 되었고, 정신분석적 사고는 점진적으로 더욱

4) 이동식: 당시 생리학적인, 물리학적 방법으로 심리학을 연구하였는데, 즉 과학적인 방법에 중점을 두고 문제에는 관심이 없었는데, William James는 방법보다는 문제 자체에 대한 관심을 가졌다. 한동안 미국에서도 실험심리학을 안 한 사람은 회장도 하지 못하였다.

더 중요하게 여겨지기 시작하였다. 1976년에 미국심리학협회 회원들의 대략 37%가 서로 다른 부류 중 하나인 임상가들이었고,[23] 심리학자들은 그들의 역사에서 처음으로 개업 임상가를 회장으로 선출하였다(Theodore Blau).

요약하면, 1880년에 심리학은 정신의학과 마찬가지로 광활한 성장의 문턱에 있었다. 심리학은 아직은 유아기의 과학이었으며, 정신분석의 발달과 보조를 맞추어(pari passu) 발달하였다.

사회학

현대적 의미에서의 사회학은 1880년 당시 거의 존재하지 않았다. '사회학'이란 용어는 1837년 Auguste Comte(1798~1857)가 만들었는데, 이는 모든 것을 총망라한 사회과학, 즉 인간성에 대한 모든 지식의 종합을 기술하기 위함이었다. 사회의 본질에 대한 일반적 이론들은 합의에 이르지 않은 채 아주 오랜 옛날부터 제시되어 왔다.

많은 사상가가 사회학이 걸어온 과정에 다양한 정도로 영향을 끼쳐 왔다. 미국에서 주된 경향은 제한된 분야에서 경험적 연구로 향하고 있었으나, 사회학 내의 각 영역에 대한 분류조차도 일반적인 합의를 이루지 못하였다.[24] 전형적인 교과서에서는 사회학의 학문 분야(the discipline of sociology), 사회 조직화, 집단행동, 사회 변천의 네 가지 주된 영역으로 나눈다(Rankin and Lowry, 1968). 좀 더 철저한 연구를 위해서 어떤 영역이 선택될 것인가 하는 것은 오히려 임의적으로 보이며(Boas, 1908), 어떤 현대 사회과학이든지 간에 역사적 사건들이 그 형태를 결정하는 데 중요한 역할을 한다는 것을 다시 한번 보여 주고 있다.

아주 초기부터 정신분석은 정신질환으로 이끄는 사회적 환경에 깊은 관심을 보여 왔다. 재앙적인 파괴와 유태인 대학살 경험을 겪은 두 세계대전을 통해서 이러한 관심은 더욱 현저하게 증가하였다. 그 결과, Freud 이후의 정신분석은 현대인이 만들어 온 사회 구조에 대해 관찰하기 시작하였다. 많은 심오한 사상가—Max Weber, Talcott Parsons, Erich Fromm과 수많은 다른 사상가—는 사회와 개인 사이의 간극을 연결하기 위해서 심도 깊은 시도들을 하였다. 그 결과, 정신분석과 사회학 사이에 생산적인 상호작용이 일어났다(Wallerstein and Smelser, 1969). 그러나 혹자는 두 영역 사이의 반목을 강조하기도 하였다.

아무튼 Freud가 그렇게 하려고 원하였음에도 불구하고, 1880년에는 Freud가 의지할 수 있는 견고한 사회학적 지식 체계가 없었다. 다른 사회과학에서와 같이, 두 학문 영역은 동시대에 독립적으로 발달해 왔다.

인류학

인류학은 사회학보다 더 오래된 분야이다. 글자 그대로 인류학은 '인간에 대한 과학(science of man)'을 의미하며, 그리스 시대 때부터 광범위한 사색을 위한 자원으로 사용되어 왔다. 실제로 인류학은 '원시'인과 '문명'인 사이의 차이점에 대한 질문에 대답하기 위한 시도로부터 주된 자극을 받았다.

Darwin이 진화론을 주장한 이후, 인류학자들은 원시인에서 문명인에 이르기까지 인간의 발전 역사를 이해할 수 있게 하는 최초의 거대한 조직화 원리로서 진화론을 받아들였다. 이 이론은 1860년에서 1890년까지 지배적이었으며(Tax, 1964), 따라서 1880년에는 지배적인 지적인 신조였다.

진화론자들은 미개(barbarism)와 야만성(savagery)에서부터 점차 상향성장(growth upward)하는 쪽으로 인류의 발달을 설명하려고 하였다. 1920년대까지는 Malinowski에 의해서 여전히 사용된 적이 있는 '야만적(savage)'이라는 용어가 이후 완전히 사라지는데, 특히 20세기의 야만성이 결코 전에 본 적도 없고 짐작조차도 못한 깊이에까지 도달한 이후에 사라지게 되었다. Freud는 이러한 진화적인 성장과 진보의 관점을 다소 순진하게 이어받았다.

진보를 강조하기 위하여, 19세기 후반의 진화론자들은 원시인들을 경멸하는 데 주저하지 않았다. 『원시적 문화(Primitive Culture)』(1871)라는 당대 최고의 저서를 쓴 Tylor는 "낡아 빠졌고, 가치 없거나, 심지어 아주 해로운 어리석음이 있는 나쁜 것"이라는 특성들에 많은 관심을 두었다.[25]

현대적이고 세련된 현지연구(fieldwork)가 발달되기 전에 인류학의 원자료는 선교사, 여행자, 상인들 같은 다수의 훈련되지 않은 관찰자의 기술에서 얻었다. 이것들을 신뢰할 수 없었음은 아주 명백하였다. Franz Boas(1858~1942)는 1888년에 북서 아메리카 인디언들에 대한 체계적인 현지연구를 시작한 이후 여러 해 동안 계속하였으며, 현대 인류학의 아버지로서 널리 존경받고 있다. 이후로는 훈련받은 인류학자에 의해 수행된 현장 연구에 대한 언급 없이는 인류학에서 어떤 중대한 진술을 할 수 없었다.

Boas와 Freud가 거의 정확히 동시대 인물임에도 불구하고 서로에 대한 언급이 아주 드물었다는 것은 흥미롭다. 그 이유는 명백하다. Boas는 일차적으로 어떤 심리학적 이론으로도 밝혀지지 않은 사실들을 수집하는 사람이었고, 반면에 Freud는 이론을 가지고 있었지만 사실을 밝히기 위해서 다른 것들에 의지해야 하였다. 다양한 근거에서, 후에 많은 인류학자는 Boas의 사실-수집을 비판해 왔고,[26] 이와 유사하게 Freud도 그의 임상적 관찰과 너무 동떨어져 배회하고 있다는 점에 대해 주로 비판을 받았다(G. Klein, 1976).

Freud 이후의 발달에서, 인류학과 정신분석학은 많은 방식으로 긴밀하게 연결되어 왔다(Kardiner and Preble, 1965). 양쪽 분야에서 많은 사람이 뛰어난 업적을 이루었는데, 이들 중 탁월한 사람들은 Geza Roheim, Abram Kardiner, Erich Fromm(멕시코 마을에 대한 연구), Erik Erikson, George Devereux 그리고 L. Bryce Boyer이었다. 앞으로 보게 되겠지만, 인간심리는 어디서나 똑같고, 그래서 좀 더 큰 관점에서 인류학과 심리학이 통합되어 하나의 광범위한 학문으로 나아간다는 인간 문화의 진화론적 이론—오늘날 대부분의 학자가 동의할 것이라 여겨지는—을 자신도 모르게 반박하였던 사람은 Freud였다.

역사

역사의 기록은 자연히 고대로 거슬러 간다. Gay와 Cavanaugh(1927)가 관찰한 것과 같이, 역사는 여전히 정의를 내리는 것보다 쓰는 것이 더 쉽다. 오늘날까지도 역사가들은 여전히 역사 기술을 어떻게 해야 하는가뿐만 아니라 역사 기술이 무엇인가에 대해서 의견 일치를 보지 못하고 있다.

첫째로, 역사는 사실을 정확하게 기술해야만 한다. 그러한 정확성의 달성은 19세기에 무르익었고, 정확성이란 관점에서 볼 때 혁명을 경험하였다.[27] 그것은 다수의 보조 과학의 더욱 정확한 기여를 통한 완벽한 연구 절차를 요구하였다. 1880년에 그러한 정확성은 오늘날과 크게 다를 바 없는 수준(자료의 출처가 이용 가능하다고 가정하는)에 도달하였다.

그럼에도 불구하고, 모든 어린 학생이 알고 있듯이 역사는 과거의 단순한 기록 이상의 의미가 있다. 역사는 인간의 행동 방식에 대한 이유에 관한 일련의 조망을 담아야만 한다. 아마도 이러한 시각이 그 시대에는 부족하였기 때문에 Freud는 현대 유럽 역사에 조금도 흥미를 보이지 않았고, 결국 스스로를 당시에 교육의 근간을 형성했던 고전고대(古典古代, classical antiquity)로 한정시켜 버렸다.

19세기와 20세기에 걸쳐 두 가지 중요한 변화가 일어났다. 무엇보다도 첫째로, 19세기 후반부터 경제적 인과 관계를 강조하는 마르크스주의자들이 힘을 얻기 시작하였다. 비록 경제적 요인을 어떻게 해석해야 하는가에 대해서는 여지를 둔다고 할지라도, 20세기까지는 경제적 요인을 면밀히 살피지 않고는 분별 있는 역사가 기술될 수 없었다.

두 번째 변화는 아직 계속되고 있는데, 심리학적 요인의 도입이다. 교황이나 통치자가 정신병적일 수 있다거나, 혹은 유럽 문명이 '노년성 소현병'을 앓고 있다는 견해는 겨우 한 세대 전이라도 전문 역사가들이 상상도 할 수 없는 일이었을 것이다. 그렇지만 일단 도입된 다음, 그 견해는 충분히 명확한 것으로 보인다. 인간이 역사를 만들기 때문에, 그들의 심리는 그런 역사의 본질적인 부분을 차지함이 틀림없다. 모든 역사는 본질적으로 정신역사(psychohistory)라는 관점에서 볼 때, 과거 사실들의 학문적인 재구성은 참여자들의 삶의 동기를 이해함으로써 명백히 밝혀진다. 그런 의미에서 정신분석은 모든 역사적 기록을 관통해 왔다고 얘기할 수 있다. 그러나 이러한 발달은 오직 지난 세기를 통하여 점진적으로 일어나고 있다(Fine, 1977).

경제학

비록 경제학의 뿌리가 역시 기록역사(recorded history)가 시작된 과거까지 거슬러 간다고 할지라도, 경제학은 특히 20세기의 학문 분야이다. 그 용어조차도 이 세기에야 유행하게 되었고, 그것은 옛날의 관용구인 'Political economy(정치경제학)'[28]을 대체하였다. 고전적인 경제학자들과 마르크스 시대 이후, 오늘날의 현장을 지배하는 주요한 발달들은 모두 비교적 최근에 생긴 것들이다.

비록 경제학자들이 경제적 영역에서 인간 행동의 '불변의' 법칙을 발견하려고 노력해 왔지만, 모든 이러한 이론은 Heilbroner(1967)가 보여 준 것처럼 객관적인 것만큼이나 매우 심리학적이다. 좀 더 근년에 케인즈 혁명(Keynesian revolution; Keynes, 1935)과 심리학적 연구 도구들이 무르익게 된 이후, 많은 경제학자는 정신역동적 관점에 대한 그들의 지지를 더욱 솔직히 말해 왔다(Galbraith, 1976; Weisskopf, 1955, 1971). Freud가 시작하였던 1880년에는, 이 모든 것이 여전히 먼 미래의 일이었다.

생물학, 의학 그리고 생리학

Singer[29]는 생명체의 본질에 대한 전체적인 개관이 Freud가 교육받던 시기인 약 1860~1880년 동안에 완전하고 깊은 변화를 거쳤다고 강조하였다. 그는 이 변화가 다음과 같은 원인에서 일어났다고 하였다.

1. 동물과 식물의 생식 방식에서 본질적인 동일성을 발견하였다.

2. 동물과 식물의 생명 물질에서 본질적인 동일성이 발견되고, 원형질 개념이 출현하였다.
3. 영양분 섭취와 호흡의 방법에 대해 조사하고, 이것들 역시 모든 생명체에서 근본 적으로 같다는 사실을 깨달았다.
4. 생명의 균형과 유기체 본질의 균형을 하나의 거대한 기전으로 보는 견해가 대두되었다.
5. 모든 생명 활동 과정이 세포라는 용어로 환원되었다.
6. 생물학적인 사고를 변혁시킨 생명에 대한 진화적 관점이 등장하여 다른 형태의 생명체와의 관계를 포함하여 생명체의 습성과 삶의 방식을 조사하려는 경향을 일으켰다.
7. 과학적 경험이 확대될수록 모든 생명체는 생명체에서 유래되고 무생물에서 발생되지 않는다고 확신하였다.

생물학의 이후 발달 중에서, 정신분석에서 가장 중요한 것은 유전학의 발견이다(Mayr, 1970). 유전학의 시작은 흔히 1866년의 Mendel의 연구(1900년에 재발견됨.)에서부터라고 인정받고 있다. 멘델의 연구는 Darwin에게는 알려지지 않았고, 물론 어린 Freud에게도 알려지지 않았다. 획득형질의 유전이라는 Lamarck의 학설은, 현대 유전학에서는 단호히 거부되지만 그 시대에는 여전히 지배적이었다. 1939년에 Freud가 생물학자들이 Lamarck의 학설(Lamarckism)을 거부한다는 것을 모두 알았을 때에도 여전히 그 이론에 애착을 가졌다는 것이 흥미로우며,[30] 위대한 사람조차도 젊은 시절의 가르침을 버리는 것이 아주 어렵다는 점을 보여 준다.

19세기의 의학이 질병 정복이라는 거대한 행진의 중심에 있었다는 것은 언급할 가치가 있다. 모든 기본적인 과학적 발견이 이미 이루어졌고, 그것들이 인간질환에 신속하게 적용되었으며, 새로운 발견들은 거의 매일 출현하였다. 그러한 환경 속에서, 다른 사람들이 다른 질환을 정복하는 데 사용해 왔던 똑같은 방법으로 Freud가 히스테리아를 자신이 정복할 수 있는 질환으로 보기 시작하였다는 것은 놀랄 만한 것이 아니다.

요약

정신분석의 발전에서 고려되어야 하는 주요한 배경 요인은 그 시대의 일반적인 지적 · 사회적 분위기라는 간접적인 것들이다. 임의로 1880년을 기점으로 삼아, 우리는 정치적 세계가 도덕적 조현병 상태에 있었으며, 곧 일련의 폭력적인 파국으로 분출되었음을 목격하였다. 지적인 세계에서 정신의학은 아직도 그리스 사람들의 인도적이고 깨우친 태도를 따라가지 못하였고, 심리학은 감각 양식의 실험적 연구에 실질적으로 갇혀 있었으며, 사회학과 인류학은 주로 공론적인 추론에 의지하였고 역사학은 과거의 사실들을 재발견하는 방법을 완벽히 수행하였지만 그것들을 해석하기 위한 의미 있는 관점이 부족하였다. 반면에 경제학은 이른바 노동과 역사의 철칙 뒤에 심리학적인 추론을 감추고 있었다. 생물학은 주된 변혁을 막 완료하였고, 오늘날 널리 퍼져 있는 과학적 위치를 수립하였다. 그 이후의 주요 이론적 변화는 유전학의 재발견이다. 의학은 당시 많은 질병을 정복하였고, 뒤이은 세기에서도 더욱더 많이 정복할 수 있었다.

이것들이 Freud의 획기적인 발견을 유도한 배경적 상황의 핵심이었다.

제3장

Freud가 남긴 유산

Sigmund Freud

1886~1895: 신경증 탐구

Sigmund Freud는 1856년 5월 6일, 현재의 Czechoslovakia에 있는 프리보르(Pribor)에서 태어났다. 한때는 Freud의 탄생을 기리기 위해서, 그가 태어난 거리의 명칭을 울리체 프로이도바[Ulice Freudova(Freud 거리)]로 바꾸기도 하였다. Freud가 세 살 때 가족이 비엔나로 이주하여 1938년까지 살았다. 그해에 Freud는 나치의 박해를 피해 영국으로 망명하였으나 1년 만에 죽음을 맞이하였다. 나치의 박해에 의연하였던 Freud는 프랑스에서 영국으로 건너가는 도중에 꿈을 꾸었다. 1066년 William 공작이 정복하였던 페번시(Pevensey)에 자신이 상륙하고 있는 꿈이었다.[1]

Freud의 삶에 대해서 외현적으로는 말할 만한 것이 비교적 많지 않다. 그는 항상 매우 총명한 학생이었고, 아주 어려서부터 학자나 지적인 소명을 가지고 살아갈 운명을 타고난 것 같았다. 그는 비엔나대학교에서 공부를 하였고, 1876년부터 1881년까지 저명한 생리학자인 Ernst Brücke 밑에서 연구를 수행하였다. 그러나 연구 분야는 경제적으로 전망이 무척이나 어두웠기 때문에, 1881년에 의학박사 학위를 취득하였다. 1885년에는 여행 장학금을 받아서 파리(Paris)로 갈 수 있었다. 파리에서 당대에 가장 유명한 신경학자였던 Jean Charcot와 몇 달 동안 함께 연구하였다.

1886년에 비엔나(Vienna)로 돌아온 후에, 신경과 의사로 개업하였다. 같은 해에 Martha Bernays와 결혼해서, 여섯 명의 자녀를 두었다. 그중 막내딸인 Anna는 정신분석계의 세계적인 거물 중 한 명이 되었다.

그는 1885년에 이미 비엔나대학교에서 신경병리학 강사로 임용이 되었었다. 약 20년 후에 부교수가 되었고 1920년에 정교수가 되었다. 이 모든 명예직들은 Freud가 신경학을 연구한 결과로 얻어진 것이었고, 정신분석에 쏟은 노고에 대해서는 대학으로부터 어떠한 공식적인 인정도 받지 못하였다.

1923년 Freud는 턱에 암이 발병하여, 수차례의 수술과 고통을 겪은 끝에 1939년 죽음에 이르렀다.

이상이 Freud의 대략적인 생애이다. Freud의 일대기에서는 흥분되는 어떤 것도 발견하지 못할 것이다. 왜냐하면 Freud의 서사시는 그의 위대한 지적 모험인 정신분석의 발전 속에 펼쳐져 있기 때문이다.

Freud의 작업은 다음과 같이 네 개의 주요 기간으로 나눌 수 있다.

1. 신경증 탐구, 개업의 시작(1886년)에서부터 『히스테리아 연구(Studies on Hysteria)』(1895년)까지
2. 자기분석, 1895~1899년
3. 이드심리학, 정신분석적 심리학의 첫 체계, 대략 1900~1914년
4. 마지막으로, 자아심리학, 초창기 생각들의 상당한 확장과 정교화, 1914년에서 1939년까지

신경증을 탐구하며

전문가로서 첫발을 내딛고 10년 동안 Freud는 그 당시의 다른 신경학자들과 유사한 방법으로 진료를 하였다. 그가 진료하였던 두 개의 주요 질환은 먼 옛날부터 알려져 온 히스테리아와 1869년에 미국 정신과 의사인 Beard가 처음 기술한 신경쇠약이었다.[2] Freud는 일반적인 신경질환을 치료하면서, 오늘날의 심인성 장애에 해당하는 병에 점점 더 초점을

맞추어 진료하였다.

Freud는 문학, 예술, 연극에 폭넓은 관심을 가졌고, 유럽의 모든 주요 언어를 포함하는 광범위한 언어적 지식을 갖추었으며, 조금의 스캔들 기미조차 보이지 않는 고상한 생활 방식을 지닌 당대의 교양 있는 의사의 전형적인 본보기였다. 이러한 삶의 방식에서 정신분석의 발견으로 이행이 이루어졌다는 것은 놀랄 만한 이야기이다.

우선, Freud는 지독히도 야심이 많았다. Freud가 대단히 위대한 사람이 되었다는 사실 때문에 오히려 위대한 사람이 되고자 하였던 그의 소망은 가려졌다. 수년간의 고투를 거치면서, 어떤 위대한 발견을 하고자 하는 기대감과 더불어 그 발견이 계속해서 비껴가는 바람에 갖게 된 실패에 대한 두려움은 그의 두드러진 성격적 특징이 되었다. 이 성격 특징은 베를린에 있는 친구인 이비인후과 전문의 Wilhelm Fliess에게 보낸, Freud 사후에 발견된 편지에 잘 드러나 있다. 1897년 11월 14일 Fliess에게 보낸 편지가 그 전형적인 예이다. "1897년 11월 12일이었네. 해는 동쪽의 사분의 일에 와 있었어. 수성과 금성이 결합하였지……. 나는 새로운 지식을 창조해 냈네."[3] 그러고는 약혼녀에게 보냈었던 편지에서와 같은 생각으로 다시 돌아오곤 하였다. "나는 천재가 아닌데 어떻게 그러기를 바랄 수 있었는지 더 이상은 나도 이해하지 못하겠소."[4]

Freud는 처음 몇 해 동안, 자신이 치료하고 있던 질환에 대해 치료법을 계속해서 찾았다. 왜냐하면 당시의 의학이 어떤 가치 있는 이론이나 치료법을 제공해 주지 못했기 때문이었다. 물론 Freud도 처음에는 그 시대에 일반적으로 행해지는 치료를 채택하였다. 생물학과 의학이 지금까지 어떤 정신사회적 이해 보다도 훨씬 앞서 있었기 때문에, 신경증은 알려지지 않은 기질적 요인에 기인하는 것으로 가정되었다. 사실상 심리학은 중세의 돌팔이로 되돌아가려는 낌새마저 보였다.

당시의 치료적 무기는 두 가지 주요한 치료법인 전기치료와 최면술에 한정되어 있었다. 이때의 전기치료는 나중에 Cerletti에 의해 도입된 전기 충격과는 다르다. 어떤 심각한 혼란이나 경련을 일으킬 정도는 아니지만, 환자를 깜짝 놀라게 하기에 충분한 유도전류 충격이었다. 온전히 솔직한 느낌을 따르는 Freud는 곧장 전기치료가 시간 낭비임을 깨달았다. 1925년 그는 자서전에서 다음과 같이 기록하였다.

> 전기치료에 대한 나의 지식은 W. Erb의 교과서에서 얻은 것이었다. 이 교과서는 신경질환의 모든 증상을 치료하는 데 자세한 지침을 제공하였다. 안타깝게도 이 지침을 따르는 것이 아무런 도움이 되지 않는다는 것과 정확하게 관찰한 것들의 요약본이라고 생각하였던 것이 단지

> 환상을 쌓아 올린 것에 불과하다는 것을 곧 알게 되었다. 독일 신경병리학 분야에서 가장 위대한 명사가 쓴 저서가 싸구려 책방에서나 파는 이집트 해몽 책보다도 현실성이 없다는 것을 깨닫는 것은 매우 고통스러운 것이었다. 그러나 여전히 권위에 자유롭지 못해서 가졌던 티끌만큼의 순진한 믿음에서 벗어나는 데는 도움이 되었다. 그래서 나는 전기 기구들을 치워 버렸다.[5]

Freud가 당시에 사용하였던 유일한 치료 방법은 최면술이었다. 1889년 프랑스 낭시(Nancy)로 특별 여행을 떠나 최면술에 관한 한 손꼽히는 전문가인 Hippolyte Bernheim을 만났다. Freud는 그의 책을 독일어로 번역한 적도 있었다. Freud는 여러 해 동안 최면술을 시행하였으나 1896년에 가서는 결국 최면술을 버리고 정신분석 방법으로 완전히 대체하였다. 신경증을 연구하고 치료하기 위해서 완전히 새로운 기법을 창안해야만 하였다.

Freud의 첫 번째 주요한 발견은 신경증을 푸는 열쇠가 인간심리에 있다는 것이었다. 이것은 여러 방식으로 기술될 수 있다. 정신병리를 이해함으로써 정상적인 심리에 도달할 수도 있고, 심리를 통해서 정상적인 행동뿐만 아니라 신경증의 발현을 설명할 수도 있다. 그는 자신의 심리학적 설명을 위해서는 틀림없이 어떤 생리학적 기초가 있어야 한다는 것을 알았지만, 보통 그는 더 많은 것이 발견될 때까지 생리학은 한쪽으로 치워 두고 그가 기술한 현상들을 순수하게 심리학적으로 이해해야 한다고 주장하였다.

Fliess에게 보낸 편지들에서 Freud가 새로운 심리학 체계를 세우려는 데 몰두되어 있었다는 것이 거듭해서 드러난다. 1895년 5월 25일에 쓴 편지에서 말하기를,

> 나의 군주는 심리학이었네. 심리학은 언제나 멀리서 손짓해 부르는 목표였으나, 신경증을 접하게 되면서 이제는 훨씬 더 가까워진 느낌이네. 나는 두 개의 야망으로 시달리고 있다네. 하나는 양적인 고려들, 즉 일종의 신경-힘(nerve-force)의 경제성이 도입됐을 때 정신 기능에 대한 이론이 어떤 식으로 구체화될지를 보고 싶은 것이고, 두 번째는 정상심리를 이해하는 데 도움이 될 만한 것을 정신병리로부터 추출해 내고자 하는 것이라네. 실제로 정상적인 정신 과정에 대한 분명한 가정과 정신병리를 관련지을 수 없다면, 신경정신병적 장애에 대한 만족스러운 이론은 불가능할 걸세.[6]

또는 1896년 4월 2일자 편지에서,

> 내가 젊었을 때 유일하게 갈망하였던 것이 철학적 지식이었는데, 이제 의학에서 심리학으

로 넘어가면서 나는 그것을 획득하는 과정에 있다네. 내 의지는 아니었지만 치료자가 되었고, 그 사람에게 어떤 조건들만 허락된다면 히스테리아와 강박신경증을 확실히 치유할 수 있다고 확신하고 있네.[7]

그 후 더 절망스러운 순간에 맞닥뜨렸을 때, Freud는 고백하였다(1898. 10. 23.). "한때는 자부심을 가지고 기대한 적도 있었지만, 어떻게 모든 정신 작용에 대해 통찰을 얻기를 희망할 수 있을까?"[8]

Freud가 잘 알고 있었듯이, 심리학으로 이행한다는 것은 과거와의 뚜렷한 단절을 의미하였다. 그의 스승들이 모든 정신적 삶의 뿌리에 존재한다고 가르쳐 왔던 생리화학적 힘들은 어디에 있는 것인가? 그가 계속해서 관찰하고 있었던 그 모든 갈등, 정신적 외상, 방어의 신체적 기반은 무엇이란 말인가?

그는 신경학 전통을 충실하게 따라서, 확고한 신경학적 기초 위에 심리학이 놓여 있는 원대한 생리학 이론을 세우고자 시도하였다. 그는 이 이론의 초고를 Fliess에게 보내면서 "신경과 의사를 위한 심리학"이라고 칭하였는데, 나중에는 간단히 '프로젝트(Project)'라고 알려졌다. 그는 '프로젝트(Project)'에 대해서 한동안 열광적이었다가 이후 차갑게 식어 버렸다. '프로젝트'는 그의 생전에는 출판되지 않았다.[9]

Freud의 생리학이 특별히 참신한 것은 아니었다(Amacher, 1965). Brücke로부터 아이디어를 차용하였는데, 신경 체계에 단지 한 가지 형태의 흥분이 있고, 이것은 전기적 활동과 관련이 있다는 것이었다. 전달의 기전은 흥분이 신경계의 어떤 장소에서 나와서 신경을 따라 움직이면서 통로에 있는 더 큰 장소에 모이는데, 이 흥분의 양과 관련된 신경 과정으로 이어지는 그런 원리였다. 신경계의 기능은 흥분을 제거하는 것이었다. Freud는 이후에 이것을 '열반 원리(Nirvana principle)'라고 이름 붙였다. 자극이 비활동(quiescence)만큼이나 중요한 신경계의 기능이라는 현대적 생각은 당시에는 알려져 있지 않았다. 감각 박탈로 인해 생기는 심리적 이상에 대한 인식은 제2차 세계대전 이후에야 생겼다.

Freud는 1895년에 당대에 최고의 뇌해부학자였던 Theodor Meynert의 아이디어를 받아들였다. 모든 생리학적 힘만큼이나 설명하기는 어렵지만, 하나의 기능을 가진 에너지가 뇌세포 속에 내재해 있고, 그것은 자극에 민감성을 가지고 있다는 생각이었다. 흥분은 양적인 측면에서 다양하다고 가정되었고, 이 양적 다양성을 가지고 알려진 모든 현상을 설명할 수 있었다. 훗날 Freud는 이것을 처음에는 심적 에너지로, 뒤이어 리비도 이론으로 공식화하였다.

Meynert는 연상심리학(association psychology)을 온전히 수용하였다. 이것을 따라 그는 마음이란 감각 지각들의 수용과 결합을 바라보는 수동적인 구경꾼이라고 하였다. 그런 탓에 Meynert는 심리적 능력을 제거하려는 경향성을 가질 수밖에 없었고, 따라서 Freud가 알 수 없는 생리적 토대 위에 심리적 능력이 존재한다고 감히 주장하는 것은 자신의 스승들에게 도전하는 격이 되었다.

Meynert는 또한 (지장을 주는) 흥분을 방출하는 경험을 통해 형성된 일차적 자아 개념을 받아들여, "개인 특성의 핵"이라고 불렀다. 그는 고통을 피하는 것이 결정적인 동기라고 강조하였다. 이를 따라서 Freud는 "불쾌 원리(Unlust Prinzip)"를 말하였고 1911년이 되어서 쾌락 원리로 이동하였다. Meynert가 신경 과정들을 피질하(subcortical)와 피질(cortical)로 나눈 것을 나중에 Freud가 Meynert의 아이디어에 내재되어 있는 생리학적 가정들을 생략하고 두 가지 과정, 즉 일차 과정(subcortical)과 이차 과정(cortical)으로 재공식화하였다.

Freud의 또 다른 스승인 Exner(1846~1926)는 본능의 중요성을 강조하였는데, 본능을 "사고 중추와 감정 중추 간의 연합"으로 정의하였다(이것은 나중에 Freud가 본능을 신체적인 것과 정신적인 것 간의 경계에 있는 것이라고 정의한 것과 유사하다). 그는 성적 행동의 결정인자 등에 대해서도 상당히 자세하게 논의하였다. 본능에 대한 그의 견해는 그 당시 다른 이론가들의 견해와도 특별히 다르지 않았다(Fletcher, 1966).

Freud의 견해 이전에 나왔던 이러한 주장들을 앞으로 나올 모든 것에서 염두에 둘 필요가 있다. Freud의 생물학적인 편향에 대해서 많은 주장이 오갔지만, 사실 Freud의 생물학과 신경학이 전혀 독창적이지 않다는 것은 간과되어 왔다. 혁명적인 것은 그의 심리학이었다.

1890년대에 발견된 새로운 주요 원리는 신경증을 푸는 열쇠가 심리학에 놓여 있다는 것이었다. 그러나 Freud는 아직 이 이론을 완성하지 못하였기 때문에 항상 어떤 미지의 생리학적인 또는 체질적인 요소를 감안하였다. 한때 Freud는 수많은 히스테리아 환자가 매독에 걸린 아버지로부터 기인한다는 가설을 세우기도 하였는데, 폐기하였던 다른 오류들에 대해서는 다시 주목하고 언급한 반면, 이 가설은 1920년대까지도 그냥 내버려 두었다.[10] 이전의 입장을 포기하였다고 인정하는 것은 Freud에게 언제나 쉽지 않은 일이었다.

1890년대에 Freud는 신경증을 **실제신경증**과 **정신신경증**으로 나누었다. 실제신경증은 신경쇠약과 불안신경증을 포함하는데, 실제 있었던 성적인 좌절이 알려지지 않은 어떤 방식으로 시스템 안에 독소를 방출하기 때문이라고 믿었다. 실제신경증은 직접적인 생리적 요인에 의해 생겨났으므로 그 치료도 생리적이어야 한다. 즉, 신경증에 이르게 한 성적인 행위를 변경해야 한다. Freud는 신경쇠약은 과도한 자위행위에 의해서 생기고 불안신경증은 방출되지 않은 자극, 특히 성교방해(coitus interruptus)에 의해서 생긴다고 가정하였다. 정신신경증은 히스테리아와 강박신경증이었다. Freud는 이 두 가지 모두 아동기에서의 성적 외상에 의해서 생긴다고 생각하였다. 히스테리아는 수동적 유혹에 의해, 강박신경증은 능동적 유혹에 의해 생긴다고 보았다. 그러므로 히스테리아는 여자에게서 더 흔하고 강박신경증은 남자에게서 더 흔하게 나타난다. 이 모든 구분과 이론의 구조물들은 곧 쓸모없게 되었으나 Freud는 여전히 이 관점이 변경됐음을 분명하게 지적하지 않았기 때문에, 오늘날까지도 많은 이가 Freud의 자기분석 이전의 1890년대의 견해와 1900년에 출판된『꿈의 해석(The Interpretation of Dreams)』부터 시작된 엄밀한 분석을 혼동한다.

정신치료에서 Freud는 Breuer가 먼저 사용한 두 가지 도구를 이용하고 확대하였다. 제반응(abreaction)과 무의식의 의식화 혹은 통찰(insight)이다. 제반응이란 외상 경험을 할 당시에 억압되었던 감정을 풀어 주는 것을 말한다. 제반응을 통해 Freud는 방출 현상과 방출을 위한 분투에 일차적으로 강조점을 두게 되었다.

1900년 이전에 Freud의 연구 결과는 빈약하였다. 1900년 이전 연구는 표준판에서 거의 한 권을 차지할 뿐이었고, 그 한 권마저도 대부분은「히스테리아 연구(Studies on Hysteria)」(1895) 논문에 할애되었다.

이후 정신분석 과정과 관련해서 보면, 이 시기의 가장 의미 있는 논문은「방어 신경정신병(The Defense Neuropsychoses)」(1894)이다. 이 논문에서 Freud는 **모든 신경정신병은 감당할 수 없는 생각에 대한 방어와 관련되어 있다는** 개념[1]을 도입하였고, 이 생각은 이후 계속해서 근본적인 토대가 되었다. 어떤 의미에서는 정신분석 역사의 많은 부분이 이 공식의 정교화와 명료화라고 볼 수 있다.

Freud는 처음에는 감당할 수 없는 생각에 주목하였다가 나중에는 감당할 수 없는 생각을 성(sexuality)과 동일한 것으로 보았다. 여기서 그의 견해는 해를 거듭하면서 많은 변화를 겪었다. 여기에 주요한 변화들을 요약하는 것이 유용할 것이다.

1. 처음에(1886~1900) Freud는 신경증의 원인이 성에 있다는 단순한 이론을 가정하였다. 성적인 문제가 신경증을 일으키는 것이고, 바꾸어 말하면 신경증은 언제나 성적인 문제에 의해서 생긴다는 것이다.

1) 이동식: idea라는 게 감정인데, 서양 사람들은 idea를 개념, 이론이라고 한다.

2. 1900년 무렵, 이 단순하고 직접적인 성 이론을 포기하고, 유아의 성에 관한 연구로 방향을 틀었다.
3. 동시에 성의 개념이 확대되었고, 정신성적(psychosexual)이란 용어가 사용되었다. 성이 첫째로 모든 신체적 쾌감으로 확대되고, 두 번째로 애정, 사랑, 모든 다정한 정서에까지 확장되었다. 이것은『성에 관한 세 편의 논문(Three Essays on Sexuality)』(1905)에서 구체화되었다.
4. 성에 관한 새로운 개념은 보다 새로운 신경증 개념으로 이어졌고, 이것을 Freud는 리비도 이론이라고 불렀다. 물론 이 용어는 성과 관련된 의미 외에도 여러 가지 의미를 가지고 있기는 하다. 신경증을 설명하는 직접적인 성 이론은 실제신경증의 한 가지 경우를 제외하고 폐기되었다. 그 대신에 개인의 성격 구조가 본능적 욕동, 욕동의 역사와 확실히 관련되어 있다는 견해가 대두되었다. 이 이론은 주로 1905~1915년에 이루어졌다.
5. 1914년 '자기애'에 대한 논문에서, 자아는 리비도적으로 충전 혹은 부착된다는 가정으로 나아가면서 리비도 이론을 수정하였다.
6. 1920년에 기본적인 본능이 하나가 아니라 두 개가 존재한다고 상정하였다. 이는 성과 공격성, 또는 Freud의 용어로는 에로스(Eros)와 타나토스(Thanatos), 즉 삶과 죽음 본능이다.
7. 1923년에 자아심리학이라는 새로운 마음 이론을 제안하였고, 자아심리학은 이후 줄곧 주요한 이론이 되었다. 본능은 자아기능과 상호작용하여 전체 인격 구조를 만든다. 이제 감당할 수 없는 생각에 대한 방어는 자아와 이드 사이의 갈등이라고 재공식화되었다.

방어 과정은 정신분석의 역사에서 꽤 나중까지도 거의 주목을 받지 못하였다. '방어'라는 용어는 곧장 '억압'으로 대치되었고, 1926년이 되어서야 재도입되었다.

1895~1899: 자기분석

1895년의『히스테리아 연구』로부터 1900년의『꿈의 해석』에 이르는 기간에 나온 Freud의 저술들은 주로 이미 수립된 입장들을 재공식화하는 것이었다. 지금까지 전기나 자서전적 사료를 통해 알려진 바로는, 그가 몰두해 있던 것은 자기분석이었다. Freud의 자기분석이야말로 신경학에서 심리학으로의 결정적인 변화를 가져왔으며 정신분석이라는 완전히 새로운 분야를 창조해 냈다.

Freud의 자기분석이 정신분석이라는 과학의 역사에 기여한 역할은 아무리 강조해도 지나치지 않다. 자기분석은 정신분석가가 되는 준비 과정에서 여전히 가장 핵심적인 부분인 훈련분석의 선례가 되었다. 자기분석은 신경증 환자와 정상인이 양적인 정도 차이만 있을 뿐이지 질적인 다른 종류의 차이가 있는 것이 아님을 보여 주었다. Freud는 이미 신경증은 정도 차이의 문제라는 것을 눈치 채고 있었다. 1882년 약혼녀에게 보내는 편지에서 "나 자신을 참조로 해서 어떤 사람을 이해할 수 없을 때는 항상 기묘한 느낌이 든다."라고 썼다.[11] 이제 그는 자신의 예감을 곧 증명하게 될 것이었다.

자기분석이 Freud 이론 발달에 얼마나 기여하였는지에 대한 평가는 서서히, 그리고 느지막하게 이루어졌다. 출판된 저술에서 자기분석에 대한 언급이 거의 없었고, 언급된 것 중에서조차 Freud는 자신이 분석한 것에 대해 진정으로 중요성을 부여하지 않았다. 그의 사후에야 자서전적 자료에 대한 몇 개의 흩어져 있던 언급들이 빛을 보게 되고 논평되었다. 그 후에 Freud가 Fliess에게 보낸 편지들이 발견되어 1905년에 출판되었다.

Wilhelm Fliess는 베를린에서 활동한 의사로, 1887년부터 1902년까지 Freud의 가까운 친구였다. 둘은 종종 만나서 과학적 문제에 관해 토론하고 활발하게 서신을 주고받았다. Fliess는 Freud에게서 받은 편지들을 보관하였다. Fliess가 죽고 나서 그의 미망인이 그 편지들을 베를린의 도서 거래상인 Stahl에게 팔았다. 나치가 통치하는 동안에 Stahl은 프랑스로 피신하였고, 거기에서 나폴레옹의 후손이며 프랑스의 지도적 정신분석가였던 Marie Bonaparte에게 그 편지들을 내놓았다. 그녀는 즉시 편지를 샀으며 Freud는 버리라고 충고하였지만, 편지를 간직하고 있다가 결국에는 출판하였다.

이 편지들에는 정신분석의 탄생, 초창기 기원과 함께 동반되었던, 어디에서도 볼 수 없는 Freud의 엄청난 내적 고군분투가 드러나 있었다. 또한 그는 『꿈의 해석』과 이후의 『일상생활의 정신병리(Psychopathology of Everyday Life)』(1901)에서 자신의 일상생활에서의 수없이 많은 세부 사항을 노출하였다. 꿈의 해석은 특히 새로운 종류의 자서전으로 볼 수 있으며, 그 속에는 이전에 어떤 이도 노출한 적이 없었던 내면적 삶이 드러나 있다(Burr, 1909).

Freud의 삶과 업적의 다양한 측면을 통합하는 일은 대단히 신중한 연구를 필요로 한다. 이 과업이 최근에 프랑스 분석가 Didier Anzieu(1975)에 의해 이루어졌다. Anzieu는 Freud의 모든 꿈을 연대순으로 재정리하고, 그 꿈들을 Freud 삶의 기억과 알려진 사실들과 관련

지음으로써 1895년부터 1902년까지의 Freud의 지적 · 정서적 발달에 대해 일관성 있는 그림을 보여 주었다. 그것은 학계가 감사를 표해야 할 만큼 진정으로 대단한 과업이었다. 다음 이야기들은 Anzieu의 업적에 크게 기대고 있다.

Freud가 집중적인 자기분석을 시작한 것은 39세였던 1895년이었다. 그는 성공적인 신경과 의사로서 행복한 결혼 생활을 영위하고 있었다. 다섯 자녀의 아버지였고 여섯 번째 아이가 태어나기 직전이었다. 1895년 12월 3일에 막내딸 Anna가 태어났다. 외현적으로 비쳐지는 모습에서 Freud는 행복한 사람이었다. 진료와 가족, 친구들을 위해 시간을 쏟았다. 그는 다양한 분야를 망라하여 폭넓게 독서를 하였고 의학 전문 분야 외에도 상당한 문화적 소양을 갖춘 사람이었다.

그러나 내면적으로 Freud는 감정 기복이 심하고 공포로 가득 차 있었다. 자주 우울하고 격렬한 증오심을 느꼈으며 여행하는 것을 두려워하였고, 때로는 길을 건너는 것조차 겁을 내었다. 신체적 증상도 있었는데 위장질환과 심장질환을 번갈아 진단받았다. Fliess에게 의존한 것도 순수하게 객관적인 고찰을 하기 위해서만은 아니었다.

그렇다 하더라도 Freud의 모든 내면적 공포와 갈등은 당시 사회의 여느 사람들이 갖는 것과 다를 바가 없었다. Freud는 현대적 용어로 보면 '정상에 속하는 신경증'이었기 때문에 자기분석을 해야 할 특별한 이유가 없었다. Freud도 그 이전이나 이후에 많은 사람들이 하듯이 "그런 게 인생이다."라는 식으로 치부함으로써 자신의 문제를 대수롭지 않게 취급한다든지, 난해한 의학적 진단을 자신에게 붙인다든지, '취미를 갖는다'든지 할 수도 있었을 것이다. 하지만 그렇게 하는 대신에, Freud는 인간의 내면적 삶이라는 완전히 새로운 세계를 여는 지적인 탐험으로 들어갔다. 이 새로운 세계는 이제 우리에게 충분히 친숙하게 되었고, 많은 사람이 Freud의 족적을 따라갔기 때문에 오히려 그가 이룬 과업의 혁명적 특성을 제대로 보지 못하게 되었다. 그러나 Freud의 자기분석은 전 시대를 통틀어 위대한 발견 중의 하나로 자리매김되어야 한다. 그것은 Darwin의 진화론과 Einstein의 상대성 원리에 견줄 만한 일이다.

오늘날의 많은 분석이 나중에는 사소한 것으로 밝혀지는 증상을 시발로 해서 시작한다. 마찬가지로, Freud도 두 가지 아이디어를 탐색하려는 소망을 가지고 분석을 시작하였다. 하나는 자유 연상이고, 또 하나는 꿈이 전날의 소망(전날의 잔재)을 충족시킨다는 가설이다. Freud는 1895년 7월 24일에 자신의 환자인 Irma가 주사를 맞는 꿈을 꾸었다. 이 꿈은 Freud에게 꿈이 의미를 가지고 있음을 알려 주었고, 이 의미가 꿈에서 어떻게 추출될 수 있는지를 보여 주었다(이 꿈은 그 이후로 정신분석의 "꿈 표본"으로 불리었다; Erikson, 1954).

이 꿈과 꿈 해석이 Freud의 자기분석의 시작이다. Freud는 자신이 발견한 것의 중대함을 잘 알고 있었다. 곧장 Fliess에게 보낸 편지에서,[12] Freud는 농담조로 그 꿈의 의미가 떠올랐던 집에 다음과 같이 새겨 현판을 걸어 두어야 한다고 제안하였다.

1895년 7월 24일에

꿈의 비밀이

Sigmund Freud 박사에게 밝혀졌다.

이 꿈에 대한 해석을 하면서 Freud는 자유 연상법을 자신에게도 적용할 수 있었다. 그렇게 하는 도중에 뜻하지 않은 관찰을 하게 되었다. 꿈에는 무의식적인 소망이 있다는 것이다. 꿈의 구조와 신경증 증상의 구조 둘 다 상징적이라는 유사점이 있다. 이 발견이 그 꿈을 꾸는 과정 속에서 이루어졌기 때문에, 꿈의 창조적인 힘을 보여 주는 새로운 예증을 제공하였다. 최종적으로 죄책감과 속죄의 의미가 담긴 그 특별한 꿈은 새로운 개인적 통찰을 포함하고 있었다. Freud는 자신의 환자, 동료, 가족, 친구들에 대한 죄책감에 시달리고 있었다는 것을 깨닫게 되었다.

이 모든 것과 별개로, 그 꿈은 Freud에게 그의 전 생애와 작업 전반에 걸쳐 계속해서 진행하게 될 과정을 드러내 주었다. 조만간 정신분석은 인간이 가진 모든 관심사를 건드리게 된다. 정신분석은 더 이상 과학적 연구 문제가 아니라, 강렬한 인간 경험이 되었다.

1895~1896년은 이 전환이 일어난 해였다. Freud는 이전 작업을 마무리하였다. Freud는 그의 성 이론에 놀란 Breuer가 떠난 것을 감수하고 성적 과정에 대한 생물학과 화학 분야의 전문가라 여겼던 Fliess에게 더 가까이 다가가서 이 주제에 관한 필요한 깨우침을 얻고자 하였다.

1896년 9월, 부친의 죽음으로 Freud는 혼돈에 빠졌고 회복하는 데에만 3년이 걸렸다. 그의 꿈은 더 끈질기게 반복되고 더 정확하게 되었다. 그 꿈들은 마치 그의 내면적 갈등을 표현하는 대화를 상징하는 것 같았다. 아버지들 중에 가장 친애를 받는 아버지에게조차 아들은 필연적으로 격렬한 적개심을 경험할 수밖에 없다. 이 적개심은 Freud가 부정하면서 잊혔지만, 아버지의 죽음으로 인해 다시 깨어났다. 그는 이후의 모든 생각에서 중추적 역할을 차지하게 되는 '억압된 적개심의 회귀'를 경험하고 있었다. 이 적개심은 Irma의 주사 꿈 이후에 나타났던 죄책감에 대해 설명할 수 있게 해 주었다. Freud는 자신의 적개심을 인식하고 적개심의 여러 가지 형태인 질투심, 경쟁심, 야심, 원망 등을 분석하였다. 점차로 그는 그 각각의 불가피한 결과인 수치심, 후회, 성적 불능, 억제, 실패하고자 하는 소망으로부터 해방되었다.

1897년 여름, 고통의 시기를 지나면서 이 많은 것들이 그에게 분명해졌다. 그는 더 이상 지적인 작업을 할 수가 없었다. 그의 이론은 붕괴되었고, 치료는 위축되었다. 작업 중에 있던 환자와의 분석도 끝맺음할 자신이 없었으며, 환자의 문제가 그 자신의 개인적 반향을 엄청나게 불러일으켰다. 또다시 불확실한 미래에 대해 위협을 느꼈다. 분석을 하면서 아버지에 대해 느꼈던 양가감정을 Fliess에게도 느끼기 시작하였기 때문에, Fliess와의 서신 교환마저도 끊겨 버렸다. 이러한 위기들을 맞이하여 심장병, 다가오는 죽음에 대한 공포, 철도 여행에 대한 공포, 노이로제에 시달리고 있다는 두려움에서 오는 우울 같은 그의 모든 약점이 악화되었다.

이 긴장 속에서 Freud의 자기분석은 아동기 기억으로 향하였다. 꿈을 해석하는 과정에서 아동기 기억이 점점 더 자주 불쑥 튀어나왔기 때문에, 꿈에 담긴 무의식적 소망들이 꿈꾸기 전날로부터뿐만 아니라 아동기로부터도 나온다는 것을 확신할 수 있었다. 그는 자신의 경험을 통해, 성인의 무의식은 대체로 성인 안에 잠자고 있는 어린아이로 구성되어 있다는 것을 확신하였다. 아이는 자신의 소망과 충동들에 이끌림으로써 풍부한 공상의 삶 속에서 공상적인 만족을 창조해 내고, 나중에 성인이 되면 더 이상 공상과 현실을 구별할 수 없게 된다.

공상과 아동기라는 이 두 가지 핵심적 영역이 여름날의 위기를 지나 1897년 9월 말과 10월 초의 집중적인 자기분석 기간에 명료화되었다. 그는 아동기의 리비도적 감정을 재구성하였다. 어머니에 대한 근친상간적 소망, 조카인 동갑내기 Pauline(이복형의 딸)에 대한 가학증, 유모의 처벌에 대한 두려움과 그에 상응하는 공격적 느낌, 아버지에 대한 질투, 남동생 Alexander를 죽이고 싶은 소망, Pauline의 오빠인 John(Freud보다 한 살 많다.)에 대한 격렬한 경쟁심 등이다. 그의 성품의 양면이 오이디푸스 콤플렉스 이론에서 결합되었다.

다음 시기인 1897년 가을부터 1898년 여름까지, Freud는 이 통찰들을 그의 신경증, 친구 관계, 일에 적용('훈습')하였다. 심장 불안과 여행에 대한 공포는 사라졌다. Fliess에 대한 의존은 경쟁으로 바뀌었다. 그는 최면술도 함께 버렸고 이후부터 치료에서 꿈, 자유 연상, 아동기 기억에 의지하였다. 꿈에 관한 책을 저술하려는 소망이 더욱 강해졌다. Brücke와 Charcot는 모델이 되어 주지 못하였고, 대신에 Goethe와 동일시하였다. Goethe처럼, 그는 자신이 발견한 것들을 인류 활동의 전 영역으로 확대하기 시작하였다.

1898년 봄부터 여름까지 Freud의 내면적 삶은 배설하는 꿈들, Rabelais와 Zola 읽기, 소화 불량, 거친 이미지와 기억 등 항문기 자료들로 채워졌다. 그는 배변 훈련 시기를 다시 재연하고 있었다.

한동안 Freud는 자신의 꿈에 관해 관심이 줄어들었다. 그는 이미 가장 중요한 발견을 성취해 냈고 꿈 주제에 대한 책을 출판하기를 간절히 바랐다. 이전 문헌들에 대한 필수적인 검토가 지루하긴 하였지만, 꿈 주제에 관해 어떠한 결론도 내려진 게 없었다는 사실을 재확인하는 것으로 만족하였다. 그다음 책으로 『일상생활의 정신병리(The Psychopathology of Everyday Life)』를 염두에 두기 시작하였다.

그럼에도 불구하고, 재발이 되었다. 1898년 가을, 새로운 위기가 닥쳤다. 내면적 고통이 다시 시작되고 지적인 마비가 찾아왔다. 이 우울로부터 그를 구해 준 것은 꿈이었다. 그는 죽은 모든 친구와 죽기를 바랐던 모든 경쟁자를 생각하였다.

그러나 그의 우울에는 또 다른 측면이 있었다. 어머니와의 관계와 구강기에 관련된 것이었다. 그 이후에 꾼 꿈들은 Freud가 부인에게서 재경험하였던 어머니상의 다의성(多義性)을 분명히 알게 해 주었다. 즉, 어머니는 생명과 영양분을 주는 자이면서 또한 무자비한 죽음의 매개자이며, 사랑과 쾌락을 주지만 동시에 그것을 금하거나 벌하기도 하는 자이다.

이들 꿈을 꾸고 나서 Freud는 자신의 애정 생활의 단계들을 다음과 같이 재구성할 수 있었다. 조카딸 Pauline에 대한 애착, 첫 번째 사춘기 사랑에 대한 꿈, 첫 번째 성애적 환상, 애정 어린 결혼과 부인과의 관계의 어려움에서 생긴 원망 등이다.

그 어려움들은 부모상을 되찾으면서 해결되었다. 아버지상은 그의 어린 시절에 매우 행복하게 가족을 다스렸던 평온한 권위자였다. 어머니상은 그에게 숭고한 자기확신을 심어 주었는데, Freud는 늘 이것이 어머니가 큰아들에게 주는 사랑에서 오는 것이라고 생각하였다.

마침내 내면적 갈등을 극복하고 Freud는 다시 일로 돌아왔다. 1899년, 9개월 동안 『꿈의 해석』을 완성하였다. 이때부터 생을 마감할 때까지 사소하게 중단될 때도 있었지만, 그는 고요하고 평온한 아버지로서 인생에서 자기 자리를 찾았다. 전 생애를 통하여 간혹 우울 징후나 신체적 문제가 나타나긴 했지만, 대부분의 증상은 사라졌다. 개인적 삶에서도 가족과 많은 행복을 누렸다. Freud가 그 후에도 관계를 유지하려고 2년간이나 애를 썼지만, Fliess와는 1900년에 결별하게 되었다. 그 이후부터 Freud는 제자들은 두었지만 가까운 친구는 더 이상 필요치 않았다. 여행 공포도 극복되어, 1901년에 이전에는 피할 수밖에 없다고 느꼈던 로마 방문을 할 수 있었다. 그리고 일에서는 정신분석이라는 새로운 과학을 위한 기초를 놓을 수 있었다.

비록 직접적인 갈등은 진정되었지만("그의 자기분석은 종결되었다."), 어떤 의미에서 자기분석은 Freud 생애 끝까지 계속되었다. 한번은 Freud가 Ernest Jones에게 자신은 매일 자기 전 30분씩 자기분석을 한다고 말하였다.[13]

Freud의 견해와 정신분석의 전반적인 발달에 있어서 Freud의 자기분석이 끼친 영향은 중대하다. 여기에 두 가지 직접적인 결과를 조명해 보겠다.

무엇보다 Freud는 오로지 자기탐색을 통해서 가장 중요한 발견들을 이루었다.2) 일종의 지적인 놀이처럼 시작된 것이 5년에 걸친 쓰라린 내면적 투쟁이 되었고, 어떤 의미로는 평생 동안 지속되었다. 그가 발견한 것들의 의미가 분명해진 것은 이 투쟁 이후였기 때문에, 그는 다른 사람들에게도 똑같은 것을 요구하였다. 1910년에 그는 이렇게 썼다.

> 이제는 상당수의 사람이 정신분석을 시행하고 관찰한 것을 서로 교환하고 있으므로, 어떤 분석가도 자신의 콤플렉스와 내면적인 저항을 넘어서는 분석을 할 수 없다는 것을 알게 되었다. 그래서 결론적으로 분석가가 분석 활동을 자기분석과 함께 시작하고, 환자들을 관찰하면서 자기분석을 지속적으로 더 깊이 해 나가라고 요구하는 것이다. 이 같은 자기분석에서 결과를 얻어 내지 못하면서 분석을 통해 환자를 치료할 수 있다는 생각은 즉각 포기해야 할 것이다.[14]

하지만 자기분석 외에도 분석가에게 요구되는 것이 있다. 경험상, 정신분석이란 학설은 한 사람의 사고방식이 극적으로 변화되는 것을 포함하기 때문에 정신분석을 지적으로 이해한다는 것은 대단히 어려운 일이다. Freud가 만들어 낸 감정적 열기가 매우 뜨거웠기 때문에 그의 견해를 고찰해 온 많은 저술가들이 정확한 인용을 할 수조차 없었다. 이러한 사실로 인해 사회과학에 종사하는 모든 사람이 일종의 분석을 받아야 한다는 제안이 있었다. 하지만 정신분석에 대한 지식이 대중적으로 퍼진다면 이 어려움이 감소할 가능성이 꽤 있어 보인다.

Freud의 자기분석의 두 번째 결과는 신경증과 정상의 차이는 종류의 차이라기보다는 정도의 차이라는 인식이다. 신경증 환자란 이해하기 어려운 의학적 질병으로 인해 고통받는 사람이 아니라 곤란을 겪고 있는 사람이다. Sullivan도 언젠가 "우리 모두는 다른 어떤 것도 아닌 그저 인간일 뿐이다."[15]라는 간명한 수사법을 통해 신경증을 표현하였다.

Freud 업적의 위대성을 손상시키지 않으면서, 그의 자기분석을 비판적으로 검토하는

---

2) 이동식: Freud는 도(道)에 과학적인, 생물학적, 물리학적 옷을 입혀 놨다. 서양 문화에 맞춘 것이다.

것이 필요하다. 물론 Freud의 성격이 정신분석의 역사적 빌딩에 끼친 영향은 결고 과장된 것이 아니며, 그를 성숙한 인간으로 만든 것은 자기분석이었다.

그의 자기분석이 성공적이었음에도 불구하고, Freud는 자신을 분석할 수 있을지 의심을 품었다. 1897년 11월 Fliess에게 다음의 편지를 썼다. "나의 자기분석은 중단되었고 그 이유를 깨달았네. 나는 오로지 객관적으로 얻을 수 있는 지식의 도움으로만 나 자신을 분석할 수 있네(국외자처럼). 진실한 자기분석은 불가능하며, 그것이 가능하다면 어떤 병도 없을 것이네."[16] 그리고 1936년에는 다음과 같이 썼다. "자기분석에는, 특히 불완전성의 위험이 도사리고 있네. 우리는 부분적인 설명에 너무나 쉽게 만족하고 싶어 하지만, 아마도 그 설명 배후에 숨어 있는 저항이 더 중요한 어떤 것을 쉽게 감추려고 할 걸세."[17] 그럼에도 불구하고, Freud는 자신이 하였던 것을 누구라도 할 수 있을 것이라고 오랫동안 믿을 만큼 겸손하였다. 1914년까지 그는 여전히 자기분석을 분석 수련에 적합한 것으로 받아들이고자 하였다.[18]

사실 Freud의 자기분석은 지난한 과정이었으며, 모든 사람의 자기분석이 Freud의 자기분석만큼 매끄럽게 진행될 수 있다는 희망은 경험을 통해 곧바로 사라졌다. 역전이가 얼마나 심각하게 분석 상황을 방해하는지 더욱 분명해졌다. 제1차 세계대전 이후에 이런 역전이를 극복하는 유일한 방법은 경험 많은 분석가에게 개인 분석을 받는 것이라는 확신이 커졌다. 대략 1930년 이래로 개인 분석은 모든 수련기관에서 요구하는 절대적인 필수 요건이 되어 왔다. 처음에는 누구나가 Freud가 한 것처럼 할 수 있을 것으로 여겨졌지만, 결국에는 그 누구도 Freud처럼 할 수 없다는 결론에 도달하게 되었다.

돌아보면, Freud의 자기분석에는 어떤 간극과 편향이 존재한다. 대체로 Freud는 자신의 개인적인 경험을 지나치게 강조하는 경향이 있었다. 아버지의 죽음으로 자신의 내면적 혼란이 촉발되었기 때문에, Freud는 누구에게나 아버지의 죽음이 "인생에서 가장 중요한 사건이고 가장 통렬한 상실"[19]이라고 서술하였다. 그러나 만일 Freud와는 달리, 어떤 사람이 어머니 혹은 자녀 혹은 사랑하는 조부모를 아버지보다 먼저 상실하였다면, 그리고 부모를 잃지는 않았지만 그 집안이 뿌리채 뽑히는 사건을 당한다면 어떠할 것인가?

더욱 심각한 것은 Freud가 주로 남성심리에 대해 강조하였다는 것과 여성에 대한 무지에 대해 놀라운 고백을 하였다는 것이다. 그의 저술은 그가 얼마나 여성에 대해 아는 것이 없었는지를 보여 주는 주장으로 가득 차 있다. 1932년『여성의 심리(The Psychology of Women)』논문에서 그는 "여러 시대에 걸쳐 여성의 문제는 모든 사람을 혼란시킨다……. 당신이 남성이라면 여성의 문제를 곰곰이 생각해야만 할 것이다. 당신이 여성이라도 여성을 이해하리라고 기대하기 어려운데 왜냐하면 당신도 스스로가 불가사의하기 때문이다."[20]라고 썼다. 여기에 그의 초기 저술과 맥을 같이하는 대표적인 서술 몇 가지가 있다. Freud는 1923년 남근기에 관한 논문에서 "안타깝게도 우리는 남근기에서의 상태가 단지 남자아이에게 영향을 미치는 것으로만 기술할 수 있다. 어린 소녀의 이와 같은 상태는 알려져 있지 않다."[21]라고 서술하였다. 1905년『세 편의 논문』에서 그는 "성을 과대평가하는 요인의 의미는 남성에게서 가장 잘 연구될 수 있는데, 왜냐하면 남성의 성애적 삶에 대해서만 연구가 가능하기 때문이다. 여성의 성애적 삶은…… 아직까지 이해할 수 없는 모호함의 베일에 가려져 있다."[22]라고 기술하였다.

그래서『꿈의 해석』이 대체로 Freud 자신의 꿈에 기초하는 것처럼, 유아기 성에 대한 이론적인 서술도 상당 부분은 자기 자신의 발달을 이해한 것에 주로 기대고 있다. Freud가 언젠가 한번, 정신분석가들이 일반적으로 발생하고 명백히 진실이기도 한 많은 것들을 수십 년간 끊임없이 관찰했음에도 불구하고 간과할 수 있다고 언급한 것도 그럴 만한 이유가 있었다.[23]

Freud는 자기분석을 통해 정신분석의 토대가 되는 무의식, 오이디푸스 콤플렉스, 항문기, 유아기의 성, 꿈의 해석 방법, 자유 연상, 전이, 저항 등 다수의 발견을 하였다. 이 발견이 어떤 사람들에게는 엄청나게 도움이 된 것만은 틀림없다. 그러나 다른 많은 사람들에게도 꼭 그런 것은 아니었다. 그는 구강기에 대해서, 특히 어머니를 향한 유아기적 공격성에 대해서, 그리고 어머니의 유아 거부에 대해서 거의 알지 못하였다. 인간 발달의 이런 측면들은 1940년 이후에야 관심을 가지고 탐구한 주제가 되었다.

Freud가 가진 남성적 편협함과 여성심리에 대해 자인했던 무지만큼 놀랄 만한 것은 자신의 자녀들과의 관계를 비판적 시각으로 살펴보지 못하였다는 것이다. 자기분석을 하면서 그는 자신이 아동으로서 어떠한 역할을 하였는지에 관심을 두었다. 부모로서 어떻게 행동하였는가에 대해서는 관심이 없어 보였다. 자신의 부모와 가진 갈등을 생물학적인 요인, 즉 본능적 충동의 탓으로 돌렸다. 어떤 면에서 그의 생물학적인 지향은 부분적으로 그의 부모, 특히 어머니 잘못이 아니라는 것을 입증하려는 욕구에 뿌리를 두고 있다. 그의 주된 관심사는 자신의 본능의 발달을 밝히는 것이었다. 그의 부모가 이 본능들을 어떻게 다루었는가는 이차적 문제였다. 오이디프스 콤플렉스와 아동의 성격이 형성되는 데 있어 부모의 역할은 정신분석 이론에 잘 함축되어 있긴 하지만, Freud가 이것을 좀 더 자세하게 다룬 것은 오랜 시간이 지나서였다(Hart, 1948).

Freud가 어린 아동들의 분석을 맡지 않았던 이유가 부모 역할의 측면을 소홀히 다뤘기 때문이라는 데에 의심의 여지가 없다. 가령 그는 성적 공상에 대해 이야기할 수 있는 충분한 나이(10세 이상)의 아동의 경우에만 치료를 하였다.[24] 더 어린 아동들을 분석할 수 있는 기회가 당시 5세였던 꼬마 Hans를 통해서 자연스럽게 열렸다. Hans는 말에 대한 공포가 생겨서 밖에 나가지 못하는 소년이었다. Freud는 그 소년을 분석할 수도 있었으나 소년의 아버지를 통한 작업을 택하였다. 결국 직접적인 아동치료를 체계화하는 과제는 딸인 Anna와 딸의 동료인 Melanie Klein에게로 넘어갔다.

Freud가 고심하고 있던 특별한 문제들은 자신이 속해 있던 사회와는 별로 연관성이 없었다. 따라서 그는 오랜 시간 동안 사회적 환경을 무시하고 신경증의 개인적인 특성에만 집중하는 경향이 있었다. 이것 역시 나중에 메워야 하는 간극이었다.

Freud의 자기분석은 꿈, 자유 연상, 아동기 기억에 의해 진행되었다. 그는 이 세 가지 모두에 있어서 놀랄 만큼 천부적인 재능이 있었다. 겸손하게도 그는 다른 사람들도 자신과 같은 재능이 있을 거라고 가정하였고, 만일 환자들이 신속하게 자료를 내놓지 않는다면 이것은 저항[3)] 때문이라고 하였다. 그러나 이후 역사에서 보듯이, 저항에 대한 철저한 분석에도 불구하고 많은 사람들은 꿈을 회상하고 자유 연상을 하거나 아동기를 기억해 내기 어려워한다. Freud가 한 것을 어느 정도 할 수 있는 사람을 "분석이 가능한", 그렇지 않은 사람을 "분석이 불가능한" 사람으로 부르는 풍조가 있었다. 이것이 분석 가능성에 관한 논쟁을 야기하게 된 여러 가지 요인 중 하나이다.

이렇게 여러 의미에서 Freud의 자기분석은 정신분석 전체가 성장하게 된 장을 마련한 것이다. Freud가 정신분석의 근간을 이룬 위대한 통찰을 얻은 곳도, 그리고 그와 다른 분석가들이 이후에 메워야 했던 커다란 간극을 남긴 곳도 여기 자기분석에서였다.

1900~1914: 이드심리학

1910년 국제정신분석협회(International Psychoanalytical Association)가 설립될 때, 그 목표는 'Freud가 창시한 정신분석이라는 과학을 순수한 심리학 분야로서, 그리고 의학과 정신과학에 적용해서 육성시키고 발전시키는 것'[25]이었다.

3) 이동식: 저항은 치료자 중심의 개념이지, 환자 중심이 아니다. 환자는 기억이 안 나든지, 기억이 나도 말하기 어렵다는 게 현실이다.

Freud가 마음속에 간직하고 있었고, 최초의 정신분석 체계로 부른 '순수심리학'은 세 가지를 기초로 한다. 즉, 무의식, 욕동 이론, 전이와 저항을 치료의 근간으로 두었다. 이들 세 가지는 서로 밀접하게 연결되어 있기 때문에 체계라고 부를 수 있다. 리비도적 충동은 무의식 속에 억압됨으로써 불안을 피하게 된다. 무의식의 힘이 워낙 우세하기 때문에 단순한 합리적 치료는 효과가 없다. 그보다는 치료자가 리비도적 충동 혹은 다른 감춰진 충동을 인식할 수 있도록 전이(치료자에 대한 느낌)와 저항에 대해 다루어야 한다.

그 당시에 Freud 이론의 깊이와 폭에 비견될 만한 정신의학, 심리학 혹은 다른 유사한 학문 분야가 없었다. 이런 점에서 그는 인간이 무엇인지에 대한 새로운 비전을 창조하였다고 말할 수 있다. 치료를 통해서 인간이 무엇이 될 수 있는지에 대한 새로운 비전도 조망하였다. 그의 생각을 담은 개념적 틀은 이들 목적에 필수 불가결한 것이었다.

이 체계에 담긴 모든 생각을 Freud가 1900년 전에 이미 알고 있었다고 하더라도, 새로운 접근은 완전히 새로운 심리학 체계로 불릴 만하다. 이것은 다음의 여러 요인으로 인해 모호해졌다. 무엇보다, 고심 끝에 도달하였던 어떤 입장을 포기했다고 인정하는 것은 Freud에게 매우 어려운 일이었다. 그 예로, 1910년에 비엔나정신분석학회(Vienna Psychoanalytic Society) 모임에서 Stekel이 신경쇠약에 대한 Freud의 견해가 급격하게 변하였으며 "Freud에게서 더 이상 (신경쇠약에 대한) 어떠한 부분도 찾아볼 수 없다."[26]라고 올바로 지적하였다. Freud는 다소 격분하여 답변하기를, "신경쇠약에 대한 Freud의 견해는 일반적으로 생각하는 것보다는 훨씬 덜 변화하였고 여전히 이전 입장의 본질을 고수하고 있다……. Freud는 순수하게 생리적인 것에 심적 과정이 가미된다고 추정할 준비가 꽤 되어 있다."[27]라고 하였다. '생리적인' 과정은 발견될 수 없었기 때문에 한쪽으로 밀려났고, Freud가 여러 곳에서 강조한 것처럼 심리학은 지속되었다. 신경쇠약의 개념은 사실상 문헌에서 사라졌다. 1960년에 출판된 Grinstein의 『정신분석 문헌 지표(Index of Psychoanalytic Writings)』 초판에는 신경쇠약에 대해 46개의 참고문헌이 있었지만, 3판(1971년)에서는 단지 다섯 개의 참고문헌이 있었으며 그것들 중에서도 중요한 것은 없었다. 역사적으로 보았을 때, Freud의 견해에 대해서 Stekel이 Freud 본인보다도 더 정확하였다.

두 번째로, Freud는 아버지상에 대한 갈등 때문에 몇몇 선배의 공로를 지나치게 치하하였다. 초창기에 Freud는 Breuer를 정신분석의 창시자로 반복적으로 인용하였는데, 왜냐하면 1880~1882년에 Anna O에게 카타르시스치료를 시행한 Breuer가 선배였기 때문이었다. 그래서 1895년 출판한 『히스테리아 연구』가 분석 전에 나온 출판물로 간주되어야 한다고 강조하였다. 유사하게, Freud가 한동안 공유하였던 숫자와 리듬에 대해 비합리적인 견해를 가진 Fliess에게도 지나친 감사를 표하였다. Freud가 1898년 Wiencr klinische Rundschau 잡지가 Fliess의 책에 대해 비판적인 리뷰를 출판한 것에 분개하여 그 잡지의 편집위원을 사임하였던 것은 과학적 판단이 아닌 남학생들 간에 갖는 동료 의식 같은 표시였다.[28] 다시금 뒤돌아보면 Fliess의 책은 순전히 허튼소리였고 다른 사람들도 이미 얘기했었던 양성애의 개념을 제외하고는 별다른 내용도 없었기 때문에, 비평가들은 정당화되었지만 Freud는 아니었다.

세 번째로, Freud는 염세주의와 자기불신으로 정평이 나 있었다. 그로 인해 오랫동안 자신의 이론의 가치에 대해 의문을 거둘 수가 없었다. 세계적으로 인지도가 높아진 것은 그의 인생 후반부에서였다. 그 이전에 Freud는 자신이 잊혀지고, 자기 아이디어가 자신이 죽고 난 후에야 소생하게 될까 봐 걱정하였다.[29]

Freud의 모든 저술 속에 함유되어 있는 이런 개인적 특성들 때문에, 1890년대와 첫 번째 이드 시기(id period)인 1900~1914년 사이에 일어났던 진보적인 변화가 가려졌다. 초창기의 정신분석 체계는 근본적으로 새로운 심리학적 견해를 보여 주었고, 사실상 그 이래로 심리학 사상 전체 안으로 통합되어 왔다는 것을 인식하는 것이 중요하다.

이 시기의 Freud의 생각이 (비록 이후에 몇 개의 사례가 추가되기는 하였지만) 자신의 저술 속에 담겨 있다. 1900년의 『꿈의 해석』과 1905년의 『성에 관한 세 편의 논문』이 그 중요한 두 개의 저서이다.

무의식[4)]

Freud가 출판한 정신분석 요약본 모두에서, 무의식은 중추적 역할을 하였다. 그는 정신분석을 "심층심리학" 혹은 "무의식의 심리학"이라고 말하였다. Freud는 말년에 이르러서도 전혀 지침 없이 정신적 삶에서 무의식의 힘이 갖는 새로운 예시들을 보여 주었다.

Freud의 '무의식'은 무의식적 정신 과정을 의미한다. 무의식은 해부학적으로 위치해 있는 것도 아니고 구체화된 내상도 아니다. 무의식은 그렇게 하고자 하는 누구에 의해서든

---

4) 이동식: Medard Boss가 1985년 국제학회에서 '무의식이 있느냐'고 물었다. 나는 '무의식은 본인에게는 의식이 안 되는데, 타인에게는 너무나 명백하게 보이는 게 무의식'이라고 답했다. 무의식이라는 게 따로 있는 게 아니다. 불교의 「대승기신론」에 업식, 전식, 현식, 지식, 상속식으로 무의식의 투사 과정과 기제가 정신분석보다 깨끗하게 잘 돼 있다.

지 반복될 수 있는 일련의 임상적 관찰을 통합하는 개념이다.

무의식에 대한 이론은 본질적으로는 오늘날까지도 여전히 건재하지만, Freud는 진정으로 만족하지 못하였다. 1915년에 그는 다음과 같이 썼다.

> 무의식의 파생물에 대한 연구를 할수록, 의식과 무의식이라는 두 개의 정신 시스템 사이를 도식적으로 명확하게 구분해 낼 수 있으리라는 우리의 기대가 산산조각 날 것이다. 이 때문에 틀림없이 우리의 연구 결과물에 대해 불만이 일어날 것이며, 아마도 정신 과정들을 나누는 방법이 가치가 있을지에 대해서도 의심이 생길 것이다. 하지만 이에 대한 대답은 이렇다. 관찰 결과를 이론에 녹여 내는 것 외에 다른 목적이 없다는 것과 첫 시도부터 단순성으로 잘 다듬어진 이론을 구축해야 한다는 어떠한 의무도 거부하겠다는 것이다. 관찰 결과를 충족시키는 한 복잡성을 가진 이론을 고수할 것이다. 그리고 결국 이 매우 복잡한 이론이야말로, 그 자체로는 단순하지만 현실의 그 모든 복잡성을 설명할 수 있는 발견을 이루어 낼 것이라는 기대를 저버리지 않을 것이다.[30]

무의식에 대한 이론은 수많은 원천으로부터 나온 것이지만, 무의식에 이르는 왕도라고 불리는 꿈과의 연결 속에서 주요한 설명[5)][6)]을 찾을 수 있다. 『꿈의 해석』 7장인 '꿈 과정의 심리학'은 Freud 이론의 핵심을 포함하고 있는데, 여기에 요약할 것이다. 7장에서 Freud는 이런 질문을 던진다. 꿈의 본질에 대해 밝혀진 것을 비추어 볼 때, 꿈 현상을 설명하려면 어떤 종류의 정신 구조를 가정할 수 있을까? 그 이론이 꿈에 대해 관찰한 것들을 잘 설명할 수 있는 이론인가, 즉 추론에서 과학으로 넘어갈 수 있는 능력이 있는가 하는 것이 관건이다.

7장은 이론적 과제의 복잡성을 지적하는 간략한 예비적 언급을 한 이후에 여섯 부분으로 나누어 설명한다.

---

5) 이동식: 설명이라는 게 동양의 전통에서는 공자의 술이부작(述而不作), 불교의 '달과 손가락'으로 분명하게 되어 있다. 서양에서는 분명하게 안 되어 있기 때문에 이론을 가지고 설명하려는 게 계속되고 자꾸 이론으로 돌아간다. Husserl의 현상학은 설명은 현실이 아니라고 하면서 '판단 중지'를 말한다. 판단 중지는 투사를 중지한다는 뜻이다. 판단하면 투사하니까. 불교의 지관(止觀)은 자기 마음을 본다는 말이다. Husserl은 현실과 나 사이에 생각이 개입 안 하는, 현실과 나 사이를 직결시키는 것을 말했다.

6) 이동식: 설명은 정신치료하는 데 아무 의미가 없다. case conference하는 거 보면 모두 서양식으로 설명하는데, 그게 환자 치료하고 무슨 의미가 있나. 환자를 이해해야지. 공감하는 게 근본이다.

꿈의 망각 꿈이 정확하게 기억되는지 아닌지를 어떻게 알 수 있는가? 보통의 기억과 마찬가지로, 우리는 알 수 없다. 그러나 경험상, 망각하는 정도가 과하게 부풀려진다. 심적 사건들은 결정되어 있다는 원리로부터 확실히 알 수 있는 것은, 기억되는 것은 의미가 있다는 점이다. 물론 기억되는 것으로부터 어떻게 의미를 끌어낼지 알 수 있는 한에서 그렇다.

분석할 때 나타나는 망각은 저항에 그 목적이 있다. 꿈에서도 유사하게, 망각을 설명하기 위해서 우리는 검열의 힘을 언급한다.

검열과 검열이 가리키는 저항을 고려해서 보면 '도대체 꿈은 어떻게 가능한가?' 하는 의문이 생긴다. 수면 상태가 검열의 힘을 약화시킨다는 데에 그 답이 있다.

퇴행 꿈의 가장 눈에 띄는 심리적 특징은 생각이 시각적으로 구체화된다는 것이다. 두드러진 특징 두 가지는 다음과 같다. 생각이 '아마도(perhaps)'라는 것 없이 즉각적인 상황으로 드러난다. 또한 생각이 시각 이미지와 말로 변형된다. 꿈과 백일몽은 첫 번째 점에서는 유사하지만 두 번째 점에서는 다르다.

Fechner은 꿈들이 서로 다른 심적 위치에서 일어난다고 제안하였다. Freud가 채택한 이 견해는 해부학적인 어떤 것도 없다. 일반적으로 심적 과정은 지각의 끝 쪽에서 운동의 끝 쪽으로 진행한다. 이것이 익숙한 **반사궁 개념**(reflex arc concept)이다. 감각기관의 어떤 시스템이 지각적 자극을 수용한다. 그러나 자극의 흔적은 남지 않고 그래서 아무런 기억도 갖게 되지 않는 반면, 그 뒤편에서 이차적 시스템이 순간적 흥분을 영원한 흔적으로 변환시킨다. 이런 류의 고려들이 더해지면서, Freud는 마음을 다음 그림에서처럼 의식, 전의식, 무의식으로 구분하여 서술하게 되었다.

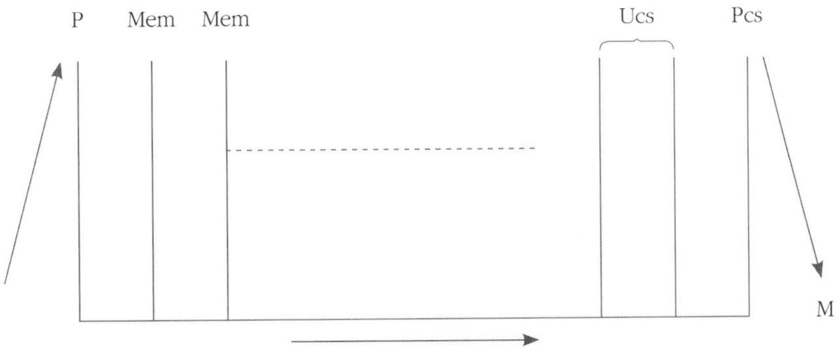

Freud는 꿈의 해석에서 마음을 의식, 전의식, 무의식으로 나눈 이 그림을 사용하였다. 왼쪽에 지각 끝 쪽(P)과 기억(MEM)이 있고, 오른쪽에는 운동과 행동 끝 쪽(M)이 있다.

이 그림에서, 왼쪽은 지각의 끝 쪽, 오른쪽은 운동의 끝 쪽이다. 그림은 다음과 같이 해석될 수 있다. 지각은 기억 또는 영원한 흔적으로 이어지며 이것이 무의식이다. 무의식은 전의식을 통해서만 의식에 접근할 수 있다. 무의식이 바로 의식이 될 수는 없다. 그림에서, 전의식에서 나온 길이 의식으로 가는 길이고 이것은 특정 조건을 충족시켜야 한다. 물론 지각의 끝 쪽은 또한 의식이다.

그런 다음, 이러한 구조 내에서 Freud는 묻는다. 꿈을 꾸게 하는 동력은 어디에 있는가? 그 대답은 무의식에 있다는 것이다. 꿈에서는 흥분이 역방향으로 움직인다. 지각에서 운동 활동으로 가는 것이 아니라 운동 활동에서 감각의 끝 쪽으로 가서 결국 지각된다. 이 역주행이 '퇴행'이다. 꿈에서는 원래의 감각적 상(sensory image)에서 나온 생각이 다시 감각적 상으로 돌아가기 때문에 **퇴행**이다.

어떤 변화 때문에 깨어 있을 때는 일어나지 않던 퇴행이 꿈에서 일어날 수 있는가? 첫 번째 설명은 깨어 있는 동안 지각의 끝 쪽에서 운동의 끝 쪽으로 순방향의 흐름이 있다. 수면 동안에는 이 흐름이 중단되고 역방향 혹은 퇴행의 방향이 촉진된다.

그러나 앞서 말한 것은 깨어 있는 상태에서 일어나는 병적 퇴행(환각이나 환영)을 설명하지 못한다. 환각과 환영은 병적 상태에서 억압된 기억이 뚫고 나오는 것과 관련되어 있다고 알려져 있다. 이 발견이 시사하는 바, 꿈에서도 마찬가지로 생각이 시각적 상으로 변형이 일어나는 것은 기억이 원인이다. 그런 이유로 꿈은 최근의 자료로 전이되어 변형된 유아기 장면의 대체물이라는 견해가 생긴다. 유아기 기억은 직접적으로 되살아날 수 없기 때문에 꿈으로 회귀해서 충족되는 것이다. 그러므로 꿈을 꾼다는 것은 아동기로의 퇴행 즉, 아동기를 지배하였던 본능적 충동과 당시에 가능하였던 표현 방식이 재생된 것이다.

Freud는 퇴행을 세 가지 유형으로 구분하였다. 지형학적 퇴행은 의식, 전의식, 무의식의 세 가지 체계와 관련되어 있고, 시간적 퇴행은 이전의 더 오래된 구조로 돌아가는 것이며, 형태적 퇴행은 표현과 표상의 원형적 방식이 좀 더 일상적인 방식을 대신하는 것을 말한다.

소망 충족 꿈속에 최근의 자료나 중요치 않은 자료들이 나타날 수 있다는 것은 이미 알려져 있다. 그러나 이러한 자료들은 이차적일 뿐이다. 꿈에서 나타나는 소망은 유아적 소망임에 틀림없고, 유아적 소망은 무의식으로부터 나온다.

무의식은 의식으로 곧바로 들어갈 수 없지만, 전의식 속에 담겨 있는 생각들과의 연결을 구축할 수 있다. 이것이 **전이**의 한 가지 예이다. 여기에서 말하는 '전이'는 분석적 관계에서 관찰되는 '전이'와 연관성은 있으나 동일한 것은 아니다. 가장 최근의, 그리고 중요치 않은 요소들이 전이의 대상이 된다. 나아가 이러한 요소들은 검열을 두려워할 소지가 적기 때문에 눈에 띌 가능성이 많다.

무의식은 왜 오직 소망만을 제공하는가? 초기 아동기에 소망하는 것은 결국 충족감의 환각을 일으키고, 생각은 환각적 소망을 위한 대체물일 뿐이었다. 그러니까 오직 소망만이 심적 기관이 작동하도록 압박할 수 있기 때문에, 꿈이 소망-충족이라는 것은 거의 거론할 여지가 없다.

그러므로 꿈을 꾸는 것은 대체되어 온 정신적 삶의 한 조각이다. 어떤 소망이 나오든지 걱정할 필요가 없다. 그것은 단지 꿈일 뿐이기 때문에 이제는 유해하지 않다. 만일 소망이 깨어 있는 동안에 검열을 뚫고 나온다면 그 결과로 정신병이 된다. 이것을 통해 이후 Freud는 정상인도 매일 밤 꿈에서는 정신병적이 된다고 말하였다.

정신분석은 모든 신경증적 증상이 무의식적 소망의 충족으로 간주되어야 한다는 것을 보여 주었다. 이 사실로부터, 신경증 그리고 꿈과 신경증의 밀접한 관계를 이해하는 데 있어서 꿈이 갖는 가치는 명백해졌다.

꿈에 의한 각성 · 꿈의 기능 · 불안 꿈 쾌감과 불쾌감을 방출하는 것은 강렬한 감정적 자료들의 전개 과정을 자동적으로 조절한다. 이것은 메타심리학적 도식에서 경제적 요인으로 불린다. 모든 꿈은 약간의 각성 효과가 있지만 동시에 수면에 방해되는 것을 제거하는 기능도 있다. 무의식적 소망은 그 자체로 남아 있다가 행위를 통해 방출되거나 아니면 방출되는 대신 전의식에 의해 영향을 받아서 전의식에 묶여 있을 수 있다. 두 번째 과정이 꿈에서 일어나는 것이다. 그러므로 꿈은 잠의 안전밸브 혹은 잠의 수호신이다.

꿈에서 나타나는 불안은 일반적인 불안과 다르지 않다. 불안 꿈 역시 숨겨진 충족을 내포한다.

일차 과정과 이차 과정 · 억압 합리적인 사고로부터 광범위하게 벗어나는 꿈 작업은 당혹스러운 문제이다. Freud는 꿈 작업 현상을 설명하기 위해서 두 가지 기본적인 과정인 일차 과정과 이차 과정을 가정하였다. 일차 과정은 무의식에서 작동하는 과정인데, 응축과 전치를 사용하여 감정적으로 강력한 자료에 대한 부착(cathexes)을 쉽게 변경시킨다. 모순을 용인하고, 해서는 안 된다는 인식이 없다. 일반적으로 부착의 자유로운 움직임을 허용하며 자유로운 방출을 추구한다. 지각적 동일성(perceptual identity)을 목표로 한다. 그것은 출생할 때부터 존재한다. 대조적으로 이차 과정은 개인이 갖는 합리적 자기이다. 방출보다는 억제를 추구한다. 단지 이차 과정에서 나오는 불쾌한 과정을 억제할 수 있을 경우에만 사고가 의식화되는 것을 허용하며 사고의 동일성(thought identity)을 확립한다. 출생 시에는 존재하지 않다가 이후에 발달한다.

일차 과정 사고와 이차 과정 사고를 대조하면 신경증의 현상을 설명할 수 있다. 이런 이유로 신경증에 의해 작동되는 심적 기제가 정상적 정신 장치 구조에 이미 존재한다고 볼 수 있다.

무의식과 의식, 심적 현실 1890년대 독일의 대표적인 심리학자인 Theodor Lipps는 무의식이 심리학의 핵심 문제라고 말하였다. 물론 이 말에 대해 Freud도 완전히 동의를 하였다. "무의식은 진정한 심적 현실이다. 무의식은 가장 내밀한 성질로 인해 외부 세계의 현실만큼이나 알려지지 않은 것이 많고, 외부 세계가 감각기관들의 상호 소통에 의해 불완전하게 나타나듯이 무의식도 의식의 자료들에 의해 불완전하게 나타난다."[31]

무의식에는 두 가지 종류가 있다. 하나는 의식에서 허용되지 않는다(진짜 무의식). 다른 하나는 의식에서 허용된다(전의식). 이러한 관점에서 Freud는 의식을 정신적 특질을 지각하기 위한 감각기관으로 기술하였다.

검열과 의식 간에는 밀접한 연관성이 있다. 과부착(hypercathexis) 또는 과도한 집중은 사고 과정으로 이어진다. 이 사고 과정은 새로운 종류의 불쾌감 조절 과정이며 인간을 동물보다 우월하게 만든다.

Freud의 꿈 이론은 이러한 치밀함으로 자세한 것에까지 주의를 기울여서 작업된 것인 만큼 오늘날까지 본질적으로는 변함없이 건재하다. (같은 시기 Freud의 다른 이론들도 꼭 그런 것은 아니다.) Freud 이론에 대안적으로 나온 입장은 꿈이 인지적 재구성이라거나 또는 의미가 없는 탈선이라고 말하는데, 이 어떤 대안적 입장들도 옹호될 만한 것이 없다.

Freud의 이론에서 변경되어야 하는 주된 부분은 아마도 전의식에 대한 가정일 것이다. 의식을 세 가지 종류로 구분한 것은 '프로젝트(Project)'(1895)의 세 종류의 신경증으로부터 나온 개념이다. 그러나 Freud에게 무의식은 불안에서 기인한 억압의 결과이기 때문에, 전의식과 무의식 간의 차이는 단지 정도의 차이라고 할 수 있다. 그렇기 때문에 Freud가 둘 사이에 긋고자 시도했던 명확한 경계선은 무시될 수 있다(Arlow and Brenner, 1964).

무의식의 발현[7)]

Freud는 일단 무의식의 개념을 발전시킨 다음에 여러 방향에서 관찰한 바를 확장하기 시작하였다. 그는 최면이 치료적으로 가치가 없다고 결론을 내리기는 하였었지만, 초창기에는 최면을 통해 광범위하게 연구하였는데, 최면 후의 암시와 기억 상실에서와 같은 무의식적 동기의 존재를 실험적으로 보여 주었다. 그는 최면을 포기하였지만, 최면이 정신적 삶의 특성을 조명할 수 있다는 확신을 갖고 있었다. 1905년에 발표한 기법 서술이 없는 논문인「마음치료에 관하여」에서 그는 다음과 같이 적고 있다.

> 최면암시가 치료적 힘이 있다는 것은 사실이지만, 과장해서 권장할 필요는 없다. 다른 한편으로, 최면치료가 달성할 수 있는 것보다 훨씬 더 많은 것을 의사에게 약속하였지만, 의사는 환자 마음에 보다 깊게 혹은 적어도 보다 예측 가능한 영향력을 줄 수 있는 다른 방식을 끊임없이 추구한다는 사실은 놀라운 일이 아니다. 체계적인 현대 마음치료는 고대의 치료적 방법들이 최근에 부활한 셈인데, 질병에 대항해 싸울 수 있는 보다 훨씬 강력한 무기를 의사들에게 제공해 줄 것으로 기대해도 좋을 것이다. 정확히 최면 경험을 기초로 해서 시작된 정신적 삶의 과정에 대한 보다 깊은 통찰이 이 목적에 도달하는 방법과 길을 제시해 줄 것이다.[32]

Freud는 최면 다음에 앞에서 논의한 꿈에 관심을 가졌고, 이후 무의식의 개념을 신경증에 보다 상세하게 적용하였다. 정신치료에서 자유 연상은 무의식에 이르는 방도로 간주되었다. 이 현상은 주로 치료적 상황이나 임상적 상황에 국한되어 있다가, 완벽한 전환이 일어난 것은 그가 완전히 새로운 두 주제, 실언(오늘날 보통 Freud 학설의 실수라고 언급되는)과 농담으로 관심을 돌리면서였다. 그는 1901년에 저술한『일상생활 속에서의 정신병리』라는 책에서 여러 가지 말실수, 누락과 오기의 오류, 증상 행동, 행동 수행의 실패, 기타 크고 작은 여러 가지 실수와 잘못에 대해서 설명하였다. Freud의 논지는 아주 사소한 실수조차도 심각하게 받아들여야 한다는 것이었다. 그렇게 하면 모든 정신적 삶의 바탕이 되는 충족과 소망 성취의 욕구가 분명하게 보인다.

---

7) 이동식: 안 나타나는 게 무의식인데, 무의식이 나타난다는 뜻이다. 본인에게는 의식이 안 되는데, 타인에게는 뚜렷하게 manifestation(발현)되어 있다. Medard Boss는 '무의식이란 건 없다'고 했다. 따로 entity(별개의 독립체)로 생각한다면 없다는 말이다. 자각을 하면 무의식이 아니고 자각을 못 하면 무의식이다. 무의식은 꿈에 특별히 나오는 게 아니라 일상생활에 다 있는 거다.

1905년에 그는『농담과 무의식의 관계(Jokes and Their Relation to the Unconscious)』를 출판하였다. 이 책에서 그는 정신적 삶을 이해하는 데 기본이 되는 개념적 도구를 지적하면서, 농담에 사용되는 기법과 실수나 꿈에 사용되는 기법 간의 광범위한 유사성을 보여 주었다. 또한 농담을 할 때 개인은 방출하기를 원하는 정신적 갈등에 사로잡혀 있는데, 농담은 방출 현상으로써 기능한다.

Freud는 농담에 관한 책을 저술할 무렵에 예술 작품에 대한 문제에 대해서도 연구하기 시작하였다. 그는 1904년에 논문「무대 위의 정신병리적 등장인물(Psychopathic Characters on the Stage)」을 썼다. 이 논문은 예술에 대한 정신분석적 해석의 많은 핵심적 생각들을 구체화하였다. 연극 공연을 통해서 배우와 관객 모두는 자신들의 신경증적 욕구를 어느 정도 충족시킨다. 충족된 이 욕구는 본질적으로 무의식이기 때문에, 만약 이 욕구들이 의식화된다면 배우와 관객 모두에게 예술 공연의 매력은 사라질 것이다.

그렇게 지평은 계속해서 넓어졌다. Freud는 1907년에 강박 행동과 종교 의례에 관한 논문을 썼는데, 이 논문에서 그는 둘 사이의 밀접한 유사성에 주목하였다. 종교 역시 무의식적 힘에 의해서 동기화된다는 것을 보여 주었다.

이 무렵부터 Freud에게 추종자들이 생기기 시작하였는데, 그중 Otto Rank와 Hanns Sachs를 위시한 몇몇은 정신분석을 신화와 사회과학에 적용하는 핵심적 작업을 하였다. Freud는 1913년에 정신분석적 사고를 다른 사회에 전형적으로 적용한『토템과 금기(Totem and Taboo)』를 출판하였다. 그는 이 책에서 한 사회에서 발견된 무의식적 과정이 다른 사회에서 발견된 것과 실제로 다르지 않다는 사실을 보여 주었다. 이 독창적인 논문의 기본 주제는 인류의 심적 일치성이다.

그 후에도 Freud의 일부 추종자들은 무의식 이론을 행동상의 실수뿐 아니라 사람들이 걷고 말하고 옷 입는 것과 같은 일상적 행동에도 적용하였다. 그들은 모든 것에 무의식적 측면이 있거나 있을 수 있음을 보여 줄 수 있었다.

이와 같이 무의식의 발현을 발견할 수 있는 인간 생활의 측면들로는 최면, 신경증 증상, 자유 연상, 백일몽, 꿈, 일상생활 속에서의 실수, 농담, 예술, 종교, 신화, 다른 사회들, 일반적 행동 등이 있다. 달리 말해, 무의식은 인간 실존의 모든 영역에 적용될 수 있다. 새로운 영역인 심적 현실 분야가 과학적 탐구에 개방된다. 심적 현실을 탐색함으로써 정신분석은 일반심리학을 위한 필수적 기초를 마련해 준다. 이로 인해 자신이 인류에게 완전히 새로운 세계, 즉 내면의 심적 현실 세계를 열어 주었다는 Freud의 주장에 정당성이 부여되었다.

정신성적 발달

최초의 정신분석 체계에서 두 번째 초석은 정신성욕(psychosexuality)으로, Freud는 이것을 리비도 이론이라고 불렀다. '리비도'란 성적 흥분의 장에서 일어나는 과정과 변환을 측정할 수 있는 양적으로 가변하는 힘을 의미한다. 실제에 있어서 리비도는 넓은 의미에서 성(sexuality)과 동일하다.

리비도 이론은 1905년『성에 관한 세 편의 논문』을 통해서 처음 발표되었다. 이후 그것은 Freud와 다른 이들의 연구를 통해서, 이 시기에 가졌던 그의 다른 어떤 관점보다 많은 변화가 있었다. 따라서 '리비도 이론'은 Freud의 이론 발달에서 다른 시기에 나온 수많은 상이한 가정으로 구성된다. 오늘날, 어떤 부분에서는 폭넓게 일치하는 면도 있지만 여러 다른 부분에서 광범위하게 불일치하는 면이 남아 있기 때문에, 현대 문헌에 상당히 많은 논란거리를 불러왔다.

이 시기에 Freud가 공식화한 대로, 리비도 이론은 여섯 가지 주요 가정들로 구성된다. ① 다양한 리비도적 단계들로 구성된 발달 과정이 있다. ② 리비도는 심적 에너지의 주요 원천이다. ③ 대상 선택(대인관계)은 리비도의 변환으로부터 생긴다. ④ 리비도의 욕동은 충족되거나, 억압되거나, 반동형성에 의해 처리되거나, 승화될 수 있다. 대부분의 본능적 욕구에서 승화는 정상적인 인간의 적응 방식이다. ⑤ 성격 구조는 생물학적으로 결정된 본능을 처리하는 양식을 바탕으로 형성된다. ⑥ 신경증은 유아기 성의 어느 단계에 고착되거나 그 단계로 퇴행하는 것이다. 그뿐만 아니라 고착이 더 어린 시기에 일어날수록, 퇴행이 더 심하게 일어날수록 정신병리는 더 깊어진다.

정신성적 단계

1890년대에 Freud는 신경증이 생식기의 성적 욕구 좌절로부터 생긴다는 다소 단순화된 관점을 추구하였다. 그는 결국 이 관점이 적절하지 않다는 것을 알게 되었다. 그는 성 본능이 긴 역사를 갖는다는 사실을 깨달았다. Freud는 초창기에 이미 히스테리아나 강박신경증을 일으키는 아동기 외상을 찾기 시작하였다. 시간이 흐름에 따라, 그는 단일한 외상만으로 임상적 상황의 복잡성을 설명할 수 없다는 것을 점점 더 인식하게 되었다. 보다 정확히 말하면, 생물학적으로 결정된 성적 발달 과정이 더 깊은 이해를 위한 토대로 사용될 수 있었다.

그 당시에 일반적으로 전문가나 문외한이나 똑같이 일반적으로 가졌던 순진한 생각은 성 본능이 사춘기 때 완전히 발달한 상태로 나타난다는 것이었다. Freud는 이 가정에 대해 사춘기 때 성적 목적과 성적 대상이 연결된다고 바꾸어 말하였다.

성 본능의 목적은 긴장이나 성적 산물들을 방출하는 것이다. 그 대상은 이 방출을 충족시키기 위해서 찾아낸 사람(또는 대체물)이다. 일반적인 견해를 다음과 같은 취지로 바꾸어 말할 수 있는데, 즉 보통 사람은 성적 욕동이 이성과 성교하고 싶은 소망으로 이루어져 있고 이 소망은 성적 기관이 성숙해야만 일어난다고 생각한다는 것이다.

하지만 임상적 경험은 이 상식적 견해와 모순된다. 특히 중요한 것은 신경증, 도착증과 아동기 간 연결성이다. 이 연결성에 대해 Freud는 두 가지 공식으로 기술하였다. 신경증과 도착증은 음양만 반대로 되어 있을 뿐이라는 것과 아이는 다양한 형태의 도착을 갖는다는 것이다.

첫 번째 공식을 통해 Freud가 의미한 것은, 도착증 환자(오늘날에는 행동화 장애를 가진 사람)가 실제로 하는 것을 신경증 환자는 공상에서 한다는 것이다. 따라서 성도착은 남성이 여성에게 대변이나 소변을 누는 행위, 또는 여성을 때리거나 여성에게 맞는 행위에서 발견된다. 또는 남성이 동성애자가 돼서 남성만을 사랑의 대상으로 선택하는 경우도 있다. 또는 주로 성적 대상물로 알려진 옷 같은 물건이나 다른 무생물 대상으로부터 성적 쾌락을 느끼기도 한다. 이 모든 것은 신경증의 공상에서 발견되는 무의식적 소망이다.

아동이 다양한 형태의 도착을 갖는다는 두 번째 공식을 통해 Freud가 의미한 것은, 도착증 환자들이 하는 모든 행동과 그리고 신경증 환자들이 공상 속에서 하는 모든 행동이 특정 아동기에 있는 아동에게는 정상적 행동이라는 것이다. 무의식의 개념과 유아기 성의 개념 그리고 이 둘 간에 밀접한 연관성이 있다는 가설은 상당한 설명적 가치를 갖는다.

이렇게 성적 목적과 대상은 일반적으로 믿는 것처럼 늘 밀접한 관계에 있지 않다는 것이 분명해진다. Freud는 성적 목적과 대상을 분리함으로써 이후 연구의 기초로 활용하였다. 각각의 발달은 개별적으로 추적해 볼 수 있다.

이러한 연구 과정에서 Freud는 성의 개념을 두 방향으로 확장시켰다. 한편으로는 모든 신체적 쾌락을 포함하는 방향으로 확장시켰고, 다른 한편으로는 생식기 접촉의 욕구뿐 아니라 부드러움이나 애정의 감정까지 포함하는 방향으로 확장시켰다. 이 두 가지 확장을 위한 일반적인 관찰과 임상 경험의 근거는 충분하다. 예를 들면, 일상 언어로 '사랑'이라는 낱말은 "나는 아내를 사랑한다. 나는 담배를 사랑한다. 나는 음악을 사랑한다. 나는 미국을 사랑한다. 나는 모교를 사랑한다."처럼 다양한 의미로 사용된다.

그러고 나서 Freud는 인간의 성생활을 유아기의 성(약 5세까지), 잠재기, 사춘기 등 세 시기로 나누었다. 유아기의 성은 다시 구강기, 항문기, 약 3세에서 5세 사이에 오이디푸스 콤플렉스가 나타나는 남근기로 분류된다. 오이디푸스 단계 이전에 성 본능의 목적은 대상과 연결되지 않는다. 충족의 대상은 타인과의 성교보다는 자위행위가 된다. 하지만 Freud는 이 시기에 나타나는 소위 부분적 본능 몇 가지를 인식하게 되었다. 가학증, 관음증, 노출증, 즉 잔인성, 엿보기, 노출에 대한 충동 등은 보통 타인이나 대상과 결부된다.

유아기의 성은 오이디푸스 콤플렉스에서 절정에 이르는데, 이는 이성의 부모와 성적인 관계를 갖고자 하는 소망과 그에 상응하는 동성의 부모를 향한 적대적인 소망이다. Freud는 신경증적이든 정상이든, 모든 성격 구조를 결정하는 근원을 오이디푸스 콤플렉스로 보았다. 오이디푸스 상황을 분석함으로써, Freud는 가족 구조가 성격 형성에 얼마나 결정적인 역할을 하는지를 처음으로 보여 준 사람이 되었다.

잠재기는 대체로 초등학교 연령에 해당한다. Freud는 잠재기를 생물학적으로 결정되어 있는 시기로 보았으며, 이 단계에서는 성적 발현이 없거나 최소한도로 감소된다.

이들 성적 발달 단계는 이제 사춘기에서의 발달을 이해하기 위한 바탕이 되었다. 보통 사람은 사춘기 때 이성을 향한 성적인 느낌과 애정의 느낌이 결합된다. 다시 말해, 대상애(object love)에 도달하게 된다. 개인이 사춘기 때 선택하는 대상은 곧 결혼하고 싶은 사람이며, 오이디푸스 단계에서 중요했던 대상을 반복해서 찾는다. 더 간단히 말하면, 개인은 이성의 부모와 닮은 배우자를 찾으려고 노력한다.

이렇게 성적 목적의 일반적인 발달 과정은 유아가 주로 젖을 빠는 데서 쾌락을 느끼는 구강기에서부터 주로 성교를 통해 충족이 이루어지는 성기기적 성숙까지이다.

정신성적 발달에서 특히 중요한 측면은 사랑으로, 이것은 Freud가 상당히 몰두하고 계속해서 되풀이하였던 주제였다. Freud는 1915년에『성에 관한 세 편의 논문』의 각주에서 다음과 같이 적고 있다. "인간의 성애적 생활이 갖는 수많은 특성뿐 아니라 사랑 그 자체에 빠지는 과정의 강박적인 특성은 아동기로 돌아가서 아동기의 잔재된 효과를 참조하지 않고서는 충분히 이해하기 어렵다."[33]

Freud는 연구 전반에 걸쳐 사랑에 대한 임상적 관찰과 '아동기의 잔재 효과'와의 관련성에 관심을 두었다. 실제 치료에서 가장 중요한 예로 들 수 있는 것이, 환자들이 어렸을 때 부모에게서 느꼈던 사랑과 미움의 깊은 감정을 분석가에게 무의식적으로 그리고 강박적으로 되풀이하는 전이애(transference love)이다. 이 전이애는 일반적인 사랑과 정도에서만 차이가 있을 뿐이다.[34] Freud는 사랑을 본질적으로 부모에 대한 고착으로 보았다. 사랑의 비합리적이고 강박적이고 빈번한 자기파괴적 측면들은 아동이 그 부모와 가졌던 관계의 문제와 관련해서 이해될 수 있다.

1910년과 1912년에 쓰인 두 편의 논문은 남성의 신경증적 애정 행위의 두 가지 측면을 다루었다. 그 한 측면은 남성이 성적으로 난잡한 여성, 흔히 매춘부와 사랑에 빠지고자 하는 욕구와 그 여성을 구하려고 온갖 노력을 기울이고자 하는 욕구이다. 그 남성은 자신의 위대한 사랑에도 불구하고, 지독한 질투의 감정으로 끊임없이 고통을 받는다. 그런 경우, 여성은 어린 소년의 눈을 통해 본 변형된 어머니이다.

두 번째 논문은 사랑의 영역에서 가장 보편적인 유형의 타락에 관하여 다룬다. 이 논문에서 남성은 성적 만족을 위한 전제 조건으로 여성의 타락을 설정한다. 여성은 열등한 종족(미국 남부 지방에서 백인 남성과 흑인 여성을 비교해 보라)이며 무능력하고 또 성교를 한다는 이유만으로도 '악한' 존재이다. Freud의 가르침이 확산되면서 '선한' 여성과 '악한' 여성으로 구분하는 일은 많이 없어졌지만, 이런 구별이 Freud 시대에는 얼마나 보편적이었으며 아직까지도 세계 각지에서 얼마나 흔한 일인지를 유념해야 한다. 성적 충족에 대해서 문화적으로 결정된 이 금기 사항은 성행위와 같은 '더러운' 행위를 하지 않는 '좋은' 어머니의 이미지에서 비롯된다. Freud가 지적하듯이, '좋은' 여성과 '나쁜' 여성 사이를 뚜렷하게 구분한 결과로 인해 남성은 심적 발기 불능이, 그리고 여성은 불감증이 될 수 있다.

하지만 Freud가 이 논문들이나 비슷한 주제로 논문들을 썼다고 해서, 그가 사랑을 본질적으로 신경증이라고 간주하였다고 결론지을 수는 없다. 그는 치료자로서 매춘부를 구하고자 하는 욕구나 여성을 타락시키고자 하는 욕구와 같은 유아기적 형태의 사랑 또는 최면 상태의 황홀경과 같은 종류의 사랑에 직면하였고, 여기에 많은 주의를 기울였다. 그러나 정상인이란 일과 사랑을 할 수 있는 사람이라는 명언에서 보듯이, Freud는 사랑이 갖는 건설적인 특성 또한 잘 인식하고 있었다.

Freud는 저술들의 여러 다른 부분에서 사랑을 논하였다. 그는 자기애와 사랑 간의 관계를 추적하였다. 대상 선택에 있어서 대체로 남성들은 의존적 유형(여성을 성적으로 과대평가)에 따라 사랑을 하는 반면, 여성은 자기애적인 유형(사랑받고 싶어 하는 욕구)에 따라 사랑을 한다고 생각하였다. 이 다양한 입장에서, Freud는 여성에 대한 당혹감으로 시각이 심하게 채색되고 자기분석에 지나치게 의지하게 되었던 것으로 보인다. 예를 들면, Freud는 세상에서 유일하게 확고한 사랑은 아들에 대한 어머니의 사랑이라는 이상한 언급을 한다.[35]

Freud는 신경증의 성적 원인론과 일반적인 성욕 발달 이론을 주장하다 보니, 사회 비판이라는 더 넓은 장으로 나오게 되었다. 신경학자들이 정신병은 단순히 뇌의 다양한 병리 현상이라는 신화를 믿는 한, 신경학과 정신의학에서 문명사회가 갖는 중요성은 하찮아 보일 뿐이다. 그러나 Freud가 곧 깨닫게 되었듯이, 성이 신경증 환자와 사실상 모든 사람이 갖는 장애의 근원이라면 모든 사회 구조가 위태로운 상태이다. 왜냐하면 현대 사회는 오늘날에도 성적 금욕을 엄격하게 규범화하고 있기 때문이다. Freud는 위대한 국가에서 자랑하는 도덕이란 실제로 거짓말 보따리일 뿐이며 신경증 환자들로 가득한 세상을 만들어 낸다고 말하였다.

성적 구속과 성적 장애가 신경증을 야기한다는 이론적 입장이 수립되었을 때, Freud가 그토록 위해한 규범을 정한 사회로 주의를 돌려야만 하였던 것은 필연적으로 보인다. 그는 개인적으로는 자신의 입장에 대해 의심의 여지가 없었지만, 공적으로는 어떤 입장도 취하기를 꺼려하였다. 특정한 형태의 정치적 행위를 하는 것은 그의 성격에 맞지 않았다. 이 약점의 결과로 정신분석의 조직체는 부적절한 구조를 갖게 되었다.

성의 문제에서 또 다른 묘한 변화가 일어났다. 그의 관점이 사회 개혁에 대한 분명한 요구로 이어지게 되면서, 이에 두려움을 느낀 Freud는 자신의 견해를 변경하기 시작하였다. 그는 문화적 발전의 결과에 대해 다음과 같이 주장하였다.

> 성 본능의 주장을 문명의 요구에 맞추는 것은 불가능에 가깝다는 생각과 그 문화적 발달의 결과로 인해 인류는 금욕과 고통뿐만 아니라 먼 미래에 멸종의 위험도 피할 수 없다는 생각을 우리는 받아들여야 할지 모른다.[36]

리비도와 심적 에너지

리비도는 심적 에너지의 주요 원천이다. 성적 본능이 개인의 기능에 필요한 유일한 욕동은 아니지만 주요한 힘을 제공한다. 또한 Freud는 성질상 성적이지 않은(nonsexual) 자아본능이나 욕동도 인정하였다. 그러나 이 시기에 치료와 이론 모두에 있어서 강조한 것은 성적 욕동이었다.

심적 에너지 개념은 Freud가 주장한 다른 어떤 기본 개념들보다 더 많은 논란을 불러일으켰다. 이 개념은 자기력(혹은 최면)의 영향력이 정신에서 오는 것인지 실제 액체에서 오는 것인지에 대해 최면술사들 사이에서 벌어졌던 오랜 논쟁으로부터 비롯된다.[37] Freud의 개념은 이 두 가지 가능성을 결합시켰다. 심적 에너지가 신체적인 것인지 심리적인 것인지는 완전히 분명하지는 않았다. 이것을 증명하려는 많은 시도가 있었지만, 어쨌든 심적 에너지가 신체적 에너지와 같을 수는 없다(Theobald, 1966). 그러나 그러한 모호성에도 불구하고, 이후의 많은 분석가는 심적 에너지와 신체적 에너지를 동일하게 보는 관점을 집요하게 고수해 왔다. 그 후의 논쟁에 관해서는 제15장에서 논의된다.

대상 선택

대상 선택(Object Choice)은 리비도 변환으로부터 비롯된다. 대상에게 요구되는 것은 개인의 리비도 욕구를 만족시키는 것이다. 이 주제는 당시 Freud 사상에서 중요한 위치에 있지 않았다. 그래서 그의 초기 입장이 오로지 첫 추측이었던 것으로 보인다.

방어기제

리비도의 욕동은 만족되거나, 억압되거나, 반동형성으로 처리되거나, 승화될 수 있다. 욕동은 생물학적인 것이므로 어떤 식으로든 처리되어야 한다. 이 초창기 시기에는 억압 그리고 사회적으로 용인될 수 있는 본능의 변형인 승화가 주로 강조되었고, 방어에 관한 풍부한 이론은 나중에 나왔다.

성격 구조

성격 구조는 생물학적으로 결정된 본능이 처리되는 방식을 바탕으로 해서 형성된다. 이 주장은 1908년에 발표한 「성격과 항문애증(Character and Anal Erotism)」이라는 논문에 추가되었는데, 이 논문에서 Freud는 다음과 같이 적고 있다. "최종 형태의 성격은 구성되어 있는 본능들로부터 형성되는데, 어쨌든 그 형성 방식에 대한 공식을 다음과 같이 규정할 수 있다. 영구적인 성격 특질이란 원본능들의 변하지 않은 연장이거나 혹은 이러한 본능들의 승화이거나 혹은 이 본능들에 반하는 반동형성이다."[38]

Freud의 연구에서 완전하게 묘사된 유일한 성격 유형이 항문기 성격이다. 그는 항문기의 전형적 성격으로 질서 정연, 인색함, 완고함의 특성을 기술하고, 이 특성들의 발달을 아동의 초기 배변 훈련을 둘러싼 갈등까지 거슬러 추적하였다. 이후 항문애증(anal erotism)과 강박신경증의 관련성이 드러났다(1913).

항문기적 성격과 강박신경증에 대한 기술이 제1차 세계대전 이진의 정신분석 문헌을 지배하고 있었다. 예를 들면, Ferenczi는 동성애의 어떤 유형을 강박신경증으로 설명하였다.[39] 항문성(anality)을 지나치게 강조하게 된 이유는 리비도의 발달 단계가 아직 부분적으로만 알려져 있었다는 사실과, 특히 구강기에 대해서는 거의 아무 것도 알려진 게 없었다는 사실 때문이었다. 1924년에 와서도 Abraham은 "성격의 퇴행적인 변형이 …… 대체로 항문기에 와서 중지된다."[40]라고 쓸 수 있었다.

리비도 발달에 대해 더 많은 임상적 경험과 정보를 활용할 수 있게 되자, 성격 구조에 대한 이해가 상당히 폭넓어졌다. Wilhelm Reich의 저서인 『성격분석(Character Analysis)』(1933)은 이 분야에서 획기적인 사건이었다. 그러나 Reich는 지나치게 도식적(schematic)이어서, 자아심리학에 대한 통찰이 성장함에 따라 그의 업적은 덜 중요해졌다. 오늘날 정신분석의 이 측면은 여전히 상당히 끊임없는 변화 속에 놓여 있다(제12장 참조).

신경증과 유아 성욕

"신경증은 유아 성욕(Neurosis and infantile sexuality)의 어떤 단계로의 고착이거나 퇴행이다." 1905년의 『성에 관한 세 편의 논문』의 후반부에 처음 발표된 이 전제는 신경증과 정신병에 대한 모든 현대 이론들의 핵심이 되었다. 둘의 차이점들은 단지 세부적인 것들에 대해서만 나타나며, 전반적인 생각에서는 차이가 없다. 당연히 고착이 더 어릴수록, 혹은 퇴행이 더 심할수록 정신병리는 더 깊다. 이 두 전제들을 정교화하면 고전적 신경증들—히스테리아와 강박신경증—의 문제 해결로 이어진다. 정신병과 성격신경증의 더 넓은 영역에는 여전히 해답을 얻지 못한 많은 의문이 남아 있다.

고전적 신경증인 히스테리아와 강박신경증은 사고와 정동 혹은 감정의 측면에서 접근할 수 있다. 히스테리아에서 사고는 억압되는 반면에, 정동들은 그 개인을 압도한다(대부분 여자). 강박신경증에서 관념은 뚜렷하지만 정동은 차단된다(대부분 남자). 이 신경증들로부터 고통받는 환자들은 분석가에게 전이를 형성한다. 이 전이와 그것에 동반하는 저항을 분석함으로써, 증상은 유아 성욕에 있는 근원까지 거슬러 추적될 수 있으며 결국에 사라질 수 있다. 이 두 고전적 신경증의 분석치료는 Freud의 위대한 치료적 승리였다.

전이와 저항

이드심리학의 세 번째 초석은 전이 그리고 전이와 연결된 저항(Transference and resistence)이다. 사실상, Freud는 정신분석을 이 두 가지와 관련해서 특징화하였다. 1914년, 그는 다음과 같이 썼다.

> 따라서 정신분석 이론은 신경증 증상을 환자의 과거 삶에 있는 근원까지로 거슬러 추적하려고 할 때마다 나타나는 예기치 못한 두 가지 두드러진 관찰 사실을 밝히려는 시도라고 말할 수 있다. 즉, 전이와 저항이라는 사실이다. 이 두 사실을 인지하고 그것들을 정신분석 작업의 시발점으로 삼는 탐구 노선이라면, 나와 다른 결과에 도달할지라도 그 자체를 정신분석이라고 부를 수 있다.[41]

안타깝게도 Freud는 이 두 현상에 대해 체계적인 설명을 하지 않았다. 그의 모든 저술 중에서 정신분석 과정에서 일어나는 저항에 대해 전적으로 노력을 쏟은 논문이 한 편도 없다. 1910년 이후부터 많은 추종자가 생기기 시작하고, 그들 중 몇몇이 그가 가르치고 있는 것을 이해하지 못한다는 것을 알고 나서, 그는 특히 전이를 강조하는 기법에 대해 일련의 논문을 쓰기 시작하였다. 그러나 이 논문들조차도 오히려 개략적이고 그 목적을 거의 충족시키지 못한다. 그럼에도 불구하고, Freud 이래로 모든 분석가는 전이와 저항에 대한 관찰이 정신치료에 대해서 지금껏 이루어진 가장 심오한 것이며, 그것이 다른 인간을 돕는 과정에서 일어나는 이해하기 어려운 현상 전반을 단번에 설명할 수 있게 한다는 믿음에 만장일치로 동의한다.

'전이'는 치료 중인 환자들이 자신의 어려움을 냉철하게 숙고해 보는 대신 곧바로 치료자와의 강렬한 관계 속으로 들어간다는 관찰로 기술될 수 있다. 이론으로부터 예측해 볼 수 있듯이, 이 치료 관계는 일차적으로 오이디푸스 콤플렉스의 두 측면인 이성의 부모에 대한 성적 끌림과 동성의 부모에 대한 적대를 중심으로 이루어진다. 그 개인은 자신의 무의식적인 감정의 욕동들을 인지하기가 매우 힘들기 때문에 그것들을 억압한다. 정신분석적 치료 과정에서 이 억압은 저항이 되는데, 즉 치료자와의 유대 관계, 그 개인을 동기화시키는 본능적 욕동들, 다른 사람들과의 유대 관계 등의 진짜 본질을 보지 않으려고 하는 것(물론 무의식)이다.

다시 이드심리학의 세 가지 초석의 상호 연관성이 분명해진다. 무의식은 대부분 유아 성욕의 잔존물을 다룬다. 다시 말해, 유아 성욕은 그 개인에게 받아들일 수 없는 것이고 무의식 속으로 억압된다. 그 전체 과정은 사람들이 이해할 수도, 적절히 통제할 수도 없는 비합리적인 많은 욕구에 의해 내몰리게 된다. 이 욕구들의 충동에 지배되고 있는 상황에서 사람들은 환자로 분석치료를 받으러 온다. 그들은 현실에서 인식하기를 거부하였던 것과 같은 방식으로 치료에서도 자신의 소망을 드러내는 것에 저항한다. 결과적으로, 합리적인 치료는 그 병의 본질을 고려하지 않기 때문에 필시 실패하기 마련이다. 치료에 성공하기 위해서는 치료자가 전이와 저항의 원리를 적용해야만 한다.

학생들과 비전문가들에게 전이와 저항 원칙은 Freud 학파의 모든 이론 중에서 가장 파악하기 어려운 것이지만, 정신치료의 이론과 실제에 가장 근본적인 것이기도 하다. 이 격차를 메우는 쉬운 방도는 없다. 오늘날에도 정신분석에는 매우 개인적인 요소가 늘 남아 있어서, 정신분석을 정확한 과학보다는 예술에 더 가깝게 만든다.

1914~1939: 자아심리학

최초의 정신분석 체계가 현세대에게 정신분석으로 거의 인식되지 않는다는 것은 정신분석이 지난 60년 동안 발전을 거듭해 왔다는 하나의 표시이다. 본질적 측면에서, 정신분석은 모든 심리학과 정신의학의 주류에, 그리고 응용되어 모든 사회과학에 흡수되었다. 세부 사항에 대해서는 논쟁거리가 존재하지만, 기본 구조에 대해서는 논쟁의 여지가 없다. 물론 내적 삶을 다루는 어떠한 전제에 대해서도 타당성을 부정하는 완고한 사람들이 있지만, 그들은 점차 소수가 되어 가는 것 같다. Freud가 완전히 새로운 여론의 분위기를 만들어 냈다는 Auden의 유명한 논평은 분명히 타당한 것이었다.

하지만 Freud 자신은 끝없이 불만족스러웠다. 그는 언제나 정신 기능 전체를 설명할 완전한 심리학 체계를 마음속에 품고 있었다. Freud는 1915년에『초심리학 입문(Introduction to metapsychology)』『초심리학 입문을 위한 논문(Introductory Essays on Metapsychology)』,『전이신경증의 전반적 고찰(A General Review of the Transference Neuroses)』등으로 다양한 제목을 붙여 가며 한 권의 책을 쓰기 시작하였다. 그는 '초심리학(Metapsychology)'이란 정신분석 이론을 따라 정신 과정을 종합적으로 기술한 것이라고 의미를 붙였다. 안타깝게도 이 책에 기획된 12개의 논문 중 5개만이 출판되었다. 나머지 7개의 논문은 알 수 없는 이유

로 Freud에 의해 파쇄되었다.[42]

그의 체계에는 적절한 생리학적 토대가 부족하다는 그 한 가지 요인이 항상 그를 괴롭혔다. 어떤 심리학도 생리학적 토대 없이는 완전할 수 없었다. 그래서 그는 항상 자신이 성취한 것들에 대해 만족하지 못하였다. 다른 요인들도 또한 불만족의 원인이 되었다. 1914년까지 그의 작업은 거의 전부 신경증 환자들에게 국한되었다. 정신병 환자들은 그가 고안하였던 표준적인 정신분석치료를 따를 수 없었지만, 그는 언젠간 정신병인 사람들도 치료될 수 있도록 개선안이 발견되기를 늘 희망하였다(실제로 그런 일이 일어났다). 1911년에 Freud는 Schreber 사례연구를 출판하였다. 누구도 정신병 환자의 정신적 삶을 그토록 깊게 관통한 적이 없었던 최초의 일이었다. 그렇지만 Schreber는 자기 자신에 대한 책을 쓴 편집증 환자이지, Freud의 환자가 아니었다(Niederland, 1974). 그러므로 많은 의문이 남아 있었다. Freud는 이드의 연구가 신경증 환자들에게 입증된 것과 같이, 자아에 대한 연구가 정신병 환자들의 이해와 치료에 유익한 것으로 입증되기를 기대하였다.

둘째, Freud는 신경증이 견디기 힘든 생각에 맞서는 방어와 관련이 있다는 기본 공식을 여전히 정교화하고 있었다. 견딜 수 없는 성적인 생각의 본질은 매우 면밀하게 탐색되었었지만, 방어 과정의 본질에 대한 탐색은 뒤처졌었다. 이 방어 과정을 기술하는 다양한 공식화는 여러 시기에 나타났다. 1900년대 초기에 방어는 억압과 관련해서 설명되었다. 1911년에 그는 그 대립을 쾌락 원리와 현실 원리의 대립으로 보았다. 두 번째 10년 동안에 Freud는 역부착(countercathexes)을 탐구하기 시작하였다. 그리고 마침내 1923년에 『자아와 이드(The Ego and the Id)』에서 이후 표준으로 남게 된 '자아 대 이드'를 제시하였다. 자아심리학은 '자기애'에 관한 논문이 나온 1914년부터 아니면 1923년부터 시작된 것으로 추정할 수 있다. 어느 경우든지 자아심리학은 1894년에 처음 공식화한 방어 개념에서 발전한 자연스러운 결과물이다. 1923년 이래로 모든 정신분석은 자아심리학이었다.

셋째, 치료 경험이 쌓이면서 Freud는 성격 구조에 더 관심을 기울일 수밖에 없었다. 그는 1915년에 다음과 같이 서술하였다.

> 의사가 신경증 환자에게 정신분석치료를 할 때, 우선적으로 관심을 두는 것은 결코 환자의 성격이 아니다. 오히려 증상이 의미하는 게 무엇인지, 증상 뒤에 어떤 본능적 충동들이 감추어져서 증상에 의해 만족이 되는지, 본능적 소망에서 증상으로 가는 불가사의한 경로가 어떤 과정을 따르는지 알려고 할 것이다. 그러나 의사가 따라야만 하는 정신분석 기법은 곧바로 다른 목적을 향해 즉각적인 호기심을 발동하도록 만들었다. 의사는 그의 탐색이 환자가 그에게 갖

는 저항에 의해, 그리고 환자 성격의 일부로 당연히 간주되는 저항에 의해 위협받는다는 것을 관찰한다. 성격은 이제 의사 관심사의 우선권을 얻는다.[43]

마침내 성격은 자아구조 또는 전체 인격 구조와 동등시되었다(Alexander, 1927).

넷째, 제1차 세계대전이라는 대재앙의 충격이 있었다. 비교적 작은 전투를 제외하고, 유럽은 나폴레옹이 1815년 워털루에서 패배한 이래 거의 백 년 동안 평화로웠다. 맹렬한 공격, 참가자들이 보인 야만성, 유례없는 학살, 전쟁의 여파로 인한 활동 왕성한 군주들의 소멸 등, 이 모든 것이 문명화된 유럽인 모두에게 깊은 인상을 남겼다. 그러한 거대한 사회적 격변을 마주한 Freud는 무엇이 일어났는지를 더욱 적절하게 설명하기 위하여 이론의 개념화를 다듬어야 한다고 느꼈다.

그리고 마지막으로 항상 Freud를 무겁게 짓누르는 개인적 요인도 작용하였다. 정신분석 운동이 성장함에 따라, 그는 여러 방면에서 심한 비판을 받았다. 게다가 수많은 추종자가 이탈하였다. 가장 괴로웠던 것은 비엔나(Vienna) 모임의 회장으로 임명하였던 Alfred Adler를 1911년에 떠나보낸 것과 국제 조직의 회장으로 임명하였던 Carl Jung을 1913년에 잃은 것이었다. 제1차 세계대전 후의 Freud 저술에, 몇 번이고 Alder나 Jung을 강력히 비난하는 구절들이 때때로 어디선가 불쑥 끼어든다. 그리고 깊은 존경심을 가지고 미국 신경학자인 James Putnam과 계속해서 서신 왕래를 하였다. Putnam은 Freud가 환자의 도덕적 욕구에 충분히 주의를 기울이지 않는다고 지속적으로 비판하였다.

1914년부터 Freud는 새로운 통합을 위해 분투하였고, 마침내 1923년 『자아와 이드』에서 현재의 형태인 이드, 자아, 초자아의 삼자 구조가 갖추어졌다. 이드는 본능 충동들의 저장소이고, 자아는 현실을 다루는 인격의 부분이며, 초자아는 부모의 계승자로 무의식적 양심이다.

Freud는 논쟁에 참여하거나 비판에 반응하는 사람이 아니었다. 전 생애를 통틀어 Freud는 공격에 대해 대응한 적이 유일하게 한 번 있었는데, 그의 불안신경증 개념을 Leopold Löwenfeld가 비판한 것에 대해 답변한 초기 논문이 그것이다. 하지만 그의 작업을 숙독하다 보면, Freud가 자신을 반대하는 사람들의 비평을 아주 신중하게 고려하였다는 것을 알 수 있다. 비평이 일리가 있다고 보이면, 그는 논쟁은 피하면서도 그 비평들을 자신의 이론 체계로 흡수시켰다. 이런 식으로 Freud는 스승들의 신경학, Breuer의 정화적 치료, Bernheim의 최면, Charcot가 만들어 낸 하나의 질병으로서의 히스테리아 분류, 양성애(bisexuality)에 대한 Fliess의 견해를 성공적으로 통합하여, 처음에 자신에게 제안되었던 것보다 훨씬 우수한 체계를 만들어 내었다.

삼자 구조에서도 유사한 과정이 일어났다. Freud는 우리가 알지 못하고 그리고 알 수 없는 힘에 의해 살고 있다고 가르친 George Groddeck의 개념, 공격적 욕동에 대한 Adler 학파의 견해, 성을 훨씬 더 포괄적인 본능적 충동의 종류로 본 Jung의 확장 그리고 심지어 전쟁의 무차별적 대량 학살까지 이드(id)에 흡수하였다. 자아는 그의 초기 이론 체계에 내재되어 있는 셈이었는데, 왜냐하면 자아가 독일어로는 Ich인데 이것은 보통 'I'에 해당하기 때문에 자아란 단어가 실제 언어적으로 내재돼 있기 때문이다. 여기에다 그는 또한 Adler가 비엔나정신분석학회 모임에서 지속적으로 언급한 자아의 힘을 통합하였다. 초자아를 가지고 그는 정신분석이 인간의 더 높은 차원을 향한 분투를 빠트렸다는 Putnam의 이의 제기에 답변할 수 있었다. 아직도 그 최종적 통합은 훌륭한 체계화로서 위치해 있으며, 여전히 인간심리학을 위한 가장 생산적인 토대로 남아 있다.

결론에 이르게 되는 과정을 생략한 채로 최종 출판되었던 최초의 정신분석 체계와는 달리, 자아심리학 또는 두 번째 정신분석 체계는 1914년에서 1926년 사이에 Freud의 일련의 출판물에서 빛을 보다가 1937년 마지막 중요 논문을 통해 최종 마무리되었다. 그의 어떤 생각들은 『쾌락 원리를 넘어서(Beyond The Pleasure Principle)』(1920)에서처럼 매우 주저한 끝에 제안되었고, '자기애'에 관한 논문(1914)에 실린 어떤 생각들은 이후 작업에 의해 대치되면서 Freud 사상의 유기적 전체에서 설 자리를 잃었다. 따라서 그의 관점은 여러 출처로부터 이해되어야만 한다. 세월의 검증에 가장 잘 버텨 낸 작업들은 다음과 같다. 『자아와 이드』(1923)에서 삼자 구조가 최초로 분명하게 공식화되었다. 『불안의 문제(The Problem of Anxiety』(1926)에서 Freud는 방어기제들의 개념을 명확히 하였다. 『종결 가능한 분석과 종결 불가능한 분석(Analysis Terminable and Interminable)』(1937)에서 그는 일생에 걸친 정신분석과 정신치료 경험을 요약하였다. 자아심리학 시기의 자료들은 다음과 같이 이드, 자아, 초자아, Freud의 철학적 위상과 관련지어서 보면 가장 잘 정리될 수 있다.

이드

이드는 본능적 충동들의 저장고이다. 이 개념에서 주요한 세 가지 변화가 일어났다. 즉, 이원 본능 이론으로의 이동, 불안에 관한 두 번째 이론으로의 전환, 구강기 탐색의 시작이 그것이다.

이원 본능 이론

Freud가 1905년에 제안한 본능 이론은 한 가지를 제외하고는 당대의 이론가들이 주장한 것과 모든 면에서 동일하였다(Fletcher, 1966). 차이라고 하면 Freud는 모든 다른 본능이 하나의 기본적인 본능 욕동인 성 혹은 나중에 성을 지칭한 리비도로부터 파생될 수 있다고 강조하여 주장한 것이었다. 그러나 Freud는 본능에 관한 자신의 이론에 대해 온전히 기쁘지 않았다. 그는 그것을 "우리의 신화학"이라 하였고, 다양한 방식으로 계속해서 수정해 나갔다.

마침내 그는 1920년에 『쾌락 원리를 넘어서』에서 새로운 수정 사항을 제의하였는데, 이는 정신분석계를 충격에 빠트렸다. 여기에서 그는 에로스 혹은 삶 그리고 타나토스 혹은 죽음이라는 두 가지 주요한 종류의 본능이 있다는 것을 제안하였다. 죽음 본능은 처음에는 자신을 향한 (일차적 피학증) 그리고 나중에는 다른 사람들과 외부 세계를 향한 파괴적 소망의 형태들로 실체를 드러낸다.

1910년부터 1920년까지 Freud는 점차 죄악과 증오의 문제들로 관심을 돌렸다. 전쟁은 그로 하여금 인간은 왜 평화 시에는 결코 용인될 수 없는 무차별적 대량 학살을 저지르는 퇴행을 주기적으로 자행하는지 숙고하게 하였다(적어도 그 당시에 대량 학살은 평화 시에는 용인될 수 없는 것으로 생각되었다).

리비도 이론 내에서 가학적 욕동들의 의미가 Freud에게 다소 느지막이 분명해졌다. 항문-가학 단계와 그리고 그가 항문-가학 고착과 강박신경증 사이에서 도출한 연관성은 1905년 리비도 발달에 대한 최초 기술에는 포함되지 않았지만 1913년에 추가되었다.

1915년에 Freud가 그의 전체 접근을 체계화하게 되었을 때, 가학증은 수수께끼로 남아 있었다. 원래 그는 가학증을 성을 구성하는 하나의 본능으로 봤었으나, 더 면밀하게 고려한 끝에 이 견해를 수용할 수 없다는 것을 알게 되었다. 1915년 그는 다음과 같이 진술하였다. "사랑과 미움의 경우는 그것이 본능 도식에 들어맞지 않는 상황 때문에 특별한 관심을 얻는다."[44]

만약 사랑과 미움이 본능 도식에 맞지 않다면, 미움은 어느 곳에서 일어나는 것인가? 강박신경증에서는 사랑에서 미움으로 퇴행이 일어나고, 사랑과 미움 사이의 양가감정이, 특히 증상과 성격 형성에 있어서 중요한 역할을 한다. Freud는 사랑과 미움의 태도가 본능이 대상과 맺는 관계를 위해 이용될 수는 없고, 전체 자아가 대상과 맺는 관계를 위해 마련된 것이라고 주장하였다. 따라서 미움이 갖는 관계의 진짜 기원은 성으로부터 시작된 것이 아니라 자아가 자신을 유지하고 보존하려는 투쟁으로부터 유도된 것이라고 결론지었다.

1917년 Freud가 가학증이 자아본능들과 관계가 있다고 입장 변화를 보인 것은 공격성 문제에 대한 이전 입장과 현격한 대조를 이룬다. 1908년 Adler가 공격적 충동에 대한 개념을 처음 제안하였지만, 그 당시 Freud는 그것을 단호히 거부하면서 세상에 대한 '칙칙한(cheerless)' 관점이라고 혹평하였다.[45] 곧이어 Freud는 Adler가 구상하였던 어떤 것보다도 훨씬 더 칙칙한 무언가를 제안하게 되었다.

동시에, 임상적으로 피학증의 문제가 더 중요하게 되었다. 『애도와 우울증(Mourning and Melancholia)』(1917)에서 처음으로 그는 우울증과 우울증의 초심리학적 문제를 진지하게 받아들였다. 그는 우울증이 처벌과 밀접하게 연결되어 있다는 것을 인식하였다. 신경증적 또는 정신병적 우울증에서 이 처벌은 내재화된 대상 또는 내사로부터 유도되는 반면, 애도에서는 처벌이 외부 대상의 상실로부터 유도된다. 『매 맞는 아이(A Child Is Being Beaten)』(1919)에서 그는 아동기의 매 맞는 공상에 대한 임상적 관찰을 상세히 숙고하였다. 자신이 맞거나 다른 아이들이 맞는 기억은 궁극적으로 아버지에게 사랑받으려는 근친상간적 소망에서 오는 것이라고 주장하였다. 공상 속에서, 사랑은 매질로 바뀌었다.

이 견해들과 더불어 그는 여전히 쾌락 원리 안에 있었다. 그렇기 때문에 다음 해에 죽음 본능으로 이행한 것은 더욱 당혹스러운 일이었다. 그리고 사실 죽음 본능에 대한 그의 가정은 추종자들에 의해 단호히 거부되었던 견해이다. Jones가 1957년까지 나온 문헌들을 검토한 결과, Freud의 원출판 이래로 죽음 본능을 주제로 다룬 50편 정도의 논문 중에서 첫 10년 동안에는 단지 절반이, 다음 10년 동안에는 1/3만이 Freud의 이론을 지지하였고, 마지막 10년 동안에는 지지하는 논문이 한 편도 없었다.[46]

비록 죽음 본능이 거의 보편적으로 거부되었더라도, 이원 본능 이론은 성적 본능과 공격적 본능의 개념화를 통해서 보존되었다. 하지만 오늘날까지도 그 상황은 전혀 명료화되지 못한 채 남아 있다(제8장 참조).

불안의 두 번째 이론

맨 처음부터, Freud는 불안을 신경증의 핵심에 존재하는 것으로 보았다. '견딜 수 없는' 사고는 분명히 불안을 일으키는 사고이다. 원래 그의 이론에서 불안은 억눌린 리비도인데, 정상적인 성적 표현을 할 수 없을 때 리비도는 두려움이나 불안으로 변한다. '독성학' 이론은 순수하게 생리적 과정으로서 보였다. 아직 어떤 방식인지는 밝혀지지 않았지만 그는 성적 흥분이 불인으로 '변형'된다고 가정하였다.

1890년대에 그는 '실제신경증(actual neurosis)'은 실제의 성적 좌절로부터 초래되는데, 좌절이 일어난 다음에 어떤 생리적 장애로 변형된다는 이론을 제안하였다. 실제신경증 환자들에게 유일한 치유는 그들의 성적 행위 방법(regimen)을 바꾸는 것이다.

그의 많은 초기 이론에서와 마찬가지로, 그가 비록 실제 분석에서는 이 두 가지를 거부하였지만 출판된 저술에서나 이론을 토론할 때는 그렇게 하지 않았다. Federn, Stekel, 비엔나정신분석협회(Vienna Psychoanalytic Society)의 다른 회원들(Nunberg와 Federn, 1962~1975)에 의해 압박을 받을 때인 1910년이 되어서, Freud는 자신의 나중 견해들과 명백히 일치하지 않는데도 불구하고 예전의 입장을 재확인하였다. 심지어 그는 1910년에 '난 15년' 동안(즉, 1895년 이래로) 실제신경증의 '충분한' 사례 수를 가지고 엄격한 연구를 할 수 없었지만, 그 생각에 여전히 천착하고 있다고 진술하기도 하였다.[47] Freud가 실제신경증 이론을 유지하려는 일부의 이유는 이론을 뒷받침하는 생리학적 토대가 없다는 것이 너무 불편하게 느껴졌기 때문이었다.

그러나 최종에는 증거의 무게감에 압도되어 그는 불안이 이드 속에 있는 것이 아니라 자아 속에 있다고 결론을 내렸다. Darwin이 이미 지적하였듯이, 두려움은 근본적으로 위험에 대한 생물학적 반응이다. 여기서의 위험이 실제가 아니라는 점에서 불안은 두려움과 다르다. 하지만 그것은 주관적 이유들로 인해 그 개인에게는 위협이 된다. 더욱이 Freud는 이제 본능적 충동이 즉각적으로 불안으로 바뀌는 게 아니라는 것을 알 수 있었는데, 왜냐하면 같은 불안이라도 여러 다른 충동들로부터 일어날 수 있기 때문이다.

이 모든 것이 불안의 두 번째 이론에서 종합되었다. 그는 이제 불안이란 위험이 위협하고 있다고 자아가 보내는 신호라고 주장하였다(『불안의 문제(Problem of Anxiety)』, 1926). 그렇다면 이 위험의 성질은 탐구될 수 있다. 그는 원래 불안을 어머니로부터 분리되는 두려움인 분리 불안으로 보았다. 이 분리 불안의 원형은 어머니로부터 실제로 분리되는 출생 상황이다. 이러한 관점에서 Freud는 Rank의 출생 외상 이론에서 어떤 가치를 보게 됐지만, 그 이론에서 극단적으로 과장된 부분은 버렸다.

불안의 이후 형태들은 분리 공포를 다른 방식으로 반복하는 것이다. 처벌은 부모의 사랑을 상실하는 것이기 때문에 하나의 위협이 된다. 거세는 음경으로부터 분리되는 것을 포함한다. 이후의 위험들은 모두 이 분리 위협에 대한 변형들로 볼 수 있다.

불안의 두 번째 이론은 또한 방어 과정 개념화의 변화를 필요로 하였다. 그 이전에는 억압이 초기 논문들이 나온 후에, 유일한 방어로 고려되어 왔다. 독성학의 시기에, Freud는 억압이 생화학적 과정을 통해 불안으로 이어졌다고 해석하였다. 이제 그 역이 옳은 것이 되었다. 즉, 불안이 억압으로 이어진다. 그러나 불안은 또한 다른 방법들로도 조절될 수 있다. 그렇게 해서 전체 방어 과정 연구를 위한 길이 열렸다.

불안의 두 번째 이론은 강력한 확신을 지녔고 지금껏 심각하게 도전받지 않았다. 그것은 모든 정신분석과 심리학 이론의 기초 중 하나가 되었다.

구강기

이 개정된 불안 이론으로 인해 Freud는 처음으로 구강기, 즉 아버지가 이 그림 속으로 들어오기 전인 어머니와 아이 관계로 돌아갔다. Freud가 유아적 요소의 중요성에 대해 끈질기게 강조한 것에 비하면, 비교적 후반기 연구에 와서야 구강기의 중요성을 인식하였다는 것은 주목할 만한 일이다. 생애 대부분 동안 그는 어머니와 아이 사이에는 정말로 잘못될 만한 일은 없으며, 따라서 신경증적 어려움은 이후에 시작됨에 틀림없다는 생각을 가졌던 것 같다.

Freud에게 생애 첫해는 언제나 불가사의한 무언가로 남아 있다. Freud 이론은 어떤 점에서는 개인적인 이론 체계였기 때문에, 이런 상황은 Freud 자신의 삶에서 일어난 사실을 가지고 설명될 수도 있다. Freud는 자기분석을 하면서 아버지의 죽음에 의해 자기분석 과정이 출발되었다는 것을 알게 되었다. 다른 한편, Freud의 어머니는 최고령까지 살았다. 어머니가 사망하였을 때 그는 이미 70대였다. 그는 평생 충직한 아들이었으며, 비록 다른 사람들과의 갈등은 분석하였어도 어머니와의 갈등은 결코 분석하지 않았다(예: Leonardo da Vinci, 1910).[48]

일단 불안에 대한 새로운 이론이 제안되고 구강기의 중요성이 인식되자 정신분석적 사고의 새로운 시대가 시작되어 제2차 세계대전 후에는 최고조에 달하였고, 여전히 여러 측면에서 계속되고 있다. 구강기 탐색은 이론과 기법 모두에서 광범위한 변화를 일으켰다 (제6장 참조).

자아

자아는 현실을 다루는 심적 장치이다. 자아는 이차 과정이고, 반면에 이드는 일차 과정이다.

출생 시, 자아와 이드는 분화되어 있지 않다. 개인이 점차 발달함에 따라 자아가 나타난다. 자아가 존재한다고 말할 수 있는 첫 번째 시점은 신체 감각이 지각될 때이다. 그래서 Freud는 자아는 무엇보다도 신체 자아(body ego)라고 말한다.

자아는 지각-의식 체계를 통해 작용하는 외부 세계의 직접적인 영향에 의해 변형된 이드의 일부이다. 자아는 지각과 의식을 통제함으로써 불안을 일으키는 상황을 피한다.

외부 세계로부터 오는 위협적인 위험에 맞서서, 자아는 스스로를 방어할 수 있는 좋은 위치에 있다. 즉, 필요하다면 도망칠 수 있다. 그러나 이것은 내적 위험(본능적 충동)과 관련해서는 가능하지 않다. Freud는 내적 위험들에 대한 이런 보다 큰 민감성이 신경증의 한 원천이 된다고 보았다.

자아는 전치될 수 있는 중립적 에너지에 의존하는데 이 에너지는 탈성화된 에로스(desexualized eros)이다. 이 전치될 수 있는 에너지 혹은 성적이지 않은 리비도는 또한 승화된 에너지로도 기술될 수 있다. 여기서 Freud는 금지된 충동들을 충족하기 위해 사회적으로 수용될 수 있는 수단을 찾는다는 그의 이전 견해와는 다소 상이한 형태의 승화에 도달한다.

그에게 자아란 승화, 반동형성, 퇴행, 억압, 격리, 취소와 같은 다수의 방어기제 합성물이었다[불안의 문제들(Problem of Anxiety), 1926]. 억압의 개념은 방어의 개념으로 대체되었다. 억압은 이제 여러 방어기제 중 하나로 여겨졌다. 다른 신경증은 다른 방어로 특징지어졌다. 예를 들면, 히스테리아는 주로 억압을 사용하였고, 반면에 강박신경증은 퇴행과 반동형성을 사용하였다. 1936년에 Anna Freud는 『자아와 방어기제들(The Ego and the Mechanisms of Defense)』에서 다양한 방어기제를 보다 자세히 기술하였고, 인격의 기능에 있어서 그 역할을 명료화하였다.

이제 Freud의 인격 구조 개념은 자아에 집중되었다. 자아의 다양한 구성 요소들은 정상에서부터 정신병까지 다른 많은 방식에 따라 달라질 수 있다. 1937년에 그는 다음과 같이 썼다.

> 사실상, 정상적인 사람은 평균적으로만 정상일 뿐이다. 정상인의 자아는 이런저런 부분에서 많든 적든 정신병 환자의 자아와 근접해 있다. 그리고 자아가 연속선의 한쪽 끝에서 먼 정도와 다른 쪽 끝에서 근접한 정도가 우리가 자아의 '변화'라고 애매하게 이름 붙인 것에 대해 잠정적인 평가를 해 줄 것이다.[49]

자아의 이러한 변화 또는 변동은 유전적일 수도 있고 후천적일 수도 있다. 모든 개인은 세계와 관계하는 어떤 특징적인 방식이 있으며, 이것은 타고난 구조와 환경적 영향이 혼합된 것이다.

결국, 자아는 강하거나 약한 것으로 평가된다. 내, 외적 현실 모두를 다룰 수 있는 자아 능력이 자아강도의 척도이다.

Freud가 현대 자아심리학의 기초를 놓은 것은 사실이지만, 그의 견해는 상당한 확장과 수정을 겪게 되었다. 이것은 제11장에서 고찰된다.

자아와 치료

자아 개념이 공식화되면서 필연적으로 정신분석과 정신분석적 치료의 전체 개념이 광범위하게 변화되었다. Freud는 그것을 기억할 만한 1937년 논문인「종결 가능한 분석과 종결 불가능한 분석」에서 상세하게 고찰하였다. 이 논문을 이해하기 위해서 치료에 대한 그의 견해의 역사적 발전에 대해 간단하게 개요를 제시하는 것이 유용하겠다.

원래 Freud는 Breuer로부터 배운 **감정 정화 방법**(Cathartic method)으로 치료를 시작하였다. 이 방법에 의해 환자는 최면에 걸려 신경증을 촉발한 외상적 상황을 상기하게 된다. 이 외상은 **정동의 협착**(strangulation of affect)을 가져왔기 때문에 치료적 상황에서 제반응(방출)되어야만 하는 것으로 보였다. 이 정동이 제반응되었을 때 환자는 치유가 된다. 여기서의 공식은 **무의식을 의식화하라는** 것이다.

일단 그가 1900년대에 첫 번째 정신분석 체계로 옮겨 가자, 이 접근이 지나치게 단순하다고 여겨졌고 치료적으로 부적당하다는 이유로 버려졌다. 이제 치료의 토대는 **전이**와 **저항**이 되었다. 더 이상 환자에게 최면을 걸지 않았다. 왜냐하면 환자의 완전한 의식적 협력이 필수적이었기 때문이다. 그 대신 환자에게 카우치에 누워서 **자유 연상**을 하도록 요청하였다. 전이 때문에 아무도 완전히 자유롭게 연상을 하려고 하지 않았다. 그렇게 해서 저항으로 주목이 쏠렸다. 지적인 이해는 20세기 초에 지배적인 주제였지만, 전혀 소용이 없는 것으로 밝혀졌다. 그 대신 환자가 저항을 훈습해야만 하였다. 이것이 Freud가 1914년에 도달하였던 입장이었으며 이렇게 썼다. "실제 분석에서 저항의 훈습은 피분석자에게는 아주 고된 과업이고 분석가에게는 인내심을 시험하는 일로 밝혀졌다. 그럼에도 불구하고 저항 훈습은 환자에게 가장 큰 변화를 가져다주고, 분석 치료를 암시에 의한 그 어떤 치료와도 구분 짓는 분석 작업의 한 부분이다."[50]

1920년대에 삼자로 이루어진 구조가 공식화되고 신경증적 구조가 자아와 관련해서 정의되자(신경증은 자아와 이드 간의 갈등으로 간주되었다), 자아가 치료 이론에 포함되어야만 하였다. 그때 '이드가 있던 곳에 자아가 있게 할 것이다'라는 공식화가 이루어졌다. 즉, 환자는 이드가 주도하는 통제할 수 없는 행동을 자아통제하의 이성적인 숙고로 대체해야만 하였다.

제1차 세계대전 후에 Freud는 치료적 분석은 거의 하지 않았고, 그의 작업은 주로 미국과 영국에서 온 외국 의사들을 훈련하는 데 국한되었다. 그럼에도 불구하고 그는 관련 발전들과 계속 접촉하였고, 1937년 논문에서 일생에 걸친 생각들을 요약하였다. 이 논문은 "언제 분석이 종결된다고 말할 수 있을까?"라는 문제에 집중되어 있다.

Freud는 분석의 결과가 세 개의 주요 요인에 달려 있다고 믿었다. 세 요인은 외상적 요소의 상대적인 중요성, 본능의 상대적인 강도, 방어적 갈등에서의 자아변화이다. 정신분석에서 자아를 강화하고 아동기에서의 부적절했던 결정을 더 확장된 올바른 해결책으로 대체하는 단순한 성과를 예상할 수 있는 것은 오직 첫 번째 경우이다. 나머지 두 경우에는 양적인 요인들이 종결에 주요한 역할을 하기 때문에, 언제 분석을 종결하느냐 하는 문제는 실로 까다로운 문제이다. 대체로 치료 목표는 자아가 기능하기에 가장 좋은 상태를 만드는 것이다. Freud는 다음과 같이 썼다.

> 우리의 목표는 도식적인 정상(a schematic normality)을 위하여 인간 성격의 모든 특이점을 없애려고 하는 것이 아닐 것이며, 또한 '철저하게 분석이 된' 사람이 어떤 열정도 못 느끼거나 아무런 내면적 갈등도 일으키지 않도록 요구하는 것은 아닐 것이다. 분석이 해야 할 일은 자아의 기능이 가장 잘 발휘될 수 있는 심리적 상태를 확보하는 것이다. 그렇게 해서 분석은 그 과업을 마치게 된다.[51]

Freud로 하여금 종결과 분석에 대해 자신이 가졌던 인상을 수년에 걸쳐 바꾸도록 만든 다른 이론적 개념화를 검토하는 것이 유용할 것이다. 분석에 대한 각기 다른 요구와 그리고 분석 가능성(analyzability)이 무엇인지에 대한 각기 다른 관점으로 이어진 일곱 가지의 발견들이 상술될 수 있다. 이것은 꿈, 아동기 기억들, 유아 성욕, 전이, 저항, 훈습, 자아구조 등의 중요성 혹은 실재이다.

꿈 Freud가 꿈의 지대한 의미를 발견하자마자 꿈의 새롭고, 본질적으로 가늠할 수 없는 요소가 정신분석 과정에 도입되었다. 왜냐하면 환자는 겉으로는 전혀 증상이 보이지 않을 수 있지만, 밑에 가라앉아 있는 갖가지 문제들을 암시하는 꿈을 꿀 수 있기 때문이다. 꿈에 대한 이러한 관심 덕분에 문화적으로 정상적인 개인의 성격분석을 위한 길이 열렸는데, 이것은 오늘날 예외가 아닌 통칙이 되었다.

아동기 기억들 감정 정화 시기에 Freud는 하나의 특정한 기억이 방출되면 전체 신경증적 구조가 밝혀지고 치유된다는 생각을 하였다(영화 속에는 아직도 이러한 이미지가 있다). 그가 정신분석으로 옮겨 갔을 때도 어느 정도는 이러한 견해를 가지고 있었다. 그는 기억 상실, 특히 2세부터 4세까지의 중요한 아동기 시기(이 시기는 그의 주된 개인적 관심사였다.)에 대한 기억 상실이 걷혀야 한다고 느꼈다. 그러나 나중에는 기억과 재구성물은 동등한 가치가 있다고 느끼게 되었다. 그런 이유로, 단순히 기억을 회복하는 것만으로는 신경증이 치유되지 못하기 때문에, 이 기준은 폐기되어야 하였다.

유아 성욕 다음으로, Freud는 신경증 환자들이 억압하였던 초기 아동기의 성적인 자료, 특히 오이디푸스 콤플렉스로 주의를 돌렸다. 오이디푸스적 고착을 극복해야만 하는 요구가 환자에게 주어진다. 그러나 이 분석 과정은 질적이기보다 양적이고, 분명히 다양한 분석 결과가 나올 수 있다.

전이 곧이어 Freud는 지적인 이해와 상관없이, 전이의 극복이 결정적 요인이라는 것을 깨달았다. 1912년에 그는 다음과 같이 썼다. "결국 어떠한 갈등도 전이의 영역에서 싸워서 해결해야만 한다."[52]

저항 저항은 전이와 밀접하게 연관되어 있어서 둘은 언제나 함께 고려될 수 있다. 남자의 (남자 분석가에 대한) 긍정적인 전이와 (Freud의 Dora 사례에서와 같이) 여자의 부정적인 전이가 Freud 이후의 분석가들에 이르러서야 작업이 이루어졌다는 것은 주목할 만한 일이다.

훈습 훈습의 원리는 일정 기간 동안 해석을 반복하는 것이 필수적이라는 의미를 지닌다. 한 번 해석한 결과로 환자가 병이 나을 것이라고 기대할 수 없다. 보다 전통적인(conventional) 심리학 용어로 하면, 이 훈습은 학습이라고 부를 수 있다. 그것은 정신치료의 단연코 가장 중요한 기법적 측면이지만, 학생들에게 전달하기 가장 어려운 것으로 밝혀졌다. 어느 때에 환자가 자신에 대해 충분히 배웠다고 정확하게 특정 짓기 어렵다.

자아구조 분석이 석설하게 종결되었다고 말할 수 있는 재구성된 자아의 특정 방식은 1937년 논문이 나온 이래로 줄곧 분석가들의 주목을 끌어 왔다. 같은 집단의 회원들 사이에서조차 종결을 위한 자아의 재구성 방식에 대해 어떠한 합의도 이루어졌다고 말할 수 없을 것이다(Hamburg et al., 1967; Langs, 1976; Pfeffer, 1963 a, b). 이 분야에서 열띤 논란은 계속해서 이어지고 있다(제18장 참조).

초자아

초자아는 자아심리학에서 전적으로 새로운 면이다. 이드 시기에는 이와 정확하게 유사한 것이 (parallels) 없었다. 이 개념을 통하여 Freud는 대인관계 주제에 접근하였고 가족 구조의 심리적인 의미를 확장하였으며 오이디푸스 콤플렉스의 의미를 더욱 명료화하였다.

일반 대중과 전문가들 양쪽 모두에게 Freud는 오랫동안 본능 이론가의 이미지였다. 이런 이미지가 강화된 것은 어느 정도는, 언젠가 '과학적인' 생물학이 자신의 심리학적 발견들을 설명해 줄 것이라는 Freud 자신의 희망 때문이었다. 어느 정도 이 이미지는 역사적으로 기본 공식에서의 견딜 수 없는 생각들이 방어 과정 이전에 고려되었다는 사실에서 연유한다.

그러나 우리가 보아 온 것처럼, Freud는 항상 인간관계가 갖는 중심적 역할을 예리하게 알아차리고 있었다. 1914년에 쓴 자기애에 관한 논문을 시작으로 그는 대인관계 문제를 보다 체계적으로 생각하기 시작하였다. 거기서 그는 자아이상(ego-ideal)의 존재를 상정하였는데, 사람들은 그것을 자신의 실제 성과를 측정할 때 기준으로 이용한다. 그는 또한 이전에는 무시하였던 자기이미지, 자기존중, 자기의 다른 측면에 대해서도 언급하였다. 『애도와 우울증(Mourning and Melancholia)』(1917)에서 그는 우울증이 어떻게 가혹한 비판을 내사하거나 내재화를 통해 생기는지 명료화하였다. 『집단심리학과 자아 분석(Group Psychology and the Analysis of the Ego)』(1921)에서 그는 집단 지도자의 중심적 역할을 강조하였으며, 집단의 결속은 구성원들이 공통의 자아이상 또는 초자아를 갖고 있다는 사실에서 나온다는 것을 보여 주었다.

자아이상과 초자아 간 초기의 구분은 Freud가 "초자아"라는 용어를 더 일관성 있게 사용하기 시작한 1923년에 와서 없어졌다.

자아가 이드로부터 분화되는 것과 같이 초자아는 자아로부터 분화된다. 초자아는 오이디푸스 콤플렉스의 계승자(heir)이며 오이디푸스 콤플렉스가 극복된 후에 부모상(parental image)이 내재화됨으로써 생긴다. Freud는 그것을 다음과 같이 정의한다.

> 따라서 오이디푸스 콤플렉스에 의해 지배되는 성적 단계의 대체적인 결과는 자아에 침전물(precipitate)이 형성된 것으로 보인다. 그 침전물은 어떤 식으로 서로 합체가 되어 있는 두 가지 동일시로 구성되어 있다. 자아의 이 변화는 특별한 위치를 유지한다. 그것은 자아이상 혹은 초자아로서 자아의 다른 내용물들과 맞선다.[53]

이 정의는 동일시의 개념을 정교화하도록 요구한다. 동일시는 Freud가 그 당시 여러 차례 고찰하였던 주제였다. 최초의 동일시는 대상 리비도 부착보다 앞서며, 그것은 아버지같이 되려고 하는 아이의 소망이다(아마도 Freud는 부모처럼 되는 것으로 말하였지만, 그러나 계속해서 언급하였듯이 그는 출생 초기 몇 년 동안에 일어나는 어머니와의 갈등을 소홀히 하는 경향이 있었다). 초기 아동기 때, 오이디푸스 단계 이전, 동안, 이후에, 아이는 대인관계나 대상 리비도 부착을 형성하려고 한다. 그러나 빈번하게 아이는 그러한 노력 속에서 좌절한다. 그러고 나면 **대상 리비도 부착은 동일시로 퇴행한다.** 예를 들면, 아버지같이 되려는 소망이 좌절되면 아이는 아버지가 되고 싶다는 소망으로 후퇴한다. 원래 이 공식은 우울증과 관련해서 발견된 것이었으나, 이제 Freud는 그 과정이 훨씬 자주 일어나며, 우울증에만 국한된 것이 아니라는 것을 알게 되었다.

이 인생 초기에 일어나는 동일시에 대한 연구를 통해 오이디푸스 단계의 개념에 중요한 수정이 가해졌다. 그 시점부터 줄곧 그는 부모 양쪽 모두에게 향하는 양가적 갈등의 양면을 포함하는 완전한 오이디푸스 콤플렉스를 이야기하는 것이 필수적이라고 말하였다.

> 단순한 오이디푸스 콤플렉스는 결코 가장 흔한 형태는 아니고 오히려 확실히 실용적인 목적을 위해서 종종 충분히 정당화되는, 지나친 단순화 혹은 도식화를 나타낸다는 인상을 준다. 대체적으로 보다 면밀하게 연구가 진행될수록 더 완전한 오이디푸스 콤플렉스가 드러난다. 이것은 긍정과 부정의 두 부분으로 되어 있고, 아이들에게 원래 존재하는 양성애(bisexuality) 때문이다. 다시 말하면, 남자아이는 단지 아버지에게는 양가적 태도를 보이고 어머니에게는 애정 어린 대상-선택을 하는 것이 아니라 동시에 여자아이처럼 행동하면서 아버지에게 애정 어린 여성적 태도를, 어머니에게 상응하는 질투를 나타내기도 한다.[54]

Freud의 초자아 이론에서 호기심을 끄는 한 가지 특성이라면 시간이 가면서 후방으로 밀려난 것이지만, 초자아가 아버지의 성격을 지닌다는 것이다.[55] 오늘날에는 일반적으로 초자아가 부모 양쪽 모두로부터 오는 것으로 본다. 초자아는 이드와 밀접하게 연관되어 있다. 죄책감은 초자아의 처벌인데, 특히 적대적 충동들을 부모에게 투사한 것에서 비롯된다. 사실 Freud는 초자아가 흔히 부모보다 더 가혹하다고 믿었다.

초자아는 Freud의 가장 뛰어난 개념화들 중 하나이다. 그가 초자아를 사용하기 시작하면서 그 후로부터 초자아 개념이 엄청나게 확장되었다(제16장 참조).

Freud의 철학으로의 확장

정신분석은 언제나 광범위한 사회적 함의를 지니고 있었지만, Freud는 일생의 대부분을 기법의 작업대에 매여 있었다. 그는 과학적 체계가 완성될 때까지 그의 견해를 철학적으로 설명하거나 확장하기를 원하지 않았다. 아마도 그는 초자아 개념을 가지고 마침내 자신의 체계를 완성하였기 때문에, 혹은 아마도 노년에 접어들었기 때문에, 말년에 이르러 철학적 숙고에 의탁하였다. 이것들은 문헌에서 거의 주목받지 못하였다.

제1차 세계대전 후 어느 때쯤, Freud는 정신분석이 처음에 상상하였던 것보다 훨씬 더 폭넓은 범위를 포괄하고 있다는 것과 정신분석이 신경증을 치료하는 좁은 범위의 기법적인 역할에 머물기보다 상상컨대 인류사에서 훨씬 더 중요한 역할을 할 수 있다는 것을 인식하기 시작하였다(그는 항상 정신분석이 정신병에 치료적으로 적용될 수 없다고 잘못된 확신을 갖고 있었다). 모순되게도, 그는 정신분석의 이 확장을 어떤 때는 '추측(speculations)'이라고 하였다가 다른 때에는 확립된 진실로 보인다고 언급하곤 하였다. 그리하여『자서전(Autobiography)』(1925)에서 그는 다음과 같이 썼다.

> 나의 작업의 마지막 시기에 환자 관찰에는 등을 돌리고 전적으로 추측에 빠졌다는 인상을 주고 싶지 않다……. 관찰에서 멀어졌을 때조차 엄밀한 의미의 철학과는 어떠한 접촉도 조심스레 피해 왔다. 이 회피는 철학에 대한 체질적인 무능력 때문에 훨씬 용이해졌다.[56]

그러나 동시에 그는 정신분석은 심리학의 한 체계라고 자신 있게 주장하였다. "정신분석은 심리학만큼이나 적용 분야가 폭넓은 데다가 강력한 결과의 확대를 추가적으로 가져온다."[57]

더욱 혁명적인 것은『비의사 분석의 문제(The Question of Lay Analysis』(1926)이다. 여기서 처음으로 그는 정신분석 수련을 받기 위해 필요한 예비 자격의 문제를 다루었다. 정신분석 수련이 의사에게 한정되어서는 안 된다고 주장하였다. 그러한 입장을 정당화하기 위하여 그는 정신분석이 심리학의 핵심적 부분이라는 것을 보여 주어야만 하였다.

> 우리는 정신분석이 의학(medicine)에 의해 집어삼켜지고, 그리고 정신의학 교과서 내에 최면암시, 자기암시, 설득과 같은 방법과 함께 '치료 방법들'이라는 제목으로 최종 안착지(last resting place)를 찾는 것이 전혀 바람직하지 않다고 생각한다. 그러한 방법들은 우리의 무지로부터 탄생하였는데, 일시적인 효과를 바라는 인간의 게으름과 비겁함 덕분이었다. 정신분석은 더 나은 운명을 누릴 가치가 있고, 희망이 있으며, 하나로 만날 것이다. '심층심리학', 즉 정신적 무의식 이론으로서 정신분석은 인류 문명의 발전과 그리고 예술, 종교, 사회적 질서와 같은 주요 제도의 발전에 관계되는 모든 과학에 필수가 될 수 있다. 내 생각에 정신분석은 문제 해결에 있어 이미 과학에 상당한 도움을 주었다. 그러나 이것은 문명 사학자, 종교심리학자, 문헌학자 등이 새로운 연구 수단을 마음껏 다루는 데 동의하는 경우에 성취될 수 있는 것과 비교해 본다면 작은 기여에 불과하다. 정신분석을 신경증의 치료에 사용하는 것은 단지 하나일 뿐이다. 아마도 미래에 가서는 신경증 치료가 가장 중요한 적용이 아니라는 것이 드러날 것이다. 어떤 경우든 정신분석이 단지 의학적 관심 범위를 건드린다는 이 이유 하나만을 위해 다른 모든 적용을 희생시킨다면 잘못된 일일 것이다.[58]

『비의사 분석의 문제』에서 Freud는 또한 정신분석을 정신과학(오늘날은 사회과학이라고 부를 것이다.)에 적용하는 데 있어서 예상치 못한 독특한 어려움에 대해 고찰하였다. 지나치게 자주, 아마 대체로, 이 분야의 학자들은 정신분석이 무엇을 말하고 있는지 이해하지 못한다. 그는 과학자들의 개인적인 저항이 이해를 방해한다고 설명한다. 따라서 학자들이 정신분석을 배울 수 있는 유일한 길은 스스로 분석을 받는 것이다.

이렇게 되면 분석을 받는 환자 인구가 상당히 확대된다. 그러면 누가 분석을 시행할 것인가? 그는 새로운 전문직이 필요하다고 하였다. 1928년에 그는 Oskar Pfister에게 다음과 같이 썼다. "당신이『비의사 분석의 문제』와『착각의 미래』사이의 은밀한 연결을 감지하였는지 모르겠습니다. 전자에서는 의사들로부터, 후자에서는 성직자들로부터 분석을 보호하고 싶습니다. 아직까지는 존재하지 않는, 의사일 필요도 없고 성직자여서도 안 되는 비전문직의 영혼 치유자에게 분석을 넘겨주고 싶습니다."[59]

비의사 분석에 관한 책에서, 그는 처음으로 실질적인 만병통치약으로서의 정신분석의 가능성을 그려 보았다.

> 우리의 문명은 거의 견딜 수 없는 압박을 우리에게 가하기 때문에, 교정책이 필요하다. 정신분석이 그 어려움에도 불구하고, 인류에게 그러한 교정책을 준비시키는 과업을 짊어질 운명이라고 기대하는 것은 지나친 환상인가? 아마 한 번 더 어떤 미국인이 자국의 '사회사업가'를 분석적으로 훈련시켜서 문명의 신경증과 싸우는 것을 돕는 조력자로 바꾸기 위해 약간의 돈을 써 볼 생각을 떠올릴지도 모른다.[60]

1930년에 Freud는 『문명 속의 불만(Civilization of Its Discontents)』을 출판하였는데, 이것은 그의 작품 중 대중에게 가장 널리 알려진 철학적 소책자이다. 안타깝게도 그것은 전성기 때만큼의 Freud를 보여 주지 못한다. 그것은 다소 피상적 관찰들로 채워져 있고, 일부는 진부하기까지 해서, 정신분석 연구에 바친 일생을 진정으로 요약하기보다는 오히려 수많은 모순적 논지들을 제공한다. 그럼에도 불구하고, 어떤 주장들은 탁월하다. 가장 잘 알려진 것은 문명은 본능의 충족에 반한다는 주장이다.[61] 이 주장은 행복이 도달할 수 있는 목표라는 것을 비관적으로 부인하는 것과 같은 의미이다.

> 쾌락 원리가 우리에게 부여한 행복해지기 프로그램은 성취될 수 없다. 그러나 우리는 어떤 수단과 방법으로든지 행복을 성취하는 데 있어서 더 가까이 가려는 노력을 포기해서는 안 되고 실제로 포기할 수도 없다……. 그것이 가능하다고 인식하는 축소된 의미에서, 행복은 개인 리비도의 경제적 문제이다. 모든 사람에게 적용되는 황금률이란 존재하지 않는다. 모든 이는 어떤 특별한 방식으로 자신이 구원될 수 있는지를 스스로 찾아야만 한다.[62]

그러나 그는 "개혁의 어떠한 시도에도 굴복하지 않는 문명의 본질에 붙어 있는 장애물들이 있다."[63]라고 주장하면서도, 여전히 정신치료가 실재하는 고통스러운 상태를 경감시키는 데 도움이 될 수 있다는 견해를 가지고 있다.

> 만약 문명의 발달이 개인의 발달과 그런 광범위한 유사성을 가진다면, 문화적 욕구(urges)의 영향력 아래에서, 어떤 문명들 또는 문명의 어떤 시기들이 — 아마도 전 인류가 — '신경증

> 적'이 되었다는 진단에 도달하는 것이 타당하지 않을까? …… 우리 지식을 치료적으로 적용하는 것과 관련하여, 어떤 누구도 집단에 그러한 치료를 시행할 권한을 가지고 있지 않은데, 사회신경증을 가장 정확하게 분석한들 무슨 소용이 있겠는가? 그러나 이러한 모든 어려움에도 불구하고, 언젠가는 누군가 문화적인 공동체의 병리에 대담하게 착수할 것이라고 우리는 기대한다.[64]

『새로운 정신분석 입문 강의(New Introductory Lectures on Psychoanalysis)』(1932)」 34강에서 그는 거의 주목받지 못하였던 다수의 의견을 과감하게 내놓는다.[65] 그는 교육, 법, 범죄, 치료 심지어 정신병의 호르몬치료까지 고찰한다. 그러나 정신분석의 보다 폭넓은 의미는 여전히 '적용(application)'이라고 여겨진다. 그는 다음과 같이 썼다. "정신분석의 모든 적용을 통해 당신을 정신과학으로 안내하고 싶은 강한 유혹을 느낍니다……. 그러나 그 생각을 포기해야만 합니다. 그렇지 않으면 한 번 더 이 강의의 틀을 벗어나게 될 것입니다."[66] 그러나 그러고 나서 그는 계속하여 보편적(universal) 분석의 가능성을 시사한다.

> 우리 아이들의 대부분이 발달 과정에서 신경증적 단계를 거친다는 인식은 위생학적 도전(hygienic challenge)의 싹을 트게 한다. 아이가 장애의 징후를 전혀 보이지 않더라도 아이의 건강을 보호하는 조치로서 정신분석으로 아이를 도와주는 것이 유용하지 않을까 하는 문제가 제기될 수 있다. 이것은 마치 오늘날 건강한 아이에게 디프테리아가 걸렸는지 알아보는 걸 기다리지 않고 디프테리아 접종을 하는 것과 같다……. **신경증 질환에 대비한 이 같은 예방은 아마도 매우 효과적일 수 있으며, 또한 전혀 다른 사회 구성을 전제로 하고 있다**(볼드체는 추가되었음).[67]

이전 시기들에서 그랬던 것처럼, Freud는 너무 직설적으로 사회에 도전을 일으키는 것은 피하였다. 1933년부터 1939년까지의 기간에는 1925년부터 1932년에 보였던 낙관적인 분위기가 더 이상 눈에 띄지 않는다. 다시 한번 그는 주로 기법적인 문제로 돌아온다. 그러나 정신분석이 일반심리학이거나 적어도 일반심리학을 위한 토대가 된다는 것, 심리학이 모든 사회과학으로 통합되어야만 한다는 것, 인간의 운명을 개선하기 위해서 의사가 아닌 영혼 치유자가 제공할 수 있는 보편적 분석을 신뢰했다는 것 등의 철학적 체계가 그의 생각에 내재되어 있었음은 분명하다.

그 다음, 암묵적으로 Freud의 철학은 견고한 심리학적 토대에 의거하고 있다는 점에서 기존의 모든 철학을 한 단계 넘어섰음을 보여 준다. 그의 심리학은 정신치료의 바람직함과 효력이라는 철학적 입장을 아우르고 있다는 점에서 다른 모든 심리학을 넘어선다. 그리고 보편적 분석이 가져온 문화적 변화의 이미지는 독특한 종류의 사회 개혁을 상징한다. 그러나 이 입장들의 완전한 함의를 발전시키는 것은 다른 사람들의 몫으로 남겨졌다.

제4장

학회 조직의 변천: 제2차 세계대전 이전

Sandor Ferenczi

정신분석의 역사는 크게 셋으로 구분될 수 있다. 시작에서 제1차 세계대전까지는 거의 전적으로 Freud가 주도한 시기이다. 두 세계대전 사이(1918~1939)의 기간에는 많은 인물이 출현하는데, 그중 많은 이가 Freud의 생각을 확장하는 한편, 일부는 다른 때로는 반대되는 견해를 내놓았다. 끝으로, 제2차 세계대전 이후에 주로 추진된 일은 여러 학회의 내부 조직화 그리고 정신분석학의 이론적 입장의 공고화였다.

시작에서 제1차 세계대전까지

Freud의 획기적인 초기 저작들은 거의 주목을 받지 못하였다. 『꿈의 해석(The Interpretation of dreams)』[1] 초판 600부가 다 팔리는 데 8년이 걸렸는데, 몇 년간 단 한 부도 팔리지 않기도 하였다. 1900년 비엔나대학교에서 Freud가 꿈에 대해 최초의 공개 강연을 할 때 참석자는 3명이었고, 그중 한명은 개인적으로 가까운 친구의 아들이었다.[2]

나중에 Freud는 그의 10년간의 영광스러운 고립에 대해서 말하였다. 어떤 10년을 말한 것인지는 명확하지 않으나 Freud의 생각들을 이해시키기까지는 오랜 시간이 걸렸다. 당연히 그는 그가 선언한 그 '대의(cause)'를 따르는 새로운 지지자들을 누구나 두 팔 벌려 환영하였다.[3]

정신분석의 주된 흐름

익히 알려진 바와 같이, 정신분석 단체 내에서는 수많은 분열과 불화가 있었다. Sandor Ferenczi는 정신분석의 역사가 영웅적 시기, 게릴라전 시기, 조직 결성기의 세 시기로 나눌 수 있다고 비꼬듯이 말하였다. 시기가 많이 중복되기는 하지만 이 대략의 구분은 어떤 일이 일어났는지를 잘 묘사해 준다. 그럼에도 불구하고 **주류 정신분석 전통**, 말하자면 주류 정신분석이 모든 공격과 악선전에도 불구하고 꾸준히 성장하여 학계의 지도적 학자들의 마음을 사로잡았다고 말할 수 있다. 이 분야 내의 의견 불일치를 무시하는 것은 큰 실수이지만, 대부분의 분석가가 동의하는 상당한 실체를 갖춘 학설을 무시하는 것도 마찬가지로 잘못이다. 이 학설은 Freud로부터 시작하지만 그는 여러 가지 방식으로 그의 견해를 확장, 변경, 확대한다. Freud가 굳건한 토대를 놓았고, 그 위에 아직도 건물이 건축 중이라고 말할 수도 있다. Einstein의 상대성이나 Darwin의 진화처럼 토대가 확고해서 아마 그것이 결코 변하지는 않겠지만, 건물은 여러 방식으로 바뀔 수 있다.[1)]

비엔나정신분석학회

정신분석계의 여러 선구자의 전기들과 자서전들(Alexander et al., 1966)과 Ernest Jones(1953~1957)가 쓴 기념비적 전기와 별도로 초기 수년간의 사건들이 비엔나정신분석학회(Vienna Psychoanalytic Society) 회의록에 보존되어 왔는데, Hermann Nunberg와 Earnst Federn(Paul Federn의 아들)이 1962년부터 1975년 사이에 이를 편집, 번역하여 네 권의 책으로 출간하였다. 이 회의록은 1906년에 시작해서 1915년까지 계속된다. 그 시기

1) 이동식: 이것은 서양에서의 이야기이고 동양에서는 몇 천 년 전에 더 자세한 것이 다 나와 있다! 불교에서와 같이.

엔 Otto Rank가 학회의 공식 유급 비서였으며, 회의를 기록하는 업무를 담당하였다. 그는 발언된 모든 말을 기록하지 않고 토론의 요지만을 기록하였다.

그 모임은 1902년 Freud와 다른 네 명, Alfred Adler, Wilhelm Stekel, Max Kahane, Rudolf Reitler가 시작하였다. Freud가 그 당시 기술한 바와 같이 모두가 정신분석적 정신치료를 시행하는 의사였고, 덧붙이자면 Stekel은 한때 Freud의 환자였다. 그러나 1930년 이전에는 개인 분석이 장래의 분석가가 되기 위한 요건으로 요구되지 않았음을 기억해야 한다. 그러므로 나와 교신하였던 사람 중 한 명이 평가하였듯이, 그들은 '독습한 진실성(autodidactic veracity)'으로 정신분석적 치료를 실행하고 있었으므로 환자에게 실제로 어떻게 하였는지는 알기 어렵다. 모임은 Freud의 아파트에서 수요일 저녁에 열렸다, 그래서 '수요저녁모임(Wednesday Evening meetings)'으로 알려져 있다. 1910년에는 모임의 장소를 Freud의 아파트에서 의사회(Doktoren Collegium)로 옮겼다.[4] 1908년까지는 모임에 참석한 누구나 토론에 참가하도록 요구되었으나, 그 후에는 자발적으로 참여하였다.[5]

수요모임은 각계각층의 사람들을 끌어들여서 구성원이 매우 이질적이었다. 회의록 첫 권에 약력이 실려 있는 22명 중 10명만이 당시에 개원한 정신치료자들이었다. 그 외의 회원들 중에는 비엔나 『노동자 신문(Arbeiter Zeitung)』의 음악 평론가인 David Bach, 출판인인 Hugo Heller, 학생이자 Freud의 비서인 Otto Rank, 성병(性病) 전문 의사인 Maximilian Steiner, Freud의 소아과 의사인 Oskar Rie 등이 있었다. 이 학회는 어떤 의미로는 정신분석이 좁은 전문적인 의학에서 대단히 큰 문화적 중요성을 가진 광범위한 심리학과 철학으로 발전할 조짐을 이미 나타내고 있었다.

모임의 참석률은 좋지 않았다. 처음으로 기록된 모임인 1906년 10월 3일에는 17명이 참석하였으나, 흔히 훨씬 적은 수가 모이곤 하였다. 예를 들어, 1906년 11월 28일에는 Freud 외에 7명이 참석하였다. 그럼에도 이 학회는 Paul Federn, Eduard Hitschmann, Alfred Adler, Hermann Nunberg, Otto Fenichel, Max Eitingon, Carl Jung, Ernest Jones, 그 외 뒷날 정신분석 운동에서 유명해진 많은 인물을 배출한 곳이 되었다.

모임에서 토론의 주제들은 매우 광범위하였는데, 이를 하나로 꿰는 유일한 맥락은 모두가 정신분석적 관점으로 조명되었다는 점이다. 1906년 11월 7일 Adler는 신경증의 기질적 바탕에 대한 논문을 읽었고, 같은 달 21일 Philipp Frey는 정상인의 과대망상에 대해 토론하였다. 1907년에 Alfred Meisl은 굶주림과 사랑에 대한 논문을 읽었고, Rudolf Reitler는 Wedekind의 『봄의 자각(Spring's Awakening)』이란 제목의 소설에 대해 토론하였고, 2월 20일 Freud는 Moebius의 『모든 심리학의 절망감(The Hopelessness of all Psychology)』라는 책에 대해 토론하였으며, 4월 17일 David Bach는 작가인 Jean Paul에 관한 발표를 하였고, 5월 15일에는 Fritz Wittels의 여자 의사에 관한 책을 토론하였다.

당시에는 여전히 Freud에 대한 반대가 격렬하였다. 비엔나대학교의 저명한 이비인후과 교수의 아들이자 최신식의 시골 요양원(Cottage Sanitarium)의 경영주였던 Rudolf von Urbanschitsch는 1909년 Freud에 합류하여 출판비를 지원하였다가 요양원의 재정적 존립이 위태롭게 되어 어쩔 수 없이 한동안 물러나야만 하였다.[6]

물론 이 회의록에서 가장 흥미를 끄는 것은 매 모임마다 있었던 Freud의 언급들인데, 이들은 그의 출판된 견해에 대한 부록으로 사용될 수 있다. 이런 식으로 그의 출판물들이 나오기까지의 과정을 엿볼 수 있게 해 준다.

다른 멤버들의 토론과 비평을 보면 Nunberg가 그의 서문에서 진술하는 바와 같이 Freud가 다른 멤버들에게는 도달하기 어려운 자아이상이었다는 그의 말이 얼마나 옳았는지를 알 수 있다. 토론의 고리타분한 면도 1910년 4월 14일 모임을 보면 분명한데, 이때 모임에 여자가 들어올 수 있느냐 하는 문제가 제기되었다. Freud는 여자를 무조건 배제한다는 것은 크게 모순되는 일이라 하였다. Sadger는 반대를 표명하였고, Adler는 여의사와 진지하게 관심이 있는 여자들의 입회에 대해 찬성하였다. 비밀 투표에서 참석자 11명 중 3명이 여자의 입회에 대해 원칙적으로 반대를 하여, 회장(Adler)에게 '이 점에 관하여 극히 신중하게 진행할' 의무를 부과하였다.[7]

과학적으로 무가치한 내용들이 회의록에서 많이 발견된다. 1909년 4월 7일 Otto Rank는 거짓말의 심리에 대해 발표하면서, 거짓말의 일차적인 원인은 자위행위를 은폐할 필요가 있기 때문이라고 하였다. Freud는 논문이 방법론적인 오류를 내포하고 있으며 과학적 근거가 없다고 비판하였으며,[8] 이 논문이 출판되지 않기를 바란다고 하였다. 1908년 11월 11일 Federn은 극히 심한 남자 히스테리아 사례들이 육식을 하는 집안에서 나온다고 하였다.[9] 오늘날이면 출판될 수 없을 이러한 황당무계한 것들은 그 전 모임에서 Freud가 "히스테리아에는 확실히 고유의 대사 작용이 있다."라고 언급하였던 것에 비추어 보면 더 이해할 만하다.[10]

1914년에 Freud는 비엔나 그룹에 대해 다음과 같이 말하였다.

> 마침내 내가 모임에서 마음이 멀어지게 된 것은 단 두 가지 상서롭지 못한 사정 때문이었다. 나는 어려운 일에 함께 종사하는 사람들 사이에 마땅히 있어야 할 우호적 관계를 모임의 구성원들 사이에 확립할 수 없었을 뿐 아니라, 이러한 작업 조건하에서는 공통적으로 너무나 많이 있는 우선순위에 대한 논쟁들을 억제시킬 수도 없었다.[11]

국제적인 인정

Freud는 『정신분석 운동의 역사(The History of the Psychoanalytic Movement)』(1914)에서 비엔나의 테두리를 벗어나 정신분석이 발전한 것을 자기만의 방식으로 묘사하고 있다.[12] 그는 1907년에 "모든 예상과 반대로", 그리고 단번에 상황이 변하였다고 한다.[13] 1907년 1월 Freud에 집중하기 위한 Zurich clinic의 첫 번째 회원이 된 Dr. Max Eitingon이 비엔나로 왔다. Eitingon은 Freud가 죽을 때까지 중요한, 그리고 충실한 지지자로 남았다. 또한 1906년 4월 11일에 Freud가 Jung에게 보낸 편지로 Jung과의 서신 교환이 시작되었고, 6개월 뒤에 회신을 보냈다.[14]

더 많은 국제적인 인정이 흘러들어 가기 시작하였다. 1907년 Karl Abraham이 왔다. 그때 그는 Burghölzli에 있었다. 후에 베를린연구소의 지적 설립자였고, 이 운동의 초기 역사에서 Freud 다음으로 가장 열렬한 마음으로 참여하였다. 1908년 Jones가 런던에서, Ferenczi가 부다페스트에서 왔다. 1910년 Hanns Sachs가 합류하였고, 그해에 Jones는 Freud가 마음의 다윈(Darwin of the mind)이라고 선포하였다.[15] 1909년엔 미국의 클라크대학교에서 정신분석에 대해 첫 대중 강연을 하도록 초청받았다. 그가 교수로 있던 비엔나대학교에서는 거절하였다. 그 전에는 오스트리아의 Salzburg에서 국제적 모임이 있었는데, 42명의 참석자 중 절반이 개업한 분석가였거나 또는 뒤에 개업한 분석가가 되었다.[16] 1910년에는 국제정신분석협회(International Psychoanalytical Association)가 창립되었다. 그 이후 성장은 전 세계에 걸쳐 지속되었다.

1910년 국제정신분석협회(International Psychoanalytic Association)를 창립하면서 Freud는 Jung을 회장으로 지명하는 큰 실수를 저질렀는데, 이는 그가 "사실 매우 현명하지 못하였다."라고 기술한 행동이었다.[17] Freud는 이를 설명하면서 "나는 더 이상 젊지 않았다. 나는 앞으로 갈 길이 멀다고 생각하였고, 인생 말년에 지도자가 되는 의무가 나에게 떨어지겠구나 하는 생각에 압박감을 느꼈다."라고 썼다.[18]

Feud는 당연히 그가 가졌어야 할 지도권을 포기함으로써 국제적인 정신분석 운동에 커다란 손상을 주었고, 너무나 자주 그래 온 것처럼 (비록 그 손상이 과장되었을 수도 있지만) 이를 회복하기에는 시간이 걸렸다. 그의 전문가적 삶의 너무나 많은 경우에 그랬듯이 실제로 행동을 취하는 것이 적절할 만한 때에 Freud는 움츠렸다. 의심할 나위 없이 그는 자신의 이론과 책 속에서, 정신분석적 작업에서 더 안전하다고 느꼈다. 아마도 유대인의 탈무드 전통으로, 그는 세속의 실제적 업무를 다른 사람에게 넘기는 것을 선호하였다.

Freud의 저서 외에도, Freud와 다른 분석가들의 견해를 위한 토론의 장을 제공하기 위해 정기 간행물과 잡지들이 창간되었다. Adler와 Stekel이 편집한 『의학적정신분석중앙신문(Zentralblatt für Aerztliche Psychoanalyse)』은 후에 국제학회의 공식 기관지가 되었다. Adler와 Stekel 둘 다 탈퇴하였을 때, Freud는 새로운 국제 잡지 『의학적정신분석국제잡지(Internationale Zeitschrift für Aerztliche Psychoanalyse)』를 1913년에 창간하였는데, 이것은 제2차 세계대전까지 지속되었다. 1920년에는 Jones가 영어로 정기적으로 간행되는 『국제정신분석협회지(International Journal of Psychoanalysis)』를 창간하여 지금까지 중단 없이 발행되고 있다.

국제정신분석협회(International Psychoanalytical Association)의 초기 역사는 중요 회원 여러 명이 사퇴함으로써 혼란스러워졌다. 1911년에 Adler가, 1913년엔 Jung이 떠났는데, 많은 그들의 동료와 함께 떠났다. 그럼에도 불구하고, 대다수의 분석가가 Freud와 함께 남았다. Jung의 사퇴 후 Abraham이 넘겨받아 어려운 시기를 지내고 제1차 세계대전 이후에 부상할 때까지 이끌었다. 그 후로는 느리지만 꾸준히 성장해 왔으며, 오늘날도 본질적으로 1910년의 창립 때와 같은 형태로 있다.

국제협회의 성장은 모든 정신분석학회 성장의 전형을 보여 준다. 처음엔 카리스마적 인물이 나오는데 이 경우에는 Freud이고, 그는 지지자가 모여드는 놀랄 만한 새로운 생각을 가지고 있다. 그들은 함께 단결하고 학회를 형성한다. 학회의 추후 발달 과정은 내부적으로 엄격히 통제된다. 일단 조직이 형성되면, 확대는 있지만 근본적인 변화는 없다. 이 시스템의 장단점은 이 단원의 결론에서 평가된다.

초기의 분열과 불화들

정신분석은 바로 초창기부터 구성원들 내부의 분열과 불화로 악명 높았다. Freud가 성욕(sexuality)의 중요성을 인식하자마자 Breuer가 그를 떠났다. 1910년 국제정신분석협회(International Psychoanalytical Association)의 창립은 초창기 멤버인 비엔나 그룹의 혹독한 반대를 겪었다.[19] 1911년, Abraham Brill이 뉴욕정신분석학회(New York Psychoanalytic Society)를 세웠고, Jones는 그에 대항하여 Toronto에서 미국정신분석협회(American Psychoanalytic Association)를 세웠다.[20] 1974년 미국정신분석협회(American Psychoanalytic

Association)의 회장 연설에서, Burness Moore는 조직에 대해 "정신분석의 분열은 우리의 지위에 크게 손상을 주고 있다."[21]와 같은 여러 가지 회의적인 표현을 하였다.[21] 『미국정신분석협회지(Journal of the American Psychoanalytic Association)』(1976년 5월) 같은 호에는 로스엔젤레스에서 진행되고 있는 험악한 논쟁과 함께 또 다른 분열이 임박하고 있다는 뉴스가 실렸다.[22]

역사가는 아마 종교사에서나 찾아볼 수 있을 이러한 무수한 분열과 분파에 대해 어느 정도 합리적인 설명을 제공해야 한다. 이 비유는 결코 부적절하지 않다. 왜냐하면 종교와 마찬가지로 정신분석도 카리스마적 인물들에 의해 주도되어 왔기 때문이다. 이러한 카리스마적 인물의 성취물이 조심스럽게 추구될 때, 그것들은 가끔 Wilhelm Reich의 오르고노미(Orgonomy, '우주의 근원 에너지'의 한 종류인 '오르곤'에 관한 이론—역자 주)와 같은 허튼소리처럼 말이 안 되는 것도 생겨난다.

'카리스마(Charisma)'는 Max Weber에 의해 대중화된 사회학적인 용어이다(Bendix, 1960). '카리스마'라는 용어는 '한 개인의 고유하고 그리고 또한 일시적인 속성인 마술적 힘'으로 정의된다. 이해되어야 할 것은 왜 정신분석의 역사가 카리스마적 인물들로 채워져 있느냐는 것이다.

첫째, 정신분석의 개념들을 이해하는 것이 엄청나게 어렵다. 초기 지도자의 대부분이 분석을 받지 않았고, 그들의 정신분석적 원리들에 대한 파악은 흔히 어설픈 것이었다. Jung도 Adler도, 보게 되다시피 무의식, 정신 성욕 발달 그리고 전이 저항을 포함하여 최초의 정신분석적 체계의 기초를 파악하지 못하였다.

둘째, 정신분석 이론은 항상 치료와 연관되어 왔다. 치료 절차에 편향이 있으면 즉각 실질적 결과가 초래된다. 그래서 모든 정신분석학 집단은 구성원들에게 허용되는 융통성의 정도를 제한해야만 하였다. 게다가 환자 유치 경쟁이 장황한(그리고 의미 없는) 이론적 논쟁의 배후에 은폐되어 있곤 하였다.

셋째, 여러 학파(school)로 분열되어 개념에 대한 합리적인 토론이 막혔다. 문제 제기를 당한 사람은 이를 피하여 스스로 이제는 '다른 학파의 회원'이라는 말로 도망칠 수 있고, 그로써 토론은 끝나 버린다. 이는 보통 다른 학파의 관점을 와전시켜 버리는데, 특히 반프로이트적(anti-Freudian) 문헌에서 현저하다.

넷째, 환자에게 즉각적인 만족을 제공하는 어설픈 치료가 좋은 치료보다 더 매력적인 경우가 많다. 좋은 치료는 좀 더 지속적이고 가치 있는 결과를 위하여 더 오래 기다려야 한다고 주장하기 때문이다. 그래서 '신속한' '혁신적인' 치료법에 대한 지지자들은 오늘날의 '원초적 혁신(primal revolution)'처럼 항상 찾아볼 수 있다.

다섯째, 사적 투쟁이라는 너무나도 인간적인 요소가 있다. Freud는 말년까지도 사랑하는 친구, 미워할 적이 필요하였다. 그 결과 한동안 Jung이 사랑받는 친구였으며, 반면에 Adler는 미움받는 적으로 낙인찍혔다(Fine, 1975b). 이 '좋은 사람'과 '나쁜 사람' 사이의 분리는 후의 여러 전투로 영속되었다. 단순히 정복하려는 소망이 강력한 역할을 하였다는 사실도 또한 부인할 수 없다. 예를 들어, 1933년 Nazi에 의해 『정신치료중앙신문(Zentralblatt für Psychotherapie)』이 국가의 통제하에 들어갔을 때, Jung은 Freud에게 복수하고 그 자신이 세계정신치료 운동의 중심에서 Freud를 대체하려는 욕망을 충족시키기 위해 신문의 편집권을 넘겨받는 것을 주저하지 않았다.

끝으로, 정신분석이 가지는 공식적인 지위가 없다는 점이다. 그래서 이는 이 분야에 독특한 문제를 야기한다. 정신분석이 정신의학, 심리학, 사회사업의 중심이지만, 신진 분석가가 정신분석 훈련기관에 들어가려면 먼저 이 분야들 중의 하나에서 학위를 얻어야만 한다. 이는 심각한 딜레마를 야기한다. 만약 어떤 사람이 개인 분석을 받았다면, 그가 왜 의학을(또는 심리학 또는 사회사업을) 공부해야 하는가? 그리고 만약 그가 의학박사 학위(또는 Ph. D. 또는 M. S. W.)를 가지고 있다면 왜 분석을 받아야 하는가? 이는 만족스럽게 해결된 적이 없는 난제이며, 여전히 이 분야의 많은 첨예한 논쟁의 중심에 있다.

Alfred Adler(1870~1937)

Adler는 1870년 비엔나에서 태어났고 1885년 의학박사가 되어 일반의로 여러 해 일하였으며, 특히 노동 계층의 문제에 관심이 있었다. 1902년 Freud에게 온 첫 네 명 중 한 명이었으며, Freud와의 접촉을 통해 1909년부터는 점점 더 정신과 의사(Nervenarzt)로 전문화되기 시작하였으나 그 후로도 일반 진료를 얼마 동안 유지하기는 하였다.

1910년 Freud는 그를 비엔나학회(Vienna Society)의 회장으로, 그리고 Stekel과 함께 주요 정신분석 잡지인 『정신분석중앙신문(Zentralblatt für Psychoanalyse)』의 편집인으로 지명하였다. 그는 오늘날 우리가 자아심리학이라 부르는 쪽으로 점차 기울어 갔다(이에 대해 Freud도 전적으로 그의 공로를 인정하였다). 비록 Freud가 맞게 지적한 대로 그는 억압 대신에 남성 항거(masculine protest), 또는 양성애(bisexuality) 대신에 심적 자웅동체성(psychic hermaphroditism)처럼 계속해서 잘 알려진 관념에 새로운 이름을 만들어 내긴 하였지만 말이다.

Jung이 적극적으로 Freud를 배반한 반면, Adler는 오래도록 자신이 스승에게 대항하고 있다고 보지 않았다. 1911년 2월 8일 비엔나학회의 모임에서 다음과 같이 말한 것은 아주 정당해 보인다. "결론적으로, 연자의 목적은 신경증과 그 기전에 대한 Freud의 개념을 평가 절하하는 것이 아니라 단지 그것을 보다 넓은 토대 위에 자리 잡게 하자는, 그리고 연자가 믿기로는 Freud가 이미 남겨 놓은 발달적 관점을 강화하자는 실제적 이론적 필요에 따르자는 것이라고 연자는 강조합니다."[23]

당시에 Freud는 결코 그의 전기 작가들이 묘사하는 것처럼 침착하지 못하였다. Adler는 그가 증오하는 적이 되었고, 회의록에서도 그가 젊은 Adler를 계속 공격하였음을 볼 수 있다. 사후에 출판된 Jung에게 보낸 편지에서도 그가 1911년 내내 Adler를 "편집증 환자(paranoiac)"라 부르면서, 몰아내기로 마음을 굳히고 있었음을 볼 수 있다.[24] 마침내 1911년 2월 22일 모임 회의록에는 다음 위원회 회의에서 Adler는 학회의 회장에서 사임하고, Stekel은 부회장에서 사임할 것이라고 공지가 되었다. 그러나 둘은 학술지에서는 남아 있기로 하였고 모임에도 계속 참석하였다. Freud의 적대감은 지속되었고, 1911년 3월 14일 Jung에게 다음과 같이 썼다.

> 비엔나의 궁정 혁명은 『중앙신문(Zentralblatt)』에 거의 영향을 미치지 않았다. 자연스럽게 나는 그들 둘을 끌어내는 일만을 기다리고 있었으나 그들은 그것을 알고 있었으며, 그리고 매우 조심스러웠고, 회유적이었다. 그래서 당장은 내가 할 수 있는 것이 없다. 물론 나는 그들을 더 가깝게 지켜보고 있었으나 그들은 참고 견디고 있다. 내 마음속에서 이미 나와 그들은 끝났다. **이 비엔나 사람들 중 어느 누구도 아무것도 얻지 못할 것이다. 미래가 있는 유일한 사람은 이성적이고 예절에 맞는 어린 Rank뿐이다**(볼드체는 추가되었음).[25]

다음 회의에서 Adler와 Stekel의 사임이 공지되었을 때, Freud는 그 자리를 넘겨받았다. 그럼에도 불구하고, Adler와 Freud의 견해가 학회의 여론과 모순된 것이 아니라는 수정안을 표결에 부쳤다. Nunberg는 이를 "상당히 곤혹스럽다."라고 하며, Freud가 명백히 나타내고 있는 깊은 초조감을 간과하였다.[26] 여러 우여곡절을 거쳐 1911년 10월 11일에 마침내 Freud는 Adler와 다른 세 명이 사퇴하였음을 공지하였다.

Adler는 그때 '자유정신분석연구학회(Society for Free Psychoanalytic Investigation)'를 조직하였고 곧 '개인심리학회(Society for Individual Psychology)'로 개명하였다.[27] Adler는 1937년 사망하기까지 자신의 작업을 중단 없이 정력적으로 계속하였다. 그는 광범위한 저술을 하고, 널리 순회강연을 하였으며, 특히 교육자들에게 강한 영향을 주었다.

Adler의 견해는 배아기의 자아심리학이라 할 수 있다. 그러나 그는 정신분석을 받은 적이 없기 때문에 피상적인 수준에 머물렀고, 무의식의 깊이와 치료에 있어 전이 문제를 알지 못하였다. Adler의 지지자들은 Adler의 우월성을 주장하기 위해, 사건의 실제 역사적 과정을 무시하고 어색한 온갖 터무니없는 주장을 하였다. 예를 들어, Ansbacher와 Ansbacher(1956)는 "성을 너무 문자 그대로 취급한다."[28]라고 Freud를 비판하는데, 이는 1890년대의 직접적인 성욕론에서 1900년대의 정신성 이론으로의 변화를 모르는 것이다. 오늘날까지 지속되는 Adler의 피상성(superficiality)은 특히 학교 상황에서 그의 견해를 마음에 들게 하였는데, 학교에서는 상담가들이 대담하게 영혼을 깊이 파헤치기를 두려워한다.

불행하게도, Adler와 Jung은 노 선배를 꺾어 보려는 격렬한 열망에 Freud의 생각을 희화화하였고, 이는 그들의 추종자들에게 전달되었으며, 이 분야의 아주 심각한 혼란을 보여주었다. 예컨대, Adler는 Freud가 "처음부터 꿈은 유아적 성적 소망의 충족이다."[29]라고 주장하였노라고 말한다. 그다음에 자신은 꿈과 관련한 Freud의 실수 덕분에 '인격의 통일성(the unity of the personality)'[30]을 헤아릴 수 있게 되었다고 하여, 마치 Freud가 이 통일성을 몰랐던 것처럼 말한다. 이 외에도 수많은 예를 찾아볼 수 있을 것이다.

Adler파 체계는 더 이상 독립된 "학파"라고 부를 정당한 이유가 없는 것이, 그 주된 주장들은 보다 정교한 형태로 오늘날의 정신분석적 심리학의 핵심에 모두 들어 있기 때문이다. (Adler의 공헌은 Freud가 『정신분석 운동의 역사(History of the Psychoanalytic Movement)』에서 전적으로 지지한 것과 같이) 초기 정신분석을 전반적으로 고쳐 생각하여 자아심리학으로 나아가게 기여한 것이다.

Carl Gustav Jung(1875~1961)

스위스의 정신과 의사인 Jung에 대한 역사적 자료를 재검토하면 전혀 다른 그림이 떠오른다. Jung은 스위스에서 태어나서 외국으로 여러 차례 여행을 한 경우를 제외하고는 평생 거기서 살았는데, 그의 아버지가 개신교 목사인 점은 그의 일생에 걸친 종교에 대한 관심을 설명하는 데 도움이 된다. 1899년에 의학박사가 되고 오래지 않아서, Bleuler가 원장으로 있는 Burghölzli의 유명한 병원에 정신과 의사로 일하기 위해 갔다.

Jung은 Freud를 만나기 전부터 이 분야에 상당한 업적이 있었다. 그는 단어연상검사를 고안하였는데, 이것이 변형되어 표준투사검사가 되었다. 그는 1906년 출판한 『조기 치매의 심리학(Psychology of Dementia Praecox)』에서 기본적으로 독성 생리적 원인론을 지지하지만, 이 질환에 대한 초보적인 심리학적 접근을 하고 있었다. 그러나 그는 이 작업을 계속 추구하여 논리적인 결론을 내리지는 못하였다.

1906년 그는 Freud로부터 한 통의 편지를 받았다. 그것은『진단적 연상 실험(Diagnostic Association Experiments)』한 권을 보낸 것에 대해 Freud가 감사하는 것이었고, 그 책은 그 연장자가 이미 구한 것이라고 하였다. 이후 7년간 교신과 우정이 지속되다가 1913년에 결별하였다.

1974년,『Freud-Jung 서간집』이 출판된 이래 보다 균형 잡힌 조망이 가능해졌다(Fine, 1975b). Freud는 외로움, 고립, 불안정, 자신의 급진적인 새로운 생각들에 대한 불확실함, 어떤 일급 지식인의 지지도 받지 못하고 있다고 느꼈다. 그는 자신의 갈등에서 벗어날 길을 Jung에게서 발견하였다고 생각하였다.

전체적으로 보아 그 교류는 Jung보다 Freud에게 더 의미 있는 것이었음이 분명하다. 그는 매 편지마다 가슴을 죄며 기다렸고, 편지를 받자마자 곧장 답장을 썼으며, 자신의 내적 삶을 그 속에 쏟아부었다. 반면 Jung은 그러지 않았는데, Jung은 자주 답장이 늦었고, 대개 과도한 업무로 답장이 늦어졌다고 사과하는 것으로 편지를 시작하였으며, 자기 자신이나 자신의 내적 삶에 대해 훨씬 말을 적게 하였다. 편지들을 따라가다 보면 1912년 말에 Jung이 갑작스레 결별을 선언한 것은 거의 전적으로 뜻밖의 일로 다가온다.

Freud는 Jung에게서 무엇을 찾고 있었을까? 1906년에 그는 여전히 지독하게 고립되어 있음을 느끼고 있었다. 그는 이 고립의 일부에 대해, 자신은 유태인인데 Jung은 비유태인이기 때문이라고 하였다. 일부는 자신은 정신의학과 거리가 있는데 Jung은 병원에 소속된 정신과 의사라는 점에 그 탓을 돌렸다. 그럼에도 그의 갈망에는 무엇보다도 개인적인 취향이 있었는데, 그가 만약 이를 반성해 보았다면 Fliess와 그랬던 것처럼 이 또한 '분석되지 않은 동성애적 전이'라고 결론지었을지도 모른다. 따뜻한 총애의 표현들, 기절 사건들, 사랑의 징표를 끊임없이 찾은 것, (Fliess가 그를 버린 것처럼) 버림받는 것에 대한 끊임없는 공포가 되풀이해서 나온다.

그래서 Fliess에 대한 아들-아버지 관계가 이제는 Jung에 대한 아버지-아들 관계로 반복된다. Jung은 얼마 되지 않아서부터 "나의 친애하는 아들이자 후계자", 왕세자, 모세가 획을 그은 그 사명을 완수해 낼 여호수아, 다음 세대의 지도자 등등의 수많은 찬사를 받게 된다. (처음부터 내내) 이 모든 말은 Freud의 욕망에서 나온 것이지, Jung이 한 말이나 공헌에 토대한 것이 아니었다.

Jung은 자신의 편지에서 이 노선배의 성취를 공손하게 찬양하였다. 그러나 그는 되풀이해서 "저는 이해되지 않습니다."라고 불평하였다. 이 반복된 언급은 진지하게 고려되어야 한다. 왜냐하면 Adler처럼 그도 초기 정신분석 체계의 세 개의 주춧돌을 정말로 파악하진 못하였기 때문이다.

Freud는 성격상 그의 평생 동안 그 많은 모욕을 퍼부은 수많은 비평가에 대해 공개적으로는 대응한 적이 없다. 그러나 편지들에서 명백히 드러나는 바는, 그가 자신에 대해 쓰인 것에 대해 전적으로 성을 내고 있었다는 것이다. 그가 자신의 반대자들을 지칭한 말들은 매우 극단적인 것이다. 그들 중의 일부는 '정신박약자'로 언급되며, Emil Braatz는 '정서적 백치'의 표본이고, Albert Moll은 '짐승'이며 임상의가 아니라 '좀스러운 변호사'이다. 그는 Jung에게 (당시 그를 따르는 비엔나의 충실한 추종자들 중의 하나였던) "Isidore Sadger가 끝없이 내놓는 '쓰레기' 같은 생각들을 막아 버리라."라고 채근하기도 한다. 명백히, Freud는 자신의 적개심의 배출구로서 Jung이 필요하였다.

이 아버지-아들 관계가 양측 모두의 양가감정을 담고 있음을 누구보다도 Freud 자신이 잘 알고 있었다. Jung과의 경쟁이 시작되리라는 것은 불가피한 것이었다. 개인적인 문제들은 논외로 치고, Jung의 가슴을 쓰라리게 한 것은 Freud가 이긴 바로 이 경쟁에서의 패배였다. 이 분야에서 그가 중요한 공헌을 할 수 있는 기회를 놓친 경우는 세 번 있었다. Jung이 히스테리아와 조현병의 차이를 처음으로 명백하게 안 것은 1907년 무렵이었다. 그러나 1908년에 이에 대한 첫 논문을 발표한 것은 Abraham이었다.

더 중요한 것은 정신병과 신화에 관한 자료였다. Freud에게 Schreber의 『전기(Memoirs)』를 주목하게 한 것은 Jung이었지만, 그는 그 의의를 제대로 헤아리지 못하였다. Freud가 Schreber의 정신병에 대한 그 정연한 해석을 출판하였을 때, 누군가가 정신병의 역동을 실제로 꿰뚫어 본 것은 역사상 최초였고, 이는 그 젊은이에게는 청천벽력 같은 것이었음에 틀림없다. "당신은 경쟁자로 삼기에는 힘겨운 사람입니다."라는 것이 그가 Freud에게 말할 수 있었던 전부였다.

명백히 Jung은 그때 신화로 방향을 돌렸는데, 그것은 두 사람 모두 명료화가 필요하다는 것에 동의하였다. Freud는 만약 인류학자가 그 일을 하지 않는다면 우리가 스스로 해야만 할 것이라고 말하였고, 그는 그렇게 하였다. 『토템과 터부(Totem and Taboo)』는 1912~1913년에 출판되어 인류학에 확고한 심리학적 기초를 최초로 제공하였다.

이 점에 관한 Jung의 질투는 편지들에 잘 기록되어 있다. 이런 맥락에서 쓰인 그 자신의 저서 『리비도의 변형(The Transformations of the Libido)』은 그가 아직 학회 회원으로 있을 당시 정신분석적 잡지들에 게재되었고, 그러나 그의 동료들은 이를 무시하였다. Freud의 저작에 비교할 때, 정말로 중요한 것은 아무것도 없었던 것이다. Jung은 이미 훗날 그를 점성술과 비행접시들로 이끌었던 난해한 신비주의로 전락하기 시작하고 있었으며, 그 터무니없음은 그의 열렬한 추종자들을 제외한 모두에게 명백하였다. 그래서 1911년 5월 8일, 일찍이 그는 Freud에게 다음과 같이 썼다.

> 내가 보기에 신비주의는 우리가 리비도 이론의 도움을 받아서 정복해야 할 또 다른 분야입니다. 지금 저는 신화의 적절한 이해를 위해 필수적으로 보이는 점성술에 관심을 쏟고 있습니다. 이 미지의 땅에는 놀랍고 낯선 것들이 있습니다. 이 무한한 것들 속에서 헤매는 것을 걱정하지 마십시오. 저는 인간의 심(psyche)에 대한 지식을 위한 전리품을 풍부하게 가지고 돌아올 것입니다.[31]

그 당시 Ferenczi도 또한 신비주의에 관심을 가지고 있었다. Freud는 그에게 "그것은 위험한 탐험이라 나는 동행할 수 없습니다."라고 썼다.[32]

『토템과 터부(Totem and Taboo)』 이후 아버지-아들 경쟁이 완전해졌다. 아버지는 한 번 더 아들의 이빨 하나를 부러뜨렸으며, 한 번 더 그가 아직 노인의 맞수가 아님을 그에게 증명해 준 것이다.

Jung을 결별로 이끈 것은 의심의 여지없이 이러한 타격들이었다. 왜냐하면 Freud는 Adler에 대한 증오와는 달리 아직도 Jung을 아들로, 후계자로, 추종자로 사랑하였다. 오늘날 우리는 이것을 순수한 전이적 사랑이라고 부르겠지만, 그래도 여전히 사랑이다. 그는 Jung에게 떠나도록 압력을 가하지 않았으며, 반대로 Jung을 너무 강하게 장려해서 다른 분석가들의 원한을 초래하였다. 1938년에 런던으로 갈 때도 Jung의 편지들을 가지고 갔다는 사후에 발견된 사실은 얼마나 많은 리비도가 아직 이 젊은이에게 부착되어 있었는지를 보여 준다.

1914년까지 국제협회의 회장직을 사임하지 않았음에도 불구하고, Jung은 1913년에 Freud와 결별하였다. (한 번 더 자신의 동료들에 대한 상당히 비열한 처사라 할 수도 있는 것이, 그는 일 년간 활동이 없는 회장이었기 때문이다.) 그 후 그는 이전의 접촉을 끊고 장기간의 자기분석에 들어간 것 같다(Ellenberger, 1970). 이로부터 전적으로 새로운 이론들을 들고 나왔고, 이들은 결국 'Jung' 학파(Jungian school)를 특징짓게 되었다. 1948년 취리히에 'C. G. Jung 연구소'가 설립되어, Jung 학파의 정신분석에 대한 3년간의 수련 프로그램을 제공하였다. 그런 연구소들이 전 세계에 걸쳐 있으나, 그들이 가르치는 것은 너무나 엄격하게 Jung에 국한되어 있기 때문에 용어의 통상적 의미로는 분석이라고 부를 수가 없는 정도다.

Jung은 Freud와의 결별에 대해 속상한 채로 있었고, 모든 편지나 그 후의 저작물에서 스스로 교묘하게 처리하기는 하였으나 그것이 드러난다. 뒷날 Nazi가 권력을 잡았을 때 Jung은 초기의 반유대주의를 일부 확대하였다. 그는 1940년까지 Nazi에 협력하면서, Freud의 정신분석을 대신할 국제적인 정신치료자들의 협회를 설립할 수 있으리라는 희망을 명백히 가지고 있었다. 전 유럽의 많은 정신과 의사에게 하였던 많은 제안은[33] 이것이 단지 그의 지지자들이 주장하듯이 단순한 순응이기보다는 진정으로 한번에 Freud를 완전히 제거하려는 노력이었음을 보여 준다. 1940년 이전에는 그가 Nazi에 대해 비난하기를 거부한 것이 기록에서 확인된다, 예를 들면, 1937년 그는 Nazi '이론'의 성경과 같은 Alfred Rosenberg의 『20세기의 신화(Der Mythus des 20 Jahrhunderts)』를 유일하게 반대하였는데,[34] 반대 이유는 Rosenberg가 유대인이 신비주의를 무시한다고 진술하는 실수를 범하고 있다는 것이다. 1934년에 그는 Kretschmer로부터 편집장을 인계받은 Nazi 당시의 『독일정신치료잡지(German journal of psychotherapy)』에서 아리안족과 유대인의 정신치료에 대해 말하였다.[35] 전쟁 기간 내내 베를린에 남아 있었던 베를린 분석가 Werner Kemper에 따르면,[36] Mattias Göring(악명 높은 나치 지도자의 친척)은 명목상 베를린 분석 집단의 책임자였던 정신과 의사로, Jung 학파의 이론들을 통합하여 국가사회주의(Nazi) 지향의 '독일식 정신요법(Deutschen Seelenheilhunde)'을 만들어서 '유태-마르크스주의'로 오염된 Freud와 Adler의 심리학을 대체하라는 지시를 그룹에 내렸다. Jung이 Göring의 의도를 몰랐을 수도 있겠으나(그가 Göring의 감독하에 잡지를 편집하였기 때문에 그렇지는 않은 것 같다), 나치가 그의 심리학을 그들의 견해와 완전히 양립될 수 있다고 생각하였다는 점에서 대단히 의미가 있다.

Jung의 방대한 저술에서 그의 주의 주장을 추출하여 선명한 그림을 그려 내기는 상당히 어렵다. 그에게 호의적인 Dieter Wyss(1966)는 다음을 핵심적인 것으로 강조하였다.

1. Jung의 일차적인 관심사는 자기-인식(self-knowledge)이었지 아픈 사람이 아니었다. "너 자신이 되라(Become the person you are)."는 그의 철학적 토대 혹은 그가 말하는 개성화의 원리라 할 수 있다.
2. 그는 리비도를 정신적 에너지라고 보았으며, 자기-조절과 보상을 필요로 한다고 하였다. 그러므로 마음에는 항상 개인이 교정하려고 애쓰는 불균형이 있다. 무의식에

있어 그는 집단 무의식과 개인 무의식을 구별하였다.

3. 개성화는 집단적인 정신과의 건설적인 관계를 포함한다. 모든 남자에게는 아니마(anima), 즉 남성 정신의 여성적 모습이 있고, 반면에 모든 여성은 아니무스(animus), 여성 정신의 남성적 모습이 있다. '그림자(shadow, 개인 경험의 억압된 측면들)를 해결해 냄으로써 자기-실현을 성취한다.
4. 원형적인 인간 경험이 있다. 이들은 다양한 상징으로 표현된다. (실제로 상징을 자세하게 연구한 것은 Jung의 불후의 기여이다.) 정신은 네 가지 기본 기능[사고(Thinking), 감정(feeling), 감각(sensation), 직관(intuition)]과 두 가지 기본 태도[외향성(extraversion), 내향성(introversion)]를 가지고 있다. (네 개의 기본적인 기능은 기능심리학으로의 회귀이다. 두 기본적인 태도는 널리 유명해졌지만, Jung 자신이 1923년 『심리 유형(Psychological Types)』에서 밝혔듯이, 서구 역사에 내내 있어 왔던 유형학의 다른 형태를 나타낸다.)
5. 치료의 목표는 개성화이다.

Jung의 이론적 입장은 그가 1920년대부터 명확히 해 왔듯이 여러 원천에서 비롯된다. 그의 정신에 대한 강조는 Freud로부터 넘겨받은 것인데, 그는 이를 극단까지 밀고 가서 신비주의, 점성술, 비교(祕敎), 연금술, 종교 그리고 동양의 전승적 지식들까지 다루었다. Brett(1965)는 그의 후기 저술은 "너무 신비주의적이라서 토론하기 부적합하다."라고 말하였다.[37] 집단 무의식은 인간 마음의 상속받은 능력이다. 원형은 보편적 인류의 경험이다.

그의 언어가 색다르고 때로 모호하지만, 자세히 살피면 그의 체계에는 취할 만한 것이 거의 없다. 그는 주요한 정신분석의 원리를 비교적 초기에 버렸다는 점에서 정신분석가보다는 종교적 철학자로 분류되어야 할 것이다. 1952년 5월 28일 Dorothee Hoch에게 보낸 편지에서 그는 다음과 같이 썼다.

> 나는 사람이 신과 결부될 때, 그리고 그때에만 완전히 살아갈 수 있다는 당신의 주장에 완전히 동의합니다. …… 나는 치료를 하는 중에 모든 그들의 생활을 단지 고해성사나 해 주고 설교나 하는 사람들과 나누었던 사람들이 종교적인 내용에 대해 느끼는 혐오감과 메스꺼움을 제거하기 위해 종교 역사에 대해 초등학교 수업을 종종 해 주어야 하였었습니다.[38]

Adler의 경우와는 달리, 그는 정신분석의 역사에 어떤 실제적 영향도 주었다고 할 수 없다. 사실상, Freud가 아니었다면 Jung은 그가 칭송해 마지않았던 수많은 신비주의자와 연금술사들처럼 오래전에 역사의 뒤안길로 물러났을 것이다. 역설적이게도, 그가 기억 속에 살아 있는 이유는 Freud에 대한 그의 비방 때문이다.

정신분석의 '학파'라는 관념

다른 입장들에 대한 주의 깊은 객관적인 토론이 정신분석 문헌에서 특징이 된 적은 없었다. 그 이유는 일차적으로 의견을 달리하는 사람들이 자신을 새로운 '학파'를 지지하는 사람으로 표방하는 것을 선호해 왔기 때문이다. 이러한 입장은 원래 Adler와 Jung으로부터 유래한다. 불행히도, Freud는 그들의 생각들을 논박하기보다는 그들이 다른 견해를 가진 사람인 것을 잊어버리기로 하고 그들과 잘 지냈다.

이런 사고방식의 결과, 무언가 정신분석에서 상규를 벗어난 것이 표명될 때마다 그 창안자는 자신이 다른 '학파'라고 함으로써 심각한 비판을 회피하게 되었다. 그러한 태도는 정신분석 연구의 목표인 전혀 불가능한 과학적 심리학의 통일을 아주 불가능하게 하므로 단호히 배척되어야 한다. 어떤 사상가에게 기여할 무언가가 있다면, 그것은 정신분석이라는 과학에 통합될 수 있다. 만약 말할 것이 없다면, 그의 견해는 폐기되어야만 한다. 따라서 학파라는 관념도 배척되어야 한다.

위원회

Adler, Jung, Stekel(Stekel은 후에 돌아옴.)의 조기 이탈은 Freud에게 매우 고통스러운 일이었으며 정신분석의 성장에도 손상을 주었다. 1912년 Ernest Jones는[39] Freud에게 충성을 계속할 사람들로 위원회를 구성하자는 발상을 하였다. Freud는 이 생각에 열광하여 Jones에게 다음과 같이 썼다.

> 내 상상력을 즉각 사로잡은 것은 내가 더 이상 없을 때 정신분석의 추후 발달을 보살피고 인신공격과 사건들로부터 대의를 지키기 위해 우리 중에서 최고의 그리고 가장 믿을 만한 사람들로 비밀 위원회를 구성하자는 당신의 발상입니다……. 이 생각에는 순진하고 아마도 낭만적인 요소가 있음을 압니다만, 아마도 현실적 필요에 맞게 조정될 개조할 수 있을 것입니

다……. 내가 창실한 것을 지켜봐 줄 그런 협회가 있다면, 나로서는 보다 편히 실다가 죽을 수 있을 것이라고 감히 말합니다.[40]

Jones (1879~1958) 외의 위원으로는 Karl Abraham(1877~1925), Sandor Ferenczi (1873~1933), Hanns Sachs(1881~1947), Otto Rank(1885~1939)가 있었으며, 1919년부터는 Max Eitingon(1881~1943)이 있었다. 1913년 5월 25일에 Freud는 이 일을 기념하여 모든 위원에게 그가 소장한 고대 그리스의 음각 세공물을 금반지에 박아서 선물하였다.

정신분석의 역사에서 이 위원회가 정확히 어떤 역할을 하였는지는 알기 어려우나, 정신분석의 미래에 대해 생각하였던 그 당시에 Freud가 겪어야만 하였던 절망감의 깊이를 알려 준다 하겠다.[2)]

세계대전 사이: 1918~1939

제1차 세계대전 동안에는 조직되었던 모든 정신분석 활동이 정지되었다. 전쟁 발발 전에 정신분석은 처량하게도 항상 소수의 추종자만 있었다. 비엔나정신분석학회의 1911~1912년 동안 등록한 회원은 34명이었다.[41] 그리고 다른 어느 나라에서도 그 정도 크기에는 이르지 못하였다. 특히 Jung과 Adler의 탈퇴 이후에 이 과학이 사라질지도 모른다는 Freud의 공포는 근거가 충분해 보였다.

평화가 회복되자 정신분석 작업은 다시 시작될 수 있었는데, 처음에는 정신분석 작업이 번성할 기미가 거의 없어 보였다. 1920년 6월 4일 뉴욕에서 열린 미국정신분석학회의 연례 모임에는 단지 10명만이 참여하였다. 회장인 Abraham Brill은 몇몇 회원이 이제는 학회가 쓸모없게 되었기 때문에 이 학회를 중단하는 것이 바람직하다고 생각하였다는 이야기를 들었다고 하였다. 공식적인 기구 대신에 매년 비공식 모임을 도입하여 관심 있는 사람들이 정신분석에 대한 논문[42]을 발표할 수 있게 하자고 제안하였으나 통과되지는 못하였다.

하지만 전쟁은 정신분석에 대해 엄청나게 급증하는 관심을 불러일으켰다. 탁상공론적인 심리학들과는 달리, 문명화된 세계에 엄청난 혼란을 야기한 인간의 가장 원시적이고 비

2) 이동식: 심재(心齋)가 되어야 한다! 정신분석은 심재가 잘 안 된다. 어느 정도 도달한 뒤에 도(道)는 심재가 목표이고 정신분석은 그런 방향이지만은 그러한 최고 경지 그런 것이 목표가 아니다! 각자가 자꾸 생각해 보라.

합리적인 충동에 대해 얘기할 것이 있는 심리학이 여기 있었다. 커다란 대중적인 관심은 조만간에 조직의 성장에 반영되게 되었다.

국제정신분석협회의 첫 번째 전후 모임은 1920년 네덜란드의 헤이그에서 열렸는데, Ferenczi가 회장이었고 Jones가 차기 회장으로 선출되었다. 참석 회원은 62명이었고[43] 2명은 미국에서, 7명은 오스트리아에서, 15명은 영국에서, 11명은 독일에서, 16명은 네덜란드에서, 3명은 헝가리에서, 1명은 폴란드에서, 7명은 스위스에서 왔다.

반대는 여전히 강하였고, 조직은 많은 측면에서 긴장해야 하였다. 이 무렵에 Oberndorf(1953)는 노출증 환자가 갑자기 성기를 드러낸 장면이 젊은 여자의 히스테리아성 안구 증상 발생의 한 요인이라는 강의를 하였다는 이야기를 들려준다. 두 여학생이 즉시 학장의 사무실에 공식 고소를 하였는데, 학장실에서는 여학생들의 의견에 단호하게 동의하였고 Oberndorf의 '기괴한' 해석에 대해 그를 응징하였다.[44]

1925년 Bad Homburg 대회 전까지는 국제협회의 수련 규정이 확실히 세워지지 않았는데,[45] 그 문제는 1938년 미국 그룹이 국제협회에서 독립을 선언할 때까지 지속되었다.[46] 그러므로 제1차 세계대전 이후 제2차 세계대전이 일어나기 전까지 정신분석의 역사가 순조롭게 흘러가지는 못하였다.

이 시기 이후로 많은 흥망성쇠가 있었다. 1918년 Ferenczi는 새로운 공산당 정부에 의해 부다페스트에서 대학교의 첫 정신분석 교수로 임명받았다. 그러나 공산당 정부가 곧 전복되자 그는 물러나야만 하였다.[47] 그 시기에 Roheim도 부다페스트의 인류학 교수로 임명되었는데, 그도 역시 떠나야만 하였다.[48] 정치가 정신분석 역사에서 어떤 역할을 하리라는 것이 이미 명백해지고 있었다.

전체적으로, 양대 세계대전 사이의 가장 중요한 변화는 저명한 많은 분석가가 히틀러와 전쟁의 위협 때문에 유럽 대륙에서 살 수 없어 미국으로 옮겨 간 것이다. 1926년 국제정신분석협회는 294명이었는데 58명은 미국인, 47명은 비엔나인, 56명은 영국인, 38명은 뜻밖에도 Jean Piaget를 포함하여 스위스인이었다.[49] 1938년에 이르러서는 556명으로 인원이 늘어났는데, 그 비율이 급격하게 바뀌었다.[50] 당시 미국협회가 184명이고 92명은 준회원을 포함하여 영국이었다. 비록 절대적 숫자로는 미국인이 아직 적었지만, 이미 우세 집단이 되었다. 그 당시에 미국정신분석협회(American Psychoanalytic Association)는 6개 지부학회로 구성되었는데, 77명의 회원을 가진 뉴욕지부학회가 가장 컸다.

1938년 파리 회의에서 회장인 Ernest Jones는 미국정신분석협회 회장과 간사로부터 온 서신을 읽었는데, 미국협회는 후에 국제협회의 전체 구조를 바꾸게 되었다. 미국인들은 국제협회는 행정부로서 존재할 것이 아니라 학술 목적만을 위한 대회로 변해야 한다고 요구하였다. 그들은 국제수련위원회를 '서류상의 기관(paper institution)'이라 하였고, 앞으로 더 이상 협조하지 않기로 결의하였다. 더 나아가 그들은 대표 임원의 자격을 미국 내에 거주하고 진료하는 사람에게는 적용하면 안 된다고 특정하였다. 국제협회는 위원회에 이런 제안을 다루겠다고 약속하였으나, 전쟁이 발발하면서 이러한 협조는 불가능하게 되었다. 전쟁 이후에 미국정신분석협회의 인원이 전 세계 여타 협회의 인원을 합친 것보다 커지게 되자, 그 제안은 모두 채택되었다.[51]

정신분석 수련

제1차 세계대전 후 국제정신분석협회가 재설립되자마자 수련이라는 까다로운 문제에 직면하게 되었다. 협회는 Jung, Adler의 탈퇴와 이후 Rank와 Ferenczi, Reich의 잇단 탈퇴로 조직 자체의 미래와 과학의 미래에 대한 많은 우려를 경험하였다. 전쟁 이전의 수련은 계획이 없는 마구잡이 과정이었고, 사실 대부분의 선구적 분석가는 최소한의 개인 분석조차 받지 않았다. 1914년이 되어서야 Freud는 만약 어떤 사람이 충분히 '정상'이라면, 그의 꿈을 검토하는 것이 그가 전문직을 준비하는 데 충분한 것이라고 의견을 발표하였다.[52] 앞에서 언급하였듯이, 지적인 사람이라면 누구나 자신을 분석할 수 있으리라던 Freud의 처음 느낌은 곧 아무도 그것을 제대로 할 수 없다는 확신으로 바뀌었다.

그래서 전쟁 후 다음의 세 가지 의문이 일어났다. 정신분석 수련의 본질적인 면은 무엇인가? 누가 수련의 책임자가 되며, 어떻게 지도되어야 하는가? 수련을 받으려면 사전 요구 조건은 무엇이어야 하는가?

수련 체계

전쟁 후 모든 민주주의 국가에는 새로운 학회들이 설립되었다. 1919년에 스위스에서(Jung학회를 대체함), 1921년에 드레스덴, 라이프치히, 뮌헨에서, 1923년에 카잔에서, 1920년에 베를린진료소, 1922년에 비엔나진료소, 1932년에 이탈리아 학회 등등,[53] 학생 수가 많아져 체계적인 교육 과정을 궁리해야만 하였다.

Eitingon과 베를린정신분석연구소 정신분석의 역사에서 매우 자주 그렇듯이, 오늘날 거의 세계적으로 표준이 된 수련 체계는 한 곳에서 한 사람의 노력에 의해 이루어졌다. 그 사람은 Max Eitingon이었고, 그 장소는 바이마르공화국의 베를린이었다.

Eitingon이 정신분석 수련의 표준을 만든 사람이어야 하였던 것은 놀랍다. 1920년에 Freud는 아직 살아 있었고 활동적이었으며 비엔나의 똑똑한 학생들 무리에 둘러싸여 있었다. 그는 베를린에 첫 연구소를 세우는 일을 Eitingon에게 맡겼고, 애제자 중 한 사람인 Hanns Sachs를 초대 교육분석가로 그에게 보내기까지 하였다.

Eitingon은 부유한 유대인 가정의 아들로 러시아에서 태어났다(Pomer,1966). 말더듬이로 괴로워서, 그는 의학 학위는 받았으나 정서적인 갈등들 때문에 면허 시험을 치러 본 적이 없었다. 그래서 그는 엄밀히 따지자면 항상 비의사 분석가로 남아 있었다. 게다가 그는 Freud를 성서적인 헌신으로 숭배하여 단 한 편의 전문적인 논문도 절대 쓰지 않았고, 그의 견해로는 모든 것을 이미 Freud가 말하였으며, 남아 있는 유일한 과제는 그의 가르침을 전파하는 것이었다(Jones, 1943).

Eitingon은 Freud(Jones,1943)에게 개인 분석을 약간 받았다고는 하나 대부분이 저녁에 일상적인 대화를 하는 정도여서, 본래 정신분석 수련 체계를 세운 사람은 수련을 받지 않은 그 자신이었다. 그는 수련이 부족한 것을 헌신과 봉헌으로 보충하였다. 1920년 그는 베를린으로 이사하여 그의 개인 재산으로 운영되는 분석진료소와 연구소를 설립하였다. 그는 1933년 히틀러 폭정이 쫓아낼 때까지 거기 있었다. 이후 그는 팔레스타인으로 이민을 가서 팔레스타인정신분석학회를 설립하여 1943년 숨을 거둘 때까지 이끌었다.

1920~1930년의 베를린연구소는 몇몇 출판물에서 묘사되었다. 『베를린정신분석연구소의 10년(Zehn Jahre Berliner Psychoanalytisches Institut)』이라는 제목으로 국제정신분석 출판사(Internationaler Psychoanalytischer Verlag)가 1930년에 처음으로 발행하였으며, 1970년에는 Gerhardt Maetze가 편집하여 연구소 창립 50주년 기념일에 재발행되었다. Maetze는 또한 자신의 상세한 이력을 기록하였다(Maetze, 1976).

히틀러 시대의 참혹한 경험은 바이마르 시대에 독일이 이루어 놓은 특별한 문화적 업적을 없애 버렸다. Einstein이 그 당시 그곳에 살았고, Max Weber와 수많은 다른 예술가 그리고 지적인 저명인사들도 살았다. 정신분석연구소의 학생과 직원 명부는 정신분석 역사 인명록을 읽는 것 같다. Ernst Simmel, Karl Abraham, Otto Fenichel, Karen Horney, Hanns Sachs, Franz Alexander, Sandor Rado, Siegfried Bernfeld, Gregory Zilboorg, Bertram Lewin 그리고 William Silverberg가 연구소를 빛낸 유명한 이름들이다. Freud가 비엔나 그룹을 이끌기는 하였지만, 베를린연구소는 당대 가장 탁월한 연구소였다. 베를린에서 고안한 교육과 수련 체계는 오늘날까지 근본 변화 없이 지속되고 있다. 그것은 그 이후로 개인 분석, 교육(Didactic instruction) 그리고 감독 분석(control analysis)의 삼원 체계로 불리고 있다.

교육분석 가장 중요한 것이 개인 분석이었다. 분석가가 되고자 하는 사람은 경험이 더 많은 선배에게 분석받아야 하는 것이 보편적으로 인정되고 있었다. 곧 없앴으나 처음에는 '정상'인은 특별한 문제가 없다는, 곧 떨쳐 버린 착각에 근거하고 '교육(didactic)분석'이라고 불렸다. 그리고 교육이라는 용어는 후에 빠지게 되었고, 모든 분석은 원래 치료적이라는 것을 알게 되었다. 이 교육분석(training analysis)의 강도, 기간, 결과는 매우 다양하였다. 대략 1930년경 이후부터 환자를 보는 모든 분석가가 교육분석을 거쳤다고 보아도 무방할 것이다.

교육분석은 1919년 Nunberg가 처음 제안하였고, 1925년 국제수련위원회에서 받아들였으며, 그 후 공식적인 국제적 요구 사항이 되었다.[54] 처음에는 기간이 짧았다가 점차 길어지고 확대되었다. Balint(1954)가 언급한 바와 같이 얼마나 오랫동안 교육분석을 받아야 되는가 하는 의견은 어느 누구도 확정할 수 없었다.[55] 수련분석에 관한 논쟁은 정신분석 운동 내에서 모든 불화와 분열의 핵심이라고 대체로 인식되고 있으며, 이러한 논쟁은 오늘날까지도 해결되었다고 말할 수 없다(Goodman, 1977).

처음 Sachs가 베를린에서 교육분석 체계를 세웠을 때 두 가지 목적을 결합하였다. 하나는 Freud와 그의 초창기 동료들이 힘들여 축적한 무의식의 이해를 전파하는 것이었고, 다른 하나는 학파의 이론적 입장에 절대적인 복종을 강요하는 것이었다. Sachs는 "미래의 분석가는 다른 사람이 쉽게, 기꺼이, 영구적으로 간과하는 것들을 보는 것을 배워야만 하고, 심지어 자신의 소망들과 감정들에 첨예하게 반대되는 경우일지라도 관찰하는 이러한 역량을 유지하는 위치에 있어야만 한다. …… 알다시피 분석은 교회의 수련 수사에 해당하는 것을 요구한다."라고 기술하였다.[56]

문제는 교육분석이 교육이냐 주입이냐 하는 것이었다. 교육이냐 주입이냐 하는 갈등을 극복하려는 용맹한 시도들이 있었으나 이 둘은 분리하기 어렵고 오늘날 정신분석교육은 교육분석을 통한, 주입의 형태로 남아 있다. Glover(1955)는 그것을 '수련 전이(training transference)'의 체계라고 하였다. 문제를 극복하는 것이 얼마든지 바람직하지만 아직 더 나은 체계가 없다. 딜레마는 이런 식으로 간단히 말할 수 있을 것이다. 이론적 체계를 학생 마음대로 선택하게 자유롭게 둔다면, Jung이나 Reich, Rank의 체계 같은 좀 어리석은 것으로 쉽게 들어갈 수 있다. 그러나 공식적인 입장에 동의하도록 강요된다면 불필요하게 복종적이 될 수도 있다. 이러한 진퇴양난의 딜레마가 첨예하게 유지되면서, 의심할 여지 없이 정신분석 운동 내의 신랄한 논쟁에 대해서 많은 것을 설명해 주고 있다.

이론교육 그다음은 정신분석 이론에 대한 이론교육이다. 이것은 Freud의 기본 저작물에서 다루어진 내용들, 즉 그의 사상의 확장으로, 꿈, 발달, 정신의 구조, 노이로제와 정신병의 본질 등을 공부한다는 뜻이다. 이상적인 수련 체계는 Freud가 정한 노선을 따랐다. 1927년에 그는 다음과 같이 썼다.

> 분석가를 위한 수련 계획은 훨씬 더 만들어져야 한다. 그것은 정신과학(mental science), 심리학, 문명의 역사, 사회학, 해부학, 생물학, 진화의 연구 등의 요소들이 포함되어야 한다. 이 모든 것에는 가르쳐야 할 것이 너무 많아서 분석 실제에 직접 관련이 없는 것과 지적 능력 훈련과 관찰력 훈련으로 (어떤 다른 공부처럼) 간접적 역할만 하는 것은 교과 과정에서 빼도 괜찮다. 이런 종류의 대학교는 존재하지 않고 내가 이상만 세우고 있다는 이유로 이 제안을 반대하기는 쉽다. 맞다. 이상이다. 그러나 실현될 수 있고 되어야 하는 이상이다. 그리고 모든 초기의 부족함에도 불구하고, 우리의 수련연구소에는 그 현실화가 이제 시작되었다.[57]

분석수련연구소들은 다양한 방법으로 Freud의 이상에서 영감을 받았고, 수년에 걸쳐 그것을 향해 나아갔다. 이 분야에서는 논란이 거의 존재하지 않는다.

감독 분석 베를린연구소의 세 번째 혁신은 감독 분석(control analysis)이었다. 그것은 Eitingon이 슈퍼비전에 사용한 용어다. 이는 거의 반대가 없었고, 풋내기 분석가들은 좀 더 경험이 많은 사람들과 그들의 어려움을 의논할 수 있어서 너무 기뻤다. 실제 Eitingon은 감독 분석이 강제적이지 않고 자발적으로 생겼고, 나중에 초보 분석가들이 자신이 하였던 것을 숙고할 때에 가서야 규칙이 세워졌다고 하였다.[58] 베를린연구소의 학생이었던 Therese Benedek는 감독이란 환자가 나타내는 기법적 어려움에만 거의 배타적으로 집중하는 것이고 역전이는 무시되었다고 하였다. Balint(1948)는 나중에 이것을 "초자아수련"이라고 불렀다. 어쨌든 감독 분석에 있는 문제는 그 당시에는 잘 알 수 없었고 또한 체제가 학생들 사이에 진정한 반감을 조금도 일으키지 않았다.

학회 감독

또 하나의 발달로 정신분석의 역사에서 똑같이 운명적인 것인데도 거의 주목받지 못한 것은 수련의 감독이 개인치료자로부터 분석학회로 옮겨진 것이다. 학회의 사전 허락 없이 개인 회원은 더 이상 자유롭게 학생을 분석하거나 수련할 수 없게 되었다는 것이다. 치료가 인가된 사람을 **교육분석가**(training analysts), 감독이 인가된 사람은 **감독분석가**(control analysts)라고 하였다. 회원들은 한 사람이 두 가지를 다 하기도 하고, 때로는 하지 않기도 하였다.[3)]

수련에 대한 학회 감독이 언제부터 시행되었는지 확정하기는 어렵다. 심지어 오늘날도 이에 대한 노골적 또는 은밀한 반대가 너무 많아 강요하기는 어렵다. 1920년대에서 1930년대의 정신없이 바쁜 분위기 속에서는 더 어려웠을 것이다.

이러한 제한점의 정당성을 확립하기란 다소 어렵다. 이론에 있어서 그것은 모든 학회를 그 이론적 입장에서 더욱 동질하게 만드는데, 이것은 확실히 그렇다. 하지만 만약 정신분석이 잘 이해된다면, 무엇 때문에 그러한 동질성이 필요하겠는가? 아마도 어느 학회든 전 회원들이 어쨌든 실질적으로 동의하고 있을 것이다.

실제에 있어서 그것이 의미하였던 것은 학회가 사소해 보이는 원칙의 세부 사항들까지 정하고, 개별 분석가는 동의하지 않을 수 있는 재량이 많이 허용되지 않는다는 것이다. 결과는 경직성과 과도한 정통성에 대한 무수하고 끝없는 비난으로, 이는 모든 연구소를 엉망으로 만들었을 뿐만 아니라 수련에 지원하는 학생 수가 감소되었다.[59]

사회학적으로 설명하는 것이 가장 적절한 것이다. 다른 집단들처럼 정신분석학회들은 조직이다. 그리고 조직에는 권력 투쟁이 있다. 이론적 입장을 확립하면 힘을 주장하고 유지하는 방법이 된다. 정신분석적으로, 아르헨티나 분석가인 Leon Grinberg는 분석가가 자신의 분석 활동의 결과로 고립, 소통 부재 그리고 퇴행을 겪는 경향이 있다고 완곡하게 말하였다. 이것들은 경쟁의식, 분노, 시기 또는 공포의 반응이 증가하는 것과 더불어, 때로는 피해불안의 강화로 이어지기도 한다. 이 모든 반응은 학회가 행사하는 엄격한 통제로 억제되고 있다. 그럼에도 불구하고, (무지하다시피) 흔히 수면 아래의 의견 불일치는 강하게 있다.

---

3) 이동식: control analysis는 supervisor analysis이다. '교육 분석'이라고 하는 것이 이상한 것이다. 환자로서 분석받아야 된다. 명칭 자체가 이상하다. personal analysis이다. 환자라는 것을 인정하기 싫어서 교육 분석이라 했다. analyst가 된 뒤에 다시 환자로서 분석을 받는 것이다.

모델로서의 베를린 체계

베를린 체계는 Eitingon이 주로 하였지만, 많은 뛰어난 분석가의 협업으로 고안되어 모든 미래의 분석연구소의 모델이 되었다. 수련의 핵심 세 가지는 개인 분석, 교육 과정, 감독 분석이고 여기에 수련에 대한 학회 감독이 더해진다. 이것은 오늘날까지 근본적으로 변치 않고 남아 있다. 이 모델의 제한점이 어떤 것이든 간에 그 논리는 매우 설득력이 있어서 현존하는 거의 모든 연구소가 그들의 이론적인 성향과 상관없이 남이 하는 대로 따라 하였다. 그리고 사용하는 용어가 다름에도 불구하고, 다른 형태의 치료들도 그 훈련법은 곧 같은 형태에 이르게 되었다.

수련을 위한 예비 요건-비의사 분석

수련 체계가 확립되자 다음 문제는 "누구에게 수련을 허락해야 하는가?"였다. 실제에 있어서 이 문제는 결국 비의사 분석에 대한 문제로 압축되었다.

1926년 Freud는 『비의사 분석 문제(The Question of Lay Analysis)』에서 달리 자격을 갖춘 일반인도 수련연구소에 입학해야 한다고 강조하였다. 그는 또한 Eitingon에게 자기의 의견으로는 비의사 분석에 반대하는 것은 "정신분석에 대한 저항의 마지막 가면이고 가장 위험스러운 것"이라고 편지를 썼다.[61]

그때까지 이 주제는 국제 심포지엄이 조직될 정도의 중요성을 띠고 있었으며, 심포지엄의 공식 기록은 1927년 『국제정신분석협회지(International Journal of Psychoanalysis)』에 게재되었다. 세계의 지도적 정신분석가 24명이 참여하였다. 비의사 분석에 대해 가장 강하게 반대한 사람은 미국인 Abraham Brill과 Smith Ely Jelliffe였는데, 대개 유럽의 동료들은 미국의 제안에 동조하지 않았다. Nunberg는[62] 분석에서의 문화적 중요성을 가장 강하게 강조하여 따라서 "비-의료인 분석가들(non-medical analysts)이 먼저 의학을 배워야 하기보다는 모든 의사가 적어도 환자를 보기 전에 정신분석 수련을 받아야 하는 것이 더 필요하다."라고 말하였다. 학회들 중에서 비의사 분석을 가장 강하게 반대하는 곳은 뉴욕이었고, 가장 강하게 찬성하는 곳은 헝가리였다.

비의사 분석에 대한 미국학회의 격렬한 반대를 이해하기 어려웠던 것은 여기에, 특히 미국의 법적 상황에 대한 고의적인 거짓 진술이 있었고, 유럽학회들은 이를 경악해서 받아들였기 때문이었다. 1926년에 Oberndorf는 "엉터리 치료에 대한 미국 법의 엄격함뿐만 아니라 미국의 회원 후보자들과 관련한 불쾌한 경험"에 대해 언급하였으나, 이러한 그의 언급들은 모두 다 사실에 바탕을 둔 확인 가능한 것들이 아니었다.[63] 있다 해도 돌팔이 치료법에 대한 미국의 법은 항상 유럽보다 훨씬 느슨하였으며, 비의사 후보자들과 바람직하지 못한 경험에 대해서는 정신분석에 대한 의료계의 반대가 다른 요인보다 항상 더욱 강력하였다. Oberndorf는 그의 저서『미국정신분석 역사(A History of Psychoanalysis in America)』(1953)에서 "신경과의 고위급 인사들에게 정신분석은 모호하고 다소 평판이 안 좋은 대상"이라고 썼다.[64]

Oberndorf의 이상한 어리석은 짓은 놀랍게도 1943년 Lewin, Menninger, Alexander[65] 등 많은 저명한 미국의 분석가에 의해 반복되었는데, 그들은 이상하게도 "진부한 법 조항" "당국의 가장 심하고 단호한 조치"를 언급하였다. 다시 한번 유럽인들은 안개 같은 미국의 모호함을 뚫을 수 없었다.

이론적으로, 의사를 포함하여 수련받지 않은 사람이 정신분석을 못 하게 막는 것이 법적으로 가장 필요한 것이었다. 하지만 의사에 대한 존중 때문에 그가 하는 활동들을 방해하는 것은 어떤 것도 금지되었다. 의사가 분석을 실제로 하기 위해서는 수련받는 것이 필요하다고 기록된 유일한 실례는 1938년 노르웨이에서 있었는데, 그때 국왕법령은 의사가 정신분석적 방법을 사용하려면 먼저 국왕으로부터 특별 인가를 받아야 한다고 요구하였다.[66]

Eitingon은 국제수련위원회의 의장으로서 최종적으로 두 가지 해결책을 제시하였고, 결국 채택되었다. 한편으로는 의학적 수련이 권고되었고, 각 지역학회는 독자적으로 그 수련 입학 조건을 결정할 자유가 있다고 결정되었다. 실제에 있어서 이것의 의미는 비의사 분석가의 수련이 미국에서는 공식적으로 불법이지만 다른 모든 나라에서는 허용된다는 것이다.

정신분석 운동

전쟁의 상처가 아물어 가기 시작하면서, 특히 1925년부터 1933년 사이 낙관주의의 새로운 정신이 두드러졌는데, 바로 그 시점에 히틀러가 종지부를 찍었다. 이 시기에 정신분석가들은 전보다 더 자신들의 입지를 견고히 하고 주장의 범위를 확장시켰다. '정신분석 운동'이라는 용어가 탄생하고, 정신분석이 치료적 그리고 교육적인 노력을 통해 세계의 안녕에 크게 이바지할 것이라는 희망을 언급하였다.

『비의사 분석 문제(The Question of Lay Analysis)』(1926), 『착각의 미래(The Future of an Illusion)』(1969), 『새로운 입문 강의(The New Introductory Lectures)』(1932)와 같은 Freud의 전후 출판물에서 보이는 가장 낙관적인 견해들 중 일부가 이 수년간에 생겨났다는 것은 이미 언급되었다. 나머지 다른 분석가들도 관련 분야에서 활발히 활동하였다. 비엔나 그룹의 저널리스트 Storfer는 『정신분석 운동(Die Psychoanalytische Bewegung: The psychoanalytic movement)』을 출간하였다. 이것은 정신분석 출판사의 공식 간행물이었고 1929년부터 1933년까지 존재하였으며,[67] Hitschmann이 편집자로 있었다. Thoma(1969)는 정신분석이 히틀러 이전 시기의 독일에 사상과 문화에 침투한 정도를 강조하였다.

독일 출신 분석가인 Heinrich Meng(1887~)은 이 수년간 정신분석적 생각을 통한 정신 위생 증진에 상당한 에너지를 바쳤다. 그는 출판사를 설립하여 자신의 분석가인 Paul Federn을 공동편집자로 두고 1924년에 『정신분석에 관한 대중서(The Popular Book on Psychoanalysis)』를 발행하였다. 다른 사람들과 공동으로 『정신분석 교육 잡지(Journal of Psychoanalytic Education)』를 창간하였는데, 심리학과 교육에 영향을 주려고 기획되었다. 이후 그는 프랑크푸르트대학교에서 Karl Landauer와 함께 정신분석연구소를 시작하였다. 이 연구소는 그 도시에서 나온 일련의 뛰어난 출판물들을 내는 기지 중 하나였다.[68]

영국에서는 Ernest Jones가 분석가로, 영국과 국제 학회의 회장으로, 그리고 다작 작가로 많은 활동을 하였다. 그의 출판물들은 전문가와 비전문가 집단 모두에게 정신분석에 대한 이해를 넓히는 데 크게 기여하였다. 그는 정신분석이 미국 정신의학에 편입된 것이 진정으로 완전히 새로운 전문 분야를 창출한 것이라는 사실을 깨달은 최초의 인물이었다.[69] 1929년 뉴욕의 콜롬비아대학교 정신의학연구소 개소식 연설에서 그는 (매우 중요한 측면으로 보이는데) 세계의 어느 나라에도 정신과 전문 분야가 없다고 하였다. 그는 이 변화가 과거 20년 동안 이루어졌다고 말하였다. 그는 역동정신의학으로의 전환을, 오늘날 우리가 말하듯이 미국의 사회적 양심의 표현으로 보았다. 그것이 아직은 주로 의학적이지만, 언젠가는 심리학도 정신분석으로부터 도움을 받을 것이라고 예측하였다. (그렇게 해서 제2차 세계대전 후의 임상심리학의 성장을 예견하였다.) Jones는 다음과 같이 적었다.

> 역설적으로 들릴지 모르겠지만, 내가 조심스럽게 예측해 보기에는 머지않은 미래에 정신병리, 특히 정신신경증의 병리가 심리학 연구의 기준이 될 것이고, 그것을 기초로 학생들은 나중에 소위 정상이라는 것에 대한 더 모호하고 어려운 연구를 할 것이며, 게다가 미국이 어느 나라보다 먼저 이러한 완성을 이룬다 해도 완전히 놀랄 일은 아닐 것이다.[70]

1933년 히틀러가 정권을 쥐자, 유럽 분석가들은 부득이 목숨을 부지하기에 전념하였다. 그때부터 1939년 전쟁이 발발되기까지, 유럽에서 영국과 미국으로 지속적인 대탈출이 있었고, 특히 1939년 Freud 사망 이후 정신분석에 전반적인 본질의 변화가 있었다.

제1차 세계대전 후 정신분석에서 역사적으로 중요한 사건은 러시아에서의 발전이다. 전쟁 전에 꽤 큰 러시아 그룹이 형성되었고 혁명 후에도 지속되었다. 1928년까지 그들의 활동을 알리는 내용이『국제정신분석협회지(International Journal of Psychoanalysis)』에 정기적으로 게재되다가 그 이후 그들로부터의 모든 소식이 끊겼다. 그 후 정신분석에 대한 공산당의 공식적인 태도는 완전히 비난 일색이었고, 수년간 정신분석은 "자본주의의 마지막 저항"이라고 불렸다. 1930년 이후로 정신분석과 정신분석적 심리학은 민주주의 국가에만 한정되었고, 좌우 양극단 주의자들에게 미움을 받았다. 이 사실은 정신분석의 문화적 역할에 대한 평가에서 충분히 인정받지 못하였다(제19장 참조).

정신분석 사상의 확장

국내 및 국제 조직의 전반적인 발달과는 별도로, 두 세계대전 사이 시기 동안 주목할 것은 정신분석적 사고가 다양한 방향으로 확장되었다는 점이다. 이들은 주로 Freud가 집중하였던 고전적 신경증 이외의 분야로 집중되었다.

아동

어떤 정도로든 맨 처음 아동을 치료한 분석가는 비엔나 사람 Hermine von Hug-Hellmuth (1871~1924)였으며, 그녀는 그녀의 첫 아동 사례인 다섯 살 반 남자아이의 꿈 분석을 1912년에 출판하였다. 1921년에 그녀는 아동과의 치료 경험을『국제정신분석협회지(International Journal of Psychoanalysis)』에 요약 발표하였다. 그녀는 어떤 정해진 방법도 시도하지 않았으며, 무엇을 할지는 상황과 그녀가 가진 독창성에 맡겨 결정되었다. 이 논문에서 그녀는 7~8세 이전에는 분석이 불가능하다고 언급하였으며, 그것은 수개월이 소요되며 아동의 집에서 이루어져야 한다고 하였다. Hug-Hellmuth는 1924년에 불가사의하게도 조카에게 살해당하였다. 동시에 불가사의하게도 자신의 일과 삶에 대한 어떠한 기록, 심지어 정신분석학적 출판물조차도 분명히 금지하겠다는 유서를 남겼다.[71]

MELANIE KLEIN(1882~1960) 아동치료에 대한 전적으로 새로운 추진력은 Melanie Klein이 제공한 놀이치료 기법이며, 그 결과 그녀는 두 살짜리 어린 유아도 치료할 수 있었다.

아동치료와는 별도로 Klein은 전오이디푸스(Pre-Oedipal) 단계의 심적 과정들을 최초로 깊이 탐색하였으며(Segal, 1973), 그 연구에 많은 공헌을 하였다. 1926년 영국으로 이민하여 Ernest Jones의 후원을 받았다. 아마도 Jones의 열정 덕분에 그녀 주위에는 강력한 추종자 집단이 모여들었다. 제2차 세계대전 후 영국의 학회는 Kleinian, Freudian(Anna Freud도 있었다.) 그리고 절충주의자, 세 그룹으로 나뉘었다(Glover, 1966). 많은 추종자가 그녀를 학파의 우두머리로 보았지만, 그녀 자신은 단지 Freud의 발자취를 따르는 것뿐이라고 주장하였다.

ANNA FREUD(1895~1982) 아동에 대한 접근법에 있어서 Anna Freud는 그녀의 아버지와 Hug-Hellmuth의 작업에 더 인접해 있었다. 그녀는 교육적 방법의 필요성을 강조하였는데, 왜냐하면 Melanie Klein과는 달리 그녀는 아동이 성인과 같은 방식으로 전이를 형성할 수 있다는 것을 부인하였기 때문이다.

Anna Freud는 1927년에 아동치료에 대한 첫 저서를 출판하는데, 1928년에 영어로 번역되었다. Melanie Klein은 많은 논문을 발표한 후 1932년에 저서를 출판하였다(Klein, 1949). 이 두 개척자가 아동의 정신분석치료를 시작하였다고 말하는 것이 타당할 것이다. 아동 분석은 그 후 이 영역 내에서 중요한 전문 분야가 되었다.

정신병 환자

Freud는 1914년 자기애에 대한 논문에서 치료 집단을 전이신경증이 있는 집단과 자기애적 신경증이 있는 집단으로 나누어, 후자는 전이를 형성할 수 없고 그래서 치료가 불가능하다고 하였다. 그러나 Freud는 병원에 근무하는 정신과 의사가 아니었으며 정신병 환자에 대한 경험도 없었다. 정신병 환자와 같이 작업을 하고 그들에게 정신분석 원리를 적용시켜 본 정신과 의사들이 생기자, Freud의 제한이 너무 지나치다는 것이 곧 분명해졌다.

분석 잡지에는 정신병 환자의 치료에 대한 다양한 논문이 산발적으로 항상 출현하였었다. 별로 성공적이진 못하였지만, Jung이 처음으로 정신병 환자 치료 논문을 직접 쓴 사람 중 하나였다는 공로는 인정받아야 한다.

처음으로 정신병 환자에 대한 대규모 정신분석 결과를 발표한 사람은 Harry Stack Sullivan(1892~1949)이었다. Freud를 위시한 모든 지도적 분석가를 포함해서 정신병 환자의 치료적 개선에 대한 태도가 희망이 없던 때에 저술하면서, Sullivan(1931b)은 볼티모어 근교의 Shepard and Enoch Pratt 병원에서 관찰한 250명의 젊은 남자 조현병 환자에 관해 쓴 '다소 정교한 조사 연구(more or less elaborate investigation)'를[72] 보고하였다. 그는 발병과 결과를 연관 짓는 좀 더 신중한 통계적 연구를 위해 처음에 순차적으로 입원한 155명 중에서 100명만 선택하였다. 이 100명 중에서 22명은 서서히 발병한 환자였고, 78명은 급성 발병 환자였다. 그는 급성 발병 환자의 대략 61퍼센트가 넘는 48명의 환자들이 놀라운 호전을 보여 주었고 "상당수에서 그 변화는 정신장애로부터 회복이 된 것이나 마찬가지였다."라고 보고하였다.[73] 이는 심지어 오늘날까지도 주목할 만한 것이며, 1920년대에는 경이로운 것과 다름없다. Sullivan의 논문에서 다루어진 시기가 1924~1931년이라는 것을 기억해야 한다. Sullivan은 세세하게 언급하지는 않았지만, 환자들은 고전적 정신분석 또는 이드-우세 치료(id-dominated therapy)와 대조되는 오늘날 수정된 정신분석적 치료 또는 자아심리학적 접근법으로 불릴 방법으로 치료받았다.

말년에 Sullivan은 정신분석으로부터 잘못 분화된, 새로운 '대인관계(interpersonal)' 접근법의 대변인이 되었다. 뿐만 아니라, 사후에 추종자들은 그를 거의 신격화한 반면에 보다 정통적인 분석 단체들은 무자비하게 그를 비난하였다(Jacobson, 1955). 이 양극단 모두 잘못된 것이며, Sullivan이 정신분석에 대해 밀접한 동질감을 갖고 있다는 것과 이론에 대한 중요한 공헌을 한 것은 간과되었다. 그의 공헌은 크게 두 가지인데, 조현병이 치료 가능하다는 것과 자기체계(self system)가 중요하며 여태까지 간과되어 온 인격의 일면이라는 것이다.

Sullivan은 오랫동안 미국정신분석협회(American Psychiatric Association)와 긴밀하게 연계되어 있었다. 1924년에 가입(Noble and Burnham, 1969)하였고, 1929년 실행위원회에 선출되었다. 1932년에는 새로운 정관의 시안을 만드는 위원회의 장이 되었다. 1930년 Sullivan과 Ernest Hadley는 워싱턴-볼티모어정신분석학회(Washington-Baltimore Psychoanalytic Society)를 결성하였다. 이는 1932년에 하나의 학회 연맹으로 재조직화될 때 미국협회의 구성 멤버 중 하나였다. 1933년 더 정통적인 정신과 의사들의 심한 반대에 대항해서 그는 Brill과 Oberndorf와 함께 미국정신과의사협회(American Psychiatric Association) 내의 정신분석 분과를 만드는 데 최초의 발기인이 되었다. 나중에 그는 미국정신분석협회의 조직 활동에 흥미를 잃고 강의와 자신의 워싱턴정신분석연구소(Washington Psychoanalytic

Institute)의 발전에 헌신하였다.[74] 그러나 1949년 사망할 때까지 그는 미국정신분석협회(American Psychoanalytic Association)의 회원으로 남아 있었다.[75] Mary Julian White가 언급하다시피, Sullivan이 (이후 지배적인 흐름이 된) 역동적 형태의 자아심리학에 관해 말하고 있다는 사실이 그의 기괴한 용어들 때문에 인정받지 못하였다.[76] 이 기이한 언어는 Chapman이 최근에 쓴 전기에서 드러나듯이(1976), Sullivan의 정규 학업 과정의 결핍에서 온 것일 수도 있다. Sullivan은 대학교를 졸업한 적이 없었던 것 같고, 그가 다녔던 의과대학은 학위 남발 대학교였던 것 같다.

Sullivan보다는 좀 뒤에, 그러나 시간상 상당히 겹치면서 영국의 Melanie Klein 역시 정신병 환자의 분석적 치료를 개척하고 있었다. Sullivan과는 달리 그녀는 전이와 저항을 분석하는 고전적 치료법으로 접근하였다. Klein이 정신병 환자와 한 작업은 그녀의 가장 명석한 제자인 Herbert Rosenfeld의 책『정신병적 상태(Psychotic States)』(1965)에 아마도 가장 잘 요약되어 있을 것이다.

Sullivan과 Klein 그리고 다른 사람들의 성과는 우리에게 알려진 가장 심각한 심리적 장애들을 아우를 수 있도록 정신분석적 이론을 재구성하지 않을 수 없게 하였다. 연속체 이론은 Freud가 항상 좋아하였으나 결코 정교화시키지 못하였는데, 이러한 치료적 경험에 의해 추동력이 강화되었다. Ernest Jones는 1929년 뉴욕의 정신과 연구소 개소식에서 행한 연설에서 그것을 가장 명료하게 말하였다.

> 그러므로 최고의 정신적인 병적 상태는, 비록 Bleuler 교수가 가장 심한 형태에 조현병이란 용어를 쓰자고 제안하긴 하였지만 조현병 상태이다. 우리가 임상적으로 정신장애라고 경험하는 것은 위협당한 자아가 자기보존을 위해 분투하는 다양한 방식을 나타내는 것이다. 그러므로 본질적으로 정신병리적 상태에 대한 우리의 개념은 적극적인 역동적 분투의 견지에서만 묘사될 수 있다.[77]

조현병 환자들을 정신분석적 방법으로 도울 수 있다는 것이 증명된 것은 1920년대로 거슬러 올라가지만, 이러한 생각의 전파는 너무나 오래 지연되어 오늘날까지도 종종 "정신병 환자는 분석될 수 없다."라는 소리를 듣는다.[78] 그 영역 내의 정치적 논란 때문에 치료적 현실을 종종 거부하는 상황에 놓이게 된다.

정상인들

정신분석학이 꼭 신경증 환자에게뿐 아니라 모든 인류에게 적용된다는 인식은 Freud 초기부터 있어 왔다. 그러나 그것을 완전히 이행하는 것은 점차적으로 진행되었다. 양대 세계대전 사이 기간에도 정신분석은 Eitingon이 말한 것처럼 여전히 "버림받은 사람" 신세였고 존재 권리를 위해 치열하게 싸워야만 하였다. 그럼에도 불구하고, 정신분석은 1920년대와 1930년대에 특별한 기법적 도구만이 아닌 모두를 위한 구제의 한 형태를 제공하는, 정말 일반심리학이라는 인식이 커졌다. Freud는 후기 저작들에서 이러한 입장을 내놓았었으나, 절대 그것을 완전히 분명하게 하지는 아니하였다.

이 시기 동안 뛰어난 많은 분석가가 좀 더 광범위한 인간 문제에 정신분석을 적용할 수 있는가 하는 의문을 반복적으로 제기하였다. Jones(1931)는 당시에 점점 그랬듯이 성격 문제가 무대의 중심을 차지할 때, '정상(normality)'이 무엇인가에 대한 좀 더 확장된 철학적 문제도 중요해질 것이라고 지적하였다.

1929년부터 발간된 새로운 국제협회 잡지인 『정신분석 운동(Die Psychoanalytische Bewegung: The psychoanalytic movement)』의 이름에서 진정한 출판 의도가 드러난다. 정신분석은 진정으로 스스로를 세계의 상황을 변화시키도록 고안된 사회 운동으로 여기고 있었다. 이러한 결과에 대해 일찍이 1921년에 네덜란드 분석가인 August Staercke는 다음과 같이 간결히 진술하였다. "구식 정신과 의사는 검열의 노예이며 사회의 도구이고 '추방자들(out-casts)'을 치료한다. 분석가는 여기저기에서 자기 내부 검열의 장벽을 밀어내고, 사회 그 자체를 사회 발전을 위한 도구로 이용해야 한다. 즉, 그는 검열에 구애받지 않고 사회에 봉사해야 한다."[79]

Freud는 정신분석이 어떤 특정 세계관(Weltanschauung)에도 동조하지 않았고 과학으로부터 유래된 것 외에는 어느 하나도 필요로 하지 않는다고 주장하였지만, 다른 사람들은 그에 동의하지 않았다. Hartman(1933)은 유명 논문 「정신분석과 세계관(Psychoanalysis and Weltanschauung)」에서 Freud가 '세계관(Weltanschauung)'을 너무 좁은 의미로 사용한다고 비판하였다. 그는 질문이 항상 답변될 수 있는 것은 아니며 각 세대는 스스로 그것에 답해야 한다고 생각하였다. 그럼에도 불구하고, 정신분석은 인간의 윤리적이고 교육적인 목표를 실현하기 위해 단호할 수 있고 단호해야만 한다. 따라서 정신분석이 모든 인간을 환자로 본다는 문제에 광범위한 동의가 있었던 것이다.[80]

안타깝게도 『정신분석 운동(Die Psychoanalytische Bewegung)』의 출판은 히틀러의 만행 때문에 1933년에 다른 가치 있는 문화적 대의들과 함께 중단되어야만 하였다.

OTTO RANK(1884~1939) 돌이켜 보면, 정신분석의 보편적 적용 가능성을 다른 누구보다 명확하게 예견한 사람은 Otto Rank다. 불행하게도 1920년대에 시작한 그의 치료적 혁신은 장점이 거의 없어서 그의 진정한 공헌이 가려졌다. 그는 노이로제란 질병이 아니라 편안치 않은 상태(dis-ease)라 하고, 전문적인 의미에서 병이 아니라 많은 사람이 경험하는 삶의 문제라 하였다. Rank에게는 이 문제의 핵심이 창조성의 억압에 있었고, 그의 대표작인『예술과 예술가: 창조적 욕구와 인격 발달(Art and the Artist: Creative Urge and Personality Development)』(1932)에서 창조성의 문제에 대해 설명하였다. Rank는 창조적 유형이야말로 새로운 인간형의 선구자라 하였다.

> 예술가는 실제 삶 대신에 예술 창작 속에서 살아왔다……. 예술에 의해 보호를 포기할 수 있고 삶에 그리고 삶을 만드는 데에 모든 창의적인 힘을 쏟을 수 있는 창의적인 유형의 사람은 새로운 인간 유형의 첫 번째 대표가 될 것이며, 포기의 대가로, 인격 창조와 표현에 있어서 더 큰 행복을 즐길 수 있을 것이다.[81]

하층민과 진료소의 급증

제1차 세계대전 이전에는 정신분석이 금전적인 여유가 있어서 상당한 시간을 일을 안 해도 되고 완전히 정신분석에 전념할 여력이 있는 사람들만이 하는 사치라고 여겨졌다. 1919년에 Freud는 정부가 이미 빈곤층의 신체적 필요들에 관심을 기울이고 있듯이, 조만간 그들의 정신건강상의 필요에도 관심을 가져야 할 것이라고 예언하였었다.

이 말에 자극을 받아서, 많은 저명한 분석가가 저비용 진료소의 설립을 지원하였다. 또 다시 첫 번째이며 어떤 의미에서는 중요한 사람이 Eitingon으로 베를린 진료소와 연구소가 함께 하였으며 그 작업이 아주 상세하게 기술되어 있다. 이 진료소의 두드러진 모습은 철저한 분석 작업과 수련이 이루어졌다는 것이다. 분석 시간을 줄이거나, 요구되는 전체 기간을 줄이는 다양한 시도들이 허사로 끝났고 중단되었다.[82] 1928년에 Eitingon은 또한 당시 약 400명의 국제정신분석협회 회원 중에서 66명이 베를린연구소에서 수련을 받았다고 보고하였다.[83]

얼마 후에 Jones는 런던에서, Franz Alexander는 시카고에서 뒤따라 진료소를 열었다.

Jones(1936b)와 Franz Alexander(1937)는 그들의 작업에 관한 기록들을 출판하였다. 이들 개척자들이 진료소에서 저비용의 치료가 가능하였다는 것을 보여 주었더니, 유사한 진료소들이 여기저기에서 생겨났다.

정신신체장애 환자와 일반의학

비록 정신분석이 신체 증상을 일으킨 상당수의 히스테리아 환자로부터 시작되었지만, 정신분석을 의학에 적용할 수 있는 모든 가능성이 실현되기까지는 다소 시간이 걸렸다. 히스테리아 환자들은 신체적 증상을 모방하지만 신체 구조를 변화시키지는 않는다. 신체 조직이 실제로 정서장애의 영향을 받은 환자들은 완전히 다른 문제를 제기한다. 이것에 대해 '기관신경증(organ neurosis)'이라는 용어가 채택되었고, 후에 '정신신체장애(psychosomatic disorders)'로 변경되었다.

FRANZ ALEXANDER(1891~1964)　수많은 연구자의 작업이 이미 Flanders Dunbar가 쓴『정서와 신체 변화(Emotions and Bodily Changes)』(1935)라는 선구적인 안내서에 요약되어 있다. 그러나 Franz Alexander는 주요 정신신체장애에 대해 처음으로 장기간의 연구를 하였고 연구가 아주 잘 되었기 때문에, 의학에서 정신의학과 정신분석의 중요성이 결코 다시는 무시될 수 없게 되었다.

1930년에 Alexander는 미국을 방문하여 시카고에 머물며 일하였는데, 거기서 최초로 대학교에서 정신분석 교수직을 맡았다. 시카고정신분석연구소(Chicago Institute for Psychoanalysis)를 설립하여 25년간 소장을 역임하였다. 1930년대에 뛰어난 연구팀을 만들었는데, 그들은 많은 주요 정신신체장애를 깊이 연구하였다. 1939년에 다른 사람들과 함께『정신신체의학(Psychosomatic Medicine)』잡지를 창간하였다. Alexander는 많은 분야에서 쉼 없이 그리고 왕성히 일하였으나, 그가 가장 오래 지속되는 공헌을 한 분야는 정신신체의학이다. 심지어 그 연구들이 더욱 정교하고 세련된 개념화(제8장 참조)로 대체되었다고 해도, 그는 여전히 사실상 전인미답의 세계로 나아가는 길을 연 개척자이다.

다른 문화들

초기 정신분석에 대한 반복되는 비판 중의 하나는 그 학설이 비엔나인(혹은 기껏해야 서양인) 신경증 환자에만 적용된다는 것이었다. 그럼에도 불구하고, Freud의 저서 『토템과 터부(Totem and Taboo)』(1913)는 선견지명이 있는 인류학자들에게 그들에게 유용한 심리학이 여기 있다는 것을 분명히 하였다. 전쟁이 끝나고 정신분석 개념을 자유롭게 사용하는 다수의 현장 연구자가 등장하였다. 그들 중 Margaret Mead와 Bronislaw Malinowski가 가장 대표적이다. 1924년에 Ernest Jones는 런던왕립인류학연구소에서 정신분석학과 인류학에 관한 주목할 만한 연설(Jones, 1924; Fortes, 1977)을 하였다. 이는 정신분석학을 인류학에 적용할 수 있는 가능성에 관한 새로운 전망을 열도록 해 주었다.

GEZA ROHEIM(1891~1953) 완전-수련을 받고 최초로 원시 사회 현장에서 일을 한 정신분석가는 Geza Roheim이다. Roheim은 부다페스트의 부유한 부르주아 가정의 외동아들이었다. 어릴 때부터 민간 설화에 관심이 있어서 그는 인류학박사 학위를 따려고 결심하였다. 헝가리에는 인류학 학위가 없었으므로 독일로 건너갔는데, 심지어 독일에서도 지리학으로 학위를 받아야 하였다(Labarre, 1966). 1915년과 1916년에 Ferenczi에게 분석을 받았다. 그 후 12년간 그는 부다페스트에서 정신분석을 실시하였다.

그러다 1928년에 엄청난 기회가 왔다. Marie Bonaparte가 2~3년간 원시 부족들을 탐험하는 데 필요한 충분한 자금을 대 주었다. 그다음 몇 년간 Roheim은 중앙 오스트레일리아와 뉴기니아에서 떨어진 Normanby 섬에서 지냈으며 또한 소말리 사람들에 대해서도 연구하였다. Roheim의 연구는 『국제정신분석협회지(International Journal of Psychoanalysis)』의 편집자들이 매우 중요하게 여겨 그의 보고서에 특별히 이중번호를 헌정하였다(January~April, 1932). Roheim은 여전히 지극히 이드 지향적 체계를 가지고 작업하고 있었다. 예를 들면, Roheim은 "그러면, 한 민족의 성행위는 참으로 원형적이라는 것, 그리고 그들의 성교 자세에서 그들의 전체적인 심적 태도를 유추할 수 있다는 것을 우리는 보게 된다."라고 결론을 지었다.[84] 그럼에도 불구하고, 실제로 Roheim의 보고서는 역사적으로 매우 중요하다. Roheim은 정신분석학의 이론과 치료법 모두 가장 원시적인 종족들에게도 적용 가능하다는 것을 보여 주었지만, 그렇게 하기 위해서는 서구의 경우와 마찬가지로 그들의 공상 생활에도 적절한 관심을 기울여야 한다는 것을 보여 주었다. 현장 일을 더 이상 하지는 않았지만 인류학에 대한 Roheim의 관심은 지속되었고, 최종적으로 『정신분석과 인류학(Psychoanalysis and Anthropology)』(1950)으로 요약되었다.

ABRAM KARDINER(1891~1981) 1930년대에 연구를 시작한 또 다른 개척자는 뉴욕

의 분석가 Abram Kardiner다. 1921년부터 1922년까지 비엔나에서 Freud에게 분석을 받고 (Kardiner, 1977) 뉴욕으로 돌아와 분석을 실시하였다. 1933년 뉴욕정신분석학회에 Freud의 사회학적 저술에 관한 세미나를 조직하였다. 3년 만에 100명의 학급을 가지게 되었는데, 주로 인류학자였다. 그의 학생들 중에 Cora du Bois, Ralph Linton, James West는 인류학에 탁월한 업적을 남겼다.[85] 얼마 후 그 세미나는 콜롬비아대학교의 인류학과로 옮겨 갔다.

Roheim의 독창성이 자신의 현장 연구에 바탕을 둔 반면, Kardiner는 다른 사람들의 현장 연구를 정신분석적으로 조직하는 일에 공헌하였다. Kardiner는 자아심리학적 측면에서 정신분석학과 인류학의 포괄적인 통합을 제공한 최초의 인물이다. 이는 Kardiner의 두 권의 주요 저서 『개인과 그가 속한 사회(The Individual and his Society)』(1939)와 『사회의 심리학적 선구자들(The Psychological Frontiers of Society)』(1945)에 잘 나타나 있다.

Roheim과 Kardiner의 선구적인 연구 이후에, 정신분석학과 인류학의 통합은 가속화되었다. 이 분야는 여전히 끊임없이 변하고 있다. 이는 제17장에서 충분히 더 다루어진다.

다른 집단들

1920년대와 1930년대에는 또한 정신분석이 다른 많은 분야로 더욱 개척적으로 적용되었음이 나타난다. August Aichhorn(1878~1949)은 비엔나의 비행자와 범죄자들을 치료하였다. 1937년에 Wulf Sachs는 John Chavafambira라는 남아프리카 주술사에 관한 분석을 출판하였다(Loveland, 1947). Ernst Simmel(1882~1947)은 약물 중독의 치료와 정신분석 원리를 이용한 병원치료의 발전을 개척하였고, Heinrich Meng(1887~1972)은 정신분석을 정신 위생에 적용하는 데 전념하였으며, Hans Zullinger(1893~)는 정신분석을 교육에 적용하였다.[86]

이런 모든 노력이 지금은 일상적인 것으로 여겨지나, 처음으로 시도할 때는 상당한 반대에 부딪혔다. 그래서 Hitschmann(1932)은 비엔나 그룹이 저비용 진료소 개설 허가를 청원하였을 때 이를 Julius von Wagner-Jauregg에게 문의하였는데, 오래 지연시킨 끝에 그가 거절할 것을 권하였다고 말하였다. Wagner-Jauregg는 유명한 전통적 정신과 의사였는데, 그는 말라리아 치료법으로 매독의 말기 단계인 진행 마비(general paresis)의 치료법을 발견하여 노벨상을 받았다. 그러나 정신분석에는 아무 도움이 안 되었다. 마침내 1922년 진료소가 문을 열었으나 6개월 후 당국이 갑자기 폐쇄를 명령하였다. 비의사와 의대생은 치료를 못 하도록 하였으며, 더더구나 진료소는 치료비를 청구하지 못하게 되어 있었다. 이런

모든 어려움에도 불구하고, 정신분석은 계속되었다.[87]

이와 유사하게 Oberndorf는 1927년에[88] 뉴욕정신분석학회(New York Psychoanalytic Society)가 치료센터를 개소할 수 있도록 대표로 Brill, Jelliffe와 함께 자선 당국에 청원하였으나 기존 병원이나 의과대학에 소속되어 있지 않다는 이유로 기각되었다.

양대 세계대전 사이의 시기 동안 정신분석은 커다란 진보를 이루었으나, 기존 전문가나 당국에게 어떤 일이 벌어지고 있는지는 제대로 알려지지 않았다.

마르크시즘과 정신분석

1930년 이전에 러시아 10월 혁명의 자유공약에 훨씬 더 많이 영향을 받은 저명한 분석가들이 정신분석과 마르크시즘의 결합 내지 합성을 시도하였다. 그룹의 일부에 Siegfried Bernfeld, Wilhelm Reich, Otto Fenichel, Erich Fromm 그리고 사회학자 Max Horkheimer 등이 있었다.[89] 이 분석가들은 Freud 사상에 내재하고 있는 개인과 사회의 양분법을 받아들이지 않았다. 그들은 정신분석을 마르크시즘에 통합하려고 하였지만 별로 성공하지 못하였다. Wilhelm Reich와 Otto Fenichel의 주도하에 국제정신분석협회 내에 '마르크스주의자 반대(Marxist opposition)'가 잠시나마 존재하였지만 곧 와해되었다. 1934년 Reich는 국제협회에서 축출되었으며,[90] Fenichel은 자신의 견해를 바꾸었다. 그러는 동안 정통 공산주의자들이 정신분석가에게 행한 비난적이고 파괴적인 공격은 있었을지도 모르는 모든 협력의 가능성을 파괴하였다.

Wilhelm Reich(1897~1957)는 정신분석 역사상 가장 기괴한 인물 중 한 사람이었다. 1933년까지 정신분석의 지도적 인물 중 한 명이었으며, 1924년부터 1930년까지 비엔나정신분석연구소에서 정신분석적 치료 세미나를 이끌었다(Briehl, 1966). 그의 저서『성격분석(Character Analysis)』(1933)은 성격 구조의 이해에 큰 공헌을 하였다.

그러나 Reich는 Freud와 마르크시즘을 결합하려는 시도가 극단적이었다. 그가 죽음의 본능을 "자본주의 체계의 산물"이라 하였을 때,[91] 그는 그저 단순히 하나의 불합리를 다른 불합리로 대치하고 있을 뿐이었다. Freud와 다른 분석가들은 이에 격분하였고, Reich가 학문에 끼칠지 모를 영향에 대해 염려하였다. 그러나 Reich는 러시아에서 일어나고 있는 일들에 대해서도 마찬가지로 비판적이었다(I. Reich, 1969). 그 후 그는 정신분석학을 떠났고 그가 말한 '오르고노미(orgonomy)'로 넘어갔는데, 이것은 누가 봐도 말도 안 되는 어리석은 것들이 뒤섞인 것임에도 불구하고 그는 이를 따르는 몇몇 추종자들을 만났다. 나중에 그는 '오르곤 에너지(orgone energy)'를 핵에너지의 해독제라고 보았고, 자기 자신은 비밀을 알고 있어서 FBI가 보호하고 있는 인류의 구원자 중 한 명이라고 상상하였다. 그는 '오르곤 상자(orgone box)'에 관한 사기죄로 유죄 판결을 받았고 명백한 편집증으로 인해 결국 연방 교도소에 수감되었으며(그것은 그가 쉽게 피할 수 있었던 것이었다), 1957년에 교도소에서 사망하였다. Reich의 제자였던 Sterba(1953)는 Reich가 자신의 의심에 대한 저항과 진실한 사랑의 부정을 지나치게 강조하는 것을 같이 묶어, Reich의 노년에 발생한 편집증이 더 일찍이 배아 때부터 존재하였음을 암시하였다. 어쨌든 간에 Reich의 말년에 하였던 일들은 아무런 학문적 가치가 없다.

Freudo-Marxism을 만들려는 시도들은 원래 Reich에서부터 출발하였는데, 그런 시도는 소멸되었다. 특히 공식적 공산주의가 어떠한 분석적 사상에도 여전히 지극히 적대적이기 때문에 소멸되었다. 놀랍게도 프랑스에서는 가끔 Freudo-Marxist 사상들을 되살리려는 시도가 있었으나 거의 성공하지 못하였다(Barande and Barande, 1975). 현대 정신분석가 중 Erich Fromm은 마르크스 사상의 장점들을 일부 인정하였으나, 공식적인 공산주의 정부에서는 장점을 보지 못한 몇 안 되는 인물 중 하나이다(『건전한 사회(The Sane Society)』, 1955).

미국의 혁명

Freud가 살아 있는 한, 정신분석계의 중심은 그가 사는 장소에 있어야 하였다. 그는 1938년까지 비엔나, 그다음 일 년 반은 런던에 있었다. 그러나 유럽에 드리운 먹구름으로 많은 분석가가 점점 더 이민을 가지 않을 수 없게 되었고, 대부분은 미국으로 이민을 갔다.

1930년대의 이민 이전에 미국 그룹은 특별히 강하지도, 국제적 운동에 특별한 영향력도 없었다. Freud 저서의 첫 번째 영어 번역자인 Brill은 Freud 체계가 사실상 1907년에 완성되었다는 흥미로운 생각을 가지고 있었다.[92] Oberndorf는 1920~1930년간의 십 년을 미국 내 "정신분석 수난 시대"라고 불렀다.[93] 그는 정신분석학의 전개 과정이 순조롭지 못하였다고 말한다. Freud의 모든 새로운 저작은 충분히 소화되기도 전에 광범위한 논쟁과 논란을 낳았다.

유럽의 지도자들이 미국으로 오기 시작하였는데, Sandor Rado가 1931년에 뉴욕정신분석연구소(New York Psychoanalytic Society)로, Hanns Sachs가 보스톤으로, Franz Alexander와 Karen Horney가 시카고로, Robert Waelder가 필라델피아로, Ernst Simmel

과 Otto Fenichel이 로스엔젤레스로, 나중에 Heinz Hartmann, Ernst Kris, Herman Nunberg 그리고 Rudolf Loewenstein이 뉴욕으로 갔다. 1929년 이전에는 교육분석을 요구조차도 하지 않았던 미국정신분석이 점점 조직화와 훈련에 눈뜨게 되었다.[94]

그러나 1930년대 말 최고조에 이른 유럽의 지배에 대한 반란은 설명하기 힘들다. 결국 정신분석계의 주요 권위자들은 여전히 유럽에 있거나 광범위한 유럽에서의 수련과 연결이 있는 사람들이었다. 어떤 이들은 이것을 오이디푸스적 반항이라고 하였다. 유럽에서 선생에게 복종하도록 훈련되었는데, 미국에 오자 아버지상에 대항하게 되었다는 것이다.

역동이야 어쨌건 간에, 한 나라에서 수련을 받은 분석가가 자유롭게 다른 곳으로 옮겨갈 수 있다고 한 수련 규칙에 대한 반대가 나타났다. 미국인들이 새로운 세력들에 대해 그렇게 반대하였는지는, 특히 정신분석 수련이 베를린연구소의 모델을 따라 이미 똑같아졌기 때문에 그 당시 팽배해 있던 상태를 검토해 보아도 확실치 않다. 미국인의 저항은 비의사 분석에 반대하는 것이라고 시사되지만, 그것 역시 설명이 필요하다.

국제수련위원회는 1925년 미국협회의 동의로 설립되었고, 그 후로 죽 공식적인 조절기구로서의 역할을 하였다. 1936년 갑자기 Marienbard 대회(congress)에서 Rado는 미국 그룹을 대표해서 국제수련위원회의 완전한 폐지를 요구하였다. 그의 해결책은 다음과 같다.

> 우리는 현재 형태의 국제수련위원회를 반대한다. 뿐만 아니라 입법적 · 행정적 기구로 유지되는 어떤 재조직화도 반대한다. 우리는 국제수련위원회가 전적으로 비공식적인 국제수련협의회로 대치되어야 하고 우리 연구소나 학회의 위원회 위원과 지도자 및 직원들에게 개방되어야 한다고 협의회(International Training Conference)에 제안하는 바이다. 국제정신분석협회의 회장과 총무가 의장직과 사무국장직을 맡아 대회(congress)가 있을 때 소집하는 것이다. 즉, 자체의 특별 사무원은 없어야 한다. 투표도 없고, 대표권이나 그런 종류의 것이 일절 없어야 한다.[95]

Rado의 제의는 만장일치로 거부되었지만, 그럼에도 불구하고 미국 그룹은 국제기구에 자문을 구하지 않고 실행해 버렸다. 2년 후인 1938년 파리 모임에는 어떤 미국 대표자도 참석하지 않았다.[96] 전쟁으로 모든 조직적인 국제 활동이 중단되었다. 평화가 회복되자 나머지 전 세계보다 더 많은 분석가가 있는 미국은 마음대로 하였고, 국제협회에서 완전히 독립하였다. 그 후 이 상태는 변화가 없다. 1938년 미국인들은 일방적으로 국제기구를 조절기구에서 행정기구로 바꾸어 버렸다.

정신분석 문헌

두 대전 사이의 기간 중 다수의 구 잡지의 퇴장과 다수의 새 잡지들이 등장을 보였다. 전쟁이 발발하면서 독일어 저널은 모두 사라지고, 다시는 같은 형식으로 되돌아오지 못하였다. 『국제정신분석지(The International Journal of Psychoanalysis)』는 1920년 Ernest Jones가 창간하여 중단 없이 계속 출판되었다. 『계간 정신분석(The Psychoanalytic Quarterly)』은 Dorian Feigenbaum, Bertram Lewin, Franklin Williams, Gregory Zilboorg가 약간 이상한 언급을 하면서 1932년에 창립하였다.

> 이 계간지는 이론적, 임상적 그리고 응용된 정신분석학에 할애될 것이다. 이것은 미국에서 엄격히 정신분석적인 기관의 필요를 채우기 위해 설립되었으며, 미국에서 Freud의 분석이 다른 어떤 나라에서보다 더 호의적으로 수용되었지만, 그럼에도 불구하고 정신분석이 이론과 방법 양면에서, 와전되고 그것에 낯선 사상들로 희석시킬 위험에 노출되어 있다.[97]

『미국정신분석협회보(Bulletin of the American Psychoanalytic Association)』는 1937년에 시작하여(Oberndorf, 1953) 1953년에 현재의 『미국정신분석협회지(Journal of the American Psychoanalytic Association)』로 교체되었다. 『정신의학(Psychiatry)』은 Harry Stack Sullivan에 의해 그의 견해와 그에 동조하는 분석가들의 공개를 위한 토론의 장으로 1938년에 출발하였다.

출판된 서적들 중에서 가장 주목할 만한 책은 1934년에 출판된 Otto Fenichel의 『신경증의 정신분석 이론(Psychoanalytic Theory of Neurosis)』이다. 개정 · 증보판이 1945년에 출간되었다. Fenichel의 책은 그 당시까지의 모든 주요 정신분석 지식을 요약하였다고 말할 수 있을 것이다.

관련 분야의 발달

정신의학에서 1918년부터 1939년까지는, 특히 충격 요법들(shock therapies) 같은 기질적 방법으로 하는 실험이 주 특징인데, 이들은 모두 1930년대에 등장하였다. 그럼에도 불구하고, 충격(shock)을 주었음에도 정신질환자는 크고 형편없는 병원들에 입원된 채로 있었고, Kraepelin 정신의학의 가르침대로 따랐음에도 그들의 예후는 실질적으로 절망적이었다. 이 상황은 정신분석적 사상이 스며들어 오기 시작하였을 때에야, 매우 점진적으로만 변하기 시작하였다.

심리학에서는 학계가, 미국식 변형이라는 면과 파블로프의 조건화 개념을 적용시켰다는 양쪽 면 모두에서 행동주의에 매료되었다. 그 결과, 심리학은 정신분석학에 단호히 반대하게 되었는데, 많은 저명한 심리학자가 개인 정신분석을 받았음에도 불구하고 정신분석학은 비과학적인 엉터리라고 잔인하게 혹평당하였다[미국심리학협회(American Psychological Association), 1953]. 그 당시 심리학에서 유일하게 역동적인 요소는 형태주의적 시각(Gestalt view)이었으나, 그것은 인지 기능에 대한 일부 문제에 한정되었다. Kurt Lewin과 같은 형태 심리학자들 역시 정신분석에 거의 도움이 되지 않았다.

따라서 정신분석은 거의 모든 곳에서 기존 의과대학이나 종합대학교의 영역 밖에서 발달할 수밖에 없었다. 분석가들은 독립된 연구소에 함께 모여 있었으며, 어떤 분석가의 품질 보증 표시(hallmark)는 일관된 철학과 일관된 수련 방법을 가진 어떤 기관에 소속되어 있다는 것이었다. 이런 류의 공식적인 배제는 나중에 정신분석이 나아갈 과정에 치명적인 영향을 미치게 되어 있었다.

요약 논평

조직적인 정신분석 활동은 제2차 세계대전 동안 실질적으로 중단되었다. 역설적으로 베를린학회가 유럽 국가의 모임으로는 유일하게, 그것도 다른 이름으로 유지되었는데, 그것이 존재하도록 허락된 이유는 분명 나치당원의 치하에서 정신이상의 발병률이 높았기 때문이었다.[98] 그럼에도 불구하고, 1919~1939년 동안의 업적은 엄청났으며 1945년 이후에 정신분석학의 부활과 개화의 터전이 되었다.

국제정신분석협회는 1919년에 다시 재건되었는데, 제2차 세계대전 전 기간의 원동력은 Ernest Jones였다. 전쟁 말기에 미국은 여기에서 탈퇴하고, 이후로 계속 독립적이었다. 그러나 국제수련위원회의 규정은 1925년에 처음으로 제정되어 보편적으로 채택되었다. 그들은 1920년 Eitingon이 처음 조직한 베를린정신분석연구소의 모델을 따른다. 수련 체계는 개인 분석, 교육 과정, 감독 분석을 포함하는 삼원 구조이다. 여기에 수련에 대한 학회

감독이 더해져야 한다. 이 수련 체계가 보편적으로 사용되나 삼원의 각 부분에 대한 논란은 항상 존재하였고, 오늘날에도 계속 존재하고 있다.

많은 개척자가 여러 방면으로 Freud의 연구를 확장시켜 나갔다. Melanie Klein과 Anna Freud는 어린이에게, Sullivan과 Klein은 정신병 환자에게, Rank, Jung 등은 정상인에게, Roheim과 Kardiner는 다른 문화에, 그 외 많은 사람이 다양한 적용을 하였다.

몇몇 분석가들에 의한 마르크스주의로 불장난한 시기는 곧 끝나게 되었다. William Reich는 좌익으로 극단적인 분석적 편향을 한 것으로 볼 수 있겠고, Jung은 극우로 볼 수 있겠다. 그 둘은 이후로도 정신분석가들의 중심 세력에게 완전히 배척당하였으며, 그 세력은 서양 문화의 민주주의적 인도주의적 전통과 연결되어 남아 있다.

지속적인 전문적 성장과 외견상의 조직의 통합에도 불구하고, 분열과 분쟁은 어디에나 있었다. 이 시기에 가장 중요하였던 것은 1941년 Karen Horney, William Silverberg, Clara Thompson이 뉴욕정신분석연구소에서 분리·독립한 것이다. 이들 세 명은 훗날 고전 Freud 정신분석에 가장 강력한 대안을 제공하게 되는 문화주의 집단의 일원이 되었다.[4)]

---

4) 이동식: Sullivan은 Clara Thompson이 분석한 것은 알고 있지? 내가 정신분석하러 미국에 가서 Sullivan school에 가서 Clara Thompson을 만났는데 정이 많은 사람이더라. 분석받으려니 돈이 많이 들어서 1년 기다려야 하는데 1년 동안 돈 안 내고 무료로 나오라고 해서 강의에 갔는데 학생들이 Sullivan에 대해서 psychosis가 아니냐? homosexual이 아니냐고 질문을 하더라. Clara Thompson이 자기가 분석했는데 어려서 어머니 사랑을 못 받아서 모성이 필요한 사람이 해야 된다고 해서 자기가 선택되어 분석했고 'my friend and teacher'라고 하더라. Sullivan이 일찍 죽었다. 장가도 못 가고. 어려서 어머니에 대한 것으로 여자 환자 치료를 못했다. consultation만 했다. 사춘기에는 psychotic episode가 있었다고 한다. 빈농의 아들로 태어나 어머니는 결핵으로 맨날 누웠고 아버지는 말이 없고 농장에 돼지라든지 가축이 유일한 대화의 상대로 자랐다. Sullivan이 자신의 책에서 자기가 정신과 의사 되어서 정신분열병을 연구하는 중에 자다가 꿈을 꾸었는데 큰 암거미가 자기를 죽이려고 하고 깨서도 여전히 곤충이 시트에 보이더라고 했다. 그래서 분석했는데 암거미가 어머니에 대한 느낌이다. 자기를 돌봐주지 못 했으니까…….

제 5 장

학회 조직의 변천: 제2차 세계대전 이후

Ernest Jones

제2차 세계대전이 발발하기 직전 국제정신분석협회(International Psychoanalytic Association)의 회원 수는 대략 560명이었고, 그중 30% 정도는 미국 회원이었다(Jones, 1939). 1977년도 명부에 따르면 국제 회원 수는 대략 4,000명이 넘었으며, 그중 절반 이상이 미국 회원이었다. 수치로 살펴보면 주요 정신보건 전문가의 수가 증가한 기록에 비해 현저히 적기 때문에 눈부신 성장은 아니지만 질적인 변화는 상당하였다. 40여 년이 지나는 동안 Freud가 소개한 정신분석적 심리학 혹은 역동적 관점은 지배적인 시각은 아닐지라도 적어도 정신의학, 심리학, 모든 사회과학에서 가장 중요한 관점의 하나가 되었다.

이러한 광범위에 걸친 변화의 결과로 이전에 비해 제2차 세계대전 후에는 그 분야의 경계를 정하는 것이 더욱 어려워졌다. 일반인의 인식에는 정신의학, 역동정신의학, 임상심리학, 심리학, 정신치료자, 정신분석가 모두가 사실상 서로 바꾸어 쓸 수 있는 명칭이 되었고, 많은 전문가 역시 이 분야의 많은 용어와 논란 때문에 당혹감을 느끼게 되었다. 미국정신분석협회(American Psychoanalytic Association)의 위원회에서 전쟁 직후부터 회원들이 수용할 수 있는 정신분석의 정의를 내리기 위해 6년 반에 걸쳐 노력하였으나, 합의에 이르지 못하였다(Cushing, 1952). 반면에 정신과 진료에 관한 최근 연구(Marmor, 1975)에서 정신분석가와 정신과 의사는 간단하게 한 가지로 취급할 수 있었고, 수련, 철학, 업무 면에서 전혀 구분할 수 없었다. Henry 등(1971)은 정신치료자를 지칭하여 '제5 직종'이라는 용어를 만들었으며, 정신치료 수련에는 정신의학, 정신분석, 심리학, 사회사업이라는 네 가지 다른 체제가 있지만, 각 그룹 회원이 특정 수련 체제의 분명한 목표를 달성한 이후에는 시간이 지나면서 다른 수련 체제의 동료 정신치료자와 점차 비슷해진다는 것을 보여 주었다.

Henry 등은 정신치료의 기본 모델이 정신분석적인 것이라고 분명하게 공표하지 못하였다. 하지만 이 모델에는 모든 종류와 모든 정도의 수련이 현재 포함되어 있으므로, 전통적으로 수련받은 정신분석가를 제외한 다른 정신치료자의 배경은 대부분 명확하지 않다.

지적인 측면에서 정신분석은 인류를 다루는 모든 분야의 과학에 영향을 주었다. 하지만 무엇이 정신분석적이고 무엇이 아닌지는 아주 모호해졌다. Kris, Herma, Shor는 그들의 권위 있는 논문(1943)에서 정신분석적 사상이 심리학의 주류에 편입될 때는 언제나 '심리학'으로 분류되었고, 편입되지 못했을 때는 그것이 '정신분석'이라 불린다는 것을 보여 주었다. 그 결과, 정신분석은 일반적으로 받아들여진 행동주의의 견해와는 전혀 공통점이 없다는 완전히 잘못된 인상을 학생이나 전문가가 갖게 되었다.

국제정신분석협회

1934년 이래로 회장을 맡았던 Ernest Jones가 여전히 이끌고 있었던 국제정신분석협회(International Psychoanalytic Association)는 전쟁이 끝나자 정상적으로 작동하기 시작하였다. 공식적으로 미국협회의 독립을 수용하였다(Jones, 1949). 다른 모든 국가에 대해서 국제협회가 규제를 하도록 의무화하였다. 한 번 더 상기할 점은 국제협회와 미국협회의 수련과 회원 자격에 대한 본질적인 측면은 모두 일치하였는데, 예외적으로 1938년 이래 세계 다른 나라에서는 수용된 비의료인 출신 혹은 비의사 분석가의 가입이 미국협회에는 차단되었다. 현재는 이런 상황이 변화하고 있으며, 후에 자세하게 논할 것이다.

종전 후 최초로 1949년 스위스 취리히에서 학술대회가 개최되었다. 회의를 주재하던 Jones는 국제협회의 정확한 회원 수를 전할 수는 없지만 800명이 약간 못 되며, 그중의 절반 이상이 미국 출신이라고 보고하였다.[1] 다수의 유럽과 비유럽 국가에서 국가적인 학회가 재건되고 있고, 새로운 학회도 형성되고 있다고 기술하였다. 또 전쟁 전에 제안되었던 미국협회 독립에 대한 협의도 보고하였다. 그가 실제 그렇게 말하지 않았고 회칙에도 포함되지 않았지만,[2] 미국협회가 모든 규제기관에서 독립한다는 것은 기정사실화되었고 그 후로 그렇게 유지되고 있다.

종전 후 모든 곳에서 비슷한 맥락으로 정신분석 조직 재건이 진행되었다. 창립 회원이 어떤 국제협회의 알려진 구성 그룹의 과거 회원이거나 구성 그룹 중의 한 군데에서 수련받은 회원이기도 하였다. 그러면서 그들이 교육분석가로 일을 시작하였고 일반적인 수련 규율을 채택하였다. 학회 규제를 포함한 수련의 삼자 체제가 보편화되었다.

이런 체제였고 큰 규모의 국제적인 갈등이 없다 보니, 정신분석계의 재건 및 확장은 순조롭게 진행되었다. 1977년 현재 국제협회에는 지역협회가 미국에 1개, 캐나다와 멕시코에 하나씩 2개의 다른 북미협회가 있었고, 남미협회가 9개 있었는데 그중 4개가 브라질에 있었으며, 유럽협회가 14개 있었고 그중 2개가 프랑스에 있었고, 아시아학회 3개, 호주학회 1개, 연구 모임 3개, 그중 2개는 유럽, 1개는 아르헨티나에 있었고, 몇몇 직선 회원과 준회원이 있었다. 전 세계에 걸친 성장에 필요한 체계적인 토대가 이렇게 확보되었다. 주목할 점은 공산국가에서는 그룹이 전혀 없었고, 일부 동유럽국가에서는 전쟁 후에 학회가 신속하게 사라졌다는 것이다.

지역협회의 부상

이전의 국가적인 학회가 재확립되고 새로운 학회가 설립되자, 그다음을 이을 논리적 수순은 규모가 큰 지역협의체를 만드는 것이었다. 종전 기간 동안 이 중 가장 중요한 것이 유럽정신분석연맹(European Psychoanalytical Federation)인데, 국제협회는 1969년 로마학술대회에서 그 회칙을 공식적으로 승인하였다.[3] 부정기적으로 회의를 열었던 다른 지역협의체로는 라틴아메리카, 전미, 로망스어군, 독일어군과 스칸디나비아 그룹이 있다. 이들은 유럽 그룹과는 달리 그들의 활동에 있어 공식 연맹으로서의 형식을 갖추지 않았다.

아동 분석

전쟁 이후 국제학회가 당면하였던 가장 논란이 된 의제는 아동 분석을 수련의 공식적인 일부로 만들자는 제안이었다. 이것은 원래 1967년 코펜하겐학술대회에서 네덜란드 그룹이 만든 제안이다. 그 제안은 다음 1969년 로마학술대회에서 충분히 논의되었다.[4]

네덜란드 그룹이 제시한 계획에는 아동 분석 수련은 모든 특징, 순서, 일반적 설정 면에서 어느 정도 관련 있는 성인 환자 치료의 수련 패턴과 병행하거나 따르도록 되어 있었다. 입회 조건, 선발과 평가 기준, 일반 수련 프로그램과 특별 교육 과정을 결정하는 교육 표준, 교육의 일반 수준도 동등하였다. 두 과정의 최종적인 책임은 네덜란드정신분석학회수련위원회(Training Committee of the Dutch Psychoanalytical Society)에 있도록 하였다.

따라서 네덜란드 계획에서는 수련자에게 성인 정신분석적 치료 수련자에게 부여된 가능성과 권리를 동일하게 부여하였다. 궁극적으로 이것은 수련이 성공적이면 수련위원회 추천으로 그들이 그 학회와 따라서 국제정신분석협회(International Psychoanalytic Association) 선거에 나갈 수도 있다는 것을 의미하였다.

네덜란드 계획은 1920년 베를린에서 Eitingon이 만든 원래의 체제를 처음으로 중대하게 벗어났음을 드러낸 것으로, 가장 중요한 차이점은 치료 대상이 성인이 아닌 소아라는 점이다. 그 계획에 대해 국제협회의 다른 회원들은 상당한 우려를 표하였다. Adam Limentani는 영국 그룹이 그 단계를 "약간 우려하고 있다."[5]라고 보고하였다. Michael Balint는 "상당히 중요한 새로운 개혁"[6]이라고 불렀고 최종 결정을 연기하도록 촉구하였다. 프랑스의 Victor Smirnoff는 그 움직임을 "분석 내부의 분열"[7]이라고 개탄하였다. Heinz Kohut은 "우리 모두가 …… 정신분석 수련이 충분하지 않다."[8]라고 흥미로운 지적을 하였다.

마침내 그 문제를 연구위원회에서 검토하자는 발의가 있었다. 현재와 마찬가지로 그 계획에 대해 국제협회가 도달한 최종 결론은 없는 상태이다. 하지만 1967년 Anna Freud가 이끈 Hampstead Child Therapy Course and Clinic에서 4년 과정으로 68명의 정신분석적 아동치료자에게 자격을 주었다고[9] 공식 진행에서 보고하였다. 네덜란드 그룹이 아동 분석만 수련받은 이들이 성인을 치료하려면 성인 분석에서 더 완전한 수련을 받도록 요구할 권리를 남겨 두었지만, 성인 분석가가 아동을 치료하기 전에 더 수련하도록 요구하기 어려운 것과 마찬가지로, 실제에서도 그렇게 실행하기는 어려웠다. 그래서 사실상 1960년대 말에 분석 수련을 할 수 있는 다른 경로가 열리게 되었다. 비슷한 문제를 지금은 미국정신분석협회(American Psychoanalytic Association)가 직면하고 있다.

이론적인 표준이 어떤 것일지라도, 수련의 실제 본질은 권위적인 법칙만큼이나 상당 부분 그 분야에 팽배해 있는 상황에 의해서 결정된다. 베를린 체제가 만들어졌을 당시, 공식적인 아동 분석은 없었다. 그래서 아무것도 할 것이 없었다. 아동 분석이 완전히 발달한 체제로 발전하자, 그것은 어느 정도 정신분석 수련 프로그램에 포함되어야 하였다. 이로 인해 수많은 문제가 야기되었다. 정신병 환자 치료, 집단분석, 비의사 분석, 그 외 분석 내의 다 '전문 분야'에 관련해 유사한 어려움이 발생되었다. 실제 현실이 공식적인 법칙보다 더 결정적인 경우가 종종 있었다.

Freud 학파 기반

전후 기간의 국제협회는 단연코 Freud 학파 그룹이었다. 1967년 코펜하겐학술대회에서 수용된 회칙에 의하면, 이전과 별다른 변화는 없지만 정신분석을 다음과 같이 정의하였다.

> '정신분석'이라는 용어는 인격 구조와 기능에 관한 이론이며, 이 이론을 다른 지식 분야, 최종적으로 특정 정신치료적 기법에 적용하는 것에 대한 이론이다. 이 지식 체계는 Sigmund Freud의 근본적인 심리학적 발견에 기반을 두고 유래된 것이다.[10]

그 후로 '정신분석' 'Freud 학파'라는 용어를 심층적으로 정의하려는 노력이 많이 있었다. 전 세계로 질문서를 배포하였다. 1971년 비엔나학술대회 당시 회장이었던 William Gillespie는 미국으로부터는 회신이 적었고, 세계의 다른 구성 조직 중 절반 정도에서 답변이 없었다고 보고하였다. 수신 답변이 회칙의 표현에 변화를 주지 않는 편을 추천하도록 표결되었고,[11] 그래서 여전히 그대로 유지되고 있다.

그럼에도 불구하고 미국에서처럼 규범에서 벗어난 비정통적인 학설에 대한 우려도 높았다. 1969년 Joseph Sandler는 당시 『국제정신분석협회지(International Journal of Psychoanalysis)』의 편집자였으며, 50년 전 Ernest Jones가 쓴 최초의 사설을[12] 재발행하는 것이 맞다고 보았다. Jones는 그 사설에서 정신분석에 대해 두 가지 형태의 주요 저항이 있다고 경고하였다. 하나는 정신분석의 가치를 모두 부정하는 것이고, 다른 하나는 그것이 옳다고 수용하지만, 정신분석의 진정한 가치나 의미를 박탈하는 것을 들었다. Jones는 두 번째 형태의 저항은 첫 번째보다 더 은밀하면서도 위험하며 좀 더 확산되어 있고, 특히 미국에서 그렇다고 주장하였다.

이와 같이 국제협회는 근접하게 정의할 수는 있으나 더 확실하게 정의할 수 없는 원칙을 엄격하게 추종하기를 요구하는 독특한 입장에 있었다. 그럼에도 불구하고 'Freud 학설'의 의미는 명백해서 1920년대부터 1940년대 기간의 격렬한 논쟁은 면할 수 있었다. 하지만 명심해야 할 점은 국제협회가 미국의 상황에 대한 규제를 포기하였기 때문에, 가장 큰 규모로 가장 번창하고 있는 미국의 수련 활동에 대해서 국제협회의 발언권이 전혀 없었다는 것이다. 이것은 수련 역할을 포기하자 정신분석학계 내부의 분쟁도 사라지게 된다는 자연의 실험을 보여 주는 것으로 이해할 수 있을 것이다.

국제협회의 성장과 각 국가에서의 발전

네 명이 열성적으로 매주 수요일 저녁에 Freud와 만났던 1902년에는 많지 않은 규모로 시작하였지만, 국제협회는 괄목할 만한 성장을 하였다. 두 차례의 재앙적인 전쟁과 많은 혁명 그리고 가장 재앙적인 결과를 가져온 사회적 대변동을 거치면서도, 60년 이상 그 조직과 조직의 단결을 유지해 왔다. 이것은 놀랄 만한 기록이다. Freud가 말했듯이, 사람은 그 자신이 표현하는 사상만큼 강한 존재이다. 확실히 이 점은 Freud 사상이 인류에게 심대한 의미가 있다는 확실한 증거이다.

제2차 세계대전 이후 전 세계에 걸친 정신분석의 성장 패턴은 동일하였다. 어떤 나라에서는 기존에 있던 연구소나 학회가 단순히 확장되었다. 다른 나라에서는 새로운 연구소와 학회가 타 국가에서 수련받은 인력에 의해 만들어졌다. 1945년에는 이전 시절에 있었던 '독학' 현상이 사라졌다. 일단 창립자가 연구소와 학회를 확립하자, 확실하게 더 성장하였다. 모든 곳에서 분열과 분할을 찾아볼 수 있었고, 지역 사정에 따라 다양하였다. 우리는 이제 각 국가에서의 발전을 살펴보고자 한다.

미국

미국에서 결정적 사실은 미국정신분석협회(American Psychoanalytic Association)가 이 분야를 주도해 왔다는 사실이다. 1950년대 중반까지 인원 수와 그 명성이 매우 커지면서 미국정신분석협회(American Psychoanalytic Association)의 힘과 명성이 정점에 달하였다. 1930년대 후반에 영국과 미국으로 이주가 있었다는 사실은 정신분석의 뛰어난 지도자들 대부분이 유럽을 떠나 있었으며, 그들 대부분이 비교적 안전한 미국에 있었다는 것을 의미한다.

1953년 협회는 『미국정신분석협회지(Journal of the American Psychoanalytic Association)』를 창간하였는데, 그것은 세계에서 가장 우수한 잡지 중의 하나가 되었다. 그 창간호에서 Robert Knight는 1952년 협회에서 협회의 업적과 갈등을 조망한 그의 회장 연설을 게재하였다.

Knight는 협회가 수적으로 성장한 것은 매우 만족스럽다고 보고하였다. 1952년 당시 485명 회원 중에서 1948년 이후로 가입한 회원은 삼분의 일 정도였고, 1942년 이후로 가입한 회원은 반 이상이었으며, 1938년 이후로 가입한 회원은 사분의 삼을 차지하였다. 인가된 연구소의 수련 후보자는 약 900명이었다.

협회의 역사는 세 가지 주요 기간으로 구분할 수 있는데, 1911년부터 1932년까지 개별 회원들의 느슨한 조직의 시기, 1932년부터 1946년까지 구성 지역학회의 연맹 시기, 그리고 1946년 이후 재구성된 개인 회원들의 국가적 조직 시기이다.

1938년까지 미국정신분석협회(American Psychoanalytic Association)는 전 세계의 분석 수련을 제어하는 국제정신분석협회(International Psychoanalytic Association)의 국제수련위원회의 수련에 관한 결정을 따랐다. 언급한 대로 그해 미국 회원들은 반발하였고, 그들 자체의 표준을 마련하였다. 그것은 근본적으로 국제협회와 다르지 않았는데, 비의료 인력은 회원이나 학생으로 허용되지 않는다[13]는 점만 예외적으로 달랐다. 1949년 취리히에서 열린 종전 후 첫 학술대회에서, 국제협회는 미국의 제인을 따르는 방향으로 재구성되었다.

그때도 지금과 마찬가지로 의제의 주요 요점은 수련이었다. 이 점은 여러 다른 측면에서 검토되고 또 검토될 것이다. 왜냐하면 그것은 여전히 근본적으로 미해결 상태로 있으며, 많은 논란의 중심으로 남아 있기 때문이다.

1946년 미국협회 개편에서는 부차적인 사항에 대해서만 수정되었다. 협회는 그룹이 아닌 전국적으로 기반을 둔 개인 회원들의 협회가 되었고, 구성 회원 학회가 아닌 학회 지부를 만들었으며, 여러 학회에서 개인 회원을 허락하였고, 한 지역 내의 학회와 연구소 수 제한을 완전히 없앴고, 학회와 연구소 간의 강제적인 관계를 깸으로써 어떤 연구소 간의 연결도 허용하였고, 정기 학술대회에 참석해서 개인이 투표하거나 우편 투표도 가능하도록 규정하였다.

Knight는 협회 회원은 매 십 년마다 기하급수적으로 증가하였다고 관찰하여, 회원이 1962년에는 1,000명, 1972년에는 2,000명이 될 것이라고 자신 있게 예측하였다. 하지만 이 수치들에는 도달하지 못하였다.

지리적으로 인구 밀도가 높은 주에 분석가가 집중되어 있었고, 그중에서도 대도시에 집중되어 있었다. 1952년에는 분석가가 단 한 명만 개업하고 있는 곳이 9개 주였고, 21개 주에는 한명도 없었다.

Knight는 국제협회에서 미국 분석가들의 수적인 우세를 기록하였다. 1925년에는 210명의 정회원 중에서 33명(16%)이 미국에 거주하였다. 1921년에 IPA 회원 307명 중 68명(22%)이, 1952년 IPA 회원 762명 중 485명(64%)이 미국에 있었다. 그 후로 미국과 세계의 분석가 수가 상당히 증가한 반면, 백분율은 유의미하게 변하지 않았다.[14]

Knight는 학회 내에서 논란이 되는 주요 사안은 수련이라고 솔직하게 인정하였다. 그는 그런 불화의 세 가지 본질적인 요소로, 첫째, 대개는 보수적이고 정통적인 입장과 소위 '규범에서 벗어났다고' 여겨지는 입장 간의 교육 내용에 대한 이견, 둘째, 과학적 진리를 추구하는 학문의 자유에 의해 작동하려는 것을 정통 그룹이 막고 있다는 '벗어난' 입장 측의 불만, 그리고 세 번째로 인격의 충돌을 들었다.[15] 그렇게 정신분석의 '정통적' 분과와 '진보적인' 분과, 흔히 "Freud 학파"와 "문화학파"라고 잘못 일컬어지고 있는데, 이들 간의 갈등은 이미 탄생되고 있었다. 그때부터 거의 모든 도시에서 자유주의와 보수주의가 있었고, 때로는 한 연구소에 그 둘을 결합시켜 놓기도 하였다.

Knight는 비의사 분석 관련 질문에 대해서는 별로 주의를 기울이지 않았다. 그는 뉴욕에 비의료인을 수련하는 비인가 연구소가 두 개 있다고 틀리게 말하였는데, 사실 적어도 6개 이상 있었다. 미국정신분석협회(American Psychoanalytic Association)가 이를 제한함으로써 "정신분석 연구자 공급을 고갈시키는 영향이 있을지도 모른다."라고 인정하였지만, 그가 제시할 수 있었던 것은 고작 "이 문제는 좀 더 자세한 연구가 필요하다."[16] 정도였다.

정신의학과 정신분석 간의 밀접한 관계는 미국 상황에서만 특징적이며 유럽에서는 없는 것으로, 그의 강연에 기록되어 있다. 1952년 미국정신분석협회(American Psychoanalytic Association) 회원 중 약 400명 혹은 82%는 또한 미국정신의학협회(American Psychiatric Association)에 가입되어 있었으며, 수련 후보의 약 73%는 미국정신의학협회의 회원이었다.

Knight는 숫자에 집중하였기 때문에 그의 연설에서 질적인 분석은 거의 없었다. 하지만 정통 분석을 하는 빈도가 줄고 있다는 지적은 인용할 만하다.

> 많은 분석가 동료와 대화를 한 후에 남은 인상은, 오로지 정통 정신분석만 하는 '순수' 정신분석가는 현재 매우 드물게 되었고, 많은 분석가가 수정된 분석 기법 혹은 심지어 정신치료를 사용해서 많은 환자를 치료하고 있다고 개인적으로 인정할 것이며, 엄격하게 정통 기법을 사용하는 환자는 비교적 적다는 것이다.[17]

Knight는 분석가 후보의 구성에도 현격한 변화가 있다고 하였다. 그들 중 대다수가 '정상적인' 성격이거나, 좀 더 정확히 하자면 '정상적인 성격장애'를 가졌다고 생각하였다.

그들은 그다지 자기성찰을 잘하는 것은 아니고, 연구소 과정에서 할당된 문헌 정도나 읽고자 할 뿐이며, 가능한 한 빨리 수련에 필요한 것을 끝내기를 바란다. 그들의 관심은 연구나 이론적인 것보다는 우선적으로 임상적인 데에 있다. **분석받고자 하는 동기는 그들 내부의 신경증적인 고통을 극복하거나 자신의 내면을 호기심을 가지고 내성적으로 탐색하기보다는 수련에 따른 요구를 통과하는 것이 더 크다**(볼드체는 추가되었음).[18]

2년 후 1954년 미국정신분석협회(American Psychoanalytic Association)의 회장 인사말에서 Ives Hendrick은 전임자의 확신에 찬 선언을 되풀이하였다. 하지만 그는 조직을 강화한 한 가지 결과로 힘이 강해졌다는 점을 든다고 덧붙였다.

우리의 성공은 …… 수적인 성장과 다른 의료 그룹의 존중으로 인해 크게 확장되었고, 원하지 않고 예상하지도 못하였던 권한을 우리에게 주었다. 그것은 교수진 임명, 학생 선발, 대학교의 교과 과정 정책, A.M.A가 인정하는 위원회에서 전문 집단으로 인가할 수 있는 권한에 상당하는 것이다.[19]

Knight의 언급이나 좀 더 최근에 있었던 회장 인사말과는 반대로, Hendrick은 비의사 분석 문제의 '붕괴된 변증법'에 대해 언급하였다. 그는 조직이 성장함으로 인해 이제 정신과 의사는 사랑하는 친구이고 비의사 분석가는 미워하는 적으로 상징되는, Freud의 영원한 문제인 사랑하는 친구와 미워하는 적이라는 문제를 영속시켰다는 점을 고려하지 않았다.

수년간 정신분석은 지속해서 수적으로도 커지고 명성도 커졌다. 하지만 표면 아래에서는 불안하게 하는 불평의 소리가 있었다. Lewin과 Ross는 정신분석교육에 관한 연구(1960)에서, 나중에 논의되겠지만 많은 부분을 비판하였다. 진상수집위원회가 정신분석 결과 평가를 위해 구성되었고, 완전히 대실패로 끝이 났다(Hamburg et al., 1967). 공식적으로 금기시하는데도 불구하고 비의사 분석은 급속하게 성장하였다. 정신의학과의 결합으로 인해, 이전에 Freud가 말한 대로 의학으로 감싸는 것이 구강성애적(oral-erotic)인지 구강가학적(oral-cannibalistic)인지는 점점 불명확해졌다(Marmor의 1975년도 보고는 확실히 정신분석에 대해 구강가학적이다).

회장의 인사말을 포함해서, 다양한 방법으로 불만이 표출되기 시작하였다. 1964년 Gitelson은 정신분석이 정신의학과 정체성(identity) 논쟁에 사로잡혀 있으므로, 둘을 분리해서 정신의학은 의학의 한 치료 전문 분야인 반면 정신분석은 기초과학으로 보아야 한다고 주장하였다. 그는 분석가 선발을 위해 좀 더 넓은 기반이 필요하다고 촉구하였다. “나는 정신분석이 독립된 과학 학문 분야라는 정체성(identity)을 수용할 때가 되었다고 보며 그 수행가들은 분석 상황이라는 인간적 실험에 인간적인 자질이 있고 지적으로 적합한 다양한 사람일 수 있다.”[20]라고 썼는데, 이로써 비의사 분석을 찬성한다는 의미를 내포하고 있다.

다른 것으로는 Samuel Ritvo가 1969년 회장 연설에서 일으킨 것으로,[21] Ritvo는 “정신분석의 인기가 하락하는 원인의 일부는 전후 시기에 치료로서 마찬가지로 심하게 과대평가되었다가 이후에 찾아온 환멸 때문이기도 하다.”[22]라고 솔직하게 말하였다.

그는 정신분석이 정신의학에 대해 보조적이고 이차적인 역할을 한 결과, 정신분석가 대다수가 중년을 지날 무렵에야 비로소 전문 분야의 충분히 훈련된 회원이 된다는 ‘놀라운’ 상황이 되었다고 개탄하였다. 그는 “현재 25년간이나 그런 상황이 만연해지면서 해로운 결과를 낳았다. 정신분석학회는 중년 회원과 노인 회원의 조직이 되었다.”[23]라고 주장하였다.

1969년 뉴욕정신분석학회(New York Psychoanalytic Society)가 내놓은 몇 가지 통계에서 그 일부가 드러나고 있다. 274명의 회원 중에서 단지 두 명만 40세 이하이다. 대다수가 50세에서 59세 사이이며, 63명 교수진의 평균 나이는 61세이다. Ritvo는 정신분석교육 조건으로 인해 후보와 졸업생 내에서 분노가 커졌고, 미국협회의 사기 문제가 생기게 된 것은 자연스러운 일이라고 말하였다. 그가 추천하는 방법은 정신분석교육에서 조기 시작을 허용하자는 것이었다. 그는 “우리는 그래 왔고 미래에도 한 번 더 그렇게 될 수 있을 것인데, 정신분석 상황에서 기능하는 데 필요한 자격 요건을 갖추고 있는 다른 배경의 사람들로 인해 풍성해질 수도 있을 것이다.”[24]라고 말하면서, 한 번 더 비의사 분석을 주장하였다.

1974년 Burness Moore는 회장 연설에서 같은 입장을 취하고 있다.[25] 그는 “현재 협회의 요구 조건은 비논리적인 방식으로 표준에 대한 지배력을 유지하려 함을 보여 주고 있다.”[26]라고 주장하였다. 그는 다른 어떤 전문 분야보다 정신분석가들이 젊은 분석가를 지나치게 오랫동안 교육시키고 있다고 말하였다. 많은 측면에서 그는 정신분석이 질적으로나 양적으로 쇠퇴하고 있다고 보았다.

> 미국 정신의학에서 정신분석의 탁월한 지위는 더 이상 지배적이지 않다. 그것은 1962년 Rangell의 연설 시점이 최고조였다. 다른 치료 방법이 개발되었고, 분석가가 치료하는 질병에 대한 다른 치료 방법의 과학적 유효성과 치료적 효과는, 정신분석의 그것에 비해 확립이 덜 되었는데도 불구하고 다른 치료 방법이 유행하였다.[27]

역설적으로 미국정신분석협회(American Psychoanalytic Association)가 그 지위를 공고히 하는 데 성공한 바로 그 점이 오히려 1970년대의 혼동되고 혼동하게 만드는 상황을 초래하였다. 정신분석은 정신의학과 결합되었는데, 많은 이가 결별을 촉구하였다. 협회는 수련을 규제하였으나 Moore가 인정한 바와 같이 '인가받지 않은' 수련이 번성하였다. 이쯤 되면 과거에 하던 관습대로, 이런 인가되지 않은 수련을 버리거나 침묵하기보다는 조절하려고 시도하는 것이 더 유익해 보인다. 무엇보다도 수련의 질적인 문제들이 반복해서 제기되고 있으며, 수많은 위원회에서 검토하고 재검토하였지만 해결이 불가능해 보였다. 새로운 정신분석교육 및 연구위원회가 임명되었지만, 그 권고가 과거의 것에 비해 더 효과가 있을지는 이론이 많은 문제였다. 그런 조직이 정신분석의 문제에 대한 해답이 될 수는 없을 것이다.

Lewin-Ross 연구

정신분석은 지속적이고 편견이 없는 자기반성을 필연적으로 수반한다. 그런 자기반성은 또한 분석 단체의 속성이기도 하였다. 미국정신분석협회(American Psychoanalytic Association)는 교육 프로그램을 검토하고 수련의 질을 향상시키기 위해 수많은 위원회를 임명하였다. 1954년에는 전임 분석가 몇 명을 고용해서 대규모의 조사 사업을 정식으로 인가하였다. 그의 일생 전체를 통해 뛰어난 미국 분석가 중 하나였던 Bertram Lewin과 Helen Ross가 1956년 가을에 그 사업의 관리자로 임명되었다. 그들의 작업은 1959년 9월에 공식적으로 종결되었다. 그 조사 결과는 『미국의 정신분석교육(Psychoanalytic Education in the United States)』(1960)으로 발행되었다. 거의 30년을 거슬러 올라가지만, 이 책은 여전히 미국의 정신분석 실제와 과정의 세세한 부분에 관해 가장 좋은 정보를 제공하고 있다.

1972년에 정신분석교육 및 연구위원회(Committee on Psychoanalytic Education and Research: COPER)가 가능한 한 빨리 Lewin과 Ross의 연구에 포함된 정보의 많은 부분을 최신의 것으로 갱신하기 위해 소위원회를 임명하였다. 그 위원회는 1972년에 작업을 시작하였고, 20곳의 공식 인가된 정신분석 수련연구소와 한 곳의 수련센터에 설문지를 보내었다. 연구소 분석가와 학생을 대표하는 표본이 될 수 있도록 충분한 숫자의 회신을 받는 데는 일 년 이상이 소요되었다.

위원회의 최종 보고서는 1977년에 발행되었고, Stanley Goodman이 『정신분석교육 및 연구(Psychoanalytic Education and Research)』로 편집하였다. 일반적인 결론은 "정신분석가의 진료는 적어도 그것이 교육분석에 반영된 바로는, 1958년과 다를 바가 없다."[28]라는 것이었다.

설문지의 표본으로부터가 아닌 100% 회수된 응답과 개인적인 질문을 통한 결론에 근거를 두고 있어서 Lewin-Ross 연구가 좀 더 완전하였으므로, 그들의 작업은 향후 진행할 토론의 근거로서 이 책에서 사용되고 있다. 필요한 경우 1972년 COPER 연구와 비교하였다.

Lewin-Ross 조사 시기에는 공식 인가된 정신분석연구소 14개와 인가된 수련센터 3개가 있었다. 1976년부터 1977년까지 가장 최근 수치로는 인가된 지부학회가 33개, 인가된 수련연구소가 26개였다.[29] 조사 관리자는 수련 기관과 센터를 18차례 방문하였다. 각 장소에서 보낸 시간은 그 시설의 크기와 시설의 복잡성에 따라 좌우되었다. 책에 나온 정보는 설문지 및 다른 개인적 접촉을 통해 제공받았다. 그 주요 소견은 정신분석 학생, 선발, 교육분석, 지도감독, 교과 과정, 고등 연구라는 여섯 가지 방향으로 요약할 수 있다.

정신분석 학생　1958년 7월에 학생이 880명 있었고, 그중 80명(9%)이 여성이었다. 그 후 여성 복지 증진에 투입된 관심의 견지에서 보면, 그 당시 미국정신분석협회(American Psychoanalytic Association) 회원의 13퍼센트가 여성이며, 교육분석가의 27퍼센트가 여성이다. 따라서 여성 학생의 백분율은 놀라울 정도로 낮다. 입학 시 학생의 평균 연령은 31.3세이며, 졸업 시 평균 연령은 39.3세이다. 수련 과정은 이론적으로 4년이 요구되지만, 실제로는 보통 그보다 두 배 많은 시간이 소요된다(앞서 인용된 Ritvo의 언급을 참조). 저자는 "나이가 점점 들어가는 느낌이 …… 학생들 사이에서 점점 뚜렷해지고 있다."[30]라고 적고 있다.

학생의 반 정도는 전문의 면허가 있는 정신과 의사였다. 그들 대부분은 정신분석을 다른 전문 분야처럼 우선적으로 고려하였고, 대부분 정신의학과 구분하지 못하였으며, 따라서 보통 정신의학의 준전문 분야로 여겼다.

그 당시 수련 비용은 20,000달러로 높았지만 감당할 만하였고, 1972년에는 31,000달러였다.[31] 연구소에서는 약간만 보조할 뿐이었다.

선발　전국 평균으로 지원자의 38.2%가 합격하였고, 합격률은 샌프란시스코 25.1%에서부터 토페카 64.3%에 이르는 범위였다. 한 도시와 다른 도시 간에 변동이 큰 것은 다른 많은 측면에서도 발표되었다.

학생을 적절하게 선발하고 입학시키는 것이 제일 광범위하게 논의되던 주제이다. 그 책임을 인식하고 연구소와 그 간부들은 불만족스러워하였다. 생각할 수 있는 모든 장치를 초반 선발에서 사용하였다. 특히 정신과적 수행에 관한 과거 평가, 추천서, 심리검사, 개인 면접과 집단 면접을 사용하였다.

일반적으로 연구소는 좀 더 '정상적으로 보이는' 후보를 조심하였다. 어느 정도의 신경증은 피할 수 없을 뿐만 아니라, 개인 분석 과정에서 충분히 극복된다면 이것이 장점이 된다고 일반적으로 느끼고 있었다. 어떤 종류의 정신병리, 예를 들어서 공공연한 동성애 혹은 명백한 정신병리는 자동적으로 거부되었지만, 다른 종류의 문제에 대해서는 광범위한 여지를 두었다. Lewin과 Ross는 어떤 방법을 사용하더라도, 결국 결론은 전반적인 인상을 근거로 내리게 된다고 강조하였다. "집단 내에서 우리가 진짜 갈등한 것은 아직도 우리가 평범한 분석가가 될 사람인지 아니면 뛰어난 분석가가 될 사람을 찾고 있는지에 대한 것이다. 의심할 여지없이 이에는 개인적이고 선입견적인 요소가 들어간다."[32]라고 누군가 기술하였다. 하지만 일단 학생들이 입학하면, 그들이 통과할 기회는 좋았다. 학생 중 단지 4~6%만이 중도 탈락하였다.[33]

교육분석 교육분석은 분석연구소의 고유한 측면이다. 타 분야에서 실질적으로 대응되는 것이 없다. 그것에 대해서 Lewin과 Ross는 다음과 같이 말하였다. "학생이 만족스럽게 분석되어지기 위한 요구 사항은 학문적으로 정의할 수 없으며, 개인 혹은 '심사위원' 의견에 달려 있다. 공식적인 규칙에 얽매이는 것과 구분되며, '진정한 학문'이나 실제로 '방법에 대해서는 아는 바가 없다(n'a jamais connu la loi)'는 것으로 악명 높은 사랑과 마찬가지로 측정하기 어려운 것이라 할 수 있을 것이다."[34]

교육분석에서 기간과 횟수가 예외적으로 차이 나는 것이 한 연구소과 다른 연구소 간에서 관찰되며, 때로는 심지어 한 기관 내에서도 보인다. Lewin과 Ross의 1932년부터 1957년까지의 918건의 교육분석 기간 도표에서 62.7%가 300시간부터 700시간에 이르고 있다. 그것은 여전히 37.3%가 이 숫자에 포함되어 있지 않았으며, 200시간 이하로 지속된 분석이 6건, 1,300시간 이상 지속된 경우가 18건이었다.[35]

더 놀라운 점은 한 도시와 다른 도시 간에 차이점이 일정하였다는 것이다. 1932년부터 1957년까지, 평균 교육분석 시간은 낮게는 필라델피아학회(Philadelphia Society)의 473시간부터 높게는 클리블랜드수련센터(Cleveland Training Center)의 평균 963시간으로, 필라델피아 수치의 두 배가량 된다. 심지어 필라델피아 내에서도, 필라델피아학회(Philadelphia Society)는 평균 교육분석 시간이 473시간이지만, 필라델피아협회(Philadelphia Association)는 평균 792시간이다. 교육분석이 전체 과정에서 중심이기 때문에, 한 도시 내에서조차도 연구소마다 다른 철학적 배경에서 작동되고 있다는 것이 명백하게 드러난다.

마찬가지의 광범위한 변동성이 훗날의 COPER 보고서에도 드러난다. 1971년에는 분석을 완성하는 데 걸리는 전국 평균 시간이 772.6시간(48.2개월)이었다. 교육분석은 클리블랜드연구소(Cleveland Institute)에서 완성하기까지 평균 1,386시간으로 가장 많이 걸렸고 University of North Carolina-Duke 수련센터에서 평균 506.6시간으로 가장 빨랐다. 현역 학생이 교육분석을 받는 데 매주 사용한 평균 시간은 1958년에는 4.2시간, 1971년에는 4.4시간이었다.[36]

단순한 수치로도 도시, 기관, 분석가에 따라 큰 차이를 보이지만, 질적인 차이는 심지어 더 클 수밖에 없었다. 사실 그 주제를 다룬 모든 논문에서, Lewin과 Ross는 임상적으로 분석 시간의 기간이 무의식에는 어떤 의미인지 아무도 다루지 않았다고 지적하였다. 그들은 George Meredith의 시를 인용하였다.

> 이 같은 우리 생에서 확실함을 열망하는데,
> 아, 영혼에 떠오르는 것은 애매한 대답뿐이로구나![37]
> (Ah, what a dusty answer gets the soul
> When hot for certainties in this our life!)

미국정신분석협회(American Psychoanalytic Association)의 개정판 표준에 따르면, 개인의 분석에서 다양한 시기에 증가될 수도 있고 줄어들 수도 있지만 교육분석의 통상 횟수는 매주 4회였다. 여기서도 역시 질적인 요소는 고려되지 않았다.

지도감독 감독분석(control analysis)이라는 개념은 1930년경에 미국에 도입되었다.[38] 미국정신분석협회(American Psychoanalytic Association)의 규정에는 150시간을 '간신히 적당한 최저 한도'이고, 각 지도감독 사례는 최소 50시간으로 정하였다. 매주 한 번 지도감독을 받는 빈도는 지켜져야 하였다. 일반적으로 이런 규정들은 거의 글자 그대로 준수되었다. 개인 분석에 걸리는 시간의 삼분의 일 정도의 시간을 감독 분석에 사용하였다. 또 개인 분석처럼 지도감독할 분석가를 선택하고 지도감독을 평가하는 것도 주관적인 근거에 의하였다.

수련 및 지도감독 분석가 분석 상황만큼 독특한 절차도 없고, 수련 및 지도감독하는 분석가가 존재하는 것만큼 의견 차이가 많이 나는 절차도 없을 것이다. 이론적으로 이 두 기능은 구분된 것이다. 하지만 실제로는 그들은 상당히 중첩되어 함께라고 여겨질 수 있을 정도이다.

이 주제가 나중에 상당한 분량으로 논의되겠지만, Lewin-Ross 소견을 여기서 요약해 볼 수 있을 것이다. 다른 분야에서와 마찬가지로, 연구소 간에는 커다란 변동성이 있다. 어떤 도시에서는 수련하는 부담을 몇몇 개인들이 지고 있고, 다른 도시에서는 여러 명이 분담하고 있다. 교육분석가를 임명하는 규칙을 확립할 수 없었을 것이다. 왜냐하면 그들은 대학에서 교수를 선발하는 것과 동일한 방식으로 대부분 선택되기 때문이다. 그들은 명예를 얻고 환상적인 카리스마를 부여받게 되었다.

교육분석에 대해 품게 된 많은 불만은, Lewin-Ross의 보고서가 만들어진 1950년대 후반에 표출되었고, 불만은 지속되었다. 그들이 조사한 어떤 집단에서는 교육분석이 매우 불충분해서 후보자의 반 이상이 재분석을 받아야만 하였다.[39]

교육분석에서 한 가지 중요한 변이가 관찰되었다. 어떤 연구소에서는 학생이 그 코스에 대한 입학 허가를 받기 전에 분석을 시작하여야 했고, 다른 곳에서는 두 가지를 동시에 시작하였다. 어떤 연구소에서 학생이 다음 단계로 진급하려면 그의 교육분석가의 태도에 의해 크게 영향을 받기 때문에, 분석 상황이 당연히 불가능하였다. 이로 인해서 '보고하지 않는 교육분석가'에 대해 논의하게 되었다. 즉, 교육분석가가 기관에 보고를 해야 하는지 일반 분석에서처럼 절대 비밀 유지를 엄수해야 하는지 여부를 논의하게 되었다.

교과 과정 좀 더 새로운 이론 작업이 주목할 만하다는 점을 빼면, 별다른 변화 없이 베를린 교과 과정이 전 세계 연구소의 표준으로 남아 있었다. 뉴욕연구소(New York Institute)가 여러 변화를 실험해 보았지만, 결국에는 원래 제안된 교과 과정을 따르고 있다.

고등 연구 기본 교과 과정으로는 분석 전공 학생의 욕구를 충분히 충족시킬 수 없다고 널리 인정되어 왔다. 이런 결함에 대한 처방으로 고등 연구 집단이 여러 곳에서 구성되었다. 이것이 가장 잘 확립된 것은 뉴욕의 Ernst Kris 연구 그룹이었다. 1957년 그의 사망 이후 다른 지도자들이 그 체제를 지속하고 있다. 다른 곳에서는 유사한 연구 그룹이 구성되었다.

이후의 발전: 업적과 갈등

Lewin과 Ross의 보고서에 이어서, 정신분석수련위원회가 구성되어 그들의 작업을 지속하는 업무를 맡았다. 그들은 COPE(Committee on Psychoanalytic Education)라고 알려진 위원회에 자문 위원으로 임명되었다. 그 이후의 미국정신분석협회(American Psychoanalytic Association)의 수적인 성장은 서류로 잘 입증되어 있다. 의심할 여지없이 그 체제에서 아주 경쟁력 있는 분석가, 행정가, 교육자를 많이 배출하였고, 그들은 정신분석의 명분을 크게 발전시켰다.

그럼에도 불구하고 엄청난 불만이 있었으며, 아직까지도 존재하고 있다. 1971년 COPE위원회의 한 보고서를 보면 전혀 낙관적이지 않았다(Arlow, 1972).[40] Arlow는 1971년 미국정신분석협회(American Psychoanalytic Association) 내에 6개 이상의 분파가 이미 존재하고 있으며 이는 학회 외부의 것은 계산에 넣지 않은 것이고, 나머지 6개도 더 이상 설명되지 않은 '현명한 외부 지원'[41]에 의해 가까스로 어려운 사태를 피하고 있는 중이라고 보고하였다.

교육분석가

적어도 한 가지는 합의가 이루어졌다. 논란의 중심은 누가 과연 수련할 권리를 가질 것인가, 즉 정신분석교육에서 독특한 인물인 교육분석가에 관한 것이다. 원래 Freud는 교육분석가에 대해 아주 대수롭지 않게 여겼다. 그는 약간 아는 사람이라면 누구든 다른 사람을 분석할 수 있고 수련할 수 있다고 생각하였다. 1922년 Bernfeld가 Freud에게 교육분석을 해도 될 것인가 토론하였을 때, Freud는 "무슨 그런 소리를, 나아가시게. 자네는 분명히 어려움을 겪을 것이네. 어려움에 처하게 되면 우리가 그 문제를 어떻게 할 수 있을지 보세."라고 대답하였다. 그로부터 단 일주일 후에 Freud는 그에게 첫 교육 사례를 보냈다. 그는 영국인 교수로 정신분석을 공부하고 싶어 하였고, 약 한 달 정도 비엔나에 머물 예정이었다. 경각심이 생긴 Bernfeld는 Freud에게 다시 돌아갔고, Freud는 "그보다는 자네가 많이 알고 있네. 자네가 할 수 있는 만큼 그에게 보여 주게."[42]라고 말해 주었다.

Freud의 대수롭지 않아 하는 태도는 그의 제자들에게는 의문이었다. Eitingon이 국제수련위원회의 보고서를 작성한 1925년에는 교육분석가들이 이미 여러 연구소에서 임명되어 있었고, 그 실행이 아직 정착된 상태는 아니었다.

시간이 흐른 뒤에 점차 더 많은 권력이 비교적 소수의 교육분석가의 손에 쥐어졌다.

1971년 COPE 보고서에서, Joan Fleming(1972)이 다음 통계를 보고하였다.[43] 1945년에는 미국협회에서 인가한 연구소에 교육분석가가 69명이 있었다. 그해 수련 지원자 61명이 절차를 밟아서 28명이 정식으로 받아들여졌다. 1945년에서 1949년 사이에 지원자의 수는 1,298명으로 21배가 되었으며, 490명의 후보자가 입학하였고 1945년 수치의 17배가 되었다. 하지만 수련 교육자는 겨우 두 배 증가하였을 뿐이다.

그렇게 큰 권력이 소수에게 집중되다 보니, 수많은 갈등이 발생한 것이 놀랄 일도 아니었다. Arlow(1972)는 다음과 같이 적절한 말을 하였다.

> 혼란스럽지만 사실인 것은 갈등의 대부분이 수련할 권리를 가진 사람, 즉 교육분석가가 누가 될 것인지에서 파생되었다. 분석가 동료가 두 부류로 나누어짐으로써 나오는 긴장으로 인해 연구소 조직원으로서의 생활과 연구자로서의 생활을 방해하였다. 그것은 항상 존재하는 문제이며, 카리스마적인 의미가 부여된 교육분석가의 위치를 둘러싼 특별한 현상의 분위기에 의해 그 영향이 두드러지게 되었다. 교육분석가는 정신분석학적으로 전지적이라고 여겨지고 있다…….
>
> 의식적으로나 무의식적으로, 연구소라는 신화는 수련 프로그램에도 침투되어 있다……. 더욱이 신화는 공중에 떠 있지도 않았다. 그것이 제도화된 관행으로 변환되었다. 사회적 상황에서 그런 관행은 으레 절차로 여겨진다.[44]

COPER의 이후 보고에서, 현재 위원회가 추가적으로 연구하였지만 비슷한 느낌이 표현되어 있다.[45] 사실상 모든 분열과 반대가 의미하는 것은 정신분석 수련이 종교적 의식 행위화되는 것을 반대하는 것이었다. 아직까지 만족할 만한 해법은 발견하지 못하였다. 다른 많은 사람처럼 Fleming[46]은, 학계 내의 차이점은 이론적인 견해에 따른 차이점보다는 개인적인 싸움에서 더 많이 발생했다고 솔직하게 인정하였다. 오래된 정치 속담이 정신분석학계에서도 입증되었다. 권력이 지나치게 집중되면 불신, 적개심, 문제가 생긴다. 사람들은 정신분석가가 오이디푸스적 문제에 대해 심오한 지식과 경험을 가지고 있어서 그런 불화를 예측할 수 있을 것이라고 생각한다. 하지만 실상 그들은 그렇지 못하였고, 아직도 그것을 어떻게 해야 할지 모르고 있다.

최근에는 교육분석가가 보고하는 것에 대해 논쟁이 집중되었다. 왜냐하면 교육분석가가 후보자의 전문가로서의 미래를 결정할 권력을 지니고 있어서 이것이 분석에 필연적으로 영향을 주기 때문이다. 찬반양론이 여러 잡지에서 있었고, 해법은 전혀 보이지 않았다(Calef and Weinshel, 1973; Goodman, 1977; Lifschutz, 1976; McLaughlin, 1973; Shapiro and Sachs, 1976). 분명하게 보고하거나 보고하지 않았다고 해서 권력 서열과 교육분석가의 특별한 카리스마에 영향을 주지는 않았다. 그것을 Arlow는 끝이 나지 않는 분노와 분리의 원인이라고 강조하였다.

Freud 학파 기반

미국정신분석협회(American Psychoanalytic Association) 내부에서 전후에 있었던 수많은 대결은 협회의 노선이 Freud 학파로 조직화되도록 강화시켜 준 결과가 되었다. 하지만 전쟁 후에 Freud 정신분석 혹은 심지어 정신분석적 치료를 좀 더 정확하게 정의하려고 하자, 일치점을 찾지 못하였다(Cushing, 1952; Hamburg et al., 1967). 국제협회와 마찬가지로 미국협회도 적절하고 정확한 정의를 내릴 수도 없는 원칙을 지키도록 요구하는 입장에 있었다. 하지만 국제협회와는 다르게 미국협회는 수련에 대해 엄격한 지배를 유지하였기 때문에 수많은 논쟁이 일어났고 학회가 지속적으로 시달리게 되었다. 미국협회의 회칙에는 Freud의 이름 혹은 Freud 학파라는 형용사가 담겨 있지 않다.[47] 반면에 미국협회의 가장 큰 경쟁자이자 그 스스로를 neo-Freudian 혹은 non-Freudian이라고 생각하는 뉴욕의 『William Alanson White 연구소 회보(the Bulletin of the William Alanson White Institute)』에서는, 'Sigmund Freud의 중대한 기여'[48]에 대해 당연한 존중을 표하였다.

미국정신분석협회의 성장: 지리적 규칙

미국정신분석협회(American Psychoanalytic Association)는 한꺼번에 수많은 지역에서 정신건강 활동이 증가하는 동안 천천히 그러나 꾸준하게 성장하였다. 이렇게 천천히 성장한 이유는 주로 지도자들이 일탈과 탈퇴의 가능성을 극도로 조심하였기 때문이다.

개인이 분석 수련을 연속적으로 유지하면서도 새로운 수련 시설을 만들 수 있도록 하기 위해 1949년에 지리적 규칙을 채택하였다.[49] 이 규칙은 한 도시의 교육분석가가 다른 도시로 규칙적으로 방문하거나 학생이 그에게 정기적으로 방문하면, 다른 도시의 교육분석가로 역할할 수 있게 하면서 개인 분석과 지도감독 분석에 필요한 최소한의 시간은 채우도록 명시하고 있다. 분명히 이로 인해 수련 시설이 외딴 지역에서는 성장하기 어렵게 되었다. 그래도 여전히 성장하고 있다.

현재의 내규에는 이떤 지역에 새로운 지부학회를 만들기 위해서는 적이도 회원 10명이 어떤 지역, 즉 '어떤 주어진 지역적 영역'[50]에 있어야 하며, 그것은 필요한 단계를 거쳐 최종적으로 미국정신분석협회(American Psychoanalytic Association)의 구성학회가 된다. 이 과정에 걸리는 시간은 수년이 될 수도 있다. 즉, 1945년에는 워싱턴과 뉴올리언즈 사이에 거주하는 미국정신분석협회 회원이 한 명도 없었다. 버지니아 집단(Virginia group)은 회원 10명이 축적되어 지부 연구 집단이 되는 데 30년이 걸렸고, 그 후 미국협회의 구성학회가 되었다. 남동부정신분석학회(Southeastern Psychoanalytic Society)를 구성하려던 이전의 시도는 실패로 끝났다.[51] 심지어 1978년부터 1979년에 걸친 지금도 버지니아는 인가된 수련 연구소가 아니고, 그 지역의 학생이 수련받고자 하면 아직도 타 지역으로 가야 한다.[52]

연구소 졸업생의 수는 소수이다. 1958년에서 1964년까지 모든 연구소를 합친 연평균 졸업생 수는 63명이고, 1965년부터 1971년까지는 76명이다.[53] 수련 중인 학생의 총 숫자는 늘어나고 있지만, 이것은 우선적으로 새로운 연구소가 개원하였기 때문이지 과거 연구소에 입학생이 늘어난 때문이 아니라는 점에 대체적으로 동의하고 있다.[54]

학회가 천천히 성장하고 있기 때문에, 1972년에 개정하여 제휴회원과 준회원이라는 분류를 만들어서 고등 수준의 학생이 졸업하기 전에 가입할 수 있도록 하였다.[55] 다음 해에 재무국장은 600명이 넘는 신입 제휴회원과 준회원이 들어왔다고 보고하였다.[56] 이것은 한 해에 약 40%가 단시간에 급격하게 성장했다는 것을 보여 준다.

학생 선발

학생은 항상 인상에 근거하여 선발하고 있다. COPER 보고서(Goodman, 1977)에는 논의에서 생략된 질문에 대해 별다른 답이 나와 있지 않다.[57] 최근까지 새로 입학하는 경우는 아주 젊은 의사, 대부분 정신과 의사에게 제한되어 있고, 그들 대부분은 정신과 전문의였다. 그렇다 해도 입학 비율은 1945년에서 1957년 사이에 평균적으로 겨우 38%였다.[58] 좀 더 최근에는 50%로 증가하였다.[59] 하지만 입학 비율은 아직도 도시에 따라 크게 다르다.[60] Loomie(1970)는 연구소 4곳에서 지원자의 25%를 수용하였고, 5군데서 40%, 11곳에서 50% 이상, 3곳에서 70% 이상을 입학시켰다고 보고하였다.[61] 최근 규정이 완화되면서 권리 포기가 많이 일어나 비의료인 학생의 수가 증가하고 있으나 여전히 소수이다.[62]

다양한 실험적 접근으로 선발 과정을 개선하고자 하였다. 가장 잘 알려진 것은 Menninger Clinic의 Holt와 Luborsky(1958), 콜럼비아의 Henrietta Klein(1965), 시카고의

Pollock 등(1976)의 작업이다. 그들 모두가 정교한 선발 과정을 통해 개선되었다고 보고하였지만, 궁극적인 결정은 통계에 의하기보다는 임상적이어야 한다는 데 동의하고 있다.

인증: 지위의 추구

정신분석가들이 그들 스스로 정신건강 전문가로서의 권위와 지혜의 정점에 있다고 약간 정당화하면서 자부심을 가지고 있지만, 정신분석이 그런 것으로 공식적인 인정을 받은 것은 아니다. 이런 상황에 만족하지 못한 미국정신분석협회(American Psychoanalytic Association)는 이런 인정을 받으려고 수차례 모색하였으나, 이렇다 할 결과는 얻지 못하였다. 정신분석교육에 있어서 단독으로 신임장을 주는 기관으로 연방교육청(Federal Office of Education)에 등재되도록 지원하였으나, 가장 최근에는 1975년에 거부되었다.[63]

이런 노력에 실망하여 협회는 최근에는 내부 인증을 더 검토하고 있다. 현재의 회원위원회가 공인위원회로 대체되어야 한다. 하지만 인증받는 데 회원 자격이 필수적인 것은 아닐 것이다.[64] 이 계획이 어떻게 실현될지는 두고 봐야 한다.

정치적 공작

역사적으로 미국 그룹은 유럽학계가 선호하는 것처럼 독립된 전문 과정으로 그 과정을 추구하기보다는 의학 및 정신의학과 동맹하는 쪽을 선택하였다. 이로 인해 정신의학과 매우 복잡한 관계가 되었으며, 한편으로는 정신분석가가 기질정신의학의 이론과 기법 양측에 대해 매우 비판적이면서도, 다른 한편으로는 로비를 비롯한 정치 활동을 하는 데 있어서는 정신과 의사들과 연합하기도 하였다.

1958년 학술대회에서 몇몇 회원들은 인정을 모색하기 위해 정신분석이 미국의사협회(American Medical Association)의 정신의학 및 신경과 전문의협회(Board of Psychiatry and Neurology) 산하의 세부 전문과가 되어야 한다고 제안하였다.[65] 이 제안은 구성학회에서 격렬한 논쟁을 거친 후에 전문표준위원회(Board of Professional Standards)에서 다음 해에 무효화되었다.[66] 그 후로 공식적으로 재논의되지 않았다.

1972년에는 아주 특별한 정치적인 속임수가 한 가지 있었다. 국민건강보험 혜택에 대한 예비 토론에서 미국정신과의사협회(American Psychiatric Association)는 기본적으로 국민건강보험 혜택에서 정신분석과 장기간 정신치료를 배제하자는 의견서를 발행하였다. 몇 차례 자문을 거친 후 미국정신분석협회(American Psychoanalytic Association)는 다음과 같은 타협안을 제안하였다.

> 정신과 의사들과의 회담 결과, 건강보험위원회는 미국정신분석협회(American Psychoanalytic Association)의 의견 성명에는 정신분석치료의 특별하고 고유한 특징을 강조하지 말고, 오히려 정신의학과 의학적 치료라는 주류와 정신분석치료의 유사점과 공통점을 강조해야 한다고 결론지었다. 그런 접근이 국민건강보험 혜택하에 있어야 하는 강력한 사정을 제시하는 데 훨씬 더 효과적일 것으로 느껴졌다.[67]

정신과 전공의의 10~30%만 정신분석연구소에 지원하였고[68] 그 비율은 수년간 변화가 없었기 때문에 사실상 이러한 타협은 건강보험 혜택을 위해 정신분석 수련의 독특한 특징을 저버린 셈이 되었다.

표준

미국협회에서 수년간 전문표준위원회(Board of Professional Standards)를 가동하였다. 그럼에도 불구하고 기본적인 표준은 베를린 체제와 중요한 사항에서 변화하지 않았다. 1970년에 Loomie는 개정된 표준을 받아들이고자 하는 두 번에 걸친 시도가 모두 실패로 끝났다고 보고하였다.[69] 비슷한 시기에 Frosch는 학회의 과학적 생산성이 『미국정신분석협회지(Journal of the American Psychoanalytic Association)』에 제출된 논문의 질과 양에 반영된 것으로 보아 분명하게 쇠퇴하고 있다고 보고하였다.[70] 그런 불만의 목소리가 미국과 해외에서도 자주 나왔다.[71]

아동 분석

국제협회에서와 마찬가지로, 미국협회에서도 아동 분석에 대한 관심이 증가한다고 입증되었다. 미국에서는 아동 분석을 넓은 범위 내에서 하나의 세부 전문 분야로 만들려는 경향이 있었다. 하지만 COPER의 아동분석위원회는 아동 분석의 확대된 기능을 예상하고, 정신분석이 성숙 단계에 이르렀기 때문에 우리의 개념적인 틀에서 이를 허용하는 정도뿐만 아니라 그 부분을 강조할 필요가 있고, 교과 과정도 발달 과정에 대한 우리의 현재 지식에 맞춰 개정할 필요가 있다고 권고하였다. 이 제안에 대한 반응은 가지각색이었다(Goodman, 1977).

집단분석

대체로 집단 정신분석 및 치료와 Freud 정신분석 및 치료는 서로 독립적으로 진행되었다. 집단 전문가 중에서 Alexander Wolf는 정신분석 원리에 따라서 집단 작업을 통합한 것으로 가장 잘 알려져 있는데, 그는 자신의 방법을 개인 정신분석에서와 마찬가지로 전이와 저항의 원리를 사용하기 때문에 집단에서의 정신분석이라고 부른다(Wolf, 1949~1950). Wolf가 뉴욕에서 집단치료의 전체 세대를 수련하는 동안, 전반적으로 집단치료는 다른 계열을 따라서 진행되고 있었다. 그 역사를 검토하려면 Rosenbaum과 Snadowsky를 참조하라(1976).

1953년에 정신분석적 집단치료에 대한 의견을 이끌어 내기 위해 미국정신분석협회(American Psychoanalytic Association)의 모든 회원에게 보낸 설문지를 주의 깊게 살펴보면 흥미롭다.[72] 회원의 24% 정도가 회신하였는데, 응답자의 75%는 '정신분석'이라는 개념이 집단치료에서 사용될 수 있다고 하였고, 76%는 집단치료가 정신분석적 접근을 허용해야 한다고 여겼으며, 77%는 집단 작업으로 개인 작업에서는 가려져 있는 개인 인격의 어떤 측면을 드러나게 할 수 있다고 여겼다. 보고서에는 이 분야에서 일하는 회원들에 대한 지지가 점점 늘어나고 있다고 본다는 결론을 지었다. 따라서 집단치료를 정신분석적 체계로 편입하는 것에 반대하는 생각들은 명백히 과학적이라기보다는 주로 정치적인 것이었다.

분열과 의견 충돌, 징계 처분

조직 활동 전체에 걸쳐 주의 깊게 선발하고, 신중하게 심사하고, 엄격하게 규제함에도 불구하고 미국협회 내의 분열과 의견 충돌은 많이 있었다. 가장 큰 분열은 1956년에 있었던 정신분석학술원(Academy of Psychoanalysis)의 것으로, 다음에 설명되어 있다. 하지만 다른 것도 있었고, 많은 위협이 알려지지 않고 묻혀 버렸다.

가장 잘 알려진 불복종의 예로 디트로이트정신분석연구소(Detroit Psychoanalytic Institute)의 인가 취소를 들 수 있다. 이 그룹은 1953년 협회의 동계 학술대회에서 인가 취소되었다.[73] 그 문제의 기밀성 때문에, "자세한 내용은 공표할 수 없었다".[74] 하지만 1955년 동계 학술대회에서 "개인적인 의견 차이에서 비롯된 화해할 수 없는 어려움"[75]이 있었다고 언급되었다.

상황을 개선시키려고 여러 차례 시도하였으나, 문제는 디트로이트에 여전히 남아 있었다. 거의 25년이 지난 1976년 5월에 열린 연차총회 당시에도, 한 번 더 디트로이트정신분석학회는 비인가 수련을 그만두거나 아니면 제명을 당할 처지에 놓였다고 보고하였다.[76]

마찬가지로 놀라운 일은 좀 더 최근에 있었던 로스엔젤레스에서의 광기 어린 소동인데, 거기서는 최초로 『미국정신분석협회지(Journal of the American Psychonalaytic Association)』에서 공개적으로 분열 가능성을 토론한 바 있다. 그 상황을 조사하는 특별위원회의 위원장인 Joan Fleming은 다음과 같이 말하였다.

> 불행히도 미국정신분석협회(American Psychoanalytic Association)가 로스엔젤레스 연구소가 가지고 있는 기본 문제가 Freud 학파와 Klein 학파의 견해에 관한 논란이라고 여긴다는 소문이 양측 그룹에 의해서 돌았다. 이것은 사실이 아니었다. 좀 더 염려스러운 것은 자신들의 이론적인 지향에 상관없이 여러 그룹과 개인 간에 생긴 가차 없는 적대감과 불신이었다. 그토록 심한 부정적인 감정이 존재하는 근거를 뚜렷하게 알아볼 수 있는 것도 아니었다.[77]

이것은 40년 전에 Henry Murray가 기술한 상황과 별로 다르지 않았다. Murray는 보스톤정신분석연구소(Boston Psychoanalytic Institute)의 교육위원회 위원장이었다. 그는 "분위기가 지나치게 재미없는 적대감으로 가득 차 있고 …… 광신자들의 모임이며, 사고가 경직되어 있고 새로운 사상에 반대하여 무장하고 있으며 (과하게 야심이 큰 두세 명의 경우는) 권력에 대해 무자비하게 경쟁적이다."[78]라고 고발하며 사퇴하였다.

그럼에도 불구하고 미국협회 내에서 권력 투쟁은 계속되었다. 1954년 학회는 William Silverberg를 뉴욕에 있는 Flower-Fifth Avenue Hospital and Medical School에 부속된 자신의 연구소에서 비인가 수련을 시행한 이유로 처벌적 조치를 하였다. Silverberg는 유명한 Fortas, Arnold, and Porter 법률 회사의 훗날 대법원 판사가 된 Abe Fortas를 고용해서, 미국협회의 회칙에는 수련을 명하거나 혹은 비인가 수련이 무엇인지 명확히 선포할 권리를 협회에 부여하지 않고 있기 때문에 이를 어긴 것이라고 주장하며 미국협회를 고소하겠다고 협박하는 것으로 응수하였다.[79] 비록 협회가 법적인 대응에 필요한 자금을 제공하는 것으로 의결하였지만, 실용적인 편을 더 우선시하여 Silverberg에 반대한 결정을 철회하였다.

다시 고문 변호사의 충고에 따라, 다음 단계는 비인가 수련을 하는 회원을 처벌할 권한을 협회에 부여하는 조항을 작성하는 것이었다. 1956년 행정평의회에서 그런 징벌 조항에 대한 수정이 승인되었고 전 회원들에게 제안되었다.[80] 아마도 위원회에 과도한 권한을 부여하는 것을 우려하여, 회원들은 그 발의를 투표에 의해 245 대 146으로 부결시켰을 것이다.[81] 이어서 징벌 조항에 대한 강력한 수정도 통과되지 않았다. 내가 알기로 현재 세칙에는 어떤 특정 인물을 반대하기 위해 만들어진 것은 없으며 단순히 일반적인 조항만 담고 있다.

이와 같이 미국협회는 어떤 명백한 법적 조치가 가능한 조항보다는 약속과 추천을 할 권한과 도덕적 힘이 가지고 있는 어떤 구속력 있는 특성을 더하여 회원 징계를 유지하는 것으로 보였다. 그 상황을 짧게 요약하기는 어렵지만, 협회의 구조를 위협하는 것이 아니라면 수련 체제를 어기는 많은 경우를 봐주고 넘어갔다는 것이 널리 알려져 있다.

문헌

정신분석 문헌의 성장은 괄목할 만하였다. 영어권에서 이전 잡지들은 전부 지속적으로 발행되었다. 이 시기에 가장 중요한 새로운 잡지는 『미국정신분석협회지(Journal of the American Psychoanalytic Association)』이며 1953년에 첫 발간되었다. 1945년 이래 매년 발간된 『아동정신분석연구(The Psychoanalytic Study of the Child)』는 가장 중요한 이론 잡지 중의 하나가 되었다. James Strachey가 Freud의 저술 번역을 완성하였다. 그의 표준판은 1974년에 끝났는데, 그 가치는 매우 귀중한 것이다. 현재 Freud의 저술은 독일어판보다 영어판에서 더 완성된 형태로 구할 수 있다. Alexander Grinstein은 Detroit의 정신분석가로 1956년에 『정신분석저술색인(Index of Psychoanalytic Writings)』을 시작해서 14권까지 발행하였다. 거의 모든 국가에서 어느 한 시점 혹은 다른 시점에 자국의 잡지를 발행하기 시작하였다. Fenichel의 편집물은 유사한 것이 나타나지 않았는데, 그 이유는 전체 문헌이 너무 방대하여 어느 한 개인이 정복할 수 있는 것이 아니기 때문이다.

정신분석연구원

미국정신분석협회(American Psychoanalytic Association)의 권위주의적인 구조로 인해 깊은 불만이 생기게 되었다. 사실 모든 회장 인사와 Lewin-Ross 조사를 포함하여 수련과 표준에 관한 모든 논의에 그런 불만의 증거가 나타나고 있다. 그런 불만족으로 인한 가장 심각한 결과는 1956년 시카고에서 정신분석연구원(The Academy of Psychoanalysis)이 만들어진 것이다. 여기에 제시한 수치는 그 학술원의 창립자 중 한 명인 John Miller(1966)가 만든 것에서 취한 것이다.

학문의 자유가 없다고 느낀 결과, 1941년에 Karen Horney, Clara Thompson, William Silverberg 및 그 외의 다른 이들은 뉴욕정신분석연구소(New York Psychoanalytic Institute)를 떠나서 그들 스스로를 조직화하여 정신분석발전협회(Association for the Advancement of Psychoanalysis)를 만들었고, 미국정신분석연구소(American Institute of Psychoanalysis)를 교육분과기관으로 두었다. Harry Stack Sullivan과 Erich Fromm이 이 그룹을 지원하였다. 하지만 수련 학생에 비의료인을 참여시키려는 것에 대해 Karen Horney가 저항하였기 때문에 이 분파된 집단 내부에 새로운 긴장이 생겨났다. 다시 한번 더 학문의 자유가 없다는 배경에서 Thompson, Fromm, Sullivan이 이끄는 다른 그룹이 새 협회를 탈퇴하고 나와 William Alanson White Institute를 1942년에 결성하였다. 몇 년 후에 Silverberg, Bernard Robbins, Judd Marmor 외 몇 명은 마찬가지로 탈퇴하여 국가 최초로 의과대학과 제휴한 수련연구소인 Flower-Fifth Avenue Center of the New York Medical College를 만들었다.

제2차 세계대전이 끝났을 때 뉴욕의 중앙 지역에는 이처럼 세 개의 권위 있는 분파된 그룹이 있었는데, 각각은 Sullivan을 위해 활약하였던 Clara Thompson과, Karen Horney와 William Silverberg가 주도하고 있었다. 이들 모두는 교육과 저술에서, 인격과 신경증의 형성에 문화의 역할이 결정적이라고 강조하였다. 비록 이것이 실제로 Freud를 부정하는 것이 아니었지만 연로한 학회는 그것을 부정하는 것으로 보았고, 이들 세 그룹의 지위와 활동을 맹렬히 반대하였다. Karen Honey는 미국정신분석협회(American Psychoanalytic Association)에서 사퇴하였지만, 나머지는 모두 큰 집단의 회원을 유지하였다. 곧이어 그 분야는 분리되어 나온 '문화학파'와 남아 있는 'Freud 학파'로 분열될 것으로 보였다.

그 분열은 시간이 흐름에 따라 점차 심해졌는데, 아마도 근본적인 이념 차이의 결과라기보다 성격 충돌의 결과가 더 큰 이유인 것 같다. 좀 더 탁월한 인물들이 문화학파로 자리 잡았다. 몇 명만 언급하자면 시카고의 Franz Alexander, 로스엔젤레스의 Martin Grotjahn, 뉴욕의 Nathan Ackerman과 Sandor Rado를 들 수 있다.

1956년에 문화학파는 정신분석연구원(the Academy of Psychoanalysis)이라고 알려진 자신들의 조직을 만들었다. 주요 잡지는 『정신의학(Psychiatry)』으로 1938년 Sullivan이 기초를 세웠다. 1973년에는 그 자체의 잡지인 『미국정신분석연구원지(Journal of the American Academy of Psychoanalysis)』를 만들었으며, Silvano Arieti가 편집을 맡았다. 미국정신분석연구원은 다른 나라의 비슷한 생각을 가진 그룹과 함께 국제정신분석포럼(International

Psychoanalytic Forum)에 참여하였다.

이처럼 그 분야는 두 개의 매우 큰 집단으로 분열되어 각각 자신들의 전문 용어, 수련기관, 도서를 보유하고 있었다. 비록 Freud의 사상이 이 분야의 모든 종사자에게 기본적이라고 일반적으로 알려져 있고 또 문화적 요소를 무시한 것이 Freud 학파의 개념화에서 가장 중요하게 생략된 단일 요소라는 견해가 계속해서 있었지만, 두 집단 모두 특별히 상대 집단의 견해를 알려고 하지 않아 보였다.

Millet는 "과학적 질문 정신이 살아 있도록 과학적 토론을 할 수 있는 자유로운 토론장이 필요하다."[82]라고 강조하였지만, 미국정신분석연구원은 미국정신분석협회(American Psychoanalytic Association)와 아주 똑같은 방식으로 조직되었다. 그 역시 교육분석가 명부를 가지고 있었는데, 그로 인해 같은 종류의 불화, 원망 마침내는 좀 더 오래되고 큰 조직의 분열적인 특성을 그대로 가지고 있었다. 그 학술원도 역시 비의사 분석과 '비인가 수련'을 금지하였고 또한 비슷한 결과를 맞이하였다. 교육분석가를 둘러싼 체계는 많은 문제점을 가진 반면 더 나은 것을 찾는 것도 쉽지 않아서, 곧 모든 분석 조직은 1925년 Max Eitingon이 결성한 최초의 원형으로 전락하였다.

진상수집위원회

미국정신분석협회(American Psychoanalytic Association)가 지속적으로 그 업적을 자체 조사함으로써 정신분석치료평가위원회(Committee on the Evaluation of Psychoanalytic Therapy)를 1947년에 설립하게 되었다(Rangell, 1954b). 6년이 지났지만 이 위원회는 회원 대다수가 받아들일 수 있는 정신분석, 정신분석적 치료 및 전환적 형태에 대한 정의를 내리지 못하였다. 놀랍게도 심지어 "미국정신분석협회(American Psychoanalytic Association) 회원 중에서 이런 문제를 조사하는 것에 대해 강한 반발이 있었다."[83]라고 결론 내릴 수밖에 없었다.

그에 따라 원래의 위원회는 퇴출되고 1952년에 중앙진상수집위원회(Central Fact-Gathering Committee)로 대체되었으며, Harry Weinstock이 위원장이었고 정신분석 수행 자료를 모을 수 있는 방법을 표본으로 만드는 임무를 맡았다(Hamburg et al., 1967).

초기의 열정은 대단하였다. 학회의 전 회원과 모든 고급 학생들을 대상으로 설문 조사를 하였다. 디자인은 아주 단순해서, 환자가 치료를 시작할 때의 상태와 종결할 때의 상태를 비교하는 것이었다. 그럼에도 불구하고 예상치 못한 수많은 어려움이 발생하였다. 회수율은 떨어지기 시작하였고, 위원회는 1957년에 퇴출되었다. 전혀 예상치 못하게, 학회는 1958년 총회에서 수집한 어떤 자료도 출판하지 못한다고 표결하였다. 1960년 5월에 이 결정을 번복하고, 그 자료를 출판하도록 권고되었다.[84]

그 후 Ives Hendrick이 위원장이 된 두 번째 위원회에서는 그 사업을 검토하여 주로 부딪쳤던 방법론적인 어려움에 대해 보고하였다. 관심은 사라져 갔고, 1961년에 방법론적인 문제를 명료화해서 정신분석가들과, 특히 향후의 조사자들을 일반적으로 자극해 줄 어떤 가치 있는 소견을 도출해서 보고할 수 있도록 준비할 세 번째 위원회가 임명되었다. 1967년에 출판된 그 보고서는 David Hamburg가 위원장이었던 이 세 번째 위원회에서 마련하였다.

그 보고서에 애매하게 논평하였지만, 미국정신분석협회(American Psychoanalytic Association)의 회원 간에 개념적인 통일성이 존재할 것이라는 착각은 치명적이었다. 두 가지 커다란 난제는 진단과 치료 결과를 판단하는 데 있었다. 위원회의 접근에서는 최근 Bellak 등(1973)이 소개한 것 같은 좀 더 광범위한 자아척도를 사용하지 않고, 일반적으로 인정되고 있는 진단적인 분류를 사용함으로써 전통적인 정신의학 계열을 따랐다. 비록 Fenichel(1930), Jones(1936b), Alexander(1937) 등이 이전에 그랬듯이 분석을 완료한 환자들 대부분이 "호전되었다."라고 간주되었으나 이런 '호전'에 대한 정신역동적 명료함은 제시되지 않았다. 그 일 전체는 대실패로 간주되어야만 하였다.

유감스럽게도 미국정신분석협회(American Psychoanalytic Association)는 이 안타까운 내력을 묻어 두었다. 이후의 잡지 발행호에서 그에 대한 언급이 보이지 않는다. 새로운 정신분석수행위원회(Committee on Psychoanalytic Practice)는 Daniel Jaffe가 위원장이고 현재도 활동 중인데,[85] 이전 위원회의 활동에 대해 전혀 언급하지 않고 있다.

그런 억압으로 인해 분석 수행과 관련된 모든 적합한 자료를 통합하고 완전히 공개한다는 이미지에 심대한 손상을 준 듯하다. 미국협회라는 획일적인 조직이 정신분석 과정의 모든 측면을 근본적으로 감정하고 평가한다면서 이면에서는 심대한 차이를 은폐한다고 결론을 낼 수 있는 정도였다. 이것을 미국정신분석협회(American Psychoanalytic Association)를 중상모략하는 것으로 여겨서는 안 된다. 내 생각으로 이것은 모든 정신분석협회에도 해당된다고 본다. 중요한 결론은 건설적인 방식으로 정신분석과 정신분석적 치료의 강령 및 치료 결과를 통합할 필요성이 절실하다는 것이다. Hartmann(1956)은, 정신분석이 아직 취하고 있지는 못하지만 적절한 사료 편찬과 '신화로부터 벗어나는 것'[86]에서부터 그런 건설적인 태도가 만들어질 것이라고 강조하였다.

비의사 분석

정신분석 운동 내에서, 가장 심각한 대결은 '비의사' 혹은 '비의료인' 분석에 대한 것이다. 비의료인 분석에 반대하는 것은 거의 대부분 미국인이었고, 그 역사는 반드시 미국의 장면과 연결되어 있다.

Freud가 말했듯이, 제1차 세계대전 이전에는 분석가가 아주 적었기 때문에 아무도 누가 치료하는지 개의치 않았다. 제1차 세계대전 후 그 분야가 성장함에 따라 연구소 및 국제수련위원회(1925)가 설치되면서, 연구소에 입학하는 문제가 대두되었다. Freud는 스스로 인정하는 비의료인 분석의 가장 위대한 제안자이다.[87] 의견 차이를 참작하여 그 관점을 주제로 한 심포지엄이 열렸고, 1927년 『국제정신분석협회지(International Journal of Psychoanalysis)』에 게재하였다.

그 당시 뉴욕정신분석학회(New York Psychoanalytic Society)의 권위는 미국협회를 능가하고 있었는데 비의사 분석에 대해 강력하게 반대하였고, 반면에 헝가리학회(Hungarian Society)는 가장 강력하게 지지하는 입장을 취하였다. 이것은 역설적이었는데, 1927년 이래로 뉴욕학회는 막 시작한 조직이어서 그 분야에 대한 관심만 있으면 입회하는 데 조건이 없었던 반면, 헝가리학회는 Freud의 비엔나 그룹 다음으로 가장 오래되고 가장 유명하였으며 Ferenzi, Roheim, Imre Hermann 등의 위대한 분석가가 포함되어 있었다.

1938년 국제협회에 대해 반대하였을 때, 미국협회는 '비의사 수련에 반대하는 결의'를 통과시켰고, 이것이 최근까지의 법적인 입장이다. 비공식적으로 그 규칙의 효력은 미미하다.

제2차 세계대전이 끝나자 정신분석 수련이 재개되었고, 비의료인들이 미국정신분석협회(American Psychoanalytic Association)의 회원으로 수련받는 숫자는 점점 늘어났다. 일반적으로 이것은 공부 모임의 형태를 취하였고, 더 큰 조직의 공식적인 그룹과 크게 다르지 않았다. 몇몇 비의료인들은 미국협회에 '특별 수련생'으로 가입하였고, 치료하지 않는다는 서약을 하도록 요구받았다. 하지만 이 서약이 강요되지 않는다는 것은 널리 인식되어 있었다.

1948년에 Theodor Reik가 비의사 분석가 조직인 '정신분석을위한심리협회(National Psychological Association for Psychoanalysis: NPAP)'를 시작하였고, 현재 회원이 약 160명이며 수련생이 300명가량 있다. 다른 협회도 잇따라 만들어졌다.

비록 Hendrick(1955)이 비의사 분석 문제를 "붕괴된 변증법"이라고 말하였지만, 사실상 가능한 해법이 없어 보였다. 정신분석의 본질 자체가 그런 제한에 대항하도록 작용한다. 분석 수련은 개인 분석, 강좌, 지도감독 분석으로 구성되어 있다. 개인 분석은 항상 확보될 수 있었다. 지도감독은 일반적으로 비용을 내고 받을 수 있었다. 남은 건 유일하게 강좌뿐인데, 정신분석의 역사 초기 단계에서 하였던 것처럼 개인적인 기반으로 할 수 있었다. 결국에는 그렇게 훈련된 사람들이 연구소를 만들고 다른 사람들을 훈련시켰다. 1974년 Burness Moore는 회장 인사말에서, "한 가지 사실을 간과하였다. 우리는 Freud의 유산에 대해 배타적인 특권을 가진 것이 아니다. 비의사 분석이 현재 이루어지고 있다. 우리가 정신분석에 이롭다고 믿는 방향에 따라 정신분석의 발전을 이끌고 촉진하는 데 있어 우리 연맹이 중요한 역할을 하는지 여부는 의문이다."[88]라고 말하였다.

1970년대부터 시작해서, 미국정신분석협회(American Psychoanalytic Association)는 비의사 분석 금지를 완화하기 위한 여러 가지 조치를 도입하였다. 1971년에는 비의료인 수련과 지도감독 분석을 승인하는 수정안이 통과되었다.[89] 1972년에는 대학원 연구생도 협회에서 정회원 자격으로 입회할 수 있다고 공표하는 수정안을 건의하였고, 결국에는 통과되었다.[90]

1973년 시카고연구소는 정신분석 전문 박사 과정 프로그램을 제안하였는데, 그것은 활발하게 논의되다가 결국은 각하되었다. 연구 및 수련위원회는 그 당시에 다음과 같이 언급하였다.

> 시카고 제안이 수련 입회에 필요한 현재의 최소한의 요구 조건을 만족시키지 못하는 사람들이 정신분석을 수행하도록 수련 가능함을 증명하기 위한 시험적 프로그램이라는 한에 있어서, 연구 및 특별수련위원회의 실험은 그것이 사실일 수 있고, 따라서 더 증명할 필요가 없다는 것을 확인할 수 있다고 하였다.[91]

1975년에는 정신분석 교육 및 연구에 관한 회의(Conference on Psychoanalytic Education and Research) 보고에서[92] 연자들은 의학 분야 외의 출신도 포함시켜서 정신분석의 기반을 확대해야 한다고 연달아 강조하였다. Pollock(1972b)은 이미 COPE 보고에서 회원의 기반을 확대시키지 않는다면 향후 십 년 동안 전문성을 유지할 수 있을지 큰 소리로 의문을 표시하였다.[93] 1974년 시카고 박사 제안이 거부되자, Pollock은 "협회는 …… 독립적인 전문 분야로서의 정신분석을 확립하려고 하기보다는 의학과 전통적인 유대 관계를 지속하려는 선택을 함으로써 매우 중대하고 창의적인 과학적 지도력을 발전시킬 기회를 놓쳐 버렸다."[94]라고 실망과 유감을 표시하였다.

최근 년도에 발행된 미국협회의 위원회 보고서를 살펴본 결과, 수련을 '포기하는 사람들'의 숫자가 늘고 있음이 밝혀졌다. 1938년 해법은 기록상으로는 여전히 있지만, 너무나 많은 방식으로 수정되어서 원래의 의미는 상당 부분 퇴색하였다.

그 사이에 미국정신분석협회(American Psychoanalytic Association) 외부에서 활동하는 비의료인 집단의 수는 엄청나게 늘어났다. 그것은 거의 1938년 해법이 그것의 종말이 아닌 비의료인 분석의 시작을 알리는 신호인 것으로 보일 정도였다. 1948년에 Theodor Reik이 NPAP를 만들었다는 것은 이미 지적한 바 있다. 이 그룹에서 여러 개의 분파가 잇달아 생겼고, 유서 깊은 정신분석적 관습을 따랐다. 현재 저자 개인의 비공식적인 집계로는 뉴욕시 지역에 적어도 11개의 수련 그룹이 있으며, 이들 모두 정신분석이라는 넓은 체제에서 작동되고 있다. 이는 정신분석을위한심리협회(National Psychological Association for Psychoanalysis), 뉴욕정신분석수련센터(New York Center for Psychoanalytic Training), 뉴욕대학교 박사과정후 프로그램(New York University Post-Doctoral Program), 아델피대학교 박사과정후 프로그램(Adelphi University Post-Doctoral Program), 정신보건대학원과정센터(Postgraduate Center for Mental Health), 뉴욕 Freud 학파 심리학회(New York Society of Freudian Psychologists), 정신분석 수련 및 학술연구소(Institute for Psychoanalytic Training and Research), 워싱턴스퀘어연구소(Washington Square Institute), 미국 정신치료 및 정신분석연구소(American Institute for Psychotherapy and Psychoanalysis), 뉴저지정신분석연구소(New Jersey Institute for Psychoanalytic Studies), 웨스트체스터정신분석연구소(Westchester Institute for Psychoanalytic Studies) 등이다. 이런 그룹들이 약간씩 다른 노선에서 작동되며, 수련센터에 소속된 채 다양한 학회에서 활동하는 회원은 약 600명 정도이고, 학생은 2,000명 정도로 추산되며, 주로 심리학자와 사회복지사이다.

비의료인학회의 조직과 정책은 역사가 더 오래되고 큰 집단의 절차를 근접하게 따라하였다. 교과 과정은 동일하다. 마찬가지로 교육분석에 집중하며, 그 결과 누가 수련을 할 것인지의 문제, 분노, 분열 등 동일한 갈등을 겪고 있다. 큰 학회에서처럼 유능한 분석가를 많이, 계속적으로 배출하고 있다. 의료계의 심각한 반대에도 불구하고 심리학자와 사회복지사들에게 법적 지위가 주어지고 있다. 가까운 장래에 비의료인에 의한 정신분석 운동의 성장세가 멈출 수 있을 것 같지는 않다. 연방교육국(Federal Office of Education)은 많은 조직이 스스로를 분석가라고 칭할 수 있고 분석가를 수련할 수 있는 권리가 있다고 간주하고 있다.[95]

영국

영국 상황의 두드러진 특징은 1930년대 이래로 세 그룹이 존재한다는 것이다. 하나는 Melanie Klein이 이끌고, 다른 하나는 Anna Freud가 이끄는 그룹이며, 중간 그룹은 양측에 적극적으로 관계되지 않는다. Melanie Klein은 그녀 스스로가 엄격한 Freud주의자라고 여겼으나, Anna Freud와 이론적인 수준에서 협업할 수 없다고 생각하였다. 전쟁 후에는 Anna Freud가 정통 Freud 학파의 대표라고 당연시하자, 나눠진 세 그룹으로 더욱 더 굳어졌다. Glover(1966)에 따르면 Freud 그룹과 Klein 그룹은 점차 쇠퇴하였고, 반면 중간 그룹은 점차 세력과 행정적인 권력을 키우게 되었다.

독일

물론 Hitler는 독일의 정신분석 운동을 완전히 말살시켰다. 그럼에도 불구하고 독일정신분석협회(Deutsche Psychoanalytische Gesellschaft)는 1945년 10월 16일에 재건되었다.[96] 하지만 이는 Harald Schultz-Hencke가 이끌었는데, 그는 그 자신의 독특한 이론을 만들었다. 그래서 국제협회에서 공인되지 못하였다. 독일정신분석기구(Deutsche Psychoanalytische Vereinigung)는 1950년에 만들어졌고, 1951년에 국제협회에서 공인되었다.[97] 그 후로 미국에서와 마찬가지로, '진보주의'와 '보수주의' 집단으로 분열되었다. Horst Richter와 Helm Stierlin이 시행한 가족치료는, 특히 대중화되었다.

독일 상황의 특별하고도 놀라운 특징은 치료 그룹을 재건하는 데 정부의 지원이 아주 컸다는 점이다. 1967년 10월 장관 명령으로 정신분석적 치료 시 정신분석 150시간에 대해 지불하도록 허가하였다.[98] 비슷한 예로, 전쟁이 끝난 직후 베를린시가 보여 준 관대한 처리를 들 수 있다. Ford재단이 곧바로 이어서 상당한 액수의 보조금으로 하이델베르크에서 정신신체클리닉을 만들도록 후원하였다.[99] 독일연구학회(Deutsche Forschungsgemeinschaft)가 1961년 이래로 교육분석에 드는 비용의 삼분의 이를 지원하는 장학금을 수여하였다. Goerres 등(cited in Thomä, 1969)의 보고서로 인해 재단이 수련생들에게 장학금을 주어 정신치료 연구 과정을 더 발전시키도록 결정하였다.

부분적으로 이러한 모든 지원의 결과로, 정신분석은 독일에서 현재 번창하고 있다. 연구소가 수련 지원생이 몰려드는 것을 조절할 수 없을 정도이다. 다른 곳에서와 마찬가지로, 잠재적인 환자는 무수한 것으로 보인다.

프랑스

프랑스에서의 정신분석 운동은 다른 어떤 나라보다 더 심하게 분열과 의견 충돌을 경험하였다. 1952년에 Daniel Lagache와 Jacques Lacan은 새로운 협회를 만들기 위해 이전 프랑스정신분석협회(Association Psychoanalytique de France)에서 사임하였는데,[100] Lacan은 결국 거기서 물러나서 그 자신의 Freud 학교(Ecole Freudienne)를 만들었다. 국제협회에는 현재 두 가지의 프랑스 그룹이 있는데, 프랑스정신분석협회(French Psychoanalytical Association)와 파리정신분석학회(Paris Psychoanalytical Society)이며, 다른 두 가지는 국제협회에 속해 있지 않은데 그중 하나는 Lacan 학파이다. 1968년 5월 이후로, 그룹 간의 차이점을 연결시키고 적절한 기반에서 어느 정도의 통일에 이르고자 하는 다섯 번째 시도가 있었다.[101] 프랑스에서의 정신분석은 다른 나라에 비해서 덜 의료적이고, 좀 더 개인의 영역으로 기울어져 있고, 대학교로 더 통합되어 있다. 문화에서 정신분석의 중요성은 1968년 파리 학생 시위 기간에 요구 사항의 하나가 모든 대학생을 정신분석을 받을 수 있게 해 달라는 요구였다는 사실에서 판단할 수 있다.[102]

프랑스 정신분석 상황에서 가장 생생한 전후의 특징은 Jacques Lacan이다. Barande와 Barande에 의하면[103] 그는 프랑스 정신분석에 자극을 주었는데, 이유는 그의 비평과 연구의 방향 때문이다. Lacan은 정신분석에서 추종자들에게는 경배받으면서 세상의 나머지에게서는 무시를 당하는 많은 카리스마적인 인물 중의 한 명이다. 독일의 Alfred Lorenzer와 마찬가지로, 그는 자신의 정신분석 이론을 언어에 집중시켰다. 그의 주요한 선언 중 두 가지는, 무의식은 언어와 비슷하게 구조를 이루고 있다는 것과 무의식은 또 다른 나를 드러내는 것을 들 수 있다. Lacan은 순수한 Freud로 회귀할 것을 요청하였고, 행동주의, 역동정신의학, 자아심리학, 문화주의를 통렬히 비난하였다. 그는 자신을 사고의 구조주의 방식의 대표자라고 보았다. 최근에는 미국 분석가가 영어를 사용하는 대중에게 그의 사상에 접근할 수 있도록 시도하였다(Leavy, 1977). Lacan의 사상 중 몇 가지는 가치 있는 것으로 드러날 수도 있다. 하지만 전체적으로 보았을 때, 정신분석적 사고의 주류에 어떤 실질적인 기여를 했다고 하기에는 너무 혼란스럽고 체계적이지 못한 것으로 보인다.

라틴아메리카

라틴아메리카학회의 가장 두드러진 특징은 Klein 학파의 관점이 가장 우세하다는 것이다. 이런 상황은 미국에서 흔히 벌어지고 있는 정상에 대한 분석적 개념과 사회 구조 간의 갈등을 직면하기보다는, 그 대륙의 어려운 정치적 분위기로 인해서 사람의 초기 몇 년의 신비로운 복잡함을 탐색하는 것이 더 용이하기 때문일 수도 있다.

라틴아메리카 정신분석 역사에서 중요한 두 인물은, 스페인 사람으로 베를린연구소에서 수련받고 1938년에 아르헨티나로 온 Angel Garma[104]와 멕시코에서 1950년대 중반에 'Fromistas' 그룹을 세운 Erich Fromm을 들 수 있다.

다른 나라들

일반적으로 다른 나라들은 의료를 강조한 점만 제외하면 미국식 패턴을 따랐다. 1972년 Arlow는 이전 8년 동안 줄곧 국제협회의 주요 집행부가 프랑스, 스페인, 브라질, 베네수엘라, 콜롬비아, 호주에서의 분열이나 분열 위험을 다루어야 했다고 보고하였다.[105] 명백히 '진보주의자들'과 '보수주의자들' 간의 분쟁이 진행되고 있었으며, 비슷한 논쟁이 쇄도하였다.

인도에서는 정신분석학회가 '독학자'인 Girindrashekhar Bose에 의해 1922년 캘커타에서 창립되었으며, 그 후로 줄곧 번창하였다. 인도 상황에서 주목할 만한 특징은 정신분석을 거의 완전하게 여러 대학교의 심리학과로 통합하였다는 점이다(Sinha, 1966).

일본에서는 정신분석 그룹이 제1차 세계대전 직후에 만들어졌다. 그것은 아직도 국제협회의 회원이지만 그 수와 영향력이 적다(Kawada, 1977). Kawada에 의하면, 정신분석적 치료는 일본에서는 결코 정착되지 않았다고 한다. 그는 개인주의적이지 않은 문화가 일본 불교에 의해 형성되어서, 개인이 집단과 사회와 자연에 조화롭게 통합되고자 하는 이상이 발달되어 있으며 이것이 정신분석과는 이질적이라고 주장하였다.[106]

정신의학, 심리학, 사회복지학의 발전

관련된 분야 중에서 동시대에 전문적으로 가장 의미 있게 발전된 것은 정신의학, 심리학 그리고 사회복지학, 이 세 가지 주요한 정신보건 전문 분야의 거대한 성장이었다. 그 자체로 권리나 전문성이나 명칭에 대해 법적인 인정을 전혀 받지 못하였기 때문에, 정신분석은 관념적으로는 그 분야의 핵심을 분명히 대표하고 있음에도 불구하고 이 세 분야에 이식되어져야만 하였다. 그 결과는 혼란스러웠고, 혼란스럽다.

정신건강을 강조하였기 때문에, 정신과 의사의 숫자는 1950년에 5,500명이었던 것이 1966년에는 19,532명으로 늘어났다. 이 기간 동안에 임상심리학자의 수는 3,500명에서 18,430명으로, 정신보건사회복지사는 3,000명에서 12,100명으로 늘어났다. 이런 급속한 성장은 지속되었다.[107] 예를 들어, 미국심리학협회(American Psychological Association)의 1976년도 회원 수는 42,028명이었고, 그중 놀랍게도 37퍼센트가 임상 분야에 종사하였다.[108]

대체로 정신분석수련연구소는 세 개의 주요한 정신건강 전문 분야 중 하나에서 고급 학위를 가진 사람들로 제한하였다. 이 점은 이전부터 있어 온 딜레마를 반복되게 만들었다. 즉, '학위가 있다면 왜 그가 분석을 받아들여야 하는가? 그리고 분석을 받았다면 그는 과연 무엇에 대한 학위가 필요한 것인가?' 하는 것이다. 이 딜레마에 관련해서 학위를 받게 하는 교육 과정에 대해 근본적인 재조직화 외의 적당한 해법은 결코 발견할 수 없었다. 그 결과, 이 분야에서 광범위하게 융합주의가 팽배하게 되었다.

더 나아가 새로운 발전으로 인해 정신치료에 대한 새로운 전문적인 저항을 유발하였다. 정신의학에서 1950년대 중반부터 진정제를 사용하게 되면서 정신치료의 효능에 대한 의문이 다시 시작되었다. 1960년대 중반부터는 행동 수정을 열광적으로 받아들였던 심리학도 마찬가지로 동일한 저항이 시작되었다. 분석을 받은 전문가들이 정신분석적 정신치료로 되돌아온 것은 사실이지만, 되돌아오기도 전에 그들은 선생님들로부터 지속적으로 반치료적인 집중 공격에 종종 노출되었다. 정신과 수련의들의 선택에 관한 최근 연구(Strassman et al., 1976)에서 저자들은, 솔직하게 정신분석적 이론이 정신의학 그 자체의 요점이 되었지만 기법으로서의 정신분석이 지금은 교류분석, 게슈탈트심리치료, 현실 요법 등 일반적으로 좀 더 유혹적이어서 초심자들에게 좀 더 매력적인 기법들과 경쟁해야 한다고 언급하였다.[109] 준전문가들의 숫자가 엄청나게 증가함에 따라서, 우리는 장래에는 문제점이 더 악화될 것으로 예측할 수밖에 없다.

정신분석적 사상에 대한 역사적인 접근

필요상 간단하게 이 분야의 주요한 정치적 사건들을 요약한 다음, 이제 우리는 더 중요할 수도 있는 이들 사상의 역사에 주목하고자 한다.

저자는 학파라는 용어로 접근하는 방식은 무익할 뿐더러 오도할 수도 있다고 이미 표현한 바 있다. 대신에 정신분석에 대한 중심적인 개념적 틀을 체계적으로 재검토할 것이다. 매 경우 시작은 Freud의 입장으로 할 것인데, 이유는 그가 사실상 정신분석의 모든 중요한 주제에 대해 논의하였기 때문이다. 거기서부터 어떻게 그의 사상이 경우에 따라 지속되고, 변형되고, 교정되고, 정교화되어졌는지 살펴볼 수 있을 것이다. 재능 있는 많은 사상가가 정신분석적 사상의 발전에 기여하였다. 몇몇은 그 자신들을 Freud 학파라고 자칭하였고 다른 이들은 그러지 않았지만, 중요한 것은 명칭이 아니라 사상이다. 초기에는 그 분야의 거의 모든 것이 정신분석가들에게서 유래되었다. 시간이 지나면서, 점점 더 많은 것이 다른 학문 분야에서 나오게 되었다. 한 사상가가 말한 것을 다른 용어로 다른 사상가가 반복해서 말하는 경우도 종종 발생하였다. 나의 목표는 가능하면 모든 자료를 인간에 관한 하나의 과학으로 통일하고자 하는 것이다.

제 6 장

발달 도식의 확장과 정교화: 구강 단계

Rene Spitz

Freud가 정신병리학에 도입한 발달의 개념은 그에 수반되는 고착, 퇴행과 함께 정상적이거나 손상된 인격 특성에 대한 지평을 넓혀 주었다. 한번 언급된 뒤로는 결코 다시 잊혀지거나 간과할 수 없게 되었다.

『성에 관한 세 편의 논문』(1905)에서 Freud는 발달에 관한 그의 첫 번째 확장된 의견을 제시하였는데, 이때는 정신성적(psychosexual)이었다. 그러나 꿈의 경우와는 다르게, 이 개념은 그의 전 생애에 걸쳐 개정되었다. Strachey[1]는 성적 본능의 연속적인 초기 조직화에 관한 Freud의 견해가 출판된 순서를 1905년 자가성애기(auto-erotic stage; 개인적으로 기술됨, 1899), 1911년 자기애기(narcissitic stage; 개인적으로 기술됨, 1909), 1913년 항문가학기(anal-sadistic stage), 1915년 구강기(oral stage), 1923년 남근기(phallic stage)로 요약할 수 있다고 언급한다.

이 연대표에는 Freud가 말년에 엄격한 연대 순서에 대한 견해를 포기하였다는 사실이 반드시 포함되어야 한다. 1938년에 Freud는 구강-항문-남근기에 대해 다음과 같이 썼다. "이 세 단계들이 명백한 방식으로 서로 이어진다는 가정은 실수였다. 다른 단계에 더해 나타날 수 있으며, 서로 겹칠 수 있고, 동시에 존재할 수 있다."[2]

따라서 Freud의 도식에 많은 부가 사항이 제안되어 온 상황을 이해할 만하다. 가장 중요한 것은, 이전에 이미 시작되긴 했었지만 대부분이 제2차 세계대전 후 제시된 구강기에 대한 새로운 지식이다.

역사적으로, Freud가 구강기의 중요성을 충분히 인식하지 못한 점은 놀랍다. 신경증의 초기 징후에 대한 그의 생각은 점점 더 거슬러 올라가는 것이었다. 심지어 그는 생물과학에 의해 부인된 지 오래된 계통 발생 이론과 Larmark의 가설에까지 매달렸다.[3]

Freud는 1892~1893년에 처음으로 출판한 증례에서 아이를 낳은 후 구토를 제어할 수 없는 젊은 여성의 최면치유를 기술하였다. 오늘날 우리는 이 현상이 심인성이라면 아이에 대한 배척의 징후임에 틀림없다고 자동적으로 말할 것이다. 그러나 그 당시 Freud에게는 그런 것이 떠오르지 않았다.

Zetzel(1966)은 쥐 인간(Rat Man)이라는 Freud의 유명한 증례를 검토하였다. 그녀는 사후에 발견된 임상 기록 원본에서 대단히 양가감정적인 모자 관계에 대해 언급한 것이 40회 이상 된다는 것을 밝혀냈다. Freud는 증례에서 어머니와의 관계는 전혀 다루지 않은 대신, 아버지에 대한 적개심에 집중하였다.

Freud는 어머니로부터의 분리를 모든 불안의 범례(paradigm)로 강조한, 불안에 대한 그의 두 번째 이론(1926)에서 구강기의 중요성에 대한 이론적 기초를 세우긴 하였지만, 제2차 세계대전 이전의 분석적 문헌에서는 어머니와 구강기에 대해서는 산재된 언급만 있었다. Freud의 사상에 대한 집대성으로 볼 수 있는 책을 쓴 Fenichel(1945)은 구강기를 "리비도 조직화의 구강기(더 정확하게는 내장기intestinal)"로 언급하였다.[4] Freud가 그랬듯이, 영아와 어머니의 관계라는 무엇보다 중요한 부분을 그는 거의 전적으로 무시하였다. 구강성애기(oral-erotic)와 구강식인(oral-canibalistic) 혹은 구강가학적(oral-sadistic) 단계로 나뉘는 구강기에 대한 발달 도식은 Freud보다는 Abraham으로부터 기인하였다. Jones는 Freud에게는 생후 첫해가 항상 수수께끼로 남아 있었다고 좋은 지적을 하였다. Schur(1972)는 Freud가 자신의 구강기 고착을, 특히 그의 삶을 단축한 것으로 생각되는 흡연 중독을 분석하고 싶지 않았기 때문에 구강기와 거리를 두었다고 추측하였다.

선구적 관찰들

1920년대와 1930년대의 Freud 사상의 확대는 구강기에 대한 인식을 강화시켰다. 신경증과 정신병을 인생 초반기와 연관시킨 Melanie Klein이 가장 공을 들였다. 그녀는 공격성에 상당한 중점을 두었다. 그녀는 아이의 생후 첫 3개월을 편집분열적 입장(paranoid-schizoid position)으로 놓고, 이후 3개월을 우울적 입장(depressive position)으로 놓았다(정확한 기간은 어느 정도 다르다). 불안은 분노로 이어졌고, 이 분노는 어머니에게 투사된 후 아이에게 다시 재내사(reintrojected)되었다. 구강 탐욕에 부착된 분노는 감사함에 대비되어, 많은 정신적 장애가 있는 사람들의 두드러진 감정인 질투심으로 이어졌다. 그녀는 인생 초기의 분노, 질투심, 투사-배척 과정들에 대한 변천을 추적하였다.

Sullivan(1962)은 조현병을 '나쁜' 어머니 혹은 '조현병을 만드는' 어머니와의 관계로 역추적하였다(용어 자체는 그의 제자인 Frieda Fromm-Reichman이 만들었다). 이 어머니는 적대적이고, 처벌적이고, 악의적이고, 구속하며, 반성애적(antisexual)이고, 집착하며, 아이보다는 자신의 안위에 대해 더욱 관심이 있다. 아이의 자기상은 배척하는 어머니에 의해 미운 느낌(자기혐오)으로 채워졌다.

Alexander(1946)는 그의 정신신체 환자에 대한 연구에서 이 환자들이 고통받는 구강 의존성에 대해 강조하였다. 사실, 그의 치료 작업에서 그는 구강 의존이 극복될 수 없다고 믿었고, 그래서 환자에게 그것에 적응하도록 가르치는 것이 치료자의 역할이 될 것이라고 하였다.

소아치료는 자연스럽게 아버지보다는 어머니가 핵심적으로 더 중요함을 분명하게 보여주었고, 이는 특히 학령전기 아이들이 치료를 받게 될 때 그렇다. 다른 문화와 관련된 작업에서 보살피는 역할에는 많은 변형이 가능하다는 것이 명백해졌고, 이러한 모든 변형은 아이에게 강력한 영향력을 갖고 있었다.

마지막으로, 다소 중요한 요인은 미군에서 높은 징집 거부 비율과 신경정신의학적 장해의 높은 비율이다. 이것들은 젊은이들을 지나치게 의존적으로 만들었던 부족한 보살핌으로까지 대체로 추적되었다. Philip Wylie는 당시 '모친 중심주의(momism)'라는 단어를 대중화시켰다.

모자 관계

전문가에 의해 어린 영아에 대한 보살핌의 중요성이 알려진 이후, 임상심리학, 실험심리학 그리고 나중에는 동물심리학에서도 관련 서적이 쏟아져 나왔다. 많은 사람이 느끼기에 더 나은 보살핌을 위한 분명한 메시지처럼 보였던 책은 1943년에 뉴욕의 분석가 Margaret Ribble이 쓴 『유아의 권리(The Rights of Infants)』라는 책이다.

Ribble은 건강한 아이들, 아픈 아이들, 정신적으로 질환이 있는 성인 환자들을 대상으로 한 8년간의 연구를 보고하였다. 처음으로, 그녀는 유아의 심리적인 요구를 안전감, 신체 기능으로부터 얻는 즐거움, 인간 세상에서 항상 관심받고 있다는 느낌으로 명시하였다. 그녀는 'tlc'(tender loving care, 상냥하고 애정어린 보살핌)라는 단어를 만들었으며, 이는 언어의 일부가 되었다. 그리고 그녀는 아이의 인생 첫 1년에서 어머니와의 따뜻한 감정적 관계의 필요에 대해 강조하였다. 인생의 기계화에 대한 항의로 그녀는 다음과 같이 썼다.

> 우리의 고도로 인간미 없는 문명은 여성의 본능적 성향에 상처를 주었고, 무력한 유아 기간 동안 지속적으로 사랑함으로써 작은 아기에게 사랑하는 법을 가르치는 것과 같은 그녀 자신의 자연권으로부터 눈을 멀게 하였다. 현대 여성이 그녀의 아이와의 관계에 대해 도움이나 지침을 필요로 하는 것은 이 이유 때문이다. 여성은 그녀가 표현하는 손길이나 어루만짐이 결코 무의미한 감상적 표현이 아니라 아이의 건강한 정신 발달에 있어서 생물학적으로 필요하다는 확신이 필요하다.[5]

어머니 사랑의 필요성에 대한 강조는 많은 모자 상황에 대한 사회적 변화를 이끌었다. Benjamin Spock의 『아기 그리고 아이 보살핌(Baby and Child Care)』이라는 책은 백만 부 넘게 팔렸고, 비슷한 모방 서적 또한 나왔다. 이 책은 정신분석적 통찰을 일반적인 언어로 해설하였다. Grantley Dick Read와 이후에 Lamaze는 자연분만과 어머니와 아이의 같은 방 쓰기에 대해 선구적 역할을 하여, 결과적으로 아이와 어머니가 연속적으로 신체적인 연결을 유지하게 하였다. 관계의 자연스러움을 유지하기 위해 다시 많은 이가 모유수유를 선호하게 되었고, 결국에는 La Leche League[1)]라는 단체가 형성되어 초보 어머니들에게 복

1) 역주: 라레체리그, 모유수유 관련 정보를 제공하고 젖먹이는 어머니들을 지원하는 전지구적 NGO.

음을 전파하였다. 가장 최근에 Ferdinand Leboyer는, 신생아는 즉시 부드러운 마사지를 제공받아야 하고, 편안하고 따뜻한 방에서 지내야 하며, 탄생의 충격을 완화하기 위해 다른 특별한 보살핌이 필요하다고 제안하였다.

생애 첫해에 대한 Spitz의 탐색

1935년 정신분석가인 Rene Spitz는 어린 유아에 대한 일련의 관찰과 실험을 시작하였으며, 그 지대한 중요성이 증명되었다. 처음, 그는 자신이 외로운 인물이었다고 말하는데 후에 많은 연구자가 같은 문제들을 탐색하였다. 그는 연간(annual)『소아정신분석 연구잡지(Psychoanalytic Study of Child)』에 그의 작업을 출판하였고, 1945년에 첫 주제를 시작으로 여러 해 동안 계속하였다. 그의 그 동안의 결과들은『인생의 첫해(The First Year of Life)』라는 책에 요약되어 1965년에 출판되었다.

Spitz의 작업은 정상 유아와 비정상 유아 모두를 설명하기 위해 설계되었다. 그것은 유아의 정신세계에서 리비도적 대상의 역할을 중심으로 하고 있다. 그는 리비도적 대상의 발달을 다음과 같이 세 단계로 구분하였다.

1. 전 대상 혹은 무대상 단계(첫 3개월)
2. 대상의 전구 단계(3~8개월)
3. 리비도적 대상의 힘 단계(8개월의 불안, 8개월 이후)

Spitz의 작업의 특이한 면은 연구에서 발달적 검사를 사용하였다는 것이다. 따라서 이는 임상적 정신분석과 실험적 방법의 첫 조합으로 기록되었다. 이 검사는 1932년경 비엔나에서 표준화된 Bühler-Hetzer의 영아발달검사로부터 번안되었다. 그것은 다음과 같이 인격을 여섯 부분으로 나누어 수량화하도록 하였다.

1. 지각의 발달과 성숙
2. 신체 기능의 발달과 성숙
3. 대인관계의 발달과 성숙
4. 기억과 모방의 발달과 성숙

5. 사물 조작의 발달과 성숙
6. 지적 발달

검사에 대한 양적 평가는 일련의 발달 지수를 제공하였다. 유아는 다양한 문화와 인종의 가정집에서, 그리고 유아원과 고아원으로 기술된 두 기관에서 평가되었다.

발달에 관한 기술에서 Spitz는 인생의 시작부터 모든 지각과 행동, 통찰, 지식을 중재해주는 사람이 아이의 인간 파트너(the human partner)인 그의 어머니임을 강조하였다. 시각지각에서 아이의 눈은 어머니의 움직임을 따라가고, 어머니의 얼굴에서 게슈탈트의 신호를 구분하고 수립하는 데 성공할 때, 어머니의 도움을 통해 무의미한 '환경적' 사물의 혼돈 속에서 의미 있는 실체를 구분해 왔다. 어머니의 얼굴이라는 이 실체는 지속적인 정동적 교환 덕분에 아이에게 점점 더 중요해질 것이다. 좀 더 일반적으로 본다면, 아이에 대한 어머니의 느낌의 중요성은 아무리 과대평가되어도 지나치지 않다. 생후 첫 몇 달 사이에, 정동적 지각과 정동은 유아의 경험에서 주를 이루고, 실제로 모든 양식의 지각을 배제할 정도이다. 심리적인 관점으로부터 보면 감각, 지각기관, 감각 구별은 아직 충분히 발달하지 않았다. 사실, 이 기관의 상당 부분은 아직 성숙조차 되지 않았다. 그러므로 어머니의 정서적 태도와 정동은 유아의 정동으로 하여금 방향성을 정하는 데 도움을 주고, 유아의 경험에 대해 삶의 질을 부여한다. 어머니들마다 무한한 변이가 있다는 것은 명백하다.

Spitz는 또한 마음의 **조직자**(organizer of psyche)라는 귀중한 개념에도 공헌하였다. 그는 동물에서 학습의 결정적 시기를 발견한 것과 유사하게 어머니로부터 떨어져 있는 유아의 성장에서 결정적 시기를 구별하였다. 이러한 결정적 시기 동안 발달의 흐름은 인격의 여러 영역뿐만 아니라 성숙 과정에서 나타나는 새로운 기능과 능력에 통합된다. 이 통합의 결과로 정신 체계가 고도로 복잡한 수준으로 재구성된다.

Spitz는 이러한 세 가지 조직자에 대해 열거하였다. 첫 번째는 2~3개월경이다. 그 지표는 **미소 반응**(smiling response)의 출현이다. 두 번째는 **8개월의 불안**으로, 이 시기에 유아는 어머니가 주는 안락함을 필요로 하는데, 오직 어머니이다. 다르게 표현하자면, 어머니와 타인의 구분이 이루어진 것이다. 세 번째는 **'거절' 반응**('No' response)의 출현인데, 처음에는 몸짓이었다면, 그다음에는 언어이다. 많은 불유쾌한 경험 때문에 거절(no)은 공격적인 부착(cathexis)을 부여받는다. 이로 인해 거절(no)은 공격성을 표현하는 데 적합하며, 이것이 거절(no)이 공격자에 대한 동일시라는 방어기전에서 사용되고 리비도적 대상에게 등을 돌리는 이유이다. 일단 이 단계가 성취되면 완고함의 단계가 시작할 수 있다. '거절(No)'은

15개월경에 처음으로 출현한다.

이론적으로 정상 발달에 대해 기술한 후에, Spitz는 '좋은' 보살핌('good' mothering)을 받으며 자란 아이와 '나쁜' 보살핌('bad' mothering)을 받으며 자란 아이의 엄청난 차이를 보여 줄 수 있었다. 그는 모자 관계에서 어머니가 주도적인 능동적 파트너임을 강조하였다. 아이는 적어도 초기에는 수동적인 수혜자이다. 이는 어머니의 인격의 장애가 아이의 질병에 반영될 수 있다는 제안으로 이어진다. 역으로, 유아기에 손상을 주는 심리적 영향은 불만족스러운 모자 관계의 결과이다. 이런 불만족스러운 관계는 발병의 원인이며, 부적합(improper)한 모자 관계와 불충분(insufficient)한 모자 관계라는 두 범주로 나눌 수 있다. 다르게 말하자면, 대상관계의 장애는 질적이거나 혹은 양적으로 야기될 수 있다.

그가 '정신에 유독한(psychotoxic)' 어머니의 태도로서 나열한 것들로는, 명백한 중요한 배척, 초기의 불안한 과잉 허용, 불안을 가장한 적개심, 적개심과 애지중지 사이를 왔다 갔다 함, 주기적인 기분 변화, 의식적으로 보상된 적개심, 부분적 감정적 박탈 그리고 완전한 감정적 박탈 등이 있다.

병리의 영역에서 그의 가장 의미 있는 공헌은 **의존성 우울증**(anaclitic depression) 개념이다. 이것은 양적이거나 질적인 어머니의 어떤 결함에 의해 유발되는 우울증이다. 그것의 가장 극단적인 형태는 **소모증**(marasmus) 혹은 어린 영아들의 소모성 질병(wasting away disease)이다. 이는 특히 고아원에 만연하여, 초기에 관찰된 91명의 한 집단에서 2년째 말에 34명이 죽었다.[6] 이는 다른 환경에서 관찰된 220명의 영아 중 병발성 질환에 의한 2명의 사망률과 대비된다.[7] 주요한 차이는, 상냥하고 애정 어린 보살핌(tender loving care)과 같은, 유아가 받은 보살핌의 양의 차이였다. 1940년대에 Spitz와 다른 사람들의 소견이 출판된 이후, 사회단체는 고아원을 중단하고 어머니 없는 아이들을 위탁가정으로 보내기 시작하였다.[2)]

Spitz는 또한 생애 첫해에 부족한 보살핌의 영향에 대해 몇 가지 다른 관찰을 하였다. 그는 Hans Selye의 동물의 스트레스와 감각 박탈에 대한 소견과 그의 소견을 비교표를 제시하며 비교하였다.

Spitz의 선구적인 조사는 정신분석 역사에서 대단히 중요하다. 적어도 여섯 가지 주요한

---

2) 이동식: 옛날 우리 조상들은 동생을 본 손위 형제에게 의존성 우울증이 생긴 것을 '아우 타기'라고 하였다. 동생이 생기니까 자기로부터의 사랑이 동생에게로 집중되는 것이다. 우리 조상들이 인간에 대한 이해가 깊다는 증거다. 한국 고아원 같으면 정이 많아서 mothering이 된다.

공헌이 그의 업적에서 유래한다.

1. 그는 정신분석 가설에 영감받는다면, 유아에 대한 직접적인 관찰이 유익한 결과를 낼 수 있다는 것을 보여 주었다.
2. 결과적으로, 정신분석과 실험심리학 사이의 관계 개선이 가능할 수 있었다. 얼마 동안 이것이 주목받아 왔는데, 특히 Piaget와 관련해서는 그러하였고, 그것이 또한 좀 더 일반적으로 사실이다.

일반적인 적응 증후군과 정서 박탈 증후군의 유사성[8]

일반적인 적응 증후군(Selye)	정서 박탈 증후군(Spitz)
긴장	눈물 잘 흘림
흥분	요구하는 태도
식욕 상실	식욕 상실, 체중 저하
상기시키는 자극에 대한 저항이 증가한다.	사회적 영역이 증가
	발달계수의 정지와 퇴행
다른 사람에 대한 적응력이 감소한다	자기애적 활동의 결핍
보통 이하의 리비도	철수
신경계의 무기력	불면
적응이 중단된다	활동 감소
저항이 감소한다	발달 계수의 돌이킬 수 없는 퇴행
뇌혈관의 동맥경화	감염 취약성
발병	안면 경직
사망	비전형적인 손가락 움직임
	질병률 증가
	현저한 사망률

3. 그는 생애 첫해에 어머니의 신호와 독특한 역할을 최종적으로 보여 주었다.
4. 그는 좋은 보살핌은 건강으로 이어지고, 나쁜 양육은 병으로 이어진다는 일반적인 명제를 수립하였다.
5. 그는 심적 발달이 조직자(orgnizer)를 중심으로 진행하는 것을 보여 주었으며, 따라서 삶의 단계마다 점점 더 복잡한 계층적 통합을 포함하는 성장 과정의 개념을 수립하

였다.

6. 그는 인격의 인지적 요소와 정동적 요소가 오직 이론적 이유를 위해서만 분리될 수 있다는 것을 보여 주었다. 능숙한 인지 기능 능력을 포함하는 건강한 자아는 타고난 자질만큼 좋은 보살핌으로부터 기인한다.

David Levy: 과보호하는 어머니

Spitz의 작업이 모성 배척, 특히 유기와 방치의 명백히 해로운 측면에 집중한 반면, 뉴욕의 정신분석가인 David Levy의 선구적인 연구는 동전의 다른 면인 과보호의 해로운 점을 지적하였다. Levy의 연구는 과거 뉴욕시 아동지도기관(Institute for Child Guidance)에서 1례당 100시간 이상 접촉한 2,000건 이상의 사례 기록을 정독한 것에 기초하였다(Levy, 1943).

그는 과보호하는 어머니의 자녀들이 사회 적응에 어려움을 보였고, 짐작하건대 어머니와의 관계가 타인과의 관계로 짐투해 있는 정도에 비례하여 어려움을 보이는 것을 발견하였다. 만일 유아의 상황이 이후에 변화가 없다면, 나타나는 결과는 지속적인 관심과 애정, 봉사를 기대하는 요구가 많고, 이기적이고, 압제적인 사람이라는 고정된 역할이 되거나, 또 그의 소원이 부정되거나 조급함에 대해 절제를 요구하면 울화통이나 폭력으로 반응하거나, 책에 몰두하지 않았을 때 고독에 안절부절못하거나 완전히 어쩔 줄 몰라 하거나, 마음대로 하기 위해 대화나 매력을 보이고 감언이설을 하거나 구슬리거나, 괴롭히는 모든 수단을 사용하는 데 재능을 보이기도 할 것이다.

유아괴물(infant-monster) 혹은 자아중심적인 사회병질자(psychopath)로 완전히 성장하는 것은 다양한 현실적 경험에 의해 생기지만, 즉 이기적이거나 요구가 많거나 훈육되지 않은 행동은 한결같이 어김없이 드러난다. 응석을 받고 자라거나 과보호받은 환자의 적응에 있어서의 문제는 모든 상황을 그의 인생의 원래 패턴으로 몰아가려는 욕구와, 매번 응해 주는 어머니의 사랑받는 폭군이 되고자 하는 필요성을 극복하는 것이 관건이다.

'나쁜' 어머니 혹은 '나쁜' 아이

어머니의 결정적인 중요성에 대한 인식이 잘 수립된 이후, 어머니가 책임이 있다고 주장하는 사람들과 아무튼 아이에게 결함이 있다고 주장하는 사람들 사이에 논란이 발생하였다. 한쪽의 구호는 "나쁜 아이는 없고, 오직 부족한 어머니가 있을 뿐이다."이다. 다른 진영에서는 유전적 특징과 기질적 장애를 강조하였다.

Freud가 그의 체계를 단지 점진적으로 구축하였고, 이론적 구조에서 많은 공백을 남겼다는 것은 이미 살펴보았다. 그중 하나는 천성(nature)과 양육(nurture)의 상대적인 역할이었다. 1905년에 그가 잔인하거나 배척하거나 파괴적인 부모가 있을 것이라고 믿기는 여전히 너무 힘들었다. 그의 자기분석에서 그는 그 자신의 본능적 발달에만 집중하였을 뿐, 자신의 부모가 한 행동은 무시하였고, 따라서 나쁜 아이의 문제로 생각하였다.

자신들을 독실한 Freud 학파로 생각하는 이들에게는 Freud의 말의 무게가 너무 막중해서, Freud의 저작이 다른 방식으로, 즉 만일 유전적 특징에 따른 특성을 부모가 무시한다면 아이에게 피해를 입힐 수 있다고 해석될 수 있음에도 불구하고, 부모가 한 일보다는 오히려 나쁜 아이에 대해 계속 강조하였다. 제2차 세계대전 이후 Freud 학파와 문화주의자 사이의 전선이 굳어지자, 특히 민주주의적 전통이 항상 환경적 개선에 대한 신념을 선호하였던 미국에서 문화주의자들은 다양한 Freud 학파의 문구를 인용하여 나쁜 어머니에 대해 강조하였다.

다른 천성과 양육 논쟁처럼, 분명히 양측 모두 근거가 있다. 그럼에도 불구하고, 추후 이어질 토론에서 저술가들은 단지 종종, 그리고 아마도 무의식적으로, Freud 학파의 틀에 머무르려고 노력하거나 혹은 그에 반대하였었다는 점을 명심하는 것이 좋다. 틀 안에 남은 이들은 아이의 본능적 발달에 집중하였고, 바깥에 있는 사람들은 부모와 환경의 영향에 더 집중하였다. 이런 양분법은 심지어 치료에까지 확장되었다. 분석에 대한 논쟁에서, 더 Freud 학파적인 분석가들은 환자의 역할에 대해 강조하였고, 조현병 환자나 심한 경계선 환자에 대한 치료 불가성 개념에까지 이르렀다. 반면에 문화주의자들은 분석가의 역할을 강조하였고, 분석가의 활동을 변화시킴으로써 가장 심한 장애까지도 분석치료를 적용할 수 있는 범위 내로 들여오려고 노력하였다(Langs, 1976).

인류학적 자료

처음에는 아동기 경험과 성인 인격 간의 관계에 상당히 지나치게 단순화한 이미지가 등장하였다. Moloney(1945)는 유명 논문에서 오키나와 사람들의 정신건강은 그들이 거의 5세까지 젖을 먹이는 덕분이라고 하였다. Gorer와 Rickman(1949)은 러시아인들의 특징들을 오랜 기간 동안 포대기로 유아를 감싸는 문화의 결과로 이해하려 하였다.

이러한 초기의 과단순화는 자아심리학 개념이 잘 알려지면서 곧 좀 더 섬세한 인격 발달 과정에 대한 이해로 바뀌었다. Kardiner(1945)는 알로르인들(Alorese)[3]에 관한 분석에서, 만연한 어머니의 방치가 불안정하고 무관심한 성격 특성을 만든다는 것을 보여 줄 수 있었다. 이는 Spitz의 연구와 거의 같았지만, 보다 넓은 문화적인 틀 내에서 이해되어야 하였었다. Mead와 Wolfenstein(1955)은 아동기 훈육 경험과 성인 인격과의 복잡한 관계에 대한 다른 우수한 기록을 제공하였다. 그러나 통계적으로 결론에 도달한 것은 거의 없었다. Whiting(1963)은 6개의 문화에 관한 연구에서, 결론이 없는 자료들을 발표하기도 하였다. Levine(1973)은 개인과 환경의 관계에 대한 비교 연구에서 방법론적인 관점으로 문제를 재조명하기도 하였다. Hsu(1971)는 다음과 같은 글로 탁월한 인상을 주었다.

> 우리는 인간의 발달에서 결정적인 것은 단순히 어떤 제한된 아이 양육 방식이 아니라 핵가족 내에서 대인관계 상호작용 패턴의 광범위한 측면이라는 것을 심리인류학 학생들에게 확신시키기를 원한다. 또한 사회구조학 학생들에게 그들이 심리인류학을 무시함으로써 그들의 노력에 대한 과학적인 결실을 불필요하게 국한해 왔다는 것을 확신시키기를 원한다.[9]

요컨대, 인류학적 자료는 어머니가 아이의 발달에 있어서 매우 중요하다는 정신분석적 입장을 확인하지만, 더 이상 수용 가능한 정량적 용어로 결론을 내리기는 어렵다.

Bowlby 논쟁

제2차 세계대전은 수백만의 사람을 혼란에 빠뜨려서, 무수한 아이가 집이 없거나, 집이 있더라도 생물학적인 부모로부터 떨어져서 살게 되었다. 1948년, 국제연합은 집 잃은 아이들의 욕구(needs)에 대해 연구하기로 결정하였고, 이를 영국의 정신분석학자 John Bowlby에게 맡겼다. 그의 연구는 『어머니의 보살핌과 정신건강(Maternal Care and Mental Health)』(1951)이라는 책으로 출판되었다. 그의 연구의 중요성은 정신분석적 입장이 전 세계적으로 공식적인 원칙(doctrine)이 되었다는 것이다. Bowlby는 유아 및 어린아이는 어머니(또는 영구적인 어머니의 대리자)와 따뜻하고 친밀하고 밀접한 경험을 해야 하며, 그 관계에서 양쪽 다 만족과 즐거움을 느끼는 것이 정신건강에 필수적이라는 견해를 가졌다.

---

3) 역주: 인도네시아 소순다열도의 Alor 섬에 사는 인도네시아 원주민이나 거주자.

모성 박탈의 결과는 보다 명확하지 않았다. Bowlby는 6개월에서 3세 혹은 4세 사이에 어머니를 잃으면 장래 인격 발달에 매우 좋지 못한 애도 과정을 겪는다는 것을 강조하였다. 그는 애도 과정에서 **항의(Protest)**, **절망(Despair)**, **무관심(Detachment)**의 세 단계를 구별하였다. 우울적 입장(depressive position)이 생애 첫 1년의 제2사분기[4)]에 온다는 Melanie Klein의 이론을 부정하며, 그는 어린아이가 어머니를 잃는 것은 성인기의 사별 반응과 다르지 않다는 것을 지속적으로 주장하였다. 사별에 뒤따르는 심리적 반응들로는 여전히 상실한 대상을 향한 사고와 행동, 적개심, 도움을 요청, 절망, 철수, 퇴행 그리고 와해, 새로운 대상을 향한 행동의 재구조화 등이 있다.

Anna Freud와 Max Schur(1960)는 Bowlby가 제시한 초기 아동기 상실의 결과에 대해 동의하지 않았다. 그들은 Bowlby의 공식화에서 자아의 역할이 무시되거나 저평가되었다고 강조하며, 어머니를 잃는 것에 대해 아이들이 어떻게 반응하는지는 그들의 자아구조의 강도에 달려 있다고 하였다.

대상 상실

결국 인격 발달과 기능에 있어서 어머니와 혹은 다른 사람의 중요한 역할이 **대상 상실**이라는 개념에서 확고해졌다. 1960년에 발간된 Grinstein의 『색인(Index)』의 초판에는 이 주제가 없었으나, 1966년 나온 2판에 이 주제에 관해 1개의 항목이 나왔고, 1971년의 3판에는 25개가 나왔다. 다음 판에는 그 수가 수백 개에 이를 것이다. 중요 인물의 상실이 미치는 엄청난 의미는 모든 정신분석 이론에서 중요한 부분이 되었다.

Lewin의 구강기 3요소: 조증과 부정

구강기에 관심이 집중된 이후, 정신병리의 다양한 유형에서 그것의 중요성이 전면으로 이동하였다. 심각한 장애에 대한 가장 날카로운 분석 중 하나는 Bertram Lewin의 책, 『의기양양함의 정신분석(The psychoanalysis of Elation)』(1950)이었다. Lewin은 먹기, 먹히기, 잠자기의 구강기 3 요소를 상정하였다. 그는 조증과 경조증 환자들이 먹히기와 잠자고자

---

4) 역주: 생후 4~6개월.

히는 욕구를 부정하고, 끊임없이 섭취하거나 먹는 상태에서 온 세상을 산다는 것을 보여 주었다. 그는 조증을 백일몽에 비유하였다. 부정이 주된 방어기제로 사용되었다.

Bergler의 구강기 3요소: 피학증과 어머니에 대한 복수

또 다른 구강기 3요소는 피학증과 관련해서 Edmund Bergler에 의해 설명되었다. Bergler는 광범위하게 썼지만, 그의 관점은 『기본적 신경증: 구강적 퇴행과 정신적 피학증(The Basic Nuerosis: Oral Regression and psychic Masochism)』(1949)에 요약되어 있다. 그의 주된 주제는 '아주 흔한' 정신질환인 정신적 피학증이었는데, 이는 구강적 퇴행에서 초래되며 도발하기, 배척당하기 그리고 이 배척을 어머니에 대한 복수로 과시하기의 3요소로 이루어져 있다.

조현병과 구강기

조현병에 대해 단연코 가장 큰 관심이 쏟아졌다. 1920년대를 시작으로 Sullivan이 조현병의 발달과 나쁜 보살핌을 결부시키기 시작하였다. 그와 그의 입장을 많은 정신과 의사가 기이한 것으로 간주하였지만, 그의 관점은 점점 영향력을 갖기 시작하였다. 모성 박탈의 파괴적 효과에 대한 Spitz, Levy와 다른 사람들의 이후의 입증은 조현병에 연결시켜서 일관된 이론으로 만들기에 용이하였다. 정신병과 신경증 사이에 질적인 차이가 있는지 또는 연속선상에 있는지에 대한 상당한 논쟁이 뒤따랐다. 대체로 분석가들은 많은 예외가 있음에도 연속선상에 있다는 이론을 선호하였다.

Schreber 사례(1911)에서 Freud는 이미 편집증 환자의 리비도가 외부 세계에서 철수한다고 기술하였는데, 이는 Abraham의 이전 발표에서도 마찬가지이다(1908). 1926년에 Sullivan은 좀 더 현상학적으로 이것을 장기적인 불안 상태의 최종 결과인 공황 상태로 기술해서, 연속성을 좀 더 의미 있고 조작적으로 좀 더 유용하게 하였다.[10] 만일 공황 상태가 고조에 이르면 긴장증(catatonia) 상태가 되거나, 편집증적인 과정에 의해 재적응되거나, 갈등이 사회적 기술의 붕괴(파과증hebephrenia)로 해소될지도 모른다. 이런 연속성은 조현병 환자의 공황은 신경증 환자가 시달리고 있는 불안의 극한 상태일 뿐이며, 이는 신경증 환자가 그의 불안에 대해 방어하는 것과 같은 구조적 형태로 방어된다는 생각으로 설명된다.

뒤따르는 연구와 경험은 다양한 방식으로 이러한 관점을 확인하였고 확대시켰다. 불안이 궁극적으로는 어머니로부터의 분리로 돌아가기 때문에, 만약 현실 세계에서 어머니가 방관하고, 파괴적이고, 소유욕이 강하면 약한 자아가 형성되고, 이로부터 조현병이 발달할 수 있다. John Rosen(1953)은 그가 본 모든 조현병 환자가 직접적으로 파괴적인 어머니를 가졌다고 하였으며, 그에 맞춘 치료를 도입하였다. 혁신적인 그의 직접분석은 적어도 다른 모든 수단으로 치료될 수 없다고 포기되었던 황폐화된 조현병 환자에게 다가가는 길을 열어 주었다.

Litz(1973)는 몇몇 조현병 가족을 깊게 연구하고, 가족 연구에서 다양한 의미 있는 소견들과 조현병의 기본적인 임상적 특징들을 일관성 있는 이론으로 합성하였다. 이는 한쪽 혹은 양쪽 부모의 깊은 자기중심성으로부터 가족 구성의 심각한 장애가 파생된다는 점, 조현병의 중요한 속성을 형성하는 사고나 언어의 장애들은 대개 자기중심적인 인지적 퇴행이라는 점, 대개 자기중심성의 징후들인 부모의 혼란된 의사소통 방식이 환자의 인지적 퇴행의 중요한 전구체이고 이는 그가 청소년기의 중요한 발달 과제를 극복하지 못할 때 발생한다는 점 등의 인식으로부터 출발하였다.

Burnham 등(1969)은 조현병 환자의 필요-공포 곤경(need-fear dilemma)이라고 명명한 것에 대해 기술하였다. 그는 대상에 대한 지나친 욕구와 지나친 두려움을 동시에 갖는데, 이는 어머니와의 장애된 관계로부터 기인하는 것이다. 완전 붕괴라는 재앙을 피하기 위해, 그의 관계들은 대상 집착(Object clinging), 대상 회피(Object avoidance), 대상 재정의(object redefinition)[5)]의 세 가지 일반적인 양식 중 한 가지가 우세해진다.

부모로부터 적절하게 분리할 수 없음이 조현병 증상의 기저를 이룬다. Blatt 등(1976)은 대인관계 내에서 구분하고 분리할 수 있는 능력과 사건이나 대상을 분리되고 개별적인 것으로 경험하고, 지각하고, 표상할 수 있는 인지-지각 능력 발달이 경계를 설정(boundary-setting)하는 것과 연관된 대상관계 내재화의 초기 단계의 모든 측면이라고 강조하였다. 자기와 자기가 아닌 것, 내부와 외부 사이의 기본적인 경계 분화가 이루어지면, 대상표상과 자기표상은 점차 분명해지고, 다양해지고, 통합되고, 상징적이 되고, 일정해진다.

다수의 환자에서 어머니가 잘못 다룬 것이 조현병으로 진전되었다는 것이 일반적으로 동의되었으나, 그 비율에 대해서는 이견이 있다. 1968년, Bellak과 Loeb는 순수하게 심인

5) 이동식: 대상 재정의란, 예를 들면 '나는 그 사람이 나를 사랑하는 줄 알았는데 사랑하는 사람이 아니다' 이게 재정의야. '날 도와주는 사람인 줄 알았는데 아니더라'라는 것이 재정의다. 매달리는 것, 반대로 피하는 것, 그다음에는 재정의한다는 것이지.

성인 요인들(즉, 초기의 모성 박탈)이 모든 조현병리의 약 50%의 원인과 발병기전에서 중요한 역할을 하고 있음이 증명될 것이라고 상당히 확신한다고 언급하였다.[11]

동물 행동의 증거

1950년대에 시작된 동물 연구를 통해 어머니의 사랑이 건강한 정신 발달에 중요하다는 주제는 예상치 못하였던 지지를 얻었다. 그 자료들은 이전에도 이미 나와 있었다. Imre Hermann의[12] 고전적 논문은 흔한 임상 증후군인 매달리기와 탐색하기의 밀접한 관계에 대해 지적하였다. 이 둘은 어머니와 어머니로부터 분리하는 것과 관련이 있다. Hermann은 유인원 관찰을 통해 얻은 자료로 그의 주장을 보강하였다.

어머니와의 관계와 정신병리적 상태와의 연관성에 대한 첫 번째 주요한 동물 연구 논문은 1950년대부터 진행된 붉은털원숭이에 대한 Harry Harlow의 연구였다. 그의 결과들은 『사랑하기를 배우기(Learning to Love)』에 요약되어 있다(1974).

Harlow는 먼저 유아 원숭이의 신체 접촉에 대한 욕구와 음식에 대한 욕구를 비교하는 일련의 실험을 시행하였고, 접촉에 대한 욕구가 더 중요하다는 것을 발견하였다. 그 다음 그는 원숭이들의 삶의 모든 측면을 계속 조사하였다. 그는 어머니-유아, 유아-어머니, 또래-또래, 이성애적, 부성적 등의 다섯가지 종류의 애정 체계를 구별하였다. 명백하게 이 분류는 인류에게도 적용될 수 있다. 이런 모든 유형의 애정 체계 중에서 결정적인 요인은 유아와 어머니 사이의 좋고 따뜻한 관계였다. 그의 놀라운 발견들 중 하나는 이런 어머니-유아 관계가 불만족스러우면 원숭이는 나중에 정상적인 성적 관계로 들어갈 수 없을 거라는 것이다.

다양한 동물 종에 관한 수많은 연구가 뒤따랐다. 이 자료의 많은 것이 Scott와 Senay (1973)에 요약되어 있다. 일반적으로 개를 포함한 고도로 사회화된 동물일수록 가까운 사회적 동족이나 친숙한 물리적 환경 또는 둘 다에서 분리되면 강렬하고, 불쾌하고 지속적인 감정 반응이 따라온다. 동물 종 간에 유전적 차이가 존재해서, 어느 종은 분리 후에 지속적인 우울을 보이고, 다른 종은 그렇지 않을 수도 있다.

이 연구는 모든 포유동물에서 어머니-유아 간의 유대가 가장 중요하다는 일반적인 진술로 요약될 수 있다. 만약 이런 유대가 만족되면, 유아는 건강하게 자란다. 반면, 만일 이것이 좌절된다면, 유아는 다양한 방식 중 한 가지 방식으로 장애되어 성장한다. 즉, 사람에서 성립된 어머니-유아 관계의 핵심적 중요성은 진화적 등급의 훨씬 하위까지 확대된다.

Bowlby의 통합

Bowlby는 전문적 저술을 통해 주로 모자 관계라는 주제에 공헌해 왔는데, 유아의 애착과 분리 행동에 대해 유용한 모든 자료의 웅장한 통합을 시도한 첫 번째 책을 1969년에 출간하였다. 제1권은 애착에 관한 것이고 제2권은 분리에 대한 것인데, 1973년에 출간되었다. 최종본인 제3권은 아직 출간되지 않았다.[6)]

Bowlby는 이제 애착 행동에 대한 통제 체계 접근(control system approach)이라 부르는 것을 제안한다. 그는 아이의 애착 행동을 네 가지 행동 종류 중 하나라고 지적하였는데, 이는 다음과 같다. 첫 번째는 아이의 애착 행동, 두 번째는 애착과 대조되는 행동으로, 특히 탐색적인 행동과 놀이, 세 번째는 어머니의 돌보는 사람 행동, 네 번째는 부모의 보살핌과 대조되는 어머니의 행동이다. 애착은 다양한 형태로 나타나지만, 그 모든 것에는 어머니와 아이 사이에 역동적 평형이 있다(만일 이것이 방해되면, 문제가 뒤따른다). 이 연구에서 Bowlby는 놀랍게도 정신분석적인 입장에서 상당히 떨어져 행동주의적 접근으로 옮겨갔다.

요약: 일반심리학으로 이행

구강기 연구는 정상적 발달과 비정상적 발달, 모자 관계, 가족, 조현병과 그외 다른 형태의 정신병리, 생리적 요인, 유전적 요인, 자아발달 등등 여러 방면으로 갈라졌다. 정신분석이 여전히 역동적 관점을 조직화하는 실마리를 제공하지만 많은 다른 학파의 발견들도 합병하고 통합할 수 있는 일반심리학으로의 이행이 일어났다는 것은 명백하다. 생후 첫해에 유아에 대해 어머니가 결정적인 의미를 가지는 것은 의심할 바 없이 중요하다. 모성 박탈은 나중의 어떠한 대상 상실과 똑같이 다양한 파괴적 영향이 있다. 즉, 생의 초기에는 죽음에 이르거나 현재의 치료 방법으로는 치료할 수 없는 심한 성장 장해가 초래될 수 있다. 만일 박탈이 너무 심하지 않고 충분히 일찍 치료 조치가 가해지면, 아이의 발달은 만족스럽게 계속 진행될 수도 있다. 인지적 · 정동적 · 생리적 요인들을 이 단계에서는 거의 구분할 수 없기 때문에, 이 영역의 연구는 인간을 다루는 모든 과학에 관련되어 있다.

---

6) 역주: 1980년에 최종본인 제3권『상실: 슬픔과 우울(Loss: Sadness and Depression)』이 출간되었음.

Winnicott: 괴도기적 대상

좋은 보살핌(good mothering)의 중요함을 고려해 보면, 그다음 질문은 어머니를 떠나서 아이가 어떻게 성공적으로 성장할 수 있느냐이다. 이 점에 대해서 다양한 관점이 전쟁 후 시기에 타당성을 갖게 되었다.

소아과를 거쳐 정신분석으로 온 영국의 정신분석가 Donald Winnicott은 1953년(원논문은 1951년 구연되었지만 2년간 출간되지 못함.) **과도기적 대상(transitional object)**을 기술하였다. 이는 4개월에서 12개월 사이에 유아가 가지게 되는 첫 번째의 내가 아닌 소유물(not me possession)이다(다양한 변형이 존재하며 가끔 전혀 없는 유아가 있다).

관찰력 있는 모든 부모가 알듯이, 기저귀, 담요, 옷 등 이러한 과도기적 대상은 아이로 하여금 강렬한 집착을 갖게 한다. 그것이 사라지면, 아이는 그것이 돌아올 때까지 울부짖는다. 남녀 간의 차이는 없다.

Winnicott는 과도기적 대상에 대해 다음과 같은 특성들을 기술하였다.

1. 유아는 동의된 대상에 대한 권리가 있다고 상정한다. 그럼에도 불구하고, 출발부터 유아의 전능감에 어느 정도의 파기는 있다.
2. 대상을 다정하게 껴안기도 하고, 격하게 사랑하거나 훼손하기도 한다.
3. 그것은 아이에 의해 바뀌지 않으면, 절대로 바뀌지 않는다.
4. 그것은 사랑과 증오를 견뎌 내야 한다.
5. 하지만 이것은 따뜻함을 주거나, 움직이거나, 질감을 가지고 있거나 혹은 그 자체가 생명력이나 현실성을 가지고 있음을 보여 주는 무언가를 하는 것으로 유아에게 보여야 한다.
6. 그것은 우리의 관점에서는 외부로부터 온 것이지만, 아이의 관점에서는 그렇지 않은 것이어야 한다.
7. 그것의 운명은 점차 탈부착화해서, 시간이 갈수록 망각으로 밀쳐지듯 잊혀지는 것일 뿐이다.

이런 과도기적 대상은 어머니를 상징하는 것이 분명해 보이며, 그 이름은 여기서 유래하였다. 이것은 어머니 자체를 대신해서 상징적인 대상을 이용할 수 있을 만큼 자아가 충분히 발달했다는 신호이다.

그의 논문에서 Winnicott은 놀이나 예술적 창작과 같은, 다수의 다른 과도기적 현상에 대해 계속 기술하였다. 그러나 과도기적 대상이 분석적 집단 내에서는 즉각적인 공감을 불러일으켰지만, 과도기적 현상에 대한 그의 생각은 신빙성이 부족해 보였다. 과도기적 대상에 대한 기술은 어머니(그리고 나중에는 다른 사람들)로부터 떨어져서 성장하는 것은 점진적이어야 하며 다양한 대리인이나 상징적 방법들이 동반되어야 한다는 깨달음으로 이어지는 연쇄적인 관찰들의 가장 최초의 것들 중 하나였다.

Busch(1974)는 두 개의 과도기적 대상을 구별하였는데, 하나는 6개월경이고 다른 하나는 2세경이다. 첫 번째 대상은 어머니에 대한 애착에 집중되고, 두 번째는 아버지에 대한 애착에 더 관계가 있을 것이라고 가정하는 것이 타당해 보였다. 그러나 확인된 기본 원리는 어떤 중요한 사람을 떠나서 이루어지는 성장은 반드시 대리인과 상징적 등가물의 도움으로 달성되어야 한다는 것이다.

Mahler: 분리 개별화 과정

사반세기 이상 동안 Margaret Mahler는 뉴욕에 있는 Masters 소아센터(Children's Center)에서 연구 프로젝트를 주도하였다. 그것은 아이가 어머니로부터 자유로워져서 자신의 권리를 가진 한 인격체가 되는 자세한 과정을 조사하는 것이었다. 그녀의 연구는 『인간 유아의 심리적 탄생(The Psychological Birth of the Human Infant)』(Mahler et al., 1975)에 요약되었다. 그것은 정상 발달에 집중하였고, 반면 그녀의 초기 연구인 『인간 공생과 개별화의 변천에 대하여(On Human Symbiosis and the Vicissitudes of Individuation)』(1968)는 유아 정신병을 탐구하였다.

처음에 Mahler는 어머니와의 **자폐적이고 공생적인** 유대 양식에(modes of relatedness) 집중하였다. 그녀는 자폐기(Freud의 일차적 자기애와 같은) 후에 공생기가 온다고 하였다. 그녀는 유아기 정신병의 핵심적인 장해가 아이가 공생기 동안에 돌보아 주는 상대를 정신 내적으로 사용하는 데 있어서의 결핍 내지 결함과, 이에 뒤따르는 분극화를 위한 보살펴 주는 대상의 표상을 내재화할 수 없어서 생기는 잘못되거나 결핍된 개별화라고 보았다. 그녀가 제시한 사례들이 거의 예외 없이 심한 장해가 있는 어머니를 보여 주고 있음에도 불구하고, 그녀는 소아 발달의 내재적 실패라는 Freud의 초기 가설('나쁜 아이' 이론)을 따라 유아기 정신병을 유전적 또는 기질적인 것으로 보았다.

2개월경 자폐적 단계에서 공생적 단계로 넘어간다. 공생적 단계 후에 분리 개별화 과정이 몇 년에 걸쳐 일어난다. 이 분리 개별화 과정을 Mahler는 4개의 하위 단계로 나누었다. 첫 번째는 신체상(body image)의 분화와 발달(부화기hatching)이며 4~5개월에서 10~12개월에 일어난다.

두 번째는 연습기(practicing)로, 10~12개월에서 16~18개월 사이이다. 이것은 또 다시 두 개의 단계로 나뉜다. 초기 단계는 기어 다니기, 아장아장 걷기, 기어오르기, 일어서기에 의해 어머니로부터 신체적으로 떨어질 수 있으나, 하지만 아직 붙잡아야 하는 유아의 최초의 능력에 의해 시작된다. 진정한 연습기(practicing period proper)는 자유로운 직립보행이 특징이다. 그녀는 이 두번째 시기를 "세상과의 연애(the love affair with the world)"라고 불렀다. 그러나 이따금 유아는 '재충전'을 위해 어머니에게 다시 돌아간다.

세 번째 단계는 재접근기(rapprochement)이다. 이제는 친밀한 신체적 접촉의 자발적인 접근 또는 회피가 있다. 이 시기는 **재접근기 위기(rapprochement crisis)**로 점차 치닫는다. Mahler의 특별한 공적들 중 하나인 이 위기는 개별화가 매우 빠르게 진행되고, 아이는 이를 한계까지 연습하는 한편, 아이가 점점 더 자신의 분리를 알아차리고 어머니로부터의 실제적인 분리에 저항하거나 이를 취소하기 위한 모든 기전을 동원하기 때문에 일어난다. 그러나 사실은, 유아가 아무리 고집스럽게 어머니를 강제하더라도 어머니와 아이는 더 이상 2인일체(二人一体, dual unit)로서 효율적으로 역할하지 못한다. 이러한 기로에서 위기가 생긴다. 위기의 개인적인 해결은 패턴화와 인격적 특성을 만들어 내며, 아이는 이와 함께 네 번째 단계, 개별화의 공고화(consolidation of individuation)로 진입한다. 재접근기 위기는 18개월부터 24개월 그리고 그 이후까지 걸쳐 있다.

네 번째 단계인 대상 항상성(object constancy)은 개별성의 공고화(consolidation of individuality)와 정서적 대상 항상성을 포함한다. 이 하위 단계의 가장 중요한 과제는 두 가지인데, 첫 번째는 어떤 측면에서는 영구적인, 분명한 개별성을 성취하는 것이고, 두 번째는 어느 정도의 대상 항상성을 획득하는 것이다. 이 대상 항상성은 확고하고, 긍정적으로 에너지가 부착된, 내적 어머니상을 점진적으로 내면화하는 것에 성패가 달려 있다. 이 마지막 단계는 대략 생후 세 번째 해에 걸쳐 있다. 이 과정 동안 안정적인 정체성(identity)이 형성되며(자기경계self-boundaries), 또한 성별 정체성(gender identity)의 원초적인 강화가 일어난다.

Mahler의 저술은 인생 첫 3년 동안의 유아 발달의 변천에 많은 이해의 실마리를 던져 주었다. 이론적인 관점에서 보면, 그녀의 주요 공헌은 그녀가 많은 관심을 기울인 재접근기 위기 개념에 있다. 그리 자세하지는 않지만, 다른 단계들은 이미 잘 알려져 있었다. 재접근기는 어머니로부터 분리되는 것과 자신의 권리를 갖는 개인이 되는 것에 대하여 아이가 느끼는 강렬한 양가감정을 표현한다. 그러나 이 시기에 다른 사람들도 중요한 역할을 하기 시작하는데, 특히 아버지가 그렇다(Abelin, 1975). 이렇게 Mahler의 연구가 중요하기는 하지만, 여전히 모든 이용 가능한 자료들의 충분한 통합을 제공하지는 못하였다.

자폐기와 공생기 그리고 분리-개별화 과정의 개념은 아주 적절하다고 증명되었고, 문헌에서 다수의 확증적인 연구를 고무시켰다. 분리-개별화 과정은 그에 대한 패러다임의 모-자 쌍에 관한 Mahler의 저술에 기술되어 있는데, 이제 이후의 모든 관계에서 평생에 걸쳐 계속되는 것으로 일반적으로 인식되고 있다.

현대의 통합: 정신사회적 건강

모자 관계라는 구심점은 정신분석과 다른 학문 간 유익한 상호 교환을 이루게 하여 모두에게 도움이 되었다. 어머니와의 좋고 따뜻한 관계가 정신건강에 필수적인 만큼, 삶의 초기 단계는 개인과 사회에 매우 중요하다. 이 원칙은 많은 동물 종에게도 해당된다.

어머니가 아이의 정신건강을 책임지는데, 어머니의 정신건강은 무엇이 책임질까? 명백히 그녀는 안전하고 따뜻한 분위기 속에서 여가 시간도 있고, 유아에게 헌신할 만큼 감정적으로도 성숙해야 한다. 따라서 좋은 가족 환경이 필요하다(Beavers, 1977).

무엇이 좋은 가족 환경을 보장할까? 전쟁, 노예 제도, 탄압, 빈곤, 알코올 중독, 약물 중독, 범죄 등 사회적 불안, 무질서, 분열의 증거가 없는 주변의 문화다. 이러한 적당한 환경 제공의 실패는 '신경증'을 일으킨다. 보다 적절히 명명하면 정신사회적 장애가 일어난다(Freedman and Redlich, 1966). 생리적 자료는, 타당하고 적절하면, 이러한 도식에 쉽게 들어맞는다. 그러나 생리적 인과 관계로의 완벽한 환원주의는 현재의 어떠한 가용한 증거로도 지지받지 못한다.

이러한 종류의 통합은 많은 다양한 사상가가 이루어 왔다. 잘 알려진 것이 Erik Erikson의 **정신사회적 발달 도식**(scheme of psychosocial development)이다. 여기에서 그는 삶의 여덟 단계를 출생부터 죽음까지 기술하고, 그리하여 정신성적 발달이라는 보다 전통적인 Freud의 도식화를 넘어서는데, 이것은 어쨌든 그때까지는 대체되었다(Erikson, 1950).

Freud의 『토템과 터부(Totem and Taboo)』는 '꾸민 이야기(fairy tale)'라고 의례적으로 "동화"로 묵살되었지만, 인류의 심적 단일성(psychic unity)이라는 그것의 필수적인 명제는 인류학자들 사이에서 거의 보편적으로 받아들여졌다. 1948년 Kroeber는 다음과 같이 이야기하였다.

> 내포된 원칙은 유명한 '인간의 심적 단일성(psychic unity of man)'이다. 이것은 증명된 사실이나 자명한 이론으로 여겨질 수 없다. 그러나 이것은 압도적으로 인류학자들이나 사회학자들이 경험에 의해 본질적인 심적 단일성(psychic unity)의 원칙이 진리에 근접하고, 작업가설로서 그것을 이용하거나 편리한 상징으로 이용하는 데 충분하다고 확언한다.[13]

일차적으로 역동적 정신분석 개념으로부터 유래한, 이러한 인류의 심적 단일성 개념은 Kardiner(1939)에 의해 다음의 것들과의 연결 속에서 개인과 문화 간의 상호 관계에 대한 조사라고 추가적으로 정의되었다. 즉, 첫째, 가족의 조직화와 공동체 형성의 특성 그리고 그것들에 의해 형성된 개인의 심리적 양상들, 둘째, 성적 그리고 항문적 기본적 훈육 그리고 그와 관련된 것들, 변천, 그것들로부터 형성된 개인 내의 기본적 양상, 셋째, 훈육과 그것의 영속성의 형성에 책임 있는 정신생물적 요인, 의존과 훈육의 심리, 넷째, 개체 발생학적으로 고려되는 숙달의 다양한 형태와 그것을 연구하는 이유들, 일반적으로 '경제적'으로 불리는 성인의 목표 추구를 교육하는 것, 다섯째, 일의 사회적 여건으로부터 유래된 갈등, 최저 생활의 갈등, 명성의 갈등, 라이벌과 경쟁, 여섯째, 공격성, 그것의 형태, 사회적 통제의 효과, 일곱째, 사회를 유지시키는 힘, 외부적 제재와 그들의 내면화와 초자아형성, 여덟째, 삶의 목표와 문화의 이상향 등이다.

기법의 관점에서 보면, Anna Freud는 『발달선(developmental lines)』(1965)의 개념화에서 건강한 모자 관계로부터의 성장에 대해서 가장 최고의 설명을 제공하였다. 그녀는 아이들 인격의 모든 영역에 타당하다고 보일 수 있는 발달의 선들이 있다고 말하였다. 모든 예에서 그것들은 아이들의 의존적이고 비이성적이며 이드와 대상에 의해 결정된 태도들이 내부와 외부 세계에 대한 자아의 지배 증가로, 점진적으로 성장하는 것을 따라간다. 아이들이 어떤 영역에서 어느 수준에 도달하든지 간에, 그것은 욕동과 자아-초자아 발달과 환경의 영향에 대한 그들의 반응 간의, 즉 성숙, 적응, 구조화 간의 상호작용의 결과를 나타낸다.

다른 각도에서 보면, 인생 첫 1년의 모자 관계에 대한 상세한 연구를 함으로써 이 시기에 유아에 의해 경험되는 심각한 불안과 이 불안을 다루는 자아기제의 발달(Freud, 1926)에 더 초점을 맞추게 되고, 또한 사랑과 믿음의 분위기에서 생기는 자율적인 자아구조의 성장에 더 초점을 맞추게 되었다(Hartmann, 1939). 초기 관계의 실패는 약한 자아를 초래하고, 이것이 이후의 모든 인격장애의 핵심이 된다.

제 7 장

발달 도식의 확장과 정교화: 후기 단계들

Erik Erikson

구강기에 대한 개정된 견해가 가장 극적인 반면, 많은 측면에서 근본적으로 다른 정신분석 이론으로 이끌었던 다른 많은 변화가 여러 해 동안 Freud의 원래의 발달 도식에 도입되어 왔다. 여기에서는 가장 중요한 변화들만이 언급되겠지만, 정신분석 이론의 어떤 측면이 다루어지든 포괄적인 일반심리학으로의 확장을 허용한다.

Erikson: 전체 인생 주기

발달의 특정한 단계에 대한 고찰로 넘어가기 전에, 나는 Freud 도식의 가장 중요한 확장인 전 인생 주기로의 확장을 언급하고 싶다. Freud는 첫 5년 동안에 대한 관심 때문에 삶의 후반기를 무시하는 경향이 있었다. 이것을 처음 지적한 사람은 Jung이었다. 그는 개별화라는 원칙을 제시하였고, 인생 후반기의 심리적 문제들을 어느 정도 세세한 내용까지 논의하였다. 그러나 Jung의 종교적이고 신비적인 지향은 그의 동료 분석가들에게 매력적이지 않았다.

분석적 공동체에 인생 주기에 대한 전체 시각을 타당성 있게 제공한 첫 번째 인물은 Erik Erikson(1902~1994)이다. 그의 도식은 성(sexuality)이 중심인 Freud의 도식과는 다르게 정체성(identity)에 집중되었다. Erikson이라는 인물은 정신분석의 역사에서 드문 경이로운 사람이다. 그는 어떤 종류의 정식 학위도 없이 놀이치료사, 정신분석가, 인류학자, 응용정신분석가 그리고 특출한 문필가로서 역할을 하였다. 정체성(identity)에 대한 그의 주요한 이론적 저술은『정체성과 인생 주기(Identity and the Life Cycle)』(1959), 그리고『아동기와 사회(Childhood and Society)』(1950)이다. 두 책 모두 모든 정신분석가의 교육에 없어서는 안 되는 것이 되었고 또한 사회과학자 사이에 폭넓은 반향을 일으켰다.

Erikson은 다른 영역, 특히 사회인류학과 비교교육에 대한 고찰을 통해 정체성의 개념에 이끌렸다고 이야기한다. 그는 결정적인 정의를 제공하지 않고, 그 대신 다음과 같이 언급한다.

> 먼저 정체성(identity)이라는 용어에 대하여, 내가 아는 한 Freud는 이것을 우연히 쓴 것 말고는 단 한 번만 사용하였고, 그다음에는 정신사회적 함의를 갖고 썼다. 그가 인종이나 종교에 기반을 두지 않은 '내부 정체성(inner identity)'을 이야기한 것은 그가 유대인들과의 연결을 공식화하려고 하였을 때였다……. 여기에서 고려하고 있는 것은 집단의 내적 일관성의 필수적인 면을 가진 개인의 핵심 안에 있는 어떤 것의 정체성이라는 것이다…….
>
> 나는 오직 다각도에서, 즉 자서전적 · 병적학적(pathographical) · 이론적으로 접근함으로써, 그리고 정체성이란 단어 그 자체가 수많은 함의로 나타날 수 있게 함으로써만, 정체성이라는 주제를 더 명백히 하는 시도를 할 수 있다. 한때 그것은 의식적인 **개인 정체성의 느낌**(sense)을 말하는 것으로 보이고, 다른 때에는 **개인적 성격의 연속성**을 위한 무의식적인 노력, 세 번째는, **자아통합**의 은밀한 행동 기준, 마지막은 **집단**의 이상과 정체성과의 내적 연대의 유지를 언급하는 것처럼 보일 것이다. 어떤 면에서는 그 용어가 일상 회화에서 사용되는 말처럼 보이거나 단순해 보일 수도 있고, 다른 면에서는 정신분석과 사회학에서 존재하는 개념과 막연하게 관련이 있는 것처럼 보일 것이다. 만약 이 관련성을 명확히 하는 시도를 한 후 그 용어 자체에 여전히 약간의 모호함이 남아 있다면, 그럼에도 불구하고 그것이 의미 있는 문제와 필요한 관점을 기술하는 데 도움이 되었기를 나는 바란다.[1]

Erikson의 공헌은 그의 배경에 맞게 주로 건강한 인격의 성장과 위기를 기술하는 것에 있다. 1950년 Erikson은 여덟 단계의 인생 주기의 윤곽과 개인이 각 단계마다 마주치는 주 과업들을 제안하였는데, 그것들은 인간 행동을 연구하는 사람들에게 널리 받아들여졌다.

Erikson에 따르면, 각 발달 단계마다 중대한 심리적 갈등이 있다. 건강한 인격에 대한 기준은 모두 아이의 인지적 · 사회적 발달을 인정하여야 한다. 그래서 '정신사회적(psychosocial)' 단계라는 용어는 정신성적(psychosexual) 단계라는 Freud의 개념을 확장한다. Erikson은 Marie Jahoda가 건강한 인격에 대해서, 능동적으로 자신이 살고 있는 환경을 주도하고, 인격의 확실한 일관성을 보이며, 자기가 살고 있는 세계와 자기 자신을 올바르게 인식할 수 있는 사람이라고 서술한 것으로부터 출발하였다. 아울러 기본적인 것은 후생학적 원칙(epigenetic principle)인데, 성장하는 것은 기본 계획을 가지고 있으며 이 기본 계획으로부터 부분들이 성장하는데, 모든 부분이 성장하여 전체적인 기능을 이룰 때까지 각 부분들이 특정하게 우세해지는 시기가 있다는 것이다. "인격은 확장되는 사회적 반경으로 추동되고, 그것을 자각하게 되고, 그것과 상호작용하게 되도록 준비된 인간 개체 안에 미리 정해진 단계를 따라 발달하는 것이라고 이야기할 수 있다. 이 사회적 반경은 희미한 어머니상으로부터 시작해서 인간, 혹은 어쨌든 특정 개인의 삶에서 '중요한' 인간의 부분에서 끝이 난다."[2]

Erikson은 그의 접근법이 유아기 성(infantile sexuality) 이론(본질적인 변화는 없이)과 가정과 사회 구조 내에서 아이의 신체적이고 사회적인 성장에 대한 지식을 연결하는 다리라고 보았다. 그는 각 단계의 순서와 그 구성 요소들의 점진적인 발달을 구별하였다. 각 단계마다 위기가 발생한다. 중요한 부분 기능에서 임박한 성장과 인식이 본능적 에너지의 변환과 조화를 이루지만, 그런데도 그 부분에서 특별한 취약성을 유발하기 때문에 각 단계들은 위기가 된다. 따라서 다른 능력들은 다른 기회를 사용하여 성장하는 인격인 항상 새로운 인물의 완전히 성장한 요소가 된다.

이러한 일반적인 고려 후, Erikson은 인간의 여덟 가지 주요 단계를 다음과 같이 설명한다.

1. 기본적 신뢰 대 기본적 불신 기본적 신뢰는 인생 첫해의 경험으로부터 나오는 자신과 세상에 대한 태도이다. 태어나서 첫해의 후반부 동안의 구강기 위기는 세 가지 발달, 즉 생리적인 것, 심리적인 것, 환경적인 것의 시간적 일치로 이루어진 것으로 보인다. 만족스런 환경에서조차 이 단계는 심적 삶(psychic life) 내에 분할감(division)과 잃어버린 낙원에 대한 희미하지만 보편적인 향수로 침투돼 들어가는 것처럼 보인다.

기본적 신뢰는 한 번에 모두 얻을 수 있는 것은 아니다. 아이가 주어진 단계에서 얻을 수 있는 것은 긍정과 부정 간의 특정 비율이며, 만일 이 균형이 긍정적인 부분으로 향한다면 그가 손상되지 않은 전체적인 발달을 위한 더 나은 기회를 가지고 나중의 위기를 만나는 데 도움이 될 것이다.

기본적 신뢰가 기본적 불신보다 우월한 균형이 지속되는 패턴을 굳건하게 확립되는 것이 발아하는 인격의 첫 번째 과업이고, 따라서 어머니의 보살핌이 해야 할 과업 중 첫 번째이다.

2. 자율성 대 수치심과 의혹 이 단계의 전반적 중요성은 근육계의 성숙, 그에 따른 '지니고 있기'와 '내보내기'같이 매우 갈등을 일으키는 행동 패턴을 조절하는 능력(그리고 두 배로 느껴지는 무력감) 그리고 여전히 매우 의존적인 아이가 그의 자율적인 의지에 부여하기 시작하는 엄청난 가치에 있다. 자율성을 발달시키기 위해서는 초기 신뢰가 굳건하게 발달되고 확실하게 지속되는 단계가 필수적이다.

성인의 사물 질서에 따라 그의 자율성을 설정하는 데 필요한 개인의 기본적 욕구는 결국 '법과 질서'의 원칙에 의해 처리되는 것으로 보인다.

3. 주도성 대 죄책감 4, 5세의 아이는 다음 단계와 다음 위기를 직면한다. 그는 자신이 한 개인이란 것을 굳게 확신하면서, 이제 그가 되고 싶은 유형의 사람이 무엇인지 찾아야 한다. 세 가지 강력한 발달이 도움을 주지만 또한 아이를 위기에 가까워지게 한다. 즉, 그는 더욱 자유롭고 더욱 격렬하게 주변을 돌아다니는 것을 배우고, 따라서 넓고 그에게 보여지는 대로 한계 없는 목적의 반경이 수립된다. 그의 언어 감각은 그가 온전히 이해하기에 충분한 지점까지 많은 것에 대해 묻고 이해할 수 있도록 완벽해 질 것이다. 그리고 언어와 이동 능력(locomotion)은 수많은 것에 대한 그의 상상이 확장되도록 해서 그는 그가 꿈꾸고 생각하였던 것들에 놀라지 않을 수 없다. 이 모든 것에도 불구하고, 아이는 높지만 현실적인 야망과 독립심의 기초로서 손상되지 않은 주도성을 가지고 등장해야 한다. 이 시기는 또한 유아적 성적 호기심, 성기의 흥분기, 성적인 것에 대해 가끔씩 일어나는 집착과 과잉 관심의 단계이다.

주도성의 위대한 지배자, 이름하여 양심이 굳건히 수립되는 것은 이 주도성의 단계이다. 많은 성인은 자신의 가치를 자신이 개인으로서 무엇이냐가 아니라, 전적으로 자기가 하고 있는 일이나 나중에 할 것에 달려 있다고 생각한다. 오직 성장하는 존재에게 있는 증오심과 죄책감을 조기에 예방하고 경감하는 것과 그 결과로, 기능의 종류나 나이가 달라도 가치가 동등하다고 느끼는 사람들과의 자유로운 협력 안에서 증오심을 처리하는 것의 조합만이 주도성의 평화로운 함양, 과업(enterprise)의 진정한 자유로움을 가능하게 한다.

4. 근면성 대 열등감 이 네 번째 단계는 "나는 내가 배운 것이다(I am what I learn)."라는 확신을 중심으로 확고해진다. 아이는 이제 어떤 일로 어떻게 바빠지는지, 다른 사람들과 어떻게 바쁘게 되는지를 보여 주고 싶어 한다.

만일 사물-세계를 처음 사용하는 데 성공하고 적절히 안내를 받으면, 장난감을 숙달하는 즐거움은 그들에게 투사된 갈등의 숙달과 연관되고, 이 같은 숙달을 통해 얻어진 위신과 연관된다. 마침내 유치원 나이대의 명랑함은 다른 사람들과 공유하는 세상에 도달한다.

모든 아이는 조만간 그들이 유용하다는 것을 느끼지 못하거나, 사물을 만들고 그것들을 훌륭하게 심지어는 완벽하게 만들 수 있다는 느낌을 갖지 못하면, 만족감을 느끼지 못하게 될 것이다. 이것을 Erikson은 근면성이라고 불렀다. 이 단계의 위험은 부적절감과 열등감의 발달이다. 강력한 지도자상과의 동일시가 여기에서 중요하다. "나는 특별히 재능이 있고 영감을 받은 사람들의 삶에서, 숨어 있는 재능에 불을 붙일 수 있는 한 사람의 스승이 어딘가에 있었다는 것을 무수히 보아 왔다."[3]

5. 정체성 대 정체성 혼란 기술의 세계와, 그리고 새로운 기술들을 가르치고 공유하는 사람들과 좋은 관계를 확립하면서 진정한 아동기는 끝이 난다. 청소년기가 시작되는 것이다. 성장하고 발전하는 젊은 사람들은 그들 내의 생리적인 변혁과 마주하여, 이제 자신의 사회적 역할을 공고히 하려는 시도에 일차적으로 관심을 갖는다. 이제 자아정체성(ego identity)의 형태로 일어나는 통합은 각각의 연속적 단계의 모든 경험으로부터 생겨나는 내적 자산인데, 각 단계에서 성공적인 동일시는 개인의 기본적인 욕동이 그의 재능과 기회들과 성공적으로 정합(整合)되도록 인도한다.

이 단계에서의 위험은 정체성 혼란(identity diffusion)이다. 일반적으로 젊은 사람들을 혼란스럽게 하는 것은 직업적 역할에 정착할 수 없는 것이다. 대개 가부장적이고 농경 국가(정치적 구조와 경제에서 가장 급진적인 변화를 마주한 나라들)에서 격렬한 사춘기를 겪은 사람들의 역동적 특징은 그들의 젊은 사람들이 확실하고 만족스러운 정체성을 인종, 계급, 나라라는 단순한 전체주의적인 교리에서 찾는다는 사실을 설명해 준다.[1)]

1) 역주: 청년들이 단순한 전체주의적인 identity를 찾는다.

미국과 같은 민주주의 국가에서 발생하는 문제가 있다. 그것은 자기가 만든 정체성이 많은 기회를 포착하고, 변화하는 필요들에 적응하도록 준비하라고 강요된다는 것이다. 심리학적으로 말한다면, 점진적으로 생기는 자아정체성은 욕동의 무질서뿐만 아니라 양심의 독재에 대한 유일한 안전장치이다.

Erikson은 이제 성인기의 세 단계를 다음과 같이 구분하고 있다.

6. 친밀감과 소원감 대 자기몰두 다른 성(sex)과의 (또는 그 문제에서, 다른 사람과 혹은 심지어 자기 자신과) 진정한 친밀감이 가능한 것은 진정한 정체성(identity)이 확립되고 난 후에야 가능하다. 친밀감에 대응되는 것은 소원감(distantiation)이다. 정신분석은 성기성(genitality)을 건강한 인격[2)]의 주요한 신호 중의 하나로 강조해 왔다.

7. 생산성 대 정체 생산성은 주로 다음 세대를 확립하고 인도하는 것에 대한 관심이다. 하지만 불운으로 인해서 혹은 다른 방향에서 특별하고 진정한 재능을 가졌기 때문에 이 욕구를 자손에게 적용하지 않고, 그들 나름의 부모의 책임감을 흡수할 수 있는 다른 형태의 이타적인 관심과 창의성에 적용하는 사람도 있다.

8. 통정성 대 절망과 혐오 통정성은 자기의 인생은 자신의 책임이라는 사실을 수용하는 것이다. 그것은 질서와 목적을 창조하고 인간의 존엄과 사랑을 담고 있는 격언들을 창조한, 시대가 다르고 추구하는 바가 다른 남녀와의 동지애이다. 이렇게 축적된 자아통합이 부족하거나 상실되면 절망과 종종 죽음에 대한 무의식적인 두려움으로 나타나서, 하나이고 한 번뿐인 인생 주기를 삶의 궁극으로 받아들이지 않는다.

정체성 혼란의 임상 양상

정체성(identity)이 앞선 기준에 따라 충분히 확립되지 않을 때 정체성(identity) 혼란의 증상들이 있다. 이것은 보통 초기 사춘기에서 드러난다. 종종 친밀한 관계를 맺고 경쟁하거나 성적으로 친밀한 관계를 맺으려는 시도만이 정체성의 잠재적인 취약성을 온전

---

2) 이동식: 중국사전이나 일본사전에는 ‘personality’를 모두 ‘인격’이라고 번역하고 있다. 우리나라에서 ‘인성’이라는 말이 나오는 것은 ‘인격’이라는 것을 싫어하는 것이다. 도덕성을 요구하니까.

히 드러낸다. 임상 양상은 시간 조망이 확산되는 것일 수 있는데, 매우 조급함을 보이거나 또한 삶의 차원으로서의 시간에 대한 고려를 상실하는 것이다. 또한 기능감(sense of workmanship)에 대한 급작스러운 당혹감이 있다. 또 다른 전형적인 임상 발현은 가족이나 가까운 공동체 내에서 적절하고 바람직하다고 권고되는 역할에 대하여 경멸하고 깔보는 적개심을 표현하는 것이다(부정적인 정체성negative identity).

인생 주기에 대한 현대적인 관점을 추적하였으므로, 우리는 이제 발달의 다양한 단계에서 강조점이 어떻게 변화하였는지 돌아볼 수 있다.

항문기

항문기와 항문 성격에 대한 Freud의 기본적인 관찰은 제1차 세계대전 전의 문헌에 지배적인 것으로, 본질적으로 변하지 않고 남아 있다. 그러나 최근 문헌을 단지 피상적으로 검토해 보아도 항문기에 대한 참고 자료가 거의 사라졌다는 것을 알 수 있다. 주요 이유는 Freud가 그 시기의 특정한 리비도적 문제, 즉 괄약근의 조절에 대해 지나치게 비중 있게 집중하였고, 이후 널리 연구되어 왔던 많은 다른 요소를 간과하거나 무시하였기 때문이다. 따라서 비록 Freud가 그 단계에 대해 말한 것이 여전히 옳더라도, 그것은 훨씬 큰 틀에 맞춰져야 한다. 이 더 큰 틀은 자아심리학과 대인관계(또한 많은 사람에 의해 대상관계로 언급되기도 한)로 대략 압축될 수 있다.

언어와 의사소통

아이는 첫 생일 직전에 첫 단어를 말한다. 그때부터 언어 발달은 빠른 속도로 진행된다. 그리고 그 전에도 많은 다른 종류의 의사소통이 어머니와 아이 사이에서 일어난다.

Freud의 저술에서 Freud 학파의 '언어 이론(theory of language)'을 파악하려는 노력이 있어 왔지만(Ekstein, 1964; Laffal 1964; V. Rosen, 1977), 대부분 이 노력들은 이론적으로 신경학적으로 설명하려고 하였던, 폐기된 1895년의 'Project'로 되돌아갔다. 단순한 역사적 진실은 오늘날 그렇게 중요하다고 여기는 언어와 의사소통에 대해 Freud는 결단코 주의 깊게 체계적으로 주목하지 않았다는 것이다. 예를 들어, 그의 저술의 표준판에 나오는 색인에도 이 주제에 대해서는 소수의 산발적인 참고 자료만 있을 뿐이다.

그동안 언어학 분야는 엄청나게 확장하였다. 전문 서적 출판의 양은 풍족해졌고, 많은 대학교에서는 심지어 독립된 언어학과를 설치하였다. 이러한 발전은 어느 정도 수학기초론의 탐구에 의해서 유발되었는데(예를 들어, Bertrand Russel, Ludwig Wittgenstein과 Willard Quine), 그것은 언어분석이 철학의 매우 지속적이고 끈질기게 되풀이되는 많은 문제를 해결할 수 있다는 것을 보여 주었다.

많은 정신분석가는 정신분석적 자료에 언어학적 발견을 '적용하는' 시도를 해 왔다(Edelheit, 1969; Edelson, 1972; Litowits, 1975). 언어학은 합리적 인지 작동들을 다루고, 반면 정신분석적 탐색은 더 정동적이고 무의식적인 결정 요인들을 향해 있기 때문에 문제가 일어난다. 그 결과, Wolff(1967)가 지적했듯이 그 분야는 여전히 신생아 단계에 있다.

정상적인 방법으로 언어를 사용할 수 없고 의사소통이 어렵거나 이해하는 것이 불가능한 조현병의 임상 연구에서 언어에 대해 특별한 관심을 기울여 왔다. 조현병이 모자 관계의 장해로 거꾸로 추적된 이후, 초기 의사소통 과정에 대한 연구는 정신병과 같은 질환에 빛을 비춰 주었고, 반대의 경우도 마찬가지이다.

사실, 혼란된 의사소통은 Freud가 히스테리 연구에서 조사하였다. 히스테리 연구에서 그는 신체, 정동 그리고 신체 움직임의 무수히 많은 왜곡이 모두 어떤 혼란된 정동이나 외상의 무의식적 의사소통이었다는 것을 보여 줄 수 있었다. 치유라는 것은 이런 비언어적 의사소통을 의식적인 통제하에 두어 그것들을 합리적으로 다룰 수 있게 하는 것에 있다. (물론 Freud는 이 방법을 쓰지 않았다. 그 이유는 이론적인 주제로서의 의사소통 문제가 아직 전면으로 드러나지 않았기 때문이다.) 마찬가지로, 강박증 환자와 다른 신경증 환자는 비슷한 방식으로 비언어적 의사소통을 사용한다. 어떤 의미에서, 무의식의 많은 형태에 대한 모든 연구는 무의식적 의사소통에 대한 연구이다.

Sullivan은 언어를 Freud보다 더 많이 강조하였다.[4] 혼란된 언어의 발생적 뿌리를 명백히 하기 위한 첫 번째 연구는 Spitz의 『No and Yes』(1952)이다. Spitz는 언어를 세 번째 마음의 조직자(organizer of psyche)라고 보았고, 그 기원을 생후 약 15개월까지 추적하였다. 이 초기의 언어적 의사소통 이전에, 유아의 애착과 분리 경험과 관계되는 의사소통의 다른 형태들이 있다. Bowlby는 애착 행동으로 이끄는 다섯 가지의 반응, 즉 울음, 미소, 따라 하기, 매달리기, 빨기를 열거하였다. 4개월 이후에는 부르기(calling)가 중요해진다.[5] 맨 처음 욕구 충족으로 향하였던 똑같은 기관의 활동이 일련의 의사소통으로 변형된다. 결국 거부와 부인의 개념인 머리를 흔드는 행동과 "싫어(no)."라고 명확히 발음된 소리와 관련된 기억 흔적 사이의 중요한 연결이 아이의 마음속에 수립된다.

만약 어머니가 아이에게 민감하게 응답한다면 건강한 성장이 따르는데, 그것은 자아발달의 결과로서 정상적 언어 패턴으로 이어진다. 그러나 어머니가 민감하게 응답하지 않으면, 대화의 '탈선'이 따른다. Spitz의 가설은 대화는 어머니와 아이 사이에서 일련의 상호교환으로 이루어지는데, 두 상대가 작용과 반응을 주고받기 위해서는 그들 각자의 능동적이고 수동적인 반응 모두가 필요하다. 대화 행위는 아기의 발달에 영향을 주는 힘(vector)으로 작용해서, 그 방향에 영향을 끼치고 적응적인 노력과 정신적인 성장을 하도록 자극한다. 사회적 환경에 의해서 대화의 탈선이 촉발되거나 야기되기도 한다. 자극이 넘치거나 모자라는 것 둘 다 건강한 대화를 방해할 수 있다.

많은 연구가 조현병 성인과 아동에서 '대화의 탈선'을 기술해 왔다. Searles(1961)는 정상인과 대조적으로 조현병 환자가 그들의 의사소통 능력을 절대 확신하지 않고, 따라서 역설적으로 항상 의사소통에 사로잡혀 있다는 것을 강조하였다. Lidz와 그의 동료 연구자들(1965)은 가족 구조를 통한 비합리성의 전파를 추적하였다. 국립정신건강연구소(the National Institute of Mental Health)에서 Wynne과 그의 집단(1970)은 아이들이 아주 어릴 때 조현병적 가족들에서의 관계와 의사소통이 어떻게 뒤틀어지는가를 다른 많은 경험적 방식으로 기술하였다.

Sullivan(1944)은 조현병 환자가 언어를 방어적인 방식으로 사용한다고 이미 지적하였다(Sullivan의 용어로 말하자면, 충족될 수 있을 거라는 희망을 포기하였기 때문에 그는 언제나 안전을 찾는다). 그는 그가 나쁜 어머니에게 파괴되지 않을 것이라는 확신을 끊임없이 찾는다. Ekstein과 Caruth(1967)는 조현병 아이들에 대해서 본질적으로 동일한 주장을 한다. 그들은 말하기의 발달선(line)을 옹알이(babbling), 따라 하기 또는 반향 언어(echoing or echolalia), 지연된 반향 언어(delayed echoing), 자기 따라 하기(self-echoing), 표현하기(expressing), 호소하기(appealing) 그리고 마지막으로 상징적 의사소통의 단계로 기술한다. 정상 아이는 의사소통으로 이동하고, 조현병 환자는 호소하는 단계(도움을 요청하는 울음)에 고착되어 남겨진다.

언어의 정상적인 의사소통적 기능을 잃어버렸기 때문에, 조현병 아이는 이후 성인이 되어서도 왜곡된 다양한 의사소통이나 비언어적 의사소통을 하게 된다. 그것이 의미하는 바를 선별하는 데는 많은 기술이 요구된다. 그러나 그것은 충분한 인내심과 공감이 있으면 가능하다(Rosenfeld, 1965; Boyer and Ciovacchini, 1967). 동시에 왜곡된 의사소통으로 인해 그의 사회적 고립이 강화된다. 이 초기에 전달된 비합리성과 의사소통장애는 나중에 더 심각한 장애가 발달하는 매체로 작용한다.

후기 단계의 언어의 심리학은 제10장에서 다룰 것이다.

자위행위와 유아의 성

제1차 세계대전 이전의 모든 분석 잡지의 대부분을 차지하던 유아의 성(infantile sexuality)이라는 주제가, 현재 문헌에서는 그 빈도가 매우 낮다는 것은 주목할 만하다. 1960년의 Grinstein의 『색인(Index)』 첫 판에는 여전히 47편의 유아의 성에 대한 참고문헌이 존재한다. 가장 최근인 1971년에는 단지 10편의 참고 자료가 있었는데, 그 어느 것도 별로 중요하지 않았다.

부분적으로, 이런 관심의 부족은 정신분석적 사고와 연구의 주 초점이 이드에서 자아로 이동한 결과였다. 부분적으로, 그것은 Freud와 그의 원래 동료들이 그 주제에 대해서 더 이상 말할 것이 없었다는 느낌을 반영한다. 그러나 다른 원인들도 또한 추가될 수 있다. Martha Wolfenstein(1953)은 미국 정부 잡지 『유아 보살피기(Infant Care)』의 조심스런 연구에서 자위행위, 손가락 빨기, 젖떼기, 배변 훈련 그리고 방광 훈련과 같은 아동기 성의 모습들에 대한 공식적인 태도가, 명확하게 정신분석적 사고의 영향하에서 어떻게 지속적으로 더욱 허용적으로 되어왔는지를 보여 주었다. 그 결과, 한때 불편과 명백한 신경증적 반응의 근원이었던 유아 발달의 이런 모습들을 수백만 명의 부모들이 더욱 부드럽게 다루게 되었다. 따라서 유아의 성에 대한 갈등은 급격하게 줄어들었다.

Freud의 시대에는 자위행위를 교육 과정에서 생기는 고통의 주원인으로 여겼다. 심지어 Freud(1912) 스스로도 자위행위가 모든 나이에서 본질적으로 유해한 활동이라는 생각을 완전히 없애지 못하였었지만 마침내 그는 자위행위가 신경증과 정신병을 유발한다는, 그가 처음 시작하였을 때는 보편적이었던 생각을 타파하였다.

Spitz(1952)는 서지학적(bibliographic) 연구에서 자위행위는 소아과학 교과서에서 1940년까지 질병으로 다루어졌음을 보여 주었다. 심각한 치료가 추천되었는데, 기계적인 강박(mechanical restrains), 아주 어린아이에게는 체벌을, 소년들에게는 '수술의 도덕적 효과를 이유로' 포경 수술을, 소녀들에게는 클리토리스 수술이나 소작술, 허벅지 안쪽, 외음부나 클리토리스 부위에 수포를 유발하는 것 등이었다. 1890년부터 적어도 1925년까지 미국에는 구멍수술학회(Orificial Surgery Society)로 불리는 이상한 의학 조직이 존재하였다. 이곳에서는 포피와 클리토리스, 직장에 대한 수술 훈련을 제공하였다. Spitz는 "심지어 정신분석 단체에 소속된 사람마저도 우리 시대에 이르기까지 자위행위를 한 사람들이 받는 박해가 얼마나 극심하게 잔혹하였는지 항상 깨닫지는 못한다. 또한 이런 가학적인 방법들이 권위 있는 의사들 사이에서 지지를 받고 공식적인 교과서에서 (1940년까지) 권고되었다는 것이 일반적으로 알려져 있지 않다."라고 말하였다.[6]

몇몇 분석 심포지엄은 자위행위에 대한 현재의 분석적 태도를 명확하게 하였다(『미국정신분석협회지Journal of the American Psychoanalytic Association』에 1951년, 1961년, 1966년에 보고되었다). Francis와 Marcus(1975)는 『유아기에서 노년기까지의 자위행위(Masturbation from Infancy to Senescence)』라는 흥미로운 제목의 저서에서 현시대의 입장을 다음과 같이 정리하였다.[7] 종적인 임상적 연구는 첫 2년 동안의 성기 놀이가 신체상(body image)이 발달하고 대인 간 유대감을 수립하는 데 도움이 될 뿐만 아니라, 분리 개별화 과정에도 도움이 됨을 보여 주었다. 성기 놀이는 더 정확하게 자위행위라 일컬어지는 것으로 발달한다. 그리고 자위행위가 단계-특이적인(phase-specific) 남근-오이디푸스기에서 완전한 성기 자위행위가 연관된 환상과 함께 일어난다. 초자아, 자아이상, 발달하는 자아들의 도움으로 본능적 충동이 상대적으로 정지되어 있는 잠복기에는, 자위행위와 환상은 억압되고 지적 성취, 기술, 놀이, 방어적인 성격 특성의 형태로 파생물이 발달한다. 성기 자위행위는 다시 사춘기에 단계-특이적(phase-specific)이 되고, 대인 간 유대감의 확립과 전 성기성(pregenitality)이 점진적으로 성기성(genitality)에 귀속되는 것을 돕는다. 한편, 자위행위의 부적절한 억제는 가족 구성원 밖에서 사람을 찾는 것을 방해할 수 있고, 진정한 성기적 이성애로 진전하는 것을 지연시킬 수 있다. 이 특정한 형태의 본능적인 활동으로 성적이고 공격적인 힘을 푸는 것을 방해하는 장애는 발달의 어느 단계에서도 일어날 수 있다. 이런 장해는 다양한 종류의 증상과 성격 왜곡을 초래할 것이다. 자위행동과 환상의 분석은 분석 과정에서 중요한 기능을 하고 무의식으로의 또 다른 '왕도(royal road)'를 제공한다.

이 복잡한 정신생리적 현상에 대한 지식과 이해는 아직까지 불완전하다. 정신 구조와 자위행위의 관계 분야에서, 그것의 형성과 후기 붕괴의 두 관점에서, 상당한 연구가 남아 있다. 여성의 성 전반과 여성 발달의 모든 단계에서 자위의 형태와 기능에 대한 많은 논쟁이 여전히 존재하고 있다.

운동성과 신체 언어

Freud가 그의 이론 구조에서 고려하지 않았던 항문기의 또 다른 측면은 운동성(motility)의 발달과 신체에 대한 제어력의 증가이다. 많은 이가 그 후 이 주제에 대해 일화적이고

(anecdotally) 기술적으로 토의해 왔으나, 포괄적인 이론 구조로 통합하는 것은 여전히 어려운 상태이다.

Wilhelm Reich는 걷는 방식, 말하는 방식, 버릇, 제스처 등을 포함한 분석 상황에서의 환자의 성격 갑옷(character armor)에 대하여 처음 주의를 기울인 인물이다. 이 성격 갑옷은 환자의 방어적인 책략을 확고히 하는 작용을 하고, 따라서 영향을 주기가 극히 어렵다. Reich는 이 갑옷의 발달에 대해 어떤 언급도 하지 않았고, 나중에 그가 분석 영역을 떠나버려서 다른 사람들이 그의 사상으로부터 멀어지게 되었다. 그러나 이것은 이해할 수 있고, 이해해야 하는 개념이다.

많은 저자가 다양한 다른 사상, 연구 프로그램, 결과를 보고해 왔다. Felix Deutsch (1951)는 카우치에 누운 환자의 자세(posture)에 대해 주의 깊은 연구를 하였다. 그는 모든 개인이 최종적으로 정신신체적 항상성을 표현하는 기본자세로 돌아간다고 가정하였다. 자기감(외부 세계로부터 분리하여)을 발달시키는 경험은 상실감을 수반한다. 신체의 부분들은 처음에는 외부 대상으로 인식되고, 다만 점진적으로 자아의 기초가 되는 하나의 신체로 통합되어 간다. 팔짱을 낀 자세나 태아 자세는 자아의 '부분들'을 함께 붙잡으려는 시도로 해석할 수 있다. 분석에서 최악의 예후를 보이는 자세는 움직이지 않는 것이다.

Rangell(1954)은 자세(poise)에 대한 주의 깊은 연구를 알리는 것에 전념하였다. 본질적으로 자세란 자아의 통합적이고 때로는 방어적인 기능이며, 다가오는 자극에 대해 준비하고 대비하는 상태를 만들며, 이것은 오직 사회적 또는 대인관계적 상황에서만 작용한다고 하였다. 그것을 유지하기 위해 특별히 심적 에너지가 부착된 기관들은 입 주위나 입과 코 영역, 자세 체계(postural system) 그리고 손이다.

Mittelman(1954, 1957, 1960)은 골격근육계의 운동성에 대해 가장 주의 깊은 발달적 연구를 해 왔다. 그는 그것을 동기, 패턴 형성과 발생(genetics)의 관점에서 서술하였다. 그는 운동성을 충동, 운동성과 감정과의 관계, 운동 경험에 의해 유발되는 감정 반응, 숙달과 관련된 운동성, 현실 검증력, 통합과 자기-보존, 공격성과 관련된 운동성, 자기에 대한 공격, 양심과 버림받는 느낌이라고 논하였다.

여러 해 동안 Kestenberg는 신체 움직임을 통해 표현되는 어린아이의 발달에 주의를 기울인 연구 집단을 이끌어 왔다. 그녀의 개념화(1971)는 자기조절(self-regulation)의 두 가지 구별되는 기전에 집중하였다. 그것은 긴장의 흐름(flow of tension)과 형태의 흐름(flow of shape)으로, 그녀는 여러 가지 리비도적 단계를 통해 그것을 추적하였다. 놀랍게도, Kestenberg 집단의 일원인 Siegal(1973)의 정신치료적 도구로서의 동작치료에 대한 논문이 『미국성신분석협회지(Journal of American Psychoanalytic Association)』에 게재되었다.[8] 그녀의 논문에서 권고한 대로의 운동치료는 정신분석적으로 지향된 정신치료의 원칙과 치료 모두에 상반되는 것이다. 가장 최근에는 Dunkell(1977)이 수면 자세의 분석을 발표하였는데, 그는 이것을 "몸의 밤 언어"라고 일컬었다.

이 연구들은 전부 완전히 발달된 이론 구조로의 통합을 기다리는 제안적인 선례로 간주되어야 한다. 신체 반응에 대한 정밀한 조사를 방해하는 한 가지 복잡한 문제는 이 상황에 등장하는 고도의 일차 및 이차 자율성이다. 많은 생리적 기능처럼, 그것은 처음부터 정동으로부터 독립적이거나(일차 자율성) 곧 독립적이 된다(이차 자율성). 특정 개인들은 이 틀 안에서 더 잘 이해될 수 있지만, 완전한 이론까지는 여전히 갈 길이 멀다.

성별 정체성

소년과 소녀가 자신들의 성적(sexual) 정체성을 언제 알게 되느냐 하는 질문은 언제나 끈덕지고 호기심을 자극하는 것이었다. 지난 십 년 동안 이 문제는 **성별 정체성(gender identity)**이라 불려 왔다.

이 질문은 Freud를 굉장히 사로잡았다. 『성에 관한 세 편의 논문』(1905)의 첫 번째는 동성애에 대한 것으로, 그때 당시에도 이 주제가 중요하였음을 보여 준다. 그러나 Freud는 그의 생애 말기까지, 남근기에 가서야 구별이 시작된다고 확신하였다. 『정신분석학 개요(Outline of Psychoanalysis)』(1938)에서 그는 다음과 같이 썼다. "남근기와 그 과정에서 초기 아동기의 성(sexuality)은 최고에 다다르고 그것의 해소(dissolution)에 접근한다. 따라서 소년과 소녀는 다른 역사를 가진다."[9] 비록 Johns와 다른 사람들이 이 입장에 대해 반대했었고 이미 1923년에 그 점을 분명히 밝혔었지만, Freud는 생각을 바꾸지 않았다. 이후 많은 경험적인 연구가 출판되었고, 분석가들은 일반적으로 Freud의 견해가 실수였다는 것을 인식하게 되었다(Fliegel, 1973; Schafer, 1974).

성별 정체성(gender identity)에 관한 가장 광범위하고 경험적인 연구는 Stoller에 의한 『성과 성별(Sex and Gender)』(1968)이다. 그의 주된 결론은 다음과 같다.[10] 첫째, 성별(gender)이라고 불리는 성(sexuality)의 측면들은 주로 문화적으로 결정된 것이다. 즉, 태어난 후에 학습된 것이다. 이 학습 과정은 비록 점진적으로 증가하는 자아의 발달로 그 효과가 유아에 나타나지만, 태어나면서 시작된다. 이런 문화적 과정은 사회로부터 비롯되지만 그것의 감각은 어머니를 통해 전해지므로, 실질적으로 유아에게 영향을 끼치는 것은 사회의 태도에서 유래된 어머니 특유의 견해(version)이다. 둘째, 성별 주체성(gender identity)은 주로 학습되는 반면, 그것에 기여하는 생물학적인 힘이 있다.

유아에 대한 가장 광범위하고 직접적인 정신분석적 관찰은 Mahler와 그녀의 동료들(1975)의 업적이다. 그들은 소녀들이 해부학적 성의 차이를 때때로 16~17개월이나 심지어 더 이르게, 그러나 대개는 20~21개월에 깨닫는다는 것을 발견하였다. 그러나 소년들이 자신의 남근을 발견하는 것은 보통 훨씬 더 일찍 일어난다. 이 발견에 들어 있는 감각-촉각 요소는 인생 초기 1년으로 소급될 수도 있으나(Roiphe and Galenson, 1972, 1973), 그것의 정서적인 영향에 대해서는 불확실하다. 12~14개월경 직립 자세가 남근의 시각적이고 감각 운동적 탐색을 용이하게 한다. 이것은 아마도 구역별 성욕화(zonal libidinalization)에서의 성숙하는 발전과 결합해서, 이 정교하게 감각적이고 만족감을 주는 기관에 대한 더 큰 부착(cathexis)으로 이어진다.

Freud의 견해와 다르게, 성별 차이의 인식이 항문기에서 처음 일어난다는 것은 상당히 분명하며, 다른 연구들은 아이의 성별(gender)에 대한 부모의 결정이 출생 이후에 계속 일어날 수 있다는 것을 보여 준다. 이와 같은 관찰은 행동 연구와도 잘 들어맞을 것이다(Maccoby and Jacklin, 1974). 성별(gender)의 해석과 차후의 정교화는 다양한 정도의 중요성을 가진 생물학적인 요소와 함께 전 가족 구조에 달려 있다. 심지어 아이의 성(sexuality)이 해부학적으로 잘못되어 있는 경우에도 그것은 사실이다(Money and Ehrhardt, 1972).

최근 수년 동안 반분석적 저자들은 동성애를 포함한 성전환증(transsexualism)의 '생물학적' 근거와 개인이 심리적으로 받아들일 수 있는 것으로 성을 바꾸기 위한 수술적 개입의 '필요'를 중요하게 생각해 왔다(Green and Money, 1969; Green, 1974). 그 논쟁은 보통 "정신치료는 이런 환자들에게는 효과가 없다."라는 노골적인 주장에 의해 지지를 받았다. 사실, Bieber의 연구(1962)는 정신분석이 동성애자들을 이성애자로 전환하는 데 상당 비율로 효과가 있다는 것을 보여 주었다. 동성애를 '성적 지향 상실장애(sexual disorientation disturbance)'로 바꾼 미국정신의학협회(American Psychiatric Association)의 불합리한 행동은 Kardiner(Socarides, 1974, 1978)에 의해 **사회적 고통 증후군(social distress syndrome)**의 부분이라고 적절히 특징지어졌다.

부모의 인격

초기 Freud는 환자 부모의 인격 구조에 별다른 관심을 보이지 않았다. 그의 관심은 주로 리비도적 발달 단계를 밝히는 데 있었고, 그는 이것이 생물학적으로(오늘날 우리는 생리학적이라고 말한다.) 결정되는 것으로 인식하였다. 그러나 조금씩 초점이 이동하였다. 중요한 추동력은 어머니는 주요한 정서적 보살핌을 제공한다는 유아 연구로부터 나왔다. 어머니가 이런 보살핌을 제공하는 데 실패하면 거절하는 어머니, 박탈하는 어머니, 남근적 어머니, 조현병을 유발하는 어머니 그리고 과잉보호하는 어머니와 같은 개념으로 이어졌다.

어머니는 나중보다 유아기에 더욱 강력한 존재이고, 따라서 그녀의 영향력은 더욱 대단해진다. Spitz(1965)는 이미 그의 선구적인 연구에서, 어머니가 보다 정상적일수록 아이가 성기 놀이를 더 일찍 하는 반면, 우울해 있는 어머니는 분변에 집착하는 아이를 만들어 내는 경향이 있다고 하였다(따라서 분변 집착은 생물학적으로 '주어진' 것이라는 Freud의 초기 언급을 수정한다). Sylvia Brody(1956)는 어머니가 그들의 유아를 먹이는 방식을 네 가지 유형으로 나누었는데, 그것은 주로 유아의 필요를 적절하게 알아채고 맞춰 줄 수 있는 사람이냐 할 수 없는 사람이냐이다. 그녀의 연구 대상은 4~28주 된 유아였다. 그녀의 가장 최근 연구에서(Brody and Axelrad, 1978) 그녀는 유아기에 따뜻하고 공감적인 어머니가 건강한 사회적 · 감정적 · 지적 발달의 가장 중요한 단 하나의 토대라고 언급하였다.

유아가 나이 들어 감에 따라 상황은 훨씬 더 복잡해진다. Winnicott(1975)는 "세상에 아기라는 그런 것은 없습니다. 오직 특정 환경에 처한 아기가 있을 뿐입니다."라고 말함으로써 그의 청중을 놀라게 하곤 하였다. 오랜 시간 동안 환경의 주요한 부분이 어머니이기 때문에, 그가 어머니와 유아의 상호 관계의 경험(mother-infant experience of mutuality)이라고 부르는 것으로 강조점이 이동하였다.

가족역동의 등장

제2차 세계대전 이후, 많은 이론가는 정신사회적 체계로서 가족을 점점 강조하였다. 아이는 관념 속에 존재하는 것이 아니라 부모가 하는 것과 관련해서 존재한다는 것이 인식되었다. 그리고 다시 부모는 아이에 의해 영향을 받는다. 그 전체는 가족역동(family dynamics) 또는 가족 체계(family system)라는 관점의 접근으로 이어진다.

많은 저자가 전반적인 가족의 중요성을 이미 기술한 가운데, 가족을 심리적 체계로서 분명하게 기술한 정신분석가가 쓴 첫 번째 책은 Ackerman의 『가족생활의 정신역동(Psychodynamics of family life)』(1958)이다. 그는 이 책에서, 인격은 그것이 존재하는 가족이라는 모체(family matrix)를 도외시하고는 적절하게 이해될 수 없다는 점을 기술하였다.

주요한 관심의 초점인 아이를 양육하는 기술과 아이에게 제공되는 양육적 보살핌의 감정적 질은 매우 중요하지만, 그것이 모두는 아니다. 아이의 발달은 그의 가족의 역동 조직(organization)에 의해 안내된다. 이 역동 조직은 아이의 욕동에 통로를 만들고(channels) 아이를 적절한 성별과 세대 역할로 향하게 한다. 아이는 자라서 관습(institutions)과 사회적 역할을 내면화해야 하고 또한 문화를 동화한 사람들과 동일시해야 한다. 아이는 동일시를 통해서뿐만 아니라 부모상에 대한 반응과 그들과 상호적인 역할을 발견함으로써 성격을 획득한다. 사회적 역할과 관습(institutions)의 가치와 의미에 대해 아이가 이해하는 것은 그의 부모가 자신들의 역할을 수행하고, 다른 사람과 관계하고, 다른 맥락에서 행동하는 방식에 의해 분명하게 영향을 받는다.

가족역동의 개념은 정체성이 가족 구조에 의해 아이에게 강제되는 것이지, 의식적인 가능성으로서 제공되는 것이 아니라는 견해를 담고 있다. 지난 25년 동안 쌓인 상당한 임상적 증거들은 다른 유형의 가족 구조는 다른 유형의 정신병리를 이끌어 낸다는 것을 보여준다. 연구들은 많은 수의 정신병리와 가족 구조의 연관성을 보여 주었다. 이 정신병리는 조현병(Lidz et al., 1965), 공포증(Strean, 1967), 정신신체질환(Meissner, 1966), 비행(Ferreira, 1960), 중독(Ewing et al., 1961), 동성애(Bieber et al., 1962), 우울증과 자살(Goldberg and Mudd, 1968)을 포함한다.

정신병리가 가족 분위기의 결과라는 생각의 연장선상에서, 1960년대와 이후의 몇몇 저자는 가족의 유형론들을 제안하기 시작하였다. 일반적인 유형론들처럼, 이것들은 뚜렷하게 성공적이지는 않았으나 시사하는 바가 많다. Stierlin(1972)는 만족감의 초점이 주로 가족 내에 있는 구심형(centripetal)과 만족감의 주 근원이 가족 외부에서 발견되는 원심형(centrifugal)으로 가족을 나누었다. 더 흔한 것은 Beavers(1977)가 제안한 일반적인 유형의 분류인데, 가족을 심하게 비기능적인 가족, 중등도 가족, 건강한 가족으로 구분한 것이다.

Flugel(1921)의 『가족의 정신분석적 연구(The psychoanalytic study of the family)』와 같은 더 오래된 치료와 보다 최근 문헌의 비교는 이론에서 일어났던 대규모의 변화를 보여 준다. 초창기 Freud를 따랐던 Flugel은 가족이 생물학적으로 결정된 아이의 본능적 필요를 좌절시키거나 충족시킨다고 보았다. 이후 이런 지나친 단순화는 자기상, 정체성 형성, 안전 그리고 가장 최근에는 전체적인 가족의 감정적 분위기가 개인의 삶의 양상에 결정적인 힘이라고 여기는 것으로 대체되었다.

불행하게도 가족분석은 주로 가족치료자들(e.g., Nathan Ackerman, Salvador Minuchin, Helen Stierlin)에 의해 추구되어 왔는데, 이들은 어렵게 얻은 정신분석의 통찰력을 무시하거나 심지어 버리는 경향이 있어 왔다. 반면, 더 전통적인 분석가들은 가족 연구로부터 나온 자료들을 무시하는 경향이 있어 왔다. 사람에 대한 이들 두 정보의 근원이 곧 더욱 만족스럽게 합쳐져야 할 것이라는 사실은 의심의 여지가 없다. 왜냐하면 각 관점은 서로가 간과한 중요한 통찰들을 제공하기 때문이다.

자아심리학적 고찰

Freud가 남긴 어떤 틈을 채우는 것에 추가하여, 지금까지 항문기를 대하는 태도에서 가장 중요한 변화는 이드의 강조로부터 자아심리학적 고찰(ego-psychological considerations)로의 이동이었다. 이것은 Freud의 욕동 도식을 발달의 전체 정신사회적 도식으로 확장하는 것으로 간주될 수 있는데, 그중에서 Erikson의 개인 인생 도식 개요가 가장 폭넓게 사용되는 예이다. 이것은 아래에서, 자아심리학에서의 변화가 기술된 후에 더 충분히 논의된다. 여기에서 언급될 요점은 항문기의 리비도적 욕동이 다른 리비도적 욕동처럼 오직 보다 넓은 대인관계적 그리고 가족적 맥락 안에서 적절히 이해될 수 있을 뿐이라는 것이다.

오이디푸스기

오이디푸스 콤플렉스의 구조는 Freud에 의해 아주 철저하게 잘 다루어져서 본질적인 변화는 일어나지 않았다. Freud의 입장 확인과 확장만 있었다. 물론 자아심리학으로의 보다 폭넓은 이동도 있었다. 자아심리학은 오이디푸스 갈등을 초기 의견의 정확성을 변화시키지 않고 새로운 관점에 배치하였다.

오이디푸스 콤플렉스의 보편성에 대한 논쟁들이 제기되어 왔다. 많은 문헌이 트로브리앙(Trobriand)[3]섬 사람들 사이에서는 우리 문화에서 아버지가 하는 역할을 삼촌이 한다(Fine, 1973)는 점에서 오이디푸스 콤플렉스는 보편적이지 않다는 것을 '증명'하는 것으로 Malinowski를 잘못 인용하였다. Malinowski가 실제로 한 말은 다음과 같다.

> 가족은 모든 친족이 예외 없이 소속되고 혈통과 유전의 규칙에 의해서 자손의 사회적 위치

3) 역주: 파푸아뉴기니에 있는 군도.

가 결정되는 생물학적인 집단이다. 보이는 것처럼, 이 관계는 결코 사람에게 무관해질 수 없고 계속 존속되어야 한다. 그래서 문화는 동물의 왕국에는 그 원형이 없는 새로운 종류의 유대를 창조한다. 그리고 우리가 보게 되듯이, 문화가 본능적 자질과 자연의 전례를 뛰어넘는 이 매우 창조적인 활동에서, 문화는 또한 사람에게 심각한 위험을 만들어 낸다. 성에 대한 유혹과 반항에 대한 유혹이라는 두 가지 강력한 유혹은 자연으로부터 문화적 해방(emancipation)이 되는 바로 그 순간에 일어난다. 인간 발달의 첫 단계에 대한 책임이 있는 집단 내에는 근친상간의 경향과 권위에 대한 반란이라는 두 가지 주요한 인간성(humanity)의 위험이 있다.[11]

그러나 다른 인류학자들은 오이디푸스 콤플렉스의 보편성에 대해 의문을 가졌다. 경향들로 본다면 갈등의 두가지 측면, 즉 근친상간과 반란이 보편적으로 보일 수 있다. Roheim(1952)은 그 시절에 가능한 증거를 모았다. Murdock(1949)은 핵가족이 보편적인 인간 집단 이루기라는 것을 보여 주었다.[12] 그가 조사한 250개의 문화에서 하나의 예외도 찾지 못하였다. 그것은 가족의 만연한 형태이거나 더 복잡한 가족의 형태가 구성되어 나오는 기본 단위였다.

더욱 인상적인 것은 동물에서 밝혀진 일부 증거들이다. Lucy라는 이름의 침팬지를 자신의 딸로 양육한 심리학자 Temerlin(1975)은 Lucy가 성적 활동이 가능한 연령에 도달하였을 때 다른 남성들을 매우 노골적으로 성적으로 유혹하면서도 그를 피하기 시작했다고 보고하였다.[13] 그리고 Van Lawick Goodall(1971)은 자연 거주지 내의 침팬지 관찰에서 침팬지의 어머니와 아들 사이에는 결코 어떠한 성관계도 목격되지 않았다고 보고하였다. 게다가 어린 침팬지들은 함께 자라면서 다른 침팬지들과 '교미 놀이(play copulate)'를 하곤 하지만, 암컷은 배란이 시작되자마자 그들이 양육되었던 무리를 떠나 낯선 무리에 합류해서 혈연관계가 없는 수컷과 자식을 낳는다.[14]

근친상간 금기의 기원은 풀리지 않은 문제로 남아 있다. 그러나 Mayr(1970)는 동물과 식물 종들에서 심각한 동종 교배는 '근교약세(inbreeding depression)'[4)]를 일으킬 수 있고, 이것은 번식력 상실, 질병 감수성 증가, 기형 발생, 대사장애 등으로 나타난다고 언급하였다. "무한한 실험실 자산을 동종 교배 탓에 잃어버렸다."[15] Ember(1975)는 동종 교배의 위험이 인간 사이의 근친상간 금기를 설명할 수 있다는 것을 보여 주려고 노력하였다.

---

4) 역주: 近交弱勢. 진화적으로 타가수정을 따르는 동 · 식물에서 자식이나 근친교배를 하면, 이로부터 얻어진 다음 세대의 개체들이 생활력이나 생존력이 현저하게 감퇴되는 현상. 자식약세(自殖弱勢)라고도 한다.

Freud가 기술한 오이디푸스기의 모든 특징을 인정한다 하더라도, 자아심리학으로의 이동은 보통 말하는 오이디푸스 요소보다는 전체적인 가족 구조로 초점을 바꾸었다. 다시 이것은 넓은 탐구 영역으로 이어졌는데, 이것에 대한 충분한 고려는 제17장, 문화에 대한 정신분석적 접근을 위해 남겨 두었다.

잠복기

Freud는 잠복기(The Latency Phase)에 대해 기술하였지만 그것에 대해서는 말한 것이 거의 없다. 1945년에 Fenichel은 유아기와 청소년기는 훨씬 많이 탐색된 데 비해서 잠복기 문제는 여전히 연구가 필요한 것이 매우 많다고 언급하였다.[16]

Sarnoff(1976)는 최근 자신의 경험과 이 시기에 대한 문헌을 요약한 책을 출판하였다. 그의 뒤를 이어, Bornstein(1951), Blos(1962) 그리고 다른 이들은 잠복기를 6세에서 8세, 8세(또는 9세)에서 11세, 11세에서 사춘기 등 세 개의 하위 기간으로 나누었다. 각각의 기간은 다른 성숙의 특징을 보인다.

Freud로부터 기인한 고전적인 기술에서는 성적 발현이 이 시기에는 잠잠하다고 하였다. 특히 자위행위의 깊은 억압이 있으며, 그리고 그것은 그 나이의 큰 유혹과 문제로 남아 있다. 초기의 분석가들이 이 시기를 소홀히 한 것은 실제로 소아 환자가 없었다는 부가적인 요인이 있긴 하였지만, 자위행위와 또 다른 직접적인 리비도적 발현에 대한 집착 때문이었다. (그러나 Freud가 어린 환자들을 분석하려고 시도하였던 것은 널리 알려지지 않았다. 예를 들면, 『꿈의 해석(The interpretation of dreams)』에서 언급한 12세 소년과 14세 소년은[17] 모두 그의 환자이다. 분석에서 그는 그들의 성적인 경험에 초점을 맞추었다.)

아직도 자위행위는 이 시기의 갈등이라고 인식되고 있다. 그러나 생각에서 일어난 주요한 변화는 자아와 초자아 발달에 대한 더 큰 강조와 아이가 거치는 의미 있는 대인관계 경험과 관련된다. 이것들은 제15장에서 더 충분히 다루겠지만, 여기에서는 일어나는 욕동 변화에 어떤 지식이 있는지와 더불어 간략하게 요약하였다.

Freud가 지적했듯이, 6세에서 8세까지의 잠복기의 첫 번째 부분은 오이디푸스 콤플렉스의 통과와 초자아형성으로 특징지어진다. 초자아형성이 아이를 학교에 갈 수 있게 하지만, 아이는 여전히 부모에게 상당히 매여 있다. 6세경, 나이가 같거나 비슷한 또래와의 첫 **사랑 사건(first love affair)**이 있는데, 이것은 10세까지 다양할 수 있다(Fine, 1975b). 이것은 지속되는 동안 상당히 강렬한데, 꽤 짧은 기간 후 그만둔다. 초자아의 공고화와 자아기전의 강화가 주요 관심으로 남는다.

8세부터 10세(또는 11세)까지의 두 번째 시기는 소년들과 소녀들 모두에서, 또래를 향한 이동과 또래 집단의 형성에 의해서, 그리고 상당한 내분비적인 변화에 의해 특징지어진다. (정확한 나이는 여기에서 상당한 변동성을 보인다. Tanner(1972)에 따르면, 사춘기의 발현은 정상 인구집단에서 4년까지 차이날 수 있다.)

사춘기에 일어나는 신체적 변화는 매우 두드러져서, 그것들은 이전에 발생하는 신체적 · 호르몬적 변화를 무색하게 하였다. 최근 연구들은 소년들에서 약 8세쯤 시작하는 광범위한 호르몬 변화가 있고, 7세에서 8세의 소녀들에서는 에스트로겐 물질이나 그 전구체가 발견된다는 것을 밝혔다(Schechter et al., 1972). Kestenberg(1967)는 생화학적 그리고 심리적 자료들로부터 정보를 모아 7세에서 8세 사이 여성의 내부 생식기와, 10세에서 11세 사이의 남성 외부 생식기의 발달에 따른 남성과 여성의 명백한 호르몬 물질의 변화를 보여주는 도표를 적합하게 작성하였다. 또한 Anita Bell(1965)의 연구에서 음경과 고환의 성장이 아마도 이 시기보다 선행한다는 제안도 있었다. 호르몬이 사춘기 수준 정도로 상승하는 것은 그 이전부터 시작한다. 소년들에게서는 9세에서 11세 사이에 시작된다(Money and Ehrhardt, 1972). Scott(1962)는 이 시기를 행동 발달에서 중대한 기간이라고 생각하는 증거를 요약하였다.

나중에 진정한 사춘기(puberty proper) 때에 일어나는 것보다는 아이와 어른이 알아차리기에 변화가 훨씬 덜 뚜렷함에도 불구하고, 사실상 모든 사회는 이 연령의 아이들을 사회적으로 규제하기 위해 새로운 조치를 할 수밖에 없었다는 것을 알게 되었다. Cohen(1966)은 이 시기에 두려워하는 큰 위험은 남매간 근친상간이며, 따라서 남매를 떨어뜨려 놓는 조치가 만들어졌다는 많은 문화로부터의 증거를 요약하였다. 두 가지 일상화된 관습은 **남매 기피(brother-sister avoidance)**와 **남매 구축(brother-sister extrusion)**이다. 보통 후자의 경우 구축되는 것은 소년이고, 다른 곳에 살도록 강요된다.

11세부터 사춘기까지 동성애 시기가 있다(종종 전청소년기preadolescent 동성애 또는 전사춘기prepubescent 동성애라고 일컫는다). 이 기간에는 가장 강력한 리비도적 애착이 보통 같은 연령의 동성에게 일어나지만, 드물지 않게 부모 대리자나 자아이상인 나이 많은 남자 혹은 여자에게 향하기도 한다. Kinsey(1948, 1953)는 우리 사회의 동성애 발생률의 광범위한 통계적 자료를 발표하였다. 절반 이상의(57%) 남자가 모종의 전 사춘기 성적 놀이를 회상하였는데, 대개 8세에서 13세 사이에 나타났지만 일부는 어느 연령에서나 나타났다. 그 대부분은 같은 나이의 소년들과 함께였다. 소녀들에게서는 발생률이 다소 낮았고(33%) 그리 오래 지속되지 않았다. 게다가 동성애적 놀이를 한 소녀들 중 겨우 5%만이 청소년기에도 지속하였다. 반면, 소년들은 42%가 지속하였다.

대인관계적 관점에서, Sullivan은 이 연령에 **단짝 친구**(chum)의 중요성에 대해 기술하였다. 이것은 강렬하고 중요한 경험인데, 이 관계는 아이가 가족 외의 동성 인물에게 갖는 첫 번째 주요 애착이기 때문이다. 단짝 친구와 함께 있고자 하는 지속적인 욕구가 있고, 단짝 친구의 안녕이 자신의 것만큼 중요하다는 이타적인 태도가 발달한다. Sullivan(1940)은 이 시기에 이런 단짝 친구 관계를 형성하지 못한 사람들은 나중에 조현병 같은 질병이 발생할 가능성이 높다고 주장하였다.

청소년기

청소년기(Adolescence)는 Freud가 『성에 관한 세 편의 논문』(1905)과 많은 다른 연구에서 큰 분량으로 논의하였다. 그가 성(sexuality)의 해방을 이끌었던 대단한 발견을 한 것은 여기였다. 즉, 성적 소망은 사춘기 때 갑자기 솟구치는 것이 아니고 긴 발달의 역사를 가지며, 목적과 대상의 관점에서 추적될 수 있다. 이 내용은 Freud에 의해 아주 철저하게 논의되어 모든 심리학과 정신과학에 포함되었다.

청소년기 반응에 대한 이미지의 변화는 주로 자아심리학, 대인관계, 문화적 영향력의 영역에서 일어났다. Erikson의 정체성 혼란이라는 개념은 이미 언급되었다. 이런 변화들은 광범위하지만, 원래의 이론을 어떤 기본적인 방향에서 바꾸지 않는다.

청소년기의 단계

청소년기에 대한 선도적인 권위자들 중의 한 명인 Peter Blos는 1962년 청소년기 발달에서 다양한 성장 단계(Stages)의 상세한 분류를 제안하였다. 이것은 매우 유익한 것으로 증명되었다. Blos는 일곱 개의 다른 단계를 구분하였다.

1. 잠복기, 도입부 잠복기(the latency period)는 사춘기의 욕동 증가를 맞닥뜨릴 준비를 하도록 아이에게 자아발달이라는 장비를 공급한다. 결과적으로, 아이는 본능적 에너지를

단순히 성적 · 공격적 긴장의 증가로 경험하는 대신, 분화된 정신적 구조와 정신사회적 활동으로 전환시킬 수 있다.

2. 전 청소년기 전 청소년기 동안 본능적 압력의 양적인 증가는 인생의 초기 몇 년 동안 아이에게 잘 기여해 왔던 만족의 모든 그런 리비도적 · 공격적 방식의 무차별적인 부착(cathexis)을 일으킨다. 새로운 애정 대상도 새로운 본능적 목적도 이 시기에는 아직 식별할 수 없다.

3. 청소년기 대상 선택 청소년기(초기 청소년기와 진정한 청소년기 모두)와 일반적으로 연관되어 있는 마음과 신체 상태는 전 청소년기와 분명하게 다른 특질을 갖는다. 그 차이는 훨씬 풍부하고 넓은 정서적 삶에서, 성장을 겨냥한 좀 더 목표 지향적인 방향으로의 전환에서, "나는 누구인가?"에 대한 대답을 스스로 정의하려는 끈질긴 시도에서 나타난다. 대상관계의 문제가 중심 주제로서 전면으로 이동한다. 그리고 그것의 변화는 이후의 두 시기의 전체 정신적 발달에 영향을 끼친다. 그러므로 이 시기를 전 청소년기로부터 구분하는 것은 단지 양적 욕동의 증가로부터 명백히 새로운 욕동의 질이 등장하는 것으로 이동하는 것이다.

4. 초기 청소년기 사춘기 성숙은 정상적으로 소년을 전청소년기의 방어적인 자기충족(self-sufficiency)과 전성기적 욕동 부착(cathexis)에서 나오게 만든다. 마찬가지로, 소녀는 여성성(femininity) 발달로 나아간다. 이제 소년과 소녀는 모두 가족 외부에 있는 리비도적 대상에게 더욱 강력하게 돌아선다. 즉, 다시 말하면 초기의 대상과의 유대로부터 진정한 분리 과정이 시작된 것이다. 이 과정은 궁극적이고 이상적으로, 성숙한 대상관계가 확립될 때까지 다양한 단계를 거쳐 진행한다. 초기 청소년기의 독특한 성격은 근친상간적 애정 대상의 탈부착(decathexis)에 있다. 그 결과로, 자유롭게 움직이는 대상 리비도는 새로운 거처를 요구한다.

5. 진정한 청소년기 대상관계를 추구하거나 반대로 적극적으로 그것을 피하는 것은 진정한 청소년기 동안에 일어나는 심리적 발달을 설명한다. 이 기간 동안 대상관계 추구는 새로운 측면을 띠는데, 이것은 전 청소년기 및 초기 청소년기 동안 우세하였던 것과 다르다. 자기애적이고 양성애적인 입장을 버림으로써 가능해지는 이성애적 대상 찾기가 진정

한 청소년기 심리 발달의 특징이다. 좀 더 적절하게는 성에 적합한 욕동(sex-appropriate drive)이 우세해지고 자아에게 차츰 더 커져 가는 갈등적인 불안을 떠안긴다는 것을 서서히 확인하게 된다고 말해야 할 것이다.

6. 후기 청소년기 후기 청소년기(late adolescence)는 주로 공고히 하는 시기이다. 이 시기는 다음의 것들, 즉 자아기능과 흥미의 매우 특이하고 안정적인 배치, 갈등 없는 자아영역의 확장(2차 자율성), 성기기적 성숙(genital primacy)으로 요약되는 돌이킬 수 없는 성적 입장(정체성 항상성identity constancy), 대상표상과 자기표상의 비교적 일관된 부착(cathexis), 그리고 정신적 유기체의 통합을 자동적으로 보호하는 정신기관의 안정화 등을 포함한다. 청소년 후기(postadolescence) 동안 내적 일관성의 어떤 한계 내에서 평형에 도달할 때까지 각각의 요소는 피드백 체계라는 관점에서 서로 영향을 미친다.

7. 청소년 후기 청소년기에서 성인기로의 이행은 양 시기 사이에 있는 청소년 후기(postadolescence)로 특징지어진다. 이 청소년 후기는 양 시기의 어느 쪽이라고 주장될 수도 있고, 실제로 어느 쪽으로도 보일 수 있다. 이런 개인을 보통 젊은 성인이라고 칭한다. 전체적인 성취는 아직 조화가 부족하다. 자아발달과 욕동 조직화라는 측면에서, 정신적 구조는 고정성(fixity)을 획득하여 청소년 후기에 있는 사람이 인격의 요소 부분들을 조화시키는 문제로 향하도록 한다. 이 통합은 점진적으로 일어난다. 이것은 보통 직업 선택과 동시에 또는 직업 선택을 대비하여 일어난다. 이 나이의 가장 중요한 관심 중 하나는 자기애적 균형을 자동적으로 방어하는 안전장치의 정교화이다.

Blos에 따르면, 용어상으로 보통 막연히 청소년기라고 말하는 것은 본능적 재구조화의 기간에 주로 국한되어 있다. 자아통합 과정은 청소년기 폭풍우가 지나간 이후에도 작동을 그치지 않고, 사실 그것은 그 시기에 가장 필수적이고 지속적인 조정을 겪는다.

문헌과 조직

청소년기에 대한 문헌은 이제 매우 방대해져서 어떤 단순한 검토를 통해 아우를 수 없게 되었다. 1958년 뉴욕에서 청소년정신의학회(Society for Adolescent Psychiatry)의 형성은[18] 청소년기의 연구가 독립적인 단계에 도달했다는 것을 나타낸다. 이 학회는 『청소년정신의학(Adolescent Psychiatry)』이라는 제목의 훌륭한 책 시리즈를 후원해 왔다. 첫 번째 책이

1971년에 출판되었고, Sherman C. Feinstein, Peter Giovacchini, and Arthur A. Miller가 편집하였다. 청소년에 대한 최고의 현재 사조를 포함하고 있는 이 시리즈의 제 5권은 1977년에 출판되었다.

부모기

Benedek(1959)은 별개의 발달 시기로서 부모기(Parenthood)에 처음으로 주의를 환기시킨 사람이었다. 이 시기는 개인이 이미 성숙한 성인(생물학적으로 말하면)일 때에 일어나기 때문에, 아이와의 상호작용이라는 관점에서만 이해될 수 있다. 변동하는 정신 경제(psychic economy)는 대인 간 소통과 접촉의 상호 관계에 의해 설명된다. 아이의 행동에 반응하여 부모는 그들의 표면 행동을 유발하는 기분 변화뿐 아니라 잠재하는 갈등을 깨우고 그들을 다양한 종류의 병리적 상태로 만들기 쉬운 정신 내 체계에서의 이동(shift)을 경험한다. 정신 경제의 균형은 부모의 내재화된 발달 경험과 아이의 요구와 행동에 대한 그들의 현재 반응 사이의 갈등으로부터 야기된 긴장의 결과에 달려 있다. 이러한 부모의 행동을 야기하는 이중 기원의 심리는 보편적이며 발달하는 자녀의 자율성이 성장함으로써 수반되는, 부모가 해야 하는 모든 적응에 있어서도 그러하다.

1974년에 미국정신분석협회(American Psychoanalytic Association)가 개최한 부모기에 대한 패널은 과일반화에 대하여 경고하였다(Parens, 1975). 요약하면, Parens는 발달 단계로서 부모기에 대한 모든 고려는 다음 질문에 대답할 수 있어야 한다고 언급하였다. 즉, 어느 후생적 과정이나 발달선상에 그것이 관련되어 있는가? 이 질문은 전체 인격의 후생적 발달에 대해 널리 사용되고 용인되는 공식의 명확성이 부족하다는 것에 주의를 집중시켰다. Parens는 아마도 명확성이 부족한 것은 인격 발달의 공식화를 위하여 정신성적 모델에 너무 의지한 결과 같다고 주장하였다. 정신성적 발달기의 적절한 후생적(epigenetic) 결과가 성인기보다는 부모기로 마무리 지어질 수 있는 것으로 보인다. 정신성적 발달선이 전체 인격 발달에 큰 기여를 함에도 불구하고, 그는 정신성적 발달선을 전체 인격 발달선으로부터, 특히 자기의 개념과 관련 있는 발달선으로부터 구분하는 것이 유익할 것이라고 결론지었다.

중년기

보통 말하는 중년기(The Middle Years)의 삶을 다룬 정신분석적 연구는 거의 없다. 이 단계에 대한 정신분석적 이해는 성인의 일반적인 이해와 동일할 것이다.

1972년 미국정신분석협회(American Psychoanalytic Association)의 패널 토론은 문헌에서 발견하게 되는 이 단계에 대하여 가장 광대한 관심을 기울였다. 이 패널 토의의 흥미로운 혁신은 정신분석과 관련 학문 사이의 증가하는 협력의 또 다른 예로서, Bernice Neugarten(University of Chicago의 인간 발달 교수)이 만든 중년기의 정상 발달에 대한 종합적인 자료였다. 패널 토론의 전체 발표는 이제는 인생 주기를 통틀어 매우 중요해 보이는 분리와 개별화의 경험이 어떻게 중년기에 작동하는지에 집중되어 있었다. 한 토론자는 사회적 · 정치적 자유는 건강한 대상관계와 사랑에 뿌리를 둔 분리-개별화에 대한 '생물학적인 욕구'에 달려 있다는 의견을 제시하였다. 우리 문화에서 그런 자유는 능력 확장, 흥미 추구, 쾌락 실현에 대한 기회를 제공한다.

노년기

현 세기를 특징짓는 장수의 증가와 함께, 상당수의 정신분석가가 노년기에 대한 정신역동적 관점을 제안하였다. Robert Butler(1967)는 노화 과정의 경험, 죽음이 다가옴, 죽어가는 것 그리고 인생의 마지막 시기에 수반되는 개인적 · 사회적 경험들에 대한 심리를 연구하였다. 그는 이것들을 모두, 소위 '인생 재음미(Life review)'라고 하는 것으로 함께 묶었다. 인생 재음미는 정상적이고 일반적인 과정으로 구체화되었는데, 죽음에 가까워지는 느낌에 의해 유발되고, 현재의 고립 경험에 의해 촉발되고 강화되며, 창조적 · 적응적 · 병리적 또는 이들의 조합 등의 다양한 관찰 가능한 결과들에 이르게 한다. 인생 재음미는 임박한 죽음에 대한 느낌과 인격 변화 사이를 중재하는 과정으로, 그리고 죽음에 대한 준비로 간주된다. 그 시작, 경과 그리고 결과의 특성은 평생 발현되는 성격에 주로 영향을 받는다.

많은 노인에게 창조적인 잠재력이 존재한다는 풍부한 증거가 있다. 나이에 따라 성취가 감소한다는 Lehman(1953)의 일반화에도 불구하고, 셀 수 없이 많은 노인이 세계의 복지에 많은 기여를 해 왔다. Butler는 인생 재음미가 많은 창의적 재능을 찾아내고 펼치는 데 자극이 되기를 희망한다고 하였다.

많은 관찰에서 희망은 확실한 죽음에 직면해서조차 생명을 연장하는 경향이 있는 반면, 절망은 죽음을 재촉하는 것을 보여 준다. Weisman과 Kastenbaum은[19] 한 기관에서 노인의 죽음을 둘러싼 사회적 환경과 감정적인 환경을 연구하였다. 그들은 환자의 마지막 병이 생기기 몇 주 전에 중요한 개인적(personal) 상실이 빈번하게 일어났었다는 것을 발견하였다. 제시되었던 한 예는 추수감사절에 그의 아이들과 짧은 재결합을 기대하였던 상당히 원기 왕성하였던 남자의 경우이다. 휴일이 도래하였을 때, 아무도 오지 않았다. 그는 설명을 기다렸으나 허사였다. 그는 어떤 불평도 하지 않았으나, 일상적인 활동을 재개하지 않았다. 그의 만성적인 호흡기 질환은 악화되었고, 바로 그 후 그는 사망하였다. 심지어 동물 실험에서, 절망감과 같은 느낌이 갑작스런 죽음을 촉발시킨다는 실험적 증거를 Curt Richter(1959)는 노르웨이 쥐에서 수집하였다.

미국에는 노인 환자의 과잉 입원 경향이 오랫동안 있어 왔다. Haas(1963)의 연구는 정신병원에 있는 노인 인구가 영국, 스칸디나비아, 스위스에서는 10~13%인 것에 비해 미국은 32%라고 보고하였는데, 이들 유럽 국가들이 총인구에서 미국보다 25% 더 많은 노인이 있음에도 불구하고 그러하다. 많은 이유가 제안되었는데, 그중 하나는 미국의 젊은이 선호 문화가 노인의 부적절감을 증가시키고 자존감을 낮춘다는 것이다. 현재의 탈입원화하는 경향에 따라, 이 비율은 감소할 것이다.

Eissler(1955)는 정신과 의사와 임종 환자라는 주제에 대해 책을 썼는데, 그의 주요 권고는 환자가 정확한 사실을 들어서는 안 된다는 것이었다. Weisman(1972)은 마지막 단계의 역동을 가장 분명하게 기술하였다. 그는 치명적인 질병의 과정에 대한 개인적 반응을, ① 일차적 인식, ② 확정된 질병의 수용, ③ 마지막 쇠퇴, 세 가지 단계로 구분하였다. 각 단계는 다른 정도의 부인(denial)과 수용(acceptance)을 보여 준다. 1단계는 부인과 연기(postponement)를 보인다. 2단계는 죽음에 대한 걱정의 완화(mitigation)와 전치(displacement)로 특징지어진다. 3단계에서는 역제어(counter-control)와 중단(cessation)이라는 문제들이 나타난다. 그러므로 이 마지막 질병의 역동은 부정으로 시작하여 이 부정을 이후에 어떻게 다루느냐의 변천으로 이어진다.

죽음에 대한 보다 현실적인 태도, 노인의 잠재적 자산의 인식, 노인의 삶의 방식이 유지될 수 있는 방법의 인식, 의학적 관리의 향상들이 모두 인생의 마지막 부분을 과거에 많은 사람들에게 그래 왔던 것보다 더 의미 있고 중요한 경험으로 만드는 데 기여할 수 있다는 것은 상당히 분명하다. 노인들과의 치료적 작업을 통해 그들도 젊은 사람들이 그렇듯이 여러 가지 감정적인 문제로부터 고통받는다는 것을 알 수 있다. 죽음에 대한 두려움은 사실 사랑받지 못하거나 어쩔 수 없이 굴욕적으로 무가치하게 의존적인 위치가 되는 것과 관련된, 더 일상적인 갈등에 비하면 이차적인 것으로 보인다. 희망찬 태도는 그들을 더 오래 살게 하고 생산적이게 하는 중요한 단 한 가지 특성인 것 같다. 그러므로 희망의 핵심적 중요성을 강조하는 이런 입장은 모든 현대의 정신분석 이론을 관통해 통합하는 끈으로서 역할을 하고 있다.

결어

1905년『성에 관한 세 편의 논문』에서 Freud에 의해 도입된 정신성적 발달의 도식은 비록 그 당시에는 혁명적이었지만 본질적으로 변화되지 않은 채로 남아 있다. 그것은 심리학, 정신의학, 모든 사회과학의 핵심적인 부분으로 흡수되어 왔다. 더욱이 성장과 발달과 건강한 인격 구조, 퇴행-고착과 병리라는 Freud의 근본적인 연결은 현재의 정신병리에 대한 모든 접근들의 초석으로 남아 있다.

일어났던 변화는 Freud 도식의 수정이라기보다는 추가들이었다. 이러한 추가들은 주로 자아심리학적 발달과 대인관계적 발달을 포함한다. 기법적으로 확장과 교정이 발달선을 따라 도처에서 발견되지만, 가장 광범위한 변화는 구강기와 인생의 첫 3년의 개념화에서 발견된다.

연대기적으로, 세 개의 주요 시기로 구분해 볼 수 있다.

1. 1905년부터 1923년까지로, 욕동 이론의 정교화가 사실상 완결되었다. Abraham의 1924년 논문 "「리비도의 발달에 관한 짧은 연구(A Short Study of the Development of the Libido)」"에서 그것은 가장 통합된 형태로 제공되었다.
2. 1923년부터 1960년까지로, 욕동들이 인격 구조로 조형되는 방식을 설명하는 다양한 자아기제가 발견된 시기이다. 이 연구들에서는 여전히 외부 현실 요인들을 거의 고려하지 않았다.
3. 1960년부터 현재까지, 인생 주기의 대인관계적 · 가족적 · 문화적 결정 요소를 보다 광범위하게 연구하는 시기이다. 이 연구들은 지속되고 있고 현재의 거의 모든 작업의 초점을 형성하며, 그리하여 사실상 욕동 발달과 자아구조에 대한 이전의 자료들

을 다소간 당연시한다. 불행하게도, 정치적이고 개인적인 논란들이 이미 일어난 중요한 단일화를 모호하게 하고 있다. 시간이 지날수록 이러한 단일화는 증가될 것이라고 기대된다.

제 8 장

본능 이론

Melanie Klein

발달 이론과는 달리 본능에 대한 Freud의 개념화는 그의 일생에 걸쳐 지속적으로 변천하였다. 본능에 대한 어떤 관점을 발표하고는 이내 그것에 대해 철저히 불만스러워하면서 부분적인 수정안을 제안하는 독특한 패턴을 보였다. 일례로 성(sexuality) 이론이 1890년대 성기적 성(genital sexuality)에 대한 직접적인 언급에서 1900년대 정신성(psychosexuality)으로, 다음 10년 후에는 쾌락 원칙(pleasure principle)으로, 그리고 1920년대에는 공격성(aggression)으로 변화하였음을 우리는 이미 살펴보았다.

여기서 한 번 더 정신분석의 임상적인 관점과 초심리학적인 관점은 반드시 구별되어져야 한다.[1] 1905년의『성에 관한 세 편의 논문』에 포함된 본능에 대한 임상 이론은 불후의 가치가 있음이 밝혀졌고, 언급했듯이 모든 이론에 녹아들어 있다. 임상적 관찰에 덧붙여진 초심리학적인 이론은 많은 사상가가 초심리학적 측면은 완전히 폐기되어야 한다고 강

1) 이동식: Freud의 임상 이론과 초심리학적 이론을 구분해서 이해해야 한다. Saul은 Freud의 초심리학을 다 버려도 좋다고 하였다. 점점 더 Freud의 임상 이론으로 관심이 모이고 있다.

력히 주장할 정도로 훨씬 덜 명확하고, 바뀔 여지가 많으며, 그 가치도 떨어진다는 것이 드러났다.

신중을 기하는 학자들조차 초심리학적 본능 이론에 대해서는 언제나 비판적이었다. Jones는 본능 이론에 대한 전폭적인 수정을 가한 자기애에 대한 1914년의 논문—'리비도 이론 (libido theory)'이란 용어가 유래된 것도 본 논문에서이다—은 "혼란스럽고 당시까지 정신분석을 통해 이룩된 본능 이론에도 납득하기 어려운 충격을 가했다."라고 말한다.[1]

한 세대 후 Fenichel도 "언뜻 보기에도 Freud의 글과 정신분석 문헌 전반에서 본능의 본질에 대한 많은 모순점을 발견할 수 있다."라고 적었다.[2] Fenichel은 Freud의 견해에 대한 세세한 비평을 지속할 뿐만 아니라, 죽음 본능에 대한 어떤 타당성도 전적으로 부정하면서 쾌락 원칙 안에서 모든 것을 설명하려는 그 자신만의 이론을 제시하고 있다.

그다음 세대에서도, Max Schur[2)](1966)는 불쾌 원리(unpleasure principle)를 바로잡으려는 시도와 함께 "이드의 일반적인 개념화에 대한 Freud의 시도는 다소 애매하다. 모든 시도는 많은 질문을 품게 하며, 많은 추측을 낳을 수 있는 여지를 만들었다."라고 썼다.[3]

Jones, Fenichel 그리고 Schur는 확실히 가장 열렬하고 충실한 Freud의 지지자들이다. 그들이 Freud의 본능 이론이 명확하지 않고 애매하고 혼란스럽다고 생각했다면, 아마도 그 이유는 한 가지일 것이다. 즉, Freud의 본능 이론이 그 모든 특성을 포함하고 있기 때문인데, Freud 자신도 여러 번 이런 언급을 하였다. 본능 이론은 정신분석에 관한 문헌에서 가장 많은 논란을 불러일으켰다. 이런 논란의 근원은 이제는 아주 명확하다. 반대파들은 그들이 무엇을 공격하는지 몰랐고, 옹호자들도 그들이 무엇을 방어하는지 혼란스러워하였다.

이런 Freud의 혼돈에는 두 가지 이유가 있다. 첫째, 초창기에 그가 성(sexuality)에 대해 뛰어난 임상적 해설을 내어 놓은 후에(1905), 거기에 초심리학을 접목시키려는 불가능한 시도를 하였기 때문이다(1914년의 리비도 이론). 둘째, 죽음 본능에 대한 그의 가정 때문이다.

Fletcher(1966)는 Freud가 초기에는 단 하나의 예외를 제외하고는 당시 본능 이론가들에 전반적으로 부합함을 보여 주었다. 당시 선도적인 본능 이론가인 William McDougall[3)]은 1908년에 다음과 같은 정의를 내렸다.

---

2) 이동식: Freud가 죽을 당시에 주치의를 했던 내과 의사로, Freud 혼자 모르핀을 놓아 가면서 죽는 모습을 보고 감동하였고, 이후 정신분석을 받고 분석가가 되었다.

3) 역주: William McDougall(1871~1938)은 20세기 초에 영국과 미국에서 활동했던 심리학자로, 영어권에서 본능과 사회심리학 이론을 개발하는 데 중요한 역할을 하였으며 영향력 높은 교과서를 집필하였다.

(본능이란) 그 소유자로 하여금 특정한 종류의 대상을 인지하고, 집중하며, 그런 대상을 인지함에 있어 특정한 성질의 감정적 흥분을 경험하게 해서 특정한 방식으로 행동하게 하거나 아니면 적어도 그런 행동을 할 충동을 경험하게 하는 유전적인 또는 타고난 정신신체적 기질이다.[4]

Freud도 이 정의에 동의하였을 터이나, 한 가지 커다란 예외가 있다. 그 당시 Freud는 모든 본능들을 성(sexuality)으로 환원하였고, 사춘기로의 성(sexuality)적 발달에 있어 목표와 대상의 발달을 추적하였고, 성(sexuality)의 위험들을 막아 주는 데 사용되는 많은 심리적인 도구를 기술하였다. Freud의 진정한 기여는 본능 이론이 아니라, 성(sexuality)을 밝힌 데 있다. 즉, 그의 본능 이론은 하나의 이론으로서 McDougall의 이론이나 다른 어떤 초기 이론가들의 그것과 다를 바 없었다.

Freud의 두 번째 변경은 첫 번째 것보다 엄청 더 큰 혼란을 야기하고 있다. 죽음 본능 이론은 너무나 터무니없는 이론이어서, Freud에게서 나온 것이 아니었다면 그대로 폐기되어 버렸을지도 모른다. 대신 분석가들은 Freud가 혼동했다는 명백한 사실을 인정하는 데 주저하면서, 의무감에 사로잡혀 Freud가 의미한 것이 무엇이었는지를 알아내려고 골머리를 앓았고 지금 현재도 그렇게 하고 있다. Jones는 Freud의 혼동을 분명히 인정하고 그 이론에 이를 수 있는 많은 심리학적인 원인을 제시한다.[5] 긍정적인 것은 초창기에 상대적으로 무시되었던 공격적인 욕동(aggressive drive)에 대한 연구로의 전환이었다. 그러나 이런 배경 때문에 공격성 이론은 충분히 명료화되지 못하였다.

Freud 이래로 특정 정신분석 문헌을 살펴보기 전에, 본능이라는 주제를 다루고 있는 연관 분야에서 일어났던 관련된 변화들을 검토하는 것이 중요하다. 진화론적 생물학, 생태학, 내분비학, 의학(정신신체학), 심리학(감각 박탈), 인류학(본성의 실험)이 연관 분야들이다.

진화론적 생물학 Freud 초창기 진화 개념은 현재 엄청난 수정이 가해졌다. Mayr(1970)는 현대 진화 이론(modern synthesis)으로의 전환을 '아마도 생물학에 있어 가장 위대한 개념적 혁명'인 유형적 사고(typological thinking)[4)]의 집단적 사고(population thinking)[5)]로의

---

4) 역주: 생명체의 유형은 일정하게 유지되며 종 내에서 보이는 개체 간 변이는 중요하지 않다고 보는 Plato 학파 학자들의 사고방식.

5) 역주: 세상은 유기적이고 세분화된 단위별로 독특한 특성을 지니는데 여기서는 '변이'라는 개념이 기본으로, 이를 통해 세상이 진화한다는 Darwin 학파의 사고방식.

대체로 특징지었다.[6] 자연선택은 더 이상 전부 아니면 전무의 과정이 아닌, 단순히 통계적인 개념으로 간주된다. 환경은 가장 중요한 진화 요인들 중 하나로 다시 자리매김하였으나, 그 역할은 Lamarck 학파의 다양한 이론에서 주장되었던 것과는 철저히 다른 것이었다. 즉, 환경은 자연선택의 가장 주된 인자로서의 새로운 역할을 부여받게 되었다. Freud는 끝까지 철저하게 Lamarck 학파 이론6)에 매달렸다.

적응의 개념에 대해서도 여전히 폭넓은 반론이 존재하고 있다(Stern, 1970). 유전학에서는 타고난 가치에 관해서는 개개인이 동등하지만 유전적 소질에 있어서는 다양성이 있음을 강조한다(Dobzhansky, 1973). 유전적 소질이란 절대적으로 미리 결정되는 것이 아니라, 그것이 발현되는 환경에 의해 조건화되는 것이다.[7] 이에 더해, 인류의 두드러진 특징은 우리의 심리이다. Dobzhansky는 "모든 종이 다 고유의 특징을 가지고 있지만 인간만큼 독특한 것은 없다. 게다가 인간의 가장 두드러지는 고유의 특성은 형태적인 또는 신체적인 영역이 아닌 심리적인 영역에 있다."라고 썼다.[8]

Freud가 인간의 진화론적인 고유함이 인간의 심리에 있다는 사실을 깨달았다면 그가 행한 인간에 대한 초심리학을 만들어 내지 않았을 것이며, 대신 자신의 놀라운 심리적 발견에 만족해하였을 것이다. 표준생물학은 본능에 관한 관심을 잃어 갔고, 대신 유전적 변이의 양상들로 관심을 돌렸다(Mayr, 1970).

행동학 1950년대에 발표되기 시작한 Konrad Lorenz, Nikolaas Tinbergen, William Thorpe와 다른 생태학자들의 연구는 정신분석가들에게 깊은 인상을 주었다. 이들이 기술한 맥락 속에서의 동물들은 미국의 전통적인 행동주의적 실험이나 Pavlov의 조건화 내에 비쳐진 것보다 훨씬 더 인간과 닮아 보였다. 동물의 행동을 통해 정교한 타고난 본능적인 욕동들이 있는 것이 입증되었고, 이는 인간의 그것과 많은 방면에서 상응하였다. Darwin의 『종의 기원(Origin of Species)』이 발표된 지 100주년이 되던 해인 1959년, 코펜하겐에서 개최된 국제정신분석협회(International Psychoanalytic Association)에서는 정신분석과 생태학에 관한 심포지엄이 열렸으며, 같은 해 개최된 미국정신분석협회(American Psychoanalytic Association)에서도 동일한 주제의 심포지엄이 열렸다.

Ostow(1950)는 생태학이 다음과 같은 네 가지 측면에서 정신분석에 가치가 있다고 보았다. ① 동기는 내부적인 것이고, 동기 충동은 치환될 수 있다는 Freud의 본래의 가정에 관

---

6) 역주: Lamarck 학파의 대표적인 이론이 용불용설이다.

한 생물학적인 근거를 입증한다. ② 인간 행동의 일부 형태들이 원시적이고 원형적인 성질의 것임을 보여 준다. ③ 정신분석적으로 추론한 인간의 무의식적인 충동에 상응하는 동물 행동을 보여 준다. ④ 전체 행동으로부터 개별의 행위들을 분리해 내어 본능적인 기전들의 통합적인 요소로 분석한다.

실제로 생태학자로 일 년간 연구에 몸담았던 분석가 Kaufman(1960)은 동물 연구로부터의 두 가지 결론을 강조하였다. 첫째, 그 목표가 동기가 되는 (소망으로 표현된) 목적의식이 분명한 심적 욕동(psycic drives)은 마음의 지형학적인 위치와 상관없이 심적 장치(psychic apparatus)의 초기 기능을 대표하며, 이는 심적 장치가 성숙되는 동안 학습에 의해 부분적으로 발달하게 된다. 둘째, 우리 안에 존재를 인식하고 있는 성(sexuality)이 사정없이 배출되기 위해 압박을 가하는 타고난 생물학적 충동 또는 힘으로부터 유래되었음을 더 이상은 가정할 필요가 없다. 오히려 우리는 타고난 감각 운동 양식들의 개체 발생적인 발달로 성(sexuality)의 징후를 볼 수 있는데, 그것은 일련의 상호 교류 경험(transaction experience)을 통해 구성 요소들이 점진적으로 합성되면서 성숙하고 위계적이며 통합적인 구조를 달성하는 것으로, 이런 과정에서 목표와 그로 인한 욕동이 획득되는 것이다. 리비도적 욕동의 연속성과 궁극적인 통합의 토대는 어떤 신비적인 생명의 약동(elan vital)에서가 아니라 오히려 성적 흥분을 일으키는 어떤 특정한 생리학적 기전에서 찾아야만 한다.

내분비학 Freud 시대에는 알려지지 않았던 성적 행동과 관련된 호르몬적 기초가 상당히 명료화되고 있다. 게다가 '스트레스' 호르몬(Mason, 1968; Selye, 1956) 및 반응들도 아직 밝혀져야 할 부분이 많지만 훨씬 더 많이 이해되고 있다. 성(sexuality)의 어떤 부분들은 호르몬에 의해 조절되고 어떤 부분들은 그렇지 않다. 한 가지 매우 중요한 발견은 성(sexuality)은 호르몬 조절하에 있지만 적개심은 그렇지 않다는 것이다.

의학: 정신신체적 요인들 물론 이전에도 많은 연구가 있어 왔지만, 첫 번째 대규모로 이뤄진 정신신체 상관성 연구는 1930년대에서 1940년대에 시카고정신분석연구소의 Alexander와 그의 그룹에 의해 이루어졌다. 출판물들이 발행되기 시작한 것도 바로 이때즈음이다. 많은 질병이 정신신체질환으로 분류되었다. 심지어 명확한 기질적 원인을 가진 많은 다른 질환에서도 심리적인 요인들이 작동한다고 보았다. 정신신체의학 분야는 현재 너무 많이 비대해져 어떤 식으로도 요약하기가 어려워졌다. 사실, 정신신체의학은 의학의 모든 분야를 아우르고 있다. 본능 이론의 실제 결과물은 정신신체의학에서 관찰된다. 즉,

충족을 위한 자연적인 재원이 박탈되었을 때, 본능적 욕동이 신체의 기능에 영향을 미치는 방식에 대한 면밀한 연구가 정신신체의학에서 이루어진다. 신체에 미치는 마음의 효과는 마음에 대한 신체의 효과보다 좀 더 지속적이라는 것이 드러난 것에 주목할 만하다.

심리학 1920년대 이래로 미국에서 우세하였던 극단적 행동주의자는 흔히 '본능은 없다'는 입장까지도 표명하였다. 실험이 종에 특정된 장애물에 봉착할 때까지는 어떤 사람이라도 어떤 것을 배울 수 있다고 가정되었었다(Breland and Breland, 1961). 더 최근에는 천성과 양육 모두가 행동하는 데 있어서 요인들로 인식되어 왔으며, 각각이 어떤 특정한 양상 속에서 무슨 역할을 하는가를 결정하는 경험적 연구가 행하여졌다. 학습이 인간 존재에 근원적이라는 인식은 초기 본능 이론의 힘을 약화시켜 왔다.

심리학에서 또 다른 중요한 발전은 감각 박탈(sensory deprivation)의 발견이다. Freud는 당시 신경학 수준에 부합되는, 신경계는 자극을 제거하기 위해 고안되었다고 가정한 반면, 현대적 입장은 신경계는 또한 모든 종류의 자극을 다루는 기능을 하며, 적절한 성장과 수행에 이러한 자극이 필수적이라는 것이다. 이 또한 학습을 보다 더 강조하고 본능을 덜 강조한 것이다.

인류학 1920년대 이래로 다른 문화들에 대한 광범위한 연구를 통해 인간 행동에서 선천적인 것과 후천적인 것이 무엇인가에 관한 다양한 이론을 시험하는 '본성 실험들'이 제공되었다. 모든 문화 속에 성(sexuality)과 적대감이 있지만, 그것이 환경에 따라 수많은 다른 방식으로 형성될 수 있다는 것이 전반적인 소견이었다.

정신분석 내에서의 발달

엄격한 정신분석의 임상 영역 밖에서의 급속하고 놀라운 발전으로 인해, 본능의 초심리학에 대한 Freud의 관심은 더 이상의 추궁을 당하지는 않았다. 비평가들은 Freud가 지나치게 생물학적이라고 혹평하였다. 그의 추종자들과 지지자들은 Freud가 시작하였던 노선에 따른 더 이상의 사변을 대부분 중단하였고, 대신 임상 자료를 모으는 것으로 만족해야 하였다. 결과적으로, 이 분야는 본 주제에 관해 기술해 온 분석가들의 수만큼이나 많은 본능 이론이 통합되지 않은 형태로 남게 되었다. 하지만 임상 관찰 범주 내에서는 수많은 가치 있는 사실이 전통적인 이론에 추가되었다.

문화주의자 대 Freud주의자

문화주의자와 Freud주의자 간의 많은 논쟁은 1930년대, 특히 Karen Horney의 책『정신분석의 새로운 길(New ways in psychoanalysis)』(1939)의 출판과 뉴욕정신분석연구소의 분열을 기점으로 시작되었다. 논쟁은, 특히 본능 이론에 집중되었다. 문화주의자는 Freud주의자가 생물학적인 요인을 너무 과대평가하고 있다고 주장하는 반면, Freud 주의자는 문화주의자가 문화를 너무 강조한다고 응수하고 있다.

양쪽 모두 유전과 환경의 존재를 모두 인정하게 되면서, 적어도 논문에서 이 문제는 강조하는 정도에 그쳤다. 따라서 문헌을 읽는 것만으로는 왜 당시에 양쪽이 그렇게 열광적으로 논쟁을 하였는지 이해하기는 어렵다. 예를 들면, 문화학파의 지도자인 Kardiner는 1939년에 "심리학 연구는 인간의 생물학적 특성에서부터 시작되어야 한다. 이러한 생물학적 특성에 의해 심리적 과정이 일어나는 범위는 제한된다."라고 말하였다.[9] Freud는 1935년 그의 자서전(Autobiography) 각주에서 "잠재기란 생리적인 현상이다. 그러나 그들 시스템의 일부인 영아기 성(sexuality)을 억압해야 하는 문화적 체제에서만 영아기 성(sexuality)의 완전한 중단이 일어날 수 있다. 대부분의 원시인에서는 그렇지 않다."라고 적었다.[10] 양쪽이 사실은 거의 같은 이야기를 하고 있음이 분명해진다.

하지만 두 진영이 수년에 걸쳐 반복적으로 충돌했다는 것은 역사적인 사실이다. 아마도 두 진영이 마지막으로 공개적인 토론을 벌인 것은 1954년 미국정신분석협회(American Psychoanalytic Association) 패널에서였다. 문화주의자 쪽에서는 Frieda Fromm-Reichmann과 Franz Alexander가 나왔고, Freud주의자 쪽에서는 Leo Rangell, Edward Bibring과 Merton Gill이 나왔다. Fromm-Reichmann은 두 그룹 모두 치료의 관심이 이드의 내용을 조사하는 것에서 자아(ego)의 역동과 기능을 조사하는 것으로 이동했다는 점을 강조하였다. 그럼에도 불구하고 그녀는 역동정신치료를 하는 정신과 의사들이 성격을 초기 대인관계의 결과로 보는 반면, 전통적인 정신분석가들은 성격이 정신성적 에너지의 변천에서 나온 결과로 보았다고 주장하였다. 이런 잘못된 생각으로 그녀의 주장의 가치는 심각하게 손상되었다.

제5장에서 기술했듯이, 이런 노선은 문화학자들이 그들만의 모임인 미국정신분석연구

원(American Academy of Psychoanalysis)을 구성할 때까지 계속 강화되었다. 그 후 Freud주의자들이 너무 생물학적이라는 혹평과 함께 성격을 형성하는 진정한 힘은 문화라는 말이 문화학파의 입장을 대별하는 표어(shibboleth)[7]가 되었다. 이 입장은 초기 Freud 이론뿐만 아니라 자아심리학과 대인관계 연구를 포함하는 정신분석 이론에서의 위대한 변화를 전체적으로 무시하는 것이다. 따라서 본능 이론은 진지하게 연구를 해야 할 주제는 되지 못한 채 정쟁의 불씨가 되어 버렸다.

거꾸로 전통적인 분석학자들은 자연히 자신들의 위치를 강화하기 위해서 문화가 성격 형성과 신경증에 미치는 영향을 덜 중요하게 다루는 경향이 있었다. 하지만 시간이 지나면서 이러한 논쟁은 양쪽 모두에게 별로 중요하지 않게 되었다. 현재는 두 진영이 서로 필연적인 화해를 하는 듯하다. 문화주의자가 성(sexuality)을 강조하기도 하고, Freud주의자가 대상관계를 강조하기도 한다. 전체 심리과학의 발전만이 이런 혼란과 불필요한 논쟁을 종식시킬 수 있다. 동시에 어떤 특정한 입장을 수용하거나 거부하기 위해선 단순히 권위자의 독단적인 의견 개진이 아닌 객관적인 증거가 제시되어야만 한다.

자아심리학으로의 전환

1923년 이래 모든 정신분석은 자아심리학이었음을 이미 주지한 바 있다. 이드에서 자아로의 전환은 단번에 이루어진 것이 아니다. 역사적으로 볼 때는, 자아가 보다 더 강조되고 이드는 덜 강조되었다. 이러한 변화는 임상 장면에서 보이는 이드의 표명이 본능적인 것이기보다는 방어적인 성질을 띠며, 따라서 순수한 이드는 자아가 한때 그랬던 것만큼이나 많이 추정된 것이라는 믿음의 확대와 맞물려 있다.

자아로의 이런 전환과 이드로부터 멀어지는 것에 관해 모든 분석가가 찬성을 한 것이라고 생각하면 안 된다. 예를 들면, 프랑스의 분석가인 Laplanche는 1974년에 다음과 같이 적었다.

> Freud 발견의 근간인 '신경증의 원인으로서의 성(sexuality)'의 분명한 역할이 갈등의 이차

7) 역주: 'sh' 발음을 할 수 있는 민족과 그렇지 않은 민족을 구분하는 데 사용된 단어로 성경에 등장하는데, 이로부터 시금석이라는 단어가 파생되어 나왔다.

적이고 인위적이며 방어적인 성애화(sexualization)를 지지하기 위해 반박당하고 있다. 이런 갈등은 개인의 욕망보다는 그의 생존에 연관되어 있다. **많은 현대적 이론의 이론화 과정에서 분명히 볼 수 있는 정신분석의 탈성화(desexualization)를 나는 신뢰할 수 없다**(볼드체는 추가되었음).[11]

Laplanche 외 여러 사람이 유감을 표명한 탈성화의 결과로, 분석가들의 이론적 입장 사이에는 비록 덜 알려지고 덜 분명하지만 또 다른 균열이 생겼다. 오로지 자아만 주장하는 학자들과 이드의 변환을 중요시하는 학자들 사이의 분열이었다. 이러한 분열의 성격과 그 정도는 다음에 분명하게 나타난다.

임상 이론 대 초심리학 이론

Freud의 초심리학적 본능 이론이 폭넓은 인정을 받지 못하고 저항만 받았다고 해도 별로 놀랄 만한 것은 아니다. 왜냐하면 그의 모든 초심리학적 개념은 그런 심한 공격을 받아 왔기 때문이다(Klein, 1976). 나는 Freud의 위대함이 그의 초심리학이 아니라 임상 이론에서 비롯된다고 강조해 왔다. 그렇지 않았다면 이후 어떠한 초심리학도 정신분석학자들 사이에서 호의적으로 받아들여지지 못하였을 것이다. 점점 더, 다른 분야의 자료들이 여전히 정신분석의 고유한 특징으로 남아 있는 임상적 관찰을 이해하기 위해 정신분석 이론에 접목되어져야 한다. 지적했듯이 본능 이론에는 많은 다른 분야에서 나온 새로운 정보들이 고려되어야 한다. 따라서 본 장의 후반부는 일차적인 본능 욕동과 연관된 임상 자료의 뒤이은 발달로 구성되어 있다.

성

Freud의 저술 전체를 비판적으로 검토해 보면, 본능과 방어에 대한 그의 양가감정이 두드러진다. 신경증은 참을 수 없는 생각에 대한 방어다(1894)라는 첫 번째 공식은 참을 수 없는 생각에 대한 관심으로 이어졌다. 처음엔 이것을 직접적으로 성적인 것으로 여겼고, 나중에는 직접적인 성기 소망에 보다 방어적인 특징을 부여한 정신성적인 것으로 보았다. 1920년에 적개심이 기본적인 본능으로 소개되자, 성(sexuality)의 본능적 성질은 더욱 불분명해졌다. 한편으로 Freud는 「신체 구조가 운명이다(Anatomy is destiny)」(1925)라는 글처럼, 생물학을 크게 강조한 논문을 쓸 수 있었다. 또한 한 미국인 어머니에게 쓴 유명한 편지에서 그녀 아들의 동성애는 발달 과정에서의 고착 때문이지 도덕적인 타락 때문이 아니라고 지적하면서 그녀를 위안하였다. 그는 "우리는 그것이 성적 발달의 어떤 정지에 의해 만들어진 성기능의 변형으로 간주한다."라고 하였다.[12] 다른 한편으로 Freud는 『불안의 문제(The problem of anxiety)』(1926)라는 책을 집필할 수 있었는데, 그는 이 책에서 사실상 모든 것이 방어적인 과정과 관련되어 있다고 하면서, 그의 실제신경증(actual neurosis)에 대한 오랜 관념을 처음으로 포기하였다.

이후 성적 성숙(sexual maturity)에 대한 분석 이론으로 알려진 이것은 Wihelm Reich의 『극치감의 기능(The Function of the Orgasm)』(1927)에서 가장 분명히 공식화된다. 여기서 Reich는 질 극치감을 포함해서 극치감이 완전한 성숙에 필수적이고, 극치감 획득에 실패하면 신경증 증세가 생긴다는 정신분석적 입장을 명쾌하게 밝혔다. 이 과정에 대한 Reich의 기술은 모든 본질적인 측면에서 40년 후 Masters와 Johnson의 언급과 동일하다. 사실 그들은 그의 존재와 저술을 인지하지 못하였던 것 같다.

Freud는 성기 성(genitality)에 관한 Reich 이론이 그 당시 자신의 생각과 완전히 일치하였음에도 불구하고 그의 이론에 대해 좀 의심스러워하였다. 1928년에 그는 Lou Andreas-Salome에게 "Reich 박사라고, 승마에 빠져 있는 훌륭하지만 성급한 젊은이가 있는데, 그는 성기적 극치감을 모든 신경증의 해독제로 보고 있네. 아마 그가 심(psyche, 心)의 복잡성을 일면이라도 이해하려면 K씨에 대한 당신의 분석을 배워야 할 것 같네."라고 썼다.[13]

방어적인 본능의 충족

성(sexuality) 이론과의 연결에서 가장 첫 번째로 나타난 문제는 충동적인 성격, 즉 일어나는 모든 충동을 만족시키려는 성향의 출현이었다. 이 행동은 본능적이었는가 아니면 방어적이었는가? 어떤 면에서 그 사람은 자신의 본능을 충족시키고 있었지만, 다른 한편에서는 본능으로 인해 분명히 불편을 겪는다. 이 모순을 벗어나는 길은 '타락하기 쉬운 초자아'라는 개념에서 찾을 수 있었다(Alexander, 1927). 흔히 자신의 행동을 정신분석적 이론으로 정당화하려는 충동적인 성격은 충동의 충족과 우울증 삽화 간의 교차를 보이고 있었다. 이러한 교차는 초자아에게는 뇌물로 작용하는데, 죄와 벌, 심리적으로는 조증과 우울증 또는 조울 순환이 모든 사람에게서 어느 정도는 있다.

분석가들은 충동적인 성격의 사람이 행동화(본 용어는 1950년대에 통용되기 시작함.)를 통해 얻는 만족의 양에 의심을 가지게 되었다. Leo Spiegel이 그의 주요 논문에서 본능의 충족이란 순수하게 방어적인 것으로 충족과는 전혀 무관한 것으로 보게 되었다는 입장을 밝힘으로써 논란은 새로운 국면을 맞이하였다.

Spiegel은 무슨 수를 쓰든 환자의 자기애를 보존하려는 방어적인 본능의 충족은 내적 현실과 외적 현실 간의 심각한 불화를 용인해야만 가능하다고 주장하였다. 오이디푸스 콤플렉스와 고통스런 정동의 연결은 행동화함으로써 상실되고, 따라서 오이디푸스적 대상을 포기해야 된다는 필요성도 완전히 불분명해진다. 오이디푸스 콤플렉스 해소와 관련된 자기애의 감소(현실 적응력이 증가되는)는 이루어지지 않는다. 대신 합리화된 현실('사적인 정신병private psychosis')이 외부 현실에 부과된다. 현실 검증은 여전히 결함이 많은 채로 남아 있다. 특히 관음증과 피학증과 같은 불완전한 욕동과 관련된, 즉 외적 현실은 단순히 그들의 욕구를 충족하는 배경(setting)일 뿐인 영역들에서 더욱 그러하다. 방어하기 위해 본능의 충족을 사용하는 환자들은 비록 어떤 특정 진단 그룹에 속하지 않더라도 반드시 경계적인 상황에 근접해야 한다고 결론지었다.

Spiegel의 논문은 그간 분석 문헌에서는 경시되어 왔던 몇 가지 의문을 제기한다. 우선, 무엇이 욕동의 강도를 결정하는가? Freud는 오랫동안 그것이 욕동의 본능적인 특징이라고 가정하였다. 동시에 그는 강박 노이로제에서처럼 무의식적인 요소를 강조하였다. 시간이 흐르면서, 본능은 뒤로 물러나고 무의식이 점점 더 전면으로 대두되어 왔다. 따라서 욕동의 강도는 일차적으로 욕동의 무의식적인 근원과 연결되어야만 하였다.

이는 두 번째 질문으로 이어지는데, 그럼 무엇이 본능적인 욕동이 되는가? 여기서는 성(sexuality)인가? 모든 성(sexuality)이 방어적인가? 명백히 모순되어 보이지만, 방어적인 과정의 중요성을 강조하려는 일부 분석가들은 이런 입장을 취하고 있다. 예를 들어, Kohut은 『자기회복(The Restoration of the Self)』(1977)이라는 최근 저서에서 "욕동의 경험은 자기가 지지받지 못할 때 붕괴의 산물로 일어난다."라는 주목할 만한 언급을 하였다.[14] 다른 사람들은 달리 접근하기도 한다. Masters-Johnson의 책이 나온 이후, 본 주제는 다른 많은 출판물에서 다루어져 왔다. 이어서 이에 대해 살펴보겠다.

여성의 성

분석 문헌들에서 나타난 성(sexuality)에 대한 논의의 대부분은 여성에, 특히 여성이 질 극치감을 가질 수 있음과 이런 극치감과 심리적인 성숙 간의 관련성에 집중되어 있다. Reich가 남성에서 오르가슴 능력과 사정 능력을 구별하였지만, 큰 영향력은 없었다.

질 극치감에 대한 의문은 처음에는 문화학파[8] 지지자들에 의해 제기되었다. Karen Horney(1939)는 단지 문화적인 현상이라면서 남근 선망(penis envy)에 대한 Freud의 주장을 비판해 왔었다. 다른 사람들(예를 들면, Thompson, 1941)도 비슷하게 여성의 역할은 문화에 의해 결정된다는, 거의 논의될 수 없었던 의견을 주장해 왔었다(Schafer, 1974; Fliegel, 1973 참조). 그렇기는 하지만 문화의 소산이든 생물학적 신경증이든 여성의 불감증은 문화적으로도 임상적으로도 실재하는 문제였다. 대략 1960년까지 여성은 성교를 통해 질 극치감에 도달할 수 있으며, 이런 극치감은 여성의 심리적(성기적) 성숙의 척도라는 생각이 지배적인 의견이었다. 특히 Helene Deutsch(1945)는 이 입장을 유창하게 설명하였다.

Helene Deutsch의 개정된 입장

1960년 미국정신분석협회(American Psychoanalytic Association)가 주최한 여성 불감증에 대한 패널에서, Helene Deutsch(1961)는 기존 입장을 광범위하게 수정한 안을 제안하였다. 그녀는 많은 건강하고 상대적으로 정상적인 여성들이 심지어 정신분석을 받아도 질 극치감에 도달하지 못하는 반면, 많은 정신병적이고 공격적이며 남성적인 여성들이 강렬한 질 극치감을 경험한다는 사실을 임상적 경험을 통해 알게 되었다.

따라서 그녀는 질이 과연 성기능을 위해 만들어진 것인지 의문을 갖게 되었다. 그녀는 여성의 성기가 명확하게 구분된 기능을 가진 두 부분으로 나뉘어 있다는 신념을 다시 갖게 되었다. 음핵은 성기관이고, 질은 기본적으로 생식기관이다. 음핵의 중심 역할이 단순히 자위행위의 결과가 아니라, 생물학적 운명이라는 것이다. 성적 흥분의 파장이 음핵을 통해 유입되며 그것이 다소간 성공적으로 질로 전달된다. 성적인 느낌의 음핵에서 질로의 이행은 주로 남근의 능동적인 개입에 의해 이루어진다. 질의 근육 부분은 주로 생식에 관여하며, 극치감 활동에는 관여할 수도, 하지 않을 수도 있다. Deutsch는 불감증이 때때로

8) 이동식: '문화학파'도 모두 정신분석가들, 즉 정신분석의 분파다. '문화'라고 하는 것은 사람이 만들어 놓은 것을 의미하며, '자연'과 반대되는 개념이다. 사회 제도, 법률, 도덕, 종교, 예술, 과학, 철학 등을 망라한다. 이런 문화들은 지방색을 띠게 되는데, 사람의 인격(personality)이 cultural conditioning에 의해 형성된다는 점을 고려하면 개개인 또한 환경(문화)에 의해 다양한 성격을 형성하게 된다. 일괄적인 평균을 이야기하는 것은 맞지 않다.

심인성이지만, 다른 사례에서는 체질적으로 타고나거나 적어도 부분적으로는 해부학적 및 생리적 요인에 의한 것이라는 Freud의 관점을 여전히 지지하였다.

성교 동안 질의 전형적인 기능은 수동적이면서 수용적인 것이다. 그 움직임은 남성 파트너의 움직임에 맞춰진 리듬에 따라 조였다가 풀리는 특성이 있다. 감정적으로 방해받지만 않는다면, 대부분의 여성에서 성행위는 괄약근 같은 질의 움직임에서 끝나지 않고 윤활과 함께 부드럽고 느린 이완에서 다행감을 불러일으키며 성적 희열이 완성된다. Deutsch는 비록 많은 여성이 질 극치감을 경험하고 있다는 사실에 의문을 가지지는 않지만, 이제는 여기서 기술한 형태가 전형적이면서 가장 여성적인 것으로 간주하고 있다.

그녀는 심리적 요인들은 생명 활동의 양쪽 영역, 즉 성적인 영역과 생식 영역 모두에 수반된다고 확신하였다. 두 가지 과정들은 기관뿐만 아니라 감정적 부착(emotional cathexis)을 공유하고 있다. 그녀는 이런 이중적인 기능이 여성 불감증에 가장 큰 기여를 하고 있다고 생각하였다. 음핵이 거세 공포의 집행부라면, 질은 가장 깊이 있는 불안, 즉 죽음의 소지자이다. 이러한 불안은 임신 시 동원되며 이후 모든 모성 행동에 수반된다.

그녀는 여성의 보다 수용적이고 수동적인 성적 만족 방식이 정상적이라면, 분석가들이 생각하는 것만큼 성적 불감증이 흔하지 않다고, 그리고 증가하고 있지도 않다고 생각하였다. 질의 본질적인 특징과 완전히 조화를 이루지 못한 성적 만족의 행태에 대한 수요가 증가하였을 뿐이다.

글자 그대로, Deutsch의 개정된 입장은 질 극치감에 대한 전통 분석가들의 입장과 완전히 반하는 것이었다. 그녀는 Albert Ellis("질 극치감은 신화이다.", 1953)[15]나 Kinsey("질 극치감은 생물학적으로 불가능하다.", 1953)[16] 같은 필자들에 동의하는 것 같다. 패널에 참가한 Benedeck 같은 발표자는 그녀에게 동의한 반면, 이러한 정신분석 이론의 전환이 가지는 함의에 대해서는 충분히 다루어지지 않았다.

Mary Sherfey와 Masters-Johnson의 연구

일반 대중을 더욱 깜짝 놀라게 한 것은 Masters와 Johnson이 St. Louis에서의 장기간 연구를 보고한 『인간의 성적 반응(Human Sexual Response)』(1966)이라는 책이었다. 연구와 관련된 다양한 개요는 책이 출판되기 전부터 조금씩 알려졌다. 1966년 미국정신분석협회(American Psychoanalytic Association) 잡지에 실린 Mary Sherfey의 장문의 논문이 출판되면서, 정신분석학계의 지대한 관심을 끌게 되었다. Sherfey의 논문은 나중에 책(1972)으로 재발행되었다. 정신분석을 연구하는 역사가는 Masters-Johnson의 주요 소견 대부분이 Wilhelm Reich의 책『극치감의 기능(The Function of the Orgasm)』(1927)에 포함되어 있고, Masters-Johnson이 Reich 책의 출판일을 1942년으로 오기하였고, Sherfey의 자서전에는 Reich의 책이 언급되어 있지 않았다는 점에 주목하였다.[9)]

대부분의 필자가 강조한 Masters와 Johnson의 주장의 주요 요지는 음핵 극치감과 질 극치감 간에 차이가 없다는 것이다. 즉, 극치감을 만들기 위해 자극되는 성감 조성대의 차이와 관계없이, 극치감의 본질은 동일하다. Sherfey는 다음과 같은 추가적인 주장을 밝혔다.

1. 음핵 귀두가 성감을 일으킬 수 있는 잠재력은 아마도 질의 아래 1/3 지점보다 클 것이다.
2. 최적의 각성 상황에서, 여성 극치감의 잠재력은 영장류의 그것과 유사할 수 있다. 여성과 영장류 모두에서, 극치감은 영장류 발정에 의해 발생한 높은 수준의 골반 혈관 충혈과 부종, 여성 생리 주기의 황체기 또는 지속적이고 효과적이 자극이 있을 때 가장 잘 이루어진다. 이런 조건에서 개별 극치감은 골반의 혈관 충혈을 증가시키는 경향이 있다. 즉, 극치감을 경험하면 할수록 극치감에 더 많이 도달할 수 있다. 극치감의 경험은 신체적으로 탈진이 일어날 때까지 계속될 수도 있다.
3. 영장류와 여성에게서 불규칙한 주기의 성적 능력은 진화되어 왔으며, 최고의 성적 만족 상태에서 성적 만족을 얻지 못하는 역설적인 상황을 이끈다.
4. 현대 문명의 발흥은 물론 많은 원인에 의하지만, 여성들의 불규칙하고 순환적인 성적 욕동의 억제 여부에 달려 있다.

Sherfey는 그녀의 자료로 인해 정신분석 이론이 광범위한 교정을 필요로 한다는 것을 알지 못하였다. 타고난 양성성, 남성과 여성의 성적 행동 간의 경직된 이분법 그리고 음핵-질 전이 이론의 파생적 개념은 사라져야 하지만, 그녀는 "이런 기본적인 생물학적 소견

---

9) 이동식: 한국인 최초로 미국에서 심리학 Ph.D.를 받은 염광석 선생이 1950년대 New York Academy of Medicine에서 experimental neurosis에 대한 강의를 하는데 사람들이 "Pavlov의 조건반사와 관계가 있지 않냐?"라고 물었더니 부인을 하였다. 서양 사람들은 다른 사람의 공을 자신의 것으로 돌리려는 경향이 있다. Jaspers는 자신에게 영향을 준 사람들을 철저히 기록한 예외적인 사람이다. 서양 문화는 인정을 받으려고 하는 문화다. 자기가 무언가를 만들었다고 내세우는 것이다. 'piracy', 'copy rights' 같은 단어가 우리 문화에는 없다. 진리는 항상 존재하는 것이고, 성인(聖人)은 그걸 가르칠 뿐이다. 우리 문화는 자기를 잘 밝히지 않는다. 우리나라에 있는 수없이 많은 훌륭한 조각이 그 작가를 알지 못한다.

들은 실은 여성 성(sexuality)의 영역에서 정신분석 이론과 실제를 강화시킬 것이라는 것이 자신의 강한 신념이다."라고 썼다.[17]

몇 년 뒤 미국정신분석협회(American Psychoanalytic Association) 잡지 한 호 전체가 Sherfey의 논문에 대한 토론으로 채워졌다(July 1968). 전체적으로 기고가들은 정신분석 이론과 본질적으로 부합되지 않는 점은 없다고 생각하였고, Masters-Johnson의 자료들은 정신분석 입장을 반박한다기보다는 보충하라는 것이라고 여겼다. 그 후 나온 논문들이 보여 주듯이, 이것은 정확하다고 보기 어렵다. 왜냐하면 이전의 성기기적 성숙(genital primacy)[10)]에 대한 오랜 이론들이 포기되어야 하였기 때문이다.

Moore[18]는 음핵에 의해 유도된 극치감이 더 강렬할 수 있음에도 불구하고, 질에서 유도된 극치감에 대한 대부분 여성의 선호도는 육체적 만족보다는 정신적 만족에 의해 결정되는 것 같다고 말하면서 정신적 요인의 근본적인 중요성을 강조하였다. 그리고 그는 다음과 같이 제안하였다. "대상관계를 상당히 개선시키기에 충분한 성교의 리비도 부착과 정신 내적 변화의 달성은 정신분석으로 치료된 성 불감증 사례들에서 개선 기준으로서 극치감 경험에 있어 바람직한 강도와 부위에 관한 선입견을 대체할 수 있다."라고 제안하였다.[19]

Sherfey의 논문이 나오고 수년 동안 집중적인 연구가 따랐지만, 최근이 되어서야 몇몇 산발적인 언급이 있어 왔다. 이들은 다양한 관점을 보여 주고 있다. 쾌락은 건강한 자아기능을 방해하지 않는 한 좋은 것이라는 통념을 제외하고는, 성(sexuality)에 대한 일원화된 정신분석적 입장을 더 이상 유지할 수 없게 되었다. Lichtenstein은 성(sexuality)을 성장하는 인격이 그 존재의 현실성을 확인할 수 있는 가장 이르고 기본적인, 유용한 접근이라고 하였다.[20]

Ross는 "성생활이 그리 만족스럽지 못한 성숙한 사람들에게 나는 요즘 정신분석적인 입장에서 어떤 설명을 제공해야 하는지 모르겠다."라고 솔직하고 비관적으로 언급하였다.[21] 반면, Sarlin은 모든 문화에서 어머니의 정신성적 발달 정도가 다음 세대의 남성과 여성의 특성적인 패턴을 결정한다고 주장하였다.

다른 심포지엄에서 Hornick(1975)는 놀랍게도 청소년에게 금욕을 호소하였다.[22] 반대로 같은 심포지엄에서 Adelson(1975)은 진정한 여성 극치감을 옹호하였다. 이런 극치감은 전체성으로서, 진성의 조작되지 않은 것으로서, 그리고 타인에 대한 여성 내부의 반응으로

---

10) 역주: 'Genital primacy'는 정신분석에서 정신성적 발달의 마지막 단계인 성기기(genital phase)의 일차적인 특징, 즉 리비도가 남근에 우세하게 집중되어 있는 것을 의미한다.

서 여성의 성적 행동과 그 절정에 대한 고려를 포함한다.

성치료

Masters-Johnson의 논문과 후속 연구『인간 성의 부적절성(Human Sexual Inadequacy)』(1970) 그리고 성기능 이상에 대한 범상치 않은 치료법과 호전에 대한 그들의 깜짝 놀랄 만한 주장으로, Masters-Johnson의 모형을 토대로 한 성클리닉이 전국에 퍼졌다. 겉보기에 (환자에 의해 정의되는) 성기능장애치료에만 국한된 치료를 하는 성치료사라는 새로운 전문직이 창출되었다. 이들 치료사 대부분은 정신분석과 정신치료를 반대하나, Helen Kaplan(1974) 같은 일부는 이 두 가지를 결합하려고도 하였다.

공식적으로 분석계는 성치료사에 대해 침묵을 지켰다. 비공식적으로는 행동치료에 대해 일반적으로 그랬듯이 비난적이었다. 정신분석 이론은 정신 재구성을 위해 생리적 조작으로 대체하는 것이 길게 봐서는 부적절하다는 입장을 견지할 것이다.

맺음말

Deutsch의 관점 변화, Masters-Johnson의 보고 및 비분석적인 성치료의 빠른 성장 이후, 정신분석에 대한 당대 태도가 어떻게 정의되었는지 여전히 궁금해할 수 있다. 일반적으로 건강한 자아구조가 기본적으로 요구되었다. 이런 건강은 충동의 성숙한 처리와 만족스러운 대인(대상) 관계를 포함한다. 일단 그것이 확립되면 성적 만족은 매우 바람직한 목표가 될 것이다.

많은 사람이 지적했듯이, 극치감의 문제에 대해 이용 가능한 자료들로는 전통적인 이론을 실제로 타파하지는 못한다. 음핵과 질 극치감의 차이는 신체적인 것이 아니라 정신적인 것이다. 따라서 음핵에서 질로의 발달상의 이행은 자위에서부터 남성과의 성적 만족에 이르기까지, 여성의 심리적 성숙을 포함한다. 역설적으로 Masters-Johnson은 여성이 성교 중에 질 극치감을 경험할 수 있다는 것을 확실히 보였으나, 이런 능력을 성기적 성숙(genital primacy)과 동등한 것으로 취급할 수 있는가는 여전히 의문으로 남아 있다. 동일한 생리적 감각들이 음핵으로 경험될 수 있다고 해서, 극치감의 가치가 떨어지는 것도 아니다. 이런 상황은 남자에게도 정확히 일치된다. 왜냐하면 성교를 하든지 자위를 하든지 사정의 희열은 동일하기 때문이다. 아직 아무도 남자들이 성교보다 자위를 더 선호해야 한다고 언급할 필요를 느끼지 않는다.

1898년 Freud는 인간 문명이 성(Sexuality)에 대한 타협이 이루어지는 데 100년 정도 걸릴 것이라고 썼다.[23] 정신분석 이론과 관련된 학문 분야들이 다소 빗나간 행보를 보이고 있는 것을 보면, 아마도 그의 예측이 옳을지도 모른다.

공격성

Freud에게 공격성에 관한 모든 문제는 여전히 불만족스러운 숙제로 남아 있었다. 1920년 죽음 본능에 관한 그의 첫 번째 제안은 매우 잠정적이었으며 이를 "짐작(speculation)[11)]"이라고까지 언급하였으나, 궁극에는 그것의 확실성에 대해 확신을 갖게 되었다. 그러나 그는 전체 이론에 여러 틈이 있음을 충분히 인식하고 있었다. Freud는 1937년 Marie Bonaparte에게 쓴 편지글에서 "나는 당신의 공격성에 대한 질문에 답하려고 노력할 것입니다. 내가 이 주제를 아직은 신중하게 다루지 못하였으며, 이전 편지들에서 내가 말할 수 있는 것들은 고려를 거의 할 가치가 없을 만큼이나 설익고 비공식적입니다."라고 적었다.[24]

죽음 본능 가설이 폐기되고 이중 본능 이론(dual instinct theory)이 나왔으나(Hartman, 1949), 이 또한 많은 문제를 해결하는 데 실패하였다. 지난 몇 년 동안 분석가들은 공격성에 대한 지식이 잠정적임을 반복적으로 강조해 왔다. 1973년 Arlow는 "정신분석 내에서조차, 공격적인 양상의 발달과 그것이 자아형성 및 자기감의 발전에 미치는 영향에 대해 우리가 알고 있는 것은 성적 욕동의 영향력에 대한 그것에 비하면 턱없이 부족하다."라고 적었다.[25]

1971년 비엔나에서 열린 국제정신분석학회(International Psychoanalytical Association) 모임에서는 공격성의 주제를 집중적으로 다루었다. 다수의 다른 관점이 발표되었는데, 이는 공격성에 대해 보편적으로 받아들여지는 분석 이론이 없음을 반증하는 것이기도 하였다. 심지어 일부 연자들은 죽음 본능 이론을 다시 언급하기도 하였다(Garma, 1971). Brenner가 그 당시 상황을 가장 이성적으로 정리하였는데, 그 요점은 다음과 같다.[26]

1. 심리학적인 증거들을 보면 공격성 개념을 본능적인 욕동으로 받아들일 만한 것 같다.

---

11) 역주: 경험에 의한 것이 아니라 사변(思辨)에 의한 것이라는 의미이다.

물론 있으면 좋겠지만, 생물학의 다른 분야로부터 도출된 지지적인 증거들이 필수적인 것은 아니며 적용 가능한 자료도 현재는 없다.

2. 공격성의 근원은 심리학적인 것이라는 것 외에는 특정지어지지 않았다. 아직은 공격성이 뇌기능 이외의 어떤 생리학적 현상과도 관계되지 않는다.
3. 현재 공격적인 욕동이 정신 기능에 대한 신체적인 과정의 요구 척도라는 관점을 지지하는 증거는 없다.
4. 공격성과 리비도는 쾌락 원칙에 있어 유사한 관계를 가진다. 일반적으로 방출은 쾌감과, 방출의 부족은 불쾌감과 관련이 있다.
5. 두 욕동의 각각의 역할 또한 육체적 갈등이라는 측면에서 유사하다.
6. 공격성의 목적이 일률적으로 부착된(cathected) 대상을 파괴시키는 것만은 아니다. 반대로, 목적이 다양하고 경험과 자아기능에 밀접하게 관계되어 있다.
7. 일반적으로, 자아기능과 욕동 사이의 관계는 극단적으로 복합적이고 밀접하다.
8. 현재로서는 욕동 융합 이론과 욕동 분화 이론 간의 결정이 불가능해 보인다.

이후에도 공격성 이론에 대한 탐색은 여전히 부족하긴 했지만, 오늘날에는 Freud 시대에 비하면 공격성 기능의 많은 측면을 보다 잘 이해할 수 있게 되었다. 사실, Freud가 본능 이론을 전환하게 된 주된 정신은 인간 행동의 공격적인 면에 초점을 맞추는 것이다. 1908년 Adler가 공격적 충동의 존재를 제시하였을 때조차[27] Freud와 그의 동료들은 그것을 리비도의 다른 표현으로 보았고, 가학증과 공격성을 혼동한 것으로 Adler를 비판하였다. 그들은 공격성은 모든 리비도적인 욕동에 존재한다고 느꼈다. 당시 Freud는 성(sexuality)에만 배타적으로 집중하였기 때문에, Adler의 제안의 가치를 이해하지 못하였다. 후에 Freud는 공격성을 그의 사고에 포함시켰고, 분석계는 도처에 존재하는 공격성의 영향력에 관심을 집중하게 되었다. 그에 따라 그 이후의 분석적 문헌들은 조사들이 집중된 다양한 표제하에 요약될 수 있다.

임상적 관찰

1945년에 Fenichel은 "오히려 공격성 그 자체가 원래 본능적인 목적이 없는 것처럼 보여 이를 다른 것과 대비되는 본능의 한 범주로 특징지을 수도 있겠으나, 실은 좌절에 대한 반응으로서 또는 자발적으로 때때로 본능적인 목적을 가지려고 노력하는 하나의 양식이다.”라고 적었다.[28] Fenichel은 초기의 Freud같이 공격성, 적개심, 증오 혹은 그의 파생물에 대하여 상대적으로 관심을 거의 두지 않았다가 제2차 세계대전 후 크게 강조하기 시작하였다.

Melanie Klein(1948a)은 특히 영아에서, 그리고 성인 신경증과 정신증에서 보이는 적대적인 환상(hostile fantasies)의 중요성을 처음으로 강조하였다. 그녀는 Freud의 주장보다 초자아의 출현이 훨씬 더 일찍 일어난다고 가정했고 초자아에 구강, 요도, 항문 같은, 즉 아주 야만적인 특질을 부여하였다. 그녀는 소아 발달 이론에서, 불안은 리비도보다는 공격성의 작동에 의해 더 많이 기인하며, 일차적으로 방어는 공격성과 불안에 반하여 일어난다고 보았다. 이러한 방어들 중 부정, 분리, 투사, 내사(introjection)는 억압이 조직되기 전에 활발하게 작동한다. 그녀는 불안 자극하에서의 아이는 지속적으로 대상과 느낌을 분리하려고 하면서 좋은 대상과 느낌을 보유하려고 하는 반면, 나쁜 대상과 나쁜 느낌은 축출하려 한다고 보았다. 그녀는 다른 이론가나 연구자들이 놓친 영아의 적대적 환상들, 예를 들면 어머니 몸을 ‘파내려는’ 욕구 혹은 어머니 몸속에 있는 대상을 깨물고 찢고 파괴하려는 욕구들을 묘사하였다. 그녀의 생각은 너무나도 상상 속 이야기 같아 오랫동안, 특히 미국에서 거부되어 왔다. 최근 몇 년간 생애 첫 일 년에 대한 주의 깊은 탐색을 통해 그녀의 기민한 관찰들은 인정을 받았고, 그녀의 많은 생각이 다른 작가들의 사고에 포함되기 시작하였다. 비록 그녀가 죽음 본능 이론에 매달렸다 하더라도, 그녀의 임상적 자료는 매우 가치가 높다.

제2차 세계대전 전에 Wihelm Reich (1933) 또한 적개심을 엄청나게 강조하였다. 물론 분석 상황에 국한해서 강조한 것으로, 모든 전이를 부정적으로 보았다. 그의 생각은 분석 기법에는 상당한 영향을 주었지만, 이론에는 거의 영향을 주지 않았다.

제2차 세계대전 후 공격성과 적개심에 대한 강조가 다시 시작되었다. 거의 모든 잡지가 공격성의 측면에서 기존 자료들을 재구성한 논문들을 실었다. 예를 들어, Sacha Nacht[29]는 1948년에 국제정신분석학회지(International Journal of Psychoanalysis)에 「공격성의 임상 양상과 정신분석치료에서의 역할(Clinical Manifestation of Aggression and Their Role in Psychoanalytic Treatment)」이라는 논문을 출판하였는데, 일부 내용은 다음과 같다.

> 비록 수세기 동안, 그리고 지금도 인간은 서로 사랑해야 된다는 이야기를 듣고 살아 왔지만, 인간은 대개 상호 증오, 불화, 파괴의 상태에서 살고 있다. 그 목표가 무엇이든 지지 운동(‘pro-’ movement)보다는 반대 운동(‘anti-’ movement)에 더욱 열광하면서 말이다. 공격성

> 을 진압하려는 사회적 노력에도 불구하고 증오가 존재한다는 것이 그리 놀라운 것도 아니다. 바로 삶 자체가 적대적인 반응을 요구한다는 사실만 고려해 봐도 그렇다……. 분명 수년 동안, 정신분석 작업에서 있어 넓은 의미에서 첫 번째 감정, 즉 사랑을 지나치게 강조해 왔다…….
>
> 그러나 우리가 관찰해 온 사람들은 다른 원인에 의한 것보다 공격적인 경향에 의해 만들어지는 갈등을 처리하는 데 훨씬 더 어려워하는 것처럼 보였다. 병적인 문제를 일으키기 위해 성적 충족의 부재가 필요하다는 조건은 공격성의 수준에서 볼 때 나에게는 거짓으로 비쳐진다……. 인간과 동물의 관찰을 통해 모든 생존 문제에서 공격적인 반응에 대한 기질(disposition)은 개체의 평형을 깰 수도 있는 흥분이나 긴장을 제거하려는 지속적인 경향성에 기인함을 우리는 충분히 목격하고 있다.[30]

그러고 나서 Nacht는 임상적으로 어려운 사례들을 나열한 뒤 성(sexuality)보다는 공격성의 관점에서 사례들을 설명하였다.

1949년 Winnicott은 「역전이에서의 증오(Hate in the Countertransference)」[31]라는 논문에서 정신병자의 분석은 분석가 자신의 증오가 극히 잘 정리되고 자각되지 않으면 불가능하다는 확신을 표현하였다.

1950년 Hoffer은 「구강 공격성과 자아발달(Oral Aggressiveness and Ego Development)」이라는 논문을 썼다.[32] 그의 주된 관점은 태어나면서부터 작동하는 통증 방벽(pain barrier)의 존재이다. 그것은 아기 자신의 신체와 자기로부터 기인한 파괴적인 본능을 막아 주며, 공격적 혹은 성애적인 것과 같은 본능적인 긴장을 조절하고 확산시키는 자기의 기능이 점진적으로 발달하는 생후 3개월 이후부터 강화된다. 이런 자기-파괴에 대한 이중 보호 장치는 외부 세계로 향한 공격성의 강도와 이런 형태의 성공적인 숙달에 따르는 자기애적인 느낌의 증가를 설명한다.

1951년 Milton Wexler는 「조현병의 구조적인 문제(The Structural Problem in Schizophrenia)」라는 의미 있는 논문을 발표하였다.[33] 논문의 주요 논지는 조현병 환자를 치료함에 있어 어떤 시점 이후에는 환자가 적개심만을 수용할 수 있기 때문에 분석가는 친절과 사랑보다 오히려 거칠고 징벌적이어야 할 필요가 종종 있다는 것이었다.

1952년 Michael Balint는 「사랑과 미움(Love and Hate)」이라는 논문을 발표하였다.[34] 그의 새로운 주요 논지는 미움이 초기 대상 사랑(혹은 의존적 고태적 사랑)의 마지막 잔유물이고 부정이며 방어라고 하였다.

1953년 아르헨티나의 분석가인 Angel Garma는 「소화성 궤양 환자에서 해로운 음식으로서의 내재화된 어머니(The Internalized Mother as Harmful Food in Peptic Ulcer Patients)」라는 논문을 발표하였다.[35] 그는 소화성 궤양의 뿌리가 어머니에 대한 갈망이라는 Alexander의 가설에 이의를 제기하고, 대신에 구강 소화기적 퇴행을 갖고 있는 사람에게서 소화기적으로 공격적인 어머니를 내재화한 결과라는 이론을 주장하였다. 아주 무섭고 잔인하고 좌절을 주는 내재화된 모성 혹은 모성의 유방에 대한 그의 강조는 많은 다른 퇴행된 상태를 묘사하는 데 있어 반향을 불러일으켰다.

1954년 Robert Bak는 「공격성에 대항하는 조현병적 방어(The Schizophrenic Defense against Aggression)」라는 논문을 발표하였다.[36] 그는 공격적인 욕동을 중화시키지 못하는 자아를 자아장애의 핵심으로 보았다.

추가적인 연구들로부터 조현병, 중독, 정신신체장애를 포함한 보다 심각한 정서장애에서, 보다 최근에는 고전적 신경증에서도 공격성의 과잉이 그 뿌리에 있다는 보편적인 의견이 도출되었다. 그러나 분석가들은 공격성의 본질에 대한 명확한 이론적 설명에는 의견 일치를 보지 못하였다.

정신분석의 두 가지 이론

수년에 걸쳐 정신분석 내에서 제기된 이론은 두 가지이다. 하나는 성(sexuality)을 강조하는 것이고, 다른 하나는 공격성을 강조하는 것이다. 현재까지는 권위 있는 이론가들도 두 가지 이론 간의 상충되는 주장 간에 결정을 내릴 수 있는 좋은 방법은 없다고 솔직히 인정한다. 임상 정신분석뿐만 아니라 생물학, 인류학, 사학, 발생학, 소아심리학, 정신의학, 그 외 사람을 다루는 과학들로부터 증거들이 나와야 한다. 일반적으로 공격성에 대해서 두 가지 기본적 설명이 있다. 하나는 좌절(소위 좌절-공격성 가설)에서 유래하고, 다른 하나는 생물학적으로 부여된 본능(이중 본능 가설)으로 본다. 단순 사회적 학습뿐만 아니라 공격성을 순전히 생리학적으로 설명하는 가설도 있어 왔다. 이런 다양한 이론에 관한 분석 문헌들로부터의 내용을 간단히 정리하고자 한다.

좌절-공격성 가설

많은 다른 연구자와의 공조를 통해 Dollard와 Miller(1939)가 좌절-공격성 가설을 가장 확실하게 공식화하였다. 그들은 본 가설이 공격성에 대한 Freud의 초기(1920 이전) 생각에 기초한다고 명확히 밝혔으며, 본 가설을 지지하기 위해 Freud의 작업과 많은 다른 원천으로부터 많은 자료를 수집하였다. 공격성은 항상 좌절의 결과이고[37] 공격적 행동이 생기는 것은 항상 좌절이 있다는 전제를 갖고 있으며, 반대로 좌절이 있으면 항상 어떤 형태의 공격성이 유발된다고 자신들의 이론을 공식화하였다.

이 이론의 장점은 정신분석에서 권장하는 임상적 치료 과정에 깔끔하게 들어맞는다는 것이다. 따라서 환자가 화나 어떤 형태의 공격성을 보이면 분석가는 좌절의 근원을 관례적으로 찾게 된다. 단점은 좌절과 관계없어 보이는, 특히 초기 영아에서 분노 상태가 분명히 존재한다는 것이고, 많은 형태의 화는 좌절보다는 오히려 부모와의 동일시(사회적 학습)에서 일어나는 것 같다는 사실이다.

이중 본능 이론

죽음 본능 이론의 쇠퇴 이후, 그 결과로서 생긴 딜레마를 벗어나는 방법으로, 성(sexuality)과 공격성, 즉 이중 본능 가설이 제시되었다. 물론 공격성을 더 이상 죽음 본능으로 언급하지 않았다. 이러한 입장은 Hartman, Kris, Loewenstein의 논문「공격성 이론의 주해(Notes of the Theory of Aggression)」에서 가장 설득력 있게 제시되었다(1949). 여기서 그들은 성(sexuality)과 공격성을 1915년 Freud가 나열한 욕동의 네 가지 특징, 즉 추동력(impetus), 근원(source), 목표(aim), 대상(object)에 따라 비교하려는 시도를 하였다. 저자들의 노력에 비해서는 특별히 성공적이지 못하였는데, 부분적으로는 Freud의 본능 개념이 해결되지 않는 모순들로 가득 차 있었기 때문이었다. 목표에 관해 그들은 이미 어찌할 바를 모르고 있었다.

현 단계에서는 정신분석 이론들의 개발에 있어 공격적 욕동의 특정 목표에 대한 질문에는 답을 할 수 없어 보인다. 물론 명백한 한 가지 답이 있어야만 하는 것도 아니다. 그러나 공격적 긴장의 방출 정도 간에 구분은 가능해 보인다. 따라서 공격성의 목표는 방출의 정도에 따라, 그리고 방출에 이용되는 도구에 따라 분류될 수 있을 것이다.[38]

그럼에도 불구하고 이중 본능 이론은 많은 저자에게 차용되었으며, 이들 대부분은 이런 이론에 딸린 많은 이론적인 문제를 행복하게도 모르고 있었던 것으로 보인다. 분명, 본능으로서 공격성과 성(sexuality)은 전혀 다른 방식으로 작동한다.

공격성의 중화

아마도 이 분야에서 Hartman의 가장 변함없는 기여는 공격성의 중화 개념이다. 그는 중화를 리비도적이고 공격적인 에너지를 본능적인 양식에서 비본능적인 양식으로 바꾸는 것이라고 하였다.[39] 따라서 공격성에 대한 발달적 과제는 욕동을 중화시키는 것이며, 결과적으로 자아가 작업할 수 있는 중화된 에너지를 제공하는 것이다. 그리하여 중화는 정신에너지 개념과 관계된다.

이 학설은 조현병과 정신신체장애 영역에서 가장 의미 있게 적용되었다. Hartman은 조현병이 중화의 실패라는 입장을 유지하였고, 정신신체장애는 중화 방벽(neutralized barrier)의 파열이라고 주장했다(Schur, 1965). 이 개념을 차용하는 저자들은 이제 리비도적 · 공격적 그리고 중화된 에너지를 언급하고 있다(Jacobson, 1964). 그러나 다른 사람들은 이런 형태의 초심리학적 설명을 (그도 그럴 만한 것이) 극히 번거로운 것으로 간주하였고, 더 단순한 체제로 대체하기도 하였다(Klein, 1976; Fine, 1975b).

이중 본능 이론 자체만을 볼 때, 공격성이 본능이라면 성(sexuality)과는 선석으로 나른 형태여야 한다는 비판을 주로 받았다. 그러므로 공격적인 본능의 의미를 명확히 하지 않은 채 단순히 두 가지 본능을 가정하는 것은 논점을 교묘히 피하는 것이다. 궁극적으로 이중 본능 이론은 상황을 너무 지나치게 단순화하였기 때문에, 심리학적 과학의 요구를 충족시키지 못하였다.

신체적 인자

어느 지점을 지나면 정신분석적 내용과 다른 학파에서 기여한 내용들을 구분하는 것이 점점 더 어려워진다. 적개심(공격성, 분노) 연구는 정신분석적 사고가 보다 깊이 있는 연구를 촉진하는 역할을 하였으나, 궁극적인 결론은 다른 학파들로부터 나왔다. 그것은 하나의 통합된 심리과학으로 정신분석에서 말한 역동에 기반을 두고 있으나, 그 이상의 전체적이고 상세함을 가지고 있다. 광범위한 연구에도 불구하고 적개심에 대한 어떤 정확한 생리적인 기초도 찾지 못한 가운데, 적개심에 관한 가장 놀라운 발견 중 하나는 다수의 사람이 평생 만성적으로 억압된 분개(resentment) 상태로 살고 있고, 이러한 상태는 분노, 불안, 우울증 및 모든 다른 '부정적' 정서를 동반하며(Rado, 1969), 이러한 내적 스트레스와 갈등이 궁극적으로 죽음을 포함한 다양한 신체적 질환을 일으킬 수 있고 또 흔히 일어난다는 것이다.

생리학자 Walter Cannon은 20세기 초반에 이미 통증, 굶주림, 공포, 분노 상태에서 신체의 변화는 광범위하게 일어나며, 이러한 변화는 다윈이 가정하였던 동물 실험에서 보이는 위험에 대한 정상적인 생리적 반응과 상관성이 있을 수 있음을 보여 왔다(Cannon, 1929). 공포와 분노의 감정 모두 매우 유사한 신체적 반응을 만들며 서로 동반되는 것으로 보이기 때문에, Cannon 이후 '투쟁-도피 증후군(fight-flight syndrome)'이라는 용어가 보편화되었다. 그 무렵 Freud는 여전히 성(sexuality)에 본능 이론을 한정시키고 있었고, 이제는 구식이 된 실제신경증(actual neurosis)을 여전히 주장하고 있었으며, 내적 갈등에서 일어나는 많은 신체적 결과를 여전히 무시하고 있었다. 1920년대 이후 정신분석가들이 정신신체 등식을 이해하는 데 기여한 것은 이전에 생각하였던 것보다 갈등이 훨씬 더 보편적이라는 것, 그리고 갈등은 항상 공격성과 불안을 수반하며(이것은 역동적으로 종종 서로 대체될 수 있다), 무의식적 적대감, 불안 그리고 이들에 동반된 감정적 결과들이 결국에는 Cannon이 스스로 제한시켜 왔던 의식적인 것들보다 훨씬 더 중요하였다는 것을 확인한 것이다.

1920년대와 1930년대에 이들 정신분석적 접근과 생리학적 접근의 융합을 통해 많은 귀중한 임상적 및 이론적 논문이 출판되었다. Freud가 성(sexuality)에 초점을 맞추고 있는 동안 그가 관심을 가진 신체 증상은 히스테리성 전환 반응에 한정되어 있었음은 언급할 만한 가치가 있다. 물론 전환 반응은 전체 정신신체적 틀에서 보면 상대적으로 중요성이 떨어진다. 그리고 그 초점이 적개심으로 바뀌고 나서야 보다 깊은 정신신체적 영향의 중요성이 전면으로 나올 수 있었다.

정신신체적 관계에 대한 연구의 최초의 개요는 Flanders Dunbar의 「감정과 신체적 변화(Emotions and Bodily Changes)」(1935)였다. 그 기간 동안 시카고정신분석연구소의 Alexander와 그의 동료들은 일곱 개의 정신신체질환, 즉 소화성 궤양, 기관지 천식, 류마티스 관절염, 궤양성 장염, 본태성 고혈압, 신경피부염 및 갑상선 중독증에 대한 자세한 정신분석적 정신생리학적 연구를 수행하고 있었다(Alexander, 1950).

Reiser(1975)는 정신신체 연구의 역사를 1940년에서 1960년 사이 그리고 1960년에서 현재까지 두 기간으로 나누었다. 1940년에서 1960년 사이에는 내과 의사와 정신과 의사(e. g., Engel, 1955; Mirsky, 1950; Lidz, 1950; Sperling, 1946; Weiss, 1957; Wolff, 1947)의 꼼꼼하고 자세한 합동 임상 연구가 많았는데, 많은 내과적 질환의 발병이 정신사회적 위기 동안 일어나고 심리적 요인에 의해서 심각하게 영향받을 수 있다는 것을 증명하였다. 따라서 일반 의사가 진료하는 환자의 70~80%가 심인성 질환과 관계있다고 말하는 것이 일반화되었다.

이 시기에 중심이 된 이론적 이슈는 특정성(specificity)이었다. 특정 심리적 요인이 특정 장기 시스템이나 질환을 결정함에 있어 필요조건인가 혹은 충분조건인가? 그 시절 주요 이론가인 Dunbar, Wolff, Alexander 모두 성격 유형과 질환 간에 어느 정도의 상관성은 찾을 수 있다는 데 동의하였다. 그중 Alexander가 가장 정확하였는데, 그는 1939년 전환 히스테리아와 (현재는 정신신체질환으로 더 흔히 사용되는) '내장 신경증(visceral neurosis)' 간의 근본적인 차이가 있다고 하였다(Alexander, 1950). 그는 전환 히스테리아에서는 증상 형성이 무의식적인 갈등을 해소하는 반면에 내장 신경증은 기본 갈등이 해결되지 않은 채로 남아 있다고 하였다. 그는 해결되지 않은 갈등과 관련된 만성적인 정동은 비록 억압되었거나 억제되었다 해도 그에 합당하는 생리적 반응이 동반될 수 있다고 가정하였다. 해결되지 않은 갈등과 관계된 만성 감정을 동반하는 생리적 변화들은 먼저 특정 장기 시스템에서 기능의 변화를 일으킬 수 있으며, 충분히 오래 지속되면 구조의 변화와 질환을 일으킬 수 있다. 따라서 그와 그의 그룹에서 연구하고 있는 일곱 개의 질환 각각에 대해, 정신분석치료 또는 조사 과정에서 도출된 임상적 자료들로부터 특정 갈등의 공식화가 유도되었다.

Alexander는 불안, 억압된 적대적 및 성적 충동, 좌절된 또는 의존적인 갈구, 열등감과 죄책감 같은 의미 있는 심리적 영향들이 모든 정신신체장애에 존재한다는 데 동의하였다. 그럼에도 불구하고 그는 "특정한 하나 혹은 다수의 심리적 요인이 존재한다는 점이 특정적이기보다는, 이런 심리적 요인들이 드러나는 역동적인 성(sexuality)이 존재하는 것이 특정적이다."라고 말하였다.[40] 예를 들어, 그는 소화성 궤양은 본래 구강기적 특성을 가진 의존 욕구의 좌절에 의하며, 이런 특징을 가진 환자들은 흔히 과도한 활동이나 야망으로 지나치게 보상하려고 한다고 강조하였다. 궤양성 대장염에서는, 특히 의무를 수행하는 데서 오는 좌절된 경향과 농축된 에너지 소비를 요구하는 어떤 것을 수행하는 데서 오는 좌절된 야망을 지적하였다.[41] 알레르기에서는 어머니에 대한 해결되지 않은 지나친 의존심을 핵심적 정신 역동적 요인으로 보았다.[42] 본태성 고혈압에서는 항상 불안과 연관된 만성적으로 억제된 공격적 충동을 강조하였다.[43] 그는 갑상선 기능 항진증 환자에서 초기 영아기나 아동기에 안전에 위협을 당한 경험을 발견하였는데, 흔히 죽음에 대한 과도한 공포심과 연관되며 대부분의 환자가 생애 초기에 노출되어 왔다고 하였다.[44]

Alexander 이후의 연구들을 통해 그의 초점이 전반적으로 너무 협소하였음이 밝혀졌다(Reiser, 1975). 건강과 질환 상태에 대한 이해는 생물학적 · 심리적 및 사회적 변수들에 대한 보다 전체적인 이해를 필요로 한다는 견해가 확산되면서, 심지어 일반 장애와 정신신체장애 사이의 구별조차도 그것의 의미와 유용성을 급속히 잃어 가고 있다. 따라서 특히 지난 10년간 문헌은 대상 상실을 크게 강조해 왔다. 사별, 대상 상실, 그것과 관련된 반응성 정서 상태 등은 신체 영역에 심각한 반향을 미치며 심지어 삶 자체를 유지하는 능력에 영향을 끼치는 수도 있음을 보여 왔다. 포기하고 싶은 소망과 함께, 특히 '무력감(helplessness)'과 '절망감(hopelessness)'의 상태는 위험하다. 이런 연관성에서 동물에서 내분비와 스트레스 생물학에 대한 Selye의 연구와 많은 질환의 토대가 되는 그의 GAS(general adaptation syndrome, 일반 적응 증후군)는 특히 관련이 있다(Selye, 1956). Engel(1967)은 친숙한 투쟁-도피 증후군에 더해 '보존적 철수conservation withdrawal'의 근본적인 생물학적 스트레스 혹은 위험 반응에 대해 가정해 왔다.

이런 신체와 관련된 자료들을 통해 공격성에 대한 정신분석적 논란의 대부분은 사소하거나 부적절한 것이 되었다(Fromm, 1973 참조). 중요한 것은 공격성이 어디서부터 오는가보다는 공격성이 일단 나타나면 한 개인에게 공격성이 어떻게 작용하는가이다. 본능 이론에 대한 이러한 소견들의 보다 완전한 함의는 다음에 이어진다.

공격성과 성

이중 본능 이론으로 두 부류의 본능 간의 관계에 대한 의문이 다시 대두되었다. Freud는 두 번째 이론인 죽음 본능 이론에 본능의 융합과 탈융합(defusion)이라는 보충 이론을 제시하였다. 그는 성애적 본능과 죽음 본능은 살아 있는 존재에서는 규칙적인 혼합 혹은 융합 상태로 존재할 수 있지만, '탈융합' 또한 쉽게 일어날 수 있다고 주장하였다. 후에 이 이론은 가성생물학적 방식(pseudobiological manner)으로 확장된다. Freud는 다음과 같이 기록하였다.

> 이런 관점에서, 동화 작용(anabolism) 또는 이화 작용(catabolism)의 특별한 생리학적 과정이 두 계열의 본능 각각과 연관될 것이다. 즉, 두 가지 본능은 비록 그 비율은 다를지라도 생명이 있는 물질의 모든 입자에서 활성화되어 있을 것이다. 그리고 어떤 하나의 물질은 에로스의 주된 대표물일 수도 있다.
>
> 이 가설에는 두 가지 본능이 서로 어떻게 결합되고 섞이는지에 대한 어떠한 언급도 없다. 그러나 이것이 규칙적으로, 그리고 매우 광범위하게 일어나고 있다는 것이 본 개념의 가장 필수적인 가정이다.[46]

Freud의 이러한 견해는 생리학을 심리학으로 혼동하고, 이미 확립된 지식으로 완전히 모순되는 가정을 하고 있으며, 따라서 공격성 이론을 더욱 더 혼란스럽게 만들었다. Melanie Klein 같은 일부 저술가들은 비판 없이 Freud의 입장을 수용했는가 하면, Fenichel과 Shur 같은 사람들은 이를 완전히 거부하였다.

동물 행동학적 자료

공격성의 본능적 특질에 관한 논란이 지속되면서, 모든 생각할 수 있는 분야에서 자료들이 속속 나오고 있다. 제2차 세계대전 후 가장 흥미롭고 유용한 새로운 분야 중 하나가 바로 동물 행동학이다. 미국 행동심리학자보다는 다윈의 전통에 따라 움직였던 동물 행동학자들은 전체적으로 정신분석적 입장과 매우 비슷한 방식으로의 본능의 존재를 재확립하려고 노력해 왔다. 공격성에 관하여, 동물 행동학파에서 가장 큰 목소리를 냈던 사람은 1963년 관련 주제로 책을 출판하였던 Konrad Lorenz였다. Lorenz의 주장을 간략히 말하자면, 어떤 진화 수준을 넘어선 모든 동물들에서 본능적인 공격성이 있으며, 이런 공격성은 외부 자극과는 별도로 자신의 자원을 이용하여 공격적인 에너지를 발전시킬 수 있는 본능적인 체계를 가지고 있다는 것이다. 이런 싸움에 대한 충동은 적절한 자극에 의해 발산될 때까지 쌓이게 된다. 외적인 조건에 대한 반응이라기보다는 자가발전하는 특성 때문에, 공격성은 그만큼 위험하고 수정되기 어렵다. 공격성은 진화의 과정에서 수정되고 이용되어 오면서 많은 긍정적인 기능에 기여한다. Lorenz는 인류가 하등 동물과 동일한 싸움 본능을 물려받았지만, 동족인 인류를 심하게 해치고 고통을 주는 데 대한 타고난 억제장치를 가지고 있지 않으므로 그 본능이 잘 조절되지 않는다고 주장하였다.

다른 연구자들은 Lorenz의 다소 단순한 공격적 본능에 대한 개념화에 반박하고 있다 (Bandura, 1973; Montagu, 1976). 특히 동물을 사람으로 일반화하는 것은 정당화될 수 없다는 주장을 펼쳐 왔다. 동물의 왕국에서 상황이 어떤 것이든, 인간의 딜레마를 충분히 밝혀주지는 못하고 있다.

Hamburg(1973)은 동물 실험 소견과 인간의 임상 소견을 결합시키기 위해 가장 섬세한 시도를 해 왔다. 「인간의 공격성에 대한 진화론적 발달적 접근(An Evolutionary and Developmental Approach to Human Aggressiveness)」에서, 그는 침팬지, 고릴라, 개코원숭이 같은 여러 종류의 영장류에서 공통적으로 보이는 공격적 양상은 인간에서 보이는 것과 어떤 면에서 비슷해 보인다고 주장하였다. 현재 증거들은 공격적인 양상이 일어날 수 있는

상황이 적어도 유사함을 보여 주고 있다.[47]

1. 일상에서의 지배 거래(dominance transaction)
2. 지배의 위계에서 공격이 아래로 내려가는 것
3. 암컷에서 주로 보이는 영아를 보호하는 상황
4. 음식 또는 성적 대상으로서의 암컷 같은 추구하는 재원이 부족한 경우
5. 친근하지 않은 동물을 만날 때
6. 포식자로부터 방어를 할 때
7. 다른 종족의 어린 동물들을 죽이거나 잡아먹을 때
8. 하위 계급 동물들 사이의 심한 분쟁을 끝낼 때
9. 낯선 또는 위험한 영역을 탐색할 때
10. 특히 남성에서, 지배 구조에 장기간 변화가 생길 때
11. 한 동물이 고통스런 손상을 입었을 때
12. 가치 있는 자원이 있는 곳에 낯선 무리들이 있을 때

인류학적 자료

인간 공격성에 관여하는 문제들을 이해하기 위해서, 1920년대 이후 정신분석가들도 축적되는 인류학적 자료, 즉 '자연의 실험'에서 나온 자료들에 의지하기 시작하였다. 일반적으로 모든 인간 사회에는 공격성이 존재하지만, 공격성의 강도와 표현은 아주 다양하다. Montagu(1974)는 다른 종류의 많은 사람이 거의 완전하게 비공격적이라는 증거를 수집하였다. Fine(1975b)은 문화를 사랑 문화와 미움 문화로 나누는 것을 제의하였다. 사랑 문화는 인간 상호작용의 주된 양식이 사랑이고, 미움 문화는 미움이 주된 양식인 문화이다. 이런 의미에서 보면, 서양 문명은 미움 문화이며 적어도 2,500년 동안은 그러하였다.

Montagu(1976)는 인간은 타고난 살인마(killer)라는 Lorenz의 이론에 반박하는 책을 집필하였다. 그는 어떤 특정한 인간 행동도 유전적으로 결정되는 것이 아니고, 공격적인 행동은 단지 인간 행동의 한 유형에 지나지 않음을 가용한 증거들을 토대로 주장하였다. 그리고 이러한 행동들은 모두 심리과학으로 틀림없이 설명된다고 하였다. 본질적으로 이것은 다른 어떤 이론보다 좌절-공격성 관점에 기초한 공격성의 사회적 학습 이론인 셈이다(Bandura, 1973).

생리학적 자료

심리적인 설명을 시도하기 전에 생리적인 설명이 우선 배제되어야 한다는 것이 모든 심리과학에서의 기본 전제이다. 공격성에 관한 생리학적 이론들이 때때로 대두되는데, 염색체 이론, 호르몬 이론, 뇌손상 이론이 두드러진다. 일반적으로, 일부 사례에서 생리적인 손상이 공격성의 경향을 높일 수도 있는 반면, 실제 공격성(환상화된 것이든 폭력의 형태이든)은 주로 심리적인 요인들에서 기인하는 것으로 보인다고 이야기되고 있다(Bandura, 1973; Whalen, 1974). Plotnik는 모든 신경학적 증거를 검토한 후, 하등 종뿐만 아니라 고등 종에서도 "선천적인 (학습된 것이 아닌) 공격성 회로에 대한 신경학적 증거는 부족하다."라고 결론을 내렸다.[48] 비록 일부 연구자들(예를 들면, Mark and Ervin, 1970)은 편도체 병변 같은 공격성의 바탕이 되는 뇌의 원인에 대한 광범위한 주장을 하고 있으나, 증거들을 면밀히 살펴본 결과 이러한 주장을 지지하지는 못하였다. 수술 기술의 발전으로 500차례 이상의 편도체 수술이 인간을 대상으로 실시되었다는 사실(Valenstein, 1973)은 조심스런 이론가들이 주저하고 있는 영역에 외과 의사들만 몰려들고 있음을 증명할 뿐이다. 임상적 · 이론적 · 실험적 자료를 모두 살펴본 Valenstein은 다음과 같은 결론을 내렸다.

> 현재 폭력성이 급증하는 대부분의 이유는 기존에 받아들여졌던 가치 및 사회적 역할에 대한 거부와 그들이 사는 사회의 안정성에 있어 기득권이 없다고 여기는 다수 집단의 존재와 관련될 수 있다. 필수적인 변화를 찾아내거나 시행하는 것이 쉽지 않을 수도 있다. 그러나 **생물학적인 답변이 이런 사회적 문제에 적용될 수 있을 것이라는 망상을 받아들이는 것도 큰 위험이 따른다**(볼드체는 추가되었음).[49]

따라서 다른 학문 분야로부터의 증거는, 공격성은 전체 자아구조의 관점에서 오직 적절하게 이해될 수 있는 심리적으로 결정된 욕동이라는 정신분석적 견해를 지지하는 경향을 보인다.

대집단의 공격성

태고 이래로 전쟁과 그로 인한 재앙적 결과는 인류가 저지르는 최악의 재앙 중 하나였지만, 정신분석가들은 집단적인 공격성에 대해서는 거의 관심을 두지 않았다. 독일 분석가

Alexander Mitscherlich는 제2차 세계대전에서 동포들의 잔인함에 깊은 충격을 받고 이러한 주제로 광범위한 글을 적어 왔다(1971).

Mitscherlich는 당연히 분석가만으로는 사회적 폭력을 이해할 수 없다고 하였다. 그는 정신 내적 갈등의 형성에 있어 특정 인자의 정도와 중요성을 파악하기 위해 실증적인 사회학 연구를 검토해야 하였다. 사회 제도의 기능에 대한 고려 없이는 집단행동을 통해 전쟁과 그것의 이성적인 목표 및 무의식적인 동기를 이해할 수 없다. 즉, 사회 제도의 기능을 통해서만이 이성적 목표와 규제 업무뿐만 아니라 지도자 집단의 공격적인 요구가 모든 인구에게 전달될 수 있다. 이것은 개인적인 욕구에서 출발하지만, 결국은 개인을 초월한 과정이다. 게다가 이런 제도는 한 개인의 모든 가치 구도를 무너뜨릴 수 있다. 평화 시에는 심각하게 폭력적인 범죄 행위로 여겨지는 것들이 전쟁을 도구로 정치적 또는 경제적인 이해를 추구하게 되면서 선한 행동으로 탈바꿈된다. 이에 더해 가시적인 보상까지 얻게 된다(Eissler, 1960). Mitscherlich는 다음과 같이 결론지었다.

> 지난 이십 년 동안 정신분석의 초심리학적 입장이 정제되어지기도 하였으나 동시에 어느 정도는 경직되어져 왔다는 인상을 갖게 된다. 연관 과학 분야의 질문과 대답에 대해 우리들의 이론을 드러냄으로써 경직되는 것을 막을 수도 있을 것이다. 그러나 이것은 공격성의 문제가 아니라, 오히려 참여와 리비도의 문제이다.[50]

공격성에 대한 결론적인 논평

공격성에 대한 정신분석적 이론의 발달은 임상적 방향과 초심리학적 방향, 두 가지 모순되는 방향으로 이루어졌다. 임상적 관점에서 볼 때, 성적 행동에서 공격적 행동으로 주의가 전환되면서 이론적인 이해와 임상적 효과의 측면에서 많은 이득을 보았다. 모든 주요 정신병리학적 장애는 공격성을 적절히 다룰 수 없게 만드는 자아의 수반된 약점과 함께, 성(sexuality)을 넘는 공격성의 과잉과 관여되어 있음을 보여 왔다. 비록 공격성이 어떤 하나의 생리학적 바탕이나 원천을 갖고 있지 않더라도, 이는 광범위한 신체적 결과를 초래한다. 이 정보를 통해 정신신체적 접근과 정신신체의학은 정교화되었다. 공격성을 다루는 데 있어서의 변천, 방어적 자세의 도입, 성(sexuality)과의 혼합, 자아와 초자아의 효과 등 모두가 조심스럽게 연구되어 왔다. 일차적인 정서가 화 혹은 분노인 일련의 환자들이 경계성 또는 바꿔서 자기애적으로 기술되어 왔으며, 임상가들의 주의를 끌어왔다.

그러나 이론적 측면에서의 진전은 거의 이루어지지 않았다. Freud의 죽음 본능 이론은 초심리학적 혼돈을 유발하였고, 아직까지도 헤어나지 못하고 있다. 죽음 본능 이론에서 이중 본능 이론으로의 대치 또한 '적대적 본능' 개념에 부착된 많은 어려움 때문에 별다른 진전을 가져오지 못하였다. 공격성은 생물학적으로보다는 오히려 심리학적으로 이해되어야만 한다는 Brenner의 입장이 아마도 획득 가능한 증거에 가장 잘 부합된다.

심적 에너지

심적 에너지는 Freud의 첫 본능 이론에 덧붙여진 개념이다. 오히려 Freud 저술에서조차 모순적이고 정의하기 어려운 이 개념은 정신분석적 문헌에서 가장 신랄한 논쟁을 불러일으켰다. 역사적으로 질문에 접근하는 것이 가장 유용하다.

Freud는 1895년 「과학적 심리학을 위한 계획(The project for a Scientific Psychology)」에서 처음으로 심적 에너지 개념을 소개하였다. 출판되지는 않았지만, 이 내용은 그의 후기 초심리학의 대부분의 기반을 형성하였다. 여기에서 그는 다음과 같이 기술하였다.

> 그 의도는 하나의 자연과학으로 심리학을 제공하려는 것이다. 즉, 정신적 과정을 특정할 수 있는 물질 입자들을 정량적으로 결정할 수 있는 상태로서 표현하는 것, 그렇게 함으로써 이러한 과정들을 명료화하고 모순으로부터 벗어날 수 있음을 의미한다. 두 가지 주요 발상은, ① 안정기와 활성 간의 구분은 일반 운동 법칙의 대상인 Q로 간주하며, ② 신경 세포는 물질 입자로 간주한다.[51]

신경계의 양적으로 다양한 에너지 개념은 Freud 이전에도 있었던 오래된 개념이다. 표준 물리학적 추론에 더해, Mesmer까지도 거슬러 올라갈 수 있다. 그는 그의 자기치료의 효과가 일종의 치료자와 환자 간에 흐르는 '자기흐름(magnetic flow)'에 의한 것인지, 아니면 어떤 정신적 영향력에 의한 것인지에 대한 결정을 내리지 못하였다. (Mesmer는 자성에 대한 물리학의 이해가 부족할 당시에 실제로 자석을 치료에 사용하였다.) '자기적 에너지'가 물리적인지 아니면 정신적인지의 논쟁은 19세기를 통해서 지속되었고, '자기학'은 '최면술'로 대치되어 Freud 시대까지 내려왔다.

Strachey는 Freud가 「과학적 심리학을 위한 계획(The project for a Scientific Psychology)」

에서 사용한 '정량(quantity)'이라는 용어도 동일한 모호함을 가지고 있음을 보여 주었다. 물리적인 무엇인가 아니면 정신적인 무엇인가? 심지어 Freud의 용어 사용도 모호하였다. 종종 그는 심벌로 Q를 사용하기도 하고 Qε[52]를 사용하기도 하였다.

심적 에너지가 정신적인 것인지 물리적인 것인지에 대한 불확실성은 Freud의 연구에 줄곧 남아 있다. 1938년 정신분석 개요 논문의 결론에서 Freud는 이렇게 기술하였다.

> 이제 우리는 아직은 베일에 가려진 정신의 본질에 관한 비밀에 접근하게 된다. 우리는 다른 자연과학에서 우리에게 기대하고 있듯이 정신적 삶에서 일종의 에너지가 작동한다고 가정한다. 그러나 아직 다른 에너지 형태에 견줄 만한 것을 통해 이러한 지식에 좀 더 가까이 다가갈 수 있는 어떤 것도 가지고 있지 않다. 신경 혹은 정신 에너지는 두 가지 형태, 하나는 자유롭게 활동하는, 다른 하나는 비교컨대 묶여 있는 형태로 일어남을 인식한 것으로 보인다. 우리는 심적 물질의 부착(cathexes)과 과부착(hypercathexis)을 이야기하고 있으며, 과부착은 다른 과정들의 일종의 합성을 초래한다는 가정도 감히 하고 있다. 자유 에너지가 속박 에너지로 전환되는 과정에서의 합성을 의미한다. 이 이상의 진전은 우리도 아직 없다.[53]

이 두 문장을 비교해 보면 상당히 유사함을 알 수 있는데, Freud는 신기원을 연 발견에도 불구하고 그의 심리학적 발견에 대한 어떤 물리적 토대를 밝혀내지 못했다는 사실 때문에 여전히 골머리를 썩고 있었다.

앞서 언급하였듯이, Freud의 딜레마는 성에 대한 강조를 제외한 모든 핵심 사항에서 그 시대에 주도적이었던 본능 이론과 부합되는(예: McDougall) 그의 본능 이론의 검토에서도 확인할 수 있다. 이 이론은 일련의 본능들이 심적 장치(psychic apparatus)를 위한 에너지를 제공한다고 가정한다. 이 에너지는 다시 다양한 정동들로 전환된다. 일례로 Freud는 억압에 대한 논문에서 다음과 같이 말한다.

> 정신분석적 관찰에 대한 피상적인 조사에서 볼 수 있듯, 본능적 표상의 정량적 요소들은 세 가지 변천이 가능하다. 본능이 모두 함께 억압되어 어떤 흔적도 찾을 수 없게 되거나 어떤 식으로 혹은 질적으로 다른 색채를 띤 정동으로 나타나거나 또는 불안으로 바뀐다. 마지막 두 가지의 경우에 대해 우리가 본능의 추가적인 변천, 즉 본능의 심적 에너지의 정동과, 특히 불안으로의 변환을 고려해야 한다.[54]

이런 배경 때문에 심적 에너지에 관한 전체 가정은 적극적인 공격에 직면해 왔다. Kardiner 등(1959)은 이를 전면 부정하였다. Holt(1962)는 Freud가 매우 강조하였던 자유 에너지와 속박 에너지의 개념에 대해 자세한 조사를 한 뒤, Freud가 '속박(binding)'이라는 용어와 그 반대 용어인 '자유(freedom)'와 '부착의 유동성(mobility of cathexis)'을 열 가지 이상의 다른 방식으로 사용하였음을 분별하고는 이론 전체의 점검이 필요하다고 하였다.

1962년 미국정신분석학회(American Psychoanalytic Association)에서 심적 에너지에 대한 패널 토론이 있었다(Modell, 1963). 토론에서는 이론의 필수적인 요소는 무엇인지, 어떤 개념이 설명되어야 하는지, 심적 에너지의 일부 이론이 필수적인지에 대해 동의를 하는지 결정해 보고자 하였다. 패널로 나온 Robert Waelder는 심적 에너지 자체의 모호함, 한 종류의 에너지가 다른 것으로 전환된다는 의심스러운 가정, 심적 에너지가 측정될 수 없다는 사실 등으로 심적 에너지 이론에 대한 반대 이유들을 요약하였다. Mortimer Ostow는 일차적으로 약물치료에서 일어나는 현상을 설명한다는 이유로 유일하게 그 개념의 사용을 옹호하였으나, David Beres는 동일한 의미에서 '에너지' 개념을 사용하고 있는지 질문하였다. Lawrence Kubie는 가장 격렬한 반대를 하였는데, 그는 Freud가 사용한 개념은 신경계에 대한 구식 관념에 얽매여 있다고 주장하였다. 신경계에 대한 우리의 개념은 컴퓨터처럼 신호를 전송하고 문제를 스캔하고 추적하고 지시하고 복사하며 해결하는 통신 기계(communication machine) 개념이다. Kubie는 이 모델이 전체적으로 완전히 다른 접근이 가능하며, 따라서 우리는 완전히 오도된 심적 에너지 개념을 파기할 수 있고 파기해야만 한다고 하였다.

임상 자료를 참조하거나 관련된 과학적 자료들을 통해 개념의 지속적인 사용을 정당화하려는 많은 시도가 있어 왔다(예: Grinker and McLean, 1940; Nelson, 1967). 본 주제에 대해 가장 광범위한 조사를 한 Applegarth(1971)는 우리는 수행할 수 있는 것 이상으로 양적인 관점을 확장시키려고 시도해 오고 있다고 주장한다. 그녀는 정신 장치에 작동하는 힘에 대한 일부 가정들이 만들어져야 한다고 생각하지만, Freud의 관점은 현대 신경생리학적 지식과 공명할 수 있을 정도로 상당히 수정되어야 한다고 주장한다. 그리고 다음과 같은 결론을 제시하였다.[55]

1. 자아와 초자아의 거의 모든 에너지를 본능적인 원천으로부터 얻으려는 우리의 시도는 심각한 이론적 복잡성을 초래하며, 각 시스템이 타고난 에너지를 가진다고 가정하는 선례를 만들 수 있다.
2. 성적인 것과 공격적인 것, 즉 분리된 형태의 본능 에너지가 존재한다는 가정은 신경

생리에 대해 우리가 알고 있는 것과 상충되며, 다른 감각에 따라 분리된 에너지가 있다는 오래된 사고와 유사하다.

3. 본능적 욕동의 달성에서의 에너지 방출과 달성 시 본능적 활성의 중단이라는 생각으로부터 일어나는 어려움들은 자극 중지로부터 도출되는 결과라고 하는 것이 더 잘 이해될 수 있을 것이다.
4. 중화, 융합, 속박들은 모두 에너지 자체의 질적 변화라는 생각과 연관되고, 우리가 아는 신경생리학적 지식에 부합되지 않으며, 지배 구조(directing structure)의 변화라는 형태의 설명으로 대체될 수 있다.
5. 구조 형성 과정은 정신분석 이론의 핵심 질문이며, 현재까지 이해되지 않고 있다. 에너지가 구조로 변형된다는 사고로의 진전이 있어 왔는데, 일부 부합되는 물리적 상응물을 관찰할 수 있을지라도 신경생리학적으로 이해하기 힘든 과정이다.
6. 신경생리학에 부합되지 않는다고 해서 우리 이론을 내버리지 않아야 하는 이유는, 우리가 궁극적으로 그 문제를 어느 정도 매듭을 지어야만 된다고 생각하기 때문이다.

불안

불안 이론은 적대감과는 상황이 전혀 달랐다. 1926년에 『억제, 증상과 불안(Inhibitions, Symptoms and Anxiety)』으로 처음 발표된 Freud의 두 번째 이론은 실제로 어디에서나 수용되어졌으며, 실제 반박도 받지 않았고, 다양한 방향으로 명료화되었다.

Freud는 두 번째 이론에서 불안을 자아가 보내는 위험 신호라고 하였다. 최초 위험은 어머니로부터의 분리이고, 이후의 모든 위험은 새로운 분리 혹은 과거 분리에 대한 기억과 연관된다. 따라서 수정된 이론에는 자아, 분리, 위험의 세 가지 요인이 관여한다.

그의 첫 번째 불안 이론이 역전되면서 자아의 심대한 중요성은 조명받게 되었다. 기존 이론에서는 불안을 전환된 리비도로 보았기 때문에 억압이 불안을 유도하였다. 그러나 새 이론에서 불안은 자아의 위험 신호이므로 불안이 억압을 유도한다. 또한 1926년 책에서는 방어에 대한 기존 개념 또한 재확립함으로써, 불안의 본질과는 관계없이 불안에 대항하는 다양한 방어 양상에 대해 보다 세심한 연구에 집중하게 되었다. 그리하여 현대 자아심리학(제11장 참조)은 진정한 의미에서 개정된 불안 이론으로부터 자라 나왔다.

불안의 원천으로서 분리의 중요성은 점점 명확해지고 있는데, 특히 제2차 세계대전과 이후 파국적인 사회적 국면으로 인해 부모로부터 분리된 아이들이 전무후무하게 대규모로 발생하면서 더욱 그러하였다. 기법적 측면에서 이런 현상은 Mahler의 분리-개별화 패러다임으로 가장 흔히 공식화되었는데, 그렇다면 문제는 모성으로부터의 분리가 어떻게 궁극적인 독립의 시점에까지 영향을 미치는가 하는 것이었다. 다시 한번, 불안의 속성보다는 자아기전이 강조되어 왔다.

세 번째 요인인 위험은 또한 자아심리학적 숙고에서 주로 다루어져 왔다. 많은 위험이 분리와 무관하게 개인을 위협하지만, 압도적인 무력감과 절망을 일으키는 최초의 불안은 바로 모성으로부터의 분리에 의한 것이다. 만약 이 위험이 적절히 극복되지 않는다면 자아의 약점이 이후 인생 경험을 지배하는 결과를 가져온다.

정신분석 초기에는 거세 불안과 이드에 대한 연구가 지배적이었다면, 이후에는 분리 불안과 자아에 대한 연구가 지배적이라고 얘기할 수 있다. 게다가 1930년대 Selye(1956)가 동물에서 처음으로 제시했던 스트레스에 의한 비정상적인 신체적 결과들을 통해 불안의 생리학적 측면에 관심이 집중되었으며, 불안의 궁극적인 성질에 관한 사변은 줄어들었다. 예상했듯이 불안의 신체적 결과는 정신심의 그것과 밀접하게 관련되는데, 이런 이유로 둘은 흔히 구분이 어렵다(Mason, 1975).

1926년 Freud의 저서가 나온 이후 많은 문헌이 초기 불안 이론에 기초한 오래된 자료들의 일부를 폐기하거나 재해석하는 데 기여해 왔다. 따라서 독물학적 이론의 필수적인 부분인 실제신경증(actual neurosis) 영역이 실제로 사라졌다(Brenner, 1956). 리비도가 불안으로 전환되는 것과 그 역으로 되는 것은 역동적인 용어들로 재해석되어 왔다. 따라서 공포는 가장된 소망을 남기기도 하고 그 반대가 되기도 한다(Compton, 1972). 절망감이나 외상적 쇼크는 현상의 일부분으로 존재한다(Rangell, 1968).

정신분석계에서 Freud의 분리 이론에 대해 어떤 실제적인 도전도 없긴 하였으나(Bowlby, 1973), 행동주의 심리학은 불안의 보다 심오한 특질을 자주 부인하면서, 보다 표면적인 조건화 이론에 매달리는 경향이었다. 그렇게 함으로써 행동주의자들은 필연적으로 정신역동적 사고의 전체적인 구조를 생략해야만 하였는데, 어리석어 보이지만 꽤나 그랬다.

한 가지 중요한 의문이 있다. 왜 불안을 성(sexuality)이나 공격성처럼 본능으로 간주하지 않았냐는 것이다. 많은 저자가 이러한 입장을 제안하였다(Brunswick, 1954; Fine, 1975b; Rangell, 1968; Schur, 1966). 인류의 기본 욕동이 공포, 불안, 섹스라는 보다 상식적인 가정과 잘 어울릴 수도 있다. 이는 정신분석 이론과 일치하며, Freud의 환상에 가까운 이중 욕동 이론에 의해 초래된 불균형을 교정하는 데 확실히 기여하였을 수도 있다(Jones, 1953~1957).

본능 이론에 대한 요약[12)]

Freud의 본능에 대한 초기 입장은, 다윈 이후 인간 행동을 결정하는 추동력이 본능적 욕동에 기원한다는 그 시대에 널리 퍼진 본능 이론에서 유래되었다. Freud가 도입한 기념비적인 변화는 유일한 생리적 본능으로 성(sexuality)에 초점을 둔 것이다. (Freud는 자아본능에 대해 항상 입버릇처럼 이야기하였지만 심각하게 다루지는 않았다.)

1920년 Freud가 삶과 죽음 본능으로 방향을 전환하면서, 철저하게 일관된 이론을 만들기 위해 엄청난 변화가 필요하였다. 무기물 형태로의 회기라는 본능에 대한 그의 관념만큼이나, 죽음 본능에 대한 그의 생각은 혼동되었고 혼란을 일으켰다. 그가 제시한 상충되는 틀은 본능에 대한 정신분석적 이론의 막연함, 모순, 모호성을 초래하였고, 정신분석은 여전히 여기에서 회복을 못 하고 있다. 그 결과, 오늘날 '본능에 대한 정신분석적 이론'에 대해서 말하는 것은 무의미하게 되었다.

대신에 대두된 것이 바로 일련의 임상적 관찰들인데, 이들은 매우 유용하고 명확하였다. Freud의 성(sexuality)에 대한 임상적 관찰은 거의 그대로 모든 심리학적 학설에 녹아들었다. 적개심 이론을 통해 조현병에서 약물 중독까지 보다 퇴행된 형태의 정신병리를 훨씬 더 깊이 이해하게 되었다. 공격성의 신체적 결과에 대한 예시는 정신신체의학이라는 완전히 새로운 분야를 개척하였다. 어떤 의미에서 Freud 본능 이론의 가장 중요한 의의 중 하나는 의학에 대한 완전히 새로운 접근법이라는 것이다. 대조적으로, Freud가 그의 본능 이론에서 있을 것으로 기대해 왔던 생물학에 대한 효과는 발견하지 못하였다. Reiser는 실제로 "정신신체(psychosomatic)라는 용어는 그 유용성을 잃었고, 모든 인간 현상에는 정신적인 면과 신체적인 면을 명기해야만 한다."라고 제시하였다.

12) 이동식: 서양 사람들은 이론에 집착하는 경향이 크다. 달을 가리키는 손가락을 보지 말고 달을 봐야 하듯, 심리학적인 이해와 치료에 있어 이론에서 벗어나면 새로운 장이 열린다. Kohut이 공감의 실패로 인해 정신장애가 생긴다고 깨달았으면 그걸로 된 것인데, 자기 이론을 입증하기 위해 치료를 자료의 수집 방편으로 삼은 것은 본말이 전도된, 환자를 도구로 삼는 행동이다. 반면에 나는 환자의 치료가 끝이라고 생각한다. 나는 이론이 없다. 이론은 다 필요 없는 것이다. 심재(心齋, 봄) 하나로 끝이 나는 것이다. 환자를 기다려 주고 치료자가 할 수 있는 것만 하는 것이지, 괜히 치료한다고 나서다가는 환자를 오히려 방해하게 된다. Saul이 이야기한 'dependent love need'가 충족이 안 되어서 적개심이 생긴다. 같은 말로 원각경에 중생의 고는 사랑과 미움에서 생긴다고 했다. 미움은 갈애, 사랑의 갈구, 즉 어머니 뱃속으로 다시 들어가려고 하는데 이것이 안 되니 인생이 고통스럽다. 이것은 reality(진리, 현실)이다. 정신분석도 이런 이론을 떠나서 하게 되면 결국 동일한 결론에 도달한다.

모든 정신분석 분야에서 Freud의 불안에 대한 두 번째 이론이 이룩한 거의 완전한 승리는 놀랄 만한 것이었다. 짐작이 줄어들면서 임상가와 이론가들은 자아의 표명에 주의를 돌리게 되었다.

'욕동의 폭압'에 대한 Freud의 주장은 그만큼이나 확고하였던 정신적 현실의 근원적인 중요성에 대한 주장과 항상 같이하였다. 두 요인 모두 현대 자아심리학에서 중요한 위치를 부여받고 있다.

제9장

무의식과 인간의 환상 생활

Carl Gustav Jung

정신분석이 심리학에 기여한 가장 중요한 것 중 하나는 인간의 환상 생활의 중요성을 드러내고 무의식적 과정과의 관계를 밝힌 것이다. 심리학 혹은 정신의학의 어떤 다른 이론적 접근도 환상에 대해 피상적인 주목 이상을 취하지 않았다. 과학의 첫 번째 임무는 관찰 가능한 현상을 다루는 것이고 환상은 분명히 관찰 가능한 현상이기 때문에, 이 점이 정신분석적 접근이 어떤 의미에서는 무엇보다도 가장 과학적인 것으로 드러나는 한 가지 이유이다. 이제 꿈에서부터 역사의 본질까지, 인간의 중요한 모든 환상 산물이 정신분석적으로 조사되고 있다. 환상 생활은 흔히 인간의 "내면세계(inner world)"라고 불린다. 이것은 Freud 이전에는 오직 시인과 철학자들만이 엿보았던 실로 새로운 세계이다.

무의식의 이론

무의식에 관한 다소간의 이론이 언제나 있어 왔지만, 심리학적 관찰들을 이해할 수 있는 분명하고 명백한 이론을 제안한 것은 Freud의 『꿈의 해석(The Interpretation of Dreams)』(1900)이 처음이었다. 여기에서 이미 무의식은 **기술(記述)**적 무의식과 **역동적** 무의식으로 나눌 수 있는 것으로 밑그림이 그려졌다(Freud, 「무의식(The Unconscious)」, 1915). 기술적 무의식은 즉각적인 알아차림 속에 있지 않은 그런 양상의 인식들로 구성된다. 불안을 불러일으키기 때문에 억압되는 자료들로 구성된 역동적 무의식이 정신분석 이론에서는 더욱 중요하다(Freud, 「방어 신경정신증(The Defense Neuro-Psychoses)」, 1894; 『꿈의 해석(The Interpretation of Dreams)』, 1900; 『자아와 이드(The Ego and the Id)』, 1923). 이 억압 과정 때문에 성격의 핵심은 불안과 불안에 대한 방어로 구성되는 것이다(Freud, 『불안의 문제(The Problem of Anxiety)』, 1926; A. Freud, 『자아와 방어기제(The Ego and the Mechanisms of Defense)』, 1936).

Jung과 Adler는 부분적으로는 Freud가 말하려 한 것을 충분히 이해하지 못하였기 때문에 무의식에 대해 다른 견해를 취하였다. Adler는 사실상 무의식을 완전히 무시하였다. Jung은 반대 극단으로 가서 무의식에 일종의 자율성이 있는 것으로 가정하였는데, 다른 분석가들은 이 생각을 거부하였다. 정신분석 역사의 과정을 이해하기 위해서는 Jung의 생각을 조금 더 자세하게 보는 것이 가치가 있다.[1)]

Jung에게 무의식은 개인과 집단으로 구분되었고, 개인 무의식은 Freud가 무의식이라고 불렀던 것과 거의 같다. 더욱 깊은 중요성을 집단 무의식에 두었고 다음과 같이 썼다.

> 분명히 알 수 없는 기원의 다른 종류의 내용물들 혹은 전혀 개인의 특성에 귀속될 수 없는 기원의 사건들이 있으며 신화적 성격을 갖는다. 그것들은 어떤 특정한 마음 혹은 사람에게 고유하기보다는 **인류 일반의** 특유한 패턴에 속하는 듯하다…….
>
> 이 집단적 패턴을 성(聖) 아우구스티누스의 표현을 사용하여 **원형(archetypes)**이라고 불렀다……. 나는 집단 무의식이라는 이 특정한 질문에 대해 겨우 윤곽만 여러분에게 제시해 줄 수 있다는 것을 지극히 잘 알고 있다……. 집단 무의식에 대해 말하였기 때문에 나는 반계몽주의자로 비난을 받아 왔다. 집단 무의식에 신비주의적인 것은 없다. 그것은 단지 과학의 새로운

1) 이동식: Freud는 무의식이 맹목적이라고 보았는데 Jung은 무의식에 이성적인, 합리적인 것이 있다는 것이다. 그 사람들은 무의식이라는 실체(entity)가 있는 것처럼 이야기한다. 무의식이라고 하는 것은 타인에게는 너무나 명백한데 본인에게는 안 보이는 그게 무의식이다. 무의식이라는 게 따로 있는 것이 아니다. 자각을 못하면 무의식이고 자각을 하면 무의식이 아니다. 「대승기신론(大乘起信論)」에 보면 업식(業識), 전식(轉識), 현식(現識)까지가 무의식이고 지식(智識), 상속식(相續識)이 의식적인 부분이다. 업식 속에는 그런 맹목적인 것도 있고 아주 진짜 부처의 여래장(如來藏)도 들어 있다. 그것이 Jung이 말하는 맹목적이지 않은 것이다. 업장(業障), 맹목적인 무의식을 녹여서 정화를 하면 그게 완전히 정화된 백정식(白淨識), 부처이다.

분야일 뿐이며 무의식의 집단적 과정들의 존재를 인정하는 것은 정말 상식적인 것이나…….

무의식 마음의 탐구로 우리가 닿을 수 있는 가장 깊은 층은 더 이상 뚜렷한 개인은 없으며 거기서 개인의 마음은 확대되고 인류의 마음으로 융합된다. 인류의 마음은 의식적인 마음이 아니라 인류의 무의식적 마음이며, 거기서 우리 모두는 똑같다.[1]

Freud는 그런 용어를 결코 쓰지는 않았지만 대물림되는 집단적 정신적 관념들에 관한 Jung의 생각에 어느 정도는 이끌렸다. 그렇지만 그는 언제나 역동적 무의식에 중점을 두었고, 그의 추종자들은 결국 모두 무의식을 개인 경험의 침전물로 간주하는 것을 지지하여 계통 발생론적 관념을 포기하였다. 무의식적 상징이 여러 문화에서 같거나 비슷한 형태로 발견된다는 사실은 인류학적 연구에 의해 여러 번 되풀이하여 입증되는 사실인데, 인간의 생물학적 특성상 불가피하게 겪는 인간 존재의 발달 단계 때문이라고 더 효율적으로 설명될 수 있다. 그리하여 원형(Archetypes)은 모든 문화의 사람들이 겪는 전형적인 인생 경험이라고 더 효과적으로 이해될 수 있다. Freud와 Jung에 대한 찬반 토론은 1920년대와 1930년대에 상당 기간 지속되었으나(예를 들어, Jung은 1935년 London의 Tavistock Clinic[2]에서 강연을 요청받았다.) 그 이후 시들고 이제는 거의 Freud의 역동적 무의식 이론만 통용된다(Bychowski, 1964; Glover, 1956).

의식과 무의식의 생리학적 기반은 여전히 추측만 할 수 있을 뿐이나, 분할-뇌(split-brain) 현상[2)]과 교련절개술(commissurotomy)에 관한 Sperry[3)]의 연구[4)]를 여기 언급할 가치가 있다. 그 연구는 Sperry가 출현 이론(emergent theory)이라고 부른, 정신 현상이 뇌기능의 원인적 결정인자라는 견해를 이끌어 내었다(Globus et al., 1976; Sperry, 1977).

---

2) 역주: 인간의 좌뇌와 우뇌의 기능에는 차이가 있으며, 각 두뇌 반구는 그 사이에 있는 뇌량(corpus callosum, 腦梁)이라는 다리를 통해 정보를 주고받는다. 이 뇌량에 문제가 생겨 두 반구 간의 정보 소통이 차단되어 일어나는 현상이다.

3) 역주: Roger Wolcott Sperry(1913. 8. 20.~1994. 4. 17.). 미국의 신경심리학자, 신경생물학자, 의식학(sciences of consciousness)의 개척자. 독자적인 분할-뇌 연구로 1981년 David H. Hubel, Torsten N. Wiesel과 함께 노벨 생리의학상을 수상하였다.

4) 역주: 분할-뇌 환자의 오른쪽 눈과 왼쪽 눈 사이에 칸막이를 쳐 놓고 좌우의 시야를 분리시켰다. 그리고 좌우 양편에서 전구를 점멸시켰다. 불빛이 오른쪽에서 번쩍거리면 환자는 불이 보인다고 대답했다. 하지만 왼쪽에서 번쩍거리면 아무런 대답이 없었다. 대답이 없다고 해서 불이 켜진 것을 보지 못한 것은 결코 아니었다. 왼쪽 전구를 켜고 어느 쪽에서 불이 켜졌는지 손으로 가리켜 보라고 하면 제대로 왼쪽을 가리켰다. 이것은 우리가 스스로가 명료하게 의식하지 못하는 지적 활동이 존재할 수 있다는 것을 의미한다. 이러한 실험들은 이해는 하지만 언어로는 표현할 수 없는 인지 과정이 있다는 것을 입증해 주고 있다.

무의식이 드러나는 양상

불안과 방어의 무의식적인 조합이 성격의 핵심을 형성하므로 무의식은 사실상 사람의 모든 활동에 들어간다. 그러나 무의식이 더 현저하게 드러나는 측면들이 있다. 인간을 특징짓는 다양한 환상 산물에서 가장 두드러진다. 그중 꿈이 이론적 이해를 위해 여전히 가장 중요하다. 그러나 백일몽, 의식의 변화된 상태, 언어, 의사소통, 상징, 농담, 환상하기, 예술, 창조성, 신화, 민속, 그 밖의 인간 기능의 영역들에 대해서도 상당한 지식이 또한 축적되었다. 현재는 이들 무의식적 산물들의 일부는 일부 고등 영장류에서도 존재하는 것으로 보이며, 그 때문에 인간과 진화적으로 가장 가까운 이웃들과의 격차가 줄고 있다.

꿈: Freud 이후의 발전

Freud가 처음으로, 그리고 가장 철저하게 탐색한 무의식의 측면은 꿈이었다. 『꿈의 해석(The Interpretation of Dreams)』(1900)에서 처음으로 정성 들여 자세히 설명하였던 그의 기본 이론은 여전히 거의 도전을 받지 않은 채 건재하다. 아직 필적할 만한 대안적인 이론이 나온 적이 없다. 있다면 기껏해야 꿈을 완전히 무시하는 행동주의자의 입장 정도이다.

꿈에 대한 Freud의 이론은 앞에서 자세히 말하였다. Freud는 그 책을 여러 번 개정하였지만 주요한 이론적 변화는 초자아기제의 추가이다. 이로 인해 불안과 처벌받는 꿈에 대해 1900년에 주장하였던 것보다 한층 더 명쾌한 설명이 가능하게 되었다. 그리하여 1930년 그는 주석을 추가하였다. "정신분석은 인격을 자아와 초자아로 구분하였기 때문에 불안과 처벌받는 꿈을 초자아의 소망을 충족시키는 것으로 더 잘 인식하게 되었다."[3]

그럼에도 불구하고, 그는 다소 혼란스러운 방식으로 불안몽에 대한 더 초기의 설명과 후기의 설명이 병존할 수 있게 하였다. 그는 "그리하여 벌 받는 꿈의 핵심적 특징은, 꿈을 만드는 소망이 무의식적 소망이 아니라 그것에 반하여 반응하는 처벌적인 것으로서 자아에 속하며, 하지만 동시에 무의식적인 것(즉, 전의식)이기도 할 것이다."[4]라는 입장이었다. 그리고는 1930년에 추가하였던 마지막 말 뒤에 주석을 달기를, "이곳이 정신분석 후기의 발견들 중 하나인 '초자아'에 대해 언급할 적절한 지점일 것이다."[5]라고 하였다.

검열자(censor)의 개념은 1900년의 첫 번째 판에서는 매우 중요하였는데, 후기 이론에서는 의식으로의 접근을 막는 자아와 초자아로 대치되었다. 그리하여 완전한 이론은 꿈이란 소망의 왜곡된 충족이며 그 소망은 자아에 의해 의식으로 들어오게 허용된 다음 종종 초자아에 의해 처벌되는 것이라고 다시 쓰여야 하였는데, 아주 흔히 (많은 사람에서 대체로) 초자아의 처벌이 먼저든 나중이든 소망이 의식에 나타나는 데 필요조건이 된다(Alexander, 1927). 앞서와 같이 이것은 인격 기능의 하나의 일반 원칙이 된다.

렘 연구

Freud 이후 가장 두드러진 발전은 렘(REM, 급속안구운동) 연구에서 있었다. 1953년 Aserinsky와 Kleitman(1953, 1955 a, b)은 규칙적으로 반복하는 수면 주기들을 발견하였는데, 이는 나머지 수면과 생리학적으로 다르고, 특징적인 뇌파 패턴과 함께 양측성의 동시적인, 짝을 이루는, 빠른 수직, 수평 안구 운동을 폭발적으로 보이며, 이 생리학적 패턴은 잠자는 사람의 꿈 회상과 높은 상관관계가 있었다. 이 첫 보고 이후 뇌파-렘 감시(EEG-REM monitoring) 기법이 더 발전되고 다양한 문제에 응용되었다(Dement, 1955, 1958, 1960; Dement and Wolpert, 1958; Fisher, 1965; Fisher et al., 1970; Hartmann, 1970, 1973). 정신분석가인 Charles Fisher는 New York의 Mt. Sinai 병원에서 렘 기법을 여러 가지의 보다 전통적인 심리학적 기법과 함께 사용하여 일련의 연구들을 시작하였다(Fisher, 1956, 1957, 1959, 1965; Fisher et al., 1970) 지금까지 아주 많은 논문이 나왔으며, 가장 최근의 요약은 Fisher(1965)와 Hartmann(1970, 1973)이 한 것이다. 많은 연구가 아직도 전 세계적으로 진행되고 있으며 상당한 양의 잘 확립된 지식이 이미 축적되어 있다. 일반적으로 이야기되는 견해는 이런 이해가 Freud에 의해 제안된 꿈꾸는 것과 꿈에 대한 기본적 해석을 바꾼 것은 거의 없지만, 그 자체로 흥미롭고 유용하다는 것이다. 정보는 다양한 표준 출처로부터 요약할 수 있다.

꿈-수면 주기

수면 주기는 렘과 비렘(non-rapid eye movement) 시기들로 나누어진다. 렘 시기는 오직 수면 I 단계 중에만 나타난다(수면은 뇌전도 또는 EEG로 측정되는 뇌파의 다른 패턴들을 보이는 4개의 단계로 구분될 수 있다). 그리고 렘 시기들은 다른 생리학적 변인들의 중요한 변화와 관련된다. 뇌파는 렘과 비렘 수면의 규칙적인 교대를 보인다. 한 주기는 약 90~100분을 지속하는 렘과 비렘 수면의 합으로 구성된다. 7시간 혹은 8시간의 야간 수면 중 주기의 횟수는

3회에서 6회까지 다양하나, 대부분의 경우 4회의 주기가 일어난다(Fisher, 1965). 렘 지속 시간은 수분에서 1시간 이상 다양하며, 평균은 20분 정도이다(Dement and Kleitman, 1957).

가장 놀라운 발견 중의 하나는 일반적으로 상당한 양의 꿈을 꾼다는 것이다. 정상적인 젊은 성인은 수면의 1/5에서 1/4을 꿈을 꾸는 데 쓴다. 일련의 야간 수면에서 꿈꾸는 시간의 평균 비율은 상당히 일정해지는 경향이 있어서, 하룻밤 비율 수치가 낮으면 다음 날 밤에는 더 높은 비율로 꿈을 꾼다. 성별 간의 의미 있는 차이가 나타나지는 않는다(Fisher, 1965). 그러나 나이에 따라서는 의미 있는 차이가 존재한다. 영아 때에 렘 시간의 양이 가장 많고 나이가 들수록 감소하여, 신생아 때 50%에서 100세 노인은 13%에 이른다(Fisher, 1965). 개인 간에는 많은 차이가 있으나, 한 개인의 수면은 밤마다 상당히 일정하다.

꿈을 기억해 내는 사람과 기억하지 못하는 사람

렘 연구들은 꿈꾸기가 사실상 보편적임을 보여 주고 있는데, 많은 사람이 꿈을 보고하지 않는 것은 약간의 설명이 필요하다. Goodenough(1967)는 꿈을 기억하지 못하는 사람도 꿈을 기억해 내는 사람처럼 같은 주기적인 변동의 렘수면을 보이고 같은 횟수의 꿈 주기와 비렘수면을 갖고 있다는 것을 발견하였다. Antrobus 등(1964)은 꿈을 기억하지 못하는 사람은 통상적인 꿈 주기 빈도(평균 4회)를 갖고 있으나 그 주기가 더 짧다는 것을 발견하였다. 즉, 꿈을 기억하지 못하는 사람은 전체 꿈꾸는 시간이 22% 감소하였다. 이들이 꿈을 덜 꾸고 꿈을 덜 기억해 내는 것은 내적 경험에 대해 일반적으로 억압 지향이기 때문일 것으로 제안되었다. Lewis(Witkin and Lewis, 1967)는 꿈을 기억하지 못하는 사람을 렘 시기 중에 깨워서 꿈을 보고하게 하면 상당한 불안을 보인다는 것을 발견하였다.

정신분석이나 분석적 치료를 받고 있는 사람이 전보다 훨씬 더 자주 꿈을 꾸는 것은 흔히 관찰된다. Hall과 Castle(1961)은 일반 대학생들에게 질문을 함으로써 꿈을 이끌어 낼 수 있다는 것을 또한 발견하였다. 따라서 꿈을 꾸지 않는 이유에 관한 부분적인 설명은 주변 환경에서 꿈에 대해 관심을 보이지 않는 것에 있을 것이다.

동물의 꿈-수면 주기

1958년에 Dement는 잠을 자는 고양이의 뇌파에 인간의 비렘수면, 렘수면과 유사한 뚜렷이 교대하는 두 개의 단계가 있음을 발견하였다. 첫 보고 이후 많은 연구도 고양이, 토끼, 개, 양, 원숭이, 침팬지 같은 포유류와 영장류에서 유사한 주기가 존재함을 보여 주었다(Fisher, 1965). 정신분석과 엄밀하게 관련이 있는 것은 아니지만, 이는 Freud의 꿈에 대한 연구가 그가 원하였던 대로 실로 근본적인 생물학적 중요성이 있음을 보여 준다. 많은 다른 최근 연구에서 인간과 다른 포유동물 사이의 차이가 줄어드는 경향이 있다.

꿈 박탈

1960년에 Dement는 '꿈 박탈(deprivation)' 실험에 대해 보고하였다. 그 실험에서 그는 수면 중에 렘 패턴이 나타나면 실험 대상을 깨워서 그들이 꿈을 꿀 기회를 박탈하였다. 그의 결과는 꿈이란 인간 경험의 불가결한 부분이라는 것으로, 하루나 그 이상의 밤 동안 실험 대상들이 꿈을 꾸는 것을 막는다면 그들은 그다음 밤들에 그것을 보충한다. 이 결과는 비록 일부 연구에서 확인이 안 되기도 하지만, 많은 연구에서 확인이 되었다(Dement and Fisher, 1963; Fisher and Dement, 1963; Hoedemaker et al., 1963; Snyder, 1966). 꿈 박탈의 결과로 발견된 장애는, ① 중등도의 긴장과 불안, 그리고 한 명의 대상에서 주요 불안 발작, ② 한 명의 대상에서 짧은 기간 동안의 이인증, ③ 운동 협응의 장애, ④ 기억장애, ⑤ 집중력의 어려움, ⑥ 한 명의 대상에서 놀람 반응(startle reaction)의 증가, ⑦ 짜증과 적개심의 증가, ⑧ 4, 5명의 대상에서 시간 감각의 장애 등이었다.

꿈이 박탈된 대상들에서 꿈 단편(斷片)들을 분석한 Fisher(1965)는 능동성-수동성, 남성성-여성성, 이성애-동성애를 중심으로 하는 무의식적 소망과 갈등들이 실험자에 대한 전이 관계와 실험 상황에 의해 활성화된다는 가설을 제기하였다. 더 깊은 수준에서는 모성적 대상과 수유 상황에 관련되는 구강-수용성 및 구강-가학성 욕동들을 둘러싼 갈등이 야기된다는 약간의 증거가 있었다. 여성 실험 대상에서 잠재적인 동성애적 갈등과 임신 소망 그리고 남녀 실험 대상 모두에서 구강성교 소망이 주된 역할을 하는 걸로 보였다. 꿈 박탈이 나쁘고 거절하는 모성적 대상에 의한 일종의 젖떼기나 음식 박탈로 경험되며, 이 박탈하는 대상을 향한 구강-가학성 소망이 꿈의 잠재적 내용에 존재한다는 지적도 있었다.

수면 박탈

사람들은 필요한 수면의 양이 분명히 다르지만, 수면 결핍, 장기적 수면 박탈에 대한 반응은 항상 정신에 파괴적이다. 전체주의 국가의 고문 방법들은 이 지식을 최대한도로 활용하고 있다(Lifton, 1969).

많은 분석가 저자는 정신병이 꿈의 행동화라고 추정하였다(Freud, 1900; Lewin 1950; Sullivan, 1940). West 등(1962)은 100 내지 120시간의 수면 박탈 후에 전반적인 정신병적 양상이 진행된다고 기록하였다. 환각 경험이 연장되고 생생해지며 현실 검증력이 무너진다. 관계 사고와 편집성 유형의 전반적인 망상적 사고가 점차적으로 현저해진다. 전체적 인상은 자아구조의 점진적인 해체이다. 구강성, 활동과 감각에 대한 욕구가 나타나며 제어되지 않는다면 열량 섭취가 증가할 수도 있다. 심지어 처음 100시간의 수면 박탈 중에도 Morris 등(1960)과 Willams 등(1962)은 지각 범위, 인지적 변화, 시간 지남력의 상실에서 의미 있는 변화를 증명할 수 있었다.

생화학적인 발견과 정신역동적 발견을 통합하는 시도로서 Hartmann(1973)은 낮 동안 스트레스, 걱정 혹은 강렬한 새로운 학습 이후에, 특히 그 학습 자체가 스트레스가 많았을 때 특별히 더 많은 양의 D-수면(dream sleep)이 필요하다는 가설을 세웠다. 요컨대, D-수면은 학습 혹은 기억을 굳히는 역할을 할지도 모른다는 것이다. 그러나 스트레스가 중요한 것이며 낮 동안에 정서적으로 관련된 변화가 있었을 때 더욱더 많은 D-수면이 필요하다는 강력한 단서가 있다. 다시 말해서, 더 많은 수면이 필요한 사람은 낮 동안에 새로운 사실을 많이 배운 사람이라기보다는 깨어 있는 시간 동안 그들이 하는 일상적인 방식이 무너지고 스트레스를 자주 받으면서 자신을 재편성한(reprogrammed) 사람들이다. 그래서 수면과 D-수면은 낮 동안에 만들어진 이들 중요한 변경 사항들을 굳히거나 재연결하는 역할을 하는 것 같다. Hartmann은 다소 지나치게 문자 그대로의 의미로 정신역동적 개념들을 생각하여, 정신 구조물들이 (스트레스 시기에) 새로운 방식들을 시험할 때 서로 부대끼며 마찰을 일으키고, 그러면 잠에 의한 복구가 필요하게 되는 것을 볼 수 있다고 주장한다. 한편, 이와 동일한 기전으로 정신 구조물이 부드럽게 기능할 때 복구를 위해 많은 수면을 요구하지 않고도 다량의 입력 정보를 다룰 수 있다.

약물의 영향

어떤 약물은 렘수면을 억제하고 어떤 약물은 렘수면의 출현을 촉진한다는 것이 발견되고 있다(Fisher, 1965). 이런 관찰들은 임상적으로 중요하나 아직 이론으로 통합되지는 않았다.

렘, 비렘 그리고 수면장애

수면장애가 렘수면보다 비렘수면에서 더 흔하게 일어나는 것 같다는 사실은 렘 연구의 더욱더 중요한 발견들 중 하나이다. 악몽의 연구에서 Fisher 등(1970)은 불안을 느끼면서 깨는 것은 수면의 모든 단계에서 일어나지만, 어린아이 악몽의 가장 심한 유형(pavor nocturnus 혹은 야경증)은 꿈을 꾸지 않는 수면의 가장 깊은 단계인 IV단계에서 일어난다는 것을 발견하였다. 더욱 심각한 외상 후 악몽도 또한 이 유형인 것이 분명하다. IV단계 수면에서 일어나지만, 이 유형의 심한 악몽은 어떤 의미에서는 '각성장애'이다. 이것의 특징으로는, ① 조절되지 않는 불안의 갑작스러운 격변성의 분출, ② 갑작스럽고 소름 끼치는 영혼(soul)의 비명, 혹은 도움을 구하는 외침, ③ 각성 반응으로 나아가기—피험자는 해리, 혼돈, 무반응, 환각 상태가 됨, ④ 각성 뇌파를 보이지만 피험자는 완전한 각성 상태는 아님, ⑤ 피험자는 흔히 침대 밖으로 내몰려서 마치 떠다니듯 집을 이리저리 다님, ⑥ 자율신경계의 강렬한 활동으로 15~30초 내에 맥박이 2배나 거의 3배 증가하며 호흡의 수와 진폭이 증가함, ⑦ 내용을 회상하지 못하며 이런 발작에 대한 빠른 기억 상실이 있다.

Fisher는 IV단계 악몽은 불안을 극복하는 데 기여하지 않으며 자아가 불안을 조절하는 데 크게 실패하였음을 나타낸다고 주장한다. 그는 외상 후 악몽이 꿈의 소망 충족 이론에 일종의 예외라는 Freud의 견해에 동의하나, 그것이 쾌락 원칙을 넘어서 반복강박의 지배하에 작동한다거나 죽음 본능의 이론을 지지한다고는 믿지 않는다. 그는 IV단계 악몽은 전혀 통상적인 의미의 꿈이 아니며, 비렘수면에서 병적으로 형성된 비교적 드문 증상이라고 제안한다. 반면에 렘의 불안 꿈은 유아기로부터 일생 동안 존재하는 정상적 현상이다. 그리하여 렘-수면과 꿈-수면 주기는 신경 체계 조절의 제어 장치라고 할 수 있다. 이 자료들은 Freud의 꿈 이론을 직접 확증하지는 않지만 전체적으로 신빙성을 더해 주고 있다.

악몽의 역동

1912년 Ernest Jones가 악몽에 대한 분석적-역사적 연구를 출간하였는데, 이것은 Fisher 등(1970)의 보다 최근 연구와 쉽게 통합된다. 그 이론 전체는 수세기에 걸친 집단 정신병이라고 기술할 수밖에 없는 것에 대해 심리학적인 용어로 설명을 제공한다. 마녀 고발은 성직자들의 악몽이 투사되었을 가능성이 아주 크다. 중세의 마녀 이론의 골자는 마법, 악령(incubi)과의 음란한 성교, 인간이 동물로 변하는 것, 악마나 마녀와의 야간 여행 등을 믿는 것이었다. 중세와 그 이후 이들 미신에 대한 믿음은 급속한 확산을 띠는 경향이 있었고, 거의 유례없는 박해 광기의 발발(outbreak)과 끔찍한 고통을 초래하였다. 무의식적 자료상 특히 두드러지는 두 가지 특성은 근친상간적 소망과 유아적 형태의 성이라고 Jones는 지적하였다.

이 미신 자체는 심리학적으로 공포증으로 명명될 수 있을 것인데, 그것의 잠재된 내용은 억압된 근친상간적 소망을 나타낸다. 근친상간적 소망에 수반되는 공포의 강도 면에서 그런 악몽이나 관련된 불안몽의 공포를 능가할 만한 다른 경험은 없다. 그것들의 양상은 상당 부분 불안몽에 매우 특징적인 상징들을 포함한다. 그 자료의 중심 내용은 성교와 관련된 억압된 근친상간적인 소망으로 구성된다. 실제 꿈 경험은 그 소망이 가능할 수 있도록 가공하는 데 상당히 중요하였던 것 같다.

꿈의 형성에 영향을 주는 것들

다양한 연구가 꿈이 만들어질 때 무엇이 들어가는지를 조사하려고 시도하였다. Fisher는 일련의 논문들에서(1953, 1957, 1959) 암시, 전이, 식역하(識閾下, subliminal) 지각의 영향을 조사하였다. 그는 암시가 그가 "실험적 꿈"이라고 불렀던 꿈을 형성할 수 있다는 것을 발견하였다. 실험적 꿈은 꿈꾸는 기능에 대해 어떤 자아조절이 존재해야 가능한 것이다. 이 기능의 조절이 다른 사람에 의해 이루어지는 것도 가능하다. 72시간 이전까지의 주간 잔재와 식역하 지각이 함입된다는 것이 증명되었다. 분석받는 환자들과 대조군을 비교해 보면 환자들은 꿈 암시의 내용뿐만 아니라 실험자에게 암시를 받는 의미 있는 경험에도 또한 반응하는 것을 발견하였다. Fisher는 어떤 함입적 또는 배출적 환상에 의해 활성화되는 불안이나 충족의 정도와 관련되어 암시가 받아들여지거나 거부된다는 것을 보여 주었다. 예를 들면, 암시는 그것이 '좋은' 것의 구강적 함입과 무의식적으로 같다고 느낄 때 받아들여지고 '나쁜' 것의 의미가 될 때에는 거부된다. 동일한 충동역동이 분석받고 있는 환자와 치료를 받지 않는 일반인 대상들의 암시 과정에 관여된다.

몇몇 연구는 최면하에 꿈꾸기의 성질을 조사하였다(Brenman and Gill, 1947, 1961). Moss(1967)는 데이터를 검토하여 최면 자극으로 꾼 꿈과 그 꿈에 대해 최면으로 유도된 해석이 임상적으로 가치 있는 투사적 자료가 된다고 결론지었다. 일반적으로 최면에 의한 꿈의 본질이나 상징적 산물에 대한 해석의 진실성과 상관없이, 이들 방법은 실제의 치료적 효용을 가질 수 있다. 그러나 Moss는 뇌파 소견을 근거로 최면에 의한 꿈과 일반적인 야간의 꿈을 같다고 볼 수 없었다.

전형적인 꿈

『꿈의 해석(The Interpretation of Dreams)』에서 Freud는 연상은 이차적이거나 중요하지 않은 전형적 또는 상징적 꿈을 다수 열거하였다. 그는 그 꿈들을 정말 언제나 똑같은 의미를 가지는 것과 그렇지 않은 것, 두 종류로 나누었다.[6] 그는 언제나 같은 의미를 가지는 꿈들 중에 시험 꿈, 치아에 자극을 받는 꿈, 공중을 날거나 떠다니는 꿈, 떨어지고, 좁은 거리를 지나가고, 모든 방들을 걸어다니고, 사나운 동물들에 쫓기는 꿈, 그리고 칼, 단검, 창으로 위협받는 꿈들을 열거하였다. 이 모든 주제가 나중에 다루게 될 상징의 문제로 이어진다.

뒤이은 저자들은 다른 전형적 꿈들을 제시하였다. Feldman(1943)은 돈을 찾는 꿈을 인용하였고, Bonaparte(1947)는 시험 꿈과 유사한 사자 사냥꾼의 불안 꿈을 보고하였다. Loewenstein(1949)은 외상 후 꿈을, Miller(1948)는 거울 꿈과 대재난 꿈을 기술하였고, Gross(1949)는 꿈에서의 시간 감각에 대하여 썼다.

Isakower 현상과 꿈 화면

몇몇 저자는 막 잠이 들 때의 개인에게 전형적인 감각들을 기술하고 해석하려고 시도하였다. Isakower(1938)는 잠이 드는 순간의 현기증, 아찔함, 지지를 잃는 느낌을 그려 냈다. Lewin(1946)은 꿈 화면(screen)을 기술하고 그것을 젖가슴(breast)과 같은 것으로 보았다. 그는 발생적으로 Isakower 현상, 꿈, 빈(blank) 화면이 본질적으로 같은 것이며, 유아가 젖가슴에 대해 갖고 있던 일부 인상들을 재현하는 것이라고 주장하였다.

분석받는 동안의 꿈

일상의 삶에서 경험되는 것보다 정신분석은 꿈에 대한 관심을 훨씬 많이 자극하므로, 분석 상황에 독특한 꿈의 종류에 특별히 주목하는 것은 너무나 당연한 일이다. 그 꿈들 중 가장 두드러지는 것은 분석가가 위장되지 않고 나타나는 것이다. Gitelson에 이어서 Rapaport(1959)는 그런 꿈이 초기에 나타나면 불량한 예후를 가리킨다고 경고하였다. Harris(1962)는 그런 꿈은 분석가가 욕구 충족 대상이 되거나 되면 좋겠다는 어떤 희망을 주는 무언가를 환자가 분석가에게서 감지하였음을 나타낸다고 제안하였다.

Rosenbaum(1965)은 일부 통계적 자료를 포함하여, 그 주제에 대한 가장 광범위한 연구를 출간하였다. 그는 분석가가 위장되지 않고 나타나는 그런 꿈들이 분석 중인 환자들의 꿈에서 약간의 빈도로 나타나며(조사된 꿈들의 9.3%), 완료된 분석 환자의 91%에서 분석 과정 중에 나타난다는 것을 발견하였다. 그런 꿈은 예후적인 의미는 없었고 강렬한 전이나 역전이와도 관계가 없었다. 그는 그런 꿈들이 상징적으로 얼굴-젖가슴(face-breast) 등가성(等價性)을 암시하는 것이며, 따라서 초기 구강기 발달 단계의 갈등을 가리킨다고 해석하였다. 그는 "이런 유형의 꿈에서 가장 중요한 것은 분석가가 그것을 특별한 의미가 있는 분명한 사건으로 인식하는 것이다. 그런 특별한 주의가 일깨워지면 분석가는 이런 유형의 꿈에 대한 자신의 반응을, 환자의 내면뿐만 아니라 자신의 내면을 탐색하라는 하나의 신호로 잘 간주하게 될 것이다."[7]라고 결론지었다.

Feldman(1945)은 환자가 진료실에 있는데 분석가가 얼마간의 사람들과 함께 나타나는 전형적인 꿈을 보고하였다. 그는 이 꿈을 분석가와 둘이서만 있고 싶은 소망의 위장으로 보았다.

정신분석의 속설은 흔히 첫 번째 꿈이 신경증적 갈등의 핵심을 포함하고 있는 것으로 간주해 왔다. Saul(1940)은 처음의 10개 또는 14개의 꿈들로 성공적으로 환자의 역동을 공식화해 낼 수 있다고 주장하였다.

Freud의 꿈

Freud는 『꿈의 해석(The Interpretation of Dreams)』에서 자신의 꿈들에 많이 의존하였기 때문에 그의 작업에 대한 많은 재검토와 정교화가 있어 왔다. 아마도 가장 중요한 것은 Grinstein의 책(1968)이며 그 책은 Freud의 꿈을 더 잘 이해할 수 있도록 개인사적인 자료를 많이 제공한다. Anzieu(1975)는 Freud의 자기분석을 생생하게 재생하기 위해 꿈과 다른 자료들을 결합시켰다. Erikson(1954)은 '정신분석의 표본 꿈'으로 다시 이름을 붙인 Irma의 주사 꿈을 집중적으로 철저히 검토하였다. 그중에서도 Freud가 그 자신의 성에 대한 모든 언급을 어떻게 생략하였는가를 보여 주었다. Grigg(1973)은 Freud의 꿈에 등장하는 보모의 의미를 보여 주었는데, Freud에게 매우 위협적이었던 가톨릭교도 하녀와의 아주 어릴 적 경험까지 추적하였다.

표준 데이터

Calvin Hall은 대학생들과 그 문화의 다른 '정상적인' 구성원들로부터 얻은 꿈에 대한 풍부한 표준 데이터를 제공하였다(1963, 1966). 그는 또한 꿈들에서의 데이터를 분류하기 위한 여러 가지 분류표를 출간하였다. 이것 중 어느 것도 널리 인정을 받지는 못하였다. 왜냐하면 분석가들은 대개 Freud가 제공한 보다 깊은 역동적 접근을 선호하였기 때문이다.

인류학적 자료

꿈은 인류 공통의 현상이다. 제1차 세계대전 이후 인류학에 대한 정신분석의 중요성이 인식되자 현지 조사자들이 다양한 원시적 집단으로부터 꿈들을 수집하기 시작하였고, 역사 속의 꿈도 또한 등장하였다(성경에서 거론되는 꿈들은 잘 알려져 있다). 물론 문화적 차이가 있기는 하지만 분석가들은 우리 문화에서 꿈을 해석하는 것과 거의 같은 방식으로 원시적인 사람들의 꿈을 해석할 수 있었다(Roheim, 1952b; Devereux, 1951).

그러나 원시적 집단들은 일반적으로 꿈에 대해 전혀 다른 태도를 취한다. Devereux (1951)는 꿈에 대한 원시적 태도의 특징들을 다음과 같이 열거한다.

1. 꿈의 발현 내용은 진짜이며 어느 정도 정신 외적(extrapsychic)인 사건이다. 즉, 초자연적 수준에서뿐만 아니라 객관적 현실 수준에서도 일어나는 사건이라고 규정하려는 경향이 있다.
2. 꿈속의 행동에 대해 도덕적으로, 그리고 다른 방식으로 책임을 느끼는 경향이 있다. 예를 들면, Dawson(Kiev, 1964)은 Temme 사람들 중 자신의 아이를 잃은 많은 엄마들이 아이들이 잡아먹히는 마녀 의식(witch cult)에 자신의 아이를 바치는 꿈을 꾸었다고 설명하였다. 이는 "저는 마녀 꿈을 꾸어요."라고 불리었다. 원주민 의사는 그 꿈을 이끌어 내어 그 여성에게 고백을 하도록 만들 것이고, 이후 그녀는 '죄책감을 씻고' 자신의 일상으로 돌아갈 수 있을 것이다.
3. 꿈의 형태, 유형, 패턴은 문화적인 기대와 선호에 꽤 지속적으로 영향을 받는다.
4. 꿈의 발현 내용이 일차적인 중요성을 갖는 것으로 간주된다.

따라서 Freud가 나타나기 전까지는 꿈에 대한 원시적 태도가 거의 일반적인 견해였다고 말할 수 있다(Hill, 1967; Woods and Greenhouse, 1974).

어떤 원시적 집단들은 꿈을 거의 Freud의 방식으로 활용하였다. Wallace는 Iroquois 부족의 꿈 의식을 기술하였는데(Opler, 1959), 꿈에서 억압된 소망의 중요성을 인식하고 있었다. Kilton Stewart(1953~1954)가 보고한 말레이 반도의 한 부족은 아침에 가족이 둘러앉아 간밤의 꿈을 상당히 통찰력 있는 방식으로 토론하는데, 현대의 꿈 이론에 기술된 많은 기전을 분명히 알고 있었다. 그러나 이런 경우는 드문 예외이며, 대부분의 원시적 집단은 꿈을 활용한다 하더라도 마법적 방식으로 이용한다.

재정리와 대중화

Freud의 독창적인 작업을 재정리하고 대중화한 출판물이 많이 나왔는데, 저자가 단지 Freud의 말을 바꾸어 말하고 있음을 흔히 독자는 눈치채지 못한다. 이런 류의 저작 중 잘 알려진 것으로 Altman(1969), Bonime(1962), Fromm(1951), Gutheil(1960), Sharpe(1937)가 있다.

이론적 그리고 임상적 시각들

문헌상의 다양한 보고는 Freud의 기본 꿈 이론을 확장하고 있으며, 때로는 얼마간의 새로운 시각을 제공하기도 한다. 기초적인 이론이 아주 눈에 띌 정도로 수정된 적은 없었지만, 다른 저자들의 몇 가지 추가점은 기록할 가치가 있다.

분석에서 꿈의 이용

Freud에 의한 꿈의 의미의 발견은 정신분석 작용(process)의 발견과 긴밀히 연결되어 있고, 정신분석가들이 아직도 꿈의 주된 연구자이기 때문에, 그들의 경험은 기본 이론의 타당성과 유효성을 경험적으로 시험하는 역할을 한다.

대체로 분석가들은 Freud에 동의하였다. Blum(1976)은 정신분석 실제에서의 꿈의 활용 변화에 대한 심포지엄에서 "정신분석적 심리학의 틀에서 꿈에 대한 Freud의 거장다운 착상과 통찰은 아주 풍부하고 비교적 완전하였기 때문에 새로운 꿈 이론의 추가는 매우 제한적이었다. 우리의 전 과학이 빠르게 성장하는 동안, 꿈은 가장 굳건하고 기초적인 쐐기돌이었다."[8]라고 말하였다.

Blum은 자아심리학이 가져온 변화에 꿈 분석을 적응시키려고 고심하였다. 그는 꿈이 더 중요하거나 덜 중요할 수는 있지만, 그럼에도 불구하고 일종의 의사소통인 임상적인 의사소통이라고 강조하였다. 치료에 이르는 왕도는 더 이상 꿈이 아니라 전이의 분석이며, 꿈은 그 작업에 다양한 역할을 한다. 그는 꿈을 회상하고 보고하는 능력을 자아의 성취로 보았고 꿈을 전혀 꾸지 않는 환자는 아마도 분석이 불가능할 것이라는 의견을 표하였다.

다른 분석가들도 또한 꿈의 의사소통적 가치를 강조하였다(Arlow and Brenner, 1964; Kanzer, 1955). 최근, 특히 Brenner는 과거처럼 꿈에 특별한 위치를 부여하지 말 것을 역설하였으며, 많은 꿈이 연상 없이 혹은 약간의 연상들로 이해 가능하며 의사소통하려는 간절함이 실제 의사소통된 내용보다 더 중요하다고 주장하였다(Brenner, 1976). 늘어난 교양지식으로 인해 오늘날 많은 환자가 이전 시대에는 몰랐던 꿈에 관한 이해를 갖게 된 것을 주목하면, 아마도 이런 입장은 한층 경제적이라고 할 수 있다. 따라서 분석가는 필연적으로 인격의 덜 탐색된 부분에 주의를 돌려야 한다.

치료 종결 꿈

꿈을 둘러싸고 많은 정신분석적 속설이 생겨난 것은 자연스러운 것이다. 널리 신봉된 믿음 하나는 아마도 분석의 성공적인 종결을 암시하는 꿈인 '종결' 꿈의 존재이다. Oremland(1973)는 종결기에 다음과 같은 명확한 특징들을 갖고 있는 꿈이 나타났던 세 개의 사례를 보고하였는데, 그 꿈은 종결 사건과 관련되어 나타났고, 제시된 증상 혹은 주요 증상이 크게 완화된 것으로 묘사하였고, 분석가가 위장되지 않고 증상과 깊은 관련이 있는 것으로 나타내었다. 그는 이 사례들에서 꿈은 증상과 전이 양쪽 모두에서 분석이 가져온 변화를 정도의 차이는 있지만 입증하고 있다고 제안하였다. 그러나 모든 꿈에 있어 소망-충족이라는 근본적인 의미에 비추어서, 다른 분석가들은 종결 꿈의 존재를 의문시했다(Blum, 1976). Sharpe(1937)는 분석을 받은 사람들의 꿈은 분석을 받지 않은 사람들보다 이드 충동을 덜 위장된 형태로 보여 주는 경향이 있다고 언급하였고, 이것은 소망-충족 이론에 더욱 꼭 들어맞는 것 같다.

첫 번째 꿈

일부 사람들은 분석에서 첫 번째 꿈이 위장되지 않은 신경증적 구조를 드러낸다고 강조하였다. Blum(1976)은 이것을 일종의 '정신분석의 신화'라고 하며, 대신 초기의 꿈들은 종종 보고되는 당시에는 이해하기 어렵지만 초기의 전이 저항을 설명하고 해석하는 데 이용될 수 있다고 주장하였다.

꿈 경험

Khan(1976)은 꿈에서 주체의 경험의 성질에 주의를 환기시키며, 꿈꾸는 경험과 기억된 꿈 내용의 의미를 구별할 것을 제안하였다. 이 생각은 '좋은(good)' 꿈(Khan, 1962)과 꿈 공간(space; Khan, 1972)이라는 그의 초기 개념들에 추가되었다. Khan의 견해는 인간이 아마도 결코 자신의 성찰이나 꿈에서 뚜렷하게 이용할 수 없는 자기(self)의 측면들을 꿈꾸는 경험을 통하여 실현할 수 있다는 것이다. 그리고 그 경험은 삶을 풍요롭게 할 것이며, 그 경험의 결핍은 타인과 자기 자신, 수면에 관한 경험을 메마르게 할 수 있다. Khan의 입장은 Dement의 꿈 박탈 가설에 흥미로운 것을 추가한다.

꿈의 발현 내용

Freud의 공헌은 꿈의 발현 내용 배후에 잠재 내용이 있다는 것을 발견한 데 있으며, 잠재 내용은 오직 꿈꾼 사람의 연상에 의해서만 다가갈 수 있다. 이 발견은 발현 내용에서 잠재 내용으로 주의를 이동시켰으나, Freud 스스로 관찰 기회를 가졌었듯이[9] 그 도가 지나쳐서 발현 내용은 많은 분석가에 의해 사실상 무시되었다. 그 균형을 바로잡으려고 시도한 많은 공헌이 있었다.

Erikson(1954)은 Freud의 Irma의 주사 꿈에 대한 뛰어난 재분석에서 꿈의 발현 내용의 분석을 위한 개요를 제공하였다. 오래전 1925년에 Alexander는 많은 꿈이 짝으로 혹은 시리즈로 일어나는 것을 보여 주었으며, 같은 밤 꿈들의 상호 연결성에 주의를 환기시켰다. Alexander와 Wilson(1935)은 정신신체질환 환자들의 꿈에 대한 광범위한 정량적 분석을 하였으며, 이 환자들의 기본적 동인(vector)들이 그다지 위장되지 않은 형태로 꿈의 표면에 드러남을 보여 주었다.

Richardson과 Moore(1963)는 뉴욕정신분석연구소의 Kris 연구 그룹의 일원으로서, 대조군으로 조현병이 아닌 환자들을 사용하여 25명의 조현병 환자들의 꿈을 분석하였다. 놀랍게도 그들은 발현 내용이 두 집단을 구별하지 못한다는 것을 발견하였다. 유일한 주요 차이는 조현병 환자들의 꿈에 기이하거나 생소한, 혹은 이해할 수 없는 어떤 느낌이 있다는 것이다. 그러나 이것은 단지 적은 비율의 환자들의 꿈에서만 발견되었고 이차 수정(revison, 논리정연한 형태로 꿈의 이미지들을 이어지도록 맞추는 과정)에 쉽게 포함시킬 수 있었다. 많은 다른 연구도 조현병 환자들과 조현병이 아닌 환자들의 꿈 사이에 명백한 차이를 증명하는 데 실패하였다(Boss, 1938; Frosch, 1976; Kant, 1952; Noble, 1950~51; Trapp and Lyons, 1936). 이는 꿈은 모든 사람이 밤중에 퇴행하는 '정상적인 정신병'이라는 Freud의 입장을 확인해 주는 것 같다.

1965년 미국정신분석협회(American Psychoanalytic Association)가 주최한 이 문제에 대한 패널 토의에서(Babcock, 1966에 보고됨), 참가자들은 많은 역동적 정보를 꿈의 발현 내용에서 이끌어 낼 수 있지만 진단적 의의를 둘 수는 없다는 것에 대체로 동의하였다(Brenner, 1976). Kligerman(panel, 1966)은 Charles Dickens의 꿈의 발현 내용이 어떻게 이해가 되는지, 그의 삶에서 알려진 사실들을 제시하면서 보여 주었다. 그럼에도 불구하고, 꿈의 완전한 의미를 추출하기 위해서는 반드시 연상이 사용되고 잠재 내용이 드러나야 한다는 것이 강조되었다.

인지적 요인들

누구나 꿈-수면 주기가 있으며 하룻밤에 4~8회 꿈을 꾼다는 것이 밝혀지자, 꿈이 수면의 보호자이며 모든 꿈은 필연적으로 소망-충족을 구현하다는 Freud의 가정에 다소간의 의혹이 던져졌다. 만약 꿈이 그토록 규칙적으로 되풀이되는 현상이라면, 인지적 요인들이 원래 생각하였던 것보다 더 많은 역할을 할 것이 틀림없다고 주장되었다.

이 가설은 실제로 많은 연구에서 사실임이 증명되었다. Wolpert(1972)는 고전적인 능력심리학(faculty psychology)[5]의 네 가지 개념(강화consolidation, 자극 특성stimulus characteristics,

5) 역주: 정신 활동의 과정을 몇 가지의 능력으로 상정하고 분석기술(分析記述)함으로써, 이것을 정신 현상의 실체·원인·설명 원리로 삼으려고 하는 심리학이다. 이러한 입장은 역사적으로 볼 때 Platon의 '지·정·의 삼분법(知情意三分法)', 중세의 Thomas Aquinas가 주창한 '능력설'에서 찾아볼 수 있으며, 전형적인 대표자로는 근세 독일의 C. Wolf가 있다. 현대 심리학은 능력을 설명 원리나 실체로 인정하지 않고, 다만 소질과 기능으로서의 능력을 인정한다.

쇠퇴decay, 각성 특성awakening characteristics의 법칙)에 따라 결정되는 꿈을 기억해 내는 요인이 존재함을 증명하였다. 그는 그런 원칙들은 꿈을 기억해 내는 심리적 행동의 선행조건에 생물학적으로 주어진 제약이 포함된다는 것을 나타내는 것이라고 주장하였다. Witkin과 Lewis(1967)는 또한 수면 전의 경험이 꿈에 미치는 영향에 대한 증거들을 정리하였다. Breger 등(1971)은 심한 스트레스가 꿈 경험에 어떻게 직접적으로 반영될 수 있는지를 보여 주었다. 다른 각도에서 Piaget는 꿈 또한 다른 인지 체계들에서 보편화되어 있는 조절(accommodation)과 동화(assimilation)의 법칙을 따른다고 제안하였다.[10]

그러므로 어떤 의미에서는 Freud의 고전적 이론은 보다 많은 인지적 요인이 작용하는 것을 고려하여 수정되어야만 한다. 그러나 이것이 갈등과 소망-충족을 고도로 반영하는 인간 기능으로서의 전체적 시각을 바꾸는 것은 아니다.

대안적 이론들

Freud의 이론에 대한 진정한 대안으로서 잠깐 동안이라도 자기 입장을 관철할 수 있었던 이론은 없었다. 꿈의 예언적 가치에 대한 Jung의 가정은 그저 오류일 뿐이다(Jung, 『저작들의 개요(Abstracts of Writings)』, 1976).

마찬가지로, '텔레파시적' 꿈의 개념(Ullman and Masserman, 1966)도, 텔레파시 전반에 대한 개념과 함께, 신빙성 있는 객관적 증거가 전혀 없으므로 폐기되어야 한다.

Roheim이 제안한 꿈에서의 진행적 및 퇴행적 경향들은 Freud의 일반 이론에 쉽게 통합될 수 있다(Roheim, 1950).

백일몽과 공상

우리의 정신생활이 쾌락적인 공상들을 중심으로 다룬다는 인식은 원래 꿈의 연구에서 비롯되어 곧 정신 기능의 전 영역으로 확대되었다. Varendonck(1921)는 백일몽에서 위장되지 않은 성애적 · 공격적 환상의 본질을 처음으로 규명하였다. 후에 Singer(1975)는 그의 주요 논지들을 정교화하였다. 인간 정신생활의 많은 부분이, 충족되지 않은 또는 흔히 충족될 수 없는 근본적인 소망들을 중심으로 다룬다는 것을 입증한 것은 심리학에 대한 정신분석의 주요 공헌 중의 하나로 남아 있다. 이 원칙을 모든 정신 기능에 확대 적용하는 것이 현재 모든 심리학의 기본 가정이다.

상징

사람들이 상징으로 생각한다는 것은 분명하다. 다만, 차이는 그 상징들의 의미에 대해서 발생한다. (다른 종교와 마찬가지로) 광범위한 상징을 사용하는 기독교 신앙은 신자들이 반드시 상징에 특정한 의미를 부여해야 하고, 어떤 '보다 깊은' 해석도 거부해야 한다고 주장한다. 정신분석이 등장한 것은 바로 그런 분위기 속에서였다.

꿈에는 상징들이 아주 풍부하게 나타나기 때문에 Freud가 그것들을 상세하게 고찰할 것이라고 예상되었다. 그러나 그렇지 않았으며, Stekel이 이 문제에 대한 주의를 촉구한 후에 『꿈의 해석(The Interpretation of Dreams)』(1909)의 두 번째 판에서야 Freud는 상징에 대한 긴 단락을 추가하였다.

초기의 분석가들은 성에 대한 그들의 관심 때문에 넓고 다양한 상징의 무의식적 의미에 대한 광범위한 조사에 참여하였다. Freud, Rank, Jones, Abraham, Ferenczi, 그 밖의 정신분석 개척자들에 의한 이 작업은 매우 철저하게 수행되었기 때문에 수정은 거의 없었다. 꿈에서처럼 상징을 자아-심리학적 용어로 재해석하려는 일부 시도가 있지만, 아직은 설득력이 없다. 꿈에서와 마찬가지로, 상징적 언어의 탐구는 초기 분석가들의 또 다른 확고한 업적이며 그 뒤에 이어진 것은 그들의 통찰이 확장된 것이었다.

상징에 대한 고전적 이론은 또한 Jones-Ferenczi 이론으로도 지칭되었는데(어떤 핵심 사항에서도 Freud와 다르지 않지만), 이를 가장 잘 설명한 것은 Jones의 1916년 논문 「상징에 대한 이론(The Theory of Symbolism)」이다. 그의 설명을 요약하는 것으로 시작하는 것이 가장 이해하기 쉽다.

Jones에 따르면, 상징은 직접적 표상이 불안을 너무 많이 야기할 것이기 때문에 채택되는 간접적 표상의 형태이다. 모든 상징은 이해하거나 표현하는 능력이 비교적 무능함을 나타내며 전자의 경우가 일차적이다. 이는 그 기원이 정서적일 수도 지(知)적일 수도 있는데, 정서적인 요인이 보다 중요하다. 이 무능력의 결과로 정신은 보다 단순한 유형의 정신 과정으로 되돌아가며, 무능력이 클수록 더욱 발달 초기 단계의 정신 과정의 유형으로 되돌아간다. 그러므로 가장 일반적인 형태에서도 상징은 가장 적은 노력을 필요로 하는 종류의 정신 과정이며, 그것은 감각적인 것이고, 대개 시각적이다. 시각적인 이유는 회상 시에 대부분의 지각적 기억은 시각적 형태로 전환되며, 이런 전환은 부분적으로는 시각적 표상의 용이함으로 인한 결과로 일어난다. 같은 이유로 상징은 항상 유형적(concrete)인데 왜냐하면 유형적인 정신 과정들이 어떤 다른 정신 과정보다 더 용이하고 더 원시적이기 때문이다. 따라서 대부분의 상징 형태는, 특징적으로 감각적 이미지 형태로의, 유형의 사고적 자동 치환이라고 말할 수 있으며, 그 원 사고는 다소 접근이 어렵고, 감추어지거나 무의식적일 수도 있으며, 상징화된 사고와 하나 이상의 속성을 공유한다.

모든 상징 형태에 있어서 본질적인 어려움은 감정을 적절히 파악(따라서 또한 전달)하는 데에 있다.[6] 이는 의심할 바 없이 정신 전체에 걸쳐 작동하는 감정에 대한 무수한 억제 때문이다.

모든 형태의 상징의 기본적인 양상을 Jones는 동일시라고 불렀으나, '동일시'가 정신분석에서 전혀 다른 의미를 갖게 되었기 때문에 오늘날 우리는 유사성(similarity)이라고 부른다. 유사성이라는 개념을 신임한 주요한 이유로 두 가지를 제시할 수가 있는데, 첫 번째는 예전의 익숙한 개념의 특성과 유사한 특성을 알아채기에 그 새로운 개념이 더 쉽고 더욱 산뜻하다. 더구나 관심을 끌었던 이전 경험들과의 유사성으로 인해 마음은 관심을 끄는 그런 특성에 대해 특히 주목하는 경향이 있다. 두 번째는 비슷하다는 인식은 이미 알려진 것에 대해 모르는 점을 주목하게 함으로써 새로운 경험들의 동화를 촉진한다.

정동의 억제는 정도가 대단히 다양할 수 있으며, 그 다양성에 의하여 '상징'이라는 이름 아래 모일 수 있는 다수의 과정이 있게 된다. 억제가 극에 이르면 상징은 가장 전형적인 형태를 취한다. 간접적인 회화적 표상의 이런저런 형태들 간에는 양적인 동시에 질적인 차이가 있다.

이런 직접적이고 엄격한 의미에서 상징의 두 가지 주된 특징은 그 과정이 전적으로 무의식적이라는 것과 상징화된 사고에 부착되어 있는 정동이, 상징이 관계되는 한, 승화가 될 수 있도록 드러나지 않는다는 점이다. 이 두 가지 측면에서 상징은 모든 간접적 표상의 다른 형태들과 구별된다.

진정한 상징의 전형적인 속성들을 보면, 무의식적 자료의 표상이고, 의미가 항구적이거

---

6) 이동식: 그러니까 바로 관찰하고 있는데 자꾸 지적(intellectual)으로 이론화하려고 하니까 복잡해진다. 그게 동서양의 전통의 차이이다. 경험에 있어서는 차이가 없는데 서양 사람은 자꾸 이론을 만들어서 적용을 하려고 한다. 경험을 안 하고 자꾸 이론 가지고 하려는 것은 안 되는 거다. 경험이 근본이다. 동양에서 이론은 경험을 가리키는 수단이다. 경험을 해야 한다. 이론을 통해서 이론을 만든 사람과 같은 경험을 해야지 이론의 의미가 살아난다. 경험을 안 하면 아무 의미가 없다.

나 변화에 대한 범위가 매우 제한적이며, 개인적인 요인들에만 의존하지 않고 진화상의 토대가 있고, 상징과 상징된 사고 사이에 언어적 연결이 있으며, 개인에게서 발견되는 상징과 계통 발생적으로 유사한 것이 신화, 제의, 종교 등에 존재한다는 것 등이다.

상징화될 수 있는 사고의 수는 상징들의 무한한 수에 비하면—백 개 이내로—상당히 적다. 모든 그런 사고는 신체적 자기(self), 가까운 가족 구성원들 혹은 출생, 사랑, 죽음이라는 현상과 관련된다. 이들은 전형적으로, 그리고 아마도 항상 보다 높은 차원의 의미가 보다 원시적인 것으로 퇴행한 결과로서 일어난다. 그래서 사고의 실제적이고 '진짜'인 의미는 일시적으로 사라지고, 그 사고 혹은 이미지는 한때 상징적으로 동등하였던 보다 원시적인 것의 의미를 표현하고 전달하기 위해 이용된다. 상징의 의미가 밝혀지면 의식이 취하는 태도는 특징적으로 놀라움, 불신, 종종 강한 반감 중의 하나이다.

대체로 Jones의 이론은 여러 세대의 분석가가 이용하고 응용하였고, 임상 자료를 명료화하였으며 민속학, 종교, 인류학, 정신의학을 포함하는 모든 인간과학상의 자료에 많은 빛을 던져 주었다. 이론 전반이 아닌 세부적인 부분에 관해서만 이견이 있어 왔다. 그다음의 작업은 일부 예외를 제외하고 주로 인간의 모든 환상 산물 중 다수 상징의 특정 의미를 설명하는 것에 관한 것이었다. 일부 상징 행동들의 진화적 기원에 대한 증거도 제안되었다(Guthrie, 1970).

Jones가 지적한 대로, 상징은 일상 언어의 직유와 은유의 결과로 생긴다. 치료 작업에서 상징의 해석은 환자에게 그 상징이 일상 언어로 무얼 뜻하는지를 생각해 보고 거기서 더 확장해 보라고 요청함으로써 종종 유익하게 수행된다.

이러한 체계 내에서 상징이 보다 추상적인 사고를 나타내는 데 사용되지는 않을까 하는 질문이 곧 제기된다. Silberer와 뒤에 Jung은 이러한 입장에 속하였으며, Freud도 결국에는 동의하였다. 그리하여 상징적 표현의 범위는 상당히 확장되었다.

Freud의 상징에 대한 논의는 『꿈의 해석(The Interpretation of Dreams)』의 뒤에 나온 판들(1909년 이후)에 주로 나온다. 그는 상징들의 의미는 절대적이지 않고 일반적이며, 사람에 따라 다를 수 있다고 주장한다. 그럼에도 어떤 공통된 상징들이 언급될 수 있다. 예로서, 황제나 여제 또는 어떤 높은 권위적 인물은 부모를 나타낼 것이다. 성적인 상징들도 도처에서 발견된다. 길고 단단한 물건은 남근을, 부드러운 용기(容器)는 질을 나타낸다. 거세는 자주 대머리, 머리 깎기, 치아가 빠지는 것, 참수(斬首)로 상징된다.

상징들이 언제나 모든 사람에게 동일한 의미를 가져야 한다는 것은 정신분석 이론에 필수적이지 않다. 많은 사람에게 비슷한 의미를 가진다는 것으로 충분하다. 또한 많은 사람이 오직 연상이나 인생사의 재구성을 통해서만 그 의미를 끌어낼 수 있는 개인적인 상징들을 가지고 있다는 것은 이론과도 부합한다.

정신분석적 사고의 주류 속에서 Jung의 주된 공헌은 그가 상징화에 관해 수집하고 제시한 풍부한 자료에 있다(Jung, 1912, 1964). 보편적 상징들에 대해 그는 '원형(archetype)'이라는 용어를 만들었다. 원형의 가짓수는 많다. 가장 중요한 것들 중에 어린아이의 부모에 대한 의존을 나타내는 그림자, 남성이 바라는 이상화된 여성상인 아니마, 여성의 남성적 이상상인 아니무스가 있다.

그러나 상징에 대한 Jung의 이론적 설명은 그 용어가 통상적으로 의미하는 것을 넘어선다. 그에게 있어 살아 있는 상징은 가장 중요한 무의식적 요인을 표상하는 것이다. 이 요인이 널리 작동할수록 모든 영혼에 공명을 일으키기 때문에, 그 상징은 전반적으로 더 타당한 것이 된다. 폭넓게 공명되는, 특히 종교적인 상징들의 예는 자기(self)의 상징인 하느님의 아들 그리스도, 미사 의식에서 변형(transformation)의 상징들, 동양의 황금 꽃(golden flower)의 상징, 불교의 수레바퀴(항상 변화하지만 항상 같은) 상징, 전체성의 상징인 만달라 등이 있다. 그는 전체성에 대한 추구 또는 인격의 통합을 개성화(individuation) 과정이라고 명명하였다. 이는 정신분석 이론에서 나중에 아주 중요한 역할을 하는 자기(self)와 정체성(identity)의 개념에 관한 정신분석 문헌상 최초의 논의이다(제15장 참조).

또한 비분석가 저자들이 상징에 대해 광범위한 저술을 하였으나 정신분석이 기여한 만큼의 깊이는 없었다. 상징에 대한 기독교적 해설은 사실상 끝이 없는 것 같고 그 기반이 무의식적 의미를 부정하는 데 있다. Werner와 Kaplan(1963)은 상징 이론을 통상적인 인지심리학과 결합하려고 시도하였으며, 자신들의 접근은 "유기체적-발달적(organismic-developmental)"인 것이 특징이라고 하였다. 그들은 상징들이 지적 기능에 필수적이라고 결론지었으나 더 깊은 의미를 빠뜨렸다. 인류학 문헌들은 여전히 계속 아주 다양하다. Harris(1968)와 같은 일부 인류학자들은 상징을 전혀 언급하지 않는다(색인에도 나열되지 않는다). Turner(1967)와 같은 다른 학자들은 원시인들의 상징을 지나치게 단순화하는 방식으로 기술한다. 그러나 Roheim(1952b)과 (다음에 토론되는) Kluckhohn 같은 다른 학자들은 광범위한 인류학적 자료에 정신분석적 개념을 적용하는 데 성공하였다.

최근 몇 년간 일부 저자들은 보다 초기의 상징 이론을 현대 자아심리학에 더 복합적으로 통합하려는 시도를 하였다. Donadeo(Segel, 1961)는 상징에 관한 Kris 연구 그룹에 대해 보고하면서, 상징 형성을 아마도 자율적인 자아의 기능으로 간주하며 영역을 넓히려고 하였다. 그들은 상징을 자아에 수반하여 발달하는, 기능들의 위계의 결과로 간주해야 한다는 상징에 대한 '넓은' 시각을 (더 초기의 '좁은' 시각과 대비하여) 제안한다. Pinchas Noy(1969)는 유사하게 일차 과정에 대한 정신분석 이론의 수정을 제안하면서, 일차 과정이 이차 과정보다 '열등하지' 않으며, 일차 과정은 거의 의식적 사고 과정에서 절대 사라지지 않고, 모든 일차 과정은 모든 정신 기능들과의 통합 속에서 계속 발달하고 변화한다고 주장하였다. 양쪽의 이런 견해들이 상징의 발달과 전체 자아구조에서 상징의 활용에 관한 점들을 타당하게 만들지만, 이 견해들은 초기의 견해들 속에 내포되어 있으며 새로운 이론으로 여겨지지는 않는 것 같다. 상징에 대한 해명은 Freud와 그의 직계 협력자들의 확고한 업적 중의 하나로 남아 있다.

상징에 대한 대표적 연구

상징에 대한 자료는 초기 분석가들의 저작에, 특히 제1차 세계대전 전에 풍부하게 발견되는데, 이 시기에 새로운 통찰이 임상 정신분석으로부터 종교와 신화학에 이르는 분야들에 최초로 적용되었다. 꿈꾸는 사람, 어린아이, 원시인, 정신병 환자의 정신 과정이 유사하다는 Freud의 주장이 여러 원천의 자료들을 통합하는 데 일반적으로 이용되었다. 이러한 문헌에 기초가 되는 Freud의 책 『토템과 터부(Totem and Taboo)』(1913)에서, 그는 오이디푸스 갈등의 두 가지 주된 금기인 어머니에 대한 성적 욕망과 아버지에 대한 증오(남자 아이의 경우)가 보편적으로 발견된다는 것과 모든 인간 집단의 정신 과정은 어떤 본질적인 유사성을 보인다는 것을 밝히고 있다. 최근 몇 년간 이 입장은 구조주의자들의 격렬한 공격을 받았는데, 그들은 어떤 문화든 각각의 요소는 그 문화의 다른 요소들과의 관계 속에서만 이해될 수 있다고 주장하였다. 일부 장점이 있기도 하지만, 이 입장은 역사상 극히 다양한 시기와 극히 다양한 사람 사이의 유사한 과정들과 유사한 반응들을 보여 주는 방대한 자료를 무시하고 있다.

Freud는 그 생각을 받아들이자 많은 수의 상징을 기술하였다. 표준판 제24권의 상징 목록은 다섯 페이지에 걸쳐 있으며, 동물들로부터 떨어지는 문, 메두사의 머리, 체펠린 비행선까지 망라하고 있다. Abraham, Ferenczi, Jones, Rank, Sachs와 그 시기의 다른 사람들의 저술들은 상징들에 대한 설명으로 가득하다. Ferenczi(1926)는 교량, 돈주앙 전설, 신발, 이부자리, 연, 메두사의 머리, 부채, 해충, 일광욕에 대한 논문들을 썼다. Jones는 (『응용 정신분석 에세이들(Essays in Applied Psychoanalysis)』, 1951) 기독교 의식들(rituals)에 많은 주의를 기울여서, 예를 들어 부모 간의 성교를 발견한 유아의 반응이 어떻게 해서 종종 부정(denial) 중의 하나이며, 그것이 처녀수태 신화에 반영되어 있는 것을 보여 주었다. 기독교의 삼위일체는 아버지, 어머니, 아이를 포함하는 그 시대의 많은 종교의 삼위일체의 한 변형을 나타내는데, 기독교에서는 성령이 어머니를 대체하고 있으며, 이는 기독교의 탈성애적 특징을 가리키고 있다.[11]

상징에 대한 문헌은 이제 너무 방대하여 요약조차 시도될 수 없다. 상징에 대한 보다 중요한 연구 몇 가지가 거론될 수 있겠다. Vangaard는 자신의 책 『남근(Phallos)』(1972)에서 남근의 상징적 의미에 대한 폭넓고 다양한, 현대의 그리고 역사적인 자료들을 한데 모아 놓았다. Bettelheim(1954)은 많은 사춘기 통과의례를 남성 선망을 가리키는 것으로 재해석을 시도하였다.

Kluckhohn(1959)은 보편적인 신화적 주제를 많이 제시하였다. 그중 하나는 마법(witchcraft)이다. 다음과 같은 주제들이 언제나 어디에나 나타나는 것 같다.

1. 사악한 마법을 행하기 위해 악마의 연회에 모여서 밤에 불가사의한 속도로 돌아다니는 동물인간(were-animal)들
2. 어떤 종류의 유독한 물질을 희생자의 몸속에 마법적인 방법으로 집어넣음으로써 질병, 쇠약 그리고 결국에는 죽음이 초래될 수 있다는 생각
3. 근친상간과 마법의 연결

(Kluckhohn에 따르면) 거의 보편적인 다른 주제들은 홍수, 괴물 죽이기, 근친상간, 동기간 경쟁, 거세(상징적인 것을 포함하여), 남녀 양성을 가진 신들이다.

오이디푸스적 신화들은 보다 폭넓은 양식의 일부인데, Rank(1909)는 영웅탄생 신화라고 이름 붙였다. Rank는 지중해 지역과 서아시아의 34개 신화에서 다음과 같은 양식을 추출하였다.

> 영웅은 가장 고귀한 부모의 아이이고, 대개는 왕의 아들이다. 그가 태어나기 전에 외부의 금지나 방해로 인한 금욕 혹은 오랫동안의 불임 혹은 부모의 비밀스런 성교 같은 어려움들이 있다. 임신 동안 또는 임신에 앞서, 그의 탄생에 대해, 대개 아버지나 대리인에게 위험이 임박하였음을 경고하는, 꿈이나 신탁 형태의 예언이 있다. 보통 그는 상자에 담겨 물에 버려진다. 그리고는 동물들이나 비천한 사람들(목동)에게 구출되고 암컷 동물이나 천한 여자에게 양육된다. 장성한 뒤에 그는 극히 다재다능한 방식으로 자신의 고귀한 부모를 찾는데, 한편으로는

아버지에게 복수를 하며 다른 한편으로는 인정을 받고 마침내 지위와 명예를 얻는다.[12]

Devereux(1955)는 예일대학교의 Murdock[7)]의 Human Relations Area Files[8)]로부터 광범위한 민족지학상의 집단들에 기술된 낙태 풍습들을 비교하였다. 그는 자신의 데이터에서 전인류적으로 타당한 결론을 얻었다고 느꼈으며, 다음과 같은 논지를 제시하였다.

만약 인류학자들이 알려진 모든 문화적 행동 유형을 완전한 목록으로 작성한다면, 그 목록은 아마도 정신분석가들이 임상 상황에서 얻은 충동, 소망, 환상 등을 모은 유사한 완전한 목록과 하나하나 겹칠 수 있을 것이며, 그렇게 해서 바로 그 방법으로 동시에, 인류의 정신적 단일성과 그리고 문화에 대한 정신분석적 해석들의 타당성을 (둘 다 지금까지는 경험적으로만 입증되고 있는) 증명할 것이다.[13]

7) 역주: George Peter Murdock(1897. 5. 11.~1985. 3. 29.). 미국의 문화인류학자. 인류학에 대한 사회학적 및 경험적 접근과 서로 다른 문화권에서의 가족 및 친족 관계 구조에 대한 연구를 하였다. 비교 문화적 연구 방법을 제창하여 인간 사회에 관한 기존 문헌을 항목별로 카드에 정리, 조직화하는 방대한 사업을 벌여 세계 각지의 사회 조직에 관한 비교 연구에 편의를 제공하는 업적을 남겼다. 가족 유형에 있어서의 핵가족 개념은 사회학적 가족 이론의 형성과 발전에 큰 영향을 주었다.

8) 역주: Human Relations Area Files, Inc.(HRAF)는 1949년 예일대학교에서 설립되어 현재 미국 및 다른 20개국 이상에서 500개 이상의 회원 기관을 둔 비영리 국제 회원 조직이다. 과거와 현재의 문화적 다양성과 공통성에 대한 이해를 증진시키기 위해 연구, 교육 및 학습을 위한 학술 자료 및 인프라를 제작하고 이문화 간 유사성에 대한 독창적인 연구를 지원하고 수행한다. HRAF 데이터베이스는 소규모의 수렵 채집 사회에서 복잡한 국가에 이르기까지 모든 종류의 인간에 대한 비교 연구를 촉진하기 위해 개발되었으며, 지리적 위치와 문화적 특성에 따라 정렬되고 정리된 교차 색인 민족지학 데이터의 계속 증가하고 있는 목록이다.

제10장

무의식과 창조성, 언어, 의사소통

Ernst Kris

예술과 창조성

인간의 삶에서 꿈의 중요성이 확립되고 꿈을 해석하는 기법을 알아내면서, Freud는 인간의 모든 경험에 관한 주요한 열쇠를 갖게 되었다는 것을 알아차렸다. 곧 그는 창조적인 시도들과 예술로 관심을 돌려서, 표현 수단에 상관없이 모든 예술적이고 창조적인 시도에 관해 언급하였다.[1] 그러나 제1차 세계대전 전인 초기 몇 년, Freud는 당시 대부분의 동료 전문가들로부터 비웃음을 샀던 자신의 이론에 대한 증거를 찾는 데 주로 관심을 가졌다. 그래서 그는 다소 좁은 시야로 예술가를 다루었고 그의 시야는 시간이 지나고 나서야 서서히 넓어졌다. 다시 말해, Freud가 원동력이었긴 하지만 예술과 창조성에 관한 대부분의 중요한 정신분석적 공헌은 다른 분석가들로부터 나왔다.

역사적으로 예술가는 천재 아니면 미친 사람으로 생각되었다. Freud의 주된 공헌 중의 하나는 예술가를 현실 세계로 다시 데리고 와서 한 인간으로서의 그를 보여 준 것이었다. 이를 위하여 Freud는 창조적인 예술가에게서 작용하는 기전들이 다른 사람들과 본질적으로 다르지 않다는 것을 입증해야 하였다. 그래서 오랫동안 그는 예술 작품에 담겨 있는 충동들과 더불어 그 충동들을 비틀거나 감추기 위해 예술가들이 사용하는 장치들에 대해 관심을 가졌다.

일찍이 1897년에 Fliess에게 보낸 편지에서 Freud는 창조적인 쓰기(Dichtung)의 기전은 히스테리적인 환상의 기전과 같다고 썼다. "그래서 셰익스피어가 시와 광기(광란 상태)를 대등한 위치에 놓은 것은 옳았다."[2]

일단 오이디푸스 콤플렉스라는 개념을 생각해 내자, 그는 그것이 많은 위대한 문학 작품 속에 나타나 있는 것을 보았다. 1914년 이후의 『꿈의 해석(The Interpretation of Dreams)』 개정판들에서 햄릿에 대해 아버지 살해와 어머니 근친상간을 주제로 몇 단락을 추가하였다. 셰익스피어의 작품에 이러한 주제들이 있다는 것을 강조하였으나 해석을 지나치게 단순화하려고 노력하지는 않았다. 그는 다음과 같이 썼다.

> 모든 신경증적 증상과 꿈이 (그 문제에 대해서) '과잉 해석'될 수 있고 꿈들이 완전히 이해되려면 실제로 그렇게 될 필요도 있는 것처럼, 정말 창조적인 모든 저작은 시인의 마음에 있는 하나 이상의 동기 그리고 하나 이상의 충동의 산물이며 하나 이상의 해석에 열려 있다. 내가 쓴 것에서 나는 다만 창조적인 작가의 마음 가장 심층에 있는 충동들을 해석하려고 시도하였을 뿐이다.[3]

예술 작품을 주제로 한 Freud의 첫 번째 장편의 토론은 「무대 위 정신병질적 등장인물들(Psychopathic Characters on the Stage)」이라는 논문에 나온다. 이 논문은 1904년에 쓰였고 Max Graf 박사에게 바쳐졌는데, Freud의 생전에는 출판되지 않았다.[4] 여기에서 그는 중요한 점을 많이 언급하였고, 이것들은 이후 예술에 대한 정신분석 이론의 토대들이 되었다.

Freud는 극(劇)이 우리의 정서 생활에 즐거움이나 즐김의 원천을 터 주는 하나의 길이며, 그 즐거움이나 즐김의 많은 것이 그렇지 않으면 얻기 어려운 것이라고 하였다. 연극을 보는 것은 놀이가 아이들에게 해 주는 것을 어른들에게 해 준다. 극작가와 배우는 어른들이 자신들을 영웅과 **동일시**할 수 있게 해 줌으로써 이것을 가능하게 한다.

극은 아주 종종 고통과 관계가 있기 때문에 관객의 즐김은 두 가지 착각에서 유래된다. 첫째로, 무대 위에서 연기하고 괴로워하는 것은 그 자신이 아닌 다른 사람이기 때문이다. 둘째로, 그것은 결국 관객의 개인 안전에 아무런 해를 줄 수 없는 게임에 불과하기 때문이다. 그러나 무대 위에서 묘사되는 갈등은 관객의 경험의 범위 안에 있어야 한다. 따라서 무대의 고통이 너무 강렬해진다면 관객은 너무 신경증적이 되어서 그것을 즐기지 못한다.

이와 같이 작가와 청중 사이에 상호작용이 존재하며 농담에서도 마찬가지이다. Freud는 "일반적으로 대중의 신경증적 불안정과 저항을 피해서 전희쾌감을 제공하는 극작가의 능력만이 무대 위에 비정상적 등장인물을 세우는 데 설정되는 한계들을 정할 수 있다고 말할 수 있을 것이다."라고 결론짓는다.[5]

1907년에 Freud는 독일 작가 Wilhelm Jensen의 소설에 관한 논문을 출판하였다. Freud가 과제로 삼았던 문제는 소설 속의 꿈을 살아 있는 사람의 꿈처럼 똑같이 해석할 수 있는가였고, 그는 어떤 상황들에서는 가능하다고 결론 내렸다.

그리고 1908년에 창조적 과정에 관한, 그 당시까지는 가장 중요한 이론적인 논문인 「창조적인 작가들과 백일몽(Creative Writers and Daydreaming)」이 나왔다.[6] 여기서 그는 공상에 대한 문제와 창조적인 작가가 어떻게 자신의 영향력을 만들어 내는가에 대한 문제를 다루었다. 그는 공상이 소아기 놀이의 대체물이고 어느 시점 이후 아이는 노는 대신에 공상을 한다고 주장하였다. 공상은 본질적으로 건강하지 못한 것이다. "행복한 사람은 절대 공상을 하지 않고 오직 만족하지 못한 사람만이 공상을 한다고 단언할 수 있을 것이다."[7] 공상은 소망의 주요한 두 세트, 즉 성애적인 그리고 야심적인 소망에 집중된다.

그의 토론은 더 나아가 공상의 위험한 특성을 강조하여 "공상이 지나치게 풍부해지고 지나치게 강력해지면, 그 상태는 신경증이나 정신병의 발병을 숨어서 기다리는 상태가 된다. 더구나 공상은 우리 환자들이 호소하는 고통스러운 증상들의 직접적인 정신적 전구물들이다. 여기에서 넓은 우회로가 정신병리로 접어들게 된다."라고 하였다.[8]

창조적인 작가는 소망과 소망 충족을 다룬다. 이 점에서 그는 모든 다른 인간과 비슷하며 그의 공상도 비슷한 보편적인 주제들을 다룬다. "한 편의 창조적인 작품은 백일몽처럼 한때 소아기의 놀이였던 것의 연장이며 대체물이다."[9] 그러나 작가는 그의 소망을 바꾸고 위장함으로써 이기적인 (오늘날 우리가 자기애적으로 부르는) 백일몽의 특징을 완화시킨다. 이것은 농담에 적용되는 같은 기전으로 관객이 예술적인 노력을 즐길 수 있게 해 준다. 예술은 전희쾌감의 특징을 가지며 창의적인 작품을 우리가 실제로 즐기는 것은 긴장을 방출하는 데 달려 있다.

주요 예술가의 인격에 관한 Freud의 첫 번째 장편의 연구는 1910년 Leonardo da Vinci에 대해서였다. 이 책은 위대한 예술가에 대한 정신분석적 방식을 따르는 첫 번째 장편 연구이며, 처음에는 병적 전기문학(pathography, pathological biography), 나중에는 심리적 전기문학(psychological biography) 그리고 결국 간단히 역사심리학(psychohistory)이라고 불리는 문학 장르 전체를 위한 무대를 마련하였다. 서문에서 Freud는 위인을 연구하는 데 대해 사과를 하지 않을 수 없다고 생각하였다. "그것(정신분석)은 그런 저명한 모델들에게서 인식될 수 있는 모든 것을 이해하는 것이 가치가 있다고 생각하지 않을 수 없다. 그리고 정상적 활동과 병적 활동을 둘 다 똑같이 설득력 있게 지배하는 법칙의 대상이 된다고 해서 불명예가 될 만큼 고귀한 사람은 세상에 아무도 없다고 믿는다."[10]

Freud의 연구는 Leonardo 인생의 두 가지 측면, 즉 성생활과 예술 활동에서의 억제(inhibitions)를 설명하고자 하는 자신의 바람에 이끌려 이루어졌다. 그는 이 두 가지가 Leonardo의 어린 시절의 상황에 기원이 있다는 것을 밝힐 수 있었다.[11] Leonardo는 사생아로 태어났기 때문에 다섯 살까지만 어머니가 키우다가 아버지가 데려가서 다시는 어머니를 보지 못하였다. 그는 어머니에게 충실하였기 때문에 성생활을 결코 하지 않았다. 예술 작품에서 잃어버린 어머니를 추구하였으며, 그의 끊임없는 망설임은 그가 어머니를 찾으려 하지만 결코 그녀를 발견할 수 없다는 깨달음에 의해 생겨났다. Freud는 그의 병력 전기(pathography)가 Leonardo의 천재성에 대한 설명을 포함하지 않는다고 분명히 밝혔다. "예술적 재능과 능력은 승화와 밀접하게 연관되어 있기 때문에 정신분석적 방식으로도 예술적 기능의 본질에 접근할 수 없다는 것을 우리는 인정해야만 한다."[12]

이 시기의 그의 저작들에서 Freud가 씨름하였던 두 가지 문제는 예술 작품 속의 상징적인 자료들의 의미와 예술 작품의 해석이었다. 「세 개의 보석함의 테마(The Theme of the Three Caskets)」(1913)에서 그는 셰익스피어의 『베니스의 상인』의 테마로 시작한다. 베니스의 상인에서 Portia는 그녀의 구혼자들 중에서 그들 앞에 놓인 금, 은, 납 세 개의 보석함 중 옳은 것을 고르는 그 한 사람만을 그녀의 남편으로 삼겠다는 아버지의 명령을 지킬 의무가 있다. 옳은 보석함은 납으로 밝혀진다. 보석함들은 세 명의 여자들을 의미한다. 납은 벙어리 혹은 죽음을 상징하며, 완전한 변신을 하여 가장 아름답고, 최상의, 가장 매력 있고 사랑스러운 여자인 사랑의 여신이 된다.

「미켈란젤로의 모세(The Moses of Michelangelo)」(1914)에서 Freud는 처음으로 한 점의 조각품을 철저히 연구하였다. 그의 목표는 그 조각상을 창조한 Michelangelo의 의도를 설명하는 것이었다. 그는 다음과 같이 결론 내렸다. Michelangelo는 "모세의 모습에 새로운 그리고 인간 이상의 어떤 것을 덧붙였다. 그래서 엄청난 신체적인 힘을 가진 거대한 체격은 한 인간에서 가능한 가장 높은 정신적 성취의 구체적인 표현이 되며, 자신을 헌신하였던 목표를 위하여 마음속의 격정에 대항하는 성공적인 투쟁의 구체적인 표현이다".[13] Freud가 모세와 강한 개인적 동일시가 있었다는 것은 의심의 여지가 없다. 그는 모세에게 과도한 시간을 쏟았고 그의 저작 중 가장 사변적인 내용에 몰두하였다(『모세와 일신교

(Moses and Monotheism)』, 1938).

Freud는 그의 저술들에서 예술가들과 예술적 창작품들에 관해 많은 다른 논평을 하였지만 예술에 대한 어떤 체계적인 이론도 결코 정밀하게 마무르지 않았다. Spector의 다음 말은 전적으로 타당하다. 즉, Freud가 그의 많은 통찰에도 불구하고 예술에 관한 논의에 자신의 문제들을 어느 정도 개입시켰던 것 같다.[14] 예를 들면, 현대 추상 예술을 이해할 수 없어서 그것에 대해서는 어떠한 언급도 피하였다. 마찬가지로, Freud는 음악에 관심이 없어서 음악을 무시하였다.

예술에 대한 정신분석적인 접근의 최초의 일관성 있는 설명이 Hanns Sachs와 Otto Rank의 저작물에서 나왔다. 그들은 1911년 Freud가 창설한 새로운 정기 간행물『이마고(Imago)』의 편집 주간이 되었으며, 그 간행물은 오늘날에도 여전히『미국 이마고(The American Imago)』로 이어지고 있다. 1913년에 Rank와 Sachs는『사회과학에 대한 정신분석의 중요성(The Significance of Psychoanalysis for the Social Sciences [Geisteswissenschaften])』이라는 논문 단행본을 출판하였다. 여러 다른 논문과 책은 그들을 예술과 응용 정신분석으로 알려지게 된 분야에서 두 명의 지도적인 정신분석 권위자로 자리 잡게 하였다.『창조적인 무의식(The Creative Unconscious)』(1942)에서 Sachs는 그 주제에 대해 자신의 가장 중요한 글들을 모아 놓았다. Rank는『예술과 예술가(Art and the Artist)』(1932)에서 그의 견해를 요약하였다. 이 두 책은 예술에 대한 초기 Freud의 접근을 요약하였고, 각 저자는 일부 자신의 생각들을 추가하였다.

Sachs는 예술가가 보통 사람보다 자신의 이드에 더 가깝다고 하였다. 항상 새로운 영감에 조율되어 예술가는 더 자기애적으로 된다. 본래 그것은 건강한 자기애의 한 형태이나 왜곡될 수도 있다. 그러나 자기애는 그의 작품에 전이되고, 그는 그것을 자신에게 초점을 맞추기보다는 관객과 공유한다. 일단 자기애가 작품으로 전이되면 다음의 많은 가능성이 생긴다.

1. 다방면으로 충동이 수용될 수 있다. 이것은 르네상스인의 이미지이다—르네상스인은 인생을 완전히 즐길 수 있는 원기왕성한 개인을 가리킨다. Rank는 순응하는 평균적인 사람과 의지가 손상된 신경증적인 사람과는 대조적으로 이런 종류의 사람을 정상으로 보았다.
2. 예술가는 자신의 자기애에 갇혀 있을 수 있으며, 그는 현실의 작은 부분과만 밀접한 접촉을 가진다. 그러나 그 범위 밖에서는 보통의 억제된 사람과 다르지 않다.
3. 자기애적 충족의 기회이기 때문에 많은 사람은 자기애 방출의 통로로서 예술에 끌린

다. 그들은 예술에 재능이 아주 적거나 전혀 없든지 혹은 예술에 흥미가 아주 적거나 전혀 없을지도 모른다. 그들은 자신들의 예술에 꼭 필요하기 때문에 보헤미안이 된다기보다는 보헤미안이 되기 위해 예술가 역할을 한다.

4. 흔히 이 과정은 실패한다. 왜냐하면 예술가는 위험한 내용을 다루고 있기 때문이다. 충동이 너무 강하게 나오면서, 예술가는 자신의 작업을 하는 것보다 충동들을 충족시키는 것에 더욱 관심을 갖게 된다. 제동이 없는 충동의 충족은 정신병, 자살, 자기 파괴적인 행동의 모든 위험성을 동반한다. 이것이 병리가 예술가들에서 아주 흔한 이유 중의 하나다—그들은 너무 불 가까이에서 놀고 있다.
5. 그리고 다시 자기애가 너무 심해져서 그것이 예술의 자리를 차지할 수도 있다. 그런 경우 예술가는 더 이상 예술적 산물이라는 완충물을 갖지 못한다—그는 자신을 내보이는데 직접적으로 관심을 갖게 된다. 자기애의 그런 증가는 마찬가지로 다소간의 병리로 이끈다.
6. 자기애적 방출은 일시적으로 무서울 정도가 되고, 그러면서 예술적 생산성이 정지된다. 이것이 **창조성 차단**(Creative block)을 야기하며 예술가들에게 가장 흔히 보이는 증상이다. 다른 어떤 증상보다도 이로 인해 예술가들은 더욱 흔히 분석을 받으러 오며, 그 상황의 분석으로 쉽게 파악된다.
7. 자기애적 몰두로 너무 피로해져서 예술가는 보통의 삶으로 돌아오기 위해 예술을 그만둔다. 이것은 창조성 차단이라기보다는 창조성 피로이다. 때때로 후퇴가 영구적이지만 일시적인 경우가 더 잦다. 예술가의 '외로움'을 설명할 수 있는 것이 이러한 자기애적 몰두이다(Niederland, 1976).

자아의 역할

제1차 세계대전 무렵 신경증 환자들에게서 발견되는 본능적 충동들이 모든 사람에게 보편적으로 존재한다는 것이 잘 확립되었다. 예술가는 금지된 충동을 사회적으로 용인된 방식으로 표현하는 수단들을 발견하였을 뿐이다. 그러므로 예술가는 이전에 가정되어 왔던 것처럼 미친 사람도 아니었고 천재도 아니었다. 그렇다면 그는 어떤 사람인가? 혹은 더 전문적인 정신분석 용어로 말하자면, 그의 이드는 다른 사람의 것과 똑같지만 그의 자아는 어떠한 것인가? 1920년대 이후로, 특히 1923년에 Freud가 자아심리학 이론을 만들어 낸 이후 정신분석 연구가 스스로 지향하기 시작하였던 곳은 이 의문점이었다.

Freud 자신은 예술가의 심리에 대해 계속 양가적이었다. 그는 한편으로는 건강한 사람들은 공상을 하지 않는다고 주장하여 예술가 자체를 신경증 환자로 만들었다. 다른 한편으로 그는 정신분석은 천재를 설명할 수 없다고 주장하였다. 따라서 그는 '예술가는 미친 사람인가 아니면 천재인가'라는 오랜 딜레마에 빠진 상태로 남아 있었다. 자신의 입장에 관한 Freud의 심사숙고한 요약을 그가 쓴 『정신분석입문(Introductory Lectures)』(1916~1917)에서 찾을 수 있는데, 거기서 그는 다음과 같이 썼다.

> 공상으로부터 현실로 되돌아오는 길이 있다—그 길이 예술의 길이다. 예술가는 기본적으로 내성적인 사람이고 신경증이 많이 제거되지 않았다. 그는 지나치게 강력한 본능적인 욕구로 압박받는다. 그는 명예, 권력, 부, 명성, 여자의 사랑을 쟁취하기를 갈망한다. 그러나 이러한 만족을 얻을 수단들을 갖고 있지 않다. 그 결과 만족하지 못한 여느 사람들처럼 현실을 외면하고 그의 모든 관심과 또한 리비도를 자신의 공상의 삶에서 갈망하는 구조물들로 전이를 하는데, 그리하여 그 길은 신경증으로 이어질 것이다…….
>
> 예술가가 아닌 사람들에게는 공상의 원천들로부터 유래된 쾌락을 얻는 것은 매우 제한되어 있다……. 진정한 예술가인 사람은 자기 마음대로 할 수 있는 것들이 더 있다. 첫째로 그는 백일몽에서 너무 개인적인 것은 버리고 낯선 것은 쫓아 버려서 다른 사람들이 그것들을 같이 즐길 수 있게 하는 식으로 자신의 백일몽을 어떻게 작업해야 하는지를 이해한다. 또한 그는 금지된 원천이라는 출처가 쉽게 누설되지 않도록 하기 위하여 어떻게 백일몽을 부드럽게 누그러뜨려야 하는지를 이해한다. 더욱이 그는 어떤 특정한 자료를 자신의 환상에 충실한 이미지가 될 때까지 구체화하는 신비한 힘을 가지고 있다. 그리고 예술가는 게다가 자신의 무의식적 환상의 이런 표상에 많은 쾌락의 산출을 어떻게 연계시키는지를 알고 있으므로, 적어도 당분간은 쾌락의 산출에 의해 억압들은 압박되고 풀어진다. 만약 그가 이 모든 것을 성취할 수 있다면, 그는 다른 사람들로 하여금 도달할 수 없게 된 자신들의 무의식에 있는 쾌락의 원천으로부터 다시 한번 더 위안과 고통의 경감을 끌어낼 수 있게 만든다. 그는 그들의 감사와 찬양을 얻고 이렇게 하여 원래는 오직 자신의 공상에서만 이루었던 것—명예, 권력, 여자의 사랑—을 공상을 통하여 이룬다.

Paul Federn: 건강한 자기애 대 병적인 자기애

예술가의 자아에 대한 첫 번째의 정신분석적 접근은 자기애에 관한 것이었다. 정신병으로 되는 자기애적인 퇴행과 훌륭한 예술 작품을 만들어 내는 자기애적 능력 사이의 차이를 무엇으로 설명할 수 있는가? 이 문제에 대해 Paul Federn은 1929년에 건강한 자기애와 병적인 자기애에 관한 그의 논문들 중 첫 번째 논문으로 의미 있는 기여를 하였다. 이 논문의 중요성은 자아에 대한 Federn의 기이한 이론과 연관되어서 잘 알려져 있지 않았다(나중에 토론됨). 이 논문은 실제로 그의 초심리학적 주장과 관계없이 읽혀져야 한다. 그 자신이 말한 그의 주된 결론들은 다음과 같다.[15]

1. 건강한 자기애는 대상 추구(strivings)에 역리비도 부착으로 이용되는데, 대상 추구를 지원(예를 들면, 희망, 야망)하기 위해서이지 그것들의 대체물로서가 아니다. 자기애가 대체물로서 더 기능하면 할수록 그것은 더 병적이 된다.[16]
2. 정상적인 자기애에서는 자아경계가 강하고, 자아는 적당한 자기애적 역리비도 부착으로 인해 충분히 안정적이다.
3. 정동은 강렬함이 없긴 하지만(즉, 자기애가 새롭게 투자되지 않고), 감정의 표출 없이 해소된다.
4. 자기애적 리비도 부착으로 생기는 전희쾌감 충족의 수준은 아주 높지는 않다. 반면, 영속적인 자아의 느낌에 내재하는 그런 전희쾌감의 수준은 일반적으로 가능한 범위에서는 최고로 높다.
5. 의식적 · 무의식적 자기애적 환상들의 충족은 실제 대상 리비도의 방출에 달려 있다. 역조건도 없지는 않지만 말이다. 병적인 자기애에서는 후자가 더 우세하다(즉, 대상 리비도는 자기애적 환상에 의해 결정된다).
6. 의식적 · 무의식적 환상들의 내용이 현실에 더 일치할수록 덜 유아적이며 보다 적은 변태적인 유아 성욕적 요소들이 부착된다.
7. 6번은 그 환상들에서 마법적으로 설정된 약속이, 거기에 기여한 자기애적 태도가 정상에서 벗어나 있는 정도 만큼 더욱 과대적이고 보다 불가능해진다는 사실에 의해 더 분명해진다.

Federn의 견해는 많은 다른 정신분석가 저자가 인계받아 대개 다른 말로 표현하였다. 핵심적인 생각은 같지만 보다 분명한 설명이 「이기주의와 자기-사랑(Selfishness and Self-Love)」(1939)이라는 Erich Fromm의 논문에서 발견된다. Fromm은 이런 식으로 표현하고 있다. 다른 사람을 사랑하는 것과 자기 자신을 사랑하는 것은 대안적인 것이 아니다. 반대로, 자기 자신을 사랑하는 자세가 남을 사랑할 수 있는 모든 사람에게서 발견될 것이다. 사랑은 대상과 자기 자신 사이의 연결이라고 보는 한 원칙적으로 나눌 수 없다. 진정한 사랑은 생산적인 것의 표현이며 돌봄, 존중, 책임, 이해를 함축한다. 그것은 누군가로부터 영향을 받는다는 의미에서의 '정동'이 아니라 사랑할 수 있는 자신의 능력에 기초를 두고 있는, 사랑하는 사람의 성장과 행복을 위한 적극적인 노력이다.

Rank: 우월자로서의 창조적인 개인

또 다른 중요한 공헌을 한 사람은 Otto Rank였는데, 그는 인간 인격 내의 창조적인 요소를 Freud가 생각하는 경향처럼 신경증의 승화로 보기보다는 우월한 어떤 것으로 강조하였다. Rank는 그의 견해를 많은 저작물로 출판하였다. 그는 이 문제를 충동-공포-의지(impulse-fear-will)의 삼자 관계의 면에서, 특히 의지의 면에서 접근을 하였다. 정상적인 (다시 말해서, 문화적으로 평균적인) 개인은 다수에 순응하고자 자신의 의지를 굽히는 사람이다. 신경증 환자는 '운명의 수레바퀴에서 고장 난' 사람으로, 신경증적인 억제들 때문에 활동을 포기한다. 오로지 창조적인 개인만이 자신의 의지를 독립적으로 주장할 수 있고 관습적 규범을 뛰어넘을 수 있다.

Rank는 예술가 자체를 예찬하지 않았고 그보다는 오히려 창조적인 개인을 예찬하였는데, 그 창조적 개인의 표현들은 그가 사는 문화적인 조건에 따라 다양하다. 그는 자신의 목표는 인간의 창조적인 충동을 광범위하게, 그리고 발생론적으로(genetically) 밝히고 나서, 그 창조적 충동들이 특별히 예술적으로 나타난 것들에 대해 그 문화적 전개와 영적 의미를 통하여 이해하는 것이라고 말하였다. 따라서 모든 인간 문화의 표현-형태들이 아무리 다양하다고 해도, 처음에는 그 기원이 되는 창조적 충동과의 관계에서 고찰하고 그 후 그것들의 상호작용에 관하여 고찰하는 것이 필요하다. 사실 Rank는 창조적인 예술가는 여전히 계속해서 예술에서 도피처를 구하고 있는 것이며, 그것을 포기하고 현실의 삶으로 돌아오는 게 좋을 것이라고 주장하였다. 일단 그렇게 한다면, 그는 정신분석이 창조하려고 추구하고 있는 그 새로운 인간이 되는 것이다.

Ella Sharpe: 예술과 과학의 유사성들

창조성에 대한 수많은 토론은 곧 '예술가와 과학자 사이의 차이는 뭘까?'라는 의문에 이른다. 분명히 위대한 천재성과 뛰어난 창조성은 양쪽 모두에서 발견될 수 있다. 영국의 분석가인 Ella Sharpe는 널리 인정되는 해답을 제시하였다. 그녀는 유사한 기전이 양쪽 모두에 작용하지만, 어느 쪽도 성기기적 성숙(genital primacy)을 성취하지는 못하였다고 주장하였다. 그녀는 양쪽 모두에서 내사(introjection)와 투사의 역할을 강조하였으며, 지금까지 있어 왔던 것보다 훨씬 더 일관되게 창조적인 성취와 공격성의 숙달을 연결시켰다.

예술가는 조화와 디자인이라는 특성을 드러내는 예술 작품을 생산함으로써, 육체적 및 정신적 생명을 의미하는 좋은 경험과 자기 자신을 동일시하고 있다고 그녀는 주장하였다. 그렇게 함으로써 그는 자신의 공격적 충동들의 리듬을 회복한다.

반면, 과학자는 자신의 외부 환경에서 일어나는 사건들의 관찰에 힘입어 육체적 경험, 쾌감과 고통의 경험에 근거한 사실들(facts)을 발견한다. 알려는 욕구, 연구하려는 욕구는 공격적인 환상에 의해 강화된다. 투사가 더 대량으로 이루어지는데, 이는 엄마를 다치게 했다는 책임에 대한 공포 때문이다. 현실에 대한 지식은 환상에 대비한 방어벽이지만, 현실과 모순이 되는 사실, 즉 원인과 법칙을 찾으려는 실제적인 힘은 공격성 그 자체가 아니라 정신적 · 육체적 현실에 대한 근본적인 경험, 소위 리듬의 질서(rhythmic order)에 근거한다. 공격성에 대한, 그리고 환상에서의 이 승리는 좋은 이미지를 보존한다.

Melanie Klein: 손상받은 엄마에 대한 보상으로서의 예술

1925년 Melanie Klein은 예술적 표현에 대한 많은 선구자적인 연구 중 첫 번째의 연구를 출판하였다. 여기서 그녀는 창조성이 어린아이가 엄마에게 심리적으로 가하였던 손상을 보상해 주려는 욕구에서 유래한다는 것을 보여 주려고 하였다. Klein에게는 손상과 보상의 주제가 예술적 창조의 뿌리인 것이다. 그래서 그녀는 또한 소아 분석에서 파괴적인 소망의 표상이 반작용 경향의 표현으로 이어질 때, 그림을 그리고 색칠하는 것이 사람들을 되찾는 수단으로 이용된다는 것을 보여 주었으며, 우리는 이를 빈번하게 접하게 된다. 보상과 죄책감에 관한 불안은 성취에 대한 주요 동기 중의 하나이다. Hanna Segal(M. Klein, 1953)은 그것을 다음과 같이 표현한다.

> 유아의 자아가 사랑하는 대상 전체를 함유하였던 좋은 상황에 대한 기억과 자신의 공격으로 그것을 잃어버렸다는 인식은 상실과 죄책감의 강렬한 느낌을 불러일으키며, 자아의 내부와 외부에서, 잃어버린 사랑하는 대상을 되찾고 재창조하려는 소망을 불러일으킨다. 되찾고 재창조하려는 이 소망은 이후 승화와 창조성의 토대가 된다.[17]

Rickman(1940)은 '추한 것(ugly)'을 파괴된, 불완전한 대상과 동등시하였다. 아름다움은 하나의 평온한 완전체에서 흔들리지 않는 하나의 리듬이며, 우리의 내적 세계가 평화로운 상태에 해당하는 것 같다. 그러나 아름다움과 추함은 둘 다 완전한 심미적 경험을 위해 반드시 존재해야 한다.

예술가와 예술 작품에 관한 많은 연구가 죄책감과 보상에 대한 이론의 타당성을 보여 주었다. Levey(1938)는 그의 한 환자가 그녀의 불안에 대한 방어로 시를 어떻게 이용하였는지, 그녀의 시가 전이의 변천들을 어떻게 반영하였는지를 보여 주었다. Joan Riviere(1955)는 문학 작품의 예들에 나타나 있는 내적 세계의 무의식적 환상의 많은 예를 제공하였다. 작가가 만든 이 내적 세계를 다루는 것은 창조 과정의 핵심에 닿는 것이다. Bunker(1953)는 한 작가가 나쁜(bad) 엄마를 자신의 시의 출판을 허락하지 않을 박해하는 대상으로 만들어서 어떻게 이것을 더 밀고 나가는지를 보여 주었다. Bergler(1949)는 그런 피학적 성향이 많은 예술가의 핵심 갈등이라는 것을 보여 주었다.

Melanie Klein: 예술적 장치로서의 투사적 동일시

동일시는 예술적으로 생산하고 즐기는 데에 주된 기제 중의 하나로 항상 알려져 왔다. Freud는 1904년 이 주제에 관한 자신의 최초의 논문에서 이것에 주의를 돌렸다. 1946년 Melanie Klein은 자아의 부분들이 분열되어 외부 세계로 투사되는 편집분열적 입장(paranoid-schizoid position) 중의 작용에 대해 **투사적 동일시**라는 연합기제를 추가하였다. 예술적 생산에 대하여 그녀는 프랑스 작가 Julian Green의 소설을 분석함으로써 이 논제를 예증하였다. 이 이야기의 핵심은 다음과 같다. 남자 주인공인 Fabian이 변신할 수 있는 비법을 가르쳐 주는 악마와 계약을 함으로써 그 자신을 다른 사람들로 변하게 하는 마법의 힘을 얻는다. Fabian의 분열된 부분이 그의 대상들 속에 다양한 정도로 들어가고 원래의 Fabian과 관계된 기억과 특성을 잃어버린다.

불멸, 애도, 예술적 창조성

많은 저자가 예술가가 불멸을 추구하는 것에 대해 언급하였는데, 이는 상실한 대상에 대한 애도와 죽음의 공포로부터 온다. Pollock은 이 주제에 관하여 장기적으로 일련의 논문들을 썼다. 한 논문에서 그는 애도와 추모에서의 음악의 역할에 대해 토론하였고(1975b),

다른 논문에서는 Gustav Mahler의 음악적 창조성에 애도가 어떻게 영향을 끼쳤는지를 보여 주었다.

Shakespeare는 유명한 〈소네트 55〉에서 이 소망에 대한 아름다운 표현을 남겼다.[18]

> 군주의 대리석 기념비도 황금빛 기념비도
> 이 강력한 시보다 더 오래 가지 못하리라…….
> 그리하여, 그대 자신이 소생하는 심판 때까지
> 그대는 이 시 속에 살아 있고 연인의 눈 속에 머무리라
> (Not marble nor the gilded monuments
> Of prince shall outlive this powerful rhyme…….
> So, till the judgment that yourself arise,
> You live in this and dwell in lover's eyes.)

많은 이가 지적했듯이(Peters, 1961 참조) 예술은 상실한 대상들을 재창조하고, 결합하고, 복구하고, 간직한다. 예술가는 상실한 것에서 리비도를 떼어 낸 다음 새로 창조된 대상에 재부착할 수 있다. 아마도 예술의 궁극적인 목적은 죽음이나 죽음에 대한 공포를 극복하고, 그리하여 불멸을 얻는 것이다. 실제로 이는 상당히 의식적이고 예술가 그들 자신들 사이에서도 널리 퍼진 동기이다. 예술가들은 흔히 '위대한' '불멸의' '영원한' 예술 작품에 대해 이야기하며 그들의 작품이 잊혀질 거라는 두려움에 끊임없이 시달린다. Pollock은 새로운 창작이 나오기 전에 잃어버린 대상, 잃어버린 이상 혹은 잃어버린 창작 어느 것이든지 옛것에 대한 애도 과정이 틀림없이 있을 거라고 지적한다.

Ernst Kris: 자아를 위한 퇴행

1936년 Ernst Kris는 널리 환영을 받았던 논문을 출판하였는데, 거기서 그는 예술가와 신경증 환자와의 차이는 예술가는 자아를 위해 퇴행을 할 수 있는 반면 신경증 환자는 그렇게 할 수 없고 단지 퇴행만을 하는 것이라고 제안하였다. 나중에 이 개념은 다른 많은 이론 체계에 적용이 되었다.

그러나 Kris의 논제는 많은 신경증적 억제가 충동의 인식을 실패하는 것에서 일어난다는 사실을 무시하고 충동의 자각이 어하튼 필연적으로 '퇴행적'이라는 가정에 의존한다.

Bush(1969)는 Kris의 입장에 대해 가장 예리한 비평을 제시하였다(더 상세한 토론은 제11장 참조).

Phyllis Greenacre: 예술가의 어린 시절

Greenacre는 1957년에 출판한 예술가의 어린 시절에 관한 논문에서 다음과 같은 가설을 세웠다. 잠재된 재능을 타고난 유아는 감각 자극에 대해 보통보다 두드러지게 더 큰 민감성을 갖고 있으며, 이는 경험을 더 강하게 하고 또한 경험을 더 넓게 하는 것 모두를 의미할 것이다. 경험을 넓게 한다는 것은 초점이 가 있는 주된 대상뿐만 아니라 보다 주변적인 대상도 포함한다는 것인데, 이 주변적인 대상들은 다소 유사한 감각 반응을 일으키는 능력이 있다는 점에서 주된 대상과 어느 정도 혹은 어떤 방식으로 관련이 있다. 그녀는 이 강화된 능력을 리비도 단계 발달과 연결하려고 시도하였다. 하지만 그녀 자신은 천재성이 '신의 선물'이고, 태어날 때 이미 설정되어 있는 것으로 거의 확신하고 있다고 하였다.

그녀의 논문은 본질적으로 상당히 이론적이었으며 실제 사례 연구보다는 초심리학적 추론으로부터 나왔다. 한편으로는 많은 예술가가 아동기에 심각한 결핍을 겪은 것으로 알려져 있으나, 다른 예술가들은 그렇지 않다. 잘 확립된 듯한 한 가지 사실은[19] 만년의 두드러진 재능은 초년에 성숙한 일부 능력에 의한다는 것이다. Mozart는 거의 비할 데가 없지만, 보통의 유능한 음악가도 연주를 하거나 심지어 작곡을 하는 데 있어서 아동기 초기부터 활동적이었다. 다른 분야들도 마찬가지이다(Fine, 1967). 아마도 노력의 중요성에서 얻은 중대한 결론은 일생 동안 각고의 헌신이 없는 재능은 소용이 없다는 것이다. 조각가인 Chaim Gross는 그가 그림 그리기에 습관적으로 하루 5시간에서 10시간을 바치며, 대부분의 유능한 동료도 이와 같이 하는 것을 목격한다고 하였다(Fried et al., 1964).

심리학적 연구들(Oden, 1968)은 어떤 분야든지 성인기의 탁월한 능력은 일반적으로 아동기의 탁월한 능력이 선행한다는 것을 보여 주었다. Terman은 많은 저명한 과학자가 또한 어렸을 때 재능 있는 예술가였으나 과학에 일신을 바치기 위해 예술을 포기하였다는 것을 발견하였다. 이는 예술가들이 일반적으로 아동기에 심각하게 정신적 장애를 경험했다고, 많은 분석가가 말한 견해에 상당한 의문을 던진다. 많은 구체적 예가 발견될 수 있고 문헌에서 지적되어 왔지만, 예술가가 본질적으로 예술가가 아닌 동등한 사람들보다 더 정신적 장애가 있다고 증명된 적은 없다. 그 생각은 사실 예술가는 미친 사람이거나 천재라는 예전 개념을 정신분석에서 지속시키는 것 같아 보인다.

정신분석에 의한 창조성의 해방

임상 현장에서 창조성과 정신분석의 만남은 두 가지의 다르지만 관련된 차원에서 진행되어 왔다. 우선, 첫째로 많은 창조적인 개인이 그들의 일에서의 억제들, 즉 창조성 차단을 극복하기 위해 정신분석을 받으러 왔다. 두 번째는 지금까지 창조적이지 못한 많은 사람이 정신분석의 결과로 본래의 창조적인 능력과 새로운 창조성의 해방을 얻게 되었다.

1964년에 Fried 등은 뉴욕의 Postgraduate Center에서 치료를 받은 6명의 창조적인 사람들에 대한 치료 결과 연구를 발표하였다. 정신분석이 자신들의 창조적인 능력을 둔화시키거나 파괴시킬 것이라는 예술가들 사이에 널리 퍼져 있는 두려움은 완전히 근거가 없는 것으로 밝혀졌다. 그와는 반대로 연구자들이 발견한 것은 작품의 양과 작업 양식의 건설적이고 적절함과 관련하여 양쪽 모두에서 긍정적인 발전이 있었다는 것이다. 많은 부분에서 주목할 만한, 그리고 결정적인 향상이 일어났다.[1)]

나머지 문제, 일반적인 분석 환자에서 창조성 해방과 관련해서는 뚜렷한 자료를 얻기가 더 어렵다. 그럼에도 불구하고, 이전에 심하게 손상되거나 억제되었던 환자들이 그러한 억제들을 극복하고 많은 방향으로 발전하는 것은 모든 분석가가 경험하는 것 중의 일부이다. 때때로 그 성장이 전문적으로 창조성이라고 불리는 분야에서 있는데, 즉 예술의 분야에서의 성취이다. 그러나 더 흔히 성장은 자발성 또는 내적인 **창조성의 해방**을 수반한다(Fine, 1975b). 신경증을 상동증(stereotypy)이나 반복되는 것으로 본다면, 이런 차단들을 극복하고 다양성과 자발성을 해방시키는 것은 정도의 차이는 있어도 모든 분석치료의 목표가 된다는 것이 명확해진다. 성공하는 정도는 당연히 일정치가 않다.

내적인 창조성의 해방은, 특히 미국에서 제2차 세계대전 후 환자군의 변화라는 또 하나의 아주 중요한 현상과 관련된다. 이것은 제19장에서 더 자세하게 토의가 된다. 여기서는, 겉보기에 잘 기능하던 많은 사람이 그들의 삶이 따분하고 비창조적이고 경직되고 똑같이 반

---

1) 이동식: Clara Thompson도 예술 활동이 하나의 신경증적 방어로 인한 증상으로 나타나는 사람은 치료가 잘 되면 예술 활동을 잘 안 한다고 하였다. 예술 활동이, 말하자면 자기 증세로 하는 것은 치료가 되면 안 하게 된다. 창조적인 예술가는 치료가 성공되면 더 창조적으로 된다. 무위(無爲)가 제일 창조이다. 말하자면 창조성의 반대는 어떤 틀에 박힌 것, 관습적인(conventional) 것이다. 창조성이라는 것은 자유자재, 자연스러운 것이다. 또한 주체성(主體性)이 최고의 창조이다. 주체성이나 무위나 다 통하는 거다. 아무 걸림이 없다. 보통 사람들은 틀에 갇혀서 생각을 한다. 그러니까 남이 하는 대로 하고 창조성이 없다. 걸리는 것이 없어야 창조성이 생긴다. '뭘 어떻게 하겠다' 이러면 거기에 걸린다.

복되며 좌절감을 느낄 정도가 되었다는 것을 정신분석이라는 가르침에 의해 확신하게 되었고, (한 환자가 말했듯이) '새로운 공기'를 찾아 정신분석가에게 오게 되었다는 것을 언급하는 정도로 충분하겠다. 오래전에 제1차 세계대전 후에도 정신분석가에게 가는 환자군이 극적으로 변한 것이 주목되었다(Eitingon, 1928). 이 변화에 관한 이념적인 근거 중 일부는 개인의 창조적인 삶이 우리의 문화적 상황들에 의해 억압되는 경향이 있으며, 정신분석은 이에 대해 필수적인 교정을 제공한다는 것을 인식하는 데에 있다. 그리하여 환자군은 점차적으로 관습적인 의미의 주로 '아픈' 사람에서 분석적 의미의 '비창조적인' 사람으로 이동하였다.

투사적 기법들의 기여

1945년 이후 임상심리학자들의 표준적인 장비의 일부가 된 투사적 기법들은 창조성의 문제에 새로운 빛을 던졌다. 기본적으로 투사적 검사에는 검사 부과 조건 내에 피험자로 하여금 자신의 창조성을 풀어내도록 하는 요구가 들어 있다. 일부 검사는 통상적인 예술 형태와 직접적으로 유사해서, 예를 들어 인물화 검사(Draw-a-Person-Test)는 피험자에게 인물을 그려 보라고 요구하고, 주제통각검사(Thematic Apperception Test)는 피험자가 이야기를 만들어 보라고 요구한다. 다른 검사들은 간접적인데, 예를 들어 로르샤흐(Rorschach) 검사는 창조적 지각이 관계되고, 칸 상징 배열 검사(Kahn Test of Symbol Arrangement)는 상징의 사용과 관련 있다. 이제 전체 인구에서 예술적 잠재력이 개발되지 않은 사람이 엄청나게 많이 있다는 것을 결론적으로 보여 주는 많은 양의 자료를 구할 수 있다. 모든 인간이 어떤 창조적인 잠재력을 갖고 있다는 결론은 불가피하다. 왜 어떤 사람들은 그것을 발휘하고 다른 사람들은 그렇지 못한가(혹은 오직 위장된 형태로 발휘하나)가 사회-심리학적 분석의 주제가 될 것이다.

예술가로서의 모든 사람: 경험적 접근

예술과 창조성에 관한 연구의 이 모든 국면으로부터, 과거의 간단한 일반론을 피하는 경험적인 접근이 생겨났다. 창조적인 성취를 위해서는 이드와 자아, **창조적인 추진력**(creative thrust)과 **창조적인 숙달**(creative mastery)이 모두 필요하다(Schneider, 1950). 예술가가 반드시 미친 사람도 아니고 천재도 아니다. 예술가는 다양한 정도의 재능을 가진 사람으로, 그의 삶의 상황이 그로 하여금 동료 인간들에게 의미가 통하는 어떤 방식으로 자신의 재능을 표현할 수 있게 하였다. 오직 몇 명의 예술가만이 '마법적인 합성(Magic synthesis)'을 가까스로 창조하고(Arieti, 1976), 거의 대부분은 다양한 수준의 우수한 작품을 만드는 유능한 장인이다.

어떤 특정한 어린 시절 상황들 자체가 예술가를 만들 것으로 예상되지는 않으며, 사회적 · 경제적 · 인지-심리적 요인들이 상당 부분 역할을 한다(Egbert, 1970). 결론적으로, 지금 언급하였던 모든 요인이 일부 예술가들에게 역할을 할지 모르지만 일반화하는 것은 가능치 않다. Rothenberg는 창조성에 대한 이런 경험적 접근을 강조하였는데(Rothenberg, 1969), 이는 자아구조에 관한 우리의 지식에 잘 맞아떨어진다(Rothenberg and Hausman, 1976).

Bernard Meyer는 국제정신분석협회(International Psychoanalytical Association)가 개최한 창조성에 대한 패널 토론에서(Grinberg, 1972) 이런 현대적인 시각을 매우 잘 표현하였다.

> 개개인의 삶의 과정 중 매우 초기에 시작된…… 아주 보편적인 하나의 활동이 단 하나의 정신적 의미만 갖고 있을 것 같지는 않다. 창조적 충동을, 숨쉬기나 분만 같은, 어떤 환경하에서는 많은 심리적 의미의 전달 수단이 되고 결과적으로 기능의 폭넓은 변동으로 이어질 수도 있는 생물학적 기능에 견줄 만한 것으로 보는 것이 더 그럴듯해 보일 것이다.[20]

예술가에 대한 연구들

위대한 예술가에 관한 첫 번째 연구는 1910년 Leonardo da Vinci에 대한 Freud의 저작이었다. 그 이후로 매우 다양한 유명 화가, 작가, 조각가, 그 밖의 창조적인 개인과 관련하여, 그들의 창조적인 생산물에 대해서만이 아닌 셀 수 없이 많은 글이 출현하였다. 이런 자료로부터 더 이상의 이론적인 수확은 없지만 한 사람의 위대한 인격을 '해부한다는 것'에 내재하는 매력이 너무 커서 출판의 쇄도는 멈추지 않는다.

De Levita(Grinberg, 1972)는 예술에 관한 정신분석적 저작물을 네 개의 발달 단계로 나누었다.

1. 예술 작품이 정신기제들을 예증하기 위해 사용된다. 예를 들면, Freud의 「Gradiva」(1907)가 있는데 여기에서 그는 소설 속의 꿈이 실제 삶의 꿈과 똑같이 해석될 수 있는지의 문제를 과제로 삼았다.
2. 예술가의 전기적인 자료와 그의 작품 요소들 사이의 관련성 입증인데, 예를 들면

Leonardo에 대한 Freud의 연구가 있다. Shakespeare는 수십 편, 아마도 수백 편의 연구 주제가 되었다(Holland, 1966).

3. 그다음으로 접근한 문제는 예술적인 생산과 다른 정신적 현상 사이의 구별이다. 한 가지 예는 Selma Fraiberg의 Kafka에 대한 연구이다.
4. 마지막은 하나의 과정으로서의 예술적 활동에 대한 개요가 있다.

『미국 이마고(The American Imago)』 외에 『문학과 심리학(Literature and Psychology)』, 최근에는 『정신분석적 평론(The Psychoanalytic Review)』을 포함하여 다른 많은 저널이 예술과 창조성에 헌납되었다. 그 주제에 관한 이용 가능한 문헌 중에서 가장 기본적인 것만 요약해도 한 권을 채울 것이다. 위에 인용된 저작물과는 별개로 Phillips는 『예술과 정신분석(Art and Psychoanalysis)』(1957)에 많은 우수한 논문을 모아 놓았다. 그 주제 전체에 대한 훌륭한 이론적 토론이 J. J. Spector의 책 『프로이트의 미학(The Aesthetics of Freud)』에 있다(1972).

내사물: 생애 첫 3년

Freud가 항상 내면세계 혹은 심적 현실에 대하여 이야기를 해 왔지만, 많은 것이 생애 첫 삼 년에 일어난다는 인식이 이제 겨우 정신분석학계에서 서서히 이해되기 시작하였다. 처음으로 시험적인 발걸음을 떼어 놓은 건 Freud가 1911년 그의 논문에서 쾌락 원칙에서 현실 원칙으로의 이행을 기술하면서였다. 2년 후에 Ferenczi(1913, 1916년 논문집에서)는 이 행보를 따르면서 논문 「현실감의 발달 단계(Stages in the Development of a Sense of Reality)」에서 전능감, 환각성 소원 성취, 마법 그리고 상징을 현실을 능숙하게 다루기 위한 예비적인 것으로 기술하였다. 이것들은 모두 항문기 훨씬 이전부터 매우 어린 유아에서 작동하는 정신 과정들이었다. 이어서 Freud(1914)는 자기애에 관해 다소 당혹스러운 가설을 제시하였다. 특히 생애 시작 단계의 일차 자기애라는 개념은 미심쩍었는데, 예를 들면 수면과 자기애를 동등시함으로써(1917), Freud는 심리적 상태와 생리적 상태를 혼돈하고 있었다.

자기애에 관한 논문 이후 Freud는 초기 수년을 해명하기 위해 많은 시도를 하였다. 이 시도들은 부모에서 비롯된 내재화된 대상(혹은 초자아)의 개념으로 절정에 이르렀으며, 이 개념은 오이디푸스기의 갈등을 해결하였다.

초자아가 대여섯 살 이전에는 확고해지지 않기 때문에(Gould, 1972) 그 이전에는 무슨 일이 일어나는지에 대한 의문이 일어났다. 초자아의 전신인, 더 어린 나이에 형성되는 내사물이 존재하는가?

1920년대와 30년대에 소아 분석과 정신병 환자들의 분석적 치료의 출현으로 많은 분석가는 Freud가 그냥 간과하였던 오이디푸스 이전 시기에 많은 일이 일어났을 것이라고 의심하기 시작하였다. 대략 생애 첫 삼 년간의 이 시기에 대한 탐구는 그리하여 완전히 새로운 연구 영역을 열었다. 이 시기의 정신적 사건들은 성인과 소아 분석에서 재구성되어야 하고 직접 관찰로부터 추론되어야 하므로, 연구는 필요 불가결하지만 대단히 어려운 것으로 드러났다.

처음으로 인생의 이 시기를 자세하게 탐구한 것에 대해 Melanie Klein의 공로가 인정되어야 한다. 다수의 애매모호함을 명확하게 하려는 시도를 하지 않은 채, 1921년 이후로 그녀는 내재화된 좋은 대상(good object) 혹은 좋은 젖가슴(good breast)이라는 개념을 주장하기 시작하였다. 처음에 그녀는 이것을 약 생후 6개월에 발달하는 것으로 보았으나, 나중에는 사실상 생애 시작 단계로 당겨 놓았다. 1957년 마지막 주요 저작에서 그녀는 말하였다.

> 나는 최초의 좋은 대상, 엄마의 젖가슴이 자아의 핵심을 이루고 자아의 성장에 필수적인 역할을 한다는 가설을 반복해서 주장해 왔으며, 유아가 젖가슴과 젖가슴이 주는 모유를 구체적으로 내재화하는 것을 어떻게 느낄지를 자주 기술해 왔다. 또한 유아의 마음속에는 이미 젖가슴 및 다른 부위들과 엄마의 상(相) 간의 어떤 명확한 연결이 존재한다……. 내사되는 이 최초 대상이 자아에 비교적 안전하게 뿌리를 내린다면 만족스러운 발달의 토대가 놓이는 것이다.[21]

그러나 Melanie Klein은 죽음 본능에 관한 터무니없는 이론에 사로잡혀서, 좋은 대상이 정말로 좋은 엄마의 함입인지를 결코 분명하게 밝힌 적이 없었다. 1957년에 그녀는 이렇게 썼다.

> 삶과 죽음 본능 간의 투쟁과 그 결과로서 따르는 파괴적인 충동에 의한 자기(self)와 대상(object)의 소멸이라는 위협은 유아가 엄마와 처음 관계를 맺는 데 있어 본질적인 요인들이다. 왜냐하면 유아의 소망들이, 젖가슴 곧이어 엄마가 이런 파괴적인 충동과 박해 불안의 고통을 없애 주어야 한다고 암시하기 때문이다.[22]

1920년에서 1940년 사이에 이 초기 내사 의문에 대해 많은 토의가 있었다. 내사물은 내직 대상, 원시 내재화된 대상(혹은 대상관계), 부모상(parental imago) 등 여러 가지로 불렸다. Sullivan(1940)은 초기 경험을 모두 부모의 평가가 반영되어 파생되는 좋은-나(good-me), 나쁜-나(bad-me), 나-아닌 것(not-me) 관점에서 기술하였다. 그 후 의문은 아주 다양한 이론가에 의해 '초기 내사물이라고 말할 수 있는 것은 무엇인가? 그리고 그것은 부모로부터 유래하는 것인가 아니면 타고난 것인가?'라는 두 가지 주요한 의문에 중점을 두면서 체계적으로 토의되었다.

이 시기의 이해가 어디까지 나아갔는지를 보기 위해서는, 그 시대의 이론 상황에 관해 정확하게 묘사하는 Fuchs의 논문(1937) 「내사에 대하여(On Introjection)」를 제일 먼저 참고해야 한다. Fuchs는 다음과 같이 주요 용어들을 정의한다.[23]

일차 동일시 모든 세계가 자아의 일부로 여겨진다. Freud에 따르면, 이것은 가장 초기의 대상관계이다. 이것은 상징-형성의 전신인 원시적 투사와 내사를 기반으로 하고, 그것들 모두 자아-(초자아)형성의 근본을 이룬다. 이것은 자아가 이미 존재할 때만 일어날 수 있는 (이차) 동일시와는 달리, 항상 분명하게 유지되지는 않는다.

초기 단계는 자아와 외부 세계의 구분이 전혀 안 되고 점차 자아와 외부 세계로 분화된다고 하는 것이 더욱 정확할 것이다. 따라서 이 용어는 불필요하게 될 것이다.

이차 동일시(동일시) 자아 속으로 외부 존재의 특성을 포함시키는 것이다. 충분히 알려지지 않거나 구별되지 않는, 매우 다양한 다른 형태의 동일시가 있다.

내사 마음속으로의 본능적인 함입이다. (Ferenczi의) 원래 개념에 따라 이 용어는 마음속으로의 어떤 함유에 대해서도 여전히 자주 모호하게 쓰인다. 그러나 갈수록 더 내사는 (어쨌든) 계통 발생적으로 말해서, 실제로 다 먹어 치우는 그런 섭취의 본능적인 속성을 지칭하기 위해 사용된다.

자타 혼동[24, 2)] 타인의 감정, 경험, 행동의 일부분을 채택하는 것이다.

---

2) 역주: 주24는 이 용어(appersonization)가 정신분석 문헌에서 사라졌다는 내용. 'appersonation', 'appersonification'과 같은 의미로 쓰이는 것 같다. Campbell Psychiatric Dictionary, 7th Ed.(1996)에는 표제어가 'appersonification, appersonation'으로 동시에 제시되어 있으며,『대한신경정신의학회 신경정신과 용어집』(1997)에 'appersonification'이 '자타혼동 (自他混同)'으로 번역되어 있다.

투사 자신의 무의식적인 성향이, 흔히 특히 정반대로 변형된 후에 타인에게 속하는 것으로 돌려진다. 다시 투사에는 매우 다양한 형태가 있다는 것이 고려되어야 한다.

사출 내사에 대응하는 것으로, 예를 들면 정신적 차원에서의 항문 또는 구강 배출처럼 외부 세계로 옮기는 본능적인 행동이다.

내적 혹은 표상적 세계

Sandler와 Rosenblatt(1962)는 Melanie Klein보다 더욱 세련되게 정리하였는데, 그들은 자신들의 자료를 표상적 세계(representational world)로 개념화하려고 하였다. 그들은 이것을 정신분석에서 핵심적인 것 중의 하나인 소아의 주관적인 세계로 간주하였다. 소아의 주관적인 세계는 생물학적 및 심리적 적응 과정의 결과로서, 발달 과정 중에 오직 점차적으로 분화되는 세계이다. 그것은 Freud의 「내면세계(internal world)」(1938)와 Hartmann의 「내적 세계(inner world)」(1939)를 포함하며, 신체 스키마 혹은 이미지에 대한 Head(1926)와 Schilder(1935)의 연구뿐만 아니라 Piaget(1973)과 Werner(1940)가 기술한 소아의 세계에 대한 개념과도 관계가 있다.

Melanie Klein에 대한 비판

1970년대에 와서 Melanie Klein의 견해는, 유아의 초기 정신세계에 대한 그녀의 묘사가 너무 '공상적'이라는 이유로, 단지 한정된 추종자들만 찾을 수 있었으며 미국에서는 거의 찾을 수 없었다. 예를 들면, Kernberg(1969)는 Klein 학파의 입장에 대해 자아심리학적 비판을 다음과 같이 열거하였다. 죽음 본능과 성 지식을 갖고 태어난다는 이론은 부정확하다, 구조적 고려 사항들을 무시한다, 용어들이 모호하다, 원초적 갈등들과 기전들에 지나치게 집중한다, 초기의 심층 해석을 위하여 성격 분석을 무시한다, 무의식적 환상들의 내용을 위하여 방어 기전들을 무시한다.

Margaret Mahler: 대상 항상성과 분리-개별화

Melanie Klein의 연대표에 실망하여, 1950년대 이후 분석가들과 다른 소아과학 연구자들은 그들의 관심을 소아의 대상 항상성 획득에 관한, 즉 엄마가 내사되고 좋은 내적 대상(경우에 따라서는 혹은 나쁜 내적 대상)이 되는 시기에 대한 실제 조사 연구로 전환하였다. Mahler의 초기 저작에서 그녀는 소아가 대상 항상성을 획득하는 대략의 시기를 3세로 보았다. 그러나 후기 저작(1975)에서 그녀는 이 나이를 '이상적인 사례'에서만 타당한 것으로 말하였다.[25] 대상 항상성의 완전한 성취에는 수년의 기간이 걸리며, 광범위한 개인차가 예상된다는 것은 물론 사실이다.

내사의 원천으로서의 실제 엄마

Spitz, Ribble, Sullivan, Bowlby, Winnicott, 그 밖의 많은 연구자(제6장 참조)의 연구를 통해 실제 엄마가 안전감 및 좋은 대상의 내재화의 원천이라고 확립된 것은 1940년부터 1960년까지 20년의 작업이었다고 할 수 있다. 세계보건기구(WHO)가 Bowlby에게 좋은 엄마의 특성을 기술해 달라고 의뢰하였을 때쯤에는 그 근거는 반박의 여지가 없을 것 같아 보였다. 그럼에도 불구하고 '어린아이의 타고난 악함'에 대해 강조를 하는 오래된 잔재는 여전히 계속되었고 오늘날도 지속된다.[26]

자기-상과 자기-대상 분화

1950년대에 이르러 내적 대상이 확립되면 자기-상도 확립되고 그래서 적절한 자기-타인 혹은 자기-대상 분화가 가능하게 된다는 것이 분명해졌다.

1960년대 초쯤에 자기-표상과 대상-표상이라는 개념들, 그것들의 발달과 분화가 여러 차례 검토되었고 현장에서는 통합적인 연구의 기회가 무르익었다. Sullivan 자신은 많은 본질적인 생각을 갖고 있었지만 그것들을 더 이상 발전시키지 않았고, 그의 직속 추종자들도 그렇게 하지 않았다. Jacobson(1964)은 유아의 에너지 및 구조의 분화 과정에 다음과 같은 단계들이 있다고 기술하였다.[27]

1. 구조화되지 않은 '최초의' 정신생리학적 자기(self) 안에 미분화된 욕동 에너지가 분산

되어 흩어져 있는 최초(배아) 상태

2. 출생과 함께 지각과 기억 체계, 운동 기관 그리고 전성기기적 성적 쾌감 부위들에 대한 리비도 부착의 증가

3a. 구조적 분화 및 자아형성이 시작하는 단계

3b. 아동이 걷기와 말하기를 배우고 소변과 장 조절 능력을 획득할 때, 더욱 조직화된 단계가 시작된다. 대상-인식 및 자기-인식이 증가하고, 지각과 기억 흔적들의 조직화가 확장된다.

4. 유아 성욕(sexuality)이 절정에 이르고, 성적 및 공격적 욕동의 융합과 중화가 시작된다.

5. 욕동의 중화가 초자아 형성에 의해 크게 강화되고, 잠복기가 시작된다.

Schmale(1972)은 다음과 같이 말하였다. 욕구와 충족 양쪽 모두를 대상표상의 일부분으로 받아들이는 결과로, 충족과 불충족 둘 다 대상으로부터 나올 수 있다는 인식이 점차적으로 존재하게 된다. 이는 대개 양가적으로 유지되는 대상 혹은 대상관계라고 일컫는 것이 시작되는 것이다. 이 단계는 자기(self)로부터 나오는 것으로, 욕구들을 일부 받아들이고 그 욕구들의 충족이 질적으로 때때로 끊기며 양적으로 다양함을 수용하는 것이 수반된다.

관계 활동으로부터의 좌절과 충족 둘 다 수용함에 따라 대상-충족과 자기-충족의 사이를 좀 더 현실적으로 구별하는 생물학적 능력이 더 생기게 된다. 이는 결국 심적 장치에서 정신-욕구-충족(psychic-need-gratification)이 대상표상과 자기표상으로 더 분화되는 것으로 이어진다. 엄마-대상(mother-object)이 아동의 양가감정을 다루는 능력은 이런 분화가 얼마나 빨리 어느 정도까지 일어날지에 크게 영향을 줄 것이다. 이런 자기-분화 시기는 대체로 약 16개월부터 36개월까지 이어지며 리비도 발달 단계의 항문기를 포함한다.

Schafer(1968)는 대상(object)의 '불멸성'을 명확히 하였다. 그가 이 정신적 불멸성의 근거로 인용한 것은 일차 과정 사고의 속성, 자기표상과 관련된 대상표상의 발달사, 동일시에 의해 야기될 수 있는 인격의 변화 등이다. Schafer는 더 나아가 불멸의 정신적 대상에 대한 (서로 배타적이지 않은) 세 가지의 가능한 운명을 구분하였는데, 내사물이나 다른 일차-과정의 존재로 자리잡거나, 어느 정도 비인격화된 전체 인격의 조정의 성격을 띠는 동일시로 변형되거나, 혹은 주관적인 자기에 대해 외부적인 존재로서의 특성을 갖는 대상으로 보존되는 것이 그것이다.

비록 정확한 정의는 파악하기 어려운 것으로 또 다시 드러났지만(Koff, 1961; Meissner, 1974), 이런 초기 동일시 혹은 내사물, 자기-대상 분화, 초기 대인관계들(대상관계들)에 관

심을 가진 문헌들은 점점 더 많아졌다. Volkan(1976)은 그가 원시적인 내재화된 대상관계라고 불렀던 것에 관한 문헌들을 조사하였고, 그런 관계들이 조현병적, 경계선적, 자기애적 인격에서 특히 중요하다고 보았다. 그는 내재화된 대상관계들이 다음과 같을 때 원시적이라고 간주하였다. 대상 및 자기-표상들과 관련한 리비도 부착 과정들이 내사적-투사적 관계에서 나타날 때, 억압보다는 부정(denial)에 의해 뒷받침되는 초기 발달 단계의 분열이 우세한 방어기제일 때(한편, 초기 발달 단계의 분열이 있다는 것은 양가감정에 대한 내성을 이루지 못했음을 가리키는 것이다), 그리고 현실 검증력이 적절하지 않을 때 등이다.

Kohut(1977)은 자기애적 인격장애라는 비교적 새로운 범주를 강조하면서 다소 다른 방향으로 나아갔다. 그에게는 두 가지의 분리된 발달 체계가 있는데, 하나는 자기애 쪽 그리고 다른 하나는 대상관계 쪽이다. 이 지점에서 그의 입장은 선천적인 내향성-외향성에 관한 Jung의 이론과 어떤 유사성을 보여 주며, 다른 동시대 분석가들의 입장과는 다른 것이다. Kohut은 과대 자기-상(grandiose self-image)이 정상적으로 나타나는 아동기의 한 시기를 상정한다. 그는 자기(self)와 관련된 장애들을 다섯 범주로 분류하였다(1977). 정신병, 경계선적 상태, 분열성 및 편집성 인격장애(그는 이 세 가지 장애는 원칙적으로 분석이 불가능하다고 주장한다), 자기애적 인격장애, 자기애적 행동장애 등이 그것이다. 그러나 Kohut은 자기-대상 분화가 언제 일어나는지 혹은 어떻게 일어나는지에 대해 보다 정확한 설명을 하려고 하지는 않는다.

Kernberg(1976)가 가장 체계적인데, 그는 다음의 일반 이론을 개설(概說)한다. ① 내재화된 대상관계들의 기본 '단위들'[자기-상, 대상-상, 정동 기질(affect disposition)]의 기원, ② 그것들의 분화와 통합의 네 가지 기본적 발달 단계들, ③ 이런 발달상의 실패와 다양한 유형의 정신병리 형성 사이의 관계, ④ 이 일련의 단계들이 심적 장치의 일반적 구조 발달에 가지는 함의.

그가 열거하는 다섯 단계는 다음과 같다. ① 정상적 '자폐적 상태' 혹은 최초의 미분화된 단계: 생후 1개월, ② 정상적 '공생기' 혹은 최초의 미분화된 자기-대상 표상 단계: 생후 2개월부터 6개월 혹은 8개월, ③ 대상-표상으로부터 자기-표상의 분화: 6개월 혹은 8개월부터 18개월 내지 36개월 사이에 완성, ④ 자기-표상들과 대상-표상들의 통합 그리고 대상-관계들에서 유래된 고차원적인 단계의 정신 내적 구조의 발달: 생후 3년 후반부터 오이디푸스기를 거쳐, ⑤ 초자아와 사아의 통합을 단단히 다지기: 모든 단계의 초자아가 통합이 완성되면서 시작. "통합된 자기, 내재화된 대상-표상들이 통합된 안정적인 세계, 그리고 현실적인 자기-인식은 서로를 강화한다."[28]

같은 책에서(1976) Kernberg는 또한 위의 발달 단계에 근거하여 정신병리의 체계화를 제시한다. 그는 세 개의 대략적인 단계들을 구분한다. 가장 낮은 단계에서는 분열이 방어기제로 우세하고, 중간 단계에서는 억압이 우세하며, 가장 높은 단계는 위에서 기술한 이상적인 인간이다. 낮은 단계들은 주로 내재화된 대상관계의 장애 유형에 의해 규정된다.

요약과 비평

생애 첫 삼 년의 내면세계에 대한 탐구는, 특히 직접적인 유아 관찰과 공조하여, 초기 정신적 삶에 대한 엄청난 통찰들을 이끌어 내었다. 욕동을 강조하는 대신에 중점은 대상관계 혹은 대인관계로 이동하였고, 병리를 욕동의 관점에서보다는 이런 관점으로 주로 보게 되었다. 이는 이론과 실제 모두에서 중요한 진전을 이룬 것이다. 그러나 비록 초기 환경에 아주 많은 중요성을 부여하였지만, 이 단락에서 인용된 대부분의 저자는 환경에 의한 특성을 간과하는 경향이 있다. 예를 들면, Melanie Klein의 이론에 대한 Kernberg의 혹평(1969)은 그 자신의 현재 이론에도 동등하게 적용될 수 있다. 반면에 가족치료 이론가, 사회학자 등 환경을 다루는 이들은 일반적으로 내적 요인들을 무시하는 경향이 있다. 그래서 하나의 간극이 생겨났지만, 머지않아 그 간극은 틀림없이 메워질 것이다.

언어와 의사소통

다음은 영국의 시인 Francis Thompson이 쓴 시 〈천국의 사냥개(The Hound of Heaven)〉의 일부이다.

> 우리는 어떻게 배운지도 모르는 말을 지껄인다.
> 그리고 우리에게서 흘러나오는 것은 무엇일까.
> 듣는 이는 말하는 이보다 더 잘 알게 된다.
> (We speak a language taught we know not how
> And what it is that from us flows
> The listener better than the utterer knows)

이 글은 언어와 의사소통에 대한 정신분석 이론 교재로 거뜬히 사용될 수 있을 것이다. 앞서서 지적한 바와 같이 Freud는 이 주제에 관한 많은 논평을 하였지만 언어의 문제에 대해 체계적인 관심을 기울이지는 않았다. 따라서 언어의 문제에 대한 체계적인 관심은 그의 사후에 더 집중적으로 추구되었다.

일단 꿈의 중요성이 인식되자, 사람들이 꿈을 서로 의사소통하지 않기 때문에 그들 사이에서 일어나는 대단히 중요한 많은 것이 언어화되지 않은 채로 남아 있다는 것이 즉각 명확해졌다. 정신분석을 받는 환자 집단이 보다 정상적인 집단으로 이동하기 시작함에 따라 (제19장 참조) 이론가들은 심지어 가장 정상적인 사람도 의사소통의 다양한 문제들로 고통받는다는 것을 점점 더 깨닫게 되었다.[29]

증상 (고전적) 신경증

Freud는 이미 신경증의 고전적인 증상들이 무의식적 의사소통 방식이라는 것을 발견한 바 있다. 히스테리에서 환자는 증상 언어로써 말을 하는데, 그것은 듣는 사람이 그 증상의 의미를 이해하지 못한다는 사실 덕분에 가능하다. 그래서 예를 들면, 빅토리아 시대의 여성이 응접실에서 기절을 하고 바로 후자극제(smelling salts)를 맡게 하는 전형적인 모습은 오늘날 사라져 버렸는데, 왜냐하면 모든 사람이 그런 여성은 단지 관심을 끌려고 그럴 뿐이라는 것을 알고 급히 정신과 의사를 부르러 달려 나갈 것이기 때문이다. 오늘날 여성의 히스테리성 후궁반장(後弓反張, arc-de-cercle position)은 전혀 발견되지 않는데, 왜냐하면 그것은 명백한 성적 표현이기 때문이다. 강박신경증에서 생각과 감정은 서로 격리되어 있으며, 의사소통되는 것이 무엇인지를 알기 위해서는 그것들을 구분해서 이해하여야 한다. 오늘날은 보통 혼성(mixed) 신경증(혹은 '성격' 신경증)이 임상 실제에서 일반적이라고 여겨진다. 이런 경우에는 의사소통에 대한 연구가 전체 자아구조 연구의 일부가 된다.

Rose Spiegel(1959)은 조작적(manipulative) 의사소통에 관해 '심하게 파괴적인, 권위주의적인, 분리성의, 가짜 의사소통의, 의사불통의'라는 5단계 분류를 제안하였다. 이는 모든 종류의 자료를 이해하는 데에 유용할 수 있다.

정보, 체계 이론, 의사소통

정보 처리 및 시스템 구조에 관한 수학적 이론들의 발달에 힘입어, 많은 심리학자가 의

사소통의 전체 과정에 대해 더욱 집중적인 연구에 착수하였다. 이 주제에 대한 공헌들 중에 Jurgen Ruesch가 쓴 세 권의 책, 『의사소통: 정신의학의 사회적 기반(Communication: The Social Matrix of Psychiatry)』(Gregory Bateson et al., 1951), 『의사소통장애(Disturbed Communication)』(1957), 『치료적 의사소통(Therapeutic Communication)』(1961)이 가장 중요하다.

그의 논문 「가치관, 의사소통, 문화(Values, Communication and Culture)」(Ruesch and Bateson, 1951)에서 Ruesch는 이론의 기본 개념 체계를 확립하였다. 이 체계는 다음을 포함한다. 세계에 대한 묘사, 사회적 상황, 대인 간 의사소통, 개인 내부의 의사소통, 집단 의사소통, 의사소통 기관, 의사소통의 한계, 의사소통의 기능, 의사소통의 효과, 간섭과 의사소통, 적응, 의사소통장애, 정신의학적 치료(환자의 의사소통 체계의 향상을 목표로 하는), 정신치료의 본질, 정신과 의사의 가치 체계, 정신과 의사와 문화적 변천, 왜곡된 의사소통과 환자의 주변적 지위, 정신 위생, 즉 "정신과 의사의 일은 환자가 중심적인 그룹의 의사소통 체계와 유사한 의사소통 체계를 획득하도록 돕는 것을 목표로 한다".[30]

『의사소통장애(Disturbed Communication)』(1957)에서 Ruesch는 의사소통적 행동에 관한 임상적 관찰 지침을 제공하였다. 이 지침은 의사소통 체계, 의사소통 기능, 언어와 부호화, 내용과 정보, 초(超)-의사소통,[3] 그리고 교정과 피드백 및 응답 등 여섯 개의 초점에 중점을 두었다. 『치료적인 의사소통(Therapeutic Communication)』(1961)에서 그는 의사소통을 호전시키는 데 기여하는 여러 치료적 태도, 예를 들면 분별력 있는 허용, 말할 수 없는 것을 꺼내기, 기꺼이 기다리기, 정화적인 경청, 환자의 언어를 이해하기, 무조건적인 반응 등을 구별 지었다. 나는 대부분의 사람이 누군가에게 꼭 말하고 싶은 그리고 말을 하게 되면 커다란 안도감을 제공해 주는 '부담스러운 비밀'을 갖고 있다는 19세기의 관찰이 생각난다(Ellenberger, 1970).

조현병의 의사소통의 기이함에 많은 관심이 쏟아졌으며, 기이함은 실로 조현병에서 가장 뚜렷하다. Freud는 일찍이 그의 책 『실어증(Aphasia)』(1891)에서 '말(word)'과 '사물(thing)'의 기능을 구별하였으며, 이 구별은 그의 분석 작업으로 이어졌다. 「무의식(The Unconscious)」(1915)이라는 논문에서 그는 이를 더욱 명확히 해서 "조현병에서 말은 잠재몽-생각으로부터 꿈-이미지를 만드는 것과 같은 과정, 즉 우리가 일차 정신 과정이라고

---

3) 이동식: "안녕하십니까?"라고 똑같은 말을 해도 음성이나 태도에 따라 "죽이러 왔다." 이런 메시지가 담길 수도 있다. 그게 '메타 메시지, 메타 커뮤니케이션'이다. 말은 문자상의 의미는 똑같아도 메타 메시지가 전혀 다르다.

불렀던 것의 지배를 받는다."라고 하였다.[31]

「Schreber 사례(The Schreber Case)」(1911)에서 Freud는 편집증적 상태에서 자신의 회상록을 썼던 판사 Schreber의 많은 기이한 표현을 풀어내었다. 그 뒤에 많은 정신분석 (및 다른) 저술가가 조현병적 언어의 복잡함과 혼란스러움을 체계적으로 해명하려고 하였다. 시간이 지나면서 나타난 강조점의 차이는 이드심리학에서 자아심리학으로 이동이 증가했음을 반영한다. 오늘날 핵심적인 관찰은 조현병 가족 내에 불합리한 메시지가 존재한다는 것이다(제6장, 제13장 참조).

언어학과 정신분석

준독립적인 학문 분야로서 언어학의 발달은 최근에야 나타났다. 인지심리학의 다른 영역에서처럼 정신분석이 기본적 이론에 기여한 바는 (언어가 자율적인 자아기능이므로) 적었다. 그 처음부터 정신분석이 기여하였던 것은 이드가 자아기능을 간섭한다는 것에 대한 이해이다(Freud, 1901).

Ekstein(1965)은 언어의 진화에 대한 정신분석적 개념화를 여섯 단계로 구분한다.

1. 신경생리학적인 고찰의 맥락에서 개발된 1895년의 초기 Freud의 모델은 말의 출현을 유아의 초기 무력함의 결과로 보았다. 이는 유용한 첫 번째 틀이었다.
2. 1900년대 초에는 언어의 기원을 사변적으로 여러 정신성적 요인들과 관련지었다.
3. 1920년대에 저자들은 성인 및 소아 정신분석에서 얻은 재구성을 이용하여 전오이디푸스기적 모-자 관계를 강조하고, 욕구들이 엄마의 혀에 의해 충족된다는 관점에서 '초기 발달 단계의 사랑의 말(primitive love talk)'의 중요성을 강조하였다.
4. 1950년대부터 계속 이어진 자아심리학의 우세는 (적응적 관점 및 정신 기능의 분화라는 개념과 함께) 차츰 더 분명해졌다. 언어 역학에 대한 분자적(molecular) 고려와 언어의 구성 요소들 기원에 관한 지나치게 단순한 가정은 언어의 기원을 자아기능의 발달에 연결시키는 보다 정교한 모델로 대체되었다(Edelheit, 1969).
5. 1960년대 이후로 경험적이고 실험적인 조건하에 영아의 직접적인 관찰이 강조되어 왔다(Emde et al., 1976). 이 시기에는 행동과학자들과 함께 공동 연구를 하려는 의향이 증가하였다.
6. 조현병 및 그 관련 장애들에서의 언어가 (특히, 이 장애들이 소아기에 발병하기 때문에)

계속해서 연구되었다. 대화의 기원에 관한 Spitz의 연구(『예 그리고 아니오(Yes and No)』, 1959) 이후부터 자아심리학의 지식이 증가하면서 점점 더 정교한 이론들이 등장하였다.

정신분석과 언어학의 가장 홍미로운 교류 중의 하나는 뉴욕정신분석연구소에서 1960년대에 시작하여 수년간 그 주제에 관한 특별 연구 그룹을 이끌었던 Victor Rosen의 작업이다(Rosen, 1977). Samuel Atkin은 Rosen의 책 서문에서 Rosen의 연구를 다음의 네 개 부분으로 나누었다. 자아심리학의 특정한 문제들에 대한 언어학의 적용, 언어 능력의 발달과 인격 발달의 심리적 단계들이 상호작용을 하고 서로 관련된다는 것을 보여 주려고 하였던 발달심리학, 정신분석과 정신언어학이 서로 공유하는 지식, 과학으로서의 정신분석 및 정신언어학에 대한 비판과 그리고 같은 장(field)에서 양쪽 모두에 적합한 이론 모델의 개념화. 언어의 규칙들은 자아기능들의 작동, 초자아 발달, 사회 규범 그리고 언어와 사고의 관계에 관여한다. Rosen(1977)은 또한 정신분석에서 의사소통장애에 대한 검사법을 출판하였으며, 의사소통장애를 준언어적(paraverbal), 준모방적(paramimetic), 직유(simile) 그리고 근접(contiguity) 장애로 나누었다.

발전이 있었음에도 불구하고, 이 영역 전체가 아직은 거의 처녀지로 남아 있다.

비언어적 의사소통

모든 사람이 다양한 의사소통을 위해 신체를 사용할 수 있고 사용하고 있다는 것이 직관적으로 분명한 것 같지만, 이 일상의 앎을 어떤 과학적 이론으로 옮기는 일은 대단히 어려웠다. 히스테리와 그 밖의 신경증에 대한 Freud의 초기 연구들은 많은 비언어적 행동이 의사소통적 의미를 가지고 있음을 확립하였으나, 아마도 언어적 의사소통이 비언어적 의사소통보다 발생적으로 더 높은 단계에 있을 것이라는 것을 제외하고는 어떤 일반적인 원리도 도출하지 못하였다.

이 영역에서 가장 중요한 공헌 중의 하나는 Wilheim Reich(1933)의 **신체 갑옷(body armor)** 혹은 **성격 갑옷(character armor)** 개념이었다. Reich는 일반적인 신체적 집합체 내에서 표현되는 자아의 담금질이 본질적으로 세 가지 과정에 기반하여 일어난다고 생각하였다. 그 세 가지 과정은 첫째 좌절감을 주는 현실과의 동일시, 특히 이런 현실을 대표하는 주요 인물과의 동일시, 둘째 불안을 초래하는, 좌절을 주는 사람들에게 일어난 공격성을 자기 자신에게 돌리기, 셋째 성적 충동들에 대해 자아가 반작용의 태도를 형성하고 이 충동들을 물리치는 데 이런 반작용의 태도의 에너지를 사용하기 등이다.

많은 다른 저자가 신체적 의사소통의 다양한 측면을 기술하였다. Sandor Feldman(1959)은 실책행동(parapraxes, Freudian slips)에 관한 Freud의 관찰 일부를 확장하였다(제7장 참조).

시사하는 바가 많은 이런 논문들과 그 밖의 논문들에도 불구하고, 비언어적 의사소통의 전 영역은 아직 초기 단계에 있다. 마찬가지로, 이 주제에 관한 비정신분석 분야도 여전히 불확실한 상태에 머물러 있다(Birdwhistell, 1970).

농담과 유머

농담과 유머는 일반적으로 공상의 주요한 표현이다. 농담에 대한 Freud의 책(1905)은 여전히 이 주제를 다루는 대표적인 논의이며, 다른 공헌들은 대체로 그의 논지를 정교화한 것들이다.

Freud는 농담이 의사소통의 한 형태라는 것을 아주 분명히 한다.

> 누구도 혼자서 자신을 위하여 농담을 하면서 만족할 수 없다는 것은 대부분의 사람에게 체험적으로 인정된다……. 농담이 주는 틀림없는 즐거움에도 불구하고, 머리에 떠오르거나 내가 만든 농담에 나 자신이 웃을 수는 없다. 누군가와 농담을 나누려는 욕구는 농담에 의해 유발되는 웃음과 어떤 식으로든 관계가 있으며, 그 웃음이 내게는 부정되어도 다른 사람에게는 명백하게 나타나는 것이 가능하다.[32]

Freud에 따르면, 농담의 쾌락적 효과는 농담의 **특정한 기법**과 **의도**라는 두 가지 요인에 의한다. 말장난의 농담에서 가장 흔한 기법은 농축이다. 꿈에서 보이는 기제들과 유사한 다른 기제들이 또한 발견된다. 농담의 목적에 관해서는, 악의 없는 농담은 단지 쾌락을 제공하지만, 저의가 있는 편향적인 농담은 성적 및 공격적 소망들의 방출에서 나온다. 구조체계를 가설화한 후에 쓴 '유머'에 관한 후속 논문(1927)에서 Freud는 파생된 쾌락 중 일부는 초자아의 가혹함이 완화된 덕분으로 보았다. 따라서 다시 한번 농담을 일종의 의사소통적 행위로 간주하였다. Freud는 실제, 일반적으로 한 농담에 세 명의 사람 즉 말하는 사람, 듣는 사람, 농담의 대상이 되는 세 번째 사람이 포함된다고 주장한다. 그러므로 농담은 정말로 사회적-대인관계적 과정이다.[33]

몇 개의 이후 연구는 Freud의 작업을 보충한다. Wolfenstein(1954)은 어린아이의 유머 발달을 추적하여, 농담을 대하는 태도에 발달상의 변화가 있음을 증명하였다. Grotjahn (1957)은 유머가 넘치는 사람을 하나의 성격 유형으로 여겼다. Murdock(1949)은 다른 사회들에서 농담을 하는 관계들에 대한 증거들을 요약하여, 일반적으로 그런 농담을 하는 관계는 오직 서로 장래에 성적 관계의 가능성이 있는 동족 사이에만 허락된다는 것을 보여 주었다. Israel Zwerling(1955)과 Joseph Richman(출판되지 않은 자료)은 환자가 말하는 농담으로부터 어떻게 진단적 결론을 이끌어 낼 수 있는지를 보여 주었다.

환상 생활에 관한 요약 논평

공상에 관한 작업을 통하여 Freud는 완전히 새로운 연구 세계와 아주 새로운 심리학 접근법을 열었다. 이는 결국 개인이 생각하고 행동하는 방식을 결정하는 내적 혹은 표상 세계의 발달을 인식하는 데에 이르게 되었다. 한층 더 정신분석은 이런 내적 세계에 관심을 갖게 되었으며, 인간 활동의 모든 영역에서 그 내적 세계를 탐구해 왔다. 의식과 무의식 모두에서, 환상에 대한 강조는 정신분석적 심리학의 가장 독특한 특징 중의 하나이다.

제 11 장

자아심리학의 개관과 방어 과정

Anna Freud

이드심리학(Id psychology)에서 자아심리학(ego psychology)으로의 전환은 수년에 걸쳐 이루어졌다. Freud는 나르시시즘에 대한 논문(1914)에서 처음으로 자아에 대해 체계적으로 고찰하기 시작하였다. 이후 일련의 논문과 저서를 거쳐 『자아와 이드(The Ego and the Id)』(1923)에서 정신 구조를 이드(Id), 자아(Ego), 초자아(Superego)의 세 개의 구조로 제안하였다. 당시 이 구조 이론은 꽤 설득력이 있었으며 현재까지도 유지되고 있고, 1923년 이후의 모든 정신분석은 자아심리학이라고 할 수 있다.

자아는 독일어로 'das Ich'이고, 라틴어에 기원을 둔 영어의 'I'와 같다. 자아는 정신분석 이론의 한 축이다. 따라서 자아에 대한 생각은 Freud에게 항상 중요할 수밖에 없었다. 하지만 1900년부터 1914년까지는 이드에 대한 연구가 우선시되었다.

이 시기에 일부 분석학자 중 Adler는, 특히 자아를 많이 언급하였다. Freud는 자신의 저서 『정신분석 운동의 역사(History of the Psychoanalytic Movement)』(1914)에서 비록 이드에 대한 Adler의 소홀함을 지적하기는 하였지만 자아심리학에 대한 Alder의 공헌을 인정하였다. Adler에 대한 Freud의 특이한 적대감('증오하는 적')은 제4장에서도 이미 언급하였다.

역사적인 오류를 바로잡고 자아심리학을 개척한 Adler가 존중받는 것은 지극히 당연하다. Adler의 이론은 정밀하지 않았지만, 당시 Freud의 이론을 포함한 대부분의 이론도 정밀하지 못한 것은 마찬가지였다.

자아는 내부와 외부의 현실을 다루는 인격의 중요한 한 축이지만, Freud는 자아의 정의에 대해 다소 미진하게 기술하였다. 『자아와 이드(The Ego and the Id)』에서 다음과 같이 기술하였다.

> 자아는 이드의 한 부분으로, 지각과 의식(Pcpt.-Cs.「perception-consciousness」)을 통하여 외부 세계의 직접적인 영향에 의해 변형된다. 이는 어떤 의미에서 표면 분화(surface differentiation)가 확대된 형태로 볼 수 있다. 또한 자아는 이드와 이드의 경향성을 감당하기 위하여 외부 세계의 영향력을 가져오려 하고, 쾌락 원칙을 현실 원칙으로 대체하여 제한받지 않고 이드를 지배한다. 자아의 측면에서 지각은 본능에 빠져 있는 이드의 일부로 작용한다. 자아는 열정(passion)을 포함하는 이드와는 대조적으로, 이성과 상식으로 불릴 수 있는 것을 표상한다. 이는 우리에게 친숙한 통속적 구분과 일치하지만, 평균적 혹은 '이상적(ideally)'으로만 옳다고 할 수 있다.[1]

이러한 정의, 더 엄밀히 말하면 그의 기술에서, Freud는 자아기능에 근거하여 이후의 모든 논의의 기반을 제시하였다. 이러한 자아의 기능은 방어기제, 정동, 자아의 강점과 약점, 지각과 여러 인지 기능(학습, 사고, 기억), 현실 관리를 포함한다. 후자는 Hartmann과 그의 동료들에 의해 자아자율성(ego autonomy)으로 정교화되었다. 자아의 여러 측면은 다른 학문 분야에서도 다루어져서 생리학과 사회과학의 학제 간 정교화에 기여하였다. 자아심리학의 발달은 정신분석이 일반심리학이 되도록 하는 길을 열었다.

자아심리학의 역사를 논의하기 위해서는 자아의 다양한 기능들을 개별적으로 논의하는 것이 최선일 것이다. [자아심리학파와 자아심리학자에 대한 다소 광범위한 언급들이 정신분석 역사의 오해에 기초하기 때문이다(Gedo, 1975).]

방어기제

Freud의 1890년대 저술에서 가장 두드러지는 특징인 방어의 개념은 정신분석의 첫 번째 중대한 발견이며 주된 공헌 중 하나로 남아 있다. 1894년에 '방어 신경정신병(The

Defense Neuropsychoses)'에 관한 논문에서 처음 언급되었고, 그 논문에서 신경증(과 정신병, 둘 사이를 거의 구별하지 않음.) 환자는 거의 감당할 수 없는 생각1)들에 대항하여 그 자신을 방어한다고 기술하였다. Freud는 세 가지 형태의 질병에서 세 가지 방식의 방어를 기술하였다. 그리고 방어 과정에 대한 초심리학적 설명을 제안하였다.

> 방어의 신경증을 피력하며 내가 사용하였던 작동 가설에 대해 잠시 생각해 보고자 한다. 나는 그 개념을 정신 기능에서 두드러지는 어떤 것—정동의 할당(quota of affection) 또는 흥분의 총합(sum of excitation)—으로 언급하였는데, 그것은 모든 양적 특징(측정할 수는 없으나)을 가지며, 증가, 감소, 전치, 배출될 수 있고, 마치 몸에 흐르는 전류가 신체 표면에 퍼져 흐르듯 생각의 기억 흔적에 퍼져 있는 것이다.[2]

방어기제 이론의 확립은 이 논문에 있는 세 가지 기본 발상에 기초한다—방어의 방법(후에 방어기제로 언급), 방어와 질병의 연관성, 초심리학적 설명.

그 후 Freud는 다른 의문에 몰두하게 되면서 방어에 대한 생각들을 억압으로만 한정하며 중단한다. Adler는 그가 "인도된 허상(guiding fictions)2)"이라고 언급하였던 방어기제를 더욱 정교화하였다. 하지만 그 허상의 심연에 존재하는 불안에 대해서는 자각하지 못하였다. 1926년에 Freud는 1894년 중단하였던 작업을 재개하면서 방어의 개념을 다루었고, 다양한 방어기제(억압만이 유일하였던)를 열거하고 방어와 다양한 질병을 연관 짓고자 하였다. Freud는 억압을 히스테리아의 특성으로 보았고, 퇴행과 반동형성을 강박신경증의 특성, 회피를 공포증의 특성으로 보았다.3) 초심리학적 명료화에 대하여 이 책(1926)에서 Freud는 "향후 수십 년간 정신분석적 노력에도 이 문제(신경증이 생기는 이유)는 우리가 처음 그랬던 것처럼 미궁 속에 있을 것이다."라고 언급하며 추측을 자제하였다.[3]

다음 단계는 Anna Frued의 대표작 『자아와 방어기제(The Ego and the Mechanisms of Defense)』가 1936년 출간되면서 일어났다. 이 책에서 그녀는 '분석적 비정통 학설의 혐오

---

1) 이동식: 신경증의 근원은 감정에 있다, 말, 생각, 개념에 근거하여 접근하는 것에서 치료의 불완전함이 생긴다. 생각의 근원은 감정이므로 감정을 다루지 않고 생각만 다루는 것에서 치료의 한계가 생긴다.

2) 역주: 자신의 경험을 이해하고 평가하며 삶의 방식을 결정하는 개인 원칙(American Psychological Association Dictionary of Psychology). 'fictional goal'이라고도 하며 개인이 추구하는 무의식적 자기이상향 혹은 자기개념이다.

3) 이동식: 억압은 매우 중요하다. Freud는 억압과 다른 방어기제를 수평적으로 바라보지만, 억압에 의해 다른 방어기제가 발생한다고 생각한다. 대승기신론에 따르면, 억압된 무의식과 이 무의식의 투사로 인해 병이 발생한다. 치료에서 자기가 의식하지 못하는 억압된 마음의 투사를 없애는 것이 중요하다

(odium of analytic unorthodoxy)'(Adler를 읽어 보라.)가 더 이상 자아의 연구에 개입되지 않아야 한다고 지적하였고, 정신분석의 과업은 이드, 자아, 초자아에 대해 가능한 한 최대한의 지식을 얻는 것과 이들 사이의 관계 및 이들과 외부 세계와의 관계를 알게 되는 것이라고 정의하였다. 그녀는 Freud가 다양한 저술에서 이미 기술하였던 아홉 가지 방어기제(퇴행, 억압, 반동형성, 고립, 취소, 투사, 내사, 자기로의 전향, 역전)를 열거해 나갔고, 열 번째 방어기제인 승화(또는 본능적 목표의 전치)를 추가하였다. 기법에 대해서 그녀는 다음과 같이 언급하였다. "분석가의 과업은 한 사람 안에서 관찰할 수 있는 자아—저항과 증상—형성 과정에 이러한 방어들이 얼마만큼 효율적이었는지를 밝히는 것이다."[4]

Anna Freud는 (아버지가 이미 한 것 이상으로) 저항을 질병과 연관 지으려 하거나 초심리학적 설명을 하려고 시도하지 않았다. 그러나 다른 네 가지 방어기제에 관심을 쏟았는데, 그것은 부정(환상에서, 말과 행동에서), 자아의 억제(restrictions of the ego), 공격자와의 동일시, 이타주의의 형태(청소년에서)이다.

여러 문헌을 조사해 보면 학자들 사이에 불일치와 차이가 흔히 드러난다. 실제 방어기제의 목록에 있어서 다양한 차이가 존재한다. Fenichel(제9장 참조)은 Anna Freud의 목록에 부정(denial)을 추가하였고, 자기로의 전향(turning against the self), 역전(reversal), 동일시, 자아의 억제(restriction of the ego), 이타주의를 생략하였다. 또한 그는 다른 학자들과는 달리 불안에 대한 방어와 다른 정동에 대한 방어를 구별하였다.

Horney는 매우 다양한 방어기제를 대중화하였는데, 예를 들면 애정에 대한 신경증적 욕구(neurotic need for affection)와 힘/명망/소유의 추구(the quest for power, prestige and possession), 신경증적 경쟁(1937), 죄책감(1939), 사람들을 향함/사람들에게 대항함/사람들을 회피함(moving toward, against, and away from the people), 외부화(1945), 영광의 추구(the search for glory), 신경증적 자존심, 지배에의 호소(the apeal for mastery)와 사랑에의 호소(the apeal for love)(1950)와 같은 다양한 방어기제를 대중화하였다. Sullivan(1940)은 10가지 발달적 증후군에 대해 기술하였는데, 그것은 정신병질(psychopathy), 자기-흡수(self-absorbtion), 개선 불가(incorrigibility), 거부증(negativism), 말 더듬기(stammering), 야망에 사로잡힘(being driven by ambition), 비사회성(asocialism), 부적합성(inadequacy), 동성애, 만성적인 청소년기(chronic adolescence)이다. Laughlin(1969)는 이상화, 보상, 환상, '다윗 왕' 반응('King David' reaction)[4)]을 추가하였다.

---

4) 역주: 다윗 왕은 자신의 신하 우리아의 아내 밧세바와 간음한 뒤 우리아를 전쟁의 선봉에 서게 해 죽게 만든다. 이런

가장 확장된 목록은 보스톤정신분석연구소(Boston Psychoanalytic Institute)의 Bibring과 그녀의 동료들에 의해 작성되었다. 그들은 방어를 기본(혹은 일차)과 복합(혹은 이차)으로 구분하였다. 그리고 최종적으로 39개의 방어를 정리해서 24개의 일차 방어, 15개의 이차 방어로 나누었다. 그들의 목록은 모든 것을 포함한 것으로 보이는데, 신체화, 무심함(detachment), 마술적 사고뿐만 아니라 심지어 광대 짓(clowning), 병듦(falling ill), 어둠 속에서 휘파람 불기(whistling in the dark)까지도 포함하였다.

흐느낌, 웃음, 청소년들의 낄낄댐을 방어로 기술한 논문을 발표한 사람들도 있었다. Grand(1973)은 Menaker(1953)와 같이 피학증(masochism)을 이중 노출 방어(double exposure defense)로 보았고, Modell(1975)은 자기애를 정동에 대한 방어로 묘사하였다. Kohut(1971)은 종적 분열(부인disavowal 혹은 부정denial)과 횡적 분열(억압)에 대해 언급하였다.

실제로 방어 개념이 너무 광범위하게 확장되어 버려서 Freud의 초기 관찰 이상의 이론적인 내용이 거의 없다. 모든 것이 어떤 것에 대한 방어로 사용될 수 있는 것처럼 보였다. 실제로 Laplanche와 Pontalis(1973)는 개념의 확장이 모든 발상을 의문스럽게 하였다고 주장하였다.

> 필연적으로, 방어기제 개념의 무차별적인 사용은 많은 문제를 낳는다. 작동을 아주 다양한 것으로 본다면, 예를 들면 복잡한 지적 기제가 작용하는 합리화(rationalization)와 본능적 목적의 '변천(vicissitude)'인 자기에게로의 전향(turning against the self)도 단일 기능에 의하기 때문이다……. 이 의문스러운 개념이 실제 작동하는 것인지 의심할 수밖에 없다.[5]

여러 저자의 의혹과 방어기제의 방대한 변형에도 불구하고, 인격 구조에 역동적 토대를 제공하는 방어기제의 개념 자체는 인격의 정적인 이미지와 대조적으로 중대한 유용성뿐만 아니라 설명력도 갖고 있다. 만약 초기의 발상처럼 방어를 몇 가지 기본적인 장치로 제한하는 것이 가능하지 않다면, 방어가 성격 자체만큼이나 다양할지 모른다는 입장을 취해야만 한다.

그런데도 이 다양성 안에서 특정한 종류의 방어적 작동에 초점을 맞추는 것이 가능하였

다윗 왕은 빈곤한 이의 양을 뺏는 부자에 대해서는 격노하는 모습을 보이는데, 이 과정에서 보이는 방어기제이다. 이는 억압(repression), 투사(projection), 동일시(identification), 합리화(rationalization)가 복잡하게 조합되어 있는데, 간통과 살인을 무의식적으로 허용하게 만들었다(Laughlin, 『The Ego and Its Defence』).

다. Freud에게 상당한 관심을 받았다고 알려진 방어들은 승화, 함입-투사, 퇴행, 부정이다. Freud가 관심을 많이 가졌던 방어 중에서 그가 거의 언급하지 않았던 것들은 행동화, 중립화, 분열, 동일시이다. 각각에 대한 추가적인 언급을 순서대로 기술한다.

승화

오랫동안 승화는 본능을 둘러싼 갈등을 정상적으로 해결하는 주요 방법으로 여겨졌다. Freud는『세 편의 에세이(Three Essays)』(1905)에서 승화를 다음과 같이 정의하였다.

> 승화는 성욕의 특정 원천으로부터 일어난 지나치게 강한 흥분이 출구를 찾고 다른 영역에서 사용되도록 하여, 아주 위험하게 타고난 성향을 정신적 효용성 증가라는 결과로 이어지게 한다. 이것이 예술적 활동의 기원 중 하나이다. 그리고 승화의 완성도에 따라서, 고도의 재능을 가진 개인, 특히 예술적 성향이 있는 개인의 매우 다양한 수준의 효율성, 도착, 신경증이 혼합체로서 드러난다. 승화의 아종은 반동형성에 의한 억제에서 나타나며, 이는 우리가 아는 바와 같이 좋은 사례에서는 소아의 잠복기 동안 시작되어 인생 전체에 걸쳐 지속된다.[6]

그러므로 그에게 승화의 본질은 사회적인 타당성이었다. 1905년에는 이것이 사회 구조와 결부되어 적절한 것으로 보였으나, 제1차 세계대전(당시 지식인들이 체제의 잔학성에 경악한) 이후에, 이에 대한 비판은 점점 증가하였다(Bernafeld, 1922, 1931). Fenichel(1945)은 나중에 이러한 비판을 반영하여 다른 방향을 제시하였다. 그는 승화를 목표의 억제, 탈성애화, 본능의 후유증에 본능이 완전히 흡수 자아 내부에서의 변형으로 특징지었다. 그럼에도 불구하고 사회적 용인에 의존함은 본능의 방출과 동반된다 할지라도 여전히 고민거리로 남았다.

시간이 흐름에 따라 사회 구조와 연관을 가진 정상 상태에 대한 관념은 다른 노선을 따라 이동하였고, 승화를 정상적인 배출구로 보는 견해는 줄어들었다. 1962년에 Kubie는 전체 개념적 구조에 대해 예리하게 비평하였다. 그는 승화가 다음을 의미한다고 지적하였다. 동성애 행동을 유도할 수 있는 일련의 무의식적 과정을 박애적 행동으로 해결, 다형적 도착 경향(Freud가 말한 원래 그대로의 의미에서)을 사회적으로 가치 있는 행동으로 해결, 성감대로부터 과다하게 부여된 리비도적 추동력과 재촉을 사회적 가치가 있는 행동으로써 해결, 무의식적 과정에서 유래된 사회 파괴적 혹은 신경증적 증상을 유발할 수 있는 '정신적 에너지'의 흐름을 사회적 가치가 있는 방향으로 전환, 앞과 같은 근원으로 나왔지만 사회적으로는 바람직한 행동 양식, 본능적 목표가 비본능적인 욕동으로 대치되고 결과적으로 본능적 욕동 자체는 약화되는 것. Kubie는 우리가 분석가로서 그 본질을 거부하고 언어적으로 간단한 방식으로서 개념에 매달리고 있는 과도기를 통과하고 있다고 주장하였다. 그는 전체의 모든 것이 중단되어야 한다고 촉구하였다. 실제로 한 문헌 연구는 승화의 개념이 거의 사라지고 있다고 언급하였다.

Hacker(1972)는 Kubie, Bernfeld와 그 외의 주장들이 설득력이 있다고 인정하면서 승화가 다른 의미로 남아 있을 수 있다고 주장하였는데, 그는 승화의 본래 전제를 기반으로 현실 원리를 넘어선 성숙된 기능의 확장된 원리를 주장하였고, 그 내용에는 동기, 독창적 구조 그리고 다른 사람을 변화(환경변형적 행동)시키며 동시에 자신을 변화(자기변형적 행동)시키는 데 수반되는 합리적인 행동에 대한 공격성을 건설적으로 사용하는 것을 잠재적으로 포함하고 있다. 그는 그러한 미래의 현실 원리의 기능과 가능성을 변화나 향상보다는 적응이나 포기를 종용하는 관습적인 현실 원리와 대립시켰다.

그러나 Hacker의 논문과 같은 외딴 논문들을 제외하고는, 승화를 정상적인 방어로 보았던 Frued의 원래 생각은 분석적 이론에서 철회되었다. 정상적인 행위를 구성하는 것에 대한 훨씬 더 정교한 토론은 나중에 다룬다(제19장 참조).

함입과 투사

Ferenczi가 1909년 함입(「논문집(Collected Papers)」, 1916)이라는 단어를 만들었고, Freud가 투사(「Schreber 사례(The Schreber Case)」, 1911; 「질투(Jealousy)」, 1922)를 언급하였으나, 정신생활 가장 초기의 함입과 투사의 의의는 Melanie Klein이 구체적으로 기술하기 전까지는 충분히 인정받지 못하였다(1934년 이후; Klein, 1948). 그녀는 유아의 발달은 함입과 투사의 기제에 의해 좌우된다고 주장하였다. 초기부터 자아는 대상을 '좋거나(good)' '나쁜(bad)' 것으로 함입하며, 엄마의 가슴이 대상의 원형이다—아이들은 자신이 그것을 얻을 때 좋은 것으로, 그것이 자신을 낙담시키면 나쁜 것으로 받아들인다. Klein의 관점은, 아기는 대상에 대한 자신의 공격성을 투사해 대상이 자신에게 '나쁜' 것이라 느끼게 만든다고 여길 뿐만 아니라 대상이 자기의 소망을 좌절시킨다고 느낀다. 아이들은 실제로 그것들을 위험한 것—간단히 말하면, 가학증이 만들어 낼 수 있는 모든 수단에 의한 그리고 가능한 모든 것을 포함하는 파괴로서—받아들인다.

Klein이 기술한 유아의 마음에서 일어나는 복합적인 내적 사건은 초기에, 특히 미국 정신분석학자들로부터 강력하게 거부당했다(Bornstein, 1945; Glover, 1945; Kernberg, 1969; Zetzel, 1956). 최근에서야 초기 대상관계에 대한 그녀의 개척자적인 연구가 신뢰를 얻고 있다(Mahler, 1968; Schafer, 1968; Sperling, 1974; Stoller, 1968; Volkan, 1976). 그녀의 첫 기술 이래 비록 그 시점에 대한 논쟁이 지속되고 있지만, 합입-투사-재합입은 유아의 기초 역동으로 공고히 확립되었다(Axelrad and Brody, 1970).[7]

투사의 중요한 변형은 Melanie Klein에 의해 투사적 동일시(projective identification)로 기술되었다. 이 기전에서는 자기의 일부 및 내적 대상이 분열되어 외부 대상에게로 투사되며, 투사된 일부에 사로잡히거나 조정당하고 동일시하게 된다. 투사적 동일시는 여러 가지의 목적을 갖는다. 위험의 근원을 통제하기 위해 나쁜 대상에게로 향할 수 있다. 자신의 나쁜 부분을 제거하고 대상을 공격하며 파괴하기 위하여 자신의 나쁜 부분을 투사하기도 하고, 분리를 피하거나 자신의 나쁜 것으로부터 안전하게 하기 위하여 혹은 일종의 원시적인 투사적 보상(primitive projective reparation)을 통해 외부 대상을 향상시키기 위해 좋은 부분을 투사하기도 한다. 투사적 동일시는 엄마의 가슴에 대해 편집분열적 입장(paranoid-schizoid position)이 처음 확립될 때 시작되나, 그것은 지속되며 엄마가 전체 대상으로 지각될 때나 엄마의 몸 전체가 투사적 동일시에 의해 인식될 때 매우 빈번하게 강화된다.[8]

퇴행

Freud는 발달 과정을 굉장히 강조하였는데, 이와 더불어 퇴행과 이의 상호 보완적인 고착이라는 방어는 필연적으로 그의 생각에서 큰 부분을 차지하였다. 그는 1897년 초, Fliess와 주고받은 서신에서 신경증의 선택은 퇴행의 깊이에 따라 달라지거나, 그가 설명한 대로 발달 추세의 연대기적인 순위에 따라 달라진다는 원칙(이후로는 정신분석적 사고에서 근본적인)을 말하였다.[9]

『꿈의 해석(Interpretation of Dream)』의 이론 부분 7장에서 그는 퇴행을 세 가지로 구분하였는데, 지형적(topical 또는 topographical), 의식과 전의식, 무의식의 의미에서(시간적, 오래된 정신 구성물로의 퇴행으로서 형식상의, 표현과 표상의 원시적 방식이 관습적인 방식을 대신할 때)가 그것이다. 쥐 인간(the Rat Man) 사례(1909)에서 Freud는 퇴행을 강박신경증의 특수한 특성으로 보았고, 행동으로부터 사고로의, 대상-애정으로부터 자기성애(autoeroticism)

로의 퇴행이라 기술하였다.

『입문 강의(Introductory Lectures)』(1916~1917)에서 Freud는 퇴행에 대한 자신의 생각을 다음과 같이 요약하였다.

> 모든 개별적인 경향의 경우…… 특정 부분은 최종적인 목표에 도달하지만 어떤 일부는 발달의 초기 단계에 머무른다. …… 우리는 고착, 즉 본능의 고착으로 뒤처지는 것에 대해 기술하고자 한다.
>
> 이러한 유형의 발달 단계에서의 두 번째 위험은 앞으로 나아가던 부분 역시 쉽게 이전의 발달 단계로 거꾸로 되돌아갈 수 있다는 사실이다-우리가 퇴행이라고 기술하는 것이다. 그 기능을 발휘-즉, 만족을 획득-하게 되면 이러한 동향은 강력한 외부 장애물에 의해 후기의 좀 더 발달된 형태의 퇴행으로 이끌려 갈 수 있다. 고착과 퇴행이 서로 독립적이지는 않다는 가정은 타당해 보인다. 발달의 과정에서 고착이 강할수록 그 기능은 고착으로 퇴행함으로써 외적 어려움을 더 쉽게 회피하게 된다-그러므로 이미 발달된 기능이 그러한 과정에서 외부 장애물에 저항하는 것은 더 불가능하게 된다. 이를 고려할 때, 만약 움직이고 있는 사람들이 이동 중인 주둔지에 강력한 분견대를 두고 떠났다면, 더 많이 앞서간 사람들일수록 우세한 적에게 격파되거나 대항하고 있다면 주둔지 쪽으로 더 후퇴하려 하기 쉽다. 그러나 격파당할 위험이 클수록 이동 중에 뒤로 남겨지는 인원은 더 많아질 것이다.
>
> 우리의 시야에서 고착과 퇴행의 이러한 관계를 놓쳐서는 안 되며, 이것은 신경증을 이해하는 데 중요하다.
>
> 리비도적 기능의 발달을 습득하고 나면, 당신은 퇴행의 두 가지 부류에 대해서 들을 준비가 되어 있을 것이다. 리비도에 의해 처음에 부착된, 근친상간적 성질을 가진, 대상으로의 회귀 그리고 성적 구조 전체의 이전 단계로의 회귀, 두 부류 모두 전이신경증에서 관찰되며 전이신경증의 기전에서 중요한 역할을 한다. 특히 처음 리비도의 근친상간적 대상으로의 회귀는 확실히 힘든 규칙성을 가진 신경증 환자에게서 관찰되는 특징이다.[10]

10년 뒤『불안의 문제(The Problem of Anxiety)』(1926)에서 Freud는 그의 이중 본능 이론의 견지에서 퇴행에 대해 초심리학적 설명을 더 하였다. 그는 퇴행을 "성기기의 시작점부터 가학기에 속하는 파괴적인 부착들과 결합하였던 성애적인 요소가 분리되는 '본능의 탈융합(defusion of instinct)'으로 보았다".[11]

1964년에 Arlow와 Brenner는 퇴행의 자아심리학적 관점을 다음과 같이 정리하였다.[12]

1. 우리는 퇴행의 개념적 변천을 살펴보며 이 용어의 의미가 다른 형태의 현상들을 설명하기 위해 얼마나 꾸준히 확장되어 왔는가를 알게 되었다. 우리는 퇴행이란 용어가 사용되어 온 다섯 가지 방식을 기술하였는데, 그것은 발생적(genetic), 계통적(systemic), 본능적(instinctual), 계통 발생적(phylogenetic), 생물 발생적(biogenetic)이다. 우리는 구조 이론의 틀 안에서 퇴행 개념의 서로 다른 사용을 고려하였고, 계통 발생적, 생물 발생적 의미에서의 퇴행은 과학적으로 사용이 제한적이며, 체계적인 퇴행의 개념은 구조 이론과 부합되지 않는다는 결론을 내렸다.
2. 퇴행은 정신 발달 초기 단계의 특징적 정신 기능의 재발현으로 정의한다.
3. 퇴행의 과정은 정신적 장치, 자아, 이드, 초자아 세 부분 모두에 영향을 끼칠 수 있다. 퇴행은 정신적 삶의 일반적인 경향이다. 욕동 퇴행과 자아 퇴행은 독립적인 변수일 수 있다. 욕동 퇴행은 그 자체로 자아 퇴행을 결정짓지는 않는다.
4. 퇴행의 과정은 정신적 장치의 일부 구성 기능에 선택적으로 영향을 끼친다. 퇴행은 전반적이지 않다.
5. 퇴행은 대개 일시적이고 가역적이다. 병리는 퇴행의 깊이가 아니라 퇴행의 비가역적 특성, 퇴행이 초래하는 갈등, 적응 과정에의 저해에 의해 결정된다.
6. 정신 기능의 초기 양식은 좀 더 성숙한 형태와 함께 존재한다. 퇴행 현상에서는 기능의 우세함이 전환되는 것을 관찰할 수 있다. 퇴행 현상을 통해 통제되고 유보되었던 기능의 초기 양상이 표면화된다.

생물 발생적, 계통 발생적 설명(이후 정신분석적 이론에서 제외된)처럼 Freud 이론의 일부 측면을 정리한 것을 제외하면, 퇴행에 관한 자아심리학적 접근은 적어도 Freud를 넘어서지 못했다는 것은 확실하다. Arlow와 Brenner가 제안한 일부 내용, 즉 퇴행이 보통 일시적이고 비가역적이라는 언급과 욕동 퇴행과 자아 퇴행이 서로 독립적이라는 언급은 타당성이 의심스럽다.

경계선 상태나 정신병적 상태에 대한 고조된 관심 때문에 퇴행이라는 주제는 방어기제들 사이에서도 특히 중요한 것으로 생각됐다. 이러한 점에서 퇴행을 강박신경증의 특성으로 본 Freud의 초기 견해는 자아심리학적 관점에서 볼 때 시대에 분명히 뒤떨어진다. 이 문제는 기법과 관련된 다른 문제와 함께 제13장과 제18장에서 더욱 충분히 다룬다.

자아를 위한 퇴행

1936년에 Ernst Kris가 풍자화(caricature)에 관한 논문에서 처음으로 자아를 위한 퇴행이라는 방어를 기술하였는데, 이후 정신분석학 문헌에서 즉각적으로 반향을 불러일으켰다.

> 꿈속에서는 자아가 우위를 버리고 일차 과정이 통제를 획득한다. 반면, 위트와 캐리커처에서는 자아를 위한 퇴행이 나타난다. 이러한 공식화는 내포된 문제가 더욱 일반적인 것임을 보여 주기에 충분하다. 퇴행에 압도된 자아와 '자아를 위한 퇴행' 사이의 대비…… 정신적 경험의 방대하고 인상적인 범위를 아우르는…… 정동의 과도함이나 혹은 자아의 취약함이 그 과정에 책임이 있는 것과는 상관없이, 정동에 압도될 때 언제나 자아는 그것의 우위를 축소한다. 그러나 반대의 경우, 즉 자아가 일차 과정을 진행하고 목적의 달성을 위해 그것을 이용하는 경우는 가장 넓은 의미의 경우이다.[13]

이후에 Kris는 『예술의 정신분석적 탐구(Psychoanalytic Explorations in Art)』(1952)에서 전의식의 정신 과정 부분에서 자신의 생각을 더욱 구체화하였다.[14] 그래서 원래는 그의 생각이 창조적인 과정에 국한하였으나, 정신병 환자에서는 불가능한, 정상적인 세상으로 돌아오는 것이 가능한 예술가들의 퇴행을 설명하는 데 유용하였다.

1954년 Bellak은 백일몽, 환상, 입면 현상, 전의식적 환상으로부터 자유 연상, 투사적 기법까지의 연속선상에서 자아의 참여 정도를 개념화하며 퇴행의 의미를 확장시켰다. 1958년에 그는 다음과 같이 재정의하였다.

> 다른 어떤 것을 위해 (즉, 촉진하기 위하여) 자아의 적응 기능이 잠시, 유동적으로, 상대적으로 감소하는, 특히 '합성적인(synthetic)' 자아기능(이 있다). 인지적이며 선택적인 적응적 기능이 감소한다. 이것은 예리하게 정의된 도형과 배경의 경계, 논리적 · 시간적 · 공간적 그리고 다른 관계의 경계를 무너뜨리며, 다시 예리하게 기능하는 적응력의 정밀한 검토 아래 그것들이 새로운 경계를 가진 새로운 배열로 재정렬하도록 허용한다. …… 우리의 주된 관심은 독립체로서 자아가 있다는 것을 증명하기를 멈추고 동시에 다른 수준의 효율성을 가진 다른 자아기능이 있음을 증명하는 것이다.[15]

Bellak은 또한 치료 과정에서 자유 연상의 초심리학적 근거 중 하나를 자아를 위한 퇴행으로 보았다(1961).

Roy Schafer (1958)은 인격에서 자아를 위한 퇴행을 선호하는 여섯 가지 상태를 열거하였다. 잘 발달된 일련의 정동 신호, 자기안정감 혹은 잘 형성된 자아정체감, 초기 외상의 통달, 심한 것보다는 경한 초자아 압력, 대인관계에서의 충분한 신뢰와 상호성의 경험, 과정의 결과들로부터 누적된 문화적인 의미심장함이 그것이다.

많은 문헌이 개념화의 다양한 측면을 다루어 왔다(Geleerd, 1964; Joffe and Sandler, 1968; Kubie, 1958; Pine and Holt, 1960; Schafer, 1968; Schnier, 1951; Waelder, 1960; Wangh, 1957; Weissman, 1961, 1968, 1969; Wild, 1965). 가장 대단한 정교함은 Bellak 등(1973)의 저서에서 찾아볼 수 있다. 그는 자아를 위한 적응적인 퇴행을 열두 가지 주요 자아기능 중 하나로 간주하였고, 정상인, 신경증 환자, 조현병 환자에서 그것을 측정하였다. 또 다른 관련 연구는 Balint의 『근본적인 결점(The Basic Fault)』(1968) 이다. 그는 치료적인 과정에서 악성 퇴행과 양성 퇴행을 구분하면서, 악성 퇴행의 경우 정신병의 특징적인 문제라고 간주하였다.

개념에 대한 가장 설득력 있는 비판은 Marshall Bush(1969)로부터 비롯되었는데, 그는 창조적인 사고에서 퇴행의 역할이 정신분석적 담론에서 과도하게 강조되어 왔다고 간주하였다. 그는 발달학적으로 사고의 초기 측면은 현실 검증 능력과 현실적인 사고가 고도로 적응적이고 안정적인 형태로 정교화되는데, 이는 자아를 위한 퇴행이 아니라 특수한 이차과정 인지 기능으로서 창조적인 행위로 작용한다고 주장하였다. Bush는 Kris의 논쟁이 세 가지 다른 현상을 포함한다고 지적하였다. 자아와 이드 사이의 방어적인, 혹은 탈부착의 경계를 허무는 것은 결국 전의식의 사고 형성에 영향을 준다. 자아기능들 사이의 에너지 전환은 더 원시적인 수준의 자아기능으로 퇴행하나, 반드시 퇴행적이지 않는 다른 자아 작동들로 우선권이 전환되는 것도 포함한다. 그리고 전의식적(때로는 무의식적) 요소가 의식으로 발현한다. 그의 견해에 따르면, 다른 저자들은 의식 수준에 새로운 생각이 발현할 때 관여하는 퇴행의 종류와 창조적인 과정에서 퇴행의 주관적인 의미들을 충분히 구별하지 않는다. Bush의 견해에 동의하며, Fine(1967)과 Fine과 Fine(1977)은 체스 대가와 수학자의 창조적인 과정에서 이차 과정 인지 기능이 퇴행보다 좀 더 설득력 있게 현상을 설명한다고 제시하였다.

어려움은 '퇴행'이라는 용어가 가지는 다수의 의미에서 발생한다. Arlow와 Brenner (1964)는 퇴행의 지형학적 의미가 구조 이론에서 일치하지 않는다고 지적하였다. 즉, 의식 수준에서 무의식 수준으로 생각이나 감정이 전환된다는 것이 지형학적 퇴행보다는 좀 더 세밀하고 효과적으로 설명될 수 있겠다. 만약 구조 이론에 따라 퇴행의 방어적인 의미가 유지된다면, 혼란은 피할 수 없을 것이다. 창조성은 '퇴행적(regressive)'이거나 '진보적(progressive)'이라는 일반적인 범주(general heading) 아래에 분류될 수 없다. 이것은 예술가가 미친 사람이거나 천재라는 구식의 사고방식을 풍긴다. 창조적인 개인은 때로는 퇴행하며 때로는 그렇지 않다. 그 구별은 자아구조의 전체적인 검토에 기초하여 이루어질 수밖에 없다. Fine(1975b)은 내적 창조성과 외적 창조성을 명백히 구별하는 것이 이 논의를 명료화하는 데 도움을 줄 수 있다고 언급하였다.

부정(부인)

부정은 개인이 현실을 인식하기를 거부하는 방어를 묘사하기 위해 Freud가 1923년부터 사용한 용어이다.[16] Freud는 주로 여성물건애과 정신병의 초심리학적 기술을 위해 용어를 사용하였다. 이 용어는 억압과는 대조적으로 현실과 외부 세계를 부정하는 측면에서 흔히 사용되어 왔다.[17] 실제로 Freud는 1894년 방어신경정신증에 대한 논문[18]을 쓰면서부터 방어에 대해 기술해 왔었으나, 이 용어는 1920년대까지 사용되지 않았다.

표준판에서 Strachey는 부정 대신 '부인'을 사용할 것을 촉구하였으나, 오늘날 두 용어는 상호 교체하여 사용되고 있다. 그의 생각은 받아들여지지 않았고, 여전히 부정이 더 흔하게 사용되고 있다.

Trunnell과 Holt(1974)는 Freud와 다른 학자들에 의해서 사용되는 용어가 애매모호하다는 점에 주의를 환기시켰다.[19] 예를 들어, Jacobson(1957)[5)]은 부정을 방어 중 가장 원시적이고 광범위하게 움직이는 것으로, 억압과 대조적인 것으로 보았다. 이것은 좀 더 구체적으로 표현되긴 했지만, Freud의 생각과는 차이가 있다.

가장 일반적으로 이 용어는 외부 세계를 부정하는 정신병적 행동을 기술하는 데 사용되었다. Freud의 주된 생각이기도 하다. 부정은 정신병에 관심을 기울인 이론가들로부터 많은 집중을 받았다. 예를 들어, Searles(1963)은 조현병 환자의 명백한 감각 박탈을 무의식적인 부정의 사용 때문이라고 여겼다. 그는 향후 조현병이 발병할 아이를 양육하는 과정에서 우리가 외부 현실이 부르는—어머니의 '내적 정신 활동'에 상당히 지지적인(또는 위협적인)—구성 요소가 아이의 효과적인 외부 현실과 타협하게 되고, 나머지 외부 현실은 여러

5) 역주: Jacobson은 부정이 억압보다 광범위하게 영향을 끼친다고 생각하였다. 사고 과정, 논리, 현실 검증 능력에도 영향을 미칠 수 있다고 보았다.

실질적인 목적으로 인해 아이에게는 존재하지 않게 된다는 Brodey(1959)의 연구를 인용하였다.[20] Searles는 조현병의 외부 현실에 대한 무의식적 부정은 보상적인 측면이 있으며, 그것은 분석가들이 신경증 환자들의 치료에서 조성하는 중립적인 화면 분위기(neutral screen atmosphere)의 기능과 같이, 발병의 원인이 되는 함입의 재투사, 과거에 형성되어 현재에도 영향을 줄 수 있는 내적 갈등의 외부화에 빈 화면과 같은 것을 제공하는 것이다.[21]

『들뜸의 정신분석(The Psychoanalysis of Elation)』(1950)에서 Lewin은 조증 상태에서 부정의 사용에 대한 대단한 기술을 제공하였다(제6장 참조).

이인화(depersonalization)는 부정의 특정 형태이다(Jacobson, 1959). 부정하는 것은 외부 세계의 정체성이라기보다는 그 사람의 정체성이다.

중립화

중립화는 승화의 확장된 개념으로 Hartmann(1964b)에 의하여 가장 잘 연구되어 왔다. 『자아와 이드(The Ego and the Id)』에서 Freud의 탈성애화(desexualization)에 대한 후기 이론에 따라, Hartmann은 중립화를 리비도적 에너지와 공격적인 에너지 모두를 본능적인 것에서 본능적이지 않은 양식으로 변화시키는 것으로 정의하였다.

'본능적이지 않은 것(noninstinctual)'이라는 용어를 사용함으로써 그는 승화를 둘러싼 모든 모호함과 갈등을 피하고자 하였다.

Hartmann은 에너지의 중립화는 자아(ego)가 성격(personality)의 다소 구획화된 하부구조로서 출생 몇 개월 후 발달하면서 시작된다고 상정하였다. 그는 중립화를 리비도적 욕동과 공격적인 욕동 둘 다 모두 때문인 것으로 생각하고, 특히 공격성(aggression)의 중립화를 강조하고 있는데 이는 환자에게 대상 혹은 스스로를 파괴하는 끔찍한 딜레마에서 벗어날 수 있는 길을 제공해 주기 때문이다.[22] 그는 또한 중립화의 각기 다른 단계나 정도를 상정하였는데, 즉 그것은 본능적인(instinctual) 에너지와 완전히 중립화된(fully neutralized) 에너지 사이의 과도기적인 상태(transitional state)이다.[23]

때때로 Hartmann은 중립화를 에너지의 변형에 지나지 않는 것으로 이야기하면서, 또 다른 때에는 중립화를 방어기제로 취급하였다. 이러한 측면에서 그는 다른 분석가들과는 다르다. 그는 다음과 같이 기술하였다.

> 중립화는 자아의 여타 방어 기법과는 분명히 다른데, 방어로 쓰일 때라 하더라도 에너지적

인 측면에서 특별히 정의되는 힌에시는 한 양식에서 다른 양식의 에너지로 변화(the change of one mode of energy into another one)한다는 의미이다. Fenichel (1945)이 분명히 인지하였듯이, 통상적인 의미에서 승화는 '기전(mechanism)'이 아니듯 중립화 역시 그렇다. 또한 탈부착(countercathexis)에 대한 관계 역시 여타의 방어 형태의 그것과는 다르다. 하지만 나는 Fenichel이 승화를 단순히 성공적인 방어와 동일시하는 것에는 동의를 할 수 없다.[24]

비록 Hartmann은 승화를 성공적인 방어기제로 보는 시각을 연루되는 사회적 함의 때문에 포기되어야 한다고 반대하였지만(Hartmann, 1964), 그는 자아가 현실을 숙달하는 방식인 중립화가 성공적인 방어로서 대치되기를 원한 것 같다. 그러한 시각은 승화에 대한 오래된 논쟁을 새로운 형태로 다시 수면 위로 끌어올리는데, 그것은 중립화가 우리처럼 감정표현이 용인되지 않는 문화에서만 바람직하다고 여겨지기 때문이다. 정신분석적 이론화를 거의 20년 동안이나 지배해 온(제5장 참조) Hartmann의 권위에도 불구하고 중립화에 대한 그의 강조는 많은 다른 저자에 의해 거부되어 왔다.[25] 그러나 중립화는 방어기제로서의 위치를 다른 기제들 속에서 계속 유지하고 있다.

현실의 숙달(the mastery of reality)을 떠나서, 중립화의 방어기제로서 가장 중요한 두 가지 적용은 조현병과 정신신체질환에 있다. 조현병의 초심리학에 대한 논문(1953)에서 Hartmann은 조현병 환자의 중립화를 위한 능력이 손상되었다는 것을 강조하였다. 그 결과, 자아는 중립화되지 못한 리비도(non neutralized libido)로 흘러넘치게 된다. 자기-부착(self-cathexis)은 성애화되어, 이는 그가 칭한 자기의 "성적 과다 자극(sexual overstimulation)"을 가져오며 자아기능의 최소한의 부분이라도 그렇게 되면 기능적인 문제를 야기한다.[26] 하지만 Hartmann은 이러한 중립화의 실패를 조현병의 다른 더 잘 알려진 병리의 측면과 연관시키지는 않았다(제13장 참조).

중립화 개념의 다른 중요한 적용은 재신체화(resomatization)를 1차-과정 사고 및 비중립화된 에너지(deneutralized energy)와 연관시킨 Schur의 가설이다(1955). 그는 정신신체적 피부염의 사례를 설명하며 생리적 퇴행이 일어났다고 하였다. 자아 퇴행은 위험의 퇴행적 평가에 국한되지 않고 비중립화된 에너지와 자아가 작용하는 반응을 보이는데, 이는 신체적 방출 현상(somatic discharge phenomena)과 부합한다. 그는 신체화와 자아의 퇴행은 공격성을 중립화시키는 것에 대한 실패로 보았다. 많은 다른 요소가 정신신체적 현상에 작용하기 때문에 이러한 이론은 전체 병리의 한 측면일 뿐이다(제8장의 정신신체적 현상에 대한 토론 참조).

행동화

행동화는 Freud가 일찍이 1914년 그의 논문 「기억하기, 반복하기 그리고 훈습(Remembering, Repeating, and Working-Through)」에서 이미 언급하였으나, 제2차 세계대전 이후에 자세하게 처음 기술한 방어기제이다. 행동화는 보통 반복적이고 강박적이며 종종 자기파괴적인 행동으로 정의가 되며, 억압된 내적 갈등을 외부적 수단을 통해 해결하려는 무의식적인 목적을 이루게 한다. 그러한 행동[27]은 보통 그 사람의 평상시의 동기 패턴(motivational pattern)을 벗어나는 충동적인 측면이 있으며, 그의 전반적인 활동과는 매우 쉽게 구분할 수 있다. 행동화는 종종 스스로 또는 다른 사람에게로 향하는 공격적인 행동의 형태를 취하기도 한다.

일반적으로 과거의 용어인 '도착(perversion)'은 '행동화 장애(acting-out disorders)'로 대체되어 가고 있고, 매우 다양한 행동적 병리가 이 기준에 포함되는 것으로 인정되고 있다.[28]

Anna Freud가 1967년 패널 토론에서 지적했듯이,[29] 이 용어는 상당한 혼란을 가져다주었다. Laplanche와 Pontalis(1973) 또한 이 용어가 Freud의 생각에 내재된 모호함을 간직하고 있다고 언급하였다. Freud는 전이에서의 현실화(actualization)의 요소와 전이에서 반드시 수반되지는 않는 동적 행동(motor action)을 구별하는 데 실패하였다. Fine(1973)은 주의 깊게 기원을 탐구하여 'agieren'이라는 '행동'을 뜻하는 일상적이지는 않은 독일어가 'acting-out'이나 'action'으로 소홀히 번역이 되었다는 것을 보여 주었다.

이 주제는 동시대적인 분석적 사고에 중요성을 던져 주었기 때문에 많은 심포지엄이나 패널 토의에서 다루어졌다(Milman and Goldman, 1973; Abt and Weissman, 1965; A. Freud, 1968b; Rexford, 1966). Zeligs(1957)는 분석적 상황 내에서 나타나는 여러 행동화로, 그가 내 행동화(acting-in)라고 부르는 것에 관심을 갖기를 촉구하였다.

전반적으로, Freud 이후로 정교화되어 온 다른 방어기제처럼 행동화는 정신병이나 다른 퇴행된 정신병리적 상태와 연관되어 왔다. 이것은 발달학적으로도 유아는 그의 행동을 조절할 능력이 없으며, 그러한 능력은 자아가 성숙됨에 따라 발달하기 때문에 이해 가능한 것이다. 그러나 행동(action)과 행동화(acting-out) 사이에 선을 긋는 것은 여전히 많은 혼란을 가져다주고 있다(Fine, 1973; Schafer, 1976).

분열

분열은 Freud에 의해 채택된 오래된 정신의학적 개념이다. Freud 시대에 히스테리아에서 의식의 분열이라는 개념은 비록 설명은 다양하였으나 쉽게 받아들여지는 개념이었다.

Lichtenberg와 Slap(1973)이 제시하였듯이, Freud는 그의 후기 연구에서 이 개념을 네 가지 다른 방식으로 사용하였다. 정신의 발달 및 기능을 전반적으로 조직화하는 원칙(general organizing principle)이며, 합성(synthesis)의 병리적인 반대 개념, 정신적 내용의 조직화와 특별하게 연결되는 과정, 방어적인 기능 수행의 수단 그리고 여성물건 애호자 등에서 관찰되는 동시 발생적이며 모순적인 정신적 개념의 형성과 관련된 과정이다. '분열'은 오래된 개념인 '격리(isolation)'의 확장된 개념으로 격리를 대체하였다.

차후의 저자들은 이러한 이런저런 의미를 더욱 정교화하였다. Nunberg(1930, 1931)는 자아의 합성 기능을 강조하면서 합성과 분열을 대조하였다. 좀 더 최근의 논의에서는 선한 대상과 나쁜 대상(good and bad mother)을 분리하는 유아의 초기 정신세계 발달에 중심을 두고 있으며, 이러한 정신병적 분열의 정신병리와 관련된 탐구는 Melanie Klein(1946)과 Fairbairn(1941, 1954)에 의해서 주도되었으나 후에 많은 학자에 의해 수행되었다.

근래에 들어 분열은 Klein 학파, Sulivan 학파 등과 더불어 Mahler(1975), Kernberg(1976), Kohut(1977)에 의해 널리 논의되고 있다. Kenberg는 유아기의 초기 경험이 즐겁고-좋고-보상적인 것/고통스럽고-나쁘고-처벌적인 것(peasurable-good-rewarding / painful-bad-punishing)이라는 원초적인 성질을 기초로 한, 기억 흔적의 두 가지 조합의 조직화를 일으킨다는 오래된 견해를 명료화하였다. Mahler(1968)는 그것들이 "'즐겁고-좋은(pleasurable-good)' 또는 '고통스럽고-나쁜(painful-bad)' 자극의 각인을 담고 있는 기억의 섬으로 구성되어 있으며…… 아직 자기로도 비자기로도 할당되어 있지 않은 상태로 존재한다."라고 언급하였다.[30] Sullivan(1940)은 "사건을 좋은 엄마 패턴과 나쁜 엄마 패턴으로 식별하는 것이 대인관계 경험의 기초적인 분기점(primary bifurcation)을 이루어, 대부분의 사람에서 일생 동안 지속된다."라고 말하였다.[31] Kernberg는 최근 연구(1975)에서 분열 과정을 탁월하게 요약하였다.

> 나는 '분열'이라는 용어를 단지 반대 성질의 내재화나 동일시를 방해하는 적극적 과정을 언급할 때에만 제한적이고 한정적으로 사용한다…… 분열은…… 자아를 약화시키는 근본적인 원인이며, 분열은 억압(repression)에 비해 탈부착(countercathexis)이 덜 요구되기 때문에

약한 자아는 쉽게 분열에 의지하게 되며, 이는 분열 및 약한 자아가 서로를 강화시키는 악순환을 일으킨다. 분열의 직접적인 임상적 양상은 특정 성격장애에서 갈등의 보완적 측면의 대안적 표현일 수 있으며, 자신의 행동과 내부 경험 사이의 모순이 단조로운 부정과 관심 부족과 동반된다. 또 다른 분열의 직접적인 임상 양상은 어떤 영역에서 선택적인 '원시적인 충동의 조절 부족'이며, 표현되는 동안에는 자아-동조적인 원시적 충동의 삽화적 표출로 나타난다(충동 신경증이나 중독에서 흔히 나타난다). 아마도 가장 잘 알려진 분열의 양상은 외부 대상을 '전적으로 선한(all good)' 것과 '전적으로 나쁜(all bad)' 것으로 분리하는 것이며, 이는 한 극단적인 부분으로부터 다른 부분으로, 완전하고 갑작스러운 대상의 전환 가능성을 언제나 동반하고 있다. 즉, 특정 사람에 대한 모든 느낌이나 개념화의 갑작스럽고 완벽한 반전이다. 모순되는 자기개념에 대한 극단적이고 반복적인 동요 또한 분열 기전의 결과이다.[32]

동일시

동일시는 오래되고 명확한 개념이며, 그 자체로는 정신분석적인 것으로 간주될 수 없다. Freud는 그의 저서 전반에 걸쳐 동일시의 개념을 사용해 왔다. 이미 1897년의 Fliess에게 보낸 편지[33]에서, 그는 정신적 성격(당시의 가장 중요한 주제)의 다양성에 관련하여 "동일시라는 사실을 문자 그대로 받아들이면 된다."라고 하였다.

그가 대인관계 문제를 숙고하기 시작하였던 제1차 세계대전 후 시기에, Freud는 동일시의 과정에 대하여 더욱 흥미를 갖게 되었다. 처음에 그는 대상-부착(object-cathexis)과 동일시를 구분할 수 없다고 하였다.[34] 오이디푸스 콤플렉스가 시작되면서 대상-부착(부모에 대한 성적 욕망)은 포기하게 되고, 이는 부모를 동일시하는 것으로 대체된다. 여기서 공식이 형성되는데, 대상-부착은 동일시로 퇴행하는 것이다. "아버지 또는 부모의 권위는 자아로 함입되며(introjected) 거기서 초자아의 핵을 형성하는데, 이는 아버지의 혹독함을 받아들여 근친상간에 대한 개인의 억제를 영속시킴으로써 자아가 리비도적 대상-부착으로 돌아가지 못하게 막는다."[35]

이후 1936년, Anna Freud는 공격자와의 동일시라는 이 방어기제의 변형에 대하여 기술하였다. 그녀는 이러한 변형을 여러 맥락과 연루된 것으로 보았다. 신체적 공격성, 비난, 모자 관계 등등. 여기에는 역할의 역전이 있는데, 즉 피해자가 공격자로 바뀌는 것이 그것이다. 이것은 가족 패턴의 영속을 설명하고 있는데, 예를 들어 어머니에게 나쁜 대접을 받았던 딸이 있다면 그녀는 공격자와 동일시하여 그녀의 딸을 똑같이 나쁘게 대하는 것이다.

Nunberg(1955)는 부분적 동일시와 전체적 동일시를 구분하였으며, 전체 방어기전과 정상적 동일시와의 관계를 가장 명쾌하게 설명하였다.

> 방어기제로서의 동일시라는 개념은 그것의 다른 면, 긍정적인 면을 배제하지는 않는다. 실제로 애정에서 나오는 동일시도 있으며, 그것은 방어와는 아무런 관계가 없는 것이다. 강조했듯이, 동일시는 양가적일 수 있으며, 이러한 점에서 보면 양가적 과정의 부정적 측면이 긍정적 측면에 대한 방어로서 사용될 수 있다. 애정이 증오를 억누를 수도 있고, 반대의 경우 또한 발생할 수 있다. 어떤 경우든 동일시를 통하여 자아와 객체 또는 피해야 할 본능 사이에 연합(union)이 이루어질 수 있다. 자아로부터 떼어 낼 수 없는 것들은 동화(assimilation)와 합성(synthesis)을 통하여 피하게 된다. 이러한 형태의 방어는 대략 다음과 같은 의미를 가지고 있다. "만약 내가 달리 적을 이길 수 없다면 나는 그와 연합할 것이며, 이를 통하여 그를 무해한 것으로 만들 것이다."[36]

정체성과 정체성의 위기에 대한 심도 깊은 논의를 다루고 있는 Erickson의 저서인 『소아기와 사회(Childhood and Society)』(1950)의 출간 및 제2차 세계대전 이후 Sullivan의 사상이 확산됨에 따라, 분석가들의 관심은 자아상(정체성, 자기애) 및 대인관계로 점차 옮겨가게 되었다. 1950년대부터 계속해서 순수한 방어기제로서의 동일시는 자기-관계 및 대상-관계 그리고 대인관계적 성장과 발달의 전체적 논의로 점점 병합하게 된다. 이러한 전반적인 주제는 제15장에서 자세히 다루어질 것이다.

방어의 개념에 대한 확장: 방어기제에 대한 요약

방어 개념은 신경증이 견딜 수 없는 생각에 대한 방어에 의한 것이라는 Freud의 첫 의미심장한 분석적 언급(1984)에 포함되어 있다. 실제적인 의미에서 정신분석의 역사는 이 공식의 전개와 확장을 의미한다. 이것은 신경증적이거나 정상적인 개인 모두를 이해하는 데 있어 여전히 기본적인 것으로 되어 있다. 인간의 존재는 불가피하게 내부의 갈등을 포함하고 있으나, 이것이 생물학적인 욕구 때문인지 문화적 압력 때문인지에 대해서는 논란의 여지가 있다.

처음에 Freud는, 비록 그가 승화, 반동형성, 퇴행에 대하여 기술하였음에도 불구하고 스스로 억압에만 한정시켰다. 이후 시간이 흐름에 따라 그는 방어의 목록을 더 확장하였다. Anna Freud가 그녀의 핵심 저서인『자아와 방어기제(The Ego and the Mechanisms of Defense)』(1936)를 썼을 때, 그녀는 아홉 가지를 열거하고 더불어 공격자와의 동일시(identification with the aggressor) 및 환상과 현실의 부정(denial in fantasy and reality)과 같은 그녀 자신의 방어기제 역시 추가하였다.

Freud는 신경증에 대하여 매우 철저하게 탐구하였기 때문에, 구강성(orality), 적개심(hostility), 자아구조(ego structure)라는 새로운 개념을 제외하고는 이론적인 관점에서는 추가할 사항이 거의 없었다. 정신병에 관해서 그는 여지를 가지는 입장이었다. Freud 이후의 저서에서는 정신병이나 경계선 상태에서 두드러지는 퇴행, 부정, 분열, 행동화 같은 방어기제에 대해 매우 강조하고 있다.

방어기제의 공식적인 목록이 인간의 갈등을 다루는 방식을 결코 남김없이 논할 수는 없다. 앞에서 보았듯이, Bibring과 그녀의 동료들은 39개를 나열하였다. 다른 저자들 또한 '공식적인' 목록에 포함되지 않은 방어기제에 대하여 반복적으로 기술하였다. Greenson은 차단된 배고픔(screen hunger)과 차단된 방어(screen defenses)를 기술하였다(1958). Sachs(1973)는 울음, 흐느낌과 웃음을 성적 욕동에 대한 방어로 묘사하였다. Melanie Klein(1948a, passim)은 조증적 방어를 기술하였으며, 창조력을 상상 속에서 모에게 가한 위해에 대한 보상으로 기술하였다.

많은 이론가가 인생의 모든 시기에서 일어나는 대상 상실에 대한 다양한 반응에 대하여 묘사하였다. Spitz(1945)는 소모증(marasmus)을 어머니 애정의 결핍으로 생기는 쇠약이라고 보았고, 같은 현상이 동물에서도 관찰되었다. Bowlby(1953)는 어머니의 상실에 대한 반응으로 저항-절망-탈애착의 연속적 과정을 기술하였다. Wolfenstein(1976)은 성인에게 있어 첫 5세 동안의 대상 상실이 성인에 미치는 영향에 대한 패널 토론을 보고하였다. 패널 토론자들은 다른 문제 중에서도 우울증, 조현병, 성적 문란을 보고하였다. Pinderhughes(1971)는 상실의 사회적 · 신체적 · 정신적 후유증에 대하여 탐구하였다. 그는 상실로 고통받는 사람에서의 편집증 기전들의 의미를 강조하였다. 관련된 많은 다른 연구가 있다.

적개심을 성욕(sexuality)에 대한 방어로, 성욕을 적개심에 대한 방어로, 조현병을 동성애에 대한 방어로, 동성애를 조현병에 대한 방어로 보는 것 등등은 흔하게 언급되어 왔다. 달리 말하자면, 방어의 개념은 원래의 관점으로부터 훨씬 더 넓어져 불안이 일어나는 역동적 과정과 불안을 멀리하는 방식의 어떠한 것도 사실상 다 포함하게 되었다.

언이적으로 Freud 학파와는 상충하는 문화주의 학파에서는 문화적이고 다른 대인관계적 과정에 결부시키는 것으로만 방어 개념의 추가적인 확장을 제공하였다. 예를 들어, Fromm은 '상업적인(marketing)' 인격을 미국인들의 특성으로 보았다(1947). 그는 후에 Maccoby(1970)와 함께 그의 멕시코 마을의 설명에서 대인관계적 · 문화적 그리고 개인 내적 요소를 통합하였다. Diamond(1974)는 조현병을 서구 문명의 특징적인 방어 및 질병으로 보았다. Miller와 Swanson(1960)은 부정(denial)을 빈곤층에서 더 많이 사용하며, 그것은 그들이 처한 가혹한 사회적 상황 때문이라고 제시하였다. 전반적으로 빈곤-문화 학파(culture-of-poverty school)에서는 방어기제가 개인적 차원뿐만 아니라 사회적 차원에서도 학습된다고 생각한다. 일부는 심지어 가난이 정신적인 이유에 의해 지속된다고 주장하였다(Allen, 1970). Weinstein(1976)은 미국 내에서 그러한 일이 빈번히 일어났으므로 대통령 암살 사건은 유별난 미국의 문제라고 보았다.

이렇게 방어의 개념이 확장되면서, 방어의 상실과 증상 모두가 서로 혼동될지 모른다고 주장할 수 있다. 그러나 이것들의 정확한 구분은 성격역동(personality dynamics)의 순환적 특성이 제공하는 얽히고설킨 문제(예를 들면, 불안이 동성애로 이어지고, 동성애가 불안으로 이어진다. 무엇이 먼저인가?)를 제기하여 대부분의 이론가들을 절망 속에서 두 손을 들게 만든다. Robins(1956)는 Burnham과 동료들(1969)이 조현병을 욕구-공포 진퇴양난(need-fear dilemma)으로 묘사하였듯이 조현병을 갈등 및 방어 둘 다로 보았다.

견딜 수 없는 생각에 대하여 방어를 사용한다는 Freud의 공식의 관점에서 개인의 성격을 이해할 수 있다는 기본적인 원칙은 여전히 남아 있다. 사회적인 것뿐만 아니라 개인적인, 많은 전형적인 방어들이 기술될 수 있다. 많은 다른 것도 가능하다. 정신분석적 이론은 비록 그것이 방어 과정에 대한 중대한 통찰을 제공해 주기는 하나, 아직 정확한 체계화의 단계에는 도달하지 못하였다.

방어와 질병

초창기부터 Freud는 질병을 정신역동적인 용어로 정의하기 위하여 분투하였다. 1894년 발행된 그의 독창적인 논문인 「방어신경증(Defense Neuropsychoses)」에서 그는 이미 이러한 노력을 소개하였다. 그의 이론의 윤곽이 변경되면서, 그는 각 시점마다 질병의 초심리학(metapsychology)을 교정하는 것에 주의를 기울였다(Brenner, 1957). 1926년, 그의 마지막 이론적 집대성에서 세 가지 주요한 질병을 그가 일생 동안 열성을 쏟아 온 그것들의 전형적인 방어와 연관 짓고자 하였다. 억압은 히스테리아의 특성이며, 반면 반동형성과 퇴행은 강박신경증의 특성이다.

Freud는 특정 성상을 기술하였지만, 인격 전체를 기술하지 않았다는 것이 곧 밝혀졌다. Fenichel은 이것을 다음과 같이 설명하였다.

> 대부분의 경우에서…… 분석은 특정한 역사적 상황에 의하여 직접적으로 강압된 특별한 방어적 태도를 사용하게 됨을 보여 줌으로써 성공한다. 주어진 상황에서 그것은 가장 적합한 태도이며, 이후에 개인은 모든 상황에서 마치 그들이 그러한 병리적인 상황에 있는 것처럼 반응하거나, 주어진 상황에서 모든 다른 가능한 태도들을 차단해 버리거나, 스스로 인식한 소아 시절의 모델에서 선호되는 태도만을 취하게 되거나, 소아가 그렇게 되기를 원치 않았던 모델의 행동과 정확히 반대되는 태도이기도 하다. 일상적이지 않은 행동 역시도 소아기의 일상적이지 않은 상황에서 매우 흔히 유래된다. 그리고 성격장애의 정신분석은 엄선된 '일상적이지 않은 소아기 환경(unusual childhood environment)'을 연구할 기회를 확실히 준다.[37]

후속 연구에서, 방어 및 질병과 관련한 두 가지 이론이 함께 존재한다. 하나는 특정 신경증적 질병(정신병적인 것을 포함하는)들은 특정 방어를 사용하며 특정 시기에 고착화되어 있다는 것이다. 즉, 억압, 반동형성, 퇴행은 신경증의 특징인 반면, 부정, 분열(이전에는 고립isolation이라고 불림), 투사는 정신병의 특징이다. 히스테리아의 고착 시기는 남근기이며, 강박신경증에서는 항문기, 조현병 및 다른 정신병에서는 구강기이다.[38]

대안적인 입장(역설적이게도 이 또한 Freud로부터 발생하였다.)에서 성격은 억지로 분류해 버리기에 너무 복잡하므로, 반드시 개인 고유 역사의 맥락에서 판단되어야 한다고 생각한다. 따라서 Freud는 '신경증 발병의 유형(Types of Onset of Neurosis)'에 대한 논문(1912)에서 여러 가지 사례를 기술한 뒤,[39] "이 중 어떤 것도 발병의 네 가지 유형의 명확한 예가 되지 않는다."라고 하였다. 그래서 그는 "정신분석은 외부 인자와 내부 인자, 경험과 체질 사이의 소득 없는 비교를 포기할 것을 경고하고 있으며 또한 우리가 신경증적 질병의 발병 원인을 다양한 방식으로 일어나는 특정한 정신적 상황에서 찾아야 함을 가르쳐 주고 있다."[40]라고 결론 내렸다.

방어의 초심리학

도대체 방어기제가 왜 필요하며, 일반적인 정신 경제에서 무슨 역할을 하는가 하는 의문은 방어의 초심리학이라 불리는 것에 속해 있다. 이러한 제목 아래 놓여 있는 많은 주제가 다양한 저자에 의해 숙고되어 왔다.

방어적 조직체

자아에 대한 동시대적인 이론은 조직체(organization)가 충동만큼 인간의 필수적인 부분이며, 자아는 인격의 조직화된 측면이라는 인식에 기초한다. Hoffer(1954)는 개인이 사용하는 방어의 총체를 일컫는 말로 '방어조직체(defense organization)'라는 용어를 처음으로 사용하였다. 이러한 방어조직체는 자아조직의 한 단면이다. 그것의 유래와 초기 단계는 불명확하나 기능은 자세히 공식화되어 있는데, 즉 불안의 전적인 회피가 아닌 불안의 조절이 그것이다. 그는 방어조직화의 계층적 구조를 이른 소아기의 조기 투쟁에서 불가피한 것이며 훨씬 나중에서야 해결될 수 있는 것이라고 여겼다. Freud가 방어의 강도는 이드와의 관계에 달려 있다(「불안의 문제(The Problem of Anxiety)」, 1926)고 이미 언급하였는데, 즉 방어는 어느 정도는 충동도 충족시킨다. Hoffer는 자아의 측면에서 방어는 방어적이고 건설적인 목적 모두를 제공한다고 단언하였다. 예를 들어, 함입은 자아를 건설하는 것을 도우며, 투사는 자아가 스스로를 좋아할 수 있게 하고 파괴를 막는다. 승화는 자아를 풍요롭게 한다(A. Freud, 1952).

Pine이 이러한 생각을 더 많이 추구하였다(1970). 그는 욕동과 방어 사이에 구조화된 관계가 있으며, 이것이 정신적 삶의 질서(order) 및 영속성(permanence)의 일부가 된다고 주장하였다. 이러한 영속성은 Waelder의 다기능 원리(Waelder's principle of multiple function, 1936b)와도 관련되어 있는데, 이에 따르면 어떤 특정한 행동도 욕동, 초자아, 외적 현실, 반복하는 강박(compulsion to repeat)에 대한 자아의 문제를 해결하고자 하는 시도라는 것이다. Pine은 개인의 양심 및 사회적 환경과 동조적인 방식으로 욕구 충족의 기회를 포함한 특정 방어 자세가 높은 수준의 영속성을 가질 수 있으며, 내적 혹은 외적인 중대한 변화에 의해서만 저해받을 수 있다고 이론화하였다.

조직체가 자아의 필수적인 부분이기 때문에 인지에 대한 방어의 관계 역시 반드시 다루어져야 한다. Lichtenberg와 Slap(1971)은 개개인의 방어기제는 지각-인지 기능의 성숙과 함께 동시에 발현된다고 믿었다.

방어와 치료 과정

정신분석의 과정에 있어 방어기제의 운명에 대하여 상당한 관심이 기울여져 왔다. 국제 및 미국 정신분석협회(International and American Psychoanalytic Associations)에서는 1954, 1966, 1970, 1972년에 이 주제에 대한 패널 토의를 개최하였다. 한 학파에서는 성공적인 분석은 모든 방어의 소실(disappearance)로 이어져야 한다고 주장한 반면, 다른 학파에서는 분석의 결과로 방어의 소실이 아닌 수정(modification)이 일어나야 하며, 신경증적인 개인은 모든 상황에서 하나의 방어밖에 사용하지 못하지만, 분석을 받은 개인은 모든 상황에 적응적인 방식으로 다양한 방어를 사용한다고 주장하였다(Krent, 1970). 비록 후자의 의견이 좀 더 선호되기는 하나, 이러한 의견의 불일치는 계속되고 있다. 샌프란시스코연구소(San Francisco Institute)의 경험적인 연구를 통하여, Windholz(Panel, 1972)는 방어가 사라지지 않으며 조절 기전으로서 자아에 통합된다고 주장하였다.

방어의 원형과 전구체

방어기제가 불안을 유발하는 자극을 피하는 방식인 한에는, 그들이 유아기 경험의 가장 초기 종류나 초기 정신 상태에서 유래된 것이 틀림없다는 의견이 빈번히 제시되었다. 1937년 Freud는 「종료 가능 및 불가능 분석(Analysis Terminable and Interminable)」에 관한 논문에서 서로 다른 종류의 자아구조에 대한 체질적 밑바탕이 있을 수 있음을 다시 한번 제시하였다.[41] "우리는 본래, 타고난, 구별적인 자아의 특성이 존재하며 그것이 중요하다는 점에 대하여 논쟁할 필요는 없다." 이러한 추정되는 체질적으로 결정된 저항으로 그는 리비도의 점착성(adhesiveness), 변화를 수용하는 능력의 고갈 그리고 특히 유동적인 리비도(mobile libido)를 언급하였다.

유아기적 전구체에 대해서 Freud는 투사를 최초의 거부(negation) 또는 뱉어 냄(spitting out)의 파생물이며, 함입은 삼킴(swallowing)에서 기인한다고 언급하였다. Federn(1929)은 고립(isolation)을 원초적인 접촉 금기(original touching taboo)와 관련된 것으로 보았다. 다른 학자들 역시 '자아 핵(ego nuclei)'이라는 개념을 가지고 이러한 종류의 추측(Fenichel,

1945; Glover, 1925; Hendrick, 1938)을 지속하였으나, 어떠한 이론적 · 임상적 확인도 얻지 못하였다.

Spitz(1961)는 자아방어의 초기 원형에 대한 의문의 가장 정교한 논의를 제공하였다. 그는 억압이 이른 시기의 자극 장벽(stimulus barrier)과 관련이 있으며, 부정은 눈꺼풀의 닫힘에서 기인하는 것으로 보았다. 그가 제기하였던 두 가지 주요 질문은 다음과 같다. 어떤 종류의 모자 관계가 어떤 방어기제를 선호하거나 촉진시키는가? 어느 지점에서 모자 관계의 어떠한 점이 생리적인 원형을 방어기제의 시작으로 변형하게 되는가?

가장 초기의 기억이 이후의 성격과 지적 발달에 미치는 영향에 대한 일반적인 의문에서와 같이 초기 유아기의 경험에서부터 어떻게 방어기제가 일어나는가에 대한 다양한 의견들이 제시되어 왔으나(Fine 1975b; Rubinfine, 1962), 이에 대해 명쾌한 대답을 하기에는 그 의문들이 너무나 복잡하다(Escalona, 1968; Fries, 1961). 이론적인 관점에서 말할 수 있는 것은 유아가 욕구의 충족과 좌절의 경험 둘 다를 표상으로 형성하며, 이것이 추후 욕구를 충족시켜 주는(좋은) 대상과 좌절시키는(나쁜) 대상의 내적 표상을 이루게 된다는 것이다(Rubinfine, 1962).

제 12 장

자아심리학에서의 성격 구조, 자아자율성, 정동, 인지 기능

Heinz Hartmann

성격 구조

성격 구조의 정신분석학적 개념은 잘 정립되어 있지 않다. 다양한 시기 동안 기인한 여러 개념(예를 들어, 초기의 이드 공식과 후기의 자아에 관한 공식)은 잘 통합되어 있지 않다.

Freud의 성격에 대한 첫 접근이 이드심리학 시기에 나타났기 때문에, 성격의 본능적인 기원이 강조되었다. 『성격과 항문기 성애(Character and Anal Erotism)』(1908)에서 그는 다음과 같이 서술하였다. "우리는 최종 형태로서의 성격은 본능적 구성 요소로부터 형성된다는 공식을 세워 볼 수 있다. 영구적인 성격 특질은 고유한 본능이 변함없이 지속하거나 이러한 본능이 승화되거나 혹은 본능에 반한 반동형성에 의한다."[1] 자아심리학의 관점에서 이러한 정의는 매우 부정확하지만, Freud는 이를 굳이 바꾸고자 하지 않았다. 오늘날 이를 인용하는 많은 저자는 현대적 개념의 측면에서는 완전히 버려야 한다는 것을 깨닫지 못하고 있다(Tartakoff, 1958, Valenstein 인용).

Freud의 작업물 중 유일하게 상세히 기술된 성격 유형은 항문애 성격(anal character)이다(1908). 그는 질서 정연함, 인색함, 완고함을 항문애 성격의 전형적인 특성으로 기술하였으며, 유아기 때의 대변 가리기 시기 주변으로 발생한 갈등에 기인한다고 하였다. 후에 항문기 성애(anal erotism)와 강박신경증과의 관련성이 Freud(1913) 및 Ernest Jones(1913)에 의하여 대두되었다.

퇴행이 대부분 항문기에서 멈춘다고 잘못 가정되면서(『논문 엄선집 2권(Selected Papers, vol.2)』, Abraham, 1924),[2] 제1차 세계대전 이전 대부분의 정신분석학자들은 항문애 성격과 강박신경증에서 종종 병리를 찾았는데, 이는 히스테리와 대조적이었다. 1940년대 이후 구강기의 중요성이 인식되면서 이러한 공식화는 지나치게 단순화되었는데, 적개심, 불안, 자아구조, 초자아구조, 대인관계, 문화의 영향을 고려해야만 하였다.

역사적으로 또 다른 문제가 Adler의 탈퇴 이후 대두되었다. Freud는 일부 Adler의 기여들, 특히 생활 방식과 '인도된 허상(guiding fictions)'[1)](이후 '방어기제'로 다시 이름이 붙여졌으며 이드에 더욱 확고한 기초를 제공함.)를 잘 활용해 왔었다. 그러나 Adler가 탈퇴하면서 Freud는 Adler의 이론을 단호하게 부정하였는데, 그중 하나는 정신분석학이 전체적인 성격 구조를 다루어야 한다는 것이었다. 『정신분석 운동의 역사(History of the Psychoanalytic Movement)』(1914)에서 Freud는 이렇게 서술하였다.

> 정신분석학은 전반적으로 인간 정신에 대한 완전한 이론을 제공해 주지 못하며, 정신분석학이 제공하는 것들은 단지 다른 수단들로부터 얻은 정보들을 보충하고 교정하는 데 적용되어야 한다고 생각한다. 그러나 Adler의 이론은 인간의 행동과 성격뿐만 아니라 신경증적 및 정신증적 질병을 한 번에 설명하려고 한다는 점에서 이러한 선을 많이 넘었다. 이는 실제로 신경증 영역 이외 다른 영역에 더 적합하다.[3]

Freud가 Adler에게 성격을 정의하는 논문을 쓰도록 맡김과 동시에, 그 자신도 다른 논문에서 같은 작업을 하였다. 「신경증의 발생 유형(Types of Onset of Neurosis)」(1912) 논문에서 그는 이를 네 가지 유형, 즉 좌절, 현실적 요구(발달학적인 과정)에 부합하지 못함, 발달상의 억제 및 고착, 리비도의 양적 증가로 구분하였다. 실제 이들은 혼재되어 있으며, 순수한 유형은 없다. 더 나아가 그는 마치 건강과 질병이 연속적인 개념이듯 이러한 차이는 질보다

1) 역주: Adler가 사용한 용어이다. 개인의 경험과 삶의 방식을 이해하고 평가하는 개인의 가이드라인이자 기반 원칙이다(American Psychological Association Dictionary of Psychology). 또한 자기상(self-image)으로 볼 수 있는데, 이 상은 주관적이고 만들어진 것이며 무의식적이다.

는 양적 측면이라는 언급을 하였는데, 이는 모든 정신분석학적 성격학의 정수로 여겨졌다.

> 질병을 일으키는 요인으로 리비도 양의 중요성은 정신분석의 신경증에 대한 두 가지 주요 논문의 견해에서 서로 일치하고 있다. 첫째, 신경증은 자아와 리비도 사이의 갈등에서 유래한다. 둘째, 건강한 사람과 신경증 환자 사이에 질적인 측면의 차이는 없으며, 오히려 건강한 사람들 역시 그들 내의 리비도를 다루느라 똑같이 노력하고 있다—그들은 단순히 이를 더 잘 해내고 있다—는 발견이다.[4]

이후의 논문 「정신분석 작업에 적합한 성격 유형(Some Character Types Met with in Psychoanalytic Work)」(1916)에서 그는 인격(personality)의 일부 돌출된 특징들로 성격(character)을 공식화하려는 보다 현대적인 접근을 시작하였다. 본 연구에서는 세 가지 성격 유형, 즉 예외자들(그들 스스로 삶의 일반적 규칙에서 면제된다고 생각하는 사람들), 성공으로 망가진 사람(those wrecked by success), 죄책감에 의한 범죄자(criminals from a sense of guilt)[2)]를 기술하였다.

하지만 성격의 분류에 대한 조금 더 체계적이고 분석적인 서술은 여전히 만족스럽지 못한 상태였다. 다양한 분류법이 제안되지만, 어느 것도 관심을 끌지는 못하였다. Fenichel[5]은 성격을 내적 요구와 외부 세상에 의해 부과되는 과제들을 조화롭게 하는 습관적인 방식(habitual mode)이라고 정의하였는데, 이는 일관되고 체계적이고 통합적인 인격의 한 부분인 자아의 필수적인 기능이다. 따라서 성격에 대한 질문은 언제, 어떻게 자아가 스스로 내부 충동과 외부 세계의 요구를, 또 훗날 초자아의 요구를 습관적으로 조절할 수 있는가에 대한 질문일 수 있다. Fenichel은 다양한 비체계적 유형의 성격 구조를 서술하면서, 체계적 접근은 불가능하다고 하였다. 그는 특히 외부 환경의 역할을 강조하였다.

> 증상신경증(symptom neuroses)보다 성격장애(character disorders)의 기전에 대한 이론적 설명이 명백히 불충분하다. 이런 불충분함은 두 가지의 종류가 있다. 첫째, 기술된 유형들은 생물학적 구조에 미치는 외부 영향의 결과이며, 따라서 외부 영향에 따라 다양하다. 유형에 관한 기술에서 충분히 강조하지 않는 점은 유형들이 현시대에 국한되었다는 사실이다. 우

---

2) 역주: Freud(1916)는 범죄 행위 전 견디기 힘든 죄책감이 일어난다는 점을 제시하며, 오이디푸스 죄책감과 범죄성이 관련이 있다고 생각하였다[『Psychoanal Q』(2003), 72(2): 465-468].

세한 성격 구조는, 특히 특정 문화에 따라, 때론 특정 문화의 특정 계층에 따라 특징적이다. 구체적으로, 그것은 '적극적 독립'과 '수동적-수용적 갈망'이라는 모순된 목표 간의 갈등이다. 이 상반된 두 목표는 오늘날 병리적 성격 구조를 결정하는 현재의 사회적 조건에 의해 자극받는다. 둘째, 성격 유형과 개별적 사례를 절대 일대일로 일치시킬 수 없다.[6]

Freud 이후 상당한 진전은 Wilhelm Reich의『성격분석(Character Analysis)』(1933)의 첫 부분에서 있었다. Reich는 성격을 자아의 만성적 변화로 바라보았고 '경직(rigidity)'이라 기술하였다. 이는 자아를 외부와 내부의 위험으로부터 보호하는 것을 의미한다. 이것은 '갑옷(armor)'으로도 불릴 수 있다. 자아의 방어는 이드 에너지를 대가로 처벌에 대한 공포의 결과에서 일어나며, 초기 교육의 금지들을 포함한다.

Reich는 성기기 성격과 신경증적 성격을 대조하였다. 당시 Otto Rank(1932)가 유사한 분류 체계를 제시하였는데, 그는 예술적 인격(artistic personality)[3)]을 이상적인 정상으로 보고, 자신의 의지를 느끼는 능력의 관점에서 예술적 인격을 신경증과 대조하였다. 비록 두 공식이 시사하는 바가 크지만, 오늘날 지나치게 간소화되었다고 여겨진다.

또 다른 진전은『사회의 심리적 개척자(The Psychological Frontiers of Society)』(1945)에서 처음으로 정신역동적 자료와 인류학적 자료를 포괄적으로 통합한 Kardiner에 의해 이루어졌다. 모든 문화에는 그 문화의 특징적인 기본 인격 유형이 있다. 따라서 다른 인격 유형은 그 유형에서 벗어난 것으로 여겨지게 된다. 문화적 관습은 그 유형을 영속시키기 위해 도안된다. 그는 모성의 돌봄(care), 정서성(affectivity)의 유도, 초기 훈육, 형제자매에 대한 획일화된 관점, 업무로의 유도, 사춘기, 결혼, 사회 참여의 성격, 함께 사회를 유지하는 요소들, 투사된 시스템(민속, 종교), 경험적이고 투사적인 요소에서 나온 현실적 시스템, 예술과 공예 그리고 기술, 생산 기술 등 수많은 핵심 통합 시스템을 서술하였다. Kardiner의 틀(schema)은 문화와 성격에 관한 무수한 연구에 유용한 모델을 제시하고 있다(Levine, 1973).

한 사람의 성격 구조의 전체적 기술에는 막대한 양의 정보가 수반된다. 여기에는 이드, 자아, 초자아, 불안, 방어, 의식과 무의식, 대인관계, 삶에서의 주요 인물, 흥미, 태도, 버릇, 세상을 다루는 성격 패턴, 증상(존재한다면), 목표 그리고 많은 다른 특성에 관한 기술이 포

3) 역주: Otto Rank는 우리 자신을 자신만의 인격을 창조해야 하는 예술가로 생각하였다. 의지를 긍정적으로 사용하지 못해 과거의 자기에 머무르는 상태를 신경증적 상태로 생각하였다. 의지를 창조적으로 활용하여 유일하고 진정한 자기로 향해 가는 인격을 창조적이며 예술적인 인격으로 생각하였다(Otto Rank,『Beyond Psychology』).

함될 수 있을 것이다. 이러한 막대한 노동을 피하려고 수년간 분석가들은 특성 심리학(이기적, 야심적 등)과 같은 짧고 간결한 평가법을 찾으려 하였다.

따라서 그들은 개인의 삶에서 반복되는 주제들을 분리해 낸 뒤, 일정한 배열(이 배열이 한 개인의 핵심적인 것일 수도, 아닐 수도 있다.) 내에서 기술해 보고, 이 주제들을 개인의 다른 기능들과 엮어 보려고 노력하였다. 이런 토대에서 문헌에 나오는 더 중요한 성격적 기술의 일부를 간단하게 열거할 수 있다.

구강기 성격

구강기 성격의 구조는 주고받는 활동에 중점을 둔다. 따라서 Glover(1925)가 영향력 있는 한 논문에서 지적하였듯이, 보고 만지고 냄새를 맡는 것과 연관된 성격 기질과 함께 전능감, 대상관계에서의 양가성, '획득(getting)'과 환경으로서 모성 기능에 관한 민감성, 빠른 감정 표출, 기분의 전환, 빠른 운동 반응 등의 특징을 긍정적 또는 부정적 형태에서 찾아볼 수 있다. 구강기 성격의 기원은 보통 말하는 구강 성애적 기질의 지속보다는 모자 관계의 양상에서 찾아야 한다. 당연히 아이가 어머니와의 관계에서 만족 혹은 좌절을 하는지에 크게 좌우된다. 한때 Freud는 어머니의 사랑을 확신하는 사람은 어떤 장애도 이겨 낼 수 있다고 느낀다고 언급하였다.

강력한 구강기 특징은 정상으로 보이는 수많은 어른에서 찾아볼 수 있다. 낙관, 야망, 자신감, 심지어 과신이나 허풍, 리더십에 대한 욕구, 이런 성격 특성에서 기인한 실제적 성취를 흔히 보인다. 흔히 이런 특성을 가진 사람은 리더가 되는데, 종종 세계 역사에서 중요한 인물이 되기도 한다. 현세의 Freud, Churchill, Roosevelt가 모두 구강기 성격이다.

그러나 병적인 형태의 경우, 구강기 성격은 간혹 조현병으로까지 퇴행한다. Rosen(1953)은 구강성(orality)이 정신증이 되는 것이 오이디푸스 상황이 신경증이 되는 것과 유사하다는 것을 깨닫기 전에는, 조현병에 대한 그의 이해가 확고하지 못했다고 언급하였다. 말 그대로 조현병 환자는 다른 누구도 아닌, 오직 그의 어머니와 관련이 있다.

조현병은 구강기 퇴행의 극단적인 형태이다. 하지만 경한 형태의 퇴행을 찾아볼 수 있다('경계선' 사례들). 자아의 뚜렷한 나약함, 좌절에 대한 낮은 내성, 고양과 우울의 교대되는 삽화, 약간의 좌절에 의한 분노 폭발, 장기간의 무활동, 약함, 우울, 불꽃 같은 찰나적 '사랑'에 대한 중독, 증오로의 회기, 신체 증상을 만들려는 뚜렷한 경향 등이 있다. 과학자들에게서 볼 수 있듯이, 이런 성격 구조와 높은 성취들은 흔히 양립한다(Fine and Fine,

1977; Roe, 1953). Kardiner(1945)는 그의 Alorese 연구에서 문화의 지배적인 형태는 구강기에 고착되어 있다고 하였다.

항문애 성격

항문애 성격은 제1차 세계대전 이전에 Freud와 많은 그의 동료가 처음으로 서술하였다(Abraham, 1921; A.Brill, 1912; Ferenczi, 1914; Jones, 1918). 항문애 성격의 핵심은 질서(orderliness), 인색함(parsimony), 고집(stubbornness) 세 가지로, 배변 훈련과 관련하여 발생하는 것으로 여겨졌다. 적응된 항문애 성격에서는 3대 특성이 증상 없이 유지될 수 있는데, 이들은 높은 수준의 강박성, 규칙성, 일상의 세세한 것에 대한 강박적 주의를 보인다. 모든 것은 반드시 '딱 맞아야' 하며, 그렇지 않은 것을 참지 못한다. 하지만 이런 핵심 양상을 넘어 구강기 경험 양상, 성적 지향 및 많은 다른 요인에 따라 다양한 가능성이 존재한다. Freud는 사랑과 증오의 분열이 핵심 역동이라 보았고, 증오의 억압이 나머지 심리적 구조를 설명할 수 있는 핵심 갈등이라 하였다.

남근-자기애적 성격

Wilhelm Reich(1933)가 처음으로 기술한 성격 형성에 대한 그의 설명은 여전히 놀랍다. 대부분이 남성인 남근-자기애적 사람은 심지어 외적인 모습에서도 몇몇 눈에 띄는 특징을 보이는데, 이들은 자신 있으며, 때로 오만하고, 유연하고, 활기 넘치고, 인상적으로 보인다. 다른 사람에 대한 행동에서는 자기애적 요소가 항상 대상-성적 충동(object-libidinal)을 지배하며, 다소간 위장된 가학적 성향이 항상 혼재되어 있다.

역동적으로, 분석은 남근적 성격을 가진 자아 전체의 정체를 드러나게 한다(Sandler, 1959 참조). 이런 측면의 자아는 많든 적든 분석을 통해 공공연하게 드러난다. 이런 사람들에게는 "나쁜 놈(the big prick)"[4)]이라는 비속어 표현이 딱 걸맞다. 남근에의 실제적 또는 공상적 자부심은 강한 남근적 공격성과 함께한다. 이런 사람들의 무의식에서 남근은 사랑의 영향력 아래 있지 않으며, 오히려 공격과 복수의 도구가 된다. 이는 수동성과 항문성(anality)으로의 퇴행에 대한 방어로 작용한다. 유아기 과거력에서 반대 성을 가진 대상에

4) 역주: 'prick'은 비속어로 쓰일 때, '음경'이나 '야비하고 나쁜 사람'을 뜻한다.

대한 심각한 실망이 일정하게 드러난다. 이러한 실망은 정확히 남근을 과시하면서 대상을 이기려 시도할 때 일어난다.

히스테리 성격

Freud의 최초 공식화를 따라, 다양한 임상 단위와 정신성적 발달 과정의 고착점(point of fixation)을 관계 지으려 노력하였고, 주로 구강기는 조현병과, 항문기는 강박적 신경증과, 남근기는 히스테리와 연관 지었다. 이런 영향에 대한 언급이 여전히 문헌에 등장하고는 있으나, 이런 관계 지음은 자아심리학과 관련하여 지나치게 단순화된 표현임이 명백하다.

1908년, 히스테리 증상에 대한 Freud의 설명은 그 자체로는 여전히 옳다. 그러나 이후 연구에서 히스테리 증상은 구강기 퇴행을 비롯한 다양한 성격 특성에서 나타난다고 하였다(Marmor, 1953). 이런 인식은 분석가들이 여러 증상과 함께 히스테리 성격의 개념을 공식화하도록 이끌었다. 증상들이 상당히 빨리 변화할 수 있지만, 기저의 성격 구조는 적어도 다른 증상보다는 변화가 덜하다. 이에 관심은 성격 구조로 이동하였으며, 히스테리 환자의 정서성(emotionality)을 방어기제로 보고 있다(Siegman, 1954). 이는 또한 다른 다양한 성격 구조에도 병합될 수 있다.

피학적 성격

히스테리처럼 피학증에 관한 연구도 성적 증상을 검토하면서 시작되었다. 일부 사람들은 성적 만족감을 얻기 위하여 우선 (또는 동시에) 통증을 경험해야 한다. 본래 Freud는 이를 성적 본능의 요소로 보았다. 이후, 자아심리학 시기에서 이러한 개념은 변하였다. 그는 일차성 피학증을 죽음 본능의 파생물로 추정하였는데, 많은 이가 그를 추종하는 것을 거부하였다.

분석 경험이 쌓이면서, 피학증이 성도착이라는 시각이 점차 사라지고 도덕적 피학증(moral mesochism), 즉 이유를 불문하고 쾌락을 넘어선 고통의 선택이라는 시각이 생겼다. 도덕적 피학증은 1940년대와 1950년대에 집중적인 관심을 받는 주제가 되었고, 수많은 중요한 공식을 낳게 되었다. 이들 중 다수는 Theodor Reik의 『현대 남성의 피학증(Masochism in Modern Man)』(1941)에 요약되었고, 미국정신분석학회에서 있었던 패널 토론(Stein, 1956)과 Berliner(1958)의 중요한 논문에서 중요하고 본질적인 부분들이 제시되었다.

Reik는 보다 면밀한 관찰을 통해 피학증의 가장 중요한 한 가지 특성인 모든 쾌락적 가치의 역전(reversal of all pleasure values)이 허구였다고 주장한다. 피학적인 사람도 다른 이들과 마찬가지로 쾌락을 목표로 삼으며, 다만 우회적인 방법을 통해 도달할 뿐이다. 위협적인 불안에 협박당하고, 처벌에 관한 생각과 뒤따르는 무의식적 죄책감에 의해 억제되면서, 불안을 피해 쾌락을 획득하는 특별한 방법을 찾는다. 그는 처벌이나 고통, 굴욕을 자발적으로 감수하며, 이를 통해 이전에 거절되었던 충족을 누리는 권리를 획득한다.

피학증의 기본 공식은 패배를 통한 승리이다. 그는 처벌과 굴욕을 단순히 받아들이는 것이 아니라 처벌과 굴욕을 상상하며 기대한다. 그는 금지된 쾌락을 억누르는 데 무력함을 보여 줄 뿐만 아니라, 처벌과 굴욕이 쾌락에 도움이 된다는 것을 보여 주며 확신한다. 수치와 학대가 명성과 명예로 바뀔 것이라는 상상은 종교적 신념[5]과 유사하다.

Berliner(1958)은 대인관계 상황의 중요성을 과거보다 더욱 분명히 강조하였다. 그는 피학증을 대상관계장애, 즉 병적 방식의 사랑으로 보았다. 피학증은 증오와 학대를 주는 대상에 대한 사랑을 의미한다. 이것은 사랑이 필요한 사람이 사랑을 받지 못하는 실제적 경험과 사랑을 받고 싶은 요구 사이의 유아적 갈등의 신경증적 해결책이다[Burnham 등(1969)은 후에 이것을 '욕구-두려움 딜레마'로 불렀다]. 이것은 또한 사랑에 대한 욕구와 사랑받지 못한 경험에 대한 방어적 구조이다(Menaker, 1953). 피학적 자세는 증오하는 사랑 대상의 애정(affection)을 얻고자 하는 노력이다. 이러한 소아기의 경험은 성격 구조를 만들고, 이런 성격 구조는 전이를 통해 초기 상황이 현실에 살아남도록 한다. 피학적 고통은 한때 고통을 준 초기의 사랑 대상을 무의식적으로 표상한다. 또한 이것은 그 대상에 대한 무의식적인 복수를 표현하는 것이다(Bergler, 1949).

오늘날의 신경증적 성격

Horney(1937)는 오늘날, 특히 분석가의 사무실에서 자주 관찰되는 신경증적 성격의 한 유형을 잘 묘사하였다. 그녀가 기술한 신경증적인 사람들은 애정을 주고받는 태도, 자기에 대한 평가, 자기주장, 공격성, 성 등에 문제가 있다. 그들은 타인의 인정 또는 애정에 지나치게 의존한다. 그들은 애정에 대한 소원과 애정을 느끼거나 주는 능력 간에 명확한 모순을 갖고 있다. 타인에 대한 이러한 의존에서 표현되는 내적 불안정성을 갖고 있다. 자신

5) 역주: 원저자는 종교적 신념으로 마태복음 19:30 'the last shall be first'을 인용하고 있다.

의 권리를 주장하는 데 분명한 억제가 있다. 공격성에서의 문제는 두 가지 방식으로 그들에게 나타난다. 하나는 공격적이고, 지배적이고, 지나치게 가혹하고, 오만하고, 속이고, 잘못을 찾으려는 속성이다. 다른 하나는 반대되는 속성으로 속고, 지배당하고, 야단맞고, 강요받고, 굴욕당하는 것이다. 성적으로는 성 활동에 대한 강박적인 욕구를 보이거나 이런 활동에 대한 억제를 보이기도 한다. 하지만 Horney는 이러한 성격 특성의 기원을 소아기의 특정한 지점에서 찾으려 하지 않았다.

권위주의적 성격

권위주의적 성격에 관한 연구는 제2차 세계대전의 대혼란 중에 발전하였다. Adorno 등(1950)은 이런 사람들에 대한 폭넓은 실험과 면담 결과를 서술하였다. 그들의 책은 그 자체에 관한 토론을 담은 많은 논문을 파생시켰으며, 여전히 확대되고 있다. 이 증후군은 오이디푸스적 갈등의 가학피학적 해결을 수반하는 정통 정신분석학적 양식을 따른다. Fromm은 이것을 "가학피학적 성격"이라고 불렀다. 외부의 사회적 억압은 충동의 내적 억압을 동반한다. 사회 통제의 '내재화(internalization)'를 얻기 위해 권위자에 대한 개인의 태도와 정신적 대리인(초자아)은 비이성적인 측면을 수용한다. 이들은 오직 복종과 종속에서 쾌락을 취함으로써 자신만의 사회 적응을 획득한다. 이는 가학피학적 충동 구조가 사회 적응의 조건으로서뿐만 아니라 결과로서 작동하게끔 한다.

우리 사회 형태에서는 피학적 성향뿐만 아니라 가학적 성향도 충족을 찾는다. 이러한 충족을 성격 특성으로 해석하기 위해 차용된 틀이 바로 특정한 오이디푸스 갈등의 해결이며, 이 증후군의 구조를 정의하고 있다. 기본적인 형태인 어머니에 대한 사랑이 가혹한 금기의 영향을 받는다. 이런 금기는 아버지에 대한 증오로, 반동형성을 통해 다시 사랑으로 변형된다. 이런 변형으로 특정한 종류의 초자아가 나타난다. 증오에서 사랑으로의 이 변형은 생애 초기 발달기에 수행해야 하는 가장 어려운 작업이며, 절대 완벽하게 성공할 수 없다. 상동증(stereotypy)[6)]은 심하게 리비도화되며, 개인의 내적 세계에서 큰 역할을 하게 된다. 이들은 심한 강박적인 성격 특성을 발달시키는데, 부분적으로 항문-자학기로의 퇴행에 기인한다. 사회학적으로 이 증후군은 유럽의 중하위 계층에서 매우 특징적이었다. 미국에서는 실제 사회적 지위가 자신이 원하는 지위와 차이가 있는 사람들에서 보일 것으

6) 역주: 증오를 사랑으로 바꾸는 무작위적이고 반복적인 행동.

로 예측한다.

가장성 성격

1934년 Helene Deutsch는 '가장성(as-if)'이라는 성격 유형을 묘사하였고, 그녀의 저서는 큰 반향을 일으켰다(J. Weiss, 1966). 이러한 사람들은 그들 삶과의 전체적인 관계에서 어떤 식으로든 진정성이 빠져 있음에도 불구하고 표면상으로는 마치 완벽한 것처럼 살아가고 있다는 인상을 관찰자에게 강하게 심어 준다. 그들은 자신의 패배를 정서적으로 인지하지 못한다. 그들은 강력하고 잘 분화된 정동을 숨기고 겉으로 차갑게 보이는 사람들과는 구분해야 한다. '가장성' 성격은 대상 부착의 상실을 겪은 적이 있으며, 그들의 행동은 생애 초기의 동일시에 기반을 둔 단순한 흉내 내기에 불과하다. 그들은 타인을 쉽게 동일시하는데, 특징적으로 그들이 만나는 상대의 성격에 따라 변화무쌍한 행동 변화를 보인다. 그들에게 대상 항상성은 없다. 그들은 굉장한 공격성이 숨겨진 수동성, 대상 상실에 대한 진정성이 결여된 정서적 반응, 도덕적 구조의 결함, 한 사회적 그룹에서 다른 그룹으로의 불안정한 변경, 엄청난 피암시성을 특징으로 한다.

환자가 부착할 대상을 찾는 데 실패하는 원인의 중심에는 기본적 외상이 자리한다. 환자들이 가지는 대상은 대상의 실제적인 결핍으로 인해 또는 그들이 경험한 외상으로 인해 평가 절하된다. 그들의 양육자들에게 정동은 결핍되어 있었다. 결과적으로, 환자들은 모방의 단계를 넘어 진정한 내재화 단계로 발전하지 못하였다. 그들은 내재화할 능력을 획득하지 못하였으며, 적절한 초자아를 형성하는 데 도달하지 못하였다. 모든 대상은 여전히 외부에 있다. '가장성' 단계가 조현병과 사춘기에 나타나기는 하나, 진정한 '가장성' 현상은 갑자기 나타나지도, 일시적으로 사라지지도 않는다.

다른 성격 구조

개인에 대한 수많은 다른 형태의 성격 구조와 연구들이 정신분석 문헌에 등장한다. Jones(1913)는 무의식적으로 그들이 신(성부)이라고 믿는 사람들을 기술하였다. 또한 Jones는「햄릿에 관한 연구」(1948)에서 햄릿의 갈등이 어디에서나 존재함을 보여 주었다. Abraham(1925)은 침입자의 성격을 기술하였다. Erickson(1958)은 무자비하게 두들겨 맞았던 극도로 불우하였던 아동기로 돌아간 Luther의 전환을 추적하였다. Greenson(1958)

은 '장막(screen)'성격[7]이라는 새로운 정체성을 찾는 사람들을 기술하였다. Gedo(1972)는 정신분석학적 자서전의 방법론에 대한 패널 토론을 보고하였다. Gilberg(1974)는 금욕주의와 한 수녀의 분석을 보고하였다. Fine(1967)은 체스 선수들의 성격을 기술하였고, Fine과 Fine(1977)은 이런 이론을 확장하여 수학자들에 관해 기술하였다.

자아기능의 개요

우선 문헌에 등장하는 성격 구조에 대한 전체적인 기술은 만족스럽지 않아 보인다. 이들은 정신과적 진단의 모호한 개념과 너무나 비슷하며, 의문스러운 대중적 일반화(예: 구강기 성격은 뚱뚱한 사람과 동일하다.)에 너무 가깝다. 하지만 자아심리학 발전 이전에는 정확성을 기할 수단이 부족하였다.

제2차 세계대전의 시작과 함께, 심리학적 검사와 다양한 자아기능에 대한 보다 깊이 있는 이해로 무장한 임상가들과 연구자들은 더 완전하고 복잡한 성격 측정 도구에 점점 더 의존하였다. 이들은 또한 1937년에 "모든 정상인도 사실은 단지 평균적으로 정상일 뿐이다. 그의 자아의 어떤 부분은 다소간 정신병적인 사람의 자아에 가깝다."[7]라고 한 Freud의 말에서 그들의 영감을 찾을 수 있었다.

자아기능의 강도와 중요성이 다양하기에, 당연히 다음 단계는 자아기능들을 하나씩 측정하고 그들을 통합하여 종합적으로 기술하는 것이다. 이러한 측정과 평가는 두 가지 다른 접근이 있을 수 있는데, 실제로 역사상 그러하였다. 하나는 확립된 심리검사들이며 다른 하나는 임상적 면담이다. 후자를 통해 해당 자아기능들에 보다 직접적으로 접근한다.

정신역동적 심리학적 평가는 단어 연상과 수반되는 콤플렉스들에 관한 Jung의 연구가 그 효시이다(Diagnostische Assoziationsstudien, 1906). 다음으로 중대한 전진은 1921년 Rorschach의 비상한 평가의 발명이다(Psychodiagnostics). Murray의 주제통각검사(Thematic Apperception Test)는 1935년에 발행되었고, 성격 탐색을 위한 상당한 분량의 방법론—면담과 검사 방법이 합쳐진—은 1938년에 발표되었다(Murray et al., Explorations in Personality). Wechsler의 지능검사(intelligence test)는 1939년 처음으로 출판되었으며, 이내 기존 Binet 지능검사를 대체하였다. Bender는 그녀의 벤더도형검사(Visual-motor Gestalt test)를

7) 역주: Greenson은 장막 성격을 자기상의 장애로 생각하였다. 현대적 의미로는 자기애성 인격장애에 가깝다.

1938년에 출판하였다. 성격 기능의 측정 도구로 인물 그리기를 사용한 것은 예술가와 그의 갈등 간의 관계에 대한 초기 발견을 간단히 적용한 것이다(Machover, 1949; Rank, 1932; Sachs, 1942).

제2차 세계대전 동안 그리고 이후, 이러한 평가 방법들은 임상 심리학자들의 핵심 진단 도구가 되었다. 첫 번째이자 가장 광범위하게 대규모의 평가 배터리를 사용한 것은 Rapaport와 동료들의 작업에서였다. 이들 평가 배터리는 단순히 진단적 수준이 아닌 모든 자아기능을 탐색할 수 있었다. 그들 작업의 첫 출판물은 Rapaport, Gill, Schafer의 『진단적 심리검사(Diagnostic Psychological Testing)』(1945~1946)였다. Rapaport 연구 팀은 지능검사를 포함한 검사 도구와 성격 기능 간에 다양한 연관성이 있음을 제안하였다. Rapaport의 모든 저작에 대해 통계적으로 부적절하다는 의문이 제기되어 왔지만, 그의 접근은 분석 지향적 임상심리학자와 정신의학자들에게 여전히 우수한 연구로 남아 있다.

Holt(1968)는 진단이 만족스러운 분류는 아니지만, 성격 기술에 필수적인 요소라는 견해를 밝혔다. Rapaport의 작업을 수정하고 갱신하면서, 그는 Rapaport의 입장을 여덟 가지의 제안으로 정리하였다.

1. 진단은 분류가 아니라 적응적 어려움이 있는, 또는 어떤 기형이나 황폐로 고통받는 성격에 대한 언어적 모형 구조이다.
2. 이러한 언어적 모형은 반드시 개체 내 비교 또는 사용된 변수들의 정량화를 수단으로 위계적으로 조직되어야 한다.
3. 진단처럼 유형학적 개념(typological concepts)은 대인관계 내에서 비교를 통해 성격 기술을 돕는 기준점으로서 유용하다.
4. 진단에서 중점적으로 강조되어야 할 것은 구조적이다. 주로 방어에 중점을 둔 자아구조의 유형학을 사용한다. 한편, 역동적 및 기원적 고려도 중요하지만 이차적이다.
5. 진단 과정은 공감적 관찰과 임상 자료(검사 포함)로부터의 일차적 추론을 통한 변수들의 확인과 측정으로 시작한다. 그리고 임상가는 이러한 변수들의 패턴을 검사하고, 서로의 관련성을 경험적 지식과 적절한 이론을 통해 더욱 체계적 형태인 이차적인 추론을 만든다.
6. 성격 기술의 임상적 유용성은 성격학적 진단과 증상적인 진단을 둘 다 포함하였을 때 향상된다.
7. 진단가는 부적응적이고 비보상적인 상태에 반대되는 것으로, 어떤 성격 측면이 적응

적이고 보상적인 역할을 하는지 그 정도를 평가하기 위해 노력해야 한다.

8. 진단의 최종적인 목표는 고유하게 조직화된 개개인의 행동에 대한 이해와 개별화된 예측을 촉진하는 것이다. 넓은 영역대의 가능한 예측들이 임상적으로 필요할 수 있으므로, 진단적 기술은 성격의 주요 측면들을 대부분 포함해야 한다.

Rapaport 이후, 진단적 심리학적 평가는 사실상 독립된 학문으로 발전되었다. 우리가 개별 평가 도구들의 발달을 추적하기엔 너무나 많은 발전이 있었다. 심지어 단순 질문지로 된 새로운 검사들도 여러 페이지에 달하고 있다(Buros, 1975). 대체로 심리검사는 정신분석의 기법적 진보와 별개로 발전하고 있다.

임상적 접근

자아기능에 관한 또 다른 접근법인 임상적 접근법도 상당히 활발하게 활용되었다. 여기서 생기는 의문은 "자아기능에서 어떤 것이 포함되어야 하는가?"이다. Freud의 마지막 요약 작업인『정신분석 개요(An Outline of Psychoanalysis)』에서 그는 자기보호, 외부 자극을 인지하고 대처하는 것, 자율적인 행동을 통제하는 것, 활동을 통해 자신에게 득이 되도록 외부 세계에 영향력을 미치는 법을 배우는 것을 자아의 주요 특성으로 포함시켰다. 그가 포함시킨 다른 측면들로는 쾌락의 추구와 고통의 회피, 본능적 욕동을 충족시킬 시기를 결정하는 데 외적인 상황들을 고려하는 것, 예상치 못한 불쾌감의 증가를 불안 신호로 전송하는 것이 있다. 핵심 기능의 일부로, 자아는 과도하게 강한 자극을 피하려고 하며, 기억 기능을 가지고 있고, 이드와 초자아로부터의 요구와 현실을 조화시키려고 한다.

Hartmann(1950)은 중도에 포기는 하였으나 다소 다른 목록을 제시하였다. 어떤 분석가들도 완전한 목록을 만들려고 시도치 않았으며, 그 또한 이러한 목표를 가지고 목록을 만들지는 않았던 것으로 보인다. 다른 사람들은 Freud의 초기 생각에 따른, 그리고 거기에서 확대된 자아기능에 대한 다양한 편집물들을 제시하였다(Bellak, 1955; Beres, 1956; A. Freud, 1965; Greenspan and Cullender, 1973; Knapp et al., 1960; Mahrer, 1970; Waldhorn, 1967). 다음에 자세히 언급한 연구들과 별개로 가장 포괄적인 논의는 Arlow와 Brenner(1964)에 의한 것으로, 이들은 의식, 감각 지각, 정동의 지각과 표현, 생각, 운동 동작의 통제, 기억, 언어, 방어기제와 일반적 방어 활동, 본능적 에너지의 통제, 조절 및 결합, 통합과 조화, 현실 검증력, 이들 기능들의 작동의 억제 또는 정지 그리고 원시적 수준으로의 기능의 퇴행을 자아 기능에 포함시켰다.

메닝거 연구 프로젝트(1954~1972)

더욱 정확한 자아기능을 기술하려는 요구로, 수많은 대규모 연구가 1950년도 그리고 그 이후로 수행되었다. Otto Kernberg의 주도로 1954년에 시작한 메닝거 클리닉 프로젝트(Menninger Clinic Project)가 그 선두에 섰다. 큰 규모의 전문가 팀이 Menninger Foundation에서 입원 또는 통원치료를 받은 성인 환자 42명의 치료 과정과 결과를 주의 깊게 검토하였다(Kernberg et al., 1972).

정량적으로 측정된 변수들은 세 개의 군으로 나누어졌다. 환자 변인으로 불안과 증상, 자아요소, 동기적 요소, 관계 요소들이, 치료 변인으로 치료의 일반적 요소와 치료 과정이, 상황 변인으로 스트레스, 갈등 촉발 인자, 물질적인 지원 정도, 대인적인 지지 정도, 욕구-일치 정도, 변이성 및 기회들이 포함되었다. 추가적인 경험과 요인 분석을 통해 이들을 소수의 표지자 변수들로 축소하였다.

1. 환자 표지 변수들
   ① 자아강도
   ② 불안의 정도
   ③ 자기-지향 공격성(내부로 향한 공격성)
   ④ 외재화
2. 치료 표지 변수들
   ① 해석 기법
   ② 해당 사례에서의 기술(skill)
   ③ 허용성의 정도
   ④ 긴장도(degree of tenseness)
3. 상황 표지 변수들
   ① 대인 간 지지
   ② 스트레스
   ③ 변이성(mutability)
   ④ 물질적 지원

통계 분석으로부터의 주요 소견은 정신분석 이론의 틀 속에서 수행된 전체적인 치료 스펙트럼, 즉 정신분석, 표현 정신치료, 표현-지지 정신치료, 지지적 정신치료에 있어 환자의 높은 수준의 초기 자아강도가 치료의 좋은 예후의 지표라는 것이다. 환자 변수를 요인 분석한 결과, 자아강도는 세 가지 깊숙이 연결된 특성들의 조합으로 정의된다. ① 정신 내적 구조의 통합, 안정성, 유연성의 정도(방어 패턴, 불안 내성, 내재적으로는 충동 조절, 사고 통합, 승화 능력과 같은 변수를 포함). ② 타인과의 관계에서 얼마나 적응적인지, 깊은지, 정상 본능적 요구를 충족할 수 있는지 정도(대인관계의 질Quality of Interpersonal Relationships 변수에 상응). ③ 정신 내부 구조의 기능 부전이 증상으로 직접 표출되는 정도(증상의 정도Severity of Symptoms 변수에 상응).

이 연구는 또한 자아가 약한 환자(주로 이들 연구에서는 경계선 환자들에 해당하는)에게는 수정된 표현적 또는 표현적-지지적 접근으로 기술될 수 있는 특별한 치료 양식이 필요하다고 결론지었다. 이러한 수정은 특별히 전이를 다루는 것과 관련되어 있다. 메닝거 재단에서 수행한 다른 연구들은 낮은 자아강도를 가진 환자들에게는 표준적인 정신분석도 아니고 지지적 정신치료도 아닌 표현적 접근의 특별한 치료 양식이 요구된다고 제안하였다(Kernberg, 1968). 주 연구의 후속 연구에서, Horwitz(1974)는 이렇게 적용된 방법들에 의해 어떻게 다양한 임상적 예측들이 만들어질 수 있고 확증될 수 있는지를 제시하였다.

햄프스테드 색인

1953년에서 1954년경, Anna Freud가 이끄는 Hampstead Child Guidance Clinic의 연구진은 햄프스테드 색인(Hampstead Index)으로 알려진 프로젝트를 시작하였다. 이 프로젝트의 지도자는 Joseph Sandler(1962)였다. 연구 결과 중 하나는 색인 기술(indexing technique)이 과학적 방법의 요구 조건을 충족하는 정신분석 연구 방법의 토대를 제공할 수 있다는 점이었다.

Dorothy Burlingham이 이끄는 예비 연구 팀은 먼저 그들이 평소 치료하던 50명의 사례에 대해 분석적 자료 및 이외의 자료로 분류하였다. 이 예비 연구를 기초로 사례 자료의 대부분을 궁극적으로 포함할 수 있는 예비적인 공통된 범주 세트, 즉 공통된 분류의 틀을 만들 수 있게 되었다. 치료자는 철저히 원칙에 따라 그의 자료를 가장 알맞다고 생각하는 범주에 맞춰 정렬하고 분류해야 하였다. 분류될 데이터는 일반 병력과 정신분석 자료, 두 영역으로 나뉘었는데, 후자가 훨씬 많았다.

색인의 산물은 글자가 적힌 카드 세트이다. 각각의 카드는 '관찰 단위(unit of observation)'와 자료의 출처나 요약이 기록된 환자의 사례 노트에서의 해당 참조 페이지에 대한 자료를 포함하고 있다. 색인 과정에서 얻은 주요한 결과물은 선명해진 정의와 이론적 공식화였다.

Sandler(1962)는 색인을 구성하는 과정이 상호 연관된 여러 단계로 구분됨을 관찰하였다. 첫 번째는 치료자가 정신분석 이론에 대한 그들 각자의 지식에 따라 그들 자료의 개념화 및 분류를 하는 단계이다. 두 번째는 실제 관찰에 더 정확하게 부합될 수 있도록 내적 정신분석적 모형을 정교화하는 단계이다. 세 번째는 수정된 이론적 공식화의 측면에서 분석적 관찰의 재평가를 하는 단계이다. 그는 색인 과정을 '잠정적으로 널리 적용될 수 있는 과학적인 기법'이라고 결론지었다.[8]

햄프스테드 색인과 이와 관련된 Anna Freud의 진단적 개요(Diagnostic Profile)로부터 파생된 많은 연구가 문헌에 소개되었다. 이들 대부분은 관찰적 자료의 측면에서 이론적 개념을 보다 정확히 하거나 혹은 어떻게 관찰적 자료가 이론적 틀에 의해 더 분명해지는지를 보여 줌으로써 색인 자료를 사용하여 정신분석의 개념적 틀을 정제하였다.

강박 증상에 관한 연구에서, Sandler와 Joffe(1965)는 일반적으로 강박적(obsessional)이라고 표기되는 임상 양상에는 많은 차이가 있으면서도 매우 유사한 면이 있으며, 이들 모두가 강박신경증으로 이름 붙여질 수 없음을 발견하였다. 강박신경증에서 나타나는 자아의 변화는 적어도 부분적으로는 이 장애에서 매우 두드러진 욕동 퇴행을 동반한 기능적 자아의 퇴행에 기인한다. 자아 퇴행은 항문기에 가장 저명한 발달을 보이는 자아기능들, 특히 일반적으로 인지, 지각, 조절과 관련된 기능들을 수반한다. 초자아자료를 분류함에 있어, Sandler 등(1962)은 함입물뿐만이 아니라 환경 내 실제 권위적 인물(authority figure)에 대한 자아의 반응과 함입된 권위적 인물의 외재화된 표상(externalized representatives)에 대한 자아의 반응을 고려하는 것이 필요함을 발견하였다. 초자아기능의 두 주요한 구분이 기술되었는데, 하나는 복종(obedience)을 다른 하나는 지도(guidance)를 강조하는 것으로, 두 가지 모두 아동에게 필수적이다.

공상에 관한 연구에서, Sandler와 Nagera(1963)는 정신적 내용을 조직화하는 자아의 능력과 정신적 내용에 부과된 형태를 구별하였다. 공상 내용은 자아에 의해 일단 내용이 형성되면 이드가 부착된 내용(소망 내용)이 되며, 정신적 내용에 부과되어 온 조직된 성질의 모두 혹은 일부를 유지할 수 있다. 표상적 세계에 관한 연구에서, Sandler와 Rosenblatt (1962)는 색인 자료를 기반으로 표상적 세계의 개념은 연구 과정에서 특정한 이론적 어려움을 피할 수 있게 해 주며, 동일시와 함입과 같은 메커니즘을 비교적 간단한 방법으로 정의할 수 있음을 알게 되었다.

다른 출판물들이 자아기능을 조명하는 데 있어 햄프스테드 색인의 유용성을 한층 더 잘 증명해 줄 것이라 기대한다.

조현병 환자의 자아기능에 대한 Bellak의 연구

1973년에 Bellak과 동료들은 조현병 환자와 신경증 환자 및 정상인의 자아기능을 비교한 5년간의 연구 결과를 발표하였다. 그들의 작업은 방법적으로 주의 깊게 수행되었고, 자아심리학에 지대한 함의들을 제시하였다. 사실상 그들은 어떤 유형의 집단에도 적용할 수 있는 자아기능 연구를 위해 잘 연구된 매뉴얼을 제공하고 있다.

Bellak의 연구진은 현실 검증, 판단, 세계와 자기에 대한 현실감, 욕동, 정동 및 충동의 조절과 통제, 대상관계, 사고 과정, 자아의 작동하의 적응적 퇴행, 방어 기능, 자극 장벽(stimulus barrier), 자율적인 기능, 합성-통합 기능 그리고 숙련-효능감(mastery-competence) 등 총 열두 가지 자아기능에 관해 연구하였다. 연구 대상자는 조현병 환자 50명, 정상인 25명, 신경증 환자 25명이었다. 임상 면담과 다양한 심리검사가 사용되었는데, 심리검사는 표준화된 것도, 그렇지 않은 것도 있었다.

임상 면담으로부터는 숙련-효능감에 대한 자료가 불충분하였다. 다른 열한 가지 자아기능에 대해서 평가자들은 1.5 척도 점수 내의 평균에 동의하였다.[9] 자아기능의 수준은 대상자의 사회적 지위, 교육, 지능, 나이와 약한 연관성을 보였는데, 평가자 네 명의 점수는 이들 각각의 기본 변수들 사이에 서로 다른 정도의 상관성을 보였다. 그들은 그들의 작업에 기초한 채점 매뉴얼을 준비하였다. 자아기능 채점 매뉴얼에 대한 교육을 통해, 심리학 전공 대학원생들도 보다 경험이 있고 지식이 많은 심리학자의 평가에 필적할 만한 정도의 채점 일치율을 획득하였다.

자아기능의 차이는 세 집단에서 예측된 방향으로 나타났으며, 점수가 매겨진 열한 가지 자아기능 모두 통계적으로 유의하였다. 이러한 차이는 어떤 배경 요인들이나 다른 요인들에 의한 오류에 귀인하지 않았다. 주성분 요인 분석(Principal-component factor analysis)을 통해 현실 지향, 사회화, 적응적 사고 및 통합 능력의 네 가지 요인이 잠정적으로 확인되었다.

결론

논의된 세 연구와 언급된 다른 연구들에서, 모든 자아기능에 대한 종합적 접근은 의미 있고 통계적으로 신뢰할 수 있는 결과를 도출하고 있음이 반복적으로 확인되었다. 따라서 자아기능의 세세한 분류에 대해 훈련된 연구자에 의한 연구는 정신분석에서 널리 사용되어 온 전반적인 기술을 대체할 것이다. 이 연구들은 또한 자아기능에 관한 신중한 연구가 학습 이론에 기반한 심리학의 극도로 좁은 범위를 대신하여 인간의 모든 영역을 포용할 수 있는 의미 있는 일반심리학으로 이어질 수 있음을 보여 준다.

자아자율성

Heinz Hartmann의 책『자아심리학과 적응 문제(Ego Psychology and the Problem of Adaptation)』(1939)의 출판은 Freud 이후 두 가지의 가장 중요한 자아심리학의 진전 중 하나가 등장한 기념비적인 일이었다. 물론 다른 하나의 진전은 인격의 형성과 병리에 있어 문화적 요소의 인지였다. 자아의 '자율성(autonomy)'은 이드로부터의 자아자율성과 관련이 있다. '일차적인 자아자율성(primary ego autonomy)'은 이드와 본질적으로 독립적인 자아기능, 특히 기억, 지각, 사고, 학습의 인지 기능과 관련이 있다. '이차적 자율성(secondary autonomy)'은 한때 이드 욕동에 의해 결정되었으나, 이후 그들과의 접촉이 끊어진 이들 기능들과 관련이 있다. Hartmann이 보여 줄 수 있었던 것처럼, 자아자율성의 두 형태는 인간의 경험에서 중요한 역할을 한다.

Heinz Hartmann(1894~1970)은 일반적으로 제2차 세계대전 이후 시대의 가장 위대한 이론가로 여겨진다. 1945년부터 그가 사망하기까지 발표되어 온 깊이 있는 논문들은 Freud가 자아심리학에 기여하였던 방식—비체계적이고 균형적이지 못한 방식—과 비슷하게 생각을 정리해 나가면서도, 일반심리학으로 정신분석을 수립하는 데 적합한 방식으로 정신분석적 명제를 공식화하는 데 이바지했다(Schafer, 1970).

비록 Hartmann의 1939년 출판물이 큰 진전을 대표하지만, 그가 실제로 한 것은 Freud의 생각에서 모호함을 제거한 것이다. 때때로 Freud는 본능이 인간의 유일한 동기로 작용한다고 기술하였지만, 다른 한편으로 그는 '자아본능' 혹은 오늘날 자율적 인지 요소(autonomous cognitive factors)라 불리는 것을 분명하게 인지하였다. 예를 들어, 그가 쓴『일상생활의 정신병리(Psychopathology of Everyday Life)』(1901)에서는 자아기능에 대한 이드의 간섭을 다루었다. 비록 그가 당시에 그 용어를 사용하지는 않았으나, 이러한 자아기능은 본질적으로 자율적임을 분명히 인지하였다. 그러나 1923년 Freud는 그의 구조적 공식화에서 갑자기 이론상 모든 것은 이드로부터 비롯되며, 초자아는 자아의 파생물이라 하였다. 따라서 엄밀히 말하자면, 이 공식화에서는 이차적인 자율성을 획득한 방어들을 제외하면 자율적인 자아를 위한 자리는 없다. 다른 분석가들도 이 부분에서 똑같이 혼란스러워하였다.

명료하고 간결한 Hartmann의 책은 정신분석을 모든 심리학으로 의미 있게 확장할 수 있도록 필수적인 이론적 가정을 제시하였다. 그가 제시한 주요한 관점은 다음과 같다.

갈등 없는 영역 모든 정신 활동이 갈등을 수반한다고 가정할 필요는 없고, 갈등이 없는 영역 또한 존재한다. 이러한 측면에서 정신분석은 다음 세 가지 적응해야 할 쟁점, 즉 자아심리학 자체의 문제, 치료 방향, 교육에서 고려해야 할 사안이라는 쟁점에 직면한다. 정신분석을 아주 넓게 생각하였을 때 일반심리학이라 주장할 수도 있다. 자아심리학은 정신분석과 비분석적 심리학이 만나는 일반적인 영역에 해당한다. 하지만 (대부분은 학문적 심리학이 그러하듯이) 갈등 없는 영역에 국한된 연구들은 필연적으로 기본적인 심리적 관계를 간과하였다. 정신분석은 또한 사회학(sociology)의 기초과학 중 하나가 될 수 있다.

적응 현실을 숙달하는 것과 더 긴밀하게 연결된 기능은 적응이다. 적응의 개념은 단순해 보이지만 아주 많은 문제를 의미한다(혹은 노골적으로 말해서 숨기고 있다). 일반적으로 우리는 인간의 생산성, 삶을 즐기는 능력, 마음의 평정이 방해받지 않은 상태를 보고 잘 적응한다고 말한다. 적응의 개념은 생물학에서 가장 다양한 의미를 가지며, 정신분석에서도 정확한 정의는 없다. 적응은 우선적으로 개체와 환경 사이의 상호작용이다. 정신분석은 우리가 직접적이고 능동적으로 환경 혹은 사람을 바꿈으로써 개인과 환경 사이의 적응 상태를 야기한 일련의 과정들을 알아차리게 한다. 그리고 이전에 형성된 적응의 의미와 적응 과정 사이의 관계를 살펴보게 한다. 적응 과정은 체질과 외부 환경 모두로부터 영향을 받으며, 더욱 직접적으로는 개체의 발생 단계에 의해 결정된다. 원시 사회에서 적응 과정들은 엄격한 편이었다. 인간의 적응 과제는 태초부터 존재하였다. Hartmann은 "나는 인간 발달에서 사회적 요소의 일차적 중요성과 그들의 생물학적 중요성을 동시에 강조할 때 Freud의 개념과 조화를 이룬다고 믿는다."라고 기술하였다.[10] 의문점은 특정 발달 과정이 평균적으로 기대할 수 있는 자극들에 영향을 받는지와 그 정도이다. 진보적 적응도 퇴행적인 적응도 모두 존재한다.

현실 원칙 개인과 환경의 관계는 시시각각 파괴되며 끊임없이 평형 상태로 돌아가야 한다. 평형 상태는 반드시 정상은 아니며 병적일 수도 있다. 우리는 욕구가 어느 수준을 초과하고 더는 상상만으로 만족되지 않자마자 정신 기구가 외부 세계에서 쾌락의 가능성을 찾아다녀야 한다는 것을 이해하고 있다. 우리는 단지 세상이 고통을 유발하는 것을 인식하는 한에서는 세상과의 적응적 관계를 고려할 수 없다. 넓든 좁든 어떤 의미에서든지 간에 현실과의 관계는 현실 원칙에 의해 결정된다. 정신분석은 일반적으로 개인의 타고난 적응 능력이 성공적인 관계를 보장한다는 의견에 크게 동의하지 않는다.

자아의 자율성 자아의 특정 기능은 본능적 욕동으로부터 파생될 수 없다. 우리는 이를 자율적인 자아발달이라 (약간의 명백한 의구심과 함께) 부른다. 엄밀히 말해서 자아와 이드의 분화 이전에 자아는 없으며, 이드도 마찬가지이다. 둘은 모두 분화의 산물이다. 자아는 자율적으로 발전한다. 나중에 생기는 (Allport의 기능적 자율성과 유사한) 이차적 자율성도 있다.

더 현대적인 언어로, Hartmann이 말한 것은 정신분석 초기 욕동의 중요성을 배타적으로 강조한 것은 오류라는 것이다. 이드와는 독립적으로 발전하는 타고난 정신 기구가 있으며, 이것이 자율적인 자아(autonomous ego)라고 불린다. 당연히 이것은 이드와 관련이 있으며 상호작용을 하지만(Hartmann, 1952), 이드의 직접적인 유산은 아니다. 신체적이든 정신적이든, 어떤 기능이든지 자율적 자아와 방어적 자아의 기여를 구분하는 것은 가능하다. 이론적으로 이러한 접근은 다양한 자아기능의 자율적인 발전을 발견하고, 정신성적 발달과 함께 이것의 자아방어기제를 밝히고, 어떤 특정한 현상을 설명하는 데 이들 두 지식 체계를 결합하는 것이다. 과거 욕동에 대한 거의 절대적인 강조와는 반대로, 이러한 접근은 제2차 세계대전 이래로 정신분석적 사상을 지배해 왔다.

일반적으로, 다양한 자아기능의 자율적 발전의 발견은 비분석적 심리학과 생리학의 분야에서 이루어졌다. 이런 관점에서(이 장 후반부에 논의[11]), Piaget의 연구는 많은 분석가에게 특히 유익하다고 여겨졌다. 다른 한편으로는 (Hartmann이 지적했듯이) 개인을 자율적 기능에 국한하는 것은 인간에 대한 우리의 지식을 심각하게 제한하는 것이다. G. Klein(1959)은 이론적인 심리학자가 발견한 것은 의식의 특정한 상태와 관련된 법칙들로,

실제 삶에서 흔하게 재현되지는 않는다고 언급하였다. 이러한 법칙의 기능적인 중요성은 의식의 특정한 상태의 구조와 지배적인 방향의 맥락에서 이해되어야 한다.

자아의 자율성에 대한 Hartmann의 설명은 정신분석 이론에 지대한 영향을 주었다. 사실, 제2차 세계대전 이후로 모든 정신분석 이론은 그가 지적한 방향으로 어느 정도 이동하였다. Schafer(1970)는 그의 핵심적인 기여를, ① Freud의 사고에 있어 이원론적인 제약에 대한 도전, ② 다른 양식으로의 정신분석적 개념화의 타당성 수립 및 명료화, ③ 이론의 명쾌한 체계화와 구체화에 필수적인 과정으로서 자연과학적인 Freud식 초심리학의 구조를 낱낱이 밝힘, ④ 특히 중립적이고 상쇄된 자세를 취함으로써 Freud의 정신경제학적 명제의 동기화, 개선 및 확대, ⑤ 내재적으로 의미 있고 목적이 분명한 체계로써 마음의 사회정치적 모형을 따르거나 병행한 것으로 요약하였다.

자아자율성에 대한 이론이 Hartmann에 의해 자세히 설명되었지만 약간의 변화가 필요했었다. 대부분의 이론 논문은 그의 이론을 확대하거나 적용하는 것을 다루어 왔다. Rapaport(1951, 1959)는 약간의 작은 변화를 소개하였다. Holt(1965)는 Freud의 사고에서 자아자율성의 발달을 추적하였다. S. Miller(1962)는 감각 박탈하에서 자아자율성이 어떻게 기능하는지를 보여 주었다. 기대한 것과 대조적으로, 대상자들의 자율성은 감각 박탈하에서 증가하지 않고 감소하였다. Wiemers(1957)는 다른 학문 분야로부터의 자료와 일차적 자아자율성의 통합을 시도하였다. Menninger(1954)는 새로운 질병 분류를 위해 자아의 자율성과 항상성을 통합하였으나 성공적이진 않았다. Grauer(1958)는 인간의 삶에서 자아의 자율성이 이전까지 생각해 왔던 것보다 훨씬 적게 존재한다는 입장이었으나, 이는 소수의 관점으로 남아 있다.

Hartmann 이론의 가장 중요한 확장은 실험심리학과 정신분석 사이를 연결시켰다는 점이다. 인지 기능과 인지 조절에 관한 주제는 이후에 더 충분히 다루어지나, 여기서는 지난 수십 년간 스위스의 심리학자 Jean Piaget의 연구에서 보여 준 정신분석가의 광범위한 흥미에 주목할 필요가 있다(Decarie, 1965; P. Wolff, 1960).

1970년에 Piaget는 미국정신분석학회에 발표자로 초청되었다. 그의 발표는 1973년 미국정신분석학회지에도 실렸다.

발표에서 Piaget는 그 자신을 교훈적인(didactic) 분석을 해 온 무례한 이단자라 묘사하였다. 그는 광범위한 탐색을 하였던 인지적 무의식과 정신분석학자들의 정동적 무의식 사이에 많은 대등점을 제시하였다. 구조에 관해서는, 인지와 정동 영역은 매우 유사하다. 결과는 상대적으로 의식적이나, 이러한 결과를 생산하는 기제는 의식하기 어렵거나 무의식적이다. 비록 인지를 의식적인 것으로 생각하기 쉽지만, Freud의 정동 억압에 비교될 수 있는 억제 기제에 의한 무의식적인 경우도 존재한다. 그는 기억의 정동적 변형과 인지적 변형 간의 비교 연구를 강조하였다. Piaget는 영구적인 대상 스키마에 대한 인지 발달과 정신분석 이론에서 대상 영속성의 발달 사이의 대등점을 보여 준 그의 제자 Decarie(1965)의 연구를 인용하였다. 그는 정신분석가들에 의해 발견된 기제와 인지 과정을 동시에 아우를 수 있는 일반심리학의 공식화가 필요하다는 말로 결론을 맺었다.

Hartmann 이론의 또 다른 영향은 외부 현실의 모든 측면에 대한 정신분석가들의 관심 증가였다. 1972년 Wallerstein(1973)은 미국정신분석학회(American Psychoanalytic Association)에서 이를 발표 주제로 삼았다. 그는 현실에 대한 새로운 정신분석적 입장과 발달, 정신병리, 자발적 변화, 치료의 기법적인 의미, 정신분석의 적용 간의 관련성을 고찰하였다. 이후 1974년의 회장 연설에서, Burness Moore(1976)는 안팎을 동시에 살피고 있는 미국정신분석학회(American Psychoanalytic Association)의 '야누스'적 자세에 대해 자세히 설명하였다. Meissner(1976)는 또한 외부 현실에 대한 변경된 입장은 정신분석적 초심리학의 철저하고 완전한 수정을 의미한다고 강조하였다. Schafer(1976)는 행동(action)에 관한 정신분석 이론을 수정하면서 동일한 일반적인 방향으로 나아가고 있다.

자아의 발달: 강점과 약점

Hartmann의 자율적 기능으로의 확대로 자아구조의 전체적인 윤곽이 드러났다면, 자아의 발달도 추적될 수 있을 것이다. 여기에 자아의 강점 그리고/혹은 약점에 초점을 맞추는 데 있어 기원적 고려와 역동적 고려가 서로 맞물려 있다. 이 개념화는 이론적 · 실제적 영역 모두에서 오래된 진단적 범주들을 점차 대체하고 있다. 자아는 이드를 받아들이고, 현실을 다루며, 초자아를 직면할 수 있을 때 강하다(Freud). 이러한 각각의 기능(앞에서의 자아 기능의 개요에 대한 논의 참고)에서 실패하는 정도만큼 자아는 약하다. 자아가 이러한 요구 중 어느 부분에서든 붕괴할 정도가 되면, 개인은 반복적이고 상동적이며 자기파괴적 혹은 부적응적인 행동을 끌어들이면서 병이 든다.

출생 시, 자아와 이드는 분화되어 있지 않다(Hartmann). 그들은 이후 비록 서로 영향은 미치지만, 별개의 방향으로 발달한다(Hartmann). 약한 자아는 발달하지 않은 것이다. 무수히 많은 연구가 자아의 발달 과정을 확립하기 위한 시도를 해 왔다. 관련 참고문헌은 이 책의 전반에 직절한 지짐에 흩어져 있다. 자아가 그럴 수 있고 또 흔히 그러하지만, 한 면에서는 강하고 다른 면에서는 약하기 때문에 전반적인 측정이나 기술은 오인되기 쉽다. 그런데도 병적 측면은 자아의 약함과 대략 같다. 인격의 필수적인 부분들이 발달하지 않거나 혹은 만약 발달하였더라도 이전의 수준으로 퇴행한다. 이러한 약한 자아의 기반으로부터 다양한 형태의 정신병리가 갈라져 나올 수 있다.

정동 이론

Edith Jacobson(1953)이 지적했듯이, 정동에 대한 정신분석적 이론은 특이한 역설에 기반한다. 비록 정신분석이 신경증의 원인으로서 정동의 질식과 이것의 치료로써 정동의 해방을 강조하는(1890년대의 Freud) 정동 이론으로 시작되었지만, 정신분석이 본능 이론으로 옮겨 가면서 정동에 대한 체계적 논의는 중단되었다. 따라서 우리는 모든 저자가 정동에 대한 지속적인 정신분석적 이론의 부재를 개탄하는 것을 보았다(Jacobson, 1971; Green, 1977). Arieti(1970)는 정동 이론이 '완전한 혼돈 상태'에 있다고 기술하였다. Rangell은 정동에 대한 가장 최근의 학술 토론회에서 여전히 정동에 대한 완전한 정신분석적 이론을 가지지 않았음을 강조하였고, 그의 논문을 "정동 이론을 향하여(Toward a Theory of Affects)"로 부르길 선호하였다(Castelnuovo-Tedesco, 1974). 1977년 예루살렘에서 열린 국제회의의 주제는 정동 이론이었다. 정신분석이 등장한 매우 초기부터 정동을 상세히 다뤄 왔음에도 불구하고, 관련된 많은 지혜가 정신분석 문헌으로부터 도태될 수 있다. 다시 한번 우리는 반복되는 딜레마에 봉착한 것으로 보인다. 임상 이론은 풍부하고 다양하지만, 초심리학적 이론은 혼란스럽고 와해된 채로 남아 있다.

Freud는 실제로 이 주제를 체계적으로 다룬 적이 없다. 정동이 자아의 상태라는 생각은 1926년의 『억제, 증상 그리고 불안(Inhibitions, Symptoms and Anxiety)』에서 등장하였는데, "불안은 따라서 우선 느껴지는 무언가이다. 우리가 비록 정동이 무엇인지에 관해 무지하기는 하지만 이것을 정서적인 상태라고 부른다."[12]라고 말하였다. 비록 Freud 자신이 이 점에 대해 확실히 하지 않았음에도, 분석가들은 이 책에서 Freud가 불안에 대한 자신의 이론적 입장을 이드 성적 충동의 변형에서 자아상태로 바꾸고 나서부터 모든 정동에 관해 자신과 같은 입장을 취하기를 원한다고 추정하였다.

Rapaport(1953)는 문헌상 정동에 관한 주요한 초심리학적 이론에 있어 중요한 인물이다. 먼저, 그는 Frued 본인의 저술에서 정동에 대한 세 가지 다른 접근에 대해 알아내려 하였다. 이 세 가지 접근은 정신분석 역사의 세 단계와 관련 있다. Rapport에 따르면, 첫 번째 단계에서 정동은 정신 에너지와 같은 뜻으로 사용되었다. 이것은 억압된 감정이 신경증을 일으키며, 따라서 치유는 정동의 해소 혹은 제반응을 이끄는 정화 요법에 의한다는 가설과 병행한다. 대략 1900년에서 1915년 사이의 두 번째 시기에는 느낌을 본능의 결과로 보았는데, 이는 McDougall의 그것과 다소 동일한 것이었다. 느낌은 매우 철저하게 본능에 연결되어 있어, 그 본질은 느낌에 동반된 신체 변화 과정에 있다고 보았다. 동시에 Freud는 James-Lange의 이론에 반대하였는데, 그는 신체의 느낌이 감정을 불러일으키는 것이 아니라(William James와 Lange의 주장처럼) 감정이 신체의 느낌을 야기한다고 하였다. 1915년 이후인 세 번째 시기에는 느낌을 자아로부터 방출되는 신호로 보았다. 느낌은 꼭 알아야 할 내적 혹은 외적 현실의 어떤 상태를 보여 주는 것이다. 일반적으로 이러한 느낌은, 특히 불안한 정동처럼 부정적인 의미로 사용되었다.

비록 Freud의 접근을 알아내려던 Rapaport의 시도는 흥미로웠지만, 이것이 실제로 Freud가 믿었던 것인지에 대한 역사적 증거는 찾을 수 없다. Freud는 이 주제에 체계적으로 접근하지는 않았으나 정동에 대해서는 다양한 언급을 하였다. 그들 중 일부는 시간이 지나며 바뀌었으며, 다른 것들은 바뀌지 않은 채로 남아 있었다.

Rapaport(1953)는 그 나름대로 타고난 배설 통로(inborn discharge channels), 배설 역치(discharge thresholds), 욕동 부착(drive cathexes)의 세 가지 요소의 통합을 시도한 정동 이론을 제안하였다. 하지만 문헌상 이러한 종류의 에너지 이론에 관한 후속 연구는 거의 없었다.

1973년의 심포지엄(Castelnuovo-Tedesco, 1974)에서도 이 주제에 관해 여전히 분석가들 사이의 이론들은 큰 차이가 있었다. Rangell은 인지와 정동이 하나의 유기적인 인간 안에서 거미줄처럼 서로 얽혀 있다고 보았으며, 생각이 없이는 정동도 없으며, 연관된 정서적 반응이 없는 무의식적 공상도 없다고 주장하였다. Modell은 정동에 관한 두 가지 이론, 즉 방출(discharge)과 대상관계(object-relations)를 기술하였는데, 전자는 긴장의 해소를, 후자는 타인과의 소통을 강조하였다. Moore는 정동을 쾌락-불쾌 상태에 따른 개체의 내외적 지각과 반응성의 주관적이고 의식적인 표명으로 정의하였다. Valenstein은 정동의 일반 이론에 대한 발달적 맥락을 강조하였으며, Moore처럼 정신분석적 자료와 현대 신경생리학적 연구로부터 얻은 자료 통합의 필요성을 이야기하였다. Castelnuovo-Tedesco는 임상 현상과 이론적 공식화 사이의 접점을 선명히 할 필요성을 강조하였다. 그는, 특히 시간 및 감각 경험과 정동성 간의 관계를 강조하였다. 논의에서, Ross는 정동이 아마도 자율적인 기능이며 자아발달의 전구체로 여겨져야 한다고 제안하였다. Kaywin은 정동이 그 무엇보다도 더 개인적이고 주관적인 경험으로, 이것의 규정하기 힘든 성질 때문에 그 특징들에 대한 보다 정확한 진술을 얻기가 어렵다고 주장하였다.

종합하면, Moore는 우리가 정동에 관한 포괄적인 이론을 가지고 있지 않으며 이 주제에 대한 체계적 접근이 어렵다는 것을 지적하였다. 그렇지만 발표와 토론들이 대상관계에서 정동의 역할, 정동의 의사소통적 기능, 시간의 중요성, 현재와 과거 그리고 계통 발생과 개체 발생을 서로 연결하는 정동의 기능에 대해 반복적으로 논의하며 상당한 수준의 합의를 보여 주었다.

우리는 또한 감정의 세 가지 순서에 관한 Arieti(1967, 1972)의 이론에 주목한다. 일차 또는 '원감정(protoemotions)'은 정확히 국한할 수 없는 내적 경험이고, 약간의 신체적 특성을 가지며, 특정 자극의 존재 혹은 부재에 의해 촉발되고, 중요한 동기적 요소가 되며, 거의 즉각적인 효과를 가지고, 최소한의 인지 작업을 필요로 한다. 이차 감정은 개체에 대한 직접적 혹은 임박한 공격 또는 항상성 위협에 의한 즉각적 변화에 의해서가 아니라, 인지의 상징적 과정에 의해서 초래된다. 언어의 발달, 전 개념적(preconceptual) 수준을 점진적으로 포기하며 개념적 수준의 발달과 함께 사랑, 분노, 시기와 같은 삼차 감정이 발생한다. 일차 및 이차 감정과 함께, 이것은 사람에게 매우 복잡하고 다각적인 감정적 목록을 제공한다.

이것의 독단적이지 않은 특성 때문에, 임상적 관점에서 볼 때 정동에 대한 Schafer의 탐색(1964)은 문헌상 가장 유용한 논문 중 하나이다. Schafer는 존재(existence), 형성(formation), 강도(strength), 자극(stimuli), 복잡성(complexity)과 역설(paradox), 위치(location), 의사소통(communication) 및 역사(history)로 정동 표명의 여덟 가지 중요한 범주들을 정리하였다.

정동의 발달

오랫동안 정신분석 이론에서는 정동이 개체 내 및 개체 간 복잡한 일련의 상호작용에 의해 영아기 기반(infantile matrix)에서 발달한다고 가정해 왔다. Spitz는 그의 다양한 연구에서(1959년을 보라.) 이미 유아기의 미소(2개월), 불안(8개월), 언어(15개월)라는 세 가지 정신 조직자(organizer)를 지정하였다. Spitz의 연구에 이어서 Emde 등(1976)은 영아 정동 표현의 세 가지 단계를 구별하였다. 첫 번째 단계는 첫 2개월 동안의 울음이다. 두 번째 단계에서 울음-침묵 체계에 미소가 추가되며, 이것은 다른 양식을 통한 애착을 강화한다. 세 번째 단계는 낯선 사람에 대한 스트레스 혹은 두려움이다. 이후, 상황의 복잡성은 단순한 범주화로 설명하기 불가능하다. "인간은 상징적 세계에 진입하며, 아동이 우리에게 자신의 언어로 말할 수 있게 되면서 연구를 위한 새로운 장이 열린다."[13]

다양한 느낌에 대한 특별한 연구

정신분석은 G. Stanley Hall의 "지적 능력은 느낌의 바다에 떠다니는 작은 얼룩과 같다."라는 유명한 격언에 동의할 것이다. 느낌의 함의는 어느 곳에나 있으므로 느낌에 대한 특정한 언급은 아마도 그리고 실제로 흔히 문헌에서 생략되고 있는데, 이런 사실이 정신분석은 느낌을 거의 다루지 않는다고 한 Tomkins(1962, 1964)의 주장과 같은 기이한 오해를 낳게 한다. 이것은 또한 처음부터 정신분석이 정신증을 '사고장애'와 '정동장애'로 나눈 Kraepelin의 분류를 거부한 이유를 설명해 줄 수도 있다. 정신분석적 관점에서, 감정적 개입이 없는 사고장애와 같은 질병 단위는 존재할 수 없다. 일찍이 1908년에, Abraham은 소위 정상 상태라고들 말하는 조울증의 휴지기는 강력한 강박적인 방어를 숨기고 있는 것에 지나지 않음을 보여 주었다.

정동은 항상 긴장 해소, 대인 간 소통(나중에 '신호'로 재공식화된), 생리적 반응의 결합으로 여겨져 왔다. 또한 일반적으로 사람은 '죄책감이 가득한' 사람, '슬픈' 사람, '태평스러운' 사람처럼 지속적인 종류의 정동 반응으로 특징지어진다고 추정해 왔다. 정신분석의 또 다른 구체적인 기여는 감정의 무의식적 측면을 최우선으로 강조하는 것이었는데, 무의식적 측면의 누락은 감정에 대한 대부분의 비분석적 연구를 무효화시킨다.

이러한 이론적 신념에 따라, 바로 그 시작점에서의 분석 문헌은 개별 느낌들 혹은 느낌 상태에 관한 많은 기술을 포함하였다. 이러한 기술들은 대체로 매우 철저하였는데, Schafer(1964)에 의해 열거된 이드, 자아 및 초자아, 의식과 무의식적 측면들, 역사 그리고 여러 다른 요소들을 탐색하였다. 나는 가장 두드러진 몇 가지를 논할 것이다.

사랑 Freud는 그의 연구를 통틀어, 특히 초기 이드 시기에 사랑과 사랑의 모든 표상에 대해 관심이 많았다. 그의 관점은 정상적 그리고 신경증적 사랑이라는 두 제목으로 가장 잘 요약될 수 있다.

신경증적 사랑에 대한 설명에서, Freud는 특히 소년의 발달에 관심이 많았다. 어머니는 소년의 첫사랑이며, 퇴행을 통해 그녀는 그의 연인으로 보이기 시작한다. 연인으로서의 어머니는 '의존적인(anaclitic)' 형태의 대상 선택에 따라 택해진다. 대안적 혹은 자기애적 유형에서, 사랑하는 대상은 대상 자신의 심상에 따라 선택되며 자아이상을 대체한다('자기애 Narcissism', 1914). 남성은 여성보다 흔하게 그들의 사랑의 대상을 의존적 형태에 따라 선택한다. 즉, 그들은 어머니상을 찾는다. 사랑을 열정적으로 만드는 것에는 무의식이 이용되었다는 것, 그리고 강력하게 부착된 사랑의 내용이 넘쳐흘러 의식화된다는 사실이다.

남자는 그의 어머니에게 고착된 채 남거나 정상적으로 여형제의 상이나 대체자의 상으로 옮겨 간다. 고착된 유형의 남자는 단지 그의 어머니로부터 유래된 어떤 관점만을 기초로 사랑하는 대상을 선택한다('남성에서 특별한 유형의 대상 선택', 1910). 이러한 억압된 기억은 '첫눈에 반하는' 현상의 이유가 된다. 금지된 어머니와 함께, 사랑은 목적이 억제된 성이 된다. 영아의 모성 고착에 대한 방어는 사랑하는 대상 비하와 돈 주앙(Don Juan) 식의 지속적인 탐색과 실망을 설명한다. 이것은 독신 남성과 행복하지 않은 기혼 남성을 만든다.

정상적인 사랑은 이성에 대한 다정함과 성적인 느낌의 결합으로부터 온다(『성에 관한 세 편의 논문』, 1905). 이러한 성취는 성에 있어서는 성기기적 성숙(genital primacy)에 의해, 인간관계에서는 대상애(object love)에 의해 두드러진다. 문화적 금기 때문에 이것은 흔히 발견되지는 않는다(1908). 어쨌거나 Freud는 사회를 개혁하려는 어떠한 시도도 꺼렸지만 (1908), 정상적인 개인은 일하며 사랑할 수 있는 사람이라고 하였다(1917).

비록 이후 문헌이 Freud의 공식화에 많이 기대고 있었지만(Fromm, 1956; R. May, 1969), 많은 저자들이 Freud가 무엇을 이야기하였는지 잊은 것처럼 보인다. 예를 들어, Laplanche와 Pontalis(1973)는 이 화제를 언급하지 않았다.

구강기에 대한 관심과 지식이 커져 가면서, 사랑의 중요성은 일차적으로 모자 관계로 옮겨 간다. '다정한 사랑의 보살핌'이라는 표현은 Margaret Ribble(1943)의 『영아의 권리(The Rights of Infants)』라는 책에 의해 유명해졌다. 잘 알려진 에세이(1936, 최근에 새로 번역)에서, Imre Hermann은 달라붙음(cling)-찾아 나섬(going-in-search) 현상에 주의를 끌었고, 이 둘 모두를 어머니의 필요성에 연결하며, 이를 유인원에서의 비슷한 현상과 처음 연관시켰다.

제2차 세계대전 이후 어머니 사랑의 필요성에 관한 문헌은 엄청나게 확산하였다(제6장, 제12장 참조). Harlow(1974)는 붉은털원숭이에서 애정 관계의 순서를 처음으로 기술하였는데, 인간의 생물학적 모형으로서 기능할 수 있는 정동적인 관계—아이에게 어머니, 어머니에게 아이, 동료애, 이성애, 부성애—의 순서를 제시하였다. 어떻게 모성애의 결핍이 다양한 자아결핍과 심각한 정신병리로 이어지는지는 반복적으로 확인되었다. 사랑의 부족이 사회적 지지의 부족으로 이어지고 인생의 모든 단계에서 심각한 결과를 초래함을 보여주는 수많은 증거가 있다.

성인의 사랑에서, Fenichel(1945) 이후의 수많은 저술가는 나눔과 상호성의 중요성을 강조하였다(Fromm, 1956). Balint(1949, 1953)는 가장 일찍이 사랑을 근본적인 것으로 강조한 사람 중 한 명으로, 그렇게 함으로써 Freud 저작의 모호함을 교정하였다. 한편, Freud는 생리학도 강조하였다. Kernberg(1974)는 내재화된 대상관계에서 사랑의 발달을 추적하였으며, 또한 나중의 사랑 경험을 위한 신체-표면 성애(body-surface erotism)의 중요성에 대한 이론을 부활시켰다. Fine(1975b)은 삶의 정신분석적 철학에서 사랑의 핵심적인 중요성을 강조하였다. Hunt(1959)는 사랑의 온화한 요소와 관능적인 요소를 통합하기 위한 다양한 노력의 관점에서 서양 문명화의 역사가 어떻게 이해될 수 있는지 보여주었다. Shorter(1975)는 놀라운 논지를 제시하였는데, 1750년대의 성적인 혁명과 함께 시작하여, 인류는 인간관계에서 더 많은 따뜻함과 사랑에 대한 필요를 인식하는 방향으로 움직여 왔다는 내용이었다. 이러한 인식에는 Freud의 이론이 중요한 기여를 하였다.

질투 질투는 대부분의 사람이 '정상'이라 여기는 보편적인 경험이다. 고전적인 논문에서(1922), Freud는 이것의 근원적인 뿌리를 기술하였다. 그는 세 종류, 즉 정상적인 질투, 투사된 질투 그리고 망상적인 질투를 열거하였다. 정상적인 질투는 애도, 성공한 경쟁자에 대한 적대감, 다소의 자기비판으로 형성된다. 투사된 질투는 남성과 여성 모두에서 그들 자신의 실제 부정함(unfaithfulness) 혹은 부정을 저지르고 싶은 충동이 억압에 굴복하였을 때 초래된다. 망상적 질투의 근원 역시 억압된 부정함에 대한 충동에 있으나, 이 경우 대상은 주체와 같은 성별이다. 망상적 질투는 동성애가 억압되는 과정에서 남겨진 것이고, 망상적 질투는 정확히 편집증으로 분류된다.

복수 Socarides(1966)은 복수의 감정에 대한 정신분석적 관점을 제안하였다. 복수의 표면적인 표명은 거의 고전적인 불변의 양식을 이룬다. 개인은 억울함으로 가득 차 있고, 용서를 잘 하지 않으며, 무자비하고, 가차 없고, 비정하고, 확고하며, 완강하다. 보복 행동에서 소원은 개인의 힘, 과대성, 정의, 판단에 대해 인정받는 것이다. 복수하는 사람은 그렇게 함으로써 힘과 과거의 정체성을 다시 획득하길 희망한다.

발달상 복수의 전조는 가장 초기 대상관계에서 찾을 수 있다. 구강기 좌절로 인한 초기 장애는 자기색정적으로(autoerotically) 본능을 충족시키는 자아의 능력에 지장을 초래하고 혐오스러운 내적 대상을 함입하게 된다. 자아의 노력이 쾌락의 원천으로서의 대상으로 향하는 사랑과 대조적으로, 복수에서 자아의 노력은 통증의 근원으로서의 대상에 대항하며 파괴하려 한다.

권태 Greenson(1953)은 권태를 정의하는 것보다 서술하기가 더 쉽다고 말하였다. 권태는 활동에 대한 의욕과 만족감의 감소, 뭔가를 갈망하나 그것이 무엇인지를 모르는 상태, 공허감, 주위 세계가 자기의 욕구를 충족시켜 줄 것이라고 막연히 기대하는 수동적인 태도, 시간이 정지된 것 같은 왜곡된 느낌(boredom은 독일어 Langeweile로 '긴 시간'을 의미한다.)을 특징들로 그 자체의 고유성을 가진다. Bergler(1945), Fenichel(1934), Ferenczi(1919a), Spitz(1937), Winterstein(1930)을 비롯한 많은 분석가가 권태에 대한 글을 썼다.

Greenson에 의하면, 권태는 리비도 조직화의 어떤 수준에서 나타날 수 있다. 그러나 우울한 사람들에게 권태가 더 자주 보이는 일반적인 경험은 강한 구강기 고착을 가진 사람들이 권태를 더 쉽게 느끼는 경향이 있음을 나타낸다. 이는 박탈이 무감동 및 우울뿐만 아니라 권태를 생산하는 데 역할을 한다는 것을 설명할 수 있다. 우울한 사람들은 외적 대상이나 내적 대상 또는 양쪽 모두에서 사랑의 박탈을 느낀다. 무감동의 경우에도 외상적인 박탈이 결정적인 역할을 하는데, 다만 이 경우는 외부 세계가 큰 영향을 미친다. 권태에는 스스로 가한 박탈, 즉 만족과 관련된 생각과 환상의 상실이 존재한다. 우울한 사람들은 애정을 보이지 않는 대상을 재획득하기 위한 투쟁과 관련된 환상으로 가득 차 있다. 무감동적인 사람들은 이러한 투쟁을 이미 포기하였으며, 그들의 공상 속 삶은 생존에 대한 의문과 관련된 요소들로 제한되어 있다. 권태에는 무감동에 특징적인 공허감과 함께 우울한 사람들에서 보이는 것과 유사한 상실된 만족감에 대한 갈망이 있다.

기타 연구: 정동에 대한 결론적인 견해 여러 다른 연구들이 다양한 정동들을 다루고 있다. 의기양양(Lewin, 1950), 악몽(Jones, 1912), 수치심과 죄책감(H, Lewis, 1971; Piers and Singer, 1953), 질투심(M. Klein, 1957), 수줍음(D. Kaplan, 1972), 우정(Rangell, 1963), 불쾌함 (Freud, 1919), 기시감(Arlow, 1959), 똑같은 것을 이미 말한 느낌(deja raconte; Freud,

1914), 흥미(Greenson, 1962), 무감동(Greenson, 1949), 짜증(Schmidenberg, 1946), 씁쓸함(J. alexander, 1960), 애도(Parkes, 1972), 희망(Stotland, 1969)이 가장 중요한 것 중 일부이다.

일반적으로, 분석 논문들은 해당 감정과 관련된 무의식적 역동과 발달적 요인들에 국한되어 있다. 생리학적인 요인은 부정하는 것이 아니고 연구되어야 할 대상으로 남아 있다. 실제로 모든 분석은 인간의 감정에 관심을 두기 때문에, 정동과 관련된 특정 문헌은 전체 그림 중 일부만을 차지한다.

이에 비해 비분석적 문헌은 무의식을 무시하고(Arnold, 1970), 생리학과 관념(Tomkins, 1962, 1964)에 주로 초점을 두는 표면적 기술에 무게가 실렸다. 사물의 본질적 측면에서 무의식적이고 발달적인 고려를 배제한 것은 비분석적 연구가 기여하는 가치를 심각하게 제한한다.

인지 기능

정신분석학이 이제 전면적인 심리학이 된 만큼, 인지 기능들에 대한 어떤 이론적인 입장을 반드시 취해야 한다. 이드 시대에 인지 기능을 본능적 욕동으로 지나치게 단순화한 것에서부터, 인지 조절에서 자아의 작동 방식에 대한 초기의 설명을 거쳐, 모든 인지 기능 작용에 자아와 이드 간의 상호작용이 일어난다는 현대의 섬세한 모습까지, 인지 기능에 대한 견해는 시간이 흐르며 진화하였다. 이것으로 말미암아, 다른 인간 현상들처럼 정신분석적 관찰의 필수적인 부분이 되었다.

이드 시기(1900~1914)에, Freud와 그의 추종자들은 오늘날 한낱 '천박한 Freud주의'로 여겨질 수 있을 극단적인 판결을 받았다. 예를 들면, Freud는 "무엇보다 사고는 환각적인 소원의 대체물에 지나지 않는다."라고 적었다."[14] 지각은 만족한 경험을 하는 데 도움이 되고,[15] 첫 정신 활동의 목표는 '지각적 정체성(perceptual identity)'을 만들어 내는 것이다.[16]

기억에 관해서, Freud는 모든 것은 마음에 저장되므로 진정한 망각은 존재하지 않으며 오직 억압만이 있을 뿐이라는 입장을 가끔 취하였다. 따라서 1930년 저술한 『문명 속의 불만(Civilization and its discontents)』에서 그는 이렇게 적었다.

> 우리에게 익숙한 망각은 기억-흔적의 파괴, 즉 기억의 말살이라는 잘못된 가정을 극복하였기 때문에 정신적인 삶에서는 일단 형성된 어떤 것도 소멸하지 않는다. 즉, 모든 것이 어떻게

든 보존되면 적절한 상황, 예를 들면 퇴행이 충분히 이루어졌을 때 기억은 한 번 더 드러나게 된다는 입장을 취할 수 있게 되었다.[17]

학습 영역에 대해 Freud는 1908년의 저서 『아이들의 성 이론(The Sexual Theories of Children)』에서, 첫 지적 노력이 성에 대한 수수께끼의 해결을 지향한다면 이후의 지적 노력은 그때 이후 무의식화되어 있는 첫 성적 관심기의 흔적을 새로 일깨우는 것이라고 적었다.[18] Strachey(1930)는 이런 이드 시기에 나온 한 전형적인 논문에서 모든 읽기의 근본에는 식분증적(coprophagic) 경향이 있음을 주장하였다.[19] "저자는 생각을 내뱉고 인쇄된 책을 통해 구현한다. 그리고 독자는 책을 소유하고 이것을 곱씹은 후 독자 자신의 일부로 함입한다."[20] 또한 Malanie Klein도 이때 지적 발달의 근원에는 파괴적 충동이 깔려 있음을 강조하였다(1948).

어떤 때에는 더욱 조절된 방식으로 인지 기능을 기술하였다. 『일상생활의 정신병리(Psychopathology of Everyday Life)』(1901)에서 Freud는 고유 명사를 망각한 간단한 사례의 일면을 통해, 망각의 한 유형으로 억압에 의한 것이 있다는 상식적인 입장을 취하였다.[21]

1939년 Hartmann이 자아자율성에 대한 가설을 공식화한 이래로, 이전에 발표된 모든 이드 자료는 개정되어야 하였다. 그러나 결코 체계적으로 개정되지 않았기에, 많은 저자와 심지어 분석가들조차 앞의 언급들이 오늘날에도 동일하게 적용하는 것이 가능하다고 잘못 추정하는 경향이 있다. 초기의 분석적 접근은 인지의 본질 그 자체가 아닌, 인지 기능의 신경증적 왜곡으로 간주해야 한다. 비록 발달 초기에는 상호작용이 일어나지만, 자아심리학의 관점에서 인지 기능은 자발적이고 이드와는 독립적이다(Hartmann, 1952).

결국 지적 발달(넓은 의미로 인지 발달)은 편안하고 안전한 환경에서 가장 순조롭게 일어나며, 장애는 이드의 자아기능 방해를 보여 준다는 것이 명확해졌다. 1950년대부터 자아패턴이 생애 매우 초기부터 구조화되며, 다양한 인지 조절로 이어지는 점이 점점 더 명확해졌다(Witkin et al., 1954). 사회 체제와 대인관계 속에서 개인은 이드 욕동과 동일화를 포기해야만 하는데, 여기서 사회는 많은 영향력의 복잡한 상호작용의 표상임을 알 수 있다. Parsons(1964)를 비롯한 사회학자들은 개인과 사회의 심리학적 관찰을 통합하는 초자아를 강조한다.

정신분석적 심리학이 인지 기능의 모든 영역으로 확장됨에 따라, 이를 요약하는 것은 불가능하다. 대신 역사적으로 발전해 온 방향을 명확히 할 수 있는 여러 핵심적인 책과 논문들을 인용하고자 한다.

기억

Freud는 일생 동안 초기 기억의 유지와 회복에 대해 관심을 가졌다. 억압에 대한 가설을 세우게 된 것도 바로 이 때문이었다(Brenner, 1957). 결국 많은 심리학자가 그들의 발견을 일반적인 심리학적 이론에 포함하려 시도하였다(Hilgard and Bower, 1975). 이러한 초기 작업은 1971년에 5판을 찍은 Rapaport의 영향력 있는 책『감정과 기억(Emotions and Memory)』(1942)에 요약되어 있다. Rapaport는 임상 및 실험 자료들이 일종의 법칙을 시사하고 있다고 주장하였다. 다음은 그가 언급한 내용이다.

1. '정서적 요소들'은 질문을 통해 기억의 재료를 평가하거나 기억 실험 과정에 대한 경험을 후향적으로 보고하는 동안 시험 대상자에 의해 그 존재가 드러난다. 이런 과정에서 정서적 요소들은 기억에 어떤 영향을 미치게 된다.
2. 이런 영향력은 '정서적 요소들'의 강도와 성질 모두에 의해 결정된다.
3. '정서적 요소'의 성질이 지식화 및 관습화될수록, 그리고 더 양적 실험 방법에 가까울수록, '정서적 요소'의 강도는 기억에 미치는 영향력과 더 관계있었다. 한편, 질적 연구에 가깝고 감정적 경험이 진실할수록, '감정적 요소'의 질적인 영향력은 더욱 명백해졌다.
4. 감정적 요소들을 더욱 진실하게 활용한 시험에서 기억 과정(기억 출현 순서에 대한 영향과 부분적 망각, 자료의 왜곡뿐만 아니라 실언)에 대한 감정의 질적 영향이 보고되었다.

그러는 동안, 기억에 대한 실험 조사 모델의 변화가 있었다. 기존의 전화 교환기 모형은 기억의 저장과 인출을 주된 활동으로 보는 컴퓨터 모형 개념에 그 자리를 내주었다. 또한 단기 기억과 장기 기억 간의 주요한 차이가 있음이 제시되었다(Anderson and Bower, 1973; Deutsch and Deutsch, 1975). 전반적으로 많은 연구자가 컴퓨터 모형으로의 새로운 전환의 틀에서 정신분석학 자료를 재평가하려고 시도하고 있다. George Klein(1970)은 일부 눈에 띄는 변화들을 요약하였다.[22]

1. 기억 인출 문제는 반드시 구분해야 할 두 가지 측면이 있다. 하나는 경험적인 방식으로 기억이 인출되는 것이며 , 다른 하나는 의식의 상태에 따라 기억 인출의 틀이 만들어진다는 것이다.

2. 기능적 분류(흔적 만들기 혹은 등록, 저장 혹은 보유 및 인출)의 관점에서 기억 과정을 고려한다면, 망각(forgetting) 또한 일원화된 과정으로 고려해서는 분명히 안 된다. 기억 과정의 개별 단계에 따라 그 행동적 의미는 다를 것이다.
3. 기억이 다양한 기능으로 구성되어 있다고 본다면, 기억에 대한 억압의 효과는 이제 관련된 기능에 따라 다양한 형태로 나타난다.
4. 등록, 코딩과 저장, 도식의 동화 및 인출 과정이 합쳐진 복합적인 측면을 가진 과정으로서 기억은 적응적 측면에서 강조되어야 한다. 이런 강조가 필요한 한 가지 함의는 기억 기능이 다른 적응 전략 스타일 또는 다른 이차 과정 기능 스타일을 반영할 수 있다는 점이다. 이러한 관점은 기억 행위의 개인 간 차이를 의미 있게 설명하며, 개인의 자아시스템을 특징짓는 일반화된 통제 양식의 측면에서 기억 행위들을 이해하려고 한다. 일반화된 통제 양식이란 내적 및 외적 자극을 처리하는 적응적 해결책을 찾아가는 방식을 의미한다. 두 가지의 기억 통제 양식으로, 가져오기(importing)와 골격 세우기(skeletonizing)가 있다.

분석 중 기억의 회복에 관해서도 정신분석적 이론은 다양한 변화를 겪고 있다. 우선 Freud는 1890년대에 최면을 통해 기억을 회상시키고자 하였고, 얼마 지나지 않아 직접 연상으로 방법을 바꾸었다. 이 과정에서 더 중요한 사건을 덮고 있는 겉보기에는 무관한 기억, 즉 '은폐 기억'을 발견하였다(Freud, 1901). 또한 본능적 욕동의 일부 파생물들이 결코 의식에 도달하지 못하는 것을 보고 일차적인 억압과 이차적인 억압을 생각해 냈다(Freud, 1915). 일차적인 억압 가설은 점차적으로 이후 연구자들에 의해 버려졌다. 오늘날 억압의 개념은 불안에 의해 한때 의식 속에 있던 것이 무의식으로 밀려들어 간 것임을 의미할 수 있다. 1900년대 초 Freud는 그의 영아기 기억 상실 이론에 매달려 있었으며, 이렇게 상실된 기억들, 물론 다른 연령대도 포함되어 있으나 특히 2에서 4세 사이의 기억들을 끌어올리기 위한 치료적 노력에 초점을 맞추고 있었다. 성공과 실패가 모두 있었다. 그리하여 Freud는 1914년 회상된 기억의 사실 여부가 중요하지 않다는 획기적인 주장을 하였다. 직접 기억되지 않은 혹은 회상되지 않은 것들은 행동들로 반복되었다. 결정적인 요소는 기억 자체가 아닌 훈습이었다.

한 걸음 나아가서 Ernst Kris는 1956년 「개인적 신화(The personal myth)」라는 논문을 통해 개인적 신화가 자서전적 자아상의 핵심이라고 주장하였다. Sullivan은 1940년 '의인화된 사람, 나(personified person I)'라는 더욱 잘 꾸며진 말로 같은 지적을 하였다. 자서전적 자아상은 중요한 초기 환상의 계승자이며, 이를 통해 초기 환상은 보존된다.

분석 작업을 위한 특별히 중요한 발견은 꿈의 회상과 연관이 있다(제9장 참조). 꿈-수면의 특징인 REM 수면 패턴이 실제 꿈 보고보다 훨씬 흔하다는 사실이 알려졌다. 따라서 꿈을 꾸는지가 아닌 회상을 하는지로 구별되어야 한다(Goodenough, 1967).

지각

비록 지각은 심리학에서 가장 오래된 주제이나, 아주 최근에야 비로소 인격과 지각의 상관 관계가 이해되기 시작하였다. 정신분석 과정에서 큰 역할을 하는 기억과는 달리, 지각은 전체 과정에서 지엽적인 것으로 보인다. 분석가는 조현병처럼 완전히 무너지지만 않는다면 지각을 무시하기 쉽다. 자아심리학에 대한 지식이 축적되고 환자군에서 점점 더 정상군으로 확대되고 나서야, 인격과 지각의 상호작용이 인식되기 시작하였다.

1940년대에 들어서야 지각과 성격 간의 어떤 체계적인 연결에 대한 논의가 시작되었다. Witkin과 그의 동료들이 1954년에 출간한 『지각을 통한 성격(Personality through Perception)』을 통해 소개된 대표적인 작업은 지각과 성격 간의 관계를 확증하였을 뿐만 아니라 '장場 의존(field dependence)' 대 '장 비의존(field independence)'이라는 새롭고 유익한 개념을 만들었다. 저자들은 장 의존적인 형과 장 비의존적인 형의 두 집단으로 사람을 분류할 수 있었다. 장 의존적인 사람은 환경을 다루는 데 있어 수동적이며, 자신의 충동을 이질적으로 느끼고 조절의 어려움과 함께 두려워하며, 자존감이 부족하고, 상대적으로 원시적이고 미분화된 신체상을 가지고 있다. 장 비의존적인 사람은 이와 반대다. Witkin과 그의 동료들은 장 의존성이 환경과 현실에 대한 적극적 대처 능력 발달이 다소 정지된 것으로 여겼다.

인지 조절

Witkin의 연구는 "인지 조절(cognitive control)"과 "인지 유형(cognitive styles)"으로 불리는 것에 대한 조사를 이끌었다. 장 의존과 비의존 외에도, 이런 조절에 대한 많은 토론이 있었다. G. Klein은 비현실적 경험에 대해 가져오기(importing), 뼈대 세우기(skeletonization), 조사하기(scanning), 내성(tolerance)을 언급해 왔다. 이 분야는 매우 중요하지만, 이제 첫걸음마를 뗀 상태이다.

지각의 왜곡과 편향

1940년대에 접어들면서, 동기가 지각에 영향을 미친다는 가설을 증명하기 위해 많은 연구가 수행되었다. 지금은 지각적 방어와 지각적 편향 개념이 매우 잘 확립되어 있다. 자세한 논의는 본 장의 범위를 벗어나는 것일 수 있다. 하지만 과학적 작업에 요구되는 것이 매우 엄격하게 구축되어 있음에도 불구하고 대부분의 실험심리학자는 지각에 대한 정신역동적 작업을 무시하고 있다는 사실에 주목할 필요가 있다(Baddeley, 1976). 이것에 대한 예외 중에 Dember(1960)와 Bruner(1973)의 연구가 있다.

사고

정신분석 과정에서 자유 연상의 기본적인 역할로 인해, 사고는 항상 정신분석의 중심에 있었다. 자유 연상 그 자체와 인류의 공상적 삶과 같은 몇몇 주제들은 다른 어떤 주제들보다 더 정신역동 지향적 이론가에 의해 훨씬 더 완전하게 탐색되었다. 이에 반해 문제 해결과 같은 치료적 과정에서 상대적으로 작은 역할을 하는 일부 주제들은 무시되었다.

자유 연상

자유 연상은 기저에 있는 무의식적 내용에 접근하기 위해 특별히 채택되었다. 지각 장치는 공상이 전면으로 나올 수 있도록 최소 수준으로 축소된다. 이것이 Freud가 최면 대신 자유 연상을 받아들인 이유인데, 1924년에 다음과 같이 기술하였다.

> 망각된 무의식적 내용을 조사하는 수단으로서 자유 연상의 선택이 다소 낯설어 보이므로 이를 정당화하기 위한 부연 설명이 있어야 할 것이다. Freud는 '자유 연상'이 실제로는 자유롭지 못할 수도 있다는 예상을 하며 자유 연상에 다가갔다. 모든 의식적 지적 목적들이 억제되고 난 뒤에는, 무의식적 재료에 의해 결정되어 버린 생각들이 나타날 것이기 때문이다. 이 예측은 경험을 통해 입증되었다.[23]

Freud 이후로 이 가설에 추가된 내용은 거의 없다. Bellak(1961)은 하나의 과정으로서 연상하기(associating)는 조절을 풀었다가 쪼았다가 하는 데 관여하는 자아의 진동

(oscillating) 기능을 통해서 가장 잘 이해할 수 있다고 주장하였다.

공상과 관련된 다른 측면들은 제9장과 제10장에서 확인할 수 있다.

학습

모든 지적 기능처럼 학습이 감정 요소들에 의해 강력하게 영향받는다는 것은 매우 명백하게 보이나, 이 가설에 대한 체계적인 시도는 아직 이루어지지 않았다. 1972년 본 주제와 관련하여 미국정신분석학회 심포지엄에서 Pollock(1972b)은 정신분석과 학습 이론 간의 학제 간 통합에 대한 희망을 표현하였다. 그는 학습 이론에서 가끔 제시되는 일부 중요한 정신분석적 개념들을 열거하였는데, 특히 발달 단계와 학습의 관계성, 학습에서 가치/목표/이상의 역할, 사고의 정신역동성을 제시하였다.

Neal Miller는 같은 심포지엄에서 통합된 학습 이론이 아직 만들어지지 않았음을 역설하며 "행동은 규칙과 가설로 예측할 수 없고, 동물의 경험과 속해진 상황에 대한 지식을 통해서 예측할 수 있다."라고 말하였다.[24] 따라서 이 분야는 어떤 일관된 가설이나 통합 없이, 따로 떨어진 관찰들만으로 여전히 꽉 차 있다. 다시 전체적인 주제가 적절히 추구만 된다면 심리학의 큰 영역을 아우를 수 있을 것이다. 그리고 다시 거의 예외 없이 실험심리학자들은 이런 자료들을 무시해 왔다.

실험적 업적

정신분석은 매우 초기부터 그 결과가 실험적으로 입증되지 않는다고 비판을 받았다. 비판에 대한 반응은 엇갈려 왔다. Freud 자신은 이에 대해 "매우 미국인답다(Ganz amerikanisch)."라고 반응하였을 것으로 여겨진다. 그러나 다른 이들은 이것을 신중하게 받아들이고, 정신분석학 이론들의 다양한 방면을 보다 결정적인 실험의 대상으로 삼고자 하였다.

유명한 심리학자인 Robert Sears는 1940년대 초 사회과학협의회(Social Science Research Council: SSRC)와 손잡고 정신분석 개념의 객관적인 연구에 관한 설문을 시행하였다. 여기서 그는 이 분야에서 이루어진 대부분의 연구를 종합하였다(Sears, 1943). 결과 중 일부는 의미가 있었고, 나머지는 없었다. Heinz Hartmann(1944)은 이런 방향으로의 접근을 환영하면서 다음과 같이 평하였다.

정신분석이 자연과학의 기준에서 보면 '좋은' 과학은 아니라는 Sears의 결론은 틀림없는 사실이다. 어쨌든 그는 다른 분야들이 대수롭지 않게 여겨 왔던 많은 것을 정신분석이 다루고 있음을 밝히고자 하였다. 나는 이 결론에 덧붙여, 정신분석이 심리학의 많은 중요한 문제를 다루기 위해 현존하는 최고의 방법이고, 이전까지 믿어지지 않았던 많은 분석적 소견이 다른 방법에 의해 확인됨으로써 하나의 과학적인 방법으로 정신분석 그 자체가 더욱 높은 평가를 받아야 한다고 말하고 싶다.[25]

많은 연구자가 Sears가 발견한 것보다 더 세련되게 정신분석 개념과 이론들을 입증하는 방법들을 찾기 위한 연구를 지속하고 있다. 가장 널리 알려진 연구는 1950년대부터 시작된 Fisher와 그의 동료들의 꿈과 REM수면에 관한 연구였다. Asrinsky와 Kleitman이 1953년에 REM수면을 우연히 발견한 뒤였다. 이후 수면에 관한 연구는 우후죽순처럼 퍼져 나갔고, E. L. Hartmann이 이 작업을 잘 요약하여 출판하였다(1970, 1973).

유의미한 데이터를 수량화할 수 있다는 것이 많은 연구를 통해 증명되었다. Luborsky와 Auerbach(1969)는 정신치료에서 증상 형성을 정량화하기 위해 증상과 맥락을 이용한 방식(symptom-context method)을 사용하였다. Silverman(1970)은 잠재의식 수준에서 욕동과 관련된 자극과 중립 자극을 대상자에게 제시하고, 각 자극이 자아기능과 증상에 미치는 영향을 관찰하였다. Dahl(1972)은 언어적 맥락을 컴퓨터를 통해 분석함으로써 정신분석의 의미를 측정하고자 하였다. Freedman과 Steingart(1976)는 신체에 초점을 맞춘 운동성 행동과 언어 구성 간의 밀접한 관련성을 밝힐 수 있었다.

그러나 어떤 연구들도 정신분석 이론이나 임상 실제에 주목할 만한 영향을 끼쳤다고 말할 수는 없다. 정신분석적 심리학과 연구에 가장 직접적으로 연관된 분야들에서, 기본적인 방법은 실험보다는 많은 다른 다양한 분야에서부터의 통합에 있어야 한다(Fine, 1975b).

자아심리학에 대한 결론적 논평

자아심리학은 인간 행동에 대한 일반심리학으로 정신분석의 확장을 의미한다. 자아의 자율성이라는 개념을 통해, 흔히 실험심리학이라고 알려진 모든 것을 아우를 수 있는 방향으로 확장될 수 있다. 이 장은, 특히 역사적인 발전 속에서 일부 가장 중요한 부분들만을 다루었다. 실제로 정신분석학의 전체 역사는 또한 자아심리학의 역사이기도 하다.

여기서 주목할 것은 자아심리학이 정통 Freud 학파와 근대 문화주의 학파의 공통 영역을 제공한다는 것이다. 왜냐하면 문화주의자들은 일반적으로 자아기제에 관심을 기울인 데 반해, Freud 학파는 이드기제 또는 이드와 가장 직접적으로 연관된 자아기제에 더 국한하여 관심을 기울였기 때문이다. 또한 자아심리학은 일반적으로 정신분석학, 실험심리학 및 사회과학의 공통 영역을 제공한다. 자아기능 중 자발적인 부분은 일반적으로 비분석학적 학파에서 더 철저하고 많이 다루어졌으며, 덜 자발적인 자아기능은 정신분석에 의해 가장 철저하게 다루어졌다. 과학의 전체적인 통합을 위해 두 가지 접근이 모두 필요하며, 지금도 그렇게 진행하고 있다.

특별히 고려할 점

분석가들은 이따금 자아기능의 다른 측면들도 연구하였다. 가장 대표적인 것은 연속적인 자아의 느낌에 대한 Federn(1952)의 연구이다. Bergmann(1963)은 이 영역에서 Federn의 개념이 자기-분화(self differentiation) 및 대상-분화(object differentiation)에 관한 현재의 연구에까지 이어지고 있다고 주장한다. Federn이 개념화한 자아경계는 조현병에 대한 정신분석 이론으로 견고하게 포함되었고, 여전히 중요한 역할을 하고 있다.

Holland(1973)는 자아의 대수학(ego's algebra)에 대한 이론적 언급을 하였다.[8] Moser와 Zeppelin(1969)은 자아의 방어에 대한 시뮬레이션 모형을 제시하였다. Suppes와 Warren(1975)은 자아기능에 대해 새롭고 정교한 분류법을 제시하였다. Apfelbaum(1962)은 자아에 대한 표준 이론들 전반에 대해 의문을 제기하였다. 비록 이들 연구가 시사하는 바가 있지만, 이들 논문 모두는 정신분석적 사고의 주류에서 벗어나 있다.

8) 역주: Holland는 방어가 유발되는 양상을 대수 개념을 통해 공식화할 수 있을 것으로 생각하였다. 이러한 공식화는 이론을 간단명료하게 하고 추가적인 연구로 이어질 수 있다고 생각하였다.

제 13 장

신경증의 정신분석과 정신의학의 이해

Otto Fenichel

정신의학의 역사에서 정신분석이 기여한 역할은, 특히 미국에서 두드러졌던 권력 정치로 인해 불분명해졌다. 이 권력 투쟁의 한 결과로, 정신과 의사의 대다수가(90% 이상; Marmor, 1975) 충분히 훈련받은 분석가가 아니었고 많은 분석가가 훈련받은 정신과 의사가 아니었음에도 '정신과 의사'와 '정신분석가'라는 용어를 의도적으로 혼동하게 만든 것처럼 보였다. 1973년의 타협에서 국가 건강보험의 자격을 얻으려고 분석가들이 장기 분석을 정신의학적 장기 치료와 동등시하였음은 이미 언급한 바 있다.

정신병리학의 역사를 분명히 하고자 하면 이 혼란은 명심해 두어야 한다. 필요한 역사적 참고문헌들은 제1장에서 다루었다. 정신의학은 금세기에 신체적인 관점과 심리적인 관점을 통합하면서 더 발전하였다. 신체적인 관점은 의학 연구에서 나오고, 심리적인 관점은 거의 전적으로 정신분석에서 나온다. 두 관점의 상대적인 장점과 기여에 관해서는 첨예한 의견 차이가 있고 또 항상 있어 왔다. 전반적으로 Freud와 정신분석가들은 심리적 요인을 일차적으로 강조하였고, 분석가가 아닌 정신과 의사들은 기질적 요인을 강조하였다.

사실상 정신의학과 정신분석은 20세기에 나란히 발전해 왔다. 역사적 실상을 조사할 때

앞에서 언급한 구별을 명심하는 것이 좋다.

신경증의 기법적 문제들의 명료화: Freud

Freud의 임상 실제는 거의 대부분 신경증 치료에 바쳐졌고, 그가 가장 영속적인 임상적 공헌을 이룬 부분도 이 영역이었다. 1890년대에 시작해서 처음에 많은 착오를 겪은 후에 1900년에서 1914년 사이에 그는 신경증의 문제를 사실상 해결하였고, 이는 심리학 이론과 정신의학 이론에 없어서는 안 될 부분이 되었다.

신경증의 본질

Freud가 신경증의 기법적 문제를 어느 정도나 해결하였는지는 여전히 잘 인식되고 있지 않다. 첫째, 그는 신경증이 연구할 가치가 있는 심리적인 문제이며 이제까지 믿어 왔던 것처럼 유전적인 변성의 한 형태거나 꾀병이 아니라는 것을 확립하였다. 둘째, 그는 선배들이나 동료들이 기술하였던 종류가 다른 증상들을 재정리하여 두 개의 주요 임상적 실재인 강박신경증(용어 자체는 Freud에서 유래)과 히스테리아로 나누었다. 히스테리아는 전환 히스테리아와 불안 히스테리아로 더 세분되었으며, 두 명칭 모두 Freud가 명명하였다. 셋째, 리비도 이론의 측면에서 그는 정상 발달 과정이라고 간주할 수 있는 것을 확립하였고, 그런 정상 발달을 참조하여 신경증을 어떻게 이해할 수 있는지를 보여 주었다. 넷째, 그는 신경증과 정상이 종류가 다른 것이 아니라 단지 그 정도가 다를 뿐이라는 것을 입증하였고, 이를 통해 신경증 환자를 (정신병 환자는 한결 더 그러한데) 사회 구성원의 일원으로 복귀시켜 놓았다. 다섯째, 그는 이 신경증들이 정신분석으로 치료될 수 있고, 정신분석이 신경증 치료에 최선이라는 것을 확립하였다. 이 환자들의 분석 가능성은 전이를 형성하여 훈습할 수 있는가에 달려 있다.

오늘날에도 '신경증'이라는 용어의 정의는 모호하기만 하다. Freud가 시작할 때, 그는 '신경정신증(neuropsychoses)'이라는 지금은 상상 못 할 명칭을 썼다. 1913년까지도 (「강박신경증 성향(The Disposition to Obsessional Neuroses)」에서) 그는 조현병을 주요 신경증의 하나라고 말하였다. Kraepeline 학파의 정신의학이 주장한 신경증과 정신병을 명확하게 구분하는 경계는 보다 세심한 연구들로도 증명되지 않았고, 오늘날도 이 구분선은 불분명한

체로 남아 있다. 좀 더 최근의 '경계선 상태' 범주조차도 문제를 해결하지 못하였다. 뿐만 아니라 정신분석 전반의 성장, 특히 자아심리학의 성장으로 보다 전통적인 범주에 포함시킬 수 없는 많은 종류의 장해가 있다는 것을 인정하게 되었다. 오직 역사적 설명으로만 상황을 분명히 할 수 있다.

1890년대의 일차 탐색

당연히 Freud의 발견들은 아주 천천히 등장하였고, 그 길에는 많은 실수가 같이하였다. 누구라도 예상하듯이, 처음에 그는 그 시대에 받아들여진 치료법을 이어받았다. 여기에는 그 후 완전 폐기된 Erb의 전기치료뿐만 아니라 다수의 암시와 먼 옛날부터 있었던 '민간 생활 상식'이 포함되어 있었다. 이 외에 Freud는 프랑스 학파에서 배운 최면 지식을 사용하였는데, 프랑스에서 그는 수개월을 보내며 특히 Charcot와 집중적인 공부를 하였다. 그는 또한 연장자인 비엔나 의사 Breuer로부터 때때로 히스테리아 여성이 최면으로 성공적으로 치료될 수 있다는 것을 배웠다. Breuer에게 너무 많은 공로를 돌림으로써 Freud 자신이 역사적 실상을 흐리게 한 것은 틀림없다. Freud의 초기 저작(대략 1910년까지)에 관한 한 조사는 그가 자기 아이디어의 위대한 독창성을 되풀이해서 부인하려고 했다는 것을 보여주는데, 자신이 너무 혁명적이라고 여겨질까 봐 두려워하였음이 분명하다. 마침내 이러한 태도가 사라지고 그가 대담무쌍한 인습 타파자로 등장하기는 하였지만, 이것은 제1차 세계대전 이후 그가 노년에 들어서서이다.

초기 탐색 이후 Freud는 (당시엔 정신병과 구분되지 않았던) 신경증이 견딜 수 없는 생각에 대한 방어를 하고 있다는 최초의 기념비적인 발견을 하였다(「방어신경정신증(The Defense Neuropsychoses)」, 1894). 지적했듯이 어떤 면에서는 정신분석의 전체 역사가 이 첫 기본 가설(basic formula)의 결과물이라고 볼 수 있다.

견딜 수 없는 생각에 대한 탐사를 하다가 Freud가 처음에 찾은 것은 성욕(sexuality)인데, 당시에는 일상적 의미의 직접적 생식기적 성욕이었다. 그는 충족되지 못한 성욕은 직접적 생화학적 효과가 있어서 불안을 초래한다는 이론을 개발하였다. 성욕의 좌절로 인하여 생긴 불안 상태를 그는 실제신경증(actual neurosis)이라 부르고, 아동기의 심리적 외상에서 기인한다고 본 정신신경증(psychoneurosis)과 구분하였다. 그는 실제신경증 아래 신경쇠약(neurasthenia)과 불안신경증(anxiety neurosis)을 포함시켰는데, 신경쇠약은 과도한 자위행위 때문이고 불안신경증은 지나친 성적 활동의 절제나 그런 절제로 인해 높아진 긴장 때문이라고까지 하였다. 정신신경증을 그는 히스테리아와 강박신경증으로 나누었다. 1890년대에 Freud는 히스테리아는 아동기의 수동적인 유혹에 의해, 반면에 강박신경증은 역시 아동기의 적극적인 유혹에서 초래된다고 주장하였다. (즉, 여아는 더 나이 많은 남자에게 유혹받고 남아는 여아를 유혹한다.) 둘 다 정신치료가 되지만, 실제신경증은 안 된다.

Freud는 그의 자서전(1925)에서, 히스테리아 여자 환자들이 말해 준 아버지에게 유혹당하였었다는 이야기가 사실이 아니라는 것을 알았을 때 자신의 초기 이론은 무너졌다고 말한다. 그러나 붕괴된 이 초기 이론에서 Freud는 두 가지 주요 아이디어, 즉 환상의 중요성과 아동기의 중요성은 구해 냈다.

1900년 이전 시기에 Freud의 유일한 단행본 분량의 저작은『히스테리아 연구(Studies in Hysteria)』로, 1895년에 Breuer와 같이 출판하였다. 이 책이 정신분석의 시작이라고 일반적으로 잘못 생각하고 있는데, 이 책은 단지 전조로만 간주되어야 한다. 왜냐하면 주요 정신분석적 개념인 첫 이드 체계(무의식, 정신성psychosexuality, 그리고 전이-저항)가 1900년대 초까지는 실제로 발전되지 않았기 때문이다. 그러나 Freud는 심지어『히스테리아 연구』에서도 심리학의 생생한 중요성에 대하여 지적하였고, 이는 이후 그의 이론에서 점점 더 중심이 되었다.

> 내가 항상 정신치료자이지는 않았다. 나는 다른 신경병리학자들처럼 국소 진단(local diagnosis)[1]과 전기 예후(electroprognosis)[2]를 적용하는 훈련을 받았고, 내가 쓴 사례 병력 기록들이 단편 소설같이 읽힌다는 것 그리고 그것들이, 말하자면 진정한 과학적 특징을 결여하고 있다는 것이 여전히 나 자신에겐 이상한 느낌을 준다. 나는 이것이 내 자신의 선호보다는 분명히 그 대상의 속성 탓이라고 곱씹으며 자신을 위안해야만 한다. 사실 국소 진단이나 전기 반응은 히스테리아 연구에서 아무 도움이 안 되고, 반면 상상력이 풍부한 작가의 작품에서 어렵지 않게 발견되는 것 같은 그런 정신 과정에 대한 상세한 서술은 내가 몇 가지의 심리학적 방식을 이용하여 그 병의 과정에 대해 적어도 모종의 통찰을 얻을 수 있게 해 준다.[1 3)]

1) 역주: 생체 장기의 국소적인 운동 상태의 변화를 표시하고 의사의 진단을 지원한다(『키타사토대학교 의료보건대학 의료정보학 연구실 편집 의학용어집』, ejje.weblio.jp).

2) 역주: 병든 신경이나 근육의 전기에 대한 반응을 토대로 한 예후(The Century Dictionary and Cyclopedia, https://www.wordnik.com/words).

3) 역주: Fräulein Elisabeth von R. 사례에 대한 Freud의 논의 첫 부분.

『히스테리아 연구(Studies in Hysteria)』의 출판과 『성에 관한 세 편의 논문』(1905)의 출판 사이에는 10년의 간격이 있었다. 이 10년 동안 Freud는 고전적 신경증의 문제에 대한 해결책에 서서히 눈뜨기 시작하였다. 하여튼 그 문제를 해결하기 위하여 그는 새로운 심리학 체계를 세워야 하였다. 우리는 이것을 최초의 정신분석적 체계 또는 이드심리학이라고 불러 왔다.

이 이론을 통해서 Freud는 신경증의 본질을 명료화하게 되었다. 그는 일반 병리학에서 관찰한 바를 차용하였는데, 모든 발달 과정이 그 지나온 자리에 사람마다 다른 어떤 약한 지점을 남기고, 이것은 장래의 어려움이나 퇴행의 바탕이 된다는 것이다. 그 약한 지점들을 그는 고착이라 불렀고, 스트레스 때 신경증 환자가 대략 생애의 첫 5년간인 유아기적 성의 세계에 놓여 있는 이 고착 지점으로 퇴행한다고 주장하였다. 그는 오이디푸스적 고착들이 가장 중요하다고 여겼고, 오이디푸스 콤플렉스를 모든 신경증적 어려움의 핵으로 보았다.

특정 신경증들은 고착 단계가 상이하다는 측면에서 서로 구별될 수 있다고 Freud는 확신하였다. 그러나 그 이론을 당시의 Freud의 저서에 적용하려다 보면 리비도적 발달 단계에 대한 최종 도식이 수년에 걸쳐서 겨우 명료화되었다는 곤란한 사실에 부딪힌다.[2]

Freud가 신경증을 특정 고착 지점과 다양하게 상호 관련을 지은 것은 이 역사적 배경에 비추어 보아야 한다. 1913년의 논문 「강박신경증 성향(The Disposition to Obsessional Neurosis)」에서, Freud는 신경증의 네 가지 형태인 히스테리아, 강박신경증, 편집증, 조발성 치매(조현병)를 열거하고 고착 지점은 역순으로 일어난다고 주장하였던 바, 히스테리아는 성기기(남근기는 아직 기술되지 않았었다), 강박신경증은 항문-가학기, 편집증과 조발성 치매는 자가성애(autoeroticism)와 자기애 사이의 어디쯤에 고착이 일어난다는 것이었다(구강기는 아주 미미하게 언급되었었다). 커다란 이론적 변화가 일어났지만 이 도식은 아직까지 많은 저자에게 자주 오히려 비판 없이 받아들여지고 있다. 병이 더 심할수록 고착은 더 이르다는 일반적인 생각이 잘 수립된 걸로 여겨질 수도 있으나, 특수한 세부 내용들은 훨씬 더 불명확한 채로 남아 있다.

당시에는 용납할 수 없는 생각이라 하면 유아 성욕(infantile sexuality)이나 정신성적 발달 단계들과 같은 것으로 여겼다. 이 시각으로 Freud는 고전적 신경증의 증상들을 비교적 단순하게 설명할 수 있었다. 대개의 경우 증상은 환자의 무의식적인 성적 활동이다. 또는 그러한 성적 활동에 대한 방어이거나 아니면 다른 어떤 타협 형성이 일어나기도 한다.

일단 경험이 많아지자 Freud는 1914년의 논문 「자기애(Narcissism)」에서 치료적 기반의 새로운 구분을 제시하였다. 논문에서 그는 정신치료에서 전이를 형성할 수 있느냐에 따라

신경증을 전이신경증과 자기애적 신경증으로 나누었다. 전이신경증은 히스테리아와 강박신경증이고, 자기애적 신경증은 편집증과 조발성 치매(조현병)이다.

Freud 자신은 정신병을 치료할 수 없었고 정신병의 치료에 아무런 근본적 기여를 못 하였다.[4] 그런 치료는 Freud가 자기의 지적 작업의 주요 부분을 마친 후인 1930년 무렵부터 제시되기 시작하였다. 다소 역설적인 것은 1930년 이후에 이루어진 정신병에 대한 이해와 치료의 진전이 모두 Freud의 원리에 기초하고 있으며, 특히 정신병 환자가 만들어 낼 수 있는 전이 관계의 성질에 대한 더욱 철저한 이해에 토대를 두고 있다는 점이다. 경험으로 보면, 적절히 접근하면 정신병 환자도 치료자와 얼마간의 관계를 수립할 수 있고, 유사한 신경증 환자 사례와 마찬가지로 이 관계가 치료적으로 유리하게 이용될 수 있다. 그래서 자기애적 신경증에서는 전이가 일어나지 않는다는 Freud의 초기 관찰은 관찰된 현상의 성질을 더 깊이 탐색하려는 시도를 하지 않고 그의 정신의학 동료들을 따라간 것일 뿐이었다. 나중에 그 자신의 견해가 채택되고 좀 더 체계적으로 정신병 연구에 적용되었을 때, 비록 치료의 성질도 달라야 하였고 결과도 항상 훨씬 더 미덥지 못하기는 하였지만, 많은 사례에서 정신병도 정신치료로 치료가 될 수 있다고 밝혀졌다.

꼭 첨가되어야 할 추가 요건이 있다. 신경증을 전이신경증이냐 자기애적 신경증이냐에 따라 또는 주요 임상 실재의 맥락에서 히스테리아, 강박신경증, 편집증 그리고 조현병으로 나누는 것은 질적인 분류이다. 많은 정신과 의사가 주장하였고 여전히 주장하는 바는 '그러한 병이 하나 존재한다는 것은 다른 병의 존재를 배제한다.', 즉 이들은 상호 배타적인 실체들이라는 점이다. 이와는 대조적인 양적 또는 연속성 관점은 한 개인이 이들 중 어느 것으로나 다양한 정도로 고통받을 수 있다고 주장한다. Freud는 한편으로 질적인 방식으로 말하는 것 같이 보이면서도 또한 양적인 것의 중요성을 강하게 주장하여서, 그가 연속성 이론에 늘 동의했다고 말할 수도 있다. 1913년 논문「신경증의 발생 유형(Types of Onset of Neurosis)」에서 그는 다음과 같이 쓰고 있다.

> 이 유형들과 관찰된 사실들과의 관계에 관해 몇 마디 할 말이 남아 있다. 만일 내가 지금 분석하고 있는 환자 집단을 내가 조사한다면, 그들 중 누구도 네 가지 발생 유형 가운데 순수한

---

4) 이동식: Jung은 Zürich의 Burghölzli 정신 병원에서 'schizophrenia' 용어를 제창한 Eugen Bleuler 원장 밑에서 부원장으로 정신병 환자를 치료한 경험이 많으나, Freud는 외래 진료만 하고 정신병 치료 경험이 없다. 그런 경험의 차이가 있다.

어느 한 유형의 예는 아니라고 기록해야 한다. 오히려 그들 각자에게서 나는 현실의 요구에 적응하지 못하는 무능력 부분과, 그것과 함께 작동하는 좌절 부분을 발견한다. 발달상의 억제도(이것은 물론 고착의 경직성과 일치하는데) 그들 모두에서 고려되어야 하며, 내가 이미 말했듯이 리비도 양의 중요성도 결코 무시되어서는 안 된다. 사실 나는 이 환자들 몇몇에서, 그들의 병이 연이어 밀려오는 파도처럼 나타났고, 그 사이에 건강한 기간들도 있었으며, 이 각각의 파도들은 각기 다른 유형의 촉발 원인으로 거슬러 올라갈 수 있다는 것을 발견한다. 따라서 이 네 유형을 수립하는 것이 어떤 높은 이론적 가치가 있다고는 할 수 없다. 그것들은 정신적 경제(mental economy)에 특별한 병인적 형태(pathogenic constellation)를 형성하는 그저 다른 방식들일 뿐이다. …… 그러나 이 상황은 …… 정신적 삶에 색다른 것으로 오는 것이 아니며, 이른바 '병의 원인'에 의해 만들어지는 것도 아니다. …… 발병의 원인으로 중요한 것은 리비도의 양이 틀림없으며, 이는 정신분석이 우리를 이끌어 준 신경증 이론의 두 가지 주된 주제와 잘 일치하고 있다. 첫째 주제는 신경증이 자아와 리비도 간의 갈등에서 비롯된다는 것이고, 둘째 주제는 건강의 결정 인자와 신경증의 결정 인자 간에 질적인 구분이 없다는 것 그리고 반대로 건강한 사람도 자신의 리비도를 극복해야 하는 동일한 과제로 싸워야 하며, 그들은 단순히 이 과제를 성공적으로 더 잘하였을 뿐이라는 것이다.[3]

히스테리아

「히스테리아적 환상과 양성애에 대한 그들의 관계(Hysterical Fantasies and Their Relation to Bisexuality)」(1908)라는 논문은 1890년대 이래 히스테리아에 관한 가장 광범위한 논의를 담고 있다. Freud가 더 이전에는 성기적 성욕만 다루었으나, 이제는 유아기 성욕의 전 범위를 고찰할 수 있었다. 비록 표면상 그의 일부 진술들이 전과 동일하지만 (예: 전환에 관한 것들) 바탕이 되는 심리학적 이론의 변경이라는 관점으로 보면 다른 의미를 가진다.

이 무렵 Freud는 Stekel에게 불안 히스테리아의 분류를 제시하였고, Stekel은 불안 상태에 관한 그의 책에 이 분류를 포함시켰다. 이렇게 하여 히스테리아가 불안 히스테리아와 전환 히스테리아라는 두 유형의 분리로 이어졌고, 이것은 고전적 신경증이 이전의 두 가지 대신 이제 세 가지가 되었음을 의미했다(세 번째는 강박신경증). 비록 전환 히스테리아는 환자가 신체 증상을 일으키고, 반면에 불안 히스테리아는 불안이나 공포로 반응한다는 점이 전환 히스테리아와 불안 히스테리아 간의 유일한 차이이기는 하지만, Freud는 논문 「히스테리아적 환상들(Hysterical Fantasies)」에서 전환 히스테리아만을 다루었다.

Freud는 전환 히스테리아에 관한 수정된 자신의 견해를 여러 개로 정리하여 요약하였다. 이에 따르면 히스테리아 증상은, ① 어떤 영향을 미치는 (외상적) 인상과 경험의 기억 상징이다. ② 이 외상적 경험들이 연상에 의해 되돌아와서 '전환'되어 생긴 대체물이다. ③ 다른 심적 구조들과 마찬가지로 소망의 충족을 나타낸다. ④ 소망 충족이라는 임무를 수행하는 무의식적 환상의 실현이다. ⑤ 성적 만족이라는 목적을 충족시키고 개인의 성적 생활의 부분(그녀의 성적 본능의 구성 요소 중 하나에 대응하는 부분)을 표상한다. ⑥ 유아기 삶에서는 실제였으며 이후 억압되어 온 성적 만족의 양식이 되돌아온 것에 해당한다. ⑦ 두 개의 상반된 정동적 그리고 본능적 충동들 간의 타협으로서 일어나는데, 그중 하나는 성적 기질의 일부 또는 본능의 일부 요소를 표현하려고 하고, 다른 하나는 그것을 억제하려고 한다. ⑧ 성적이지 않은 다양한 무의식적 충동의 표상을 따라갈 수는 있지만, 실제 성적 중요성이 결코 없을 수는 없다. ⑨ 한편으로 남성적 무의식적 성적 환상을 표현하면서, 다른 한편으로는 여성적인 것을 표현한다.

그다음 해에 Freud는 히스테리아 발작에 관한 논문을 썼다. 여기에서 그는 과거 이론에서 맞다고 증명되었던 것, 즉 급성 발작과 만성 증상이 동일한 하부 기반을 가진다는 것을 새로운 이론의 관점에서 확증할 수 있었다. 그는 이 발작으로 행동화되는 많은 무의식적인 환상을 밝혀낼 수 있음을 알았다.

강박신경증

강박신경증의 구조에 대한 가장 완전한 기술은, 문헌에서 쥐인간 사례(the Rat Man Case)로 알려지게 되는, 「강박신경증 사례에 관한 노트(Notes upon a Case of Obsessional Neurosis)」(1909)라는 제목이 붙은 사례 병력 기록서의 이론 부분에서 찾을 수 있다.

Freud는 1896년에 그가 강박적 생각을 "억압으로부터 다시 나타났던, 그리고 아동기에는 즐겁게 하였던 일부 성적 행동과 늘 연결되는 변형된 자기-비난"이라고 정의했다는 말로 시작하였다. 비록 취하였던 입장이 본질적으로 옳았지만, 당시 그는 이 말이 너무 협소하다고 여겼다. 그는 더 세세하고 철저히 기술하였고, 이것이 오늘날 강박신경증 환자의 성격 구조라고 불린다.

강박적인 사람은 억압이, 히스테리아처럼 전체 사건을 완전히 기억 상실하거나 억압하기보다는 관념 작용으로부터 정동을 격리시킴으로써 진행된다. 후에 Freud가 사용한 가설은 강박신경증 환자가 생각에서 느낌을 분리시키는 반면, 히스테리아 환자는 단순히 억압한나는 것이다. 그가 1926년에 방어기제를 좀 더 공식적으로 기술하게 되었을 때 그는 강박증 환자가 격리를 사용하는 반면에 히스테리아 환자는 억압을 사용한다고 하였는데, 이것이 억압은 여러 방어기제 중 하나일 뿐이라는 착상에 이르게 한 생각의 시작이었다.[5)]

강박적인 사람은 사랑과 증오 사이의 깊은 양가감정으로 고통받는다. 이 양가감정은 나중에 Freud가 항문-가학적 단계를 강박신경증 환자의 고착 지점으로 보게 하는 요인들 중 하나였다. 두 개의 상반된 감정은 아동기에 나뉘고 하나가 억제되는데, 대개 분노가 억제된다. 그런 억압은 반동형성으로 이어지는데, 표면의 감정이 표면 아래의 감정과 정반대이다.

강박신경증 환자의 정신 구조에서 특별히 중요한 것은 대략 3세에서 5세 시기에 시작하는 유아기 자위행위적 소망을 보유하고 있다는 것이다. 이 소망들은 일반화되어 여러 형태의 건드리기(touching)가 포함되는데, 이 점은 Freud가 『토템과 터부(Totem and Taboo)』(1912~1913)에서 자세히 설명하였다. 유아기 자위행위적 소망은 억압되지만, 강박적 행동은 더욱 더 그 소망에 가까워지는 경향이 있다.

강박적 사고는 일차적 강박적 생각에 대해 이차적 방어 과정을 사용한다. Freud는 이 유형의 사고에서 보이는 많은 특징을 기술하였다. 언어 사용에 상당한 왜곡이 있는데, 여기에 치환(substitutions), 축약(abbreviations), 왜곡(distortions), 생략(ellipses), 빠뜨림과 농축(omissions and condensations) 등이 포함된다. 강박적인 사람은 지성이 높다하더라도 매우 미신적인 경향이 있다. 불확실성과 의심이 전형적이며 일거수일투족에 들어 있는 지체와 우유부단과 함께 나타난다. 죽음에 몰두해 있고, 죽음에 대한 특이한 태도가 있다.

강박신경증 환자에서 보이는 사고 과정의 많은 특색에 대한 한 가지 설명은 '사고의 전능함'이 있다는 것인데, Freud는 이 어구를 자신의 강박증 환자 중 한 명이 쓴 것이라고 하였다. 강박증 환자는 생각을 그의 마음에 있는 어떤 것이라기보다 마치 실제인 것같이 여긴다. 이것은 여러 가지 다양한 마술적 사고로 이어진다. 이 사고의 전능함과 마술적 사고의 만연은 재차 Freud로 하여금 종교적 의식과 관습을 포함하여 원시적 사회의 금지들과 강박신경증 환자의 패턴 사이에 유사성이 있음을 보게 하였다.

---

5) 이동식: 이게 잘못된 것이다. 억압 하나로 다 나타내야 한다. 불교는 전부 억압, 투사로 보았다! 대승기신론에 업식(業識), 전식(轉識), 현식(現識), 지식(智識), 상속식(相續識) 등 아주 명확하게 억압과 투사로 밝혀 놓았는데, 정신분석에서는 'repression'이 하나의 mental mechanism처럼 잘못되어 있는 거다. 'Gestalt therapy'라는 것도 참선의 영향을 받아 마찬가지다. '감정이 억압이 되었으니 감정을 자꾸 표현을 해서 자기감정으로 돌아가면 낫는다.'라는 그런 거다. 감정이 억압되어서 나타나는 게 증상이다. 감정으로 돌아가면 증상이 없어진다. 병이 없어진다. 실은 모든 게 projection과 repression 이다!

강박신경증 환자에서 감정은 종종 전치되는데, 이 이동은 생각으로부터 정동이 격리되는 과정과 연결된다. 모든 종류의 퇴행이 또한 일어난다. 사고가 행동을 대신한다. 강박적이거나 참을 수 없는 강제적 사고는 행동을 퇴행적으로 대신하는 기능을 한다.

자아-심리학적 고찰

Freud의 신경증 이론은 그의 심리학 체계에 의지해 있었다. 이 체계가 변하거나 확장되었을 때 신경증 이론도 변하거나 확장하게 되어 있었다. 이것이 Freud의 생애를 통해, 그리고 그 후에도 계속 일어났지만 명시적으로 공식화되지 않았기 때문에 종종 주목받지 못하였다. 정확한 역사를 위해 이 점은 반드시 밝혀져야 한다.

여기서 두 가지 의문이 생긴다. 정상인과 신경증 환자의 차이는 무엇인가? 그리고 '신경증'의 정신역동적 설명은 무엇인가? 첫 번째 의문과 관련하여 Freud는 매우 자주 정상인과 신경증 환자 간의 차이는 정도의 차이일 뿐이고, 질적인 차이보다는 양적인 차이라고 하였다. 예를 들면, 1913년에 정신분석에 대한 논문에서 그는 이렇게 썼다.

> '유아증(infantilism)' '성욕(sexuality)' 그리고 '억압'이라는 세 요인이 동시에 존재한다는 인식이 정신분석 이론의 주 특징을 이루며 병리적 정신생활에 대한 다른 관점과 구분하게 한다. 동시에 정신분석은 정상인의 정신생활과 신경증 환자 및 정신병 환자의 정신생활 간에는 근본적인 차이가 없고, 정도의 차이가 있을 뿐이라는 것을 보여 주었다.[4]

1920년대에 자아와 구조 이론에 대한 자신의 견해가 깊어짐에 따라 Freud는 자신의 이론을 확장하여 전 인류, 특히 그가 직접 접하였던 '문명화된' 인종들을 포함시켰다. 1930년 『문명 속의 불만(Civilization and Its Discontents)』에서 정신장애와 정서장애가 광범위하게 발생하는 데 대한 Freud의 견해는 상당히 분명하여서 "문화적 욕구의 영향으로 어떤 문명 혹은 문명의 어떤 시기가—아마도 전 인류가—'신경증적'이 되었다고 진단하면 정당화되지 않는 것일까? …… 이 난관들에도 불구하고 언젠가는 어떤 이가 감히 문화 공동체들의 병리를 연구하기 시작할 것이라고 기대할 수도 있다."[5]라고 하였다. 그러나 바로 그다음 줄에서 Freud는 "매우 다양한 이유로, 인간 문명의 가치에 대한 의견을 표현하는 것은 나의 의도와는 매우 멀다."[6]라는 서술로 자신의 비판을 보호하였다.

그래서 전형적으로 한순간, Freud는 그 자신이 속한 문명을 공개적으로 비난하고, 바로 나음 순간 자신의 비판을 서의 거두어들였나. 정신분석의 역사에서 이후 많은 갈등의 뿌리에는 이 양가감정이 있다.

자아심리학이 등장하면서, 기법적인 관점에서 Freud는 신경증(특정적으로 히스테리아와 강박행동신경증)이 자아와 이드 간의 갈등이라고 자신의 입장을 재정리하였다. 『신경증과 정신병(Neurosis and Psychosis)』(1924)에서 그는 "신경증은 자아와 이드 간의 갈등의 결과이고, 반면에 정신병은 자아와 외부 세계 간의 관계에 비슷한 장해가 있어 생긴 유사한 산물이다."[7]라고 썼다.

그러나 다음 단락에서 그는 이렇게 쓰고 있다. "문제에 대한 그러한 단순한 해결책을 의심하는 데는 분명히 좋은 근거들이 있다. 더군다나 우리가 기대해도 좋을 최고는 아주 개략적으로 보더라도 이 처방이 옳다고 밝혀질 것이라는 점이다." 그리고 몇 달 뒤에 쓴 논문 「신경증과 정신병에서 현실의 상실(The Loss of Reality in Neurosis and psychosis)」에서 그는 신경증에도 역시 현실의 상실이 있음을 적시함으로써 재차 신경증과 정신병 간의 차이가 상대적인 것이라고 하였다.

1926년 『불안의 문제(The Problem of Anxiety)』에서 Freud는 사용된 주요 방어기제의 측면에서 세 개의 전이신경증을 분류하고자 시도함으로써 한층 중요한 구분을 하였다. 이것은 결국 사용된 방어의 측면에서 개인을 재분류하는 것으로 이어졌으나, 밑에 깔려 있는 문제 전체를 변경하지는 않았다.

요약 논평

1926년 그의 핵심적인 저작이 완결되었던 때쯤에, Freud는 정신분석 세계에 두 가지 신경증의 개념을 남겼다. 협의 혹은 전문적인 것이라고 불릴 수 있는 것과 광의 혹은 문화적인 이해라고 불릴 수 있는 것이었다. 전문적 개념은 자아와 이드 간 갈등의 개념인데, 여기서 임상 자료는 히스테리아(두 유형: 전환과 불안)와 강박신경증으로 다시 나뉠 수 있다. 이 고전적 신경증들에 대한 그의 탐색은 너무도 철저하고 광범위해서 그가 정리한 것에서 어떠한 실질적 변경도 이루어질 필요가 없었다.

그러나 광의의 신경증 또는 문화적 의미(문명사회의 병리)는 이 전문적인 정리에 포괄될 수 없다. 여기에 Freud는 기초를 놓았을 뿐이고, 많은 다른 사람이 그의 본질적인 생각을 여전히 이어 가고 있었다. 그의 저술 방식 때문에, Freud가 신경증 또는 정서적 장애에 대해 전문적 그리고 문화적 이미지라는 두 가지 견해를 가지고 있었다는 점이 때로 분명하지

않았었다. 이 관점에서 추후 작업들이 검토되어야만 한다.[6)]

Freud 이후의 발전

Freud 이후의 발전은 그가 출발하였던 두 가지 주요 선상에서 진행되었다. 첫 번째는 신경증의 정신역동에 관계되고, 두 번째는 신경증 환자와 정상인 간의 차이에 관계된다. Freud 이후의 분석가들은 그의 심원한 임상적 관찰들을 확증하고 확장하는 풍부한 기회를 가졌다. 순수하게 전문적인 관점에서, 히스테리아와 강박신경증에 대한 이해에는 거의 변화가 없었다. 심리학적 지평이 확장되면서 생긴 새로운 관점들이 주로 추가되었다. 인류의 대부분을 포괄하는 확장된 신경증 개념이 Freud 이후의 주요 변화이다.

강박신경증

최근 Nagera(1976)는 강박신경증의 고전적 양상에 관한 문헌들을 요약하고, Freud 이후의 저자들이 Freud로부터 얼마나 벗어나지 못하였는지를 보여 주었다. Sullivan의 통찰도 말은 다르지만 본질적으로는 Freud와 똑같다. Sullivan의 제자 Salzman(1968)이 "강박적 성격 유형이 오늘날 가장 빈발하는 성격 구조다."라고 한 말은 가장 확실히 틀린 것이며, 항문기의 영향이 우리 당대의 문화에서 성격 구조에 미치는 가장 강한 힘이라는 Wliliam Menninger(1943)의 비슷한 말도 마찬가지이다.

Anna Freud(1966)가 1965년 암스테르담 국제대회(The Amsterdam Congress of the International)에서 발표한 강박신경증에 관한 정신분석적 견해들의 요약에서 하나의 균형 잡힌 견해를 발견하게 된다. 그녀는 토론을 여덟 개의 제목으로 나누고 각각을 다음과 같

6) 이동식: 역사적인 이해를 해야 제대로 이해를 한다. 환자도 마찬가지다. 환자의 역사를 알아야 한다. 임금의 경연(經筵)이라는 것도 경서(經書)와 사서(史書)를 배워서 마음을 닦는 것과 역사를 배우는 것이다. '역사는 되풀이되지 않는다'고 하지만 패턴은 항상 반복된다. 내가 주역을 잘은 모르지만 거기 보면 삼라만상의 변화 패턴은 항상 반복된다. 내가 환자를 치료해 보면 낫는 게 날씨 개는 것과 똑같은 패턴이다. 처음엔 구름이 꽉 끼어 있다가, 햇빛이 싹 나오면 환자는 다 나은 것 같다가, 다시 구름이 끼었다가, 왔다 갔다 차차 구름이 엷어지고. 모든 게 그런 거다. 사건은 반복 안 돼도 패턴은 반복된다. 그러니까 반복되는 패턴을 진단해서 그 뿌리를 찾아 해소시키는 것이 근본 치료다. 자기의 반복되는 패턴을 깨달아서 없애면 해방이 된다. 모든 사람이 거기에 갇혀 똑같은 실패를 자꾸 되풀이한다. 그게 업(業), 인과응보(因果應報)이고, 인과의 수레바퀴에서 벗어나지 못한다.

이 요약하였다.

1. 강박신경증의 발생 기반 오늘날 많은 분석적 관심이 생의 첫해에 집중되어 있어서, 많은 저자가 항문기를 병리의 시작으로 보는 관점이 몹시 늦은 것이라고 보는 것 같다. 그래서 강박신경증의 발병 시점을 앞당기려는 모든 노력이 기울여졌다. 사실, 이런 측면에서 초기 유아기의 거의 모든 요소가 전면에 부각되었고, 특히 초기 어머니-유아 관계에서의 사건들이 관련 발병 요인으로 지목되었다.

2. 강박신경증의 본능적 배경 이 논제에 기여한 사람들 모두가 강박 증상이라는 수단으로 항문-가학기의 이드 내용이 차단된다는 고전적인 견해를 수용할 준비가 되어 있지는 않았고, 특히 대상을 구강 함입하는 경향과 관음증에 대한 일부 경쟁적 주장들도 제기되었다. 강박신경증을 어떤 특정 본능적 내용과의 연결로부터 완전히 분리하고, 대신에 그 증상이 전적으로 강박증에 특징적인 자아기제에 의해 결정된다고 보려는 시도까지도 한 번 있었다.

3. 발생 기반과 항문-가학증 사이의 가능한 연결 대상관계의 실패와 항문성(anality) 증대 사이의 연결이 우리가 알고 있는 것보다 훨씬 흔할지도 모른다. 만약 사실이 그러하다면, 항문성에 대한 차후의 방어에 미치는 파급 효과가 상당할 수도 있다. 아무리 그러하더라도 이런 유형의 어떤 사례도 대회에서 언급되지는 않았다.

4. 강박신경증에서 자아 시류에 따라 이 주제에 대한 기여가 많아졌고, 조사되지 않은 영역은 거의 남아 있지 않다. 수많은 저자가 다소간 독립적으로 하나의 혁신을 가져왔는데, 자아의 전반적인 인지 및 지각 양식에 대한 생각이었다. 어떠한 새로운 방어기제도 우리가 익숙하게 알고 있는 것에 추가되지 않았다.

5. 강박신경증에서 이드와 자아 사이의 상호 영향 욕동과 방어 사이의 관계에 관하여 많은 가능성이 언급되었다. 욕동 퇴행과 자아 퇴행 사이의 관계에 관한 많은 가치 있는 제안, 개정, 증보가 기존 이론에 대해 이루어졌다.

6. 강박신경증 대 공포증 공포증이 주로 강박적인 병으로 병리가 변하는 데 대해 (사례

제시에 기초해서) 큰 관심이 표현되었다.

7. 강박적 병리를 피하려는 시도 위험의 원천을 전부 제거하려는 어떤 방어적인 태도들이 있다. 그들이 성공하면 성격이나 행동의 변화를 가져오는 더 이상의 방어 활동이 필요 없어지고, 강박신경증 자체가 조직되지 않는다.

8. 강박신경증의 이로운 효과, 해로운 효과, 성공, 실패 그리고 한계 강박신경증의 유익한 효과는 안정시키는 효과다. 신경증은 또한 자아의 활동과 전체 인격에 해로운 영향을 끼친다. 어떤 경우에는 강박적 방어의 부분적 실패가 있다. 그리고 결국 강박신경증의 한계가 분명하게 그려질 것이다.

요컨대, 히스테리아의 경우에서처럼 점차 강박신경증을 하나의 증후군으로 보게 되었다. Freud는 분명하고 정확하게 그 개요를 기술하였고, 더 큰 자아의 구조 내에서 그것은 상당한 변이를 보이기도 한다.

히스테리아

1973년 파리 국제정신분석협회(International Psychoanalytical Association) 회합에서 오늘날의 히스테리아에 관한 패널 토론이 개최되었는데, 히스테리아에 대한 견해는 Freud의 초기 시절 이래로 상당한 변화가 있었지만, 그 인격 형태의 핵심 요소들에 대한 그의 서술은 여전히 옳다는 데 대체로 의견이 일치하였다. Laplanche(1974)는 그 토론을 다음과 같이 요약하였다.

> 히스테리아가 변했다고 말하는 것은 연자들에 따라 두 가지 매우 다른 의미를 가진다. 일부 연자에게는 히스테리아에 대한 우리의 개념이 변하였고 또는 변하여야 했던 것이었다. Melanie Klein 학파가 히스테리아를 거의 다루지 않다가 뒤늦게 다루기 시작하였던 것은 우연이 아니다. Klein 학파 사람들과 그들의 좀 더 먼 많은 계승자에게 히스테리아는 초기의 정신병적인, 그리고 비-성적인 성질의 불안들에 대한 특별한 방어 수단이라고 규정될 수 있을 뿐이다. 그래서 갈등이 이차적 · 인위적 · 방어적으로 성애화(sexualization)된다는 것을 지지하여 '신경증의 원인론에서 성욕'이 차지하는 명백한 역할—Freud의 발견의 근간—은 논

박되었다. 이 갈등들은 개인의 욕망보다는 생존에 연관된다. 나는 많은 현대 이론에서 분명히 볼 수 있는 정신분석의 탈성애화(desexualization)를 믿지 않는다고 말하고 싶다.

학회의 다른 참석자들에게 '히스테리아의 임상 양상이 변하였는가?'라는 주제는 Freud 사상의 고전적 좌표에 더 가까운 좀 더 다루기 쉬운 수준의 토론이었다. 이 질문이 흥미로운 것은 우리로 하여금 이 변화들 밑에 구조적으로 변치 않고 지속하는 것은 무엇인가를 묻게 하기 때문이다. 어떤 참가자들은 소위 '성격' 형태를 특히 강조하였고…… 그래서 히스테리아의 관계적 측면을 강조하였다. 또 어떤 참가자들은 전환 히스테리아가 사라지고 있는 것은 분명한 사실이라고 받아들이는 것 같았다. …… 우리는 환시와 발작이 없거나 덜 자주 일어난다고 말해야 하는가, 아니면 오늘날 우리가 무엇보다도 그것의 관계 측면, 심지어 전이 측면에 관심이 있다고 말해야 되는가? 그다음 우리는 히스테리아에 대한 이해보다는 몸에 대한 우리의 이해가 변한 것이라고 말할 수 있을 것이다. 몸은 이제 우리에게 잠재적이고, 암묵적이며, 가려져 있고, 변함없는 소통을 위한 장소로 다가온다. …… 우리는 히스테리아의 특이성이 본능적 수준(오이디푸스 수준)에 있는 것인지, 방어기제(억압)에 있는 것인지, 억압이 되돌아가는 길(전환)에 있는 것인지를 자문해 보아야 할지도 모른다.[9]

많은 저자가 '히스테리아'라는 용어가 아무 데나 사용된다고 비난해 왔다. 전쟁성공보(戰爭省公報, War Department Bulletin)[10]는 "어원적으로 불합리한 '히스테리아'라는 용어에 추가 의미가 부착되면서 다양하게 잘못된 대중적 · 과학적 의미가 부여되었고—예외적으로 정신분석에서는 분명하게 규정된 실재지만—마침내 불명예스런 용어가 되었다."라고 하였다.

정신분석 이론의 확산으로 통상의 의학 실제에서 고전적 히스테리아가 사라지게 되었다는 점은 널리 알려져 있다. Ilsa Veith(1965)는 히스테리아에 관한 그녀의 책에서 이렇게 쓰고 있다.

위로부터, 우리는 히스테리아에 대한 Freud의 연구가 히스테리아에 더 큰 의의를 부여하는 대신에, 실제로는 히스테리아가 이천 년 이상 지녀 온 신비적인 중요성을 많이 빼앗아 버렸다고 볼 수 있다. 많은 Freud의 용어가 현학적인 언어가 되면서 (그리고 만약)…… 히스테리아가 일차적으로 자아-만족을 얻는 수단이라면, 이 대중의 관심 결여로 그 병이 거의 완전히 사라졌다고 쉽게 설명할 수 있을 것이다. 이리하여 금세기 동안 선도적 정신과 의사들이 히스테리아의 원인 이해를 철저히 함으로써 이 병이 거의 사라지는 데 기여하였다고 말해도 그리 역설적이지는 않을 것이다.

그래서 히스테리아와 강박신경증 양자의 심리에 대해 Freud가 공들여 철저히 연구한 설명은 기대하지 못한 역설적인 결과로 이어졌다. 즉, 평범한 정신치료자들의 임상 실제에서 두 질환의 고전적 형태가 실질적으로 사라졌다. 대신 그것들은 장해(disturbance)라는 더 큰 틀 안에 증후군들로 흡수되었다. 그들이 진정 증후군으로 보일 때, Freud가 명료하게 제공한 정신역동, 발생 및 적절한 치료는 여전히 유지된다고 말할 수 있다.

신경증의 더 넓은 의미

아주 초기 단계부터 Freud는 정신분석이 인간사에 대해 보다 넓은 의의를 가진다는 점을 감지하였다. 하지만 그가 전문적인 의문들에 너무 몰두해 있었기 때문에, 이 분야의 더 광범위한 측면은 한편에 남겨져 있었다. 1920년대 전쟁 후의 글에서, 그는 자신이 철학적 사변이라고 불렀던 것으로 되돌아가서 자신이 발견한 것들이 지닌 더 넓은 의미에 대해 반복해서 주의를 환기시켰다. 더 일찍이 인용된 글에서 그는 '문명사회의 병리'를 언급하였다. 히스테리아와 강박증의 전문적인 제한을 넘어서는 그런 병리는 광의의 신경증이라 불릴 수 있고, 자아와 이드 사이의 갈등은 제한적으로 사용된다.

정상이란 사랑하고 일하는 능력이라는 Freud의 정의로부터 출발하여, 정신분석은 인간이 어떻게 되어야 하는지에 대한 하나의 이상적 개념을 정리하였다(Fine, 1971). 이 생각이 점차 자라서 이 이상에 도달하지 못하면 '신경증적'이라고 하게 되었다(Offer and Sabshin, 1974). 대중과 전문가들의 마음 모두에 신경증이란 용어의 더 넓은 의미는 심지어 '정상적-신경증적'이라는 말이 일상에서 통용될 정도로 영향력을 가지게 되었다. Freud 이후 이렇게 되기까지의 역사적 성장 과정은 간단히 추적할 수 있다.

1920년대에 많은 지식인 사이에서 조심스러운 낙관주의 정신을 볼 수 있었다. 제1차 세계대전의 공포를 뒤로 하고, 그들은 좀 더 사회주의적이고 민주주의적인 노선에 따라 새로운 세상이 건설될 수 있기를 희망하였다(Dahmer, 1973). 이 새로운 세상에서 Freud와 Marx는 주 안내자였을 것이다. 정신분석이 좀 더 행복한 세계로, 아마도 심지어 신경증이 완전히 사라진 세계로 이끌 수 있을 것이라는 희망이 공공연히 표현되었다.

정신분석 운동(The Psychoanalytic Movement, 제5장 참조)이 일어나게 된 것은 이 희망의 한 측면이다. 불행하게도 대공황과 그다음 1933년 히틀러의 출현으로 이 희망의 분위기는 빠르게 끝이 났다. 하지만 그 시기에 다듬어진 이상들은 이후에도 계속 유지되고 있다.

정신분석과 정신의학에서의 더 새로운 사태 전환을 서술하는 가장 중요한 목소리는 Ernest Jones였다. 그는 1958년 사망할 때까지 국제 정신분석 운동의 지도적인 역할을 계속하였다. 1929년 컬럼비아대학교 정신의학연구소 개소식에서 발표된 놀랍도록 현대적인 논문에서, Jones(1929)는 미국이 이전에는 아무도 존재하지 않았던 정신의학의 새로운 전문 직종을 실질적으로 만들어 냈다고 주장하였다. 신경증 환자와 정상인과의 차이에 대해 그는 이렇게 썼다.

> 그 영향이 전체 정신을 통해 퍼지는 근본적인 콤플렉스와 기전들이 정신신경증 환자에서는 매우 분명하게 실증될 수 있는 데 반해 동일한 과정들이 정상인에서는 종종 희미하게 추정될 수 있을 뿐이며, 그럼에도 불구하고 그 둘 사이에는 질적인 차이가 있다고 반대를 촉구하는 사람은 단지 그 자신이 그 둘 간의 관계에 대한 조사를 빠뜨렸음을 보여 줄 뿐이다.

신경증에 관한 전문적 이해와 관련하여 Jones는 세 가지 점을 지적하였는데, 첫째, 정신분석이 정신의 병적 상태라는 의미에 대한 진정한 이해를 처음으로 제공하였다는 것, 둘째, 모든 '정신의 병적 상태의 근원이 되는 장애'는 '자아가 어떤 마지막 방법으로든 모든 인간의 불가피한 운명인 어떤 근본적인 정신 내적 갈등을 다루는 데 실패한 것'이라고 정의될 수 있다는 것, 그리고 모든 정신의 병적 상태는 발달의 정지를 의미한다는 것이다.

문화적 요인[7)]

일단 신경증이 어디에나 있다는 것이 인지되자, 다음 질문은 '현대인에게 무엇이 문제인가?' 라는 것이었다. 당연히 이 질문은 처참한 전쟁을 막 끝내고 또 다른 전쟁을 시작하는 과정에 있던 세상에서 뜨겁게 논의되었다. 그리고 제2차 세계대전 이래 더욱 불안정한 세계 정세는 이 질문의 답을 찾으려는 노력을 강화하였다.

신경증의 역동에 대한 초기 Freud의 서술에 추가된 것 중 가장 중요한 것은 문화에 대한 분석이었다. 이것도 역시 Freud에 의해 시작되었지만, 그는 이것을 비교적 발달이 덜 된

---

7) 이동식: 'element'는 요소(要素)로 어떤 전체를 구성하는 것 중의 하나이고, 'factor'는 요인(要因) 또는 인자(因子)라고 번역하는데 '인(因)'이 들어가며, 어떤 현상을 일으키는 여러 가지 원인 중의 하나다. Freud는 biological factor(생물학적 요인)을 강조했고 문화학파는 사회문화적인 원인을 강조한다.

상태로 남겨 두었다. 1920년대부터 인류학자들은 현장으로 나갔고, 훨씬 더 정교한 개념과 정신분석이 제공한 로르샤흐와 주제통각검사 같은 도구를 이용하였다. 인간의 기본적 문제에 대한 현재의 해결책은 여러 가능한 해결책 가운데 하나일 뿐이며, 많은 영역에서 결코 최선이 아니라는 것이 곧 명백해졌다. 성적 자유가 훨씬 더 크게 용인되고, 증오는 훨씬 적게 존재하며, 때로는 전쟁조차 없는 문화가 많이 발견되었다. 분석가들이 다루던 특별한 신경증들은 그 시대의 산물이고(Fenichel, 1935), 인간 조건의 절대적 불변은 아니라는 것이 명백해졌다. 점점 더 집요하게 "우리 문화는 무엇이 문제인가?"라는 질문이 반복해서 제기되었다.

Horney: 우리 시대의 신경증적 인격

1937년 Karen Horney는 『우리 시대의 신경증적 인격(The Neurotic Personality of Our Time)』을 출판하였는데, 폭넓은 대중적 관심을 받았지만 전문가들에게는 엇갈린 반응을 받았다. Horney는 기본적으로 나쁜 것은 언제나 진정한 온정과 애정이 부족한 것이라고 하였다. 부모 측의 여러 행동들이 이 느낌을 불러일으키는데, 그녀는 이것을 기본적 불안(basic anxiety)이라고 불렀다. 그 불안은 적개심을 불러일으키고, 적개심은 억압되어야 한다. 그녀는 적개심이 억압되는 네 가지 이유를 제시하였다. 무력함, 공포, 사랑 또는 죄책감이 그것이다. 우리 문화에서 성적 영역은 죄책감이 가장 빈번히 자극되는 영역이다. 적대적인 세상에서 느끼게 되는 고독감과 무력감은 그렇게 야기되어 만연하고 은밀하게 증가하고 있다. 우리문화에는 기본적 불안에 대해 사람들이 자신들을 보호하고자 하는 네 가지 주된 방법이 있으니, 애정, 순종, 힘, 철수가 그것이다.

비록 Horney가 자신의 이론이 Freud의 이론에 원론적으로 반대되는 것은 아니라고 책의 말미에서 주장하였지만, 그녀의 책은 그녀가 전통적인 모델에서 너무 많이 "벗어났다."라는 비판을 많이 받았다. 그러자 이번에는 그녀가 들고일어났고, 격렬한 싸움이 일어났으며, 이 싸움은 확고한 광적 믿음을 가진 양측에 의해 속행되었다. 이 싸움의 특징은 Santayana가 광신자는 자기의 목표를 상실한 후 자신의 노력을 다시 배가하는 사람이라고 정의한 데서 가장 잘 드러날 수 있다. 실제로, Horney는 Freud에게 사실상 내재되어 있었던 신경증의 더 넓은 의미에 단지 주의를 환기시키고 있을 뿐이었다. 이런 입장이 왜 그런 피투성이 정치 싸움으로 이어졌는지의 이유는 제4장과 제5장에서 논의되었다.[8)]

Sullivan: 정신의학과 사회과학의 융합

Horney의 선도적인 작업 후에, 많은 다른 분석가가 신경증이 생기게 되는 문화 환경에 차츰 더 중점을 두고 명시적으로 또는 암묵적으로 자아와 이드 사이의 갈등보다는 신경증의 더 넓은 의미를 가리키기 시작하였다. 모든 미국 분석가 중에서 Harry Stack Sullivan이 아마도 가장 영향력이 있었을 것이다. 제2차 세계대전과 종전 후에 걸친 그의 생애 마지막 십 년 동안, 그는 인류의 정신건강이라 말하면 가장 좋을 일에 관심을 쏟았다. 1947년에 그는 이렇게 썼다.

> 정신의학이 전세계적으로 동원되어야 한다는 요청이 …… 이제는 공공연히 이루어지고 있다. …… 우리는 우리와 우리 각자를 이해해야만 한다. 우리가 모든 것에 관해 이해할 필요는 없지만, 조화로운 인간관계를 증진시키는 데 중요한 원칙들에 관해서는 반드시 이해해야 한다.
>
> 참으로 그런 노력에 대해 아무것도 제공할 게 없는 정신과 의사란 거의 없고, 우리 각자는 자기 능력을 최대한 발휘하여 이 목표의 달성을 촉진하라는 요구를 받고 있다.[13]

문화와 신경증에 대한 다른 연구들

많은 저자가 신경증이 우리 문화의 소산이라는 개념에 이르는 데 중요한 공헌을 하였고, 따라서 치료자는 그의 노력을 고전적 신경증 환자들에게만 국한해서는 안 된다. Kardiner(1939, 1945)는 어느 문화의 기본적인 성격 유형이 그 문화의 여러 제도와 어떻게 관련될 수 있는지를 보여 주면서, 정신분석과 인류학의 통합을 위한 최초의 완전한 개요를 제공하였다. Fromm은 『건전한 사회(The Sane Society)』(1955)에서 문명사회의 병리에 관한 Freud의 주장을 이어 갔지만, 분석적 해결책보다는 사회주의적 해결책을 제시하였다. 아마도 더 중요한 것은 성격 유형이 사회경제적 구조와 어떻게 상호작용하는지를 보여 주는 Fromm과 Maccoby의 멕시코 마을에 대한 세심한 연구(1970)일 것이다. Ari Kiev는 『마법, 신념 그리고 치유(Magic, Faith and Healing)』(1964)에서 당대의 많은 사회에서 자료를 모아

---

8) 이동식: Horney는 그녀의 저서 『New Ways in Psychoanalysis』에서 Freud의 이론을 비판했는데, 오이디푸스 콤플렉스 문제가 아니라 parent-child relationship 문제로 넘어왔다. Horney는 Freud가 그런 학설을 만든 토대가 되는 경험이 중요하지 그 학설이 중요한 것은 아니라고 하였다.

신경증의 정의와 치료가 어떤 특정 문화의 전체 정신에 어떻게 맞아 들어가는지를 보여 주었다.

이 논제는 제17장에 이론적 관점에서 더 광범위하게 논의된다. 신경증의 넓은 의미를 명료화한다는 측면에서 보면, 이 모든 작업이 넓은 의미에서 불행으로 정의되는 신경증이 정말 널리 퍼져 있다는, 그리고 신경증이 정신분석적 절차를 통해 이해되고 치료될 수 있다는 설득력 있는 증거를 제공하였다.

'신경증'의 빈도에 관한 경험적 자료

일단 정신분석적 이론으로 신경증의 더 넓은 이해를 위한 개념적 기초가 확립되고 나자, 그다음은 '인구의 몇 퍼센트가 최적 수준 이하에서 기능하고 있다고 할 수 있는가?'라는 의문이 생겼다. 이 문제에 대해 시급히 분명한 답을 할 필요가 있다고 재촉한 사정들은 이렇다.

1. 제2차 세계대전 때 세계는 모든 면에서 완전 미친 것같이 보이는 독재자 Adolf Hitler에 의해 인간 역사상 최악의 대격변으로 빠져들게 되었다. 그의 적 가운데 모든 면에서 똑같이 미친 것 같아 보이는 또 다른 독재자 Josef Stalin이 있었다.
2. 핵무기의 개발로 미친 독재자의 터무니없는 행동으로부터 야기될 수 있는 위험은 더 이상 불가능할 것 같아 보이지도 않는, 문자 그대로 세계 파멸의 위험이었다.
3. 모든 서방 국가에서 남자들의 군복무 거부율이 높고 전투에서 정신적 붕괴의 발생률이 높자, 민주 국가들은 보통 사람들의 정신건강에 대해 관심을 가지게 되었다.
4. 과학은 수십 년간의 집중적인 연구에도 불구하고 몇 가지 예외를 제외하고는 정신적 장애에 기질적 바탕이 있다는 납득할 만한 증거를 찾아내지 못하였다. 대신에 Freud와 정신분석가들이 항상 가르쳐 왔듯이, 정신의 병적 상태는 어린 시절 잘못된 가족 관계의 결과라는 증거가 점점 더 강해졌다. Freedman과 Redlich(1966)는 그들의 영향력 있는 정신의학 교과서에서 신경증을 그냥 간단히 '정신사회적 장애(psychosocial disorders)'라고 하였다.
5. 정신분석적 원리를 적용한 결과, 정신과 의사, 심리학자, 사회사업가 그리고 다른 정신건강 전문가들 사이에 치료적 역량이 확산되어, 도움이 필요하고 도움이 제공된다면 기꺼이 받아들이겠다는 더욱 더 많은 사람을 찾아냈다. 언어의 차이가 어떠하든

치료의 공통적인 철학이 모든 정신치료적 접근법에 깔려 있고, 이 철학은 정신분석적 지혜의 극히 중요한 정수라는 것이 점점 더 명백해졌다(Henry, 1971).

여전히 얼마나 많은 '신경증 환자'가 있는지에 관해서 회의론과 더욱 정확한 수치를 바라는 광범위한 요구가 있었다. Rennie와 그의 동료들은 1950년대 뉴욕에서 이런 종류의 최초의 대규모 집중 연구를 실시하였다. 이 분야에서 그들의 책(Rennie et al., 1962)은 역사적으로 획기적인 사건이 되었다. 그들은 맨하탄에서 1,660명의 성인을 가구 조사 표본으로 하여, 피상적인 설문지 조사와는 대조적으로 각 응답자와 집중적인 개인 면담을 하였다. 그들의 경악스러운 조사 결과를 요약하면, 맨하탄 거주민의 81.5%가 어느 정도는 정신적으로 손상되었다는 것이다.[9] 다음 표는 구체적인 정신적 붕괴를 보여 준다.[14]

정신건강의 증상 형성 분류에 따른 가구 조사 표본(20~59세) 응답자의 분포

건강	18.5%
가벼운 증상	36.3%
중등도의 증상	21.8%
현저한 증상	13.2%
심한 증상	7.5%
기능 불능	2.7%
장애(현저한, 심한, 기능 불능을 합해)	**23.4%**

이 놀라운 결과들에 대한 한 가지 반응은 그 결과들이 뉴욕에 독특한 현상이며, 뉴욕은 정서적으로 문제가 있는 개인들이 많이 모인 곳이라고 말하는 것이었다. 그래서 세계의 다른 지역들도 조사를 하게 되었다. Leighton과 그 협력자들은 생활 조건이 뉴욕과는 현저하게 다른 캐나다의 북동부에서 대규모 조사를 실시하였는데, 이는 비슷하게 큰 영향력을 미친 두 번째 연구였다. Leighton 등(1963)은 응답자 1,010명의 연구를 토대로 건강 17%,

9) 이동식: 부처 외에는 다 환자다. 부처도 깨닫기 전에는 환자였고, 그게 현실이다. 그래서 '나만 이상하지 않다'는 사실에 오히려 안심하는 환자가 많다. 프랑스의 유명한 앙드레 모로아는 인류가 멸망하는 네 가지 요인이 있는데, 그 중에 하나는 인류가 모두 미쳐서 멸망하는 것이라고 하였다.

장애 20%, 중등도 혼란 63%라는 놀랄 정도로 비슷한 결론에 도달하였는데,[15] 그들은 "모든 가능한 정보로 우리가 내린 결론은 Stirling County 성인의 적어도 반은 미국정신의학회 『정신질환의 진단 및 통계 편람(APA Diagnostic and Statistical Manual)』에서 정의된 정신과적 장애로 현재 고통받고 있다는 것이다."라고 하였다.[16]

당연히 이 소견들은 정상 상태와 정신건강의 개념에 대한 재평가로 이어졌다. 전통적 정신의학이 가정하였던 것처럼 통계적으로 평균적인 사람이 정상이라는 가정은 더 이상 가능하지 않게 되었다(Offer and Sabshine, 1974). 대신 정신분석적 개념이 두드러지는 이상적인 정신건강의 상이 점점 더 전면에 등장하였다(Kubie, 1954; Parson, 1958). 신경증이 우리 사회 구조 조직의 일부라는 확신이 정신건강 전문가들 사이에, 크게는 지역사회에 점차 두드러지게 되었다. 다른 사회에 대한 연구에서 어떤 정신건강상의 발생률이 상당히 더 높다는 결과는 드러나지 않았다(Kiev, 1964). 또한 과거에 대한 연구도 삶을 신경증적으로 왜곡한 오랜 역사만을 드러낼 뿐이었다(de Mause, 1974). 당시 미국심리학협회의 상임이사이던 Fillmore Sanford는 1965년 의회 증언에서 이런 상황에 대해 다음과 같이 간단명료하게 말하였다. "정신건강은 전적으로 정신의학적 문제도 아니고, 혹은 심리학적 문제거나 납세자의 문제도 아니며, 혹은 입법의 문제도 아니다. 이 문제들 모두이고 그 이상의 문제이다. 전체 사회 구조의 문제이다."

신경증에 관한 요약

Freud가 1880년대에 그의 작업을 시작하였을 때는 신경증의 개념이 혼란스럽고 혼돈되어 있었다. Freud는 가용한 자료들을 신경증의 두 가지 주요 유형인 히스테리아와 강박신경증('고전적' 신경증)으로 분류하고, 히스테리아는 전환 히스테리아와 불안 히스테리아로 더 세분하였다. 그는 이 고전적 신경증들의 발생, 역동, 구조를 명료화하였고, 그들에 대한 최선의 치료로 고전적 정신분석을 개발하였다.

Freud의 작업에 추가된 것은 있으나 특별히 의미 있을 정도로 수정되지는 않았다. 대신에 생겨난 일은 고전적 신경증들이 실질적으로 임상상에서 사라지고, 일반적으로 '성격장애'라고 알려진 모호한 존재로 대체된 것이었다. 그다음에 알게 된 것은 이들 성격장애가 고립된 질환이 아니라 상당수의 국민에게 나타난다는 것이고, 두 번의 대규모 연구는 인구의 약 2/3가 정도의 차이는 있지만 정서적으로 보다 손상되어 있다는 것을 보여 주었다.

이 소견은 신경증의 더 넓은 의미로, 정상으로, 그리고 정신건강으로 이어져서 1960년대 초 이후 널리 퍼지게 되었다.

더 넓은 의미의 이 신경증에서 전통적 진단 범주는 점점 의미가 없어지게 되고 (Menninger, 1959), 인간 본성과 인간의 잠재력에 대한 다른 견해가 전면에 등장하게 되었다. Saul과 Wenar(1965)는 다음과 같이 그것을 얘기하였다. "분명하고 간단한 결론은 만약 모든 아동이 적절하게 길러진다면 우리는 정서적으로 성숙한 남자와 여자가 사는 세상을 가지게 될 것이라는 사실이다. 그러나 그러는 대신에 우리는 인간 본성을 보지 못하고 우리가 인간 본성이라고 오해할 정도로 거의 보편적인 다양한 성격장애들을 보고 있다."[18] [10]

10) 이동식: 각종 성격장애를 '인간성'이라고 착각하고 있다. 건강하게 기르면 안 그런데 내부분이 환자다. 보통 '인간적인, 너무나 인간적인'이라고 하는데, 그것은 성숙된 인간이 드물기 때문에 모두 병든 사람을 보고 '인간적'이라고 하는 것이다. 우리나라 사람도 요새 보는 우리나라 사람이 원래의 우리인 줄로 알고 있는데, 잘못 알고 있는 거다. 원래 우리나라 사람이 옛날에는 그렇지 않았는데 대부분의 사람이 병이 들어 지금은 이상하게 변질되어 있다.

제 14 장

정신병과 경계선 상태의 정신분석적 이론

Otto Kernberg

신경증과 달리 정신병은 그리스 시대부터 알려졌고 연구되었었다. 정신의학은 정신병이 '뇌의 병'이라는 그리스인들의 생각을 대체로 받아들여 왔었다. Eugen Bleuler와 Adolf Meyer 같은 비분석적 정신과 의사들이 또한 기여를 추가하였다. Eugen Bleuler는 'schizophrenia(정신분열병, 한국에서는 2011년부터 조현병으로 개명하여 사용한다. 이하 조현병 — 역자 주)'라는 용어를 만들었고 1차 증상과 2차 증상을 구별하였다. Adolf Meyer는 조현병 환자가 다양한 위협적인 생활 상황에 대해 파국적 반응을 한다는 것을 보여 주었다. 이 영역에서도 마찬가지로 기질적 정신의학과 다른 학문 분야에 의한 진보를 반드시 진지하게 고찰할 필요가 있다.

정신병에 대한 논의는 조현병의 논의와 더욱 더 통합되었다. 결과적으로, 내가 정신분석적 이론의 발달을 다루는 것도 대체로 조현병의 이해에 한정되고, 다른 점들은 별도로 고찰한다.[1]

1) 이동식: Freud는 조현병 치료 경험도 없고 치료가 안 된다고 하였다. 1950년대에 『American Journal of Psychoanalysis』에 "정신병은 정신치료로 치료가 안 된다."라고 한 사람도 "Frieda Fromm-Reichmann이 정신병을 치료할 수 있다는 건 인정한다."라고 하였다.

Freud의 공헌

Freud의 치료적 작업은 그의 생애 대부분 동안 주로 고전적 신경증에 한정되었다. 비록 조현병 환자를 받아들일 수 있는 기법상의 수정이 발견될 가능성은 항상 인정하였지만, 그는 조현병이 체계적인 정신분석으로 치료될 수 없다는 것을 초기에 발견하였다. 그래서 조현병에 대한 그의 접근은 신경증에 대한 접근처럼 그리 철저하고 체계적이지 않았다. 그럼에도 불구하고 그와 그의 초기 추종자들은 어느 정도 근본적인 기여를 하였다. 이는 다음과 같이 요약될 수 있겠다.

좌절에 대한 방어로서의 정신병 일찍이 1894년, Freud는 그의 첫 정신분석 논문에서 여러 정신병 사례를 논하였고, 환자들은 견딜 수 없는 생각에 대한 방어로 현실로부터 도피한다는 것을 보여 주었다.

> 이런 종류의 정신병에 대해 내 마음대로 분석해 볼 수 있었던 사례는 몇 개 되지 않는다. 그러나 내 생각에 여기에서 우리는 아주 흔히 입원해 있는 심적 질병 유형과 관련이 있는 것 같다. 왜냐하면 모든 정신 병원에는 아기를 잃고 병이 나서 나무 조각을 팔에 안고 끊임없이 흔들어 달래는 어머니나, 웨딩드레스를 차려 입고 몇 년이나 신랑을 기다리는 버림받은 신부 사례 같은 유사한 예로 간주해야 하는 사례가 있기 마련이기 때문이다.[1]

증상에는 어떤 의미가 있다 1907년 Jung은 『조발성 치매의 심리학(The Psychology of Dementia Praecox)』을 발간하였는데, 그 책의 주된 기여는 조현병 환자에서 보이는 해리된 콤플렉스들이 어떤 역동적 의미를 가지고 있다는 것을 보여 준 것이었다.

리비도의 분리 1908년 Abraham은 히스테리아와 당시에 여전히 조발성 치매로 알려져 있던 조현병 사이의 명확한 감별을 처음으로 제시할 수 있었다. 바로 조현병에서는 리비도가 대상으로부터 분리되고, 히스테리아에서는 리비도가 대상에 지나치게 부착되어 있다는 것이다. 따라서 자가성애(自家性愛, autoeroticism, 나중에 자기애로 재명명)는 조현병의 주요 양상 중의 하나이다.

Schreber 사례 정신병이라는 전체 주제에 대해 Freud가 기여한 주요 공헌은 1911년 발간된 Schreber 사례에 대한 책이었다. Schreber는 독일의 판사로 정신병적 삽화를 겪고 회복되어서 그의 경험을 자세히 기록하였다. 이 자료를 바탕으로 Freud는 증상의 의미는 리비도가 대상들로부터 분리된 후 대상과의 관계를 되돌리려는 시도임을 보여 줄 수 있었다. 덧붙여서 그는 동성애와 편집증 사이의 밀접한 관계를 보여 주었다. 그는 1912년에 쓴 논문의 후기에서 처음으로 정신병, 꿈, 아동기 그리고 원시인 사이에 잘 알려진 유사점을 끌어내고 이렇게 적었다. "'꿈과 신경증에서', 그렇게 우리의 주제가 진행되었고, '우리는 한 번 더 그 아동과 그의 사고방식과 정서 생활을 특징짓는 특이점들을 만나게 된다'. '그리고 우리는 또한 그 야만인(savage)을 만나고', 우리는 이제 '그가 고고학과 인종학 연구에 비추어 우리에게 드러나게 될 때, 그 원시인(primitive)을 만난다'고 덧붙일 수도 있다."[2]

자기애적 신경증 대 전이신경증 1914년 자기애에 대한 논문에서 Freud는 광범위한 영향을 미친 의의 있는 근본적인 진단적 구분을 도입하였는데, 그것이 의의가 있었던 것은 증상의 서술이라는 정적 요소보다는 치료자에 대한 반응이라는 역동적 요소에 바탕을 두었기 때문이다. 이것은 전이신경증과 자기애적 신경증, 즉 전이를 일으키는 환자와 그렇지 않은 환자의 두 가지 주요 유형으로 나눈 개괄적인 분류이었다.

일차-과정적 언어 사용 다음 해에 Freud는 조현병 환자의 언어에 대한 연구에서, 조현병 환자는 다른 사람들이 사물을 사용하는 방식으로 말을 사용한다고 주장하였다. 그리하여 조현병 환자에서는 일차-과정적 자료가 뚫고 나오고, 반면에 신경증 환자에서는 억제된다.

표면에 있는 무의식 앞서의 논점과 비슷한 것으로, 서로 다른 개인들이 무의식을 어떻게 다루는가에 대한 Freud의 도식적인 설명이다. 그는 정상인은 무의식적 자료를 억압하고, 신경증 환자들은 증상으로 전환시키고, 반면에 조현병 환자들은 일차-과정적 자료의 형태로 뚫고 나오게 한다고 하였다. 꿈은 모든 사람의 밤의 정신병이라는 그의 오래된 생각이 이와 연관된다.

자아심리학적 감별 1923년 자아심리학을 기술한 후에(『자아와 이드(The Ego and the Id)』), Freud는 정신병과 신경증의 자아심리학에 관한 두 편의 논문을 1924년에 썼다. 첫 번째 논문에서 그는 신경증을 자아와 이드 사이의 갈등으로, 정신병을 자아와 현실 사이의 갈등으로, 우울증을 자아와 초자아 사이의 갈등으로 보았다. 두 번째 논문에서 그는 정신병에서 현실의 상실이 절대적인 것이 아니라 상대적인 것이라는 사실을 보여 주었다.

이 관점들이 모두 다소간 유용하였지만, 신경증 이론에 있었던 지극히 중요한 요소 하나가 여전히 빠져 있었다. Freud는 정신병이 정신치료적 방법으로 치료될 수 없다는 확신을 계속 유지하였고, 그래서 정신병 치료에 대한 어떠한 개인적 경험도 쌓지 않았다. 어떤 다른 요인보다도 그 후 분석가들이 행한 조현병 환자 치료가 더 Freud의 이론을 상세화하고, 교정하고, 개정하게 하였다.

Freud 이후의 발달

Freud를 넘어서는 첫걸음은 조현병 환자가 분석적으로 치료될 수 없다는 Freud의 비관적 확신으로부터 벗어나는 것이었다. Jung은 Burghölzli에서 많은 정신병 환자를 분석하려고 시도하였지만 거의 성공을 거두지 못하였다고 전해진다. 그러나 Freud의 초기 추종자 중에 Paul Federn이 정신분석적 기법을 변형하였고, 그의 보고에 의하면 아주 효과적인 것으로 확인되었다(Federn, 1934, 1943). 1934년, 그는 이렇게 썼다.

> 이성이 손상된 정신병 환자의 경우, 정확히 치료는 그가 이성을 유지하고 있는 것과 같은 그런 방식으로 그의 이성에 접근해야만 하고 비슷하게 전이도 전이-신경증에서보다 훨씬 더 중요하다고 내가 주장하면 모순으로 들릴지도 모르지만, 그럼에도 불구하고 우리의 이론적 지식과 일치한다. 정신병 환자는, 첫째, 그들이 전이를 일으킬 수 있기 때문에 그리고 일으킬 수 있는 한, 둘째, 그들의 자아의 한 부분이 그들의 이상 상태에 대한 통찰을 가지기 때문에 그리고 가지는 한, 셋째, 그들의 인격의 한 부분이 여전히 현실을 향하고 있기 때문에 그리고 향하고 있는 한, 정신분석에 완전히 받아들여질 수 있다……. 정신병 환자를 분석하는 데 있어서 가장 경계해야 할 것은 퇴행을 증가시키지 않는 것이다.[3]

Federn이 정신분석적 치료를 위해서 정하였던 일반적인 조건은 긍정적 전이의 확립, 전이가 부정적으로 될 때 치료를 중단, 협력자로서 여성을 예비, 정신병 후의 지속적인 정신분석적 도움과 지도감독, 성적 문제의 해결이다.[4] 그는 중증의 경우에는 이 조건들이 필수불가결하다고 생각하였고 좀 더 가벼운 경우에는 이 조건들이 치료를 단축시킨다고 여겼다.

다수의 다른 분석가 또한 조현병의 분석적 치료가 일부 성공적이었다고 보고하였다. 일찍이 1911년 Bjerre가 만성 망상장애를 앓는 환자를 40회 면담한 집중적인 치료를 보고하였다. Boyer와 Giovacchini(1967)는 문헌을 검토하고 많은 분석가가 단일 사례를 보고하고 결과에 대해 낙관적이었다는 점을 지적하였다. 그러나 "그들이 한 편의 논문만 기여하였기 때문에 그들의 낙관적 입장이 쇠퇴한 것 같았다".[5]

1920년대에 더욱 낙관적인 보고들이 나타나기 시작하였다. 미국의 초기 개척자인 Kempf는 1919년에 성공적인 사례를 보고하였다. 여기에서 주목해야 할 점은 전반적인 미국 정신의학 현장의 낙관주의가 조현병에 대한 태도에 상당한 역할을 하였다는 사실이다. Waelder (1924)가 어떤 조현병 환자들은 정신분석을 크게 변형하지 않고도 도움을 받을 수도 있다고 시사하였고, R. Brunswick(1928)은 이 입장을 지지하였다. Landauer(1924)는 조현병 환자 치료에 대한 그의 절차를 기록하고 수동적 기법들이 유익한 결과를 냈다고 강조하였다.

그러나 전체적으로 이 시기에 정신분석가들은 정신병 환자의 분석적 치료에 대해 여전히 반신반의하였고, 가능하면 오히려 피하려고 하였다.

Sullivan의 공헌(1924~1931)[2)]

조현병 환자의 치료에서 성공적인 결과를 보고한 첫 번째 분석가는 아무리 근거를 확장해 봐도 Harry Stack Sullivan이었다.[6] 이 자료는 이미 제4장에서 기술하였다.

---

2) 이동식: Sullivan은 자기 책에 '정신병을 앓았다'는 글을 적지는 않았지만, 자신이 정신병을 앓았다. 조현병을 연구할 때 하루는 꿈을 꿨는데 커다란 암거미가 자기를 치고 죽이려고 해서 잠이 깨서 전깃불을 켰는데 침대 시트 위에 그 거미가 그대로 보였고, 치료를 받으러 갔을 때 치료한 사람이 Clara Tomson이었다. Clara Tomson이 강의하는데 한 학생이 "Sullivan이 동성애라는 말이 있는데 어떠냐?"고 물어보니까 Clara Tomson이 눈물을 글썽거리면서 "my teacher and friend"라 하면서, Sullivan이 뉴욕 업스테이트에서 자랐는데 어릴 때 어머니는 만성 병동에 입원해 있고, 아버지는 말이 없는 Irish father고, 대화의 상대가 없어서 농장의 동물이 유일한 대화의 상대였다고 하였다. 그래서 모성애가 많은 여자 analyst가 치료해야 된다고 하였고 본인이 치료하였다. Clara Tomson은 보통 analyst하고 전혀 달라서 사람이 따뜻하였다. Clara Tomson은 밤낮 'analyst는 obsessional'이라고 하였다. "Analyst는 borderline이다."라고도 하고. (자기는 안 그렇거든, 감정이 풍부하고.) 그런데 Sullivan이 적어도 사춘기에 있어서는 psychotic episode가 있었다. 그래서 어머니에게 받은 게 없어서 여자 환자는 치료를 못하고 consultation밖에 못했다. 말하자면, 여성에 대한 긍정적인 감정이 없었다. 장가도 안 가고 세계평화운동을 한다고 하면서 파리에서 심장마비로 죽었다.

> 저자는 조현병의 개념에서 만성화와 황폐화를 피할 수 없다는 함의가 벗겨졌다고 상정할 것이다. 그는 '관해(remission)'나 '정지(arrest)'를 회복(recovery)이라고 받아들이지 않을 것이다. 대신에 조현병을 앓다가 조현병적 경과를 보이지 않고 삶의 흥미가 점차 확장되면서 사회생활을 재개한 사람이, 사실상 그러한 용어들의 궁극적 의미로 실제 조현병에서 **회복된** 것이라는 입장을 견지할 것이다……. 그런 회복이 결코 드물지 않다.[7]

Sullivan의 연구를 좇아서 미국에서 다수의 분석가가 조현병 환자들에게 변형된 분석적 치료를 시행하였는데, 다른 많은 사람 중에서도 Arieti(1974), Boyer and Giovaccini(1967), Chiland(1977), Fromm-Reichmann(1939), Menninger(1963), Searles(1965)가 대표적이다. 주의해야 하긴 하지만 정신의학에서 역사상 처음으로 많은 조현병 환자의 궁극적인 회복에 대해 약간의 낙관주의가 나타나기 시작하였다.

신기하게도, 미국의 정황과 관계없이 대략 같은 시기에 영국에서도 비슷한 발달이 있었다. Melanie Klein 이론의 영향으로 정신병 환자를 신경증 환자와 뚜렷이 구별하지는 않았다. 그녀는 모든 사람이 유아기에 편집 단계와 우울 단계를 거치며, 그들 모두 다 다양한 정도의 상흔이 있고, 그들 모두 다 치료를 받을 수 있다고 생각하였다. 비록 그녀 자신은 그 주제에 관해 출판한 것이 거의 없지만, 그녀의 많은 추종자가 출판을 하였다. 특히 Rosenfeld(1965), Segal(1973), Bion(1961)의 연구가 주목할 만하다.

'영웅적인 치료들'

많은 분석가, 특히 Sullivan과 Klein의 추종자들이 보고한 조현병 환자들에 대한 일상적인 정신분석적 치료 외에, 많은 영웅적인 치료 사례가 문헌에 등장하였다. 아마 가장 잘 알려진 것은 Hannah Green의 자기-보고, 『나는 결코 장미정원을 약속하지 않았다(I Never Promised You a Rose Garden)』(1964)일 것이다. 그녀는 Frieda Fromm-Reichmann에게 수년에 걸쳐 치료를 받았다. Sechehaye(1947)는 8년에 걸친 조현병 소녀의 집중치료를 기술하였다. 『살아 있는 신의 손(The Hands of the Living God)』(1959)을 쓴 Marion Milner는 그녀의 환자를 치료하는 데 20년이 걸렸다. Searles(1965)와 Rosenfeld(1965)는 둘 다 마침내 환자가 부분적 또는 완전히 회복되는 그런 오랜 영웅적 노력을 하였던 많은 사례를 보고하였다.

1947년 Jhon Rosen은 조현병 환자들을 치료한 '직접분석(direct analysis)' 방법에 관한 보고를 출판하였다(Rosen, 1953). 그 환자들은 어떤 다른 분석가들이 치료한 환자들보다 더 황폐화된 환자들이었는데, 예를 들자면 Sullivan도 초기 조현병 환자들에 한정해서 치료하였다. 독창적인 많은 요령으로 Rosen은 접근할 수 없어 보이는 환자들과 접촉할 수 있었고, 그들을 어느 정도 기능하게 할 수 있었다. Arieti(1974)는 Rosen이 지나친 열정으로 고생하였지만, "Rosen이 적어도 일시적인 성과를 얻었다는 것과 조현병 환자들의 정신치료가 불가능하다는 의견이 지배적이던 때에 그가 많은 종사자에게 신념을 불어넣어 줄 수 있었던 것은 의심할 여지가 없다."라고 말한다.[8]

Arieti는 Freud 이후 한편으로 거대한 진보가 이루어져 왔지만, 조현병의 개인 정신치료는 여전히 개척 단계에 있다고 결론짓는다.[9]

이론적 진보

일부는 앞에서 기술한 치료 결과들로부터, 일부는 이론적 지식의 전반적 성장에서 파생된 수많은 주목할 만한 이론상의 진전이 도저히 이해할 수 없는 조현병의 양상들을 설명하는 데 도움을 주었다. 정신병에 대한 연구는 자아의 이해 증가로 이어지고, 역으로 자아에 대한 연구는 정신병의 이해 증가로 이어질 것이라는 Freud의 바람은 충분히 채워졌다.

자아허약

자아허약(ego weakness)이라는 개념이 점점 조현병 이해의 중심이 되었다. Freud는 이미 그것을 주목하였었지만(『불안의 문제(The Problem of Anxiety)』, 1926) 오히려 부적절하게 그것은 자아가 본능으로부터 떨어진 거리 때문이라며 이렇게 말하였다. "만약 자아가 본능과 얽혀 있어서 분간할 수 없을 정도면, 그 힘을 발휘한다."[10]

Jones는 1929년 「정신분석과 정신의학(Psychoanalysis and Psychiatry)」이라는 논문에서 한결 적절하게 정리를 해 주었다. Jones는 모든 정신의 병적 상태는 조현병 상태이며 그러한 병적 상태는 개개의 인간 존재에게 일어나는 갈등을 자아가 적절하게 다루지 못해서 초래된다는 연속성 견해를 제안하였다. 1937년에 Freud는 정상적인 자아의 여러 기능이 정상부터 정신병적까지 다양하다고 지적하였고, 그래서 다양한 자아기능에 대한 체계적인 연구의 문을 열어 주었다(Fenichel, 1945; Nunberg, 1955). 이 과정은 본능과는 무관하게 발달하는 자아의 자율적 혹은 갈등 없는 영역(the autonomous or conflict free area of the ego)

이라는 Hartman의 근본적인 공헌으로 더욱 진보되었다. 이 영역에서 Sullivan과 Klein의 이론적 견해는 (다른 언어로 정리되긴 하였지만) 본질적으로 같다.

불안, 공황 그리고 방어기제

자아의 강함과 약함이 근본적 개념이라는 점이 분명해지자, 다음 단계는 자아의 발달을 분명히 밝히는 것이었다. 이것이 1940년대와 1950년대의 연구였다(제4장과 제5장 참조). 유아의 자아는 순전히 발달상의 이유로 약하지만, 조현병의 자아는 유아적 자아로 퇴행하기 때문에 약하다(Fenichel, 1945).

Freud의 1926년 저서 이후 불안과 불안의 방어가 인격 기능의 중핵으로 인식되어 온 이래로 조현병 환자의 불안이 신경증 환자의 불안과 어떻게 다른가에 대한 의문이 일어났다. 이 의문에 대해 Sullivan이 관심을 끄는 답을 제안하였는데, 바로 조현병 환자가 공황으로 고통받는 상황에 이른다는 것이다.[11] Sullivan은 그것을 생생한 악몽에서 깨어난 사람이 겪는 상황과 비교하였다. 만일 이 공황이 계속되면 임상 양상은 긴장증(catatonia) 양상이 되고, 그런 상태가 끝없이 계속될지도 모른다. 아니면 다음 세 가지 변화 중의 하나가 일어날 수도 있다. 즉, 인격의 다른 부분들이 통합되어서 회복되거나, 강력한 책망의 전이가 일어나서 만성 편집성 상태로 되거나, 혹은 억압된 체계가 붕괴되고 관례적으로 파과형 붕괴(hebephrenic dilapidation)로 불리는 초기 아동기 행동으로 퇴행한다.

발달상 이 공황과 그에 대한 방어는 유아에서의 급성 불안 상태와 부합되는데, Melanie Klein이 그것을 잘 기술하였다. 그녀는 결국 이 초기 불안들에 대해 '편집성 입장(Paranoid position)'과 '우울성 입장(depressive position)'이라는 용어를 만들었다(1948). 이 압도하는 불안들을 막기 위해 유아가 사용하는 방어들은 일반적으로 인격에 심각하게 파괴적이고 분열, 부정, 투사적 동일시를 포함한다.

이 개념들이 확립된 후 연구자들의 관심이 두 방향으로 집중되었는데, 바로 방어기제의 명료화 방향과 유아 경험의 명료화 방향이다. 방어기제는 이미 기술되었고, 유아 요인은 이제 좀 더 상세하게 고찰되어야 한다.

구강성 퇴행

병리가 깊을수록 퇴행이 더 심하다는 Freud의 원래 견해는 조현병의 퇴행에서는 구강성 성격을 볼 수 없다는 이유로 한동안 곤란한 상태에 몰렸었다. 그러나 일단 구강기의 역동이 밝혀지자 이 실수는 수정되었다. Schreber 사례(1911)에서 Freud는 정신병, 아동기, 꿈생활 그리고 원시적 문화 간의 중요한 유사점을 끌어냈지만, 이 유사점들을 특정적으로 구강기와 구강성 퇴행에 결부시키지는 않았다. 그러나 이 연결은 곧 이루어졌다. 1920년대에 구강기에 대한 논문들이 나타나기 시작하였고(Glover, 1925), 곧 구강성 퇴행과 조현병 사이에 연결이 이루어졌다(Sullivan, 1931b).

피해망상이 처음에는 항문기와 연결되었었지만(van Ophuijsen, 1920), 그것들이 일차적으로 구강성이라는 것이 곧 명백해졌고(Bychowski, 1920), 1930년대쯤에는 구강성 퇴행이 조현병 역동의 두드러진 양상이라는 것이 분명해졌다(Bak, 1939).

이 시점에 새로운 어려움이 생겼고 이것은 결국, 특히 미국 정신의학에서, 조현병의 개념 확장으로 이어졌다. 많은 다른 장애가 또한 구강성 퇴행에서 나오는 것으로 기술되었는데, 예를 들면 마약 중독(Rado, 1926), 알코올 중독(Crowley, 1939), 정신신체장애(psychosomatic disorder; Alexander, 여러 논문), 그리고 그 시기에는 인격장애로 뭉뚱그려진, 전통적인 방법으로 분류할 수 없는 많은 다른 심한 상태(Deutsch, 1942; Jones, 1929)였다. 1942년에 Helene Deutsch는 그런 장애를 가진 환자들에 관하여 다음과 같은 적절한 언급을 하였다.

> 이 논문에서 기술된 정서적 장애가 '조현병적 성향'을 의미하는 것인지 아니면 조현병의 초기 증상을 이루는 것인지가 내게는 불분명하다. 이 환자들은 일련의 비정상적인 왜곡된 인격 변형을 나타낸다. 그들은 통상 받아들여지는 신경증의 형태에도 속하지 않고, 현실에 너무나 잘 적응하고 있어서 정신병적이라고 할 수도 없다. …… 그들이 정신분석에 받아들여질 수 있는 한, 우리는 자아 심리학의 장에서, 특히 정동의 장애와 관련하여 많은 것을 배울 수도 있고, 아마 아직 너무 불명료한 '조현성(schizoid)' 문제에 기여할 수도 있을 것이다.[12]

그리하여 '잠재성 정신병(latent psychosis)', 혹은 '전정신병적 상태(prepsychotic condition)'의 문제가 점점 중요해졌다(Bychowski, 1951). 이런 종류의 관찰들은 정신질환의 연속성 이론을 지지하는 사람들의 입지를 강화시켰고 미국에서 우세한 경향이 있었지만, 반면에 유럽 정신과 의사들은 오래된 완고한 Kraepelin 학파의 특성을 유지하려는 경향을 더 보였다.

성욕보다 더 강한 적개심

비록 대부분의 분석가가 죽음 본능 이론에 동의하지 않았지만, Freud의 죽음 본능 이론을 따라 성욕에 대한 강조에서 적개심에 대한 강조로 점차 이동이 일어났다. 병리가 심할수록 적개심도 더 크다는 확신이 점차적으로 커졌다. 예를 들면, 많은 조현병이 시작될 때 흔히 나타나는 세계-멸망 환상은 환자의 파괴적인 충동이 투사된 것으로 보게 되었다.

적개심(분노, 화, 증오)의 역할을 강조하는 논문이 점점 더 많아졌는데, 몇 가지만 언급하겠다. 1924년 Abraham은 리비도의 발달 개요를 출판하였는데, 그는 구강-가학기(또는 구강-식인기, oral-cannibalistic)뿐만 아니라 항문-가학기를 강조하였다. 곧바로 그의 제자 Melanie Klein은 초기 유아에서의 가학적 환상에 대해 쓰기 시작하였다. 1929년 Jones는 "일차적 증오는 아마도 유아의 소망 좌절, 특히 리비도적 소망의 좌절에 대한, 대개 분노의 형태인, 유아의 본능적 목적(instinctive purpose, 원문 그대로임.)일 것이다."[13]라고 썼다.

많은 사람이 비슷한 입장을 제시하였다(Horney, 1937; Sadger, 1926; Sullivan 1927). Sullivan(1962)은 초기의 분노 발작과 이후의 정신병적 혹은 전정신병적 상태로의 발전을 연결하였다. 적개심이 본질적으로 본능적인가 아니면 좌절에 대한 반응인가의 여부는 전체 정신병리학 영역에서 분노가 일차적이라는 임상적 확신이 커지는 것에 비하면 덜 중요하다. Freud가 두 본능의 '분리(defusion)'를 개념화한 것은 오히려 혼란을 일으켰다(Brenner, 1971). 하지만 정신병리에는 엄청난 분노가 있다는 기본적 관찰은 유지되었다.

1953년 Hartmann은 더 나아가 조현병 환자에서 병리의 주원인 중 하나가 공격성을 중화시키지 못한 데에 있다고 시사하였다. 이 실패의 결과로, 조현병 환자의 자아가 수시로 엄청난 리비도나 엄청난 공격성에 또는 둘 다에 뒤덮이고 결과적으로 인격에 손상을 입는다. 이 영역에서도 마찬가지로, 조현병 환자의 심적 경제(psychic economy)에서 공격성의 결정적인 역할이 제대로 인정되었다.

조현병을 만드는 어머니

일단 구강성 퇴행의 중요성이 확립되자 다음 질문은 '그것이 어디에서 오는가?'였다. 이에 대해 두 가지 대답이 주어졌다. 하나는 '조현병을 만드는 어머니(schizophrenogenic mother)'의 존재를 가정하였다. 이 어머니는 이중 구속(double bind)을 만들고, 평온할 수 없어진 아이는 정신병의 세계로 달아난다. '조현병을 만드는 어머니'라는 용어는 Sullivan

의 가장 뛰어난 제자 중 하나인 Frieda Fromm-Reichman(1948)이 처음 사용하였다. 그녀는 정신병이 초기 유아기 때 손상을 주는 어머니의 행동에서 초래된다고 가정하였다.

아마도 어떤 종류의 치료적 개입에도 결과가 만족스럽지 않기 때문에 (더 가벼운 장해보다 결과가 항상 안 좋다), 장해에 대해 신경증과는 분명하게 구분하면서 기질적 견해를 주장하는 다른 분석가들은 조현병을 만드는 어머니의 존재에 대해 의문을 제기하였다. 조현병을 만드는 어머니 이론에 동의하지 않는 이들 중에 가장 두드러진 Margaret Mahler(1968)는 아이가 어머니의 보살핌을 이용할 능력이 없다는 데에 일차적 결함이 있고, 이 능력 부재는 유전되거나 또는 생의 아주 초기에 획득될 수도 있을 것이라고 본다. 이 점에 관하여 의견은 계속 나누어진다.[3)]

가족 연구

그런 어머니를 넘어서서, 그리고 인격의 문화적 요인에 관한 관찰에 자극받아서, 많은 연구자가 조현병 환자 가족의 본질을 연구하기 시작하였다. 집중적인 첫 연구이면서 가장 철저한 연구는 아마도 예일대학교의 Theodore Lidz와 그의 공동 연구자들이 수행한 연구였을 것이다. 이 연구의 일부는 일찍이 1940년에 시작되었으나, 주요 결과를 요약한 책은 1965년에야 출판되었다(『조현병과 가족(Schizophrenia and the Family)』). 1973년 Lidz는 다음과 같이 그의 입장을 요약하였다.

> 이 책에 종합하여 제시된 내용은 조현병의 본질적인 임상적 특징인 가족 연구의 다양한 의미 있는 소견들을 일관된 이론으로 성립시킨다. 이것은 다음의 사실들을 인식하는 것으로부터 발전하였다. 가족 환경의 심각한 장애는 부모 중 어느 한쪽이나 양쪽 모두의 현저한 자기본위에서 유래한다는 것, 조현병의 결정적 속성을 구성하는 언어와 사고 장애는 대체로 Piaget와 Vygotsky가 기술한 발달 단계들로 퇴행한 자기본위적인 인지 형태라는 것, 그리고 부모의 불안정한 소통 방식은 그들의 자기본위가 나타난 것이며, 환자가 사춘기의 필수적 발달 과제

---

3) 이동식: 현실적으로 'schizophrenogenic mother'라고 할 수 있는 엄마가 많이 있다. 그런 엄마들은 communication이 잘 안 된다. 어린아이에게는 어머니가 절대적으로 중요한 존재다. 홍강의 선생도 "애들 이야기를 들어 보면, 귀신은 어머니고 아버지는 도깨비다."라고 한다. 아버지는 별 큰 해가 없고 뚝딱 돈이나 나오고. 그런데 실지 어린애들을 보면, 귀신 꿈을 꾸면 그건 어머니에 대한 hostility다. 잘 보라. 귀신이라 하는 건 어머니에 대한 적개심이다. 아버지의 중요성은 어머니의 1/100이다.

를 극복할 수 없을 때 일어나는 인지적 퇴행의 가장 중요한 전조라는 것이다.[14]

문화적 관찰

문화적 조건들이 조현병을 쉽게 발병하게 한다는 이론에 따라, 1930년대에 연구자들은 다양한 문화적 요인을 연구하기 시작하였다. Hollingshead와 Redlich(1958)가 행한 연구가 고전적인데, 그들은 조현병의 발병률이 최하층에서 최상층보다 11배나 더 높다는 것을 발견하였다. Eaton과 Weil(1955)은 후터파(派) 교도[4)]들에게는 조현병이 거의 존재하지 않는 것을 발견하였다. Arieti(1976)에 따르면, 타인 지향형의 문화가 특히 조현병에 걸리기 쉽게 만든다.

조현병 증상의 의미

초창기부터 정신분석가들은 외견상 불합리해 보이는 조현병 증상의 의미를 해독하고자 하였었다. Freud는 그의 첫 논문(1894)에서 정신병의 한 유형에 대해 역동적 설명을 제공하였는데, 견딜 수 없는 생각에 대한 방어로 보았다.[5)] 후에 Schreber 사례에서 그는 환각 및 망상 증상들이 리비도가 대상으로부터 철수된 후에 되돌리려는 시도라는 가설을 세움으로써 이 견해를 확장시켰다. 전반적으로, 그는 꿈과 정신병 사이에 유사점이 강하게 있음을 보았고, 따라서 정신병적 자료는 꿈 자료와 같은 방법으로 이해될 수 있었다.

선도하는 Freud를 뒤따라 조현병 환자들과 작업하는 분석가들은 조현병의 산물들을 이

---

4) 역주: 후터파 교도(Hutterites)는 체코슬로바키아 Moravia 지방에서 일어나 미국 서북부에서 캐나다 일부에까지 걸쳐 농업에 종사하며 재산 공유 생활을 영위하고 있는 재세례파(再洗禮派)를 말한다.

5) 이동식: 그러니까 '감정'이라는 걸 알아야 한다. Allan Tasman과도 이야기하였지만, 서양 사람들은 'emotional disorder'라면서도 자꾸 intellectual하게, verbal하게 나간다. Tasman도 시인하더라. 강석헌 선생 발표에 대해서 자기 환자 생각이 났다고. 일주일에 두 번 인터뷰하고 있는데 딴 동료들은 그 환자 인터뷰하는 것을 반대한다. 왜냐하면 환자가 한마디도 안 한다 이거다. Tasman한테 내가 "치료라는 거는 'feeling'으로 되는 거고 정신장애는 'feeling'의 장애고 치료도 'feeling'이 전달되어서 치료가 되는 거다." 이랬더니, 자기가 그 환자와 치료 시작할 때 "무슨 생각하나" 끝날 때 "시간 다 됐다." 두 마디 하고 환자는 한마디도 안했다고 하더라. 그러니까 '침묵 속에 feeling이 왔다 갔다 한다' 그 말이지. 'idea'라는 이게 서양 전통의 문제다. 우리 전통에는 '생각은 망상이다'. 그래서 생각을 없애는 게 목표인데, 서양은 자꾸 생각, 이론, 말로 하려고 한다. (2004년 한국정신치료학회 창립 30주년 기념 "도정신치료와 서양정신치료 국제포럼"에 참석한 전 미국정신의학회 회장, 루이빌 의대 정신의학과 Allan Tasman 교수와의 대화를 소개한 것이다.)

해하기 시작하였다. 전반적으로 꿈과 다른 정신적 산물에서 발견되는 같은 종류의 상징적 변형과 왜곡이 발견되었고, Freud의 예감은 확인이 되었다.

아마도 조현병의 산물들을 해석하는 주요 문헌 중에서 가장 중요한 하나의 논문은 조현병에서 영향을 주는 기계에 관한 Tausk(1981)의 논문이었을 것이다.[15] Tausk에 따르면, 인간의 신체기관이 왜곡되어 기계로 변화되는 과정은 투사이며, 이 투사는 자아를 자아의 목적과 무관하고 외부 의지에 종속되는 확산된 성적 존재나 성기, 기계로 전환시키는 병적 과정의 발달에 해당한다. 후에 Bettelheim(1967)은 그러한 증후군을 가진 자폐아에 대한 자세한 임상 기록을 제공하였다.

초기의 연구 후에 원론적으로 어떤 조현병 환자의 산물이라도 예리한 탐구자에게는 이해될 수 있었다. 조현병 환자가 하는 것은 이미 알려진 상징의 구조 및 언어 형성과 일치한다.

기질적 요인

대체로 분석가들은 조현병의 원인론에 있어서 기질적 요인의 유의성을 강력히 지지하는 입장은 아니었다. Freud 학파의 분석가들은 기질적 가설과 결과적인 치료적 비관주의를 지지하는 경향이 좀 있는 것 같고, 반면에 Sullivan을 따르는 문화주의자들은 환경주의자적 입장을 지지하고 치료적으로 더 낙관적이었다. 그러나 이 문제는, 크게는 정신의학에서처럼 아마도 어떤 다른 것보다도 개인차가 더 클 것이다. 1968년에 Bellak과 Loeb은 조현병 병리에 일차적 역할을 하는 요인으로 순수한 심인적 요인이 50%, 유전적 요인이 25%, 다양한 기질적 요인들이 나머지 25%가 될 것으로 추산하였다. 이 문제는 여전히 정신분석가들 사이에 큰 의견 차이가 있는 문제이다. 그러나 조현병이 중독증이나 정신신체장애 같은 다른 퇴행적 장애와 그리 다르지 않다는 것이 상당히 분명하기 때문에, 일반적으로 심인성 이론이 정신분석가들 사이에 우세할 수밖에 없다. 생물학적 연구는 아직 명확한 결론에 도달하지 않았다(Wynne, Cromwell, and Matthysse, 1978).

정신의학 및 관련 학문 분야의 발달

다른 분야에서의 많은 발달이 정신병에 대한 정신분석적 이론 및 치료를 형성하는 데 한 역할을 담당하였다. 1930년대까지 정신의학은 Kraepelin을 따라 조현병이 선천적 원인의 만성적 악성 형태의 병으로 거의 호전의 희망이 없다고 보았다. 어떤 예견할 수 없는 자연적인 회복이 없다면, 환자는 여생을 병원에서 보내야 할 것으로 생각되었다.

좀 더 낙관적인 시각을 표명한 첫 번째 사람이 Adolf Meyer[6)]였다. 그는 미국으로 이민 간 스위스 출신의 정신과 의사이며, 조현병이 생활 스트레스에 대한 많은 반응 유형 중의 하나라고 주장하였다. 비록 Sullivan이 그의 제자 중 한 명이었지만, 전체적으로 그는 미국 정신의학의 작은 부분에만 영향을 미쳤으며, 미국 정신의학은 기질적 지향인 데다가 치료적으로는 비관적이었다.

1930년대에 시작하여 다양한 물리적 치료 방식들이 도입되었다. 처음으로 도입된 것이 경련, 인슐린, 전기 충격 같은 충격 요법들이었다. 치료 결과가 의문스럽고 위험성이 있기는 해도 이 방법들이 널리 사용되었는데(Bellak and Loeb, 1968), 정신 병원의 입원 환자 수에는 뚜렷한 영향이 없었다.

1950년대 중반에 다른 많은 요인에 고무되어 새로운 시대가 시작되었다(Arieti, 1976). 무엇보다도 조현병의 많은 증상에 특정한 효과가 있는 새로운 신경안정제가 있었다. 1950년대 중반에 Thorazine이 소개되었고 이후 다른 많은 약이 시장에 나타났다(Chiland, 1977).

신경안정제가 널리 사용되는 반면에, May(1968)의 연구 같은 그런 연구들로 보강된 더욱 냉정한 평가들은 정신의학에서 신경안정제를 사용하는 데 명백한 근거가 없다는 점을 지적한다. Klein과 Gittleman-Klein(1975)은 약물치료에 대한 그들의 권위 있는 논평에서 이렇게 말하고 있다. "경험적 연구든 축적된 임상적 경험이든 증상 양상이라는 측면에서 특정 Phenothiazine계 약물과 특정 조현병 환자를 짝 맞춰 줄 수 있는, 진료 의사를 위한 가용한 체계가 아직은 없다."[16]

Bleuler(1970)와 Achte와 Niskanen(1972)의 연구 같은 다른 연구들은 장기적으로 보면 약물을 사용하든 안 하든 거의 차이가 없다고 지적한다. Tissot(1977)은 가용한 모든 연구에 대한 아주 면밀하고 철저한 논평에서 다음과 같이 결론 내리고 있다.

> 수많은 연구 결과가 정신병에서 신경이완제가 긍정적 혹은 부정적 작용이 있거나 또는 달리 작용이 없음을 보여 주고 있다. …… 그러면 이미 많은 사람이 가지고 있는 결론처럼 우리는 결국 경험적 방법이 가장 타당한 판단 기준이 된다는 결론으로 가야만 하는가? 어떤 사례

---

6) 이동식: Adolf Meyer는 처음에 병리학을 하였다. 시카고 주립 병원에 병리학자로 있었는데, 병리학은 죽은 사람을 연구하는 거라고, 죽은 brain이 아니라 산 brain을 연구하기 위해서 정신분석가가 되었다. 자기 어머니가 갱년기 우울증이 걸려서 아마 그게 계기가 되지 않았나 싶다. 철학자 John Dewey는 시카고대학교에 있을 때 Meyer 학설의 영향을 받았다.

든 간에 정신병에서 신경이완제 처방은 실제로 보편적으로 이루어지고 있다.[17]

Arieti(1976)는 비록 자신이 정신치료를 조현병에 최선의 치료로 여기지만, 많은 사례에서 정신치료에 추가하여 약물치료를 일상적으로 사용한다고 말한다. 그래서 현장에서는 순수하게 절충적인 지향이 우세한 것 같다.

약물의 광범위한 사용과 더불어 지역사회 정신의학의 발달과 지역사회 정신건강센터, 정신 병원 '비우기'가 일어났다. 1950년대 중반 이래 정신 병원 입원 환자 수가 지속적으로 감소한 것은 입원에 대한 태도가 변한 것처럼 분명한 사실이다. Bleuler(1970)는 이러한 개선이 약물 때문이라기보다 오히려 전체 치료적 활동과 간호 조건들 때문이라고 한다.

조현병의 유전적 및 생화학적 이론들이 한동안 진보하였으나 아직은 증명되지 않은 것으로 보아야만 한다. 조현병의 매력적인 카테콜아민 가설이 아직은 면밀한 연구들로 증명되지 않았다(Arieti, 1976; Kety, 1969). 대부분의 증거가 여전히 정신사회적 이론을 지지하는 것 같다.

심리학에서 가장 중요한 진전은 행동치료의 성장이었는데, 이것은 1975년에 미국정신의학회로부터 공식적인 승인을 받았다. 그러나 조현병에서 행동치료가 유효하다는 설득력 있는 증거는 아직 없다. 하여간 치료가 원인론과 단절된 것은 틀림없다. 많은 분석가가 한편으로는 심인론적 인과 관계를 견지하면서도, 조현병 환자에게 진정한 정신분석은 가능하지 않다고 주장하였다(Eissler, 1963). 이 주제는 제18장에서 더 논의된다.

요약 논평

조현병에 대한 정신분석적 이론의 발달은 (전부가 아닌) 일부 정신분석가들이 기질적 요인에 더 큰 의미를 둔다는 점만 다를 뿐, 정신분석적 정신병리학 이론의 일반적인 발달과 일치한다. 처음으로 증상군(symptom complex)이 기술되었다. 종래의 정신의학은 이 증상군에 대해 설명을 못하고, 일차적으로 '유전성 퇴화(hereditary degeneracy)'의 결과라고 생각하였다. Freud는 제1차 세계대전 이전에 그의 이드심리학 이론에 따라 역동적 설명을 제시하였다.

이 역동적 설명의 관점에서 '정신병 환자와 신경증 환자의 차이점은 무엇인가?'라는 의문이 생겼다(이 비교에 정상인은 한동안 없었다). Freud는 양적인 요인에서 답을 찾아 연속성 이론을 제시하였는데, 이는 기질적 정신의학의 결함 이론(deficit theory)과는 대조되는 것으로서, 또한 결핍 이론(deficiency theory)으로 표현되었다.

이 연속성 이론의 역동적 요인들은 좀 더 넓은 집단에 적용되었다. 병원에서 정신병 환자들을 치료하는 분석가들은 환자들의 자기애적 고착이 Freud가 추정하였던 것처럼 거의 뚫고 들이갈 수 없는 것은 아니라는 것을 발견하였다. 이드에서는 두드러진 차이가 없었기 때문에 더 이전 집단뿐만 아니라 새로운 정신병 환자 집단의 역동을 명백히 하기 위하여 연구의 초점을 자아로, 나중에는 초자아로 옮겨 갔다. 이리하여 새로운 역동적 개념화가 일어났고, 이 환자 집단에 대한 더 광범위한 이해와 치료도 생겼다.

재차 '이런 종류의 환자군과 다른 환자군, 예를 들면 마약 중독자나 알코올 중독자 혹은 동성애자 사이의 다른 점은 무엇인가?'라는 의문이 일어났다. 그러나 의미 있는 차이점을 발견할 수 없었다. 그래서 조현병 환자와 다른 정신병 환자, 알코올 중독자, 마약 중독자, 정신신체장애(psychosomatic disorder) 환자 그리고 동성애자들을 포함하는 구강성 퇴행자라는 넓은 집단 개념이 생겼다.

다음 의문은 '이 환자들이 전체 인구나 다른 환자들의 일반적인 경향과 어떻게 다른가?'였다. 여기에는 세 가지 요인이 들어가는 것으로 추정되었는데, 가족적 배경(특히, 조현병을 만드는 어머니), 문화적 요인 그리고 기질적 소인이다. 이것이 현재의 상황이다. 이제 연구는 이 세 요인들이 제각각 만들어 낸 얽혀 있는 가닥을 풀어내는 데 초점이 맞추어져 있다.

경계선 상태

Kraepelin은 엄격한 범주를 가지고 정신병 환자와 신경증 환자 간에 뚜렷한 구분이 있다고 상정하였다. 그의 접근은 '결과에 의한 진단'이라는 적절한 이름이 붙여졌다. 그래서 조현병(그의 용어로 조발성 치매)은 그 예후가 희망이 없었고, 반면에 조울정신병은 명료한 기간이 정신병적 삽화와 번갈아 나타나는 '순환적인' 것이었다(그는 정신병 삽화에 대해 유전적인 것 외의 다른 이유는 제시하지 못하였다). Freud는 처음부터 그런 이론적 접근에 이의를 제기하고, 정상에서 정신병까지의 연속성과 환자들 간의 질적 차이보다 양적 차이를 주장하였다. 그러한 연속성에는 반드시 '경계선' 상태가 있는데, 아직 정신병적이라고 말할 수는 없었으나 더 이상 분명히 '신경증적'이지도 않은 환자다.

Freud 자신은 이 경계선 상태(borderline state)에 대해 말할 것이 없었으나 다른 사람들은 말할 것이 있었다. Bleuler는 1911년 그의 주요 연구에서 이미 조현병 중에 잠재형이 가장 흔하다는 의견을 표시한 바 있었다. 그는 입원시키기는 어려우나 많은 이상을 보이는 사람들에게 그 개념을 적용하였다. 그는 "이 형태에서 결국 우리는 이 병의 유형에 나타나 있는 모든 증상과 증상의 조합을 볼 수 있다. 자극에 과민하고, 이상하게 별나고, 기분이 잘 변하고, 집안에 틀어박혀 있고, 지나치게 꼼꼼한 사람은 무엇보다도 조현병이 아닐까 하는 의심을 불러일으킨다."[18]라고 썼다.

Sullivan은 Freud를 제외하고 누구보다도 더, 아주 특징적으로 좁은 미국의 정신질환의 개념을 넓힌 장본인인데, 조현병에서 일어나는 점진적 황폐화를 끊임없이 강조하였다. Sullivan은 이렇게 적었다.

> 실제 조현병이 발병한 것이라고 볼 수 있는 현상들에 대한 탐구는 여러 가지 흥미 있는 사실들을 밝혀 주었다. 이미 관계 망상 사례에서 지적하였다시피 많은 초기 현상은 거의 모든 가벼운 정신질환 사례에서 찾아볼 수 있는 것들 중 두드러진 것들이다. 모호한 내용을 가지고 (다른 사람들이) 그에게 비우호적인 관심을 (보인다는 느낌을) 나타내는 게 분명하다고 여기는 것이 정신병리적 상태에서는 보통 있는 현상이다. 모든 부적응자 중 상당수가 비위에 거슬리는 토론에 시달린다고 믿는다. 자신에게 내린 평가보다 더 낮은 수준으로 남을 깎아내리려고 비교적 무의식적인 노력으로 비방하는 '신경증적 경향'은 보다 직접적인 행동과 생각에서뿐만 아니라 간접적으로는 이들 피해적 경향 같은 투사에 의해서도 증명된다. 어떤 구실로도 이것은 업신여김을 당한다, 짜증나게 한다, 부당한 대우를 받는다는 생각으로 진행한다. **이런 종류의 가벼운 망상을 가진 사람을 모두 입원시킨다면 인구 감소로 나라가 바로 망할 것이다**(볼드체는 추가되었음).[19]

이런 유형의 사람을 지칭하는 다양한 용어들이 수년 동안 사용되었는데, 잠재성 조현병, 보행성(ambulatory), 가성신경증형(pseudoneurotic), 초기의(incipient), 전정신병적(prepsychotic), 만성 미분화형(chronic undifferentiated), 조현정동형(schizo-affective) 등이다.[20] 1968년 미국정신의학회의 『정신질환의 진단 및 통계 편람(Diagnostic and Statistical Manual: DSM)』은 '조현병, 잠재형'이라는 분류를 채택하면서, "이 범주는 분명한 조현병의 증상을 갖고 있으나 정신병적 조현병의 삽화력은 없는 환자들에 해당한다. 초기의, 전정신병적, 가성신경증형, 가성정신병질적 또는 경계선 조현병으로 지칭된 장애들이 여기에 분류된다."라고 하였다.[21]

점차 경계선 상태의 개념이 보다 더 깊이 자리잡게 되었다. 이런 유형의 환자들에게 경계선이란 용어가 사용된 첫 번째 중요한 논문은 Adolph Stern(1938)이 쓴 논문인 것 같다.[22]

잘 알려진 대로 많은 수의 환자가 정신병 집단에도 정신신경증 집단에도 분명하게 맞지 않고, 경계선 환자 집단은 어떠한 정신치료적 방법으로도 다루기가 극히 어렵다. 약 삼사 년 전 나의 주의를 끈 것은 치료받으러 오는 이런 환자의 숫자가 늘어나는 것이었다.[23]

Stern은 이 환자들의 두드러진 경향으로 다음의 것들을 열거하였는데, 자기애, 정신적 출혈(Psychic bleeding, 항상 부당한 대우를 받는다는 느낌), 지나친 과민성, 정신적 및 신체적 경직성—'경직성 성격', 부정적인 치료 반응, 환자의 인격에 깊이 스며들어 체질적으로 뿌리박힌 것으로 보이는 열등감, 피학성, 깊은 기질적 불안정 또는 불안 상태라고 기술될 만한 것, 투사기제의 사용, 특히 대인관계에서 현실 검증의 곤란 등이다.

'경계선 상태'에 대한 논문에서 Knight(1953a)는 이 용어를 진단용으로 권고하지는 않았으나 환자의 포괄적인 정신역동적, 정신경제적 평가의 필요성은 강조하였다. 1954년에 미국정신분석협회(American Psychoanalytic Association)는 이 주제가 패널 토의를 해야 할 만큼 충분히 중요하다고 보았다(Rangell, 1955). 패널에서 많은 연자가 그 상태에 관해 불확실성이 계속되고 있다고 강조하였다. Gregory Zilboorg는 "우리는 우리가 아직 분명히 알지 못하는 것을 찾고 있는 것 같다."라고 하였다.[24] 이듬해 열린 패널(Robbins, 1955)에서 Rangell은 경계선 상태에 대한 관심의 증가가 두 가지 상반된 방향에서 왔다고 지적하였다. 첫째는 전이신경증에 대한 이해가 아래쪽으로, 오이디푸스 갈등 단계를 넘어 아래로 더 깊은 전성기기적 구조 쪽으로 점차 증가된 것이고, 둘째는 자기애적 신경증 환자와의 작업에서부터 위쪽 방향인데, 이 또한 접근 가능한 것으로 밝혀졌다.

1968년 Grinker와 그의 동료들은 경계선 증후군에 대한 의미 있는 장기간의 연구를 출판하였다. 그들이 이 증후군의 전반적 특징으로 열거한 것은 주된 또는 유일한 정동으로서의 분노, 애정 어린 관계의 결함, 자기정체성 표시의 결여 그리고 우울한 외로움이었다. 네 가지 하위 집단이 구분되었다.

Grinker의 책이 나온 후 '경계선 증후군(borderline syndrome)'의 진단적 범주는 훨씬 더 대중적이 되었다(Wolberg, 1973). 1966년 이후로 이 범주가 대중화되는 데 특별히 영향을 끼친 것은 Otto Kernberg의 저술이었다. 그는 Menninger Clinic에서의 18년간에 걸친 조사 연구를 출판하고(Kernberg et al., 1972), 『경계선 상태와 병적 자기애(Borderline Conditions and Pathological Narcissism)』(1975)에서 그의 견해를 요약하였다.

Kernberg는 경계선 환자에서 다음의 것들을 강조하는데, 자아허약의 불특정 양상, 1차 과정 사고 쪽으로의 이동, 특정 방어 조작(특히, 분열과 모순되는 자기-상 및 대상-상의 통합

결여), 원시적 이상화, 초기 형태의 투사(특히, 투사적 동일시), 부정, 전능과 평가절하, 병적인 내재화된 대상관계(특히, 원시적 비현실적 자기-상의 지속들)이다. 좀 지나치게 도식적으로, Kernberg는 이런 통합을 제안한다.

> 정신병 환자와 경계선 환자 그리고 신경증 환자를 구별하기 위해 다음과 같이 간략히 말해 볼 수 있겠다. 정신병 환자는 자아발달이 심히 부족하고, 자기와 대상의 상이 미분화되었으며, 자아경계의 결여가 동반한다. 경계선 환자는 정신병 환자보다는 자아가 더 잘 통정되고, 자기와 대상의 상도 분화가 거의 다 되고 밀접한 대인관계 영역을 제외하고는 견고한 자아경계도 발달되어 있으나, 전형적으로 정체성 혼란 증후군(syndrome of identity diffusion)[7)]을 보인다. 신경증 환자는 강한 자아를 보이고, 자기와 대상의 상이 완전히 분리되어 있으며, 자아경계의 획정이 동반하고, 정체성 혼란 증후군을 보이지 않는다.[25]

불행히도 정신분석의 역사에서 매우 자주 그랬던 것처럼 경계선의 진단을 확실한 정신병 이외의 모든 실질적으로 알려진 상태로 확장하는 경향이 강하게 있었다. 그래서 Masterson(1976)은 경계선 환자가 일하고 사랑하는 능력이 없다고 강조하는데,[26] 이것은 Freud의 고전적인 신경증의 정의이다.

정상: 문화적 허구와 정신분석적 현실

정신적 및 정서적 장애의 분류는 명시적이든 암묵적이든 정상 상태의 본질에 관한 가정에 의거한다. '평균'인 또는 '정상'인을 개념화하는 데 있어서 정신분석의 역사 동안 큰 변화들이 일어났었다. 이 변화들은 결코 일시적이거나 임의적인 것이 아니었고, 오히려 정신분석적 이론과 기법의 심장으로 바로 뚫고 들어갔다.

Freud는 늘 이론과 기법 사이의 밀접한 관계를 강조하였다. 결과적으로 정상의 개념

---

7) 역주: 이 증후군은, ① 상반되는 성격 경향, ② 일시적 자기단절, ③ 진정성의 결여, ④ 공허감, ⑤ 성별 불쾌감, 그리고 ⑥ 과도한 윤리적 도덕적 상대주의 등 여섯 개의 임상 양상으로 이루어지고, 심한 성격병리를 의미하며, 청소년 자기정체성 위기와는 구별된다. 인격장애의 감별 진단과 정신치료에 유의한 함의를 가진다[Akhtar S. The syndrome of identity diffusion. Am J Psychiatry. 1984 Nov;141(11):1381-5. https://www.ncbi.nlm.nih.gov/pubmed/6496782].

과 신경증의 개념 사이에는 지속적으로 주고받는 나선형적 상호작용이 있어 왔다. 처음 1880년대에, 신경과 의사('신경병리학자')인 Freud가 마주한 환자들의 증상은 전통적인 심한 히스테리아, 어떤 '신경쇠약(neurathenia)' 형태 그리고 다양한 정신병 양상 등이었고, 이 증상들이 있는 환자들은 정상적인 생활을 전혀 할 수 없었다. 치료법으로는 전기치료나 암시 같은 마술적 도구가 있었다. 전반적으로 정신치료자들은 누군가를 돕는 것에 대해 희망이 없다고 느꼈고, 의사 출신이든 일반인 출신이든 정신치료자는 숫자도 적고 일반 사회에서 평판도 낮게 유지되고 있었다. 가용한 병인론이라 해야 유전성 퇴화라든지 또는 작은 변형인 자위행위의 해로운 영향 같은 것이었다.

이 침울한 정글에 Freud가 희망의 첫 신호를 들여왔다. 그는 어떤 형태의 신경증적 질병에 대한 역동적 설명과 새로운 종류의 심리학 그리고 역사상 처음으로 그에게 찾아온 많은 환자에게 도움을 주고 이해가 되는 치료적 방법을 제공하였다. 이것이 20세기 첫 10년간의 상황이었다.

일단 역동적 요인이 인식되자, 여전히 인간사 전체 문제에 대한 열쇠로 존속하고 있는 의문이 일어났다. 바로 정상과 신경증의 관계가 무엇이냐는 것이다. 달리 말하자면, 정신분석이나 정신치료를 받고 있는 환자와 환자가 아닌 사람이 어떻게 다르냐 하는 의문이다.

Kraepelin 학파식 생각처럼 초점이 증상과 기술에 있을 때는 답이 쉬웠다. 즉, 증상이 있는 사람은 '병적'이고 증상이 없는 사람은 건강하다는 것이다. 의학적 상태에 관한 이런 순진한 유추법을 Freud는 아주 초기 단계부터 착각이라고 인지하였다.

역동적 고찰은 '정상'에 대한 정신분석적 접근을 지속적으로 개편할 수밖에 없게 하였다. 만약에 신경증 환자가 성적 억압, 오이디푸스 갈등, 좌절, 해결 안 된 적개심 등으로 고통을 받는다면, 그는 정상인과 어떻게 다른가? 외견상 정상적인 많은 사람이 똑같이 동일한 역동적 문제로 고통받고 있다는 것을 인식하는 데에는 많은 식견이 필요하지 않았다. 그렇다면 왜 누구는 환자가 되었고 누구는 되지 않았는가?

비록 다른 용어로 표현되기는 하였지만, 이 문제에 대한 Freud의 첫 관심은 1907년과 1908년에 출판된 두 논문에서 드러난다. 1907년의 짧은 논문「강박적 행동과 종교적 관습(Obsessive Actions and Religious Practices)」은 종교와 강박신경증 사이의 유사점을 강조하였다. 어떤 행위를 소홀히 함으로써 양심의 가책이 초래되고, 다른 행위들과는 완전히 격리되며, 그리고 세세한 모든 것을 양심으로 수행한다는 것이 비슷한 점이고,[27] 다른 점은 종교적 의식은 의미가 있는데 강박신경증의 의식은 외견상 의미가 없어 보인다는 점이다. 더 면밀하게 분석해 보면, 정신분석이 항상 강박적 의례의 무의식적 의미를 드러나게 하므로 이 차이도 없어신다. 그래서 Freud는 종교가 보편적인 강박신경증이라는 유명한 결론에 도달한다.

> 이들 닮은 점과 유사성에 비추어 우리는 조심스럽게 강박신경증이 종교 형성의 병적 대응 상대라고 볼 수 있고, 신경증은 개인적 종교(religiosity)이며, 종교는 보편적 강박신경증이라고 기술할 수 있을 것이다. 가장 본질적인 유사점은 선천적으로 존재하는 본능들이 활성화되는 것을 기저에서 포기한다는 데 있고, 주 차이점은 그 본능들의 본질에 있는데 그것이 신경증에서는 전적으로 성적 기원이고, 반면에 종교에서는 이기적인 원천에서 시작한다.[28]

종교가 보편적 강박신경증이라면, 왜 종교를 믿는 사람들은 치료받으러 오지 않는가? 이 질문에 대해 두 가지 답이 있다. 첫째는, 대부분의 사람이 종교를 자아동조적으로 경험하여, 즉 종교가 의식적 불안을 만들지 않는다는 경험을 하여 치료받으러 오는 주된 동기가 없다는 것이고, 둘째는, (훨씬 더 중요한데) 정신분석적 사고가 전파된 후 종교를 믿는 사람들이 치료받으러 오기 시작하였고 숫자가 증가한다는 점이다. Freud는 그 자신이 받아들일 준비가 되어 있었던 사람으로서 모든 기성 종교의 불일치, 불합리, 위선, 모순, 공포 등을 처음 지적한 사람은 아니었다. 그가 덧붙인 생각은 종교를 믿는 사람들이 좀 덜 직접적인 성직자나 신의 모습에 부모를 투사함으로써 단지 그의 유아적인 상태를 영속화시키고 있다는 것이었다.

아마 정신분석의 초기 역사에 Freud에게 다가왔던 가장 중요한 종교적 인물은 스위스의 목사인 Oskar Pfister(1873~1953)이었을 것이다. 정신분석과의 만남으로 그의 종교적 신념이 크게 흔들리긴 하였지만, Pfister는 정신분석과 성직자의 직무를 결합하였던 몇 안 되는 사람 중 하나였다. Pfister의 평생의 작업은 그의 저서 『기독교와 공포(Christianity and Fear)』(1944)에 집약되었다. 그 이전의 너무나 많은 친절한 사람처럼 Pfister도 사랑의 종교라는 이름으로 유구한 세월 동안 가해졌던 공포들에 대해 낙담하였다. 그는 이렇게 적었다. "살인, 방화, 잔학 행위들을 야수보다 더 잔인하게 저질렀다—이 모든 것이 그분의 죽음으로 그분의 사랑의 메시지를 확인하고자 십자가 위에서 사랑을 위해 돌아가신 그분의 이름으로 행해졌다."[29]

Pfister의 저서는 대부분 그것이 왜 너무나 자주 그런 도착된 형태로 나타나는가를 이해하기 위해 기독교에 대한 세심한 역사적 연구에 할애하였다. 그는 기독교인의 정신분석이 진정한 기독교 정신에 이르는 유일한 길이라고 최종 결론지었다. 그렇지 않으면 종교는 독단으로 퇴보하고 사랑의 종교는 공포의 종교가 된다. "개인들의 신경증은 그들의 신경증적 · 기형적 기독교 신앙으로 이어지고, 어떤 상황에서는 불가피하게 반드시 그렇게 된다. 그리고 이 과정이 대중에게 퍼지면, 그것은 (개신교와 가톨릭을 막론하고) 전 교회에 반드시 영향을 미치게 된다."[30]

Pfister는 Freud에게 그가 사랑의 종교라고 여기는 진정한 기독교와 정신분석을 결합하라고 계속 강권하였다. 그러나 Freud는 정신분석은 종교 없이 하는 것이 가장 좋다는 확신이 더 없이 단호하였다. 1928년 그는 Pfister에게 편지를 썼다.

> 저는 당신이 비의사 출신의 **일반 분석**(Lay Analysis)과 **환각**(Illusion) 사이의 은밀한 연결을 알아냈는지 모르겠습니다. 전자에서 저는 의사들로부터 분석을 보호하고 싶고 후자에서는 성직자들로부터 보호하고 싶습니다. 저는 그것을 아직 존재하지 않는 전문가, 즉 의사일 필요가 없고 성직자가 아니어야 하는 **일반인 출신의**(lay) 영혼 치유 전문가에게 넘겨 주고 싶습니다.[31]

결국 종교에서 위안을 찾았던, 그리고 그것을 찾는 데 실패하였던 많은 사람이 정신분석으로 돌아섰다. 미국에서는 조현병에 걸렸다가 회복하였고 Harry Stack Sullivan에게 약간의 분석을 받았던 개신교 목사 Anton Boisen이 목회 상담 운동을 시작하였다. Boisen은 『내면세계의 탐색(The Exploration of the Inner World)』(1936)에 자신의 발병과 회복을 기술하였다.

종교는 정신역동적 해석의 범위가 넓어지면서 많은 사람을 정신분석적 사상과 치료의 영역으로 끌어들인 많은 경우 중 하나일 뿐이다. 상당한 흥미를 불러일으켰던 또 다른 영역은 성에 대한 영역이었다. 1890년대에 Freud는 실제신경증 이론을 정립하였는데, 이에 따르면 성적 금욕이나 좌절은 그 자체로 더 밝혀지지 않은 생화학적 변화의 과정을 통해 불안을 유발하였다. 이미 그 이전부터 발달된 것들로 인해 그 힘이 상당히 약화되기는 하였으나, 불안에 대한 이 독물학적 이론은 1926년까지도 불리던 그대로 유지되었다. 더구나 1900년대 초에 그는 정신신경증이 유아 성욕(infantile sexuality)이 좌절된 결과라고 보았다. 그래서 정상적인 성욕(normal sexuality)은 좋은 삶에 꼭 필요한 것이 되었다. 논문 「'문명화된' 성도덕과 현대의 신경성 질환('Civilized' Sexual Morality and Modern Nervous Illness)」(1908)에서 그는 "한 인간의 성적 행동은 종종 삶에 대한 그의 모든 다른 반응 방식의 패턴을 형성한다."라고 여전히 쓸 수 있었다.[32]

이 논문의 다른 부분에서 그는 그 당시 인구의 상당한 비율이 (아마도 대다수가) 과도한 인습적 성도덕의 요구 때문에 신경증이 되었다고 주장하였다.

> 그러나 성적 본능 같은 그런 강력한 충동을 충족시키는 외의 다른 방법으로 극복하는 과업은 한 사람의 모든 힘을 요하는 일이라고 주장할 수도 있다. 그것을 승화로, 즉 성의 본능적 힘을 성적 목표에서 더 높은 문화적 목표로 방향을 바꿈으로써 극복하는 것은 소수의 사람에게 이따금씩만 가능한 일이고, 격렬하고 원기왕성한 젊은 시기에는 가장 어렵다. 그 나머지 대부분은 신경증이 되거나 어떻게든 손상을 당한다. 경험은 우리 사회를 구성하는 사람들 대부분이 그 금욕의 과업을 직면하기에 체질적으로 맞지 않다는 것을 보여 준다.[33]

그러한 관점으로 보면, 성적으로 억압되었지만 고전적 신경증 증상은 없는 많은 사람이 정신분석가를 찾아오는 것은 불가피하게 되었고, 그래서 환자 집단의 범위가 정신분석 이론의 성장으로 다시 확장되었다.

제1차 세계대전의 파국은 정신분석학설들에 더 조심스런 주의를 기울이게 하였다. 본능적 욕동의 힘을 고려하지 못한 어떤 심리학 학설도 도처에서 샘물처럼 터져 나오는 혼란스러운 전쟁과 혁명을 도저히 설명할 수가 없다는 것이 인식되었다.

1920년대의 많은 관찰자는 환자 집단의 변화를 주목하였는데, 그 균형은 가장 심하게 장해된 인구 집단으로부터 분명히 멀어지고 있었다. 정신분석은 그 학설의 힘으로 추가적인 새로운 고객, 즉 자신이 내적인 억제 때문에 지장을 받지만 문화적으로는 정상으로 간주된다는 것을 알게 된 사람들을 창출하였다.

그러나 이 환자들은 기존의 범주에 맞지 않았다. 고전적 신경증인 히스테리아와 강박신경증은 거의 사라진 것 같았다. '전정신병적'과 '경계선' 같은 진단 범주들이 사용되기 시작하였다. 사실 이 진단들은 상황을 명료화하는 데 아무것도 한 게 없었고, 정신분석적 사고가 성장하여 사회 상황을 따라잡고 있다는 사실이 나타났을 뿐이었다.

1920년대와 1930년대의 이론적 진보는 새로 보게 된 그 환자들의 역동을 설명하는 데 도움이 되었다. 과거의 증상 분석을 대체하여 성격 분석이 점차 유행하였고, 자아동조성, 자아이질성, 초자아, 구강성 퇴행 등의 개념이 점점 더 중요성을 획득하였다.

"분석받고 있는 환자('신경증 환자')와 분석을 받지 않는 사람 간의 차이가 무엇인가?"라는 의문이, 이번에는 자아심리학의 용어로 다시 제기되었다. 이번에는 1930년대 파국의 두 번째 집단인 파시즘, 공산주의, 대공황, 집단 학살, 제2차 세계대전 등이 끼어들어서 이 의문의 압력을 한층 더 키웠다.

제2차 세계대전의 영향

최근 기억 속에 있는 역사적 사건들을 객관적으로 평가하기는 정말 어렵다. 그럼에도 불구하고 전쟁으로 생긴 다른 엄청난 변화들 중에서 정신의학의 혁명이 가장 중요한 것 중 하나라는 것은 이미 밝혀졌다. 요컨대, 정신과 의사의 수련에, 다른 정신건강 전문가, 특히 심리학자와 사회사업가뿐만 아니라 준전문직이라 불리는 사람들의 도입에, 정신분석에 대한 태도에, 그리고 사회 전체 분위기에 총체적 변화가 일어났다. 많은 요인이 이 변화를 촉진시켰다. 1973년 워터게이트 스캔들이 터진 시기쯤에는 보통 신문조차도 Nixon이 어떤 정신의학적 장애를 겪고 있어서 그런 일을 저지른 것 아닌가 하는 문제를 일상적으로 토론하였다.

제2차 세계대전 후 환자 집단의 변동

기존 가치들에 대대적인 대변동이 일어난 결과로, 제2차 세계대전에 뒤이어 정신분석가와 다른 정신건강 전문가들이 보는 환자 집단에 큰 변화가 일어났다. 대체로, 제1차 세계대전이 정신병 환자에서 신경증 환자로 환자 집단을 이동시켰다면, 제2차 세계대전은 신경증 환자에서 정상인으로 환자 집단을 이동시켰다.

정상 집단으로의 이동은 이미 두 전쟁 사이에 시작되었다. 가장 주목할 만한 것은 1930년경에는 표준이 된 것으로, 분석을 하려는 사람은 누구라도 훈련 분석이 필요하다는 인식이 증가한 것이다. 그런 훈련 분석이 절대 필요하다는 점은 초기의 연구소들에서 확인이 되었으며(Lewin and Ross, 1960), 후속 연구에 의해 가장 공감적으로 재확인되었다(Goodman, 1977).

처음에는 훈련 분석을 교육적 경험으로 보았으나(H. Sachs, 1930), 정신과 의사나 다른 지망생들도 다른 사람만큼, 어쩌면 더 많이 분석을 필요로 한다는 것이 곧 분명해졌다. '교육분석'이라는 완곡어법은 탈락되고 '개인 분석' 또는 단순히 '분석'으로 대체되었다.

그런데 정신과 의사는 의사이며, 짐작건대 잘 통정되고 우리 문화의 높은 수준에서 기능하고 있다. 그렇다면 그는 왜 분석이 필요한가? 그 대답은 오직 문화의 본질에 있을 터인데, 우리 문화는 모든 사람이 분석적 이상에 도달하려면 어떤 심리적인 도움을 필요로 하는 것 같다(Fine, 1972).

1950년대에 시작된 역학 연구는 정신적 장애가 믿을 수 없는 규모로 존재한다는 것을 확인하였다(Dohrenwend and Dohrenwend, 1969; Leighton, 1963; Rennie et al., 1962). 그 결과, 압박하는 문제가 없는 보통 사람조차도 인생의 어려움을 다루는 데 있어 전문가에게 자문을 받고 도움을 찾는 것이 관례가 되었다. 신경증적 문제의 해결로부터 행복의 추구로 초점이 옮겨졌다.[34]

그러나 일단 강조점이 신경증의 기법적 정의로부터 행복의 추구로 이동되자 완전히 새로운 상황이 등장한다. 다른 무엇보다, 첫째로, 우리와 같은 문화에서는 (그리고 아마도 현재까지 알려진 모든 문화에서) 모든 사람이 이런저런 문제를 갖고 있으며, 그래서 정확한 진단은 이차적인 문제라는 것을 알게 된다. 대신에 성, 종교, 행복한 결혼, 사랑 같은 인간적 관심사들이 전면으로 떠오른다. 둘째로, 문제가 사랑의 결핍, 성적 좌절 따위의 측면에서 규정될 때, 더 많은 사람이 어떤 전문적인 도움을 이용할 수 있음을 알게 된다. 셋째로, 그러자 문제는 '발병률'이 아니라 훈련된 전문가가 부족하다는 것이 되었다. 마지막으로, 이런 나선형 과정 속에서 정신분석을 사회 개조의 한 형태로 보게 되고, 그것은 외부보다는 오히려 내부적 변화를 강조한다(Fine, 1971).

질병 분류학적 혼란

통용되는 진단 체계는 주로 Kraepelin적 전통에 경도된 임상 정신과 의사들이 전통적 체계에 정신분석적 사고를 수시로 이식하였던 데서 유래한다. 이것은 정신분석가들에게 불만과 혼란을 일으켰으며, 적절한 역동적 기준이 없었기 때문에 진단 범주가 또한 항상 변하였고, 그래서 1917년 표준 DSM이 처음 도입된(Brill, 1965) 이래 거의 10년마다 개정하게 되었다. 마지막 개정이 1968년에 있었고, 1952년 분류를 대체하였으며, 또 다른 개정을 준비 중에 있다(Wynne et al., 1978).[8)]

정신분석가들은 현재 사용 중인 진단 체계를 반복해서, 때로는 아주 강력한 말로 반대해 왔다. 1959년에 Menninger는 "우리 의사들이 수년간 써 오고 있는 의미에서의 진단은 많은 경우 상당히 소용없을 뿐 아니라, 부정확하고, 오도하며, 철학적으로 잘못된 단언(predication)이다."라고 썼다.[35]

---

8) 역주: 2013년 5월 18일 『DSM-5』가 출판되었다.

진단에 대한 수차례의 패널 토론에서도 현재의 정신의학적 체계가 아주 부적절하지만 그 자리를 차지할 더 나은 것이 아직 발견되지 않았다(Grinker, 1968)는 같은 결론에 도달하였다. 1959년의 패널과 관련하여 Ross는 이렇게 썼다(1960).

> 한 사람을 제외하고 참석자들은 현재의 질병 분류학적 패턴에 불만족을 표시하였고, 한편으로는 동시에 그것을 완전히 폐기할 의향은 분명히 나타내지 않았다. (후자의 대안이 원래 분류를 제외하는 것은 아니다.) 현상학적으로는 증상 집단을, 역동적으로는 정신성적 발달 수준을 토대로 하는 분류 체계가 적당하지 못하다는 것은 오랫동안 분명하였다. 본능 수준과 자아-발달 수준 간의 지금-인식된 복잡한 상호작용에 일치하게 전통적 질병 분류 개념을 개편하고 수정하는 과제의 복잡성을 과소평가하는 경향은 없었으나, 그렇게 해야 하는 필요성은 반복해서 강조되었다.[36]

심지어 표준 질병 분류 체계에 더 파괴적이었던 것은 정신분석적 치료의 결과를 보고할 책임을 맡은 중앙진상수집위원회(Central Fact-Gathering Committee)의 경험이었다(제5장 참조). 1967년도에 마침내 발행한 보고서는 "진단 범주를 일일이 명시하는 것이 참여한 분석가들에게 가장 좌절스러운 일이었고 또한 아마도 상당히 신뢰할 수 없을 것이라고(신뢰도는 확인받지 않음) 수년에 걸쳐 증명되었으므로, 우리는 향후 사용에서 진단 범주를 제거하기로 결정하였다."라고 하였다.[37]

진단과 진단적 범주에 관한 이 일반적 경험에 비추어, 현재의 진단 체계를 강화하거나 개편하라는 수많은 제안이 있었던 역사를 개관하는 어떤 시도도 여기서는 더 이상 하지 않겠다. 대신에 문헌에 기술된 중요한 임상적 실재들(clinical entities)에 대한 약간의 역사적 자료를 제시한다. 히스테리아, 강박신경증, 조현병 그리고 경계선 상태는 이미 논의되었으므로 여기서는 생략한다.

우울증

우울증은 Freud의 주의를 자주 끌었을 정도로 모든 정신병리 중에서도 아주 흔한 양상이다. 처음에 Freud는 우울을 단순히 성적 좌절 때문이며(Freud, 1893; Abraham, 1911), 자신감의 결여가 동반된다고 보았다. 그다음엔 Abraham(1911, 1916)이 구강성(orality)과 적개심을 강조하고, 우울증이 있는 사람은 적개심을 자기 자신에게로 돌린다고 하였다.

Freud의 1917년 논문 「애도와 멜랑꼴리아(Mourning and Melancholia)」에서 중요한 진보가 있었다. 여기에서 처음으로 Freud는 나쁜 대상의 내재화를 가정하였고, 멜랑꼴리아 환자가 하는 비난이 사실은 그 나쁜 대상에게 향해진 것이라고 하였다. 이 생각은 초자아 개념의 전구가 되었고, 초자아 개념은 이후 모든 정신병리 논의의 중심이 되었다(『자아와 본능(The Ego and the Id)』, 1923). 우울증에서 초자아는 금지된 소망 때문이든 또는 부모에 의해 만들어진 자아이상에 따라 살지 않았기 때문이든 자아를 처벌한다(Deutsch, 1965; Jacobson, 1971; Rado, 1928).

그다음 Melanie Klein은 생후 두 번째 3개월 동안에 부모의 사랑을 상실해서 우울한 느낌이 생겼다고 가정하였다(1948b). 한동안, 그 이후로 예외 없이 그랬던 것처럼 우울증은 대상 상실과 연결되었었다.

E. Bibring(1953)은 우울증에서 자존심의 상실을 강조하였는데, 그것은 발달의 어떤 수준에서든 고착이 되어 생길 수가 있다. Cohen과 그녀의 동료들(1954)은 이 자존심 상실의 아동기 배경에 관해 밝혀 주는 임상 자료를 제공하였다.

아동기 우울증의 문제는 John Bowlby(1961)가 제기한 이후 Bowlby 논쟁으로 알려졌다. 간단히 말해, Bowlby의 주장은 아동기에 어머니의 상실로 야기된 애도 과정이 있는데 성인의 애도 과정과 거의 같다는 것이었다. 아동은 사랑하는 대상을 되찾지 못하면 항거(protest), 절망(despair), 무관심(detachment)으로 반응한다. 무관심 상태가 단연코 가장 병적이며 되돌리기가 가장 힘들다. Anna Freud 등은 아동기 반응이 성인의 반응만큼 심하지 않다고 주장하였다(1960).

Engel과 그의 동료들은 정신신체장애에 관한 흥미 있는 작업을 하였다. Engel은 초기 아동기에 사랑을 상실해서 생기는, 그가 절망-무기력 증후군(giving up-given up syndrome) 또는 무원감-철수(helplessness-withdrawal)라고 칭한 것을 강조하였다(Engel 1967; Engel and Reichsman, 1956).

요약하면, 우울증은 성적 좌절, 구강성 퇴행, 적개심의 과잉(주로 내부로 향한), 초자아의 비난, 부적합한 자아이상, 자존심의 저하, 대상 상실, 대상 상실로 인한 다양한 정도의 무관심, 무원감-철수 반응들을 포함한다. 어떤 우울증 환자는 정신병이 되고, 어떤 이는 자살하게 되는 것은 양적 요인과 내적-경제적 요인의 결과이다(Jacobson, 1971; Kubie, 1964; Shenidman, 1967).

조증과 경조증

Kraepelin 학파의 정신의학은 조울증의 주기가 증상 없는 기간인 '정상 상태'로 중단된다고 하였다. 정신분석적 견지에서는 이것이 불가능해 보인다. 이 불가능성을 처음 지적한 사람이 Abraham(1908)이었는데, 그는 소위 증상 없는 주기가 실은 강박신경증의 한 형태임을 보여 주었다. 다음의 중요한 진보는 초자아의 개념화와 함께 이루어졌다. 1923년에 Freud는 조증에서 자아와 초자아가 융합되어서, 그 사람은 자기가 하는 모든 것에 인정을 받는다고 느낀다는 것을 보여 주었다.

기분 들뜸에 대한 고전적 연구는 Bertram Lewin의 「기분 들뜸의 정신분석(The Psychoanalysis of Elation)」(1950)이다. Lewin은 '먹기, 먹히기, 잠자기'를 구강성 삼요소로 가정하고, Freud가 지적하였던 초자아기능에 추가하여 조증의 증상을 이 구강성 삼요소의 측면에서 어떻게 이해할 수 있는가를 보여 준다(제6장 참조).

알코올 중독과 약물 중독

중독은 항상 문제였었지만, 정신분석가의 관심을 처음 받은 것은 제1차 세계대전 후에 Ernst Simmel이 약물 중독자 치료를 위해 베를린 근처에 진료소를 열면서였다. 그 직후 Rado(1926)가 중독에 대한 기본적인 이론적 설명을 제공하였는데, 그 이후로 실질적인 변화는 없었다. 중독은 구강성 퇴행 상태로 소화기관 오르가슴이 모든 다른 형태의 충족을 대신한다. 이 구강성 오르가슴 때문에 약물을 수단으로 하여 인격 구조를 조절하게 된다. 알코올 중독자와 약물 중독자는 둘 다 정신치료에 대한 저항이 악명 높다(Chafetz et al., 1974; Nyswander, 1974).

정신병질

Freud가 범죄성에 대해 약간의 언급을 하긴 하였지만, 정신병질(psychopathy)에 관해 문헌에서 처음으로 의미 있는 논의가 나타나는 것은 Wilhelm Reich(1925)가 충동적 성격(impulse-ridden character)을 개념화하면서부터, 그리고 August Aichhorn(1925)이 청소년 비행에 대해 개척적인 작업을 하면서부터였다.

분석은 정신병질자에게 초자아가 없다는 자주 언급되는 가정을 증명하지 못한다. 그들의 초자아기능은 다양하게 뒤틀러 있지만 항상 존재하기는 한다. 제2차 세계대전 후의 문헌에서 이 환자들의 문제는 행동화 장애로 알려지게 된다. 그들의 역동은 전체 자아구조와 행동화의 관계라는 맥락에서 이해될 수 있다.

동성애

1905년에 발표된 Freud의 세 논문 중 첫 번째는 동성애에 바친 것이며, 그 주제가 그에게 중요한 것이었음을 나타낸다. 거기서 그는 대상과 목적을 구별하는 근본적인 구분을 하였으며, 동성애자가 그 대상과 관련해서는 일탈하였으나 목적과 관련해서는 일탈한 것이 아님을 보여 주었다. 또한 Freud는 Leonardo da Vinch에 대한 논문에서, 동성애 남성이 자신을 닮은 다른 남성을 선택한다는 점을 들어 자기애적 입장에 따라 동성애 남성 대상을 선택할 가능성이 있다고 기술하였다.

애초에 동성애의 역동은 오이디푸스적 투쟁의 맥락으로 보았으나, 나중에 구강성 요인들이 인식되고 구강성 고착도 강하게 있음이 분명해졌다. Jones(1927)는 다섯 명의 동성애 여성들의 분석에 관해 보고하면서, 보통과 다른 강한 구강 성애와 강렬한 가학성을 강조하였다. 그때 이후로 분석가들은 한결같이 동성애에서 구강성 요인을 가장 강조하였고, 동성애 쌍을 대개 환상 속의 모-자 쌍이라고 보았다.

문헌상 적절한 통계를 갖춘 몇 안 되는 대규모 연구 중의 하나가 Bieber 등이 행한 남성 동성애자들에 관한 연구이다(1962). 이 연구자들은 106명의 남성 동성애자와 100명의 남성 이성애자의 분석 결과를 연관시켜 보았다. 전적인 동성애로 시작하였던 72명 중 14명(또는 19%)은 이성애로 되었고, 양성애로 시작하였던 30명 중 15명(50%)이 이성애가 되었다. 이 연구자들은 또한 (밀접하게 결합한, 친밀한) 남근적 어머니와 소원한 아버지라는 역동이 남성 동성애의 발생에 필수라는 점을 확인하였다.

Socarides(1978)는 문헌상 동성애의 역동에 대한 가장 완전한 서술을 제공하였다. 그는 종종 의식적인 근친상간적 욕망을 수반하는 어머니와의 지나치게 강렬한 정동적 관계와 접근하기 어려운 아버지를 확인하였다. 어머니를 향한 성적 소망은 불안, 죄 그리고 어머니에게 나중에는 모든 다른 여성에게 매달리면서도 친밀한 접촉을 피하는 동시적 · 갈등적 충동으로 이어진다. 강조되는 다른 요소들로 유방-남근 동일시, 정신적 피학성애, 불안의 성애화, 고립과 외로움 그리고 파트너와의 자기애적 동일시 등이 있다.

여성물건애, 관음증, 소아성애증 같은 다른 성적 장애들도(Bak, 1965) 모두 초기 구강성

장애의 맥락에서 해석되었다.

질병 분류학적 실재들에 대한 요약 논평

자아심리학의 발달은 다양한 임상적 실재들과 관련 있는 특정 정신역동적 형태(psychodynamic constellations)를 뒷전으로 밀어 넣었다. 반복적으로 발견된 것은 고전적 증후군들이 어떤 사례들에는 있기도 하나 어떤 사례들에는 없기도 하며, 많은 다른 경로를 통해 동일한 행동 부분에 도달되기도 한다는 것이다. 일반적으로 동성애, 중독, 정신병질 같은 더 심한 병리 형태는 그 원인이 다양한 종류의 구강성 박탈로 추적되었다. 왜 구강성 퇴행을 한 사람이 누구는 동성애, 누구는 정신병질, 누구는 여성 물건애, 누구는 조현병이 되는지는 아직도 답을 얻지 못한 큰 문제 중의 하나이다. 특정 사례들에서 문제의 증상을 상이한 가족 구조로 설명할 수는 있지만, 신경증의 선택에 관한 타당한 일반화는 아직까지 가능하지 않다.

그래서 진단의 문제는 정신분석의 더 큰 의미에 비추어 제19장에서 논의될 필요가 있다. 그러나 여기서 현재 미국정신의학협회(The American Psychiatric Association)가 정신역동은 여전히 정신의학교육의 핵심이며,[38] 그것은 정신분석적 태도와 본질적으로 일치한다는 의견을 표명하였음을 유념할 필요가 있다.

제15장

대인관계(대상관계), 욕동과 대상, 그리고 대인관계 이론으로의 이동[1)]

Heinz Kohut

정신분석은 욕동 이론이고 Freud는 본능 이론가였다는 말은 누구나 아는 진부한 표현이 되었다. 다른 많은 상투적인 표현처럼, 이것은 사실이면서 동시에 오해의 소지가 있다. 다시 한번 역사적으로 재구성해 보면 우리에게 필요한 새로운 정보를 얻을 수 있을 것이다.

1905년에 Freud가 놀라운 성 이론을 『성에 관한 세 편의 논문』에 게재하였을 때, 그는 여러 가지 새로운 제안을 하였다. 가장 새로운 것은 성적 본능을 그 각각의 발달을 추적할 수 있는, 대상(object)과 목적(aim)으로 나눈 것이었다.

자신의 원래 작업에서 Freud는 사람을 성적 대상으로 규정하였다. "나는 두 가지 전문용어를 소개하려고 한다. 성적 이끌림이 생기는 사람을 성적 대상(sexual object)이라고 하고 본능이 향하는 행동을 성적 목표(sexual aim)라고 하자."[1] 결국 '성적 대상'이라는 용어는

1) 이동식: interdependent, 관계, 커뮤니케이션이 정신건강이다. 정신분석도 처음에는 환자 한 사람의 intrapsychic을 다루었지만, 결국 그것이 전부 관계의 장애이고 커뮤니케이션의 장애라는 것을 발견한다. 즉, 처음에는 intrapsychic과 interpersonal을 구분했지만 사실은 intrapsychic 안에 interpersonal이 있다. 즉, 인간의 내적 갈등이라는 것이 전부 관계의 장애이고 communication의 장애이다.

'대상'으로 좁아졌고, 이 단어에 직접적인 대인관계적 함의가 없기 때문에, 많은 이는 생물은 물론 무생물도 대상이 될 수 있다고 잘못 추정하였다. 미국의 한 심리학자를 인용하면(Bell 1902), Freud는 더 나아가 "아동기에 사랑의 존재는 찾을 필요가 없다는 점을 관찰하였다".[2]

그 당시에 Freud는 초기의 단계들에서 유아기 성적 본능은 대상을 필요로 하지 않는다고 믿었다. 그러나 매우 빨리, 아주 초기부터 다른 사람이 대상으로 포함되는 구성 본능들(component instincts)이 나타난다.[3] 사춘기 때에서야 분명한 성적 대상이 발견된다.[4]

이미 보았던 대로, 이드심리학 시기(1900~1924)에 Freud의 관심은 일차적으로 성욕(sexuality)이 나타나는 양상에 집중되어 있었고, 반면 대상 선택(object-choice)은 전면에 드러나 있지 않았다. 그러나 이론에는 대상관계 혹은 대인관계가 항상 있었다.

대인관계(대상관계)에 관한 질문에 Freud가 최초로 체계적으로 접근하였던 것은 1914년 「자기애(Narcissism)」에 관한 논문이다. 오늘날 보면 이 논문은 혼란을 불러일으키고 혼란되어 있다. Jones는 이것이 어리둥절하게 만든다고 기술하였다. Freud 자신은 Abraham에게 쓴 편지에서 "자기애(narcissism)는 어려운 작업이었으며, 해당하는 변형의 모든 흔적을 지니고 있다."라고 말하였다.

Freud의 1914년 논문에서 아주 중요한 새로운 요점은 다음과 같다.

1. 리비도를 양적으로 가변적인 힘으로 기술하였다. 리비도가 어떻게 변환되느냐에 따라 정신성(psychosexuality)이 다양한 모습으로 나타난다. 이것이 엄밀한 의미의 리비도 이론이며, Freud는 1914년 논문에서 이것을 가져와서 『세 편의 논문(Essays)』 이후 모든 출판에서 그 제목 아래 포함시켰다.
2. 대상 선택에 대한 최초의 체계적인 기술을 담고 있다.
3. 대단히 유용한 임상적 개념인 자기애(narcissism)의 다양한 의미를 확립하였다.
4. 치료적 토대에서 환자가 치료자와 관계를 형성할 수 없는 자기애적 신경증(narcissistic neuroses)과 관계를 형성할 수 있는 전이신경증(transference neuroses)으로 인간 존재에 대한 새로운 분류를 제공한다. 인간 존재가 그들의 치료적 반응에 따라 분류될 수 있다는 생각은 광범위한 영향력을 가진 개념이었다.
5. 자아이상(ego-ideal)이라는 개념을 최초로 소개한다. 이것은 후에 초자아라는 새로운 이름이 붙었으며, Freud의 천재성의 가장 훌륭한 결실의 하나이다.

Freud 이후의 발달

제1차 세계대전 직후, Freud는 인격의 삼원 구조(tripartite structure)를 정교하게 다듬었다. 그때부터 이것은 무대의 중심을 차지하게 되었다. 자기애는 원래의 형태로는 이 구조에 적합하지 않았기 때문에, 이것은 수년 동안 상대적으로 방치되어 있었다. 1959년에 Bing, McLaughlin, Marburg이 이것의 초심리학을 검토하였을 때 그들은 Freud 이후로 이 주제에 대해서 참고할 만한 논문을 단지 세 편만 발견할 수 있었는데, 이 중 어느 것도 그 주제를 직접적으로 다루고 있지는 않았다. 이것은 1960년대 말 이후 Heinz Kohut의 작업을 통해서 되살아나게 되었다(1971, 1977).

비록 자기애라는 용어는 최근까지 정신분석 이론에서 상대적으로 덜 중요한 역할을 하였지만, Freud의 논문에 포함된 아이디어들은 다른 언어로 상당히 정교화되었다. 이 용어는 그리스 신화 나르키소스에서 유래하였는데, 그는 연못 속 자신의 그림자와 사랑에 빠져 여위어 가다가 죽고 만다. 그리스 신화에서 자기사랑(self-love), 자기몰입(self-involvement), 자기파괴(self-destructivenss) 등의 요소를 이끌어 냈다.

이 개념은 처음에는 자기애적 장해에 적용이 되었는데, 자기애적 장애는 정신병으로 알려지는 빈도가 증가하였다. 그리고 창조적인 사람을 연구하는 분석가들은 그 역시 근본적으로 자기애적인 사람임을 확인하였다.

1930년대에 Sullivan은, 특히 조현병 환자와 경계선 환자의 정신 구조 안에 나타나는 자기상(self-image)에 대한 광범위한 분석에 참여하였다. 그의 작업에 이어, Erikson은 1940년대에 정체성(identity)라는 용어를 소개하였다. 이 개념은 엄청나게 확장되었다.

자기(self)에 대한 심리학은 오랫동안 고전적인 Freud 이론의 영역 바깥에 있었지만, Edith Jacobson의 『자기와 대상 세계(the Self and the Object world)』(1964)의 출판으로 다시 도입되었다. 그녀는 정체성(identity)에 관한 Erickson의 작업을 Hartmann, Kris, Loewenstein의 보다 고전적인 초심리학적 주장들과 통합하려고 시도하였다(1946).

1950년대에 시작하여 『인간 유아의 심리적 탄생(The Psyhological Birth of Human Infant)』(Mahler et al., 1975)으로 정점에 도달하면서, Margaret Mahler는 그녀의 이전 작업들과 분리 개별화(separation-indivisuation) 개념의 대규모 통합을 제공하였다. 과거 10년 동안 분리 개별화(separation-indivisuation)라는 주제는 자기대상 분화(self-object differentiation)와 같은 관련 개념들과 함께 정신분석 이론에서 중심적인 주제가 되었다.

그래서 자기애에 관한 Freud의 논문은 간혹 그가 의도하였던 방향이 아닐지라도 많은 반향이 있었다. 아마도 이것이 그가 자신의 자서전에서 "나는 많은 것을 시작하였고 많은 제안을 하였다. 미래에 이것들로부터 무언가가 나올 것이다. 그것이 대단한 것일지 보잘것없는 것일지 나 자신이 말할 수는 없지만."이라고 쓸 때 염두에 두었던 바일 것이다.

리비도 이론

순수한 형태의 리비도 이론이 (인생의 각기 다른 단계에서 그 자체를 발현하는 양적으로 가변적인 힘으로서 리비도) Freud의 이론 중에서 가장 논란이 되어 왔던 점을 고려하면, 1914년 논문에 이것이 도입되었던 것에 대해서는 약간의 설명이 필요하다. 자아 리비도(ego libido), 대상 리비도(object libido), 일차적 자기애(primary narcissism) 같은 초심리학적 설명이 그 논문에 소개되었고, 이는 말로 다할 수 없는 어려움을 초래하였다.

그가 논문을 쓴 시기에 Freud는 Jung과 Adler에게 분개해 있었고, 또한 자신의 견해를 강하게 주장하는 『정신분석 운동의 역사(History of the Psychoanalytic Movement)』를 쓰고 있었다. Freud는 화가 나거나 마음이 상하였을 때 자신의 진정한 공헌이라 할 수 있는 심리학적 관찰들에 대해서 불안감을 느꼈고, 1895년 『초고(project)』[2]에서 처음 표현하고 나서 폐기하였던 젊은 시절의 신경학과 생리학에 의지하는 경향이 있었다. 1914년에 리비도는 정확히 『초고(project)』의 Q처럼 행동하는 것이라고 정리되고, 그것의 양적 변형으로 다양한 임상 양상을 설명하였다. 더욱이 리비도는 Q처럼, 물리학적인가 심리적인가, 아니면 양쪽을 다 조금씩 가지고 있는가라는 똑같은 모호함을 가지고 있었다.[3]

1954년과 1955년 미국정신분석협회(American Psychoanalytic Association)의 두 번의 패널 토론에서, 리비도 이론에 내재하는 개념들을 다시 검토하였다(Reider 1954; Rangell 1955). 이론에 대한 지지자 혹은 반대자 모두에게 발언권을 주었다. 이 두 번의 패널 토론이 문화

---

2) 역주: Freud는 정신적 활동을 신경생리학적 언어들로 설명하려고 하였으며, 이러한 그의 시도가 『과학적 심리학 초고(Project for a Scientific Psychology)』에 담겨 있다. 이 책의 초고는 1895년에 쓰였지만 Freud 생전에는 출판되지 못하였다가 1950년 처음 출간되었다.

3) 역주: "이 초안은 다음과 같은 두 가지 기본적인 생각을 바탕으로 하고 있다. 즉, 1. 활동을 정지와 구별하고 있는 것을 운동법칙에 의한 양(Q)으로서 파악한다. 2. 물질적 요소로서 뉴런(N)을 가정한다."(『S. 프로이트 과학적 심리학 초고』 지그문트 프로이트 지음, 이재원 옮김. 도서출판 사랑의 학교, 1999, p. 420)

학파와 Freud 학파가 공개적 내화에 같이 참여한 마지막 시기로 기록된다는 것은 역사적으로 상당히 흥미 있는 일이다. 그 후 얼마 되지 않아 (아마도 패널 토론의 결과로서) 미국정신분석연구원(American Academy of Psychoanalysis)이 결성되었고, 각 그룹은 각자의 길을 갔다.

패널 토론자 중의 어느 누구도 리비도 이론이 1914년에 Freud에 의해서 사후적(post hoc)으로 소개되었으며, 리비도 이론에 대한 언급 없이 서술하였던, 1905년의 그의 정신성적 이론에서는 필수적이지 않았다는 역사적 사실을 알지 못하는 것 같았다. 두 번의 패널 토론은 날카로운 충돌의 흔적을 남겼다.

리비도 이론에 대한 가장 맹렬한 공격은 1955년 패널 토론에서 Herbert Birch로부터 나왔다. 그는 리비도 이론을 "19세기의 시대착오적인 유물이며…… '옳지 않은 생물학적 개념화'"[8]라고 기술하였다. 이론에 대해 가장 열성적으로 방어를 한 사람은 Rapaport였다. 그는 Freud의 리비도 개념은 본질적으로 질적인 것이라고 잘못된 주장을 하였다.[9]

> 패널 토론은 성질상 주장이 강할 수 밖에 없는 특징이 있었다. 자아의 수행적인 기능들과 사회적 구조, 어떤 초심리학적 생각들을 설명하기 위한 리비도 이론의 유전적 요소를 찾지 못했다는 데 대해 많은 토론이 있었다……. 긍정적으로 보자면, 발표의 상당한 부분이 리비도적 욕동들의 변천과 자아기능과 그들의 관계, 문화가 자아를 통해서 욕동을 성형하는 효과, 그리고 질병분류학과 역동에 대한 양 개념(the conception of quantity)의 관계를 다루고 있다고 이야기할 수 있다.[10]

그 후로 노선들이 굳어졌고 양측은 다른 기구로 나뉘어졌다. 일단 정치적 요인이 끼어들자, 1956년 이후 '생물학적' 대 '문화적'이라는 질문은 그 집단들이 상대방과 교전할 때 사용하는 슬로건이 되었다.

최초의 전투 이후로, 온전히 한 세대가 지나갔다. 오늘날의 문헌에서 모든 질문은 배경으로 물러났다. 1914년에 Freud가 기술하였던 대로의 순수한 리비도 이론에 대해서는 거의 언급되지 않고 있다. 관심의 중심이 다른 곳으로 옮겨진 것이다. 남은 것은 욕동이 인간의 경험에 있어서 중요하다는 것이지만, 그것이 여타의 정신분석 이론 속에 정확하게 어떻게 통합되어야 하는지는 여전히 아주 큰 논쟁거리이다. 이런 점에서도 역시 통합된 과학을 향하는 움직임이 있는 것으로 보이며, 한때는 상당히 날카로웠던 구분들이 흐려지고 있는 것 같다.

대인관계 이론으로의 이동

1955년 이후 정신분석 이론의 광범위한 분야를 살펴보면, 대인관계 이론과 관련된 질문으로의 분명한 이동과 본능와 관련된 질문의 상당한 감소를 볼 수 있다(제8장 참조). 이것은 그다지 놀라운 일은 아니다. 왜냐하면 대인관계는 본능적 욕동과 마찬가지로 정신성적 발달에 대한 Freud의 도식의 큰 부분을 차지하고 있었기 때문이다. 그는 단지 그들에 대한 고찰을 미루었을 뿐이었다. 실제로 Freud의 작업의 대부분은 문화학파와 Freud 학파 간의 논란이 터져 나오기 전에 완결되었다. 본능을 부정하지 않고, 그럼에도 불구하고 Freud는 문화에 큰 중요성을 부여하였다. 예를 들면, 1910년에『세 편의 논문』에 추가한 각주에 그는 다음과 같이 썼다.

> 고대와 우리 시대의 성애적 삶 사이의 가장 두드러진 구분은 의심할 여지없이 고대인들은 본능 그 자체에 강조점을 두었고, 반면에 우리들은 대상을 강조한다는 것이다. 고대인은 본능을 찬양하였으며 열등한 대상조차 존중하는 본능의 근거가 준비되어 있었다. 반면에 우리는 본능적인 활동 그 자체를 경멸하며, 대상의 가치에서만 본능적 활동의 이유를 찾는다.[11]

영국의 대상관계 학파

1930년대와 1940년대에 다수의 영국 분석가는, 특히 W. Ronald D. Fairbairn, Harry Guntrip이 가장 두드러지는데, 정통 Freud 학파 이론이 본능을 과도하게 강조하였던 것에 반대하고, 그 대신 대상관계를 강조하였다. Bibring(1947)가 쓴 논문에 따르면, 대상관계 학파(object-relations school)는 영국학파(British school) 혹은 영국 대상관계 학파(British object-relations school)로도 알려지게 되었다. 1963년 Fairbairn은 자신의 대상관계 이론을 다음과 같이 요약하였다.[12]

1. 자아는 출생 시부터 존재한다.
2. 리비도는 자아의 기능이다.
3. 죽음의 본능은 없으며, 공격성은 좌절이나 박탈에 대한 반응이다.
4. 리비도는 자아의 기능이고 공격성은 좌절이나 박탈에 대한 반응이기 때문에 '이드'와

같은 그런 것은 없다.

5. 자아는, 따라서 리비도는 근본적으로 대상을 찾는다.
6. 가장 최초의 그리고 근원적 형태의 불안은 아이에 의해 경험되는 것으로서, 분리 불안이다.
7. 대상의 내면화는 본래의 대상이 만족스럽지 않아서 아이가 자신의 원래의 대상(어머니와 그녀의 젖가슴)을 다루기 위해 채택한 방어적 수단이다.
8. 대상의 내면화는 대상을 단지 구강적으로 합일화하는 환상의 산물이 아니라, 별개의 심리학적인 과정이다.
9. 내면화된 대상의 흥분시키고 좌절시키는 두 가지 측면은 대상의 주요 핵심으로부터 분리되어 자아에 의해 억압된다.
10. 그래서 두 가지 억압된 내적 대상들, 흥분시키는(혹은 리비도적인) 대상과 배척하는(반리비도적인) 대상이 만들어진다.
11. 내면화된 대상의 억압되지 않은 주된 핵심은 이상적 대상(ideal object) 혹은 자아이상(ego ideal)이라고 기술된다.
12. 흥분시키는(리비도적인) 그리고 배척하는(반리비도적인) 대상이 모두 본래의 자아에 의해 부착이 된다는 사실 때문에 이 대상들은 그들이 부착되었던 자아의 부분과 함께 억압이 되고, 자아의 중요한 핵심(중심 자아cental ego)은 억압되지 않은 채로 남지만 억압의 주재자(agent)로 작용한다.
13. 그 결과로 일어나는 내적 상황은 본래의 자아가 세 가지 자아로 나뉘는데, 그것은 이상적 대상(자아이상)에 부착된 중심적(의식적) 자아, 흥분시키는(혹은 리비도적인) 대상에 부착된 억압된 리비도적 자아, 배척하는(반리비도적인) 대상에 부착된 억압된 반리비도적 자아이다.
14. 이 내적 상황은 Melanie Klein이 기술하였던 기본적 분열성 입장(schizoid position)을 나타내는데, 이는 우울성 입장(depressive position)보다 더 근본적이다.
15. 반리비도적 자아는 배척하는(반리비도적인) 대상에 부착된 덕분에 리비도적 자아에 대해 타협의 여지가 없는 적대적 태도를 취하며, 따라서 중심 자아(cental ego)에 의한 리비도적 자아의 억압을 강력하게 강화하는 효과를 가진다.
16. Freud가 '초자아'라고 기술하였던 것은 사실은 이상적 대상 혹은 자아이상, 반리비도적 자아 그리고 배척하는(혹은 반리비도적) 대상으로 이루어진 복합 구조이다.
17. 이러한 생각들이 대상관계의 관점으로 이해한 인격 이론의 토대를 이루는데, 본능

과 본능의 변천이라는 관점에서 이해한 것과는 대조적이다.

Sullivan의 대인관계적 접근

미국에서 대인관계 이론을 강조한 가장 중요한 인물은 Harry Stack Sullivan이었다. 그가 영국학파의 어떤 대표적인 인물보다 훨씬 더 광범위하게 여기에 영향을 끼쳤다는 것은 거의 의심의 여지가 없다.

Sullivan은 자기표현을 제대로 못하였기 때문에 역사적 상황을 제공하기가 무척 어렵다. Chapman(1976)은 Sullivan의 전기에서 1학년 혹은 2학년에 다니던 대학교를 중퇴하였으며, 그가 다니던 의과대학조차 충분한 교육이 이루어지지 않는 졸업장 제작소나 마찬가지였다(이것은 의학교육에 대한 현재의 높은 기준이 확립되었던 Flexner report 이전이다.)라고 썼다. Sullivan은 Fairbairn이 그랬던 것처럼 자신의 이론을 명확하고 설득력 있게 공식화한 적이 없다. 단지 그의 책 중의 하나인 『현대 정신의학 개념(Conceptions of Modern Psychiatry)』(1940)만이 그가 살아 있는 동안에 출판되었을 뿐이다. 나머지는 전사 기계[4]로 기록이 되었고, 죽을 임시에 다수의 편집되지 않은 자료를 남겼다. 그의 비서인 Helene Swick Perry가 이 자료들을 그의 사후에 편집하고 출판하였다.

Sullivan의 사상을 검토할 때, 아주 놀랍거나 그것들이 일부 집단에서 그랬던 것처럼 논란을 일으킬 만하다고 보기는 어렵다. 그의 이론의 많은 것은 Freud를 재공식화한 것이었다. 따라서 자아와 이드보다는 만족과 안전에 대해서, 역동설과 방어기제에 대해서, 의식(consciousness)보다는 인식(awareness)에 대해서 이야기하였다. 그리고 그는 발달 과정을 약간 다르게 기술하였다.

Sullivan의 책 『정신의학과 사회과학의 융합(The Fusion of Psychiatry and Social Science)』(1964)의 서문에서, Charles Johnson은 정신의학의 풍부한 통찰을 사람들 간의 실제 관계로 이어지게 하고, 정신의학과 사회과학 모두에게 새로운 매력으로 확장될 수 있게 만들었던 Sullivan의 능력에 찬사를 보냈다.

Sullivan 자신은 대인관계에서 건설적이고 사랑하는 관계, 혹은 파괴적이고 미워하는 관계를 향한 지향된 움직임을 강조하였다. 1936년에서 1937년 사이에 그는 다음과 같이 썼다.

4) 역주: transcribing machine. 말소리를 음성 기호로 전사하는 기계이다.

준향적(parataxic) 요소들로부터 자유로운 대인관계 과정들은 만족을 확보하고 ('개인직') 안전을 유지하며 친밀감을 향하는 긍정적-건설적인 움직임이거나, 혹은 다소간 분명히 불안전의 원천으로 간주되는, 그래서 만족을 확보하는 데 장벽이 되는 사람들을 적대적으로 피하거나 배척하거나 혹은 지배하는 부정적-파괴적 움직임인 것 같다. 세상에서 오늘날 명백한 부정적-파괴적 동기 중 막연하지만 분명 아주 많은 부분이 정신과 의사가 관심을 가지는 경우들과 그 성질이 동일함에 틀림없다. 후자는 예외없이 중요한 준향적 요소를 포함하고 있다. 다른 말로 하면, 현시대 삶의 너무나 뚜렷한 특징인 적대적-파괴적 대인관계 과정들의 일부 큰 부분의 피할 수 없는, 필연적 성질에 대한 의문에 대해 온갖 타당한 이유가 있다. 그러므로 기껏해야 그것들의 역할이 별로 중요치 않을 사회적 질서의 가능성에 대해 주목할 만한 함의가 있다.

Mahler: 분리-개별화 과정

대인관계에 대한 많은 전쟁 후 연구들의 가장 설득력 있는 통합은 Margaret Mahler의 인생의 첫 3년에 관한 연구로부터 비롯되었다. 그녀는 가장 최초의 시기를 자폐적 단계라고 하였고, 그다음에 공생적 단계가 뒤따른다. 그 후의 개별화 과정을 부화기(hatching), 연습기(practicing), 재접근기(rapprochement) 그리고 대상 항상성(object constancy)의 네 단계로 상세하게 기술하였다.

인격 발달의 정상적 자폐, 정상적 공생 그리고 분리 개별화 단계에 대한 그녀의 개념은 일차적으로 대상관계의 발달을 언급하는, 발달학적 재구성이었다. 그녀의 개념들은 구강기, 항문기, 성기기 개념, 즉 욕동 발달 이론 구조에 보완적이다. 그녀는 나아가 자신의 견해를 다음과 같이 요약한다.

변화하며 진행하는 욕동 발달, 성숙해 가는 자아, 그리고 분리-개별화 과정 간에는 다양하고 복잡한 순환성 상호작용이 있으며, 그 결과로 자기표상과 대상표상(self-and object-representations)의 분화가 일어난다. 자아의 핵심인 지각-의식 체계(perceptual-conscious system)의 성숙은 유아가 삶의 첫 몇 주간의 정상적 자폐 단계(Spitz의 대상 없는 단계 objectless stage)로부터 벗어나 여전히 일차적 자기애의 여명 단계인 공생적 단계로 나아가는 길을 닦는다.

공생적 단계는 Anna Freud(1953)가 "욕구-충족 관계(need-satisfying relationship)"라고 불렀던 것과 시간적으로 일치한다. Anna Freud(1965b)와 Spitz(1965)는 이 단계를 "대상 이전(preobject)" 그리고 "부분 대상(part-object)" 단계라고 말한다. 처음에는 공생적 대상에

서 느낀 흐릿한 감각적 인상이 어떤 '좋은 보살핌 원리(good mothering principle)'나 또는 융합된 자기-대상 표상 내 주재자(agent)의 엔그램(engram),[5] 혹은 기억 흔적(memory trace)을 구축하는 것으로 보인다. 이것은 전능한 어머니-유아의 융합되고 분화되지 않은 공동궤도에 안도가 곧 올 것이라는 '확실한 기대'가 생기게 한다. 공생적 단계에서 욕구는 소망이 되거나 혹은 열망이라는 정동이 이미 심리적인 의미를 가지는 '갈망'이라는 느낌으로 대상 없는 긴장 상태를 대체한다고 할 수도 있다.

공생적 단계에서의 위험은 공생적 대상의 상실이고, 이것은 자아 자체의 없어서는 안 될 부분을 상실하는 단계까지 이르며, 따라서 자기소멸의 위협이 된다(어머니가 없으면, 아이는 가망이 없다).

공생적 단계의 최정점은 첫해의 제 삼사분기[6]로, 공생적 대상으로부터의 자기(self)분화의 시작과 일치하며, 이것은 분리 개별화 단계의 시작을 나타낸다. 정상적인 분리-개별화 과정은 아이가 발달상으로 독립적으로 분리하여 기능하고, 그것을 즐길 준비가 되어 있는 상황에서 일어난다. 이런 의미에서 분리라는 개념은 정신 내적 과정으로서, 공생적 대상으로부터의 자기분화를 의미한다. 이것은 최상의 정서적 발달을 위해서 정서적으로 가장 적절히 이용할 수 있는 어머니가 있어야 일어난다.

정상적인 분리 개별화 과정 동안, 어머니가 정서적으로 이용 가능한 분위기에서 분리되어 기능하는 즐거움이 우세해야 아이가 어느 정도의 분리 불안을 극복할 수 있다. 이 불안은 자기로부터 분리된 분화된 대상표상을 점차 의식적으로 알게 되는 분리 개별화 단계의 시점에서 나타난다. 아마도 각각의 새로운 분리 기능의 단계는 적은 양의 분리 불안을 유발할 것이며, 점진적인 인격 발달에 필수 요건일 수도 있다.

분리 개별화 과정은 상호 의존적이기는 하지만 두 종류의 구별되는 발달을 포함하고 있다. 한쪽 경로는 걸음마기 아이의 신속하게 진행하는 개별화인데, 이것은 자율적 자아기능(autonomous ego functions)의 진화와 팽창에 의해서 일어난다. 이들은 아이의 발달하는 자기개념(self-concept)을 중심으로 일어난다. 평행하게 일어나는 발달의 다른 경로는 아

---

5) 역주: engram, 기억 흔적(記憶痕跡), 잠재 기억, 잠재적 기억상(潛在的記憶像)

1. 지속하는 흔적 또는 영향.
2. 자극에 의해서 신경조직에 남아 있는 명확한 영구적 흔적.
3. 심리학에서는 정신적으로 경험한 무엇인가에 의해서 정신 가운데 남아 있는 지속성의 흔적. 잠재적 기억 묘상. (『이우주 의학사전』, 2012. 1. 20., 이우주, 연세대학교 의과대학 약리학교실).

6) 역주: 생후 7~9개월.

이가 그때까지는 공생적으로 융합되어 있던 자아의 외적 부분인 어머니로부터 분리되어 독립적으로 기능할 수 있다는 것을 점점 더 많이 의식하게 되는 것이다. 이 경로는 아마도 아이의 발달 중인 대상표상들을 더 중심으로 하는 것 같다.

대상관계의 분리 개별화 단계에서 특별히 위험한 것은 대상 상실이다. 분리 개별화 단계가 끝날 즈음 대상 항상성이 가까워짐으로써 생기는 특수한 위험 상황은, 비록 대상 상실의 어떤 형태 역시 아직 남아 있을 수 있지만 리비도적 대상의 사랑을 상실하는 것과 유사하다.

사랑 상실의 위험과 대상 상실의 위험은 구강-가학적 단계(oral-sadistic phase) 동안의 공격적인 충동들의 축적에 의해서 아주 심하게 악화된다. 이 시기에 아이는 자신의 커다란 양가성에 직면하여, 대상을 지키기 위해 분투해야만 한다. 2세 말에서 3세 초 무렵, 사랑을 상실할 것에 대한 두려움은 거세 불안과 혼합된다. 소녀가 해부학적 성 차이에 반응할 때, 보통 이때는 대소변 훈련이 한참일 때며 항문적 공포에 의해 복잡해져서, 어머니에 대한 양가감정은 그녀에게 남근을 주지 않은 어머니를 향한 화로 오염된다.

나중에 발간한 책(Mahler et al., 1975)에서, Mahler는 더 이른 시기에 만들었던 요점들의 많은 부분을 다듬었으며 약간의 새로운 것들을 추가하였다. 추가된 것 중에 가장 중요한 것은 재접근기 위기(rapproachement crisis)를 상세하게 조사한 것이다. 이 시기 동안 걸음마기 아이는 어머니를 떠났다 돌아오기를 반복하고, 상당한 감정 기복과 정서적으로 어지러운 반응들이 수반된다.

> 최적의 가용한 어머니가 있어도, 가장 정상적으로 타고난 아이조차 위기 없이 분리 개별화 과정을 무사히 헤쳐 나가고 재접근기 분투(rapproachment struggle)에 의해 다치지 않고 통과해 나가서 발달상의 어려움 없이 오이디푸스 단계로 들어갈 수 없다는 점이 인간 조건에 내재해 있는 것 같다……. 사실상…… 분리 개별화의 네 번째 하위 단계는 단일의 명확한 종착점이 없다.
>
> 우리 연구의 주된 수확 중의 하나인 유아 신경증은, 그 첫 번째 징후는 아니라도 반드시 그 필수적 전구체가 재접근기 위기에 있을 것이라는 발견이며, 그래서 우리 책에서는 그 점에 특히 집중하였다. 이것은 흔히 세 살 때까지 쭉 지속되어 남근-오이디푸스 단계와 중첩이 될 수도 있어서, 그 경우 오이디푸스 콤플렉스를 억압하고 성공적으로 통과하는 것을 방해한다.[14]

Mahler가 기술하였던 분리 개별화 과정 단계들의 순서는 또한 삶의 이후 단계에서의 발달에 대한 패러다임으로 받아들여졌다. Freud(1905)가 이미 사춘기의 일차적인 목표라고 기술하였던 청소년기의 부모로부터의 분리는 인생 최초 3년 동안의 분리 개별화 과정이 되풀이되는 것으로 볼 수 있다(Marcus, 1973). 그러나 Spiegel(1958)은 청소년기에 보다 큰 개별화를 촉진하는 요인은 이성애건 동성애건 사랑에 빠지는 것이라고 강조하였다. 자기애적 · 경계선적 · 정신병적인 사람들은 나중에 나이 드는 것을 다루는 데 어려움을 겪으며, 이것은 부분적으로 명확한 자기감의 상실과 정체성(identity)의 느낌을 잃거나 붕괴될 위협 때문이다. Erikson이 기술한 정체성 위기(identity crisis) 또한 이것과 관련이 있다(Sternschein, 1973).

Kohut과 자기애에 대한 관심의 부활

Heinz Kohut은 자기애에 대한 작업으로 대인관계 이론을 향한 경향을 거스른 몇 안 되는 이론가 중의 한명이다. 이 주제에 대한 그의 최초의 중요한 논문은 「자기애의 형태 및 변형(Forms and Transformations of Narcissism)」(1966)이다. 그의 핵심 중의 하나는 자기애에는 '나쁘다'는 가치 판단이 붙었고, 대상애에는 '좋다'는 판단이 붙어서 자기애는 무시되어 왔었다는 것이다. 이런 까닭에 치료자들은 많은 사례에서 변형된 자기애를 치료 목표로 고려하는 것이 타당하였을 터인데, 그러는 대신 환자들을 대상애 쪽으로 압박하려 한다고 그는 주장하였다.

Kohut은 일차적 자기애(primary narcissism)의 분화를 자기애적 자기(narcissistic self, 나중에 과대적 자기로 재명명)와 이상화된 부모상(the idealized parental image)이라는 두 방향으로 추적한다. 후에 그는 자신의 주요한 주제를 더 다듬어서 창조성(creativity), 공감(empathy), 유한성(transience),[7] 유머(humor) 그리고 지혜(wisdom) 등 자기애의 다섯 가지 변형을 열거하였다. 요점은 자기애와 대상관계의 발달 경로가 서로 독립적이라는 것이다. 그는 다음과 같이 주장하였다.

> 분리되고 대체로 독립적인 두 가지 발달 경로 중 하나는 자가성애(autoerotism)로부터 자기애를 거쳐 대상애로 이어지고, 다른 하나는 자가성애로부터 자기애를 거쳐 더 높은 형태의

7) 역주: 유한성의 수용(capacity to contemplate his own impermanence).

자기애와 그 변형으로 이어진다……. 나는 아주 작은 아이에게 미발달 형태의 대상애라도 형성할 능력이 있다고 생각하는 것은(그러나 대상관계와 혼동하지 말아야 한다.) 후향적 곡해와 아이들을 어른처럼(adultomorphic)[8)] 이해하여 잘못 공감한 데 기초하고 있다고 믿고 싶다.[15]

Kohut에 대한 비평: Kohut과 Kernberg의 논란

Kohut의 작업은 정신분석 공동체에 폭넓은 반향을 일으켜서, 심지어 어떤 이들은 "Kohut의 혁명"이라고 이야기하였다. 폭넓은 비판 역시 있었다. Hanly와 Masson(1976)은 "Freud 이후로, 이 주제에 대한 정신분석 문헌에서 그 어떤 작업도 정신분석 공동체에 더 큰 영향을 준 적이 없다."라고 이야기한다.[16] 그럼에도 불구하고, 그들은 자기애는 대상관계와 분리할 수 없다고 주장하면서 그의 견해를 거부한다.

Kohut에 대하여 가장 신랄하게 비평한 사람은 Kernberg였다(1974, 1975, 1977; Ornstein, 1974). 경계선 사례에 대한 그의 작업은 Kohut의 그것과 널리 비교되고 대조되어 왔다. Kernberg는 정상적 자기애 및 병적 자기애에 관한 연구를 리비도적 그리고 공격적 욕동 파생물들의 변천, 그리고 내재화된 대상관계의 구조적 파생물들의 발달과 분리할 수 없다고 주장한다(Kernberg, 1971, 1972; Volkan, 1976). 그의 의견 차이의 요지는 다음과 같다.

1. 자기애적 인격을 가진 환자의 특수한 자기애적 저항들은 보통의, 성인의 자기애와 다르며, 정상적인 유아기 자기애에 고착 혹은 그것으로 퇴행하는 것과는 다른 병적 자기애를 반영한다. 이것이 함축하고 있는 의미는 자기애적 인격 이외의 환자에서 성격 방어 해석 과정에서 발생하는 자기애적 저항은 병적 자기애를 보이는 환자의 자기애적 저항과 성질이 다르고, 다른 기법을 요하며, 예후적 의미가 다르다는 점이다.
2. 병적 자기애는 오직 리비도적 그리고 공격적 욕동 파생물들의 변이에 대한 분석을 병행함으로써 이해될 수 있을 뿐이다. 병적 자기애는 단지 대상에 대한 리비도의 투입과 대조되는, 자기에 대한 리비도의 투입이 아니라 병적 자기구조에 대한 리비도의 투입을 반영한다.
3. 자기애적 인격의 구조적인 특징들은 단순히 발달 초기 단계에 고착되었다거나 또는 어떤 정신 구조들의 발달이 결핍되었다는 관점으로 이해할 수 없다. 그것들은 자아

8) 역주: 아이들의 행동을 마치 그들이 어른인 것처럼 해석하는 경향.

와 초자아구조물들의 병적(정상과 대조되는) 분화와 통합의 발달 결과이며, 이는 병적(정상과는 대조되는) 대상관계로부터 기원한다.

따라서 Kernberg는 정신분석적 사고의 주류 안에 보다 직접적으로 머무른다. 그의 마지막 저서의 제목『대상관계 이론과 임상적 정신분석(Object Relations and Clinical Psychoanalysis)』(1976)은 그가 대인관계 이론을 고수하였음을 증명한다.

전이

전이라는 주제는 보통 정신치료의 토론에 국한되어 있다. 그러나 Freud가 이미 지적한 대로, 하나의 개념으로서 이것은 인간 행동의 전 범주와 관계되어 있다. 1925년에 그는 다음과 같이 썼다. "전이는 단지 분석에 의해 드러나고 분리된다. 이것은 인간 마음의 보편적인 현상이고, 모든 의학적 작용의 성공 여부를 결정하며, 사실상 각 개인의 인간적 환경에 대한 그의 관계 전체를 좌우한다."

전이는 모든 사람의 인간관계가 그의 초기 가족 환경의 결과이며, 그가 이것으로부터 외부 세상으로 전이한다는 것을 시사한다. 따라서 비록 그런 식으로 기술하지 않을지라도, 전이는 모든 대상 선택에서 결정적인 요인이다. 초기 가족은 이후의 모든 인간관계의 뿌리이기 때문에, 심리학의 전체 이론에서 한층 더 중요해진다.

가족

가족에 대한 정신분석적 사고의 발달을 검토하는 데 있어서 다음의 두 가지 중요한 사실들을 염두에 두어야 한다. 정신분석가들은 본질적으로 가족의 외적 구조가 아니라, 가족의 역동에 대해 관심이 있었다. 그리고 인간 성장을 위해 가족이 이론적으로 중요하다는 것에 대해서 의심해 본 적은 결코 없지만, 이 상정이 가족치료가 최선의 치료가 된다는 것을 의미하지 않는다. (기법의 문제는 제18장에서 다루어진다.)

가족에 대한 정신분석적 사고는 여러 단계를 통해서 발달해 왔다. Freud가 연구를 시작하였을 때, 모든 신경병적 장해에 대해서 가족이 비난을 받고 있었다. 유일하게 알려진 이유가 유전적 퇴화였기 때문이다. 이 용어는 Freud의 초기 저작에서 자주 발견되지만, 시간이 흐름에 따라 사라졌다. 신경증의 원인 중 유전에 대한 그의 논문에서(1896), 그는 유전적 하자를 가정하는 것으로 임상적 사실들이 충분히 설명되지 않는다고 상당히 올바로 주장하였다. 그의 추론은 시대에 뒤떨어진 것이기는 하지만, 여전히 흥미롭다. 전제 조건(preconditions), 공존하는 원인(concurrent causes), 특수한 원인(specific causes)이라는 신경증의 세 가지 원인을 구별하였다. 유전을 전제 조건으로 받아들이면서도, 여전히 성적 장해들이 특수 원인이라고 주장하였다.

유전적 퇴화라는 생각이 점차 사라졌기 때문에, Freud는 가족 배경을 보다 깊이 조사하려고 하지 않았다. 수년 동안 그의 주된 관심은 환자의 문제를 만드는 특수한 아동기의 결정 요인을 밝히는 것에 있었다. 이 조사에서, 특히 히스테리아 여성 환자가 성적으로 유혹받았다는 이야기가 환상이라는 것을 발견한 이후에, 가족은 이차적인 역할을 하였다. 그 후로 환상, 특히 아동기 환상을 신경증의 원인들 중 하나로 보게 되었다.

그가 밝혀낸 환상 중의 하나가 「가족 로맨스(family romance)」이다(1909). 이 용어는 자신들이 알고 있는 부모보다 더 신분이 좋고 관대한 다른 부모를 가지고 싶어 하는 아이들의 흔한 소망을 말한다. Freud는 이것을 아이가 현재 알고 있는 아버지로부터 초기 아동기에 그가 믿었던 아버지에게로 돌아서는 것이고, 그의 환상은 그런 날들이 지나가 버렸다는 애석함에 지나지 않는다고 설명하였다.

이 논문은 이드심리학 시대의 가족에 대한 전형적인 태도였다. 아이는 여러 가지 충동을 가지고 있고, 그중 가장 중요한 것은 오이디푸스적인 것이었다. 가족은 아이의 만족을 방해하고, 그래서 그는 그 충동들을 억압해야 하였다. 결과는 신경증이었다. 따라서 가족 억압이 신경증을 초래하였고, 그래서 가족은 문제를 야기시켰다. 이것이 정신분석의 첫 번째 시기의 근본적인 주제였으며, 예를 들면 가족의 삶과 연관된 문제들에 특히 집중하였던 Flugel의 『가족의 정신분석적 연구(Psychoanalytic study of the Family)』(1921)에 구체화되어 있다. Flugel이 지적한 주된 문제는 오이디푸스 콤플렉스와 연관되어 있는 근친상간적 소망을 억압해야 할 필요성이었다.

이미 지적되었듯이, 이러한 입장은 자아심리학의 시대가 오고 구강기에 대한 견해가 변경된 시기까지도 여전히 우세하였다. A. S. Neill의 『서머힐(Summerhill)』(1960)[9)]은 이런 류

9) 역주: 1921년 영국의 교육학자 Neal이 설립한 자율학교. 그가 서머힐의 창립자이자 교장으로서의 경험을 기록하여 출간한 책의 제목이기도 하다.

의 사고의 소산 중 하나로, 소련의 초기 가족 파괴 시도와 우연히 동시에 일어났다. 가족은 정치적으로나 성적으로 적이었다.

1940년대의 시작과 함께 자아심리학과 어머니에 대한 필요가 인식되자, 가족을 바라보는 태도가 달라졌다. 1926년 Freud의 두 번째 이론에 부합되게 이제 분리 불안을 거세 불안보다 더 위험한 것으로 보게 되었고, 따라서 아이를 위해서 분리는 피해져야 하였다. 제2차 세계대전 동안 부모와 분리된 아이들에 대한 경험들은, 특히 이런 점에서 설득력이 있었다.

어머니를 지키기 위해서, 아버지 또한 심리적으로나 경제적으로 필요하다. 따라서 아이에게 안전감과 안정감을 주기 위해서는 전 가족이 필요하다. 가족의 붕괴는 좌절, 우울, 신경증으로 이어진다. 이것이 1950년대에 도달하게 된 입장이며, Ackerman(1958)과 가족역동에 관한 그의 개념화(제5장 참조)를 통해서 가장 분명해졌다. Ackerman은 온전한 가족에 의해서 제공되는 안전의 필요성을 강조하였다.

그 시기에 (정신적) 장해가 있는 부모들과 구별되는 건강한 부모의 특징을 적절하게 설명할 수 있는지 보기 위한 다수의 연구가 시작되었다. Sylvia Brody가 『보살핌의 패턴(Patterns of Mothering)』(1956)에서 보고한 것이 대표적인 연구이다. 그는 수유를 주요 변수로 사용하였지만 '좋은' 어머니와 '나쁜' 어머니를 단지 대략적으로 알아낼 수 있었다. 그녀의 대략의 결론은 다음과 같다.

> 유형학(typology)은 잠정적인 것이다. 이것은 20세부터 35세까지, 사회경제적으로 하하에서 상중 범위까지의 그룹인 단지 29명의 자원한 백인 어머니를 포함하고 있다. 그들은 두 군데의 중서부 지역사회에서 남편과 살고 있었으며, 4주부터 28주 사이의 정상 유아를 키우고 있었다. 그런 작은 표본에서 모성 행위의 다양성은 임상가에게 놀라운 일이 아니며, 유형학을 위한 충분한 근거가 되어주는 것으로 보였다. 다시 이야기되겠지만, 유형학의 목적은 단지 모성 행위가 어떤 구별 가능한 패턴을 따르는지, 그래서 각각의 패턴 안에서 한 가지 활동, 즉 수유의 중요성을 측정할 수 있겠는지 알아보기 위한 것이었다. 위에서 언급한 바와 같이, 아마도 이보다 많은 어머니의 표본 수를 통해 보다 정교한 유형학이 가능할 것이다.[18]

Brody의 연구 전과 후에 '정상' 그리고 '정신적 장해가 있는' 어머니들에 대한 많은 연구가 있었다. 이 광범위한 문헌들을 검토해 보면 어떤 일반적인 경향도 드러나지 않는다. 하지만 이 결론을 부정적인 것으로 받아들여서는 안된다. 정신분석가들은 오히려 가족의 외적 환경들은 보다 덜 중요하다고 결론 내렸다. 무엇보다도 중요한 것은 내적 환경인

데, 이것은 측정하기 극히 어렵다. 분석이 향한 것은 바로 이 내적 환경이다(Benedek and Anthony, 1970; Muensterberger, 1969). 그래서 분석가들 사이에 가족 구조에 대한 관심이 그만큼 강력하였던 적이 없었다. 아이를 최선으로 기르는 데 있어서 다른 무엇보다도 중요해 보이는 것은 부모의 성숙함과 정서적 건강이며, 이것은 가족의 내적 구조에 달려 있다.

대상 항상성과 대상 상실

구강기와 생후 첫 3년에 대한 연구 후에, 정신건강에 결정적인 것으로 부상한 개념이 대상항상성(object constancy)이었으며, 반면에 근본적인 문제는 대상 상실(object loss)이라고 보았다. 이들 두 주제는 지난 10년 동안 분석적 문헌에서 중심이었다.

대상 항상성이라는 용어는 Hartmann이 만들었으며, 이로써 그는 실험심리학과 분석심리학의 관찰 결과들을 통합하였다. 1952년에 그는 다음과 같이 썼다.

> '대상 형성(object formation)'은 분석적 아동심리학과 비분석적 아동심리학에서 다소 다른 의미를 가지고 있다. 그럼에도 불구하고, 나는 오래전에 비분석적 심리학자들이 자신들의 실험적 연구에서 아이의 세계에서 변함없고 독립적인 대상들의 발달이라고 조심스럽게 기술하였던 것은 …… 우리가 아는 의미의 아동의 대상관계를 고려하지 않으면 완전히 이해할 수 없다는 것을 강조하였다……. 혹자는 일반적인 의미로 '대상'이라 부르는 것에 있는 정체성과 항상성이라는 요소를, 물론 부분적으로 자율적인 다른 요인들 역시 관련될 수 있지만, 우리가 리비도적 또는 공격적 부착이라고 기술하는 것에서, 점차 발달하는 항상성의 요소로까지 부분적으로 추적할 수 있다고 제안할 수도 있다. 아이는 아마도 거의 변함없는 대상관계를 형성하는 과정에서만 '사물들'을 인식하는 것을 배울 것이다.[19]

후에 그는 다음과 같이 썼다. "오래 계속된 아이의 무원감(helplessness)은 '대상의 가치가 …… 엄청나게 증대되는' 상황을 일으킨다(Freud, 1926). **사람에게 있어서 인간 대상은 현실의 가장 중요한 부분이라고 당연히 이야기할 수 있다**"(볼드체는 추가되었음).[20]

분리 개별화 과정에서 대상 항상성이 획득되는 과정은 이미 기술하였다. 이것은 이제 내사(introjection) 과정의 마지막 시점으로 보인다. 건강한 성장은 이제 대상 항상성을 획득한 것으로 볼 수 있으며, 불건강한 성장은 양가감정과 불안정이 획득된 것으로 볼 수 있다.

실험심리학과의 연결: Piaget

아이들의 생후 첫 몇 년간의 정신적 과정들은 분석적 배경과 비분석적 배경을 가진 여러 주의 깊은 연구자의 관심을 끌었다. 1960년대의 시작과 함께 이 연구의 노선들은 같은 방향으로 움직이기 시작하였고, 두 개의 우연한 발견 때문에 어떤 지점에서 합쳐지게 되었다. 첫 번째는, 좋은 내적 대상이 적절하게 기능하고 있다는 주요한 신호 중의 하나는 아동의 인지 능력이 적절하게 발달하고 있다는 것이다. 두 번째는, 생명이 없는 대상에 대한 대상 항상성 능력의 획득은 생명이 있는 대상에 대한 항상성의 획득 과정과 대충 비슷한 경로를 간다는 것이다. 많은 연구자가 이 두 가지 영역에서 작업을 하였으나, 두 가지 사고의 노선을 결합하는 데 가장 큰 역할을 한 사람은 스위스의 심리학자인 Jean Piaget(1896~1980)이다.

1970년 미국정신분석협회(American Psychoanalytic Association) 모임에서(Piaget, 1973), Piaget는 그의 체계와 정신분석 사이의 광범위한 유사점을 도출하였다. 그는 다음과 같이 말하였다. "인지적 무의식(cognitive unconcious)의 영역과 관련된 이러한 질문들은, 정신분석이 정동적 무의식(affective unconscious)에 대해 불러일으킨 그것들과 유사하다." 그는 연설 말미에 양쪽 연구의 흐름이 융합될 미래의 일반심리학을 다음과 같이 예상하였다.

> 이 모든 것의 결론은 해결해야 할 여러 가지 문제가 여전히 남아 있고, 정신분석이 발견한 기전과 인지적 과정이 동시에 관련될 수 있는 일반심리학을 구성하는 것에 대한 생각을 시작하기에 오늘이 너무 이른 것은 아니라는 것이다. 우리가 여기에서 하는 식의 비교는 단지 시작이지만 전망이 밝다.

P. Wolff(1960)는 정신분석적 견해와 Piaget가 보여 준 사고 과정의 발달 사이의 광범위한 관련성을 보여 주었다. Piaget는 아이와 환경 간에 질적으로 새로운 상호작용이 출현하는 것에 따라 첫 18개월을 여섯 단계로 나누었다. 출생에서부터 18개월까지의 전 기간을 그는 감각 운동기(sensorimotor period)라고 불렀다. 이것은 대상을 기억하는 능력, 즉 생명이 없는 대상에 대한 대상 항상성으로 절정에 이른다. 감각 운동 지능의 발달을 끝내고 다음 단계로 나아가는 길을 열어 주는 중대한 진보는 다음과 같다.

1. 대상의 전환, 그것의 전치, 대상이 직접 지각될 수 없을 때조차 그것과 관련된 시간적

이고 인과적인 관계들(정신적 표상the mental representations)

2. 대상과 새로운 상호작용을 경험하기 전에 대상과 상호작용하는 새로운 방법들에 대해 정신적으로 예상하는 것(정신적 고안the mental inventions)

이러한 견해들에 자극받아서, 1960년대와 1970년대의 다양한 연구자가 인생의 첫 수년 동안의 정동적 발달과 인지적 발달 사이의 다른 유사한 것들을 도출하고, 다른 관계를 알아내려고 노력하였다(Blatt et al., 1976; Decarie, 1965; Werner, 1948). 일반적으로 그들은 다양한 인지 능력들이 발달하는 것은 어머니와 유아의 상호작용에 크게 의존한다는 것을 발견하였다. Spitz는 아주 심하게 박탈된 유아에서 이것을 이미 보여 주었고, 이제 이것은 보편화되었다.

Brody와 Axelrod(1978)는 온화하고, 안정되며, 친밀한 신체 접촉, 분명하고 빈번한 청각적 자극, 높은 수준의 눈맞춤이 모두 유아의 아주 초기 인지, 언어, 사회 및 운동 능력의 발달에, 그리고 어머니에 대한 애착과 반응 형성에 긍정적인 영향을 끼치는 것을 나타내는 아주 일관된 소견이 있음을 보여 주었다. 어머니가 주는 자극의 양은 아이의 전반적인 인지적 발달과 긍정적인 관련이 있었다. 뿐만 아니라, 특수한 형태의 어머니의 자극은 유아의 특정 기술의 발달과 관련이 있다.

Bell(1970)은 모자간 상호작용의 질과 대상 영속성(object permanence)의 발달 사이의 관계를 조사하였는데, 물적 대상과 사람에 관한 영속성이 병행해서 발달하며, 사람에 대한 영속성이 대개 물적 대상에 대한 영속성보다 선행한다는 Piaget의 가설과 일치하는 것을 발견하였다. 그는 대상 개념이 발달하는 것은 모자간 상호작용의 질과 밀접하게 관련되어 있음을 발견하였다. 사람에 대한 영속성이 발달하기 전에 물적 대상에 대한 영속성이 발달한 유아의 어머니는 흔히 신체적인 체벌을 통해 불안정과 배척을 표현하는 경향이 있었다.

대상 상실

대상 항상성에 중점을 두면, 대상 상실은 보다 더 중요해진다. 두 개의 별개의 사례를 구분할 수 있는데, 실제 대상 상실이나 분리가 있는 경우와 정서적 대상 상실 혹은 아이가 부모, 특히 어머니로부터 거리감을 느껴 온 경우이다.

Bowlby(1973)는 어머니와의 실제적 분리와 관련된 이론의 발달을 검토하였다. 그는 정신분석의 주목을 받은 순서에 따라 다음의 여섯 가지 이론을 기술하였다.

1. 첫 번째는 Freud가 『세 편의 논문』에서 제기하였던 것으로, 그 시절의 불안에 대한 일반적 이론의 특별한 경우이다. 불안은 변형된 리비도이다. 따라서 아이가 어머니와 분리될 때, 그의 리비도는 만족되지 못하고 변형이 된다.
2. Rank의 출생 외상 이론(birth-trauma theory, 1932)은 어린아이들이 어머니와 분리되었을 때 보이는 불안은 출생 외상을 재현하고, 따라서 출생 불안은 이후에 경험하는 모든 분리 불안의 원형이라고 주장한다.
3. 1926년 Freud의 신호 이론(signal theory)에 의하면, 유아나 어린아이는 어머니가 부재할 때 외상적 심적 경험의 위험에 빠지기 쉽다. 따라서 그는 어머니가 자기를 떠날 때마다 불안 표현 행동으로 이어지는 안전장치를 발달시킨다. 그러한 행동은 어머니와 너무 오래 떨어지지는 않을 거라는 보장을 기대할 수 있는 기능이 있다.
4. 다음 이론은 우울 불안(depressive anxiety)에 관한 것이다(Melanie Klein, 1935; in Klein, 1948). 분리 불안은 어린아이가 어머니가 사라졌을 때 자신이 어머니를 먹어 치웠거나 아니면 파괴했다는 것 그리고 그 결과로 어머니를 영원히 잃어버렸다고 믿는 것으로부터 생겨난다. 이러한 믿음은 아이가 어머니에 대해서 가지고 있는 양가감정으로부터 생겨나며, Klein의 견해로는 양가감정은 죽음 본능의 존재로 인하여 불가피하다.
5. 또 다른 이론은 피해 불안(persecutory anxiety) 이론이다(Melanie Klein, 1943; in Klein, 1948). 공격성을 투사한 결과, 어린아이는 어머니를 박해자로 지각하며, 이로 인하여 어머니가 떠나는 것은 어머니가 그에게 화가 났거나 벌을 주려고 하기 때문이라고 해석한다. 이런 이유로, 어머니가 떠날 때마다 어머니가 결코 돌아오지 않거나 혹은 오직 화가 난 기분으로 돌아올 것이라고 믿으며, 따라서 그는 불안을 경험한다.
6. 현대적 종합(Bowlby)은 좌절된 애착의 이론이다. 처음에 불안은 다른 용어로 환원할 수 없는 일차적인 반응이고 단지 어머니에 대한 애착 붕괴 때문이다. 이것은 어머니의 존재에서 아이가 즐거움을 경험하는 것은 음식이나 따뜻함에서 즐거움을 느끼는 것과 마찬가지로 일차적이라고 간주하는 이론과 대응 관계에 있는 것이다. Bowlby는 이런 류의 이론은 William James(1890), Suttie(1935), Hermann(1936)이 발전시켰지만, 분석계 내에서 전혀 신임을 얻지 못했다고 말하였다. 그러나 이것은, 특히 1926년 Freud의 두 번째 불안 이론이 공식화된 후로, 활동하고 있는 분석가들 사이에 널리 퍼져 있는 상식적인 이론이었던 것으로 보인다.

인간이, 특히 유아기 동안의 분리나 내상 상실로 인하여 심하게 고통을 받는다는 관찰은 수많은 동물 실험을 촉발하였다. 초기 논문에서 Hermann(1936)은 원숭이에서 매달림과 탐색이 교대되는 것을 지적하였다. 그때 이후로, Harlow의 붉은털원숭이에 대한 고전적인 연구(1974)를 포함해서 많은 실험이 분리에 대한 동물들의 병적인 반응을 규명하였다. 따라서 인간과 일반 동물에 대한 관찰과 실험으로부터 얻어진 증거는 애착 분리(attachment-separation) 행동과 연관된 보편적인 동기 체계가 존재함을 뒷받침한다.

상실의 영향은 지대하다. Pinderhughes(1971)는 상실의 신체적·심리적·사회적 후유증을 언급한 사려 깊은 논문에서 이 자료의 많은 부분을 요약하려고 하였다. 상실의 영향이 유아기에 대해서는 알려진 지 오래되었지만 이제는 전 인생으로 확장되었다.

Wolff 등(1950), Selye(1956), 그리고 다른 많은 이의 연구들은 다양한 종류의 스트레스들이 어떻게 쉽게 질병으로 이어지는지를 보여 주었다. Wolff는 인간에서 "질병은 계속해서 발생할 수 있고 자신을 넘어선 문제들과 싸우느라 인생은 극적으로 짧아질 수 있다. 모험에 대한 열망과 욕구는 불길한 충돌을 일으킬 수도 있으나, 정해지지 않은 한계까지 성장하게 할 수도 있다."[23]라고 적었다.

1960년 즈음에는 스트레스의 주된 원인들 중의 하나가 고독, 분리, 고립이라는 것이 알려지게 되었다. 예를 들면, 자살의 주요한 위험은 독신의 삶의 목표감을 잃어버린 중년 남성에게서 발견된다(Shneidman, 1967). Lynch(1977)는 보다 최근에 '찢어진 가슴(broken heart)'이 단지 비유적 표현이 아니라는 폭넓은 증거를 제시하였다. "이 책의 중심적인 가정은 …… 인간의 수명은 사람 간의 동료애가 부족하면 단축될 수 있다는 것이다."[24] 예를 들면, 결혼하지 않은 미국 성인들에게서 심장질환으로 인한 사망률은 결혼한 사람들과 비교해서 두 배에서 다섯 배까지 높다.[25]

나이 든 사람들에게 결별은 특히 고통스러우며 가끔은 치명적이다. 생활 환경의 급진적인 변화를 겪기 전과 후의 노인 870명에 대한 연구에서, 환경 변화가 있었던 이들의 사망률은 환경적인 격변을 경험하지 않은 대조군에 비해서 세 배였다.[26]

신체적이라기보다 정서적인 분리의 경우도, 효과는 똑같이 해롭다. 그러나 비교할 수 있는 통계를 인용하는 것이 훨씬 어렵다는 것은 분명하다. 어떤 의미에서는 분석 문헌 전부가 인용될 수도 있다.

애도

어느 나이에서든 대상 상실에 부여된 중요성 때문에, 애도 경험은 정신분석 이론과 관찰에서 점점 더 중요해졌다. 아버지의 죽음 이후의 애도 과정으로 Freud는 자기분석을 하였고 다수의 심오한 진리를 알아냈다(Anzieu, 1975). 하지만 Freud는 오랫동안 애도를 중요하게 생각하지 않았다. 그가 이것에 대해서 최초로 폭넓게 기술한 것은 「애도와 멜랑꼴리아(Mouring and Melancholia)」(1917)에 관한 논문에서였다. 그는 이 논문에서 애도 과정에 대하여 다음과 같이 여전히 뛰어난 역동적인 설명을 하였다.

> 이제 애도가 수행하던 작업은 어디에 있을까? 나는 그것을 다음과 같은 방식으로 제시하는 것이 터무니없다고 생각하지 않는다. 현실 검증은 사랑하였던 대상이 더 이상 존재하지 않음을 보여 주었고, 나아가 그 대상에 부착된 모든 리비도가 철수되기를 요구한다. 이러한 요구는 이해할 만한 항의를 불러일으키는데, 분명 대리자가 이미 그를 손짓해 부를 때조차도, 사람들은 리비도적 입장을 결코 기꺼이 포기하지 않는다는 것이 일반적인 관찰이다……. 정상적으로는, 현실 존중이 싸움에서 이긴다. 하지만 현실의 명령을 즉시 따를 수가 없다……. 그러는 동안 상실한 대상의 존재는 심적으로 오래 계속된다……. 애도 작업이 완결되었을 때 자아는 다시 자유로워지며 거리낌이 없어진다.[27]

이 논문에서 Freud는 애도를 우울과 분리하였는데, 애도에서는 실제적인 대상 상실이 있고, 반면 우울에서는 내재화된 대상 상실이 있다. 그럼에도 불구하고, 대상 상실은 그 시기에는 관심의 초점이 아니었기 때문에, 애도에 대한 그의 관찰은 후속 연구가 많지 않았다.

제2차 세계대전 이전에 애도 과정에 비중을 두었던 몇몇 연구자 중의 한명은 Melanie Klein으로, 그녀의 우울성 입장(depressive position) 개념을 통해서 애도 과정은 핵심적인 중요성을 가지게 되었다. 새로운 감정들이 상실의 결과로 일어난다. 상실되고 파괴되었다고 느끼는 좋은 대상에 대한 애도와 매달림, 그리고 우울 경험의 특징인 죄의식이 그것이다. 그녀는 예술적 창조성이 죄책감에 대한 보상이며, 따라서 애도 경험의 부분이라고 강조하였다.

Bowlby 논쟁

1950년대 후반에서야 분석가들은 애도에 더 관심을 기울이기 시작하였다. 이것은『유아기와 초기 아동기에서의 비애와 애도(Grief and Mourning in Infancy and Early Childhood)』(1959)를 쓴 영국 분석가 John Bowlby에 의해서 촉발되었다. Bowlby는 자신의 핵심적인 주제를 다음과 같이 기술하였다.

> 이번과 다음의 논문에서 애착을 조정하는 반응들이 활성화되고 어머니상이 지속적으로 이용가능하지 않으면, 언제나 비애와 애도가 유아기에 일어난다는 견해를 제기하고자 한다. 대략 6개월에서 서너 살 혹은 그 이상의 나이 사이에 어머니상을 상실하는 것은 병을 일으킬 잠재력이 아주 높은 사건이라는 것이 이제는 폭넓게 인식되었다. 그 이유는, 이것이 이 나이에 으레 너무 쉽게 일으키는 애도 과정이 장차의 인격 발달에 좋지 않은 경과를 취하기 때문이라고 나는 가정한다.[28]

Bowlby는 계속해서 애도 과정의 세 단계, 즉 저항(protest), 절망(despair), 무심함(detachment)을 기술하였다. 성인에서 상실한 대상의 포기와 새로운 대상에 대한 애착 사이에 흔히 성적으로 난잡한 시기가 있다. 그러나 대상이 포기되지 않으면, 최종 상황은 모든 것 중에 가장 병적인 것, 즉 모든 인간관계와의 단절이다. Bowlby는 또한 아이들에서의 과정이 성인에서의 그것과 크게 다르지 않다고 주장하였다.

Bowlby의 논문에 뒤이은 토론에서(A. Freud, 1960; Schur, 1960; Spitz, 1960), 그의 주제는 여러 가지 면에서 비난을 받았다. Anna Freud의 주된 반대는 실제 연령에 관심을 너무 적게 기울였다는 것이다. 즉, 그녀는 아이의 나이가 대상 항상성에 가까우면 가까울수록 애도 반응의 기간은 길어지며, 이것은 성인의 내적 애도 과정에 상응하는 비슷한 과정이라고 주장하였다. Spitz는 Bowlby가 단지 우울에 대한 이전의 관찰을 다시 언급하고 있을 뿐이라고 생각하였고, 따라서 Spitz는 그 모든 문제를 의미상의 문제로 간주하였다. 그럼에도 불구하고, Bolwby의 이론은 정신분석 이론에 편입되었고 지속적인 가치가 있음이 증명되고 있다.

Pollock: 애도와 적응

1961년부터 George Pollock은 보다 넓은 관점으로 애도를 다루는 일련의 논문을 출판하였다(Reference에 올려져 있다). 그는 애도가 연속적인 단계와 시기가 있는 적응적인 과정이며, 계통 발생적으로 진화하고, 전적으로 대상 상실에 대한 반응으로서만이 아니라 상실에 대한 반응으로서 나타난다고 보았다. 이것은 상실과 변화에 대한 적응 과정으로 볼 수 있는 근본적이고 보편적인 과정이며 해소(resolution), 소득(gain), 창조성(creativity) 그리고/혹은 새로운 영역이나, 활동, 대상에 대한 심적 관심의 투자가 그 결과로서 동반된다. Freud와는 달리, 그는 애도 과정을 보편적인 적응으로, 각 개인의 인생 주기를 통해 지속되면서, 모든 문화에서 볼 수 있고, 의식화되면 종교적 · 사회적 · 문화적인 관례 안의 인간 존재 전체에 걸쳐 발견된다고 보았다. 최근의 논문에서(1977) Pollock은 개인은 물론 조직에 대해서도 애도가 중요함을 강조하였다. 애도할 수 있다는 것은 변화할 수 있다는 것이라고 그는 주장하였다. 애도할 수 없다는 것, 변화를 거부하는 것은 개인과 조직에 대해 큰 위험을 전가한다.

Mitscherlich: 애도할 수 없음

Alexander Mitscherlich는 전후 시대의 선도적인 독일 분석가로, 그는 Hitler가 권력을 잡는 동안 독일인들이 세계에 초래하였던 대파괴를 그들이 애도할 수 없는 것에 대해서 아주 주목을 끄는 고찰을 출간하였다. 그는 전후 독일에서 이러한 애도할 수 없음의 결과로서, 착각 상태의 삶에서 비롯된 고도의 자기소외가 있음을 포착해 냈다(1969, 1971, 1975).

요약 논평: 대상의 중심성

제2차 세계대전 이후의 정신분석적 이론의 추이는 내사물(the introject) 혹은 내재화된(intenalized) 대상의 핵심적인 중요성을 점점 더 강조해 왔다. 모든 인간관계는 이 '불멸하는' 대상의 변천과 운명을 중심으로 돌아간다고 본다. 결과적으로 건강한 삶을 위해서, 좋은 대상의 내사(introjection)를 포함하는 대상 항상성이 기본이다. 반면에 정신병리에서는 나쁜 대상의 내사가 핵심 현상으로, 향후의 임상적 관찰들을 정리하고 이해할 수 있는 토대이다.

제 16 장

가치관, 철학, 초자아

James Jackson Putnam

처음에는 가치관과 철학 문제가 정신분석 이론과 밀접한 관련이 있는 것으로 보지 않았다. Freud는 자신을 그 본질이 이해되지 않은 질병들의 원인을 알아내려고 노력하는 과학자이자 의학적 연구자로 보았다. 그의 전 인생 동안 초연한 과학자라는 이 태도는, 비록 다른 요인들이 나중에 들어오게 되었으나 그의 성격의 본질적 부분으로 유지되었다.

성적 문제: 제1차 세계대전 이전

자신의 초기 이론으로 인해, 특히 1890년대에 Freud는 기성의 가치 세계와 갈등을 겪게 되었다. 왜냐하면 성적 장해가 모든 신경증을 일으키는 뿌리라는 결론을 그가 내렸기 때문이다. 그에게는 초기의 견해들이 후기의 것보다 더 다루기 어려웠다. 그의 이론 중의 하나는 성적 절제가 '실제'신경증(actual neurosis)을 일으킨다는 것이었는데, 이를 통해 그가 말하고자 한 것은 어떤 알려지지 않은 방식의 성적 좌절이 임상 상황에서 불안으로 생화학적으로 변화된다는 것이다. 따라서 수많은 구성원으로 이루어진 사회가 요구하는 성적 좌절은 질병을 일으킨다.

그 시대에 만연하였던 낡은 성적 규범은 분명 개선될 필요가 있었다. Havelock Ellis와 Magnus Hirschfeld 같은 다른 사람들은 이러한 개선 과정에서 적극적인 역할을 기꺼이 떠안았다. 그러나 Freud는 정치적인 마음을 가진 사람이 아니었고, 그러한 필요성을 지적한 것에 만족할 뿐이었다.

「신경증의 성적 원인론(The Sexual Etiology of the Neurosis)」(1898)이라는 논문에서, 그는 자신의 주요한 관점들을 요약하였다. "성(sexuality) 문제에 있어서 현재 우리 모두는 병적이거나, 건강하거나, 위선자일 뿐이다."[1] 그는 변화를 촉구하였지만, 일반적인 방법 안에서였다.

> 인간이 성적 관계를 임하는 데 있어 능력을 온전히 발휘해야 한다는 것은 분명히 공익의 문제임을 우리는 알고 있다. 그러나 예방이라는 문제에 있어서 개인은 상대적으로 무력하다. 전 공동체는 이 문제에 관심을 가져야 하고 일반적으로 용인할 만한 규정을 만드는 데 찬성해야 한다. 현재 우리는 안심을 약속할 수 있는 그러한 상태로부터 여전히 멀리 떨어져 있으며, 이러한 이유로 문명이 또한 신경쇠약의 전파에 책임이 있다고 정당하게 간주할 수 있다……. 무엇보다도 성적 삶의 문제를 토론할 수 있는 자리가 공론의 장에서 만들어져야 한다……. 그래서 여기에 또 다음 백 년 동안 할 일이 충분히 남아 있다. 거기서 우리 문명은 우리의 성이 요구하는 바를 받아들이도록 배워야 할 것이다.[2]

비엔나정신분석학회(Vienna Psychoanalytic Society)에서의 토론(Nunberg and Federn, 1962~1975)은 Freud가 사회악을 발견하였지만, 그 교정은 다른 사람이 결정할 일이라는 초연한 과학자의 입장을 계속 견지하였음을 보여 준다. 1907년 5월 15일, 여자 의사에 관한 Wittels의 논문에 대한 토론에서 Freud는 다음과 같은 의견을 피력하였다. "코르티잔 courtesan[1)]이라는 이상은 우리 문화에 존재하지 않는다. 성적 문제는 사회적인 문제에 대한 고려 없이 해결될 수 없다. 누군가 끔찍한 성적 상황보다 금욕을 선택한다면, 그는 마지못해 금욕하는 것이다."

이후의 모임에서 Freud는 계몽은 뭔가 성과를 이루겠지만, 이것이 만병통치약은 아니

1) 역주: 귀족이나 부자를 상대하는 고급 매춘부, 애첩, 정부.

라고 언급하였다. 그럼에도 불구하고, 그는 암암리에 다른 이들이 제안하는 계몽과 개혁의 여러 가지 방법을 인정하였다. 1908년 4월 15일 모임에서, 그는 Hirschfeld가 성적 본능에 관한 질문지를 작성하는 것을 돕는 데 적극적인 역할을 하였다. 더우기 Freud는 공개적으로 결혼을 비판하던 프라하의 철학 교수인 Christian von Ehrenfels를 1908년 12월 23일 비엔나학회의 모임에 초청해서 그의 개혁안을 발표하도록 하였다. Von Ehrenfels는 일부다처제에 기반을 둔 개혁을 주장하였다. 이전에 Freud는 그에 대해서 다소 특징적으로 다음처럼 말하였다. "아마도 Christian von Ehrenfels의 진실에 대한 사랑과 개혁에 대한 열망으로 그렇게 하도록 내몰리지 않으면, 우리는 누구도 감히 결혼은 남성의 성을 만족시키기 위해 계산된 제도가 아니라고 목청 높여 선언하지 않을 것이다."[7]

1908년에 출간된 논문에서, Freud는 만연한 성적 관습이 현대인들에게 끼쳐 온 광범위한 해악에 대해서 상세하게 다루었다. 그럼에도 불구하고, "개혁을 주장하며 나서는 것은 분명 의사의 일은 아니다".[8]

(정신분석 외에 다른 것으로) 성적 신경증을 어떻게 다루어야 하는가에 대한 Freud 자신의 시각을 가장 근접하게 표현한 것은 1908년 12월 16일 열린 비엔나학회 모임이었다. 그 모임은 Wittels의 책 『성적 욕구(Die Sexuelle Not)』를 소개하는 데 할애된 모임이었다. 그 책의 제사(epigraph)2)는 다음과 같다. "인간은 자신의 성에 대한 고삐를 자유롭게 해야 한다. 그렇지 않으면 그는 불구가 될 것이다."[9] 토의에서 Freud는 자신이 "개선을 위한 노력에 관해서 개인적으로는 어떤 입장도 가지고 있지 않다. …… 우리는 치료를 통해서 성을 자유롭게 한다. 하지만 사람들이 이제부터 성에 의해서 지배받도록 하기 위해서가 아니라 억제, 즉 더 상위 주재자(agency)의 안내에 따라 본능을 거부하는 것이 가능하도록 하기 위해서 이다."라고 말하였다.[10]

성 이외의 사회적 그리고 철학적 질문이 그 모임에서 토의되었지만 그다지 Freud의 관심을 끌지 못하였던 것으로 보인다. 1909년 3월 10일 Adler가 「마르크스주의의 심리학(The Psychology of Marxism)」이라는 논문을 발표하였을 때 Freud의 유일한 언급은 문화는 억압을 필요로 한다[11]는 다소 엉뚱한 것으로, 그것은 그가 전 인생을 통해 유지해 오던 입장이었다. 마르크스주의 그 자체에 관해서는 지식인 모임에서 이미 의논이 분분한 주제였지만, Freud는 아무 말도 하지 않았다.

2) 역주: 題辭, 題詞. 책의 첫머리에 그 책과 관계되는 노래나 시 따위를 적은 글.

Putnam과 도덕적 가치의 문제

도덕적 가치라는 문제는 미국의 정신분석가인 Putnam의 주장으로 다시 논의가 되었다. 이미 미국의 선도적인 신경학자 중의 한 명이었던 James Jackson Putnam(1846~1918)은 그의 나이 63세이던 1909년에 정신분석의 대의로 전향하게 되었다. 그는 1911년 미국정신분석협회(American Psychoanalytic Association)가 창립될 때 초대 회장이었고, 죽을 때까지 분석적으로 꾸준히 활발하게 활동하였다. Freud는 그에게 최고의 존경을 가지고 있었고, 활발하게 서신을 주고받았다(Putnam, 1971).

Putnam은 모든 중요한 부분에 대해서는 Freud에게 동의하였지만, 정신분석에 철학이 중요하다는 것을 확고하게 믿었다. 특히 정신분석은 도덕적 향상을 가져와야 한다고 주장하였다. 1911년 그는 다음과 같이 썼다. "어떤 환자도 도덕적으로 더 개선되고 확장되지 않는다면 진정으로 치료된 것이 아니라고 나는 생각한다. 그리고 역으로, 도덕적 갱생은 증상 제거에 도움이 된다고 믿는다."[12]

Freud는 찬성하지 않았고, 이전대로 분석가는 자신의 과학적 작업에 집중해야 하고 개혁은 다른 사람에게 맡겨 두어야 한다고 주장하였다. 그러나 그 당시 정신분석과 관련해서 많은 다른 사람들을 마찬가지로 뒤흔들고 있던 의문인 이 도덕적 주제들에 대한 입장을 밝히라는 Putnam의 반복되는 촉구에 반응해서, Freud는 도덕적 그리고 철학적 향상은 바람직하지만 정신분석적 작업이 행해지고 난 다음에야 일어날 수 있다고 주장하였다. 1911년 그는 다음과 같이 썼다. "승화, 즉 더 높은 목표를 향한 분투는 당연히 우리의 욕동의 급박함을 극복하는 가장 좋은 수단 중의 하나이다. 하지만 우리는 정신분석적 작업이 억압을 제거하고 난 후에나 이렇게 하는 것을 고려해 볼 수 있다."[13]

이 구절 안에서 Freud의 후기 초자아 이론의 싹을 볼 수 있다. 하지만 비록 정신분석이 도덕적 그리고 윤리적 개선을 가져와야 한다는 Putnam에게 동의는 하게 되었지만, 그는 그 임무를 정신분석가에게 맡기는 것은 원하지 않았다. 왜냐하면 정신분석이 어떤 특별한 도덕적 혹은 철학적 입장과 혼동되는 것을 원하지 않았기 때문이다. 아마도 Jung을 지칭하였을 터인데, "성스러운 전향자가 역겨웠다."라고 말하였다.[14] 그리고 그는 다시 초연한 과학자의 입장으로 되돌아와서 이렇게 말하였다. "지금 당장 정신분석이 다른 많은 세계관(Weltanschauungen)에 순응할 수는 있지만 정신분석이 진정 마지막 말을 하였는가? 나에게는 모든 것을 포괄하는 통합이 결코 중요한 이슈가 아니었다. 확실성이 오히려 항상 모든 다른 것을 희생시킬 만한 가치가 있었다."[15]

제1차 세계대전의 충격

도덕적 질문에 대한 선도적인 분석가들의 견해는 제1차 세계대전이라는 충격적인 사건에 깊은 영향을 받았다. 제1차 세계대전이 끼친 영향은 제2차 세계대전보다 훨씬 더 충격적이었다. 왜냐하면 문명화된 좋은 느낌이라는 생각이 1914년까지 매우 넓게 퍼지게 되었지만, 결국 산산조각이 났기 때문이다.

Freud는 세 아들들이 전쟁터에 나가 있었으며, 이것 때문에 그리고 또 다른 이유들 때문에, 전쟁으로 인해 깊은 영향을 받았다. 수년 동안 그의 과학적 생산성은 막혀 있었으며, 전쟁이 끝이 나고서야 재개되어 마지막 천재성이 크게 터져 나왔다.

그동안 그는 두 편의 논문「전쟁과 죽음의 시대를 위한 사유들(Thoughts for the Times on War and Death)」(1915)과「무상함에 대하여(On Transience)」(1916)에서 전쟁의 교훈을 소화하고자 하였다. 그의 주된 요점들 중의 하나는 정신분석이 인간의 원초적인 본능적 분투의 힘에 대해 강조하였던 것이 옳았음이 증명되었다는 것이다. 독일 학자인 Frederik van Eeden에게 보내는 편지에서 그는 다음과 같이 썼다.

> 전쟁의 충격 속에서, 감히 나는 정신분석이 제기하였으며 의심할 여지없이 그 비대중성에 기여했던 두 가지 명제를 당신에게 상기시켜 드리려고 합니다……. 인류의 원시의 야만적이고 악한 충동들은 그 개인 구성원 어느 누구에게서도 사라지지 않았습니다……. 우리의 지성은 약하고 종속적인 것이며, 본능과 정동의 노리개이며 도구입니다……. 당신은 정신분석이 두 명제에 대해서 옳았다는 것을 인정하셔야 할 것입니다.[16]

초자아: 주요 개념

이들 여러 가지 경향과 사건에 자극받아서, Freud는 자신의 이론적 구조에 있어서 위대한 발걸음을 내딛었다. 제15장에서 기술하였던 대로,「자기애(Narcissism)」(1914)에 대한 논문을 시작으로 그의 사고는 대상의 내재화 과정으로 향하게 되었다. 1923년 오이디푸스 시기에 뒤따르는 부모의 내재화가, 그가 초자아라고 불렀던 구조로 이어진다는 생각을 발전시켰다. 이 개념을 통해서 그와 다른 분석가들은 완전히 새로운 각도에서 철학과 도덕적 가치의 문제에 접근할 수 있었다.

이제 개인과 사회의 가치관은 초자아에 합병되는 것으로 보였다. 개인에게서 초자아는 부모를 대신하여, 이전에 부모가 조절자 역할을 하였던 것과 똑같은 방식으로 오이디푸스 시기 후에 자존감의 조절자로서 역할을 한다. 집단에 대해서, 그리고 사회에 대해서 초자아는 강력한 응집력으로 작용하고, 그 명령이 아무리 터무니없을지라도 오직 심한 죄책감과 간혹 노골적인 처벌을 댓가로 치르고서야 거역할 수 있을 뿐이다.

초자아: Freud 이후의 발달

초자아 개념이 일단 만들어지자 그것에 주목하지 않을 수 없었기 때문에 많은 저자가 여러 방향으로 그것을 다듬었다. 초자아 이론은 1960년경에 상당히 완결되었다. 그 후에 초자아의 전신인 보다 초기의 내사(introjection)로 관심이 기울었다(제15장 참조).

정신병리의 명료화

초자아는 이제 정신병리의 문제들을 보다 멋지게 해결해 주었다. Freud는 신경증, 우울증(melancholia), 정신병을 삼원 구조(tripartite structure)를 토대로 도식적으로 설명하였다(1924). 즉, 신경증은 자아와 본능 사이에, 우울증은 자아와 초자아 사이에, 정신병은 자아와 외부 현실 사이에 갈등이 있다는 것이다.

머지않아 이러한 도식은 너무 융통성이 없어 보였고, 여러 저자가 그의 공식들을 수정하기 시작하였다. 특히 처벌받으려는 욕구라는 낯선 현상은 명료화가 필요하였다. Reik(1941)와 Nunberg(1926)가 쓴 논문과 Alexander(1927)의 『전 인격의 정신분석(Psychoanalysis of the total Presonality)』에 관한 책은 이 처벌받으려는 욕구의 여러 가지 측면을 분석한 작업에 속한다. Reik는 이것을 고백에 대한 강박과 연관 지었는데, 이것은 많은 사람이 (도스토옙스키의『죄와 벌』에서처럼) 어떤 유형의 범죄 행동에 대해 관찰하였던 것이다. Alexander는 금지된 쾌락과 처벌이 교대로 나타나는 것을 설명하기 위해 초자아의 타락(the corruptibility of the superego)이라는 개념을 제안하였다. 만약 처벌이 본능적 만족에 뒤따르거나 혹은 많은 경우에서처럼 선행하면 쾌락이 허용된다는 것이다.

조현병에서는 초자아의 엄격함 때문에 외부 현실과의 단절이 일어난다(Nunberg, 1955). 피해망상은 고통스러운 양심으로부터 자유로워지려는 시도로 볼 수 있다.[17] 우연히도, Sullivan이 생각한 조현병 환자의 자기 이미지도 통제적이고 때때로 고통스러운 성질을 가지고 있어서, Freud의 초자아와 매우 비슷해 보였다.

앞서 언급한 대로, 조증에서는 자아와 초자아의 융합이 있으며, 그 결과 그는 자신이 행하는 모든 것이 승인받고 있다고 느낀다(Lewin, 1950). 신경증에서 자아와 본능 사이의 갈등의 강렬함은 비교적 너그러운 초자아의 특성에서 기인한다. (게다가 자아와 본능 사이의 갈등은 모든 인격 구조들에서 일어난다.) 일단 초자아 개념이 만들어지자, Freud는 이를 이용해서 이전에 하였던 것보다 더 경제적으로 불안과 처벌받는 꿈을 설명하였다. 모든 형태의 정신병리에서 초자아 처벌이나 압력을 확장한 다른 많은 연구가 이루어졌다.

초자아의 발생

많은 이론가가 초자아의 발달을 본능적 욕동들과 부모의 명령과 금지 사이의 상호작용으로부터 기술하였다. Jacobson(1954)은 아이가 경험하는 일련의 환멸과 그것 때문에 방출되는 적개심을 지적하였다. 자아는 자기와 세상에 대한 현실적 지각을 확장하기 위해 이 적개심을 사용할 수 있다.

Sandler(1960)는 직접적인 임상 경험과 햄프스테드 색인(Hampstead Index)[3)]을 통한 연구 경험을 토대로, 아이가 내적 모델을 만들도록 이끄는 초기 조직화 활동으로까지 초자아의 기원을 추적한다. 대상관계가 발달함에 따라, 아이는 자기와 타인의 스키마(schemata)[4)] 사이의 식별이 증가됨으로 인하여 위협받는 어머니와의 결합 상태를 회복하기 위한 기술을 습득한다. 이러한 기술의 두 가지는 부모의 요구에 복종하거나 순응하는 것, 그리고 부모와 동일시하거나 모방하는 것이다.

전 자율적 초자아 스키마(preautonomous superego schema)가 있다. 오이디푸스 이전 시기 동안 아이의 마음에서 발달하는 것은 이상화되고 바람직한 부모의 특질을 반영하며 아이가 적합한 대상관계 행동을 하도록 촉진하는 조직화이다. 이것은 아직 구조는 아니지

---

3) 역주: Research in psycho-analysis. The Hampstead Index as an instrument of psycho-analytic research. Sandler, J. Int J Psychoanal. 1962 Jul-Oct; 43: 287-91.

4) 역주: 세계를 인지하거나 외계에 작용하거나 하는 토대가 되는 내적인 프레임.

만, 더 나중의 초자아를 위한 일종의 계획이다. 부모의 권위를 내사(introjection)함으로써 그것은 자율적 초자아상태로 승격할 것이다.

초자아 스키마가 자율적 상태로 승격하고, 그에 따른 구조화로 인하여 이전에는 부모의 불인정(disapproval)이라는 위협으로 경험되었던 것이 죄책감이 된다. 그래도 양자의 정동적인 경험은 아마도 같을 것이다. 이 정동 상태의 본질적인 요소는 자존감의 하락이다. 이것이 죄책감을 불안과 구분 지으며 열등감과 부적절감은 물론 우울이라는 병적 상태에서 경험되는 정동과도 죄책감을 연결한다.

자아와 초자아가 부드럽고 조화로운 양식으로 함께 작용할 때 자아는 정반대이며, 마찬가지로 중요한 정동 상태 또한 경험한다. 이때는 초자아의 인정을 받음으로써 사랑받고 있다는 느낌이 회복된다. 이것은 아이의 행위에 대해서 부모가 인정과 만족의 신호를 보일 때 아이가 경험하는 정동에 해당하는 것이고, 그때 어머니와 하나이던 가장 초기의 상태가 일시적으로 회복된다.

많은 저술가가 이후의 수년 동안 일어나는 초자아에 대한 추가와 변화를 언급하였다. Hartmann 등(1946)은 초자아의 기능에 문화적 상황이 중요함을 강조한다. 그들은 잠복기 동안 초자아기능의 점진적인 적응을 볼 수 있다고 말한다. 그러한 적응은 부분적으로 지적 이해의 성장과 교육적 혹은 종교적 교화 때문이기도 하지만, 부분적으로는 초자아의 기능이 점차 덜 위험해지고, 그러므로 보호를 덜 필요로 한다는 사실 때문이기도 하다. 사춘기의 변화는 새로운 위험을 만들어 낸다. 즉, 그들은 예전에 초자아를 형성하게 하였던 상황을 재활성화시킨다. 뒤따라 일어나는 금욕과 방종 사이의 행동의 극단화가 종종 기술되었다(A. Freud, 1936). 일련의 새로운 이상이 이 시기에 자주 선택된다. 이들은 청소년의 의식적인 도덕적 장치의 부분이 된다(자아이상ego ideal). 잠복기 동안 아이는 많은 모델을 동일시하며, 이것은 그가 속한 문화가 제공하는 이미지들의 전체 세트를 포함한다. 이 모든 것이 초자아로 들어가서 초자아를 수정한다.

여성의 초자아

여성의 초자아는 남성의 그것보다 약하다는 Freud의 입장에 대해서 격한 분노가 일어났다. 그것은 「해부학은 운명이다(anatomy is destiny)」라는 1925년 그의 논문에서 가장 명확하게 언급되었다.

여성에 있어서 윤리적으로 정상인 것이 무엇인가에 대한 관점은 남성에서의 그것과 다르다. 그들의 초자아는 결코 남성의 초자아가 그러기를 요구하는 만큼 그 감정적 기원이 그렇게 냉혹하거나, 그렇게 인간미 없거나 그렇게 독립적이지 않다……. 그들이 남성보다 정의감을 덜 보인다는 것, 그들이 인생의 커다란 요구에 복종할 준비가 덜 되어 있다는 것, 그들의 판단이 애증에 의해 더 자주 영향을 받는다는 것, 이 모든 것이 그들의 초자아형성의 변형에서 충분히 설명될 것이다.

다수의 최근 논문이 여성에 대한 Freud의 견해들을 검토하였고 부적절함을 발견하였다. Schafer(1974)는 "여성의 도덕성과 객관성에 대한 Freud의 평가는 논리적으로나 경험적으로 옹호할 수 없다."[19]라고 결론지었다. 이것은 정신분석의 진보를 통해 극복해야 할 Freud의 실수의 다른 예이다.

자아이상

초기 논문에서 Freud는 자아이상(ego ideal)이라는 용어를 사용하였는데, 잠시 동안은 자아이상과 초자아를 교대로 사용하였다. 어떤 저술가들, 특히 Bergler(1949)는 초자아를 악마(daemonium 혹은 devil)라고 부르기를 선호하였다. Horney(1945)는 자아이상을 "이상화된 상(idealized image)"이라고 불렀다. 그러나 대부분의 저술가는 초자아의 긍정적 그리고 부정적인 측면이 서로 합리적으로 분리될 수 없다고 느꼈다. 따라서 자아이상이라는 용어가 현대의 문헌에서 사용되면 초자아의 긍정적인 측면을 언급한다.

Schafer(1960)는 한 사려 깊은 논문에서 사랑하고 사랑받는 초자아에 대한 자료들을 종합한 적이 있다. 이 사랑하는 측면은 사랑하고 존경하였던 오이디푸스기 그리고 전(前) 오이디푸스기의 부모를 나타낸다. 그들은 사랑, 보살핌, 편안함, 안내를 제공하고, 다소간 그들의 사회를 대표하는 어떤 이상과 도덕적 구조를 구현하고 전달하며, 처벌할 때마저도 부모의 보살핌, 접촉, 사랑의 필요한 표현을 제공한다.

그러니까 원론적으로 아이가 사랑해 주는 부모를 가진다면 초자아는 사랑하고 사랑받게 될 것이고, 아이가 처벌하고 가학적인 부모를 가졌다면 초자아는 엄격하고 처벌적이 될 것이다. Freud와 다른 이들은 초자아가 (말 그대로의) 부모보다는 부모의 초자아를 합병한다고 가정하였지만 부모의 초자아는 실제 부모보다 엄격하기 때문에 건강한 아이들은 일반적으로 온화하고 다정한 가족으로부터 나오며, 반면 장해가 있는 아이들은 갈등을 가진 파괴적인 가족으로부터 생겨난다. 매우 빈번하게 이런 가족들은 본능적 충동에 관련해서만 갈등을 겪는다. 하지만 그것으로 충분하다.

초자아와 사회적 질서: Parsons

Talcott Parsons는 주로 초자아 개념이 개인적 기능과 사회적 기능을 연결하는 데 어떻게 기여하는지를 보여 준 당사자였다(1953). 그는 인격 구조의 한 부분으로서 초자아의 위치는 인격과 전체 공통 문화 간의 관계라는 관점에서 이해해야 하며, 이를 통해서 인간 수준의 사회적 상호 관계에서의 안정적인 체계가 가능해진다고 보았다. Parsons는 Freud가 집중하였던 도덕적 기준이라는 주제가 참으로 중요하다고 느꼈지만, 그 초점이 너무 좁다고 느낀다. 도덕적 기준뿐 아니라, 공통 문화의 모든 요소가 인격 구조의 부분으로 내재화된다. 이런 점에서 도덕적 기준은 그들이 조절하는 지향 양식의 내용과 분리될 수 없다.

보다 최근의 한 논문에서 Fortes(1977)는 Freud 이전의 인류학자들이 부모-아이 관계의 중요한 역할에 대해서는 잘 인식하였지만 이들 관계의 구조 안에서 부모의 권위, 즉 초자아의 결정적 중요성은 깨닫지 못했다고 지적하였다. 지금까지 조사하였던 어떤 문화도 초자아 없이 존재하지 않았다. 더욱이 한 문화의 초자아는 옷이나 종교 혹은 음식 혹은 다른 양식에 있어서 다른 문화의 초자아와 정반대일 수 있다. 그러나 어느 문화이건 그 구성원은 싫든 좋든 부모로부터 물려받은 초자아에 매여 있으며, 이 초자아로부터 달아나려는 노력은 개인적으로든 사회적으로든 심각하게 파괴적이라는 것을 발견한다.

초자아 정동으로서 수치심과 죄책감

대부분의 저술가는 초자아에 가장 밀접하게 관련된 두 가지 정동이 수치심(shame)과 죄책감(guilt)이라고 주장하였다. 한 중요한 책에서, Piers와 Singer(1953)는 이 두 가지 사이의 다양한 역동적 차이를 확립하고 죄책감 문화와 대조되는 것으로 수치심 문화를 분류하려고 노력하였다. 그들이 도출해 낸 죄책감과 수치심 사이의 주된 차이는 다음과 같다. 수치심은 자아와 자아이상 사이의 긴장으로부터 생기며, 죄책감에서처럼 자아와 초자아 사이에서 생기는 것이 아니다. 반면, 죄책감은 (초자아에 의해서 만들어진) 경계를 건드리거나 그것을 벗어나면 언제든지 발생하며, 수치심은 (자아이상이 제시하는) 목표에 도달하지 못하면 생겨난다. 수치심 불안(shame anxiety)에서 암시되는 무의식적 비합리적 위협은 버림받는 것이며, 반면에 죄책감에서는 신체 손상이다. 죄책감에서는 동해복수법(talion)[5]이 행해지지만, 수치심에서는 그렇지 않다. 그러나 그들은 많은 원시적 문화가 순전히 수치심 문화라는 흔한 관념은 실수라고 여겼다.

Helen Lewis(1971)는 수치심과 죄책감을 인지적 조절 그리고 인지적 양식과 연결 지으려 하였다. 그녀가 보기에 수치심은 장-의존적(field-dependent)[6]인 사람에게 더 많이 경험되며, 죄책감은 장-독립적(field-independent)인 사람이 보다 많이 경험한다. 게다가 그녀는 수치심과 죄책감에서 자기작동(operations of self)의 차이를 도출해 냈는데, 수치심에서 자기는 경멸의 대상이며, 마비되어 있고, 유해한 신체 자극에 의해 공격을 당하며, 유치하고, 인식이 초점적이며, 주재자 혹은 지각자로서 잘 기능하지 못한다. 죄책감에서 자기는 죄책감의 근원이며, 온전하고, 어른답고, 죄스러운 행동이나 사고로 채워져 있으며, 조용하게 기능한다. 그녀의 결론은 수치심이나 죄책감을 느끼기 쉬운 환자의 경향에 대한 실험적 조사로 지지를 받았다. 하지만 이 두 변수의 계량화는 분명 확인이 더 필요하다.

초자아와 치료

초자아 개념이 소개되었을 때, 치료의 목표가 근본적으로 변하였다. 초자아의 엄격함을 줄이거나 제거하는 것이 주요 목표의 하나가 되었다. 이 주제는 '제18장, 정신분석적 기법의 성숙'에서 더 자세하게 다룰 것이다.

가치관과 철학

일단 초자아 개념과 함께 정신분석 체계가 완전히 확립되고, 환자와 치료자가 많아지면서, 가치관과 철학에 대한 질문이 보다 집요해지기 시작하였다. 이처럼 관심이 증가된 다른

---

5) 역주: talion 동해(同害)복수법 혹은 동태(同態) 복수법, 피해자가 받은 그대로의 피해를 가해자에게 주는 처벌법, 눈에는 눈으로, 이에는 이로(an eye for an eye, a tooth for a tooth) 갚는 복수법.

6) 역주: field dependent(장-의존적), field independent(장-독립적): 정보를 처리할 때 사람에 따라 제각기 즐겨 사용하는 처리 방식을 인지 양식이라 하며 이에 따라 장-의존적 인지 양식과 장-독립적 인지 양식으로 나눌 수 있다. 장-의존적인 사람의 인지 양식은 내적 단서보다는 외적 단서에 의지한다. 이와 반대로 장-독립적 사람은 내적 단서에 의지하며 외부 세계에서 오는 신뢰할 수 없는 단서들을 무시할 것이다.

이유는 환자 집단의 변화였다. 삶이 완전히 무력화된 사람들이 환자였을 때는 단지 그들을 문화적으로 수용될 수 있는 일상으로 복귀시키는 것이 치료의 성과였다. 하지만 제1차 세계대전 후 점점 더 그렇게 된 바와 같이, 환자가 사회 안에서 이미 기능을 하고 있어서 정신분석 안에 내재하는 기본적인 가치관이라는 주제가 보다 더 중요해졌다.

1920년대의 낙관론

제1차 세계대전의 즉각적인 여파는 매우 파괴적이었다. 그럼에도 불구하고, 뒤이은 회복은 세상에 새로운 낙관론의 정신을 만들어 냈다(Gay and Webb, 1973). 1925년 로카르노 조약이[7] '로카르노 정신(Looarno spirit-역자 주)', 즉 진정한 긴장 완화감을 만들어 냈다. 뒤를 이어 1928년 여러 선진국이 모여 국책 수행의 도구로서 전쟁을 포기한다는 다른 협정이 뒤따랐다.[20] 많은 사람이 최악의 상황은 넘겼다고 느끼게 되었다.

마르크스주의와의 대화

맨 처음 소비에트 혁명과 여타 지역에서 동일 노선의 보다 작은 혁명들이 한창일 때, 세상에 대한 Freud와 Marx의 전반적인 지향은 다소 비슷해 보였다. 초기 사회주의자들은 사회 해방과 성적 해방이 함께 가는 것으로 보았었다. 정신분석 운동이 러시아에서 성장하기 시작하였고, 여러 도시에 모임이 결성되었다. 사실 소련의 분석가인 M. Kanabich는 자문 편집자로『국제정신분석저널(International Journal of Psychoanalysis)』의 발행인란에 편집 고문으로 등장해서 1948년까지 계속 등재되어 있었다.[21]

Freud의 저술들이 러시아어로 번역되었고, 잠시 동안 그를 호의적으로 보았다. 이전에 언급한 바대로, 헝가리에서 정신분석은 혁명적 정권의 총애를 받았다.[22] 미국의 선도적인 마르크스주의자인 Max Eastman은 1926년 Marx와 Freud는 "두 사람 다 같은 사실을 심사숙고하였으며 이들 사실에 대한 그들의 견해는 완전히 조화를 이룬다."[23]라고 말하였다. 비록 대부분의 소련 이론 심리학자가 자신들이 "Freud주의(Freudianism)"라고 불렀던 것에

---

7) 역주: 1925년 10월 스위스의 로카르노에서 제1차 세계대전 승전국인 영국, 프랑스, 이탈리아, 벨기에와 신생국인 체코슬로바키아, 폴란드와 패전국인 독일이 체결한 안전보장 조약이다. 1919년 제1차 세계대전을 종결짓기 위해 조인되었던 베르사유 조약 이후의 독일과 프랑스 간의 대립과 긴장이 이를 통해 해소되고, 1926년 독일의 국제연맹 가입이 실현됨에 따라 제1차 세계대전 이후 비로소 평화기를 맞이하는 계기가 되었다.

대해 반대하였지만, 초기에 그들 중의 일부는 두 접근이 화합할 수 있을 것이라고 보았다(Dahmer, 1973).

소련 바깥의 분석가들은 혁명의 과정에 대해서 엇갈린 반응을 보였다. Freud는 대체로 무심하였다. 평생 마르크스주의자였던 Adler는 혁명의 과도함에 아연실색해서 이렇게 말하였다. "우리는 이(볼세비키) 당이 …… 추구하는 목표가 또한 우리의 목표인 것을 안다. 하지만 권력의 중독이 그것을 유혹하였다."[24] 그 시기에, 다른 많은 분석가는 기꺼이 그 과도함이 전쟁과 혁명의 혼란 때문이라고 하였다. 그러나 결국에는 수백만 명이 아무런 의미 없는 투쟁으로 목숨을 잃었다. 사회 연구를 위한 프랑크푸르트연구소(Frankfurt Institute for Social Research)에서 Max Horkheimer는 대학교가 사회학을 잘못 다루고 있는 것과 정신분석을 배척한 것을 똑같이 비난하였다. 따라서 그는 Karl Landauer, Heinrich Meng, Erich Fromm를 포함해서 다수의 저명한 분석가를 초청해서 교수단에 참여하게 하였다. Horkheimer는 정신분석을 그의 비평사회 이론을 위해서 '없어서는 안 될 보조 과학'으로 보았다.[25]

투쟁은 주로 공산주의(혹은 사회주의)와 파시즘 사이의 진두처럼 보였다. 1926년 Siegfried Bernfeld는 베를린의 사회주의 의사회(Society of Socialist Physician)에서 '사회주의와 정신분석'이라는 문제에 대한 토론을 이끌었다. 그는 정신분석과 마르크스주의가 양립할 수 있을 것으로 보았지만, 계급 투쟁에서 정신분석이 노동자 계급을 어떻게 도울 수 있을까라는 질문은 시기상조라고 여겨 배척하였다. Adler 학파 분석가인 Alice Ruehle-Gerstel은 1927년 개인심리학은 영적 삶에 적용된 마르크스주의이며, 반면 마르크스주의는 사회적인 삶에 적용된 개인심리학이라고 주장하였다.[26]

그 시기에 가장 잘 알려진 마르크스주의 분석가는 Wilhelm Reich[8]로, 그는 이미 자신의 이론을 극단으로 몰아가고 있었다. Reich는 자신을 Freud의 진정한 계승자로 보았고, 그의 Sexpol 운동은 정신분석 초창기의 혁명적인 통찰을 유지하고 발달시키기 위해서 의도되었다. 「변증법적 유물론과 정신분석(Dialectical Materialism and Psychoanalysis)」이라는 논문에서, 그는 정신분석의 방법과 결과는 변증법적-유물론적이어야 한다고 주장하였다(Reich, 1945). 그는 정신분석의 현실 원칙을 비판하고, 그것이 단지 환자로 하여금 자본주의 사회를 긍정하게 이끌 뿐이라고 주장하였다. 하지만 Reich는 공산주의에 대해서도 똑

8) 역주: Reich는 성적으로 자유로운 사회의 실현이 필요하다는 성(性) 정치 운동(Sexpol movement)을 전개하였다. 후에는 미국으로 이주하여 자신이 발견한 우주의 근원 에너지인 오르곤(Orgone) 에너지를 연구하였다.

같이 비판적이었는데, 특히 1929년 소련을 방문한 후에는 소련을 "포위된 요새"라고 불렀다. 마침내 Reich는 공산당과 결별하였고, 여생을 '오르고노미(orgonomy)'에 헌신하였다. 흥미롭게도, 1929년부터 1932년까지 그에게 분석을 받았던 O. Spurgeon English가 최근에 보고한 대로, Reich는 이러한 공산주의자 시절 동안에도 정통적인 분석 작업을 지속하였다.[27]

그 시절 여러 마르크스주의자 중에 Erich Fromm은 어떻게 해서든지 정신분석과 사회주의가 양립할 수 있다는 신념을 유지한 유일한 사람이었다. 아마도 이것이 그가 가치에 대해 특히 강하게 강조하고, 이에 상응해서 기법을 덜 중요시하였던 유일한 근원일 것이다.[28]

정신분석가가 원하는 것이 무엇이었든지 간에, 소련에서의 스탈린주의[29]의 도래로 인하여 (러시아인들이 정신분석에서 가치 있는 무언가를 찾을 것이라는) 희망은 곧 끝이 나고 말았다. 1926년 한 전형적인 기사에서 Deborin이라는 스탈린주의 대변인은 정신분석을 "산산조각을 냈다". 그 직후 정신분석은 소련에서 사라져서, 다시는 돌아오지 않았다.[30]

소련의 반분석적 입장은 해가 지남에 따라 완화되기보다는 강경해졌다. 1955년판『소련의 철학 소사전(Soviet Short Philosophic Dictionary)』은, Freud주의(Freudism)를 "부르주아 심리학계에 광범위하게 퍼져 있는 반동적인 이상주의적인 경향 …… 가장 비도적적이고 가장 혐오스러운 본능적 경향을 정당화하고 발달시키려는 목적으로 이 '가르침'을 사용하는 제국주의에 봉사하고 있다."[31]라고 정의하고 있다. 보다 최근의 수년 동안 소련에서 정신의학이 정치적 목적에 몸을 판 것이 잘 알려지게 되었으며, 광범위한 분개를 불러일으켰다.

마르크스주의를 둘러싼 정치적 투쟁에서 Freud는 중립을 유지하였다. Hartmann(1933)은 Freud의 견해를 약간 수정해서, 정신분석이 추구하는 가치는 단지 건강 가치일 뿐이라고 주장하였다. 그러나 Freud나 Hartmann은 둘 다 마르크스주의가 적개심을 사유 재산제도 탓으로 돌림으로써 환상을 쫓고 있다고 분명하게 믿었다.[32] Freud는 다음과 같이 말하였다. "우리는 다만 소련이 부르주아를 말살시키고 난 후에 무엇을 할 것인지 염려되고 의문스럽다."[33]

1930년대 즈음에는 거의 모든 분석가가 분석과 마르크스주의를 화해시킨다는 희망을 포기하였다. 1944년에 Fenichel은 아마도 Reich와 밀접하게 동맹하였던 자신의 마르크스주의자 시절을 회고하며 다음과 같이 썼다.

> 생산과 분배의 방법들, 그리고 그것들의 모순은 모든 계층의 개인들에게 심각한 좌절을 안

겨 주었다……. 오늘날 그들은 특히 상실감과 '비소속' 감을 불러일으켰다. 이 느낌들은 다양한 정신적 결과를 낳았는데, 그중 하나가 거대한 대양감(oceanic feeling)[9)] 안에서 무력한 개인성을 상실한 채, 복종할 수 있는 외부 세계의 전지전능한 사람을 다시 한번 만나는 것에 대한 열망이다. 이러한 갈망이 파시즘의 영향에 어느 정도 부응하는 대중의 심리 조건을 형성한다.[34]

종교에 대한 거부

서구 문명의 주요한 가치 체계들(그리고 지금까지 알려진 다른 모든 것) 중에 종교가 최고의 중요성을 부여받아야 하며, 서구 문화에서는 일차적으로 기독교이다. 「강박행동과 종교적 관례(Obsessive Actions and Religious Practice)」라는 1907년 논문에서, Freud는 이미 종교가 강박신경증에 해당된다고 이야기하였다. 이러한 입장은 변하지 않았다. 그는 1927년 『착각의 미래(The Future of an Illusion)』에서, 종교의 유지는 아동기 의존성의 영구화로부터 비롯된다고 덧붙였다. 따라서 종교적 인물들조차도 아버지, 어머니, 형제, 자매 등등으로 알려져 있다.

이 반종교적, 혹은 보다 적절하게는 비종교적인 태도에 대한 단지 몇몇 예외가 이후의 분석가들 사이에서 발견될 것이다. Jung은 그의 과거와 일치되게(그의 아버지가 목사였다.) 인류의 종교적인 삶을 강조하였지만, 이것이 정신분석적 사고의 주류가 그로부터 돌아선 이유 중의 하나이다.

Oskar Pfister는 목사이자 Freud의 친구였으며 비의사 출신 분석가였는데, 「미래라는 착각(The Illusion of A Future)」(1928)이라고 불리는 논문으로 Freud의 논문[10)]에 답하면서 그의 이론을 논박하려고 하였다. 보다 최근의 수년 동안 Erich Fromm(1950) 또한 진정한 종교는 정신분석과 양립할 수 있다는 것을 보여 주고자 하였다.

이 중 어느 것도 주류 정신분석에 어떠한 영향도 끼치지 못하였다. 오늘날 어떤 저명한 분석가도 종교가 인류에 대해서 어떠한 진정한 가치를 가지고 있다는 것을 믿는다고 말할 수 없을 것이다.

---

9) 역주: 프랑스의 작가인 Romain Rolland(로망 롤랑)이 새로 만들어 Freud(1930)에게 소개한 용어이다. 자기와 외부 세계 사이에 무한하고 끝없으며 영속적인 유대가 존재한다고 느끼는 감정으로, Freud는 이 경험이 어린 아동과 어머니 사이에 존재하였던 연결감과 분화되지 않은 상태로까지 거슬러 올라갈 수 있으며, 이 경험이 종교적 감정에 영향을 미칠 수 있다고 생각하였다.

10) 역주: 앞에 나온 Freud의 『착각의 미래』.

성의 혁명

1890년대 Freud의 성적 이론에서 성적 자유가 치유라는 견해가 자연스럽게 생겨났다. 하지만 Freud는 사회적 실험을 매우 꺼려 해서 자신의 입장을 명확하게 말하지 않았다. 그의 이론이 정신성적 도식(psychosexual scheme)으로 바뀌었던 1900년대에, 성적 자유는 이론에서조차 만병통치약으로 볼 수 없게 되었다. 오스트리아에서 그의 제자가 되려고 하였던 사람들 중의 한 명이 40대 여성에게 성적 양생법을 처방하였을 때, Freud는 이것을 무모한 분석(wild analysis)[35]이라고 기술하였다. 그럼에도 불구하고 많은 사람은 Freud의 견해가 변한 것을 인식하지 못하였고, 1920년대에는 단지 본능의 해방이 모든 인간의 문제를 해결할 것이라는 생각에 기반한 운동이 생겨났다.

정신분석은 단지 제1차 세계대전 후에 성적 관습을 급진적으로 변화시킨 여러 가지 힘 중의 하나일 뿐이었다. 무엇보다도 전쟁과 그것의 의미 없고 끝나지 않을 것 같아 보이는 대량 학살로 인해 많은 사람은 Ferenczi가 '괄약근 도덕성(sphincter morality)'이라고 적절하게 기술하였던 것을 왜 그들이 계속 유지하는지에 대해서 의문을 가졌다. 자유연애는 소련에서 자본주의의 압박에 대한 평형추로서 잠깐 허용이 되었고, 매춘은 최소한 공식적으로는 폐지되었다. 바이마르 공화국에서 오랜 성적 금기의 많은 것이 허물어져서 동성애가 만연하였고 많은 소녀가 16세까지 처녀인 것을 수치스럽게 여기곤 하였다.[36]

Freud가 자신의 실제신경증(actual neurosis) 이론을 폐기한 이래로, 분석가들은 더 이상 성적 활동 그 자체가 치유적이라고 주장하지 않게 되었다. 그들은 성적 만족이 의미가 있으려면 억압이 먼저 제거되어야 한다는 Freud의 입장에 동의하였다. Wilhelm Reich는 예외였는데, 그는 1927년에 『오르가슴의 기능(The Function of Orgasm)』을 출간하였다.[37] 여기에서 그는 "신경증적인 환자에게 잘못된 것은 오직 하나, 완전하고 반복되는 성적 만족이 부족한 것이다."[38]라고 하며 1890년대의 Freud의 이론을 반복하였다. 따라서 '치유'는 오르가슴에 있으며, 그는 어떤 분석가가 하였던 것보다 정확하고 가장 상세하게 오르가슴 과정을 기술하였다.

더욱이 Reich는 공산주의자라고 공언하였는데(그는 독일 공산당의 당원이었다), 그가 성적 정책(sexual politics) 혹은 줄여서 sex pol이라고 불렀던 운동을 통해 자유로운 성을 공산주의 정책과 결합시키고자 하였다. 그는 이 운동을 1927년부터 1937년까지 이끌었다.[39] 1931부터 1932년 사이에 그 운동은 독일 공산당의 보호 아래 있었지만, 당은 나중에 Reich를 맹렬히 비난하였고 그를 축출하였다.[40] Reich(1945)는 자연과 문화의 완벽한 조화를 마음에 그렸다.[41] 결국 Reich 스스로 자신의 보다 초기의 이론을 포기하고, 의미 없는 '오르고노미(orgonomy)'로 옮아 갔지만, 이는 정신분석가들 사이에서 어떤 평판도 얻지 못하였다. 그러나 Reich가 시도하였던 성 혁명의 교훈은 선행하는 심적 변화가 없는 단지 신체적인 해방은 아무런 도움이 되지 못한다는 것을 보여 주었기 때문에 미래를 위해 교훈이 되었다.

정신분석 운동: 사회 개혁으로서 정신분석

1920년대의 가장 중요한 철학적 발달은 Freud와 다른 이들이 정신분석의 엄청난 사회적 의미를 점점 더 깨달았다는 것이다. Freud 자신은 그것을 믿었지만, 사회적 개혁에 대한 절박한 필요성을 보았을 때조차도 초연한 과학자로서 남고자 하였기 때문에 이에 대한 글은 거의 쓰지 않았다. 전후에 그는 보다 더 폭넓은 자신의 생각을 일부 표현하였는데, 예를 들면 미국의 사회사업가 수련시키기 혹은 예방적인 보편적 분석 제공하기 혹은 문명화된 공동체의 병리 다루기 등이었다. 하지만 전체적으로 보아 그는 과묵한 채로, 생애의 마지막 5년을 분명 그의 최악의 책 중의 하나인『모세와 유일신론(Moses and Monotheism)』(1938)을 저술하는 것으로 보냈다. 그가 실제로 Wilson[11)]에 대한 Bullitt와 Freud의 책을 썼느냐에 대한 논란은 이 양가감정의 부분이다.[42]

Freud의 많은 추종자는 자신들의 스승보다는 더 낙관적이었다. 1929년, 저널『정신분석운동(Die Psychoanalytische Bewegung)』의 첫 논문은 당시 세계적인 문필가로 알려져 있던 Thomas Mann의 것이었다. 전하는 바에 의하면, Mann은 이전에 분석을 약간 받았었고 Freud의 천재성에 과장된 찬사를 표현하였다. 그는 한때 다음과 같이 썼다.

> 나는 우리가 어느 날 Freud의 평생의 작업에서 더 현명하고 자유로운 인간성의 새로운…… 거주지를 건설하기 위한 초석을 인식하게 될 것이라고 주장한다. 원한다면 이것을 시인의 유토피아라고 부르자. 하지만 어느 날 바로 이 과학의 치유 효과로 인해 우리의 심각한 두려움과 증오가…… 해소될 것이라는 것은 결코 생각지 못할 바는 아니다.[43]

---

11) 역주:『Thomas Woodrow Wilson: A Psychological Study』. Bullitt(1891~1967)은 미국의 외교관이자 저널리스트이다. Freud는 베를린 주재 미국 대사였던 Bullitt과 제28대 미국 대통령인 Woodrow Wilson(1856~1924) 대통령의 성격 분석에 대해 함께 집필한 것으로 알려져 있다.

그리고 나중에 W. H. Auden은 Freud에 대해서 다음과 같이 썼다.

> 우리에게 그는 더 이상 한 개인이 아니라
> 이제 전반적인 여론의 분위기가 되어서
> 우리는 그 아래에서 자신의 다른 삶을 영위하고 있다.
> 그는 조용히 우리의 성장의 모든 관습을 에워싸고 있으며
> 심지어 가장 외지고 가장 처참한 영지의 지친 이들에게도 영향을 미쳐서
> 변화를 직관적으로 느끼고 환호하게 하였다.[44]
> (To us he is no more a person
> Now but a whole climate of opinion
> Under whom we conduct our differing lives……
> He quietly surrounds all our habits of growth
> He extends, till the tried in even The remotest most miserable duchy
> Have felt the change in their bones and are cheered)

여론의 동향을 증명하기는 어렵지만, 인류의 미래를 개조하는 데 있어서 정신분석이 중요한 역할을 할 수 있다는 인식이 점점 더 확대되어 가는 것을 보여 주는 증거는 많다. 그 시대의 저널 중의 하나인 『국제정신분석저널(The international Journal of Psychoanalysis)』의 1925년판을 일별하면, 정신분석에 대한 관심이 얼마나 널리 퍼졌는지 알 수 있다. W. L. Northridge의 무의식에 관한 책이 검토되었다.[45] Northridge는 다음과 같이 결론을 지었다. "지금 상태의 Freud 이론의 운명이 무엇이든지, Freud의 심리학이 이전에는 가능하지 않았던 정도까지 삶에 대해 이해하고 설명하는 것을 가능하게 해 줄 것이라는 것은 의심의 여지가 없다."[46] Freud 이론에 주의 깊은 관심을 기울인 Bleuler의 개정판 Textbook도 언급되었다.[47] J. F. Meagher는 자위에 대해서 진지하게 논하는 책을 썼다.[48] Walt Whitman에 관한 W. C. Rivers의 책이 토론되었는데, 비평가는 10년 전인 1913년에 Rivers가 Whitman의 동성애를 옹호하기 위해서 힘들게 작업해야만 했다고 언급하였다. 요즘에는 이것이 거의 아무런 파문도 일으키지 않는다.[49] 옥스퍼드의 교수였던 William Brown은 『심리학과 과학(Psychology and the Sciences)』을 편집하였는데, 이 책에서 다수의 옥스퍼드 학자가 정신분석 이론에 주의 깊은 관심을 표하였다.[50] H. Goitein은 법에 대한 정신분석적 개관을 시도하는 책을 최초로 출간하였다.[51] J. R. Beltran은 아르헨티나의 학자로,

살인자를 이해하기 위해 정신분석을 사용하였다.[52] 비분석적 학자와의 차이는 여전히 분명해서 McDougall은 그의 출판인이 그 시절에 가장 뛰어난 심리학자라고 일컬었는데, 미국 안의 오래된 아메리카 후손의 혈통은 다른 종족의 혈통과 섞여 '끔찍한 결과'를 가져올 것이라고 경고한 책을 썼다.[53] 정신분석이 세상의 지적 풍토를 변화시켜 온 방식은 이들 여러 인용문 안에 잘 나타나 있다.

1930년대의 반발

1929년의 세계적인 대공황, 독일의 히틀러 집권, 러시아의 스탈린, 일본의 만주 침략, 국제 연맹의 분명한 무용성은 모두 1920년대의 낙관론에 대해서 비관적 반응을 일으키는 데 일조하였고, 이는 정신분석 운동에도 역시 반영되었다. 10년의 세월이 더디게 흘러감에 따라, 정신분석이 보여 주었던 희망이 희미해지는 것으로 보였다. 잡지『정신분석 운동(Die Psychoanalytische Bewegung)』은 출판이 중지되었다. Freud는 다른 많은 선도적인 분석가와 함께 목숨을 지키기 위해 도주를 하였다. 몇몇은 성공하지 못하였고 홀로코스트(the Holocaust)[12)]에서 죽었다.

이런 분위기에서 가치관과 철학에 대한 활발한 토론은 다른 방향을 취하였다.『문명과 불만(Civilization and Its Discontents)』(1931)과『왜 전쟁인가(Why War)』(1932)에서 Freud는 세상이 그 적개심으로 인하여 파괴될 것이라는 자신의 두려움을 표현하였다. 그럼에도 불구하고, 그는 여전히 초연한 채로 있기를 택하였다. 그는 자신의 이전 희망들을 거두어들였으며, 정신분석은 어떤 특별한 세계관(Weltanschauung)을 가지고 있지 않다고 다시 한번 주장하였다. 정신분석은 과학의 한 부분이라는 것이다. 대부분의 분석가는 여전히 자신들의 삶에 대해서 두려워하면서도, 그에게 동조하는 경향이 있었다. Jung은 멸시를 받았고, Reich는 축출되었다. 분석가들은 자신들의 분석을 고수하려고 하였다. 당시의 가장 자유로운 사람 중의 하나였던 Franz Alexander조차도 1938년에 다음과 같이 쓸 수 있었다. "정신분석은 보다 과학적인 성격을 취해 왔고, 이에 상응하여 정신분석이 세계관(Weltanschauung)에 기여해야 한다는 강조는 뒷전으로 물리나게 되었다."[54]

---

12) 역주: 일반적으로 인간이나 동물을 대량으로 태워 죽이거나 대학살하는 행위를 총칭하지만, 고유명사로 쓸 때는 제2차 세계대전 중 나치스 독일에 의해 자행된 유대인 대학살을 뜻한다.

제2차 세계대전 이후: 다른 철학들과의 전투

종전 후, 정신분석은 보다 더 강력한 위치로 부상하였다. 10년 이내에, 미국의 정신분석가들은 많은 중요한 위치들을 차지하였고, 정신분석적 사고는 모든 정신건강 전문가에게 강한 영향력을 발휘하였다. 곧 가치관과 철학에 대한 질문이 또다시 대두되었다.

정신분석은 시간이 오래 걸리고 비용이 드는 과정이고, 정신분석 종사자는 흔치 않았고 서로 멀리 떨어져 있으며, 그 교의는 이해하기 쉽지 않았다. 이러한 상황에서 정신분석적 신조와 정신분석적 방법에 도전하는 많은 대안적인 철학이 등장하는 것이 오히려 자연스러웠다.

제2차 세계대전 후 등장한 철학들과 제1차 세계대전 후의 상황 사이의 한 가지 주요한 차이점이 곧 분명해졌다. 정신분석은 이제 무척 매력적이고 강력해서 모든 새로운 철학과 모든 대안은 정신분석을 공격하면서 시작해야 하였다.

이러한 '공격' 문헌이 통상 취하는 접근법은 다음과 같다. 그들은 Freud의 정신분석이 인간을 일련의 욕동들과 자아기능들로 간주함으로써 인간성을 말살시키고 더욱 더 고립시켰다고 주장하였다. Freud는 실제로는 능동적인 원리인 자아를 그렇게 보지 않고 수동적 원리라고 간주하는 근본적인 실수를 저질렀다. 정신분석은 과학적 방법론이 부족하며 과학적 지위도 없다. 그것은 개인을 파편화하였다.

실존주의는 분석 과정의 바로 그 본질이야말로 환자를 부분의 합으로 묘사한다고 주장하였다. 오랜 시간 동안 정신분석은 자기(self)와 자기에 대한 심리학(psychology of self)을 피한다고 비난받았다. 더구나 그 결과는 보잘것없고 다른 여러 치료법 중의 어떤 것으로도 쉽게 그것을 능가할 수 있다고 회자되었다.

실존주의

아마도 정신분석에 대한 가장 매력 있는 대안은 실존주의였을 것이다. 미국 실존주의의 선도적인 주창자인 Rollo May는 실존주의를 "르네상스 직후부터 서양의 사유와 과학을 오랫동안 괴롭혀 왔던 주체과 객체 사이의 분리를 그 밑동에서 잘라 버림으로써 주객분리 없이 인간을 이해하는 노력"이라고 정의하였다.[55] 이 접근은 Freud 및 정신분석과 대조되는데, Freud와 정신분석은 다른 사람들과의 사적인 관계 속에 있는 인간 그리고 자기 자신과의 관계 속에 있는 인간을 이해할 수 없다고 그는 말하였다. May는 계속해서 "물론,

나중에 정신분석에 등장하는 거의 모든 특별한 사상을 Nietzsche에서 더 폭넓게, 그리고 Kierkegaard에서 보다 깊이 발견할 수 있다는 점을 지적하는 것이 Freud의 천재성을 떨어뜨리는 것은 아니다."라고 놀랄 만한 언급을 하였다.[56]

역사에 대한 이러한 독특한 개념에 생각의 토대를 두고, May는 계속해서 실존주의 정신치료(Existential psychotherapy)의 여섯 가지 공헌을 존재에 대한 관심, 존재론적 존재로서의 불안과 죄의식, 세계 내 존재(being-in-the-world), 세계의 세 가지 양식(생물학적, 동료 인간, 자기), 시간과 역사에 대한 고려, 즉각적 상황의 초월이라고 열거하였다.

Freud와 정신분석가들이 그토록 주의 깊게 종합해 왔던 인류에 대한 모든 이해를 다른 실존주의자처럼 May가 폐기한 것은 주목할 만하다. 철학으로 그것을 대체하려는 시도가 있었다. 이 철학은 제2차 세계대전 후 유럽의 많은 지지자가 있었으며, 이는 아마도 전쟁으로 인한 대대적인 파괴 때문이었을 것이고, 절망의 철학이라고 불리어 왔다. Coltrera(1962)는 이것을 다음과 같이 기술하였다.

> 실존주의는 우리 시대의 합창단으로 그 역할이 선택되어 다음과 같은 슬픈 연도l(itany)[13]를 부른다. 우리는 이 세상에 홀로 태어나서 고독하게 살다가, 그리고 홀로 이 세상을 떠난다. 죽음은 필연이고 죽음 너머의 무(nothingness)는 두려움을 일으킨다. 우리는 원죄를 알고 있으며, 죄의식은 우리 실존의 조건이다. 전통과 현재 문화 및 시대의 양식에 의해서 우리는 각자가 타자로부터 분리되어 있다. 실존주의는 이것이 실존의 조건이며, 실존을 알아차리는 것이 그것을 아는 것이라고 이야기한다.[57]

Franz Alexander는 1958년 바르셀로나에서 열린 제4차 국제정신의학대회(International Congress of Psychiatry)에 참석하였는데, 이 대회의 주제는 실존철학이 정신분석에 미친 영향이었다. 아마도 그 당시의 보다 더 정통적인 Freud 학파 분석가들과의 투쟁 때문에, 다른 때에 그랬던 것보다 실존적 입장에 대해서 좀 더 관대하였던 것 같다. 그는 실존주의의 중심적인 가치로서 철학의 전통적인 질문인 '인간 실존의 궁극적인 의미는 무엇인가?'로 회귀하는 것에 집중하였다. 이것은 어떻게(how)에 대해서가 아니라 왜(why), 어디로부터(from where), 무엇을 위해서(for what), 그리고 어디로(where to)에 강조점을 둔다. 그는 이

13) 역주: 連禱. 일련의 탄원 기도나 기원으로 되어 있는 기도 형식으로, 사제 또는 찬양대 등이 짧은 내용으로 간구하여 말하거나 선창하면 신자들이 응답하는 형태를 가리킨다.

러한 관심이 '정신분석 연구의 가장 중요하고 더 새로운 결과들'의 일부와 의견을 같이하고 있다[58]고 지적하였으며, 그래서 그가 앞서 저술하였던 자료들조차도 무시하고 있다. 실존주의에 대한 그의 주된 비평은 실존주의가 가끔 심리적 현실들을 철학적 일반론의 관점에서 기술했다는 것이다. 또한 그는 성경적 비탄(Biblical Jeremiads)[14)]을 연상시키는 예언적 설교에 열중하였던 Viktor Frankl과 같은 카리스마 있는 인물의 역할에 주목하였다. 그는 Frankl의 연설을 "진정한 설교, 철학적, 심리학적, 신비 종교적 태도들의 혼합"[59]이라고 부른다.

다른 철학과 마찬가지로, 실존주의는 초자아와 다른 정신분석 이론을 참고하지 않고는 적절하게 이해할 수 없다. 이것의 메세지는 그것이 제공되는 맥락보다 덜 중요하다. 예를 들어, 강력한 부모가 자녀를 타이르고, 지시하고, 통제하는 경우를 생각해 보라. Freud 학파 분석과 달리, 실존주의 정신치료는 충족시켜 주고, 결코 분석되지 않기 때문에 깨어질 수 없는 의존적인 관계를 확립하였다. 전이를 무시함으로써, 소아기 양식을 유지한다. 이것은 또한 역사적으로 잘못되고(May에서처럼), 심리학적으로 오인되고(예를 들면, 불안과 죄의식은 존재론으로부터라기보다는 소아기 경험으로부터 더 많이 유래된다), 그리고 철학적으로 쇠퇴한 실존주의 철학이 왜 합리적 토의에 적합하지 않은가를 설명한다.

동양의 종교들

극동 지방과의 전시 접촉과 여행, 의사소통의 새로운 편의에 힘입어, 어떤 사상가들은 정신분석과 동양의 종교를 결합하려는 시도를 하게 되었다. 선불교가 가장 인기가 있었다. 선승 Suzuki는 Erich Fromm과 함께 1957년에 정신분석과 선의 관계에 대한 세미나를 열었고, 이 모임에 대한 책도 출판이 되었다(Suzuki, Fromm, and De Martino, 1960).

선에 관한 문헌들을 통해 선불교를 분명하게 이해하기는 어렵다. 공안(예를 들면, 한 손으로 치는 손뼉의 소리는 무엇인가?)에서처럼 불가해성을 강조한다. 분명하게 선불도들은 또한 그들이 서양인의 지나친 합리성이라고 간주한 것을 공격하고 있다. 예를 들면, Suzuki는 아시아인들은 일하기를 좋아하며 문명이 '미개발된' 상태에 분명히 만족한다고 강조한다.

14) 역주: 예레미야(Jeramiah)는 유다의 예언자로, 신에 대한 약속을 저버리고 타락과 부패가 만연한 유다 왕국의 몰락을 예언하였다. Jeremiad는 그의 이름에서 유래된 말로, 일반적으로 사회의 부정에 대해 맹렬하게 비난하는 도덕주의자들의 글에 적용하거나 비탄 혹은 하소연이라는 의미로도 사용된다.

이것은 서양인이 서양에 대해서 그랬던 것과 같은, 동양에 대한 찬미로 보이며, 보다 신중한 관찰에 의해서 증명되지 않는다.

Suzuki가 기술하듯이, 선불교는 깨달음(覺satori)이나 세계와의 합일로 귀결되는 삶에 대한 일종의 신비적인 접근이다. 선수행자의 주요 덕목은 자비(charity), 계율(precepts), 겸양(humility), 활기(energy), 명상(meditation), 지혜(widsom) 등의 여섯 가지이다.

서양의 사고가 과학적 인간(scientific man)이라는 자원을 개발해 왔듯이, 동양적 사고는 내적 인간(inner man)이라는 자원을 개발해 왔다고 주장되어 왔다. 내적 세계에 대한 이러한 탐색은 많은 젊은 사람을 이끄는 횃불이었다. 약물도 비슷한 매력을 발휘하였고, Timothy Leary[15)]의 "흥분하라, 함께하라, 이탈하라(Turn on, tune in, drop out)."라는 구호와 함께 약물의 인기는 1960년대에 절정에 달하였다. 주의 깊게 관찰해 보면, Leary와 같은 컬트들은 세상의 많은 지역의 종교적 체계와 유사해 보인다. 정신분석적 비평은 여전하다. 즉, 한 컬트에 소속된다는 것은 초자아 투사를 의미하며, 그저 불안정한 사람들을 위해서 새로운 가족을 만들어 낼 강력한 인물과 인도해 주는 철학이 있어야 한다는 것이 필수적이다. 더욱이 그들 교리의 대부분은 모든 종교가 그렇듯이 깊은 심리적 문제들로부터의 도피를 제공한다. 그래서 Alexander(1931)는 불교의 어떤 수련을 '인위적 긴장증(artificial catatonia)'이라고 기술하였다.

성치료

1960년대 Masters-Johnson의 연구에 이어, 성적 해방이라는 오랜 꿈이 성치료라는 새로운 겉모습을 하고 등장하였다. 그러나 이 시대에는 Reich가 앞선 시대에 하였던 것처럼 오르가슴에 대한 거창한 주장은 없었고, 단지 성적 즐거움을 누리는 것은 좋다는 정도였다.

통상 그렇듯이, 성치료에 대한 옹호는 비록 정신분석이 성치료의 한 형태로서 시작이 되었고, 성적 문제에 접근하는 이론과 실제가 방대하지만 어떤 가치도 없는 것으로 추정된다는 정신분석에 대한 공격으로 시작되었다. Masters와 Johnson은 그들의 체계가 훨씬 더 단순할 뿐 아니라 훨씬 더 효과적이라고 주장하며, 노골적으로 정신분석을 격하시켰다. 그들은 새로운 종류의 치료자, 즉 특수한 성적 문제를 위한 성치료자를 만들려고 하였다.

---

15) 역주: Timothy Learly(티모시 리어리, 1920~1996)는 하버드대학교의 심리학 교수였으며 약물이 정신적 해방에 사용될 수 있다고 믿었다. "Turn on, tune in, drop out"라는 말로 LSD 등 약물 사용을 공공연하게 지지하였다.

Helen Kaplan(1974)은 (Masters와 Johnson과 달리) 수련받은 분석가였으며, 성적 기능장애에 대해 적극적인 치료와 정신분석을 결합하려고 노력하였다. 양측 다 그 시도에 대해서 그녀를 비난하였는데, 각각 이유는 달랐다. 행동학적 성치료에 대한 주요한 분석적 비난은 그것이 성적 어려움들과 연결된 깊은 정서적 문제들을 다루지 못한다는 것이다.

다른 철학들

현대에 와서는 치료적 기법들뿐만 아니라 다수의 다른 철학을 발견할 수 있는데, 사실 다양한 새로운 접근은 전후 세계의 특징이기도 하다. 이미 언급되었듯이 대부분은 정신분석에 대한 맹렬한 공격과 함께 시작되어, 그다음에는 지지하는 특정 기법에 대한 찬양이 있지만 심리학적 이론이나 결과를 신중하게 조사하는 것에는 별 관심이 없다. 엄청난 대중적 인기에도 불구하고, 이 접근들 중 어느 것도 정신분석 이론이나 정신분석적 치료에 아무런 의미 있는 영향을 주지는 못하였다. 분석가들은 이 철학들이 대개 저항의 형태로 기능한다고 본다(Fine, 1973).

정신분석에 내재한 가치관과 정신분석적 철학

정신분석가들이 삶의 문제들에 대한 해결책으로서 다양한 철학을 거부해 왔기 때문에, "정신분석에 내재한 어떤 철학이나 가치 체계가 있는가?"라는 질문은 여전히 남아 있다. 많은 대답이 제시되어 왔다.

우선, 분석가가 환자를 대할 때 취하는 태도와 그의 사적 삶에서의 가치 체계를 구분 지어야 한다. 분석가가 환자를 분석해야 하는가 혹은 교화시켜야 하는가에 대한 질문에 대해서, 분석가의 업무는 분석하는 것이 첫 번째이며 가장 중요하다는 것에 모든 분석가가 동의할 것이다. 환자의 행동에 대해서 그가 어떤 도덕적 비난을 경험하게 될지라도, 이것을 치료 상황으로 끌어들이는 것은 부적절하다. 치료 상황에서 분석가의 일은 환자가 자기 자신을 이해하고 자기 방식대로 더 좋아지도록 돕는 것이다.

완전히 동의할 두 번째 요점은 어떤 가치 체계들을 도입하려면 아주 철저한 초자아분석이 선행되어야만 한다는 것이다. 다른 말로 하면, Freud의 초기 표현대로 (Putnam과 함께), 억압이 풀려야만 한다. 그렇지 않다면 분석 그 자체를 포함한 어떤 해결책도 단지 초자아

명령과 금지를 개편하는 것에 불과할 것이다. 이 때문에 분석은 현존하는 모든 철학적 접근들에 대해서 비판적이다.

그러나 여전히 "정신분석에 내재한 가치관이 있는가, 만약 그렇다면 그것은 무엇인가?"라는 두 가지 질문이 남는다. 많은 분석가가 이 문제들을 다루려고 해 왔다.

초기 Freud적 입장에 어떤 내재한 철학이 있다면, 그것은 성숙을 향한, 혹은 그 시대의 이상인 성기성(genitality)을 향한 성장이라고 정의할 수 있을 것이다. 당시(제1차 세계대전 이전)에 분석은 심하게 장애된 사람들만을 다루었기 때문에 보다 큰 정밀함은 필요하지 않았다. 1945년에야 Fenichel이 다음과 같은 말로 문제를 단지 살짝 비껴갈 수 있었다. "정신분석적 관점으로 '정상(normality)'과 '건강(health)'을 정확하게 정의하는 데 있어서의 어려움이 자주 토론되어 왔다……. 다행히 분석 실제는 덜 정확해도 된다."[60]

Adler나 Jung은 둘 다 바탕이 되는 철학적 관점이 달랐다. Adler는 사회적 관심에 토대를 두었는데, 그럼에도 불구하고 그의 책 『인생이 당신에게 어떤 의미가 되어야 하는가?(What Life Should Mean to you)』(1931)는 정신분석적 원리를 잘 대중화시킨 책이다. 사회적 관심에 대한 Adler의 개념은 세 가지의 일반적 사회적 유대에 초점을 맞추었다. 1933년에 그는 다음과 같이 썼다.

> 이 지점에서 개인심리학(Indivisual psychology)은 사회학과 접촉하게 된다. 오랜 시간 동안 나는 삶에 대한 모든 질문이 주요한 세 가지 문제, 즉 공동체적인 삶, 일 그리고 사랑의 문제에 종속될 수 있다고 믿어 왔다. 이 세 가지는 연합을 위해, 생계 제공을 위해, 자손 양육을 위해서 필연적으로 인간을 함께 연결하는 분리할 수 없는 유대로부터 생겨난다.
>
> 인간이 매어 있는 이 세 가지 유대는 삶의 세 가지 문제를 구성하지만, 이들 문제 중의 어느 것도 분리하여 해결될 수는 없다. 그들 각각은 다른 두 가지에 대한 성공적인 접근이 필요하다.[61]

반면, Jung의 경우 사회적 관심은 이차적이었다. 그에게 가장 중요하였던 것은 개성화 과정(process of individuation)이었고, 이를 통해 개인은 개인적 전체성을 추구한다. 그러한 목표를 가지고 있었던 그가 동양 종교에 호의를 느꼈다는 것은 놀랍지 않다. Jung은 개성화라는 목표를 다양한 방법으로 표현하였다. 1935년 태비스톡[16] 강연(1968년에 출판)에서, 그는 이것을 비개인적 이미지들의 객관화(objectivation of impersonal images)라고 불렀다.

16) 역주: Tavistok. 잉글랜드 데번주의 도시.

> 이것의 목표는 대상으로부터 의식을 분리해서 그 개인이 자신의 행복이나 심지어 생명의 보장조차도 자신의 외부 요인에 두지 않으며, 모든 것이 그가 보물을 붙잡느냐 안 잡느냐에 달려 있다는 것을 깨닫게 되는 것이다……. 그러한 초탈의 상태에 도달하는 것이 동양 수행의 목표이며 또한 교회의 가르침의 목표이기도 하다……. 이 초탈이라는 상태에 대해서 우리가 합리적으로 이야기할 수 있는 전부는 그것이 자아 안이 아니라, 개인의 마음(psyche) 안에 있는 일종의 중심이라고 정의하는 것이다.[62]

그래서 어떤 의미에서 성기기적 성숙(genital primacy; Freud), 사회적 관심(Adler), 그리고 내적 자기충만(Jung)은 정신분석이 상정하였던 최초의 세 가지 철학적 목표였다. 하지만 Freud의 것은 사전 분석을 바탕으로 상정되었으나, 반면 Adler나 Jung의 것은 그 전제 요건을 만들지 않았다. 철학의 서곡으로서의 분석의 부재는 중요한 차이를 만든다.

철학자들의 반발

"무엇이 최고선(summum bonum) 인가 혹은 인간은 어떻게 행복을 찾을 수 있나?"와 같은 질문으로 정신분석은 철학의 전통적 영역을 이미 밟고 있었다. 제시된 해답들이 특별히 새롭지는 않았지만 그 실행은 새로웠다. 그와 같은 해답들이 새롭지 않았기 때문에, 철학자들은 정신분석적 접근 전체를 무시하는 경향이 있었다. Wollheim(1974)은 대부분의 20세기 철학자가 정신분석이 결코 존재하지 않는 것처럼 썼다고 논평한다. 예외는 V. J. McGill이다. 『행복의 개념(The idea of Happiness)』(1967)에서 역사상의 과거를 검토한 후, 그는 행복의 문제는 이제 철학에서 정신분석으로 옮아갔음을 솔직하게 언급하였다. "이 (행복의) 개념이 의학적인 치료나 혹은 객관적 검사 그리고 대조군 연구들과 논리적으로 연결되어 있다는 사실은 이전의 이론들에서 빠져 있던 중요성을 그것에 부여한다."[63]

본질적으로 McGill은 철학의 중심적인 문제, 즉 행복의 본질을 이제 정신분석이 인계받았다는 것을 이야기하고 있다. Freud가 그것을 분명히 하는 것을 망설였던 것은, 일차적으로 그가 정신분석이 근본적이라는 점과, 어떤 철학적 입장도 저항의 목적으로 이해될 것이란 점을 깨달았기 때문이다. 초자아와 행동화라는 보다 새로운 개념들은 사전 분석 없는 모든 철학하기를 미덥지 못한 것으로 만들었다.

도덕적 가치관에 대한 분석적 논쟁

분석과 연관된 도덕적 가치관이 있는지에 대한 논쟁은 계속되어 왔다. 많은 이가 논쟁을 회피하려 하였지만, Ishak Ramzy가 언급하듯이 "정신분석의 가치관에 대한 연구를 반대하는 자진 유예가 실제와 이론에서 어렵게 강요되어 왔다".[64] 전쟁 후의 주요 차이점은 초자아와 행동화에 대한 보다 새로운 개념이 가치관과 철학에 관한 어떤 토론에 필수적인 것이 되었다는 사실이었다.

Hartmann: 과학적 기술(Technology)로서의 분석적 치료

1960년에 Heinz Hartmann은 Freud 기념 강연을 정신분석과 도덕적 가치관이라는 주제에 할애하였다. 일찍이 더 낙관적인 시기인 1933년에 그는 Freud의 초연한 과학자적 태도에 다소 비판적이었지만, 이제는 Freud에게 완전 동의한다고 재차 시인하였다. "분석적 치료는 일종의 과학적 기술이다."라고 그는 주장하였다. 그런 만큼 그것의 유일한 가치관은 건강 가치여야 한다. 과학은 사람들이 어떤 목표를 위해 노력해야 할지를 결정할 수 없다고 그는 주장하였다.[65]

Hartmann은 분석에서 도덕적 가치의 세 가지 분리된 측면을 구별하였는데, 그들은 분리되어 유지되어야 한다. 그것은 환자가 따라야 할 원칙과 이상의 기원과 의미(그의 초자아), 그의 가족 그리고 보다 일반적으로 그가 살고 있는 문화의 규범과 환자 태도의 대립, 분석에서 제시되는 자료들에 대한 분석가의 개인적인 도덕적 가치 판단이다. 그는 분석가의 개인적 가치를 당연히 건강 가치의 하위에 두어야 한다고 주장하였다.

Hartmann은 정신분석에 내재하는 도덕적 가치관이 있는가라는 주요한 질문에 대해서 Freud의 입장에 기대어 방해가 되는 논쟁을 회피하였다. 그는 이렇게 말하였다. "엄밀히 말해서 분석적 세계관(analytic Weltanschauung)이라고 부를 수 있는 것은 없다는 사실이, 분석이 그 자체의 세계관(Weltanschauung)을 가질 수 없거나 혹은 가져서는 안 된다는 것을 암시하는 것은 아니고, 또한 당연히 분석가가 개인이나 사회에서의 세계관(Weltanschauung)의 직접적 중요성을 과소평가하거나 평가 절하할 것임을 의미하는 것도 아니다."[67]

사회 계층과 정신분석

정신분석가들 사이의 이론적 논쟁은 차치하고, 1950년대에 등장하기 시작한 분석가와 환자들의 계층 출신에 대한 일부 경험적 자료들을 통해서, 완벽하게 초연한 과학자라는 분석가의 이미지에 상당한 의심이 생겨나게 되었다. 여러 연구들, 특히 예일대학교의 연구(Hollingshead and Redlich, 1958; MacIver and Redlich, 1959; Myers and Bean, 1968; Myers and Roberts, 1959)는 정신분석적 실행은 계층 구조와 밀접하게 관련되어 있다는 것을 분명하게 보여 주었다. 상류층의 환자들만이 정신분석적 치료를 받았다. 원래의 연구에서 정신분석을 받는 하류층 환자는 없었다.

현재의 논의에서 보다 더 중요한 것은 MacIver와 Redlich(1959)의 연구로, 이는 미국 정신의학 전문가 구성원 안의 분석적 및 심리적으로 지칭되는 집단, 즉 A-P그룹과 지시적 및 기질적 지향의 집단, 즉 D-O그룹 사이의 깊은 분열을 기술하고 있다. 절충주의자들은 보기 드물다는 것을 그들은 발견하였다. 두 그룹 모두 다 사회적으로 좀 더 상위의 두 계층에 속하였다. A-P그룹은 보다 유동적이며, 전통에 덜 얽매여 있고, 인종의 다양성을 좀 더 받아들이고, 의료 전문가 핵심 집단으로부터 더 멀리 동떨어져 있었다.[68] 직업적으로, 두 집단은 현저하게 다르다. D-O그룹은 다른 의사들과 더 가까우며, 기질적인 진단을 선호하고, 지시적이고 지지적인 정신치료(비지시적이고 분석적인 치료와 대조되는)를 사용한다. Redlich는 "사회적, 경제적인 가치관은 환자가 어떤 유형의 치료를 받게 될지를 상당한 정도로 결정한다."라고 결론지었다.[69]

다른 연구들은 분석가 대부분이 신분 상승 지향의 중류층이었으며, 그들의 활동은 대도시의 큰 센터에 국한되어 있음을 보여 주었다. Zinberg(1972)는 1968년에 미국정신분석협회(American Psychoanalytic Association) 회원의 90% 이상이 대도시 센터로부터 30마일 이내에 살고 있으며, 약 30개 주에서는 단지 13명의 회원이 분석 업무에 종사하고 있다고 보고하였다. Henry와 그의 동료들은(1971) 미국 전 지역의 4,000명의 정신치료자에 대한 연구에서, 정신치료자가 된 사람들은 전공이 무엇이건 간에 사회문화적 배경이 아주 비슷하며, 시간이 지남에 따라 자신들의 특정 수련 체계의 명시적 목표를 넘어서서 다른 수련 체계의 동료 정신치료자들과 점점 더 비슷해져 간다는 것을 발견하였다. 따라서 의학, 심리학, 사회복지 혹은 정신분석을 배경으로 하는 정신치료자라는 '제5 직종'이 창조되었다고 그는 주장하였다.

Kadushin(1969)은 환자 집단에 대한 한 연구에서, 그들을 대략 정신의학적 · 가족지향적 · 정신분석적 세 집단으로 나누었는데, 마지막 집단은 내적 불만족 때문에 분석을 받는다.

따라서 가치관이 정신분석에 내재하고 있다는 충분한 경험적 증거가 존재한다. 문제는 그것이 무엇이고 그것을 어떻게 정리할 수 있을 것인가 하는 것이다.

통합적 삶으로서 정신분석

이 주제에 대해서 심사숙고하였던 대부분의 분석가는 정신분석적 철학의 핵심을 두 가지 분리된 방향으로 보았는데, 부정적인 방향은 신경증적 장해를 극복하는 것이고, 긍정적인 방향은 보다 충만하고 보다 통합된 방식으로 삶을 사는 것이다. Jones(1931)는 두려움이 없는 것을 정상성(normality)의 핵심으로 보았고, Chisholm(1946)은 죄의식 없는 삶을 주장하였다. 1945년 미국 분석가인 J. J. Michaels은 통합의 필요성을 다음과 같이 강조하였다.

> 정신분석 이론에서 통합이라는 개념은 아마도 가장 복잡하게 표현되고 정교화되었을 것이다. 비록 이 개념이 명확하게 언급되지는 않았지만, 그것은 체계 전체와 구성 부분들에 내재하고 있고 암묵적이다. Freud도 통합의 개념을 당연시하고 광범위하게 그것을 기반으로 하였던 것으로 보인다.[70]

이 문구에서 Michaels은 "도덕적인 것은 자명하다."라는 Freud의 잘 알려진 말을 언급하고 있는 것일 수도 있다.[71] 이 도덕성은 그리스까지 거슬러 올라가는 서양 사상의 민주적 인본주의 전통과 근본적으로 일치한다고 말할 수 있다(제2장 참조).

어떤 이론가들은 그 해답을 보다 상세하게 설명하려고 하였고, 다른 이들은 방향을 분명하게 하는 것에 스스로 만족하였다. Brierly(1951)는 초기 간행물에서 다음과 같이 썼다.

> 실존주의자들은 삶이란 살아 내야 할 경험이지, 해결해야 할 문제가 아니라고 주장한다. 정신분석의 발견들은 인생은 단지 살기 위한 것이라는 개념을 지지한다. 하지만 그들은 또한 경험은 지성을 더 충분히 사용하고 보다 신뢰할 만한 주관적 · 객관적 현실감을 발달시켜야만 그 해결책이 발견될 것 같은 방대한 문제들을 일으킨다는 것을 보여 준다.[72]

그녀의 해결책은 초자아가 충분히 해소되고 난 후에 인간 문제에 대한 이성의 활동이 길을 보여 주리라는 것이다. Fromm(1947)은 자신의 이론을 "자연주의적 윤리(naturalistic ethics)"라고 부르며 비슷한 입장을 취하였다. Fine(1971)은 정상인은 사랑하고 일할 수 있는 사람이라는 Freud의 격언으로부터 시작하여, 분석적 이상을 기술하려고 하였다. Esman(1977)은 정신분석이 그 자체의 가치 체계를 가지고 있다고 주장하면서, 그 필수 요소들을 이성 최우선(primacy of reason), 미래의 목표를 위한 만족 지연의 수용, 안정적인, 일부일처제의, 이성애적 결합에 대한 신념, 평생 동안의 직업에 대한 헌신이라고 본다.

따라서 분석가들의 견해 중 상당 부분은 전통적 철학, 종교 그리고 다양한 유형의 행동화를 부정적으로 배척하는 너머에, 정신분석 이론과 치료의 중심에 깃들어 있는 긍정적 삶의 철학이 있다고 주장한다(Fine, 1977).

제 17 장

문화에 대한 정신분석적 접근

Bronisław Malinowski

인격 형성에 작용하는 문화의 역할을 명료화한 것은 Freud 이후 가장 중요한 정신분석적 발달 중 하나이다. 그것은 자아심리학을 공고히 하는 데 도움이 되었고, 본능의 문제에 새로운 빛을 던졌으며, 초자아 개념의 유용성을 강조하였고, 현대 문화를 평가할 수 있는 유리한 위치를 제공하였다. 그것에 관련된 투쟁이 그것이 대변하는 견고한 업적을 가려서는 안 된다.

초기 Freud: 억압으로서의 문화

Wilhelm Wundt와 더불어, 심리학은 '문화적 산물'에 관심을 가지기 시작하였다. 『민족심리학(The Psychology of Peoples)』이라는 그의 책이 1900년에 출판되었다.[1] 하지만 그 시대의 다른 심리학자들처럼 Wundt는 역동적 관점이 부족하였고, 그의 저서는 지속적인 영향을 미치지 못하였다.

그 문제에 대한 Freud의 최초의 접근은 오히려 상식적인 것으로, 문화는 본능적 억압을 요구한다는 것이었다. 그는 분석 시대 전에 이미 그러한 관점을 표현하였었다. 예를 들어, 1886년에 파리에서 그의 약혼녀에게 쓴 편지에서 그는 "군중은 충동을 발산시키고 우리는 자제를 한다."[2]라고 말하였다. 나중에 그는 이것이 불가피한 필요한 일이라고 바라보게 되었다. 1912년 사랑에 대한 에세이에서 그는 다음과 같이 썼다. "우리는 아마 성적 본능의 요구를 문명의 요구에 맞추어 조절하는 것은 매우 불가능하다는 생각을, 그리고 문화 발달의 결과로 아주 먼 미래에 멸종의 위험은 물론 금욕과 고통을 인류가 피할 수 없다는 생각을 받아들이도록 강요받을지 모른다."[3]

토템과 금기: 인류학의 초석

문화에 대한 Freud의 비관적인 견해들이 널리 인용되어 왔지만, 과학적 관점에서 그 견해들은 그의 주요 저술인『토템과 금기(Totem and Taboo)』(1912~1913)보다 훨씬 덜 중요하다. 이 책에서 최초로 그는 그 당시 이용할 수 있는 최상의 인류학적 현지 조사를 토대로 하여 인류 전체의 본질적인 정신적 단일성이라는 주요 분석적 주제로 이끌었고, 그것을 확고히 하였던 인간의 역동적 모습을 제공하였다. 이 책은 더 자세히 볼 가치가 있다.

책은 네 개의 부분 또는 에세이로 나뉜다. '근친상간의 공포'에 대한 첫 번째 에세이는, 근친상간이 놀랍게도 더 문명화된 사람들에서보다 원시인들 사이에서 더 강한 금기이고, 이 근친상간 금기의 범위가 원시인들 사이에서 훨씬 더 확장된다는 것을 보여 준다. 이것은 족외혼의 제도로 이어질 것이며, 상당한 비율(때로는 85%까지나 높은)의 부족 내 여성들이 남자들에게는 해당 범위 밖이며, 따라서 남성들은 다른 집단에서 자신의 짝을 찾도록 강요받는다.

두 번째 에세이는 '금기와 양가감정'에 관한 것이다. 여기에서 그는 강박적 행동과 종교적 관례에 관한 그의 1907년 논문의 주장을 계속하였다. 그는 금기와 강박신경증 사이의 광범위한 유사성을 지적할 수 있었다. 사실, 현대의 강박신경증 환자의 병은 '금기 병'이라고 불리어도 좋다.

세 번째 에세이는 '애니미즘, 마법 그리고 사고의 전능'에 관한 것이다. 여기에서 Freud는 인간의 우주관이 처음에는 애니미즘적 단계, 두 번째는 종교적 단계 그리고 마지막으로 과학적 단계로 발전하였다는 그 시대의 기준이던 설명(오늘날 폐기되었지만)을 받아들였다. 그는 사고의 전능의 변천 관점에서 이 세 단계를 설명할 수 있었다.

네 번째 에세이는 '아동기에 토템 숭배의 회귀'에 관한 것이다. 이것은 유명한 원시-부족 이론을 포함하는 역사 부분인데, 대체로 책 전체에 대해 인류학적 공격을 받는 이유가 되었지만 그것은 전체 논문에서 단지 하나의 작은 요소일 뿐이다(그리고 다른 분석가들은 그 이후로 그것을 버렸다). 이 이론에 따르면, 아들들이 아버지를 죽였고 이 살인은 토템을 세우게 하였다. 이러한 방법으로 원시 부족의 아버지에 대한 살인은 토템 종교의 두 가지 주요 금기, 즉 토템 숭배와 족외혼으로 이어졌다. 이 견해의 당연한 결론은 오이디푸스 콤플렉스의 보편성이다.

그러나 Freud는 오이디푸스 콤플렉스의 보편성이 문화의 발달에서 유일한 요인이라는 가설을 세우지 않았다. 그는 그것을 많은 것 중의 하나로 보았고, 정신분석적 설명은 완전한 실상을 제공하기 위해 다른 것들(예를 들어, 경제적, 역사적 그리고 사회학적)과 결합되어야만 한다고 주장하였다.

이 혁명적인 책의 주요 공헌은 서양인들에 대한 연구에서 유래된 역동적 실상이 모든 문화에 적용될 수 있음을 보여 준 것이었다. 따라서 인류학은 (Wundt가 또한 주장하였었던 것과 같이) 단순히 심리학의 또 다른 하나의 면이 된다. 이 논문에 대한 비평가들의 반대는 Freud 심리학에 대해서만큼 많지는 않았다.

인류학적 시각의 확장

1918년에 전쟁이 끝났을 때, 정신분석은 Malinowski(1927)가 "대중적 지지 속에서 정말로 급속한 상승"이라고 부른 것을 경험하였다.[4] 현장에 나가서 스스로 보라는 Boas에게 영감을 받은 인류학자들은 정신분석 이론들이 자신들 마음대로 쓸 수 있는 가장 유익한 것들 속에 있다는 것을 알았다. 초기 현장 연구 학자 중 가장 잘 알려진 Malinowski는 Freud의 이론으로부터 유래된 자극에 대해, 그리고 현장 연구로 다양한 Freud적 생각들이 확증된 것에 대해 충분한 찬사를 표하였다. 다음은 1923년에 그가 쓴 것이다.

> 나의 분석을 통해서, 나는 Freud의 이론들이 인간심리학에 대체로 부합한다는 것뿐만 아니라, 그것들이 다양한 사회 구조에 의해 야기된 인간 본성의 변화를 면밀히 따른다는 것을 확실히 하였다. 다시 말해, 나는 사회의 형태와 거기에서 발견되는 핵심 콤플렉스 사이에 깊은 연관성을 확립하였다. Freud 심리학의 주 교의에 대한 뚜렷한 확증이 있기는 하지만, 그것은

우리로 하여금 그 세부 사항의 어떤 것을 수정하거나, 오히려 공식의 일부를 더 탄력적으로 만들지도 모른다.[5]

Freud와 정신분석에 대한 그의 칭찬과 그 자극과 가치를 입증하는 증거에도 불구하고, Malinowski는 오이디푸스 콤플렉스를 '반증한' 것으로 널리 인용되었다. 왜냐하면 그가 현지 조사를 하였던 Trobriand 섬 주민들에게는, 삼촌이 우리 문화에서의 아버지 역할을 하였기 때문이다. 이것은 결코 오이디푸스 콤플렉스를 반증하는 것이 아니다. 더욱이 Roheim(1950)은 후에 Malinowski의 것과 비슷한 자료의 정신역동적 분석에 근거하여 Trobriand 원주민들 사이의 무의식적인 결정 요인들을 더 신중하게 탐색해 보니 고전적 오이디푸스 갈등이 드러나더라는 사실을 보여 줄 수 있었다.

또한 인류학자들은 많은 다른 합당한 자료를 수집하였다. Freud가 꿈을 아주 많이 강조해 왔던 때부터, Rivers(1923)는 이용할 수 있는 자료를 재검토하고 몇몇 비교적 사소한 점들에 대해 Freud에게 이의를 제기하였다.[6] 꿈이 하나의 보편적인 인간의 경험이라는 것과 꿈이 우리 문화에서와 같이 다른 문화에서도 똑같은 의미를 꽤 많이 가지고 있는 것이 곧 분명해졌다(Fromm, 1951; Jones, 1924).

얼마 후에, 심리학자의 두 가지 새로운 투사적 검사 도구인 Rorschach와 TAT는 어느 현장 연구자에게나 다 일상적인 보조 도구가 되었다. 횡문화적으로 타당성이 있음을 가리키는 상당한 자료가 축적되었다.

다수의 인류학자가 또한 개인 분석을 받았다. Weston Labarre(1961)는 그가 모든 미국인류학협회(American Anthropological Association) 회원들에게 시행한 설문지 조사에 관해서 보고하였다(설문지의 정확한 날짜는 제공되지 않았다). 질문을 받은 635명 중 331명이 1개월 이내에 회신하였는데, 응답자 중 37명(11%)은 개인 정신분석의 경험이 있다고 진술하였다. 기간은 2개월부터 84개월 또는 그 이상이었고, 중앙값은 20개월이 약간 넘었다. Labarre는 이것을 '주목할 만하다'고 여겼다. Kroeber와 같이 일부는 심지어 잠시 분석가가 되기까지 하였다.[7]

Jones–Malinowski 논쟁

Trobriand 주민들에 대한 조사에서, Malinowski는 그들이 출산 과정에서 아버지가 해야 하는 역할을 모른다는 것을 발견하였다. 그러고 나서 그는 Freud 학파의 오이디푸스 콤플렉스를 모계 가족의 조직으로 거슬러 올라가는, 그가 '핵심적 가족 콤플렉스(nuclear family complex)'라고 불렀던 것으로 대체할 것을 제안하였다. Jones는 '무지'가 실제로 그들이 유아 성욕의 죄책감으로부터 도피할 수 있게 해 주는 부정의 한 형태이거나 하나의 방어기제이며, 반면에 정감이 덜한 아버지상의 특성을 외삼촌에게 편향시키는 것은 부자간의 상호 적대감으로부터 아버지와 아들을 보호했다는 반박의 주장을 하였다.

Jones의 논지는 인류학자들이 다른 사람들을 이해하고자 할 때 무의식적 힘들을 고려해야 한다는 요구로 곧바로 이어졌다. Jones 자신은 무의식적 동기들이 충분히 인정된 인류학적 주제에 대한 다수의 에세이를 출판하였다. Fortes(1977)에 따르면, 인류학자들에게 정신분석의 혁명적 중요성을 정말로 깨닫게 한 것은 Jones의 옹호였다.

Roheim과 Kardiner의 개척적인 통합

일단 시작되자, 분석적 지향의 현장 연구는 엄청나게 성장하였다. 많은 다른 문화가, 어떤 것은 피상적으로 어떤 것은 심층적으로 연구되었다. 이 자료를 이해하려는 두 가지 주요 통합이 제공되었는데, 하나는 Roheim과 더 고전적인 Freud 학파 사람들에 의한, 다른 하나는 Kardiner와 신-Freud 학파 사람들에 의한 것이다.

1928년 Roheim의 중앙 호주 탐험과 1932년 자신의 조사 결과에 관한 그의 논문은 이미 언급되었다. 비록 그가 문화들 사이의 많은 차이점을 인식하기는 하였지만, Roheim의 관심은 인류에게 본질적인 것이 무엇인가를 찾아내는 것이었다. 그 주제에 대한 그의 최종 생각은 『정신분석과 인류학(Psychoanalysis and Anthropology)』(1950)에 요약되어 있다. Roheim은 다른 종보다 더 긴, 오래 지속되는 의존 기간과 발달 과정 동안 뇌의 빠른 성장에서 인간 정신의 생물학적 기반을 보았다. 그는 아동기 발달 동안 자아가 이드만큼 충분히 강하지 못하기 때문에 특별한 통제가 필요하다는 Freud의 관찰에 동의하였다.

의존이 매우 오래 지속된다는 이 관찰로부터 그는 인간의 여섯 가지 중요한 면들, 즉 반-성(anti-sex)적 태도, 새로운 대상의 추구, 퇴행, 양가감정, 조상의 불멸 그리고 보수주의를 열거하였다. 후자로 그가 뜻하는 바는 교육이란 것은 어른들이 자신의 인격을 후손들에게 영속시키려고 하는 경향이 포함된다는 것이다.

반면에 Kardiner(1939)는 인간의 본성에는 밑바탕에 생물학적으로 주어진 어떤 것들이 있지만, 그것이 실행되는 것은 개인이 양육된 문화에 달려 있다고 주장하였다. 따라서 정신분석이 제공하는 것은 본질적으로 어떤 문화를 분석하는 도구이다.

제5장에서 논의된 것처럼, 이 두 관점 간의 싸움은 또한 정치적 싸움으로 전개되었다. 현재는 두 견해에 대한 일부 융합이 일어나고 있는 것처럼 보인다. 이것은 양자택일의 문제라기보다 좀 더 강조의 문제이기 때문에 이해할 만하다. 예를 들어, 연구가 보여 주는 바에 의하면 오이디푸스 콤플렉스가 보편적이지만, 그것의 형태와 강도는 문화에 따라 다르다(Fortes, 1977).

전체 문화적 분석

심리학과 인류학 양쪽이 다 많은 문제에 대해 설명한 것은 차치하고, 사회분석 작업은 더 새롭고 더 심층적으로 접근하여 어떤 문화의 전체적 이해를 할 수 있게 해 주었다. Ruth Benedict의 『문화의 양식(Patterns of Culture)』(1934) 이후로, 어떤 하나 또는 몇 개의 성격 특성이 주어진 문화에 특유한 것이라는 개념은 전문가와 대중의 상상력 모두를 사로잡았었다. 그렇지만 정신분석이 이런 특성들을 그 문화의 전체 생활 환경에 연결시키는 일이 남아 있게 되었다. 분석의 역사상 상이한 시기에 나왔지만 이와 유사한 노선을 따른 몇 가지 대표적인 연구들을 논의해 볼 수 있겠다.

Roheim: 중앙 호주 문화 지역의 심리학(1932)

Roheim이 현장 연구를 하였던(1932) 중앙 호주에 대한 그의 분석은 제1차 세계대전 후의 정신분석적 관점을 전형적으로 보여 준다. 그의 주요 요점들은 다음과 같다.

이드 삶의 가장 원시적인 형태인 강박 반복이 존재한다. 다양한 성적 쾌감 부위(libidinal zones)에 관해서 보면 구강이 중심이다. 구강 낙관주의와 구강 공격성이 존재한다. 그 부족의 기이한 특색은 비록 어머니들이 아이에게 젖을 떼는 일이 없고 늘 주고 있다 할지라도, 그들은 모든 둘째 아이를 죽이고 그 아이를 먹는다는 것이다. 그래서 한 아이는 완전히 만족되는 반면, 다음 아이는 죽임을 당하고 먹힌다. 배변 훈련은 최소한으로 하고, 종교적 의식이나 시간 엄수 또는 청결에는 관심이 없다. 오이디푸스 시기에 아이가 아버지의 경쟁에 직면할 때, 이 경쟁자에 대한 미움과 공포가 일어난다.

Roheim은 이 사람들이 잠복기가 없고 더 성공적이든 덜 성공적이든 성교 시도를 안 하는 시기는 없다고 느꼈다. 차이는 부모의 거세 위협이나 거세 위협으로 해석되는 거부에 대한 자아반응에 있다.

성적 활동의 측면에서 그들의 잠자는 풍습은 기이하다. 어머니는 여자 위에 있는 남자처럼 자기 아들 위에 눕는다. 이 유아기 외상은 억압이 되고 'alknarintja' 여인의 신화, 목적을 이루지 못한 소년의 사랑, 남근을 가진 어머니 신화를 만들게 한다.

자아 주요 방어는 상향 전치(displacement upward)이다[1)]. 억압의 깊이는 표피적일 뿐이다. 의례적인 회피가 관찰된다. 부모로부터 그들의 아이에게, 같은 나이의 모든 아이들에게, 직접적 성기적 리비도가 바로 이행된다. 투사는 매우 빈번하다. Roheim은 원시 사회의 사람들이 완전히 그들 자신의 환경에 적응되었고, 이 점에 있어서는 문명에 의해 아무것도 진전된 게 없다는 것을 발견하고 스스로 놀랐다.

많은 자기애가 존재한다. 원주민 하나하나가 다 실제 인물이기도 하고 감추어진 인물이기도 하다.

초자아 초자아는 보복적이고 공격적이지만, 사춘기 이전에는 거의 존재하지 않는다. 남자들은 두드러진 혹은 심지어 과장된 남성다움을 보여 주는데, 여자들에게 폭력을 사용하는 데서 나타나고 배타적인 남성 사회를 발달시키는 데서 나타난다.

Roheim은 다음과 같이 결론짓는다. "주로 편향된 남근적 투쟁(phallic strivings)에 기초를 둔 초자아와 남근적이고 공격적인 자아 그리고 성격 발달에서 최소한의 반동형성을 가지고 있는 그 Aranda[2)]는 행복한 남자이다."[8]

Kardiner와 Du Bois: 『Alor 섬의 사람들(The people of Alor)』(1945)

1944년에 Kardiner의 제자인 Cora du Bois는 Alor 섬 사람들에 관한 연구를 출판하였다. Alor는 Java의 동쪽으로 약 600마일 떨어진 현재 인도네시아에 속해 있는 작은 섬이다. Du Bois가 그 집단을 조사할 당시에, 그들은 아직 네덜란드의 지배를 받고 있었다. 원자료는 세미나에서 Kardiner에게 발표되었고, Kardiner는 그 내용을 자신의 기본 인격 도식에 맞

---

1) 역주: 성기 감각이 구강에서 경험될 수 있고(상향 전치) 혹은 구강 감각이 성기에서 경험될 수 있다(하향 전치).

2) 역주: 중앙 호주의 원주민.

게 통합하였다(Kardiner, 1945; 제12장 참조). 이 연구의 새로운 점은 Rorschach 검사 자료가 축적된 것이었고, 그 자료는 당시 Emil Oberholzer가 '맹검'으로, 그리고 독자적으로 분석하였다.

Kardiner는 Alor 사람들의 인격을 다음과 같이 요약하였다. 비록 상세한 것은 틀릴 수도 있지만, 주요 윤곽은 명백하다. 출생에서부터 성인기까지의 영향들이 결합되어 몹시 불안정하고 고립된 사람을 만듦에 틀림없다. 인격은 순조롭지 못하게 시작된다. Alor 사람들은 구강적으로 좌절된다. 이용될 수 있는 방출 수단보다 더 많은 긴장이 야기된다. 엄청나게 많은 고통스런 긴장이 생의 아주 이른 시기에 시작하여 효과적인 행동 체계의 형성을 방해한다. 이것은 특히 공격성 패턴에서 볼 수 있는데, 여기서는 정동이 지배적이다. 그렇지만 효과적으로 행동하는 능력은 매우 낮다. 그러므로 개인은 이 공격성이 그 한계를 깨뜨릴지 모른다는 끊임없는 두려움 속에 있다. 그래서 이 경계 상태를 이완시킬 어떤 것에 대해서도 방어를 해서 술이나 약물같이 취하게 만드는 것을 단념하거나, 혼수상태를 두려워하는 등의 모습을 보인다. 비록 그들의 전쟁 양식들이 외부 압력들에 의해 영향을 받는다 할지라도, 그들은 난폭하고 폭발적이고 무분별한 공격성을 보이면서 공격성을 모두 끝장내려는 욕망과 회유의 뜻이 담긴 징표들을 받아들이려는 욕망을 함께 가지고 있다. 체계적이지 못한 공격성 양식들과 밀접한 관계가 있는 모성 방임(maternal neglect)의 또 다른 결과는 외부 세계에 대한 흥미 및 숙달과 관계가 있는 모든 행동 체계들의 협착이다. 따라서 그들은 건설하거나 체계화하거나 계획하거나 또는 미연에 방지할 수 없으며, 기계적인 능력이나 호기심이 거의 없고 미적 감각의 개발에 실패하며 모험적인 사업을 쉽게 포기하고 싸우지 않고 자신들을 죽게 만든다.

이 정동 협착(affect strangulation)은 다른 사람들과의 부드럽고 협력적인 관계들을 방해함이 틀림없다. 그 자리에는 뿌리 깊은 약탈적이고 착취적인 소망들이 있으며 그렇게 해서 생겨난 모든 상호간의 불안이 함께 있는데, 왜냐하면 약탈 경향은 억압되거나 또는 재정적 경로를 통해 표현되어야만 하기 때문이다. 아마도 이것이 어째서 재정이 감정의 주된 매개체가 되는지의 이유가 될 것이다.

종교와 민속에 있는 그들의 보호 체계들에서 우리는, 특히 부모의 증오와 복수를 중심으로 아동기의 복합적 감정 구조(constellations)의 흔적들을 발견한다. 똑같은 감정적 구조가 남녀 간의 관계를 지배하고—그래서 일반적으로 결혼 생활이 조화롭지 못하다.

Alor에서 기본 인격은 외부 세계에 흥미가 없이 불안하고, 의심 많고, 불신하고, 신뢰가 부족하다. 부모의 상이나 신을 이상화할 능력이 없다. 인격은 모험심이 없고 끊임없이 경게해야만 하는 억압된 증오와 까닭 모를 공격성으로 차 있다. 인격은 높은 포부가 없고 규율의 내면화를 위한 기반을 가지지 못한다. 그렇게 만들어진 개인들은 서로의 적개심에 대비해서 그들 자신을 보호하는 데에 자신들의 에너지 대부분을 소비하여야 한다. 협력은 낮은 수준임에 틀림없고, 미약한 응집력은 애정과 상호 신뢰에 의해서가 아니라 오직 지배-복종 태도들에 의해서만 달성될 수 있다.

Fromm과 Maccoby: 한 멕시코 마을에 대한 심리경제적 연구(1970)

1957년에 당시 멕시코분석학회 회장인 Erich Fromm은 멕시코시티에서 남쪽으로 50마일 떨어진 작은 멕시코 마을에 대한 대규모의 집중적인 연구를 시작하였다. 특별한 설문지, 투사 검사들 그리고 다른 자료들을 사용한 그 연구는 10년 이상 계속되었다. 보고서는 1970년에 출판되었다. 이 보고서의 가장 독창적인 특징은, 그 마을의 성인에 대한 총 인구조사를 시도했다는 것과 심리학적인 요인들을 사회경제적 요인들과 연결시키려고 했다는 것이다.

성인 인구(남자 200명과 여자 206명)의 약 95%가 포함될 수 있었다. 특성들은 빈도와 요인 분석에 의해서 채점되었다. 여섯 개의 주요 특성들이 드러났다.

성인기 대 청소년기 성인기의 주요 측면들은 결혼하기, 자녀 갖기, 조건부 사랑 그리고 권위주의 경향이었다.

생산성 대 비생산성 생산성의 특징들은 사랑, 창조성, 진취성-에너지, 전통적 권위 그리고 사회정치적 관계의 민주적 양식이었다.

착취성 대 비착취성 여기에서 주요 특성들은 권위주의와 극단적인 자기애였다.

동화의 저장 대 수용 양식 저장이 주요 소견이다.

성 역할(남성성 대 여성성) 남자들에게는 주요 가치가 자기애와 전통주의이다. 여자들에게는 주요 가치가 피학증, 순종 그리고 사랑을 포함한다.

어머니-중심적 대 아버지-중심적 지향 어머니-중심적 지향의 주요 근원은 어머니에 대한 고착이고(지배적인 멕시코 사람들의 태도), 아버지-중심적 지향의 근원은 아버지에 대한 고착이다.

이 요인들 중에서 세 개의 주요 성격 형태가 추출되었다. 즉, 비생산적-수용적 성격(가장 흔함), 생산적-저장적 성격과 착취적 성격이다. 그다음 성격과 사회경제적 변수들 사이의 상관관계가 계산되었다. 이 상관관계들은 저장 지향성이 그 마을에서 소작농 농사의 경제적 요구들에 가장 잘 적응된 것이었음을 보여 준다. 더욱이, 저장하는 소작농이 그의 성격과 일이 서로 맞기 때문에, 자신을 점점 더 세상과 조화를 이루지 않는다고 여기는 수용적 소작농보다 더 생산적이고 활동적인 것 같고, 정말 더 자신만만하고 희망적이다. 이 문화적으로 메마른 마을에서는 생산적-수용적인 개인을 위한 여지가 거의 또는 전혀 없다.

수동적-수용적인 마을 사람들은 농장 일꾼으로서 일을 찾을 수 있지만, 그들은 새로운 기업가에 의해 착취당하기 쉽다. 지주들(ejidatarios)이 될 만큼 운이 좋은 수용적인 사람들은 씨앗을 심는 지팡이에 의해 어느 정도의 안전감을 갖고 살아남을 수 있을지 모르지만, 그들의 위치는 위태롭다. 문화적 전통이 변하면서, 지위가 현대 세계의 치로 결정되면서, 그들은 자신을 새로운 기업가들로부터 보호할 수 없으며 더 많은 돈을 벌지 못하기 때문에 열등감을 느끼기 쉽다. 이러한 많은 수용적 개인들은 약하고, 과도하게 의존적이고, 열등하다고 느낀다. 그들은 거칠게 행동하고 '남자'임을 증명하고자 노력함으로써 이러한 기분을 보상하려고 할지 모르나, 이 증후군은 알코올 중독으로 이어지기가 쉽다.

Boyer 등: Athabasca족의 생태와 인격(1976)

알라스카 아북극 지대의 Athabasca 사람들이 경험하는 혹독한 기후(-70°F가 드물지 않다.)는 1700년까지 거슬러 올라가 추적될 수 있는 어떤 인격 특징들을 만들었다(Boyer, Boyer, and Hippler, 1976). 특히 인격 구조의 세 가지 주요 측면들이 적응에 유리하였는데, 사람들에게 적개심이 너무 많아서 공격성을 투사하고 방출할 다른 대상들을 문화가 여전히 제공하여야만 했던 점, 사랑하는 사람들을 잃어도 과도한 고통 없이 넘길 수 있게 하였던 감정적 거리가 있다는 점 그리고 적대적 환경에서 자기와 집단을 보존하는 데에 필요하였던 의심이 많다는 점 등이었다. 저자들은 더 자세한 설명이 필요한 예비 관찰로 이것들을 보고한다.

요약 논평

전체 문화분석의 네 가지 유형이 기술되었다. Roheim은 성을 중심으로, du Bois와 Kardiner는 기본적인 인격 개념에 대해서 자세히 설명하고, Fromm과 Maccoby는 심리적 자료를 경제와 관련짓고, Boyer, Boyer와 Hippler는 인격이 환경에 반응한다고 본다. 아직도 분석의 다른 유형들이 인용될 수 있다. 전체 문화분석에 대한 정신분석적 접근이 엄청나게 가치가 있다고 증명되었지만, 아직 통일되지 않았고 여전히 많은 연구가 필요하다.

미국 (그리고 유럽) 문화에 관한 시각

다른 문화에 대한 정신분석적 정밀 분석이 중요할 수도 있겠으나, 우리 자신의 문화에 대해 주어진 통찰들로 인하여 매우 어두운 그늘이 드리워졌다. 이 문헌의 대부분은 미국 문화에 대해서 쓰였지만, 언급된 것은 또한 유럽 문화에도 적용된다. 따라서 이 관찰들은 대개 '서양' 문화를 지칭한다. 주의 깊은 연구가 여타의 문화들이 다르기는 해도 더 행복하지는 않다는 것을 지적하고 있기는 하지만, 근대 산업 국가들에서 주된 관심사는 우리가 살고 있는 세계에 대한 명료화였다.

1890년대의 기법적인 탐구 후에 Freud의 이론은 전부 기존의 사회 질서에 대하여 약간의 비판을 함축하였다. 예를 들자면, 만약 꿈이 그렇게 중요하다면 꿈을 이야기할 수 없음은 삶을 피폐하게 한다거나, 만약 성(sexuality)과 성기 우선(genital primacy)이 결정적이라면 대부분의 남자와 여자는 성불구자로 판명된다거나, 종교는 하나의 보편적 강박신경증이라는 등이다. 목록은 무한정 확대될 수 있을 것이다. 하지만 개인적 이유로 Freud는 사회 비평가로 보이는 것에 주저하였다. 그는 '신경증'과 '정신병리'의 면에서 말하길 좋아하였다. Freud는 단지 생을 마칠 무렵에야 Lawrence Frank가 유명한 에세이에서 말한 것처럼, 그가 '사회를 그의 환자로' 취급했다는 것을 공개적으로 인정하였다.[9]

1932년에 새로운 정신분석 강의(The New Introductory Lectures)의 한 장에서, 스스로 '이 강의들의 무미건조한 어조로부터 벗어나고자',[10] 그는 정신분석적 철학의 더 긍정적인 함의에 대하여 깊이 생각하였다.

> 대부분의 우리 아이가 발달 과정에서 신경증적 시기를 통과한다는 인식은 정신 위생적 도

> 전의 싹을 수반하고 있다. 아이가 장애의 징후를 보이지 않는데도 분석으로 아이에게 도움을 주고자 하는 것은 정당하지 않을지도 모른다는 의문이 제기될 수 있다……. 신경증적 질환에 대한 이와 같은 예방은 아마도 매우 효과적일 텐데, 또한 아주 다른 사회 구조를 전제로 하고 있다.[11]

분석은 별문제로 하고, 그는 가장 중요한 희망을 이성에다 두었다. 후에 그는 같은 구절에서 다음과 같이 썼다.

> 지성—또는 우리에게 익숙한 이름으로 부르자, 이성이라고—은 인간들을 그러한 어려움으로 함께 뭉쳐 있는 인간들을, 그리고 다스리기가 거의 불가능한 인간들을 통합시키는 영향을 발휘하기를 우리가 가장 기대하고 있을지도 모를 힘들 중의 하나이다……. 미래에 대한 우리의 최선의 희망은 지성—과학 정신, 이성—이 시간이 갈수록 인간의 삶에 절대권을 확고히 할 수도 있을 것이라는 점이다……. 그러한 이성의 지배로 나타나게 되는 공통적인 강박은 인간들 사이를 통합시키는 가장 강력한 결합이라고 증명될 것이며, 한층 더 통합의 길로 이끌 것이다. 종교가 생각을 금지하는 것처럼, 그러한 발달을 반대하는 것은 어떤 것이든 인간의 미래에 대해서는 위험이 된다.[12]

따라서 Freud는 성적 좌절을 인간 고통의 핵심으로 보았던 초창기 때처럼 사회적 장애를 인식하였지만, 개인적인 이유로 방관자로 있기를 선택하였다. 하지만 그의 많은 추종자는 좀 더 공격적인 역할을 열렬히 하고 싶어 하였다.

서양 사회에 대한 일반적 비평

Freud가 하였던 것처럼(하지만 불완전하게), 일단 정신분석의 이상과 철학이 명료화되자 분석가 자신들이 속해 있는 문화에 이 개념적 틀을 적용한다는 것은 자연스러운 일일 뿐이었다. 처음으로, 과학자들은 그들의 동료 인간을 평가할 수 있는 타당한 도구 또는 일단의 도구들을 가졌다. 맨 처음 접근 방식은 그들이 익숙하였던 기법적인 것이었고, 그래서 '신경증'의 광범위한 발병률에 관한 연구가 나타나기 시작하였다.

뉴욕에서 Rennie와 그의 동료들(1962), 캐나다에서 Leighton과 그의 그룹(1963)에 의한 두개의 대규모 연구는 이미 논의되었다. 후속 연구들이 다른 비율을 제시하기는 하였지만 대체로 결과는 모든 계층에서, 사실상 조사되었던 모든 문화에서 모든 종류의 정서장애의 빈도를 가리키고 있었다. 다른 결과들에 더하여 이 결과들은 순수 정신분석가들의 수중에서 주도권을 빼앗아 올 정도로 정신보건 전문직의 엄청난 성장으로 이어졌다. 정신과 의사, 심리학자, 사회사업가, 사회학자, 문학인 그리고 심지어 일부 물리학자들까지도 이 상황에 들어왔다. 결과적으로, 뒤따르는 것에는 전문적인 정신분석가는 아니지만 과거의 수련 때문이거나 일반적 지적 동감 때문에 분석의 영향을 강하게 받은 학자들로부터 나온 많은 자료가 포함되었다. 앞에서, 그리고 제19장에서 논의되듯이 정신분석이라는 개념을 다른 분야로 확장해 나가는 이 과정은 장기간 계속되어 왔고 중요성이 꾸준히 증가되어 왔다.

사회경제적 상태와 인격장애 사이에 반비례적 관계가 있다는, 즉 부자는 더 부유해지고 가난한 사람은 신경증 환자가 된다는(Dohrenwend and Dohrenwend, 1969) 거의 보편적인 결과는 특별한 관심을 일으켰다. 가난한 사람들은 또한 도심의 빈민가를 가득 메우는 사람들이며(Faris and Dunham, 1939), 그들은 어떤 종류의 개선 지원도 받을 형편이 거의 안 되고, 심지어 이용 가능한 때에도 지원으로부터 혜택을 거의 받을 수 없기 때문에 (Hollingshead and Redlich, 1958) 정부가 뛰어들어 어떤 구제책을 강구해야만 하는 것은 지극히 당연하였다. 전형적인 미국식으로, 일종의 정신보건 개혁 운동이 잇따라 일어났다. 「정신보건연구법」이 1955년도에 통과되었고, 국립정신보건원이 설립되었으며, 『정신보건을 위한 조치(Action for Mental Health)』라는 보고서가 발행되었다(정신보건공동위원회, 1961). 인력, 시설과 비용에 관해 권고 사항들이 마련되었다. 이 보고서와 뒷받침하는 자료들의 영향을 받아 「지역사회 정신보건센터법」이 1963년에 의회를 통과하였고 케네디 대통령의 승인을 받았다.[13] 원래 의도는 전 국민을 돌보기 위해 2,000개 센터를 설립하는 것이었지만, 여러 가지 이유로 이 목표 달성 예정 기한이 몇 년 연기되었다.

물론, 통계는 이야기의 절반만을 말해 준다. 지역사회 정신보건센터의 목적 가운데 하나는 주립 병원을 폐지하는 데 있었고, 당시 주립 병원은 정신분석적 지향의 정신과 의사들과 여타의 전문가들로부터 받은 지속적인 비판의 결과로 시대에 뒤떨어진 것으로 간주되었다. 주립 병원 입원 환자 수는 꾸준히 감소하였지만, 병원 밖에서 받은 돌봄의 질이 빈약하여 환멸감이 상당히 초래되었다. 다음은 1977년 6월 5일『뉴욕 타임스』에 사설로 실린 내용이다.

> 지난 10년은 정신질환자와 정신지체자의 보살핌에 혁명을 가져왔다. 1970년 미국 전역의 정신 병원에 입원한 환자 수는 43만 명에 이르렀으나, 현재는 약 30만 명이고 여전히 감소하고 있다……. 퇴원한 환자의 대부분은…… 지금 도시를 떠돌고 있거나 기본적인 돌봄을 받는 사립 요양원으로 위탁되었다. 일부 환자에게는 삶이 회전문이 되어 버려서 뉴욕시의 장기 요양 시설에서 퇴원한 환자의 반은 결국 병원 수용 병동으로 되돌아온다.[14]

모든 노력을 쏟았음에도 불구하고 1969년에 아동정신보건공동위원회가 또 다른 보고서를 발간하였을 때, 『아동정신보건의 위기(Crisis in Child Mental Health)』라는 제목이 붙게 되었다. 명백히 단기 속성 프로그램은 사회 변화에 별다른 효과를 미치지는 못하였다.[15]

진단의 혼란과 사회적 비판

많은 관찰자가 '신경증'과 '정신병'이라는 용어가 여러 가지 죄악을 덮는 데 이용된다는 것을 재빨리 알아차렸다. '신경증'은 자아와 이드 사이의 갈등이라는 좀 더 전문적인 의미보다는 대체로 넓은 의미에서(제13장 참조) 불행과 동등한 것으로 생각되었다. '정신병'은 다소 더 분명하지만 극단적인 경우를 제외하고는 여전히 본질적인 막연함에 시달렸다.

무슨 일이 일어났었느냐 하면 분석에서 유래된 정신건강의 이상이 사회 전반으로 적용되었다는 것이다. 어떤 의미에서 그것은 전체 문화의 철학적인 방향 전환을 의미하는 것이었다. 일찍이 1938년에 사회학자인 Kingsley Davis는 이것을 『정신의학(Psychiatry)』의 한 글에서 지적하였다.

> 정신 위생은 과학이라는 허울 뒤에 윤리적 편견에의 집착을 숨기고 있다……. 심리적인 해석과 함께 지배적인 윤리(개인적 자주성, 개인적 책임감 그리고 개인적인 성취에 대한 철학)에 대한 무의식적 가정은 정신질환의 사회적 결정 요인과, 특히 부당한 관계들의 영향을 모호하게 해 왔다.[16]

더 전문적인 수준에서 '조현병'과 '경계선' 환자들의 정신치료에 관한 비관주의의 당연한 결과와 약물에 대한 의존 증가와 함께 '조현병'과 '경계선'이라는 진단의 무분별한 사용에 대해 많은 비판이 있었다. 1972년 미국정신분석협회(the American Psychoanalytic Association)의 패널 토론에서(Gunderson, 1974), 조현병의 결핍(기질성) 이론과 갈등(심인

성) 이론의 옹호자들 사이에 첨예한 충돌이 발생하였다. 패널의 제목("조현병의 이론적 모형이 치료 실제에 미치는 영향")은 선택된 이론적 모형이 치료 실제에 강력한 영향을 갖고 있음을 보여 준다. Searles는 정신분석적 인생 철학을 강조하며, 심인성 이론가들 편에서 가장 강력한 성명을 발표하였다. 그 보고서는 다음과 같이 서술되어 있다.

> 전체 정신 병원 환자 중 조현병을 앓고 있는 환자들은 47%로 추정되며 그들 중 상당수는 십 년, 이십 년 동안 있는데, 이것은 그들이 동료 인간들을 그들의 친척이 아니라고 단념하였기 때문만이 아니라 그들의 동료 인간들이 그럴 것이라고 추정된 차이들을 기능상의 진실로 받아들이게 되었기 때문이다. Searles는 만약 정신분석 운동이 그가 본질적으로 이 문제로부터의 페노타이아진 및 유전학 도피(phenothiazine-and-genetics flight)라고 여겼을 것으로 피신한다면, 그때는 이 엄청난 수의 조현병 환자들에게뿐만 아니라…… 정신분석 전반의 전문가들과 정신분석가가 치료하는…… 환자들에게도 영혼의 길고 어두운 밤이 시작될 것임을 경고하였다.[17]

특정한 문화적 그리고 개인적 갈등

Freud 이후 많은 이론가가 서양 문명의 특징인 다양한 갈등을 기술하였고, 새롭고 다양한 사회 비평가들이 진출하였다. 바로 분석가들이다. 그들은 자신의 이상에 비추어 기존의 문화를 평가하고, 어떤 면에서는 그것이 원하는 것을 발견하였다. 시간이 지날수록 이런 종류의 사회 비평은 탄력이 계속 증가되어 현재는 아주 흔하게 되었다.

Riesman: 고독한 군중(내부-지향성과 타인-지향성)

시카고대학교의 사회학자이며, Erich Fromm의 체계화에 아주 많이 기울어진 David Riesman은 1950년에 『고독한 군중(The Lonely Crow)』이란 책을 발간하였다. 이 책에서 그는 전형적인 미국인을 고독하면서 타인-지향적이라 특징지었고, 이러한 성향들을 미국인의 신경증적 갈등의 주요 근원으로 봤다. 이 책은 대단한 반향을 일으켰고 폭넓은 대중성을 계속 가지고 있다.

Riesman은 실제로 세 가지 유형, '전통-지향적, 내부-지향적 그리고 타인-지향적'으로 구별하였다. 전통-지향적인 사람은 하나의 단일체로서 그의 문화의 영향을 느끼지만, 그럼에도 불구하고 그것은 그가 매일 접촉하는 특정 소수의 개인을 통해 영향을 받는다. 이들은 적절한 행동을 강조하고, 주요 사회적 제재가 수치라고 강조한다. 내부-지향적인 사람은 부모가 설정한 정신적 자이로스코프를 초기에 함입하였으며, 후에 자신의 부모를 닮은 다른 권위적 인물들로부터 오는 신호를 수신할 수 있다. 항로를 벗어나는 것은 죄책감으로 이어질지 모른다. 이런 내부 통제들 때문에 내부-지향적인 사람은 엄청나게 안정적일 수 있다.

타인-지향적인 사람은 자신의 부모에 의해 구성된 것보다 훨씬 더 넓은 범위에서 오는 신호들에 반응하는 것을 배운다. 가족은 더 이상 자신이 소속된 단단히 결합된 단위가 아니며, 단지 그가 초기에 주의를 기울이게 된 더 넓은 사회적 환경의 일부일 뿐이다. 어떤 의미에서 그는 어느 곳도 집처럼 편치 않고, 어느 곳이나 집처럼 편하며, 모든 사람과 때때로 피상적인 친밀감이긴 해도 빠른 반응을 할 수 있다. 이 유형의 주된 심리적 특징은 널리 퍼져 있는 불안이다.

권위주의적 인격과 민주주의적 인격: Berkeley 연구

제2차 세계대전 직후, 유대인 대학살과 전쟁에 몸서리를 쳤던 미국유대인위원회(the American Jewish Committee)는 강한 민족적 편견, 특히 반유대주의를 나타내는 인격의 종류에 대한 한 연구를 후원하였다. 다수의 저명한 분석 지향의 사회심리학자들이 연구집단을 이끌었는데, 이 집단은 또한 사회학의 Frankfurt 학파(Max Horkheimer, Theodor Adorno 등)의 이전 연구로부터 일부 영감을 얻었다. 그들의 연구는 1950년에 출판된 Adorno 등의『권위주의 인격(The Authoritarian Personality)』에 요약되었다. 대규모의 면담과 투사적 검사들이 사용되었다. 결국 주로 중산층으로부터 뽑힌 총 2,099명의 대상자가 평가되었다.

저자들이 느꼈던 가장 결정적인 결과는 '민주주의적 그리고 권위주의적'인 두 가지 명백히 다른 종류의 인격이 입증되었다는 것이다. 그들의 태도는 많은 다른 영역에서 상당히 많은 일관성을 보여 준다. 그러므로 기본적으로 계급주의적 · 권위주의적 · 착취적 부모-자녀 관계는 자신의 성적 상대자와 신을 향한 권력-지향적이고 착취적 · 의존적인 태도로 이어지기 쉬우며, 아마도 강해 보이는 것에는 필사적으로 매달리고 지위가 바닥으로 떨어지는 것은 어떤 것이든 경멸해서 배척하는 외에는 다른 여지가 없는 정치 철학과 사회관으로까지 이르게 될 것이다. 또한 내재하는 각색은 부모-자녀의 이분법으로부터, 특히 고정관념에서 나타나는 사회적 관계의 이분법적 취급과 내집단-외집단 분열의 이분법적 취급으로 확장될 뿐만 아니라 성적 역할과 도덕적 가치관의 이분법적 개념으로도 확장된다.

다른 하나의 양식은 주로 애정 어린, 기본적으로 평등주의의 허용적인 대인관계로 특징지어진다. 이 양식은 종교적 가치와 사회적 가치의 내면화는 물론 가정 내에서의 태도와 이성에 대한 태도를 포함한다. 보다 큰 융통성과 보다 더 진실한 만족에 대한 잠재력은 이 기본 태도의 결과로서 나타난다.

치료자들에게 직접적인 관심사는 권위주의적 인격이 그 경직성, 상동증 및 정서적 단조로움과 더불어 일반적으로 정신치료에 대해, 그리고 정신치료가 의미하는 것이 무엇이든 그것에 반대한다는 관찰이다. 저자들은 "공포와 파괴성이 파시즘의 주요 정서적 원천이라면, 에로스는 주로 민주주의에 속한다."[18]라고 결론짓는다.

고유한 심리학에서 Horkheimer, Adorno 그리고 그들의 동료들의 연구는 Julian Rotter가 제안하고 측정한 통제소재(the locus of control)[3)]의 개념에서도 또한 계속되어 왔다(Lefcourt, 1977). 비록 그들의 연구가 상당한 의견 불일치와 논란을 불러일으켰다 해도, 그것은 극히 생산적임이 입증되었다.

다른 관찰들

미국과 서양의 인격 특성과 갈등에 관한 여타의 많은 관찰과 논평이 이루어졌다. Fromm

---

3) 역주: 통제소재(locus of control, 統制所在). Rotter(1960)는 행동을 결정하는 데 보상에 대한 인지적 기대의 역할을 강조하는 사회학습 이론을 제안하였다. 이 이론에서는 보상에 대한 인지적 기대가 사람마다 개인차를 나타내는데, 이를 바탕으로 인간의 성격을 설명하기 위하여 통제소재라는 개념을 제시하였다. 사람마다 자신의 행동과 자신의 내적 요인의 관련 정도에 차이를 보인다. 사람은 통제력이 내부에 있는지(internal locus of control) 아니면 외부에 있는지(external locus of control)의 관점에 따라 자신의 삶을 다르게 사는데, 이러한 태도가 바로 성격 경향을 반영한다. 내적 통제소재를 지닌 사람은 성공이나 실패가 자기 노력의 결과라고 믿으며, 외적 통제소재를 지닌 사람은 성공이나 실패가 운명이나 운 또는 다른 사람의 의시가 결정한다고 믿는다.
통제소재는 인간 삶의 여러 측면에서 서로 다른 통제소재를 갖기도 한다. 예를 들어, 어떤 사람은 사회적 관계에 대해서는 내적 통제소재를 지니면서 자신의 건강에 대해서는 외적 통제소재를 지닐 수 있다. 질병이나 건강에 관한 각자의 통제소재는 치료 결과를 예측해 주는 한 부분이 된다. 상담 장면에서 외적 통제형의 내담자에게는 지시적 상담이, 내적 통제형의 내담자에게는 비지시적 상담이 효과적이다. 합리적·정서적·행동적 치료(REBT)에서는 통제소재, 즉 문제의 원점을 정하는 방식을 바꾸어 문제를 해결해 보려고 한다. [김춘경, 이수연, 이윤주, 정종진, 최웅용(2016). 상담학사전. 서울: 학지사].

은 미국의 시장 지향에 대해 저술하였다(1947). Rapaport와 그의 동료들(1945~1946)은 West(1945)가 본 것처럼 전형적인 미국인을 조현성 성격으로 보았다. Erikson은 전형적인 미국인의 정체성 위기는 귀족정치(aristocracy)와 중우정치(mobocracy) 사이에서 양극화되는 것이라고 보았다(1950). McClelland(1961)는 미국과 다른 나라들을 '성취하는 사회(achieving societies)'라고 칭하였다. 하지만 그는 이 성취 지향이 그런 사회의 개인들에게 어떤 영향을 주느냐는 질문을 회피하였다. Sullivan(1962)은 편집성 인격이, Bleuler와 더 최근에는 Pinderhughes(1971)가 생각하였던 것처럼 보통 추측하는 것보다 훨씬 더 흔하다고 보았다. Eissler(1963)는 분석 가능성을 가지고 정상을 식별하였으며, Reiff(1966)는 더 나아가서 '심리적 인간'의 모습을 묘사하였다. 그 목록은 무한히 확장될 수 있을 것이다.

이 포괄적인 서술들은 흥미롭고 도발적이지만 너무 일반론에 머물러 있다. 정신분석에 의해 수립된 이상적 정신건강의 다양한 측면에 대한 사회심리학적 분석, 즉, 분석적 이상과 통계적 평균의 비교는 똑같이 유익하다.

정신분석과 지역사회 정신의학

신경증의 높은 발생률과 싸우기 위한 원대한 사회적 변화의 필요성은 지역사회 정신의학이라고 알려진 운동으로 이끌었다. 지역사회 정신의학은 소수에게 집중치료를 하기보다는 다수에 대한 피상적 치료에 초점을 두는 경향이 있었기 때문에, 그 방법과 철학은 종종 더욱 전통적인 정신분석과 충돌로 이어졌다. 그럼에도 불구하고 1968년에 미국정신분석협회(the American Psychoanalytic Association)는 Viola Bernard를 위원장으로 하는 지역사회 정신의학 상임위원회를 임명하였다.[19]

1968년 5월의 회의에서 평의원회는 다음과 같은 결의안을 통과시켰다. "미국정신분석협회는 지역사회 정신의학과 사회 정신의학의 목표에 긍정적인 지지를 표한다. 그리고 회원들과 산하 학회들이 이 복잡하고 지대한 영향을 미칠 분야에서 연구, 유효한 프로그램 및 근거가 충분한 원칙의 개발과 구현에 적절히 참여할 것을 격려한다."[20]

이 듣기 좋은 결의안은 모두가 알고 있던 지역사회 정신의학의 대규모적 방법과 정신분석의 개인적인 방법 사이의 깊은 균열을 완전히 덮는 데 기여하였다. 하지만 전체적으로 보아 정신분석에 대한 지역사회 정신의학의 반발이 그 반대보다 더 강해 왔던 것처럼 보인다. 이것은 이 분야에서의 선행하는 어떤 혁신이 아무리 가치가 있어도, 결국은 'Freud주의'를 공격하며 갔던 그 양식을 따라가고 있다.

1974년 미국정신분석협회의 회의에서 그 주제에 대한 패널 토론이 열렸다(Wadeson, 1975).

반정신의학

문화를 분석적으로 해부하는 데 대한 반동의 일환으로 1950년대에 반정신의학(antipsychiatry)으로 알려진 운동이 일어났다. 그것은 전통적인 정신의학의 모든 것이 폐기되어야 한다는 주장으로, 이유는 그 자체로 조현병적인 사회에 본질적으로 문제가 있기 때문이라는 것이다. 이 운동의 지도자로 영국의 정신과 의사 R. D. Laing과 David G. Cooper가 있으며, 약간 다른 계열로 미국의 Thomas Szasz가 전통 정신의학에 대하여 마찬가지로 신랄한 논평을 하였다.

이 그룹의 첫 번째 주요 출판물은 Laing과 Esterson의 『온전한 정신, 광기 그리고 가족(Sanity, Madness and the Family)』(1964)이었다. 이 책은 조현병 환자 모두가 장애가 있는 가정 출신이라는 것을 보여 주는 문헌의 일부였다. "우리는 우리가 조현병 환자의 경험과 행동이 대부분의 정신과 의사들이 생각해 온 것보다 훨씬 더 사회적으로 이해할 수 있다는 것을 보여 주고 있다고 믿는다."[21] 타당한 점을 지적하기는 하였지만, 저자들은 선구적 분석가들이 같은 점을 여러 차례 지적하였었다는 것을 알고 있는 것 같지 않았다(제14장 참조). Laing(1971)은 명백히 자기 자신을 '현상학자'로 생각하면서 사회, 가족 그리고 전통 정신의학에 대한 공공연한 비난에 특히 맹위를 떨쳤다. 이 모든 것이 대중에게는 그를 극적으로 보이게 하였지만, 전문직 종사자들에게는 거의 전달할 게 없다(그의 책들은 주로 대중을 겨냥하였다).

훈련받은 분석가이면서 미국정신분석협회의 회원이던 Thomas Szasz는 다른 메시지를 내놓았다. Szasz는 『정신질환이라는 신화(The myth of Mental illness)』(1961)를 공격하는데, 그는 그 말로 통상 의학적 모델로 불리는 것을 의미한다. 비록 그의 견해가 때때로 극단으로 치닫지만, 그는 전반적으로 정신질환과 비분석적 정신의학에 대한 어떤 심리학적인 견해를 대중화하였다. 주로 그는 기질적 원인으로부터 심리적 원인을 분리할 필요가 있다는 것과 그것이 이루어지지 않을 때 생기는 혼란을 강조하였다.

'정상'에 관한 탐구

문화에 대한 정신분석적 비평의 대부분은 '정상'으로 통하는 것에 대한 특정 분석에 포함되어 있었다. Freud는『일상생활의 정신병리(The Psychopathology of Everyday Life)』(1901)와 많은 다른 책에서 그 주제에 대해 의미심장한 논평을 하였다. 그는 심지어 1937년에 정상인이 평균적으로 정상일 뿐이라고 썼다. "그(정상인-역자 주)의 자아는 이런 부분 저런 부분에서 정도가 크든 작든 정신병 환자의 자아에 가깝다."[22]

남은 일은 다른 사람들이 Freud의 연구 결과로부터 완전한 결론을 끌어내는 것이었다. 정신분석이 평균적인 사람에게서 발견되는 것보다 월등히 우월한 정신건강 상태를 그리고 있다는 것과 그것이 실제로는 하나의 이상이라는 것은 곧 명백해졌다. 따라서 '정상'은 통계적(평균적인 사람) 의미와 이상적 의미의 두 가지 의미를 발달시켰다. 그다음에 통계적인 평균과 이상 간의 차이의 본질은 무엇이며, 그리고 도달해야 할 그 이상은 어떠한 것인가라는 두 가지 의문이 생겼다.

역설적으로, 그것은 분석 이론에 대한 지지의 주된 원천 중 하나를 제공하는 기법의 혁신이었다. 1930년 현재, 분석가가 될 모든 사람은 자신의 훈련의 일환으로 개인 분석을 받아야만 하였다. 한때 '교육적' 경험으로 알려졌던 이 분석이 여느 사람의 분석과 마찬가지라는 것이 곧 분명해졌다. 그러나 지원자들은 대부분 의사나 철학자였거나 또는 다른 상당한 자격증을 가졌으며, 당시의 평균적인 전문가는 조금도 '신경증적'이라고 여기지 않았을 것이다. 하지만 그들의 내면 갈등은 그들의 환자들에게서 마주치는 갈등과 본질적인 점에서 아무것도 다르지 않다는 것이 밝혀졌다. 신경증과 정상 사이의 차이는 단지 정도의 차이일 뿐이라는 Freud의 연속 이론이 확인되었다.

1931년에 출판된 논문에서, Ernest Jones는 정상의 분석적 상에 대해 그 당시까지 보았던 가장 명확한 설명을 제시하였다. 그는 철저한 분석이 어떤 분명한 정신신경증적 증상을 제거할 뿐만 아니라, 인격의 상당한 해방과 확장을 가져오는 방식으로 근본적인 갈등과 콤플렉스를 처리하는 효과도 있다고 주장하였다. 그렇게 해서 그것은 성격에, 그리고 심지어 지능에도 총체적 질서의 변화가, 특히 증가된 관용과 열린 마음 쪽으로 일어나게 한다. 더 나아가 그것은 일정 수준의 친절과 애정을 갖춘 성숙의 최종 단계로 이끄는데, 그것은 바깥으로 나타난 것보다는 그러한 감정의 내적 자유에 의해서만 판단될 수 있을 뿐이다. 그는 다음과 같이 결론을 내렸다. "향후 수세기가 지나 사회과학과 교육과학이 심층심리학의 연구 결과에 주목할 때, 이 [정상의] 문제를 연구하여 얻은 지식은 헤아릴 수 없는 실용적 가치가 있는 것으로 이해될 것이며, 정신분석이 세상에 헌정해 왔던 선물이 하찮은 것은 아니라고 자리 잡을 것이다."[23]

그 당시에 그리고 그 후에, 분석가들은 우리 문화에서 정상이라 할 만한 사람의 모든 특징을 조사하기 위해 애를 많이 썼고, 풍부한 의미 있는 연구 결과를 제시하였다. 하지만 개인 분석가들은 오직 질적 판단만 제공할 수 있을 뿐이어서 이것들을 누군가가 정량적 평가로 바꾸는 일이 남아 있었다. 우리는 이제 우리 문화에 대한 더 많은 관점을 얻기 위하여 정신분석적 지향의 이들 연구 쪽으로 돌아서고 있다.

성

처음부터 Freud는 인구의 상당한 비율, 아마 대부분에서 성적인 갈등이 있다는 것을 주장해 왔다. "경험은 우리 사회를 구성하고 있는 대부분의 사람이 금욕이라는 과업을 직면하기가 체질적으로 맞지 않다는 것을 보여 준다."[24] 오랫동안 일반적인 성 규범에 관련된 위선은 부정되거나 무시되었다. 그 후 1948년에 남자에 대한, 그리고 1953년에 여자에 대한 Kinsey 보고서가 나왔다.

Kinsey 연구 Alfred Kinsey는 인디애나대학교 동물학 교수였다. 다양한 기관, 특히 Rockefeller 재단의 보조금에 힘입어 그와 그의 동료들은 수천 명의 광범위한 면담에 참여하였다. 그들의 책 두 권의 출판은 사회 전반에 지대한 영향을 가져왔다.

Kinsey는 정신분석의 편은 아니었다. 그는 Freud의 간행물을 정확하게 인용하지도 않았고[25] 분명 Freud의 심리학적 견해를 이해하지 못하였다. 그럼에도 불구하고, 그의 통계자료들은 성적으로 좌절된 우리 문화에 대한 Freud 학파의 가설들에 대한 많은 지지를 제공하였다.

주요 연구 결과 중 하나는 금욕을 참을 수 있는 사람이 거의 없다는 Freud의 말을 직접 확인한 것이었다. "우리 사료의 분명한 계산에 따르면, 만약 법 집행관들이 대부분의 사람이 기대하는 만큼 유능하다면 적어도 젊은 남성의 85%가 성범죄자로 유죄 판결을 받을 수 있을 것이라고 말할 수 있을지도 모른다."[26]

그가 말하는 '성범죄자'는 강간범을 의미하는 것이 아니라 자위행위, 혼외정사, 아동기 성 놀이, 심지어 수간 그리고 상당 비율의 인구가 흔히 탐닉하고 있는 다른 금지된 형태의 성적 활동을 하고 있는 사람들을 의미한다. 통계 자료는 도시와 시골 집단, 교육 수준, 종교 단체들 및 연령 수준에 따라 세분되었다. 성 규범이 매우 폭넓게 무시되고 있다는 사실은 Kinsey를 많은 사람에게 허용적인 초자아가 되게 하였다(Margolin, 1948).

Kinsey는 후기 저서에서 여자들이 남자들과 마찬가지로 공식적인 성 규범을 지킬 수 없다는 것을 보여 주었다. 통계 자료는 심지어 더욱 유죄를 강력히 시사하였다. Kinsey는 성 관련 법률을 어긴 사람의 99퍼센트 이상이 결코 체포되지 않았다고 진술하였다.[27]

역동과 관련하여, 정신분석가들은 거의 대부분의 사람이 남자는 조루증으로, 여자는 불감증으로 고통을 받는 등 어떤 형태로든 성적으로 불충분하다는 것을 발견하였다. 자신의 부정에도 불구하고 Kinsey는 정신분석적 가설들을 확인해 주었다. 그는 대부분의 남자가 사정을 매우 빨리 하는데, 2분 이내가 75%이고 다수가 1분 이내 또는 10초 혹은 20초 후에 사정한다는 것을 발견하였다. 그럼에도 불구하고 그는 다음과 같이 기술하였다.

> 성관계에서 반응이 빠른 남성이 신경증적이거나 달리 병적으로 관련된다는 생각은, 대개의 경우 과학적으로 정당화되지 못한다……. 비정상과는 거리가 멀며, 성 반응이 빠른 인간 남성은 포유류 사이에서 지극히 정상이며 인간 종에서 늘 있는 일이다. '발기부전'이라는 용어가 그런 빠른 반응에 오히려 적용되었어야 했다는 것은 기이한 일이다. 반응이 빠르고 강한 개인에게 결코 우월하지 않다는 딱지가 붙는 다른 상황을 찾기는 어려울 것인데, 대부분의 경우 아마도 빨리 사정하는 남성들의 경우가 (부인의 입장에서는 그의 특성이 아무리 불편하고 불행하다고 해도) 바로 그런 상황이다.[28]

이 진술이 훈련된 생리학자로부터 나왔기 때문에 더욱 더 놀랍다. 결국, 심장이 더 빨리 뛰는 사람이나 음식을 급히 먹는 사람이나 실금이 있는 사람은 우월한 것이 아닌 병든 것으로 여겨진다. 그러한 것이 분석에 대한 적대적 태도의 힘이다.

여자에 관련해서, 그는 질 오르가슴을 목표로 음핵에서 질로 이동한다는 분석적 관점을 '생물학적 불가능'이라고 낙인찍었다.[29] 일부 여성들은 질경련을 보고하지만, 이것은 성숙과는 아무 관련이 없었다. 사실 그는 "오르가슴 후에 오는 경련은 또한 전기 충격 후에 오는 경련과 유사하다. 이것은 대부분의 사람이 후-효과가 있는 성적 오르가슴이 신체적 만족 중에 최고 절정의 하나를 제공할 수 있을 거라고 여긴다는 점을 더욱 더 놀랍게 만든다."라고 말한다.[30]

대체로 Kinsey 보고서는 성에 대한 정신분석적 발견의 문화적 반응에 비추어서만 제대로 인정받을 수 있다. 그 서투른 실수에도 불구하고 보고서는 현재의 좀 더 허용적인 성적인 분위기에 긍정적인 기여를 했다고 보인다.

MASTERS-JOHNSON 보고서 커다란 영향을 끼친 성에 대한 두 번째 대규모의 연구는 Masters와 Johnson 보고서인『인간의 성 반응(Human Sexual Response)』(1966)이다. 그들의 조사는 1954년에 워싱턴대학교 의과대학에서 시작되었고, 1964년 이후 생식생물학연구재단(the Reproductive bilology Research Foundation)의 후원하에 지속되었다. 후에 그들은 성기능장애의 치료를 위한 여러 가지 치료 기법을 개발하였다. 현재 그들의 치료 방법은 전국적으로 여러 가지 병원과 시설로 퍼져 나갔다(Human Sexual inadequacy, 1970).

다수의 부인과적 상세한 기술 외에도, Masters-Johnson 연구의 주요한 새로운 공헌은 질 오르가슴과 음핵 오르가슴 사이의 차이를 부정한 것이었다. 특히 이것은 Mary Sherfey의 저서와 연계하여 제8장에서 논의되었다. 초기 Kinsey 보고서와 마찬가지로 성경험에서의 무의식적 역동적 요인에 주의를 기울이지 않았다. Masters-Johnson 작업의 하나의 분지인『Hite 보고서(The Hite Report)』(1976)에서 음핵 자위행위는 적어도 성교만큼 만족스러운 것으로 간주되는데, 성교는 오직 응답자의 30%만이 오르가슴에 도달하였다.[31]

Masters와 Johnson이 이용한 행동치료에 대한 분석적 비판은 행동치료가 무의식의 기본 지식뿐만 아니라 초자아와 행동화의 최신 개념을 무시한다는 것이다. Masters식의 행동치료자는 자신을 '성적으로 훤히 깨달았다'고 여기지만, 정신분석가는 반성적(反性的, antisexual)이라고 조롱당하거나 공격당하는 역설적인 상황이 발생하였다.

성적 깨달음과 성치료에 대한 전체적인 경험은 정신분석의 성장 및 문화의 비평과 연결된 문제점들을 설명하고 있다. 역동적 요인들이 훨씬 더 이해하기 힘들기 때문에, 포착되는 것은 드러난 행동이고 이후 모든 종류의 행동화가 결과를 알지 못한 채 조장된다.

증오, 폭력 그리고 분노

현대인들에게 증오, 폭력 및 분노가 어디에나 있다는 것을 깨닫게 하기 위해 특별한 증거를 모을 필요는 없다. 이 주제에 대한 현대 정신분석학적 태도는 요약하기가 쉽지 않다(제8장 참조). 일반적으로 거의 모든 좌절이 사랑보다 분노를 훨씬 쉽게 일으키며, 한번 일어난 분노는 자체의 강력한 힘을 유지하는데, 지나친 분노는 더 유아적이고 장애가 심한 인격의 특징이라고 말할 수 있다. 게다가 만성적인 분노는 죽음을 포함한 심각한 생리학적인 결과를 만들기도 한다. 반면, 경우에 따라서는 분노의 방출이 긍정적이고 건설적인 가치를 갖는다.

정신분석이 사랑은 건설적이고 증오는 파괴적이라고 강조한 것은 다양한 사회과학자들의 주의를 증오와 폭력이 드러났었던 방식에 집중시키는 데 강력한 힘을 발휘하였다. 이전 시대에 폭력은 모험과 정복을 할 수 있는 인간 능력의 징표로 미화되었으나, 지금은 정신병리의 지표로 비난받는다.

1968년 Robert Kennedy와 Martin Luther King의 암살 후, Johnson 대통령은 폭력을 주제로 연구할 위원회를 설립하였다. 위원회는 미국에서 『폭력의 역사(The History of Violence in America)』(Graham and Gurr, 1969)라는 길고 유익한 보고서를 발행하였다.

결론 중 하나는 서양 문명이 평화로운 것이었다는 역사가들의 신화에 대한 재평가였다. 토론토대학교의 사회학 교수인 Tilly는 다음과 같이 썼다.

> 역사적으로 집단 폭력은 서양 국가들의 중앙정치 과정에서 정기적으로 일어났다. 권력 수단을 장악하고 유지하며 재편성하고자 추구하였던 사람들은 투쟁의 일환으로 끊임없이 집단 폭행에 관여하였다. 억압당하는 사람들은 정의의 이름으로, 특권층은 질서라는 이름으로, 그 중간 사람들은 공포라는 이름으로 싸웠다.[32]

다양한 연구가 폭력이 얼마나 널리 퍼져 있는지, 그리고 널리 퍼져 있었는지를 강조해왔다. De Mause(1974)는 아동기 역사를 추적하면서 상당히 최근까지도 유아들이 유아살해를 포함한 매우 심한 학대를 당했다는 것을 보여 주었다. Gelles(1972)는 현대 가정에서의 폭력 정도를, 특히 남편과 부인 사이의 신체적 공격과 관련하여 증명하였다. Shorter(1975)는 약 18세기 중엽부터 사랑과 온정 쪽으로 성장이 있어 왔다는 놀라운 학위논문을 제출하였다.

미시간대학교 사회조사연구소에 의한 한 연구(Kahn, 1972)는 King 목사 살해에 자극을 받아 폭력을 정당화하는 미국 남성들의 태도를 조사하였다. 그들은 남성을 평화주의자, 자경단원, 전사, 무정부주의자로 분류하는 유형학을 제안하였다. 평화주의자와 무정부주의자는 더 인간 중심적이고 평등, 자유 그리고 인간의 존엄성을 더 강조하였다. 자경단원과 전사는 그 반대였다(이것은 권위주의-민주주의 유형학과 약간 유사함을 보여 준다).

정량화가 여기서 필연적으로 매우 복잡해진다. 일반적으로 증오가 유아적이고 분열(splitting)에 기반을 두면서 깊은 정신병리와 관계가 있다는 정신분석적 이론은 사회 이론에 대해 얼마간 광범위한 영향을 미치기 시작하고 있다.

가족 구조와 역동

가족 구조의 주제는 이미 몇 군데서 언급되었다. 분석 이론은 기존의 가족 구성(family arrangements)에 대해 혹독한 비판을 하였었고, 그 해결책으로 교육과 치료를 제안하였었다. 1950년대에 이러한 주장은 새로운 국면을 전개하여 많은 분석가가 가족의 긍정적인 면들을 지적하기 시작하였고, 한편 다른 분석가들은 가족 전체에 대한 치료(가족치료)를 실험하기 시작하였다.

많은 다른 사람이 곧 뒤이어 나왔지만, 새로운 운동의 주요 이론가는 Nathan Ackerman이었다. 그는 정신분석가 수련을 받았고, 여러 해 동안 고전적인 방법으로 소아 치료를 전문으로 하였다. 그 후에 그의 견해와 임상 실제 두 가지가 다 변하였으며, 그는 전체 체계(total system)로서의 가족을 강조하게 되었다. 고전적인 이론을 넘어 Ackerman(1958)은 현대 가족의 여섯 가지 사회적 목적을 서술하였다.[33]

1. 음식, 주거지 그리고 그 밖의 물질적인 필수품의 공급
2. 가족관계의 정서적 유대를 위한 기반이 되는 사회적 연대감의 공급
3. 가족 정체성과 연결된 개인적 정체성을 발달시킬 기회
4. 성적 역할의 정형화
5. 사회적 역할과 사회적 책임의 수용으로 통합해 가는 훈련
6. 학습의 함양 그리고 개인적 창의성과 주도성에 대한 지지

Ackerman은 가족 이론가와 가족치료자 모두에게 구호가 되어 버린 진술로 결론지었다.

> 분명히 가족 구성은 남편과 부인, 아버지, 어머니 그리고 아이의 역할에 요구되는 행동 방식을 결정한다. 어머니 노릇하기와 아버지 노릇하기 그리고 아이의 역할은 오직 정의된 가족 구조 속에서만 특정한 의미를 획득하게 된다. 그러므로 가족은 그 기능 수행을 위해 필요한 종류의 사람을 형성하며, 그 과정에서 각 구성원은 자신의 과거의 조건 형성과 현재의 역할 기대를 조화시킨다. 분명히 이 과정은 지속적인 것이며, 가족의 심리적 정체성을 위해 어느 정도의 기간에 걸쳐 변화한다. 그리고 이 과정의 틀 안에서 각 구성원은 때때로 이 역할 기대를 따르고, 때로는 어느 한도 내에서 적극적으로 이 역할 기대들을 바꾼다.[34]

Ackerman은 현대의 가족이 비참하게 이 기대에 맞춰 살지 못했다고 느꼈다. 그는 전형적인 중산층, 도시, 백인 가족이 적절한 심리적 정체성이 부족하고 불안정하며 갈등과 배상으로 차 있고 만족스러운 역할 적응을 방해한다는 것을 알았다. 많은 사람이 용어는 다르지만 그에게 동의하였다. Grotjahn(1960)은 가족신경증에 대해 서술하였다. Jakson(1968)은 결혼의 신기루와 『두 연인(gruesome twosome)』을 기술하였다. Cuber와 Harroff(1965)는 오하이오 환경에 사는 엘리트들만을 대상으로 면담을 하였는데, 결혼은 주로 편의상의 문제이고 갈등이 습관화된 부부가 가장 많다는 것을 발견하였다. 가족 이론가들이 발견한 것을 다른 말로 하면, 정신분석이 생각하는 이상적 삶의 이미지를 가족이 마땅히 그렇게 되어야 하였던 대로 제공하지 않고 있다는 것이었다. 동시에, 만약 가족이 해체되면 심각한 불안정과 불안이 초래된다는 것이었다. 그래서 사람들은 필요하나 두려운 진퇴양난에 사로잡히게 되었다(Burnham et al., 1969)—그들은 가족이 필요하기는 하였지만, 가족의 해로운 영향력을 두려워하였다.

동시에 Nathan Ackerman, Helm Stierlin, Don Jackson, Salvador Minuchin 그리고 여타의 사람들 같은 가족 이론가들은 개인 정신분석과 치료를 심하게 혹평하면서, 해결책으로서 가족치료로 돌아섰다. 다른 기법적 혁신과 마찬가지로 전이, 저항 그리고 분석의 다른 측면에 대해 알려진 것들에 비추어서 이는 매우 신중하게 고려되어야 한다(제18장 참조). 다른 사회적 개입에 대한 희망처럼, 가족치료에 대한 장밋빛 희망도 심각한 환멸을 만났다(Rossi and Williams, 1972).

다양한 연구 프로젝트에 근거하여, 다른 이론가들은 정신분석 이론으로 일반적으로 추정하는 것보다 훨씬 많은 건강한 가족이 있다고 주장하였다. Beavers(1977)는 가장 적절히 기능하는 가족의 특징으로 체계 지향, 경계 문제, 맥락의 명료성, 힘의 문제, 자율성의 격려, 정서적인 문제, 일의 효율성, 초월적 가치를 열거하고 있다. 그는 이 모든 것이 정상을 분석적으로 본 상의 일부라는 것을 관찰하지 못하고 있다. Beavers는 다음과 같이 결론을 내린다. "근본적인 논제는 각 치료의 강점은 지속해 가고 과학적 대화나 치료 결과로보다는 강압적인 집단 내 압력으로 방어하고 있는 폐쇄 체계의 다양한 별난 일들을 제거해 가면서, 다양한 정신치료 학파가 점차 하나의 종합적 · 다원적 · 과학적 정신치료로 바뀔 것이라는 것이다."[35] 사람들은 Beavers의 결론에 이의를 제기할 수 없었다. 그리고 참으로 이 책 전체는 동일한 논제를 상세하게 서술한 것이다. 그러나 이 책은 수많은 해석에 적합한 그런 고도로 일반화된 언어로 표현되었다.

일반적으로 가족 연구는 현대 문화에 대한 분석적 비판을 확인해 주는 경향이 있는데,

내용인즉 가족이 제공해야 하는 안전, 안정, 정체성을 가족이 제공하지 못한다는 것이다. 그러나 이것이 어떻게 교정되어야 하느냐는 전적으로 다른 문제이다.

계급역동

대중적인 생각과는 반대로, Freud는 (그가 그렇게 말하지는 않았지만) 분석이 계급에 속박되는 성격이 있음을 잘 알고 있었다. 대체로 그는 가난한 사람들이 본능 억압을 감수하지 않을 것이고, 그래서 신경증은 중산층이나 상류층에 좀 더 많을 것이라는 입장을 취하였다. (이 입장이 과장된 것으로 보였기 때문에) 시간이 지나면서 그는 이 생각에 오류가 있음을 알게 되었다. 1918년 국제정신분석협회(International Psychoanalytical Association) 연설에서 그는 모든 계층으로 치료를 확대할 것을 강력히 권고하였다.

> [그러나] 우리 존재의 필요성은 우리 작업을 부유층에 한정시키는데, 부유층은 담당 의사를 선택하는 데 익숙하고, 그들의 선택은 온갖 선입견으로 인해 정신분석으로부터 다른 것으로 바뀐다. 현재 우리는 더 넓은 사회 계층을 위해 할 수 있는 것이 아무것도 없으며, 그들은 극도로 심각하게 고통을 겪고 있다……. 그다음에 우리는 우리의 기법을 새로운 조건에 맞추는 과제와 마주치게 될 것이다……. 우리는 아마 가난한 사람들이 부자들보다 신경증과 결별할 준비가 덜 되어 있기조차 함을 발견할 것이다. 왜냐하면 그들이 회복하였을 때 기다리고 있는 힘든 삶은 아무것도 끌리는 것이 없고, 질병은 가난한 사람들이 사회적 도움을 청구할 권리를 하나 더 주기 때문이다.[36]

Freud의 예언은 사실임이 증명되었으며, 특히 제2차 세계대전 후, 모든 종류의 정신분석적 치료가 보험과 정부 보조금을 통해 모든 계층에 확대되기 시작하였다. 그렇지만 앞에서 인용한 Yale 연구가 보여 주었듯이(Hollingshead and Redlich, 1958), 모든 것이 지불됨에도 정신분석은 일차적으로 보다 부유하고 보다 세련되고 더 잘 교육받은 계층의 관심을 끌었다. Boston정신분석연구소의 한 연구(Knapp et al., 1960)에 따르면, 저가치료가 수락된 100개의 연이은 사례 중에서 72%는 전문직 및 학문 분야 종사자였다. 정신의학과 정신분석에 관련된 일을 하는 사람은 의뢰하지 말도록 하였음에도 사례의 절반가량은, 예를 들어 사회사업, 심리학, 의학, 교직 그리고 간호직 등에서 일을 하는 사람이었다. 사람들을 진료소로 오게 한 가장 많은 네 가지 호소는 우울, 대인관계에서 어려움, 과도한 불안이나 긴장 그리고 직장의 어려움이었다. 이 문제들은 어느 것도 전통적 · 기질적 정신의학의 기준으로는 심각하게 여겨질 수 없었다.[37]

그러므로 진정한 의미에서 Freud의 예언은 실현되었다. 즉, 좀 더 세련된 계층은 내적 갈등이 극복될 수 있다는 새로운 철학에 매력을 느껴 치료받으러 오는 숫자가 점점 더 증가하고 있었고, 반면에 가난한 계층은 어려운 현실 여건 때문에 치료를 받을 수 없었다. 현실 여건이 파괴적이지 않다면, 문화적 차이는 전이의 형성과 보통의 정신분석 과정에 영향을 미치는 것 같지는 않았다(Jackson, 1968). 적어도 미국에서는 이 상황이 빈곤층과 흑인들에 대한 광범위한 관심으로 이끌었다.

빈곤의 문화 제2차 세계대전 이후 세계의 1/3 이상을 지배하고 급격히 팽창한 마르크스주의 정권의 발흥은 하위 계층들의 (심리학적, 사회적 그리고 여타의) 특징에 초점을 맞추도록 기여하였다. 1959년에 사회학자인 Oscar Lewis가 '빈곤의 문화(the culture of poverty)'라는 용어를 만들었으며, 이는 곧 유행하였다. 그는 이 빈곤의 문화의 네 가지 특징을 구별하였다. 첫째, 더 큰 사회의 주요 시설에 가난한 사람들의 효과적인 참여와 통합이 부족하다. 둘째, 지역적으로 핵가족이나 대가족의 수준을 넘어서는 조직이 극히 적다. 셋째, 가족 수준에서, 보호받는 소아기의 부재, 조기 성적 경험, 어머니 중심의 가정, 사생활의 결여 그리고 권위주의적인 강조가 있다. 넷째, 강한 무력감, 의존성 그리고 열등감이 있다.[38] Lynd와 Lynd의 『중류도시(Middletown)』(1929)와 Warner의 『양키 도시(Yankee City)』(1963) 보다 고전적인 연구들은 의존성과 무력감 같은 심리학적 요인들에 대해 어떠한 고려도 하지 않았기 때문에, 그런 요인들의 언급은 정신분석적 사고의 영향에 대한 하나의 척도이었다. 『Moynihan 보고서(the Moynihan Report)』(Rainwater and Yancey, 1967) 같은 더 후기 저작물과 다른 저작물들(Deutsch et al., 1968)은 가난한 사람들 중에 심리적 문제가 폭넓게 발생하고 있음을 확인하였다.

정신분석가들은 때때로 이러한 관찰들을 보다 역동적 명료화로 바꾸어 표현하였다(Bernard, 1953; Spurlock, 1970; Wadeson, 1975). 예를 들어, Coleman(in Wadeson, 1975)은 빈민가에 살고 있는 사람들의 기능적 성격이 회의에서 분노에까지 이르는 노골적이고 은밀한 다양한 반응을 가지고, 크게는 세상과의 관계에서 광범위한 적대적 방어적 검열을 보이는 것으로 보았다. "우리는 적어도 한 문화권 내에서 '외부' 영향이 성격 기능에 대해 가지는 엄청난 중요성을 다른 어떤 상황에서보다 더 분명하게 본다."[39] Linn(in Wadeson, 1975)은 이러한 침울한 상황의 결과로 나타난 넓고 다양한 초자아의 변형을 기술하였다.

Spurlock(1970)은 삶의 초기에 박탈을 경험한 흑인 아이들에게서 다양하게 나타난 자아 왜곡을 나열하였다.

분석가들은 가능하면 언제든지 가난에 시달리는 환자와 흑인 환자들을 위해 치료적 기술을 사용해 왔다. 다른 인종 간의 정신분석에 대한 한 보고서에서 Fischer(1971)는 분석가와 피분석가 사이의 인종 차이가 많은 수준에서 무의식적 의미의 이슈를 포함하고 있다는 느낌과 인종 간의 요인을 과대평가하거나 무시하는 데에는 심각한 위험성이 있을 수 있다는 느낌을 표현하였다. Spurlock(1970)은 진료실에서의 경험에 대해 보고하면서, 많은 가족은 비록 가족 단위 그 자체가 불완전하거나 붕괴되었을지라도 그들의 삶의 방식에 온전함과 질서를 유지한다는 것을 발견하였다. 이런 일이 일어나면, 아이와 엄마에 대한 정신치료의 결과는 긍정적이었다. 그것이 일어나지 않았을 때, 결과는 부정적이었다.

정신분석이 중산층의 가치를 동일시했다는 것은 폭넓게 오역되어 왔다. 가장 먼저, 정신분석은 성적 금욕주의 같은 중산층의 모든 가치를 이어받지는 않았으나, 유익해 보이는 것은 선택하였고 해로워 보이는 것은 버렸다. 둘째, 이 가치들은 현대인에게 깊은 인상을 준 의미 있는 생활 철학으로 통합되어 있다. 정신분석을 인간 행동의 통합과학으로 승격시키는 데 도움을 준 것이 바로 이 점이다. 이 생각은 제19장에서 좀 더 자세히 설명된다.

정체성과 소외

정체성의 개념은 Erik Erikson이라는 이름과 불가분의 관계가 있다(Erikson, 1950; Coles, 1970). 여기에 연결된 것이 소외 개념이고, 이는 우리 시대 사람들의 특징으로 이해되었다. Erikson에게 정체성은 개인과 그가 소속된 사회에 대한 이해와 자존감에 기초가 되는 개인적 및 문화적 관찰이 조합된 것을 의미하였다.

정체성에 대한 초기 토론들은 주로 성적 정체성에, 거기에서도 특히 여자에 집중되었다. 이 전투는 사실상 끝이 났는데, 여자의 정체성은 (일정한 해부학적 한계 내에서는) 본질적으로 문화에 의해 결정된다는 것이 일반적으로 인정된다(Schafer, 1974).

남성적 정체성도 마찬가지인데, 이는 훨씬 덜 토론되었다. 그것은 마치 남자는 너무 남자다움을 과시해서 어떠한 문제도 있을 수 없다는 문화적 신화에 정신분석이 희생양이 되었던 것 같다. 1925년의 논문에서 Freud는 다음과 같이 말하였다.

> 대다수의 남자가 또한 남성적 이상에 훨씬 못 미치고, 모든 개별 인간들은 양성적 성향

> (bisexual disposition)과 교차 유전의 결과로 본질적으로 남성적 및 여성적 특징들을 다 가지고 있어서, 순수한 남성성과 여성성은 내용이 불명확한 이론적 구조로 남아 있다는 것에 우리는 물론 기꺼이 동의할 것이다.[40]

존재하는 문헌은 일반적으로 남성들이 남성을 위해 제시된 자아이상에 부응하여 살지 못하였음을 강조해 왔다. 이 같은 관점에서 Boehm(1930)은 고전적 저서인『남성에서 여성성 콤플렉스(The Femininity Complex in Men)』에서 무엇보다 동성애적 갈등을 강조하였다. 후기 저술은 여성에서와 같이, 특히 남성의 역할에 영향을 준 문화적 환경에 대해서 언급하였다(M. Lamb, 1976). 전문적인 정신분석학적 문헌에서 아버지의 심리에 대한 논문은 최근에 와서야 나타난다(Abelin, 1971).

Erikson의 공헌 Erikson(1959)은 개인이 사춘기의 끝에 성인기의 과업을 준비하기 위해 성인기 전의 모든 경험으로부터 이끌어 내야만 하였던 어떤 포괄적 성취를 나타내기 위해 자아정체성(혹은 짧게 정체성)이란 용어를 사용하였다. 그는 자기가 이 용어를 사용하는 것은 이론적 선입견에 의해서가 아니라 다른 분야, 특히 사회인류학과 비교교육에 대한 이 임상적 인식의 확장을 통해서, 그리고 그런 확장이 거꾸로 그의 임상적 작업에 도움을 줄 것이라는 기대를 통해서 새로운 개념에 이끌린 정신분석가의 딜레마를 반영한다고 말한다. 그에게 있어 정체성은 자아에 대한 정신분석적 이론의 정신사회적 개념인 동시에 정당한 한 부분이다. 일단 공식화되자, 그 개념은 엄청난 이론을 추가한 것이라고 널리 찬사를 받았다. 그러나 고전적인 삼원 구조에 잘 맞춰 넣을 수 없었다(Lichtenberg, 1975; Lichtenstein, 1963; Rubinfine, 1958). 이것이 자기와 자기-대상관계의 탐색으로 이론을 확장시킨 요인 중 하나였다.

집단 형성과 정체성 어느 개인의 정체성은 그가 태어난 가족과 그가 한 부분을 이루는 그 이후의 집단에 크게 달려 있다는 것이 즉각 명백하기는 하지만, 정신분석계 내의 정치적 교전과 분열은 이 단순한 사실을 흐리는 경향이 있었다. Freud 자신도 이 주제에 대한 선구적인 연구인『집단심리와 자아의 분석(Group Psychology and the Analysis of the Ego)』(1921)에서 이 점을 이렇게 언급하였다. "개인의 정신생활에서 다른 누군가는 본보기로, 대상으로, 조력자로, 반대자로 늘 관여되고 있다. 그래서 바로 이 맨 처음의 개인적 심리로부터, 확장되었지만 전적으로 정당화될 수 있는 단어들의 의미에서, 사회적 심리 또한 동시에 그러하다."[41]

이 연구에서 Freud는 집단의 응집성이 (지도자가 있는 집단 대 지도자가 없는 집단의) 생각에도 또한 통합되어 있을 수 있겠으나, 보통은 지도자에게 구현된 초자아를 그 집단에 속한 개인들이 공통으로 갖는다는 사실로부터 유래한다는 점을 추가하였다. 이 구별들이 그 후 내내 역동적 집단심리학의 토대가 되어 왔다(Billig, 1976). 그래서 Freud는 어떤 사람의 정체성이 처음에는 가족 구성원과의 동일시에서 나중에는 다른 인물과의 동일시로부터 오고, 후에 초자아에 포함된다고 보았다.

이 분야의 많은 문헌은 (대부분은 아닐지라도) 집단분석 또는 집단치료를 중심으로 하였다. Wolf(1949, 1950)는 개인 정신분석의 원리들을 바로 집단에 적용하려고 시도하였다. Foulkes(1951)는 집단을 각 구성원이 독특한 역할을 가진 일종의 오케스트라로 보았다. Bion(1961)은 집단에서 싸우거나 도망가거나 짝을 짓는 세 가지 대안을 기술하였다. Helene Deutsch(1967)는 그룹을 단순히 개인의 집합으로 보면서 상황을 지나치게 단순화하였다. Durkin(1964)은 집단에 대해 다양하게 이용 가능한 접근법을 요약하였다. 문헌의 상당수가 집단치료를 미화하기 위해 개인을 희생하면서 집단을 지나치게 강조하는 경향이 있었다(Rosenbaum and Berger, 1975; Rosenbaum and Snadowsky, 1976). 일부는 집단에 거의 신비한 치료의 힘을 돌리려고 하였다(Almond, 1974). Kanter(1976)는 이 이론들에 포함된 '지역사회의 낭만'에 대해 적절히 주의를 환기시켰다.

소외와 정체성 혼란 점점 더 정신분석가들과 인간사에 대한 다른 관찰자들이 현대인의 소외감에 대해 언급해 왔다(Schacht, 1971). 이 말은 세 가지 다른 감각에서 사용되어 왔다. 첫째, 자신의 '진정한(true)' 자기로부터 개인의 소외, 둘째, 집단으로부터 개인의 소외, 셋째, 그들이 한 부분인 더 큰 사회로부터 소수 집단의 소외이다. 처음 두 의미는 정신분석가들로부터 상당한 주목을 받았고, 세 번째는 사회 문제로 더 간주되었다.

진정한 자기(true self)와 가짜 자기(false self)의 분열은 많은 다른 용어로 기술되어 왔다. Melanie Klein은 후기 저작물에서 분열이라는 용어를 사용하였다. Sullivan은 해리, Freud는 분열과 억압, Jacobson은 신경증적 그리고 정신병적 동일시, Bergler는 인도하는 그리고 오도하는 동일시, Winnicott는 가짜 자기, 기타 등등. 그 개념은 본질적으로 같다. 즉, 개인이 세상에 하나의 자기를 보이면서 내부에 또 다른 보다 사적인 자기를 갖는데, 그 자기는 그와 접촉이 아예 없거나 거의 없긴 해도 그의 행동을 지배한다. 그 결과는 갈등이다. Roheim(1932)은 이미 그런 갈등이 지구상의 가장 원시적인 사회 집단에서도 발견될 수 있음을 보여 주었다.[42] 그러므로 이 분열은 (문명에 의해 두드러지기는 하였지만) 어느 정도 인간 본성의 문제임이 틀림없다. 이것은 내부 세계와 외부 세계 간의 차이에 대한 인식이라고 할 수 있을 것이다.

Kardiner의 기본 인격 구조 개념은 집단으로부터 개인의 소외를 이해하는 데 사용될 수 있다. 다른 접근은 고립감과 고독감을 통한 접근이다(Fromm-Reichmann, 1959). Mijuskovic(1977)은 그 딜레마를 다음과 같이 표현하였다. "자신에게로 되돌아가는 반사적인 정신(reflexive psyche)을 보여 주는 격리된 인간 존재의 동일한 원리와 패러다임은 동반하면서도 상응하는 개별적인 인간 자유의 모델을 또한 증명한다. 인간은 혼자 있거나 혼자 존재하기 때문에, 그는 혼자서 결정하고 완전한 고독 속에서 선택한다."[43]

일

사랑과 일은 정상에 대한 정신분석적 철학의 두 초석이기에, 일 경험을 또한 분석적으로 정밀 조사하는 것은 지극히 자연스러운 일이었다. 이 주제에 대한 광대한 문헌 중에 가장 심오한 관찰은 Frederick Herzberg의 동기-위생 이론(motivation-hygiene theory)으로부터 나왔다. 이 이론은 Herzberg의 두 가지 책, 『일하려는 동기(The Motivation to Work)』(Herzberg et al., 1959)와 『일과 인간의 본성(Work and the Nature of Man)』(Herzberg, 1966)에 가장 잘 기술되었다.

Herzberg의 이론은 다양한 근로자들의 만족과 불만족에 대한 광범위한 심층 연구에 기초하고 있다. 직업 만족에 기여하는 일의 요소들은 본질적으로 노동자와 노동자가 하고 있는 것과의 관계, 직업 상황과는 대조되는 과업이나 직업 내용을 설명하는 것들이다. 이 요소들 중 가장 빈도가 높은 것은 성취, 성취에 대한 인정, 흥미 있는 일, 책임, 전문적인 성장과 발전이다.

직업 불만족은 본질적으로 과업을 수행하는 사람을 둘러싼 환경이나 주변을 설명해 주는 업무의 양상에 의해 결정된다. 불만족의 공통 원인인 좀 더 익숙한 일부 환경적 요인으로는 회사의 정책과 행정적 관습, 감독, 감독자 및 동료, 하급자들과의 대인관계, 작업 조건, 안전, 지위 그리고 봉급이 포함된다.

Herzberg는 자신의 이론을 분석적 이상과 결부시킨다. 정신질환을 특징짓는 분명한 역동은 부적절한 목적을 위해 위생법을 사용하는 것, 즉 긍정적 만족을 얻기 위해 고통을 완화하는 것이다. 정신치료의 역할은 적절한 원천에서 만족을 찾도록 개인의 동기를 재교육

하는 것, 즉 심리적 성장이어야 한다.[44]

정신의학적 증상학

정신질환의 역학에 관한 의문은 처음부터 곤란하고 어려운 것이었다. Freud가 시작한 1980년대에, 현대 생활의 정신없이 바쁜 조건 때문에 신경증이 크게 증가하고 있다고 널리 주장되었다(당시의 기준으로 판단). 사실, 조현병에 대해서는 확실한 자료가 수집되었지만 '신경증'은 Freud에 의해 최초로 분명하게 정의되었고, 그래서 제1차 세계대전 이전 기간의 통계는 존재하지 않는다.

통계는 줄거리의 작은 부분만을 말해 줄 뿐이었지만, 그것들은 그 자체로 놀라운 것이었다. 조현병이 국가 병상의 절반을 점유하고 있다고 보통 말하지만, 빨리 퇴원시키는 새로운 정책 때문에 이 수치는 감소하고 있다.[45]

현재 새로운 입원과 장기간 보호에 대한 수치는 다른 어떤 나라보다 미국에서 높다.[46] 또 다른 놀라운 통계를 들 수 있는데, 이 나라 성인의 약 7%가 알코올 남용자이거나 명백한 알코올 중독자이고,[47] 약물 남용은 악명 높게 흔하다. 세 차례의 대통령 위원회(1968, 1969 그리고 1970)는 "미국인의 폭력이 놀랄 만큼 높은 수준으로 증가하였다."라는 것에 동의하였다.[48]

타 문화와의 비교 미국의 수치(數値) 또는 미국은 다양한 다른 문화의 수치와 비교되었다. 적절한 통계적 평가가 어렵거나 불가능하였기 때문에, 비교는 필연적으로 불완전하다.

『마법, 신앙 그리고 치유(Magic, Faith and Healing)』(1964)에서 Ari Kiev는 다수의 동시대 문화로부터 정신의학적 자료를 모았다. 일반적으로 정신의학적 장애의 정의는 특정 문화에서 우위를 차지하고 있는 생각과 일치하였다. 우리 사회에서처럼 공식적 수치는 일반적으로 낮았는데, 이는 금지나 이상의 다름과는 상관없이 초자아 압력이 모든 문화에서 순응을 강요한다는 사실을 반영한다. 그 후 횡문화적 정신의학 분야는 정신의학적 문제가 어디에나 있음을 발견하였다.

일찍이 Rousseau가 생각한 손상되지 않은 행복한 원주민의 이미지는 산산조각이 났다. 그것은 주로 정보의 부족에서 기인하였다. Wittkower와 Prince(1974)에 의하면 "Freud의 생각이 인정받기 시작하던 1930년대에…… [그들은] 정신과적 질환뿐 아니라 종교와 의식 행위 같은 문화적 제도에 대한 탐험을 할 새로운 영역을 열었다. 그 결과 현장에서 수집된

자료의 종류에 커다란 변화가 있었다".[49]

정신의학의 재정의 아마도 다양한 정신의학적 증후군에 대한 면밀한 정신분석적 조사로 얻은 가장 중요한 결과는 정신의학이 의미하는 바를 완전히 재정의한 일이었을 것이다. Freud는 '전 인류'가 그의 환자라는 것을 알았다. 좀 더 전문적인 수준에서 Sullivan(1962)은 우리가 마주치는 성인 인격의 절반 이상의 배경에 조현병적인 또는 전조현병적인(preschizophrenic) 과정이 있다고 언젠가 말한 바 있다.[50]

만약 모든 사람이 '조금은 조현병적(a little schizzy)'이라면, 그 용어는 의미가 없어지며 진단적 용어보다는 역동적 용어로 이야기하는 것이 더 유용하게 된다(제13장 참조). 그것을 표현하는 한 가지 방식은 통계적으로 정상인 사람과 분석적으로 정상인 사람과의 차이는 엄청나다고 말하는 것이다. 점점 커져 가는 이 자각은 예측하지 못한, 그리고 예견할 수조차 없는 차원의 문화적 혁명을 만들어 왔고 계속 만들고 있는 중이다.

편집자가 Silvano Arieti인 『미국 정신의학 편람(American Handbook of Psychiatry)』(1975)의 1권에는 정신의학을 전반적으로 평가하는 하나의 장이 들어 있다. 이 장의 저자인 Rifkin은 다음과 같이 썼다. "[정신의학에 대한 전반적 평가라는] 질문은 어떤 거북함을 반영한다. 정신의학의 범위를 명확히 할 필요, 스스로 해결해야 할 문제의 본질을 결정할 필요 그리고 문제 해결에 맞는 개념적 및 기법적 도구를 연구할 필요가 있음을 반영한다."[51]

정신의학에 대한 평가는 두 방향으로 접근되어 왔다. 첫째, 정신의학은 정신분석과 동등한 것으로 보았다. 『미국 편람(American Handbook)』에서 Arieti가 그러한 접근을 하였다. 이 접근의 문제는 '의학적 모델'과의 동일시를 반대하는 심리학, 사회학, 사회사업 그리고 여타 지식 분야 출신의 전문가가 상당수 있다는 것이다.

두 번째 접근은 명백한 정신질환에 대한 의학적 접근의 전통적인 의미에서 정신의학을 정신분석의 분지로 보는 것이었다. 이러한 맥락에서 일부 학자는 정신의학과 정신분석의 관계가 육안 해부학과 조직학의 관계와 비슷하다고 보았다. 하지만 이 비유는 오해하기 쉬운데, 왜냐하면 정신병 환자의 행동을 철저히 관찰해도 그들의 동기에 대한 참조 없이는 정확하지 않기 때문이다. 행동심리학자를 몹시 괴롭히는 것도 같은 오류이다.

정신분석이 인간 존재에 대한 포괄적인 하나의 접근법이 되었으며, 정신의학, 심리학, 사회학, 인류학, 역사, 철학을 그 범위에 포함한다고 인정하는 것이 보다 더 적절할 것 같다. 정신분석이 인간의 행동과 경험을 통합하는 과학으로 진화했다는 이 입장을 상술하는 것이 제19장의 주제이다.

제 18 장

정신분석적 기법의 성숙

Franz Alexander

정신분석의 기법은 Freud의 머릿속에서 바로 꽃이 활짝 핀 채로 솟아나온 것이 아니다. 정신분석의 기법이 나오기까지는 그가 전이와 저항에 관하여 처음으로 분명하게 공식화하기 시작한 때(1886)로부터 거의 30년이 걸렸으며, 자아심리학의 관점에서 기법이 어떻게 바뀌어야만 하는가에 대한 그의 생각을 공식화하는 데에는 4반세기가 더 걸렸다(1937). 따라서 분석가들이 이 기법을 배우는 데 오랜 시간이 걸리고 많은 이가 중도에 좌절하는 것에 놀랄 필요는 없다.

Freud의 분석 작업의 진화는 네 가지의 주요한 생각들로 집약될 수 있다.

1. 무의식의 의식화(1886~1905)
2. 저항의 훈습, 특히 전이 저항의 훈습(1905~1914)
3. 이드가 있던 자리에 자아가 있게 함(1915~1923)
4. 분석의 목적은 자아기능을 위한 최적의 조건을 조성하는 것(1923~1939)

이 시기들은 대략적인 구분일 뿐이고, 생각을 공식화하기까지 그의 생각들은 자주 바뀌었다. 예를 들어, 1904년에 그는 음악가인 Bruno Walter 에게 여행을 추천하고 격려, 제안하는 것으로 치료를 하였다[1](Pollock, 1975a). 하지만 전체적으로 보아 그의 생각들은 이러한 발전 과정을 거쳤으며 이에 관한 세부적인 사항은 제2장에서 검토한 바 있다.

Freud에 대한 반응, 그리고 예술과 과학으로서의 정신분석

분석 과정에 대한 Freud의 공식화는 정통 Freud 학파 사람들과 수정주의자 양쪽 모두에서 똑같이 기본적인 것으로 존속해 왔다. Jung과 Adler 또는 현대의 소수 "급진적인" 치료에서와 같이 많은 세부적인 부분에 관한 논쟁이 있었지만, 근본적인 개념들에 관하여서는 더 이상의 어떤 논쟁도 존재하지 않는다.[2]

이러한 기본적인 일치에도 불구하고, Freud의 공식에 대한 해석에 있어서는 아직도 광범위한 이견이 존재한다. 언제 해석이 행하여져야만 하는가? Klein 학파는 즉시라고 한 데 비해서 다른 이들은 전이가 확립될 때라고 말하며, 어떤 이들은 아직도 끝 무렵이라고만 말한다. 자아의 기능을 위한 적절한 조건들이 무엇인지를 어떻게 결정할 수 있을까? 이러한 질문은 명백하게 아직도 풀리지 않는 다수의 기법적 · 철학적인 문제들을 야기한다. 정신분석은 그것이 과학인 것만큼 예술로 남아 있으며, 각각의 분석 과정은 분석가와 피분석자 모두에게 뚜렷한 각인을 남긴다. Anna Freud는 1954년에 다음과 같이 썼다.

> 수년 전에 비엔나에서 우리는 동일한 경력과 동일한 이론적인 배경을 가진 동료들이 모여서 실험적 기법에 대한 세미나를 열었다. 치료 중인 사례들의 진단이 비슷했고, 당연히 (심리적) 구조들도 비슷할 것이라고 추정을 하였다. 우리는 기법들을 비교하였으며, 그 결과…… '어떠한 두 사람의 분석가들도 분석 과정 동안에 같은 해석을 하지 않는다'는 것을 발견하였다. 그리고…… 그러한 과정의 균일성은 분석의 첫 며칠 이외에는 더 이상 유지되지 못하였다. 그 이후로는 자료를 다루는 과정의 유사성이 멈춘 것이다. 비록 최종적인 결과는 동일하였지만, 거기에 이르는 길들은 매우 달랐다.[3]

"최종 결과들"이 동일할 것이라는 Anna Freud의 믿음은 다른 사람들에 의해서 공유되지 않았다. 모든 임상적인 경험은 상당한 차이를 보였다. 한 중요한 연구에서 Glover는 1938년에 영국정신분석협회(British Psychoanalytic Association)의 구성원인 29명의 분석가들에게 보낸 설문지의 결과를 표로 만들었다(1955). 이 분석가들은 극히 드문 응집력 있는 집단이었다. 이들은 모두 Ernest Jones에게 직접 수련을 받았거나 Jones에게 수련을 받은 사람에게 수련받았다. 이러한 동일성에도 불구하고, 기법에 대한 다양한 관점이 보고되었다. 저항, 전이, 어린 시절의 자료, 해석, 안심시키기, 불안을 다루는 방식, 심지어 비용, 약속을 어겼을 때와 같은 재정적인 부분, 치료 시간 동안 필기하는 것에서도 큰 차이가 있었다.

1937년의 논문에서 Freud는 완벽하게 분석을 받은 분석가의 상은 신화라는 것을 분명히 하였다. 상황은 그 이후에도 바뀌지 않았다. 분석가는 그 자신의 발전에도 불구하고, 아직도 경하거나 심한 문제를 가지고 있는 하나의 인간이다(Brenner, 1976). 이러한 상황에서 동일한 철학을 따르는 모두가 채택하는 기법적인 절차가 똑같을 것이라고 생각하는 것은 마찬가지로 신화이다. 분석가들은 모두 다르다. 기법적으로 Freud는 분석가들로 하여금 매 5년마다 반복해서 분석을 받도록 권고하였는데, 그렇게 함으로써 무엇보다도 역전이가 명료화될 것이었다.

Freud의 많은 환자가 Freud와의 경험들에 대하여 글을 썼으며, 또한 쥐 인간 사례(Rat Man Case)(1909)에 대해 매일 기록한 것이 Freud 사후에 발견되었다(Blanton, 1971; Grinker, 1940; Kardiner, 1977; Oberndorf, 1953; Wolf Man, 1971). 이러한 모든 자료에서 Freud는 정신분석기법을 적용하는 데 있어서 상당한 융통성을 보여 준 헌신적이고 따뜻하며 관대한 사람이었던 것으로 드러난다. 정신분석을 평가하기를 원하는 모든 사람은 이러한 모든 개인적인 요소들을 고려해야 한다.

부정적인 치료 반응

Freud는 매우 낙관적인 치료자였기에 그 자신의 기법에 관하여 대단히 낙관적으로 썼다. 그러나 바로 이 낙관으로 인해 오도된 결과를 낳기도 하였는데, 그가 어느 한 가지 기법을 신뢰한 경우에는 그로 인한 경이로운 결과들을 장담하였지만, 새로운 사례에 그 기법을 적용하였을 때 매우 부족한 결과를 낳곤 하였던 것이다.[4] 많은 환자가 회복되지 않았고, 다른 환자들은 단지 부분적으로만 회복되었다는 것이 명백하다.

자아심리학의 시기에, Freud는 이러한 회복에의 저항을 "부정적인 치료 반응(negative therapeutic reaction)"이라고 불렀다. 그는 그것을 정신분석적인 성공에 있어서 가장 강력한 장애물 중 하나로 보았다.

결국 우리는 우리가 소위 말하는 도덕적(moral) 인자, 즉 죄책감을 다루고 있다는 것을 발견하게 되는데, 여기서 죄책감이란 병을 앓고 있는 데서 만족을 느끼는 것 그리고 고통이라는 처벌을 포기하기를 거부하는 것을 의미한다……. 이러한 죄책감은 매우 극복하기가 어려운 회복에의 저항으로서만 스스로를 표현한다. 계속해서 병을 앓으려 하는 그 자신의 배후에 이러한 동기들이 놓여 있음을 환자로 하여금 납득하도록 하기는 매우 어렵다. 그는 분석에 의한 치료가 그 자신에게는 적합한 치료법이 아니라는 설명을 명확히 고수한다.[5]

호전에 대한 무의식적인 저항이라는 개념은 그다음의 정신분석의 역사에 있어서 강력한 역할을 하게 된다. Freud는 이렇게 호전되고 싶지 않은 것이 가혹한 초자아 때문이라고 설명하였으나, 그러한 설명만으로 이 치료적 문제에 충분한 답을 주지는 못한다. 최근에 Asch(1976)는 이러한 부정적인 반응을 야기시킬 수 있는 세 가지의 정신 내적인 갈등들을 구분하였다. 피학적 자아, 무의식적인 죄책감, 우울한 전오이디푸스(Pre-oedipal) 모성 대상에 대한 양가감정적 동일시가 그것이다. 사람들이 그것을 피학증이라고 부르든 또는 자기애나 죄책감이라고 부르든 퇴행적인 구강적 동일시라고 부르든지 간에, 그것은 아직도 다음과 같은 정신분석의 핵심적인 문제를 가리킨다. 즉, 어떤 환자들은 호전이 되지만 반면에 다른 환자들은 그렇지 못하다는 것이다. 이것을 이론적으로, 임상적으로 어떻게 설명할 것이며, 그것에 대해 무엇을 할 것인지가 기법의 핵심적인 문제로 대두되었다. 치료적인 결과에 대한 불만족은 항상 실험을 촉발시키고 이론적인 명료화를 시도하게 한다.

Ferenczi: 능동적 기법

제1차 세계대전 이후에 많은 사람이 Freud의 기법에 대한 변화를 주는 실험을 시작하였다. 그 시대의 가장 중요한 인물은 Freud의 가르침을 전파하겠다고 선언한 위원회 멤버이자 Freud의 가장 오래되고 가까운 협력자 중 한 명인 Sandor Ferenczi(1873~1933)였다. Ferenczi는 자신의 일부 치료 결과에 만족하지 못하여 Freud의 '수동(passive)' 기법과 분명히 대조되는 소위 '능동(active)' 기법을 도입했다. 사실 Ferenczi의 혁신은 두 가지, 혹은 두 극단이었다. 첫 번째 혁신은 실질적으로 더욱 수동적인 방향으로 가는 것이었다. 히스테리아(1919)의 분석에서, 그는 환자가 아무런 호전이 없다고 느꼈다. 그녀가 소파에 누워서 다리를 꼰 채로 있다는 것을 알아차렸을 때, 그는 이것을 "미숙한 자위행위"라고 진단하고 그것을 금지하였다. 그러자 아주 빨리 그녀의 성적 쾌감의 수용력이 회복되었다. 그는 "모든 비정상적인 배출 경로가 차단되자, 그녀의 성은 어떤 도움도 없이, 마치 고향에서 외국으로의 추방으로 인해 발달의 특정 시기에 억압되었던 상태에서 정상적인 생식기 영역으로 돌아갔다."라고 썼다.[6] Ferenczi는 다음 몇 해 동안 더 잘 알려진 능동 기법으로 눈을 돌렸다. Ferenczi는 그의 저작에 명확하게 적지 않았기 때문에 그가 한 일을 정확히 설명하는 것은 어렵다. 그러나 일반적인 결론은 환자가 그와의 관계에서 더 능동적이 되도록 허용했다는 것, 그리고 오랫동안 금기시되어 왔던 육체적인 접촉을 포함하여 그에 대한 공격적인 느낌과 애정 어린 느낌들을 격려하였다는 것이다. 그는 이 기법을 신이완 또는 신카타르시스(neorelaxation or neocatharsis)라고 부르며 옥스포드대학교에서 열린 1929년 국제학술회의에서 발표하였다.[7] 그는 Freud가 채택한 절제 혹은 좌절의 원칙과 나란히 작용할 관용의 원칙을 채택할 것을 촉구하였다. 그는 동료들에게 "환자들이 의사에 대한 공격적인 느낌을 더 자유롭게 표현할 수 있도록 환자들을 훈련할 것"을 촉구하였다.[8] 많은 사례에서 그는 "위로를 주는 예비적 치료"[9]를 강력히 권고하였으며, 어른의 치료와 아이의 치료 간의 차이가 크지 않다는 느낌을 표현하였다. "신경증 환자들이 진정 필요로 하는 것은 일종의 입양을 통해 생애 처음으로 정상적인 육아를 받는 것이다."[10] 비록 대다수의 분석가가 Freud가 선호하는 보다 고전적인 접근 방식을 유지하였지만, Ferenczi의 능동적인 기법은 분석가들 사이에서 또다른 분열을 일으켰다. 1924년 Glover는 이를 조산사의 겸자와 같이 조심스럽게 사용되는 치료용 보조제라 일컬었다.[11] Ferenczi의 치료법은 Alexander, Sullivan 및 1950년대부터 수정주의 그룹을 이끌었던 사람들의 치료법과 같은 보다 적극적인 접근법의 선구자 역할을 했다. 그의 기법은 또한 분석가와 피분석가 사이의 상호작용에 대한 면밀한 연구가 필요함을 보여 준다. 사실 이것은 아직도 다소 간과되고 있는 주제이다(Langs, 1976).

또 한편으로 Ferenczi의 진실성, 현장에서의 그의 위상, 치료에 대한 명백한 숙달 및 오랜 경험은 여전히 진행되고 있는 기법에 대한 활발한 토론에 기여하였다. 1945년에 Ferenczi는 다음과 같이 썼다. "정통적인 정신분석과 비정통적인 정신분석을 구분하는 것은 의미가 없다."[12] 이 영역에서의 광범위한 불일치는 일치되는 광범위한 영역만큼이나 중요하다.

분석 가능성의 개념

제1차 세계대전이 끝날 무렵에 이미 정신분석은 시간이 오래 걸리고 비용이 많이 드는 과정이 되었다.분석가가 치료 시작 시점에 환자가 치료 과정에서 성공할 수 있을 것인지 아닌지, 즉 분석이 될 수 있는지 아닌지를 결정하는 기준을 찾아야만 한다는 것은 자연스러운 것이었다. 어떤 의미에서 이러한 분석 가능성의 개념은 최면치료의 최면 감수성이라는 오래된 개념이 분석에 반영된 것이다. 그것은 어떤 환자에게서, 특정한 치료 기법으로 기대될 수 있는 변화의 정도를 말하는 것이라는 것이 이론적으로 보다 더 적절할 것이다. 아마도 바로 이것 때문에 분석 가능성의 개념은 아직도 해결되지 않은 많은 논란을 불러일으켜 왔다.

Freud는 자아를 강화시키기 위하여 저항을 다루는 훈습 원칙을 주장하였다. 그러나 그는 저항이나 훈습에 대한 기법적인 논문을 결코 쓰지 않았다. 그러므로 분석가가 언제 환자의 치료를 중단해야 할지, 계속해야 할지는 다소 어둠 속에 남겨져 있었다. 어떤 이는 긴 세월, 거의 일생 동안 치료를 지속하였고, 다른 이들은 짧은 기간 동안에 그만두었다. 그러나 일반적으로 훈련된 분석가는 지속하는 경향이 있었으며, 그래서 분석 기간이 길어지는 경향이 있었다.

Freud에 따르면, 분석은 자아의 건강한 부분과의 계약이 이루어지는 것을 요구하기 때문에 자아의 강도를 측정하는 어떤 수단이 성공의 가능성을 평가하기 위하여 분명히 필요하다. 그러나 다른 사람들, 특히 Klein 학파 그리고 문화주의자들은 집중적인 정신치료의 결과는 항상 유용하다는 느낌을 가지고 단순하게 정신분석을 수행하였다.

통계적인 평가들

제2차 세계대전 후 많은 통계적인 평가가 진행되었는데, 이는 치료의 결과를 평가하고 분석 가능성의 이미지를 명료화하는 것이었다. 미국정신분석협회(American Psychoanalytic Association)가 정신분석의 정의와 치료의 성과에 대해 의견 일치를 보는 데 실패하였다는 것은 제5장에 기술되어 있다.

비록 대단히 적은 환자 수(42명)를 가지고 하기는 하였지만, 가장 야심적인 연구 프로젝트는 메닝거 재단에서 행해졌으며 Otto Kernberg가 연구 책임자였다. 약 18년 동안의 집중적인 작업 후, 이들 그룹은 1972년에 그들의 결과를 발표하였다. 그들은 자아강도와 치료 기법들을 서로 어울리게 하려고 시도하였다. 주요한 결론들은 제14장에 기술되었다. 이러한 결과들은 경계선 환자에 대한 Kernberg의 나중의 논문들에 대한 통계적인 근거가 되었다.

보다 질적으로 지향된 연구는 Philadelphia 정신분석연구소와 클리닉의 Lower, Escoll, 그리고 Huxter(1972)에 의해서 보고되었다. 이 연구자들은 두 가지 질문에 답하려 하였다.

즉, 현업에 종사하고 있는 분석가들이 어떤 기준에 의해 분석 가능성을 결정하며, 선별분석가들과 위원회 위원들 간에는 분석 가능성에 대한 접근이 어떻게 다른가 하는 것이다. 분석 가능성에 대하여 연구소 위원들과 선별분석가를 비교하였는데, 그들은 40명의 지원자들을 비교한 후에 다음과 같은 결론에 이르렀다.[14]

1. 선별분석가들이 분석 가능성 위원회 위원보다 지원자들에게 더 호의적으로 반응하였다. 선별분석가는 분석 지원자의 2/3를 추천한 반면 위원회는 1/3만을 수용하였다.
2. 선별분석가들이 분석받기에 좋은 요인들로 많이 언급한 것은, 심리적 심성(psychological mindedness), 동기, 호의적인 주관적 반응, 자아강도, 방어적이지 않음의 순서였다. 연구소 위원들이 많이 언급한 요인은 오이디푸스기 병리, 양호한 사회적 적응, 양호한 수행 능력, 자아강도, 성숙한 동기 순서였다.
3. 선별분석가들이 분석에 불리한 요인으로 언급한 것을 언급된 빈도순으로 보자면, 약한 자아강도, 사회적 적응의 부족, 전오이디푸스기 병리, 방어적인 태도 등이었다. 연구소 위원들이 많이 언급한 요인은 부족한 자아강도, 전오이디푸스기 병리, 사회적 적응, 방어적 태도의 순서였다.

두 연구 모두에서 분석 가능성을 평가하는 기준들은 기본적으로 질적이고 임상적이며, 주된 강조는 자아강도에 주어졌다. 이러한 평가가 분석 과정을 얼마나 성공적으로 예측하느냐 하는 것은 열린 질문으로 남아 있다.

질적인 평가들

정신치료에 대한 초기 발표 논문에서 Freud는 분석에서 환자에게 일반적으로 요구되는 바를 언급하였는데, 합당한 교육, 정직하게 믿을 만한 성격, '정상적인 정신 상태', 50세 이하, 신속히 제거해야 할 위험한 증상이 없을 것 등이다.[15] 자아심리학의 용어로 번역되면서, 그 이후부터 이것은 일반적인 질적인 평가로 여겨져 왔다.

많은 저자가 이러한 필요조건들을 보다 자세하게 평가하려고 시도해 왔다. Nunberg(1955)는 회복하려는 소망을 강조한 반면, Fenichel(1945)은 저항과 회복하려는 소망 사이의 균형에 가장 큰 무게를 두었다. Glover(1955)는 전통적인 질병분류학에 따라서 그의 사례들을 '접근 가능한' '중등도로 접근 가능한' '고치기 어려운'의 세 가지로 나누었다.

뉴욕정신분석학회 스터디 그룹의 토의에 대한 보고에서 Waldhorn(1960)은 분석 가능성을 평가하기 위한 정교한 과정을 설명했다. 그는 좌절 내성, 수동적 역할에 대한 인내력, 자기성찰 능력, 자기관찰 그리고 공황으로 가지 않고 불안을 참을 수 있는 능력 등을 강조했다. 부정적인 요소는 심각한 기질성 질환, 주지화 그리고 과도한 정서성이었다.

> 환자의 대화와 개인력의 특정 측면을 면밀히 조사하여 개인의 자아기능 또는 자아기능의 독립된 하위 그룹을 평가하도록 각 사례에서 노력해야 한다는 것이 강조될 수 있다. 널리 알려진 대로 이것은 모든 자아기능이 정신기구의 나머지 및 외부 환경의 측면으로부터 유래된 파생물들과 더불어 동시에 작용하기 때문에 구성 요소의 기능들을 완전히 임의로 분리하는 것까지 수반한다……. 이러한 정신적인 영향들이 모두 합동하여 작용하기 때문에 …… 각각을 세세하게 평가할 필요가 있다……. 그때서야 피분석 가능성의 평가가 논리적인 기반에 놓이게 될 것이다.[16]

Stone(1954)은 분석에 절대적인 장애물은 없다는 견해를 밝혔다. 병리가 심각해짐에 따라 분석 과정이 좀 더 어려워질 수 있을 뿐이다. Knapp 등(1960)에 의한 연구에서는 분석 가능성에 관한 예측은 1년의 분석 뒤에야 가능한 것처럼 보인다고 했다.

그럼에도 불구하고, 경험이 많은 분석가에 의해서 분석이 가능하다고 평가되는 환자의 수가 보다 적다는 것은 분명하다. Feldman(1968)은 캘리포니아에서 여덟 명 중에 한 명의 환자만이 학생에게 배정하기 위해서 받아들여졌다고 보고하였다. Hildebrand와 Rayner(1971)는 런던에서는 분석가에 의해 추천된 세 명 중 한 명만이 학생에게 받아들여졌다고 언급하였다. Lazar(1976)는 학생이 하는 분석을 위한 후보자의 높은 배제율을 구체화하였다. 1972년(에는) 119명을 면접하여, 단지 8명만이 허락되었다. 1973년(에는) 156명 중 16명만이 허락되었다.

분석가들 사이에서 환자가 분석이 될 수 있는지 아닌지에 관해서 상당한 조심스러움이 생기는 것은 분명하다. 이러한 조심스러움은 '분석 가능성(analyzability)'에 대한 이미지가 환자들이 거의 부응할 수 없는 이상적인 허구라는 것을 암시한다.

정신분석과 역동정신치료

1945년 이래로 이 분야는 대략 두 진영으로 나뉘었다. 한쪽 진영은 분명한 결말을 보는 순수한 정신분석을 선호하며 다소 의학적 모형의 노선을 따른다. 다른 쪽 진영은 환자가 정신분석으로 경감될 수는 있으나 분명한 '치유'는 될 수 없는 삶의 어려움으로 고통받고 있다는 견해를 선호한다. 이 두 관점 모두 Freud와 일치하는데, Freud는 1937년 논문에서 뚜렷한 종결은 외상성 신경증의 경우들에서만 볼 수 있다고 자세히 설명한 바 있다. 평가는 여전히 질적이고 임상적이기 때문에 광범위한 논란이 존재한다.

전이

1912~1915년의 기법에 대한 Freud의 논문들 이래로 퇴행적인 전이신경증의 성립과 그것의 해결이 분석의 보증수표라고 인식되었으며, 이러한 인식은 자아심리학의 시대에서도 변하지 않았다. 뒤이은 이론적 발전에 의해 전이에 대한 Freud의 전형적인 산발적인 언급들이 확장되고 구체화되었다.

Freud는 분석가로 하여금 상대적으로 침묵하고 수동적인 자세로 전이신경증이 발달되기를 기다리도록 하였다. 대부분의 경우에서 이 정도로 충분한 것으로 증명되었다.

Blum(1971)은 Freud 이후의 발전들을 재검토하면서, 전이신경증에서는 새로워진 분석 갈등 속에서 밑바닥에 있는 신경증적 증상들과 성격은 물론 충동과 방어들까지도 다시 나타난다고 주장한다. 그것은 하나의 신경증이고 분석가에 대한 관계에서 증상들의 전이를 포함하며, 구조와 성격의 측면에서도 이해되어야 한다. 그것은 하나의 새로운 신경증 형성이지만 분석 이외 상황에서의 증상들이나 병리적 행동의 형성을 배제하지 않는다.

Calef(1971)는 전이신경증에 대한 한 패널의 관점들을 종합하면서 분석가를 향한 새로운 사랑으로 리비도 부착의 이동을 강조하였다. 그러한 리비도의 이동은 좌절되게 마련이며, 그 결과 유아기 갈등들을 다시 일깨우면서 새로운 해결의 탐색과 새로운 절충 형성이 있게 된다. 전이신경증의 형성을 위해서는 정신신경증을 발달시킬 수 있는 능력을 비롯해서 어느 정도의 자아성숙이 요구된다. 이것은 유아신경증과 성인신경증을 일으킨 같은 요인들의 역동적 재연이지만, 그것들과 현상학적으로 같을 필요는 없다. 저항을 조기에 해석하면 분석가에게 집중되는 전이신경증이 촉진된다. 이 경험은 분석가를 새롭고 다른 사람으로서 인식하게 한다.

Alexander는 전이신경증이 환자로 하여금 영원히 무력하게 분석가에게 의존하게 만들 것(Alexander et al., 1946)을 두려워하여, 전이를 조작하여 이 의존성을 축소시키거나 피하도록 권고하였다. Klein 학파 사람들은 (Klein, 1952) 반대편 극단의 입장을 취하는데, 시작부터 얼마나 강력하든지 상관없이 모든 전이의 발현을 환영한다. Klein의 견해에서 보면, 정신병적 요소들은 유아적 인격 속에 존재하며 전이에서 재현된다. 이 견해는 그녀로 하여금 바로 시작부터 정신병 환자들의 분석을 시도하게 하였다. 몇몇 저자들은 환자들이 전이신경증 속에서 느끼게 될 극도의 거절받는 느낌을 피하기 위해 그들의 많은 것을 환자와 공유하기를 선호한다. Freud도 가끔은 이런 방식으로 행동하였다.

전이와 현실

이론상, Freud의 노력은 일종의 순수한 분위기를 창조하여 그 안에서 환자의 전이소통이 전적으로 피분석자의 내적 욕구들에 따라 전개되게 하는 것이었다. 이것이 분석가가 엄격하게 환자들과의 사회적 관계를 피하게 하고 자신에 대해 환자들에게 어떤 것도 드러내지 않는 이유이다. 그는 단지 빈 스크린이 되어서 그 위에 환자의 소아기 갈등들이 투사되어 거기에서 분석되고 극복되게 하는 것이었다. Greenacre(1954)는 이 경고를 너무 강화하여 심지어 분석가가 사회적 신조나 공적인 활동에도 관련되지 않도록 할 것을 권고하였다. 어떤 다른 방침(policy)도 전이를 '오염'시킬 수 있다.

이 입장은 세 가지 다른 근거에 기반한 도전을 받아 왔다. 우선 Freud가 비록 그것을 주장하였다 할지라도 그 방식대로 행동하지 않았다. 쥐 인간(Rat Man)이 들어와서 배고프다고 말하였을 때, Freud는 그에게 먹을 것을 주었다. 늑대 인간(Wolf Man)이 전쟁 후 경제적으로 곤궁하였을 때 Freud는 그를 도와주었다. 그 외에도 많은 사례가 있다. Stone(1961)은 어느 중요한 책에서 또한 완전한 중립성의 분위기는 흔히 환자가 견디기에 너무 힘들다고 주장하였다.

두 번째 반대는 Greenson으로부터인데, 그는 분석가와 환자 사이의 현실적이고 순수한 관계를 강조한다. 더욱 최근에 그는 역설적으로 분석의 성공적인 결과는 어떤 다른 것보다도 현실 관계에 달려 있다는 입장을 지지하였다. 이것은 작업동맹이라는 그의 개념과 같이 진행한다. Greenson(1971)은 환자의 전이 반응들을 완전히 드러내어 궁극적으로 해결하기 위해서, 환자와 분석가 사이에서 비(非)전이 반응 혹은 상대적으로 전이와 관계없는 반응들을 인정하고 명백히 하며 분화시키고 심지어 양육하는 것이 모든 경우에서 필수적이라고 주장한다. 전이 현상을 '분석하기만' 하거나 또는 '해석하기만' 하는 기법은 전이신경증의 발달과 명료화를 억눌러서 환자의 전이와 관계없거나 '현실적' 반응들을 실현하는 데 장애가 될 수 있다.

Greenson이 말하기를, 전이 해석의 중요성에 대해 의문의 여지가 없지만 환자와 분석가 사이의 비전이적 상호작용들을 다루는 것이 또한 중요하다고 하였다. 이것은 비해석적이거나 비분석적인 개입들이 요구될 수 있지만, 이 접근들은 안심시키는 것, 암시 또는 환자의 인생에 개입과 같은 반분석적(anti-analytic) 절차들과는 매우 다르다.

빈 스크린이라는 고전적 생각에 의문을 이끈 세 번째 접근은 분석가와 피분석가 사이의 상호작용은 어느 정도 전이 표현의 발현에 역할을 한다는 인식이다. Langs(1976)는 이 자료를 매우 체계적으로 코드화했다. Langs는 전이 반응들의 원인이 되는 현실 자극들을 특별히 강조한다. 그는 또한 반응들의 두 가지 측면, 즉 자극의 지각과 그것에 대한 반응에 주목한다.

Langs는 더 나아가 전이 환상과 반응의 원인이 되는 자극들을 적어도 세 가지의 다른 형태로 구분한다. 적절하고 필요한 치료자의 개입이나 행동에 기초를 둔 것들, 치료자나 분석가의 역전이가 의미 있는 역할을 한 자극들에 의해 유발된 것들, 그리고 분석가나 다른 사람들에게 어떤 행동들을 유발시키는 환자의 상당하고 흔히 무의식적인 노력들에 일차적으로 기초를 둔 것들이며, 그 노력들은 환자 자신의 무의식적 공상들과 과거 병인적 상호작용들과 일치한다. 이것들 중 두 번째, 즉 역전이와 오류에 대한 심각한 고려들이 고전적 문헌에 기술되어 왔다.

전이의 여러 측면들: 경험적 탐구들

전이 개념의 많은 모호성이 Sandler와 그의 동료들로 하여금 Hamstead Index에 있는 그들의 임상 자료를 통해 그 주제를 탐구하게 하였다. 전이라는 용어의 임상적이고 기법적인 사용이 매우 광범위한 현상을 포함한다는 것이 곧 명확해졌다(Sandler et al., 1969). 이것은 전이를 정의하는 데 내재한 고유한 어려움 때문으로 보인다. 그럼에도 불구하고 그들은 아래와 같은 다수의 표제로 자료들을 분류할 수 있었다.

1. 과거의 경험, 충동, 환상, 갈등이 분석 과정에서 재생되는 그리고 현재는 그것이 발현되거나 잠재된 내용에서 분석가라는 사람과 연관되는 그런 모든 양상들.
2. 성인 정신분석에서 기술되어 왔고 또한 상당히 많은 수의 소아분석에서 나타나는 전이신경증에 해당하는 관계. 그들은 전이신경증이 '소아의 갈등, 억압된 소망, 공상 등

이 분석가인 사람에게 집중되며, 다른 곳에서는 상대적으로 발현이 감소되는 것'[17]을 의미한다. 분석 상황에서 이러한 변화는 더 현실적인 자기상을 갖는 방식의 변화와 연관이 있다.

3. 다양한 형태의 외재화. 한 구조물로서 초자아의 외재화와 초자아의 기초를 형성하는 함입물들의 외재화 사이를 구분하는 선을 긋기는 매우 어려우며, 후자의 경우 과거 관계의 재생이 있고, 이것이 명백히 전이라고 불릴 수밖에 없을 것이다. 외재화라는 제목 아래 환자 자신의 자기표상의 한 두가지 측면을 외재화하는 것과 관계되는 모든 그러한 형태가 포함될 수 있다. 가능한 외재화의 범위는 무한하며, 그리고 앞서 기술한 전이의 형태들로부터 외재화를 떼어 내는 것은 흔히 매우 어렵다.
4. 다른 관계들의 전치와 확대. 이것들은 '심층적 전이'에 상반되는 '광폭의 전이' 로 불릴 수 있다.
5. 성격 전이. 이것은 치료자를 향해 나타나는 반응, 태도 및 관계들을 포함하며 환자의 습관적이고 성격적인 면으로 간주될 수 있다. 그런 반응들은 흔히 초기 치료 시간들에서 보이고 매우 강한 느낌들을 동반한다.
6. 분석 관계의 어떤 다른 측면들. 분석가에게 현실 사람으로 관계하는 것, 분석가를 보조 자아로서 이용하는 것, 그리고 분석가를 욕구를 만족시켜 주는 사람으로 보는 것들이 있다.
7. 치료동맹 또는 작업동맹. 이는 전이와는 대조되는 것이지만, 치료동맹의 성공이나 실패가 일부 '기본적' 또는 '일차적' 전이에 달려 있다는 것은 거의 의심의 여지가 없다 (Greenacre, 1954). 따라서 전이의 형성 그 자체가 치료동맹의 한 기초적인 요소가 되는 것으로 나타난다.
8. 환자가 치료에 가져올 수 있는 공상들과 기대들 전부.

저자들은 다음과 같이 결론지었다.

> Freud가 그랬던 것처럼 전이가 유아의 대상에게 향했던 충동이 현재의 새로운 대상—분석가—에게 향해 전이되는 것을 나타낸다는 견해로부터 출발한다면, 우리는 우리 자신들을 대단히 좁은 영역으로 제한하는 것이고 오늘날 사용되는 전이로 생각되는 많은 것을 배제하는 것이다……. 문제는 기본적으로 개념적인 것이지만 그것은 그 자체로도 정신분석적 의사소통 문제이며, 그리고 결과적으로 정신분석교육에서 중요한 것이다.[18]

작업동맹 또는 치료동맹

Freud는 분석 상황을 분석가와 환자 자아 중 건강한 부분 간의 계약에 의한 것으로 보았다. 그는 긍정적인 전이가 있으면 이 계약이 잘 이루어지고 부정적인 전이가 있으면 잘 이루어지지 않거나 전혀 이루어지지 않는다고 생각하였다.

1950년 초반에 많은 이론가는 잘되는 분석에는 그 이상이 포함되어 있다는 느낌을 표했다. Elizabeth Zetzel(1956b)은 Bibring에 이어서 전이를 치료적 동맹과 전이신경증으로 나누었다. 그녀는 효과적인 분석은 굳건한 치료동맹에 달려 있다고 주장하였다. Zetzel의 생각은 Greenson(1965)에 의해서 더욱 확증되고 정교화되었는데, 그는 작업동맹이라는 용어를 선호하였다. Greenson은 작업동맹을 환자가 분석가에 대해 가지는 비교적 덜 신경증적인 합리적인 관계 형성이라고 정의하였다. 작업동맹의 신뢰할 수 있는 핵심은 병을 극복하고자 하는 환자의 동기와 분석가와 협력하고자 하는 환자의 능력이다. 동맹은 환자의 합리적인 자아와 분석가의 분석하는 자아 간에 이루어지는 것이며, 치료자의 접근법에 환자가 일부 동일시하는 것에 기초를 두고 있다. 이는 환자가 경험하는 자아로부터 합리적인 관찰하는 자아를 분리할 수 있는 능력이 있어야 되는데, 그렇지 않으면 분석가와 작업 관계를 유지하는 데 어려움을 겪는다.

Greenson (1967)은 "환자-치료자 관계에서 작업동맹은 전이신경증과 동등하게 고찰될 가치가 있다."[19]라고 주장한다. Greeenson은 작업동맹을 Zetzel의 "치료적 동맹", Fenichel의 "합리적 전이", 그리고 Stone의 "성숙한 전이"[20]와 동등하게 보았으나 Freud나 다른 저자들과는 달리 더 많은 것을 염두에 두었던 것같이 보인다. 그는 분석가와 환자 간 "맞는 궁합(good fit)"이 있으며, 이것이 발생하지 않으면 분석은 잘 안될 것이라는 것을 암시하였다. 용어는 달라도 많은 분석가는 특정 유형의 환자들과 분석이 더 잘된다는 것에 동의한다.

전이의 해석 또는 조작하기

우리는 시작부터 분석가들을 분열시켜 온 기본적인 질문으로 돌아온다. Breuer는 전이에 대한 개념이 없었기에 Anna O(Freeman, 1972)의 그에 대한 사랑을 어떻게 다뤄야 할지 몰라(Pollock, 1973) 그녀를 포기해야 하였다. 반면에 Freud는 여자 환자가 치료 시간이 끝난 뒤 일어나 그를 껴안았던 그의 유명한 사례에서 전이를 분석하기 위하여 평정을 유지하였다.

사실상 Freud가 사용한 기법의 전체 발달 과정은 전이를 조작하기보다는 분석하는 데 집중되었다고 할 수 있다. Freud에게 있어서 분석은 전이분석과 동일하였다. 1914년에 Freud는 환자를 자기애적 신경증을 가진 환자와 전이신경증을 가진 환자로 나누어, 전자의 경우 전이를 형성할 수 없어서 분석이 불가능하다고 생각하였다.

이러한 입장에 처음 제동을 건 사람은 Ferenczi였는데 그는 적극적인 기법을 사용하였다. 그는 주장하기를, 환자를 아무리 오래 분석하고 (실제로 Ferenczi는 긴 분석으로 악명이 높았다.) 전이 반응을 아무리 자주 지적해 주어도 환자들은 변하지 않을 것이라고 하였다. 이런 이유로 무언가 다른 것이 이루어져야 하였고, 여기서 그의 적극적인 기법들이 생기게 되었다.

양차 세계대전 사이에 Ferenczi의 입장은 주요한 논란거리였다. 제2차 세계대전 후 합리적인 담론이 다시 시작되었는데, 전이를 분석할 것인가 아니면 조작할 것인가에 대한 논쟁이 제기되었다. 1954년 Greenacre의 유명한 논문에서 장기간 분석에 대한 가장 명확한 논쟁 중 하나가 나타났다. 그녀는 기본적이고 일차적인 전이는 어머니와 아이 간 초기 접촉으로부터 유래하는 것으로 보았다. Greenacre은 전이의 여러 가능한 조작에 대해 논의하고서는 이것들을 모두 불만족스러운 것으로 거부해 버렸는데, 이는 전이를 조작하는 것이 오염된 결과를 낳을 수 있기 때문이었다. 의존심, 죄책감, 에로틱한 감정 그리고 적개심은 모두 분석될 수 있다. "전이 관계를 보호하는 것이 매우 중요하다."[21] 그녀는 이 논문에서 분석가와 환자 간에 성적인 관계가 빈번하다고 하면서 "환자가 가지고 있는 근친상간적 환상이 생활 내 관계에까지 이르게 되는 것은 아동기의 어떠한 실제적인 근친상간적 유혹보다도 이후의 환자 생활에서의 왜곡에 더욱 중대한 영향을 줄 수 있다."[22]라고 밝혔다.

Greenacre의 논문은 두 개의 큰 심포지엄의 일부였는데, 하나는 고전적 기법과 다양성에 대한 것이었고 다른 하나는 정신분석과 정신역동적 정신치료에 대한 것이었다. 토론에서 Alexander(1954b)는 자신의 관점과 시카고연구소에서 한 자신의 경험을 내놓았다. 1920년대의 Ferenczi의 견해에는 전혀 동의하지 않았으나 Ferenczi의 견해는 건강한 실험정신을 정신분석적 치료에 소개한 것으로 그 공헌을 인정하였다. "잘 정의되어 있고 이론적으로 굳건한 기법들의 정신역동적 효과에 대한 실제 실험과 관찰만이 치료 효과의 증대로 이어질 것이다."[23]

Alexander는 다수의 전이 문제가 치료를 지체시킨다고 하였는데, 가장 중요한 것이 의존심이다. 전이 충족은 환자의 의존 욕구를 충족시키는 것이 주 내용인데, 이 의존심은 많은 환자에게 있어 "치료할 수 없는 저항(intractable resistance)"이 되며 이떤 변화도 없이 몇 년간 치료를 계속할 수 있다.

의존심을 타파하기 위해서 Alexander는 여러 기법을 제안하였다. 만나는 횟수의 감소와 치료의 계획된 중단이 가장 중요하다. "교정적 정서 경험(corrective emotional experience)"[24]은 의존심이 극복되지 않는 한 잘 일어나지 않을 것이다. 문화학파 풍조에 강한 영향을 받은 고전적 정신분석가인 Edith Weigert(1962)는 그러한 입장에 동조하였는데, 특히 기법의 융통성을 강조하였다. Alexander는 다음과 같이 자기주장을 정리하였다(1954a).

> 환자의 의존 욕구를 어떻게 다룰 것인가 하는 문제는 정신분석적 치료의 핵심 문제이며 앞으로도 가장 어려운 기법상의 문제로 남아 있을 것이다. 우리는 환자를 치료하기 위하여 유아기 상태로까지 퇴행하는 것을 허용해야 한다. 우리는 이러한 강력한 치료 방법에 대해 치료를 종결하는 데 어려움을 겪는 것으로 대가를 치른다. 이러한 모든 것은 전이에서 인위적 퇴행의 처방이 과도하게 될 수 있다는 것이다. 방사선치료와 마찬가지로 강력한 무기이나 새로운 병의 원천이 될 수도 있다.[25]

분석을 종결하지 못하게 하는 의존심의 문제는 중요한데, Greenacre나 다른 모든 고전적 정신분석가들은 이 문제에 대해 언급을 하지 않았다. 대신 이들은 Freud가 Jung이나 Adler에게 한 것과 마찬가지로, Alexander와 그의 일원이 하는 것은 정신치료이고 자신들이 하는 것은 정신분석이라고 하였다. 고전적 정신분석 전통을 따르는 Gill은 정신분석에서 퇴행적인 전이신경증은 '해석으로서만'[26] 해결될 수 있다고 주장하였으나, Alexander가 주장한 전이신경증이 해결될 수 없는 사례에 대해서는 관심을 가지지 않았다.

Rangell(1954b)도 마찬가지로 정신분석은 전이신경증을 해결할 수 있는 가능성이 있는 반면, 정신치료는 그렇지 못하다고 하여 정신분석과 정신분석적 정신치료를 구분하였다. 그러나 어느 것이 실제로 더 나은지, 그리고 각 치료법에 있어서 최적 조건이 무엇인지에 대해서는 모호한 입장을 취하였다.

> 정신분석과 역동정신치료 간의 공통점과 결정적 차이점에 관한 논의가 이루어져 왔다. 두 치료는 어느 것이 더 낫거나 어느 것이 더 가치가 있거나 한 것은 아니다. 각각에 다 적응증과 금기가 있다……. 그리고 다 합리적인 근거에서 적응되어야 한다. 정신분석적 방법을 요하는 환자들도 있고 정신치료적 방법을 요하는 환자들도 있으며 정신분석과 정신치료를 다 할 수

> 있는 치료자들도 있다. 그리고 매우 유동적인, 경계선상에 있는 상태도 있는데, 이들에 대한 치료적 접근에서는 종종 정신분석 혹은 정신치료 양방향으로의 변화를 요한다.[27]

이 논쟁 후 양 진영은 접촉을 끊고서, 공개 패널에서 견해를 서로 주고받는 일은 다시 없었다. 얼마 지나지 않아 정신분석학회가 설립되었고, 그 후로 양 진영은 각자의 길을 가게 된다. 오늘날까지도 과도하게 의존적인 환자에 대한 문제는 정신분석 기법의 해결되지 않은 어려운 문제로 남아 있다. Alexander와 같이 전이를 조작하는 분석가들은 과도한 의존심을 피한다는 근거에서 그렇게 한다. Greenacre와 같이 이들에 대해 비판하는 사람들은 만나는 횟수의 감소와 같은 조작은 환자를 덜 의존적이게 하는 것이 아니라 더 의존적으로 만들게 됨을 종종 발견한다. 논쟁은 계속되고 있다. 이것은 학파를 설립하면서 각자의 용어 체계를 수립하고는, 합리적인 문제 해결에 대해서는 문을 꽉 닫아 버리는 또 다른 예이다.

Eissler: Parameters의 개념

1953년에 Eissler는 parameter라는 귀중한 개념적 도구를 추가하였는데, parameter란 "기초 모형 기법, 말하자면 오로지 해석만을 사용하는 것으로부터 질적으로 양적으로 일탈된 것들"이다.[28] 기본 모형 기법은 순수한 정신분석으로서 치료자에게 해석만 하도록 요구한다. 이 외의 다른 모든 것은 정신치료다.

parameter를 치료에 도입할 것인지, 그리고 도입한다면 어느 것을 선택해서 도입할 것인지는 환자의 자아구조에 달려 있다. Eissler가 상정한 이상적인 조건은 "① 기본 모형 기법만으로 충분치 않다는 것이 증명되었을 때만이 parameter를 도입할 수 있으며, ② parameter는 어쩔 수 없이 사용되는 최소한의 범위 이상 사용되어서는 안 되고, ③ parameter가 최종적으로는 자가-제거(self-elimination)가 될 때만 사용될 수 있다. 말하자면, 치료의 마지막 단계는 늘 parameter가 없이 진행되어야 한다는 것이다".[29]

Eissler의 독창적인 제안은 혼돈되어 있는 분야에 아주 필요한 질서를 가져다주었다. parameter는 순수한 분석이 잘 안될 때 정당화된다. 그러나 가능하다면 치료가 끝나기 전에 parameter는 없어져야 하며 문제는 순수한 분석(전이신경증의 해석)에 의해 해결되어야 한다.

정신분석 대상 범위의 확장

이 분야에서의 논쟁에도 불구하고, 정신분석의 영역은 꾸준히 확장되어 왔다. 일반인들에게는 자신이 받고 있는 치료가 정신분석이라고 불리든 정신분석적 치료라고 불리든 간에 별 차이가 없다. 도움을 받으러 오는 것이고, 도움을 받게 되면 만족인 것이다. 1954년에 Leo Stone은 광범위하게 토론된 논문에서 정신분석의 엄청난 확장에 대해 지적하였다. 그의 결론은 다음과 같다.

> 정신분석적 치료의 영역이 전이정신신경증으로부터 확장되어 실질적으로 모든 심인성 질병 범주를 포괄하게 되었다. 전이신경증 그리고 병리적 수준에서 전이신경증에 상응하는 성격장애가 고전적 방법에 대한 최적의 일반 적응증이었다. 확장된 질병분류학 영역의 경계선에 다가갈수록 어려움은 더 커지고 성공에 대한 기대는 줄어들지언정 어떤 절대적인 장벽이 있는 것은 아니다……. 정신분석은 모든 정신치료적 도구 중에서 가장 강력한 상태로 남아 있다. Freud가 일컬은 바와 같이 "불과 철"로 남아 있는 것이다.[30]

전이의 강도와 병리

Freud는 전이를 그 강도와 상관없이 치료 가능한 신호로 보았다. 자기애적인 사람은 전이를 형성할 수 없어서 치료가 불가능하다고 보았다. (Freud의 1915년, 전이 애정에 대하여, 1920년, 여자 동성애자의 치료에 대하여를 보라.) 가끔 Freud는 "엄청난 열정"에 대해 언급하거나 그러한 강력한 전이를 가진 환자를 "있는 성질 그대로 다 드러내는 아이"로 기술하였는데, "'만둣국의 만두만 먹겠다고 다투는 만둣국의 논리(the logic of soup, with dumplings for arguments)'로만 이해할 수 있는 아이"라고 하였다.[31] Freud는 이러한 여성들 중 몇 명에게는 성공할 수 없었다고 느꼈으나(남성을 포함시키지 않은 것은 눈에 띈다.) 다음과 같이 결론 내렸다. "우리는 가장 위험한 성신석 충동을 다루는 것과 환자의 이득을 위해 그것들을 정복하는 것을 두려워하지 않는, 지극히 표준적이면서 순수한 정신분석 없이는 해 나갈 수 없을 것이다."[32]

제2차 세계대전 후 색정적 전이와 다른 강력한 전이에 대한 태도가 변하기 시작하였다. 선구자격인 시카고의 분석가 Blitzsten은 분석가에 대한 심한 성적인 태도와 심한 정신병리를 처음으로 연관시켰으며,[33] 다른 저자들도 이를 따랐다(Greenson, 1967; Rappaport, 1956). Langs(1974, 1976)는 '본능화된 전이'라는 용어를 제안하였고, 다른 사람들(Blum, 1971, 1973)은 '색정화된 전이'라는 용어를 사용하였다. Kernberg(1975)는 그러한 초기의 정서적 범람은 경계선 증상의 일부로 보았다. 이런 것들이 분석적 전설의 일부일 뿐일 수도 있다는 것은 Sandler 등(1973)의 다음의 냉랭한 언급으로부터 알 수 있다. "머지않아 정신분석가들은 그들의 환자들이 자신들과 아주 빈번히, 그리고 그에 상응할 정도로 자신들과 사랑에 빠질 것이라고 기대하지 않게 될 것이다."[34] 전이 반응의 강도가 환자를 '분석할 수 없게' 하는 지점을 명확히 말하는 것은 상당한 주의를 요한다. 실제로 어느 분석가 그룹에서나 많은 논란이 있을 것이다. 모든 의문은 서서히 정신병 환자의 분석에 대한 논란으로 바뀌게 된다.

전이와 정신병

전이를 형성할 수 없는 자기애적인 사람이 있다는 Freud의 1914년 견해는 시간이 지나면서 비판을 받았다. 기관 소속 정신과 의사들이 분석가가 되기 시작했을 때, 자신들의 환자들이 생각했던 것보다는 덜 자기애적이라는 것을 발견하였다. 이에 따라 상당수 분석가가 정신병 치료에 눈을 돌리기 시작하였는데(제5장 참조), 결과적으로 덜 혼란된 사람만큼은 치료 결과가 좋지는 않으나 기술할 만한 가치는 있다.

만개한 정신병 환자는 카우치와 자유 연상을 하는 고전적인 방법으로는 치료가 될 수 없다는 일반적 동의가 있다. 몇몇 기법의 변형이 필요하며, 그러한 변형은 Federn(1943)과 Sullivan(1931a, b)을 필두로 많은 저자가 제안하였다. 정신신경이완제 약물이 보편적으로 사용되지만, 많은 정신과 의사는 약물과 분석을 병행하기를 선호한다(Chiland, 1977).

이러한 상황하에서 하는 치료가 '분석'이라고 간주될 수 있는가에 대한 논란이 있었다. 1945년에 Fenichel은 "정신병 환자를 분석하는 모든 사람은 선구자적인 일을 하고 있는 것이다."라고 말할 수 있었다.[35] 이제는 더 이상 그렇지 않으나, 여전히 만만치 않은 장애물들이 남아 있다. 그럼에도 유능한 많은 임상가는 전이와 저항을 이해하려고 노력하면서 정신병에 접근해 왔고 접근한다(특히, Chiland, 1977; Rosenfeld, 1965; Searles, 1965 참조). 이 치료자들은 전이와 저항을 없애려고 노력하므로(Boyer and Giovacchini, 1967), 다른 매개변수(parameter)가 도입되었다 하더라도 Freud의 정의에 따르면 분석을 하고 있는 것이다. 이것을 정신치료라고 할 것인지 정신분석이라고 할 것인지는 의미론적인 문제다.

역전이

Freud는 역전이를 환자에 대한 치료자의 전이로 보았다. 그는 이 개념을 다소 늦게 착안하였다. Freud의 주된 관심은 침착함을 유지하고 환자에게 지나치게 말려들지 않는 것에 있었던 듯하다.

Jung과의 서신 왕래를 통해 이러한 태도의 전개에 새로운 국면을 맞이하게 된다. 1909년 Jung은 "분개하면서" 다음과 같이 보고하였다. "몇 년 전 아낌없는 노력으로 불쾌한 신경증에서 벗어나게 한 어떤 여자 환자가 상상할 수도 없는 굴욕감을 주면서 나의 신뢰와 우정을 모독하였다. 그녀는 내가 자신에게 아이를 안겨 주는 기쁨을 거부하였다는 이유로 불쾌한 스캔들을 일으켰다."[36] 오늘날의 분석가들은 이것을 색정적 전이와 무의식적인 역전이 사례로서 인식하였으나 Jung은 전이나 역전이를 몰랐다. 1911년에 토론토에 살고 있었던 Jones는 전에 치료했던 환자로부터 성관계를 하였다는 혐의로 고소당했는데, 전이임을 알아차렸으나 '스캔들을 피하기 위해' 500달러를 지불하였다.[37]

Freud는 모든 이에게 평정을 유지하도록 종용하였다. "우리가 작동시키는 사랑으로 인하여 악담을 듣고 곤란하게 되는 것, 그러한 것은 우리 분야에서 처하게 될 수 있는 위험이지만 환자들을 위해서 포기하지는 않을 것이다."[38] 그는 "어떠한 정신분석가도 자신의 콤플렉스와 내적인 저항이 허용하는 것 이상으로 더 깊이 들어가지는 않는다."라고 단언하였다.[39] Freud는 역전이를 방해로 간주하였으나 완전히 확신하지는 않았다. "우리는 분석가가 자신의 역전이를 거의 인식하고 극복할 것이라고 주장하려는 경향이 있다." 그러나 Freud는 그 당시에 자기분석을 추천하였지 다른 사람에게 분석받는 것을 추천하지는 않았다.[40]

Freud의 개인적인 주요 관심사가 과도하게 말려드는 것에 관한 것이었음은 의심의 여지가 없었다. Jung에게 보낸 1911년 12월 31일 편지에서 Freud는 다음과 같이 썼다.

> 만일 자네가 C 부인이 흘린 힌트를 "말한 것"으로 부를 수 있나면 C 부인은 나에세 사네와 Pfister에 대해 모든 걸 말한 것이네. 나는 자네들 모두가 임상에서 아직 필요한 객관성을 획득하지 못했다는 것, 그리고 아직 말려들고 있어서 자네의 상당 부분을 주고 있다는 것, 그 답례로 환자가 뭔가를 주리라고 기대하고 있다는 것을 알았네. 내가 말하는 것이 현인이 말하는 것 같더라도 용서해 주게. 이러한 기법은 결단코 추천할 만한 것이 못 되며, 말을 하지 않고서

> 순수히 수용하는 채로 있는 것이 최선이라네. 우리는 우리가 치료하는 가련한 신경증 환자가 우리를 미치게끔 하도록 내버려 두어서는 안 되네. 나는 '역전이'에 대한 글이 필요하다고 믿네. 물론 우리가 그것을 출판할 수는 없고 우리들끼리 사본을 돌려 보아야 하네.[41]

따라서 그 당시 그의 주된 관심은 환자가 아니라 분석가를 보호하는 것이었다. 4반세기 후 '종결될 수 있는 분석과 종결될 수 없는 분석'에서 Freud는 분석가는 역전이 문제로 인해 발생하는 함정을 피하기 위해서 5년마다 분석을 받는 것을 부끄러워해서는 안 된다는 유명한 권고를 하였다.

Freud 이후의 발달

전이와 마찬가지로, Freud가 상정한 협의의 역전이의 의미는 시간이 지남에 따라서 확장되었다(Little, 1951). Sandler 등(1973)은 현재 사용되는 주요 요소 혹은 의미를 아래와 같이 열거하였다.[42]

1. 분석가 내부의 갈등의 촉발로 인한 분석가 측에서의 '저항'. 이것은 분석을 이해하고 수행하는 것을 방해하여 맹점을 만든다.
2. 환자에 대한 분석가의 전이
3. 환자-분석가 관계로 인해 분석가에게 야기된 불안이 분석가와 환자간 의사소통을 방해함(Cohen, 1952).
4. 분석가의 업무에 반영된 것으로서 치료 작업에 어려움을 초래할 수도 있고 초래하지 않을 수도 있는 분석가의 성격 특성 (Balint, 1939, 1949; Kemper, 1966)
5. 어떤 특별한 환자에 의해 초래된 분석가의 특정 한계. 또한 환자의 전이에 대한 분석가의 특정 반응(Gitelson, 1952)
6. 환자에 대한 분석가의 '적합한' 혹은 '정상적인' 정서 반응으로서 중요한 치료 도구가 될 수 있으며 공감과 이해의 기초가 될 수 있다(Heimann, 1950; Money-Kyrle, 1956).

역전이와 관련된 쟁점들

역전이의 역동은 많은 저자(예를 들어, Kernberg, 1965; Langs, 1976; Racker, 1957; Sandler et al., 1973)가 고찰해 왔다. 원칙적으로 이 정신역동적 요소는 다른 형태의 정신역동과 다르지 않다. 분석가는 이상화되어서는 안 된다. 분석가 자신도 분석을 받았기 때문에 다른 사람보다 문제가 더 적어야 하지만, 문제가 완전히 없어야 한다는 개념은 오래전에 포기되었다. 분석가의 해결되지 않은 문제는 피분석자의 문제와 상호작용한다. 기본적으로 모든 분석가는 이러한 역전이 문제에 대해 분석을 더 받으면서 다루어야 한다는 데 동의한다. 그럼에도 불구하고 극도로 정제된 분석에서조차도 상당수 문제가 남아 있으며, 이 문제들은 문헌에서 광범위하게 토의되었다.

역전이는 해가 되는가, 도움이 되는가?

Freud를 따르는 고전적 입장은, 역전이는 일련의 실수로 되어 있으므로 극복되어야 한다는 것이고 본질적으로 전체 과정에 해가 된다는 것이었다. 1950년대부터는 많은 분석가가 반대 입장을 취하기 시작하였다.

Klein 학파의 Heimann(1950)은 "역전이는 분석가가 만드는 만큼 환자가 만드는 것이기도 하다."라고 주장하였다. 자신의 역전이를 살펴봄으로써 분석가는 자신이 환자를 이해하였는지 혹은 이해하는 데 실패하였는지 검토해 보는 중요한 수단을 가지게 된다. Langs(1976)는 그러한 역전이가 도처에 깔려 있어서 분석가가 지속적으로 자기관찰을 하도록 요구하였다고 밝혔는데, 이 권고에는 모든 분석가가 동의할 것이다. 그러나 많은 분석가는 분석가의 역전이가 환자에 의해 생겼다고 하는 것을 과장이라고 느낄 것이다. 예를 들면, Barchilon(1958)은 '역전이치료'에 대해 언급하였는데, 여기서 분석가의 맹점은 환자의 어떤 문제를 간과하게 한다는 것이다.[1)]

---

1) 이동식: (역전이를 환자 이해와 치료에 어떻게 활용하느냐 하는 질문에 대한 답변) 역전이를 환자를 이해하는 도구로 삼을 수 있다는 것은 말하자면, '환자가 나를 화나게 한다!' 그러면 화나는 게 내 문제도 있지만 화나게 하는 것은 환자의 문제이다. 환자를 이해하는 데 도움이 되고 치료자의 환자에 대한 느낌을 감추는 게 아니고 솔직하게 전달하는 게 치료적이다. 환자가 미우면서 감춘다고 하면 진정한 커뮤니케이션이 아니다. 환자한테는 솔직히 말하라 하면서 치료자 자신은 감추고 말이야. 미움을 전달한다 하는 거 하고 미워하는 것은 별도다. 치료자들이 자꾸 적개심을 표현하라 하는데 자기 느낌을 표현해서 깨달아서 없애기 위해서이지 자꾸 발산하고 치료자에게 욕하라고 하는 게 아니다. 치료자도 당신한테 이런 감정이 생긴다. 왜 이런가? 그걸 같이 검토하는 것이다. 치료는 공동 작업이다. 치료해 주는 게 아니라, 같이 길을 가면서 안내한다. '미움을 전달한다' 하면 환자한테 화를 내는 걸로 착각하지 말아라 그 말이다. 환자한테도 미움을 표현하라고 하는 게 치료자한테 죽이려고 하고 던지고 칼부림 이런 거 하라고 하는 게 아니다. 자기 감정을 자각하고 그것을 검토해서 없애는 게 목적이다. 전달하라고 하면 화내는 걸로 알았나?

역전이는 불가피한가?

대부분의 분석가는 역전이가 분석가의 병리로부터 파생되어서 피할 수 있다는 Freud의 의견에 동의하지만, 많은 사람이 이의를 제기해 왔다. Tower(1956)는 이에 반대 입장을 취하였는데, 한 중요한 논문에서 어떤 것이 방어적인 것이고 행동화하는 것인지, 그리고 어떤 것이 건설적인 것인지 비춰 보기 위해서 치료 상황 내 정신분석가의 무의식을 연구해야 한다고 하였다. 그녀는 자신의 주된 주제를 다음과 같이 썼다.

> 나는 깊은 전이신경증의 완전한 훈습, 가장 엄격한 의미로 환자와 분석가에게서 어떠한 큰 정서적 급변도 없는 훈습이라는 것이 있다는 것에 의심이 든다. 다른 말로 하면 치료 상황에서 다 분석되는 전이신경증과 그에 상응하는 '역전이신경증'(아무리 작고 일시적이라고 해도)이 있다는 것이다. 그리고 각자로부터 상대방을 향한 아주 새로운 방향으로서의 궁극적 감정이 있다.[43]

부수 질문은 만일 역전이 반응이 모든 환자에게 있어서 불가피하지 않은 것이라고 한다면, 어떤 환자들에게 있어서는 피할 수 없다는 것인가 하는 점이다. 많은 사람이 그렇다고 보는데 Winnicott(1949)은 「역전이에서의 증오」라는 논문에서 정신병 환자를 다룰 때 분석가는 환자를 사랑하는 것 이외에 필연적으로 환자를 증오하고 두려워하게 되는데, 증오와 두려움을 자각하여 증오와 두려움이 분석가가 환자에게 하는 것을 결정짓는 동기가 되지 않도록 해야 한다고 주장하였다. 그는 정신병 환자에 대한 증오는 치료를 위해서 환자에게 전달되어야 한다고 권고하기까지 한다(Winnicott, 1949). 또한 정신분석하는 동안 분석가도 성장한다는 점을 살짝 언급하였다. "분석가 자신의 증오가 극도로 잘 해결되고 의식화되어 있지 않으면 정신병을 치료하는 것은 불가능하다."[44]

C. Thompson(1938)은 환자가 분석가를 선택하는 것은 무의식적인 신경증적 결정이라고 하였다. 만일 분석가가 역전이 문제를 가지고 있고 환자의 신경증을 보완할 수 있는 부분을 보지 못한다면 교착상태가 나타날 것이다. 그는 모든 분석가는 성격 내에 완전히 없앨 수는 없는 특정한 취약점을 가지고 있다고 하였고, Racker도 전이와 역전이 논문(1953, 1957, 1958a, b)에서 같은 입장을 보였다. 어떤 이들은 분석가와 환자 간 암묵적인 합의가 있는 것 같다고 주장하는데, 이는 어떤 주제에 대해서는 조용히 하기로 비밀스럽게 이해하고 있는 것을 말한다. McLaughlin(1957)은 모든 분석가가 부딪치지만 아무도 토론하기를

바라지 않는 문제, 즉 치료 시간 중 잠이 드는 것을 다루는 것도 특정 환자에 대한 역전이라고 하였다. Glover(1955), Reich(1960), Greenson(1967)은 이런 것들을 분석가의 분석에서 해결될 수 있는 문제들이라고 하였다.

역전이를 환자에게 드러내기

많은 분석가가 역전이 감정을 자각해도 환자가 얼마나 건설적으로 사용할지 몰라서 드러내기를 꺼린다. 예외가 있는데 Tauber(1954)와 Tauber and Green(1956)은 극단적인 예를 제시하고 있다. 이들은 역전이 감정을 나누는 것이 분석가가 유보하고 있는 것을 환자가 방어적으로 사용하지 않도록 하는 수단이라고 생각한다. 그러나 다른 사람들도 그랬듯이 Langs(1976)는 너무 느슨해진 역전이 조작은 과도한 의존심, 극단적인 요구와 급작스런 치료 종결과 같은 여러 증상을 일으킨다고 경고하였다.

분석에서 환자의 만족

Ferenczi가 적극적인 기법을 창안한 이래로 분석가가 환자로 하여금 어느 정도까지 분석에서 만족을 느끼도록 허락해야 하는가 하는 것은 문제가 되어 왔다. 일반적으로는 중립성의 고전적 태도를 따르는 가운데, Stone(1961)은 분석가들이 과도하게 중립성을 추종하는 것에 대해 경고하였다. 침묵만 하게 되면 부당한 퇴행을 조장할 수도 있고 전이신경증의 전개를 저해할 수도 있다는 것이다. Stone은 치료자의 내보임이 기법상으로 오류라고 해도, 치료자가 인간적이라는 것을 아는 것이 딱딱하고 냉랭한 실제적이지 않은 태도와 수행보다는 분석에 덜 해가 된다고 믿었다. Stone은 분석가에 관한 사실적 정보의 선택적 인지를 옹호하면서, 왜곡된 정보에 의해 치료동맹보다는 전이 저항이 강화되고 있을 때 사실적 정보가 이를 바로잡아 주거나 가늠해 주는 역할을 한다고 제안하였다.

역전이의 분석 또는 조작

역전이가 분석되어야 하는가 아니면 조작되어야 하는가에 대한 문제는 전이에 대한 문제와 비슷하다. Alexander가 의존심에 대처한 방식에 대해 많은 사람이 역전이의 조작에 다름 아니라고 주장한다. 조작은 신체 접촉(성관계를 포함하여), 분석가의 사생활에서 환자를 이용하는 것, 그리고 여러 방식으로 환자를 이용하는 것을 포함한다. Freud에 반대하는 많은 집단이 역전이의 광범위한 조작을 권고하게 되었는데, 환자가 "본질적으로 분석 불가"한 경우라는 해명을 늘 덧붙였다. 몇몇 예외를 제외하면, 역전이를 조작하지 않는 것이 정신분석의 전형적인 특징이다.

역전이와 분석가의 성장

마지막으로, 분석적 상황이 분석가에게 본질적으로 성장을 가져오게 할 수 있는가에 대한 질문이 제기될 수 있다. Freud가 권고한 대로 분석가가 이따금씩 분석을 받는다면 역전이 경험을 자기 자신의 성장을 촉진시키는 데 사용할 수 있을까?

이러한 관점을 강력히 지지하는 사람은 Searles이다. 그는 역전이의 오이디푸스적 애정에 관한 논문(1959a, b)에서 세 가지를 지적하였다. 성공적인 분석 과정에서 분석가는 자신의 오이디푸스적 애정 대상으로 환자에게 반응하다가 마침내는 환자를 오이디푸스적 애정 대상으로 삼으려는 것을 포기하는 단계를 거친다. 정상적인 발달에서 부모는 아동의 오이디푸스적 애정에 대해 과거에 지각하였던 것보다 더 열정적으로 화답한다. 오이디푸스 콤플렉스를 통과하는 것은 초자아뿐만 아니라 자아의 발달에서도 중요하다. 이후의 논문(1975)에서 환자의 병의 일부는 치료자(Searles)의 치료적 노력이 치료자의 초기 환경에 의해 좌절된 것이고, 다른 사람을 돕고자 하는 이러한 소망은 분석에서 이루어진다고 하였다. 치료자는 환자의 주도성을 수용하는 것을 배워야 한다.

Searles는 다른 분석가보다도 자신의 역전이에 대해 더 개방적이었을 것이다. 그의 초기 작업은 대부분 입원한 조현병 환자에 국한되었으나 최근에는 신경증 환자와도 작업을 해 왔는데, 그가 주장하기로는 본질적으로는 비슷한 역전이 경험을 하였다고 한다.

Greenson이 자신의 저서(1967)에서 기법에 대해 논평한 것이 이 대목에 적합할 것이다. 어떤 분석가는 친구들에게 자신이 녹초가 되는 것에 대해 이야기하는 것을 받아들일 수 있는 반면, 어떤 분석가들은 자신의 일을 즐기고 있다는 것을 인정하는 것을 상당히 당황스러워한다. 동시에 어떤 분석가들은 명백히 직업 재해인 과로로 고생한다.[45] Greenson은 또 상당수의 분석가가 무대공포로 매우 고생한다고 한다.[46] 그런 문제들은 다른 사람들에 비해 더 많이 자기분석을 할 필요가 있거나 해야 하는 분석가가 어떻게 역전이 경험에 대한 반성에서 더 이득을 볼 수 있는지 쉽게 알 수 있게 해 준다. 그러나 이 주제는 많은 문헌에서 거의 다뤄지지 않았다.

저항

기억하는 것과 훈습에 관한 1914년 논문에서 Freud는 저항, 특히 전이 저항을 훈습하는 것이 분석의 핵심임을 지적하였다. 이 주제의 중요성에도 불구하고, Freud는 기법에 관한 어떤 논문에서도 그것을 결코 상술하지는 않았다.

그는 1926년『억제, 증상, 불안(Inhibition, Symptoms and Anxiety)』의 부록에서 간단히 언급하기를, 분석가는 환자에게서 일어나는 다섯 가지 이상의 저항들과 싸워야 하는데, 그것은 자아, 이드, 초자아에서 나오는 것이라고 하였다. 세 가지 자아저항은 억압 저항, 전이 저항, 질병으로 인한 이차적 이득이다. 네 번째 저항은 이드로부터 나오고, 훈습이 필요하다. 다섯 번째는 초자아저항인데, 마지막으로 발견된 것이지만 "항상 가장 작은 힘을 가지는 것은 아니다".[47] 그것은 죄책감이나 처벌에 대한 요구로부터 기인하는 것으로 보이고, 그것은 성공으로 향하는 모든 움직임을 방해하며, 분석을 통해 환자 자신이 회복되는 것을 방해한다. Freud는 초기엔 이 저항을 부정적인 치료 반응이라고 언급하였다.

저항의 분석

다음 단계는 Wilhelm Reich의 몫이었는데, 그는 자신이 체계적 저항분석 (systematic resistance analysis)이라 부른 과정을『성격분석(character analysis)』(1933)이라는 책에 기술하였다. Reich는 모든 환자가 표면적인 외양과 무관하게 내재적으로 저항적이라고 보았고, 그래서 초기 단계에 진실된 긍정적 전이를 형성할 가능성이 없다고 보았다. 거부증이 항상 표면 아래에 있기 때문에, 유일한 기법은 체계적 저항분석이며 오로지 그 안에서 저항이 처리된다는 것이다. 그의 주장처럼 많은 사례는 체계적인 해석을 해도 혼란스러웠는데, 왜냐하면 이는 해석된 저항을 훈습하는 데 있어서 일관성이 부족하였기 때문이다.

모든 환자에게는 그 또는 그녀가 시작하는 하나의 주된 저항 위치가 있는데, 환자는 어김없이 확실하게 항상 도피하기 때문에, 그리고 대체물을 가지고 분석가를 만족시키려는 노력의 결과가 없기 때문에, 분석가의 과업은 환자가 첫 저항 위치를 분석적으로 처리할 용기를 찾을 때까지 환자로 하여금 반복해서 그 위치로 되돌아가게 하는 것이다. Reich는 저항을 분석하기에 너무 때이른 경우란 없으며, 저항을 떠나서 무의식을 해석하는 데 너무 유보적인 것은 있을 수 없다는 것이다. 이 시기와 Reich의 작업으로부터 기본 규칙이 정립되었는데, 내용을 해석하기 전에 저항을 해석하라는 것이다.

Reich의 중요한 기여에도 불구하고, 다른 분석가들은 그가 너무 도식적이라고 느꼈다. 대답은 Anna Freud의 책, 『자아와 방어기제(The Ego and the Mechanism of Defense)』(1936)에서 곧 나왔다. 그녀는 그의 접근 방식이 너무 한쪽으로 치우쳤고, 환자의 개별성을 너무 누락시켰다고 보았다.

> 환자의 저항분석이 전경의 대부분을 차지하도록 한 방향으로 지나치게 기울어진 기법은 그 결과는 물론 그 이면에서도 결함이 야기될 수 있다. 이 기법은 우리에게 피분석자의 자아의 전체 구조에 대한 그림을 보여 줄 수 있으나, 이드분석의 깊이와 완벽성은 희생되어야 할 수도 있다.[48]

따라서 엄격하게 도식적인 Reich의 저항분석과 Freud가 처음으로 제안했던 느슨한 저항분석 사이에 선이 그어졌다. Fenichel(1941)은 Reich의 책이 저자의 개인적 특성, 특히 도식적인 단순화에 대한 선호에 영향을 받은 나머지, 이론에 문제가 생겼음을 관찰하였다. 결국 저항의 보다 유연한 분석이 승기를 잡았으나, Reich의 의견 중 일부는 모든 분석 이론 중에서 확고한 구성 요소가 되었다. 특히 신체 활동에 대한 관찰, 환자의 '성격 무장', 그리고 표면에서부터 아래로 분석하라는 충고 등이 그러하다.

1930년대의 논쟁 이외에는 저항 이론에 중요한 추가는 없었다. 비록 어떤 저자들은 경미하게 다른 견해를 가지고 있을지라도, 본질적으론 저항의 개념은 인격 구조 내에서의 방어라는 개념이 치료 상황으로 번역되는 것이다. 그래서 방어기제에 관한 개념화의 변화는 (제11장 참조) 저항의 규명과 처리에 대한 변화를 반영하는 것이다.

어떤 이론가들은 다음의 입장을 견지하는데, 저항이 진정으로 해결될 수가 없기 때문에 적어도 어느 정도의 기간 동안 적절한 기법은 저항의 편을 드는 것이라는 것이다. 이것을 패러다임적 기법(paradigmatic technique)이라고 불렀다(Nelson, 1969; Spotnitz, 1968). 하지만 많은 일탈된 기법과 마찬가지로 이것은 분석의 기본적인 원칙들에서 너무 멀어지게 되어, 계류용 밧줄을 잃은 결과 부두에 정박하지 못하고 표류하는 배와 같은 처지가 된다.

훈습

정신분석은 그 결과를 설명하는 데 유용한 적절한 학습 이론을 가지고 있지 않았기 때문에 하나를 고안해야만 하였다. 이 고안은 훈습(working through)이라는 독특한 어구를 낳았고, 1914년 Freud의 논문에서 소개되었다. Freud는 논문에서 훈습이란 본질적으로 환자가 필요한 확신을 가지게 되고 변화할 때까지 자료의 반복과 새로운 자료의 분석을 해 나가는 것을 의미한다고 밝혔다.

> 치료자는 환자가 알지 못하는 이 저항에 대해 좀 더 관심을 가지게 하고, 그것을 훈습하고, 그것을 극복하도록 지속적으로 시간을 허락하여야 한다. 기본적인 규칙에 따른 분석 작업에 대한 도전임에도 불구하고 말이다. 의사는 그 자체의 경로를 밟도록 기다리고 놓아두는 것 외에는 행할 어떤 것도 없는데, 경로를 피할 수도 없고 항상 서두를 수도 없는 것이다. 그가 이러한 신조를 고수한다면, 그는 종종 올바른 경로로 치료를 시행하고도 자신이 실패하였다고 오인하는 오류를 범하지 않아도 될 것이다.[49]

이 개념화에 있어서 필수 요소들은 시간, 분석가가 강요받는 수동성 그리고 함축적으로 같거나 유사한 자료의 반복인데, 때문에 훈습은 저항을 단순히 한번 지적하는 것과는 대비된다. 이들 세 가지 요소는 정신분석 이론의 변화 속에서도 그 핵심에 남아 있고, 실질적으로 Freud 이후 이론에 첨가된 것은 조금밖에 없다. 변한 것은 환자가 제공한 정신역동적 자료에 관한 견해인데, 분석에서 이 자료가 어떻게 해결되는지는 동일하게 남아 있다. Freud의 후반기 명료화 중 일부가 거론될 수 있을 것이다.

Alexander: 치료의 초심리학

1914년에 주요하였던 두 가지 심적 부분은 자아와 이드였다. (비록 이 용어가 아직 존재하지 않았지만) 초자아가 추가로 도입되었을 때, 치료에서 그 역할은 즉시 명확해졌다. Alexander(1925b)는 고전적인 논문에서 그 함축적 의미를 끌어냈다. 자아(현실)는 초자아(금지)의 기능을 물려받아야 한다. 그러므로 치료 과정은 자아가 초자아의 기능을 물려받는 것에 대한 저항들을 극복하는 데 있다. 후에 Nunberg(1955)는 그것을 더욱 간결하게 표현하였다. "이상적인 치료 사례에서 얻어지는 변화들은 전체 성격에 걸쳐서 일어나는데, 다음과 같다. 이드의 에너지는 더욱 동적으로 되고, 초자아는 더욱 관대해지며, 자아는 불안에서 더욱 자유롭게 되고, 통합적인 기능을 회복한다."[50]

Strachey: 변화를 유발하는 해석

분석에서 초자아를 진정시키고, 파괴시켜야만 한다는 Alexander의 제안에 뒤이어, Strachey는 1934년의 중요한 논문에서 어떻게 이것을 행할 수 있는가 하는 질문을 던졌다. 그는 유아가 숙달하지 못한 분투로 인해 빠져들게 되는 부정적인 순환을 지적하면서 시작하였다. 구강-공격적인 분투로 인해 (그는 Melanie Klein의 틀에서 쓰고 있다.) 유아는 이러한 분투를 대상에 투사하고 그 결과 대상이 공격적이라고 인식한다. 다음으로, 이 대상은 함입되고 공격적인 위협을 강화한다. 다음으로, 공격성은 대상으로 재투사되고 공격적인 형태로 재함입된다. 악순환이 정립되고 그 안에서 유아는 공격적인 위협과 공격적인 방어 사이를 오가게 된다.

Strachey가 이어서 제안한 바는 동일한 패턴이 분석 상황에서도 작동하고 있다는 것이다. 차이점은 분석가가 보조 초자아로 기능할 수 있다는 것이다. 그리고 공격성이 그에게 향했을 때 그는 환자가 유아였을 때 어머니가 했던 것과 같은 방식으로 반응해서는 안 되며, 실제로 그는 그런 방식으로는 반응하지 않는다.

분석가는 보조 초자아로서의 (엄격하게 제한된) 힘 덕분에 환자의 이드-에너지의 작은 양이 의식화되도록 허락한다. 이러한 이드-에너지는 분석가에게 향하게 될 것이다. 만약 이 모든 것이 잘되면, 환자의 자아는 그의 느낌의 공격적 특성과 분석가의 실제 특성 사이의 대비를 자각할 것인데, 여기서 분석가는 환자의 좋거나 나쁜 고태적인 대상들(함입물)과 같이 행동하지 않고 있다. 결과적으로 해석은 순환에 균열을 일으킨다.

후기의 재고찰들

1964년 미국정신분석협회에서 훈습에 관한 공개 토론이 개최되었다. Windholz(in H. Schmale, 1966)는 다양한 견해를 다음과 같이 요약하였다. 토론 참석자들은 치료 과정의 어떤 측면에 대한 개념으로서의 훈습에 관해 동의하였는데, 그 치료 과정의 측면은 가려진 기억과 정동을 분석하는 경로에서 일어나는 것이다. 그리고 그것은 외상적인 사건으로부터 회복하는 데 필요한 것이다. 훈습에 대한 개념이 필요 불가결한 것인지 아닌지에 대한 의문은 남는다.

Brenner(1976)는 그의 가장 최신 작업에서 훈습은 결코 모든 갈등을 다 제거할 수는 없다는 입장을 견지한다. 개개인의 경우에 있어서 분석의 목적들은 제한적이다. "정신적인 갈등들은 결코 사라질 수 없다."[51] 그들은 단지 변할 수 있는데, 그래서 결과적인 타협들은 임상적으로 병리적이기보다는 오히려 정상적이다. 하지만 그러한 변화들이 절대 작은 것으로 생각되어선 안 된다. 반대로, 그러한 변화들은 종종 환자에게 아주 중요하고 가치 있는 것이다. 그들의 중요성은 한층 더 크다고 할 수 있는데, 분석이 성공적일 경우 그 유익한 결과들은 광범위하기 때문이다. 그래서 훈습은 (비록 그는 그 단어를 사용하지 않지만) 많은 갈등의 심각성을 감소시킬 수는 있으나, 그들을 전부 제거할 수는 없다.

종결

종결에 대한 문헌들 가운데 Freud의 1937년 논문은 여전히 중요한 역할을 한다. Pfeffer(1963a)에 의해 보고된 패널에서는 Freud 이후 4반세기에 걸쳐 이루어진 진전을 개관하고 몇몇 선도적인 분석가들에게 Freud의 위상을 평가하도록 하였다.

논문의 저자들은 Freud의 논문을 25년이 지난 시점에서 재검토한 후 그의 주장을 다음 여덟 가지 주제들로 세분하였는데, 분석의 길이, 종결 날짜, 욕동의 체질적 강도, 잠재하는 갈등들의 활성화, 환자의 자아구조(자아의 일차적이며 선천적인 변이들), 분석가의 성격, 여성다움의 거부가 그 주제이다.

분석의 길이

평균적인 분석의 길이는 상당히 증가하고 있다. 이러한 증가에도 불구하고 Freud의 의견은 아직도 유효한데, 외상적인 사례(우리가 오늘날 증상을 가진 사례라고 부르는 것)에서는 짧은 기간의 치료에 의한 명쾌한 결과가 실현 가능하며, 분석 목적이 자아구조를 변화시키는 것일 경우에는 빠른 결과의 실현이 불가능하다.

분석 시간이 길어지는 주된 요인은 치료의 초점이 점차적으로 증상에서부터 성격 구조로 이동하였기 때문이다. 비록 당면한 증상은 신속하게 없어질 수 있지만, 환자는 그의 성격 구조 내에서 작업해야 할 많은 어려움을 자각하게 되었다. 드물지 않게, 증상은 어떤 논의도 없이 단지 긍정적인 전이 발달의 결과로 없어진다. 이들 사례에서 증상 개선은 더 깊고 더 광범위한 분석 작업을 하게끔 자극한다.

종결에 포함된 수많은 어려움은 이상과 현실 간 차이의 원인이 된다. 이상적으로는 Freud가 말하듯이, 분석은 수확 체감 지점이 올 때까지 혹은 분석을 계속해도 환자의 성격이 더 이상 변화가 없는 지점까지 계속해야 한다. 그러한 종결은 거의 실현 불가능하다. 실제로는 현실 생활에서 만족할 만한 해결책이 얻어질 때까지 지속한다.[2)]

Freud가 분석의 길이에 가장 책임이 큰 것으로 꼽은 요인들은 본능의 강도와 자아의 취약성이다. 여기에다가 신경증적인 문화와 분석적 이상 사이의 간극을 추가할 수 있다. 사실, 시간이 지남에 따라 문화의 현실과 이상적인 분석 사이의 간극이 가지는 장기간 분석의 주 근원으로서의 중요성이 더 커지는 듯하다.

종결 날짜

종결하려고 날짜를 정하는 것은 늑대 인간(the Wolf Man) 사례에서 Freud가 사용했던 도구였다. 이 환자는 여러 가지 강박적인 갈등으로 무능하게 되었던 건강한 러시아인으로, Freud가 가장 바람직하다고 여겼던 유효한 변화 없이 약 5년 동안 분석을 지속했었다. 이 시점에서 Freud는 그에게 말하길, 어쨌든 6개월 안에 분석을 끝내겠다고 하였다.[52] 그 환자는 이 위협에 아주 놀랐고, 이 위협으로 그는 어린 시절에 대한 많은 기억을 해냈고, 성격에 더 극적이고 중요한 변화를 일으켰다. 이 도구는 '끝 설정하기(end-setting)'로 알려져 있다.

불행하게도 이 도구는 그 시초의 효과대로 더 이상은 사용될 수 없었는데, 왜냐하면 지금은 수많은 분석가가 활동하고 있기 때문이다. 1914년 Freud가 그의 환자에게 최후통첩을 하였을 때, 환자가 도움받을 수 있는 다른 사람은 사실 아무도 없었다. 따라서 최후통첩

---

2) 이동식: 환자를 잘 파악하고 있어야 한다. 시간이나 돈이 없는데 무한정 한다고 하면 말이 안 된다. 정신치료는 하나의 재교육이니까 건강한 어린애로 돌아가서 다시 바르게 자란다. 그게 치료하는 거다. 무한정 계속 한다고 좋은 게 아니다. 종결, 중단은 편의상 구분하는 것이다. 필요하면 분석가도 평생 가끔 가다가 분석받아야 한다. 그러니까 어느 정도를 목표로 하나. 평생 반드시 가끔 한다고 의존하는 것은 아니다. 의존적이라면 의존적인 그거를 치료해야 한다. 정신치료 잘 하는 사람은 항상 Saul도 그렇고, 내가 볼 때도 그렇고, 이해(understanding)가 첫 번째이다. 파악을 해야 적절한 방법이 나오지, 파악을 못 하면 뭐가 적절한지 알 수 있는가? 해야 되는지 어떤지. 환자하고 밥 먹는 것도 그게 환자한테 도움이 되나 해롭나 다 파악을 하고 있어야 한다.

은 더 좋아지거나 아니면 떠날 선택을 하라는 의미를 줬다. 하지만 Wolf Man 또한 Freud에게 치료받을 때만큼은 아닐지라도 그의 전 생애 동안 분석가에게 계속해서 가려 했다는 사실이 그 이후에 드러났다.[53]

모든 대도시에 상당수의 분석가가 있는 오늘날에는 환자들이 끝 설정하기를 다르게 해석한다. 그것은 환자들에게 분석가가 자기의 문제는 해결될 것이라는 확신이 더 이상 없고, 더 이상 자기와 함께 작업할 욕구를 가지지 않는다는 의미로 받아들여진다. 따라서 환자는 끝 설정하기를 자신이 다른 분석가에게 가든가 아니면 치료 방식이 바뀌어야 한다는 제안으로 해석한다. 이것이 그 환자가 동의하지 않는 끝 설정하기를 해석하려는 방식이기 때문에, 이들 상황하에서 환자에게 만약 그가 6개월이나 일 년 내에 더 이상 변하지 않는다면 다른 치료자로 바뀌게 될 것이라는 사실을 제시하는 것이 더욱 관례가 되었다. 어떤 사례에서는 이런 것이 바라던 방향으로 더 많은 변화를 일으킬 것이고, 다른 경우에는 그렇지 않을 것이다.

Kubie(1968)는 겉보기에는 끝이 없는 분석을 종결하기 위해 다른 분석가로 바꾸는 것을 지지하고 있다. 하지만 이 점에 관해서는 분석가 사이에 만장일치가 되어 있다고 할 수 없으며, 어떤 경우에는 치료가 오랜 기간 동안 늪으로 가라앉는다고 여겨질지라도 지속하는 것이 바람직해 보인다. Freud가 얘기했듯이, 시간, 반복과 분석가의 강요된 수동성은 모든 훈습에 필수적이다.

욕동의 체질적 강도

Freud는 항상 이드의 힘에 깊은 인상을 받고 있었는데, 그는 그것을 때때로 "욕동의 폭정"이라고 언급했다. 그러나 그의 시대 이후 사고의 경향은 이드 자체가 역동을 가진다는 쪽으로 향해 있다(제8장 참조). 만약 욕동이 그 자체의 역동을 가진다면, 그때 그 임상 상황에서 표현된 강도는 순수한 생리학에 기인한 것이 아니라 큰 심리적인 구성 요소도 지니는 것이다. 현대분석 문헌에서도, 욕동의 체질적인 강도에 관한 참고문헌은 Freud 시절보다 더 적다.

잠재된 갈등들의 활성화

Freud는 1937년 논문에서 잠재된 갈등은 다룰 수 없다는 신념을 표현하였으나, 성격분석으로 전환되면서 이러한 생각을 바꿨다. 필연적으로, 모든 성격분석은 이전에 나타나지 않았던 갈등들을 활성화시킨다. 그러므로 이 문제는 Freud가 언급한 형태로는 더 이상 타당하지 않다. 타당한 것은 분석가가 환자로 하여금 성격 문제들을 직면하도록 하는 것이 성공할 수 있을지, 아니면 성취를 순수하게 증상 변화에 국한해야 할 것인지이다.

환자의 자아구조

자아구조가 그것의 발생, 구성, 변화와 함께 현대분석의 중요한 주제라는 사실은 굳이 강조할 필요가 없다. 자아기능의 개념에 있어서 광범위한 변화들은 이 책을 통해 언급되었다.

분석가의 성격

시간이 흐름에 따라, 분석가의 성격이 종결 문제에서 더욱더 중요한 것으로 판명되고 있다. Freud가 지적했듯이 분석가는 자신이 와 있는 곳보다 더 멀리 환자를 데려갈 수 없다. 그러나 예비분석가의 분석은 만만찮은 작업임이 밝혀져 왔다. Freud가 1920년대 초에 시도했던 3, 4개월 동안의 단기 만남(Kardiner, 1977)은 오늘날 터무니없는 것으로 치부되고, 분석은 더욱더 길어져 왔으나 같은 문제들은 남아 있다.

그의 1937년 논문에서 Freud는 다음과 같이 말하였다. 예비분석가의 분석은 그 학생이 방어적인 목적으로 분석 이론을 사용하게 될 경우에 특수한 장애물과 마주하게 된다. 이 언급은 지금 시점에서 더욱 사실적이다. 한 가지 결과는 Glover가 "훈련 전이"라고 부른 것인데, 이 전이에서는 분석가 집단이 그들 자신과 그들의 수련생들은 인정하나, 외부의 동료들과 그 수련생들은 혹독할 정도로 인정해 주지 않는다. 그 결과 초래된 정신분석 운동에서의 분열과 분쟁은 이미 토론되었다(제4장, 제5장 참조)

그럼에도 불구하고 현대분석이 찾고 있는 심오한 영혼 찾기(soul-searching)에는 대안이 없어 보인다. 성장 과정은 길고 만만찮으나, 시간과 노력이 드는 다른 많은 것처럼 분석가들은 분석이 절대 필요하고 가장 가치 있는 것임을 알게 되었다.

이와 관련해서 분석가들 사이에는 재분석을 하려는 강한 경향이 있는데, 심지어 연구소를 졸업한 후에도 한다. Goldensohn(1977)은 뉴욕에 있는 William Alanson White Institute 졸업생들 연구에서, 연구 표본 55%에서 한두 번 이상은 정신분석치료를 더 했다는 것을 알았다.[54] 이들이 받은 재분석에는 두 가지 양상이 있었다. 첫째는 졸업한 지 10년 이상 된 사람들이 졸업한 지 10년 이내인 사람들보다 다시 치료받은 비율이 높았다. 두 번째는 졸업한 지 20년 이상 된 나이가 많은 졸업사들이 1:1 성신분석을 더 자주 받았던 반면, 나이가 젊은 졸업자들은 다른 방식의 치료도 받았다.

이와 비교할 만한 다른 연구소의 양상은 구하기가 어렵다. 1976년 뉴욕정신분석수련센터에서 개최된 심포지엄에 참여한 분석가에 대한 비공식적인 조사에서,[55] 그들의 환자 (비분석가들) 중 약 50~70%가 재분석을 받고 있었다.

여성다움의 거부

여성의 남근 선망과 남성의 수동성은 분석이 더 이상 뚫을 수 없는, 이른바 심리적인 바닥이라는 Freud의 견해는 세월의 시험을 거의 견디지 못했다. 둘 다 현대인들에게 특징적인 동일성 위기 및 그로부터 비롯된 함입물에 비해 이차적인 것이다. 동일성 위기 그리고 여기에 동반된 소외는 문화에 대한 더욱 심층적인 탐구로 이어졌다. Freud 이후 가장 많은 진보가 일어난 것이 아마 이 영역일 것이다.

추적 연구와 결과 평가

분석의 결과를 양적인 용어로 기술하기는 항상 어려웠는데, 자아심리학의 시대인 지금은 더욱 어렵다. Ernest Jones는(1936a) 다음과 같이 분석의 성공을 정의하였다. “분석의 성공은 병리적 분야를 넘어선다. 그것은 인생에서 모든 주체의 주관심사의 발달 맥락에 따라 이해를 하는 전조가 된다. 그래서 궁극적으로 그는 그의 전 생애를 비교적 적은 일차적인 관심의 원천이 점차적으로 전개되어 나가는 것으로 이해할 수 있다.[56] 성공의 기준이 아주 질적인 것일 때, 통계학자들이 그 기준 때문에 힘들어하는 것은 이해할 만하다. 그럼에도 불구하고 두 가지 방향의 연구가 시도되어 왔다.

첫째는 다소 기계적인 방식으로 결과를 도표화하였다. Alexander(1937), Fenichel(1930), Jones(1936b)의 선구적인 연구들은 이러한 분석을 위한 모델을 만들었다(제5장 참조). 일반적으로 그러한 연구들은 치료받은 환자들의 1/2에서 2/3가 상당히 개선되었음을 보여 준다. 다른 연구들도 그와 유사한 결과들을 낳았다(F. Feldman, 1968; Hamburg et al., 1967).

이러한 결과들에 대해 의문이 제기되었는데, Eysensk(1965)와 같은 이는 저절로 회복되는 것보다 별로 나을 게 없다고 주장한 바 있다. Eysenck의 연구를 재검토하는 것은 본고의 목적을 벗어나는 일이다. Meltzoff와 Kornreich(1970)가 이미 그의 연구를 재검토한 바 있고, 그 결과 자료 선정의 오류를 발견하였다. 그의 결론은 "활용 가능한 증거 중 소규모의 비전형적인 표본에 근거하고 있다."라는 것이다.[57] 이 분야의 통계 연구에서 제기된 문제들은 악명이 높다(Bergin and Garfield, 1971). 자연 회복에 대한 단순한 기준조차도 만족스럽게 규정된 적이 없다. 20년 이상 216명의 조현병 환자를 정밀하게 조사한 Bleuler(1970)는 많은 환자가 스스로 놀랄 정도로 잘 안정되었다고 하였고, Muller(1977)는 조현병 환자가 나이에 따라 좋아지는 경향이 있다는 놀라운 발견하였다.

질적인 몇몇 연구들이 보고되었다. 가장 정교한 것은 뉴욕정신분석연구소(Pfeffer, 1931, 1936b)에서 수행한 연구이며, 이 연구에서는 치료를 끝낸 환자들을 분석적인 추적 면담을 하기 위해 다시 불렀다. 빈번하게 발견된 소견은 다음과 같았는데, 초기의 증상들이 다시 솟구치기도 하지만 매우 빨리 분석되고 사라진다는 것이다. 그래서 환자의 자아는 외상적인 상황들을 좀 더 효과적으로 다룰 수 있는 쪽으로 강화된 것처럼 보이지만, 초기 증상이 어떤 상황에서도 재발하지 않을 정도로까지 강화되지는 않는다. 이러한 연구 결과들은 분석에 대한 일반 이론과 잘 일치한다.

기법에 관한 요약 논평

정신분석적 기법은 Freud의 네 가지 기본적인 공식화—무의식의 의식화, 저항의 훈습(특히, 전이 저항), 이드가 있는 곳에 자아가 있게 함, 자아기능을 위한 최적의 조건을 조성—를 이용하여 모든 방면으로 성숙되어 왔다. 근본적인 공리와 방법들에 대한 지속적인 공격에도 불구하고, 계속 성장하고 번창하고 있다. 하지만 초점은 증상의 치료로부터 성격 구조의 변화로 옮겨졌다. 이와 같은 복잡성의 증가로 인해 정신분석은 이전보다 훨씬 더 평가하기가 어려워졌다.

제19장

인간 행동 이론의 통합을 향한 정신분석의 진보

Erich Fromm

Freud의 공적인 발언과 그의 사적인 믿음 사이에는 커다란 간격이 있다. 이 간격은 인간을 다루는 다른 학문과 관련된 정신분석의 총체적 평가에서 보다 명백해진다. 그가 Fliess에게 보낸 편지들에서 인류의 모든 지식을 요약하려는 그의 젊은 시절의 희망과 꿈, 그가 단 한 번도 일반인들과 공유하지 않았던 희망과 꿈이 드러났다. 또한 최근에 출간된 그가 Jung에게 보냈던 편지들은 그 자신이 창시한 학문에 대한 솟구치는 열망과 그가 출판물로 알리기를 망설였던 환상들을 명백히 보여 준다.

1909년 10월 17일, Jung에게 보낸 편지에서 Freud는 이렇게 적었다. "나는 당신이 우리가 신화의 모든 영역을 정복해야 한다는 나의 믿음에 공감한 것이 기쁩니다. 지금까지 우리에게는 Abraham과 Rank, 단 두 사람의 개척자만이 있습니다. 훨씬 더 멀리까지 미치는 캠페인을 위해 우리는 사람들이 필요합니다. 그런 사람들은 너무도 드뭅니다. 우리는 또한 전기 문학도 이해해야 합니다."[1]

군대 용어 비슷한 말들이 눈에 많이 띈다. 1909년 11월 21일, Freud는 Jung에게 Stanley Hall로부터 받은 편지들을 인용하였다. Hall은 심리학자들이 주안점을 분명히 하기 위해 비정상적이거나 경계선 분야의 연구를 해야 한다고 말하였었다. 그다음 1909년 12월 19일에 그는 Jung에게 편지를 썼다. "나는 신화학자, 언어학자, 종교사학자들의 도움을 갈망합니다. 만일 그들이 우리를 돕지 않는다면, 그 모든 일을 우리 스스로 해야 할 것입니다."[2] 1910년 1월 2일, 그는 고도의 가치 있는 지식을 지니고 활용할 수 있는 전문가들을 충분히 가지지 못한 것에 대해 유감을 표명하였다. 그리고 1910년 7월 5일에는 자신의 가장 큰 희망을 피력하였다. "나는 정신분석의 문화적 가치를 점점 확신하고 있으며, 그리고 명료한 정신이 정신분석으로부터 철학과 사회학에 대한 정당한 추론을 도출하기를 고대한다."[3] 그 당시의 철학은 훗날 그렇게 된 전문 분야라기보다는 인간의 모든 관심사에 대한 폭넓은 이해였다. 그렇기에 Freud는 정신분석이 확장되어 인간에 대한 통합과학이 되기를 희망하였다.

공식적으로 그는 1913년 이탈리아 과학 잡지『Scientia』에「과학적 관심사에 대한 정신분석의 주장(The Claims of Psychoanalysis to Scientific Interest)」이라는 오히려 조심스러운 논문을 발표하는 정도로 그쳤다. 이 논문에서도 그는 여전히 정신분석을 하나의 의학적 방법으로 기술하였지만, 정신분석이 이미 다른 분야들에 던진 빛은 주의를 환기시켰다. 그의 가장 대담한 언급은 다음과 같다.

> 만일 정상심리학이 이러한 새로운 발견들과 조화를 이루려면 정상심리학에 근본적인 변화들이 도입되어야 한다……. 일반심리학에 중요하지 않을 리 없는 상세한 정신분석적 발견들의 총수는 내가 여기에서 열거하기에는 그 수가 너무나 많다. 나는 단지 두 가지 다른 관점만을 언급하고자한다. 정신분석은 주저하지 않고 정신생활에서 가장 중요한 것은 정서의 과정이라고 본다. 그리고 정신분석은 병든 사람들 경우 못지않게, 정상인에게서 예기치 않게 많은 정서적 혼란과 지적 속박을 밝혀낸다.[4]

나중에 쓴 글들에서 그는 자신이 생각하는 정신분석의 원대한 효과에 대한 몇 가지 암시를 주었다. 가장 강력한 이론적 언급은 1932년『새로운 입문 강의(The New Introductory Lectures)』에서 나왔다. 거기에서 그는 다음과 같이 말하였다. "엄격하게 말하면 두 가지 과학밖에 없다. 그것은 순수 및 응용 심리학과 자연과학이다."[5] 여기에서 그는 모든 사회과학은 정신분석의 응용을 의미한다고 암시적으로 주장하고 있었다.

Freud 이후의 견해들

1945년부터 1970년에 이르는 기간 동안 일반적으로 선두적인 이론가로 여겨지는 Heinz Hartmann은 정신분석이 일반심리학이 되어야 한다고 반복적으로 역설하였다(Hartmann, 1964b). 그러나 그의 논문들은 대체로 통합적이기보다는 표제적이었다. 그는 Rapaport를 위시한, 한 세대 전체 연구자들이 정신분석을 임상적 토대 훨씬 너머까지 확장하도록 자극하였다.

문헌에 나오는 행동 통합 이론으로서의 정신분석 이미지에 대한 가장 명백한 언급은 Gardner Murphy(1960)의 논문에 있다. 그는 오늘날 과학에 끼치는 위험이 Freud 학설을 너무 많이 이용하는 데 있기보다는 Darwin을 이용하는 것처럼 그를 이용하지 못한 데 있다고 경고하였다. 그는 Freud가 인간 행동에 대한 체계적 이론을 구축하였지만, 그의 업적을 높이 평가하는 데 가장 방해가 되는 것은 그의 추종자들이 그가 말로 서술한 공식화에 너무 융통성 없게 집착하는 것임을 보여 준다. 그는 우리가 이론을 적절히 통합하기 위해서는 모든 인간과학이 서로에게 공헌하는 좀 더 관대하고, 영광을 함께 나누는 인간 연구의 개념을 가져야 한다고 촉구한다.

정신분석의 과학적 위상

맨 처음부터 정신분석은 '비과학적'이라고 공격을 받았고, 광범위한 집단에서 이 비난은 희석되지 않은 채 계속된다. 그러면 두 가지 의문이 제기되어야 한다. 이러한 평가 절하의 증거는 무엇인가? 오늘날 정신분석의 과학적 위상은 어떻게 평가되는가?

정신분석에 대한 가치 훼손의 대부분은 몰지각한 매도에 지나지 않는다. 예를 들어, 1928년 행동주의심리학의 아버지인 John Watson은 이렇게 썼다. "무의식 개념에 대한 Freud의 과학적 수준은 정확히 Jesus의 기적들과 같다."[6] 이런 종류의 비난은 단지 비난하는 사람의 무지를 드러낼 뿐인데, 왜냐하면 Jesus의 기적들은 사실일 수도 있고 아닐 수도 있는 가정된 역사적 사실이지만, 무의식은 참도 아니고 거짓도 아닌, 유용할 수도 있고 그렇지 않을 수도 있는 하나의 개념이기 때문이다.

좀 더 진지한 평가들 가운데서, 초기에 가장 잘 알려진 것은 정신분석학적 개념들의 객관적 연구들을 수행하기 위해 사회과학연구위원회(Social Science Research Council)에 고용된 심리학자 Robert Sears(1943)가 내놓은 것이다. Sears는 정신분석이 비록 '좋은' 과학은 아니라고(즉, 용어들을 주의 깊게 정의하고 실험을 하지 않는) 결론지었지만, "모든 연구는 …… 비분석가들에 의한 성격 연구 계획에 대한 지침으로서, 정신분석에 부여된 증대하는 중요성을 강조하는 역할을 하고 있다."라고 주장하였다.[7] Sears도 개념을 데이터에 접근하는 도구로 보기보다는 개념에 진정한 가치를 부여하였기 때문에, Watson과 똑같은 논리적 오류를 범하였다.

1958년에 철학자 Sidney Hook은 과학적 방법, 철학, 정신분석을 주제로 심포지엄을 조직하였는데, 다수의 철학자와 정신분석가가 참가하였다. 찬반양론으로 다양한 의견이 나왔다(Hook, 1956). Hook 자신은 과학적 원칙에 대한 필요충분조건의 문제에서는 과학철학자들에 의해서는 어떤 합의점에도 이를 수 없다는 말로 문제의 핵심에 도달하였다. Thomas Kuhn(1962)의 책은 그때까지 아직 쓰이지 않았다. 나중에 그 책은 과학철학으로 통하던 것이 과학적 모험심과는 단지 아주 빈약한 관계만 있을 뿐이라는 사실을 보여 주었다. Philipp Frank는 그 심포지엄에서 정신분석과 논리적 실증주의의 뿌리는 단일하고 같은 토양, 즉 제1차 세계대전을 전후한 비엔나의 지적인 분위기에서 자라났다고 언급하였다.[8] 그러므로 두 사람은 비슷하거나 똑같은 지적 태도를 가지고 있었다.

Fisher와 Greenberg의 통합

1943년 Sears의 책이 나온 이래로, 정신분석의 과학적 위상을 다룬 다수의 연구가 나왔다. 최근에 Fisher와 Greenberg(1977)는 약 2,000건의 개별적인 연구들을 면밀히 조사하여 흥미로운 결론에 도달하였다. 가장 놀라운 것은 Freud 이론이 심리학에서 다른 어떤 이론보다 더 많은 과학적 평가를 받았다는 연구 결과이다.

> 우리는 Freud의 생각이 과학적인 평가를 받을 만하지 못하다는 천편일률적인 확신이 널리 퍼져 있음에도, 그의 생각에 관한 문헌에 축적된 연구 데이터의 양이 대부분의 다른 성격 이론들 혹은 발달 이론들(예를 들면, Piaget, Witkin, Allport, Eysenck)에서 가용할 수 있는 것을 크게 능가한다는 사실에 고무되었다. 사실상 우리는 Freud의 개념들만큼 빈번하게 과학적으로 평가받았던 하나의 체계적인 심리학 이론을 발견할 수 없었다. 이것은 실로 역설적이다. 그런데 어떤 이유로 정반대되는 인상이 흔한 신조어가 되었을까?[9]

Fisher와 Greenberg는 결과들이 얼마나 자주 Freud의 예상을 확증하였는지 감명을 받는다고 진술한다. 그들은 다음과 같이 말한다.[10]

1. 그의 발달에 기초한 구강 성격과 항문 성격 유형학의 중요한 관점들은 합리적인 제안으로 드러났다.
2. 대개 발달적 용어로 Freud가 진술한 동성애 원인론은 익히 알려진 사실이 되었다.
3. 편집증적 망상의 기원에 관한 Freud의 공식화에서의 기본적인 사고는 꽤 적당히 정당성을 인정받았다.
4. 주로 남자에게 적용되는 오이디푸스 콤플렉스(Oedipus Complex) 이론의 몇 가지 관점은 부분적으로 확인되었다.
5. Freud의 꿈 이론에서의 주요한 요소들이 경험적으로 평가하였을 때는 비록 잘 들어맞지 않지만, 꿈이 긴장과 혼란에 대한 배출구나 분출구를 제공할 수 있다는 그의 견해는 어느 정도 지지를 받았다.

그들은 자신들이 명명한 Freud의 '발명들'에서 다음과 같은 결점들을 찾았다고 느꼈다.

1. 꿈의 본질에 대한 그의 이해는 많은 과학적 관찰과 모순되었다.
2. 그들이 정신분석적 치료에 관한 Freud의 생각을 추적해 가는 동안, Freud는 치료 효과를 얻기 위한 필요충분조건을 결코 명시하지 않았다는 것이 분명해졌다.
3. 남성에 대한 오이디푸스 콤플렉스(Oedipus Complex) 개념을 다룬 Freud의 체계 중 특정 부분들은 현재 알려진 것들을 생각하면 이치에 맞지 않아 보인다.
4. Freud의 여성에 관한 공식화에 대한 그들의 분석으로부터 어느 정도 부정적인 상황이 도출될 수 있다. 즉, 그는 종종 옳지 않았다.

과학적이 되려고 노력하였음에도 불구하고 Fisher와 Greenberg의 평가에는 어느 정도 혼란스러운 점이 계속 남아 있다. 특히 그들은 종종 관찰, 개념, 가설을 혼동하였다. 그들은 이 세 가지를 일괄적으로 다루었기 때문에, 그들은 종종 그 문제가 불충분하게 연구된 것을 알아차린다. 예를 들면, 그들은 "통찰과 변화 사이의 관계에 관한 Freud의 생각이 충분하게 검증되지 않았다."[11]라고 언급한다. 그러나 그들은 제기된 가설들 가운데 많은 것이 검증되었고, 그리고 검증될 수 있으며, 그럼으로써 "정신분석과 과학은 양립할 수 없다."라는 불평을 잠재우는 데 도움이 될 수도 있음을 보여 주었다.

과학과 정신분석에 대한 몇 가지 논평

경험적 연구들의 단순한 편집은 인상적일 수는 있지만, 정신분석의 과학적 위상에 대한 문제를 해결하지는 않는다. 먼저 탐구 분야가 명시되고 한정되어야만 한다.

과학적 위상의 문제는 정신분석에 특유한 것이 아니라 인간을 다루는 모든 사회과학에 공통된 것이다. 실험심리학은 '과학적'이고, 정신분석은 아니라는 생각은 당장 모두를 위하여 버려져야 한다. 실험심리학의 가정, 방법, 결론들은 상당한 의문점을 드러내고 의문시되었다. 과학적 방법에 대한 교과서적 생각은 더 이상 적절한 것으로 생각될 수 없다. 왜냐하면 그것은 과학자들이 실제로 한 것에 충분한 주의를 기울이지 않기 때문이다(Kuhn, 1962).

심리학의 역동적 체계로서의 정신분석은 세 가지 측면, 즉 현재 어떤 사람인가의 관점, 그들이 어떻게 될 것인가의 관점, 이러한 생각들을 지지해 줄 개념적 체계라는 측면을 가지고 있다. 이러한 각 측면들은 과학적 정신분석은 어떤 것인가를 평가하기 위한 시도에서 분리되어 고찰되어야 한다.

인간이 무엇이냐에 대한 관점은 갈등과 고통의 견지에서 접근될 수 있는데, 이것은 맨 처음부터 정신분석에서 강조되었다. 지금까지 믿어 왔던 것보다 혹은 다른 이론적 접근들이 인정한 것보다 인간 존재에는 훨씬 더 많은 갈등과 고통이 있다는 것은 많은 경험적 연구들로 충분히 증명되고 아주 쉽게 덧붙여 말할 수 있다. Brenner의 최근 주장(1976)처럼 항상 갈등이 있다는 궁극적인 문제는 더 많은 조사가 필요할 것이다.

인간이 어떻게 될 수 있느냐에 대한 관점은 치료와 관련된 정신분석의 철학적 측면 중 일부이다. Freud를 위시해서 많은 분석가는 매일의 삶에서 보이는 것은 어떤 사람들일 것이냐에 대한 단순한 캐리커처(caricature)임을 주장하였다. 흔히 치료가 성공하여 개인의 삶의 과정이 변하는 것이 이런 믿음이 어느 정도 옳다는 증거이다. 다른 접근 방법들도 역시 사람들의 삶을 바꿀 수 있다는 점은 그 다른 변화들을 정신분석에 의한 변화와 어떻게 비교하느냐 하는 경험적 문제로 이어진다. 정의될 수 없는 '신경증'의 관습적인 이미지나, 심지어는 역시 애매모호한 '정신병'의 관습적인 이미지에 의존하는 것은 쓸데없는 짓이 되고 만다. 경험적인 조사가 필요하다. 실제로 Freud가 한번은 이렇게 말하였다. "우리에게 가장 부족한 것은 사례 자료이다. 나는 내 자신의 것에 아주 만족해 본 적이 한 번도 없다."[12]

결국 정신분석의 개념 체계는 다른 어떤 과학의 개념 체계에서와 마찬가지로 확증이 필요하지 않다(『Patterns of Discovery』, Hanson, 1958). 개념은 유용할 수도 있고 그렇지 않을 수도 있다. 그렇더라도 그러한 개념이 없으면 어떤 과학적 사실들은 손쓸 수 없을 정도로 모호해질 수 있다. 그러므로, 예를 들어 무의식적 동기에 대한 개념이 없다면 어떤 실험적 상황에서 주체의 동기를 풀어내기가 거의 불가능해진다. 이것이 동기 연구의 대부분의 가치를 훼손하였다.

정신분석적 심리학이 직면하고 있는 보다 긴급한 문제는 그것의 소견들이 사람들을 혼란스럽게 한다는 것이다. 이것은 비분석가뿐만 아니라 정신분석가들이 당면한 딜레마이다. Fisher와 Greenberg는 "정신분석"이라고 불리는 통합되고 일관된 치료 접근은 존재하지 않는다고 올바르게 관찰하였다.[13] 나는 전에 미국정신분석협회(American Psychoanalytic Association) 내의 정치적 갈등들과 그런 국면으로 이끈 그와 비슷한 다른 갈등들을 토론하였다. 이런 상황에서 요구되는 것은 실제로 무엇이 일어나고 있느냐 하는 경험적 관찰이지 어떤 가설들의 검증이 아니다. 정신분석 역시 하나의 치료 방법이기 때문에, 다른 분야에는 존재하지 않는 제한이 있을 수밖에 없다. 한 사람은 분석적으로 치료하고, 비슷한 다른 사람은 대조 표준으로 이용하는 단순한 발상은 비윤리적이다. 그렇지만 이런저런 제한들에도 불구하고 연구는 계속되어 왔고 지금도 계속되고 있다.

본질적으로 정신분석은 심리학에 대한 역동적인 접근, 인류에 대한 원대한 비전을 제시한다. 그 자체로 정신분석은 어떤 다른 접근보다 더 과학적이지도 덜 과학적이지도 않다. 정신분석의 자료 가운데 많은 것이 경험적 토대에서 다루어질 수 있지만, 경험적 연구는 반드시 어떤 의미 있는 이론을 지침으로 삼아야 한다. 그 과정에 놓인 모든 장애물에도 불구하고 정신분석학은 상당한 발전을 이루었다.

정신분석 이론의 구조: Freud와 다른 대안들

정신분석 이론의 구조는 Freud 및 그를 따랐던 모든 분석가의 전체 저술에서부터 추론되어야 한다. 이것은 길지만 피할 수 없는 과정이다. 이 책에서는 이들 이론들을 역사적으로 추적하는 시도가 이루어졌다. 앞선 연구(Fine, 1975b)에서 나는 정신분석 이론을 현재 있는 그대로 요약하려고 시도하였다. 정신분석학을 어떤 간단한 방법으로 요약하는 것은 불가능하다. 복잡성은 성가시지만 피할 수 없는 것이다.

때때로 그와 같은 성가신 접근에 불만인 여러 이론가가 대안들을 제시하였다. 기본적 역사 자료를 검토하였으므로 그 대안들 중 일부를 좀 더 자세히 논의할 수 있을 것이다.

Sullivan의 대인관계 이론

Sullivan의 대인관계 이론은 많은 사람으로부터 Freud 이론을 혁명적으로 진보시킨 것으로 찬사를 받았다. Sullivan 자신은 자기가 새로운 이론을 제안했다고 주장한 적이 없다. 그는 단지 자기가 더 나은 주안점을 제안했다고 생각하였다. 그러나 카리스마적인 인물에 대한 필요로 인해 역사의 연속성이 왜곡되었다.

단 한 가지만을 제외하고 사후에 강의노트로부터 출판된 Sullivan이 한 연구를 검토하면서, 나는 Freud의 이론과 정말로 중요한 차이점을 발견하지 못하였다. 그의 용어는 종종 다르지만, 관념들은 같은 채로 남아 있다. 그의 가장 특징적인 생각인 자아체계에 대한 생각도 여러 해 동안 모든 분석 이론의 필수적인 부분이었고, 그가 한 것보다 훨씬 더 주의 깊게 정교화되었다(제5장 참조).

Sullivan의 가장 재능 있는 학생 가운데 한 명인 Gerard Chrzanowski는 최근에 Sullivan의 가르침을 체계화하려고 시도하였다(1977). Sullivan의 목표는 "임상 관찰을 위하여 Freud의 초심리학이 허용한 것보다 더 논리적으로 옳은 인식론적 기초를 창안하는 것이었다. 특히 Sullivan은 자신의 발달적이고 실행 지향적인 체계에 문화적 · 사회적 및 다른 환경적 요소들을 포함시킴으로써 더 큰 상호작용 분야에 관심을 집중시켰다."[14]라고 그는 언급한다. 이것이 당시 Freud의 자아심리학적 주장보다 더 많은 것을 의미하는지는 알기 어렵다. Chrzanowski는 대인관계적 · 문화적 요소들이 오래 전에 표준적인 Freud 이론에 흡수되었다는 사실을 간과한 것 같다. Sullivan과 그의 그룹 구성원들은 분석 이론과 치료 둘 다에 중요한 기여를 해 왔고 계속하고 있다. 그러나 그들을 하나의 "학파"라고 부르는 것은 매우 잘못된 것 같다.

Rapaport의 체계화

1960년 Rapaport는 Sigmund Koch의 초대에 대한 응답으로 정신분석 이론의 체계화를 출판하였다. 그는 자기가 시도하려는 것을 별로 믿지 않았다. "내 생각에는 정신분석 이론의 체계화를 시도하는 것은 너무 이르다. 과학은 체계적으로 제시할 준비가 되어 있지 않아도 '훌륭한' 과학이 될 수 있다. 과거의 모든 과학은 한때 그런 입장이었다."[15] Rapaport는 열 가지 관점, 즉 경험적, 게슈탈트(Gestalt), 유기적, 발생적, 지형학적, 역동적, 경제적, 구조적, 적응적, 정신사회적 관점에서 그 체계의 구조를 포괄하려고 시도하였다. 그 체계는 임상 데이터로부터 너무 거리가 먼 것으로 드러났고 더 이상 속행되지 않았다.

지형학과 체계들: Gill, Arlow, Brenner

Freud는 1923년의 구조적 체계가 1900년의 지형학적 체계를 완전히 대체하기 위한 것이라고 밝힌 적이 없다. Gill(1963)과 Arlow와 Brenner(1964)는 사정이 실제로 그랬다는 것을 보여 주기 위하여 많은 노력을 기울였고, 그래서 지형학적 체계는 더 넓은 의미의 일반 심리학의 한 체계가 아니라 하나의 관점으로 간주되었다.

Peterfreund: 정보 체계

다수의 논문에서 뉴욕의 분석가인 Emmanuel Peterfreund는 전통적인 자아심리학의 공식화와 구조 가설들이 완전히 시대에 뒤떨어졌다고 주장하였다(Peterfreund, 1971, 1975). 그에게 초심리학은 설명의 힘이 부족하고 본질상 초보적이다. 그는 초심리학을 신경생리학과 모순되지 않는 정보 처리와 체계 모델로 대체할 것을 촉구하였다.

Klein: 초심리학에 반대하는 더 심한 반란

Peterfreund는 Freud의 전통적인 초심리학에 강한 반대의 목소리를 내었던 많은 사람 중 한 사람이다. 그들은 Freud의 초심리학이 그 분야에 완전히 부적절한 것으로 생각한다. G. Klein(1976)은 초심리학적인 것으로부터 임상적인 것을 분리할 것을 주장하였다. 그는 임상적인 것에 집중할 것을 촉구하였다. "20세기 심리학에 혁명을 일으켰던 사고의 방식은 애매한 전문 용어로 뒤덮여 있고, 과도한 개념화라는 부패를 견디고 있으며 또한 양립할 수 없는 두 개의 해설 양식이 서로 얽혀 혼란스럽게 되어 있다……. 나는 여기에 새로운 생명을 불어넣고 싶다."[16]

Schafer: 행동 언어

1973년부터 Roy Schafer는 고전적인 초심리학을 행동 언어로 대체할 것을 주창하였다(Schafer, 1976). 그의 주장은 초심리학이 인간의 발달과 갈등에 관한 제안들을 정리하고 서로 관계시키는 것과, 그것들에 관한 용어 선택 및 사용을 운용하는 법칙들의 복합체로 진화했다는 것이다. 이러한 일련의 법칙들의 많은 양상과 결과에는 명료함, 일관성, 필요성이나 혹은 타당성이 결여되어 있다. 그중 많은 법칙이 그것들이 고안되어졌던 이론적 역할을 하는 데 부적당하다.

많은 분석가가 초심리학이 불필요하게 모호하고 복잡하다는 Schafer의 의견에 동의하였지만, 그가 새로이 제시한 '정신역동이 없는 정신분석'을 따르는 사람은 거의 없었다. 많은 다른 체계(『마음의 모델들(Models of the Mind)』, Gedo and Goldberg, 1973 참조)처럼 옛것을 비판하기는 쉽지만, 새로운 대안을 창안하기는 어렵다.

요약 논평: 초심리학에 대한 투쟁

Freud에 대한 모든 대안적 이론들(Sullivan의 이론을 포함하여)은 초심리학을 버리는 것을 포함하고 있다. Laplanche와 Pontalis(1973)는 '초심리학' 용어를 다음과 같이 정의한다.

> Freud가 창시자인 심리학을 지극히 이론적인 차원에서 언급하기 위하여 그가 고안한 용어. 초심리학은 경험적 현실로부터 다소 동떨어진 개념적 모델로 된 총체를 구성한다. 정신 장치가 대행기관으로 나눠진다는 허구, 본능 이론, 억압이라는 가설적인 과정 등등이 예이다. 초심리학에는 역동적, 지형학적 및 경제적 관점으로 알려진 세 가지 접근이 포함된다.[17]

사실상 Freud에게는 초심리학이 두 가지 다른 개념 세트로 이루어져 있었다. 그 하나는 이드, 자아, 초자아 그리고 억압 같은 사고들을 포함하였는데, 이것은 임상적 현실과 밀접하고 바로 임상적 현실로 바꿀 수 있는 것이다. 다른 하나는 부착(Cathexis), 에너지, 에너지 변형 및 실제신경증과 같은 정신생리적 개념과 같은 보다 가설적인 생각들이다. 비판은 대부분 후자의 개념들에 대한 것이다.

이 시점에서 역사적 발달에 대한 지식이 상당히 도움이 될 것이다. Freud는 대담한 새로운 생각들을 제안한다거나 혹은 새로운 임상 자료를 관찰하였을 때 언제나 이론적인 초심리학으로 돌아갔다. 그럴 때면 그는 겁난 것처럼 보였다. 왜냐하면 이것들은 모두 심리학적 제안이었는데, 그가 젊은 시절의 과학적 분위기에서는 생리학에서 분리된 심리학은 절대적인 금기였기 때문이었다. 더욱이 초기 시절 이후로 그는 자기가 많은 비평가의 끊임없는 공격을 받는다고 느꼈고(그리고 사실 그랬다), 그래서 생리학에 의지함으로써 자신을 방어하였다.

많은 예에서 이 패턴의 흔적을 찾을 수 있다. 그가 처음으로 심리학을 신경학적으로 확장시켜 설명한 '프로젝트(Project)'는 자기분석으로 시작되었다(1895). 그것은 정신분석 이론의 초석인 불후의 『꿈의 해석(Interpretation of Dreams)』(1900)으로 대치되었다. Freud는 자기의 새로운 생각들을 너무도 확신해서 그때에는 생리학적인 토대를 제시하지 않았다. 그의 정신성적 발달에 대한 관찰이 1905년에 출판을 해도 좋을 정도로 무르익자 그는 정신성적 발달을 그 당시에 유행하던 본능 이론으로 보강하였는데, 그것은 이후로 오랜 동안 시대에 뒤떨어지지 않았다. 1914년에 그는 Jung과 Adler의 탈퇴에 자극받아 자기애를 다룬 심오한 관찰들을 출판하였지만, 이 관찰들을 매우 특이한 리비도(Libido) 이론으로 뒷받침하였다. 1920년 공격성의 근본적인 중요성을 인식하였을 때, 그는 죽음의 본능을 근거로서 이용하였다. 이 책은 전쟁의 참상으로 인한 충격으로 쓰였다. 마지막으로 구조 이론을 다룬 주된 저작인 『자아와 이드(The Ego and the Id)』(1923)에서, 그는 누락되었을 수도 있는 지형학과 무의식에 대한 고찰과 함께 그의 주장을 소개하였다.

모든 단계에서 Freud는 에너지, 리비도(Libido), 죽음 본능 등에 관한 초심리학적 제안들을 자기의 주요 이론들 중 어느 것의 가치도 손상시키지 않고 삭제할 수도 있었다. 지금 모든 방면에서 초심리학에 대해 심하게 공격하고 있기 때문에, 이것이 정신분석이 나아가야 할 방향으로 보인다.[1)]

정신분석과 사회과학

Freud는 1913년 논문 「과학적 관심에 대한 정신분석의 수장들(The Claims of Psychoanalysis

1) 이동식: 이론은 현실에 기반을 두고 있기 때문에, Freud의 이론이 나온 Freud의 경험은 사실이지만 초심리학적 이론은 타당하지 않을 수 있다. 정신분석이 초심리학에서 임상심리학으로 가는 것이 대세이고, 임상심리학이 계속 발달하면 도(道)로 가게 된다. 문제는 개념을 실제로 있는 것(실체)으로 착각하고 있는 것이다. 내가 보기에 정신분석은 도(道)에 서양 과학적 개념의 옷을 입혀 놓은 것이다.

to Scientific Interest)」에서 정신분석과 다른 과학 분야들의 관련성에 이미 주의를 환기시켰다. 정신분석이 생물학에 기본적인 기여를 하는 것이 그 자신의 희망이었다. 그는 정신분석이 '생물학과 심리학의 매개로서' 역할할 것을 기대하였다.[18] 그의 젊은 시절 Darwin은 가장 위대한 영웅이었고, 생물학은 그가 나중에 진술한 것처럼 미국과 같은 무한한 가능성의 땅이었다.

수많은 상호 관련성이 기록되었지만, 정신분석은 인간 외의 생물학에 어떤 근본적인 기여를 하지는 않았다. 인간생물학에서 정신분석은 정신신체 현상들과 정신생리적 상호 관계들을 설명하는 데 있어 장족의 진보를 하였다.

다른 분야들과 관계하여 정신분석의 가장 큰 업적은 실제로 사회과학에서이다. 수많은 장애와 역행에도 불구하고 여기서 진정한 변혁이 일어났다. 정신분석이 모든 사회과학을 인간에 대한 하나의 과학으로 통합하거나 혹은 통합할 능력이 있다는 것이 나의 논제이다. 다시 여기서 역사적 상황을 정확히 파악하면 매우 분명해진다. 제1장과 제2장에서 Freud가 시작한 1890년의 과학 상태와 그 사이에 일어난 발달을 개관하였다. 그때 있었던 것과 현재 상황을 비교해 보면 얼마나 많은 변화가 정신분석 때문에 일어났는지를 알 수 있다.

심리학

Freud는 항상 정신분석을 심리학의 한 체계로 언급하였기 때문에, 그 분야로 시작하는 것이 자연스럽다. 어떤 분야를 그렇게 크게 요약하려면 단순화는 피할 수 없다. '심리학'은 스스로를 심리학자로서 전문가로 생각하는 사람들, 즉 주로 미국심리학협회(American Psychological Association) 회원들에 의해 영향을 받을 것이다. 회원들 사이에 큰 차이점들이 있고 항상 있어 왔지만, 어떤 강한 경향들이 눈에 띈다.

제2차 세계대전 이전의 광신적인 거부

정신분석은 1940년경 전에는 심리학 분야의 모든 주도적 인물들에 의하여 아주 격렬하게 거부되었다. 그 상황은 신경학과 정신의학의 상황과 비슷하였는데, Rapaport와 Shakow의 언급에 의하면 1910년 이전의 여러 시기에 Freud의 생각에 격렬한 반대를 표현

한 사람들의 명부는 이들 분야의 거의 인명록이었다.[19]

개인적 예외들이 많이 있었을지라도, Freud와 정신분석은 미국 심리학 창립에는 혐오스러운 것으로 남아 있었다. 비평가들 중 대표적인 사람은 오랫동안 잊혀진 Knight Dunlap인데, 그는 무의식, 본능 이론, 감정의 역할, 정신분석이 대표하는 역동적 본질의 모든 것에 대하여 끊임없이 통렬하게 비난하였다.[20]

기묘한 모순

이런 무자비해 보이는 반대에도 불구하고 많은 심리학자가 그들의 개인적인 문제 때문에 분석가를 찾아갔다. 모순은 명백한 것이었고, 그래서 그들은 정직하게 그것을 직면하였고, 그들 중 많은 사람이 그들의 경험을 보고하였다. 1940년에 『비정상 및 사회심리학 잡지(Journal of Abnormal and Social Psychology)』가 "정신분석을 받은 심리학자들이 본 정신분석"이란 주제로 심포지엄을 조직하였는데, 거기서 다수의 저명한 심리학자가 자신들의 분석에 대한 사적인 평가를 내렸다. 그 심포지엄은 나중에 미국심리학협회(American Psychological Association)에 의하여 분리되어 출판되었다(1953). 발표한 심리학자는 Edwin Boring, Austin Wood, Carney Landis, J. F. Brown, Raymond Willoughby, Percival Symonds, Henry Murray, Else Frenkel-Brunswik, David Shakow, Donald V. McGranahan이었다. 이들 심리학자를 치료한 많은 분석가가 언급되었는데, Hanns Sachs와 Franz Alexander 두 사람이 그 주제에 대한 통찰력 있는 의견을 제공하였다.

참석한 모든 심리학자가 분석으로부터 다양한 정도로 도움을 받았다고 보고하였다. Wood는 "그 경험이 나에게 준 인간의 동기와 행동에 대한 이해는 내가 판단할 수 있는 한, 최소한 7년간의 공식적인 공부와 똑같은 기간의 교육만큼은 되는 것 같다."[21]라고 말하였다. J. F. Brown은 "정신분석은 우리 시대의 심리학에 이루어진 주요한 공헌이다."[22]라고 주장하였고, Raymond Willoughby는 다음을 관찰하였다. "만약 심리학에 어떤 것이 반드시 포함되어야 한다면, 정신분석이 반드시 포함되어야 하는 것이 분명한 것 같다. 정상 및 병든 정서적인 습관들에 대한 연구는 정확히 심리학의 아주 작은 주요한 부분에 의하여 의도되어 지는 것이다. 이론심리학이 이들 주요 문제들을 용의주도하게 피해 왔다는 것은 인정되어야 할 뿐만 아니라 이론심리학의 빈약함의 중요한 이유로 유감으로 여겨져야 한다."[23]

Percival Symonds는 다음을 언급하였다. "정신분석이 많은 심리학자에게 혐오스러운 것인 때가 있었고 여전히 그러한데 …… 지금 갑자기 도처에서 심리학자들이 정신분석을 맞이하여 정신분석에 대해 엄격한 실험적 검사를 하고, 정신분석이 심리학 이론으로 통합할 가치를 가지고 있는지를 정확하게 결정할 준비를 하고 있다."[24] Henry Murray는 "인간 본성에 대한 나의 소견이 한때 어떻게 그렇게까지 근시안적으로 제한되어 있었는지 생각하기조차 어렵다"[25]라고 말하였다.

『실험심리학의 역사(History of Experimental Psychology)』의 저자이며, 미국 이론심리학의 최고참자 중 한 사람으로 널리 존경받고 있는 Edwin Boring의 논평은 매우 흥미로웠다. Hanns Sachs로부터 분석을 받고 4년 후, 그는 급성 정서적 위기는 극복했다고 말하였지만 정신분석이 자신에게 어떤 중요한 변화를 일으켰는지는 말할 수 없었다. 실험에 대한 그의 긴 강조에 비추어, Boring의 소견은 타당하다.

> 정통 심리학자들이 지금까지 수많은 질문을 던지고 있는 상황에서, 정신분석을 받은 심리학자가 자신의 동료들에게 어떠한 메시지도 던져서는 안 된다는 것은 이상해 보인다. 그리고 분석을 받고 4년 후 나는 여전히 나의 삶에 있어 정신분석 경험의 의미를 확신을 가지고 평가할 수 없다는 것이 사실이다. 그럼에도 불구하고 나의 망설임 그 자체가 한 자료이기 때문에, 그 경험을 상세하게 기록할 이런 기회를 갖는 것을 나는 환영한다. 분명히 심리학은 아직은 선택 집단과 조심스럽게 선정된 대조군을 가지고 실험적으로 정신분석을 유효하게 하거나 무효하게 할 위치에 있지 않다. 그러므로 우리는 부득이 사례 이야기들을 수집할 수밖에 없다. 지성적이고 과학적인 마음을 가진 사람들에 의한 비판적인 자서전적 이야기들이 그들을 도왔던 한 사건에 대한 순진한 사람들의 열광보다는 훨씬 더 가치가 있는 것이 마땅하다.[26]

이 심포지엄으로부터 두 가지 결론이 나왔다. 첫째, 나는, 그들은 공개적으로는 물을 부르짖으나 사적으로는 포도주를 마신다(in public they preach water, in private they drink wine)는 Heinrich Heine의 시를 상기한다. 심리학자들이 공개적으로는 가시 돋친 말을 퍼붓지만, 사적으로는 문제가 생길 때 언제든지 분석가를 찾았다. [Lazarus에 의한 행동치료자들에 대한 한 연구에서도 같은 소견이 나왔다(1971). 그의 집계에 의하면 20명의 치료자 중 10명이 정신분석가에게 갔었고 아무도 행동치료자에게 가지 않았다.] 둘째, 그 심포지엄은 수년 동안 내내 정신분석은 개인적으로 경험하지 않고서는 그 자신의 사적인 콤플렉스 때문에 정신분석 학설을 이해할 수 없다는 정신분석에 대한 주요 논쟁점을 낳았다. Alexander가 논평하였듯이, 실험심리학과 정신분석 사이의 반목은 이성적인 기반이 없이 단지 감정적인 것이다.[27]

제2차 세계대전 이후: 임상심리학의 부상

알다시피 제2차 세계대전은 정신분석에 대한 관심을 급격히 증가시켰다. 1945년에는 전 세계에 훈련된 분석가가 1,000명 미만이었다. 그래서 새로운 피에 대한 필요가 컸고, 임상심리학의 부상이 하나의 결과이다.

돌이켜볼 때, '임상심리학'이란 용어는 금기로부터 빠져나오기 위하여 금지된 단어 '정신분석'을 쓰지 않고 정신분석적 생각들과 접근들을 심리학에 도입하려는 일종의 타협이다. 해명적인 한 연구에서 Kris 등(1943)은 초보적인 미국 심리학 교과서에서 꿈과 다른 주제를 어떻게 다루었나를 검토하였다. 그들은 어떤 것이 일반적으로 받아들여질 때, 그것은 심리학의 부분으로 간주되는 것을 발견하였다. 의심스러울 때, 그것은 정신분석의 부분으로 남았다. 이런 식으로 정신분석적 사고의 큰 영역들이 정신분석이란 단어를 사용하지 않고 심리학으로 통합되었다. 다른 분야들에서 그랬던 것처럼, 이 과정은 역사적 상황을 모호하게 만들었다. 예를 들어, Carl Rogers는 그의 내담자 중심치료(client-centered therapy)에서 정신분석적인 생각, 특히 Otto Rank의 전이 주장으로부터 파생된 것을 보여준다. 그러나 Rogers와 그의 동료들의 글에서는 정신분석에 대한 격렬한 반대가 표현되어 있다. 그의 체계의 이름은 정신분석이 치료자 중심인데 반하여, 그의 초점은 환자에 있음을 의미하기 위하여 선택되어졌던 것 같다.

여하튼 일단 임상심리학이 등장하자 심리학은 극적으로 부상하였다. 미국심리학협회 회원명부(APA Register of Members)에 의하면, 1945년 작은 집단인 약 4,000명의 협회 회원으로부터 1977년 전체 44,650명의 회원으로 증가하였다. 지금 가장 큰 집단은 4,313명의 회원을 가진 임상 분과이고, 4,203명을 가진 (정신역동 이론과 크게 관련된) 성격 및 사회 심리학 분과, 3,356명의 정신치료 분과이다.[28] 박사 학위를 가진 임상심리학자는 본질적으로 정신과 의사의 기능들과 비슷한 다양한 기능을 수행할 수 있다. 많은 이가 의사의 감독하에 심지어 약물 투여도 한다. 「선택의 자유(Freedom of Choice)」 법들은 만약 환자가 정신의학적 치료를 받는다면, 보험 회사는 면허된(공인된) 심리학자도 적합한 치료자로 인정해야 한다고 점점 되어 가고 있다.

고유의 정신분석과 Freud는 대학교의 다양한 학과에서 교육되었는데, 일반적으로 심리학과에서가 아니라 종종 영어학과, 사회학과나 철학과에서 교육이 진행되었다. 그럼에도 불구하고 1977년 한 출판업자에 의한 비공식 조사는 Freud만 하거나 Freud를 주요한 주제로 하는 강좌가 미국 전역 대학교에 898개임을 보여 주었다.[29]

대중적인 문헌과 전문적인 문헌 모두 굉장히 많아졌다. 심리학적 발견들을 일반 대중에게 교양적으로 소개하는 잡지인『오늘의 심리학(Psychology Today)』은 독자가 100만 명이 넘는다고 주장한다.

1971년, Henry와 그의 동료들은 정신분석 수련에 대하여 네 가지 주요 심리적 직업에 대한 어떤 통계를 집계하였는데, 그들은 그 직업들이 실제로 정신치료자라는 '제5 직종'에 포함된다고 주장하였다. 정신과 의사 중 49%는 정신과 전공의 수련의 끝을 그들의 공식적인 수련을 완결하는 것으로 생각하였다. 전공의를 마친 뒤 수련을 받는 정신과 의사 중 약 30%는 미국정신분석협회(American Psychoanalytic Association)에 의하여 인정된 연구소(Institute)에서 시행하는 분석 수련 프로그램에 들어가고, 26%는 인정되지 않는 프로그램에 들어가며, 20%는 대학교에서 제공하는 프로그램에 등록하고, 나머지는 다양한 수련을 받는다.[30] 전체 정신과 전공의의 10~30%만이 정신분석 수련을 지원하기 때문에,[31] 분석이 그들 사고에서 중심 역할을 할지라도 충분히 수련받은 분석가는 정신과 의사의 10% 미만이다.

Henry에 의하면,[32] 심리학자들 중에서 임상가의 35%가 박사 후 수련을 계속하는데 매우 흔히(51%) 분석연구소에서 계속하였다. 임상심리학자의 졸업 후 수련의 평균 기간은 3.9년이었다. 그래서 임상심리학자가 박사 후 프로그램에서 보내는 평균 시간은 연구소의 정신분석가들이 보내는 평균 5.4년보다는 짧으나, 정신과 의사들이 전공의를 마친 후 수련 프로그램의 평균 3.3년보다는 약간 길다. Henry는 "졸업 후 수준에서 추가적인 수련을 받으려고 선택한 임상심리학자들은 정신분석 수련을 받지 않은 정신과 의사의 수련보다 많지는 않지만, 그만큼의 수련을 받는다."[33]라고 결론지었다.

분석의 영향의 실상

20세기 사상의 거대한 흐름에서 무엇이 분석적이고 무엇이 아닌지를 가려내는 것이 불가능하지 않지만, 그것은 매우 곤란한 과제이다. 그러나 어떤 요약적인 평가들이 내려질 수도 있다. 1964년 Sigmund Koch의 저술『과학으로서의 심리학에 대한 전체적 평가』같은 것이다. Rapaport와 Shakow는 그 당시까지의 심리학에 대한 정신분석의 영향을 다음과 같이 묘사하였다.[34]

1. Freud의 인간에 대한 새로운 견해와 심리학적 연구의 새로운 영역에 대한 그의 개척

이 수용된 것이다. Freud가 인간의 본성, 유아기와 아동기, 인간의 불합리성에 대한 관심을 일깨웠으며, 그리고 그가 일반적인 역동심리학과 특별히 동기와 무의식에 대한 현재 심리학의 개념들의 원천이라는 것을 더디게 실감하였다.

2. 많은 두드러진 예외가 있을지라도, 이들 연구 영역들에 대한 그의 개념과 이론이 아니라 그의 **착상과 관찰** 대부분이 수용되었다.
3. 이론 자체에 대해 말한다면, 그것은 보통 일부 '상식'화되어 변형되거나 혹은 임상의 지시 대상으로 받아들여진다. 어느 경우에나 정신분석은 비판되기 쉽다. 심지어 최근까지 Freud의 개념들을 실험적으로 '검사'하거나 배척하기 전에, 철저하게 연구하거나 규정짓는 진지한 노력이 없었다고 말할 수 있다.
4. Freud가 그의 이론에 이른 방법들이 사용되지 않았다. 단지 최근에 연구 도구로서 정신분석적 방법을 검사하는 일부 노력이 있었다.

1950년대 중반경 학파들의 초기 번성이 끝났었고 이제 이 분야에 주로 두 가지 이론적 접근들이 있었는데, 정신분석이나 역동심리학 및 학습 이론이다. 비록 미국심리학협회(American Psychological Association) 내에 정신분석 분과가 아직 생기지 않았지만, 임상심리학은 정신분석의 역동적 사고들을 정교화하여 적용한 것이다. 구태여 말한다면, 대학교와 국립 기관에서 여전히 실험-행동주의적 입장이 우세하였을지라도 당시 대부분의 심리학자는 자신들을 절충적으로 보았다. 그럼에도 불구하고 상당한 불만이 팽배하였다. 1959년 Sigmund Koch가 합성을 시도하면서 과학의 상태를 요약하여 이렇게 말하였다.

> 연구 결과, 이론의 시대 (대략 1930~1955년 시기)의 모든 요소에 대한 방대한 마찰을 일으켰다고 요약하여 말할 수 있다……. 근래 역사에서 한계의 지각에 의해 자라나고 권태에 의해 양육된 바람이 있으니, 심리학이 지적인 열정을 느낄 수 있는 문제들을 포괄해야 한다는 것이다…….
>
> 사상 처음으로 심리학이 그 자체의 고유한 문제들에 관하여 그 목표와 수단을 평가할 준비가 되어 있거나 거의 되어 있는 것 같다.[35]

그 후 여러 해 동안, 정신분석에 의하여 제기된 문제들에 대하여 심리학 본체 안에서 수많은 싸움이 맹렬하게 일어났다. 이 중 일부가 임상적 접근 대 실험적 접근의 골격으로 간단히 검토되었다.

관련성 대 정확성 정신분석의 큰 기여들 중 하나는 인간사에 관련된 문제들에 정면으로 초점을 맞추었다는 것이 보편적으로 인정된다. 일찍이 1920년에 G. Stanley Hall은 Freud의 『입문 강의(Introductory Lectures)』의 미국판 서문에서 이 점을 정확히 하였다. 즉 Freud는 다른 심리학자들이 가기를 두려워하는 곳으로 나아가고 있었다. 사랑, 성, 감정, 무의식, 신경증, 정신치료, 적개심의 주제는 Freud 이전 심리학에서 실제적으로 무시된 것들 중 단지 소수이다.

그때까지는, 자연과학에서 일반적인 정확성을 가지고 이들 영역들을 다루기는 불가능하였다. 그럼에도 불구하고 만약 심리학자가 '미로 속의 쥐' 상태로 있지 않는다면, 그것들은 틀림없이 다루어졌을 것이다. 절대적인 정확성은 얻을 수 없을 것 같으나, 가능한 한 큰 정확성을 가지고 그것들은 다루어져야만 한다. 앞서 인용된 Fisher와 Greenberg의 책(1977)이 이런 전통 안에 있다.

무의식적 동기 대 행동적 행위 심리학자가 그의 대상(혹은 환자)이 내어놓는 것으로부터 무의식적 동기들을 추론하려고 노력해야 하는지 혹은 행동적으로 관찰할 수 있는 것에 자신을 제한해야만 하는지에 대한 논쟁이 지속되었다. 이런 논쟁선상에서 일반적으로 역동적 임상가들은 Rorschach와 TAT 같은 내재하는 무의식적 동기들에 대한 단서들을 제공하는 인격 평가 척도들을 선호한 반면에, 행동주의 심리학자들은 캘리포니아 인격 검사(California Personality Inventory)나 MMPI 같은 직접적인 행동 척도들을 선호하였다. 이것은 격렬한 논쟁이 계속되는 하나의 주제이지만, 권위자인 Norman(1967)이 가장 널리 이용되는 행동적 인격 척도인 MMPI에 대하여 말한 것을 인용하는 것이 타당하다.

> MMPI의 원래 임상 표준들은 시대착오적이다. 그것의 기본 임상 척도들은 현재 목적에 비효율적이며 과다하고 크게 부적절하다. 유발된 반응들에 대한 그것의 적용 체재와 목록은 각기 융통성이 없고 부실하며, 연합하는 척도 점수들과 프로파일 해석에 대한 그것의 방법들은 터무니없이 성가시고 둔감하다.[36]

역동적 접근 대 조건화적 접근 Freud가 가정하였던 것처럼, 논쟁의 세 번째 원천은 인간 존재를 역동적인 힘들의 상호작용의 산물로 보아야 하느냐 혹은 Pavlov와 B. F. Skinner가 주장한 것처럼 인간 존재가 단순히 조건과 기제들의 결과이냐 하는 것이다. 사실상 이들 두 관점 사이에는 반목이 필요 없는데(Breland and Breland, 1961), 실제로는 첨예하게 대립하였다(Skinner, 1971).

종종 표현된 인간에 대한 관념이 Lock의 백지 상태(tabula rasa) 이론 대 Leibniz의 내면적 힘 주의로 요약되어지는 것 같다. 무엇이 일어났는가의 관점에서, 각 이론의 사회정치적 의미를 무시할 수 없다. 다양한 Freud식의 역동심리학은 모든 전체주의 국가들에서 불법이 되었던 반면에, 실험심리학은 모든 곳에서 허용되어 있다. 그러므로 문제는 접근 방법이 아니라 어떤 주어진 사회에서 개인의 행동과 고통에 대하여 드러나는 것이 무엇이냐이다. 그것은 '과학'이라는 마술적인 단어에 의지하는 것으로는 피할 수 없는 내재하는 삶의 철학의 문제가 된다. 실험심리학과 분석심리학 사이의 갈등이 냉철한 이성의 문제가 아니라 감정적인 것이라는 Alexander의 언급은 여전히 적절하다.

정서적 요소들과 인지적 요소들 네 번째 논쟁은 감정의 문제이다. 실험심리학의 전통적인 세계관에서, 감정은 정상적으로는 평화와 안정의 상태여야 할 것의 장애이며 응급 반응이다. 분석심리학의 세계관에서는 정반대가 사실이다. 감정은 유기체의 활력적인 오래 지속되는 반응이다. 극심한 고통과 심지어 죽음도 초래하는 만성적인 원한은 평생 동안 있을 수 있다. 이 문제는 이전의 장들에 가볍게 언급되어 있다. 감정은 인지와 똑같은 만큼의 정확성을 가지고 실험적으로 다루어질 수도 없으며, 어떤 무의식에 대한 언급 없이는 정말 이해될 수 없다. 문제가 된 것은 다시 인간에 대한 관념이다.

정신분석적 치료 대 단기(대증) 요법들 다섯 번째 논쟁은 행해지는 치료의 종류이다. 많은 예외도 있지만, 심리학자들은 주로 단기, 보다 절충적인, 비분석적 치료들에 의지하였다(Corsini, 1973). 다시 이것은 사람들 사이에 존재하는 고통의 정도에 대한 문제와 정신치료적 모험심과 관련된 인간의 관념에 대한 문제를 일으킨다. 심리학자들이 정신분석 연구소로부터 배제된 것에 대해 매우 인간적으로 반응을 했다는 것도 또한 사실이다. 당신이 나를 원하지 않는다면, 당신의 이론은 가치가 없다. 분석연구소들이 변화할 때, 심리학자들의 실제 치료에 정신분석과 정신분석적 치료가 더 많이 통합되어질 것 같다.

심리학은 임상과학인가 실험과학인가? 최종적으로 가장 기본적인 의문이 있다. 심리학은 실험적 방식으로 추구되어야 하는가 혹은 임상적 방식으로 추구되어야 하는가? 정신분석에서 유래된 임상적 접근은 크게 전진한 반면, 실험적 견해는 많은 경우 정체하거나 후퇴하였다.

다시 인간에 대한 관념과 삶에 내재하는 철학이 관련되어 있다. 앞서 인용된 그의 개인적인 진술에서, Boring은 더 엄격한 실험적 기법들이 발달되기까지는 임상적 접근이 불가피하다고 보았다. 이러한 보다 엄격한 실험적 기법들은 이 분야의 고유한 어려움들 때문에 아직은 불가능하였다. 미국심리학협회(American Psychological Association) 회원 가입에서의 변화는 오늘날 상당한 비율의 심리학자들이 임상적인 관점으로 인간 존재에 접근하기를 선호한다는 사실을 입증한다. 이것은 가능한 곳에서의 실험과 관찰을 배제하는 것은 아니며(Rosenthal, 1976), 인간 연구에 대한 타당성과 기본적인 철학에 더 정면으로 초점을 둔다.

정신의학

정신의학에 대한 정신분석의 영향은 심리학이나 다른 분야들에서보다 훨씬 더 직접적이고 완벽하였다. 오늘날 일반인은 종종 '정신과 의사'와 '정신분석가'라는 용어를 혼동할 지점까지 이르렀다. 다시 역사의 진전이 도움이 된다.

제2차 세계대전 이전

제2차 세계대전 이전, 정신의학은 가장 효과가 없는 의학 전문 분야들 중 하나였다. 대체로 정신의학은 그 시술에 이론적 근거가 부족하였고, 의미 있는 치료 방법이 없었으며, 모든 분야에서 치료 전망이 대체로 비관적이었다.

제2장에 써 놓은 것처럼, Kraepelin 시대의 정신의학은 고대 그리스만도 못하였다. Kraepelin은 정신의학적 진단 체계를 편찬하였고, 유전적인 병인론을 추정하였으며, 관련된 모든 사람에 의하여 희망이 없다고 간주된 수천 명의 환자들이 입원되어 있는 대형 정신 병원의 극심한 과밀의 결과로 치료에 비관적인 전망을 하였다.

프랑스 혁명 후 정신의학은 뇌 해부 연구를 신용하였었는데, 뇌 해부 연구가 궁극적으로 정신병의 원인들을 밝힐 것이고 보호 시설이나 정신 병원에서 이해심 많은 '도덕치료(moral treatment)'가 정신병 환자를 다시 사회에서 살 수 있을 정도로 충분히 온순하게 만들 것이라고 치료자들은 확신하였다. 이러한 희망들은 둘 다 실현되지 않았다. 뇌 해부 연구는 진행 마비나 정신병의 전신 마비가 매독의 말기라는 것과 나중에 뇌전증에 특징적인 뇌파 패턴이 있음을 밝혔다. 그것 이외에는 현재까지 아무것도 밝혀진 것이 없었다. 그러나 연구는 계속되었다.

이럭저럭하는 동안에 병원에 갇힌 정신병 환자의 어려운 처지는 점점 더 나빠져 갔다. 19세기 초반에서 후반 사이에, 교정에서 수용으로 극적인 쇠퇴가 있었다(Rothman, 1971). 1917년 Kraepelin은 다음과 같이 적었다.

> 한 세기 전에 있었던 정신의학이 우리들의 조잡한 조사에 의하여 개요가 드러났다. 정신병 환자에 대한 소홀하고 잔인한 대우, 부적당한 생활 상황과 불충분한 의료, 정신병의 본질과 원인에 대한 모호하고 잘못된 관념, 정신질환을 앓는 사람들의 어려운 처지를 악화시키는 몰상식하고 되는 대로, 그리고 때때로 위해한 치료 방법들.[37]

Kraepelin 이전의 정신질환자에 대한 치료가 야만스럽고 잔인하다면, 그의 생각들이 그것을 더 악화시킨 것으로 보인다. Kraepelin의 진단 체계 영향(여전히 이론상 널리 펴져 있는)하에 조현병 환자들은 충격들이 가해지고, 초주검이 되는 주사를 맞고, 거세되고, 뇌엽이 절리되고, 뇌의 다른 부분이 절제되거나 소작되어지고, 발치되고, 장이 절제되고, 손발이 묶이고, 무자비하게 구타당하고, 불결하고 관리가 불량한 '정신 병원들'에서 대개는 방치되었는데, 지금은 그런 것들이 체계적으로 폐지되어 가고 있다.

1930년대 후기에 metrazol 경련 요법, insulin 혼수 요법, 전기 충격 요법, 뇌엽 절리술과 뇌엽 절제술 같은 새로운 신체적 치료들이 도입되었다. 이것들이 성행하는 동안 정신과 의사들은 그것들을 크게 장려하였다. 오늘날 그것들은 사실상 잊혀졌다. Kraepelin의 진술이 있은 지 50년 이상 지난 후인 1974년에, 전 매사추세츠(massachusetts)주 정신보건 담당관 Milton Greenblatt가 병원들 상태를 평가하였다.

> 그것은 지울 수 없는 불명예이지만, 우리는 미국 내 많은 대형 정신 병원에서 빈곤과 박탈이 아직도 만연하고 있음을 인정해야 한다. 빈곤은 미국에서 새로운 것이 아니고, 정신질환자와 정신지체자들은 몇 배나 빈곤하다. 그들은 빈곤한 배경에서 태어나 정신건강 및 종종 육체건강이 불량해서, 우리는 그들을 빈곤에 시달리는 기관들에서 치료하고, 그다음에 그들을—종종 불가피하게 그 순간을 다시 시작하는—그들의 빈곤에 찌든 환경으로 되돌려보낸다.[38] 2)

---

2) 이동식: 현재도 여전히 환자들은 대형 제약 회사와 보험 회사의 영향으로 제대로 치료받을 수 있는 환경에 놓여 있지 않다. 의료 보험 제도로 인하여 의사는 환자에게 양질의 치료를 제공할 수 없으며, 제도 안에서 진료를 할 수밖에 없는 상황에 처해 있다.

1950년대 중반의 혁명

1950년대 중반 정신의학에서 극적인 변화가 일어났다. 때때로 이것은 약물 혁명이라고 불리었지만, 이 변화에 많은 다른 영향이 또한 있었다. 그것은 탈원화, 환자 집단의 변화를 이끈 정신분석적 정교함의 성장, 모든 종류의 정신건강 요원들에 대한 보다 증대된 이용 가능성, 향상된 정신과 의사들의 수련, 꾸준한 대규모 조사 연구 수행, 특히 지역사회 정신의학에서의 지속적인 연구 등이다.

약물 혁명 1952년 어떤 프랑스 마취과 의사가 chlorpromazine(Thorazine)을 발견하였다. 곧바로 그 약물은 두 프랑스 정신과 의사 Delay와 Deniker에 의해 조현병 환자들에게 투여되었다. 환자들은 진정되면서 정신병의 현저한 감소를 경험하는 것 같았다. 그래서 약물 혁명이 시작되었다. 많은 다른 약물이 도입되었고 지금도 도입되고 있다(Klein and Gittelman-Klein, 1976). 정신과 치료가 현저하게 바뀌었다.[39]

다양한 상태에 대한 약물 사용의 장단점에 대한 논쟁이 내내 격렬하였다. 가장 널리 인용되는 조사 연구들 중 하나는 캘리포니아(california)의 Camarillo 주립 병원의 Philip May에 의해 주도된 연구이다(May, 1968). 이전에 의미 있는 병원치료를 받은 적이 없었던 첫 입원 남녀 환자 228명이 선발되었다. 항정신병 약물 단독, 개인 정신치료 단독, 개인 정신치료와 항정신병 약물 병합, 전기 충격, 환경 요법 등의 다섯 가지 다른 치료 방법이 시험되었다. 치료 결과의 평가에 다양한 척도들이 이용되었는데, 그중 가장 많이 사용된 것은 퇴원이었다. 약물만 사용한 것이 가장 효과적인 치료였고, 약물과 정신치료 병합 또한 높은 퇴원율을 보였다. 정신치료만 받은 사람은 65%의 퇴원율을 보였다.[40] May의 연구는 많은 비판에 노출되어 있다. 하나는 결과를 평가하는 데 사용된 심리적인 방법이 역동적이지 않았다는 것이다(대부분 MMPI를 사용하였다). 심리학자 Luther Disler는 효과의 크기가 전에 없이 집중적인 높은 질의 환경 요법 때문이었을 것이라고 말하였다.[41]

그 주제에 대한 최근의 논평에서, Tissot(1977)은 조현병에 항정신병 약물들(진정제들)의 사용은 그 증거가 결정적이지는 않을지라도 지금은 보편적이 되었다고 결론 내린다. 입원 환자 수의 감소는 확실히 약물의 사용과 관련이 있지만 그 이외의 다른 요인들, 특히 병원 정책에 좌우된다고 그는 주장한다. 예를 들어, Gurle(1966)는 환자들을 단순히 한 병원에서 다른 병원으로 전원만 시켜도, 2년 이상 입원한 환자의 퇴원 빈도가 확실히 증가함을 보였다.

탈원화 약물의 발달과 함께 현재 병원에 있는 환자도 감소하게 되었다. 1955년 공립 정신 병원의 재원 환자 수는 558,000명이었다. 1976년에는 그 수가 215,000명 미만이었다. 재입원율은 30%에서 60%였다.[42] 이러한 변화는 어떤 근본적인 호전이 아니라, 주로 정책의 변화를 반영한다. 예를 들어, Zwerling은 1970년에 뉴욕과 캘리포니아의 인구는 거의 똑같았으나, 입원 환자 수는 차이를 보였다고 말한다. 캘리포니아는 정신 병원에 11,000명이 있었고, 뉴욕은 47,000명이 있었다. 캘리포니아는 외래 치료소들의 광범위한 연락망이 발달되어 있었고, 이용 가능한 모든 곳을 채웠다. 뉴욕은 거대한 병원들의 연락망을 만들었고 모든 병상을 채웠다.[43]

또한 환자들이 퇴원한 후 그들의 상태에 대한 불평도 점점 커져갔다. H. Lamb은 만성 환자들이 지역사회에서 살아남는 문제에 대하여 검토하면서, 환자들은 본질적으로 지역사회 내에서 치료받아야만 한다고 강조하였다. 게다가 그런 치료를 위한 일련의 본질적인 정신분석적 원칙들을 발표하였다. 그것들 중에는 환자 자아의 건강한 부분과 작업하기, 환자에게 숙달감을 주는 것, 환자 환경의 정상화가 있다.

약물 대 정신치료 약물의 출현은 환자들이 약물치료를 받아야 하는지 혹은 정신치료를 받아야 하는지에 대한 새로운 논쟁을 불러일으켰다. May의 연구는 조현병 환자에서의 약물 중요성에 대한 주요 근거로서 널리 인용되어 왔지만, 다른 정신과 의사들은 그런 결과조차도 일부 회의를 가지고 보았다. Chiland(1977)는 전 세계에 걸친 수많은 실험을 인용하면서, 주된 접근 양식은 정신치료적인 것이며 사용된 약물은 보조적임을 예증한다. 이것이 오늘날 통상의 치료 방법이 될 것 같으며, 그래서 정신분석적 원칙들은 정신병 환자의 치료에서조차도 기본적인 역할을 유지한다.

보다 경한 질병치료에 관한 한 Valium, Librium, meprobamate 등과 같은 수많은 약물을 이용할 수 있게 되었다. 정신병의 경우와는 달리, 약물의 사용이 정신치료의 필요성을 없앤다고 진지하게 주장하는 사람은 아무도 없다.

더욱이 약물의 장기적 효과를 조사한 많은 연구가 별로 낙관적이지 못한 결론에 이르렀다. Manfred Bleuler(위대한 Eugen Bleuler의 아들)의 연구에 관심이 쏠렸는데, 그는 1940년부터 23년에 걸쳐 208명의 환자의 삶을 추적하였다. Bleuler(1970)는 자신의 1965년 백분율은 25년 전에 발표된 자신의 환자군과 자신의 아버지와 Kraepelin의 연구들에 대하여 완벽하게 정통한 것에 기초하고 있음을 강조하였다. Bleuler는 파과형 조현병은 소멸해 가고 있음을 발견하였고, 1942년 이후에 한 사례도 발견하지 못하였다. 게다가 그의 환자들 중 상당수가 어떤 치료를 받았는가에 상관없이 5년 후에 안정화되었다. 약물의 장기적 결과가 환경 요법과 다르지 않았고, 그래서 약은 주로 단기 회복에 가치 있는 것으로 간주되었다. Bleuler는 다음과 같이 말하였다.

> 질병의 임상 과정에 대한 연구는 임상가들이 오랫동안 알고 있었던 것을 확증한다. 조현병 환자들은 정신병이 아무리 오래되었을지라도 건강한 면이 숨어 있고, 숨겨진 상태로 남아 있다. 조현병 환자의 건강한 삶은 결코 소멸되지 않는다. 그러한 관찰은 만성 뇌질환을 가진 환자들에게서 볼 수 있는 것과는 다르다.[44]

뉴욕의 Rye에 있는 High Point 병원의 병원장 Gralnick(1969)은 정신치료를 받은 500명의 입원 환자를 검토하면서, 치료 성공에 기여하는 것으로 환자 선택, 정신치료적인 공동체의 구조, 가족치료의 시행의 세 가지 변인을 강조하였다.[45]

약물치료에 의지하는 것에 대한 진지한 각성은 이미 시작되었다. 지연성 운동장애(tardive dyskinesia, 어떤 근육들의 조절 불능)는 장기간의 신경이완제 사용에 의한 많은 부작용 중에서 가장 심각한 것이다.[46] 생리적 부작용이 없을지라도, 심리적 방치는 불구를 남긴다. 주립 정신 병원을 폐쇄하는 것에 대한 결과를 검토하면서, Ahmed와 Plog(1976)는 다음과 같이 말하였다.

> 이것은 운동에 관한 책이다. Dorothea Dix에 의하여 시작된 정신장애인을 위한 미래의 희망으로서 출발된 운동은 일반 국민들의 반대와 사법적인 감독의 보호 아래 지금은 산산이 깨어진 희망과 채워지지 않은 기대로 끝나가고 있다. 공공기관으로서의 정신 병원이 정신장애인과 환자들에게 무엇을 하였는지가 아니라, 무엇을 하지 않았다는 것 때문에 비난을 받고 있다……. 정신 병원에 대한 새로운 정의가 나타나고 있다. …… 그리고 공적인 감독과 사법적 판결의 기초 위에 계속 새롭게 고쳐 만들어질 것이다.[47]

법적인 반응: 환자의 권리들

정신 병원의 비참한 상황에 대한 부단한 비판이 마침내 1960년대 법적인 태도의 변화를 이끌었다. 수많은 법정 판결에서 적절한 보호와 치료를 받을 정신질환자의 권리를 규정하였다. 일부 사람들은 이러한 판결들을 정신질환자에 대한 사회적 방치에 대한 사법적 조정으로 특징지었다. David Bazilon 판사는 1966년의 역사적인 사건(Rouse 내 Cameron)에서 강제 입원된 정신질환자에 대한 치료받을 권리의 개념에 대한 사법적 입장을 세웠다. 이후 알라바마의 판결(Wyatt v. Stickney, 1970)에서 Frank Johnson 판사는 적절한 치료 프로그램의 세 가지 주요한 측면들을 특정하였다. 그것은 각 환자에 대한 개별적인 치료 계획, 치료를 제공하기 위한 적절한 수의 훈련된 치료진, 인도적인 물리적 및 심리적 환경이다.[48] 이 판결들은 정신의학의 공적인 이미지와 책임에 있어서의 극적인 변화를 강조한다.

환자 집단의 변화

어떤 의미에서 보면, 정신분석적 사고가 정신의학에 통합된 것의 가장 중요한 요소는 정신병에서 정상으로 환자 집단의 이동이었다. 이것은 현재 의과대학 정신의학에서 교육되고 있는 것에 의하여 이해될 수 있다.[49]

1. 여러 단계의 인생 주기에서의 정상 발달과 기대되는 인간 행동
2. 행동질환에 영향을 주는 생물학적, 심리적 및 사회적 힘들과 그런 질환들에 대한 치료
3. 면담 기술과 의사-환자 관계의 복잡성
4. 정신병리, 비정상적 행동의 인지
5. 정신의학적 임상 증후군들
6. 인간에게 흔히 있는 위기들, 결혼 상담, 죽음과 죽어 가는 것 그리고 아동 학대와 같은 것을 포함하여 정신과 의사가 아닌 일반의 의사에게 보여지는 흔히 있는 행동 문제들에 대한 치료와 관리
7. 어떤 환자를 의뢰할 것인가를 아는 것과 의뢰 과정을 포함하여 정신의학적 자원들과 정신건강 자원들

게다가 정신의학은 행동장애에 대한 새로운 지식과 치료 기법의 숙달을 위한 지속적인 자기교육에 전념할 것을 강조한다. 정상적 및 비정상적 인간 행동의 전 범위가 이제 정신과 의사의 범위 내로 들어왔다.

개선된 수련 프로그램

1948년 미국에는 4,700명의 정신과 의사가 활동하고 있었다. 1977년에는 대략 28,000명이 있었다. 이런 극적인 성장은 자연스럽게 수련 프로그램의 똑같은 증가를 동반하였다. 이 프로그램들의 높은 수준을 유지하기 위하여 꾸준한 검토가 행하여졌다. Langsley 등(1977)은 높은 수준의 프로그램들은 균형 잡힌 교수단, 정신역동적 방침, 전공의 수련보다 의과대학생 교육에 더 큰 헌신, 다양한 교육 방법들, 열성적인 학생 반응 그리고 매년 변화가 일어나게 만드는 체계적인 평가로 특징지어진다는 것을 알았다.

이론적인 논점들

전 인구를 포함하는 정신의학의 확장은 많은 정신과 의사의 마음에 혼란을 일으켰으며, 많은 심원한 이론적인 논점에 대한 강조를 새로이 시작하였다. 보다 전통적인 정신과 의사들(예를 들면, Ludwig, 1975)은 정신의학이 비과학적 의견들, 구색을 맞춘 철학들과 '학파들', 혼합된 은유들, 역할 확산, 선전하는 주장 및 '정신건강'과 다른 내밀한 목적들을 위한 정치 운동의 뒤범벅이 되었다고 불평하였다. 그들은 정신의학이 표준적인 기질적 의학에 포함되기를 바라며, 정신질환자의 보호자로서의 정신과 의사상으로 돌아갈 것을 제안한다. 대조적으로, 대부분 분석적으로 훈련받은 보다 세련된 정신과 의사는 일반 인구로의 정신의학의 확장이 금세기 모든 연구의 자연스러운 결과이며, 사회적·심리적 및 정치적 힘들은 전통적인 진단 체계(그런 힘들이 일반적으로 거의 사용되지 않는 진단 체계)에 못지않게 누가 '정신질환자'인지를 결정하는 데 중요하고, 정신역동은 정신의학의 기본 방침이 되어야만 하며, 정신치료는 다른 모든 치료 방법들을 보조 수단으로 하는 근본적인 치료 방법이어야만 한다고 주장한다.

Engel(1977)은 정신의학의 위기가 의학의 위기에 따른 것이라고 주장하였다. 그리고 의학의 위기는 이미 과학적 과업과 사회적 책임이 있는 의학이나 정신의학 어디에도 적절하지 않은 질병 모델을 고집하는 데서 기인한다.[50] 건강과 인간가치 학회(Society of Health and Human Values)의 성립과 『의학과 철학(Medicine and Philosophy)』이라는 학술지는 많은 의사가 보다 넓은 의미로 자신의 분야를 받아들일 준비가 되어 있다는 표시이다.

불행하게도, 단체들은 권력을 얻으려고 경쟁하고 있고, 정신의학도 예외는 아니다. Holman(1976)은 전체 의료 시설의 "상당한 부분이 사회적 권력을 추구, 유지하면서 각각의 이권 옹호에 관여하고 있다."[51]라고 주장하였다. 정신의학 자체 내에서 이러한 권력 투쟁의 예는 소련이 정치적 목적으로 정신의학을 악용하는 것에 대해 비난하는 것의 거부, 행동치료의 승인, '성적 지향성의 장애'로서 동성애를 기이하게 재분류하는 것, 국민건강보험에서 장기간의 분석을 제외시키려는 단호한 노력에서 보인다. 이런 점에서 정신과 의사들도 대의를 희생시키면서 그들의 이익을 추구하는 다른 정신건강 조직들과 다르지 않다(Halleck, 1971).

정신의학과 정신분석

Freud 이래로 분석가들은 정신분석과 정신의학에 대한 논문을 써야 된다고 느꼈다. 정신의학이 진행된 정신질환자를 감금하여 돌보는 것에 국한되었을 때, 분석가들은 정신병의 지평의 확장과 심층 분석적 해석을 요구하였다. 오늘날 상황은 완전히 다르다.

거의 모든 것에 심리적 요소가 들어가기 때문에, 정신과 의사가 인간에게 일어나는 모든 문제를 자문하고 치료하도록 요청받을 수 있다는 것이 이제는 사실상 공식 방침이다. 이런 의미에서 정신분석은 보조제로 보이는 약을 포함한 정신의학의 모든 것을 흡수하였다. Engel(1977)이 지적한 것처럼, 불행하게도 평균적인 정신과 의사를 위한 훈련이 종종 그런 포괄적인 과제를 그에게 가르쳐 주지 못한다. 아직도 과거의 본분과 개념들에 매달려 있기 때문에 현재 사정은 상당히 혼란스럽고 불확실한 모습을 보이고 있으며, 보통 '위기' 또는 '정신의학의 정체성의 위기'로 묘사된다.

다른 과학들

정신분석은 사회과학들 모두에 실질적인 공헌을 하였다. 몇 가지 중요한 부분들을 여기에 적는다.

역사에서는 역사적 인물의 심리와 심리적 동기에 보다 초점을 두는 것에 의하여 새로운 요소가 도입되었다. 역사가들은 항상 어떠한 시대의 정신 상태, 행동의 정상성, 전쟁 동기들, 혁명 등등에 관한 포괄적인 판단을 제공하였다. 그러나 이론심리학처럼 그들의 접근은 피상적인 합리성에 머물렀다. 사람들은 정신분석을 통해 인간의 깊은 비합리적 갈망을 알게 되었기 때문에, 많은 역사가는 자신의 작업에 정신분석적 사고를 흡수하려고 시도하였다. Jacques Barzun 같은 다른 역사가들은 이론-실험심리학자들이 현재에 대하여 사용하였던 논증들과 똑같은 논증들을 과거에 대하여 사용하면서, 접근 전부를 멸시하였다. 논쟁은 역사에 심리적 힘들이 역할하는가에 대한 것이 아니다. 물론 심리적 힘들이 역할한다. 문제는 역사 기록에서 이런 힘들을 어떻게 확정하느냐이고, 어떤 힘들을 강조하고 찾아야 하느냐이다.

분석가들 중 Lifton(1974)과 Erikson(Luther에 대하여, 1958; Gandhi에 대하여, 1969; Jefferson에 대하여, 1974)이 두드러졌다. 역사가들 중 미국역사협회(American Historical Association)의 전 회장인 Walter Langer는 "우리 역사가들이 인간과 인간의 동기들에 대해 매우 피상적인 평가에 빠져 있었다는 것을 점점 더 깨닫게 되었다. 때를 맞춰, 나는 역사가들이 현대심리학의 발견들을 탐구하고 이용해야만 한다고 확실하게 생각을 전환하였다. 그리고 결국 나는 이 신조의 확실한 사도가 되었다."라고 말하였다.[52]

『정신역사 학술지(Journal of Psychohistory)』의 최근 논제의 어떤 기사에서, George Kren(1977)은 미국의 대학교와 대학교의 정신역사교육에 대한 몇 가지 흥미로운 자료를 제공한다. Kren에 의하면, 10년 전에는 미국을 통틀어 정신역사 강좌는 단 둘 뿐이었는데, 1977년에는 200강좌가 되었다. 정신역사가 교육기관 내에 확실한 위치를 획득했다는 것에 의심이 없다. 비록 많은 다른 접근이 사용되지만, 공통적으로 보이는 한 요소는 학생들에게 정신분석적 사고들을 소개할 필요이다. 문제는 개념이라고 Kren은 말한다. 학생들이 Freud를 어려워하고, 정신분석적 어휘를 낯설어하며, 그러한 접근 전체에 대하여 정말로 확신이 없다. 일반적으로 심리학과 쪽에서는 어떤 도움도 나오지 않기 때문에, 역설적으로 정신역사가 학생들에게 다른 곳에서는 배울 수 없는 일종의 심리학을 소개하는 일을 한다.

철학에서 윤리와 행복의 문제는 정신분석을 의미하는 일부 심리학적 지식 없이는 더 이상 진지하게 고려될 수 없다. 대부분의 철학자는 정신분석에 거의 관심을 주지 않았다(Wollheim, 1974). 정신분석 혁명에 정통한 철학자인 McGill(1967)은 행복의 문제가 철학에서 심리학으로 옮겨 갔다고 솔직히 인정한다.

> 마지막 장에서 우리는 좋은 삶, 즉 예를 들어 충분히 좋은, 더 나은 그리고 가장 좋거나 이상적인 삶에 대한 현재 가장 중요한 이론의 발달에 한정할 것이다. 다른 무엇보다도 개인의 전체 상태의 호전이 어떤 것을 의미하는지와 만족스런 혹은 이상적인 삶이 의미하는 것이 무엇인지를 말하도록 요구받는 학문이 성격 이론과 정신치료이다. 둘 다 바람직하지 않은 증상들과 증상들의 제거에 관여하는데, 종종 그것들의 관심은 부정적인 결과를 넘어, '행복'의 이름 아래

우리가 논의하고 있었던 것에 가까운 긍정적인 '정신건강' 개념으로 간다. 이 개념이 논리적으로 의학적 치료나 객관적인 검사와 통제된 연구와 관계된다는 사실이, 그것에 이전 이론들에서 결여되어 있는 의의를 부여한다.[53]

오래된 문제인 자유 의지와 정신-신체 관계에 대해서도 역시 정신분석이 공헌하였지만, 정신분석적 방향에서 행복을 재정의한 것이 전체적인 면에서 지극히 중요하다.

인류학에서는 1920년대와 1930년대에 이미 기대할 만한 논의가 시작되었다. 1950년대 초에 시작한 문화-인격학파에 대한 강력한 비난(Levine, 1973)은 그 당시까지 이루어진 상당한 진전을 가로막는 듯이 보였다. 그 후 이 분야에 대한 수많은 경향과 상반되는 경향이 심리학과 정신분석 자체 내에서 양립되어 왔다.

사회학에서는 Erich Fromm의 『자유로부터의 도피(Escape from Freedom)』(1941), Adorno의 『권위주의 인격(The Authoritarian Personality)』(1950), John Dollard와 Alison Davis의 『노예의 아이들(Children of Bondage)』(1940), Rennie 등의 『중간지구 연구(Midtown Study)』(1962)와 그 후속편들을 포함한 수많은 고전이 있다. 다른 많은 훌륭한 연구가 문헌에서 발견되고 있다. 이론적 수준에서는 정신분석과 사회학을 통합하려 한 Talcott Parsons의 노력이 주목할 만하다. 미국의 다른 사회학자들은 Durkheim의 전통에 따라 심리학을 이론적 공식화의 배경에 놓으려는 경향이 있었다. Goffman의 『구조분석(Frame Analysis)』(1974)은 이러한 심리학 종속의 좋은 예이다. Frankfurt 학파는 정신분석을 사회 이론에 통합시키려고 보다 일치된 노력을 하였다. Jurgen Habermas는 당시 그 학파의 지도적인 이론가이다.

경제학에서 정신분석은 동기의 영역, 특히 작업 동기의 영역에 주요한 공헌을 하였다. Frederick Herzberg의 책은 이미 언급되었다. John Kenneth Galbraith는 그의 많은 저서에서 정통적인 경제학자들이 동기적 요소를 무시한다는 것을 강조하면서 몇 가지 제안을 하였는데, 특히 전반적인 경제 계획에서의 기본적 심리 특성을 강조하였다(1973, 1976). Menninger재단의 산업심리부 부장이었던 Harry Levinson은 산업 보건에 많은 통찰력 있는 공헌을 하였다. 그것들 중 『작업 세계의 정신건강(Emotional Health in the World of Work)』(1964)이 있다. 다른 많은 산업심리학자는 정신분석의 기본 원칙을 생산업에 적용하였다(Bray et al., 1974 참조).

정치과학에서는 정치적 사건에서 성격의 영향들을 주제로 한 많은 문헌이 있다. 그 중 두 가지 고전으로, 미국 정치인의 망상적 관점을 최초로 묘사한 Harold Lasswell의

『정신병리학과 정치학(Psychopathology and Politics)』(1930)과 『권력과 인격(Power and Personality)』(1948)이 있다. 『인격과 정치학(Personality and Politics)』(1969)에서 Greenstein은 그 문헌을 훌륭하게 요약하였다. 유명 정치인들에 대한 많은 연구가 현재 거의 항상 정신분석적 원칙을 이용하고 있다. Tucker의 『스탈린주의(Stalinism)』(1977)와 Stierlin의 『아돌프 히틀러(Adolf Hitler)』(1977)가 그 예이다. 이 분야의 작업은 자연스럽게 역사, 사회학 그리고 바로 심리학으로 곧 바뀐다.

법에서는 심리학, 특히 정신분석적 심리학이 모든 단계에서 적용되었다. 정신질환자가 경험한 방치의 발견에 대한 법적 반응은 이미 언급되었다. Slovenko의 『정신의학과 법(Psychiatry and Law)』(1973)은 그 시대를 주도하는 흐름을 훌륭하게 요약하고 있다. 정신과 의사들로만 이루어진 미국정신의학과 법률연구원(American Academy of Psychiatry and Law)에는 1969년 250명의 회원이 있었고, 비슷한 기구가 심리학자들에 의하여 1968년 창설되었다.[54] Anna Freud, Goldstein과 Solnit의 저서 『아동의 최선의 이익을 넘어(Beyond the Best Interests of the Child)』(1973)는 이미 미국에서의 양육권 판결에 영향을 주었다. Slovenko는 전체적 흐름의 관점에서 사회는 두 종류의 시설(기관), 즉 자유의사에 따른 치료를 위한 정신 병원과 사회에 해를 끼치는 사람들에 대한 비자발적인 치료를 위한 교정 시설에 이르게 될 것이라고 언급한다.[55]

문학과 문예 비평에서는 저술 목록만으로도 책 한 권은 될 것이다. 유명한 문학인들에 대한 많은 연구가 있었고, 매일 새로운 연구들이 나오고 있다. 전국정신분석적 비평협회(National Association for Psychoanalytic Criticism)가 만들어졌고, 페어레이 디킨슨대학교의 영어학과와 협력하여 학술지 『문학과 심리학(Literature and Psychology)』을 발행하고 있다. 많은 문학 전문가는 정신분석연구소에서 추가적인 수련을 받았는데, 정신분석연구소들은 시작부터 그들을 환영하였다. 지금은 문학 비평의 전 영역이 임상심리학 내의 잘 확립된 한 분과이다.

교육에서도 역시 정신분석적 사고의 영향은 지대하였다. 정신분석적 사고는 아동에 대한 역동적 이해의 전 분야를 포함한다. 교육자들은 초자아표상이기 때문에 그들의 활동은 흔히 치료자의 활동과 충돌하는데, 학교에서 때때로 보이는 엄한 권위적인 규율을 완화하기 위한 많은 계획이 만들어졌다. 이 점에서는 Freud와 Dewey가 긴밀히 제휴하였다. 한동안 뉴욕에 있는 사범대학의 한 그룹이 표준 교육 과정에 더 많은 정신분석적 자료의 도입을 적극적으로 장려하였다. Arthur Jersild는 개인 분석에 학점을 부여할 것을 권고하였다. 또한 Jersild와 그의 조수인 Lazar(1962)는 교사의 삶과 일에서의 정신치료에 대한 자료나 의미를 수집하여, 면담한 대부분의 교사가 정신치료를 배우 가치 있게 여긴다고 보고하였다.

종교에서 정신분석가들의 관심은 주로 다른 종교들에서 사용되는 다양한 의례들을 설명하는 데 한정되었다. 대부분의 정신분석가는 종교가 유아기적 신경증이라는 Freud의 주장에 동의하였다.

요약하자면, 지난 30년간의 이러한 주요한 장면들만으로도 정신분석적 사고가 인간을 다루는 모든 과학에 엄청나게 파고들었다는 것이 증명된다. 현시대에 우리는 '다른 학문 분야 간의 협력'이라는 거듭되는 요청을 받고 있다. 100년 전에 사회과학들이 기껏해야 행정 관리상의 목적으로 철학 분야 밑으로 통합되었다. 현재 박사 학위(Ph.D.)는 당시의 유물이다. 모든 사회과학은 사변적인 철학으로부터의 분리를 통하여 그들의 정체성(identity)을 찾았다. 지금 모든 사회과학은 정신분석이 제공한 인간에 대한 새로운 이미지 아래에 결합함으로써 새로운 정체성을 발견하는 과정에 있다.

결어

긴 역사적 연구에 대한 결론에서 정신분석이 어디서 왔는지 뒤돌아보고, 알아보고, 그리고 어디로 갈지 숙고하는 것이 적절하다. 우연하게도 그러한 평가가 정신분석 탄생 100주년에 근접하고 있다.

Freud는 심리학 이론을 세우는 것, 정신치료 기법을 개발하는 것, 새로운 전문 직업을 창설하는 것이라는 세 가지 목적을 생각하였다. 지금의 의문은, 그와 그의 후계자들이 이런 각각의 시도들을 얼마나 잘 하였는가 하는 것이다.

이론으로서 정신분석

이론으로서 정신분석의 발달은 대강 두 가지 방향으로 나아갔다. 첫째, 정신분석을 포괄적인 심리학으로 만드는 것으로, 둘째, 인간에 대한 통일된 과학을 확립하는 방향으로 나아갔다.

심리학으로서 정신분석의 주요 공헌은 역동적 접근에 있는데, 정신분석은 과학자가 인간 존재에 대하여 적절하고 의미 있는 질문들과 씨름하도록 하게 한다. 정신분석적 심리학이 전체주의 국가들에서 금기시된다는 사실은, 그리하기를 원한다면 (그리고 종종 그렇게 하는) 인간의 주요 관심사들의 주변부의 문제들에만 분주한 실험심리학과는 다르게 정신분석적 심리학이 사람들의 삶을 현저하게 변화시킬 수 있다는 증거이다. 정신분석적 심리학에서의 정치적 다툼은 철학적 문제가 회피될 수 없다는 것을 보여 준다. 인간은 무엇인가라는 시각은 어떤 인간이 될 것인가라는 시각과 분리될 수 없는 것이다.

보다 큰 쟁점에서 보면, 정신분석을 해석하는 데 두 가지 오류가 교묘하게 있다. 하나는 정신분석이 본질적으로 다른 어떤 분야와도 무관한 독립적인 학문 분야라는 국지적인 관념이다. Freud가 그렇게 많은 영역을 무(無)에서 시작하였기 때문에 가끔 이런 식으로 해석될 수도 있지만, 그는 인간의 경험과 행동의 모든 영역이 자신의 진정한 분야라는 것을 곧 깨달았다. 두 번째 오류는 정반대의 것으로, 정신분석을 이용하여 모든 인간 양상을 설명한다는 과장적인 것이다. 보통 이런 관념은 어떤 유아기적 환상이나 경험을 골라내어, 그것을 유아기 이후의 모든 행동에 적용시키는 형식을 취하였다. 그래서 Geoffrey Gorer는 한때 러시아인의 성격을 유아기의 과도한 속박 때문이라고 설명하려고 시도하였다. 몇몇의 '원초적 외침(primal scream)' 심취가들은 모든 신경증을 초기 아동기 동안의 감정 표현이 억압된 결과로 설명하려고 시도한다. 그러한 시도들은 총명한 사람들에 의해 '천박한 Freud주의(Freudianism)'로 반드시 거부되었다.

대신에 나는 정신분석이 사람을 행복하게 만드는 제안을 하였기 때문에, 정신분석을 철학적 접근을 가진 심리학으로 간주해야 한다고 제안하였다. 이런 철학적 접근은 정상인이란 사랑하고 일할 수 있다는 Freud의 유명한 금언에서 시작하여, 거기로부터 계속 나아간다. 사랑, 성(sexuality), 가족 구조, 의사소통, 정신의학적 증상학과 같은 정신분석적 심리학의 다양한 측면은 이런 관점에서 모두 고찰될 수 있다. 철학적 해답이 마음속에 있을 때, 그것들의 심리적 측면들은 비로소 적절히 평가될 수 있다.

"학파들"의 문제 이제 역사적 발달에 대한 상세한 소개를 할 수 있어서, 학파들의 문제를 다시 제기할 수 있다. 나는 일반적으로 어떤 학파의 신봉자들은 다른 학파의 이론들(특히, Freud)을 잘못 기술하면서, 그다음에 비슷한 이론들을 세우거나 혹은 합리적인 방법으로 접근하면 해결될 수 있다는 다른 문제들을 제기한다고 주장하였다. 학파들 간의 차이점은 합리적이라기보다는 다분히 감정적이다. '관점'에 대한 집요한 주장은 문제들을 진지하게 고려하는 것을 막고, 증거 제출도 없이 임의적이고 권위적인 주장을 하게 한다. 나는 '학파들'이란 관념을 버리고, 모든 문제를 그 문제 자체에 맞게 직면할 것을 다시 주장한다.

학파들에 적용되는 것은 학문 분야들에도 또한 적용된다. 인간에 대한 과학은 이번에는 역동정신분석적 접근의 후원 아래에서 다시 통합되어야 한다. 항상 객관적인 요소들과 감정적인 요소들이 혼합되어 있다. 객관적인 요소들에 대한 해명은 한 세트의 도구들에 의해 제공되며, 감정적 요소들에 대한 해명은 궁극적으로 정신분석으로부터 나온다. 인간에 대한 과학의 핵심은 정신분석으로 간주되어야만 한다. 어떤 방식으로든, 인간을 다루는 모든 과학은 이것을 고려해야만 한다.

기법으로서의 정신분석

Freud에 의해 주된 윤곽이 잡힌 고전적인 분석은, 확장되고 완성되었다. 분석은 동기가 높고, 잘 표현할 수 있는 지적인 사람에게 가장 효과적인 것 같으며, 그런 경우들에서는 실질적으로 새로운 유형의 사람을 창조할 수 있다. 현실 생활의 장애물들에 방해받고 있는 문제가 깊은 사람들은 분석이 덜 효과적이다. 그러나 그러한 경우에도 분석은 변형될 수 있고 다양한 방법으로 변형되었던 반면에, 정신분석의 원칙들은 모든 기법적 접근의 기본으로 남는다.

여기서 다시 학파들의 문제가 상황을 몹시 모호하게 하였다. 사람들이 암시에 반응하기 때문에, 어떠한 종류의 권위적인 접근도 어떤 유형의 사람에서는 일부 효과를 낼 것이다. 그러나 이런 효과는 오로지 개인에 대한 전체적인 이해란 측면에서만 적절히 평가될 수 있으며, 정신분석이 그런 이해를 가능하게 한다.

전문 직업으로서의 정신분석

Freud는 Pfister에게 보낸 편지에서, 꼭 의사일 필요는 없지만 성직자를 배제한 전문가들에게 정신분석을 건네주고 싶다고 하였다. 1902년 그의 집에 처음으로 모인 네 명의 의사로 시작된 그 전문 직업은 국제정신분석협회(International Psychoanalytic Association)의 약 4,000명의 회원과 그곳에 속하지 않지만 충분히 수련받은 6,000명을 합하여 모두 10,000명 정도로 성장하였다. 이들 대부분은 의사지만 상당수는 그렇지 않다. 게다가 치료자의 직업은 모든 다른 전문가를 포함하며, 이들 대부분은 의사가 아니다. Henry는 이전 직업이 무엇인지에 상관없이, 같은 기본 철학, 같은 기본 기법을 향해 가는 치료자들을 위해 '제5 식종(fifth profession)'이란 용어를 제안하였다.

명칭은 이전과 똑같을지라도 활동은 완전히 다르다. 오늘날 잘 훈련된 정신과 의사는 오늘날 외과 의사가 이전의 이발사-외과 의사와 무관한 것 이상으로 100년 전의 정신과 의사와 관계가 없다. 심리학자도 유사하다.

그래서 정신분석은 사실 새로운 전문 직업을 창조하였다. 몇몇은 그것을 정신건강의 박사 학위로, 다른 이들은 심리학, 사회사업, 분석의 박사 학위로 하여 돋보이게 하자고 제안하였다. 그러나 새로운 전문 직업으로 창조된 것은 정신분석적 정신치료자라는 직업이다. 이렇게 해서 정신분석의 첫 100년은 끝났다. 다음 100년은 어떻게 될까?[3)]

---

3) 이동식: 대화가 안 되어 노이로제, 정신병이 생기기 때문에 정신치료는 진정한 대화다. 그러므로 타인을 치료하려면 치료자 자신이 먼저 바로 되어야 한다. 이런 맥락에서 서양 정신분석이 동양의 도(道)로 접근해 오고 있다.

제 20 장

1980년대의 정신분석[1)]

Harry Stack Sullivan

미국정신분석협회(American Psychoanalytic Association)의 1976년 회장 연설을, Francis McLaughlin은 다음과 같은 말로 시작하였다. "언제나처럼, 정신분석의 기법과 실천은 위태로운 위치에 처해 있습니다. 현재, 정신분석계 안팎에 비관론적 예언가가 많이 있습니다."[1] 그는 분석 환자가 부족하다고 알려져 있는 것과, 대안적 견해의 광범위한 발달 등에 주의를 환기시켰고, 특히 해결책으로서 학생과 선생들의 선발의 문제를 강조하였다.

세계에서 가장 명망이 있는, 연간 『미국정신분석협회지(Journal of the American Psychoanalytic Association)』도 정신분석 실천에 대한 Sydney Pulver의 조사 결과를 게재하였다.[2] 거기에는 환자를 3명 이하 분석하는 분석가의 비율이 (1968년의 유사한 연구와 비교해서) 20% 정도로 일정하게 유지되고 있다는 점이 강조되어 있다. 1976년에는 거의 40%가 이 범주에 있었다. 협회가 마주한 다른 문제도 있었는데, 그것은 나중에 상세히 기술할 것이다. 그럼에도 불구하고 협회는 계속해서 활동하였고, 그 후 몇 년 동안에도 많은 참신

1) 역주: 본 장은 이동식 선생님과 공부할 당시의 1979년판에는 없었던 내용임.

한 아이디어를 만들어 내었다. 비록 1980년대에 새로운 학파가 나타나지는 않았으나, 새로운 학파 수립에 가장 가깝다고 할 만한 사람인 Kohut은 기존 지식의 확장과 명료화가 시대의 풍조라고 1970년대에 기술하였다.[3]

학회 조직의 변천

절망적 상태라는 표현이 빈번함에도 불구하고 정신분석 운동은 더 많은 구성원, 더 많은 활동, 더 많은 출판물, 더 많은 명성 등으로 모든 면에서 계속 번창하였다. Robert Wallerstein은 1985년 국제정신분석협회(International Psychoanalytic Association: IPA)의 회장 연설에서 국제정신분석협회(IPA)가 외견상 번창하는 상태에 있다고 보고하였다.[4] 구성학회 33개, 잠정적인 학회 2개 그리고 세계 다양한 지역의 많은 연구 집단, 지역협회 1개(미국협회—이 특별한 지위는 곧 와해될 것이었다.)로 조직된 전 세계에 6,000명이 넘는 회원이 있었다. 그는 매년 500명의 새로운 분석가가 나오는 성장률을 보이고 있다고 추정하였다. 회원의 비율을 보면, 전쟁 후에는 주로 북미인이었는데 현재는 미국인 41%로 변화되었다(그 후 30%).[5]

미국정신분석협회(the American Psychoanalytic Association) 내에서 문제의 수년간 성장은 거의 없었다. 이것은 회원 수가 약 3,000명으로 '안정성' 있게 유지되었다고 완곡한 표현으로 기술되었다.

분석기관을 졸업하는 것이 언제나 미국 내 더 큰 협회의 회원 자격 기준으로 충분하다고 간주되어 온 반면, 조직은 점차 더 야심적이 되었다(p. 158 참조). 처음에 그것은 정신분석 교육 인가기관이 되고자 신청하였으나, 권리를 강하게 주장하고 있는 다수의 분석 단체가 있다는 이유로 연방교육청에 의해 예상처럼 거부되었다. 미국협회는 대체 방안을 만들기 위해 위원회를 임명하였다. 이 위원회는 기관을 졸업한 모든 분석가를 인증할 아이디어를 착안하였다. 이 인증은 중앙조직에 의해 실행되었고, 지방기관과는 독립적이었다. 인증 과정의 많은 세부 사항은 알려지지 않고 있다. 하지만 미국인 심리학자들에 의해 제기된 소송의 전개 과정에서(다음 예문 참조) 미국정신분석협회(APA) 내 분석가의 약 3분의 1 정도가 인증에서 거부당한 것으로 밝혀졌다고 말할 수 있다.[6] 당시 이런 거부된 분석가들을 어떻게 할 것인가 하는 문제가 발생하였다. 몇몇은 제명을 하자 하였고, 몇몇은 재검토를 하자 하였고, 몇몇은 아무것도 하지 말자고 하였다. 결국 그들에게 더 큰 협회 안에 남아 있을 수 있으나 선거권은 제한된, 확대된 준회원 자격을 주도록 표결되었다. 인증 과정은 오직 최고의 분석가들만 교육한다는 미국정신분석협회(APA)의 주장을 의심스럽게 보이게 한다. Wallerstein(1988)은 1988년에 의미심장한 논문「정신분석은 하나인가 여럿인가?(One Psychoanalysis or Many?)」를[7] 이야기하였는데, 이것은 1987년 몬트리올에서 개최된 국제정신분석협회(IPA)에서 그가 회장 연설에서 언급하였던 것이다. 그는 다음과 같이 결론지었다.

> 내 결론의 개요는 과학적으로 또는 정치적으로 이해될 수 있다. 정신분석은 우선적으로 정신 발달의 본질과 인간심리를 설명하기 위해 다양한 상징과 비유인 다수의 이론적 조망을 발달시켰다. 그 이론적 조망들은 우리 내부의 알 수 없는 것, 과거의 무의식들을 파악하고 거기에 일관성을 부여하려는 목적을 가진 것으로 나는 개념 지었다. **바로 그러한 실제적인 의미에서 오늘날 많은 정신분석이 있다**(볼드체는 저자의 생각임).

가치에 대한 Freud의 가장 광범한 논의는 제1차 세계대전 이전의 초기에 그가 매우 소중하게 여긴 미국의 신경과 의사 James Jackson Putnam과 왕래한 교신에 담겨 있다. 대략 1910년부터 1915년까지 두 사람 사이에 상호 교환된 편지(1971년 Putnam에 의해 출간된)에, Freud가 나중에 더 상세한 형태로 옹호하였던 주요 부분이 이미 포함된 것으로 보인다. Putnam은 신경증에 걸린 환자는 도덕적 취약성(moral weakness) 때문에 고통받는다고 주장하였고, 이러한 주장은 오늘날 사라졌지만 그 당시 충분히 흔하였으며, 분석은 이러한 도덕적 취약성을 바로잡는 임무를 맡아야 한다고 주장하였다.

그러나 Wallerstein 자신이 전 세계의 정신분석교육의 거대한 다양성에 대한 자료를 모았는데, 이는 다양성이나 불일치가 단순히 숨겨졌다는 것을 의미한다(다음 예문 참조). Kernberg (1986년)는 정신분석의 현 상황에 관한 아주 솔직한 평가에서 다음과 같이 기술하였다.

> 이 상황은 놀라울 정도로 무시되고 있는 정신분석교육의 특이한 특성으로 인해 복잡해진다. 나는 정신분석기관에 종종 만연해 있는 편집증적인 분위기와 정신분석교육 내에서의 '삶의 질'에 대한 그 파괴적인 영향에 대해 언급하고 있다. 남미 정신분석기관의 몇몇 구성원들은 '연결되지 않는 전화(unhooked telephone)' 현상에 대해 말한다. 후보자들이 같은 분석가들에게 개인 분석을 받고 있기 때문에 교육분석가들로 구성된 교수진에 대한 후보자들의 개방적인 비판이 억제되는 것이다.[9]

비의사 분석과 소송

편지들과 『비의사 분석의 문제(The Question of Lay Analysis)』(1926)라는 책에 표현된 Freud의 강력한 의견에도 불구하고 미국 조직들은 지속적으로 의사가 아닌 사람들의 교육 후보자 입학에 대해 강력한 태도를 취하였다. Spence는 1981년에 다음과 같이 기술하였다.

> 정신분석 치료와 이론에 대한 현재의 불만은 어떤 사람들이 신뢰의 위기라고 일컫던 것으로, 우리가 설파하는 그것을 우리가 실천(practice)하고 있는가 하는 문제를 제기한다.[10]

비의사를 수련에 받아들이기를 거부한 것은 미국정신분석협회(the American Psychoanalytic Association) 내 회원들 간에 거의 조현병적으로 보이는 분열을 초래하였으며, 미국을 비의사가 수련을 자유롭게 받을 수 없는 유일한 나라로 만들었다(다른 일부 국가는 의사가 아닌 사람들에게 제한을 두었지만, 미국을 제외한 어느 곳도 공식적인 입학이 거부되진 않았다.) Freud는 이 문제에 대해 너무나 통렬하게 느껴서 1926년에 그것에 대해 책을 썼고, 나중에는 그 미국적 태도를 "정신분석에 맞선 최후의 저항이고 가장 강력한 저항"이라고 불렀다.[11]

비의사 정신분석(lay analysis)의 금기는 다른 전형적인 미국의 금지 규정인 Volstead법의 실행보다 교육 과정에 그리 더 많은 영향을 미치진 않았다. 특히 수많은 분석가를 이용할 수 있는 대도시에서는 이 법이 광범위하게 무시되었다. 그 이유는 분석 훈련이 다음과 같은 것들로 구성되어 있기 때문이다. 누구나 받을 수 있는 개인 분석, 광범위한 독서 혹은 어디에나 있는 특별 세미나를 통해 사적으로 이루어질 수 있는 수업 과정, 그리고 보통 받을 수 있는 지도감독하의 분석들이다. 사실, 객관적으로 보면 비의사 정신분석에 대한 금지는 정신분석을 반대하던 심리학자들과 사회복지사들의 역할을 강화시키는 경향이 있었다. 따라서 공식적인 정신분석 기득권층은 근본적으로 그 자체가 행동주의자들과 동지가 된 셈이다.

지식인들의 목소리는 약하지만 들릴 때까지 지속된다는 Freud의 발언은 예언적인 것으로 드러났다. 1945년(제2차 세계대전 종식)부터 1980년까지 내내, 특히 뉴욕시에서는 비의사가 분석 수련을 모색하고 스스로 전통적인 방식대로 노력하면 늘 그렇게 할 수 있었다. 내가 1979년에 미국심리학협회(American Psychological Association) 내에 정신분석 분과

(Division of Psychoanalysis)를 조직하였을 때, 심리학자들로부터 즉각적인 반응이 있었으며 1년 안에 분과 회원의 수는 1,000여 명에 도달하였다. 그때 이후로 그것은 크게 성장 확대되었다.

미국협회는 미국 내 모든 정신분석 훈련에 대한 완벽한 권위를 부여받는 것으로 국제분석협회(the International Psychoanalytic Association)의 동의를 얻었다. 더욱이 해외에서 교육받기를 원하는 미국인들조차 APA의 동의 없이는 그렇게 하는 것이 금지되었고, 물론 그에 대한 APA의 동의는 결코 주어지지 않았다.

그 상황은 독점적이고 불법적인 것처럼 보였다. Sherman 반독점법은 이러한 관행들이 불법이라고 선언하였었고, 강력한 Rockefeller의 스탠더드 오일 회사(Standard Oil company)는 금세기 초반에 강제로 분리되었다. 1976년, 대법원은 독점 금지를 전문 기관들에까지 확장하였다.

이것은 식견 높은 사람에게는 소송을 촉구하는 것이었다. 소송은 변호사이자 심리학자인 Bryant Welch 박사의 주도 아래 이루어졌다. 심리학자들은 큰 자금을 조성하였고, 1985년에 미국정신분석협회, 국제정신분석협회(the International Psychoanalytic Association) 그리고 두 개의 미국 기관인 콜럼비아와 뉴욕에 맞서는 소송이 시작되었다. 처음에 의사 분석가들은 소송을 가볍게 여겼고 단순히 학문의 자유 문제라고 주장하였지만, 이것이 법원에 제기되었을 때 법조인들은 "미국정신분석협회의 조치에 상업적인 동기의 뚜렷한 기미가 있다."[12]라고 간주하였다. 국제협회는 애초부터 미국심리학협회 편에 있었는데, 공개적으로 언급되지는 않았지만 많은 시사점이 공표되었다. 예를 들면, 1985년 국제정신분석협회의 함부르크 대회에서 많은 유럽과 남미의 분석가들은 미국협회가 전쟁 후 내부 약점 때문에 그들을 속였다는 느낌을 토로하였다.

이 소송에 APA는 상당히 공격적으로 달려들었다. 한때는 그것의 권위에 도전할 엄두를 내는 사람은 누구라도 사실상 정신병자일 거라고 주장하며 Bryant Welch의 분석 기록을 소환하기까지 하였다. 이 전략은 소련 스타일 혐의 제기(Soviet-style accusation)로 낙인이 찍혔고, 상당한 항의 후에 철회되었다.

마침내 소송은 1988년에 어느 쪽도 잘못을 인정하지 않은 채 결말이 났다. 미국정신분석협회는 광범위한 양보를 하였다. 예를 들면, 개별적인 개인 분석치료를 미국정신분석협회의 회원이 아닌 사람에게도 받을 수 있도록 허가하였고, 다른 모든 것이 국제정신분석협회의 규정에 부합된다면 1주에 세 번으로 분석 시간의 횟수를 줄일 수 있도록 하였다. 1988년 8월 15일, 원고 측 변호사에게 보낸 서한에서 미국정신분석협회 측 변호사인

Hogan과 Hartson은 다음과 같이 말하였다.

> 미국정신분석협회와 제휴되지 않았지만 자격을 갖춘 미국 내의 모든 정신분석 집단이 IPA와의 제휴를 맺고자 한다면, IPA는 그 집단이 응집력이 있고 사실상 집단으로서 기능하는지, 만약 그렇다면 그 집단의 교육이 기능적으로 IPA의 승인된 교육에 맞먹는지를 기준으로 결정할 것을 기대한다. IPA는 미국의 정신분석 집단들이 IPA와 제휴를 맺은 집단들의 것과는 다른 교육 과정을 채택하고 따랐을 수 있음을 인정한다. 따라서 IPA는 IPA와 제휴를 맺고자 하는 집단 내 각 구성원들을 그 또는 그녀의 교육 및 자격이 기능적으로 IPA 기준에 상응하는지 아닌지 결정하기 위해 개인적으로 평가할 것이다.
>
> IPA가 '배타적 또는 지배적으로 Freud 학파의' 수련 모델이나 이론적 지향을 요구하는지에 대한 귀측의 질문에 대한 대답은 Freud 학파라는 용어의 의미에 달려 있다. IPA는 그 용어의 광범위한 정의를 적용한다. 예를 들면, William Alanson White 연구소의 Sullivan 학파의 지향은 IPA 규정에서 배제되지 않는다. 그러나 Jung 학파의 지향과 같이, 보통 Freud 학파의 광범위한 정의 밖의 것이라고 이해되는 수련 모델이나 이론적 방향은 IPA의 기준 내에 있지 않을 것이며, IPA와 제휴를 맺은 집단 내에서 교육될 수 없다.
>
> (서명)
>
> Clinton B. Fisher[13]

이념적 명료화

많은 분석가가 실천하고 있고 분석적 훈련이 상당히 표준화된 것처럼 보일지라도, 정신분석가들이 무엇을 하는가에 대한 상당한 혼란이 남아 있었다. 이 문제를 연구하기 위해 미국정신분석협회가 설립한 위원회는 20년 동안 활동하였지만, 완전한 실패로 끝났다는 사실이 상기된다(158-159쪽 참조). 더 많은 연구가 필요하였다.

더 많은 합의를 얻기 위하여 또는 적어도 전 세계에서 무엇이 행해지고 있는지 알아내기 위하여, 1977년 Wallerstein은 예루살렘 대회와 관련하여 5대륙의 57개 기관에 설문지를 보냈으며, 그중 28개(또는 절반)가 응답하였다.[14] 그는 다음과 같이 조사 결과를 요약한다.

1. 수련의 양립 불가성이 가지는 진짜 문제의 정도는 수련 중인 후보자들에게는 반드시 일치되지 않는 두 가지 목표, 즉 학문을 위한 교육과 직업을 위한 수련을 동시에 포괄하려는 우리의 의도에 의해 제기된다.
2. 정신분석교육을 위한 적절한 수련 필수 전제 조건의 문제는 의료인 수련과 비의료인 수련의 문제로서, 혹은 정신분석이 쇄신을 위해 찾아야 할 잠재적 수련생 풀(pool)의 적절한 조합 또는 Freud의 언어로 '비의사 분석가의 문제(The Question of Lay Analyst)' 등으로 (위에 언급됨.) 다양하게 언급되었다.
3. 우리의 수련기관들에 가장 적합한 커리큘럼의 종류에 관한 문제로는, 우선 전문 학교 교육의 전통적 방식으로 전체 학생이 전문적인 지식, 기술, 태도를 흡족하게 완전히 익힐 책임이 있는 획일적인 혹은 본질적으로 동일한 방식의 커리큘럼의 결과로 그들 각각이 '충분히 괜찮은' 유능하고 독립적인 실무자가 될 수 있게 하는 방식이 있다. 그와 대조되는 것은 대학교 졸업 후 교육에서 전통적인 방식으로, 각각의 학생들의 구체적인 차별화된 관심과 경력 목표로 설계된 개별화된 또는 맞춤형 절차가 있다.
4. 수련을 위한 선발의 문제 그리고 선발 기준의 위상 문제의 긍정적·부정적 측면
5. 선발 문제의 입장과 불가분으로 연결된 것이 개인 분석과 전체 교육 절차에서 성취할 인격 변경의 정도의 기대될 수 있는 종류 문제이다.
6. 이 목록에서 마지막이지만 현재의 문헌들에서 가장 뜨겁게 논란이 되고 있는 문제는, 후보자를 평가하고 연구소를 거치는 동안 후보자의 발전을 지켜보는 데에 있어 훈련 분석가의 역할 문제이다.

마침내 Wallerstein은 다음과 같이 결론을 지었다.

> 나는 전 세계적으로 정신분석교육의 틀을 만드는 주체가 되는 것에 관한 우리의 기대는 이 시점에서 조심스러워야 할 필요가 있다는 결론을 내리는 것이 합리적이라고 생각한다. 그 교육의 철학과 실천에서 전 세계적으로 정신분석은 분명히 가장 다양한 종류로 이뤄진, 항상 활기찬, 여러 의견이 있는, 종종 신랄하게 논쟁을 벌이는 분야이다.
>
> 우리는 현재 수련에서 다양한 실험을 염두에 두고 있다. 아마도 우리는 이 문제에 대한 대화를 발전시켜서, 다양한 관점의 비교와 대조를 통해 각각의 모든 논리적이고 과학적이고 교수법적인 의미를 더 이해하게 하고 각각의 단점을 상쇄시킬 수 있을 것이다.[15]

기초의 재구성: 구강기

1960년대와 1980년대에는 생의 첫 단계인 구강기를 적절히 기술하기 위해 연구자들과 의사들이 상당한 노력을 더 많이 쏟았으며, 때로는 자궁 내 단계로까지 확장되었다. 자궁 내 단계에 대한 이용 가능한 진정한 증거는 거의 없다. Peter Stratton이 편집한 책, 『인간 신생아의 정신생물학(Psychobiology of the Human Newborn)』(Wiley, 1982)부터 먼저 보겠다. 요약하자면, 그는 현재 우리의 이해 수준이 믿을 수 있는 지식을 결정적인 답변으로 공고히 하는 데는 이르지 못하고 있다고 진술하고 있다. 그의 책이 바람직하게 이루어 낸 것은 신생아 정신생물학의 새로운 생산적인 영역을 촉진하는 의미 있는 최근의 발전들을 조직화(coordination)한 것이다. 동시에, 필요한 광범위한 맥락과 관련하여 특정 관심사가 유용하게 개념화될 수 있는 구조 속에서 정보를 치료자에게 제공하였다는 것이다. 신생아 기능의 많은 면이 진화론적 의미의 고찰을 통해 조명되었다.

신생아의 지각적 성향 및 반응 성향은 단순히 유전적으로 결정된 특성들의 예시이며, 적절한 환경과 결합하면 어떤 유형의 모자 상호작용이 발생할 것 같다는 것을 예측하게 한다. 신생아 초기 인지 기능에 대한 많은 새로운 자료가 나타났다. 초기 인지 기능의 중요성을 수용하면 일부 신생아적 성향에 대한 더 성과 있는 해석이 가능해질 수 있다.

정신분석 사상의 다른 많은 영역에서처럼, 여기에 대해서도 임상적인 면이나 관찰적인 면의 많은 자료로부터의 기여가 있었다.

현재의 발달심리학 발전에 가장 중요한 영향을 준 것은 우리의 생물학적 지식과 더 잘 이해하게 된 사회적 · 인지적 기능을 성공적으로 결합시키는 데서 비롯되었다. 신생아들이 져야 하는 부담에 대한 조망(perspective)이 이행(transition)의 개념이다. 출생 자체는 명백한 환경적 이행(environmental transition)이고, 이행기적 대상(transitional object)에 관한 개념(Winnicott)은 현대 정신분석 사상에 중요한 역할을 해 왔다.

가능한 한 가장 넓은 범위의 환경에서 최적화할 수 있는 다양한 성향을 신생아가 가지고 있다고 하는 관점은 신생아가 특히 취약하다는 생각과 상충되는 것처럼 보이고, 이 상충은 많은 신생아의 상황에서 장기간 예후를 예측하기 어렵게 만드는 핵심적 이유이다. 완전히 성공적인 적응이나 이행조차도 적응 자체의 기간 동안 성과를 낮추게 만드는 스트레스를 부과할 것이다.

도전을 극복함으로써 건강한 성장이 달성된다는 것은 적어도 Freud에게까지 소급되는 발선된 원칙이다. 어떤 의미에서 노선의 필요성은 적응의 상기적인 의미에 대한 어떤 언급에도 내포되어 있다.

신생아의 무능력의 많은 부분이 미숙함 때문이라는 일반적인 관점은 이제 목적론적이라고 볼 수 있다. 이제는 신생아가 이전보다 지각적으로 더 발전된 것으로 보지만, 인지적 능력이 없고, 주요 문제가 운동 수행 지연에 있는 것 같다.

신생아 심리에 대한 지식을 조정(coordinating)하기 위해 제안된 기본 주제(Stratton)는 적응의 주제이다. 많은 신생아 행동의 특징은 그것이 반드시 돌보는 사람과의 근접성을 중심으로 돌아간다는 것이다. 오늘날 기술되는 것은 신생아의 생물학적 · 인지적 · 사회적 능력이 상호 연관된 매우 복잡한 패턴으로, 이것은 자연적 보살핌에 대한 다면적인 적응이라고 의미 있게 해석될 수 있을 뿐이다. 현재 우리는 특정한 행동들이 주로 신생아를 직접적으로 적응시키기 위해 발달되었는지 혹은 환경 내 일부 변경을 통해서인지 여부를 확신할 수 없다. 초기 모자 상호작용에 대한 현재의 이해에서 대두되는 것은 그 과정이 자기 아이의 특성에 대한 어머니의 상세한 지식을 요구한다는 것이다. 이렇게 될 수 있도록, 배우려는 의지가 있는 성인에게 특정 아기의 특성에 대해 교육하는 그런 방식으로 신생아의 많은 행동을 일일이 열거할 수도 있다.

정신분석은 모자 관계(mother-infant dyad)를 하나의 구성단위로 강조하는 것으로 전환되었고 어떤 일은 다른 쪽에 변화를 주지 않고 한쪽에서 일어난다(제6장 참조). 이것은 오래전부터 알려져 왔지만, 현재(1980년대)에 자세히 조사되었다. 이것은 신생아가 보살핌을 주는 사람에게 상당한 영향력을 발휘할 수 있는 개성을 풍부하게 부여받았다는 사실을 부정하지 않는다. 어머니가 할 수 있는 조절에, 특히 관심을 가지게 하는 논점에는 세 가지 갈래가 있다. 첫째, 시설은 수용자의 자율성을 박탈하고 무기력하게 만드는 강력한 경향이 있다. 둘째, 유능성의 반대인 무력감은 우울증과 관련이 있다고 널리 알려져 있다(Garber and Seligman, 1980). 셋째, 출산 후 산모는, 특히 우울증에 취약하다. 모자 관계에 대한 연구는 사실상 완전히 연구 분야를 장악하였고, 따라서 과거에 가능하였던 것보다 훨씬 더 유용한 발달에 대한 확실한 이해의 기반을 제공할 것이다. 특히 정신분석에 의해 광범위하게 연구된 두 개의 인간의 중심 감정(two central human emotions)인 사랑과 미움의 근원은 이제 발달의 인지적 측면과 연결될 수 있다.

근본을 흔들어 놓다

원래의 Freud 사고에는 구강기가 크게 드러나지 않는다. 그는 엄마와 아이 사이에 잘못된 것을 좀처럼 보기 힘들었고, Jones는 훗날 생애 첫해는 그에게 미스디리였다고 언급하였다. 그 신비를 체계적 기반하에 처음으로 간파한 사람이 Melanie Klein이었다(제6장 참조). 그녀가 나타나기 전까지는 Ferenczi의 「현실감의 단계와 발달(Stages and Development of a Sense of Reality)」(1913)과 같은 몇몇 논문을 제외하고는 인생의 가장 초기 단계에 대한 것은 거의 없었다. Melanie Klein 이후, 특히 Freud가 사망한 1939년 이후에 구강기는 갈수록 더 중요해져 갔다(제6장 참조). 전체 문헌이 너무 급증하였기에 짧은 장 안에 그것들을 일일이 다루는 것은 불가능하다. 나는 다만 몇몇의 하이라이트만 언급하도록 하겠다.

저명한 아동학자 Robert Emde는 1981년 JAPA에 최근의 몇몇 견해에 대한 훌륭한 조사를 게재하였으며, 나는 그의 주요 발견들에 대해 여기서 언급하고자 한다.[16] 그의 글들은 최근 책들에 대한 지속적인 토론이다.

그가 검토한 여섯 권의 책들이(Bell and Harper, 1977; Clarke and Clarke, 1976; Clark-Stewart, 1977; Kagen et al., 1978; Osofsky, 1979; Sameroff, 1978) 최근 유아의 발달심리학에서 나온 더 나은 견해들을 포함한다고 주장한다. 이 책들에서 표명된 관점들은 정신분석의 근본을 흔들어 놓는 것이었다. 첫 번째 동요는 정신분석적 심리학을 경제적 카테고리를 핵심으로 사용하여 시스템화한 David Rapaport에 의해 의도치 않게 이루어졌다(Rapaport, 1959). Rapaport의 죽음 이후 그의 제자들과 동료들은 그의 단련된 학문적 태도를 좇아갔으며, 근거 있는 논리적 바탕 위에서 경제적 이론에 대한 핵심적인 가정에 대해 또 초심리학의 전반에 대해 질문하기 시작하였다.[17] 그런 질문들을 좇아서, 정신분석적 초심리학의 전체 이론은 몇몇 비평가에 의해 취약하거나 혹은 낡은 것으로 간주되었다. 몇몇은 이론의 수정을 지지하였다. 다른 이들은 '개인(personal)' 심리학으로의 대체 혹은 좀 덜 추상적인 임상 이론으로의 대체를 주장하였다. 활동 중인 분석가 대부분을 포함하는 다른 이들은 초심리학의 대부분의 구조가 유용하며 유지되어야 한다는 입장을 취하였다. 다른 이들은 이에 대해 반대하면서 그 대신에 대상관계와 가족 및 문화의 역할에 대해 강조하였다. 정신분석적 이론에서 흔히 보이는 양극화와 함께 열띤 토론이 뒤따랐다.

환경으로서의 가족

K. A. Clark-Stewart의 책, 『가족의 아동 양육(Child Care in the Family)』(1977)이 먼저 논의되었다. 각각 다른 시기에 배당된 분량에 시사점이 있다. 영아기와 아동기(3~9세)에 같은 분량을 배당하고 있다. 더 나아가, 영아기 안에서는 출생부터 6개월까지와 6개월부터 3세까지가 동등한 분량을 차지한다. 발달의 복잡성과 접촉의 중요성이 큰 인상을 준다. 하나의 변수가 아이에게 반드시 어떤 결과를 일으키는(invarient) 영향력을 미치는 일은 없다. 세 번째 인상은 연구 목표와 연구에 포함된 피험자 선택의 가치 측면에서 둘 다 연구 사업이 중산층 지향성을 갖고 있다는 것이다.

지적 능력의 발달에 대해 우리 사회가 주요한 가치를 두고 있다는 것은 초기의 '나'(early 'I')와 환경적 관련성에 대한 연구들의 수가 막대함에 반영되어 있다(Sylvia Brody의 어머니, 아버지 그리고 아이들에 대한 아래의 연구를 참조). 그러나 이 연구들은 유아의 지적 경험에 대한 가장 가치 있는 기여는 아이를 가르치고, 아이와 공유하고, 이야기 나누는 다른 사람과의 상호작용의 결과로 이루어진다고 제안한다. 3개월이 지난 이후에 유아의 지능 그리고 사회적 지능의 발달은 부모가 어떻게 행동하느냐에 크게 영향받는다.

그녀의 연구의 두 번째 부분은 사회적 규범(policy)에 대한 제안(propositions)을 만드는 것을 다룬다. 처음 두 개의 제안은 다양성의 중요성에 대해 다룬다. 이와 관련해서 볼 때 지능에 대한 지나친 강조는 부적절해 보인다.

다음 제안은 보살핌의 요소와 관련이 있다. 어른의 보살핌은 적절하고 다양하며 애정어린 자극을 제공해야 한다. 적절한 보살핌을 위한 자극의 변수를 자세히 설명하는 시도가 있었는데, 이들은 다양성과 적절성 및 양을 포함하며 감정적 가용성(availability)뿐 아니라 전반적인 가용성을 포함하는 것으로 보인다. 아동을 보살피는 양을 보살핌의 질과 동일시해서는 안 된다. 아동을 보살피는 데는 연속성 또한 있어야 한다. (Wallerstein and Blakeslee가 이혼에 관해 연구한 것을 보면, 이혼은 영구한 것이라고 강조하고 있다.) 부모 행동의 항상성, 안정성 그리고 예측 가능성이 중요하다.

가족을 환경으로서 고려할 때, 부모와의 안정적 애착의 발달과 함께 아동이 나이가 들어감에 따라 다른 아이나 어른들과 상호작용의 기회가 많아지도록 돕는 것이 권장된다. 아동이 성장하면서 다른 아동이나 어른들과 상호작용하는 기회가 많아져야 하고, 이와 더불어 부모와의 안전한 애착이 개발될 수 있도록 도와야 한다고 주장한다. Emde는 다음과 같이 결론지었다.

> 나는 정신분석가가 이 책을 읽은 이후에 발달심리에 대한 매우 다른 관점을 계속 가지게 되기가 쉽다고 생각한다. 이 분야에서 행동주의자의 지배는 완전히 사라졌다. 특히 유아에 있어서 학제 간 활동은 확연하며 인지와 지각의 영역을 넘어서는 다양한 관심이 증가하고 있다. 점점 더 많은 연구가 감정적 그리고 사회적 영역들, 가족과 환경에 대해 관련 있는 내용들을 포함하고 있다. 지나치게 단순한 일반화에는 눈살을 찌푸리고 아이들이 시간이 감에 따라 변화하는 것에 관심을 두게 되었다. 발달이 기계적이고 선형적이라고 여기는 고립된 실험실의 연구들은 흔치 않아지고 있다. 유아와 아동들은 수동적으로 사건에 의해 '만들어진(shaped)' 것이 아니라 그들 고유 환경에 능동적으로 참여한다고 보는 견해가 증가하고 있다. 대인관계적 환경과 관련해서는 영향(effects)의 '양방향성'에 대한 공감이 증가되고 있다.[19]

Clark-Stewart의 저서는 정신분석적 이론의 명료화를 확대시킨 또 다른 것으로, 이 책은 Freud의 오랜 신경학적 연구와 그 스스로의 자기분석에 기반을 둔 정신분석으로의 갑작스런 이행의 유산인 본능적 발달, 에너지 그리고 기계론적인 상호작용에 대한 이전의 강조점 대신 성장, 대상관계, 대인관계적 영향, 자기이미지와 기타 등등을 강조한다.

아동 양육의 '다른 면'

『어른에 대한 아동의 영향(Child Effects on Adults)』(Bell and Harper, 1977)은 Freud의 초기 공식화에서는 충분히 관심을 가지지 않았던 사회적 과정에 대해 유아들이 그들의 양육자에게 미치는 영향이라는 관점을 보여 준다.

저자들은 그들의 저서가 아동 양육의 '다른 면', 즉 부모나 양육자는 그들이 양육하려는 아이로부터 형성된다는 것을 강조한다고 얘기한다. "발달에 대한 연구가들은 아이가 우리에게 그랬던 것처럼 우리 어른이 아이에게 복잡하게 맞추려고 했다는 생물학의 기본적 메시지를 제때 얻지 못했다. 우리가 침팬지 같은 다른 종의 어린 것을 양육해 보려고 할 때, 우리는 이러한 부모와 자식의 행동에 대한 상호 간의 관계를 알아차리게 되었다."[20]

Bell은 현실을 수동적으로 받아들이지 않고 그것을 변형시키려는 아동의 판타지의 힘에 대해 Freud가 인식했다는 것에 주의를 환기시켰다. Hartmann과 같은 이후의 저자들도 이에 동의하였다. 갈등에서 자유로운 조직화의 영역을 가졌다고 할 때의 유아는 갈등에 완전히 휘둘린다고 볼 때의 유아보다는 상당히 더 많은 힘이 있다. Bell이 쓴 이 책의 중심 장에서는, 인간 사회화 연구의 자료는 관습적으로 해석되어 오던 반대의 상황 대신에 아이들이 부모에게 주는 영향에 대해 보여 줌으로써 관련 증거가 많이 있는 명제들을 보여 준다. 1960년대 이후로 사회화에 대한 연구는 부모를 문화의 대리인으로 보고 또 아이들을 그것의 대상으로 보던 과도하게 단순화된 견해에 국한되지 않는 사고를 점점 더 많이 할 수 있게 하였다. 그는 이렇게 요약하였다.

> 문화 규범(cultural norms)을 향하는 진보에는 상호 적응(adjustment)과 순응(accommodation)이 포함된다. 힘과 장기간의 의도적 행동을 통해 행사되는 부모의 통제는 상호작용을 시작할 때의 아이들의 순수한 활동, 지배에 대한 아이들의 저항, 그리고 생래적으로 호소하는 그들의 속성에 의해 어느 정도 상쇄된다.[21]

Bell 또한 생애 첫해에서 발달의 세 가지 주요 시기를 기술한다. ① 탄생부터 2개월까지의 '행동 상호작용 시스템', ② 3개월에서 6개월까지의 사회적 상호작용 시스템, ③ 7개월에서 12개월까지의 세 번째 기간은 애착의 기간이라고 불리며, 양육 시스템에서 더 진전된 구분이 된 것을 말한다.

다시 말해, 이 책은 합리적인 연구가 초기의 발달에 대해, 그리고 예측 가능한 것과 예측 불가능한 것에 대해 어떻게 변화하는 모델로 이끌었는지를 보여 준다.

신생아 행동 평가 도구

A. Sameroff의 단행본인 『신생아 행동의 조직과 안정성(Organization and Stability of Newborn Behavior)』은 Brazelton 신생아 평가 척도에 대한 해설이다. 그것은 중요한 이야기를 하고 있다. 소아과의 표준 임상적 지식이 신생아는 잘 보지 못하고, 잘 듣지 못하고, 행동은 산만하게 '미분화'되었다고 추정하였던 것은 그리 오래된 일이 아니다. 소아과 진료로 한참 바쁜 가운데에서도, T. Berry Brazelton은 이런 '지혜'에 대해 점점 더 불만을 가지게 되었다. 그 결과로, 그는 신생아들이 스트레스에 대한 반응으로 그들의 행동 상태를 소설할 수 있으며, 다양한 자극에 자신을 지향시킬 수 있고, 협응(coordinated) 활동의 레퍼토리들을 나타낼 수 있고, 양육자와 정서적인 교류를 유지할 수 있다는 그의 관찰을 표준화하기 위한 연구에 점차 더 많은 시간을 쏟게 되었다. 여러 심리학자의 도움을 받아 그는 신생아 행동 평가 척도(the Neonatal Behavioral Assessment Scale: NBAS)를 개발하였다. 다른 이러한 도구들과 마찬가지로 NBAS는 현재의 신생아 행동의 예측 변수가 될 수 없으

며, 발달에 따라 역동적인 방식으로 행동 변화가 있다는 사실에 대해 예측할 수는 없다. Sameroff가 인지한 것처럼, 생애 첫 수개월간은 심리, 운동 그리고 각성 시스템을 조종하기 위해 영아들을 조직화하는 방식으로 변화가 일어나는 일련의 역동적 과도기로 더욱 잘 유형화될 수 있다.

초기 영아기에 초점을 두고 세밀하게 관찰할 때에도, 이 관찰을 통해 결국 다음과 같은 결론에 도달하게 된다. 발달을 직선적 과정으로 본 우리의 오래된 모델은 부적절하다. 우리는 발달적 조직화 시기의 행동의 질적인 이행에 대해 반드시 고려해야 한다. 이 단행본은 영아를 사회적으로 조직화된 존재로 보는 변화하는 견해에 대해 강조를 더하고 있다. NBAS는 직접적으로 신생아들을 사회적 존재로서 평가하며, 신생아들이 사회적 주변 환경들과 역동적 피드백 작동을 하도록 생물학적으로 조직화되었다고 밝힌다(Bowlby도 비슷하게 말하였다. 다음을 보라).

어린 시절의 경험이 영향을 주는 게 있다면 어떤 것이 그 후의 적응에 영향을 줄까 하는 질문은 골치 아픈 질문이다. Freud 이전에는 유전적 가정이 일반적으로 만연해 있었고, 개인의 능력은 자연적으로 고정되며 사람의 힘으로는 거의 잘 바뀌지 않는다는 결론에 도달해 있었다. 이런 가정은 이번 세기가 경과하는 동안 점차 침식되었는데, 사회생물학을 통해 재기를 하는 모습을 보이긴 하였다.

수많은 연구가 초기 유아기와 그 후의 적응의 관계를 꿰뚫어 보기 위해 노력해 왔다. A. M. Clarke와 D. B. Clarke의 저서인 『신화와 증거(Myth and Evidence)』는 이런 많은 연구를 요약하기 위한 시도를 하였다. 도입부에서 저자들은 놀랍게도 어떻게 초기의 환경이 나중의 환경과 비교하여 불균형적이고 불가역적인 영향을 주는지에 대해 얼마간의 회의를 보인다.

맨 앞의 세 장에서는 고립되었던 아이들에 대한 선택적인 사례 연구를 다루고 있다. 그 아이들은 모두 추후에 좋은 보살핌을 받음으로써 회복될 수 있었다. Kagan이 쓴 장에서는 과테말라의 유아들에 대한 그의 잘 알려진 관찰에 대해 기술한다. 이 연구들은 유아기에서 그 후의 발달로의 연속성이라는 것은 미심쩍은 명제라는 그의 견해의 기반이 되었다. 과테말라 연구에서 유아들은 결핍된 환경에서 자라났고, 첫해 동안은 끔찍해 보였다. 그러나 둘째 해의 중간쯤 유아들이 돌아다니기가 가능해졌을 때, 발달은 도약을 하였고 '따라잡음'이 일어났다. 결국 과테말라 아이들은 열 살에 모두 미국의 중산층 아이들의 수준과 비교할 만한 수준으로 해냈다. Kagan은 "전반적인 능력을 숙달하는 데 첫 2년간 느린 속도를 보이는 것은 청소년 전기에 많은 능력을 달성하는 데 궁극적으로 심각한 정도의 제약을 미치지는 않는다."라고 주장하였다. 좀 더 균형 잡힌 견해로는, 어린 시절 환경이 심리적인 능력의 모든 실현을 허용하지 않는다면 그 생명체는 이런 맥락에 머무는 한 그 능력에 미치지 못하는 정도로 기능할 것이지만, 만약 훨씬 다양성이 있는 환경에 옮겨진다면, 그 어린 생명체는 새로운 경험을 활용하고 따라잡을 수 있게 된다. 이러한 일반화의 증거는 강력하지 않은데, 특히 부적절한 수행은 매우 자주 우울감이나 자기혐오를 생산해 내며, 이것들은 둘 다 쉽게 극복되지 않는다는 면에서 그러하다.

Clarke와 Clarke는 생애 첫해를 결정적으로 중요하게 여기는 우리의 태도로 나타나는 '슈퍼-환경 결정론(super-environmentalism)'에 이의를 제기한다. 모성 박탈에 대한 일반화는 아이들이 유아기에 심각한 결핍을 겪게 된 이후에 이어지는 전체 아동기 기간 동안 비슷한 상황에서 길러지는 환경에서 종종 나오게 된다. 게다가 박탈의 개념은 어머니-유아의 분리에 대한 단순화해서 덮는 관념(simplified blanket notion)보다 더욱 복잡해 보인다. 경험의 서로 다른 형식과 기간을 비롯하여 박탈의 전후 상황의 성질 또한 중요하다. 저자들은 "사실상 모든 심리 사회적 역경을 어떤 아이들인가는 겪지만, 추후에 환경의 근본적인 변화가 보장되면 회복된다."라고 언급한다.[22]

천성과 양육은 오래된 논쟁인데, 저자들은 양육의 가능성을 이상화하고 있다. 이것이 미국이 선점하여 유리한 실험을 시작하도록 하였는데, 그 영향은 아직까지 충분히 평가되지 않았다. Emde는 발달에는 강한 자동 복원성 경향이 있다는 Waddington의 '후생적 조망(epigenetic landscape)' 개념에 바탕을 두고 결론을 내린다. Emde는 다음과 같이 말한다. "인간이라는 생명체는 가장 부정적인 상황을 제외한 모든 상황 아래에서 정상적인 발달이란 결과물을 생산하기 위해 진화에 의해 프로그램되어 있는 것으로 보이며, 발달에는 강한 자동 복원력과 자기조직화의 경향이 있다." 이런 낙관적인 관점은, 아이들은 분명히 박탈된 게 있을 것이며(children should be deprived) 그럼에도 '아이들이 어떻게든 따라잡게 될 것'이라는 현대의 증거로부터 나왔다.[23] 한 개인이 초창기의 상실을 어디까지 만회할 수 있는가에 대한 질문은 아직 어떤 정확한 정답 없는 절실한 것으로 남아 있다.

주간 탁아와 영아

Kagan, Kearsley와 Zelazo에 의한 연구(「영아기: 인간 발달에서의 그 위치(Infancy: Its Place in Human Development)」)에서는 아동에 대한 주간 탁아의 효과에 대해 고려하였다. Kagan의 주요 연구 샘플은 조사자들이 만들고 관리하는 주간 탁아 시설에 다닌 33명의 영아들로 구성된다. 통제군은 평범한 환경에서의 평범한 어린이들이다. 탁아 시설 경험에 의한 유일한 효과는 출석한 지 13, 20, 29개월째에 조사된 또래 사회적 행동에서 발견되었다. 탁아 시설을 다니는 어린이들은 낯선 아이에 대한 걱정을 하는 정상적인 성장 기능에서 몇 개월간의 가속을 보이는 것으로 나타났다. 이것은 빨리 발생하고, 빨리 정점에 이르고, 빨리 줄어들었다. 저자는 다음과 같이 결론지었다. "다른 어린아이들과 3,500시간 동안 정기적으로 접촉하는 것이 거의 영향을 주지 않는다는 것은 놀라운 일이다……. 미국 부모들의 두 가지 주요한 관심사인 어머니에 대한 애착과 인지적 발달의 속도는 탁아 시설 경험에 의해 바뀌지는 않는 것으로 나타났다"(p. 260).

그러므로 중요한 것은 아동이 양육자와 보낸 시간의 양보다는 둘 사이의 상호작용의 질이라는 점이 드러난다. 그러나 상호작용의 질이라는 것이 무엇이냐 하는 것은 여기에 인용된 경험적인 연구 결과들보다 정신분석학적 연구에 의해 더 쉽게 답변될 수 있다.

이 분야의 연구 결과는 J. Osofsky의 『영아 발달에 대한 핸드북(Handbook of Infant Development)』에 요약되어 있다. 이 책은 심리학자와 연구자의 연구들에서 그러하듯이 방법론에 대하여 많은 관심을 두고 있는데, 보통 정신분석적 연구에서는 그렇지 않다. 정신분석학에서 방법론을 소홀히 하는 것은 학자들이 정신분석학을 비과학적이라고 생각하게 자극하였다(이것에 대해서는 추후에 더 언급하겠다). 그러나 Emde가 지적한 것처럼, 정신분석가들은 의심할 여지없이 이 책에서 검토된 모형들에 대하여 여러 비판을 할 것이다. 주된 정신분석적 이의는 모형들이 여전히 외부 세계를 주로 다루고 있는 것 때문이다. 그것은 행복, 자기성취(self-fulfillment) 그리고 내면생활의 현실과 같은 영역들을 무시하는 경향이 있다. 그럼에도 불구하고 그는 다음과 같이 결론지었다. "우리는 아마도 나중의 경험에 의해 변경되거나 이용되는 과정에 비하여, 인생 초기의 경험 그 자체에 대해 너무 많은 강조를 해 왔던 것 같다."[24]

Emde는 여섯 권의 책에 대한 고찰에서 1980년대에 나온 유아기의 정신분석학 이론에서의 주요한 변화들을 강조하였다. 그 강조점은 본능에서 대인관계로 바뀌어 왔다—Winnicott은 극적인 말로 시작하기를 좋아하였는데, "아기 같은 그런 것은 없다. 엄마와 함께 있는 아기만 있을 뿐이다."라고 하였다—그리고 지속성의 패턴에 관한 연구, 전체 가족 구조에 대한 강조, 구변 좋은 일반화의 회피, 적절한 증거를 세심하게 찾음, 인격의 성장에서의 본능적 욕동만이 아니라 문화의 역할에 대한 이해 등등으로 바뀌어 왔다. 오래된 고전적 공식들이, 예를 들어 Freud가 처음 언급한 발달에서 본능적 성장처럼 일반적으로 유효하게 남아 있는 반면에 그것은 그 분야가 작동하고 아이가 그 안에서 성장하고 발달하는 더 큰 맥락에 의해 보충되어야 한다. 결론적으로 임상 정신분석학뿐만 아니라 인류학, 사회학, 아동 발달, 실험심리학 같은 다른 학문을 고려 사항으로 가져와야 한다. 애초부터 이 분야의 핵심 부분이었던 임상 정신분석학에 기초를 둔 타당한 일반화는 현대적인 생각과 조화될 수 있게 다양한 방식으로 자격을 갖추어야 한다고 말해도 괜찮을 것이다.

다른 분야와 정신분석적 이론 사이에 지속적인 상호작용이 있다는 것은 그리 놀랄 일이 아니다. Hartmann이 30년도 더 전에 강력히 권고하였음에도 불구하고 정신분석에 대한 핸드북은 아직 없다. 정신분석을 배우고 싶은 사람은 Freud와 그 외 다양한 저자들의 책을 읽어야 한다. 연구소에 있을 때 주어진 것을 배워야 하고, 졸업을 하게 되면 독자적인 길을 가게 된다(Mercano, 1987).

모든 통계적이고 수치화된 연구가 일관되지 않음을 고려하면, 인간 발달에 대한 우리의 결론은 양적인 것보다 한결 더 질적인 것이어야 한다.

정신분석이 제공해야 하는 최선의 것의 예시가 되는 더 전통적인 정신분석적 접근은 Stanley Greenspan과 George Pollock에 의해 편집된, 건강과 인간 서비스 부서(Department of Health and Human Services, 1980)에서 발행한 몇 권의 책이다. 처음에는 세 권으로 이루어져 있었다. ①『유아기와 초기 아동기(Infancy and Early Childhood)』, ②『청소년기, 잠재기, 그리고 청년기(Adolescence, Latency, and Youth)』, ③『성인기와 노화 과정(Adulthood and the Aging Process)』이다. 시간이 지남에 따라 더 추가될 것이며, 인간 존재의 전체 과정에 대한 조망을 제공해 줄 것이다.

정신분석이 현재까지 이런 다양한 방향으로 상당히 확대되어 왔으며 심리학의 성숙한 과학적 상태에 접근하고 있는 것은 분명하다. 심리학의 전 영역에서 정신분석에 관심이 있는 정신분석가들 혹은 연구자들이 다루지 않았던 주제는 거의 없으며, 이것은 예술부터 인류학, 역사, 문학 그리고 모든 인간과 관련된 영역에서 이루어졌다. Freud의 초기 이미지 중의 하나는, 관찰의 중요성에 대해 강조하면서 모든 인간 존재를 다양한 맥락에서 관찰할 것이라고 한 것이었다. 이 중 대부분은 놀랍게도 이미 일어났다.

자기애와 자아

이 시기의 가장 광범위하고 중요한 이론적 토론은 자기애와 자기의 개념을 중심으로 전개되었다.

자기애

자기애(narcissism)는 자기몰두(self-involvement)이다. 역사적으로 세 종류가 발생하였다. 지배자의 자기애, 일반인의 자기애 그리고 정신병 환자의 자기애이다.[25] 독일계 국가들에서는 내적인 원인에 대한 신조에 따라 강조점이 자기애로 바뀌었다. 영미권 국가들에서는 백지상태(tabula rasa)의 교리에 따라 외적인 요인에 중점을 두었다. 따라서 Freud에게 자기애는 주되고 형언할 수 없는 축복의 상태가 되었다. 반면에 미국과 영국의 심리학자들은 자기(self)가 일차적인(primary) 것이며, 대인관계 상호작용을 인간 복지의 원천이라고 보았다. 이러한 다양한 관점의 상호작용은 정신분석의 역사에서 나타난다.

자기애에 대한 Freud의 1914년 논문

자기애의 주제는 순수한 욕망 이론에서 대인관계의 문제(또한 대상관계라고 알려진)로 Freud의 관심의 이동을 야기했다(제15장 참조). 그 주제는 Kohut의 공식화가 광범위한 논의를 불러일으키기 시작한 때인 1970년대까지는 Freud가 남긴 상태 그대로 남아 있었다.

1978년에 Judith Teichholz가 지적하였듯이, 자기애에 대한 Freud의 생각들은 모순과 불일치 그리고 빈틈(gaps)을 내포하고 있어서 아직까지도 갈등을 일으키고 있다.[26] 그러나 그의 기본적인 정의와 공식화는 큰 이론적인 복잡성과 현학성에도 불구하고 단지 작은 변화만 있은 채 많은 추종자에 의해 유지되어 왔다. "많은 주요 사상가는 여전히 Freud의 원래 공식화와 별반 다르지 않은 자기애에 대한 정의를 고수하고 있다."[27]

제2차 세계대전 후 Heinz Hartmann이 Freud 학파의 주요 이론가로 부상하였고, 1970년에 죽을 때까지 그 역할을 하였다. 동시에 그 시대의 정치적 사건을 무시할 수 없다. Freud 학파와 문화주의자 사이의 대규모 분열은 제2차 세계대전 이후에 모습을 드러내기 시작하였고, 1956년에 정신분석연구원(the Academy of Psychoanalysis)의 형성과 미국정신분석협회(the American Psychoanalytic Association)의 개편으로 절정에 이르렀는데, Freud의 개념에 대한 준수를 회원 가입의 조건으로 요구하게 되었다(이것은 전에 없던 일이었다). 따라서 Hartmann이 이끄는 Freud 학파 이론가들이 주로 밀어붙인 것은, 모든 것을 구조 이론의 틀에 넣는 것이었다. 자기애에 대하여 Hartmann은 1950년에 다음과 같이 썼다.

> 자아부착(ego cathexis)의 질문으로 돌아와서…… 우리는 자기애라는 다면적이고 여전히

수수께끼 같은 문제에 직면해 있다. 많은 분석가는 자기애의 개념이 현재의 분석 이론에서 갖는 위치를 정의하는 것이 쉽지가 않았다. 내 생각에 이것은 이 개념이 Freud의 구조 이론에 의해 분명하게 재정의되지 않았다는 사실에 기인한다……. 자기애의 여러 측면은 Federn에 의해 일련의 연구 논문(1929, 1936)에서 재구성되었다. 그의 연구 과정에서 Federn이 나에게 전혀 설득력이 없어 보이는 방식으로 자아의 개념을 수정하게 되었기 때문에 나는 이 재구성을 논의하지 않을 것이다. 나는 Freud의 정신 구조에 대한 후기 관점의 주요 측면의 어떤 것을 변경시키기보다는 자기애에 대한 그의 초기 공식화를 후기의 정신 구조에 대한 견해에 통합하는 것을 선호한다.[28]

따라서 후속 논쟁의 주요 윤곽은 Hartmann에 의해 정해졌으며 그의 권위는 엄청났다. 그러나 탐구는 따라서 자기애의 검토로부터 구조 이론에 자기애를 맞추려는 시도로 바뀌었다. 이 시기에는 미국의 분석이 지배적이었고 Hartmann은 다음과 같이 말하였다. "분석에서 자아, 자기, 인격이라는 용어 사이의 명확한 구별이 항상 이루어지는 것은 아니며 완전히 정확하지는 않다." 그러고는 자기애가 자아에 대한 리비도적인 보충물(complement)이라는 Freud의 정의와는 달리 자기의 리비도적인 부착(libidinal cathexis)으로 정의하였다. 좀 더 자세히 살펴보면 Hartmann의 이러한 정의는 단순한 동어 반복이다. 만약 자기애가 자기몰두라면 그것은 정의상 자기의 리비도적 부착이며, 여기에서만 리비도적이라는 용어가 협의의 성적인 의미보다 넓은 의미로 사용된 것이 된다.

자기애의 개념을 더욱 중심적 초점으로 가져온 Kohut은 1966년에 그 주제에 대한 첫 번째 논문을 썼는데, 그것은 거의 인상을 남기지 못하였다. 자기애가 여러 가지 다른 방식으로 정의되었다는 사실을 발견한 Pulver(1970)가 다음과 같이 더 의미 있는 정리를 하였다.

1. 임상적으로, 성적 도착을 나타낸다.
2. 발생적으로, 발달 단계를 나타낸다.
3. 대상관계에서, 두 가지 다른 현상을 나타낸다. 즉, 대상 선택의 한 유형이며 환경과 관계하는 한 양식이다.
4. 자존심이라는 복합적인 자아상태의 다양한 측면을 나타낸다.

Pulver는 다른 사람들과 마찬가지로 자기애에 대한 Freud의 개념이 그 시대에는 매우 생산적이고 유용하였지만 지금은 불완전하고 때로는 혼란스럽게 한다고 주장하였다. 그는 이 개념이 자아심리학에서 정교함을 부여받는 것이 지극히 마땅하다고 촉구하였다.

Pulver가 가장 만족스러워하였던 자기애에 대한 정의는 Moore와 Fine의 『정신분석 용어해설집(Glossary of Psychoanalytic Terms)』(1968)에 나오는 것으로, 자기애는 자기에 대한 심리적 관심의 집중이라 하였다.

코헛의 혁명

Kohut의 초기 논문은 거의 관심을 받지 못하였지만 그의 첫 번째 저서 『자기의 분석(The Analysis of the Self)』(1971)은 사실상 혁명의 시작이었다. 많은 사람은 심지어 "Kohut의 혁명"이라고도 한다. 결국 Kohut의 아이디어에서 영감을 얻은 자기심리학의 학회가 1980년대 초에 형성되었다. 동시에 그의 여러 가지 아이디어에 대한 광범위한 비판이 있었다. Hanly와 Masson은 1976년에 "이 주제에 대한 정신분석학의 어떤 연구도 정신분석학계에 이보다 더 큰 영향을 미치지는 못했다."라고 하였다.[29] 그럼에도 불구하고 그들은 자기애가 대상관계로부터 분리될 수 없다고 주장하면서 그의 주요 입장을 거부하였다.

Kohut은 자기애에 대한 새로운 정의를 다음과 같이 제시하였다. "나의 개관에서 자기애는 본능적 투자(instinctual investment)의 대상이 아니라(즉, 그것이 자신이거나 다른 사람이거나 하는 문제가 아니라) 본능적 흥분(charge)의 특성이나 질에 의해 정의된다. 어린아이는, 예를 들면 다른 사람들에게 자기애적 부착을 투자하고 그들을 자기애적으로, 즉 자기대상(self object)으로 경험한다.

자기대상의 개념, 자기애의 새로운 정의, 반영(mirroring)과 이상화(idealizing)로 묘사된 자기애적 환자의 전이 유형, 자기애와 대상 사랑이 독립적인 노선을 따라 발달한다는 가정과 자기애적 인격장애의 진단 범주는 모두 새로웠고, 막대한 양의 토론과 논쟁을 불러일으켰다.

『자기의 분석(The Analysis of the Self)』에서는 자기에 대한 관념이 물론 포함되어야 하였지만(다음 참조) 강조점은 여전히 자기애적 성격장애에 있었다. 그의 두 번째 저서, 『자기의 복구(The Restoration of the self)』(1977)에서 초점은 거의 전적으로 자기의 새로운 개념화로 옮겨 갔다.

자기-대상이라는 용어는 자기와 분리되고 독립적으로 경험되지 않는 대상을 말한다. Kohut은 자기애적 성격장애 환자가 본질적으로 응집력 있는 자아를 얻었으며, 응집력 있는 이상화된 고태적 대상을 만들었다고 주장하였다. 그들을 경계선 상태들로부터 분리시켜 분석 가능한 것으로 간주하였다. 그늘은 수로 전이(이상화idelizing와 반영mirroring)를 통해 인식할 수 있다. 또한 그는 3세쯤에 도달하는 과대한(grandiose) 자기의 상태가 정상적인 발달 단계이며, 거기에서부터 자기애는 독립적인 발달 단계를 밟는다고 느꼈다. Kohut의 입장은 자기애를 병적인 것으로 느끼고 과대한 자기가 아이들의 단순한 관찰에서 보여 줄 수 있는 발달의 정상적인 단계가 아님을 주장하는 Kernberg에 의해 도전을 받았다. 이 Kohut-Kernberg 논쟁은 얼마 동안 많은 관심을 불러일으켰지만, 이후 다른 문제로 인해 가리어졌다.

『자기의 복구(The Restoration of the Self)』에서 Kohut은 거의 전적으로 자기에 초점을 맞추고 새로운 종류의 자기심리학을 창조하려고 시도하였다. 그는 이 새로운 자기심리학이 정신분석 이론의 전체 구성물을 대체할 수 있다고 생각하였다. 어떤 의미에서 이것은 그가 전통적인 자기심리학과 욕망 이론이 그렇게 쉽게 조화되지 않았음을 인식하였기 때문에 대담한 행보인데, 그는 다른 사람들처럼 위험을 무릅쓰지 않고 많은 곡해된 어구를 피하려 하였다. 그러나 다른 의미에서는 리비도 이론(원래의 1905년식 의미에서)이 제공하는 것이 너무나 많은 것이므로, 그는 욕조와 함께 아기를 던져 버린 것이다. 사실, 1990년 현대 정신분석에서 너무도 두드러진 점은 리비도 이론과 자기심리학이 서로 굴복하지 않고 나란히 공존한다는 점이다. Kohut 자신은 더 극단적이어서 다음과 같이 썼다. "나는 어린이의 경험 세계에서의 일차적 심리적 형태(primary psychological configuration)가 욕망이 아니며, 자기가 지지를 받지 못할 때 통합되지 않은 생산물로서 욕망의 경험들이 나타난다는 가설이 적절하고 설득력 있음을 입증하는 데 성공했다고 믿는다."[30]

자기애적 인격장애

자기애적 인격장애의 진단 용어를 의미 있게 만들려고 시도하면서, Rothstein(1980)은 Kohut의 의견에 어느 정도까지 동의한다. Kohut의 생각을 상세하게 묘사하면서, 그는 모든 사람이 자기애적이라는 충분히 명백한 입장을 우선적으로 취한다. 그는 또한 리비도의 자기표상에 대한 투자와 대상표상에 대한 투자 사이에 구분이 있어야 한다고 동의한다. 전자의 경우 **자기애적 인격장애**라는 용어를 고수하며, 후자의 경우 그는 **탄원적(매달리는) 인격장애(suppliant personality disorder)**를 제안한다.

자기애적 인격장애의 특징으로 그가 열거한 것은, ① 좌절 내성이 약함, 충동 조절이 약함, 투사, 부정, 분열의 사용, ② 초자아 및 자아구조화의 불완전함, ③ 인생에서의 실망, ④ 고통스럽고 종종 혼란한 정동, 분노 및 반항, ⑤ 자아표상을 잃는 것에 대한 두려움,

⑥ 분리를 자아파괴적인 살인의 환상적인 행위로 간주함, ⑦ 잠재성 동성애, ⑧ 분석적 도움을 찾는 것을 그만둠 등이다. 오이디푸스적 갈등과 전오이디푸스적 갈등이 모두 있고 부모(특히, 어머니)의 인격은 장애의 가장 중요한 단일 기원이다.

일반적으로, Rothstein의 설명은 다른 사람들의 설명과 잘 맞는다. 예를 들어, Kernberg (1975)는 경계선의 특성을 전형적인 신경증도 아니고 전형적인 정신병도 아닌 보다 특징적인 증상의 성상(자아의 방어 작용의 전형적인 성상)을 보이며, 내면화된 대상관계의 전형적인 병리와 독특한 역동적-발생적 양상을 가진 것으로 정의한다.

여기서 몇 가지 부연 설명이 필요할 것 같다. 자기애적 장애와 경계선의 정의는 정신분석이 시작된 이래로의 신경증적 성격의 구조의 일반적인 정의와 특별히 다르지 않다. 주요 차이점은 가혹한 내사물(introjects) 같은 새로운 이론적 통찰의 추가에 있다. 동일한 패턴이 다른 연구자에 의해서는 다른 이름이 부여되었다. 이 사실은 현재의 진단 범주의 약점을 보여 주는데, 그렇지 않다면 공식적인 진단의 바이블로 여겨지는 미국정신의학회(American Psychiatric Association)의 DSM이 1917년 도입된 이후 매 10년마다 개정되었겠으며, 새로운 개정안이 이미 개정 중에 있다는 사실이 놀랍지 않겠는가. 진단과 역동은 잘 섞이지 않는다.

두 번째 요점은 더욱 중요하다. 모든 사람이 자기애적인 것이 분명하다면, 우리는 어떤 지점에서 어떤 사람을 "자기애적 장애"라고 부를 것인가? 그것은 질적인 문제라기보다는 애초부터 Freud의 근본적인 연속체적 접근에 동의되는 정량적인 문제가 되기 때문에, 우리는 어디에서 그 선을 그어야 하는가? 관련된 이론가 중 누구도 이 중요한 질문을 고려하지 않았다.

이 혼란과 불명확함의 결과로 모든 저자는 자기 나름의 정의를 내리기로 결심한 것처럼 보인다. Freud는 원래 자기애를 이기주의의 리비도적 요소라고 정의하였다. Hartmann은 이것을 자기의 리비도적인 부착으로 바꾸었다. 두 진술은 말장난을 하고 있을 뿐, 개념을 명확히 한 것도 명료화를 한 것도 아니다. Kohut의 자기애에 대한 정의는 그다지 명확하지 않으며 그의 후기 작업에서 제외되었다. 그의 자기대상은 어머니를 가리키는 또 다른 용어이며, 그렇게 부를 수 있다. Stolorow는 자기애를 구조적 응집성, 시간적 안정성, 자기표상의 정서적 색채로 정의하였는데, 이것은 자기애의 부정적인 면(자기 증오)과 정신병과의 연관성 같은 다른 특징들을 생략한 것이다. Bach는 의식의 자기애적 상태는 환자가 조증이나 우울, 뜨거나 또는 가라앉거나, 생기 있거나 죽은 듯하거나, 통합된 또는 붕괴된, 흥분하거나 멍하거나, 흥미롭거나 지루하다고 느끼는 등의 기분 동요를 특징으로 한다고 주장하였다. "비록 환자들이 이런 기분 동요를 여러 가지 방식으로 다양하게 묘사한다 할지라도, 이러한 기분 동요들은 사실 고전적 순환 기분(cycolthymic) 상태와 기술적(descriptively)으로나 역동적으로 유사성이 인정되고 있으며 이것은 제한된 지속 기간과 빠른 동요에 의해 특징지어지며, 통찰력과 인격의 온전함은 상대적으로 보존된다."[31] 이것은 자기애와 기분 동요를 혼동한 완전히 새로운 요소를 소개하였다. Rothstein은 자기애를 완전하다고 느끼는 성질(felt quality)로 정의하였다. 완전성 또는 자기애적 완전성이란 생각은 리비도적 개념인 원초적인 자기애, 자기-대상 이원성(엄마와 아이가 하나임.)이라는 대상표상적 개념, Andreas Salome(1921)의 '전체성에 대한 깊은 동일시'를 포함해야 한다. 이것은 자기애적 경험의 과대적 성격을 지나치게 강조한다.

자기몰두로서의 자기애

분명히 한 단어로 그렇게나 많은 다른 의미를 함축할 수는 없다. 모든 저자가 새로운 정의를 제시할 수 있다고 느끼는 사실은 그 용어가 너무 모호해서 정확한 의미를 지니지 못한다는 것을 보여 준다. 자기애가 자기몰두라고 하는『Moore-Fine 용어집』에서 발견된 것보다 더 나은 정의는 아직 없다.

게다가 (Mahler가 영아 자폐증으로 다시 정의한) 일차적(primary) 자기애에 대한 Freud적 개념 전체는 영아 연구자들로부터 심각한 공격을 받았고, 그럴 만하였다. '자기애적'인 또는 자기애적 축복 상태 안에서 살고 있는 영아의 이미지는 버려져야 한다(Lichtenberg, 1981, 1983; Chiland, 1982; Fine, 1981). Lichtenberg(1981, p. 35)는 다음과 같이 말하였다.

> 신생아에 대한 우리의 견해는 '피어나는 윙윙거리는 혼란' 또는 미분화된 백지상태(tabula rasa)로 존재한다는 것으로부터 행동 조절을 위한 내부 상태와 능력이 좀 복잡한 존재다라는 것으로 바뀌었다. 새로운 연구가 제공한 기록들에서 신생아는 고전 분석 이론에 의해 종종 제기된 아직 심리적으로 의미가 없는 긴장 방출 유기체라기보다는 그의 부모를 기쁘게 하는 자기의 작은 복제물에 훨씬 가까운 것으로 드러난다.

그리고 Chiland는 인생 초기 단계에서 아버지의 중요성에 대한 새로운 정보를 끌어올리면서, 어머니와 영아 커플은 어딘가에 있는 아버지 없이 존재할 수 없다고 주장하였다. 그녀는 다음과 같이 결론지었다. "유아와 어머니 사이의 순수한 양자 관계(dyadic)의 개념은 이제 정상적 자폐 단계란 개념만큼이나 용납될 수 없다."[32]

초기에 Freud는 생물학적으로 결정된 발달 단계에 관심을 가졌고『세 편의 논문(Three Essays)』(1905)에 남긴 그의 서술은 영구적인 기여로 남아 있다. 자기애 상태의 개념(나중에 나왔지만)은 이런 종류의 사고에 잘 어울렸다. 그러나 그것은 다른 개념들만큼 안전하지 않았기 때문에, 그것은 끝없이 시달려 왔다.

문화학자들의 1930년대로부터의 작업과 축적된 임상 경험들은, 삶의 초기 단계에 대한 최근의 실험적 연구와(Greenspan and Pollock, 1980; Lichtenberg, 1983; Call, Galenson and Tyson 1983; Field et al., 1982; Emde, 1981) 결합되어 다른 방향의 출현으로 이끌었다. 생물학적으로 결정된 단계가 있는 반면, 초기 몇 해에 그들에게 무엇이 일어나느냐 하는 것은 환경, 특히 부모에 크게 의존한다. 그래서 상호작용이 그 표어가 되었다.

놀랍게도 생애 첫날부터 영아에게는 성인이 발음한 구조와 정확히 일치하는 움직임이 있음이 발견되었다(Condon and Sander, 1974). 생후 12일부터 21일의 영아는 성인이 지은 얼굴 표정과 손 모양을 일관되게 모방할 수 있다. 요즘 많은 연구자는 영아가 신경 성장에 필요한 자극을 찾도록 프로그램되어 있다고 추측한다. 예컨대, 영아는 어릴 때부터 볼 수 있다. 자신이 좋아하는 자극이 소실되면, 영아는 무활동 상태로 되돌아가기보다 오히려 각성 기간이 연장될 것이다.

따라서 영아에 관한 한 자기애의 개념은 한편으로는 인지 능력 부족으로, 다른 한편에서는 어머니와 다른 성인과의 상호작용으로 대체되어야 한다. Freud는 본질적인 구별을 하지 못하였고, 다른 이론가들도 거의 아무도 그렇게 하지 않았다.

자기애가 우리 시대의 문제라는 것은 어떤 의미에서도 사실이 아니다. 그것은 우리 시대의 특정 이론가들의 관심사이다. '자기'라는 더 항구적인 함축 속에서, 그것은 항상 심리학적 이론화의 중심에 가까이 있었다. 평범한 사람이 주목의 초점이 된 지금, 현대 심리학과 정신분석의 이론화가 더 이해하기 쉬워진다.

정체성과 동일시

정체성(identity)의 개념은 Erik Erikson의 연구와 밀접하게 관련되어 있다. Erikson은 자기(self)에 대한 관심이 촉발된 시점과 같은 시기에 정체성에 대해 Freud 학파 분석가들의 주의를 환기시켰으며 그 반응은 비슷하였다. 많은 사람이 그의 연구에 대해 날카롭게 비판하였으며, 구조적 이론으로 정의된 '진정한(true)' 분석 이론의 영역 밖이라고 하였다. 이는 부정확하고 부당하다. 앞으로 보게 되겠지만, 이 점에서도 구조 이론은 부적절하며 확대되어야 한다.

정체성을 살펴보기 전에, Freud를 처음부터 사로잡았던 개념인 동일시를 정의할 필요가 있다. 그에게 동일시는 항상 다른 사람과의 동일시였다(Laplanche and Pontalis, 1975, pp. 205-208).

Freud가 자아심리학 시기(1920~1925)에 동일시를 고려하게 되었을 때, 그의 공식은 다음과 같았다. 즉, 오이디푸스 기간에 부모에 대한 부착은 버려지고 동일시가 그 자리를 대신한다.

동일시는 현시대까지 많이 논의가 되었다. 대부분의 경우 특별한 문제가 없는 것으로 보인다. 따라서 Meissner는 다음과 같이 말한다.

> 동일시는 자아 내에서 일어나는 내부의 조직과 합성의 과정으로, 본질적으로 모델링과 자기조직화 과정에 의해 나타나며, 거기서는 대상표상은 그대로 유지되고 대상 요소의 자기조직으로의 번역은 일어나지 않는다. 따라서 함입과 내사는 대상의 분리나 상실에 대한 견딜 수 없는 위협에 대한 방어 수단이요 대처 방법으로 이해될 수 있지만, 동일시에서의 대상은 전적으로 온전하고 구별되어 남아 있으며, 내재적인 개별성(inherent separateness)은 분리(isolated)되어 있을 뿐 아니라 보존된다(preserved).[33]

그럼에도 불구하고 몇 페이지 뒤에 Meissner는 "동일시는 심적 장치(psychic apparatus)의 내면세계에서 구조 형성의 과정이다……. 동일시 과정은 자아발달의 주요 기전 중 하나를 제공한다."라고 말한다. 그러나 더 나아가서 그가 "내사물과의 동일시"를 말하였을 때는 혼동된 것이 분명하며, 이 난해한 초심리학의 꼬임이 임상적 현실과 맞지 않는다고 의심할 만하다. 이런 것이 후기 Freud의 이론화로 인한 매우 성가신 위험 중 하나인데, 그런 것은 초기 작업에는 없다(1914년 이전).

초심리학적 추측보다 중요한 것은 동일시와 정체성 모두에서 집단이 중요한 역할을 한다는 상식적인 관찰이다. Erikson 자신은 정체성 위기와 정체성 형성에서의 집단 측면에 충분한 관심을 기울이지 않았지만, 추종자 중 많은 이가 관심을 가졌다. Mitscherlich(1971)는 개인에 대한 강조 때문에 분석가들이 큰 집단의 심리학에는 크게 기여하지 못했다고 지적하였다. 그럼에도 불구하고 개인과 집단(지역, 사회)과의 관계는 많은 분야에서 광범위하게 논의되어 왔다. 사람이 떼(herd) 동물이 아닌 무리(horde) 동물이라는 Freud의 주장은 반복해서 확인되었지만, 이론적 공식화에서는 충분한 무게를 두고 있지 않다. 따라서 새로운 딜레마가 발생할 수 있다. 즉, Freud가 1923년에 제기한 바와 같이 모든 것이 이드로부터 나온다면 인간은 어떻게 집단으로 살아갈 수 있는가? 이런 생각들로 이동하면서, 우리는 전통적 이론에 의해 크게 무시당하였던 심리학의 완전히 새로운 영역으로 들어가게 된다. 예를 들어, '정체성'이라는 용어는 『Laplanche and Pontalis』(1967)나 『정신의학 용어집(Psychiatric Glossary)』(1975)과 같은 많은 개요서에서 발견되지 않는다. 분명히 이러한 상황은 이론적인 독단을 위해 경험적인 연구를 막고 있는 상황이며, 계속되어서는 안 된다.

조현병의 자기애

Freud의 1914년 논문에서 자기애는 조현병과 밀접한 관계가 있다고 하였는데, 이 명제는 모든 병원의 정신과 의사들에게 명백해 보였다. Bleuler는 이를 자폐증이라고 불렀다. 정신분석적 정신의학의 발달은 정신과 의사들이 표면적 현상의 이면을 엿보는 것이 가능하게 하였고, 이에 따라 이 명제는 점점 모호해졌다. Freud가 기대하였던 것처럼, 조현병에 정신분석적 치료를 더 잘 적용할 수 있도록 기법이 개선될 수 있음을 보여 줄 필요가 있었다.

광범위한 규모에서 처음으로 이것에 성공한 사람은 Harry Stack Sullivan이다(438-439쪽 참조). 치료에 의한 정신병의 개선에 대한 정신과 의사들의 태도가 거의 전적인 절망감('뚫을 수 없는 자기애')이었던 시절인 1931년에 Sullivan은 1923년부터 1930년까지 볼티모어 근처의 Shepard and Enoch Pratt 병원에서 250명의 젊은 조현병 환자에 대하여 다소간 정교한 조사를 하고 보고하였다. 그는 급성 발병 환자 중 61% 이상인 48명의 환자에서 현저한 개선을 보였고 "상당수에서 이 개선은 정신장애로부터의 회복에 달하였다."라고 보고하였다. Kraepelin과 그의 추종자들이 사실상 70%의 환자에서 치료가 불가능하다고 보고를 한 시기에 이런 보고를 한 것이었다.

그는 다른 표현을 사용하였지만 조현병과 신경증의 차이는 정도의 차이이지 종류의 차이가 아니며, 조현병은 박탈과 좌절의 상황에서 더 큰 불안으로 반응하는 것이라는 데에 근본적으로 동의하였다. 사실상 Freud도 적어도 이론상으로는 이 입장에 완전히 일치하였다(Jones, 1929).

Sullivan의 또 한 가지 중요한 기여는 질병 그 자체가 전체 대인관계 상황보다 덜 중요하다고 한 것이었다. 특히 표준적 의료인들은 조현병 치료에 기묘하게 부적합하였다. 그는 다음과 같이 썼다.

우리 의대의 졸업생들은 다양한 이유로 인격의 '자연스러운' 파악과는 거리가 있기 때문에 그의 껍질을 깨뜨리고 '이 모든 게 무슨 일인지'에 대한 배움을 시작하기 위해서는 활발하게 운영되고 있는 정신 병원의 스텝으로서 12개월에서 18개월 동안의 시간이 필요하다. 그러나 졸업한 간호사는 신규 인턴, 비효율적 의사, 지극히 비도덕적인 남성 직원들에게 얼마나 괴롭힘을 당했는지, 대개 이것을 시작을 하는 데 너무 집착하는 것처럼 보인다.[34]

오랜 시간 동안 Sullivan의 결과는 무시되고, 그의 생각은 비판받았으며, 그의 이론은 조롱받았다. 정신과의 주도권을 가진 리더들은 기질적 원인과 기질적인 치료법을 찾고 있었다. 일부 치료법이 발견되었지만 이 방법으로 '치유'는 되지 않았다. 하지만 조현병 환자에서의 정신분석적 치료는 대부분의 종래의 리더에 의한 부정에도 불구하고 꾸준히 발전하였다.

정신과 의사들이 정신분석적 치료법에 더 익숙해짐에 따라 정신분석적 치료법이 조현병 환자에게 얼마나 직접적으로 적용 가능한지를 알게 되었다. 이 분야에서 오랫동안 저명한 인물인 John Frosch는 1983년 그의 저서『정신병적 과정(The Psychotic Process)』에서 조현병 환자에게 정신분석적으로 수행된 모든 의미 있는 작업을 제시하였다. "나는 정신병적 과정을 이해함에 있어 정신분석이 해 왔던, 그리고 계속하고 있는 역할에 대해 강경한 입장이다." 결과가 Sullivan이 예상한 것만큼 좋지는 않지만, 오늘날 의사들은 정신치료에 의한 정신병 치료가 약물이나 병원 환경에 의한 치료만큼 효과적이라는 것을 틀림없이 알고 있다. 이탈리아의 Franco Basaglia(1987)에 의해 고취된 이 혁신은 이탈리아의 모든 대형 정신 병원이 폐기되고 작은 친밀한 진료소로 대체되는 결과를 가져왔는데(1961년 케네디의 미국 지역사회 정신건강센터 법안과 유사함), 비록 Basaglia가 정신분석가는 아니었지만 이는 정신분석적 사고의 결과였다.

이 시기에 조현병의 정신치료를 하자고 열렬히 호소하였고, 결과에 대해서도 낙관적이었던 두 권의 책에 대해 언급하겠다. Eugen Bleuler의 아들인 Manfred Bleuler는 1978년『조현병적 장애(The Schizophrenic Disorders)』라는 제목으로 그의 평생 연구 결과를 영문판으로 출간하였다. 그는 4반세기 동안 208명의 환자를 추적하였는데, 그중 많은 환자는 죽을 때까지 관찰하였다. 그의 결론 중 상당수는 매우 새로운 것이었는데, 예를 들면 조현병 환자의 많은 수에서 일생 동안 회복과 재발과 회복을 반복한다는 관찰 같은 것이었다. Kraepelin 등의 선배 정신과 의사들이 제기하였던 완전히 무능한 상태에 이르는 일정한 퇴행은 발견되지 않았다.

Bleuler의 주요 진술은 조현병 환자의 압도적 다수가 신체적으로, 특히 내분비학적으로 건강하며 또한 내분비 환자의 압도적인 다수가 조현병 환자가 아니라는 것이다.

> 우리의 조현병 환자의 50%는 정신병이 발생하고 몇 년 후 완전히 또는 사회적으로 회복되었고, 나머지에 있어서도 상당수가 최소한 호전이 되었다.[35]

더욱 놀라운 사실은 Karon과 Vandenbos(1981)가 제시한 주장이었는데, 그들은 모든 측면에서 가장 희망이 없고 기대되지 않는 도심의 하층 계급이었던 흑인 조현병 환자들을 대상으로 하였다. 그들의 발견은 다음과 같다.

> 우리는 이제 20개월 동안 평균 7회라는 적은 양의 정신분석치료로도 약물치료가 할 수 없는 변화를 일으킨다는 사실을 보여 주는 확고한 데이터를 보유하고 있다. 투약을 하는 군과 비교하였을 때 정신치료를 받은 환자들은 사고장애가 적고(즉, 원할 때 더 논리적으로 사고할 수 있었으며), 병원에서 훨씬 적은 시간을 보냈으며, 여러 방면에서 더 인간답게 살 수 있었다. 게다가 이러한 효과는 경과 관찰 기간이 긴 환자에게서 더욱 두드러졌으며, 정신치료는 장기적으로 비용도 더 적게 드는 것으로 나타났다.[36]

따라서 이제 정상에서 정신병으로 이어지는 정신장애의 연속성이 있다는 기본적인 Freud의 명제에 대한 풍부한 증거가 존재한다. Sullivan은 이것을 "우리 모두는 다른 어떤 것이기보다 그저 인간이다."라고 간결하게 함축적으로 표현하였다. 조현병 환자를 다시 인간적 영역으로 들여오는 이러한 견해는 사례 예시에 있어 Freud보다 Kraepeline에 더 의존하는 DSM 책에도 나타나면서, 오늘날까지 지속되는 조현병이 뇌의 치료 불가능한 질환이라는 전통적인 견해를 뒤집는 것으로 보인다.

모든 환자가 치료될 수 있는 잠재력을 갖고 있다는 견해는 상호작용에서의 유아 발달에 대한 새로운 견해와 병행되고 있다. 이것은 다음과 같이 나누어 볼 수 있다.

1. 신생아는 전적으로 무력한 피조물로이라고 보는 더 예전 이미지는 완전히 지지자가 없어졌다.
2. 이상적으로는, 삶의 시작부터 어머니와 아기가 동조(synchronized)되어 있다.
3. 내재화 모형은 특별한 시간적 정형화(termporal patterning)를 가진 어머니-유아 간의 상호작용이 서로 조절된 순차를 포함한다.

4. 정상적인 미국인을 무작위로 선택하면 어느 정도의 신경증적인 문제와 정서적인 문제가 있다. 반면, 또 하나 인상적인 것은 사람들이 생존할 수 있게 해 줄 뿐 아니라 스트레스 상황을 딛고 일어설 수 있도록 하는 심리 방어기제의 회복력과 효율성이다. Brody와 Axelrad(1978)를 인용하면,

우리가 아동의 부적절한 발달에 대한 기본적인 원인을 지목하자면, 너무 단순화하는 것이긴 하지만 방치(neglect)를 주목해야 한다. 방치란 의도적이든 아니든 간에 아동의 불안함(uneasiness), 고통 또는 나이에 적합하지 않은 행동을 인식하지 못하는 것 등의 겉보기에 별것 아닌 것 같은 무시 또는 아동의 능력에 맞지 않게 아동의 동기에 대해 성급하게 판단하는 불관용, 무관심, 아동의 감정적 상태나 호기심 또는 나이에 적합한 요구에 적절하게 반응하지 않음, 지연이나 좌절 내성, 과도한 자극이나 충족 및 박탈감으로부터의 보호하지 못하거나, 육체적이거나 정신적인 공격적 행동이나 리비도적 유혹 또는 그런 경험의 위협으로부터 아동을 보호하지 못하는 부주의함 등을 의미한다.[37]

5. 유아-아버지 상호작용의 성격을 요약하는 것은 우리가 남성과 관련하여 사회심리학 혁신의 중심에 서 있기 때문에 유아와 어머니의 상호작용을 요약하는 것보다 훨씬 어렵다.

오랫동안 어머니는 명백한 생물학적인 이유로 아버지보다 자녀에게 훨씬 더 중요하다고 안이하게 추정되어 왔다. 이 추정까지도 남성에 대한 새로운 발견에 비추어 의문이 제기되어야 한다. 따라서 Redican과 Taub은 경험적 증거나 원숭이와 유인원에서 아비의 보살핌에 대해 검토하였고, 다음과 같이 요약하였다.

인간이 아닌 영장류 수컷에서 보이는 미성숙한 동족을 향한 행동의 범위는 인상적이다. 그들은 신생아의 출산 동안에 도움을 주거나 유아를 위해 음식을 씹어 주기도 하며, 새끼를 운반하고 함께 자며 손질을 해 주고, 특히 어린 것들과 놀아 주는 것이 관찰되었고 또한 사실상 예외 없이 새끼를 지켜 주고, 정서적으로 흥분되었을 때 피난처를 제공하며 준교훈적인 방식으로 새끼와 상호작용한다. 운동 발달을 촉진하기도 하며, 새끼들끼리의 파괴적이고 세력 투쟁적인 상호작용을 막아 준다. 또한 고아가 된 영아를 보살펴 주고, 다른 수컷과의 삼자적 교류에 영아를 사용하기도 한다. 그런 것들은 궁극적으로는 포식자와 동족으로부터 영토와 어미

무리를 보호하는 것을 통해 덜 직접적으로 영아의 복지에 기여하며, 무리 리더로서의 그들의 역할은 영아 생존을 장기적으로 향상시킬 수 있다. 극단적인 반대의 경우에는 그들이 영아를 위협하고, 공격하고, 죽이고 먹을 수도 있지만, 그런 심한 행동은 드물게만 보고되었다.[38]

요약: 건강한 자기애와 병적인 자기애

이론과 임상적 관찰에서 반드시 고려해야 하는 결정적인 질문은 보편적인 현상인 아동의 자기애가 건강한 것인지 또는 병적인 것인지 여부다. 건강한 자기애는 어머니와의 오랜 관계에서 자라난 것이다. 그것은 어머니와의 만족스러운 애착에 의해 제공되는 '연료'가 아동의 외부 세계로의 진출을 보증하는 역할을 할 때, 애착과 분리의 에피소드로서 시작된다. 대조적으로 병적인 자기애는 어머니와의 분노한 절망적 관계에서 파생되며, 이때 아이는 그냥 버려 두기를 원하거나 더 어린애 같은 방식으로 퇴행하고 어머니에게 달라붙으려고 한다. 이것이 Hermann이 말한 종류의 자기애이다.

모든 신경증(정신병을 포함한)에서 자기애는 병적이지만, 많은 경우에 이차적 자기애가 발생하고 자율적인 것으로 변하여 개인이 실생활에서 기능할 수 있게 한다. 예를 들어, Schreber 사례의 경우에서 Schreber는 그의 편집적 망상에도 불구하고 재판관으로 기능할 수 있었다. (그가 어떤 종류의 판결을 내렸는지 보는 것은 흥미로울 것이다.)

이차적 자기애가 구조화될 수 있고 자율적으로 기능할 수 있음은 오랫동안 알려져 왔다. 어떤 경우에는 그것이 개인을 평생 살아가게 유지할 수도 있으나, 다양한 정도의 신경증적 장애가 있다. 또한 드물게 자기애적 방어가(Modell, 1975) 붕괴되어 그 사람은 더 이상 자신의 삶을 영위할 수 없거나 자기파괴적인 방식으로 살아갈 수도 있다.

자기

자기애의 정신분석적 이론은 너무 복잡하고, 우리가 보았듯이 너무 모순적이어서 일반인뿐만 아니라 전문가도 쉽게 이해하기 어렵다. 자기(self)에 대한 것은 그와 상당히 반대이다. 모든 문명이 자기(self) 같은 어떤 실체(entity)의 존재를 알았으며, 그것에 대해 다양한 종류의 이론을 직조해 내었다. 19세기에 이르기까지 대부분의 역사에서 자기는 종종 개인의 활동을 이끄는 부차적인 실체로 여겨졌고 일반적으로 "영혼(the soul)"이라고 불렸다. 과학적 담화에서 영혼이 사라지면서 그 의문이 재개되었다. 즉, 자기는 무엇이며, 그것은 정신의 나머지 부분과 어떻게 관계하는가?

Lyons(1978)는 18세기에 자기란 개념이 엄청난 추동력(impetus)을 받았다고 확인하였는데, 그 관심의 증가를 프랑스 혁명에 따른 정치적 사회적 변화와 충분히 연결 짓지는 않았다. 독일 철학에서 헤겔주의가 강조한 자의식과 주객이분법(Freud가 계승한)에서나, 미국 철학에서 대인관계적 상호작용의 결과로서의 자기에 대한 실용주의적 강조에서나, 개념으로서의 자기가 더 이상 무시될 수 없다는 점이 분명해졌다. 개인은 무대의 중심으로 이동하였으며, 그가 자신을 어떻게 보느냐 하는 것이 심리학의 중심이 되었다.

Wundt의(Robinson, 1982) 유물론적인 지향 입장에서 자기-개념은 미스테리였다. 그것은 실험적으로 접근될 수 없었고, 그것의 유물론적 기반은 확인될 수 없었다. 그렇다면 그것에 대해 무엇을 말할 것인가? Hume에게서와 마찬가지로, 그에게 있어서 자기란 것은 우리 자신의 경험들 사이의 상호 연결성의 인식 이상의 것은 아니었다. 그는 다음과 같이 썼다.

> 자기라는 개념은 이와 같은 방식으로 일어나는데, 그 자체로서는 완전히 내용이 없는 개념으로서, 그것에 내용을 부여하는 특별한 내용 없이는 사실상 성찰(introspection)의 장으로 결코 들어오는 일이 없다. 심리학적으로 살펴볼 때 자기란 것은 여러 생각 중의 한 생각이 아니며, 모든 또는 대부분의 생각에 공통인 2차적 특성도 아니고, 그것은 단순히, 그리고 오로지 그 경험 자체를 수반하는 내적 경험의 상호 연결의 지각이다.[39]

그러나 심리학의 모든 것을 실험적 방식으로 풀 수 있다고 주장한다면 Wundt에게 부당한 일이 될 것이다. 그는 심리학에는 실험적인 방식이 전적으로 부적절하거나 어떤 진정한 진척도 낳을 수 없는 많은 영역이 있다고 상당히 분명하게 말하였다. 이들 영역은 일반적으로 오늘날 우리가 임상적-사회적 장(field)이라 부르는 영역이다. 독일 전통의 Dilthey 등을 따라서, Wundt는 설명적(*Verstehende*) 과학과 원인적(*Erklaerende*) 과학의 두 가지 과학(Science)이 있다는 견해를 받아들였다. 그는 다음과 같이 썼다.

> 과학으로서는 다행스럽게도 실험적 방법으로 할 수 없는 바로 그 지점에 우리가 쓸 수 있게 되는 객관적 심리학적 지식의 다른 원천이 있다. 동시에 문화심리학의 결과는 복잡한 심적 과정에 일반심리학에 관한 정보의 주된 원천을 이룬다. 이런 방식으로 실험심리학과 문화심리학은 과학적 심리학 전체를 이루는 두 개의 주된 결정 요소다.[40]

Freud는 자기에 관한 이론이 없었고, 여러 가지 개념화를 도입한 후속 저자들은 그 전제하에서 출발하였다고 흔히 주장된다. 독일어의 *Ich*란 단어는 때에 따라 차별 없이 자아(ego)나 자기(self)로 번역될 수 있다고 흔히 말해졌다. Hartmann이나 Kernberg 같은 박학한 권위자들이 이런 말을 하였으나, 그것에 대한 특정한 근거는 없다.

Freud의 저술과 그 철학적 배경을 직접 보면, 자아(독일어의 *Ich*)의 개념은 그에게 굉장한 철학적 취지를 가진 것임이 분명해진다. 반면에 자기의 독일어 개념인 *Selbst*는 그런 철학적 함의를 갖고 있지 않다. 그러므로 Freud가 *Ich*, 즉 자아(ego)에 집중한 것은 상당히 이해될 만한 일이다.

반면에 독일어 *Selbst*는 영어에서 자기분석(Self-analysis), 자기관찰(Self-observation)처럼 다수의 결합 어구에서 사용된다. Freud 저술의 독일어판 색인은 영어 색인보다 더 완벽한데, *Selbst*(자기) 항목에는 다음 것들이 열거되어 있다. 자기분석, 자기비하, 자기희생, 자기보존과 독립의 소망, 자기조절, 자기관찰, 자기손상, 자기처벌, 자의식, 자기기만, 자기파괴, 자기노출, 자기대화(self-conversation), 자기비판, 자기애, 자기불신, 자살(self-killing), 자기과대평가, 자기과소평가, 자살 시도, 자해, 자기배신, 자기지각, 자기파괴, (확실히 상당히 많은 등장 항목이다. Freud 저술 색인에 *Selbst*는 모두 866번 나온다). 게다가 독자는 *Ich* 항목도 찾아보도록 권유된다.

그래서 제2차 세계대전 이후에 자기-심리학이 더 많은 관심을 받은 이유 중 한 가지는 정신분석의 주요 언어가 독일어에서 영어로 바뀌었다는 단순한 사실이다. 많은 최고 분석가가 미국과 영국으로 이민하기 이전에는 자기라는 용어가 Freud 학파 저자에 의해 사용된 일이 드물었다는 것을 드러내 보이기는 충분히 쉬운 일이며, 그 이후에 그것이 이론적 토론의 중요한 원천이 되었다.

자기-개념의 중요성이 증가한 두 번째 주요 원인은 Freud가 사실상 오늘날 그 용어가 사용되고 있는 어떤 의미로도 자기체계에 대한 포괄적인 관념을 갖고 있지 않았다는 것이다. 그가 가졌던 것은 William James가 경험적 자기(the empirical self)라고 불렀던 자기의 다양한 측면들에 관한 경험적 관찰이었다. 보기에 순진함(naivete)에도 불구하고 Freud는 James나 다른 저자들에게서 발견되는 상식적인 종류의 자기에 대한 관념을 갖고 있었다. Freud에게서 그것은 대부분 하이픈이 붙은 형태로 나타난다. 결론적으로는 (앞으로 보게 될 것처럼) 이처럼 복잡하지 않아 보이는 관념이 자기의 진짜 의미에 대한 열쇠 중 하나이다.

이 시점에서 정신분석 내의 정치적 다툼에 무게를 싣는 것은 부적절하다. 정신분석적 사상의 중심이 유럽에서 미주로 옮겨 가는 때에, Freud 학파와 문화주의자들 사이에 큰 규모의 전쟁은 점점 더 중요성을 늘려 갔나. 이 선쟁에서 Freud 학파는(앞에서 본 자기애와 마찬가지로) 모든 것을 구조 이론(자아, 이드, 초자아)의 설명적 틀 속에서 이해하려 하였고, 반면에 Sullivan의 문화주의적 추종자들은 자기에 대해 똑 부러지게 하나의 체계로 보고 접근하였다. 자기개념이 특출하게 유용한 것으로서 정신병뿐 아니라 많은 다른 상황에도 적용될 수 있다는 분명히 관찰되는 사실을 그 누구도 무시할 수 없었다. 그러나 자기에 대한 Freud 학파의 초점은(정체성에 대해서와 마찬가지로) 그것을 삼분된 체계 안에 맞추어 넣고자 노력하는 형태를 취하였다. 그들은 이 일을 아주 실패하였고, 그것이 Kohut의 공식화와 여타의 궤를 벗어난 접근들에 이르게 하였다. 오늘날까지도 Freud의 삼분적 접근의 대표적 주창자인 Brenner(1982)는 마치 자기(self)가 분석적 이론의 주요 부분이 아닌 것처럼 그것을 그의 가장 최근의 저서의 색인에 넣지 않았다. 그리해서 전쟁은 자기를 자아, 이드, 초자아의 용어로 설명하기를 원하는 이들과 그렇지 않은 이들 사이의 일이 되었다. 이것이 어디에 이르게 하였는지를 보겠다.

Sullivan과 자기-체계

Cooley와 Mead의 저술에 더 친숙하였던 Sullivan은(George Herbert) 자기체계에 대한 이들 심리학자의 생각을 계승하였다. 그러나 그의 가장 큰 업적은 Kraepelin과 여러 사람이 정신병원에 있는 환자의 70%는 아마도 불치일 거라고 말하고 있던 때에 조현병 환자가 정신치료로 성공적으로 치료될 수 있다는 것을 보여 준 것이다. 조현병 치료에서의 그의 성공을 명료화하기 위해 그는 "정신의학의 대인관계 이론"이라고 불리는 새로운 이론을 개발하였다. 이 이론에서 자기체계는 두드러진 역할을 한다(제15장 참조).

조현병 환자들이 너무나 자주 정신병적 동일시를 일으켜서 진짜 사람으로서의(as real persons) 그들 자신에 대한 모든 자각을 잃어버렸기 때문에, Sullivan은 자기이미지에 주목하게 되었다. 무언가 설명이 필요하였다.

Sullivan은 조현병적 상태는 자기의 해리를 통해 일어나며, 그것은 받아들일 수 없는 충동들을 막아 낼 필요가 있을 때 현저해진다고 주장하였다. 기본적으로 이것은 Freud의 참기 어려운 생각들의 억압처럼 들린다. 그렇지만 Sullivan에게 자기는 더 복잡하였다.

Sullivan에게 자기의 근본적 요소는 칭찬과 비난의 경험 그리고 불안을 떨쳐 버려야 하는 필요였다. 그것을 그는 다음과 같이 말하였다.

> 자기의 역동은 인정과 거절, 보상과 처벌의 경험으로부터 건조된다. 자기역동의 특이점은 그것이 자라나면서 그 출발점에서부터 발달의 상태에 따라 기능한다는 것이다. 자기가 발달함에 따라 그것은 점점 더 그 기능의 현미경적인 것에까지 관련된다. 중요한 인물로부터의 인정이 매우 가치가 있으며 거절은 충족을 부정하고 불안을 줌으로써 자기는 극도로 중요해진다. 그것은 아이에게 인정과 거절의 원인이 되는 아이가 수행하는 것들에 미세한 초점을 둘 수 있게 하지만, 현미경이 그러하듯 그것은 세상의 나머지 부분을 알아차리는 것을 방해한다. 현미경을 통해 들여다볼 때는 그 통로를 통해 들어오는 것 이외의 것은 많이 보지 못한다. 자기역동도 마찬가지다. 그것은 인정이나 거절을 받게 되는 주요 인물과의 수행에 주의를 집중하는 경향이 있다. 그리고 그 특이성은 불안과 밀접하게 연계되어 있으며, 그 이후로 평생 지속한다. 그리고 우리가 '나'라고 할 때의 그것을 지칭하는 자기(self)는 각성성(alertness)을 가진 유일한 것이라는 데에 이르게 되는 바, 그것은 무엇이 일어나는지 알아차리며, 그리고 말할 것도 없이 그 자신의 영역에서 일어나는 것을 알아차린다. 인격의 나머지 부분은 인식 밖에 있다.
>
> 자기는 인식의 관리자가 될 뿐만 아니라, 자기에게 달갑지 않거나 자기역동에 교감적이 아닌 어떤 극적인 것이 일어나면 불안이 나타나는데, 그것은 흡사 불안이 마침내 자기가 인격 내에서 고립을 유지할 수 있는 도구가 된 것처럼 보인다…….
>
> 불안은 주의를 단련시키는 기능을 할 뿐만 아니라, 그것은 점차 개인의 인식을 제한한다. 부모와 주요 타인들에 의한 촉진과 박탈은 자기역동으로 건조되는 자재들의 근원이다.[41]

그렇다면 근본적으로, 이 인용구에서 보듯이 Sullivan은 자기를 초자아와 같게 보고 있다. 그는 이론적으로 이드를 [그는 이것을 "충족의 역동(dynamism of satisfaction)"이라고 불렀다.] 버리지 않았으나, 실제에서의 효과상으로는 부모와 타인들에 초점을 두었고, 그리하여 개인의 충동 생활을 무시하였다. 비록 잡지와 학파를 창건하였지만, Sullivan은 여러 해에 걸쳐 조심스레 결집된 정신분석적 지식 전체를 대체할 만큼 충분히 체계적인 사상가는 아니었다는 것에는 의심할 여지가 없다.

그러나 그가 생각한 많은 것은 충분히 참신하고 식견 높은 것이어서 광범한 영향을 끼쳤었다. 예를 들면, 치료적 상황을 기술하기 위한 참여적 관찰(participant observation)이라는 그의 개념은 적절히 사용된다면 전이와 역전이 자료를 일으키는 수단이 될 수 있었다. 대인관계에 대한 그의 강조는, 비록 인격의 다른 어떤 측면들에 대한 주의를 소홀히 하였고, 그의 자기에 대한 강조가 미국적 전통의 성과를 이어간 것이긴 하지만, 이 전통을 무의식과 비슷한 관념('해리')으로 심화시켰으며, 그것이 제시되었을 때 더 직접적으로 활용되었더라면 많은 시간과 노력을 아낄 수 있었을 것이다. 개관하자면, 이런 것과 여타의 생각들은 그 자체로서 하나의 '체계'가 되었다기보다는 정신분석 전통의 주류에 편입되었다.

코헛의 자기 이론

1950년대와 1960년대에 Freud 학파와 문화주의자들 사이의 정치적 분쟁이 가장 치열하였다. Freud 학파는 자기를 삼원론에 맞춰 넣으려 하였으나 확신을 가지고 그렇게 할 수 없었으며, 따라서 대부분은 생략을 해 버렸다. 다른 이론가들이 자기-개념을 구조 이론에 맞춰 넣는 데 실패하는 것을 알고, Kohut은 약삭빠르게 그런 시도를 걷어치우고서 예전의 개념들을 거의 또는 전혀 참조하지 않고 새로운 자기의 심리학을 건축하였다. 그는 이렇게 썼다. "다른 연구자들이 사용한 다양한 개념과 이론들을 고려해야 하는 짐(ballast)을 없애버렸으니, 현재의 작업에서 나 자신의 견해가 분명하게 드러날 것이라고 믿는다."[42]

자기의 새로운 심리학을 주장하는 데 더하여, Kohut은 정신분석의 모두를 혁신하고 있다고 주장하였다. 그가 쓰기를, "자기의 심리학이…… 우리의 기본적 조망을 워낙 크게 변화시켜서 이제 더 이상 정신분석에 대해 얘기할 수가 없고, 그러나 마지못해 우리는 새로운 학문(과학)을 다루고 있다고 할 지경에 이르렀다".[43]

Kohut의 공식화가 찬반 양쪽으로 그렇게 강한 반응을 일으켰으므로, 자기의 성질에 관한 그의 견해를 자세히 살펴볼 필요가 있다.

첫째로, Kohut은 자기에 관해 더 엄밀한 정의를 제공할 수 없다고 시인하였다. 그는 다음과 같이 썼다.

> 이런 맥락에서 어떤 이들에게는 이 작업의 중대한 결함으로 비칠 수 있는 한 양상을 언급하겠다. 나의 조사에는 자기의 심리학에 관한 수백 쪽이 포함 되어 있지만, 그러나 자기의 근본(essence)이 어떻게 정의되어야 하는지는 설명하고 있지 않다. 자기란…… 그 근본은 알 수가 없으며…… 자기의 성질에 관한 엄밀한 정의를 요구하는 것은 자기란 것이 추상적 학문의 하나의 개념이 아니고, 경험직 자료들로부터 도출된 일반화란 사실을 고려하지 않는 것이다.[44]

이 입장은 정말 이상하다. 자기는 왜 그 근본이 알 수 없는 것이고, 자아나 초자아 또는 다른 어떤 개념보다 더 알 수 없는 것인가? 그것이 경험적 자료의 일반화일 뿐인 것을(모든 과학적 개념이 그런 것이 사실이다.) 시인한다 해도, 이 일반화를 더 분명하게 정의하는 것이 왜 불가능한가? Kohut은 결국 William James가 백 년 전에 기술한 경험적 자기를 말하고 있다. 정의를 내리라고 압박받는다면 그는 자기란 내가 나 또는 내 것이라고 부르는 모든 것의 총합이라는 James의 정의에 동의해야 한다.

Kohut은 자기의 일차적 장애를 분류하면서 다섯 가지 정신병리체(psychopathological entities)를 포함시켰는데, 정신병, 경계선 상태, 분열적 그리고 편집적 성격, 자기애적 성격장애, 자기애적 행동장애이다. 그리고 그는 원칙적으로 마지막 두 가지만 분석이 가능하다고 주장하였다. 이 주장의 이론적 근거로서 그가 주장한 것은 이 두 가지에서만 병든 자기가 자기대상 분석가와의 제한된 전이 융합에 들어갈 수 있다는 것인데, 이들 전이에 대한 훈습 활동이 그에게는 분석 과정의 바로 그 핵심이라는 것이다(Kohut, 1984).

어느 정도 조악하면서 전적으로 새롭지 않은 이러한 분류에서 Kohut은 정신분석 역사의 많은 것을 무시하고 있다. 첫째, 그는 1914년 Freud의 전이신경증 대 자기애적 신경증의 구분으로 돌아가고 있으면서, 기이하게 자기애적 신경증이 치료 가능한 전이를 가진 것으로 꼬아 놓고 있다. 전이신경증과 자기애적 신경증 사이에 근본적인 구분은 없다는 Freud의 평가는 무시하였고, 심한 정신병을 포함한 모든 종류의 환자를 치료해 온 다년간에 걸친 수많은 분석가의 작업도 무시하였다(Frosch, 1983). 더군다나 성도착, 비행과 중독 등을 포함하여 그가 자기애적 행동장애라고 한 것들이 치료 가능한 전이를 형성하기 때문에 원칙적으로 분석 가능하다는 그의 주장은 모든 분석적 경험에 공공연히 도전하고 있다. 이들(도착, 비행, 중독) 질병은 분석적 도움에 가장 잘 안 듣는 바로 그것들이다. 예를 들어, 분석적 방법으로 약물 중독을 치료하기가 완전히 불가능한 것은 아닐지라도 어떤 형태의 행동적 조절 없이는, 특히 어렵다.

자기-대상과 양극성 자기

Kohut이 도입한 가장 독창적인 개념 두 가지가 자기-대상(self-object)과 양극성 자기(bipolar self)이다. 자기대상은 '그들 자체가 자기의 부분으로서 경험된 대상들'이라고 복수형으로 정의된다.[45] 여기서 그는 Freud의 정서적 발달의 결함(영아에서처럼)과 인지적 부적절성에 대한 혼동으로 돌아가는데, 같은 혼동이 일차적 자기애에 대한 Freud의 관념과 자아경계에 대한 Mahler의 묘사에서나 또는 투사적 동일시에 대한 Klein의 공식화에서도 보이며, 그의 자기대상 개념은 그 둘 모두와 비슷하다. 실제로 자기대상으로 그가 뜻하는 것은 어머니 없이는 살 수 없는, 또는 아예 어머니가 없는, 의존적인 소아의 어머니이다.

양극적 자기의 정의에 대해 Kohut은 다음과 같이 말했다.

> 자기를 공고히 하는 동안에 소아는 두 가지 변화를 겪는다. 병적인 정도의 자기장애는 이런 발달 기회의 실패들에서만 생긴다.
>
> 그 두 가지 변화는 대충 근사치로 말하자면, 한편으로는…… 소아의 과대적 · 노출증적 자기의 수립과, 다른 한편으로는…… 소아의 응집적인 이상화된 부모상의 수립과 관계된다. 발달 이동은 흔히…… 어머니를 자기대상으로 하는 데서…… 아버지를 자기대상으로 하는 데로 진행한다……. 환경의 예외적인 상황이 때로는 소아를 양친에게 역순으로 돌아가게도 한다…….
>
> 핵심적 자기의 양극성과 그 발생의 대강에 대한 정의는 하나의 도식에 불과하다. 그러나 비록 그것이 추상적일지라도…… 그것은 임상적 작업에서 정신분석가가 관찰한 경험적 자료들을 의미 있게 검토할 수 있도록 한다.[46]

여기서 그는 어머니로부터 아버지에게로의 순서를 언급하는데, 그러나 그 대신에 '양극성 자기' 라는 용어를 도입함으로써 그 순서를 신비화한다. 소아는 분명히 어머니와 아버지를 다른 정도로 함입하면서(incorporate) 자라지만, '양극성 자기'라는 용어는 장황하며, 그가 사용하는 것처럼, 불분명하다. 양극성 자기에 대한 1979년의 패널에서, 비판적 보수론자인 Wallerstein은 그 새로운 용어가 이전의 용어보다 더 나은 점이 있는지 또는 그것이 우리가 더 잘 치료할 수 있게 하였는지 의문을 표하였다. 끝에 가서 결론은 이러하였다.

> 대체로, 패널들 간에 자기심리학의 중요성과 그것을 정신분석의 근간에 통합시킬 궁극적 필요에 대한 합의가 있어 보인다. 주된 불일치는 자기를 양극성 자기의 상위 개념으로 봐야 할 것인가 또는 자기를 정신 장치(mental apparatus)의 내용물로 보아야 할 것인가였다.[47]

그런 새롭고 애매한 용어의 틀을 가진 Kohut의 견해가 날카롭고 광범한 토론을 불러일으킨 것은 이해할 만하다. 그러나 명료화 대신에 정신분석의 역사에서 이전에 너무나 자주 일어났던 것처럼 적대적인 진영으로 갈라져서 강력한 견해의 양분화가 시작되었다(Fine, 1969). Arnold Goldberg가 편집한 『자기심리학의 발전의 개관(Review of Advances in Self Psychology)』에서 Arlow는 다음과 같이 썼다.

> 자기심리학에 대한 토론이 이미 많이 나와 있는 오늘날 우리가 무엇을 더 보태야 할 것인

> 가? Kohut의 책들은 널리 읽혔고 집중적으로 토론되었다. 선도적인 잡지들은 모두 그의 견해에 대한 지지자들이나 비평가들의 논문들을 출판하였다. 이론적이고 기법적인 얘깃거리들은 가장 저명한 동료들에 의해 평가되었다. 최근에는, 예를 들어 『미국정신분석협회 잡지』의 한 회분 전체가 자기라는 주제에 할당되었다. 그 가운데는 Rangell에 의한 포괄적이고 주의 깊은 요약(863-891쪽)이 있다. 확실히 아무도 Kohut이 무시되었다거나 그의 생각(ideas)이 진술될 기회가 없었다고 말할 수 없다…… 자기심리학은 정신의 주관적, 창조적, 경험적 측면을 그들의 개념에서 강조하는 사람들에게 …… 동정적 반응을 일으키는 경향이 있는 사람에 대한 매우 특정한 이미지를 지지한다.[48]

이런 점에서 『미국정신분석협회 잡지(the Journal of the American Psychoanalytic Association』(no. 4, 1982)의 논문들은 비판적으로 상세히 검토할 가치가 있다.

Mahler와 McDevitt의 첫 번째 논문은 생애 첫 15개월 동안의 자기라는 감(sense of self)의 출현을 우선적으로 고려하고 있다. 자기라는 감의 발달은 현저하게 개인적이고 내면적 경험이어서 관찰적 연구나 정신분석적 재건으로 그 시작을 추적하는 것은 불가능하지는 않더라도 어렵다는 것으로 얘기를 시작한다. 그리고 그들은 영아의 신체 내에서부터의 감각, 특히 고유 수용 감각(proprioception)을 통해 추적하기 시작한다. 이 견해에 대한 증거는 주어지지 않았다. 그들은 자기감의 발달에 가장 중요한 자극(trigger)은 활동이란 것에 동의하는데, 고유 수용 감각이 주된 근원이라면 활동이 어째서 그렇게 중요할 수 있는가? 자기의 핵심은 신체 감각이며, 그것은 또한 개인적 정체성의 핵심이기도 하다.

이 논문의 저자들은 좀 상반적인데, 처음에 그들은 자기감이 추적될 수 없다고 하고, 그러고 나서는 추적을 한다. 더욱이 그들은 자기감은 소아기 가장 초기에 놓여져야 한다고 간주하는 실수를 범한다. Jacobson과 많은 Freud 학파 분석가처럼 그들은 자기감의 발달에 대한 주변 세계의 영향을 대체로 무시하고 있는데, 자기와 대상의 분화는 대인관계적 세상과 밀접하게 연결되어 있다는 모든 증거와 이론화가 있는데도 그리하였다.

대체 학파들과 자기

Ticho가 쓴 두 번째 논문은 대체 학파들과 자기를 다루고 있다. 그는 대체 학파들을 조사해 보면 Kohut의 자기에 대한 관념은 그렇게 새로워 보이는 것이 아니라는 점을 올바르게 지적하고 있다.

Ticho는 *Ich*의 번역과 자기(*self*)라는 용어 사용이라는 관습적인 언어학적 토론으로 늘어갔다. 그는 Freud가 *Ich*를 모호하게 사용하였다는 신화의 유행을 따라갔다. *Ich*가 일상적 독일어 단어이며 영어 '*I*'에 해당하고, 오랜 심리학적 · 철학적 역사를 가진 단어인데도 그리하였다. 그러나 그는 대체 학파들이 자기(*self*)란 단어를 선호하였고, 독일어에서 *Selbst*는 단독으로 사용하면 이상하게 들리며, 그래서 그렇게는 거의 사용되지 않는다는 것을 정확하게 관찰한 유일한 사람이었다.

현대 독일 문헌에는 미국이나 영국 논문이 많이 번역된 결과로 *Selbst*가 점점 더 자주 나타나고 있다. Jespersen(1922)이 60년 전에 언어에 대한 그의 고전적 저술에서 지적한 바처럼, 피정복 국가는 흔히 정복자의 언어를 받아들이며 또는 자신의 언어를 정복자에게 맞게 변화시킨다(Ernest Jones의 1920년도 영어에 대한 토론을 보라).

Ticho는 대체 학파들에 대한 통렬한 언급을 하면서 그들의 이론을 이해하는 데 있어 Freud 학파 문헌들에서 발견되는 상투적인 오해를 하였다. 그래서 그는 그들이 내적 갈등을 강조하는 이론들을 강력히 반대한다고 말하였는데, 사실상 그들의 모든 이론은 갈등 이론이다. Horney는 『우리들의 내적 갈등(Our Inner Conflicts)』이란 제목의 책을 낸 적도 있고, Fromm의 가장 유명한 책 중 한 권은 『자유로부터의 도피(Escape from Freedom)』인, 즉 자유에 대한 내적 갈등이란 뜻이다. 그리고 그는 또한 그들 모두가 역동적 무의식을 거부했다고 틀린 주장을 하였다. 이것은 Adler와 Jung에게까지는 어느 정도 사실이어서 그들은 Freud를 진실로 온전히 파악하지 못하였다. 그러나 이것은 고전적 전통 속에서 수련받은 후대의 수정주의자들에 대해서는 사실이 아니다. 그는 그들의 언어에 의해 오도되었다. 그의 논평은 Freud의 입장에 훨씬 가까운 오늘날의 문화적 이론들보다는 Jung의 논평에 너무 많이 중점을 두고 있다.

Rangell이 쓴 세 번째 논문은 자기에 대한 Kohut 학파와 여타의 현대 이론들에 대해 가장 비판적이다. 그는 현재의 상충들이 분석가와 사회가 자신들의 슬로건을 검토하거나 또는 경험적 기반을 조심스럽게 검토하지도 않고 슬로건을 내는 적대적인 진영들로 분열되어서 생기는 것임에 주목한 유일한 사람이다. Rangell은 다음과 같이 썼다.

> 이 규모의 이론과 실제의 변천에 있어서 가장 주목해야 할 것이면서 전반적으로 간과된 것은 정신분석적 대중의 반응이 이들 변화를 합리적으로 그리고 즉각적으로 판단하지 못했다는 것이다……. 이 현상을 이 발표에서는 그냥 지나치지 않겠다. 이것은 비판이나 비탄으로서가 아니라 그 자체가 집중적으로 조명하고 이해되어야 할 데이터로서 관찰된 것이다. 정신분

석은 정서적 왜곡을 연구한다. 나는 근래에 집단에 의한 왜곡에 대해 주의를 기울이고 있는데, 이런 생각을 정신분석적 집단에도 적용하는 것이 타당하다고 믿는다.[49]

Rangell은 다양한 이론의 경험적 기반이 주의 깊게 고찰된 적이 결코 없었다고 늘 강조한다. 그래서 Kohut을 인용하여 다음과 같은 취지로 말한다. "고전적인 정신 장치 심리학 내에서 선택, 결정 그리고 자유 의지의 이름으로 진행되는 심리적 활동들이 설 자리를 나는 찾을 수 없었다. 이것은 이런 것들이 경험적으로 관찰될 수 있는 현상임을 알고 있었음에도 그러하였다." Rangell은 이 언급이 단순히 옳지 않다고 지적한다. 이런 의문들은 정신분석의 역사적 과정에서 같은 범주 속에서 또는 다른 범주에서 반복적으로 토론되었다. 그래서 정신분석의 초기 역사를 다루는 Grinstein의 처음의 다섯 권의 책 색인에는 이들 토픽을 직접 다룬 항목만 최소 25개가 있으며, 그리고 간접적으로 다룬 많은 항목이 있다. 그래서 의지의 주제를 다룬 것은 강박 또는 강박적 행동의 범주에서 주로 다루어졌다.

거듭거듭 Rangell은 이 분야에 합리적인 토론은 없고 상반된 의견을 맥빠지게 주장할 뿐이라는 그의 주된 비판을 되풀이한다. 그는 이렇게 말한다.

제기된 수많은 질문에 대해서 나는, 제시된 주장에 근거하여 갈등 또는 행동의 해결이라는 의미에서 합리적인, 만족스러운 담론이 이루어지지 않았다는 것을 주로 관찰하고 싶은 것이다. 또 한 가지 주목해야 할 것은 새로운 범주나 감정을 발견했다고 아우성칠 새로운 자료나 적용할 만한 이론의 믿을 만한 제시와의 사이에 있는 큰 격차다. 극단적인 열광과 요란한 주장들이 아무런 지적이나 반론이 없었던 것처럼 계속되고 있다. 이런 상위점은 그 자체로서 자료인데, 논의되지 않고 공개적이 아니라 사적으로 매우 익살스럽게 비쳐졌을 뿐이다……. 사회적이고 문화적인 과정들은 시간이 가면서 모든 것을 부풀리는 것으로 보이고, 지금은 모든 것이 더욱 부풀려져 있다.[50]

그는 자기개념이 새로운 게 아니라는 것을, 어떤 전능한 권위적 존재에 대한 탐색을 한다는 것을, 자기도 자기애도 초기 상태와 특정하게 연계되지 않았다는 것을 상세하게 보여준다. 그의 결론 중 하나는,

흔히 그런 이론적 체계에 수반되는 언어의 모호함과 비판에 대한 불침투성은 합리적 비판을 이끌어 내지는 않지만, 동일시되고 대리적으로 합류된 자기의 천하무적이고 영속적인 이

미지를 증대히는 것으로, 역설적이면서도 경험적으로, 드러난다. …… 이 …… 집 단의 일부에서 생각을 하든 않든, 신비로운 결합(mystical union)은 사회적 또는 정치적 생활에서나 심지어 예술에서와 마찬가지로 정신분석에서도 이성보다는 오히려 충격에 의해 생긴다.[51]

Otto Kernberg의 토론은 흔히 인용된 Freud의 *Ich*란 용어가 잘못 번역되었고, 그것이 때로는 자아(*ego*)를 뜻하며 때로는 자기(*self*)를 뜻한다는 언급으로 시작된다. 이것은 사실이 아닌데, 앞서 얘기한 것처럼 독일 철학과 심리학에서 *Ich*는 *Selbst*와는 달리 특정한 위상을 가지고 있기 때문이다. 그는 Freud의 저작물들의 색인에서 *Selbst* 항목 아래에 '*Ich* 참조'라고 되어 있음에 주목한다. 그는 *Ich* 또는 *ego*와 아무 관련이 없는 많은 수의 항목이 있고, 마찬가지로 *Ich* 아래에도 *Selbst*와 아무 관련이 없는 다수의 항목이 있다는 것을 지적하지 않고 있다. 그 색인이 가리키는 것은 (일반 독일어 사전『카셀Cassell』에서 *Ich*를 *ego* 또는 *self*로 번역하고 있는 것처럼) 때로는 *Ich*와 *Selbst*가 동의어로 사용될 수 있다는 것일 뿐, 그 두 가지 용어가 일상적으로 같은 뜻으로 쓰였다는 것과는 먼 이야기이다. 더군다나 그는 Freud가 살아 있는 동안에는 아무도 *Ich*를 자기로 번역하려는 꿈도 꾸지 않았으며, Freud 사후에, 수많은 대체적 학파가 자기의 개념을 철저하게 분석하고 난 이후에야 그런게 나왔다는 잘 알려진 역사적 사실을 완전히 무시하고 있다. Kernberg는 Ticho가 지적한 독일어 *Selbst*와 영어 *self*의 언어학적 차이와 두 개의 다른 학파가 나온 철학적 배경도 무시하였다.

Freud가 *Ich*의 뜻에 대하여 모호하였다는 것은 완전히 틀렸다. 그것은 언제나 자아(*ego*)로 번역되어야만 한다. *ego*가 근원적으로 라틴어 단어라면 *Ich*는 독일어 단어이며, 영어에서 *I*가 아니라 *ego*가 사용되어야 할 마땅하고 비중 있는 이유가 있다. 예를 들어, 분석적 동맹에 관해 그가 인용하는 한 구절에서, 분석가는 환자의 자아의 건강한 부분과 동맹을 맺어서 병적인 부분과 싸운다는 말을 할 때 영어 구문에서 *ego*라는 용어를 쓰면 아주 잘 읽히는데, 만약 *I*란 단어를 썼다면 그것은 '나의 병적인 부분'이 되어서 혼란을 일으킬 것이다.

더구나 자기(*self*)에 해당하는 것으로 독일어에는 *Selbst*라는 완벽하게 좋은 단어가 있다. 앞에서 지적하였듯이, Freud는 모든 다른 사람이 사용하듯이 이 단어를 무수히 사용한다. 그가 자기(*self*)를 말하고 싶었다면 그는 *Ich* 대신에 *Selbst*를 썼을 것이다. 이제 표준판을 재번역해야 된다는 제안이 심각하게 제기되고 있는 환상적인 지점에까지 이른 언어학적 논쟁은 Ticho에 의해 지적된 정치적 투쟁을 모호하게 하는 데 기여하였다. 모든 수정주의 학파는 자기-개념을 광범하게 연구하였고, 인상적인 결과를 얻었지만 Freud 학파는 그러지 않았다. 자기를 Freud 학파 이론 속으로 가지고 오기 위하여 그들은 소급하여서 *Ich*의 이중적 의미를 이야기하였는데, 사실상 그 이전에는 언급된 적이 없는 것이었다.

자기를 직접 토론하게 되면서, Kernberg는 대상에 반대되는 자기라는 개념을 제거하기를 제안한다. "자기의 이 개념은 정신사회적 기술로 이어지며, 정신분석적 개념과 사회학적 개념 사이의 혼동을 일으킨다. 예를 들면, Erikson의 저작들에서 보이는 혼동이다."[52] 그 대신에 그는 자기라는 용어를 대상관계의 총합과 관련하여 자아표상의 총합을 가리키는 용어로 둘 것을 제안하였다. 자기표상의 총합이 무엇이며 대상표상의 총합이 무엇인지는 어린아이에게나 분석가에게나 쉽게 알 수 없는 걸로 보인다. 이것은 Rangell이 말한 언어의 모호성이나 비판의 불침투성의 한 가지 예로 보인다.

Kernberg는 정상적 자기를 삼중 구조가 건조되고 통합되면 자연스럽게 일어나는 어떤 것이라고 본다. "임상적이거나 이론적인 과정 모두에서 자기란 것은 정서적이고 인지적인 요소를 가진 통합된 구조물로서, 자아 속에 담겨 있지만 자아의 전구체인 삼중 구조의 통합에 앞선 정신 내적 하층 구조물들로부터 나온 것이다."[53]

Kernberg의 입장 속의 결정적인 질문은 이들 내재화된 대상관계들이 실제 경험으로부터 나오느냐 또는 어떤 유전이나 다른 원천들로부터 나오느냐 하는 것이다. 만약 그것들이 실제 경험에서 나오는 것이라면, 그의 입장은 Kohut이나 다른 많은 주류 정신분석 이론가의 입장과 다르지 않다. 달리 말해서 자기란 것은 부모가 아이에게 한 것 또는 더 정확히 말하자면 부모가 한 것을 아이가 해석한 방식의 내재화로부터 나온다. 그러나 내면화가 무엇인가는 무엇이 일어났는가로부터 결코 멀어 보이지 않는다.

「환상으로서의 자기: 이론으로서의 환상(The Self as Fantasy: Fantasy as Theory)」이란 William Grossman의 논문에서는 자기를 사적인 신화로 보는데, 이때의 사적인 신화란 것은 Kris가 말한 의미로서 모든 사람이 그 자신의 다소간 독창성을 가진 판본으로 가진 신화이다. 이 매력적인 이론에 너무 붙들려 있을 필요는 없다.

부차적인 자기(The Suborinate Self)

Arnold Richard는 정신분석과 자기심리학에서 상위적인 자기의 개념에 대한 중대한 의문을 이어 갔다. 상위적인 자기의 개념에 반대하고, 그것이 자기심리학에서 너무 큰 역할을 한다고 (올바르게) 주장하였다. 그는 Kohut의 주된 기여는 임상적인 것이었고, 우리가 말하는 것에 대한 환자들의 지각과 우리가 그것을 어떻게 말하는가에 대한 우리의 감수성을 예리하게 했을 뿐만 아니라 환자들의 취약성에 대한 우리의 인식도 예리하게 만들었다고 느꼈다.

Harold Blum이 이런 기여점을 거론하였다. 그의 결론은 여기서 거듭거듭 얘기된 것과 같은 점을 강조한다. 자기개념은 중요한 것이지만, 그것은 삼중 구조로의 통합을 거부하였다. 그는 다음과 같이 말하였다.

> 자기-개념이 추상적인 것인 이상 그것은 잘 정의되지 않은 상태로 남으며, 그 자체가 초심리학적인 개념으로서 재확인(reidentification)되는 반복적인 경향을 띤 채 남아 있다. 아무리 사려 깊고 자극을 주며 상상력 있는 것이라 하더라도 자기의 분석적 개념은(자기-표상과 혼동 말 것), 아직까지 삼중 구조의 초심리학적 가정과 상호 교호적으로 정의되지 않았으며, 정신분석적 해설이나 설명을 확대시키지도 못하였다.[54]

Kohut 사후에 그의 업적은 많은 열광적 추종자에 의해 계승되었다. 이들 업적에 특별히 새로운 통찰들이 제공되지는 않았으며, 그래서 자기심리학 이론은 Kohut이 공식화한 그대로 그가 남겨 둔 상태로 상당히 남아 있다.

따라서 구조 이론으로 자기의 개념을 조정하려는 시도도, 고전적인 Freud 이론을 다 포기하고 완전히 새로운 노선을 만들어 내려는 시도도 어떠한 성공의 신호를 만나지 못하였다. 단 한 명의 저자나 단 하나의 견해도 자기의 이론에서 일반적인 인식을 얻지 못하였다. 나의 논문은 자기를 제대로 이해하기 위해서는 고전적인 Freud 학파와 문화적 견해의 융합이 있어야 한다는 주장을 내내 해 왔다. 따라서 추종자들에게 Kohut은 통일된 정신분석 이론에 공헌한 여러 사람 중 하나가 아니라 교조적 인물로 간주된다.

문화주의 학파 내의 발달

자기에 대한 Sullivan의 공식화들은 찬란하였으나 그는 더 이상 그것을 추적하지 않았다. 그것은 일반적으로 그가 Freud와 고전적 정신분석의 너무 많은 것을 폐기하였다고 느낀 그의 정신분석적 추종자들에게서보다 심리학자들, 사회심리학자들에게서 강력한 긍정적 반응을 일으켰다. Arieti는 자기 이미지(image of self)가 인생 주기를 통해 변동한다는 주장을 함으로써 심적 장치를 쓸어 버렸다. 그러나 전반적으로는 Arieti는 Sullivan과 어떤 근본적인 불일치도 없었다.

Winnicott은 '가짜 자기(false self)'라는 관념을 만들었다. Roheim이 지적한 것처럼(1932, p. 103) 진정한(사적인private) 자기와 가짜(공적인public) 자기라는 어떤 감은 가장 원시적인 인류에게도 있다. 이 연관 속에서 Winnicott의 '붙들어 주는(holding) 환경'이라는 관념은 긍정적인 모자 관계로까지 소급되는 치료적 상황의 이해에 특별히 유용하다. 그리하여 대상관계-문화주의 학파와 고전적 Freud 학파 사이에 사적인 전쟁이 벌어지고 있었음이 분명해진다. 대부분의 분석가는 그들의 치료에서 그 둘을 다소간에 통합하고 있다. 모두를 위한 목표는 적절하게 통일된 심리의 과학이다.

초기 여러 해 동안의 날카로운 분열과 투쟁은 전반적으로 수그러들었다. 오늘날 보이는 것은 기본적 개념들을 명료화하기 위한 더 경험적인 작업이다.

가족

다양한 정신분석적 이론들의 통합은 가족에 대한 강조를 다시 불러일으켰다. 앞에서(제15장 참조) 지적한 바처럼 전반적으로는 대인관계 이론(interpersonal theory)으로 기운다('대상관계'라는 어색한 용어는 같은 뜻이지만 그 대상들이 사람이라는 사실을 흐리게 한다). 천성과 양육에 관한 오래된 논쟁은 가족 연구로 대체되었는데, 예를 들면 Wallerstein과 Blakeslee는 이혼한 부모의 자녀들에 대한 1988년 연구에서 "이혼은 영원하다. 아이들에게 남겨진 상처는 결코 정말로 치유되지 않는다."라고 결론지었다. Jacob은 『가족 상호작용과 정신병리(Family Interaction and Psychopathology)』(1987)에서 정신병리와 가족 간의 상호작용에 대한 자료를 함께 모았다. 많은 경우에서 발견된 것들은 놀랄 만하면서 논란이 많았다. 예를 들어, 동성애 남자는 어머니와 밀접하게 결합되고 거리가 먼 아버지의 아들인 것으로 발견되었다는 Bieber의 연구는 동성애가 모든 문화에서 발견되는 정상 변이라고 주장하는 동성애 찬성론 주창자들에게 심하게 비판받았다. '동성애 공포(동성애적 소망이 있음에 대한 공포)'라는 용어조차도 어떤 분석가들 사이에는 약간 통용되었다. 무수한 연구의 결과로, 정신분석은 이제 당당하게 가족의 연구라고 말해질 수 있다. 앞서 인용하였던, 모자간의 양자 관계나 아버지가 없는 사람은 아무도 없다는 Chiland의 말은 이 분야의 사고를 보여 준다. 건강과 병리, 두 가지 모두 가족의 장(field) 속에서 일어난다.

경계선 병리

경계선 상태는 오래전부터 알려졌다(제14장 참조). 그러나 1970년대에 모든 환자가 내재적으로는 경계선 환자인 것처럼 보이기 전까지 그것은 주도적인 진단적 실체가 되지 않았다.

비록 그에게 동의하지 않는 사람도 많지만, Kernberg는 경계선에 대한 문헌을 가장 주의 깊게 체계화한 사람이다. 그 이전 사람들과 달리 그는 경계선을 결코 정신병이 되지 않고 정상으로 돌아오지도 않는 별개의 실체로 보았다. 그는 1970년대의 주된 논문들에서 분석의 수준을 기술적(descriptive), 구조적(structural) 그리고 발생적-역동적(genetic-dynamic) 세 가지로 구분하였다.

기술적으로 그는 불안, 다증상적 신경증에 주목하였다. 여기에 포함시킨 것으로, ① 다수의 공포증, 이차적인 자아-동조성을 갖게 된 강박 증상, 다수의 정교화되거나 기이한 전환 증상, 해리 반응, 건강 염려증, 여타의 증상적 신경증을 수반한 편집적 그리고 건강 염려증적 경향들을 거론하고, ② 다증상적 신경증, ③ 다형태적 도착적 성적 취향, ④ 고전적인 전정신병적 인격 구조, ⑤ 충동 신경증과 중독, ⑥ 낮은 수준의 성격장애로서, ⓐ 히스테리적 인격과 영아적 인격, ⓑ 정서적 불안정성(emotional lability), ⓒ 과잉 연루성(overinvolvement), ⓓ 의존적 그리고 노출증적 필요, ⓔ 가과잉성욕(pseudohypersexuality)과 성적인 억제, 남성이나 여성과의 경쟁성, ⑦ 피학성, 자기애적 인격이 경계선의 또 하나의 표면적 양상이며, 우울 피학적 성격 구조와 원시적인 자기파괴성도 포함시켰다.

구조적 분석에서 그가 나열한 것은, ① 자아허약의 비특이적 양상, ② 일차 과정 사고로의 이동, ③ 경계선적 인격 조직 수준에서의 특정적인 방어 작동, ④ 분열, 원시적 이상화 그리고 조기 형태의 투사, 특히 투사적 동일시, ⑤ 부정, 전능성 그리고 평가 절하들이다. 그는 내면화된 대상관계의 병리를 기술하였다.

발생적 · 역동적 분석에서 그가 주장한 것은 양성 모두에서 과도한 발달 또는 전성기기, 특히 구강적 공격성이 오이디푸스적 갈구의 너무 이른 발달을 일으키고, 그 결과로 중첩된 공격적 욕구의 영향하에 전성기기적 그리고 성기기적인 목표들 사이의 특별한 병적인 압축을 일으킨다는 것이다.

비록 Kernberg의 생각이 가장 영향력이 있었지만, 여러 가지 기반에서의 상당한 반대가 있어 왔다. 여러 저자는 그가 만들려고 한 구분을 할 수가 없다는 것을 발견하였고, 다른 사람들은 그런 것이 있다는 것을 부정하였다. 첫 번째의 강력한 비판은 Calef와 Weinshel(1979)로부터 나왔다. 이들은 다음과 같은 점들을 지적하였다.

1. 경계선 인격 조직은 그렇지 않아도 이미 명확하지 않던 정신분석과 정신치료의 구분을 더 흐려 버렸다.
2. 성욕(sexuality)의 여러 변천(vicissitudes), 리비도의 파생물들 그리고 오이디푸스적 갈등의 중심성들에 대한 강조로부터 후퇴하였다.
3. '심리적 갈등'이란 것을 점점 더 정신 내적 갈등보다는 외부 세계와의 갈등이란 용어로 보게 되었다.
4. '사실'과 '이념적 용어'들의 영역에서 이 전환(shift)과 관련하여 아마도 가장 현저한 변화는 그 모든 파생물과 함축물을 포함하여 삼중 구조 이론이 대상관계의 추정적 이론으로 대체되고 있다는 분명한 확인일 것이다.
5. Kernberg는 진단적으로 이해의 강조, 연속성의 인지에 관한 강조, 그리고 최소한 암묵적으로는 진단을 붙이는 것이 인위적이고 추상적인 것이라는 점에 대한 강조로부터의 전환을 도입하였다.
6. 이 연결 속에서, '자유 연상'이라는 기본적인 기법적 권고로부터 이탈하고 "환자가 지금 어디에 있는가."를 존중하라는 훈계에 우선권이 주어지는 중대한 경향이 있음을 추가한다. 이곳에서 우리는 그 진단적 라벨(label)에는 어떻게 접근해야 한다는 미리 조립된 생각의 프리즘을 통해서 환자를 보는 경우를 점점 더 많이 본다. 우리는 정신분석가가 침묵할 때라도 그가 '수동적'일 거라고 믿지는 않지만, 그 '새로운' 분석은 분석 과정을 유지할 분석가의 책임에 기반을 두기보다는 그 환자는 어떠할 것이라는 선입견적 관념에 의해, 그리고 분석 작업과 분석 과정에 분석가 자신의 가치 판단이 침입하는 것은 더 크게 허용하는 경향에 의해 활동을 할 위험을 수반한다. Calef Weinshel은 다음과 같이 결론짓는다.

> 우리는 우리가 "사회적 현상"이라고 언급한 것에 대하여 확신할 수 있고 포괄적인 설명을 할 수 있기를 매우 원하는 바, 정신분석 이론과 실제 모두에 의미 있는 변경을 도입하려는 반복되는 물결, Kernberg가 기고한 것의 '선두 악대차(bandwagon)'적인 굉장한 인기, 그의 업적의 그렇게 많은 부분을 둘러싼 교조적인 분위기, 그것의 박탈과 가치성(deprivation and validity)에 대한 의문을 갖는 것을 못마땅해함(또는 적어도 공개적인 싫어함.)들이다. 그러나

> 우리는 우리기 그렇게 할 수 있다고 믿지 않는다. 한 분석가가 그런 비평을 할 수 있게 되기 위해서는 개입하기에 아마도 더 많은 시간과 거리가 필요할 것이며, 이 과업을 성취하기 위해서는 아마도 정신분석이란 전문직 바깥의 누군가라야만 객관성과 인간 연구의 복잡한 조망을 둘 다 가질 수 있을 것이다.[55]

다른 하나의 중요한 공헌은 경계선 환자들에 대한 Abend, Porter와 Willick(1983)의 책, 『경계선 증후군(The Borderline Syndrome)』이다. 그들의 주된 결론은 정신질환이 신경증과 정신병으로 나누어진다는 전통적인 개념은 우리가 마주하는 굉장히 다양한 임상적인 관찰들을 만족스럽게 일컫기에는 너무 조악하고 지나치게 단순화된 것이라는 점이 분명하다는 점이다. 이에 더하여 분석가들은 여러 해에 걸쳐 다양한 알려진 정신병과 연관된 진단적 패턴에는 맞지 않으면서, 그럼에도 불구하고 일상적인 정신분석 기법으로는 전혀 성공적으로 치료될 수 없거나 그런 분석에서 비일상적인 어려움을 보이는 그런 심한 병리를 보이는 환자들을 만났었다는 것을 알아 왔다. 이런 환자들에 대한 관찰이 축적되자 이 집단의 병리를 개념화하려는 노력들을 문헌들이 담았다. '경계선'이란 용어는 Stern이 처음 사용하였는데, 이 환자들의 질병이 중증도 측면에서 더 익숙한 신경증이나 경도의 성격적 문제들과 다른 편의 정신병적 장애들 사이에 있는 중간의 범주에 해당한다는 주도적인 견해를 반영한다.

많은 분석가는 진단으로서의 '경계선'이란 용어에 불만족을 표현하였는데, 그 이유는 그것이 너무 산만하고, 서로 크게 다른 장애의 넓은 집단을 말하며, 믿을 만한 진단적 범주가 될 이 사례들 모두에 공통된 양상을 확인하기가 어려웠기 때문이다. 임상적 정의를 위한 이 프로그램은 저자들이 연구 사례들을 선택하는 데 쓸 복합적인 재료를 문헌에서 뽑아내게 하였다. 그들의 재검토는 이 경계선 사례의 복합적인 임상적 기술(description)이 실제로 있으며, 이 좀 넓은 형판(template)에 잘 들어맞는 사례를 찾는 데에 많은 어려움을 겪지 않았다는 것을 보여 주고 있다. 그러나 우리는 현상에만 근거하여 환자를 견고한 분류로 나누지 않는데, 특히 경계선 집단에서 보이는 것처럼 특정한 개인적 특징에 그렇게 다양성이 있을 때는 더욱 그러하다. David Beres 박사는 '경계선'이란 용어가 너무 일반화되어서 뭐든 다 담을 수 있는 진단이 되었고, 아무런 유용한 목적에도 쓰이지 못한다고 느꼈다. 그는 그것을 폐기하고 제시된 현상을 설명할 때 단순히 심한 성격병리라는 개념을 쓰는 게 낫다고 믿었다. 우리가 그들 모두에게 공통된 어떤 발달적 갈등을 발견하게 된다 하더라도 우리는 여전히 임상적 모습의 다양성을 설명해야 하며, 왜 어떤 경계선 환자는 편집성 인격이나 중독이 되며, 반면 다른 경계선 환자는 자기애적 인격이나 우울하고 피학적인 성격 구조의 환자가 되는지를 설명해야 한다. 연구 집단의 구성원은 임상적 자료에서 Kernberg가 기술한 공통적 양상을 발견할 수 있을지, 그가 관찰한 것이 확정될 수 있을지에 관심이 있었으며, 그들이 정신병리의 발달에 대한 우리의 이해를 증진시킬 수 있는 방식으로 이들 환자를 한 집단으로 함께 묶는 것을 정당화시킬 다른 공통적 양상을 검출할 수 있을지에 관심을 가졌다.

이 사례들을 주의 깊게 검토하였으나 그가 있다고 한 특정적 양상은 보이지 않았다. 그러나 어떤 공통적인 임상적 소견이 복합적 기술에서 확인되고 강조되었다. 이들 소견은 현상학적인 일반화의 수준에 있으며, 그것은 종류의 차이라기보다는 정도의 차이임을 강조하는 편이다. 그들은 이 관찰이 '경계선'이란 용어를 공식적인 진단적 실체로 간주하기를 권할 만한 것으로 느끼지 않으며, 각각의 사례에서 그 사례에 적합한 진단을 사용하는 것을 선호한다. 그러나 '경계선'이란 용어가 넓은 수용은 이룬 것으로 인지되었으며, 그들 대부분은 그것이 좀 비기술적인 방식으로 대부분의 신경증과 신경증적 성격장애보다도 심하고 널리 퍼진 병리를 보이는 환자의 크고 다양한 집단을 언급하는 것으로 이해된다면 유용하다고 느꼈다.

그리하여 우리는 경계선 환자에 대한 다양한 관점을 발견하였다. 하나는 Kernberg가 대표하는 것으로 완고하고 거의 알 수 없는 분류와 하위 분류로서, 다른 사람들은 재현하기 어려웠다. 두 번째는 더 넓고 더 전통적인 정신분석의 관점으로 돌아가려는 압박이다(Calef와 Weinshel). 마지막인 세 번째는 Kernberg의 발견을 재현할 수 없으며, 그것을 전통적인 정신의학적 진단 속의 요소인 부분들로 쪼개어 놓자는 압박이다.

여성주의와 여성심리학

여성심리는 현재 시기에 광범하게 토론되었는데, 특히 여성주의와 여권 운동의 압력하에 그러하였다. Shahla Cherhrazi(1986)는 정신분석적 사상의 변화에 대한 유용한 재검토를 발간하였다.

최근의 연구들은 여성의 정신분석적 치료에 대한 의미 있는 함축을 보이며 종종 임상적 상황에서 다른 결과를 내게 한다. "그러나 여성 발달의 이론에 대해 근래에 제안된 개편들에도 불구하고, 세미나와 임상적 컨퍼런스에서의 나의 인상은 우리의 진단적 공식화와 역동적 개념화는 다소간 그대로 남아 있다는 것이다."[56]

이론의 재편에 강한 저항이 따르는 것은 이해할 만하며 정신분석의 모든 영역에서 그러하지만, 특히 여성심리에 대해서는 자신의 생각들이 불완전하고 더 조사가 필요하다고 Freud가 말한 이 점에서 그러하다. 한 가지 예는, 상충적이고 불명료한 논점으로 남아 있는 남근 선망(penis envy)의 임상적 취급이다. 현재의 또는 개편된 견해의 맥락에서 남근 선망은 임상적으로 여성에서의 콤플렉스이고 증상적인 태도로 간주된다.

발달적으로는, 어린 여자아이들에서 오이디푸스적 성기 인식이 있음이 연구들로 확인되었다(Galenson and Roiphe, 1981). Kleeman(1971, p. 76)과 그 외의 사람들은 어린 여자아이가 두 살 이전의 어느 때에 자신의 외부 생식기와 질을 발견한다고 보고한다. 성기에 대한 인식은 두 살에서 네 살 사이에는 모호하고 불완전하다. 해부학적 차이의 관찰은 양성의 소아 모두에서 의미 있는 사건으로 남으며, 보통 18개월에서 24개월 사이에 일어난다. 남근 선망 반응의 재작업(reworking)은 여자아이의 인지적 성숙과 그녀의 외부와 내부 생식기에 대한 온전한 인식과 이해에 힘입어 일어난다. 현대의 견해는 또 다른 측면에서 다른데, 더 최근의 견해는 손상되거나 결함이 있다는 여자아이(또는 성인 여성)의 환상을 강조하고, 반면에 조기의 견해는 그 시대에 Freud가 가장 신경 썼던 그녀의 열등한 위치에(Adler의 남성적 항거에서처럼) 대한, 그녀의 결함 있음에 대한 수용을 강조하는 편이었다.

현재의 견해는 환경과 문화적 요인에 훨씬 더 많은 주의를 기울인다. 예를 들어, 현재의 관념은 부모의 태도가 (의식적으로 그리고 무의식적으로) 이 발달을 지지한다면 여자아이는 자신의 성기와 여성성을 가치 있게 볼 것이라는 것이다. 더 나아가서, 여성이 평가 절하되는 문화의 맥락에서 양육된 여자아이들은 자신의 신체를 가치 있게 여기거나 여성성에 자부심을 발달시키는 일이 거의 없다. 이 과정은 세 살에서 여섯 살 사이쯤에서 시작되며, 평생 계속된다.

현재의 견해는 Freud의 남근기에 대한 Melanie Klein과 Jones의 비판을 따른다. 먼저 여자아이는 어머니와 동일시하고, 그러고는 그것이 남긴 모든 것을 가지고 아버지를 향해 이동한다. 그러나 그녀가 아버지와 어떻게 관계하느냐 하는 것은 그녀와 어머니 사이에 일어난 것들에 매우 크게 달려 있다. 예를 들어, 만약 많은 갈등이 있었다면 아버지는 그가 어떻게 행동하느냐에 따라서 구조자 또는 배척자로 보일 수 있다. 그리하여 상황은 Freud가 원래 보았던 것보다 훨씬 더 복잡하다. 마지막으로, 여성에서의 초자아의 결함이라는 관념은 상당히 일반적으로 배척되어 있다. Freud 자신도 그것을 결정적인 임상적 관찰이 아니라 "마치 그런 듯한(as-if)" 상황으로 제시하였다.

다음 도표는 그녀의 입장을 요약한 것이다.

초기의 정신분석적 견해	현재의 정신분석적 견해
1. 사춘기 이전에는 질에 대한 인식이 없다.	1. 질을 14개월에서 24개월 사이에 인식한다.
2. 성 정체성이 없고 여아는 자신을 남아로 본다고 가정된다.	2. 오이디푸스 이전 시기에 핵심적 성 정체성 형성이 여성성의 감에 기여한다.
3. 해부학적 차이의 관찰이 남근 선망을 낳는다.	3. 해부학적 차이의 관찰이 남근 선망 반응을 낳는다.
4. 남근 선망과 거세 콤플렉스가 여성 발달의 기저 현상이다.	4. 여성에서 발달 현상으로서의 남근 선망은 후속되는 발달 단계 동안에 개정과 해소를 일으킨다.
5. 거세 콤플렉스에 대한 반응으로 오이디푸스 단계로 들어간다.	5. 선천적으로 여성적인 과정으로서 오이디푸스 단계로 들어간다.
6. 아이를 원하는 것은 남근 선망의 대체물이다.	6. 아이를 원하는 것이 반드시 남근 선망의 대체물은 아니다. 아이를 원하는 것은 오이디푸스 이전 시기에 어머니와의 동일시의 부분으로 관찰된다.
7. 거세 불안이 없는 것은 잘못되고 결함 있는 초자아 발달을 낳는다.	7. 적절한 초자아발달이 분명히 보인다. 종종 구조는 비슷하나 내용은 다르다.
8. 여성은 그녀의 거세를 거의 극복할 수 없으며 우월한 성기의 남성을 계속 부러워한다.	8. 남근 선망은 후속되는 발달 단계마다 다시 일어나며, 자신의 복합적인 내부와 외부 성기를 알고 이해하는 맥락에서 개정되고, 자신이 가진 것이 다르지만 가치 있는 것으로 인식한다.
9. 남근 선망과 거세 콤플렉스는 여성에서 흔하게 관찰되며, 분석적 치료로 고칠 수 없다.	9. 남근 선망은 초기의 남근 선망이 자기애적 손상에 대한 과도한 취약성과 함께 해소되지 못했거나 또는 오이디푸스 갈등으로부터 퇴행하여서 생긴 잘못된 발달의 결과이다. 분석적 치료는 종종 신경증적 왜곡, 신체상에 관한 왜곡, 여성성의 감 그리고 자존심 등을 교정하도록 도울 수 있다.

여성성에 관한 시각의 변화는 초기의 Freud 학파의 입장과 후기의 문화적 관찰의 융합으로 보는 것이 적절할 수 있다. 여성들은 다른 문화에서 어떻게 양육되었느냐에 따라 다르다. 여아의 발달은 기본적으로 남아의 발달과 평행하며 어머니로부터 아버지로 그리고 바깥세상으로 이동하는데, 그리하여 그녀가 결국 무엇이 되느냐 하는 것은 선천적으로 부여된 것과 그녀가 노출되는 바깥세상의 종류, 양쪽에 모두 달려 있다(Jones, 1927).

성적 정체성의 기원에 관한 탁월한 연구 사업(project)에서 Galenson과 Roiphe(1981)는 그들이 발견한 것을 다음과 같이 요약하였다.

> 부모가 생에 첫해 동안에 영아를 다루는 미세한, 그리고 아마도 그다지 미세하지 않은 차

이가 초기의 성직 정체성의 느낌에 기여하는 것으로 보인다. 그러나 자기자극 패턴 이외에는 항문과 배뇨 인식의 내인적인 유발자(endogenous precipitate)인 성기 인식의 대두가 있어야 남아와 여아 사이의 차이가 분명하게 구분된다. 각각의 성이 취하는 분지되는 경로를 표시하는 것은 다른 무엇보다도 성기의 차이를 알게 된 것에 대한 반응의 차이였으며, 이 발견은 생애 두 번째 해의 후반이 성적 정체성의 느낌의 발달에 결정적인 기간이라는 것을 강력하게 암시한다. 여아에서 이 기간은 거의 보편적인 거세 반응과 대상 상실, 자기해체(self disintegration)의 공포의 재연에 대한 반응으로 부분적-상징적 능력(semi-symbolic capacity)과 기능의 주목할 만한 증가가 특징이다. 아버지에게로 성애적으로 돌아서는 것과 자위 패턴의 결정적인 변화가 여아에서의 성적 발달을 구분하게 하는 추가 양상이다. 비록 여아들은 강렬한 남근 선망과 여타의 거세 반응 현상으로 발달에 있어 남아들보다 훨씬 더 취약하지만, 그들 또한 자아기능의 발전을 보인다.

대조적으로, 남아들은 거세 불안에 대하여 더 깊은 부정과 전위로 방어하므로 드러난 동요가 훨씬 적어 보인다. 거기다가 그것은 노출증적인 자부심과 남아들이 쓰는 배뇨 자세의 기술과도 연계되며, 아버지의 가용성(availability)과 아들에 대한 정서적 참여의 정도가 중요한 역할을 하는 것으로 보인다. 아버지가 아들에게 전반적으로 더 가용적인 가족에서는 남아의 배뇨의 진행(progress)과 기술에 대한 아버지와 관심이 그들의 상호 관련의 중요한 측면이 되며, 그런 남아는 아버지가 정서적으로 덜 가용적이거나 아예 없는 남아들보다도 수개월 먼저 서서 소변보는 자세를 취하는 경향이 있다. 생애 두 번째 해의 후반부에 남아의 남성적 성적 정체성의 느낌의 성장에 있어 아버지의 가용성과 지지의 중요성은 아무리 강조해도 지나치지 않다.[57]

남성심리

정신분석은 고르지 않게 발달하였다는 것이 종종 관찰되었으며, 한 시기에는 그 분야의 어떤 측면들이 비율에 맞지 않게 강조되었다가 다른 시기에는 반대쪽이 강조되기도 한다. 남성에 대해서도 그러하였다. 정신분석 문헌에서 아버지의 역할에 대해서는 1975년이 되기까지는 거의 토론되지 않았는데, 강조점이 초기 Freud 학파의 강한 아버지상으로부터 자녀들 문제의 많은 것이 어머니에게 책임이 있다는 후기의 발견들로 기울었고, 이것에 대해 제2차 세계대전 동안에 Philip Wylie가 '모성주의(momism)'란 용어를 붙였다. 전쟁 중

징집된 사람들 중에서 그렇게 높은 비율이 병역에 부적합하였기 때문에 우리 문화가 나약한 사람들의 나라를 만든 게 아니냐는 의혹이 시작되었다. 그러나 1975년까지는 이론가들이 아버지를 "잊혀진 남자"라고 말할 수 있었다.

그때부터 문헌들은 여러 가지 다른 방식으로 주의를 돌리기 시작하였다. 영향력 있는 두 권의 저서에서 탁월한 연구자인 Michael Lamb은 다양한 방식으로 아버지의 중요성을 기술하였다(『아동 발달에 있어서 아버지의 역할(The role of the Father in Child Development)』(1976, 1981 개정)을 보라).

Lamb의 책은 인간과 동물, 우리 문화 및 다른 문화에서의 부성적 행동의 범위를 다루었는데 다음과 같이 요약될 수 있다(1981판).

제1장은 「부성: 실종과 재발견(Fatherhood: Disappearance and Rediscovery)」이라는 제목이 붙었다. 문화적 상징과 문화적 변화가 부성 교훈(paternal lore)의 평가 절하와 최근의 상승하는 관심의 설명이 된다. 원래 여성들만 젖을 먹이고 수컷은 육아에 거의 개입하지 않는 포유류종 전체의 경향이 있다는 사실에서 보살핌과 사회화 모두에 대한 일차적 책임이 여성에게 있다고 보기에 충분하다고 보였다. Lehrman은 그런 주장은 "우리의 사회적 편견을 정당화하기 위해 과학적 고려 사항처럼 보이는 것을 이용하는 것"이라고 썼다(3쪽).[58] Lehrman이 말한 것처럼 성 차이의 생물학적 근거에 관한 대부분의 논쟁은 쥐에서 모성 행동의 확립에 있어서 호르몬의 역할에 관한 증거들로부터 이끌어 냈다. 따라서 1975년 무렵까지 아버지의 역할은 널리 평가 절하되었다.

정신분석 이론에서 오랫동안 아버지는 그의 아들의 적이자 딸의 유혹자이며, 본질적으로 술 마시고 충동에 휩싸이며 즉각적인 만족만이 소원인 짐승으로 여겨졌다. 점차적으로 분리 항거(separation protest) 및 반기는 행동 이외의 애착 평가는 대부분의 영아가 생애 첫 해부터 부모 양쪽 모두에게 결속된다는 것을 확인하였다. 스트레스가 없는 상황에서 영아는 어느 한쪽 부모를 더 좋아하는 모습을 보이지 않는 것처럼 보인다. 영아는 분명히 거의 동시에 부와 모 양쪽에 애착한다. 그러나 그들은 적어도 2세 이전에는 어머니를 선호하는 것처럼 보인다. 부모 둘 모두가 중요하지만, 영아기부터 아버지와 어머니는 각기 다른 상호작용과 경험을 대표한다. 영아기부터 아버지는 육체적으로 자극적이고 놀이하는 상호작용에 관계하는 반면, 어머니는 인습적인 놀이에 관계하고 주로 돌봄을 담당한다. 아버지가 딸보다 아들을 키우는 데 더 직접적으로 관여한다는 것이 일관되게 밝혀졌다. Elder는 최근에 그들 가족이 경제적 박탈 속에 있던 1928~1938년 대공황기에 Berkeley에서 태어난 소년들을 연구하였다. 대조적으로 1920~1921년에 태어난 Oakland 성장 연구(Edler,

1974)의 소년들은 성취를 향한 동기가 매우 컸다. 그 차이점은 Berkeley 남학생들의 아버지가 Oakland 남학생보다 조기의 더 결정적인 시기에 덜 매력적인 모델이 된 사실 때문에 생겼다.

부성적 행동의 따뜻함과 민감성은 아버지와 영아 애착 관계의 안전성을 결정하며, 어머니의 경우처럼 안전한 관계는 다른 사람들과 긍정적인 관계를 형성할 수 있는 능력을 길러 준다.

남성성, 응징성(punitiveness) 및 양육/따듯함과 같은 부성적 특징의 차이 효과를 연구함으로써 부성적 영향을 이해하려고 시도하는 대신, 많은 연구자는 양육될 때 아버지가 있었던 아이들과 없었던 아이들을 비교함으로써 아버지의 역할을 탐구해 왔다. 아버지 부재에 대한 연구는 아버지가 성 역할, 도덕성, 성취도 및 심리 사회적 적응에 영향을 미친다는 것을 확인하였다. 마지막으로, 아버지가 심리적으로 결여된(멀리 있고 접근할 수 없는) 아이들은 아버지가 물리적으로 없을 때만큼 극단적은 아니더라도 마찬가지의 고통을 받는 결과를 겪는다.

Lamb의 책에 실린 많은 연구는 부성에 대한 분석적 · 심리 사회적 견해의 변화에 대해 많은 부분을 밝혀 준다. Machtlinger(제3장)는 Freud에 관해 다음과 같이 말하였다.

1. 오이디푸스 이전 시기의 아버지에 대한 사랑과 존경의 느낌은 (특히, 남아들에게) 긍정적인 동일시의 원천으로 극히 중요하게 여겨졌다.
2. 어린아이의 현명함과 무력함에서 사랑하는 누군가의 보호를 받으려는 절실한 필요가 나온다. Freud는 이 보호받을 필요를 특히 아버지와의 관계와 연관 지었고, 그것이 어린 시절의 가장 큰 필요 중 하나라고 생각하였다.
3. 어린아이는 또한 아버지를 권위로 간주하며, 벌을 줄 수 있는 사람으로 간주한다.

곧이어 어머니에 대한 느낌과 아버지에 대한 느낌 사이의 상호 연결이 전면에 나타난다. Burlingham(1973)은 아버지를 경시한 것이 어머니-영아 관계의 성질에 대한 생각을 왜곡시켰다고 느꼈다. 특정적으로, 아버지가 어머니로부터 아이가 개별화하는 데 도움을 준다고 그녀는 제안하였다.

삼각화 모형

1975년 이후 정신분석 토론의 기초를 형성한 오이디푸스 이전 시기와 오이디푸스 시기의 아버지에 대한 견해 중 가장 널리 보급된 것은 Ernst L. Abelin의 견해이다. 그의 일반적인 초기 삼각화 모형은 일반적으로 18개월경이라고 가정되는 아동의 자기개념 내면화에 관여하는 과정적 사고와 관련이 있다. 조현병 아동과 그 가족을 연구하는 과정에서 Abelin은 아버지가 오이디푸스 이전 시기 동안 중요한 기능을 수행한 것으로 간주되는 초기 삼각화 모형을 개발하였다. 그는 조현병이 상징적인 정신 기능과 자기의 정신적 이미지의 붕괴가 특징이라는 이드 아이디어를 출발점으로 삼았으며, 이 두 가지 지적 성취가 모두 18개월경에 정상적으로 나타난다는 Piaget의 생각에 동의하였다. 그는 이 나이의 아이가 어떻게 정신적 자기상을 형성하며, 이 성취는 상징적인 정신 기능의 출현과 어떤 방식으로 관련이 있는지 묻는다. 그는 조현병의 가족 역학을 그의 추측의 기초로 삼아, 두 성과가 각 부모와의 만족스러운 관계뿐만 아니라 부모 사이의 만족스러운 관계의 존재에 의존해야 함이 틀림없다고 가설을 세웠다. 이것은 정상적인 발달에서 부모 간의 관계에 대한 어떤 종류의 내면화가 18개월경에 일어난다는 것을 뜻하였다.

몇몇 분석가는 부모가 되는 과정을 종종 '발달상의 위기'를 수반하는 발달 단계 또는 과제로 간주한다. 부모됨은 어머니와 아버지가 많은 내적 및 외적 적응(adjustments)과 순응(adaptation)에 직면하게 하고, James M. Herzog(1979)가 지적한 것처럼 남성들은 그 과정에서 매우 다른 태도와 참여도를 가지고 아버지가 된다. 그는 "어머니의 (선택의 여지가 없는) 심리생물학적 개입과 비교할 때, 아버지는 임신에서 한발 멀다는 사실은 임신 과정에서의 그들의 참여 강도에 관해서 선택의 요소를 제공한다."라고 생각한다.

요약하면, 1975~1980년의 정신분석 문헌에서 이론은 아동의 심리적 분화와 개별화 과정을 돕는 아버지의 중요성을 강조한다. 보다 어린 시기(오이디푸스 이전 시기)의 아버지에 대한 사랑과 존경에 바탕을 둔 초기의 동일시는 아이의 자아발달과 현실 검증을 강화하고 아이가 어머니와 분리 (개인이) 되도록 돕는다. 영아가 심적 독립을 위한 투쟁을 하는 동안 아버지는 어머니보다 덜 모호한 관계를 자녀에게 제공하는 것으로 생각된다. 따라서 정신분석가는 건강한 성격 성장을 촉진시키기 위해서는 두 부모 모두의 존재가 필수적이라고 생각한다. 한 부모의 부재는 아동이 부적절한 감정의 영향을 받을 가능성을 높인다. 이를 법적인 언어로는, 부모 중 한쪽 또는 양쪽에 다 불리하게 아이의 마음이 피독되었으며, 결과는 대단히 파괴적이다라고 한다(Wallerstein and Blakeslee, 1988).

Jaan Valsiner는 소비에트(Soviet) 가정의 아버지에 대한 흥미로운 장(chapter)을 제공하였다. 그는 소비에트의 '실험'이 아버지와 어머니의 필요조건(requirements)에 대한 새로운 역할을 창출하는 실험은 전혀 아니며, 오래된 역할 기능을 국가가 대신한 것이라고 주장하였다. 물론 이것은 소비에트 연방의 아버지와 어머니의 역할에 영향을 미쳤다. 그들은 전체주의 국가에 완전히 종속되게 되었다. 이러한 역할 변화의 미묘한 영향은 더 많은 연구가 필요하다. 어쨌든 아버지와 어머니의 보육의 양은 더 평등하였다. 일반적으로 이것은 생계 활동에 대한 어머니의 참여 증대와 아버지의 육아에 대한 기여 확대의 원칙에 부합하는 것으로 보인다. 소련은 사회에서 지도력 기능의 통제에 대한 전체주의적 집중을 하고 있으며, 그 결과로 가부장적 아버지 역할이 국가로 이전되었다.

소련 영토에 거주하는 여러 문화 사이에 가족(및 아버지) 역할에 더 많은 이질성이 존재한다. 소련 문화의 이름표 아래에 다문화 유형의 모든 다양성을 포괄하려는 것은 부정확한 수순이다. 전체주의 국가로서 국내 소수 민족의 문화적 패턴 위에 전통 러시아 문화적 패턴을 부과하려고 시도하였지만, 그것은 그리 효과가 없었다. 러시아 아버지의 역할은 추상적인 것을 넘는 것인데, 그것의 동질적 모습을 말하기는 불가능하다.

Cath, Gurwitz와 Ross는 1982년에 일련의 탁월한 논문들을 『아버지와 아들: 발달적 그리고 임상적 조망(Father and Child: Developmental and Clinical Perspectives)』이란 제목으로 , 이번에는 더 순수하게 분석적인 노선을 따라 출간하였다.

아버지의 부재

이 수집된 자료에서 가장 독창적이고 유용한 논문 중 하나는 James M. Herzog의 「아버지 갈망: 공격적인 충동과 환상의 변조에 있어서의 아버지의 역할(Father Hunger: The Father's Role in the Modulation of Aggressive Drive and Fantasy)」에 관한 것이다. 먼저, Herzog는 현 시대에서는 흔히 좌절된, 아이들의 아버지에 대한 갈망에 주의를 환기시킨다. 이혼이나 다른 어떤 이유로든 아버지가 없는 아이들은 모든 발달 단계의 산물에서 공격적인 주제와 내용이 두드러지는데, 특히 18개월에서 60개월 사이의 남아에서 그러하다. 이러한 관찰은 Herzog가 어린아이의 공격적인 충동과 환상의 조절에 있어 남성 부모에 의해 특정한 역할이 수행되며, 이 시기의 아버지의 부재는 특정적이고 길게 장기적인 결과를 낳는다는 가설에 이르게 하였다.

두 번째 가설은, 어린 남자아이들이 적어도 다섯 살까지는 여자아이들보다 공격적 충동과 환상에 대한 통제의 파열에 더 취약하거나 적어도 더 취약하다고 느낀다는 것이다. 그리하여 어린 소년들은 가족의 붕괴가 아버지의 상실로 이어질 때 더 고통을 겪는다.

마지막으로, '아버지 갈망'이라는 개념은 아버지가 결여된 아이들이 겪는 정서적인 상태와 열망을 기술하기 위해 도입되었다. 공격적 충동을 조절할 수 없게 될 것에 대한 두려움이 그의 논문에서 탐구되었다.

아버지 부재의 영향과 그에 따른 감정은 많은 열띤 토론의 주제였다. Parens는 그의 1979년 저서 『소아기의 공격성의 발달(The Development of Aggression in Childhood)』에서 공격성의 원인과 발달을 더 명확하게 정의하려고 노력하였다. 그는 공격성을, ① 불쾌감과 관련된 공격성의 방출, ② 파괴성의 비효과적인 방출, ③ 공격성의 비파괴적 방출, ④ 쾌감과 관련된 파괴성의 방출로 나누었다. 이것은 폭넓은 수용을 받지 못하였고, 공격성은 상식적인 방식으로 더 일반적으로 취급되었다.

결론적으로, Herzog는 아버지가 없는 아이들은 아버지 갈망을 상당히 집요하고 힘 있는 정서적인 상태로 경험한다고 말한다. 아버지 갈망은 돌봄, 성적 지향, 도덕 발달 및 성취 수준과 같은 다양한 문제에서 결정적인 동기 부여 변수인 것으로 보인다. 그의 표본에서 연구된 아이들은 모두 아버지 갈망을 드러내는 것처럼 보였다. 그들은 그들이 사활적으로 필요로 하는 무언가가 부족하다고 느꼈다. 어머니와 다른 사람들은 실제 아버지 부재 또는 심리적 아버지 부재의 영향을 중재할 수 있다. 아버지가 없더라도 전쟁 때나 사망의 경우처럼 존경받거나 이상화되거나 중요하고 가치 있는 가족 구성원으로 제시된 때에는 아버지 갈망의 결과로 나타나는 상태가 덜 현저한 것으로 보인다.

이혼의 양가성, 상처, 증오는 남성인 부모가 부재한 느낌을 아이에게 극대화하고 아버지 갈망을 악화시키는 것으로 보인다. 현재 이혼이 유행하고 있으며, 이와 더불어 슬프게도 아버지 갈망이 유행한다. 이혼 후 아버지와 자녀 관계를 의논하는 것이 필요하다. 혼인 파열 후의 부모와 자녀 관계는 이전에 구축된(forged) 것과 연속되지 않는다. 가장 큰 변화는 방문하는 부모와 방문받는 자녀 사이의 사실상 완전히 새로운 관계로서 일어나는데, 온전한 가족 구조 속에는 이에 상응할 만한 것이 없다. 이혼 후 방문 관계의 성질은 종종 예측할 수 없다. 방문 부모는 방문 자체가 부모 모두에게 실패한 결혼의 환영과 그랬을 수 있었던 것에 대한 환상을 쉽게 느끼게 하는 영역이 된다는 것을 발견한다. 방문은 이혼한 성인들 사이에 분노, 질투, 사랑, 상호 배척을 재연하는 데 이용될 수 있는 강렬한 다중 결정적(multidetermined) 사건이다.

별거 4, 5년 후에 나타나는 패턴은 아버지와 아이들 사이의 접촉이 가파르게 떨어지는 경향을 보일 거라는 널리 퍼진 사회의 기대와 일치하지 않는다. 새로운 역할에 대한 요구는 아버지에게 가볍지 않았다. 시간이 지나도 이 시련을 감당한 대부분의 남자는 자신의 자녀들에게 진지하게 헌신하였으나, 상대적으로 모호한 역할과 일관된 가족 구조가 없는 상태에서 잘 수행할 수 있는 정서적 성숙과 심리적 온전성을 갖고 있었다. 반면에 그들은 반드시 심리적으로 기민하거나 특이한 민감성을 가진 사람들은 아니었다. 아무도 두 개의 직업을 가지지 않았으며, 모두가 자녀를 보기 위해 얼마간의 여가를 냈다.

어머니가 특히 원한을 갖고 보복적인 한 집단에서는 자녀들이 아버지를 자주 방문하기를 원하여도 어머니가 그렇게 하지 못하게 만들었다. 연구자들은 여러 해 동안 이 영향이 지속됨에 깊은 인상을 받았다. Larry와 그의 누이의 경우, 자녀들과 친해 보려는(woo) 아버지의 노력을 충격적으로 묘사하였다. 열네 살인 Larry는 "아버지는 구애하는 방법을 알고나 해야 해요(My father has to understand when he shoots arrows)."라고 말하였다.

광범위하게 지속적인 관계

결론적으로, 그들은 다음과 같이 주장한다. 심리학 이론과 임상적 지혜는 온전한 결혼생활에서 부모와 자식의 관계를 다음과 같이 개념화한다. 그 관계는 광범위하게 지속적이며, 아동 발달의 변동과 변천을 경험하고, 아이의 발달 과정의 진행에 의해 부모 속에 새롭게 일어나는 소아기 갈등 잔재의 반향을 겪게 되는 것이다. 이 이론과 지혜는 부재한 부모도 다루었는데, 아동의 심리적 발달에 대한 상실과 애도의 영향의 틀 안에서 주로 다루어 왔다. 연구 결과는 방문 부모와 방문 자녀 또는 파트타임 부모 및 파트타임 자녀의 '다른 연속성, 예기치 않은 불연속성 및 새로운 종류의 관계'를 특징으로 하는 이혼 가정에서의 현상을 개념화하기 위한 새로운 모델의 필요성을 시사한다. 인간관계와 그 내면적 표상의 연속성과 불연속성에 관한 근본적인 질문이 다시 일어난다.

부녀간 근친상간의 화제는 지난 몇 년 동안 많은 주목을 받았다. 이것은 Freud가 시작한 주제 중 하나이다. 지금까지는 일반적으로 극히 드문 것으로 추정되었지만, 최근 몇 년 동안 일부 연구자들은 훨씬 더 흔하다고 주장하였다(Herman, 1981). 분석 경험은 이 가설을 확인하는 것처럼 보이지 않으며, 분석가는 근친상간에 대한 보고가 크게 과장되어 있거나, 성인이나 부모의 행동보다는 아이의 소망을 반영한다고 가정하는 근친상간에 대한 일반적인 통념을 고수한다.

비록 분석가 아닌 사람들이 근친상간의 빈도에 대해 상당한 항의를 하였지만 분석가 자신들은 자신의 분석 경험이 정보의 최고의 원천이라고 느끼면서 비판을 무시하는 경향이 있었다. 아이와의 단순한 놀이와 실제적 종류의 성적 상호작용 사이에 많은 사람의 마음에 약간의 혼란이 있는 것 같다. 그리고 물론 우리 사회의 허용성의 증가로 인하여 근친상간의 빈도가 증가할 수도 있다.

늘 그렇듯 식견 깊은 스타일로 Socarides는 책임을 다하지 못하는 아버지와 동성애자 아들이란 주제에 대해 논의한다. 그는 논문에서 남성 동성애의 발달에 대한 아버지의 기여를 생각한다. 1910년 Freud는 Leonardo da Vinci에 대한 토론에서 다음과 같이 썼다.

> 우리의 남성 동성애의 모든 사례에서 피실험자들은 나중에 잊혀진 어린 시절의 첫 번째 기간 동안, 당연히 어머니인 여성에게 매우 강렬한 성애적인 애착을 가졌었다. 이 애착은 어머니 쪽에서의 너무 많은 다정함에 의해 유발되거나 고무되었고, 그들의 어린 시절에 어머니가 한 작은 부분에 의해 더 강화되었다.[59]

Socarides는 이런 종류의 가족 구조에서 두 가지 결론을 이끌어 냈다.

1. 자기와 대상, 자기와 어머니 사이의 경계는 흐리거나 불완전하며, 그 결과 그녀와의 첫 번째 여성적 동일시가 지속되고 성별 정의(gender-defined)된 자기정체성에 장해가 된다.
2. 발달상의 결핍은 대상관계 유형의 갈등을 야기하는데, 이는 환자가 자기-대상 분화 단계에서 발달 실패와 관련된 불안과 죄책감을 경험하는 것이다. 오이디푸스 이전 시기 동성애자의 핵심적 갈등은 분리 불안과 관련된 원초적인 모자 합일을 복구시키기 위한 어머니와의 합병에 대한 욕망과 두려움으로 구성된다.

결론적으로, 그는 다음과 같이 말하였다. "나는 성인 남성 동성애의 복합적이고 다원적인 발생의 한 가지 요소를 설명하였다. 아들의 초기 발달의 결정적인 단계에서 아버지가 내키지 않거나 적절하게 기능을 수행할 수 없음이다. 오이디푸스 이전 시기에 동성애자는 그의 어머니에게서 분리를 성취하지 못하였다. 그는 어머니와의 동일시를 벗어나지 못하고 아버지와 동일시하지 못하였다. 어머니는 분리 과정에서 중요 역할을 담당하지만, 아버지의 역할 또한 결정적이다."

과학적 상황

처음부터 Freud는 과학의 근간을 위반하는 것으로 공격받았다. 그와 그의 추종자들은 여러 가지 이유로 정신분석이 과학의 진정한 정신을 대표한다고 느끼면서 이 비판에 거의 관심을 기울이지 않았다.

몇 년마다 어떤 책이나 기사가 나와서 정신분석학은 과학 밖의 일이라고 또 주장하는데, 일반적으로 같은 비판을 하고 있다. 즉, "실험이 없다, 용어들의 정의가 없다, '모델'로 간주되는 물리학에 원래 문제가 있다." 등등이다.

오늘날 정신분석 비판에 가장 널리 인용되는 것은 Adolf Gruenbaum의 책, 『정신분석의 기원(The Foundations of Psychoanalysis)』(1988)이다. Gruenbaum은 과학으로서의 정신분석의 목적은 어떤 경향과 증상이 어린 시절과 어떻게 연관되어 있는지를 보여 주는 것이라고 간주한다. 이것은 사실이 아니다. 정신분석에 그보다는 더 많은 것이 있는데, 특히 개념적 틀이 그러하다(Fine, 1989). 그의 주장은 Weiss와 Sampson(1986)과 그 외 많은 사람에 의해 논박되었다. 그들은 또한 Sears가 1939년에 주장한 내용을 반복한 것이다(374-375쪽 참조). 정신분석가들은 일반적으로 통상적인 과학 패러다임에 대해 거의 관심이 없었다.

정신분석이 보다 엄밀한 과학의 방법을 고수하지 않기 때문에 비과학적이라는 주장의 주된 결함은 엄밀한 과학의 방법이 무엇이었고 무엇인지를 이해하지 못한다는 점이다. 특정적으로 통합 개념의 역할은 사실상 무시되었다.

그들의 책 『물리학의 진화(The Evolution of Physics)』(1938)에서 Einstein과 Infeld는 다음과 같이 썼다.

> 근본적인 아이디어는 물리학적 이론을 형성하는 데 있어 가장 중요한 역할을 한다. 물리학에 관한 책은 복잡한 수학 공식으로 가득하다. 그러나 공식이 아닌 사고와 아이디어가 모든 물리학적 이론의 시작이다.[60]

그들은 물리학이 어떤 개념들로부터 시작되었다는 사실을 더욱 강조한다. "고전 역학의 위대한 결과는 역학적 관점이 물리학의 모든 분야에 일관되게 적용될 수 있으며, 모든 현상은 거리와 변화할 수 없는 입자들 사이의 작용에만 관계되는 인력 또는 반발력을 나타내는 힘의 작용으로 설명될 수 있다고 제안한다"(65쪽). Einstein은 자신이 크게 기여한 것은 그가 "뉴턴 시대 이후 가장 중요한 발명인, 장(field)"이라고 부르는 것을 통해 공간, 시간, 중력의 개념을 명확히 밝힌 것이라고 보았다(244쪽).

물리학 발전에 대한 이러한 견해는 과학을 충분한 지식이 없는 사람에게 설명하려는 과학의 지나치게 단순화된 철학에서는(강단 심리학academic psychology에서처럼) 발견되지 않는다.

또 다른 중요한 관찰은 (다행스러운 우연의 일치로) 물리학에는 자연 현상을 관찰할 수 있는 능력과 이들 현상을 설명할 수 있는 새로운 수학적 도구가 존재한다는 것이다. 그러한 우연은 심리학에는 존재하지 않는다.

물리학은 관측과 개념으로 시작되었다. 정신분석도 똑같은 일을 한다. 차이점은 조사 대상 자료의 성격에 있다. 방법(관측-개념-설명)은 본질적으로 동일하다.

자아심리학

자아심리학의 전성기는 1950년대의 Hartmann, Rapaport, Gill 및 다른 사람들(제11장 참조)에서 나왔다. 그 후로는 분석적 주목의 중심이 자기로 옮겨졌고, 이따금 자아심리학에 대한 책과 논문들이 나왔다.

이 분야에서 가장 중요한 새로운 기여는 Leopold Bellak(1973)과 그의 동료들의 연구에서 발견된다. Bellak은 처음에 12개의 자아기능을 열거하였다. 즉, 현실 검증, 판단력, 세상과 자기의 실체감, 욕동, 감정 및 충동에 대한 조절과 통제, 대상관계, 사고 과정, 자아의 통제하에 적응적인 퇴행, 방어 기능, 자극 장벽과 자율 기능, 합성 통합 기능, 숙달 능력, 그리고 자아 기능들 간의 상호 관계들이다. 그래서 연구 프로젝트는 조현병, 신경증 그리고 정상에서 자아기능을 검사하는 것이었다. 이러한 평가를 통해 '자아기능 평가(EFA)'라고 알려진 자아기능 프로파일이 만들어졌다. 이러한 자아기능을 기반으로 진단 및 치료에 대한 평가 프로파일이 설정되었다. Bellak은 "자아기능과 그 평가가 인간 행동의 전체 스펙트럼 연구에 유용할 수 있음을 보여 주기를 희망하지만, 우리는 또한 사람들을 연구하는 다른 모든 방법을 제거하거나 대체하지 않는다는 것을 분명히 하기 위해 노력한다."라고 덧붙었다.[61]

ellak은 EFA의 가치를 보여 주기 위해 많은 연구를 인용하였다. 그것은 아직까지는 임상 영역에서 더 자주 시도되고 검사되어야 할 수순으로 남아 있다.

치료적 기법

30년 기간 동안 추구된 Menninger 재단 프로젝트(정신치료 연구 프로젝트Psychotherapy Research Project: PRP)가 여태껏 구상되고 수행된 연구 중 가장 야심적인 것임은 의심의 여지가 없다. 그것의 이론적 틀은 정신분석이었고 이론적인 목표는 정신분석적 치료 이론을 증폭, 재편 및 확장하는 것이었다. 최종 결산을 보면 30년 기간을 기록하였고, 치료 경력 및 이어진 인생 경력에서 환자군의 절반은 정신분석치료를, 절반은 그만큼 긴 장기간의 표현적 그리고 지지적인 정신분석적 정신치료를 받았다. Robert Wallerstein이 편집한 책은 이들 집중적인 치료들을 종합한 과정, 결과 연구이다. 그것들은 환자, 치료와 치료자, 상호작용하는 환자의 외부적 상황 등의 몇 가지 관점에서, 그리고 여러 시점(치료 전 첫 조사, 치료 후 종료 조사 및 몇 년 후 추적 조사)에서 조사되었다. "PRP는 아마도 코호트(cohort)의 상당 부분에서 30년간의 관찰 기간 동안 이어진 100% 추적 정보를 얻은 연구로서, 이 같은 연구는 정신치료 연구계에서 유일할 것이다."[62]

PRP는 Lewis L. Robbins와 Wallerstein을 의장으로 하여 1954년에 공식적으로 조직되었다. 그 천명된 목적은 하나의 정신분석요양소(메닝거 병원C. F. Menninger Hospital), 메닝거 재단(Menninger Foundation) 임상 공동체를 구성하는 다양한 중간 치료 시설 및 외래 치료 시설과 공동으로 정신치료와 정신분석을 집단 개업한 대규모의 저명한 임상적 공동체의 일상적 임상 작업의 성격과 효과에 관해서 더 알아보자는 것이었다. 간단히 말해서, 그들은 정신분석에서 그리고 정신분석적 정신치료자의 범위에서 어떤 변화가 일어나는지에 대해(공식적인 연구 디자인에서 성과 질문outcome question) 더 알고 싶었다. 그들은 또한 치료와 치료자 및 환자의 진행 중인 삶의 상황에서, 환자의 어떤 요소들의 구성(constellation) 또는 변수들의 상호작용을 통해 이러한 변화가 어떻게 발생하였는지를(과정 질문the process question) 알고 싶었다.

이 대규모 연구 사업을 수행하면서 거의 대부분이 임상가이며 연구자들인 27명의 조사자들은 (몇 시간에서 몇 주일 또는 풀타임까지) 에너지와 시간을 투자하였다. 이 중 23명이 프로젝트의 주요 책임을 졌으며, 많은 경우에 거의 20년 동안 내내 공식적인 데이터 수집과 데이터 분석을 통해 지속해 왔다. 이 헌신적인 공동 작업자 그룹의 프로젝트 작업은 지금까지 68개의 출판물을 낳았다. 그중 4개는 이 프로젝트의 다양한 노력의 측면에 관한 결론적인 책이나 단행본이다. 나온 순서는 다음과 같다.

1. Kernberg 등(1972)의 단행본은 프로젝트의 통계적 및 수학적 데이터에 대한 것인데, 프로젝트의 양적 측면에 대한 최종 보고를 한 것이기 때문에『최종 보고서』라는 오해하기 쉬운 제목을 붙였다.
2. Voth와 Orth(1974)의 책은 정신치료 과정과 결과에 영향을 미치는 상황적 (또는 환경적) 변수들의 특정적인 역할에 대한 것이다.
3. Horwitz의 책은 기획된(projected) 치료의 과정과 결과에 대한 초기 연구 시점의 예측(predication)에 대한 평가이다. 이 연구에는 단지 42명의 환자만 있지만, 세 가지 클래스에서 약 열 가지 변수의 상호작용하는 효과에 대해 거의 1,700건의 개별적인 예측(환자당 약 40건)이 있었다. 환자, 치료 및 치료자, 상황 등이 예측 연구에 포함되었다.
4. S. A. Applebaum(1977)의 책은 연구 대상 환자에게 세 가지 횡단면 시점(초기, 종결 및 후속)에서 시행된, Rapaport가 고안한 포괄적인 심리검사 배터리의 비교 연구이다.

진정으로, Menninger 연구는 지금까지 수행된 정신치료 연구 중 가장 야심적인 연구이다. Wallerstein은 다음을 PRP의 강점으로 간주한다.

1. 우리는 치료 과정과 결과에 대해 심사 위원으로 숙련된 임상가를 동원하였다.
2. 우리는 연구 심사에 여러 종류의 자료를 제공하였는데, 몇 명의 다른 사람들(치료자, 감독자, 환자 및 이미 언급한 다른 사람들)의 인터뷰 관찰 및 판단뿐만 아니라 (심리적인 검사, 임상 기록 등) 다른 자료들도 제공하였다. 이 모든 것이 연구 심사 위원이 판단 모체(matrix)에 들어가는 정보의 정확성과 적절성에 대한 자신의 평가에 이르기까지 관찰자와 관찰자 간의 일관성과 불일치를 주목할 수 있게 하였을 것이다.
3. 우리는 몇 가지 점에서 심사위원들 간의 합치에 대한 검토를 제공하고 있다. 이러한 검토를 통해 우리는 경험이 많은 심사위원이 서로 얼마나 잘 동의할 수 있는지를 기록할 수 있었고, 또한 많은 녹음된 인터뷰 형식의 일차적인 축어록 데이터를 그대로 사용하였기 때문에 다른 심사위원이 나중 시점에 들어왔을 때 기존의 심사위원과 어떻게 동의하는지 알 수 있었다.

결과를 아주 간단한 용어로 기술할 수는 없지만, Wallerstein은 다음과 같이 평가를 한다.

정신분석

명확히 적절한 분석

정신분석을 권유받고 적어도 시작은 한 22명의 환자 중 7명의 남성과 3명의 여성에 대해서는 이 회고적 개관 시점에서, 그리고 연구 심사 위원들에게 분명히 가장 적절한 치료 선택이었던 것으로 보인다. 이것은 이들이 모두 최상의 결과를 나타내었다거나 그들 중에 실망스러운 결과가 없음을 의미하지는 않는다. 또한 모든 경우에 있어서 최대로 효과가 있다고 판단되는 방식으로 분석이 수행되었음을 의미하지도 않는다. 12명 중 7명이 실제로 매우 좋은 결과를 보였고, 3명은 중간 정도의 좋은 결과를 보였으며, 1명은 매우 모호한 결과를 보였고, 1명은 완전히 실패한 사례였다.

명확히 부적절한 분석

12명의 환자들(분석을 시작된 22명의 환자 중)과는 반대로 회고적으로 정신분석이 여전히 가장 좋은 치료 선택이었던 것으로 여겨지는 남성 2명과 여성 6명이 있고, 반대로 매우 지지할 수 없는 치료라고 판명된 사람이 6명 있었다. 여기서 성비는 정확히 역전되었는데, 남자 5명과 여자 1명이었다. 이 6명은 더 심한 환자들에 속하였으며, 알코올 중독 환자 및 편집증-경계선이었다. 그들은 모두 '영웅적인 적응증(heroic indication)'에 근거하여 분석에 받아들여졌다. 그러나 이들 6명은 모두 분석에서 주요 해결 불가능자 프로그램(major unresolvable programs)에 들어갔는데, 4명은 전이정신병이 발생하는 방향으로, 1명은 피학적 욕구 또는 애초에 분석 작업에 요구되는 사항들을 직면할 능력이 없거나 의지가 없었다.

정신치료

명확히 적절한 치료

표현과 지지 정신치료를 다양하게 권유받은 20명의 환자(남성 11명, 여성 9명)를 살펴보면, 그중 12명(남성 5명, 여성 7명)은 필요하였던 정도의 입원치료를 수반한 적절한 치료를 선택하고 시행한 것으로 보인다. 이 그룹의 다른 11명은 정신분석 쪽의 대조군과 마찬가지로 괜찮게 잘 해냈다. 따라서 어떤 사람들은 더 잘할 수도 있었을까 궁금해할 수 있다.

불충분한 치료

정신치료를 권유받은 20명 중에서 다른 8명 중 6명(남자 5명과 여자 1명)은 실제로 치료를 받았지만 충분한 치료가 아니었다고 판명되었는데, 이유는 치료가 충분히 분명하게 지지적이지 않았거나, 수반되는 입원이 불충분했거나, 보조적 지지(가족의 생활 환경 조사)가 불충분하였거나, 이런 모든 불충분함이 겹쳐서였다. 당연히 모호한 결과를 보인 3명과 실패한 3명도 있었다.

Wallerstein은 이 모든 것을 종합하여 다음과 같은 결론을 내린다.

1. 정신분석을 해 보는 것이 적합한 것으로 선택되거나 또는 다양하게 혼합된 표현, 지지적 정신치료적 접근법들에 적합한 것으로 선택된 환자를 대상으로 한 치료의 결과는 이 집단 표본들에서 벗어나지(diverge) 않고 수렴(converge)한다.
2. 환자 42명에서 거의 모든 경우(정신분석 포함), 치료 과정의 전체 스펙트럼에 걸쳐서 치료는 원래 의도하였던 것보다 더 많은 지지 요소를 가지고 있었으며, 이러한 지지 요소는 원래 예상하였던 것보다 많은 변화에 대한 설명이 되었다.
3. 지지치료의 성질—또는 더 잘 말하면 정신치료적 틀 내에서 개념화되는 그대로의 모든 정신치료의 지지적 측면—은 역동적인 문헌에 통상 기록되어 온 것보다 훨씬 더 존중받아서 그 모든 형태와 변형이 상술되어야 한다.
4. 이 환자 집단이 도달한 변화의 종류, 즉 주로 드러내기로 통찰을 지향하는 기조를 가진 사람들이 도달한 것과, 반대로 주로 지지치료의 덮어 주는 종류의 기법에 기반을 둔 사람들이 도달한 것에는 소위 인격 기능의 진정한 변화 또는 구조적 변화라고 하는 면에서는 적어도 보통 사용되는 지표로는 흔히 서로 뚜렷이 구분할 수 없는 것으로 보였다.

그 나름의 방식(양적이 아니라 개념적인)으로 동등하게 중요한 출판물은 미국정신분석협회 잡지 1979년도판 27권의 특별 증보판이다. 이 책에는 이 분야의 선두 주자로 인정되는 분석가들의 높은 품질의 논문이 많이 포함되어 있다. 몇몇 논문을 여기서 논의할 수 있는데, '고전적 분석'이 따라야 할 모델로 널리 간주되기 때문에 Arthur Valenstein의 이 주제에 대한 논문이 먼저 고려될 수 있다.

Valenstein은 "고전적 분석이 의미하는 바는 무엇인가?"라고 묻는다. 정의할 수 있고 간결하게 묘사 가능한 치료 기법이 존재한다는 말은 신화적인 신념 같은 것인가? 모든 분석은 소위 좋은 또는 정상적인 신경증조차도 정상적인 자아라는 가정에 의존하는데, 그러나 Freud가 1937년에 이미 지적한 바와 같이 "이런 종류의 정상적인 자아란 것은, 일반적으로 정상성이란 것이 그러하듯이 이상적인 허구"이다.

그는 고전주의나 특정 전통주의의 질(quality), 특정 표준의 질은 단순히 정의의 문제가 아니라 사용됨과 시간의 경과에 따라 역사적으로 자라나는 것이라고 주장한다. 정신분석에 대해 흥미로운 점은 소위 정통(orthodoxy)이라고 불리는 것이 의식(ritualism), 완강함(rigidity), 절대 규칙 준수를 시사하는 점이다. 반면, 고전 또는 표준이라는 용어는 기술적(describably)으로 전통적인 일상성, 비교적 좁은 한계 내에서 특별화된 기준의 존재 및 적용을 일반적으로 나타낸다.

Valenstein은 고전적 기법에 대한 여러 가지 진술을 검토한 끝에 Glover(1945)가 안심을 시켜 주는 문구라고 한 것을 인용하며 마무리한다.

> 그리고 여기서 나는 안심을 시켜 주는 문구로서 마무리를 할 수 있다고 생각한다. 정신분석이 모든 인간 질병에 대한 만병통치약인 척하는 것은 어리석은 일이다. 정신분석이 다른 정신치료같이 오류 가능성이 있는 도구가 아닌 척하는 것은 어리석은 일이다. 하지만 그것은 어렵거나 심지어 불치의 경우에도 적용해서는 안 되는 이유는 아니다. 기법이 분석가의 능력을 최대한 발휘하여 제공되었다면, 비록 그렇게 자주 기록되지는 않았지만 그렇게 자주 경험된 실패는 명예로운 실패이다. 그것들은 궁극적으로 치료 도구의 강화로 이어질 수 있다. 분석가는 실패를 메우기 위해 고안된 기법의 수정이 전이치료가 아니라고 둘러댈 필요가 없다. 때로 교감 요법(rapport therapy)을 통해 얻은 눈에 띄는 성과나 환자 자신이 자발적으로 얻은 치유에 질투를 느낄 필요가 없으며, 정신과 의사인 동료들 앞에서 열등감을 느끼거나 우월함을 느낄 필요도 없다. 정신분석은 한계가 무엇이든, 그리고 한계들이 많아도 그 자체로서 서기에 충분하다.[63]

대중의 반응

Freud가 비엔나에서 개원을 하였을 때, 그는 완전히 알려지지 않은 사람이었다. 그가 알려지지 않았을 뿐만 아니라 그가 일한 분야는 정확한 이름도 가지고 있지 않았으며, 신경정신과, 신경과, 신경질환 등등으로 다양하게 불리고 있었다. 그 후 100년 동안, Freud가 예측했듯이 정신분석은 세계를 정복하고 비엔나를 우회하였다(여하튼 비엔나는 정신분석을 그리 친절하게 받아들이지는 않았다). Janet Malcolm은 인기 있는 저서인 『정신 분석: 불가능한 직업(Psychoanalysis: The Impossible Profession)』(1981)에서 다음과 같이 썼다. "정신분석은 인간의 본성에 대한 광대한 사상 체계라는 믿기지 않을 정도의 꽃을 피웠으며, 그것은 기독교 이후로 어떤 문화적 힘도 그러지 못한 정도로 (이것이 틀린 말은 아닌 것 같다.) 우리 시대의 지적 · 사회적 · 예술적 · 일상적 삶을 통해 폭발하였다."

주관적인 반응이 중요하지만, 심리학, 자조(self-help) 및 전문적 도움에 대한 미국인의 태도의 변화에 대한 가치 있는 객관적 자료도 있다. 미시간대학교는 정신건강 조사를 포함하여 다양한 조사의 결과를 주기적으로 보고하는 조사연구센터를 운영하고 있다. 1957년에 실시된 자화상 연구는 대체로 같은 종류의 인구 집단에 대해 1976년에 반복될 수 있었는데, 20년의 간격이 있는 1957년과 1976년 사이에 의미 있는 비교를 산출해 주었다. 그들의 발견은 1981년, Veroff, Douvan 및 Kluka에 의한 두 권의 책에 보고되어 있다. 그 책들의 제목은 『미국인의 내면(The Inner American)』과 『미국의 정신건강(Mental Health in America)』이다. 『미국인의 내면』은 평균적 미국인의 심적 상태에 대한 묘사를 하고 있으며, 『미국의 정신건강』은 자조하거나 남의 도움을 받을 때 이용할 수 있는 정신치료와 자원을 찾아내는 데 기울여졌다.

우리의 토론에 가장 밀접한 관계가 있는 것은 도움을 찾는 방법에 대한 조사가 정신분석에 가장 큰 강조점을 두었다는 것이다. 그들은 다음과 같이 썼다.

> 이러한 고립, 분리, 지적 · 언어적 분석의 특성들에서 정신분석이 전형적인 과학을 대표한다. 그 인기는 과학 혁명 운동의 마지막 전선, 즉 인간 행동과 인간 영혼의 영역으로 나아감을 표하며, 무엇보다 과학의 힘에 대한 놀라운 믿음과 낙관주의를 상징한다. 인간의 상담(counsel), 현대적 감수성의 모델로서의 그것의 출현은 종교적 · 도덕적 모델을 대체한다.[64]

따라서 여기서도 지난 100년 동안 혁명이 일어났다. 문제가 있는 사람들은 정신치료적 도움이 필요하다. 문제의 본질은 정신건강에 대한 정신분석적 정의이자 내가 다른 곳에서 "분석적 이상(analytic ideal)"이라고 부르는 것과 평행을 이룬다.

행복에 대한 대중의 태도에 그런 예외적인 변화를 초래한 것은 결코 작은 일이 아니다. 분석적 도움이라는 개념을 어떻게 사용하고, 궁극적으로 무엇이 올 것인가는 대략만 추측할 수 있지만, 적어도 인류 역사상 처음으로 그런 아이디어가 있게 된 것이다. 그리고 기독교가 지속되는 것처럼, 기본 메시지의 모든 부패에도 불구하고 정신분석은 지속되었고 앞으로도 지속될 것이다. 그리하여 미래의 인류 복지를 위한 철학이 탄생하였으며, 종사자들이 훈련을 받았고, 수백만 명이 더 행복한 삶을 찾고자 돕고 있다. 다시 또 미래에 무엇이 일어날지는 예측할 수 없는 것으로 남아 있다. 그러나 Neil Armstrong이 달에 첫발을 딛은 사람이 되고서 말했듯이 "한 사람에게는 작은 한 걸음이지만, 인류에게는 거대한 도약이다".

제21장

미래를 향한 관찰, 희망 그리고 꿈

Reuben Fine

정신분석은 현재도, 그리고 역사적으로도 세 가지 다른 의미를 지녀 왔다. 첫째, Freud로부터 유래된 심리학의 원리들의 체계로 여겨져 왔다. 둘째, '정통' 정신분석이라는 특화된 기법의 한 종류이다. 셋째, 주류 학설(doctrine) 체계로부터 분리되어 나와 Freud 학파 대 비Freud 학파(예를 들면, Jung 학파나 Sullivan 학파)처럼 다른 이론들과는 대조되는 특화된 이론이나 기법을 의미한다. 불가피하게 이 세 가지 의미들은 겹치고 서로 혼동되어 왔다. 그러나 이들의 의미를 풀어내는 것은 매우 중요하다. 앞으로 별다른 언급이 없는 한, '정신분석'은 Freud로부터 유래된, 그러나 Freud를 상당히 넘어서고 있는 심리학적 학설 체계로서 광의적 의미로 사용될 것이다.

정신분석가 수련

수련의 틀(scheme)은 Eitingon과 그의 총명한 동료들에 의해 1920년 베를린에서 처음으로 만들어졌는데, 이는 그 후 모든 연구소의 표준이 되었으며 지금까지도 핵심적인 면모에는 변화가 없었다. 이 훈련은 개인 분석, 이론적인 과정들 그리고 감독(지도감독하의 분석)으로 되어 있다. 네 번째 측면인 정신분석학회에 의한 수련에 대한 감독은 이 분야의 역사에는 강력한 역할을 하였으나, 엄격하게 이야기하면 분석가 훈련의 한 부분은 아니다.

이 수련 과정은 길고 힘든 것으로 밝혀져 있다. 1950년대에 Kris가 분석가가 되는 데 10년이 걸린다는 '형성기 10년(formative decade)'을 언급하였는데, 오늘날에도 10년 이내에 수련을 마치는 분석가는 매우 드물어 보인다. 이렇게 분석가 이전의 교육과 경험 기간에 10년이 추가되면, 정신분석가는 대개 중년이 되어서야 개업분석가로서 완전히 독립하게 된다. 그럼에도 불구하고 이 긴 수련 기간을 줄이거나 피해 가려는 시도는 모두 수포로 돌아갔다.

왜 그렇게 긴 수련 기간이 필요한가? 심지어 Freud는 더 많은 기간이 필요하다고 하였다. (많은 분석가가 그의 권유에 따라 매 5년 정도마다 다시 분석을 받았다.) 이렇게 긴 기간이 걸리는 기법적인 이유는 역전이 때문이다. 개인 분석을 통해서만 얻을 수 있는 자기 자신의 정신에 대한 면밀한 이해가 없다면, 분석가는 맞받아칠 수 없는 입장에 처해 있는 환자에게 자신의 편견들과 미성숙한 면들을 강요할 것이다.

그런데 왜 분석에 대해서 이렇게 많은 편견이 있는가? 그 이유는 분석이 진정 역사상 처음으로 '정상'인을 고려하고 치료하는 것으로 변해 왔다는 관찰과 관련되어 있다. 나는 어떤 문화에서 '정상'이라는 말이 무엇을 의미하는지를 명료화하기 위해서 '적응신경증(adjustment neurosis)'이라는 용어를 제안해 왔다. Freud와 그 동료들은 사회적 낙오자들의 부적응신경증(maladjustment neurosis)으로 시작하였다. 점진적으로 그들은 우리 문화의 평균적인 사람들이 겪는 적응신경증으로 옮겨 갔다.

이러한 변화로 인해 사람들은 정신분석에 엄청나게 매료되었다. 왜냐하면 정신분석은 존재의 딜레마 속에서 길을 찾을 수 있도록 도와주는, 의미 있는 심리학과 결합되어 있는 삶의 철학을 한 개인에게 제공하기 때문이다. 그리고 분석가로서 환자 치료의 성공과 실패는 주로 분석가 자신의 개인 분석의 성패에 달려 있다. 또는 보다 정확히 말하면, 분석가 자신의 정신건강과 성숙의 정도가 우리 사회가 요구하는 통상적인 타협을 통과해서 또는 대부분의 사람에게 알려진 것보다 더 자유롭고 더 만족스러운 삶 속으로 환자를 인도하는 데 도움을 줄 수 있는 주된 요인이 될 것이다.

정신분석의 대약진

역사학자들은 연속성을 찾도록 훈련을 받는다. 그러나 연속성의 엄연한 존재 속에서 불연속성도 또한 존재한다. 현미경, 망원경, 진화 이론, 상대성 이론의 발견과 발명 모두가 지성사(intellectual history)에서 불연속성을 띤다. 불연속적인 일이 일어나기 전과 후는 어떤 의미에서도 비교될 수 없다.

이번 연구에서 도출된 하나의 논지는 정신분석이 지성사에서 또 다른 불연속이라는 것이다. 정신분석은 이전에 알려진 어떤 것보다 훨씬 다르고, 더 흥분되며, 더 포괄적이고, 더 의미심장한, 완전히 새로운 세계를 창조해 왔다. 정신분석의 평가와 일반적인 지식 체계로의 통합이 이토록 어려운 것도, 정확히 말하면 바로 이런 비약적인 발전 때문이다.

정신분석과 심리학

이런 비약적인 발전의 하나의 결과는 정신분석이 완전히 새로운 종류의 심리학이라는 것이다. 심리학과 정신분석 사이의 관계는 통상적으로 기술되는 것과는 사실 정반대이다. 정신분석은 인간 존재에 대한 역동적 접근으로서 모든 심리학의 핵심을 대표하는 것이지, 매우 전문적이고 특수화된 심리학의 한 분파가 아니다.

물론 역동적인 요인이 다른 영역보다는 어떤 영역에서 더 적절할 수 있음은 사실이다. 그러나 완전한 과학을 위해서는 이것이 결코 무시될 수 없다. 예를 들면, 색깔의 지각은 간상체(rods)와 추체(cones)의 농도와 눈의 구조, 시신경, 감각 부호 처리 체계(sensory coding system) 등에 달려 있다. 이 모든 것은 역동에 대한 언급 없이 기술될 수 있다. 그러나 왜 어떤 사람이 특정한 색깔을 보려고 결정하였나 하는 데 대한 의문이 일단 제기되면 역동이 직접적으로 개입된다.

이러한 색조 감각(color vision)의 표현은 정신분석 이론에서 자율적인 자아와 방어적인 자아의 개념을 통해 표현될 수 있다. 갈등이 없는 영역(또는 영역들)에는 자아기능의 자율적인 부분이 있는데, 여기서는 방어적인 기능의 역할이 없거나 미약하다. 그러나 이러한 자율적인 요인들이 실제 생활에서 일어나면, 방어적인 자아가 인간 존재의 온전한 모습을 나타내기 위해 필연적으로 개입하게 된다.

일반적으로 학문적인 심리학과 사회과학에서 인간 기능의 자율적인 부분들이 탐색되어 왔다. 방법상의 한계(그리고 추가해야 된다면, 개인적인 편향)로 인해, 이들 영역에서 방어적인 부분들은 거의 무시되어 왔다. 반면, 방어적인 부분들은 정신분석에서 연구되어 왔다. 완전한 과학이 되기 위해서는 둘 다 필요하다.

그럼에도 불구하고, 역동적인 사고에 대한 저항은 이성적이라기보다는 감정적이다. 최근의 한 논문에서 한 인류학자가 원시 공동체 구성원들의 의도를 연구하는 데 소홀하였다고 동료 인류학자들을 비판하였다. 경제학자, 사회학자 그리고 다른 전문가들에게도 동일한 이야기를 적용할 수 있다. 즉, 의도들은 다루어지지 않았는데, 그 이유는 의도들이 너무 복잡해서 '과학적인' 탐구의 대상이 될 수 없기 때문에 의도들은 간과되어 왔다. 정신분석은 이런 과학적인 탐구가 어떻게 수행되어야 하는지를 보다 직접적으로 보여 주고 있다.

정신분석과 정신의학

정신분석은 다른 어떤 분야보다도 정신의학에 더 완전히 통합되어 있다. 물론 아직도 해야 할 것은 많이 남아 있다. 정신분석가 과정을 완전히 수료하는 사람이 정신과 의사의 10%도 되지 않는다는 사실을 고려한다면, 나머지는 역동적인 내용을 불완전하게 이해하고 있다고 할 수 있다. 덧붙여 비양심적인 개업의들은 대중이 '정신과 의사'와 '정신분석가'의 차이를 혼동한다는 사실을 이용해서 정신분석가에게 부여된 높은 지위를 자신의 사적이고 물질적인 이득을 채우는 데 사용하고 있다.

오늘날 이 분야의 진보적인 지도자들은 정신의학이 '정체성 위기'를 겪고 있다고 계속해서 경고하고 있다. 정신의학의 역동적인 공식화들에서 정신의학은 정신분석적 사고를 완전히 합병한다. 정신역동적인 공식화를 배운 대부분의 정신과 전공의는 그들이 정신분석이론을 배우고 있다는 사실을 깨닫지 못한다. 아마도 이런 점이 소수의 사람들만 기꺼이 정신분석연구소에서 요구되는 보다 철저한 수련을 받는 이유 중 하나일 것이다.

동시에 정신의학은 신체적 기능의 지식도 합병한다. 특히 치료법에 있어 정신의학은 '약물 혁명'의 와중에 있다. 약물의 사용이 현재 보편화되었고, 특히 더 혼란된 환자에게 그렇지만 약물의 근거와 궁극적인 효용에 대해서 의견이 갈라져 있다. 철학적으로, Aldous Huxley의 『멋진 신세계(Brave New World)』를 연상시키는 약물의 무분별한 사용은 사랑과 일을 행복을 여는 열쇠로 보는 정신분석적 관점보다는 인간에 대한 근본적으로 다른 이미지로부터 유래한다. Phenothiazine-유전학 조합이 '인간 영혼의 길고 어두운 밤'으로 이끌 것이라는 Searles의 경고를 심각하게 받아들여야 한다(제14장 참조).

정신분석과 사회과학

일부 예외는 있으나 사회과학은 자율적인 자아기능을 연구해 왔으며, 방어적 자아기능 연구는 다시 정신분석가에게 맡겨졌다. 이런 연고로 그들의 연구 다수가 특이한 한 방향의 기울기를 보인다. 예를 들면, 어떤 사람들끼리 결혼을 하는지에 대해서는 많이 알려져 있으나, 결혼이 행복한지 그렇지 않은지에 대한 연구는 거의 되어 있지 않다.

근본적으로 사회과학은 두 개의 심리학, 즉 행동주의와 정신분석적 심리학을 선택 옵션으로 갖고 있다. 전반적으로 그들은 합리적인 행동주의자적인 관점을 선택해 왔는데, 그 이유는 다루기에 훨씬 더 쉽기 때문이었고 연구자들의 편향 때문이었다.

이 책 전반에 걸쳐 사회과학과 심리학은 하나의 인간 과학의 부분이며 그 핵심에 정신분석이 있다는 의견을 강하게 피력하였다. 신경증적인 인간, 경제적인 인간, 사회적인 인간은 모든 수단을 동원해서 원하는 대로 연구되어야 한다. 사회과학에 의미와 일관성을 부여하는 것은 바로 역동심리학의 핵심으로서의 정신분석 기능이다.

정신분석과 철학

정신치료의 한 형태로서 정신분석은 아주 오래된 행복의 철학적 추구를 이전에 시도되었던 어떤 것보다도 나은 보상을 약속하고 있는 새로운 종류의 연구로 대체하고 있다. 무엇보다도 여기서 정신분석은 역사적으로 비약적인 발전을 보이는데, 본질적으로 완전히 새로운 철학과 심리학의 조합을 제공하고 있다.

현명한 삶의 길을 추구하는 것은 가장 강력한 인간 동기 중 하나이다. 현재 접할 수 있는 수많은 철학과 종교는 각기 그들 자신의 스승과 신학을 가지고 있는데, 이 수많은 철학과 종교는 엄청난 유혹이다. 분석적으로 문제는 그것들이 한 초자아상을 다른 것으로 단순히 대체할 뿐, 내적인 역동적 구조를 실질적으로 변화시키지는 못한다는 것이다.

많은 정신분석가는 그들이 기본적으로 철학자라는 말을 거부할 것이다. 그들은 자신을 과학자로 생각하기를 더 좋아하는데, 이때 과학자는 그들에게 제공된 모든 가치 체계를 초월해 있다. 이것은 위안을 주는 매우 널리 퍼져 있는 착각이다.

정신분석의 경직성

부정적인 측면으로, 정신분석은 어떤 질문도 해서는 안 되며 어떤 변화도 있을 수 없는, 경직된 구조로 굳어지는 경향을 유독 많이 보여 왔다. 소위 '학파들'로 분할되면서 이런 경향은 더욱 강해졌는데, 학파의 리더들은 제기된 문제들에 대해 그저 '관점의 차이'라는 답변 뒤로 숨을 수 있었다. 정신분석의 근원적인 원리에 대한 토론과 논쟁을 회피할 어떤 이유도 없다. 모든 사람이 증거를 볼 수 있으며 모든 사람이 그것을 추구할 수 있다. 분석가를 숭배하는 의존적인 환자들을 다루면서 분석가들이 흔히 권위적인 위치에 서게 되는데, 아마도 이런 점이 이런 경직성에 기여하고 있다.

많은 분석가가 정신분석의 역사에 대해 막연한 개념을 갖고 있는데, 나는 역사를 면밀히 연구하는 것이 이런 경직성의 일부라도 해결하는 데 도움이 되었으면 한다. 분명, 증거도 없는 또는 조금의 증거만 가지고 독단적으로 주장하는 것은 이 분야에서 수없이 많은 분열과 불화를 초래하는 데 중요한 역할을 해 왔다. Freud를 필두로 최고의 분석가들 사이에서는 비판과 이견에 대한 길이 항상 열려 있었다. 우리도 그들을 교훈 삼아 열심히 노력해야 한다. 정신분석 역사의 목표 중 하나로 Hartmann(1956)이 강조하였던 '신화로부터의 해방'이 더 많이 이루어져서 정신분석 영역이 보다 진보할 수 있어야 한다.

카리스마적인 인물

카리스마적인 인물들이 짧게든 길게든 그 분야를 장악하였던 시기들의 횟수와 경직성은 서로 연합되어 있다. 그들 중의 많은 사람은 하고 싶은 말을 다 하고 오래전에 사라졌다. 다른 일부는 스스로를 대가의 울타리 내로 한정하는 헌신적인 추종 세력들을 통해 지속된다. 이 모든 현상은 과학보다는 종교와 철학을 더 연상시킨다.

그럼에도 불구하고 이 분야는 지금도, 그리고 항상 그런 카리스마적인 인물로 채워져 왔으며, 역사가들에 의해 이 현상은 설명되어야 한다. 몇 가지 설명은 타당해 보인다. 첫째, 이 과학은 너무 어려워 통달하는 데 수년 심지어 평생이 걸리고, 많은 경우 통달하지 못한다. 이러한 상황에서 권위자에게 매달리는 것은 가장 쉬운 탈출구가 된다. 그가 답을 알고 있으니 그저 그를 따르면 된다.

그리고 다른 많은 이유로 싸움도 자주 필요하다. Freud 자신이 총애할 친구와 미움의 대상이 될 적을 필요로 하는 신경증적인 문세를 가지고 있다고 우리는 전부터 알고 있다. 그의 가장 어리석은 실수 중의 하나가 Jung을 사랑하는 친구로, Adler를 미워하는 적으로 만든 것이다. 많은 분석가가 무의식적으로 또는 자신도 모르게 이런 예를 따랐다. 미국에서 종종 정신과 의사는 의사 분석가의 사랑하는 친구이고, 비의사 분석가의 미워하는 적이었다. 이런 이분법의 결과는 Freud의 Jung과 Adler 선택만큼이나 해로운 것이었다.

마지막으로, 과소평가되어서는 안 되는, 환자를 차지하려는 다툼이라는 실질적인 문제가 있다. 일반인은 카리스마적인 인물을 선택하는 데 익숙하다. 실제로 일반인이 이 분야의 복잡한 내용을 터득할 수 있을 것이라고 기대할 수 없다. 따라서 일반인은 그의 우상을 추종하는 자들을 따르며, 환자를 욕심내고 열망하는 전문가들은 이에 부화뇌동한다.

정신분석과 증오 문화

정신분석은 서양 유럽의 역사에서 보기 드문 평화의 시기에 발생하였음에도 불구하고 미움의 문화(hate culture)와 싸워야만 하였다. 정신분석은 미움의 토양에서 자랐고 지금도 여전히 그 속에서 성장하고 있다. Peter Gay가 제1차 세계대전 발발 전야에 말하였던 '도덕적 조현병(moral schizophrenia)'은 Freud가 정신분석 연구를 시작했던 1880년에도 확실히 존재하였고 오늘날에도 여전히 존재한다. 정신분석에서의 많은 발달은 오직 이 거대한 미움의 축적이라는 관점에서만 이해된다.

먼저 미움은 언제나 합리화된다. 아무도 자신이 미워하는 감정을 가지고 있다는 말을 인정하고 싶어 하지 않는다. 만약 그런 말을 들었다면 '적절한' 분노로 반응한다. 따라서 이런 문화에 대한 분석적 비판에는 언제나 입을 다물어 왔다. 분석가는 Laing과 Wilhelm Reich 같은 소수 과격파와, 분석을 문화와는 근본적으로 관계가 없는 완전히 기법적인 도구로 간주하는 보수적 정통파 사이에서 진퇴양난에 빠졌다. 세상에 대한 합리적인 비판은 어렵지만, 절대적으로 필요하다.

애초부터 Freud는 사랑을 오랜 발달 과정의 최종 산물로 봤다. 초창기에 그는 사랑 연구원(Academy of Love)을 설립할 것을 제안하기조차 하였다. 그 후에 일어난 두 번의 세계대전과 대량 학살 등의 끔찍한 사건을 겪고 낙담한 나머지, 이런 긍정적인 이상들은 잊혀져 갔다. 하지만 이들은 비록 도달하기는 어렵지만 여전히 이상으로 남겨져 있다. 정신분석은 사랑의 이론으로 간주되어야만 한다. 정신분석가는 사람들에게 어떻게 사랑해야 하는지를 가르치는 사람으로 정의될 수 있다.

기법 대 철학

기술자(technician)로서의 분석가의 역할은 상대적으로 수용하기 쉬우나, 철학자로서의 역할은 상대적으로 어렵다. Freud는 그의 일생 동안 이 두 위치 사이에 사로잡혀 있었고, 인생의 마지막에 이르러서야 아주 조심스럽게 이 문제로부터 벗어날 수 있었다. Freud 이후 다른 사람들도 비록 다른 방식으로 이 문제를 해결하려고 시도해 왔으나, 비슷한 딜레마에 빠져 있었다.

세상은 분석에 있어서의 기본적인 철학적 함축들에 대해 주로 반응하였고, 기법에 대해서는 덜 반응하였다. 여기에 신경증과 정상을 모두 설명하며 서양 문명의 이상에 부합하는 인간의 비전을 내포하고 있는, 그리고 이 이상들이 결실을 맺게 해 주는 기법을 약속하는 심리학의 체계가 있었던 것이다.

이 꿈들을 보면서, 많은 현재의 분석가는 분석이 실제보다 부풀려져 팔리고 있다고 불평해 왔다. 그러나 너무 싸게 공급되었다고 말하는 것이 더 정확할 것이다. 인류의 미래에 대한 거대한 가능성이 이제 겨우 분명해지기 시작하고 있다. 분석이 남용되고 있다고 불평하는 분석가들은 돈을 잘 버는 기술자로서의 안락한 역할을 더 좋아하고, 더 넓은 세계로 보급되는 것에 분개하는 사람들이다. 이전에 언급하였던 한 명망 있는 분석가는 전이를 '순수하게(pure)' 유지하기 위해 어떠한 사회적 또는 정치적인 운동도 피해야 한다고 권하기까지 하였다. 이런 식의 "순수함(purity)"은 분석이 가지고 있는 이로움의 거대한 가능성을 막는 데 일조할 뿐이다.

정신분석의 광의 및 협의의 의미

이 분야의 역사 전체를 통해, 분석가들은 정신분석의 넓은 의미와 좁은 의미 사이에서 혼란스러워하였다. 1914년에 Freud는 Adler가 정신분석을 통해 지나치게 많은 것을 얻으려한다고 비판하고는, 몇 년 후 그 자신이 방향을 바꾸고 똑같은 일을 저질렀다.

나는 이 책 전반에 걸쳐 정신분석의 광의적 의미를 강조해 왔다. 분석은 개념적인 틀로서 인간은 무엇인가에 대한 중심적인 비전을, 그리고 인간이 앞으로 어떻게 될 수 있는가에 대한 중심적인 비전을 구현하는 것으로 간주되어야 한다. 특수한 기법적 문제들은 단지 이러한 철학적인 틀 속에서 적절히 해결될 수 있다.

정신분석의 정의를 향하여

수년간의 노력에도 불구하고 분석가들이 자신의 분야를 정교하게 정의하지 못하고 있다는 사실은 분명 충격적인 일이다. 이러한 실패는 부분적으로는 기법, 이론 또는 특정 하위 영역의 기법이나 이론 같은 용어에 붙어 있는 여러 다른 의미들에 기인한다. 그러나 부분적으로는 더 넓은 함의들을 파악하는 데 대한 주저함에 기인하기도 한다.

단순히 정의하면, 정신분석은 역동적 심리학이다. 이 정의의 적절성이 이 분야에서 다루어지지조차 않고 있는 이유는 의문의 여지없이 한 전문가 집단으로서의 심리학자들이 정신분석을 매우 반대해 왔고, 조롱하였으며, 그들 대학교의 과에서 제외시켰기 때문이다. 모든 이러한 반대는 당시 심리학이 그 속에서 기능하여야 했던 미움의 문화와 관련해서 이해될 수 있다. 인간이 정말 어떤 존재인가를 직면하는 것은 대학교에서 배제되는 것을 의미해 왔고 여전히 의미할 것이다. 이런 이유로 심리학은 주제가 불분명하고, 여러 가지 방법이 있고, 많은 다른 관점을 가진 분야로 보이고 있다. 이렇게 함으로써 전문적인 심리학자들은 어디에서든 안전하게 일을 할 수 있다. 조류가 바뀌고 있음을 가늠할 수 있는데, 심리학에 대한 임상적인 접근이 꾸준히 진행되고 있음이 기본적인 이유이고, 실제로 미국심리학협회 회원의 거의 절반이 이런저런 방식으로 임상적인 일에 관여할 정도이다.

한편, 정신과 의사들은 자신만의 분리된 정체성을 갖기를 열망하며, 스스로를 심리학자로 부르는 것을 꺼려 한다는 것도 이해할 수 있다. 의학의 마술에 깊이 취해 있는 현대인들은 여전히 자신에 대한 고통스러운 진실을 마주하기보다는 알약을 한 알 삼키는 훨씬 쉬운 치료법을 찾으려 한다. 따라서 오늘날 정신건강의 세계는 미쳐 있다. 의사들은 심리학을 행하고 있으면서 그렇게 하고 있다고는 말하기를 꺼려 하는 반면에, 심리학자들은 의미 없는 통계를 추구하고 있다. 다행히 어느 정도의 분명함이 안개 속에서 보이고 있는 것 같다.

그러나 과학적인 관점에서 볼 때, 정신분석은 심리학이라고 매우 강하게 말할 수 있다. 적절하게 추구된다면, 정신분석은 전 분야를 포용할 수 있다. 왜냐하면 오늘날 또 다른 주요 분파인 학습 이론은 쉽게 정신분석 이론으로 합병될 수 있는 반면, 정신분석 이론은 일부 사람들이 원하듯 내용이 없는 학습으로 환원될 수 없기 때문이다.

통합적인 분야로서의 정신분석

심리학으로서 정신분석은 인간에 관한 것으로 알려진 모든 것을 하나의 단일화된 과학으로 통합할 수 있는 위치에 있다. 분야 간의 장벽은 허물어져야 한다. 오직 하나의 인간과학이 있을 뿐이다. 정보는 많은 다른 방법으로 얻을 수 있다. 그러나 그것은 정신분석의 역동적 개념화에 따라 통합되어야만 한다.

역사와 막다른 골목

심리학자가 인간을 실험할 수 없는 영역에서 역사는 즉각적인 쓰임새를 가진다. 역사는 실패한 과거의 노력들을 제시해 주어 막다른 길을 피할 수 있게 도와줄 수 있다. 여기서 잘못된 신화(myth)로부터의 해방이, 특히 중요하다. Arthur Janov의 원초적 외침(primal screaming)[1)]은 초기 정화(catharsis)에서 기원을 찾을 수 있고, Carl Rogers의 비지시주의(nondirectivism)는 Rank가 생각한 전이의 이미지로부터 직접 나왔으며, Kohut식의 자기애는 Jung의 그것과 비슷하고, William Glasser의 현실치료는 상식 정신의학(common-sense psychiatry)에서 찾을 수 있는 것 등등이다. 과거에 일어났던 것을 확실히 이해하면, 많은 실수를 피할 수 있고 많은 시간을 절약할 수 있다.

많은 일이 반복된다고 해서 심리학의 모든 문제가 해결되고 있다는 의미로 받아들여서는 안 된다. 그것이 정동이든, 적개심 이론이든, 창조성이든, 정신병이든, 자아기능이든 또는 성격 구조이든, 어느 영역에나 여전히 해결되어야 할 부분은 많이 남아 있다. 카리스마 있는 지도자에 대한 헌신과 연결되어 있는 경직성이 과학적 발전 과정을 저해하고 있으며, 촉진은 더더욱 못 시키고 있다. 심리학은 성장하고 있는 과학이지 완성형이 아니다.

분열과 분쟁

다시 이 분야에서의 다양한 분열과 분쟁을 살펴봐야 한다. 무엇이 이런 분열을 초래하였는지에 대해 자세한, 그리고 솔직한 연구가 앞으로의 갈등을 피하기 위해 보다 철저히

1) 역주: 환자가 인생 초기에 있었던 상처받은 과거를 떠올리고 자발적이고 구속되지 않은 외침을 통해 억압된 분노 혹은 좌절을 정상적으로 표현하는 정신치료로 primal scream therapy 혹은 primal therapy라고 칭한다.

시행되어야 한다. 현재 시장에 넘쳐 나는 진부한 역사들은 어떤 진실도 밝히지 못하고 있으며 도움도 되지 않는다.

'의존적인' 환자와 '독립적인' 환자

모든 치료자는 일부 환자들이 극도로 의존적이며 심지어 일생 동안 분석가에 의지하면서 살기를 원하는 반면, 다른 환자들은 매우 독립적이어서 치료자와 조금만 맞지 않아도 도망가 버린다는 것을 잘 인지하고 있다. 이 두 가지 환자 유형에 의해 제기된 문제는 처음부터 이 분야를 지배해 왔다.

이런 두드러진 유형의 환자들을 일컫는 지칭은 약 20년 정도마다 바뀌는 경향이 강하다. 정신분석 초기 그들은 전부 히스테리성 환자였으나, 그 후에는 강박성 환자, 그다음에는 거세된 사람들이었고, 그 후에는 피학증 환자였고, 최근 15년 정도는 경계선 환자였다. 각각의 환자 유형별 특징을 비교해 보면 모든 점에서 상당한 유사점들이 있을 것이다. 환자는 변하지 않았다. 우리의 경험이 자라고 지식이 증가한 것이다.

진단 체계는 분석학계가 정신의학으로부터 물려받아야만 하였던 최악의 부담 중의 하나다. 이전에 언급했듯이, 1917년 DSM이 시작된 이래로 10년 정도마다 개정되었고, 1979년에 또 다른 개정이 있을 것이라는 발표가 있었다. 정신병리에 대한 지나친 강조와 함께 전체 진단 체계가 전반적으로 부정확하며 사람들을 호도하고 있음을 인식해야 할 때이다. 왜냐하면 이 진단 체계는 인간 존재의 많은 필수적인 특성을 무시하고 있기 때문이다.

'정통' 분석의 미래

환자를 일주일에 대여섯 번 만나서 장의자에 눕히고 자유 연상을 시키는 '정통' 정신분석가들이 사라지고 있는데, 그 이유로 분석가는 부족하고, 도움을 필요로 하는 사람은 많으며, 어쨌든 치료가 제대로 안 되기 때문이라는 주장이 종종 있다. 이런 주장은 모두 잘못된 것이다. 어떤 유형의 사람들(나는 '환자'라는 단어를 피하고 있다.)은 정통적인 접근을 통해 가장 큰 자유에 도달한다. 이것은 다른 어떤 것에도 비할 바 없는 해방되는 경험이다.

더욱이, 정통적인 접근은 다른 방법들을 평가할 수 있는 지침 역할을 한다. 많은 분석가가 정통적인 접근을 피하는 이유는, 정통적인 접근이 부적당하기 때문이 아니라 그들이 그것에 통달하지 못하였기 때문이다. 치료자의 입장에서 정신분석이 더 적극적인 치료보다 쉽다는 것은 진실이 아니다. 구태여 말하자면, 그 반대가 진실이다.

대체 요법들은 많은 사례에서 현실적인 대안으로, 즉 어떤 상황에서는 유용하고 다른 상황에서는 그렇지 않은 것으로 여겨져야 한다. 또한 개인의 발달 단계에 따라 필요한 다른 기법들도 있다. 기법은 아직 과학이라기보다는 예술에 더 가깝다.

보다 큰 통일을 향하여

이상적으로 우리는 정신분석적 치료자라고 하는 하나의 전문직 그리고 정신분석(적)심리학이라고 하는 하나의 이론 그리고 정통분석에서 유래되었지만 전혀 거기에 국한되지 않는 하나의 기법을 향해 가야만 한다. 이 비전은 희망과 꿈에 속하지만, '우리는 꿈을 꾸는 대로 되는 그런 존재'이며, 인간 존재에 대한 꿈의 근본적인 중요성을 발견하였던 것은 바로 정신분석이다.

정신분석연구소의 미래

마지막으로, 분석연구소들은 어떻게 될 것인가? 이들은 이미 설립된 교육 조직들의 저항 속에서 태어났고, 이런 저항에서도 성장을 이루었다. 기존의 기관들이 마음을 바꾸고 정통분석의 근본적인 기여들을 인식하여 점점 더 그렇게 한다면, 어떤 일이 벌어질까? 이런 경우, 특별 연구소들은 특정 주제에 전념하는 학자 집단으로서 계속할는지는 모른다. 그러나 이런 정신분석은 대학교의 심리학과가 될 것이다.

후주

〈후주와 참고문헌에 사용된 약어〉

CP	Collected works of authors other than Freud
IJP	International Journal of Psychoanalysis
JAPA	Journal of the American Psychonanlytic Association
PQ	Psychoanalytic Quarterly
PSC	Psychoanalytic Study of the Child
PSM	Psychosomatic Medicine
SE	Standard Edition of Freud's works

제1장 역사적 조망이 필요한 이유

1. *JAPA*, 24, 1976, pp. 440–42.
2. Ibid., p. 911.

제2장 정신분석이 출현한 배경

1. Gay and Webb, *Modern Europe*, p. 831.
2. Ibid., p. 747. These authors also remark (p. 745) that "no one knew precisely what the war was being fought for."
3. Ibid., p. 929.
4. K. Menninger, *Vital Balance*, p. 456.
5. I. Drabkin, "Remarks on Ancient Psychopathology," p. 229.
6. Ibid., p. 225.
7. Charmides, 150B, quoted in Drabkin, ibid.
8. P. L. Entralgo, *Therapy of the Word in Classical Antiquity*, p. 66.
9. Ibid., p. 13.

10. Ibid., p. 104.
11. See *Encyclopaedia Britannica,* 9163, s.v. "Sophism," which states that the main defect of the Sophists was their "indifference to truth."
12. *SE,* vol. VII, p. 292.
13. I. Veith, *Hysteria,* p. 184.
14. Ibid., p. 192.
15. Ibid., p. 188.
16. *SE,* vol. IV, p. 90.
17. K. Menninger, *Vital Balance,* p. 454.
18. H. Strassment et al., p. 349.
19. G. Murphy, *Historical Introduction to Modern Psychology,* p. 149.
20. "APA Election Ballot 1977," p. 26.
21. Murphy, *Historical Introduction to Modern Psychology,* p. 194.
22. E. Jones, *Life and Work of Sigmund Freud,* vol. 2, p. 57.
23. *Membership Directory,* American Psychological Association, 1976.
24. *Encyclopaedia Britannica,* 1963, s. v. "Sociology."
25. Quoted in M. Harris, *Rise of Modern Anthropological Theory,* p. 168.
26. Ibid., p. 258.
27. *Encyclopaedia Britannica,* 1963, s. v. "History."
28. Ibid., s. v. "Economics."
29. Ibid., s. v. "Biology."
30. *SE,* vlo. XXIII, p. 100.

제3장 Freud가 남긴 유산

1. E. Jones, *Life and Work,* vol. 3, p. 228.
2. H. Ellenberger, *Discovery of the Unconscious,* p. 242.
3. *SE,* vol. I, p. 268.
4. Jones, *Life and Work,* vol. 1, p. 196.
5. *SE,* vol. XX, p. 16.
6. *The Origins of Psychoanalysis,* pp. 119-20.
7. Ibid., p. 162.
8. Ibid., p. 269.
9. The "Project" itself has given rise to a considerable literature. Pribram and Gill (1976) have recently tried to show that it is fully in harmony with the best neurological knowledge, even of our day. However, since Freud never published it, it cannot in any sense be regarded as a major work. It is included in *SE,* vol. I.
10. *SE,* vol. VII, p. 120.

11. Jones, *Life and Work*, vol. 1, p. 320.
12. Ibid., p. 327.
13. Ibid., p. 327.
14. *SE*, vol. XI, p. 145.
15. *SE*, vol. XXIII, p. 234.
16. *SE*, vol. I, p. 271.
17. *SE*, vol. XXIII, p. 234.
18. *SE*, vol. XIV, p. 20.
19. *SE*, vol. IV, p. xxvi.
20. *SE*, vol. XXII, p. 113.
21. *SE*, vol. XIX, p. 142.
22. *SE*, vol. VII, p. 151.
23. *SE*, vol. XIX, p. 141.
24. *SE*, vol. VII, p. 49.
25. *SE*, vol. XIV, p. 44.
26. H. Nunberg and E. Federn, eds., *Minutes*, vol. 3, p. 558.
27. Ibid., p. 564.
28. A. Grinstein, *Sigmund Freud's Dreams*, pp. 247-50.
29. Jones, *Life and Work*, vol. 3.
30. *SE*, vol. XIV, p. 190.
31. *SE*, vol. V, p. 613.
32. *SE*, vol. VII, p. 302.
33. Ibid., p. 229.
34. *SE*, vol. XII, p. 168.
35 *SE*, vol. XVIII, p. 101.
36. *SE*, vol. XI, p. 190.
37. Ellenberger, *Discovery of the Unconscious*, p. 102.
38. *SE*, vol. IX, p. 175.
39. S. Ferenczi, *Sex in Psychoanalysis*, p. 303.
40. K. Abraham, *Selected Papers*, vol. 2, pp. 394-95.
41. *SE*, vol. XIV, p. 16.
42. Jones, *Life and Work*, vol. 2, pp. 185-87.
43. *SE*, vol. XIV, p. 311.
44. Ibid., p. 133.
45. Ibid., p. 58.
46. Jones, *Life and Work*, vol. 3, p. 266.
47. Nunberg and Fedenr, *Minutes*, vol. 2, p. 417.

48. See also Max Schur, *Freud Living and Dying.*
49. *SE,* vol. XXIII, p. 235.
50. *SE,* vol. XII, pp. 155-56.
51. *SE,* vol. XXIII, p. 250.
52. *SE,* vol. XII, p. 104.
53. *SE,* vol. XIX, p. 34.
54. Ibid., p. 33.
55. Ibid., p. 54.
56. *SE,* vol. XX, p. 59.
57. Ibid., p. 70.
58. Ibid., p. 248.
59. Freud, *Psychoanalysis and Faith,* p. 126.
60. *SE,* vol. XX, pp. 249-50.
61. *SE,* vol. XXI, p. 97.
62. Ibid., p. 83.
63. Ibid., p. 115.
64. Ibid., p. 144.
65. *SE,* vol. XXII.
66. Ibid., p. 146.
67. Ibid., p. 148.

제4장 학회 조직의 변천: 제2차 세계대전 이전

1. Jones, *Life and Work,* vol. 1, p. 360.
2. Ibid., p. 355.
3. Ellenberger's argument that this isolation was a retrospective falsification by Freud (*Discovery of the Unconscious,* ch. 7) is wholly erroneous.
4. Nunberg and Federn, *Minutes,* vol. 1, pp. xviii-xix.
5. Ibid., p. xix.
6. Ibid., p. xxxvii.
7. Ibid., vol. II, p. 472.
8. Ibid., p. 202.
9. Ibid., p. 47.
10. Ibid., p. 42.
11. *SE,* vol. XIV, p. 25.
12. Ibid., pp. 3-66.
13. Ibid., p. 26.
14. Freud and Jung, *Letters,* pp. 3-4.

15. Jones, *Life and Work,* vol. 2, p. 35.

16. Ibid., p. 40.

17. *SE,* vol. XIV, p. 42.

18. Ibid., p. 43.

19. Ibid., p. 44.

20. J. Millet, in F. Alexander et al., *Psychoanalytic Pioneers,* p. 551.

21. *JAPA, 24,* 1976, p. 262.

22. Ibid., pp. 440–42.

23. Nunberg and Federn, *Minutes,* vol. 3, p. 158.

24. Freud and Jung, *Letters,* p. 387.

25. Ibid., p. 413.

26. Nunberg and Federn, *Minutes,* vol. 3, p. 179.

27. Ellenberger, *Discovery of the Unconscious,* p. 585.

28. H. Ansbacher and R. Ansbacher, *Individual Psychology of Alfred Adler,* p. 45.

29. Ibid., p. 358.

30. Ibid., p. 358.

31. Freud and Jung, *Letters,* p. 421.

32. Jones, *Life and Work,* vol. 3, p. 415.

33. C. G. Jung, *Letters,* vol. 1, 1906–1950. See especially letters to Schultz, p. 124, Allers, p. 131, Bjerre, p. 135, Maeder, p. 136, Bruel, p. 144, Cimbal, p. 145, Van der Hoop, p. 146, Pupato, p. 147, Van der Hoop, p. 149, Heyer, p. 157, among others.

34. Ibid., p. 238.

35. See also ibid., p. 156.

36. In L. Pongratz, ed., *Psychotherapie in Selbstdarstellungen,* p. 291.

37. Brett, *History of Psychology,* p. 730.

38. Jung, *Letters,* pp. 66–67.

39. Jones, *Life and Work,* vol. 2, ch. 6.

40. Ibid., p. 153.

41. Nunberg and Federn, *Minutes,* vol. 4.

42. *IJP, 1,* pp. 211–12.

43. Jones, *Life and Work,* vol. 3, pp. 26–27.

44. C. Oberndorf, *A History of Psychoanalysis in America,* p. 164.

45. *IJP, 6,* 1925, p. 285.

46. See below, pp. 109–11.

47. S. Lorand, Ferenczi, in F. Alexander et al., *Psychoanalytic Pioneers,* p. 24.

48. M. Balint, Obituary of Roheim, *IJP, 35,* 1954, p. 434.

49. *IJP, 7,* 1926, pp. 144ff.

50. *IJP, 20,* 1939, pp. 498ff.
51. J. Millet, in F. Alexander et al., *Psychoanalytic Pioneers,* pp. 557–61.
52. *SE,* vol. XIV, p. 20.
53. Jones, *Life and Work,* vol. 3.
54. B. Lewin and H. Ross, *Psychoanalytic Education in the United States,* p. 28.
55. *IJP, 35,* 1954, p. 158.
56. *Zehn Jahre Berliner Psychoanalytisches Institut,* p. 53.
57. *SE,* vol. XX, p. 252.
58. *Zehn Jahre,* p. 73.
59. D. Schuster et al., *Clinical Supervision of the Psychiatric Resident,* p. 33.
60. *IJP, 44,* 1963, pp. 362–67.
61. Jones, *Life and Work,* vol. 3, p. 298.
62. *IJP, 8,* 1927, p. 248.
63. *IJP, 7,* 1926, p. 142.
64. Oberndorf, *History of Psychoanalysis in America,* p. 122.
65 *IJP, 16,* 1935, p. 245.
66. Schjelderup, *IJP, 20,* 1939, p. 216.
67. Oberndorf, *History of Psychoanalysis in America,* p. 111.
68. In F. Alexander et al., *Psychoanalytic Pioneers,* pp. 333–41.
69. E. Jones, *Collected Papers,* ch. 19.
70. Ibid., p. 368.
71. *IJP, 6,* 1925, p. 106.
72. H. Sullivan, *Schizophrenia as a Human Process,* p. 236.
73. Ibid., p. 238.
74. D. Noble and D. Burnham, *History of the Washington Psychoanalytic Institute,* p. 39.
75. *IJP, 29,* 1948, p. 287.
76. M. J. White, in P. Mullahy, ed., *The Contributions of Harry Stack Sullivan,* p. 118.
77. E. Jones, *Collected Papers,* p. 373.
78. See H. Kohut, *The Restoration of the Self,* p. 192.
79. *IJP, 2,* 1921, p. 372.
80. T. Reik, *Die Psychoanalytische Bewegung, I,* 1929, pp. 115–16.
81. O. Rank, *Art and the Artist,* pp. 430–31.
82. G. Maetze, *Psychoanalyse in Berlin,* p. 82.
83. Ibid., p. 73.
84. *IJP, 13,* 193, p. 221.
85. Profile in *Journal of the American Academy of Psychoanalysis,* April, 1977, pp. 153–54.
86. Data in this section are drawn from F. Alexander et al., *Psychoanalytic Pioneers.*

87. E. Hitschmann, Ten Years Report of the Vienna Psychoanalytical Clinic, *IJP, 13,* 1932, pp. 245-50.
88. Oberndorf, *History of Psychoanalysis in America,* p. 177.
89. H. Dahmer, *Libido und Gesellschaft,* part II, p. 358.
90. I. Reich, *Biography of Wilhelm Reich,* p. 31.
91. F. Alexander et al., *Psychoanalytic Pioneers,* p. 435.
92. Oberndorf, *History of Psychoanalysis in America,* p. 168.
93. Ibid., ch. 10.
94. Ibid., p. 165.
95. *IJP, 18,* 1937, pp. 346-47.
96. *IJP, 20,* 1939, p. 121.
97. *PQ, 1,* 1932, front page.
98. The story of the Berlin Institute during the war years has been recounted by a number of authors. See Kemper (in Pongratz, 1973), Maetze (1971, 1976), Chrzanowski, Spiegel (1975), et al. Boehm, "Dokumente zur Geschichte der Psychoanalyse in Deutschland, 1933-1951," Deutsche Psychoanalytische Gesellschaft, n.d.

제5장 학회 조직의 변천: 제2차 세계대전 이후

1. *IJP, 30,* 1949, p. 182.
2. Ibid., pp. 191-92.
3. *IJP, 51,* 1970, p. 97.
4. Ibid., pp. 98ff.
5. Ibid., p. 98.
6. Ibid., p. 99.
7. Ibid., p. 99.
8. Ibid., p. 100.
9. *IJP, 49,* 1968, p. 132.
10. Ibid., p. 151.
11. *IJP, 53,* 1972, p. 87.
12. *IJP, 50,* 1969, pp. 417-18.
13. Actually, if it is considered that the main unique element in analytic training is the personal analysis, in this respect the American Psychoanalytic Association has been less exacting than the European institutes, which for the most part retained more intensive and longer training analyses. This is only one of the many paradoxes in the situation.
14. *IJP,* Roster, 1977.
15. *JAPA, 1,* 1953, p. 210.
16. Ibid., p. 215.
17. Ibid., p. 217.

18. Ibid., p. 219.
19. *JAPA, 3,* 1955, p. 589.
20. *JAPA, 12,* 1964, p. 474.
21. *JAPA, 19,* 1971, pp. 3-25.
22. Ibid., p. 8.
23. Ibid., p. 12.
24. Ibid., p. 19.
25. B. Moore,*JAPA, 24,* 1976, pp. 257-83.
26. Ibid., p. 265.
27. Ibid., p. 271.
28. S. Goodman, ed., *Psychoanalytic Education and Research,* p. 347.
29. *Roster 1976-1977,* American Psychoanalytic Association, pp. 10-13.
30. Lewin and Ross, *Psychoanalytic Education in the United States,* p. 73.
31. Goodman, *Psychoanalytic Education and Research,* p. 347.
32. Lewin and Ross, *Psychoanalytic Education in the United States,* p. 158.
33. Ibid., p. 335.
34. Ibid., p. 45.
35. Ibid., p. 175.
36. Goodman, *Psychoanalytic Education and Research,* p. 342.
37. Lewin and Ross, *Psychoanalytic Education in the United States,* p. 192.
38. Ibid., p. 236.
39. Ibid., p. 227.
40. *JAPA, 20,* 1972, pp. 518-609.
41. Ibid., p. 559.
42. R. Ekstein, "Biography of Bernfeld," in F. Alexander et al., *Psychoanalytic Pioneers,* p. 418.
43. *JAPA, 20,* 1972, p. 549.
44. Ibid., p. 559.
45. *JAPA, 23,* 1975.
46. *JAPA, 20,* 1972, p. 549.
47. *By-Laws,* American Psychoanalytic Association, Jan., 1976.
48. *Bulletin of the William Alanson White Institute,* 1976-1977, p. 4.
49. *Bulletin of the American Psychoanalytic Association,* 5 (no. 3), 1949.
50. *By-Laws,* p. 24.
51. G. Kriegman, History of the Virginia Psychoanalytic Institute, 1976. Unpublished manuscript.
52. *Roster,* American Psychoanalytic Association, 1976-1977.
53. Goodman, *Psychoanalytic Education and Research,* p. 333.
54. Ibid., p. 339.

55. *JAPA, 22,* 1974, p. 450.
56. *JAPA, 23,* 1975, p. 876.
57. Goodman, *Psychoanalytic Education and Research,* p. 40.
58. Lewin and Ross, *Psychoanalytic Education in the United States,* p. 110.
59. Goodman, *Psychoanalytic Education and Research,* p. 332.
60. Ibid., p. 332.
61. *JAPA, 18,* 1970, p. 493.
62. Goodman, *Psychoanalytic Education and Research,* p. 341.
63. *JAPA, 23,* 1975, p. 876.
64. *JAPA, 24,* 1976, pp. 918-21.
65. *JAPA, 8,* 1960, p. 733.
66. *JAPA, 9,* 1961, pp 340-41.
67. *JAPA, 21,* 1973, p. 445.
68. Goodman, *Psychoanalytic Education and Research,* p. 200.
69. *JAPA, 19,* 1971, p. 355.
70. *JAPA, 20,* 1972, p. 751.
71. *JAPA, 18,* 1970, p. 508. Remarks by Van der Leeuw.
72. *JAPA, 2,* 1954, pp. 811-12.
73. Ibid., p. 357.
74. Ibid., p. 362.
75. *JAPA, 3,* 1955, p. 344.
76. *JAPA, 24,* 1976, p. 921.
77. Ibid., p. 911.
78. Quoted in S. Gifford, Psychoanalysis in Boston, p. 26. Unpublished management.
79. *JAPA, 3,* 1955, p. 325.
80. *JAPA, 4,* 1956, p. 699.
81. *JAPA, 5,* 1957, p. 357.
82. Millet, in F. Alexander et al., *Psychoanalytic Pioneers,* p. 571.
83. *JAPA, 2,* 1954, p. 735.
84. *JAPA, 8,* 1960, p. 727.
85. *JAPA, 24,* 1976, p. 451.
86. *IJP, 37,* 1956, p. 120.
87. Oberndorf, History of Psychoanalysis in America, p. 82, describes Freud's strong annoyance with Oberndorf's opposition to lay analysis.
88. *JAPA, 24,* 1976, p. 274.
89. *JAPA, 19,* 1971, p. 840.
90. *JAPA, 20,* 1972, p. 845.

91. *JAPA, 22,* 1974, p. 910.
92. *JAPA, 24,* 1976, pp. 569-86.
93. *JAPA, 20,* 1972, pp. 576, 583.
94. *JAPA, 23,* 1975, p. 433.
95. Ibid., p. 876.
96. Data here are taken from H. Thomä, Some Remarks on Psychoanalysis in Germany, Past and Present, *IJP, 50,* 1969, pp. 683-92.
97. *IJP, 33,* 1952, p. 253.
98. Thomä, Psychoanalysis in Germany, p. 689.
99. G. Maetzef, *Psychoanalyse in Deutschland,* p. 1174.
100. J. Pontalis, *IJP, 55,* 1974, pp. 85-87.
101. I. Barande and R. Barande, *Histoire de la Psychanalyse en France,* pp. 10-12.
102. *IJP, 51,* 1970, p. 110.
103. Barande and Barande *Histoire de la Psychanalyse en France,* pp. 96-105.
104. G. Aberastury, *Historia, Ensenanza, y Ejercicio Legal del Psicoanalisis; see also* G. Sanchez Medina, Historic Summary of the Colombian Society and Institute of Psychoanalysis.
105. *JAPA, 20,* 1972, p. 559.
106. A. Kawada, Psychoanalyse und Psychotherapie in Japan, *Psyche, 31,* 1977, pp. 284-85.
107. F. Arnhoff et al., *Manpower for Mental Health.*
108. *Roster, 1976,* American Psychological Association.
109. *JAPA, 24,* 1976, p. 354.

제6장 발달 도식의 확장과 정교화: 구강 단계

1. *SE,* vol. XII, p. 316.
2. *SE,* vol. XXIII, p. 155.
3. Ibid., p. 100.
4. O. Fenichel, *Psychoanalytic Theory of Neurosis,* p. 62.
5. M. Ribble, *Rights of Infants,* p. 14.
6. R. Spitz, *First Year of Life,* p. 280.
7. Ibid., p. 278.
8. Ibid., p. 282.
9. F. Hsu, *Psychological Anthropology,* p. 6.
10. H. Sullivan, *Schizophrenia as a Human Process,* pp. 113-15.
11. L. Bellak and L. Loeb, *Schizophrenia,* p. 779.
12. Originally 1935, reprinted in *PQ, 45,* 1976, pp. 5-36.
13. Quoted in G. Roheim, *Psychoanalysis and Anthropology,* p. 435.

제7장 발달 도식의 확장과 정교화: 후기 단계들

1. E. Erikson, *Identity and the Life Cycle,* pp. 101-2.
2. Ibid., p. 52.
3. Ibid., p. 87.
4. H. Sullivan, *Conceptions of Modern Psychiatry,* pp. 17-19, 34-37.
5. J. Bowlby, *Attachment and Loss,* vol. 1, p. 208.
6. R. Spitz, Authority and Masturbation, *PQ, 21,* 1952, p. 493.
7. Francis and Marcus. *Masturbation from Infancy to Senescence,* p. 42.
8. *JAPA, 21,* 1973, pp. 333-50.
9. *SE,* vol. XXIII, p. 154.
10. R. Stoller, *Sex and Gender,* p. xviii.
11. B. Malinowski, *Sex and Repression in Savage Society,* pp. 223-24.
12. G. Murdock, *Social Structure,* p. 2.
13. M. Temerlin, *Lucy: Growing Up Human,* p. 134.
14. Van Lawick-Goodall, *In the Shadow of Man,* p. 135.
15. E. Mayr, *Populations, Species and Evolution,* p. 135.
16. Fenichel, *Psychoanalytic Theory of Neurosis,* p. 62.
17. *SE,* vol. V, pp. 544, 618.
18. *Adolescent Psychiatry, I,* p. vii.
19. R. Kahana and S. Levin, *Psychodynamic Studies on Aging,* pp. 108-9.

제8장 본능 이론

1. Jones, *Life and Work,* vol. 2, pp. 302-3.
2. Fenichel, *Psychoanalytic Theory of Neurosis,* p. 54.
3. M. Schur, *The Id and the Regulatory Principles of Mental Functioning,* p. 29.
4. Quoted in Fletcher, *Instinct in Man,* p. 48.
5. Jones, *Life and Work,* vol. 3, pp. 277-80.
6. Mayr, *Populations, Species, and Evolution,* p. 5.
7. Dobzhansky, *Genetic Diversity and Human Equality,* p. 8.
8. Ibid., p. 418.
9. A. Kardiner, *Individual and His Society,* p. 3.
10. *SE,* vol. XX, p. 37.
11. *IJP, 55,* 1974, p. 467.
12. Jones, *Life and Work,* vol. 3, p. 195.
13. S. Freud and L. Andreas-Salome, *Letters,* p. 174.
14. H. Kohut, *Restoration of the Self,* p. 171.

15. A. Ellis, Is the Vaginal Orgasm a Myth?
16. A. Kinsey et al., *Sexual Behavior in the Human Female*, p. 584.
17. Ibid., p. 125.
18. *JAPA, 16,* 1968, pp. 585-86.
19. Ibid., p. 586.
20. *JAPA, 18,* 1970, p. 316.
21. Ibid., p. 282.
22. In Adelson, *Sexuality and Psychoanalysis,* ch. 13.
23. *SE,* vol. III, p. 278.
24. Jones, *Life and Works,* vol. 3, p. 464.
25. *PQ, 42,* 1973, p. 184.
26. *IJP, 52,* 1971, p. 143.
27. Nunberg and Federn, *Minutes,* vol. 1, pp. 406-10.
28. Fenichel, *Psychoanalytic Theory of Neurosis,* p. 59.
29. *IJP, 29,* pp. 201-23.
30. Ibid., p. 201.
31. *IJP, 30,* 1949, pp. 69-74.
32. *IJP, 31,* 1950, pp. 156-60.
33. *IJP, 32,* 1951, pp. 157-66.
34. *IJP, 33,* 1952, pp. 355-62.
35. *IJP, 34,* 1953, pp. 102-10.
36. *IJP, 35,* 1954, pp. 129-34.
27. Ibid., p. 1.
38. *PSC, 5,* 1949, p. 18.
39. *Essays on Ego Psychology,* p. 227.
40. *Psychosomatic Education,* p. 69.
41. Ibid., p. 124.
42. Ibid., p. 133.
43. Ibid., p. 147.
44. Ibid., p. 178.
45. *SE,* vol. XVIII, pp. 258-59.
46. *SE,* vol. XIX, p. 41.
47. *PQ, 42,* 1973, p. 193.
48. Quoted in Montagu, 1976, p. 203.
49. E. Valenstein, *Brain Control,* p. 353.
50. *IJP, 52,* 1971, p. 167.
51. *SE,* vol. I, p. 295.

52. Ibid., p. 289.
53. *SE,* vol. XXIII, pp. 163-64.
54. *SE,* vol. XIV, p. 153.
55. *JAPA, 19,* 1971, pp. 413-14.

제9장 무의식과 인간의 환상 생활

1. C. G. Jung, *Analytical Psychology,* pp. 40-44.
2. Ibid., p. ix.
3. *SE,* vol. V, p. 476.
4. *SE,* vol. V, p. 558.
5. *SE,* vol. IV, p. 396.
6. *SE,* vol. V, p. 385.
7. *IJP, 46,* 1965, p. 436.
8. *IJP, 57,* 1976, p. 315.
9. *SE,* vol. V, p. 580n.
10. In J. Flavell, *Psychology of Piaget,* p. 407n.
11. See also Deschner: *Das Kreuz mit der Kirche,* 1975, for a full presentation of the sexual aberrations in the history of Christianity.
12. O. Rank, *Myth of the Birth of the Hero,* p. 61.
13. G. Devereux, *Study of Abortion in Primitive Societies,* p. vii.

제10장 무의식과 창조성, 언어, 의사소통

1. The German word Kunst has a broader reference than the literal English translation "art."
2. SE, vol. I, p. 256.
3. *SE,* vol. IV, p. 266.
4. *SE,* vol. VII, p. 304.
5. Ibid., p. 310.
6. *SE,* vol. IX, pp. 152-53.
7. Ibid., p. 146.
8. Ibid., p. 148.
9. Ibid., p. 152.
10. *SE,* vol. XI, p. 63.
11. It has been noted that Freud's essay was based on a mistranslation of the bird that supposedly put its beak into Leonardo's mouth as an infant. He took it to be a vulture, in accordance with the available translation, while it was really a kite. However, the main thrust of Freud's argument is not affected by this error.
12. *SE,* vol. XI, p. 136.

13. *SE,* vol. XIII, p. 233.
14. J. Spector, *Aesthetics of Freud,* p. 104.
15. *SE,* vol. XVI, pp. 375-76.
16. This position is quite similar to that taken by Kohut in *Restoration of the Self,* 1977; cf. ch. 15.
17. H. Segal, Psychoanalytical Approach to Aesthetics. Reprinted in M. Klein et al., *New Directions in Psychoanalysis,* p. 386.
18. See F. Barron, *Artists in the Making.*
19. See L. Terman, *Men of Genius.*
20. *IJP, 53,* 1972, p. 25.
21. M. Klein, *Envy and Gratitude,* p. 5.
22. Ibid., pp. 4-5.
23. *IJP, 18,* 1939, pp. 291-92.
24. This term has in the meantime disappeared from the psychoanalytic literature.
25. M. Mahler et al., *Psychological Birth of the Human Infant,* p. 117.
26. Behavioral genetics, while it embodies many correct scientific observations, nevertheless continues to incorporate and justify the concept of "innate badness." Cf. Medawar, 1977.
27. E. Jacobson, *Self and the Object World,* pp. 52-54.
28. O. F. Kernberg, *Object Relations Theory and Clinical Psychoanalysis,* p. 73.
29. What traditional logic called the universe of discourse.
30. J. Ruesch, *Values, Communication and Culture,* p. 20.
31. *SE,* vol. XIV, p. 199.
32. *SE,* vol. VIII, o. 143.
33. Nonanalytic authors have scarcely gone beyond Freud's theory; cf. Chapman and Foot, 1976.

제11장 자아심리학의 개관과 방어 과정

1. *SE,* vol. XIX, p. 25.
2. *SE,* vol. III, p. 60.
3. *SE,* vol. XX, p. 149.
4. A. Freud, *Ego and the Mechanisms of Defense,* p. 47.
5. J. Laplanche and J. Pontalis, *Language of Psychoanalysis,* p. 110.
6. *SE,* vol. VII, pp. 238-39.
7. For a fuller discussion, see chapter 10.
8. H. Segal, *Introduction to the Work of Melanie Klein,* pp. 27-28.
9. *SE,* vol. I, pp. 270-71.
10. *SE,* vol. XVI, pp. 340-41.
11. *SE,* vol. XX, p. 114.
12. *IJP, 17,* p. 285-303.

13. Ibid., p. 290.
14. E. Kris, *Explorations in Art,* pp. 303-18.
15. Quoted in L. Bellak et al., *Ego Functioning,* p. 118.
16. *SE,* vol. XIX, p. 143.
17. Laplanche and Pontalis, 1973, p. 118.
18. *SE,* vol. III, p. 59.
19. *JAPA, 22,* 1974, pp. 769-84.
20. H. Searles, *Collected Papers on Schizophrenia,* p. 632.
21. Ibid., p. 634.
22. H. Hartmann, *Essays in Ego Psychology,* p. xiii.
23. Ibid.
24. Ibid., p. 171.
25. A. Applegarth, Psychic Energy Reconsidered, *JAPA, 24,* 1976, pp. 647-58.
26. Hartmann, *Essays in Ego Psychology,* p. 193.
27. Laplanche and Pontalis, *Language of Psychoanalysis,* p. 4.
28. Panel on Acting Out, *IJP, 47,* 1968, pp. 165-230.
29. Ibid., p. 165.
30. Mahler, *On Human Symbiosis,* p. 44.
31. H. Sullivan, *Conceptions of Modern Psychiatry,* p. 79.
32. O. Kernberg, *Borderline Conditions,* pp. 29-30.
33. *SE,* vol. I, p. 249.
34. *SE,* vol. XIV, p. 29.
35. *SE,* vol. XIX, pp. 176-77.
36. H. Nunberg, *Principles of Psychoanalysis,* p. 216.
37. Fenichel, *Psychoanalytic Theory of Neurosis,* p. 524.
38. See, e.g., M. Drellich, Classical Psychoanalytical School.
39. *SE,* vol. XII, p. 237.
40. Ibid., p. 238.
41. *SE,* vol. XXIII, p. 240.

제12장 자아심리학에서의 성격 구조, 자아자율성, 정동, 인지 기능

1. *SE,* vol. IX, p. 175.
2. K. Abraham, *Selected Papers,* vol. 2, pp. 393-95.
3. *SE,* vol. XIV, p. 50.
4. Ibid., pp. 231-37.
5. O. Fenichel, *Psychoanalytic Theory of Neurosis,* p. 462.
6. Ibid., p. 532.

7. *SE,* vol. XXIII, p. 235.
8. *IJP, 43,* 1962, p. 291.
9. Bellak et al., *Ego Functioning,* p. 323.
10. Hartmann, *Ego Psychology and The Problem of Adaptation,* p. 32.
11. Piaget was a member of the Swiss Psychoanalytic Society before World War II. It is not clear when or why he withdrew.
12. *SE,* vol. XX, p. 132.
13. Emde et al., *Emotional Expression in Infancy.* p. 146.
14. *SE,* vol. V, p. 567.
15. Ibid., p. 565.
16. Ibid., p. 566.
17. *SE,* vol. XXI, p. 69.
18. *SE,* vol. IX, p. 224.
19. *IJP, 11,* 1930, pp. 322-31.
20. Ibid., p. 329.
21. *SE,* vol. VI, p. 7.
22. G. Klein, *Perception, Motives and Personality,* pp. 302-7.
23. *SE,* vol. XIX, pp. 195-96.
24. *JAPA, 20,* 1972, p. 624.
25. *PQ, 13,* 1944, p. 102.

제13장 신경증의 정신분석과 정신의학의 이해

1. *SE,* vol. II, pp. 160-61.
2. Fine, *Development of Freud's Thought,* p. 66.
3. *SE,* vol. XII, pp. 236-37.
4. Ibid., p. 210.
5. *SE,* vol. XXI, p. 144.
6. Ibid., p. 144.
7. *SE,* vol. XIX, p. 149.
8. L. Salzman, *Obsessional Personality,* p. vii.
9. *IJP, 55,* 1974, pp. 467-68.
10. Quoted in *PQ, 15,* 1946, p. 274.
11. Veith, *Hysteria,* pp. 272-73.
12. Jones, Psychoanalysis and Psychiatry, p. 368.
13. H. Sullivan, *Fusion of Psychiatry and Social Science,* p. 273.
14. T. Rennie et al., *Mental Health in the Metropolis,* p. 138.
15. A. Leighton et al., *Character of Danger,* p. 356.

16. Ibid., p. 356.
17. Quoted in Rennie et al., *Mental Health in the Metropolis,* p. 337.
18. *PQ, 34,* 1965, p. 379.

제14장 정신병과 경계선 상태의 정신분석적 이론

1. *SE,* vol. III, p. 60.
2. *SE,* vol. XII, p. 82.
3. *IJP, 15,* 1934, p. 210.
4. P. Federn, *Ego Psychology and the Psychoses,* p. 122.
5. B. Boyer and P. Giovacchini, *Psychoanalytic Treatment of Schizophrenia and Character Disorders,* p. 89.
6. Sullivan's later elaboration of an "interpersonal" theory, which differs but little from Freud except in terminology, was made in a strictly analytic framework.
7. H. Sullivan, *Schizophrenia as a Human Process,* p. 236.
8. S. Arieti, *Interpretation of Schizophrenia,* p. 539.
9. Ibid., p. 531.
10. *SE,* vol. XX, p. 97.
11. Ibid., p. 244.
12. *PQ, 11,* 1942, pp. 320-21.
13. E. Jones, *Collected Papers,* p. 306.
14. T. Lidz, *Origin and Treatment of Schizophrenic Disorders,* pp. ix-x.
15. Originally 1918, reprinted in *PQ, 2,* 1933, pp. 517-56.
16. D. Klein and R. Gittelman-Klein, *Progress in Psychiatric Drug Treatment,* vol. I, p. 374.
17. In C. Chiland, ed., *Long-Term Treatments of Psychotic States,* pp. 114-16.
18. Quoted in G. Bychowski, *Psychotherapy of Psychosis,* p. 284.
19. Ibid., p. 113.
20. *Diagnostic and Statistical Manual,* American Psychiatric Association, 1952.
21. *DSM,* 1968, p. 34.
22. *PQ, 7,* 1938, pp. 467-89.
23. Ibid., p. 467.
24. *JAPA, 3,* 1955, p. 285.
25. O. F. Kernberg, *Borderline Conditions and Pathological Narcissism,* p. 39.
26. J. Masterson, *Treatment of the Borderline Patient,* p. 3.
27. It is noteworthy that the Catholic notion of overscrupulosity seems to be an observation of the obsessional manner in which even accepted religious ritual can be carried to extremes.
28. *SE,* vol. IX, pp. 126-27.
29. O. Pfister, *Christianity and Fear,* p. 22.

30. Ibid., p. 193.
31. *Psychoanalysis and Faith,* p. 126.
32. *SE,* vol. IX, p. 198.
33. Ibid., p. 193.
34. Cf. *U.S. News and World Report,* Aug., 1973.
35. K. Menninger, *Psychiatrist's World,* p. 673.
36. *JAPA, 8,* 1960, p. 535.
37. D. Hamburg et al., Report of Ad Hoc Committee, p. 845.
38. *American Journal of Psychiatry,* March 1977.

제15장 대인관계(대상관계), 욕동과 대상, 그리고 대인관계 이론으로의 이동

1. *SE,* vol. VII, pp. 135-36.
2. Ibid., p. 174n.
3. Ibid., pp. 191-92.
4. Ibid., p. 207.
5. Jones, *Life and Work,* vol. 2, p. 302.
6. Ibid., p. 304.
7. *SE,* vol. XX, p. 70.
8. *JAPA, 4,* 1956, p. 165.
9. *JAPA, 3,* 1955, p. 301.
10. Ibid., p. 308.
11. *SE,* vol. VII, p. 149n.
12. *IJP, 44,* 1963, pp. 224-25.
13. H. Sullivan, *Fusion of Psychiatry and Social Science,* pp. 27-28.
14. M. Mahler et al., *Psychological Birth of the Human Infant,* p. 227.
15. H. Kohut, *Analysis of the Self,* p. 220.
16. *IJP, 57,* 1976, p. 49.
17. *SE,* vol. XX, p. 42.
18. S. Brody, *Patterns of Mothering,* p. 266.
19. H. Hartmann, *Essays in Ego Psychology,* p. 173.
20. Ibid., p. 255.
21. *JAPA, 21,* 1973, p. 250.
22. Ibid., p. 261.
23. H. Wolff et al., *Stress and Disease,* p. 261.
24. J. Lynch, *The Broken Heart,* p. 31.
25. Ibid., p. 35.
26. Quoted in *JAPA, 25,* 1977, p. 27.

27. *SE,* vol. XIV, pp. 244-45.

28. *PSC, 15,* 1960, pp. 9-10

제16장 가치관, 철학, 초자아

1. *SE,* vol. III, p. 266.
2. Ibid., p. 278.
3. Nunberg and Federn, *Minutes,* vol. 1, p. 200.
4. Ibid., p. 274.
5. Ibid., p. 372.
6. Ibid., vol. 2, p. 94.
7. *SE,* vol. VIII, p. 111.
8. *SE,* vol. IX, p. 204.
9. Nunberg and Federn, *Minutes,* vol. 2, p. 82.
10. Ibid., p. 89.
11. Ibid., p. 174.
12. Putnam, *James Jackson Putnam and Psychoanalysis,* p. 118.
13. Ibid., p. 121.
14. Ibid., p. 189.
15. Ibid., p. 190.
16. *SE,* vol. XIV, pp. 301-2.
17. H. Nunberg, *Principles of Psychoanalysis,* p. 140.
18. *SE,* vol. XIX, pp. 257-68.
19. *JAPA, 22,* 1974, p. 468.
20. Gay and Webb, *Modern Europe,* pp. 975-76.
21. *IJP, 27,* 1948.
22. Material in this section is cited from H. Dahmer, *Libido und Gesellschaft.*
23. M. Eastman, *Marx, Lenin and the Science of Revolution,* p. 101.
24. Quoted in Dahmer, *Libido und Gesellschaft,* p. 281n.
25. Ibid., p. 307.
26. Ibid., p. 331.
27. O. S. English, Some Recollections of a Psychoanalysis with Wilhelm Reich, *Journal of the American Academy of Psychoanalysis, 5,* 1977, pp. 239-54.
28. E. Fromm, *The Sane Society and Marx's Concept of Man.*
29. R. Tucker, ed., *Stalinism.*
30. Quoted in Dahmer, *Libido und Gesellschaft,* p. 292.
31. Quoted in Jones, *Life and Work,* vol. 3, pp. 345-46.
32. *SE,* vol. XXI, p. 113.

33. Ibid., p. 115.
34. O. Fenichel, *Collected Papers*, vol. 2, pp. 266-67.
35. *SE*, vol. IX, pp. 219-27.
36. Quoted in Gay and Webb, *Modern Europe*, p. 1020.
37. Reich's later work is too absurd to be taken seriously; only his writings before 1933 need be considered.
38. W. Reich, *Function of the Orgasm*, p. 64.
39. Dahmer, *Libido und Gesellschaft*, p. 398.
40. Ibid., pp. 399-400.
41. W. Reich, *The Sexual Revolution*, p. 25.
42. It has been stated, though not authoritatively, that the Freud estate has accepted some royalties from the sale of the book.
43. T. Mann, *Essays of Three Decades*, p. 427.
44. W. H. Auden, *Selected Poetry*, (New York: Random House, 1971), p. 57.
45. *IJP, 5*, 1924, pp. 62-68.
46. Ibid., p. 68.
47. Ibid., p. 82.
48. Ibid., p. 84.
49. Ibid., p. 89.
50. Ibid., pp. 86-87.
51. Ibid., p. 92.
52. Ibid., p. 229.
53. Ibid., p. 517.
54. F. Alexander, *Scope of Psychoanalysis*, p. 526.
55. R. May, *Existence*, p. 10.
56. Ibid., p. 33.
57. *JAPA, 10*, 1962, p. 166.
58. F. Alexander, *Scope of Psychoanalysis*, p. 550.
59. Ibid., p. 554.
60. O. Fenichel, *Psychoanalytic Theory of Neurosis*, p. 581.
61. Quoted in Ansbacher and Ansbacher, *Individual Psychology of Alfred Adler*, p. 131.
62. C. G. Jung, *Analytical Psychology*, pp. 186-87.
63. V. J. McGill, *Idea of Happiness*, p. 322.
64. In S. Post, ed., *Moral Values and the Superego Concept in Psychoanalysis*, p. 224.
65. H. Hartmann, *Psychoanalysis and Moral Values*, pp. 20-21.
66. Ibid., p. 51.
67. Ibid., p. 61.

68. Data here are taken from Redlich, Psychoanalysis and the Problem of Values, *Science and Psycholoanalysis, 3,* 84-103.
69. Ibid., p. 89.
70. *Journal of Nervous and Mental Diseases,* 1945, p. 54.
71. Putnam, *James Jackson Putnam and Psychoanalysis,* p. 188.
72. M. Brierley, *Trends in Psychoanalysis,* p. 293.

제17장 문화에 대한 정신분석적 접근

1. G. Murphy, *Historical Introduction to Modern Psychology,* p. 158.
2. Jones, *Life and Work,* vol. 1, pp. 190-91.
3. *SE,* vol. XI, p. 190.
4. B. Malinowski, *Sex and Repression in Savage Society,* p. vii.
5. Quoted in M. Harris, *Rise of Modern Anthropological Theory,* p. 431.
6. *IJP, 4,* 1923, pp. 499-502.
7. W. Labarre, Psychoanalysis and Anthropology. *Science and Psychoanalysis, 4,* 10-20.
8. *IJP, 13,* 1932, p. 119.
9. L. K. Frank, Society as the Patient, 335-45.
10. *SE,* vol. XXII, p. 136.
11. Ibid., pp. 148-49.
12. Ibid., pp. 171-72.
13. A. I. Levenson, A Review of the Federal Community Mental Health Centers Program, in S. Arieti, ed., *American Handbook of Psychiatry,* vol. 2, pp. 593-604.
14. *New York Times,* June 5, 1977, p. E16.
15. *Crisis in Child Mental Health: Report of the Joint Commission on the Mental Health of Children.*
16. K. Davis, *Psychiatry, 1,* 1938. pp. 55-65.
17. *JAPA, 22,* 1974, p. 94.
18. T. Adorno et al., *The Authoritarian Personality,* p. 976.
19. *JAPA, 17,* 1969, p. 644.
20. *JAPA, 16,* 1968, p. 847.
21. R. Laing and A. Esterson, *Sanity, Madness and the Family,* p. 13.
22. *SE,* vol. XXIII, p. 235.
23. E. Jones, *Collected Papers,* p. 216.
24. *SE,* vol. IX, p. 193.
25. A. Kinsey et al., *Sexual Behavior in the Human Male,* p. 773.

26. Ibid., p. 224.
27. A. Kinsey et al., *Sexual Behavior in the Human Female,* p. 18.
28. Kinsey et al., *Sexual Behavior in the Human Male,* p. 580.
29. Kinsey et al., *Sexual Behavior in the Human Female,* p. 584.
30. Ibid., p. 530.
31. S. Hite, *The Hite Report,* pp. 135-35.
32. Quoted in H. D. Graham and T. R. Gurr, *History of Violence in America,* p. 788.
33. N. Ackerman, *Psychodynamics of Family Life,* p. 19.
34. Ibid.
35. R. W. Beavers, *Psychotherapy and Growth,* p. 250.
36. *SE,* vol. XVII, p. 167.
37. *PQ,* 29, 1960, pp. 459-77.
38. O. Lewis, *Anthropological Essays,* pp. 67-80.
39. *JAPA, 23,* 1975, p. 181.
40. *SE,* vol. XIX, p. 258.
41. *SE,* vol. XVIII, p. 69.
42. *IJP, 13,* 1932, p. 103.
43. *Psychiatry, 40,* 1977, p. 132.
44. *Book Forum, 1,* 1974, pp. 213-21; F. Herzberg, *Work Satisfaction and Motivation-Hygiene Theory.*
45. S. Arieti, *Interpretation of Schizophrenia,* p. 492.
46. Ibid., pp. 492-503.
47. Health, Education, and Welfare Department, *Alcohol and Health,* p. xv.
48. M. Blumenthal et al., *Justifying Violence,* p. 1.
49. E. Wittkower and R. Prince, in S. Arieti, ed., *American Handbook of Psychiatry,* vol. 2, p. 536.
50. H. Sullivan, *Schizophrenia as a Human Process,* p. 185.
51. A. Rifkin, 1974, in S. Arieti, ed., *American Handbook of Psychiatry,* vol. 1, p. 117.

제18장 정신분석적 기법의 성숙

1. G. Pollock, *Chicago Institute Annual of Psychoanalysis, 3,* pp. 287-96.
2. Nevertheless, there are still some who first distort Freud beyond recognition, and then come back to him in different words.
3. *JAPA, 2,* 1954, pp. 606-9.
4. E.g., in *Studies in Hysteria, SE,* vol. II, p. 6. he claimed that "each individual hysterical symptom immediately and permanently disappeared." Once he had moved on to psychoanalysis, this claim was forgotten.
5. *SE,* vol. XIX, pp. 49-50.

6. S. Ferenczi, *Further Contributions*, p. 192.
7. S. Ferenczi, *Final Contributions*, pp. 108–25.
8. Ibid., p. 113.
9. Ibid., p. 122.
10. Ibid., p. 124.
11. Quoted in M. Bergmann and F. Hartmann, *Evolution of Psychoanalytic Technique*, p. 133.
12. O. Fenichel, *Psychoanalytic Theory of Neurosis*, p. 573.
13. O. Kernberg et al., *Final Report*, pp. 181–95.
14. *JAPA*, *20*, 1972, p. 620.
15. *SE*, vol. VII, pp. 263–64.
16. *PQ*, *29*, 1960, p. 5010
17. *IJP*, *50*, 1969, p. 639.
18. Ibid., p. 642.
19. R. Greenson, *Technique and Practice of Psychoanalysis*, p. 191.
20. Ibid., p. 192.
21. *JAPA*, *2*, 1954, p. 680.
22. Ibid., p. 684.
23. Ibid., p. 689.
24. This concept simply presents a reformulation of the working out of the transference neurosis; it has been grossly misunderstood by Alexander's opponents.
25. *JAPA*, *2*, 1954, p. 733.
26. Ibid.
27. Ibid., p. 744.
28. *JAPA*, *1*, 1953, p. 110.
29. Ibid., p. 111.
30. *JAPA*, *2*, 1954, p. 593.
31. *SE*, vol. XII, pp. 166–67.
32. Ibid., p. 171.
33. J. Sandler et al., *Patient and Analyst*, p. 51.
34. Ibid.
35. O. Fenichel, *Psychoanalytic Theory of Neurosis*, p. 451.
36. Freud and Jung, *Letters*, p. 207, letter of Jung dated March 7, 1909.
37. Putnam, *James Jackson Putnam and Psychoanalysis*, pp. 252–53.
38. Freud and Jung, *Letters*, p. 210, letter of Freud dated March 9, 1909, in reply to Jung's letter.
39. *SE*, vol. XI, pp. 144–45.
40. Ibid.
41. Freud and Jung, *Letters*, pp. 475–76.

42. J. Sandler et al., *Patient and Analyst,* pp. 67-68.
43. *JAPA, 4,* 1956, pp. 249-50.
44. *IJP, 30,* 1949, p. 69.
45. R. Greenson, *Technique and Practice of Psychoanalysis,* p. 336.
46. Ibid., p. 400.
47. *SE,* vol. XX, p. 160.
48. A. Freud, *Ego and the Mechanisms of Defense,* p. 28. At the time it was widely believed that her views echoed her father's reaction to Reich.
49. *SE,* vol. XII, p. 155.
50. H. Nunberg, *Principles of Psychoanalysis,* p. 360.
51. C. Brenner, *Psychoanalytic Technique and Psychic Conflict,* p. 199.
52. *SE,* vol. XVII, p. 11.
53. *JAPA, 11,* 1963, p. 139 (Muriel Gardner).
54. Goldensohn, Evaluation of Psychoanalytic Training, p. 56.
55. Personal communication, symposium arranged by Reuben Fine.
56. E. Jones, Criteria of Success in Treatment, p. 381.
57. J. Meltzoff and M. Kornreich, *Research in Psychotherapy,* p. 74.

제19장 인간 행동 이론의 통합을 향한 정신분석의 진보

1. Freud and Jung, *Letters,* p. 255.
2. Ibid., p. 276.
3. Ibid., p. 340.
4. *SE,* vol. XIII, pp. 171-75.
5. Ibid., p. 179.
6. Quoted in S. Hook, ed., *Psychoanalysis, Scientific Method and Philosophy,* p. 212.
7. *PQ, 13,* 1944, pp. 101-2.
8. S. Hook, Psychoanalysis, Scientific Method and Philosophy, p. 309.
9. S. Fisher and R. Greenberg, *Scientific Credibility of Freud's Theories,* p. 396.
10. Ibid., pp. 393-95.
11. Ibid., p. 361.
12. Freud and Jung *Letters,* p. 166.
13. *Scientific Credibility of Freud's Theories,* p. 285.
14. G. Chrzanowski, *Interpersonal Approach to Psychoanalysis,* p. 1.
15. D. Rapaport, *Structure of Psychoanalytic Theory,* p. 9.
16. G. Klein, *Psychoanalytic Theory,* pp. 12-13.
17. Laplanche and Pontalis, *Language of Psychoanalysis,* p. 249.
18. *SE,* vol. XIII, p. 182.

19. D. Rapaport and D. Shakow, *Influence of Freud on American Psychology,* p. 20.
20. Ibid., pp. 111-12.
21. Quoted in American Psychological Association, *Psychoanalysis as Seen by Psychoanalyzed Psychologist,* p. 90.
22. Ibid., p. 44.
23. Ibid., p. 53.
24. Ibid., p. 149.
25. Ibid., p. 160.
26. Ibid., p. 4.
27. Ibid., p. 323.
28. Numbers are taken from American Psychological Association's *Register of Members,* 1977, p. vi.
29. Avery Publishing Co., personal communication, 1978.
30. W. Henry et al., *Fifth Profession,* p. 141.
31. S. Goodman, ed., *Psychoanalytic Education,* p. 200.
32. Henry et al., *Fifth Profession,* pp. 143-44.
33. Ibid., p. 144.
34. D. Rapaport and D. Shakow, *Influence of Freud,* p. 10.
35. Ibid., p. 198.
36. In J. Butcher, ed., *Objective Personality Assessment,* p. 64.
37. E. Kraepelin, *One Hundred Years of Psychiatry,* p. 99.
38. M. Greenblatt, Psychopolitics. *American Journal of Psychiatry, 131,* 1974, pp. 1200-1201.
39. J. Davis and J. O. Cole, Antipsychotic Drugs, in S. Arieti, ed., *American Handbook of Psychiatry,* vol. 5, ch. 22.
40. P. May, *Treatment of Schizophrenia,* p. 136.
41. Ibid., p. 297.
42. H. Lamb, *Community Survival for Long-Term Patients,* p. viii.
43. C. Chiland, *ed., Long-Term Treatment of Psychotic States,* p. 635.
44. M. Bleuler, Some Results of Research in Schizophrenia, *Schizophrenic Syndrome, 1,* 1971, p. 7.
45. A. Gralnick, *Psychiatric Hospital,* p. 65.
46. *American Journal of Psychiatry, 134,* 1977, special section on tardive dyskinesia, pp. 756-89.
47. P. Ahmed and S. Plog, *State Mental Hospitals,* p. 3.
48. *American Journal of Psychiatry, 134,* 1977, pp. 354-55, Position Statement on the Right to Adequate Care and Treatment for the Mentally Ill and the Mentally Retarded.
49. American Psychiatric Education: A Review. *American Journal of Psychiatry,* special suppl., *134,* 1977, p. 16.
50. G. Engel, The Need for a New Medical Model: A Challenge for Biomedicine, *Science, 196,* 1977, pp. 129-36.

51. H. R. Holman, *Hospital Practice, 11,* 1976, p. 11.
52. W. Langer, *Mind of Adolf Hitler,* p. vi.
53. V. McGill, Idea of Happiness, p. 322.
54. R. Slovenko, *Psychiatry and Law,* p. ix.
55. Ibid.

제20장 1980년대의 정신분석

1. *JAPA, 25,* p. 3.
2. Ibid.
3. *IJP, 69,* pp. 15-27.
4. Ibid., pp. 5-21.
5. Ibid.
6. Personal Communication.
7. *IJP, 69,* pp. 5-21.
8. Ibid.
9. *JAPA, 21,* p. 803.
10. *IJP, 62,* pp. 113-124.
11. Jones, III, p. 298.
12. Lawsuit.
13. Personal Communication.
14. *IJP, 59,* p. 563.
15. Wallerstein, p. 503.
16. *JAPA, 1959,* pp. 179-218.
17. Garber and Seligman, *Human Helplessness: Theory and Applications.*
18. *JAPA, 29,* pp. 179-219.
19. Ibid.
20. Ibid., p. 186.
21. Ibid., p. 189.
22. Clarke and Clarke, *Early Experience: Myth and Reality,* p. 268.
23. Fine, *Narcissism, the Self, and Society,* p. 107.
24. *JAPA, 26,* pp. 831-861.
25. Ibid.
26. Ibid.
27. Ibid.
28. Hartmann, *Essays on Ego Psychology,* p. 126.
29. *IJP, 57,* p. 49.
30. Kohut, *Analysis of the Self,* p. 17.

31. Bach, 1977, p. 224.
32. Chiland, A New Look at Fathers, pp. 367-379.
33. Meissner, *Internalization Psychoanalysis,* p. 53.
34. Sullivan, Schizophrenia as a Human Process, pp. 263-264.
35. Bellak, *Disorders of the Schizophrenic Syndrome,* p. ix.
36. Karon and Vandenbos, *Psychotherapy of Schizophrenia,* p. 371.
37. Brody and Axelrad, *Mother, Fathers, and Children.*
38. Lamb, ed., *The Role of the Father in Child Development,* p. 242.
39. Wundt, 1894, 15, section 6.
40. Ibid.
41. Sullivan, *Conceptions of Modern Psychiatry,* 1939.
42. Kohut, *The Restoration of the Self,* p. xxi.
43. Ibid., p. 208.
44. Ibid., pp. 310-311.
45. Kohut, *The Analysis of the Self,* p. xiv.
46. Kohut, *Restoration,* pp. 183-184.
47. *JAPA, 29,* p. 158.
48. *PQ, 52,* pp. 445-446.
49. *JAPA, 1982,* p. 864.
50. Ibid., p. 870.
51. Ibid., p. 884.
52. *JAPA, 34,* p. 898.
53. Ibid., pp. 914-915.
54. *JAPA, 1987,* p. 976.
55. *PQ, 48,* p. 490.
56. *JAPA, 34,* pp. 141-162.
57. Galenson and Roiphe, 1981, *The Infantile Origins of Sexual Identity.*
58. Lamb, M., 1981, p. 3.
59. S. Freud, *The Standard Edition of the Complete Psychological Works of Sigmund Freud.*
60. *Einstein and Infeld, The Revolution of Physics,* p. 277.
61. Bellak, *Disorders,* p. 3.
62. Wallerstein, 1978.
63. Valenstein, *Brain Control.*
64. Veroff, Douvan, and Kluka, *Mental Health in America,* p. 7.

참고문헌

Abelin, E. 1975. Some Further Comments and Observations on The Earliest Role of the Father. *JIP*, 56, 293-302.

Abend, S., Porter, M. and Willick, M. 1983. *The Borderline Syndrome*. New York: International Univs. Press.

Aberastury, G. 1960. *Historia, Enseñanza, y Ejercicio Legal del Psicoanalisis*. Buenos Aires: Bibliografia Omega.

Abraham, K. 1908. The Psychosexual Differences between Hysteria and Dementia Praecox. *CP, 1*, 64-79.

Abraham, K. 1911. Notes on the Psychoanalytic Investigation and Treatment of Manic-Depressive Insanity and Allied Conditions. *CP*, vol. 1, 137-56.

Abraham, K. 1916. The First Pregenital Stage of the Libido, *CP*, vol. 1, 248-79.

Abraham, K. 1920. Manifestations of the Female Castration Complex. *CP*, vol. 1, 338-69.

Abraham, K. 1921. Contributions to the Theory of the Anal Character. *CP*, vol. 1, 370-92.

Abraham, K. 1924. A Short History of the Development of the Libido. *CP*, vol. 1, 418-501.

Abraham, K. 1925. The History of an Impostor. *CP*, vol. 2, 291-305.

Abraham, K. 1927-1955. *Selected Papers*. 2 vols. New York: Basic Books. Cited above as *CP*.

Abt, L. E., and Weissman, S. L., eds. 1965. *Acting Out: Theoretical and Clinical Aspects*. New York: Grune & Stratton.

Achte, K. A., and Niskanen, O. P. 1972. *The Course and Prognosis of Psychoses in Helsinki*. Monographs from the Psychiatric Clinic of the Helsinki University Central Hospital. Helsinki.

Ackerman, N. W. 1958. *The Psychodynamics of Family Life*. New York: Basic Books.

Adelson, E., ed. 1975. *Sexuality and Psychoanalysis*. New York: Brunner/ Mazel.

Adler, A. 1908. Sadism in Life and in Neurosis. In H. Nunberg and E. Federn, eds., *Minutes of the Vienna Psychoanalytic Society*, vol. II, pp. 406-10.

Adler, A. 1929. *Individual Psychology*. New York: Humanities Press.

Adler, A. 1931. *What Life Should Mean to You*. Boston: Little, Brown.

Adler, G., ed. 1974. *Success and Failure in Analysis: Proceedings*. New Work: G. P. Putnam's.

Adorno, T., et al. 1950. *The Authoritarian Personality*. New York: Harper.

Ahmed, P. I., and Plog, S. C., eds. 1976. *State Mental Hospitals: Wear Heppens When They Close*. New York: Plenum.

Aichhorn, A. 1925. *Wayward Youth*. New York: Viking Press, 1935.

Alanen, Y. O. 1958. *The Mothers of Schizophrenic Patients. Acta Psychiatrica et Neurologica Scandinavica*, suppl. 24.

Alanen, Y. O. 1966. The Family in the Pathogenesis of Schizophrenic and Neurotic Disorders. *Acta Psychiatrica Scandinavica 42, suppl. 189.*

Alexander, F. 1925a. Dreams in Pairs or Series. *IJP, 6,* 446-52.

Alexander, F. 1925b. A Metapsychological Description of the Process of Cure. *IJP, 6,* 13-34.

Alexander, F. 1930. *The Psychoanalysis of the Total Personality.* New York: Nervous and Mental Diseases Publishing Co.

Alexander, F. 1931. Buddhistic Training as an Artificial Catatonia. *Psychoanalytic Review, 18,* 129-45.

Alexander, F. 1937. *Five Year Report of the Chicago Institute for Psychoanalysis.* Chicago: Chicago Institute for Psychoanalysis.

Alexander, F. 1938. Psychoanalysis Comes of Age. *PQ, 7,* 299-306.

Alexander, F. 1950. *Psychosomatic Medicine.* New York: Norton.

Alexander, F. 1954a. Psychoanalysis and Psychotherapy. *JAPA, 2,* 722-33.

Alexander, F. 1954b. Some Quantitative Aspects of Psychoanalytic Technique. *JAPA, 2,* 685-701.

Alexander, F. 1959. Impressions from the Fourth International Congress of Psychotherapy. In F. Alexander, *The Scope of Psychoanalysis,* pp. 548-57.

Alexander, F. 1961. *The Scope of Psychoanalysis.* New York: Basic Books.

Alexander, F., and French, T. M. 1948. *Studies in Psychosomatic Medicine.* New York: Ronald Press.

Alexander, F., and Wilson, G. W. 1935. Quantitative Dream Studies, *PQ, 7,* 299-306.

Alexander, F., et al. 1946. *Psychoanalytic Therapy.* New Yrok: Ronald Press.

Alexander, F., Selesnick, S., and Grotjahn, M. 1966. *Psychoanalytic Pioneers.* New York: Basic Books.

Alexander, J. 1960. The Psychology of Bitterness. *IJP, 14,* 514-20.

Allen, V., ed. 1970. *Psychological Factors in Poverty.* Chicago: Markham.

Almond, R. 1074. *The Healing Community.* New York: Jason Aronson.

Altman, L. L. 1977. Some Vicissitudes of Love. *JAPA, 25,* 35-52.

Altman, L. L. 1969. *The Dream in Psychoanalysis.* New York: International Univs. Press.

Amacher, P. 1965. *Freud's Neurological Education and Its Influence on Psychoanalytic Theory.* Psychological Issues Monograph 16. New York: International Univs. Press.

American Psychiatric Association 1952. *Diagnostic and Statistical Manual: DSM-1.* Washington, D.C.

American Psychiatric Association 1968. *Diagnostic and Statistical Manual: DSM-2.* Washington, D.C.

American Psychiatric Association 1974. *Behavior Therapy in Psychiatry.* New York: Joson Aronson.

American Psychological Association 1953. *Psychoanalysis as Seen by Psychoanalyzed Psychologists.* Washington, D.C.

American Psychological Association 1977. *Register of Members.* Washington, D.C.

Anderson, J. A., and Bower, G. H. 1973. *Human Associative Memory.* New York: Wiley.

Ansbacher, H., and Ansbacher, R. 1956. *The Individual Psychology of Alfred Adler.* New York: Basic Books.

Antrobus, J. S., Dement, W. C., and Fisher, C. 1964. Patterns of Dreaming and Dream Recall. *J. Abnormal Social Psychology, 69,* 341-44.

Anzieu, D. 1975. *L'Auto-analyse de Freud et la découverte de la psychoanalyse.* rev., enlarged ed. Paris: Presses Universitaries de France. (1st ed., 1959.)

Apfelbaum, B. 1962. Some Problems in Contemporary Ego Psychology. *JAPA, 10,* 526-37.

Applegarth, A. 1971. Comments on Aspects of the Theory of Psychic Energy. *JAPA, 19,* 379-416.

Applegarth, A. 1976. Psychic Energy Reconsidered (Panel). *JAPA, 24,* 647-58.

Arieti, S. 1967. *The Intrapsychich Self.* New York: Basic Books.

Arieti, S. 1972. *The Will To Be Human.* New York: Quadrangle.

Arieti, S. 1974. *Interpretation of Schizophrenia.* New York: Basic Books.

Arieti, S., ed. 1974-1975. *The American Handbook of Psychiatry.* 6 vols. New York: Basic Books.

Arieti, S. 1976. *Creativity: The Magic Synthesis.* New

York: Basic Books.

Arlow, J. A. 1959. The Structure of the Déjà Vu Experience. *JAPA, 7,* 611-31.

Arlow, J. A. 1972. Ten Years of COPE: Perspectives in Psychoanalytic Education. *JAPA, 20,* 556-66.

Arlow, J. A. 1973. Perspectives on Aggression in Human Adaptation. *PQ, 42,* 178-84.

Arlow, J. A., and Brenner, C. 1974. *Psychoanalytical Concepts and the Structural Theory.* New York: International Univs. Press.

Arlow, J. 1983. "Review of Advances in Self Psychology." In A. Goldberg, ed. *Advances in Self Psychology, PQ, 52,* 445-52.

Arnold, M. B. 1970. *Emotion and Personality.* New York: Columbia Univ. Press.

Asch, S. S. 1976. Varieties of Negative Therapeutic Reaction and Problems of Technique. *JAPA, 24,* 383-408.

Aserinsky, E., and Kleitman, N. 1953. Regularly Occurring Periods of Eye Motility and Concomitant Phenomena during Sleep. *Science, 118,* 273-74.

Aserinsky, E., and Kleitman, N. 1955a. A Motility Cycle in Sleeping Infants as Manifested by Ocular and Gross Bodily Activity. *Journal of Applied Physiology, 8,* 11-18.

Aserinsky, E., and Kleitman, N. 1955b. Two Types of Ocular Activity Occurring in Sleep. *Journal of Applied Physiology, 8,* 1-10.

Axelrad, S., and Brody, S. 1970. *Anxiety and Ego Formation.* New York: International Univs. Press.

Babcock, C. G. 1966. The Manifest Content of the Dream (Panel). *JAPA, 14,* 154-71.

Bach, R. C. 1939. Regression of Ego Orientation and Libido in Schizophrenia. *IJP, 20,* 64-71.

Bach, R. C. 1954. The Schizophrenic Defence against Aggression. *IJP, 35,* 129-34.

Bach, R. C. 1965. Comments on Object Relations in Schizophrenia and Perversions. *PQ, 34,* 473-75.

Bach, R. C. 1973. Being in Love and Object Loss. *IJP, 54,* 1-8.

Baddeley, A. D. 1976. *The Psychology of Memory.* New York: Basic Books.

Balint, M. 1948. On the Psychoanalytic Training System. *IJP, 29,* 163-73.

Balint, M. 1949. Early Developmental Stages of the Ego: Primary Object Love. *IJP, 30,* 265-73.

Balint, M. 1952. On Love and Hate. *IJP, 33,* 355-62.

Balint, M. 1953. *Primary Love and Psychoanalytic Technique.* New York: Liveright.

Balint, M. 1954. Analytic Training and Training Analysis. *IJP, 35,* 157-62.

Balint, M. 1968. *The Basic Fault.* London: Tavistock.

Balint, M., and Balint, A. 1939. On Transference and Countertransference. *IJP, 20,* 223-30.

Bandura, A. 1973. *Aggression.* Englewood Cliffs, N.J.: Prentice-Hall.

Bandura, A. 1977. *Social Learning Theory.* Englewood Cliffs, N.J.: Prentice-Hall.

Barande, I., and Barande, R. 1975. *Histoire de la psychanalyse en France.* Paris: Privat.

Barchilon, J. 1958. On Countertransference "Cures." *JAPA, 6,* 222-36.

Barker, W. 1968. Female Sexuality (Panel). *JAPA, 16,* 123-45.

Barron, F. 1972. *Artists in the Making.* New York: Seminar Press.

Basaglia, F. 1987. *Psychiatry Inside Out.* New York: Columbia Univ. Press.

Beach, F. A., ed. 1977. *Human Sexuality in Four Perspectives.* Baltimore: John Hopkins Univ. Press.

Beavers, R. W. 1977. *Psychotherapy and Growth: A Family Systems Perspective.* New York: Brunner/Mazel.

Bell, A. 1965. The Significance of the Scrotal Sac and Testicles for the Prepuberty Male. *PQ, 34,* 182-206.

Bell, R. Q., and Harper, L. V. 1977. *Child Effects on Adults.* New York: Erlbaum.

Bell, S. 1902. A Preliminary Study of the Emotion of Love between the Sexes. *American Journal of Psychology, 13,* 341.

Bell, S. 1970. The Development of a Concept of Object as Related to Infant-Mother Attachment. *Child Development, 41,* 291-311.

Bellak, L. 1954. *The TAT and CAT in Clinical Use.* New

York: Grune & Stratton.

Bellak, L. 1955. An Ego-Psychological Theory of Hypnosis. *IJP, 36,* 375-78.

Bellak, L. 1961. Free Association. *IJP, 42,* 9-20.

Bellak, L., ed. 1964. *A Handbook of Community Mental Health.* New York: Grune & Stratton.

Bellak, L., and Loeb, L. 1968. *The Schizophrenic Syndrome.* New York: Grune & Stratton.

Bellak, L., Hurvich, M., and Gediman, H. 1973. *Ego Functioning in Schizophrenics, Neurotics and Normals.* New York: Wiley.

Bellak, L, ed. 1979. *Disorders of the Schizophrenic Syndrome.* New York: Basic Books.

Bender, L. 1938. *A Visual Motor Gestalt Test and Its Clinical Use.* American Orthopsychiatric Association Research Monograph no. 3. New York.

Bendix, R. 1960. *Max Weber.* Garden City, N.Y.: Doubleday.

Benedek, T. 1959. Partenthood as a Developmental Phase. *JAPA, 7,* 389-417.

Benedek, T. 1973. *Psychoanalytic Investigations.* New York: Quadrangle.

Benedek, T. 1977. Ambivalence, Passion and Love. *JAPA, 25,* 53-80.

Benedek, T., and Anthony, E. J., eds. 1970. *Parenthood.* Boston: Little, Brown.

Benedict, R. 1934. *Patterns of Culture.* Boston: Houghton Mifflin.

Beres, D. 1956. Ego Deviation and the Concept of Schizophrenia. *PQ, 25,* 460-62.

Bergin, A. E., and Garfield, S. L., eds. 1971. *Handbook of Psychotherapy and Behavior Change.* New York: Wiley.

Bergler, E. 1945. On the Disease Entity Boredom ("Alyosis") and its Psychopathology. *PQ, 19,* 38-51.

Bergler, E. 1949. *The Basic Neurosis: Oral Regression and Psychic Masochism.* New York: Grune & Stratton.

Bergler, E. 1954. *The Writer and Psychoanalysis.* New York: Brunner.

Bergmann, M. S. 1963. The Place of Paul Federn's Ego Psychology in Psychoanalytic Metapsychology. *JAPA, 11,* 97-116.

Bergmann, M. J., and Hartman, F. 1977. *The Evolution of Psychoanalytic engagement.* New York: Basic Books.

Berliner, B. 1958. The Role of Object Relations in Moral Masochism. *PQ, 27,* 38-56.

Bernard, V. 1953. Psychoanalysis and Members of Minority Groups. *JAPA, 1,* 256-67.

Bernfeld, S. 1922. Some Remarks on Sublimation. *IJP, 3,* 134-35.

Bernfeld, S. 1931. Zur Sublimierungstheorie. *Imago, 17,* 399-403.

Bernfeld, S. 1952. On Psychoanalytic Training. *PQ, 31,* 453-82.

Bettelheim, B. 1954. *Symbolic Wounds.* Glencoe, Ill.: Free Press.

Bettelheim, B. 1967. *The Empty Fortress.* New York: Free Press.

Bibring, E. 1947. The So-Called English School of Psychoanalysis. *PQ, 16,* 69-93.

Bibring, E. 1953. The Mechanism of Depression. In P. Greenacre, ed., *Affective Disorders,* 13-48.

Bibring, E. 1954. Psychoanalysis and the Dynamic Psychotherapies. *JAPA, 2,* 745-70.

Bibring, G. 1959. Some Considerations of the Psychological Processes in Pregnancy. *PSC, 14,* 113-21.

Bibring, G. L. 1964. Some Considerations Regarding the Ego Ideal in the Psychoanalytic Process. *JAPA, 12,* 517-21.

Bibring, G., et al. 1961. A Study of the Psychological Processes in Pregnancy and the Earliest Mother-Child Relationship. *PSC, 16,* 9-72.

Bieber, I., et al. 1962. *Homosexuality.* New York: Basic Books.

Billig, M. 1976. *Social Psychology and Intergroup Relations.* New York: Academic Press.

Bing, J. F., McLaughlin, F., and Marburg, R. 1959. The Metapsychology of Narcissism. *PSC, 14,* 9-28.

Bion, W. R. 1961. *Experiences in Groups.* New York: Basic Books.

Birdwhistell, R. 1970. *Kinesis and Context.* Philadelphia: Univ. of Pennsylvania Press.

Bjerre, P. C. 1911. Zur Radikalbehandlung

der chronischen Paranoia. *Jahrbuch fuer psychoanalytische und psychopathische Forschung, 3,* 795-847.

Blanton, S. 1971. *Diary of My Analysis with Freud.* New York: Hawthorn Books.

Blatt, S. J., et al. 1976. Disturbances of Object Relationships in Schizophrenia. *Psychoanalysis and Contemporary Science, 4,* 235-88.

Bleuler, E. 1911. *Dementia Praecox oder Gruppe der Schizophrenen.* Leipzig and Vienna: Deuticke.

Bleuler, M. 1970. Some Results of Research in Schizophrenia. *Schizophrenic Syndrome, 1,* 3-16.

Bleuler, M. 1978. *The Schizophrenic Disorders.* New Haven: Yale Univs. Press.

Blos, P. 1962. *On Adolescence.* New York: Free Press.

Blum, H. P. 1971. Transference and Structure: On the Conception and Development of the Transference Neurosis. *JAPA, 19,* 41-53.

Blum, H. P. 1973. The Concept of Erotized Transference. *JAPA, 21,* 61-76.

Blum, H. P. 1976. The Changing Use of Dreams in Psychoanalytic Practice. *IJP, 57,* 315-24.

Blum, H. P., ed. 1977. *Female Psychology.* New York: International Univers. Press.

Blumenthal, M. D., et al. 1972. *Justifying Violence.* Ann Arbor, Mich.: Institute for Social Research.

Boas, F. 1908. The History of Anthropology. *Science, 20,* 513-24.

Boehm, F. 1930. The Femininity Complex in Men. *IJP, 11,* 444-69.

Boisen, A. T. 1936. *The Exploration of the Inner World.* New York: Harper.

Bonaparte, M. 1947. A Lion Hunter's Dreams. *PQ, 16,* 1-10.

Bonime, W. 1962. *The Clinical Use of Dreams.* New York: Basic Books.

Bronstein, B. 1945. Clinical Notes on Child Analysis.

Bronstein, B. 1951. On Latency. *PSC, 6,* 279-85.

Bronstein, B. 1953. Masturbation in the Latency Period.

Boss, M. 1938. Psychopathologie des Traumes bei Schizophrenen und organischen Psychosen. *Zeitschirift Gesamte Neurologie und Psychiatrie, 162,* 459-94.

Bowlby, J. 1951. *Maternal Care and Mental Health.* New York: Schocken Books.

Bowlby, J. 1953. Some Pathological Processes Set in Train by Early Mother-Child Separation. *Journal of Mental Sciences, 99,* 265-72.

Bowlby, J. 1960. Grief and Mourning in Infancy and Early Childhood. *PSC, 15,* 9-52.

Bowlby, J. 1961. Processes of Mourning. *IJP, 42,* 317-40.

Bowlby, J. 1969. *Attachment and Loss,* vol. 1: *Attachment.* New York: Basic Books.

Bowlby, J. 1973. *Attachment and Loss,* vol. 2: *Separation.* New York: Basic Books.

Boyer, L. B., Boyer, R. M., and Hippler, A. E. 1976. The Subarctic Athabascans of Alaska. *Psychoanalytic Study of Society, 7,* 293-330.

Boyer, L. B., and Giovacchini, P. L. 1967. *Psychoanalytic Treatment of Characterological and Schizophrenic Disorders.* New York: Science House.

Bradlow, P. A. 1971. Murder in the Initial Dream in Psychoanalysis. *Bulletin of the Philadelphia Association of Psychoanalysis, 21,* 70-81.

Bradlow, P. A., and Coen, S. S. 1975. The Analyst Undisguised in the Initial Dream in Psychoanalysis. *IJP, 56,* 415-25.

Bray, D. W., Campbell, R. J., and Grant, D. L. 1974. *Formative Years in Business.* New York: Wiley.

Breger, L., Hunter, I., and Lane, R. W. 1971. *The Effect of Stress on Dreams.* Psychological Issues Monograph 27. New York: International Univs. Press.

Breland, K., and Breland, M. 1966. *Animal Behavior.* New York: Macmillan.

Breland, K., and Breland, M. 1961. The Misbehavior of Organisms. *American Psychologist, 16,* 681-84.

Brenman, M., and Gill, M. M. 1947. Alterations in the State of The Ego in Hypnosis, *Bulletin of the Menninger Clinic, 11,* 60-66.

Brenman, M., and Gill, M. 1961. *Hypnosis and Related States.* New York: International Univs. Press.

Brenner, C. 1956. Reevaluation of the Libido Theory (Panel). *JAPA, 4,* 162-69.

Brenner, C. 1957. The Nature and Development of the

Concept of Repression in Freud's Writings. *PSC, 12,* 19-46.
Brenner, C. 1971. The Psychoanalytic Concept of Aggression. *IJP, 52,* 137-44.
Brenner, C. 1976. *Psychoanalytic Technique and Psychic Conflict.* New York: International Univs. Press.
Brenner, C. 1987. *The Mind in Conflict.* New York: IUP.
Brett, G. S. 1914-1921. *A History of Psychology.* London: Routledge and Kegan Paul.
Brett, G. S. 1965. *A History of Psychology,* abridged ed. by R. S. Peters. Cambridge, Mass.: M.I.T. Press.
Briehl, W. 1966. Biography of Wilhelm Reich. In F. Alexander, et al., *Psychoanalytic Pioneers,* pp. 430-38.
Brierley, M. 1947. Psychoanalysis and Integrative Living. *IJP, 28,* 57-105.
Brierley, M. 1951. *Trends in Psychoanalysis.* London: Hogarth Press.
Brill, A. A. 1912. Anal Eroticism and Character. *Journal of Abnormal Psychology, 7,* 196-203.
Brill, H. 1965. Psychiatric Diagnosis, Nomenclature and Classification. In B. Wolman, ed., *Handbook of Clinical Psychology,* Chap. 24. New York: McGraw-Hill.
British Psychoanalytical Society 1963. *Fiftieth Anniversary.* London.
Brodey, W. M. 1959. Some Family Operations and Schizophrenia. *Archives of General Psychiatry, 1,* 379-402.
Brody, S. 1956. *Patterns of Mothering.* New York: International Univs. Press.
Brody, S., and Axelrad, S. 1978. *Mothers, Fathers and Children.* New York: International Univs. Press.
Bromberg, W. 1954. *The Mind of Man: A History of Psychotherapy and Psychoanalysis.* New York: Harper.
Bruner, J. 1973. *Beyond the Information Give.* New York: Norton.
Bruner, J., et al. 1966. *Studies in Cognitive Growth.* New York: Wiley.
Bruner, J., et al. 1976. *Play.* New York: Basic Books.
Brunswick, D. 1954. A Revision of the Classification of Instincts or Drives. *IJP, 35,* 224-28.
Brunswick, R. M. 1928. A Supplement to Freud's "A History of an Infantile Neurosis." *IJP, 9,* 439-76.
Buber, M. 1970. *I and Thou.* New York: Scribner's.
Bullitt, W. C., and Freud, S. 1967. *Thomas Woodrow Wilson: A Psychological Study.* Boston: Houghton Mifflin.
Bunker, H. A. 1953. A Dream of an Inhibited Writer. *PQ, 22,* 519-24.
Burnham, D. L., Gladstone, A. I., and Gibson, W. 1969. *Schizophrenia and the Need-Fear Dilemma.* New York: International Univs. Press.
Buros, O. K. 1975. *Mental Measurements Yearbook.* Rutgers. N.J.: Gryphon Press.
Burr, A. R. 1909. *The Autobiography.* Boston: Houghton Mifflin.
Burrow, T. 1958. *A Search for Man's Sanity.* New York: Oxford Univs. Press.
Bursten, B., and D'Esppo, R. 1965. The Obligation to Remain Sick. *Archives of General Psychiatry, 12,* 402-7.
Busch, F. 1974. Dimensions of the First Transitional Object. *PSC, 29,* 215-30.
Bush, M. 1969. Psychoanalysis and Scientific Creativity, with Special Reference to Regression in the Service of the Ego. *JAPA, 7,* 136-90.
Butcher, J. N., ed. 1967. *Objective Personality Assessment.* New York: Academic Press.
Butler, R. 1967. The Destiny of Creativity in Later Life: Studies of Creative People and the Creative Process. In R. J. Kahana, and S. Levin, eds., *Psychodynamic Studies on Aging,* pp. 20-63.
Butler, R. 1968. Toward a Psychiatry of the Life Cycle. *Psychiatric Research Reports, 23,* 233-48.
Bychowski, G. 1930. A Case of Oral Delusions of Persecution. *IJP, 11,* 332-37.
Bychowski, G. 1951. Remarks on some Defense Mechanisms and Reaction Patterns of the Schizophrenic Ego. *Bulletin of the American Psychoanalytic Association, 7,* 141-43.
Bychowski, G. 1952. *Psychotherapy of Psychosis.* New York: Gruen & Stratton.

Bychowski, G. 1964. Freud and Jung: An Encounter. *Israel Annals of Psychiatry and Related Disciplines, 2,* 129-43.

Calef, Y. 1954. Training and Therapeutic Analysis (Panel). *JAPA, 2,* 175-78.

Calef, V. 1971. On the Current Concept of the Transference Neurosis (Panel). *JAPA, 9,* 22-25, 89-97.

Calef, V., and Weinshel, E. 1973. Reporting, Nonreporting and Assessment of the Training Analysis. *JAPA, 21,* 714-26.

Calef, V., and Weinshel, M. 1979. "The New Psychoanalysis and Psychoanalytic Revisionism. Book Review Essay on Borderline Conditions and Pathological Narcissism." *PQ, 48,* 470-491.

Call, J. D., Galenson, E., and Tyson, R. L., eds. 1983. "Frontiers of Infant Psychiatry." New York: Basic Books.

Campbell, J. 1949. *The Hero with a Thousand Faces.* New York: Meridian Books.

Cannon, W. B. 1929. *Bodily Changes in Pain, Hunger, Fear and Rage.* Boston: Branford.

Carlson, E. T., and Quen, J. M., eds. 1978. *American Psychoanalysis: Origins and Development.* New York: Brunner/Mazel.

Castelnuovo-Tedesco, P. 1974. Toward a Theory of Affects (Panel). *JAPA, 22,* 612-25.

Chafetz, M. E., et al. 1974. Alcoholism: A Positive View. In S. Arieti, ed., *The American Handbook of Psychiatry*, vol. 3, pp. 367-92.

Chapman, A. 1976. *Harry Stack Sullivan: The Man and His World.* New York: Putnam.

Chapman, T., and Foot, H. 1976. *Humor and Laughter.* New York: Wiley.

Chasseguet-Smirgel, J.. et al. 1970. *Female Sexuality.* Ann Arbor, Mich.: Univ. of Michigan Press.

Chess, S., and Thomas. A. 1977. *Temperament and Development.* New York: Bnunner/Mazel.

Cherhrazi, S. 1986. Female Psychology: A Review. *JAPA, 24,* 141-62.

Chiland, C., ed. 1977. *Long-Term Treatment of Psychotic States.* New York: Human Sciences Press.

Chiland, C. 1982. "A New Look at Fahters." In A. Solnit, et al., eds. *The Psychoanalytic Study of the Child, 37:* 367-79. New Haven: Yale Univs. Press.

Chin, R., and Chin, S. 1969. *Psychological Research in Communist China.* Cambridge, Mass.: MIT Press.

Chisholm, G. B. 1946. The Psychiatry of Enduring Peace and Social Progress. *Psychiatry, 9,* 3-20.

Christensen, H. 1939. Report on the Dano-Norwegian Psychoanalytical Society. *IJP, 20,* 216-217.

Chrzanowski, G. 1977. *Interpersonal Approach to Psychoanalysis.* New York: Wiley.

Clarke, M., and Clarke, A. D. 1976. *Early Experience: Myth and Reality.* London: Open Book.

Clarke-Steward, K. A. 1973. Interactions between Mothers and their Young Children. *Monographs of the Society for Research in Child Development, 38* (6-7. serial no. 153).

Clarke-Stewart, A. 1977. *Child Care in the Family.* New York: Academic Press.

Cohen, M. B. 1952. Countertransference and Anxiety. *Psychiatry, 15,* 231-43.

Cohen, M. B., et al. 1954. An Intensive Study of Twelve Cases of Manic-Depressive Psychosis. *Psychiatry, 17,* 103-37.

Cohen, Y. 1966. *The Transition from Childhood to Adolescent.* Chicago: Aldine.

Coles, R. C. 1970. *Erik Erikson.* Boston: Little, Brown.

Collingwood, R. G. 1946. *The Idea of History.* New York: Oxford Univ. Press.

Coltrera, J. 1962. Psychoanalysis and Existentialism. *JAPA, 10,* 166-215.

Coltrera, J. 1965. On the Creation of Beauty and Thought. *JAPA, 13,* 634-703.

Compton, A. 1972. A study of the Psychoanalytic Theory of Anxiety, *JAPA, 20,* 3-44.

Corsini, R., ed. 1973. *Current Psychotherapies.* Itasca, Ill.: F. S. Peacock.

Crowley, R. 1939. Psychoanalytic Literature on Drug Addiction and Alcoholism. *Psychoanalytic Review, 26,* 39-54.

Cuber, J., and Harroff, P. 1965. *The Significant Americans.* New York: Appleton.

Cushing, J. G. N. 1952. Report of the Committee on

Definition of Psychoanalysis. *Bulletin of the American Psychoanalytic Association, 8,* 44-50.

Dahl, H. 1972. A Quantitative Study of a Psychoanalysis. *Psychoanalysis and Contemporary Science, 1,* 237-57.

Dahmer, H. 1973. *Libido und Gesellschaft.* Frankfurt a/M: Suhrkamp.

D'Amore, A. 1976. *William Hanson White: The Washington Years.* Washington, D.C.: Department of Health, Education, and Welfare.

D'Amore, A. 1978. *Historical Rejections on Psychoanalysis: 1920-1970. The Organizational History of Psychoanalysis in America.* New York: Brunner/Mazel, in press.

Davis, A., and Dollard, J. 1940. *Children of Bondage.* Garden City, N.Y.: Doubleday.

Davis, G. A. 1973. *Psychology of Problem Solving.* New York: Basic Books.

Davis, K. 1938. Mental Hygiene and the Class Structure. *Psychiatry, 1,* 55-65.

Decarie, T. 1965. *Intelligence and Affectivity in Early Childhood: An Experimental Study of Jean Piaget's Object Concept and Relations.* New York: International Univs. Press.

Decker, H. S. 1978. *Freud in Germany.* Psychological Issues Monograph 41. New York: International Univs. Press.

De Mause, L., ed. 1974. *The History of Childhood.* New York: Psychohistory Press.

Dember, W. N. 1960. *Psychology of Perception.* New York: Holt.

Dement, W. C. 1955. Dream Recall and Eye Movements during Sleep in Schizophrenics and Normals. *Journal of Nervous and Mental Diseases, 122,* 263-69.

Dement, W. C. 1958. The Occurrence of Low Voltage, Fast EEG Patterns During Behavioral Sleep in the Cat. *EEG Clinical Neurophysiology, 10,* 291-95.

Dement, W. C. 1960. The Effect of Dream Deprivation. *Science, 131,* 1705-07.

Dement, W. C. 1965. An Essay on Dreams. In W. Edwards et al., *New Directions in Psychology.* New York: Holt.

Dement, W. C., and Fisher, C. 1963. Experimental Interference with the Dream Cycle. *Canadian Psychiatric Association Journal, 8,* 400-405.

Dement, W. C., and Kleitman, N. 1957. The Relation of Eye Movements during Sleep to Dream Activity. *Journal of Experimental Psychology, 53,* 339-46.

Dement, W. C., and Wolpert, E. A. 1958. The Relation of Eye Movements, Body Motility and External Stimuli to Dream Content. *Journal of Experimental Psychology, 55,* 543-53.

De Rivera, J. 1977. *A Structural Theory of the Emotions.* Psychological Issues Monograph 40. New York: International Univs. Press.

Deschner, K. 1974. *Das Kreuz mit der Kirche.* Dusseldorf: Econ Verlag.

Deutsch, D., and Deutsch, J. A., eds. 1975. *Short-Term Memory.* New York: Academic Press.

Deutsch, F. 1952. Analytic Posturology. *PQ, 20,* 196-214.

Deutsch, H. 1930. Melancholic and Depressive States. Reprinted in H. Deutsch, *Neurosis and Character Types,* pp. 145-56.

Deutsch, H. 1934. Ueber einen Typus der Pseudoaffektivitaet ("als ob"). *Zeitschrift fuer Psychoanalyse, 20,* 323-35.

Deutsch, H. 1942. Some Forms of Emotional Disturbance and their Relationship to Schizophrenia. *PQ, 11,* 301-21.

Deutsch, H. 1945. *The Psychology of Women.* 2 vols. New York: Grune & Stratton.

Deutsch, H. 1961. Frigidity in Women. *JAPA, 9,* 571-84.

Deutsch, H. 1965. *Neurosis and Character Types.* New York: International Univs. Press.

Deutsch, H. 1967. *Selected Problems of Adolescence.* New York: International Univs. Press.

Deutsch, H. 1973. *Confrontations with Myself.* New York: Norton.

Deutsch, M., et al. 1968. *Social Class, Race and Psychological Development.* New York: Holt.

Deutsche Psychoanalytische Gesellschaft 1951. *Dokumente zur Geschichte der Ps ychoanalyse in Deutschland 1933-1951.* Report by F. Boehm.

Devereux, G. 1951. *Reality and Dream.* New York: International Univs. Press.

Devereux. G. 1955. *A Study of Abortion in Primitive Societies*. New York: Julian Press.

Diamond, S. 1974. *In Search of the Primitive*. New Brunswick, N.J.: Transaction.

Dickes, R. 1975. Technical Considerations of the Therapeutic and Working Alliances. *JAPA, 15*, 508-33.

Dobzhansky, T. 1973. *Genetic Diversity and Human Equality*. New York: Basic Books.

Dohrenwend, B. P. and Dohrenwend, B. S. 1969. *Social Stress and Psychological Disorder*. New York: Wiley.

Dollard, J. 1937. *Caste and Class in a Southern Town*. New York: Harper.

Dollard, J., Miller, N., et a1. 1939. *Frustration and Aggression*. New Haven: Yale Univ. Press.

Drabkin, I. E. 1954. Remarks on Ancient Psychopathology. Paper read at a meeting of the History of Science Society, New York, Dec. 29, 1954.

Drellich, M. 1974. Classical Psychoanalytic School. In S. Arieti, ed., *The American Handbook of Psychiatry*, vol. 1, pp. 737-64.

Drucker, J. 1975. Toddler Play. *Psychoanalysis and Contemporary Science, 4*, 479-527.

Du Bois, C. 1944. *The People of Alor*. Minneapolis: Minnesota Univ. Press.

Dührssen, A. 1971. Zum 25 Jährigen Bestehen des Instituts fuer Psychogene Erkrankungen. Special number of *Zeitschrift fuer Psychosomatische Medizin und Psychoanalyse*. Göttingen: Vandenhoek und Ruprecht.

Dunbar, F. 1935. *Emotions and Bodily Changes*. New York: Columbia Univ. Press.

Duncan, O. D., et al. 1972. *Socioeconomic Background and Achievement*. New York: Seminar Press.

Dunkell, S. 1977. *Sleep Positions*. New York: Morrow.

Durkheim, E. 1895. *The Rules of Sociological Method*. Reprint ed., New York: Free Press, 1966.

Durkin, H. E. 1964. *The Group in Depth*. New York: International Univs. Press.

Eastman, M. 1926. *Marx, Lenin and the Science of Revolution*. London.

Eaton, J. W., and Weil, R. J. 1955. *Culture and Mental Disorders: A Comparative Study of the Hutterites and Other Populations*. Glencoe, Ill.: Free Press.

Edelheit, H. 1969. Speech and Psychic Structure. *JAPA , 17*, 381-412.

Edelson, M. 1972. Language and Dreams. *PSC, 27*, 203-82.

Egbert, D. 1970. *Social Radicalism and the Arts*. New York: Knopf.

Ehrenwald, J. 1976. History of Psychoanalysis. In J. S. Masserman, ed., *Science and Psychoanalysis*, vol. 1, pp. 145-51.

Ehrenwald, J. 1976. *The History of Psychotherapy*. New Yrok: Jason Aronson.

Eibl-Eibesfeldt, I. 1972. *Love and Hate*. New York: Holt.

Eibl-Eibesfeldt, I. 1977. Evolution of Destructive Aggression. *Aggressive Behavior, 3*, 127-44.

Einstein, A., and Infeld, L. 1938. *The Evolution of Physics*. New York: Harcourt.

Eissler, K. R. 1953. The Effect of the Structure of the Ego on Psychoanalytic Technique. *JAPA, 1*, 104-43.

Eissler, K. R. 1955. *The Psychiatrist and the Dying Patient*. New York: International Univs. Press.

Eissler, K. R. 1960. The Efficient Soldier. *Psychoanalytic Study of Society, 1*, 39-97.

Eissler, K. R. 1963. Notes on the Psychoanalytic Concept of Cure. *PSC, 18*, 424-63.

Eitingon, M. 1928. Ansprache bei der Einweihung der Neuen Institutsraüme. In *Zehn Jahre Berliner Psychoanakytisches Institut*, pp. 71-74.

Ekstein, R. 1955. Termination of the Training Analysis within the Framework of Present-Day Institutes. *JAPA, 3*, 600-613.

Ekstein, R. 1966. Biography of S. Bernfeld. In F. Alexander, et a1., *Psychoanalytic Pioneers*, 415-29.

Ekstein, R. 1965. Historical Notes Concerning Psychoanalysis and Early Language Development. *JAPA, 13*, 707-31.

Ekstein, R., and Caruth, E. 1967. Distancing and Distance: Devices in Childhood Schizophrenia and Borderline States: Revised Concepts and New Directions in Research. *Psychological Reports, 20*, 109-10.

Elder, G. H., and Rockwell, P. C. 1978. "Economic

depression and Postwar Opportunity: A Study of Life Patterns and Health." In P. Edwards, ed. *Research in Community Mental Health*. Greenwich, Conn.: JIT Press.

Ellenberger, H. F. 1970. *The Discovery of the Unconscious*. New York: Basic Books.

Ellis, A. 1953. Is the Vaginal Orgasm a Myth? In A. D. Pillay and A. Ellis, *Sex, Society arid the Individual. International Journal of Sexology* (Bombay), 155-62.

Ember, M. 1975. On the Origin and Extension of the Incest Taboo. *Behavior Science Research, 10,* 249-81.

Emde, R. N., et al. 1976. *Emotional Expression in Infancy*. Psychological Issues Monograph 37. New York: International Univs. Press.

Emde, R. N. 1986. "Changing Models of Infancy and the Nature of Early Development: Remodeling the Foundation." *JAPA, 29,* 179-219.

Engel, G. L. 1955. Studies of Ulcerative Colitis. *American Journal of Medicine, 19,* 231-56.

Engel, G. 1967. Psychoanalytic Theory of Somatic Disorder. *JAPA, 15,* 344-65.

Engel G. L. 1977. The Need for a New Medical Model: A Challenge for Biomedicine. *Science, 196*, no. 4286, 129-36.

Engel, G. L., and Reichsman, F. 1956. Spontaneous and Experimentally Induced Depressions in an Infant with a Gastric Fistula. A Contribution to the Problem of Depression. *JAPA, 4,* 428-52.

English, O. S. 1977. Some Recollections of a Psychoanalysis with Wilhelm Reich: Sept. 1929-April 1932. *Journal of the American Academy of Psychoanalysis, 5,* 239-54.

Entralgo, P. L. 1970. *The Therapy of the Word in Classical Antiquity*. New Haven: Yale Univ. Press.

Erikson, E. 1950. *Childhood and Society*. New York: Norton.

Erikson, E. 1954. The Dream Specimen of Psychoanalysis. *JAPA, 2,* 5-56.

Erikson, E. 1958. *Young Man Lather*. New York: Norton.

Erikson, E. 1959. *Identity and the Life Cycle*. Psychological Issues Monograph 1. New York: International Univs. Press.

Erikson, E. 1969. *Gandhi's Truth*. New York: Norton.

Erikson, E. 1974. *Dimensions of a New Identity*. New York: Norton.

Escalona, S. 1963. Patterns of Infantile Experience and the Developmental Process. *PSC, 18,* 197-244.

Escalona, S. 1968. *The Roots of Individuality*. Chicago: Aldine.

Escalona, S., and Heider, G. M. 1959. *Prediction and Outcome*. New York: Basic Books.

Esman, A. 1975. *The Psychology of Adolescence*. New York: International Univs. Press.

Esman, A. 1977. Changing Values: Their Implications for Adolescent Development and Psychoanalytic Ideas. In S. Feinstein, et al., eds., *Adolescent Psychiatry*, vol. 5, pp. 18-34.

Ewing, J. A., et a1. 1961. Concurrent Group Psychotherapy of Alcoholic Patients and Their Wives. *International Journal of Group Psychotherapy, 11,* 329-38.

Eysenck, H. J. 1965. The Effects of Psychotherapy. *International Journal of Psychiatry, 1,* 97-143.

Fairbairn, W. R. D. 1941. A Revised Psychopathology of the Psychoses and Psychoneuroses. *IJP, 22,* 250-79.

Fairbairn, W. R. D. 1954. *An Object Relations Theory of the Personality*. New York: Basic Books.

Fairbairn, W. R. D. 1963. An Object Relations Theory of the Personality. *IJP, 44,* 224-25.

Faris, R. E. L., and Dunham, H. W. 1939. *Mental Disorder in Urban Areas*. Chicago: Univ. of Chicago Press.

Federn, P. 1928. Narcissism in the Structure of the Ego. *IJP, 9,* 401-19.

Federn, P. 1929. The Ego as Subject and Object in Narcissism. *Internationale Zeitschrift fuer Psychoanalyse, 15,* 393-425. Reprinted in P. Federn, *Ego Psychology and the Psychoses*, pp. 283-322.

Federn, P. 1934. The Analysis of Psychotics. *IJP, 15,* 209-14.

Federn, P. 1943. Psychoanalysis of Psychoses. *Psychiatric Quarterly, 17,* 3-19.

Federn, P. 1952. *Ego Psychology and the Psychoses*. New York: Basic Books.

Feinstein, S. C., Giovacchini, P., and Miller, A. A. 1971-1977. *Adolescent Psychiatry*, vols. 1-5. New York: Basic Books.

Feldman, F. 1968. Results of Psychoanalysis in Clinic Case Assignments. *JAPA, 16*, 274-300.

Feldman, S. S. 1943. Interpretation of a Typical Dream: Finding Money. *Psychiatric Quarterly, 17*, 423-25.

Feldman, S. S. 1945. Interpretation of a Typical and Stereotyped Dream Met with Only During Psychoanalysis. *PQ, 14*, 511-15.

Feldman, S. S. 1959. *Mannerisms of Speech and Gestures in Everyday Life*. New York: International Univs. Press.

Fenichel, O. 1930. Statistischer Bericht ueber die Therapeutische Taetigkeit. In *Zehn Jahre Berliner Psychoanalytisches Institut*, pp. 13-19.

Fenichel, O. 1934. On the Psychology of Boredom. *CP*, vol. 1, pp. 292-302.

Fenichel, O. 1935a. Concerning Psychoanalysis, War and Peace. *Internationaler Aerztliche Bulletin, 2*, 30-40, 77.

Fenichel, O. 1935b. Concerning the Theory of Psychoanalytic Technique. *CP*, vol. 2, pp. 332-57.

Fenichel, O. 1938. The Drive to Amass Wealth. *PQ, 7*, 69-95.

Fenichel, O. 1941. *Problems of Psychoanalytic Technique*. New York: Psychoanalytic Quarterly.

Fenichel, O. 1944. Psychoanalytic Remarks on Fromm's Book "Escape from Freedom." *Psychoanalytic Review, 31*, 133-52.

Fenichel, O. 1945. *The Psychoanalytic Theory of Neurosis*. New York: Norton.

Fenichel, O. 1954. *Collected Papers*. 2 vols. New York: Norton. Cited above as *CP*.

Ferenczi, S. 1914. Obsessional Neurosis and Piety. *CP*, vol. 2, p. 450.

Ferenczi, S. 1916. *Collected Papers*, vol. 1: *Sex in Psychoanalysis*. Boston: Richard G. Badger, Gorham Press.

Ferenczi, S. 1919a. Sunday Neuroses. *CP*, vol. 2, pp. 174-77.

Ferenczi, S. 1919b. Technical Difficulties in the Analysis of a Case of Hysteria. *CP*, vol. 2, pp. 189-97.

Ferenczi, S. 1926. *Collected Papers*, vol. 2: *Further Contributions*. London: Hogarth.

Ferenczi, S. 1930. The Principles of Relaxation and Neocatharsis. *IJP, 11*, 428-32.

Ferenczi, S. 1955. *Collected Papers*, vol. 3: *Final Contributions*. New York: Basic Books.

Ferreira, A. J. 1960. The "Double-Bind" and Delinquent Behavior. *Archives of General Psychiatry, l6*, 659-67.

Field, T. M., ed. 1982. *Review of Human Development*. New York: Wiley.

Fine, B. D. and Moore, B. E. 1967. *A Glossary of Psychoanalytic Terms and Concepts*. New York: Amer. Psychoanalytic Ass'n.

Fine, B. D., et al. 1969. *The Manifest Content of the Dream*. Kris Study Group Monograph III, pp. 58-113. New York: International Univs. Press.

Fine, R. 1967. *The Psychology of the Chess Player*. New York: Dover.

Fine, R. 1969. On the Nature of Scientific Method in Psychology. *Psychological Reports, 24*, 519-40.

Fine, R. 1971. *The Healing of the Mind*. New Work: McKay.

Fine, R. 1972. The Age of Awareness. *Psychoanalytic Review, 60*, 55-71.

Fine, R. 1973. *The Development of Freud's Thought*. New York: Aronson.

Fine, R. 1974. Freud and Jung. *Book Forum, 1*, 369-74.

Fine, R. 1975a. The Bankruptcy of Behaviorism. *Psychoanalytic Review, 63*, 437-51.

Fine, R. 1975b. *Psychoanalytic Psychology*. New York: Aronson.

Fine, R. 1977. Psychoanalysis as a Philosophical System. *Journal of Psychohistory, 4*, 1-66.

Fine, R., and Fine, B. 1977. The Mathematician as a Healthy Narcissist. In M. Coleman, ed., *The Narcissistic Condition*, pp. 213-47. New York: Behavioral Sciences Press.

Fine, R. 1981. *The Psychoanalytic Vision*. New York: Free Press.

Fine, R. 1985. *Narcissism, the Self and Society*. New York: Columbia Univs. Press.

Fine, R. 1989. "The Value System of Psychoanalysis." Paper read at Symposium of New York Center for Psychoanalytic Training. New York.

Firestein, S. K. 1974. Termination of Psychoanalysis of Adults: A Review of the Literature. *JAPA, 22,* 873-94.

Firestein, S. 1978. *Terminationin Psychoanalysis.* New York: International Univs. Press.

Fischer, N. 1971. An Interracial Analysis: Transference and Countertransference Significance. *JAPA, 19,* 736-45.

Fisher, C. 1953. Studies on the Nature of Suggestion. *JAPA, 1,* 222-55, 406-37.

Fisher, C. 1954. Dreams and Perception. *JAPA, 2,* 389-445.

Fisher, C. 1956. Dreams, Images and Perception. *JAPA, 4,* 5-48.

Fisher, C. 1957. A Study of the Preliminary Stages of the Construction of Dreams and Images. *JAPA, 5,* 5-60.

Fisher, C. 1959. Subliminal and Supraliminal Influences on Dreams. *American Journal of Psychiatry, 116,* 1009-17.

Fisher, C. 1965. Psychoanalytic Implications of Recent Research on Sleep and Dreaming. *JAPA, 13,* 197-303.

Fisher, C. 1966. Dreaming and Sexuality. In M. Schur et al., eds., *Essays in Honor of Heinz Hartmann's Seventieth Birthday,* pp. 537-69.

Fisher, C., and Dement, W. C. 1961. Dreaming and Psychosis. *Bulletin, Philadelphia Association for Psychoanalysis, 11,* 130.

Fisher, C., and Dement, W. C. 1963. Studies on the Psychopathology of Sleep and Dreams. *American Journal of Psychiatry, 119,* 1160.

Fisher, C., and Paul, I. H. 1959. Subliminal Visual Stimulation and Dreams. *JAPA, 7,* 35-83.

Fisher, C., Gross, J., and Zuch, J. 1965. A Cycle of Penile Erection Synchronous with Dreaming (REM) Sleep. *Archives of General Psychiatry, 12,* 29-45.

Fisher, C., et al. 1970. A Psychophysiological Study of Nightmares. *JAPA, 18,* 747-82.

Fisher, C. B. 1988. Statement in *Proceedings of Lawsuit GAPP vs. Amer. Psa. Ass'n.*

Fisher, S., and Greenberg, R. P. 1977. *The Scientific Credibility of Freud's Theories and Therapy.* New York: Basic Books.

Flavell, J. H. 1963. *The Developmental Psychology of Jean Piaget.* Princeton, N.J.: Van Nostrand.

Fleming, J. 1972. The Birth of COPE as Viewed in 1971. *JAPA, 20,* 546-55.

Fleming, J. 1976. Report of Ad Hoc Committee. *JAPA, 24,* 910-15.

Fletcher, R. 1966. *Instinct in Man.* New York: International Univs. Press.

Fliegel, Z. O. 1973. Feminine Psychosexual Development in Freudian Theory: A Historical Reconstruction. *PQ, 42,* 385-408.

Flugel, J. C. 1921. *The Psychoanalytic Study of the Family.* London: Hogarth Press.

Fortes, M. 1969. *Kinship and the Social Order.* Chicago: Aldine.

Fortes, M. 1977. Custom and Conscience in Anthropoligical Perspective. *International Review of Psychoanalysis, 4,* 127-54.

Foulkes, S. 1951. Concerning Leadership in Group-Analytic Psychotherapy. *International Journal of Group Psychotherapy, 1 ,* 319-29.

Foulkes, S. 1964. *Therapeutic Group Analysis.* New York: International Univs. Press.

Francis, J. J., and Marcus, I. M. 1975. *Masturbation from Infancy to Senescence.* New York: International Univs. Press.

Frank, L. K. 1936. Society as the Patient. *American Journal of Sociology,* 335-45.

Freedman, D. X., and Redlich, F. C. 1966. *The Theory and Practice of Psychiatry.* New York: Basic Books.

Freedman, N., and Steingart, I. 1975. Kinesic Internalization and Language Construction. *Psychoanalysis and Contemporary Science, 4,* 331-54.

Freeman, L. 1972. *The Story of Anna O.* New York: Walker Press.

Freud, A. 1928. *Introduction to the Technique of Child Analysis.* New York: Nervous and Mental Diseases Publishing Co.

Freud, A. 1936. *The Ego and the Mechanisms of Defense.* New York: International Univs. Press.

Freud, A. 1952. Some Remarks on Infant Observation. *CP,* vol. 4, pp. 509-85.

Freud, A. 1953. Instinctual Drives and their Bearing on Human Behavior. *CP,* vol. 4, 498-527.

Freud, A. 1954. The Widening Scope of Indications for Psychoanalysis: Discussion. *JAPA, 2,* 607-20.

Freud, A. 1960. Discussion of Dr. John Bowlby's Paper. *PSC, 15,* 53-62.

Freud, A. 1963. The Concept of Developmental Lines. *PSC, 18,* 245-65.

Freud, A. 1965a. Diagnostic Skills and Their Growth in Psychoanalysis. *IJP, 46,* 31-38.

Freud, A. 1965b. *Normality and Pathology in Childhood: Assessment of Development. CP,* vol. 6.

Freud, A. 1966. Obsessional Neurosis: A Summary of Psychoanalytic Views. *IJP, 47,* 116-22.

Freud, A. 1968a. *The Writings of Anna Freud.* 8 vols. to date. New York: International Univs. Press. Cited above as *CP.*

Freud, A. 1968b. Acting Out. *IJP, 49,* 165-230.

Freud, A., Goldstein, J., and Solnit, A. 1973. *Beyond the Best Interests of the Child.* New York: Free Press.

Freud, S. 1953-1974. *The Standard Edition of the Complete Psychological Works of Sigmund Freud,* edited by J. Strachey. London: Hogarth Press and Institute for Psychoanalysis. 24 vols. All references, unless otherwise noted, are to the Standard Edition, abbreviated *SE.*

Freud, S. 1954. *The Origins of psychoanalysis: Letters to Fliess.* New York: Basic Books.

Freud, S., and Andreas-Salomé, L. 1972. *Letters.* New York: Harcourt.

Freud, S., and Jung, C. G. 1974. *Letters.* Princeton: Princeton Univ. Press.

Freud, S., and Pfister, I. 1963. *Psychoanalysis and Faith: The Letters of Sigmund Freud and Oskar Pfister.* New York: Basic Books.

Fried, E., et al. 1964. *Artistic Productivity and Mental Health.* Springfield, Ill.: C. C. Thomas.

Friedman, N. 1967. *The Social Nature of Psychological Research.* New York: Basic Books.

Fries, M. E. 1961. Some Factors in the Development and Significance of Early Object Relationships. *JAPA, 9,* 699-83.

Fries, M. E. 1977. Longitudinal Study: Prenatal Period to Parenthood. *JAPA, 25,* 115-32.

Fromm, E. 1939. Selfishness and Self-love. *Psychiatry, 2,* 507-23.

Fromm, E. 1941. *Escape from Freedom.* New York: Farrar and Rinehart.

Fromm, E. 1947. *Man for Himself.* New York: Rinehart.

Fromm, E. 1950. *Psychoanalysis and Religion.* New Haven: Yale Univ. Press.

Fromm, E. 1951. *The Forgotten Language.* New York: Rinehart.

Fromm, E. 1955. *The Sane Society.* New York: Rinehart.

Fromm, E. 1956. *The Art of Loving.* New York: Harper and Row.

Fromm, E. 1961. *Marx's Conception of Man.* New York: Frederick Ungar.

Fromm, E. 1973. *The Anatomy of Human Destructiveness.* New York: Norton.

Fromm, E., and Maccoby, M. 1970. *Social Character in a Mexican Village.* Englewood Cliffs, N.J.: Prentice-Hall.

Fromm-Reichmann, F. 1939. Transference Problems in Schizophrenia. *PQ, 8,* 412-26.

Fromm-Reichmann, F. 1948. Notes on the Development of the Treatment of Schizophrenics by Psychoanalytic Therapy. *Psychiatry, 11,* 263-73.

Fromm-Reichmann, F. 1950. *Principles of Intensive Psychotherapy.* Chicago: Univ. of Chicago Press.

Fromm-Reichmann, F. 1954. Psychoanalytic and General Dynamic Conceptions of Theory and Therapy, *JAPA, 2,* 711-21.

Fromm-Reichmann, F. 1959. Loneliness. *Psychiatry, 22,* 1-16.

Frosch, J. 1976. Psychoanalytic Contributions to the Relationship between Dreams and Psychosis: A Critical Survey. *International Journal of Psychoanalytic Psychotherapy, 5,* 39-64.

Frosch, J. J. 1982. The Psychotic Process. New York: IUP.

Fuchs, S. H. 1937. On Introjection. *IJP, 18,* 269-93.

Galbraith, J. K. 1973. *The New Industrial State*. Boston: Houghton Mifflin.

Galbraith, J. K. 1976. *Economics and the Public Purpose*. Boston: Houghton Mifflin.

Garber, J., and Seligman, M. E. P. 1980. *Human Helplessness: Theory and Applications*. New York: Academic Press.

Garma, A. 1953. The Internalized Mother as Harmful Food in Peptic Ulcer Patients. *IJP, 34,* 102-10.

Garma, A. 1971. Within the Realm of the Death Instinct. *IJP, 52,* 145-54.

Gay, P., and Cavanagh, G. 1972. *Historians at Work*. New York: Harper.

Gay, P., and Webb, R. K. 1973. *Modern Europe*. New lord: Harper.

Gedo, J. 1972. The Methodology of Psychoanalytic Biography. *JAPA, 20,* 638-49.

Gedo, J. 1975. Review of G. Blanck and R. Blanck: Ego Psychology. *JAPA, 23,* 265-66.

Gedo, J., and Goldberg, A. 1973. *Models of the Mind*. Chicago: Univ. of Chicago Press.

Geleerd, E. R. 1964. Child Analysis: Research, Treatment and Prophylaxis. *JAPA, 12,* 242-58.

Gelles, R. J. 1972. *The Violent Home* . Beverly Hills, Cal.: Sage Foundation.

Gifford, S. 1973. *Psychoanalysis in Boston*. Unpublished paper.

Gilbert, A. L. 1974. Asceticism and the Analysis of a Nun. *JAPA, 22,* 381-93.

Gill, M. M. 1963. *Topography and Systems in Psychoanalytic Theory*. Psychological Issues Monograph 10. New York: International Univs. Press.

Giovacchini, P., ed. 1972. 1975. *Tactics and Techniques in Psychoanalytic Therapy*. Vol. 1, 1972; Vol. 2, 1975. New York: Jason Aronson.

Gitelson, M. 1952. The Emotional Position of the Analyst in the Psychoanalytic Situation. *IJP, 33,* 1-10.

Gitelson, M. 1964. On the Identity Crisis in American Psychoanalysis. *JAPA, 12,* 451-76.

Globus, G. G., Maxwell, G., and Savodnik, I. 1976. *Consciousness and the Brain*. New York: Plenum Press.

Gover, E. 1925. Notes on Oral Character Formation. *IJP, 6,* 131-54.

Glover, E. 1943. The Concept of Dissociation. *IJP, 24,* 7-13.

Glover, E. 1945. Examination of the Klein System of Child Psychology, *PSC, 1,* 75-118.

Glover, E. 1955. *The Technique of Psychoanalysis*. New York: International Univs. Press.

Glover, E. 1956a. *Freud or Jung?* New York: Meridian Books.

Glover, E. 1956b. *On the Early Development of Mind*. New York: International Univs. Press.

Glover, E. 1966. Psychoanalysis in England. In F. Alexander et al., *Psychoanalytic Pioneers,* 535-45.

Goffman, E. 1974. *Frame Analysis*. New York: Harper.

Goldberg, A., ed. 1978. *The Psychology of the Self: A Casebook*. New York: International Univs. Press.

Goldberg, M., and Mudd, E. 1968. The Effects of Suicidal Behavior upon Marriage and the Family. In H. L. Resnick, ed., *Suicidal Behaviors*. Boston: Little, Brown.

Goldensohn, S. 1977. Evaluation of Psychoanalytic Training. *Journal of the American Academy of Psychoanalysis, 5,* 57-64.

Goldstein, K. 1944. The Mental Changes due to Frontal Lobe Damage. *Journal of Psychology, 17,* 187-208.

Goodenough, D. R. 1967. Some Recent Studies of Dream Recall. In H. Lewis and H. Witkin, eds., *Experimental Studies of Dreaming*, pp. 138-47.

Goodman, S., ed. 1977. *Psychoanalytic Education and Research*. New York: International Univs. Press.

Gorer, G., and Rickman, J. 1949. *The People of Great Russia*. London: Cresset Press.

Gould, R. 1972. *Child Studies Through Fantasy*. New York: Quadrangle.

Graff, H., and Luborsky, L. 1977. Long-Term Trends in Transference and Resistance: A Report on a Quantitative-Analytic Method Applied to Four Psychoanalyses. *JAPA, 25,* 471-90.

Graham, H. D., and Gurr, T. R. 1969. *The History of Violence in America*. New York: New York Times.

Gralnick, A. 1969. *The Psychiatric Hospital as a*

Therapeutic Instrument. New York: Brunner/Mazel.
Grand, H. G. 1973. The Masochistic Defense of the "Double Mask." *IJP, 54*, 445-54.
Grauer, D. 1958. How Autonomous is the Ego? *JAPA, 6*, 502-18.
Green, A. 1977. Conceptions of Affect. *IJP, 58*, 129-56.
Green, H. 1964. *I Never Promised You a Rose Garden*. New York: Holt.
Green, R. 1974. *Sexual Identity Conflict in Children and Adults*. New York: Basic Books.
Green, R., and Money, J., eds. 1969. *Transsexualism and Sex Reassignment*. Baltimore: Johns Hopkins Univ. Press.
Greenacre, P. 1953. *Affective Disorders*. New York: International.
Greenacre, P. 1954. The Role of Transference. *JAPA, 2*, 671-84.
Greenacre, P. 1957. The Childhood of the Artist. *PSC, 12*, 47-72.
Greenacre, P. 1958. The Family Romance of the Artist. *PSC, 13*, 9-36.
Greenblatt, M. 1974. Psychopolitics. *American Journal of Psychiatry, 131*, 1200-1201.
Greene, E. L., et al. 1973. Some Methods of Evaluating Behavioral Variations in Children Six to Eighteen. *Journal of the American Academy of Child Psychiatry, 12*, 531-53.
Greenson, R. R. 1949. The Psychology of Apathy. *PQ, 18*, 290-302.
Greenson, R. R. 1953. On Boredom. *JAPA, 1*, 7-21.
Greenson, R. R. 1958. On Screen Defenses, Screen Hunger and Screen Identity. *JAPA, 6*, 242-62.
Greenson, R. R. 1962. On Enthusiasm. *JAPA, 10*, 3-21.
Greenson, R. R. 1965. The Working Alliance and the Transference Neurosis. *PQ, 34*, 155-81.
Greenson, R. R. 1967. *The Technique and Practice of Psychoanalysis*. New York: International Univs. Press.
Greenson, R. R. 1971. The Real Relationship between the Patient and the Paychoanalyst. In M. Kanzer, ed., *The Unconscious Today*, pp. 213-32. New York: International Univs. Press.
Greenspan, S. I., and Cullander, C. H. 1973. A Systematic Metapsychological Assessment of the Person: Its Application to the Problem of Analyzability. *JAPA, 21*, 303-27.
Greenspan, S., and Pollock, G., eds. 1980. *The Course of Life*. 3 vols., continuing. Washington, D.C.: US Dept. of Health and Human Services.
Greenstein, F. I. 1969. *Personality and Politics*. Chicago: Markham.
Grigg, K. A. 1973. "All Roads Lead to Rome": The Role of the Nursemaid in Freud's Dreams. *JAPA, 21*, 108-26.
Grinberg, L. 1963. Relations between Psychoanalysts. *IJP, 44*, 263-80.
Grinberg, L., et al. 1972. Panel on "Creativity." *IJP, 53*, 21-30.
Grinberg, L., et al. 1977. *Introduction to the Work of Bion*. New York: Jason Aronson.
Grinker, R. R. 1940. Reminiscences of a Personal Contact with Freud. *American Journal of Orthopsychiatry, 10*, 850-55.
Grinker, R. R. 1964. Psychiatry Rides Madly in all Directions. *Archives of General Psychiatry, 10*, 228-37.
Grinker, R. R., and McLean, H. V. 1940. The Course of a Depression Treated by Psychotherapy and Metrazol. *PSM, 2*, 119-38.
Grinker, R. R., et al. 1968. *The Borderline Syndrome*. New York: Basic Books.
Grinstein, A. 1968. *On Sigmund Freud's Dreams*. Detroit: Wayne State Univ. Press.
Grinstein, A. 1971. *The Index of Psychoanalytic Writings*. 14 vols. New York: International Univs. Press.
Groddeck, G. 1923. *The Book of the It*. Reprinted, New York: Funk and Wagnalls, 1950.
Gross, A. 1949. Sense of Time in Dreams. *PQ, 18*, 466-70.
Grotjahn, M. 1957. *Beyond Laughter*. New York: McGraw-Hill.
Grotjahn, M. 1960. *Psychoanalysis and the family Neurosis*. New York: Norton.
Grunebaum, A. 1988. *The Foundations of Psychoanalysis*. New York: Wiley.
Grunebaum, M. G., et al. 1962. Fathers of Sons with

Primary Learning Inhibitions. *American Journal of Orthopsychiatry, 32,* 462-72.

Gunderson, J. G. 1974. The Influence of Theoretical Models of Schizophrenia on Treatment Practice (Panel). *JAPA, 22,* 182-99.

Gurle, L. 1966. Community Stay in Chronic Schizophrenia. *American Journal of Psychiatry, 122,* 892-99.

Gutheil, E. 1960. *The Handbook of Dream Analysis.* New York: Grove Press.

Guthrie, R. D. 1970. Evolution of Human Threat Display Organs. In T. Dobzhansky, et al., eds., *Evolutionary Biology,* vol. 4, pp. 257-302. New York: Meredith.

Haas, A. 1963. Management of the Geriatric Psychiatric Patient in a Mental Hospital. *Journal of the American Geriatrics Society, 11,* 259-65.

Hacker, F. 1972. Sublimation Revisited. *IJP, 53,* 219-23.

Hale, N. G. 1971. *Freud and the Americans.* New York: Oxford Univ, Press,

Haley, J. 1959. The Family of the Schizophrenic: A Model System. *Journal of Nervous and Mental Disease, 129,* 357-74.

Hall, C. S. 1963. *Dreams of American College Students.* Lawarence: Univ. of Kansas Press.

Hall, C. S. 1966. *The Meaning of Dreams.* New York: McGraw-Hill.

Hall, C. S. and Castle, R. L. 1966. *The Content Analysis of Dreams.* New York: Appleton.

Halleck, S. 1971. *The Politics of Psychotherapy.* New York: Harper.

Hamburg, D. 1973. An Evolutionary and Developmental Approach to Human Aggressiveness. *PQ, 42,* 185-96.

Hamburg, D., et al. 1967. Report of Ad Hoc Committee on Central Fact-Gathering Data of the American Psychoanalytic Association. *JAPA, 15,* 846-51.

Hanly, C., and Masson, J. 1976. A Critical Examination of the New Narcissism. *IJP, 57,* 49-66.

Hanson, N. R. 1958. *Patterns of Discovery.* Cambridge: Cambridge Univ. Press.

Harlow, H. 1974. *Learning to Love.* New York: Jason Aronson.

Harris, I. D. 1960a. Typical Anxiety Dreams and Object Relations. *IJP, 41,* 604-11.

Harris, I. D. 1960b. Unconscious Factors Common to Parents and Analysts. *IJP, 41,* 123-29.

Harris, I. D. 1962. Dreams about the Analyst. *IJP, 43,* 151-58.

Harris, M. 1968. *The Rise of Anthropological Theory.* New York: Thomas Y. Crowell.

Hart, H. 1948. Sublimation and Aggression. *Psychiatric Quarterly, 22,* 389-412.

Hartmann, H. 1933. Psychoanalyse und Weltanschauung. *Psychoanalytische Bewegung, 5,* 416-29.

Hartmann, H. 1939. *Ego Psychology and the Problem of Adaptation.* New York: International Univs. Press.

Hartmann, H. 1944. Review of Sears' "Objective Studies of Psychoanalytic Concepts." *PQ, 13,* 102-3.

Hartmann, H. 1948. Comments on the Psychoanalytic Theory of Instinctual Drives. *PQ, 17,* 368-87.

Hartmann, H. 1949. Comments on the Psychoanalytic Theory of the Ego. *PSC, 3-4,* 75-96

Hartmann, H. 1951. Technical Implications of Ego Psychology. *PQ, 20,* 31-43.

Hartmann, H. 1952. The Mutual Influences in the Development of Ego and Id. *PSC, 7,* 9-30.

Hartmann, H. 1953. Contributions to the Metapsychology of Schizophrenia. In *Essays in Ego Psychology,* pp. 182-206.

Hartmann, H. 1956. Presidential Address. *IJP, 37,* 118-20.

Hartmann, H. 1960. *Psychoanalysis and Moral Values.* New York: International Univs. Press.

Hartmann, H. 1964. *Essays in Ego Psychology.* New York: International Univs. Press.

Hartmann, H., Kris, E., and Loewenstein, R. M. 1946. Comments on the Formation of Psychic Structure. *PSC, 2,* 11-38.

Hartmann, H., Kris, E., and Loewenstein, R. M. 1949. Notes on the Theory of Aggression. *PSC, 3-4,* 1-18.

H. D. [Hilda Doolittle] 1974. *Tribute to Freud.* Boston: David R. Godine.

Head, H. 1923. *Aphasia and Kindred Disorders of Speech.* New York: Macmillan.

Health, Education, and Welfare Department. n.d. *Alcohol and Health.* New York: Scribner's.

Heilbroner, R. 1972. *The Worldly Philosophers*. New York: Simon & Schuster.
Heimann, P. 1950. On Countertransference. *IJP, 31*, 81-84.
Hendrick, I. 1938. The Ego and the Defense Mechanisms. *Psychoanalytic Review, 25*, 476-97.
Hendrick, I. 1955. Professional Standards of the American Psychoanalytic Association. *JAPA, 3*, 561-99.
Henry, W., et al. 1971. *The Fifth Profession*. San Francisco: Jossey-Bass.
Henry, W., et al. 1973. *The Public and Private Lives of Psychotherapists*. San Francisco: Jossey-Bass.
Hermann, I. 1936. Clinging—Going-in-Search: A Contrasting Pair of Instincts and Their Relation to Sadism and Masochism. Reprinted, *PQ, 45* (1976), 5-36.
Herzberg, F. 1966. *Work and the Nature of Man*. New York: World.
Herzberg, F. 1974. Work Satisfaction and Motivation-Hygiene Theory. *Book Forum, 1*, 213-21.
Herzberg, F., et al. 1959. *The Motivation to Work*. New York: Wiley.
Hildebrand, H., and Rayner, E. 1971. *The Choice of the First Analytic Patient*. Paper read at the International Psychoanalytic Congress, Vienna, 1971.
Hilgard, E. R. 1965. *Hypnotic Susceptibility*. New York: Harcourt.
Hilgard, E. R., and Bower, G. H. 1975. *Theories of Learning*. Englewood Cliffs, N.J.: Prentice-Hall.
Hill, B., ed. 1967. *Such Stuff as Dreams*. London: Hart-Davis.
Hite, S. 1976. *The Hite Report*. New York: Macmillan.
Hitschmann, E. 1932. A Ten Years Report of the Vienna Psychoanalytical Clinic. *IJP, 13*, 245-55.
Hoedemaker, F., et al. 1964. Dream Deprivation: An Experimental Reappraisal. *Nature, 204*, 1337-78.
Hoffer, W. 1950. Oral Aggressiveness and Ego Development. *IJP, 31*, 156-60.
Hoffer, W. 1954. Defensive Process and Defensive Organization: Their Place in Psychoanalytic Technique. *IJP, 35*, 194-98.
Holland, N. N. 1966. *Psychoanalysis and Shakespeare*. New York: McGraw-Hill.
Holland, N. N. 1973. Defense, Displacement and the Ego' S Algebra. *IJP*, 54
Hoilingshead, A. B., and Redlich, F. C. 1958. *Social Class and Mental Illness*. New York: Wiley.
Holloway, R. L., ed. 1974. *Primate Aggression, Territoriality and Xenophobia*. New York: Academic.
Holman, H. R. 1976. *Hospital Practice, 11*, 11.
Holt, R. R. 1962. A Critical Examination of Freud's Concept of Bound vs. Free Cathexis. *JAPA, 10*, 475-525.
Holt, R. R. 1965. Ego Autonomy Reevaluated. *IJP, 46*, 151-67.
Holt, R. R. 1968. Editor's Foreword to D. Rapaport, M. Gill, and R. Schafer: *Diagnostic Psychological Testing*. New York: International Univs. Press.
Holt, R. R., and Luborsky, L. 1958. *Personality Patterns of Psychiatrists*. New York: Basic Books.
Hook, S., ed. 1959. *Psychoanalysis, Scientific Method and Philosophy*. New York: Grove Press.
Horney, K. 1937. *The Neurotic Personality of Our Time*, New York: Norton.
Horney, K. 1939. *New Ways in Psychoanalysis*. New York: Norton.
Horney, K. 1945. *Our Inner Conflicts*. New York: Norton.
Horney, K. 1950. *Neurosis and Human Growth*. New York: Norton.
Hornick, E. 1975. Sexuality in Adolescents: A Plea for Celibacy. In E. Adelson, ed. *Sexuality and Psychoanalysis*, 238-41.
Horwitz, L. 1974. *Clinical Prediction in Psychotherapy*. New York: Jason Aronson.
Hsu, F., ed. 1971. *Kinship and Culture*. Chicago: Aldine.
Hug-Hellmuth, H. von. 1912. Analyse eines Traumes eines Funfeinhalbj□hrigen Knaben. *Zentralblatt fuer Psychoanalyse und Psychotherapie, 2*, 122-27.
Hug-Hellmuth, H. von. 1921. On the Technique of Child Analysis. *IJP, 2*, 287-305.
Hunt, M. 1959. *The Natural History of Love*. New York: Knopf.
Indian Psychoanalytical Society. 1964. *Bose-Freud Correspondence*. Previously published in part in

Samiksa, 10, nos. 2 and 3, 1938.
Isakower, O. 1938. A Contribution to the Pathopsychology of Falling Asleep. *IJP, 19,* 331-45.
Jackson, D., and Lederer, W. 1968. *The Mirages of Marriage.* New York: Norton.
Jackson, S. W. 1968. Aspects of Culture in Psychoanalytic Theory and Practise. *JAPA, 16,* 651-70.
Jacob, A. ed. 1987. *Family Interaction and Psychopathology.* New York: Plenum Press.
Jacobson, E. 1953. The Affects and Their Pleasure-Unpleasure Qualities in Relation to Psychic Discharge Processes. In R. Loewenstein, ed., *Drives, Affects, Behavior,* pp. 38-66.
Jacobson, E. 1954. Contribution to the Metapsychology of Psychotic Identifications. *JAPA, 2,* 239-62.
Jacobson, E. 1955. Sullivan's Interpersonal Theory of Psychiatry. *JAPA, 3,* 149-56.
Jacobson, E. 1957. Denial and Repression. *JAPA, 5,* 61-92.
Jacobson, E. 1959. Depersonalization. *JAPA, 7,* 581-610.
Jacobson, E. 1964. *The Self and the Object World.* New York: International Univs. Press.
Jacobson, E. 1971. *Depression.* New York: International Univs. Press.
James, M. 1973. Review of H. Kohut "The Analysis of the Self." *IJP, 54,* 363-68.
James, W. 1890. *The Principles of Psychology.* New York: Holt.
Jersild, A., and Lazar, E. A. 1962. *The Meaning of Psychotherapy in the Teacher's Life and Work.* New York: Teachers College Press.
Joffe, W., and Sandler, J. 1968. Comments on the Psychoanalytic Psychology of Adaptation. *IJP, 49,* 445-53.
Joint Commission on Mental Illness and Health. 1961. *Action for Mental Health.* New York: Basic Books.
Joint Commission on the Mental Health of Children. 1969. *Crisis in Child Mental Health.* New York: Harper.
Jones, E. 1912. *On the Nightmare.* Reprinted., London: Hogarth Press, 1931.
Jones, E. 1913a. The God Complex. Reprinted in *Essays in Applied Psychoanalysis,* vol. 2, pp. 244-65.
Jones, E. 1913b. Hate and Erotism in the Obsessional Neurosis. *Collected Papers,* 3d ed., pp. 553-61.
Jones, E. 1916. The Theory of Symbolism. *CP,* 87-144.
Jones, E. 1918. Anal-Erotic Character Traits. *CP,* 438-51.
Jones, E. 1924. Psychoanalysis and Anthropology. Reprinted in *Essays in Applied Psychoanalysis,* vol. 2, pp. 114-44.
Jones, E. 1927. The Early Development of Female Sexuality. *IJP, 8,* 459-72.
Jones, E. 1929. Psychoanalysis and Psychiatry. *CP,* 365-78.
Jones, E. 1931. The Concept of a Normal Mind. *CP,* 201-16.
Jones, E. 1936a. The Criteria of Success in Treatment. *CP,* 379-83.
Jones, E. 1936b. *Report of the Clinic Work, 1926-1936.* London: London Clinic of Psychoanalysis.
Jones, E. 1939. Presidential Address. *IJP, 20,* 121-25.
Jones, E. 1943. Obituary of Max Eitingon. *IJP, 24,* 190-92.
Jones, E. 1948a. The Death of Hamlet's Father. *IJP, 29,* 174-76.
Jones, E. 1948b. *Collected Papers on Psychoanalysis,* 5th ed. London: Bailliere, Tindall and Cox. Cited above as *CP.*
Jones, E. 1949. Presidential Address. *IJP, 30,* 178-90.
Jones, E. 1951. *Essays in Applied Psychoanalysis.* 2 vols. London: Hogarth Press.
Jones, E. 1953-1957. *The Life and Work of Sigmund Freud.* 3 vols. New York: Basic Books.
Journal of the American Psychoanalytic Association. No. 4, 1987. New York.
Jung, C. G. 1906. *Diagnostische Assoziationsstudien.* Leipzig: J. A. Barth.
Jung, C. G. 1907. *Ueber die Psychologie der Dementia Praecox.* Halle: Marhold.
Jung, C. G. 1910. The Association Method. *American Journal of Psychology, 21,* 216-69.
Jung, C. G. 1912. *Wandlungen und Symbole der Libido.* Leipzig and Vienna: Deuticke.
Jung, C. G. 1916. *Psychology of the Unconscious.* London: Routledge and Kegan Paul.
Jung, C. G. 1923. *Psychological Types.* London:

Routledge and Kegan Paul.
Jung, C. G. 1938. *The Basic Writings.* New York: Random House, Modern Library.
Jung, C. G. 1945. On the Nature of Dreams. In *Basic Writings,* pp. 363-79.
Jung, C. G. 1958. *Psyche and Symbol.* Garden City, N.Y.: Doubleday.
Jung, C. G., ed. 1964. *Man and His Symbols.* London: Aldus Books.
Jung, C. G. 1968. *Analytical Psychology. Lectures at Tavistock Clinic, 1935.* New York: Pantheon Books.
Jung, C. G. 1973. *Letters.* 2 vols. Bollingen Series, no. 95. Princeton, N.J.: Princeton Univ. Press.
Jung, C. G. 1976. *Abstracts of the Collected Works of C. G. Jung.* Rockville, Md.: Information Planning Associates.
Kadushin, C. 1969. *Why People Go to Psychiatrists.* New York: Atherton Press.
Kagan, J., Kearsley, R. B., and Zelazo, P. R. 1978. *Infancy: Its Place in Human Development.* Cambridge, Mass.: Harvard Univ. Press.
Kahana, R., and Levin, S., eds. 1967. *Psychodynamic Studies on Aging: Creativity, Reminiscing and Dying.* New York: International Univs. Press.
Kahn, R. L. 1972. The Justification of Violence. *Journal of Social Issues, 28,* 155-76.
Kant, D. 1952. Dreams of Schizophrenic Patients. *Journal of Nervous and Mental Diseases, 95,* 335-47.
Kanter, R. M. 1976. The Romance of Community. In M. Rosenbaum and A. Snadowsky, eds., *The Intensive Group Experience,* pp. 146-85.
Kanzer, M. 1955. The Communicative Function of the Dream. *IJP, 36,* 260-66.
Kaplan, A. H. 1975. History of Psychoanalysis in St. Louis. Unpublished manuscript.
Kaplan, D. 1972. On Shyness. *IJP, 53,* 439-53.
Kaplan, H. S. 1974. *The New Sex Therapy.* New York: Brunner/Mazel.
Kardiner, A. 1939. *The Individual and His Society.* New York: Columbia Univ. Press.
Kardiner, A. 1945. *The Psychological Frontiers of Society.* New York: Columbia Univ. Press.
Kardiner, A. 1977. *My Analysis with Freud.* New York: Norton.
Kardiner, A., and Preble, E. 1965. *They Studied Man.* New York: World.
Kardiner, A., Karush, A., and Ovesey, L. 1959. A Methodological Study of Freudian Theory. *Journal of Nervous and Mental Diseases, 129,* 11-19, 133-43, 207-21, 341-56.
Karon, B., and Vandenbos, G. 1981. "Psychotherapy of Schizophrenia." New York: Jason Aronson.
Kaufman, C. I. 1960. Some Ethological Studies of Social Relationships and Conflict Situations. *JAPA, 8,* 671-85.
Kawada, A. 1977. Die Psychoanalyse in Japan. *Psyche, 31,* 272-85.
Kemper, W. W. 1966. Transference and Countertransference as a Functional Unit. *Official Report on Panamerican Congress for Psychoanalysis, 1966.*
Kempf, E. J. 1919. The Psychoanalytic Treatment of a Case of Schizophrenia. *Psychoanalytic Review, 6,* 15-58.
Kernberg, O. F. 1965. Notes on Countertransference. *JAPA, 13,* 38-56.
Kernberg, O. F. 1968. The Treatment of Patients with Borderline Personality Organization. *IJP, 49,* 600-19.
Kernberg, O. F. 1969. A Contribution to the Ego-Psychological Critique of the Kleinian School. *IJP, 50,* 317-33.
Kernberg, O. F. 1971. Prognostic Considerations Regarding Borderline Personality Organization. *JAPA, 19,* 595-635.
Kernberg, O. F. 1972. Early Ego Integration and Object Relations. *Annals of the New York Academy of Science, 193,* 233-47.
Kernberg, O. F. 1974. Barriers to Falling and Remaining in Love. *JAPA, 22,* 486-511.
Kernberg, O. F. 1975. *Borderline Conditions and Pathological Narcissims.* New York: Jason Aronson.
Kernberg, O. F 1976. *Object Relations Theory and Clinical Psychoanalysis.* New York: Jason Aronson.
Kernberg, O. F. 1977. Boundaries and Structures in Love

Relations. *JAPA, 25,* 81-114.
Kernberg, O. F., et al. 1972. Psychotherapy and Psychoanalysis: Final Report. *Bulletin of the Menninger Clinic, 36,* nos. 1 and 2.
Kernberg, O. F. 1984. *Severe Personality Disorders.* New Haven: Yale Univs. Press.
Kernberg, O. F. 1986. "Institutional Patterns of Psychoanalytic Education." *JAPA, 34,* 801-34.
Kestenberg, J. 1967. Phases of Adolescence with Suggestions for a Correlation of Psychic and Hormonal Organizations. *Journal of the American Academy of Child Psychiatry, 6,* 577-612.
Kestenberg, J. 1971. Development of the Young Child as Expressed Through Bodily Movement. *JAPA, 19,* 746-64.
Kety, S. 1969. Biochemical Hypotheses and Studies. In L. Bellak and L. Loeb, eds., *The Schizophrenic Syndrome,* pp. 155-71.
Keynes, J. M. 1935. *The General Theory of Employment, Interest and Money.* New York: Harcourt.
Khan, M. M. R. 1962. Dream Psychology and the Evolution of the Psychoanalytic Situation. In M. Khan, *The Privacy of the Self.*
Khan, M. M. R. 1972. The Use and Abuse of Dreams in Psychic Experience. In M. Khan, *The Privacy of the Self.*
Khan, M. M. R. 1974. *The Privacy of the Self.* London: Hogarth Press.
Khan, M. M. R. 1976. In Search of the Dreaming Experience. *IJP, 57,* 325-30.
Kiev, A., ed. 1964. *Magic, Faith and Healing.* New York: Free Press.
Kinsey, A. C., et al. 1948. *Sexual Behavior in the Human Male.* Philadelphia: Saunders.
Kinsey, A. C., et al. 1953. *Sexual Behavior in the Human Female.* Philadelphia: Saunders.
Kintsch, W. 1977. *Memory and Cognition.* New York: Wiley.
Kleeman, J. A. 1971. "The Establishment of Gender Identity in Normal Girls." *Acrh. Sex Behavior,* 1: 103-29.
Klein, D., and Gittelman-Klein, R. 1975, 1976. *Progress in Psychiatric Drug Treatment,* vols. 1 and 2. New York: Brunner/Mazel.
Klein, G. S. 1919. Consciousness in Psychoanalytic Theory. *JAPA, 7,* 5-34.
Klein, G. S. 1970. *Perception, Motives and Personality.* New York: Knopf.
Klein, G. S. 1976. *Psychoanalytic Theory.* New York: International Univs. Press.
Klein, H. 1965. *Psychoanalysts in Training.* New York: Columbia Univ. Press.
Klein, M. 1929. Infantile Anxiety Situations Reflected in a Work of Art and in the Creative Impulse. *IJP, 10,* 436-43.
Klein, M. 1931. A Contribution to the Theory of Intellectual Inhibition. Reprinted in M. Klein, *Contributions to Psychoanalysis, 1921-1945,* pp. 254-66.
Klein, M. 1946. Notes on Some Schizoid Mechanisms. Reprinted in M. Klein et al., eds., *Developments in Psychoanalysis,* pp. 292-320.
Klein, M. 1948a. *Contributions to Psychoanalysis, 1921-1945.* London: Hogarth Press.
Klein, M. 1948b. A Contribution to the Theory of Anxiety and Guilt. *IJP, 29,* 114-23.
Klein, M. 1949. *The Psychoanalysis of Children.* London: Hogarth Press.
Klein, M. 1952. The Origins of Transference. *IJP, 33,* 433-38.
Klein, M. 1957. *Envy and Gratitude.* New York: Basic Books.
Klein, M., et al., eds. 1952. *Developments in Psychoanalysis.* London: Hogarth Press.
Klein, M., et a1., eds., 1953. *New Directions in Psychoanalysis.* New York: Basic Books.
Kligerman, C. 1970. The Dream of Charles Dickens. *JAPA, 18,* 783-99.
Kluckhohn, C. 1959. Recurrent Themes in Myths and Mythmaking. *Daedalus, 88,* 268-79.
Knapp, P. H., et al. 1960. Suitability for Psychoanalysis: A Review of One Hundred Supervised Cases. *PQ, 29,* 459-77.
Knight, F., and Baumol, W. 1963. Economics.

Encyclopedia Britannica, *7*, 936-43. Chicago: William Benton.

Knight, R. P. 1953a. Management and Psychotherapy of the Borderline Schizophrenic Patient. In R. P. Knight and C. R. Friedman, *Psychoanalytic Psychiatry and Psychology*, pp. 110-22.

Knight, R. P. 1953b. The Present Status of Organized Psychoanalysis in the U.S. *JAPA*, *1*, 197-221.

Knight, R. P., and Friedman, C. R., eds. 1954. *Psychoanalytic Psychiatry and Psychology*. New York: International Univs. Press.

Koff, R. H. 1961. A Definition of Identification: A Review of the Literature. *IJP*, *42*, 362-70.

Kohn, M. 1977. *Social Competence, Symptoms and Underachievement in Childhood*. New York: Wiley.

Kohut, H. 1966. Forms and Transformations of Narcissism. *JAPA*, *14*, 243-72.

Kohut, H. 1971. *The Analysis of the Self*. New York: International Univs. Press.

Kohut, H. 1977. *The Restoration of the Self*. New York: International Univs. Press.

Kraepelin, E. 1906. *Lectures on Clinical Psychiatry*. London: Bailliere, Tindall and Cox.

Kraepelin, E. 1917. *One Hundred Years of Psychiatry*. New York: Citadel Press.

Kren, G. 1977. Psychohistory in the University. *Journal of Psychohistory*, *4*, 339-50.

Krent, J. 1970. The Fate of the Defenses in the Psychoanalytic Process (Panel). *JAPA*, *18*, 177-94.

Kriegman, G. 1977. History of the Virginia Psychoanalytic Society. Unpublished manuscript.

Kris, E. 1936. The Psychology of Caricature. *IJP*, *17*, 285-303.

Kris, E. 1952. *Psychoanalytic Explorations in Art*. New York: International Univs. Press.

Kris, E., 1956. The Personal Myth. *JAPA*, *4*, 653-81.

Kris, E., Herma, H., and Shor, J. 1943. Freud's Theory of the Dream in American Textbooks. *Journal of Abnormal and Social Psychology*, *38*, 319-34.

Kroeber, A. L. 1948. *Race, Language, Culture, Psychology, Prehistory*. New York: Harcourt.

Kubie, L. 1954. The Fundamental Nature of the Distinction between Normality and Neurosis, *PQ*, *23*, 167-204.

Kubie, L. 1958. *Neurotic Distortion of the Creative Process*. Lawrence: Univ. of Kansas Press.

Kubie, L. 1962. The Fallacious Misuse of the Concept of Sublimation. *PQ*, *31*, 73-79.

Kubie, L. 1964. Multiple Determinants of Suicidal Efforts. *Journal of Nervous and Mental Diseases*, *138*, 3-8.

Kubie, L. 1968. Unsolved Problems in the Resolution of the Transference, *PQ*, *37*, 331-52.

Kuhn, T. S. 1962. *The Structure of Scientific Revolutions*. Chicago: Univ. of Chicago Press.

Labarre, W. 1961. Psychoanalysis in Anthropology. *Science and Psychoanalysis*, *4*, 10-20.

Labarre, W. 1966. Biography of Geza Roheim. In F. Alexander et al., *Psychoanalytic Pioneers*, pp. 272-81.

Lacan, J. 1977. *Ecrits*. New York: Norton.

Laffal, J. 1965. *Pathological and Normal Language*. New York: Atherton Press.

Laing, R. D. 1971. *The Politics of the Family*. New York: Pantheon Books.

Laing, R. D., and Esterson, A. 1964. *Sanity, Madness and the Family*. New York: Basic Books.

Lamb, H. R. 1976. *Community Survival for Long-Term Patients*. San Francisco: Jossey-Bass.

Lamb, M., ed. 1981. *The Role of the Father in Child Development*. New York: Wiley.

Landauer, K. 1924. "Passive" Technik. Zur Analyse narzissistischer Erkrankungen. *Internationale Zeitschrift fuer Aerztliche Psychoanalyse*, *10*, 415-22.

Langer, W. 1972. *The Mind of Adolf Hitler*. New York: Basic Books.

Langs, R. 1974. *The Technique of Psychoanalytic Psychotherapy*. 2 vols. New York: Jason Aronson.

Langs, R. 1976. *The Therapeutic Interaction*. New York: Jason Aronson.

Langsley, D. G., et al. 1977. Medical Student Education in Psychiatry. *American Journal of Psychiatry*, *134*, 15-19.

Laplanche, J. 1974. Panel on "Hysteria Today." *IJP*, *55*, 459-69.

Laplanche, J., and Pontalis, J. B. 1973. *The Language of Psychoanalysis*. New York: Norton.
Lapouse, R., and Monk, M. A. 1964. Behavioral Deviations in a Representative Sample of Children. *American Journal of Orthopsychiatry, 29*, 803-18.
Lasswell, H. D. 1930. *Psychopathology and Politics*. New York: Viking.
Lasswell, H. D. 1948. *Power and Personality*. New York: Viking.
Laughlin, H. P. 1970. *The Ego Defenses*. New York: Appleton.
Lazar, N. D. 1973. Nature and Significance of Changes in Patients in a Psychoanalytic Clinic. *PQ, 42*, 579-600.
Lazar, N. D. 1976. Some Problems in Faculty Selection of Patients for Supervised Psychoanalysis. *PQ, 45*, 415-29.
Lazarus, A. A. 1971. Where do Behavior Therapists Take Their Troubles? *Psychological Reports, 28*, 349-50.
Leavy, S. 1977. The Significance of Jacques Lacan. *PQ, 46*, 201-19.
Lefcourt, H. M. 1977. *Locus of Control*. New York: Wiley.
Lehman, H. 1953. *Age and Achievement*. Philadelphia: American Philosophical Society.
Lehmann, H. E. 1971. The Impact of the Therapeutic Revolution in Nosology. *Schizophrenic Syndrome, 1*, 136-153.
Leighton, A. H. 1963. *The Character of Danger*. New York: Basic Books.
Levey, H. B. 1938. Poetry Production as a Supplemental Emergency Defense against Anxiety, *PQ, 7*, 232-42.
Levey, H. B. 1939. A Critique of the Theory of Sublimation. *Psychiatry, 2*, 239-70.
Levine, R. A. 1973. *Culture, Behavior and Personality*. Chicago: Aldine.
Levinson, H. 1964. *Emotional Health in the World of Work*. New York: Harper.
Levy, D. 1943. *Maternal Overprotection*. New York: Norton.
Lewin, B. 1946. Sleep, The Mouth and the Dream Screen. *PQ, 15*, 419-34.
Lewin, B. 1950. *The Psychoanalysis of Elation*. New York: Norton.
Lewin, B., and Ross, H. 1960. *Psychoanalytic Education in the U.S.* New York: Norton.
Lewis, H. 1958. Over-Differentiation and Under-Individuation of the Self. *Psychoanalysis and the Psychoanalytic Review, 46*, 21-35.
Lewis, H. 1971. *Shame and Guilt in Neurosis*. New York: International Univs. Press.
Lewis, J. M., et al. 1976. *No Single Thread: Psychological Health in Family Systems*. New York: Brunner/Mazel.
Lewis, O. 1966. The Culture of Poverty. In O. Lewis, *Anthropological Essays*, pp. 67-80. New York: Random House.
Lichtenberg, J. D. 1975. The Development of the Sense of Self. *JAPA, 23*, 453-84.
Lichtenberg, J. D. and Slap, J. W. 1971. On the Defensive Organization. *IJP, 52*, 451-58.
Lichtenberg, J. D., and Slap, J. W. 1973. Notes on the Concept of Splitting and the Defense Mechanism of the Splitting of Representations. *JAPA, 21*, 772-87.
Lichtenberg, J. D. 1981. *Psychoanalysis and Infant Research*. Hillsdale, N.J.: Erlbaum.
Lichtenstein, H. 1963. The Dilemma of Human Identity. *JAPA, 11*, 173-223.
Lichtenstein, H. 1970. Changing Implications of the Concept of Psychosexual Development: An Inquiry Concerning the Validity of Classical Psychoanalytic Assumptions Concerning Sexuality. *JAPA, 18*, 300-318.
Lidz, T. 1973. *The Origin and Treatment of Schizophrenic Disorders*. New York: Basic Books.
Lidz, T., et al. 1950. Life Situations, Emotions and Graves' Disease. *PSM, 12*, 184-86.
Lidz, T., Fleck, S., and Cornelison, A. 1965. *Schizophrenia and the Family*. New York: International Univs. Press.
Lieberman, M. A. 1974. Adaptive Processes in Later Life. Quoted in Pollock, 1977.
Lifschutz, J. 1976. A Critique of Reporting and Assessment in the Training Analysis. *JAPA, 24*, 43-60.
Lifton, R. 1969. *Thought Reform and the Psychology of Totalism*. New York: Norton.

Lifton, R., ed. 1974. *Explorations in Psychohistory*. New York: Simon and Schuster.

Lipowski, Z. J., et al. 1977. *Psychosomatic Medicine*. New York: Oxford Univ. Press.

Litowitz, B. E. 1975. Language: Waking and Sleeping. *Psychoanalysis and Contemporary Science, 4,* 291-330.

Little, M. 1951. Countertransference and the Patient's Response to It. *IJP, 32,* 32-40.

Loevinger, J. 1976. *Ego Development*. San Francisco: Jossey-Bass.

Loewenstein, R. M. 1949. A Posttraumatic Dream. *PQ, 18,* 449-54.

Loewenstein, R. M., ed. 1953. *Drives, Affects, Behavior*. New York: International Univs. Press.

Loomie, L. 1970. Report for Committee on Membership. *JAPA, 21,* 492-93.

Lorenz, K. 1963. *On Aggression*. New York: Harcourt.

Loveland, R. 1947. Review of W. Sachs: Black Anger. *PQ, 16,* 576-77.

Lower, R. B., Escoll, P. J., and Huxter, H. K. 1972. Bases for Judgments of Analyzability. *JAPA, 20,* 610-21.

Lowry, R., and Rankin, R. 1970. *Sociology*. New York: Scribner's.

Luborsky, L., and Auerbach, A. H. 1969. The Symptom-Context Method. *JAPA, 17,* 68-99.

Ludwig, A. M. 1975. *J. Amer. Med. Ass'n, 234,* 603.

Luminet, D. 1962. A Short History of Psychoanalysis in Belgium. Unpublished.

Luzes, P. 1973. A Criacao da Sociedade Portuguesa de Psicanalise. *O Medico, 56,* no. 1125, 873-74.

Luzes, P. 1976. History of Psychoanalysis in Portugal. Unpublished management.

Luzes, P., et al. 1972. Quatro Cartas Ineditas de Freud Dirigidas a Um Portuges. *Revista Brasileira de Psicanalise, 6,* nos. 3-4.

Lynch, W. H. 1977. *The Broken Heart*. New York: Basic Books.

Lynd, R., and Lynd, H. 1929. *Middletown*. New York: Harcourt.

Lyons, J. O. 1978. *The Invention of the Self*. New York: Feffer and Simon

McClelland, D. 1961. *The Achieving Society*. Princeton, N.J.: Van Nostrand.

Maccoby, M. 1977. *The Gamesman*. New York: Simon and Schuster.

Maccoby, E. M., and Jacklin, C. N. 1974. *The Psychology of Sex Differences*. Stanford, Cal.: Stanford Univ. Press.

McDevitt, J. B., and Settlage, C. F.,. eds. 1971. *Separation-Individuation*. New York: International Univs. Press.

McDougall, W. 1948a. *The Energies of Men*. 7th ed. London: Methuen.

McDougall, W. 1948b. *An Introduction to Social Psychology*. 29th ed. London: Methuen.

McFarlane, J. W., et al. 1962. *A Developmental Study of the Behavior Problems of Normal Children 21 mos. to 14 Years*. Berkeley: Univ. of California Press.

McGill, V. J. 1967. *The Idea of Happiness*. New York: Praeger.

Machover, K. 1949. *Personality Projection in the Drawing of the Human Figure*. Springfield, Ill.: C. C. Thomas.

MacIver, J., and Redlich, F. C. 1959. Patterns of Psychiatric Practice. *American Journal of Psychiatry, 115,* 692-97.

McLaughlin, F. 1959. Problems of Reanalysis (Panel). *JAPA, 7,* 537-47.

McLaughlin, F. 1978. "Some Perspectives on Psychoanalysis Today." *JAPA, 26,* 13-20.

McLaughlin, J. 1973. The Nonreporting Training Analyst, The Analysis and the Institute. *JAPA, 21,* 697-712.

McLaughlin, J. 1975. The Sleepy Analyst. *JAPA, 23,* 363-82.

Maetze, G. 1971. *Psychoanalyse in Berlin*. Meisenheim Am Glan: Verlag Anton Hain.

Maetze, G. 1976. Psychoanalyse in Deutschland. In *Die Psychologie des 20. Jahrhunderts,* Vol. 2. Kindler Verlag.

Mahler, M. 1968. *On Human Symbiosis and the Vicissitudes of Individuation*. New York: International Univs. Press.

Mahler, M., et al. 1975. *The Psychological Birth of the Human Infant*. New York: Basic Books.

Mahrer, A., ed. 1970. *New Approaches to Personality Classification*. New York: Columbia Univ. Press.

Malcolm, Janet. *Psychoanalysis: The Impossible Profession*. New York: Random House.

Malinowski, B. 1927. *Sex and Repression in Savage Society*. New York: Harcourt.

Mann, T. 1947. *Essays of Three Decades*. New York: Knopf.

Marcus, I. 1973. The Experience of Separation-Individuation In Infancy and Its Reverberations Through the Course of Life: 2. Adolescence and Maturity (Panel). *JAPA, 21,* 157-66.

Margolin, S. 1948. Review of Kinsey. *PQ, 7,* 265-72.

Mark, V. H., and Ervin, F. R. 1970. *Violence and the Brain*. New York: Harper.

Marmor, J. 1953. Orality in the Hysterical Personality. *JAPA, 1,* 656-71.

Marmor, J. 1955. Validation of Psychoanalytic Techniques. *JAPA, 3,* 496-505.

Marmor, J. 1975. *Psychiatrists and Their Patients*. Washington, D.C.: American Psychiatric Association and National Association for Mental Health.

Mason, J. W. 1969. Organization of Psychoendocrine Mechanisms. *PSM, 30,* 565-608.

Mason, J. W. 1975. Clinical Psychophysiology: Psychoendocrine Mechanisms. In S. Arieti, ed. *American Handbook of Psychiatry*, vol. 5, pp. 553-82.

Materson, J. 1976. *Treatment of the Borderline Patient*. New York: Jason Aronson.

Masters, W., and Johnson, V. 1966. *Human Sexual Response*. Boston: Little, Brown.

Masters, W., and Johnson, V. 1970. *Human Sexual Inadequacy*. Boston: Little, Brown.

May, P. R. 1968. *Treatment of Schizophrenia*. New York: Science House.

May, R. 1969. *Love and Will*. New York: Norton.

May, R., et al., eds. 1958. *Experience*. New York: Simon and Schuster.

Mayr, E. 1970. *Populations, Species and Evolution*. Cambridge, Mass.: Harvard Univ. Press.

Mead, M. 1949. *Male and Female*. New York: Morrow.

Mead, M., and Wolfenstein, M., eds. 1955. *Childhood in Contemporary Culture*. Chicago: Univ. of Chicago Press.

Medawar, P. B. 1977. Are IQ's Nonsense? *N.Y. Review of Books, 24,* 13-18.

Meiselman, K. C. 1978. *Incest*. San Francisco: Jossey-Bass.

Meissner, W. W. 1966. Family Dynamics and Psychosomatic Processes. *Family Process, 5,* 142-61.

Meissner, W. W. 1973. Identification and Learning. *JAPA, 21,* 788-816.

Meissner, W. W. 1974. The Role of Imitative Social Learning in Identificatory Processes. *JAPA, 22,* 512-36.

Meissner, W. W. 1976. New Horizons in Metapsychology. *JAPA, 24,* 161-80.

Meissner, W. W. 1981. *Internalization in Psychoanalysis*. New York: IUP.

Meltzoff, J., and Kornreich, M. 1970. *Research in Psychotherapy*. New York: Atherton.

Menaker, E. 1953. Masochism: A Defense Reaction of the Ego. *PQ, 22,* 205-20.

Mendelson, W. B., et al. 1977. *Human Sleep and Its Disorders*. New York: Plenum Press.

Menninger, K. 1954. Psychological Aspects of the Organism Under Stress. *JAPA, 2,* 67-106, 208-310.

Menninger, K. 1959. *A Psychiatrist's World*. New York: Viking.

Menninger, K., et al. 1963. *The Vital Balance*. New York: Viking Press.

Menninger, W. C. 1943. Characterologic and Symptomatic Expressions Related to the Anal Phase of Psychosexual Development. *PQ, 12,* 161-93.

Mercano, S., et al. 1987. "Official Report to the Latin American Congress on Psychoanalysis; Dominant Currents in Latin American Thought." *Current Issues in Psychoanalytic Practice*. Vol. 3, No. 1, 1-19.

Meyer, B. 1964. Psychoanalytic Studies on Joseph Conrad. *JAPA, 12,* 32-58, 357-91.

Meyers, S. J., reporter. 1981. "The Bipolar Self." *JAPA, 29,* 143-59.

Michaels, J. J. 1945. The Concept of Integration in

Psychoanalysis. *Journal of Nervous and Mental Diseases, 102,* 54-64.

Mijuskovic, B. 1977. Loneliness: An Interdisciplinary Approach. *Psychiatry, 40.* 113-32.

Miller, D. R., and Swanson, G. E. 1960. *Inner Conflict and Defense.* New York: Holt.

Miller, M. L. 1948. Ego Functioning in Two Types of Dreams. *PQ, 17,* 346-55.

Miller, S. C. 1962. Ego Autonomy in Sensory Deprivation, Isolation and Stress. *IJP, 43,* 1-20.

Millet, J. 1966. Psychoanalysis in the U.S. In F. Alexander et al., *Psychoanalytic Pioneers,* pp. 546-96.

Milman, D. S., and Goldman, G. D., eds. 1973. *Acting Out: The Neurosis of Our Time.* Springfield, Ill.: C. C. Thomas.

Milner, M. 1969. *The Hands of the Living God.* New York: International Univs. Press.

Minar, D. W., and Greer, S., eds. 1969. *The Concept of Community.* Chicago: Aldine.

Mirsky, I. A., et al. 1950. Pepsinogen Excretion (Uropepsin) as an Index of the Influence of Various Life Situations on Gastric Secretion. In H. Wolff et al., eds., *Life Stress and Bodily Disease,* pp. 628-46.

Mitscherlich, A. 1969. *Society without the Father.* New York: Harcourt.

Mitscherlich, A. 1971. Psychoanalysis and the Aggression of Large Groups. *IJP, 52,* 161-68.

Mitscherlich, A., and Mitscherlich, M. 1975. *The Inability to Mourn.* New York: Grove Press.

Mittelman, B. 1954. Motility in Infants, Children and Adults. *PSC, 9,* 142-77.

Mittelman, B. 1955. Motor Patterns and Genital Behavior: Fetishism. *PSC, 10,* 241-63.

Mittelman, B. 1960. Intrauterine and Early Infant Motility. *PSC, 15,* 104-27.

Mitzman, A. 1973. *Sociology and Estrangement.* New York: Knopf.

Modell, A. H. 1963. The Concept of Psychic Energy (Panel). *JAPA, 11,* 605-18.

Modell, A. H. 1968. *Object Love and Reality.* New York: International Univs. Press.

Modell, A. H. 1975. A Narcissistic Defense against Affects. *IJP, 56,* 275-82.

Moloney, J. 1945. Psychiatric Observations in Okinawa Shima. *Psychiatry, 8,* 391-401.

Money, J., and Ehrhardt, A. A. 1972. *Man and Woman, Boy and Girl.* Baltimore: John Hopkins Univ. Press.

Money-Kyrle, R. E. 1956. Normal Countertransference and Some of Its Deviations. *IJP, 37,* 360-66.

Montagu, A. 1963. *Anthropology and Human Nature.* New York: McGraw-Hill.

Montagu, A. 1974a. Aggression and the Evolution of Man. In R. E. Whalen, ed., *The Neuropsychology of Aggression,* pp. 1-32.

Montagu, A., ed. 1974b. *Culture and Human Development.* Englewood Cliffs, N.J.: Prentice-Hall.

Montagu, A. 1976. *The Nature of Human Aggression.* New York: Oxford Univ. Press.

Moore, B. 1961. Frigidity in Women. *JAPA, 9,* 571-84.

Moore, B. 1968. Psychoanalytic Reflections on the Implications of Recent Physiological Studies of Female Orgasm. *JAPA, 16,* 569-87.

Moore, B. 1976. The American Psychoanalytic Association: Its Janus Posture. *JAPA, 24,* 257-83.

Moos, R. H., and Van Dort, B. 1977. Physical and Emotional Symptoms and Campus Health Center Utilization. *Social Psychiatry, 12,* 107-15.

Morris, G. O., et al. 1960. Misperception and Disorientation During Sleep Deprivation, *Archives of General Psychiatry, 2,* 247-54.

Morrison, C. C. 1968. *Freud and the Critic.* Chapel Hill. Univ. of North Carolina Press.

Moser, T. 1977. *Years of Apprenticeship on the Couch.* New York: Urizen Books.

Moser, U., and Zeppelin, I. von. 1969. Computer Simulation of a Model of Neurotic Defense Processes. *IJP, 50,* 53-64.

Moss, C. S. 1967. *The Hypnotic Investigation of Dreams.* New York: Wiley.

Muensterberger, W. 1969. Psyche and Environment. *PQ, 38,* 191-216.

Mullahy, P., ed. 1952. *The Contributions of Harry Stack Sullivan.* New York: Hermitage House.

Müller, C. 1977. Aging in Psychotics. In C. Chiland, ed.,

Long-Term Treatments of Psychotic States, pp. 583-96.

Murdock, G. P. 1949. *Social Structure*. New York: Macmillan.

Murphy, G. 1960. Psychoanalysis as a Unified Theory of Social Behavior. *Science and Psychoanalysis, 3,* 140-49.

Murphy, G. 1972. *Historical Introduction to Modern Psychology*. New York: Harcourt.

Murray, H. A. 1951. Uses of the Thematic Apperception Test. *American Journal of Psychiatry, 107,* 577-81.

Murray, H. A., ed. 1960. *Myth and Mythmaking*. Boston: Beacon Press.

Murray, H. A., et al. 1938. *Explorations in Personality*. New York: Oxford Univ. Press.

Myers, J. K., and Bean, L. L. 1968. *A Decade Later*. New York: Wiley.

Myers, J. K., and Roberts, B. H. 1959. *Family and Class Dynamics in Mental Illness*. New York: Wiley.

Nacht, S. 1948. Clinical Manifestations of Aggression and Their Role in Psychoanalytic Treatment. *IJP, 29,* 201-23.

Nagera, H. 1967. *Vincent van Gogh*. London: George Allen and Unwin.

Nagera, H. 1976. *The Obsessional Neurosis*. New York: Jason Aronson.

National Commission on the Causes and Prevention of Violence. 1969. *The History of Violence in America*. New York: Bantam Books.

Neel, A. F. 1977. *Theories of Psychology: A Handbook*. New York: Wiley.

Neill, A. S. 1960. *Summerhill*. New York: Hart Publishers.

Nelson, M. C. 1967. The Therapeutic Redirection of Energy and Affects. *IJP, 48,* 1-15.

Neubauer, P., and Flapan, D. 1975. *Assessment of Early Child Development*. New York: Jason Aronson.

Niederland, W. 1965. Memory and Repression (Panel). *JAPA, 13,* 619-33.

Niederland, W. 1974. *The Schreber Case*. New York: Quadrangle.

Niederland, W. 1976. Psychoanalytic Approaches to Creativity. *PQ, 45,* 185-212.

Noble, D. 1950-51. A Study of Dreams in Schizophrenia and Allied States. *American Journal of Psychiatry, 107,* 612-16.

Noble, D., and Burnham, D. 1969. *History of the Washington Psychoanalytic Society*. Np.

Noy, P. 1969. A Revision of the Psychoanalytic Theory of the Primary Process, *IJP, 50,* 155-78.

Nunberg, H. 1926. The Sense of Guilt and the Need for Punishment. *IJP, 7,* 420-33.

Nunberg, H. 1931. The Synthetic Function of the Ego. *IJP, 12,* 123-40.

Nunberg, H. 1932. Psychoanalyse des Schamgefuehls. *Psychoanalytische Bewegung, 4,* 505-7.

Nunberg, H. 1938. Psychological Interrelationships between Physician and Patient. *Psychoanalytic Review, 25,* 297-308.

Nunberg, H. 1948. *Practice and Theory of Psychoanalysis*. New York: Nervous and Mental Diseases Publishing Co.

Nunberg, H. 1955. *Principles of Psychoanalysis*. New York: International Univs. Press.

Nunberg, H., and Federn, E., eds. 1962-197. *Minutes of the Vienna Psychoanalytic Society*. 4 vols. New York: International Univs. Press.

Nyswander, M. 1974. Drug Addiction. In S. Arieti, ed., *American Handbook of Psychiatry*, vol. 3, 393-403.

Oberndorf, C. P. 1953. *A History of Psychoanalysis in America*. New York: Grune & Stratton.

Oden, M. H. 1968. The Fulfillment of Promise. *Genetic Psychology Monographs, 77,* 3-93.

Odier, C. *Anxiety and Magic Thinking*. New York: International Univs. Press.

Offer, D., and Sabshin, M. 1974. *Normality*. New York: Basic Books.

Opler, M. K., ed. 1959. *Culture arid Mental Health*. New York: Macmillan.

Oremland, J. D. 1973. A Specific Dream during the Termination Phase of Successful Psychoanayses. *JAPA, 21,* 285-302.

Ornstein, P. H. 1974. A Discussion of the Paper by Otto F. Kernberg, *IJP, 55,* 241-47.

Ostow, M. 1960. Psychoanalysis and Ethology (Panel).

JAPA, 8, 526-34.

Osofsky, J., ed. 1978. *Handbook of Human Development*. New York: Wiley.

Parens, H. 1975. Parenthood as a Developmental Phase (Panel). *JAPA, 23,* 154-65.

Parens, H. 1979. *The Development of Aggression in Childhood.* New York: Aronson.

Parkes, C. M.1965. Bereavement and Mental Illness. *British Journal of Medical Psychology, 38,* 1.

Parkes, C. M. 1971. The First Year of Bereavement. *Psychiatry, 33,* 444.

Parkes, C. M. 1972. *Bereavement.* New York: International Univs. Press.

Parsons, T. 1953. The Superego and the Theory of Social Systems, In T. Parsons et al., *Working Papers in the Theory of Action,* pp. 13-28. Clencoe, Ill.: Free Press.

Parsons, T. 1958. The Definitions of Health and Illness in the Light of American Values and Social Structure. In E. G. Jaco, ed., *Patients, Physicians and Illness.* Glencoe, Ill: Free Press.

Parsons, T. 1961. The Contribution of Psychoanalysis to Social Science. *Science and Psychoanalysis, 4,* 28-38.

Parson, T. 1964. *Social Structure and Personality*. New Work: Free Press.

Paz, C. A. 1971. *Analizabilidad.* Buenos Aires: Paidos.

Peller, L. F. 1954. Libidinal Phases, Ego Development and Play. *PSC, 9,* 178-98.

Peterfreund, E. 1971. *Information Systems and Psychoanalysis.* Psychological Issues Monograph 25/26. New York: International Univs. Press.

Peterfreund, E. 1975. The Need for a New Theoretical frame of Reference for Psychoanalysis. *PQ, 44,* 534-49.

Peters, R. J. 1961. Immortality and the Artist. *Psychoanalysis and the Psychoanalytic Review, 48,* 126-37.

Pfeffer, A. 1961. Follow-up Study of a Satisfactory Analysis. *JAPA, 9,* 698-718.

Pfeffer, A. 1963a. Analysis Terminable and Interminable 25 Years Later (Panel), *JAPA, 11,* 131-42.

Pfeffer, A. 1963b. The Meaning of the Analyst after Analysis, *JAPA, 11,* 229-44.

Pfister, O. 1928. Die Illusion einer Zukunft, *Imago, 14,* 149-84.

Pfister, O. 1944. *Christianity and Fear.* London: Allen and Unwin.

Pfister, O. 1963. *Psychoanalysis and Faith.* New York: Basic Books.

Phillips, W., ed. 1957. *Art and Psychoanalysis.* New York: Criterion Books.

Piaget, J. 1973. The Affective Unconscious and the Cognitive Unconscious. *JAPA, 19,* 670-96.

Piers, G., and Singer, M. 1953. *Shame and Guilt.* Springfield, Ill.: C. C. Thomas.

Pinderhughes, C. A. 1971. Somatic, Psychic and Social Sequelae of Loss. *JAPA, 19,* 670-96.

Pine, F. 1970. On the Structuralization of Drive-Defense Relationships. *PQ, 39,* 17-37.

Pine, F., and Holt, R. R. 1960. Creativity and Primary Process: A Study of Adaptive Regression. *Journal of Abnormal Social Psychology, 61,* 370-79.

Ping-Nie, P. 1979. *Schizophrenic Illness: Theory and Treatment.* New York: International Univs. Press.

Plotnik, R. 1974. Brain Stimulation and Aggression. In R. Holloway, ed., *Primate Agression, Territoriality and Xenophobia*, pp. 389-415.

Pollock, G. H. 1961. Mourning and Adaptation. *IJP, 42,* 341-61.

Pollock, G. H. 1962. Childhood Parent and Sibling Loss in Adult Patients. *Archives of General Psychiatry, 7,* 295-305.

Pollock, G. H. 1970. Anniversary Reactions, Trauma and Mourning. *Psychiatric Quarterly, 39,* 347-71.

Pollock, G. H. 1972a. Bertha Pappenheim's Pathological Mourning. *JAPA, 20,* 476-93.

Pollock, G. H. 1972b. Ten Years of COPE: Perspectives in Psychoanalytic Education, *JAPA, 20,* 574-90.

Pollock, G. H. 1973. Bertha Pappenheim: Addenda to Her Case History. *JAPA, 21,* 328-32.

Pollock, G. H. 1975a. On Freud's Psychotherapy of Bruno Walter. *Annual of Psychoanalysis* (Chicago Institute), *3,* 287-95.

Pollock, G. H. 1975b. Mourning and Memorialization through Music. *Annual of Psychoanalysis* (Chicago

Institute), *3*, 423-36.

Pollock, G. H. 1975c. On Mourning, Immortality and Utopia. *JAPA, 23*, 334-62.

Pollock, G. H. 1976. *The Chicago Institute for Psychoanalysis: From 1932 to the Present* (in press).

Pollock. G. H. 1977. The Mourning Process and Creative Organizational Change. *JAPA, 25*, 3-34.

Pollock, G. H., et al. 1976. Chicago Selection Research. *Annual of Psychoanalysis* (Chicago Institute), *4*, 307-82.

Pomer, S. 1966. Biography of Man Eitingon. In F. Alexander et al., *Psychoanalytic Pioneers*, pp. 51-62.

Pongrätz, L. J., ed. 1973. *Psychotherapie in Selbstdarstellungen*. Bern: Hans Huber.

Pontalis, J. 1974a. The Dream as an Object. *International Review of Psychoanalysis, 1*, 125-33.

Pontalis, J. 1974b. Freud in Paris (Inaugural Address). *IJP, 55*, 455-58.

Post, S., ed. 1972. *Moral Values and the Superego Concept in Psychoanalysis*. New York: International Univs. Press.

Pribram, K. H., and Gill, M. M. 1976. *Freud's 'Project' Reassessed*. New York: Basic Books.

Provence, S., and Lipton, R. 1962. *Infants in Institutions*. New York: International Univs. Press.

Provence, S., et al 1977. *The Challenge of Daycare*. New Haven: Yale Univ. Press.

Pulver, S. 1978. "Survey of Psychoanalytic Practice. 1976." *JAPA, 26*, 615-31.

Putnam, J. J. 1971. *James Jackson Putnam and Psychoanalysis: Letters*. Cambridge, Mass: Harvard Univ. Press.

Racker, H. 1953. A Contribution to the Problem of Countertransference. *IJP, 34*, 313-24.

Racker, H. 1957. The Meaning and Uses of Countertransference. *PQ, 26*, 303-57.

Racker, H. 1958a. Countertransference and Interpretation. *JAPA, 6*, 215-21.

Racker, H. 1958b. *Psychoanalytic Technique and the Analyst's Unconscious Masochism*. *PQ, 27*, 555-62.

Racker, H. 1968. *Transference and Countertransference*. New York: International Univs. Press.

Rado, S. 1926. The Psychic Effects of Intoxication. *IJP, 7*, 396-413.

Rado, S. 1928. The Psychic Effects of Intoxication, *IJP, 9*, 301-17.

Rado, S. 1933. The Psychoanalysis of Pharmacothymia (Drug Addiction). *PQ, 2*, 1-23.

Rado, S. 1969. *Adaptational Psychodynamics*. New York: Science House.

Raglan, Lord. 1956. *The Hero: A Study in Tradition, Myth and Drama*. New York: Knopf.

Rainwater, L., and Yancey, W. L. 1967. *The Moynihan Report and the Politics of Controversy*. Cambridge, Mass.: MIT Press.

Rakoff, V. M., et al. 1977. *Psychiatric Diagnosis*. New York: Brunner/Mazel.

Rangell, L. 1952. The Analysis of a Doll Phobia. *IJP, 33*, 43-53.

Rangell, L. 1954a. The Psychology of Poise, *IJP, 35*, 313-32.

Rangell, L. 1954b. Similarities and Differences between Psychoanalysis and Dynamic Psychotherapy. *JAPA, 2*, 734-44.

Rangell, L. 1954c. Reporter: Psychoanalysis and Dynamic Psychotherapy. *JAPA, 2*, 152-66.

Rangell L. 1955. The Borderline Case (Panel). *JAPA, 3*, 285-95.

Rangell, L. 1959. The Nature of Conversion. *JAPA, 7*, 632-62.

Rangell, L. 1963. On Friendship. *JAPA, 11*, 3-54.

Rangell, L. 1968. A Further Attempt to Resolve the "Problem of Anxiety." *JAPA, 16*, 371-404.

Rank, O. 1909. *The Myth of the Birth of the Hero*. Reprinted ed., *New York: Brunner, 1952*.

Rank, O. 1932. *Art and the Artist: Creative Urge and Personality Development*. New York: Tudor.

Rankin, R. P., and Lowry, R. P. 1969. *Sociology: The Science of Society*. New York: Scribner's.

Rapaport, D. 1942. *Emotions and Memory*. New York: International Univs. Press.

Rapaport, D. 1951. The Autonomy of the Ego. *Bulletin of the Menninger Clinic, 15*. 113-23.

Rapaport, D. 1953. On the Psychoanalytic Theory of

Affects. *IJP, 34,* 177-98.

Rapaport, D. 1958. The Theory of Ego Autonomy: A Generalization. *Bulletin of the Menninger Clinic, 22,* 13-35.

Rapaport, D. 1959. A Historical Survey of Psychoanalytic Ego Psychology. In *Psychological Issues Monograph 1,* pp. 5-17. New York: International Univs. Press.

Rapaport. D. 1960. *The Structure of Psychoanalytic Theory.* Psychological Issues Monograph 6. New York: International Univs. Press.

Rapaport, D. 1967. *Collected Papers.* New York: Basic Books.

Rapaport, D., and Shakow, D. 1964. *The Influence of Freud or American Psychology.* Psychological Issues Monograph 13. New York: International Universities Press.

Rapaport, D., Gill, M. M., and Schafer, R. 1945-1946. *Diagnostic Psychological Testing.* 2 vols. Chicago: Yearbook Publ.

Rappaport, E. A. 1956. The Management of an Erotized Transference. *PQ, 25,* 15-29.

Rappaport, E. A. 1959. The First Dream in an Erotized Transference. *IJP, 40,* 240-45.

Redican, W. R., and Taub, D. M. 1981. "Male Parentsal Care in Apes and Monkeys." In M. Lamb, ed. *The Role of the Father in Child Development.*

Redlich, F. C. 1960. Psychoanalysis and the Problem of Values. *Science and Psychoanalysis, 3,* 84-103.

Reich, A. 1960. Further Remarks on Countertransference. *IJP, 41,* 389-95.

Reich, I. O. 1969. *Wilhelm Reich.* New York: St. Martin's Press.

Reich, W. 1922. Zwei Narzisstische Typen. *Internationale Zeitschrift fuer Psychoanalyse, 8,* 456-62.

Reich, W. 1925. Der Triebhafte Charakter. *Neue Arbeiten zuer Aerztliche Psychoanalyse, 4.*

Reich, W. 1927. *The Function of the Orgasm.* New York: Orgone Institute Press.

Reich, W. 1933. *Character Analysis.* New York: Orgone Institute Press.

Reich, W. 1945. *The Sexual Revolution.* New York: Farrar, Straus and Rinehart.

Reider, N. 1955. Reporter. Reevaluation of the Libido Theory. *JAPA, 3,* 299-308.

Reiff, P. 1959. *Freud: The Mind of the Moralist.* New York: Viking.

Reik, T. 1925. *The Compulsion to Confess and the Need for Punishment.* Leipzig: Internationaler Psychoanalytischer Verlag.

Reik, T. 1941. *Masochism in Modern Man.* New York: Farrar, Straus.

Reiser, M. 1975. Changing Theoretical Concepts in Psychosomatic Medicine. In S. Arieti, ed., *American Handbook of Psychiatry,* vol. 4, 477-500.

Rennie, T., et al. 1962. *Mental Health in the Metropolis.* New York: McGraw-Hill.

Rexford, E. N. 1966. *A Developmental Approach to Problems of Acting Our: A Symposium.* New York: International Univs. Press.

Ribble, M. A. 1943. *The Rights of Infants: Early Psychological Needs and Their Satisfactions.* New York: Columbia Univ. Press.

Richardson, G. A., and Moore, R. A. 1963. On the Manifest Dream in Schizophrenia. *JAPA, 11,* 281-302.

Richter, C. 1959. The Phenomenon of Unexplained Sudden Death in Animals and Man. In H. Feifel, ed., *The Meaning of Death,* pp. 301-16. New York: McGraw-Hill.

Rickman, J. 1940. On the Nature of Ugliness and the Creative Impulse. *IJP, 21,* 294-313.

Ricoeur, P. 1970. *Freud and Philosophy.* New Haven: Yale Univ. Press.

Riesman, D. 1950. *The Lonely Crowd.* New Haven: Yale Univ. Press.

Rifkin, A. H. 1974. A General Assessment of Psychiatry. In S. Arieti, ed., *American Handbook of Psychiatry,* vol. 1, pp. 117-30.

Ritvo, S. 1971. Psychoanalysis as Science and Profession. *JAPA, 19,* 3-25.

Rivers, W. H. R. 1923. *Conflict and Dream.* New York: Harcourt.

Riviere, J. 1955. The Unconscious Phantasy of an Inner World Reflected in Examples from Literature. In M. Klein et al., *New Directions in Psychoanalysis,* pp.

370-83.

Robbins, L. L. 1956. The Borderline Case (Panel). *JAPA, 4,* 550-62.

Robbins, W. S. 1975. Termination: Problems and Techniques. *JAPA, 23,* 166-76.

Robinson, D. A. 1982. *Toward a Science of Human Nature.* New York: Columbia Univs. Press.

Roe, A. 1953. *The Making of a Scientist.* New York: Dodd, Mead.

Roheim, G. 1932. Psychoanalysis of Primitive Cultural Types. *IJP, 13,* 1-224.

Roheim, G. 1950. *Psychoanalysis and Anthropology.* New York: International Univs. Press.

Roheim, G. 1952b. *The Gates of the Dream.* New York: International Univs. Press.

Roheim, G. 1952a. The Anthropological Evidence and the Oedipus Complex. *PQ, 21,* 537-42.

Roiphe, H. 1968. On an Early Genital Phase. *PSC, 23,* 348-65.

Roiphe, H., and Galenson, E. 1971. The Impact of Early Sexual Discovery on Mood, Defensive Organization and Symbolization. *PSC, 26,* 195-216.

Roiphe, H., and Galenson, E. 1972. Early Genital Activity and the Castration Complex. *PQ, 41,* 334-47.

Roiphe, H., and Galenson, E. 1973. *Some Observations on Transitional Object and Infantile Fetish.* Paper presented to the New York Psychoanalytic Society March 27, 1973.

Rorschach, H. 1921. *Psychodiagnostics: A Diagnostic Test Based on Perception.* New York: Grune & Stratton.

Rosen, J. 1953. *Direct Analysis.* New York: Grune & Stratton.

Rosen, S. 1973. *The Conscious Brain.* New York: Knopf.

Rosen, V. H. 1967. Disorders of Communication in Psychoanalysis. *JAPA, 15,* 467-90.

Rosen, V. H. 1975. Some Aspects of Freud's Theory of Schizophrenic Language Disturbance. *Psychoanalysis and Contemporary Science, 4,* 405-22.

Rosen, V. H. 1977. *Style, Character and Language.* New York: Jason Aronson.

Rosenbaum, M. 1965. Dreams in Which the Analyst Appears Undisguised. *IJP, 46,* 429-37.

Rosenbaum, M., and Berger, M., eds. 1975. *Group Psychotherapy and Group Function.* New York: Basic Books.

Rosenbaum, M., and Snadowsky, A., eds. 1976. *The Intensive Group Experience.* New York: Free Press.

Rosenfeld, H. 1965. *Psychotic States.* London: Hogarth Press.

Rosenthal, R. R. 1976. *Experimenter Effects in Behavioral Research.* New York: Wiley.

Ross, N. 1960. An Examination of Nosology According to Psychoanalytic Concepts (Panel). *JAPA, 8,* 535-51.

Ross, N. 1970. The Primacy of Genitality in the Light of Ego Psychology: Intordunctory Remarks. *JAPA, 18,* 267-84.

Rossi, P. H., and Williams, W. 1972. *Evaluating Social Interventions.* New York: Seminar Press.

Rothenberg, A. 1969. The Iceman Changeth: Toward an Empirical Approach to Creativity. *JAPA, 17,* 549-607.

Rothenberg, A., and Hausman, C. R., eds. 1976. *The Creativity Question.* Durham, N.C.: Duke Univ. Press.

Rothman, D. J. 1971. *The Discovery of the Asylum.* Boston: Little, Brown.

Rothstein, A. 1980. *The Narcissistic Pursuit of Perfection.* New York: IUP.

Rubinfine, D. L. 1958. Problems of Identity (Panel). *JAPA, 6,* 131-42.

Rubinfine, D. L. 1962. Maternal Stimulation, Psychic Structure and Early Object Relations with Special Reference to Aggression and Denial. *PSC, 17,* 265-85.

Rubins, J. 1978. *Karen Horney.* New York: Dial Press.

Ruesch, J. 1957. *Disturbed Communication.* New York: Norton.

Ruesch, J. 1961. *Therapeutic Communication.* New York: Norton.

Ruesch, J., and Bateson, G. 1951. *Communication: The Social Matrix of Psychiatry.* New York: Norton.

Sachs, H. 1930. Die Lehranalyse. In *Zehn Jahre Berliner Psychoanalytisches Institut,* 53-54.

Sachs, H. 1942. *The Creative Unconscious.* Cambridge, Mass: Sci-Art Publishing Co.

Sachs, L. J. 1973. On Crying, Weeping and Laughing as Defences against Sexual Drives. *IJP, 54,* 477-84.

Sachs, W. 1947. *Black Anger.* Boston: Little, Brown.

Sadger, I. 1926. A Contribution to the Understanding of Sado-Masochism. *IJP, 7,* 484-91.

Salzman, L. 1968. *The Obsessive Personality.* New York: Science House.

Sameroff, A., ed. 1978. Organization and Stability of Newborn Behavior. In *Monographs of Society for Research in Human Development 43,* 5-6.

Sanchez Medina, G. 1975. Historic Summary of the Colombian Society and Institute of Psychoanalysis. Unpublished manuscript.

Sandler, J. 1959. The Body as Phallus: A Patient's Fear of Erection. *IJP, 40,* 191-98.

Sandler, J. 1960. On the Concept of Superego. *PSC, 15,* 128-62.

Sandler, J. 1962. The Hampstead Index as an Instrument of Psychoanalytic Research. *IJP, 43,* 287-91.

Sandler, J., and Joffe, W. 1965. Notes on Obsessional Manifestations in Children. *PQ, 20,* 425-38.

Sandler, J., and Joffe, W. 1966. On Skill and Sublimation. *JAPA, 14,* 335-55.

Sandler, J., and Joffe, W. 1969. Towards a Basic Psychoanalytic Model. *IJP, 50,* 79-90.

Sandler, J., and Nagera, H. 1963. Aspects of the Metapsychology of Fantasy. *PSC, 18,* 159-96.

Sandler, J., and Rosenblatt, B. 1962. The Concept of the Representational World. *PSC, 17,* 128-45.

Sandler, J., et al. 1962. The Classification of Superego Material in the Hampstead Index. *PSC, 17,* 107-27.

Sandler, J., et a1. 1965. *The Hampstead Psychoanalytic Index.* New York: International Univs. Press.

Sandler, J., et al. 1969. Notes on some Theoretical and Clinical Aspects of Transference. *IJP, 50,* 633-45.

Sandler, J., Dare, C., and Holder, D. 1973. *The Patient and the Analyst.* New York: International Univs. Press.

Sarnoff, C. 1976. *Latency.* New York: Jason Aronson.

Saul, L. 1940. Utilization of Early Current Dreams in Formulating Psychoanalytic Cases. *PQ, 9,* 453-69.

Saul, L., and Wenar, I. 1965. Early Influences on Development and Disorders of Personality. *PQ, 34,* 327-89.

Schacht, R. 1971. *Alienation.* Garden City, N.Y.: Doubleday.

Schafer, R. 1958. Regression in the Service of the Ego. In G. Lindzey, ed., *Assessment of Human Motives,* pp. 199-48. New York: Rinehart.

Schafer, R. 1960. The Loving and Beloved Superego in Freud's Structural Theory. *PSC, 15,* 163-88.

Schafer, R. 1964. The Clinical Analysis of Affects. *JAPA, 12,* 275-99.

Schafer, R. 1965. Contributions of Longitudinal Studies to Psychoana1xtic Theory (Panel). *JAPA, 13,* 605-18.

Schafer, R. 1967. Ego Autonomy and the Return of Repression. *International Journal of Psychiatry, 3,* 515-18.

Schafer, R. 1968. *Aspects of Internalization.* New York: International Univs. Press.

Schafer, R. 1970. An Overview of Heinz Hartmann's Contributions to Psychoanalysis. *IJP, 51,* 425-46.

Schafer, R. 1974. Problems in Freud's Psychology of Women. *JAPA, 22,* 459-85.

Schafer, R. 1976. *A New Language for Psychoanalysis.* New Haven: Yale Univ. Press.

Schecter, M., Toussieng, P., and Sternlof, R. 1972. Normal Development in Adolescence. In B. Wolman, ed., *Manual of Child Psychotherapy,* pp. 22-45. New York: McGraw-Hill.

Scheff, T. J. 1977. The Distancing of Emotion in Ritual. *Current Anthropology, 18,* 483-505.

Schilder, P. 1935. *The Image and Appearance of the Human Body.* Reprint ed., New York: International Univs. Press, 1950.

Schjelderup, H. K. 1939. Report to International Psychoanalytical Association. *IJP, 20,* 216-17.

Schlesinger, N. 1974. Assessment and Follow-Up in Psychoanalysis. *JAPA, 22,* 542-67.

Schmale, A. H. 1962. Needs, Gratifications and the Vicissitudes of the Self Representation. *Psychoanalytic Study of Society, 2,* 9-41.

Schmale, A. H. 1964. A Genetic View of Affects. *PSC, 19,* 287-310.

Schmale, H. T. 1966. Working Through (Panel). *JAPA, 14,* 172-82.

Schmidenberg, M. 1946. On Querulance. *PQ, 15,* 472-501.

Schneider, D. E. 1950. *The Psychoanalyst and the Artist.* New York: Mentor Books.

Schnier, J. 1951. The Symbol of the Ship in Art, Myth and Dreams. *Psychoanalytic Review, 38,* 53-65.

Schur, M. 1955. Comments on the Metapsychology of Somatization. *PSC, 10,* 119-64.

Schur, M. 1960. Discussion of Dr. John Bowlby's Paper. *PSC, 15,* 63-84.

Schur, M., ed. 1965. *Drives, Affects, Behavior.* New York: International Univs. Press.

Schur, M. 1966. *The Id and the Regulatory Principles of Mental Functioning.* New York: International Univs. Press.

Schur, M. 1972. *Freud: Living and Dying.* New York: International Univs. Press.

Schur, M., et al. 1966. *Essays in Honor of Heinz Hartmann's Seventieth Birthday.* New York: International Univs. Press.

Schuster, D. B., et al. 1972. *Clinical Supervision of the Psychiatric Resident.* New York: Brunner/Mazel.

Schwartz, F., and Schiller, P. H. 1970. *A Psychoanalytic Model of Attention and Learning.* Psychological Issues Monograph 23. New York: International Univs. Press.

Scott, J. P. 1962. Critical Periods in Behavioral Development. *Science, 138,* 949-58.

Scott, J. P., and Senay, E. C. 1973. *Separation and Depression.* Washington, D.C.: American Association for the Advancement of Science.

Scott, W. C. M. 1963. Psychoanalysis in Canada. Unpublished manuscript.

Searles, H. F. 1959a. The Effort to Drive the Other Person Crazy. *CP,* 254-83.

Searles, H. F. 1959b. Oedipal Love in the Countertransference. *IJP, 40,* 180 90.

Searles, H. F. 1961. Schizophrenic Communication. *Psychoanalysis and the Psychoanalytic Review, 48,* 3-50.

Searles, H. F. 1963. The Place of Neutral Therapist Responses in Psychotherapy with the Schizophrenic Patient. *IJP, 44,* 42-56.

Searles, H. F. 1965. *Collected Papers on Schizophrenia and Related Subjects.* New York: International Univs. Press.

Searles, H. F. 1975. The Patient as Therapist to the Analyst. In P. L. Giovacchini, ed., *Tactics and Techniques in Psychoanalytic Therapy,* vol. 2, pp. 95-151.

Sears, R. R. 1943. *Survey of Objective Studies of Psychoanalytic Concepts. Bulletin 51.* New York: Social Science Research Council.

Sears, R. R. 1951. *Survey of Objective Studies of Psychoanalytic Concepts.* Ann Arbor, Mich.: Edwards Bros.

Sechehaye, M. 1947. *Symbolic Realization.* New York: International Univs. Press.

Sechehaye, M. A. 1951. *Symbolic Realization.* New York: International Univs. Press.

Segal, H. 1952. A Psychoanalytic Approach to Aesthetics. *IJP, 33,* 196-207.

Segal, H. 1973. *Introduction to the Work of Melanie Klein.* New York: Basic Books.

Segel, N. P. 1961. The Psychoanalytic Theory of the Symbolic Process, *JAPA, 9,* 146-57.

Selye, H. 1956. *The Stress of Life.* New York: McGraw-Hill.

Shapiro, S., and Sachs, D. 1976. On Parallel Processes in Therapy and Teaching. *PQ, 45,* 394-415.

Shapiro, T. 1975. Childhood Neurosis: The Past 75 Years. *Psychoanalysis and Contemporary Science, 4,* 453-477.

Sharpe, E. 1935. Similar and Divergent Unconscious Determinants Underlying the Sublimations of Pure Art and Pure Science. *IJP, 16,* 186-202.

Sharpe, E. 1937. *Dream Analysis.* London: Hogarth Press.

Sharpe, E. 1950. *Collected Papers.* London: Hogarth Press.

Sherfey, M. J. 1966. The Evolution and Nature of Female Sexuality in Relation to Psychoanalytic Theory, *JAPA, 14,* 28-128.

Sherfey, M. J. 1972. *The Nature and Evolution of Female Sexuality.* New York: Random House.

Shneidman, E. A., ed. 1967. *Essays on Self-Destruction.*

New York: Science House.

Shorter, E. 1975. *The Making of the Modern Family*. New York: Basic Books.

Siegal, E. V. 1973. Movement Therapy as a Psychotherapeutic Tool. *JAPA, 21*, 333–43.

Siegman, A. 1954. Emotionality: A Hysterical Character Defense. *PQ, 23*, 339–54.

Silverman, L. H. 1967. An Experimental Approach to the Study of Dynamic Propositions in Psychoanalysis. *JAPA, 15*, 376–403.

Silverman, L. H. 1970. Further Experimental Studies. *JAPA, 18*, 102–24.

Simon, B. 1978. *Mind and Madness in Ancient Greece*. N.Y.: Cornell Univ. Press.

Singer, J. L. 1975. *The Inner World of Daydreaming*. New York: Harper.

Singer, M. T., and Wynne, L. L. 1965. Thought Disorder and Family Relations of Schizophrenics. *Archives of General Psychiatry, 12*, 187–212.

Sinha, T. 1966. Development of Psychoanalysis of India. *IJP, 47*, 427–39.

Skinner, B. F. 1971. *Beyond Freedom and Dignity*. New York: Knopf.

Slovenko, R. 1973. *Psychiatry and Law*. Boston: Little, Brown.

Synder, F. 1966. Toward an Evolutionary Theory of Dreaming. *American Journal of Psychiatry, 2*, 121–36.

Socarides, C. 1966. On Vengeance: The Desire to "Get Even." *JAPA, 14*, 356–75.

Socarides, C. 1968. *The Overt Homosexual*. New York: Grune & Stratton.

Socarides, C. 1974. The Sexual Unreason. *Book Forun, 1*, 172–85.

Socarides, C. 1976. *Beyond the Sexual Revolution*. New York: Quadrangle.

Socarides, C., ed. 1977. *The World of Emotions*. New York: International Univs. Press.

Socarides, C. 1978. *Homosexuality*. New York: Jason Aronson.

Spector, J. 1972. *The Aesthetics of Freud*. New York: Praeger.

Spence, D. 1981. "Psychoanalytic Competence." *IJP, 62*, 113–24.

Sperling, M. 1946. Psychoanalytic Study of Ulcerative Colitis in Children. *PQ, 15*, 302–29.

Sperling, M. 1973. Conversion Hysteria and Conversion Symptoms: A Revision of Classification and Concepts. *JAPA, 21*, 745–71.

Sperling, M. 1974. *The Major Neuroses and Behavior Disorders in Children*. New York: Jason Aronson.

Sperry, R. W. 1977. Forebrain Commissurotomy and Conscious Awareness, *Journal of Medicine and Philosophy, 2*, 101–126.

Spiegel, L. 1954. Acting Out and Defensive Instinctual Gratification, *JAPA, 2*, 107–19.

Spiegel, L. 1958. Comments on the Psychoanalytic Psychology of Adolescence. *PSC, 13*, 296–308.

Spiegel, R. 1959. Specific Problems of Communication. In S. Arieti, ed., *American Handbook of Psychiatry*, pp. 909–49.

Spiegel, R., et al. 1975. On Psychoanalysis in the Third Reich. *Contemporary Psychoanalysis, 11*, 477–510.

Spielberger, C. D., and Zuckerman, M., eds. 1976. *Emotions and Anxiety*. New York: Wiley.

Spitz, R. 1937. Wiederholung, Rhythmus, Langeweile. *Imago, 23*, 171–96.

Spitz, R. 1945. Hospitalism: An Inquiry into the Genesis of Psychiatric Conditions in Early Childhood. *PSC, 1*, 53–74.

Spitz, R. 1952. Authority and Masturbation: Some Remarks on a Bibliograhpic Investigation. *PQ, 21*, 490–527.

Spitz, R. 1957. *No and Yes*. New York: International Univs. Press.

Spitz, R. 1959. *A Genetic Field Theory of Ego Formation: Its Implications for Pathology*. New York: International Univs. Press.

Spitz, R. 1960. Discussion of Dr. John Bowlby's Paper. *PSC, 15*, 85–94.

Spitz, R. 1961. Some Early Prototypes of Ego Defenses. *JAPA, 9*, 626–51.

Spitz, R. 1964. The Derailment of Dialogue. *JAPA, 12*, 752–775.

Spitz, R. 1965. *The First Year of Life*. New York:

International Univs. Press.

Spotnitz, H. 1969. *Modern Psychoonalysis of the Schizophrenic Patient*. New York: Grune and Stratton.

Spurlock, J. 1970. Social Deprivation in Childhood and Character Formation (Panel). *JAPA, 18*, 622-30.

Staercke, A. 1921. Psychoanalysis and Psychiatry. *IJP, 2*, 361-415.

Stein, M. H. 1956. The Problem of Masochism in the Theory and Technique of Psychoanalysis. *JAPA, 4*, 526-38.

Sterba, R. 1953. Clinical and Therapeutic Aspects of Character Resistance. *PQ, 22*, 1-20.

Stern, A. 1938. Psychoanalytic Investigation of and Therapy in the Borderline Neuroses. *PQ, 7*, 467-89.

Stern, J. T. 1970. The Meaning of "Adaptation" and Its Relation to the Phenomenon of Natural Selection. In T. Dobzhansky, ed., *Evolutionary Biology*, vol. 4. pp. 38-66. New York: Meredith Corp.

Sternschein, I. 1973. The Experience of Separation-Individuation and its Reverberations through the Course of Life: Maturity, Senescence and Sociological Implications, *JAPA, 21*, 633-45.

Stewart, K. 1953-1954. Culture and Personality in Two Primitive Groups. *Complex, 9*, 3-23.

Stewart, P. L., and Cantor, M. G., eds. 1974. *Varieties of Work Experience*. New York: Wiley.

Stierlin, H. 1977. *Adolf Hitler*. New York: Psychohistory Press.

Stierlin, H. 1972. *Separating Parents and Adolescents*. New York: Quadrangle.

Stoller, R. J. 1968. *Sex and Gender*. New York: Science House.

Stone, L. 1954. The Widening Scope of Indications for Psychoanalysis. *JAPA, 2*, 567-94.

Stone, L. 1961. *The Psychoanalytic Situation*. New York: International Univs. Press.

Stotland, E. 1969. *The Psychology of Hope*. San Francisco: Jossey-Bass.

Strachey, J. 1930. Some Unconscious Factors in Reading. *IJP, 11*, 322-31.

Strachey, J. 1934. On the Nature of the Therapeutic Action of Psychoanalysis. *IJP, 15*, 127-59. Reprinted in *IJP, 50*, 275-92.

Strachey, J., ed. 1953-1974. *Standard Edition of Freud's Works*. London: Hogarth Press.

Strassman, H., et al. 1976. The Impact of Psychiatric Residency on Choice of Analytic Training. *JAPA, 24*, 347-55.

Stratton, P. 1982. *Psychobiology of the Newborn*. New York: Wiley.

Strean, H. 1967. A Family Therapist Looks at "Little Hans." *Family Process, 6*, 227-34.

Strean, H., and Aull, G. 1967. The Analyst's Silence. *Psychoanalytic Forum, 2*, 72-80, 86-87.

Sullivan, H. S. 1925. The Oral Complex. *Psychoanalytic Review, 12*, 30-38.

Sullivan, H. S. 1927. The Onset of Schizophrenia. *American Journal of Psychiatry, 7*, 105-34.

Sullivan, H. S. 1931a. The Modified Psychoanalytic Treatment of Schizophrenia. *American Journal of Psychiatry, 11*, 519-40.

Sullivan, H. S. 1931b. The Relation of Onset to Outcome in Schizophrenia. In *Schizophrenia as a Human Process*, pp. 233-55.

Sullivan, H. S. 1940. *Conceptions of Modern Psychiatry*. New York: Norton.

Sullivan, H. S. 1944. The Language of Schizophrenia. In J. S. Kasanin, ed., *Language and Thought in Schizophrenia*. Berkeley, Cal.: Univ. of California Press.

Sullivan, H. S. 1953. *The Interpersonal Theory of Psychiatry*. New York: Norton.

Sullivan, H. S. 1956. *Clinical Studies in Psychiatry*. New York: Norton.

Sullivan, H. S. 1962. *Schizophrenia as a Human Process*. New York: Norton.

Sullivan, H. S. 1964. *The Fusion of Psychiatry and Social Science*. New York: Norton.

Sullivan, H. S. 1972. *Personal Psychopathology*. New York: Norton.

Suppes, P., and Warren, H. 1975. On the Generation and Classification of the Defence Mechanisms. *IJP, 56*, 405-14.

Suttie, I. D. 1935. *The Origins of Love and Hate*. New

York: Julian Press.

Suzuki, D. T., Fromm, E., and De Martino, R. 1960. *Zen Buddhism and Psychoanalysis*. New York: Grove Press.

Szasz, T. S. 1961. *The Myth of Mental Illness*. New York: Harper.

Tanner, J. M. 1972. Sequence, Tempo, and Individual Variation in Growth and Development of Boys and Girls Age 12-16. In J. Kagan and R. Coles, eds., *12 to 16: Early Adolescence, pp. 1-24*. New York: Norton.

Tauber, E. S. 1954. *Exploring the Therapeutic Use of Countertransference Data*. *Psychiatry, 17*, 331-36.

Tauber, E. S., and Green, M. R. 1959. *Prelogical Experience*. New York: Basic Books.

Tausk, V. 1919. On the Origin of the "Influencing Machine" in Schizophrenia. *PQ, 2*, 519-56, 1933.

Tax, S., ed. 1964. *Horizons of Anthropology*. Chicago: Aldine.

Teichholz, J. G. 1978. "A Selective Review of the Psychoanalytic Literature on Theoretical Conceptions of Narcissism." *JAPA, 26*, 831-61.

Temerlin, M. K. 1975. *Lucy: Growing up Human*. Palo Alto, Cal.: Science and Behavior Books.

Theobald, D. 1966. *The Concept of Energy*. London: E. and F. Spon.

Thomä, H. 1969. Some Remarks on Psychoanalysis in Germany, Past and Present. *IJP, 50*, 683-92.

Thompson, C. 1938. Notes on the Psychoanalytic Significance of the Choice of Analyst. *Psychiatry, 1*, 205-16.

Thompson, C. 1941. The Role of Women in This Culture. *Psychiatry, 4*, 1-8.

Thompson, C. 1942. Cultural Pressures in the Psychology of Women. *Psychiatry, 5*, 331-39.

Thompson, C. 1943. Penis Envy in Women. *Psychiatry, 6*, 123-25.

Thompson, C. 1950. *Psychoanalysis: Its Evolution and Development*. New York: Hermitage House.

Thompson C. 1958. A Study of the Emotional Climate of Psychoanalytic Institutes. *Psychiatry, 21*, 45-51.

Thompson, R. 1977. *Election Ballot*. Washington, D.C.: American Psychological Association.

Tissot, R. 1977. Long-Term Drug Therapy in Psychoses. In C. Chiland, ed., *Long-Term Treatments of Psychotic States*, pp. 89-171.

Tomkins, S. S. 1962, 1964. *Affect, Imagery, Consciousness*. Vol. 1, 1962: vol. 2, 1964. New York: Springer.

Tower, L. E. 1956. Countertransference. *JAPA, 4*, 224-55.

Trapp, C., and Lyons, R. 1936. Dream Studies in Hallucinated Patients. *Psychiatric Quarterly, 11*, 252-66.

Trunnell, E. E., and Holt, W. E. 1974. The Concept of Denial or Disavowal. *JAPA, 22*, 769-84.

Tucker, R. C. 1973. *Stalin*. New York: Norton.

Tucker, R. C., ed. 1977. *Stalinism*. New York: Norton.

Tulving, E., and Donaldson, W. 1972. *Organization of Memory*. New York: Academic Press.

Turkle, S. 1978. *Psychoanalytic Politics*. New York: Basic Books.

Turner, V. 1967. *The Forest of Symbols*. Ithaca, N.Y.: Cornell Univ. Press.

Ullman, M. 1966a. Dreams: An Introduction. In *Science and Psychoanalysis, 9*, 160.

Ullman, M. 1966b. An Experimental Approach to Dream and Telepathy. *Archives of General Psychiatry, 14*, 605-13.

Usdin, G., ed. 1973. *Sleep Research and Clinical Practice*. New York: Brunner/Mazel.

Valenstein, A. F. 1958. The Psychoanalytic Concept of Character. *JAPA, 6*, 567-75.

Valenstein, E. 1973. *Brain Control*. New York: Wiley.

Vangaard, T. 1972. *Phallos*. New York: International Univs. Press.

Van Lawick-Goodall, J. 1971. *In the Shadow of Man*. Boston: Houghton Mifflin.

Van Lawick-Goodall, J. 1973. The Behavior of Chimpanzees in Their Natural Habitat. *American Journal of Psychiatry, 130*, 1-11.

Van Ophuijsen, J. H. W. 1920. On the Origin of the Feeling of Persecution. *IJP, 1*, 235-39.

Varendonck, J. 1921. *The Psychology of Daydreams*. New York: Macmillan.

Veith, I. 1965. *Hysteria: The History of a Disease*.

Chicago: Univ. of Chicago Press.

Veroff, J., Kulka, R. A., and Douvan, F. 1981. *Mental Health in America*. New York: Basic Books.

Veroff, J., Kulka, R. A., and Douvan, F. 1981. *The Inner American*. New work: Basic Books.

Volkan, V. D. 1976. *Primitive Internalized Object Relations*. New York: International Univs. Press.

Wadeson, R. W. 1975. Psychoanalysis in Community Psychiatry (Panel). *JAPA, 23,* 177-89.

Waelder, R. 1924. The Psychoses: Their Mechanisms and Accessibility to Influence. *IJP, 6,* 254-81.

Waelder, R. 1936a. On Erotization of Urological Treatment. *PQ, 5,* 491.

Waelder, R. 1936b. The Principle of Multiple Function: Observations of Over-determination. *PQ, 5,* 45-62.

Waelder, R. 1960. *The Basic Theory of Psychoanalysis*. New York: International Univs. Press.

Waldhorn, H. 1960. Assessment of Analyzability. *PQ, 29,* 478-506.

Waldhorn, H. 1967. *The Place of the Dream in Clinical Psychoanalysis*. Kris Study Group Monograph 2, pp. 52-106. New York: International Univs. Press.

Waldhorn, H., and Fine, B. D. 1974. *Trauma and Symbolism*. Kris Study Group Monograph 5. New York: International Univs. Press.

Walerstein, J. D. and Blakeslee, S. 1988. *Second Chance*.

Wallace, A. F. C. 1970. *Culture and Personality*. New York: Random House.

Wallerstein, R. 1973. Psychoanalytic Perspectives on the Problem of Reality. *JAPA, 21,* 5-33.

Wallerstein, R., and Smelser, N. 1969. Psychoanalysis and Sociology. *IJP, 50,* 693-710.

Wallerstein, R. S. 1978. "Perspectives on Psychoanalytic Training around the World." *IJP, 59,* 477-509.

Wallerstein, R. S. 1986. *42 Lives in Treatment*. New York: Guilford, viii.

Wallerstein, R. S. 1988. "One Psychoanalysis or Many?" *IJP, 62,* 5-20.

Walter, B. 1946. *Theme and Variations*. New York: Knopf.

Wangh, M. 1957. The Scope of the Contribution of Psychoanalysis to the Biography of the Artist. *JAPA, 5,* 564-75.

Warner, W. L. 1963. *Yankee City*. New Haven: Yale Univ. Press.

Wechsler, D. 1939. *The Measurement and Appraisal of Adult Intelligence*. Baltimore: Williams and Wilkins.

Weigert, E. 1962. The Function of Sympathy in the Psychotherapeutic Process. *Psychiatry, 22,* 3-14.

Weinstein, E. A. 1976. Presidential Assassination: An American Problem. *Psychiatry, 39,* 291-93.

Weisman, A. D. 1972. *On Dying and Denying*. New York: Behavioral Publications.

Weisman, A. D., and Hackett, T. P. 1967. Denial as a Social Act. In R. Kahana and S., Levin, eds. *Psychodynamic Studies on Aging*, pp. 79-110.

Weisman, A. D., and Kastenbaum, R. 1968. *The Psychological Autopsy*. Community Mental Health Monographs No. 4. New York.

Weiss, E., and English, O. 1957. *Psychosomatic Medicine*. Philadelphia: Saunders.

Weiss, J. 1966. Clinical and Theoretical Aspects of "As If" Characters (Panel). *JAPA, 14,* 569-90.

Weiss, J. 1972. Continuing Research Toward a Psychoanalytic Developmental Psychology (Panel). *JAPA, 20,* 177-98.

Weiss, J., and Sampson, A., et al. 1986. *The Psychoanalytic Process*. New York: Guilford.

Weisskopf, W. 1955. *The Psychology of Economics*. Chicago: Univ. of Chicago Press.

Weisskopf, W. 1971. *Alienation and Economics*. New Work: Dutton.

Weissman, P. 1961. Development and Creativity in the Actor and Playwright. *PQ, 30,* 549-67.

Weissman, P. 1968. Psychological Concomitants of Ego Functioning in Creativity. *IJP, 49,* 464-69.

Weissman, P. 1969. Creative Fantasies and Beyond the Reality Principle. *PQ, 38,* 110-23.

Welch, B. et al. 1986. Proceedings of lawsuit of GAPA vs. Amer. Psa. Ass'n.

Werner, H. 1940. *Comparative Psychology of Mental Development*. New York: International Univs. Press.

Werner, H., and Kaplan, B. 1963. *Symbol Formation*. New York: Wiley.

Werry, J. S., and Quay, H. C. 1971. The Prevalence of Behavior Symptoms in Younger Elementary School Children. *American Journal of Orthopsychiatry, 41,* 136-46.

West, J. 1945. Plainville U.S.A. In A. Kardiner, *The Psychological Frontiers of Society,* pp. 259-412.

West, L. J. 1962. *Hallucinations.* New York: Grune and Stratton.

West, L. J., et a1. 1962. The Psychosis of Sleep Deprivation. *Annals of the New York Academy of Sciences, 96,* 1.

Wexler, M. 1951. The Structural Problem in Schizophrenia. Therapeutic Implications. *IJP, 32,* 157-66.

Whalen, R. E., ed. 1974. *The Neuropsychology of Aggression.* New York: Plenum Press.

Whiting, B., ed. 1963. *Six Cultures.* New York: Wiley.

Whyte, W. H. 1956. *The Organization Man.* New York: Simon and Schuster.

Wickler, W. 1972. *The Sexual Code.* New York: Doubleday.

Wiemers, I. 1957. The Autonomy of the Ego: History of the Concept. *Provo Papers, 1,* 61 -77.

Wild, C. 1965. Creativity and Adaptive Regression. *Journal of Personality, 2,* 161-69.

Wilkes, P. 1973. *These Priests Stay.* New York: Simon and Schuster.

Williams, H. L., et al. 1962. Illusions, Hallucinations and Sleep Loss. In J. L. West, ed., *Hallucinations.*

Windholz, E. 1972. Ten Years of COPE: Perspectives in Psychoanalytic Education. *JAPA, 20,* 567-73.

Winnicott, D. W. 1949. Hate in the Countertransference. *IJP, 30,* 69-74.

Winnicott, D. W. 1953. Transitional Objects and Transitional Phenomena. *IJP, 34,* 89-97.

Winnicott, D. W. 1971. *Playing and Reality.* New York: Basic Books.

Winnicott, D. W. 1975. *Through Pediatrics to Psychoanalysis.* New York: Basic Books.

Winterstein, R. F. 1930. Fear of the New, Curiosity and Boredom. *Psychoanalytische Bewegung, 2,* 540-54.

Witkin, H., and Lewis, H., eds. 1967. *Experimental Studies of Dreaming.* New York: Random House.

Witkin, H., et al. 1954. *Personality through Perception.* New York: Harper.

Wittkower, E. D., and Prince, R. 1974. A Review of Transcultural Psychiatry. In S. Arieti, ed., *American Handbook of Psychiatry,* vol. 2, pp. 535-50.

Wolberg, A. R. 1973. *The Borderline Patient.* New York: Intercontinental Medical Book Corp.

Wolf, A. 1949, 1950. The Psychoanalysis of Groups. *American Journal of Psychotherapy, 3,* 16-50; 4, 525-58.

Wolfenstein, M. 1953. Trends in Infant Care. *American Journal of Orthopsychiatry, 23,* 120-30.

Wolfenstein, M. 1954. *Children's Humor: A Psychological Analysis.* Glencoe, Ill.: Free Press.

Wolfenstein, M. 1976. Effects on Adults of Object Loss in the First Five Years (Panel). *JAPA, 24,* 659-68.

Wolff, H., and Wolf, S. 1947. *Human Gastric Function.* London: Oxford Univ. Press.

Wolff, H., et al., eds. 1950. *Life Stress and Bodily Disease.* Baltimore: Williams and Wilkins.

Wolff, H., et al. 1968. *Stress and Disease.* 2d ed., rev. Springfield, Ill.: C. C. Thomas.

Wolff, P. H. 1960. *The Developmental Psychologies of Mean Piaget and Psychoanalysis.* Psychological Issues Monograph 2. New York: International Univs. Press.

Wolff, P. H. 1967. *Cognitive Considerations for a Psychoanalytic Theory of Language Acquisition.* Psychological Issues Monograph 17. New York: International Univs. Press.

Wolff, P. H. 1969. The Natural History of Crying and Other Vocalizations in Early Infancy. In B. M. Foss, ed., *Determinants of Infant Behavior,* vol. 4, pp. 81-109. London: Methuen.

Wolf Man 1971. *The Wolf Man.* New York: Basic Books.

Wollheim, R., ed. 1974. *Philosophers on Freud.* New York: Jason Aronson.

Wolpert, E. A. 1972. Two Classes of Factors Affecting Dream Recall. *JAPA, 20,* 45-58.

Woods, R. L., and Greenhouse, H. B., eds. 1974. *The New World of Dreams.* New York: Macmillan.

Wortis, J. 1940. *Fragments of an Analysis with Freud.*

New York: Simon and Schuster, 1954.

Wynne, L. 1970. Communication Disorders and the Quest for Relatedness in Families of Schizophrenics. *Annual Review of the Schizophrenic Syndrome, 2,* 395-414.

Wynne, L. C., Cromwell, R. L., and Matthysse, S. 1978. *The Nature of Schizophrenia*. New York: Wiley.

Wyss, D. 1966. *Depth Psychology: A Critical History: Development, Problems, Crises*. New York: Norton.

Yazmajian, R. V. 1964. First Dreams Directly Representing the Analyst, *PQ, 33,* 536-51.

Zehn Jahre Berliner Psychoanalytisches Institut. 1930. Reprint ed., Berlin: Berliner Psychoanalytisches Institut, 1970.

Zeligs, M. A. 1957. Acting In: A Contribution to the Meaning of Some Postural Attitudes Observed during Analysis. *JAPA, 5,* 685-706.

Zetzel, E. 1954. Defense Mechanisms and Psychoanalytic Technique (Panel), *JAPA, 2,* 318-26.

Zetzel, E. 1956a. An Approach to the Relation between Concept and Content in Psychoanalytic Theory, with Special Reference to the Work of Melanie Klein and Her Followers. *PSC, 11,* 99-121.

Zetzel, E. 1956b. Current Concepts of Transference. *IJP, 37,* 369-76.

Zetzel, E. 1966. An Obsessional Neurotic. *IJP, 47,* 123-29.

Zinberg, N. 1972. Value Conflict and the Psychoanalyst's Role. In S. Post, ed., *Moral Values and the Superego Concept in Psychoanalysis,* pp. 169-96.

Zwerling, I. 1955. The Favorite Joke in Diagnostic and Therapeutic Interviews. *PQ, 24,* 104-14.

Zwerling, I. 1977. Community-Based Treatment of Chronic Psychotic Patients. In C. Chiland, ed., *Long-Term Treatments of Psychotic States,* pp. 631-48.

찾아보기

인명

내용

저서 및 논문

저자 소개

Reuben Fine (1914～1993)

• 체스 그랜드마스터(체스올림픽에서 5번 메달 획득)

• Freud 학파의 정신분석가

• CCNY(the City College of New York) 교수 역임

• 뉴욕정신분석수련센터(New York Center for Psychoanalytic Training)의 선도자

〈주요 저서〉

『Freud: a Critical Re-evaluation of his Theory』(1962)

『The Healing of the Mind: the Technique of Psychoanalytic Psychotherapy』(1971)

『The Development of Freud's Thought』(1973)

『Love and Work: the Value System of Psychoanalysis』(1900) 등 다수

정신분석의 역사
The History of Psychoanalysis

2021년 5월 10일 1판 1쇄 인쇄
2021년 5월 15일 1판 1쇄 발행

지은이 • Reuben Fine
옮긴이 • 한국정신치료학회
임효덕, 김종호, 김현숙, 박용천, 백영석, 신지영, 안윤영
오동원, 우정민, 이동우, 이범정, 이승재, 이정국, 최태진
펴낸이 • 김진환
펴낸곳 • ㈜학지사
04031 서울특별시 마포구 양화로 15길 20 마인드월드빌딩
대표전화 • 02-330-5114 팩스 • 02-324-2345
등록번호 • 제313-2006-000265호

홈페이지 • http://www.hakjisa.co.kr
페이스북 • https://www.facebook.com/hakjisa

ISBN 978-89-997-2275-2 93180

정가 32,000원